中国铁建年鉴

CHINA RAILWAY CONSTRUCTION CORPORATION LIMITED YEARBOOK

2013

中国铁道建筑总公司史志编审委员会编

中 国 铁 道 出 版 社

2014 年 · 北京

图书在版编目(CIP)数据

中国铁建年鉴．2013/中国铁道建筑总公司史志编审委员会编．—北京：中国铁道出版社，2014.5

ISBN 978－7－113－18422－3

Ⅰ．①中… Ⅱ．①中… Ⅲ．①铁路工程－中国－2013－年鉴 Ⅳ．①F532.3－54

中国版本图书馆CIP数据核字(2014)第079766号

书　　名：中国铁建年鉴(2013)
作　　者：中国铁道建筑总公司史志编审委员会
出版发行：中国铁道出版社(100054,北京市西城区右安门西街8号)
责任编辑：罗桂英
封面设计：杨启燕
印　　刷：北京中铁建印刷有限公司
开　　本：787毫米×1092毫米　1/16　印张:42.5　插页:80　字数:165万
版　　本：2014年5月第1版　2014年5月第1次印刷
书　　号：ISBN 978－7－113－18422－3
定　　价：300.00元

编辑说明

一、《中国铁建年鉴》是一部概览中国铁建系统各方面情况的综合性、资料性工具书，1993年创刊，逐年连续出版，本期年鉴为第21卷。全书全面、系统地反映2012年度中国铁建的基本概貌、改革发展、施工生产、经营管理、科技教育、党群工作等方面取得的新成果、新经验以及重要活动信息。

二、本年鉴内容采用文章、条目、图片、表格等表现形式。年鉴体例采用分类编辑法，全书由类目、分目、条目三个层次组成，个别类目如工程施工、党的工作，为表述清楚设次分目。本期年鉴设类目16个，类目下设分目88个、次分目37个、条目1488条、表格85份、文章16篇；在内文部分，将"科技 文化"类目下的"文化"分目中的"史志鉴工作"和"企业文化"两个次分目，分别归到"综合管理"、"党的工作"类目下的"机关政务 行政事务"、"宣传"两个分目中作次分目，并将类目"科技 文化"、次分目"企业文化"分别更改为"科技管理"、"企业文化建设"。

三、本年鉴注重图片资料收录，以彩页和内文压题、补白照片的形式编录，力求全书图文并茂地反映企业的发展历程。

四、本年鉴稿件来源于中国铁建总部机关各部门及所属各单位，并经其主管领导审核把关。年鉴文章、条目、图表中涉及的某些数据，是按不同口径、通过不同渠道提供的，如有矛盾之处，应以经营计划和财务部门提供的数据为准。

五、本年鉴根据行文实际需要，对单位名称采用全称和简称并用的办法。

六、本年鉴卷首有详细的目录，卷末有按汉语拼音顺序排列的主题分析索引，文中所有信息均可由目录、索引、书眉获得。

七、本年鉴坚持"质量第一、读者第一、服务第一"的宗旨，从年鉴内容到格式均按《编辑出版法规手册》的有关规定进行规范。如有疏漏不当之处，欢迎提出宝贵意见。

八、《中国铁建年鉴》的编辑出版，得到中国版协年鉴工作委员会、中国铁道出版社和兄弟单位的指导、帮助，得到中国铁建系统各级领导、部门的关心、支持，得到各单位史志工作者的密切配合，我们在此一并致谢。

目 录
Contents

图片专栏
Picture Column

特 载
Special Records

大 事 记
Record of Major Events

概 况
CRCC in Brief

董事会工作
Activities of the Board of Directors

工程施工
Engineering Construction

工程管理
Engineering Management

铁路工程
Railway Line Engineering

安全质量监督

Safety and Quality Supervise

设备物资

Equipment and Material

海外经营　境外工程

Overseas Operation & Projects

海外经营

Overseas Operation

境外工程

Overseas Projects

经营管理
Operation & Management

企业管理
Enterprise Management

经营计划
Operation Planning

房地产开发与监管
Real Estate Development and Supervision

资本运营与管理

Capital Operation and Management

财　务

Financial Affairs

审计监事

Audit Supervisors

·审计工作·

·*Audit Work*·

·监事会工作·

·*Activities of the Board of Supervisors*·

·审计与风险管理·

·*Audit and Risk Management*·

综合管理
Comprehensive Administration

机关政务　行政事务
Office Affairs & Administration

·史志鉴工作·
·*Making Chronicle Work*·

人力资源
Human Resources

信息化建设
Information Construction

法律事务
Legal Affairs

机关房地产管理
Administrative Real Estate Management

离退休职工管理
Retired Staff Management

公　安
Public Security

科技管理
Management of Science and Technology

党的工作
CPC Work

综合工作
Comprehensive Work

·机关党务·
·*Office Affairs*·

组 织
Organization

宣 传
Publicity

所属单位

CRCC's Subsidiaries

中国土木工程集团有限公司

China Civil Engineering Construction Corporation

中铁十一局集团有限公司

China Railway 11th Bureau Group Co., Ltd.

中铁十二局集团有限公司

China Railway 12th Bureau Group Co., Ltd.

中铁十三局集团有限公司

China Railway 13th Bureau Group Co., Ltd.

中铁十四局集团有限公司

China Railway 14th Bureau Group Co., Ltd.

中铁十五局集团有限公司

China Railway 15th Bureau Group Co., Ltd.

中铁十六局集团有限公司

China Railway 16th Bureau Group Co., Ltd.

中铁十七局集团有限公司

China Railway 17th Bureau Group Co., Ltd.

中铁十八局集团有限公司

China Railway 18th Bureau Group Co., Ltd.

中铁十九局集团有限公司

China Railway 19th Bureau Group Co., Ltd.

中铁二十局集团有限公司

China Railway 20th Bureau Group Co., Ltd.

中铁二十一局集团有限公司

China Railway 21st Bureau Group Co., Ltd.

中铁二十二局集团有限公司

China Railway 22nd Bureau Group Co., Ltd.

中铁二十三局集团有限公司

China Railway 23rd Bureau Group Co., Ltd.

中国铁建港航局集团有限公司

CRCC Harbour & Channel Engineering Bureau Group Co. ,Ltd.

中国铁建房地产集团有限公司

China Railway Construction Real EstateGroup Co. , Ltd.

中铁第一勘察设计院集团有限公司

China Railway First Survey and Design Institute Group Co. , Ltd.

昆明中铁大型养路机械集团有限公司

Kunming China Railway Large Road Maintenance Machinery Co., Ltd.

中国铁建重工集团有限公司

China Railway Construction Heavy Industry Co., Ltd.

中国铁建国际集团有限公司

China Railway Construction Corporation (Internationai) limited

北京铁城建设监理有限责任公司

Beijing Tiecheng Construction Supervision Co., Ltd.

人　物
Elite

新闻人物
Media Elite

科技人物
Science and Technology Elite

模范人物
Model Workers

先进集体
Advanced Groups

逝世人物

Deceased Elite

光荣榜

Honor Roll

统计资料

Statistics

文献辑要
Documentation Abstract

附　录
Appendix

中国铁建所属单位名录

索　引
Index

2012 年 5 月 1 日，中共中央政治局常委、时任国务院副总理李克强（中，现任国务院总理）与匈牙利总理欧尔班（左）共同出席两国政府间和企业间合作协议书签字仪式。图为股份公司董事长、党委书记孟凤朝在签字仪式上，受到李克强的亲切接见。（何大成 摄）

2012 年 9 月 29 日，时任中共中央政治局委员、天津市市委书记张高丽（前排右二，现任中共中央政治局常委、国务院副总理）到中铁十六局集团公司承建的天津机场交通中心施工现场调研。（刘承宝 提供）

2012 年 2 月 14 日，时任陕西省省委书记赵乐际（左三，现任中共中央政治局委员、中央书记处书记、中央组织部部长）到中铁二十一局集团公司临潼指挥部承建的临潼国家级旅游休闲度假区调研。
（高秋凤 提供）

2012 年 4 月 29 日，时任福建省省委书记孙春兰（右三，现任中共中央政治局委员、天津市市委书记）、省长苏树林（左二）视察中铁十七局集团六公司承建的福州地铁 1 号线工程，并亲切慰问参建员工。（傅 艳 提供）

2012 年 4 月 26 日，时任湖南省省委书记、省人大常委会主任周强（前排右一，现任最高人民法院院长、党组书记）视察中铁二十三局集团一公司吉怀高速公路施工现场。
（周 涛 提供）

2012 年 4 月 14 日，时任青海省省委书记强卫（右二，现任江西省省委书记）、时任青海省省长骆惠宁（右一，现任青海省省委书记），在参加青海省玉树灾后重建两周年誓师动员大会期间，到中铁第一勘察设计院集团公司检查玉树灾后重建项目。图为强卫亲切接见铁一院院长刘为民。（张 巍 摄）

2012 年 6 月 7 日，辽宁省省长陈政高（左二）视察中铁十九局集团公司承建的抚通高速公路路面 3 标段工程。

（倪作霖 提供）

2012 年 6 月 23 日，由新疆维吾尔自治区党委副书记、自治区主席努尔·白克力（右二）率领的新疆党政代表团在时任湖南省省长徐守盛（右一，现任湖南省省委书记）陪同下，到中国铁建重工集团公司调研考察。

（王 策 摄）

2012 年 4 月 13 日，时任国务院国资委副主任姜志刚（现任北京市市委常委、组织部部长）到中国铁建投资、设计、建设的南京长江隧道项目考察。图为姜志刚（前排左三）参观南京长江隧道展览室。 （刘 文 摄）

2012 年 5 月 25 日，国务院国资委考察组到中国铁建承建的特立尼达和多巴哥斯卡伯罗总医院工程考察。图为时任国务院国资委副主任邵宁（右二，现任全国人民代表大会财政经济委员会副主任委员）正在查看从中国进口的先进诊疗设备。

（雷 勇 提供）

2012 年 2 月 20 日，国务院监事会主席李克（前排右二）到昆明中铁大型养路机械集团公司调研。

（富建强 摄）

2012年4月16日，时任铁道部部长盛光祖（现任中国铁路总公司总经理）视察中铁二十二局集团二公司承建的京石铁路客运专线工程。图为盛光祖与建设者亲切握手。（万红梅 提供）

2012年1月15日，时任铁道部副部长卢春房（右一，现任中国铁路总公司副总经理）视察中铁十四局集团公司沪昆铁路客运专线湖南段施工现场。（曹洪伟 摄）

2012年4月13日，时任铁道部副部长陆东福（前排中，现任交通运输部副部长、国家铁路局局长）到中铁二十五局集团公司长株潭城际铁路项目部株洲七斗冲车站工地调研。

（张威 摄）

2012 年 2 月 11 日，在中国铁建一届三次职代会暨 2012 年工作会上，股份公司董事长、党委书记孟凤朝向中铁十二局集团公司颁发国家发展和改革委员会、科学技术部、财政部、海关总署、国家税务总局联合授予的“国家认定企业技术中心”牌匾。

（武 羽 摄）

2012 年 5 月 29 日，时任股份公司副总裁张宗言（左，现任股份公司总裁）在合肥市政务中心与安徽省省委常委、合肥市市委书记吴存荣（右）举行亲切会谈。

（江 涛 摄）

2012 年 5 月 26 日，股份公司副董事长、党委副书记、工会主席彭树贵（左一）在中铁第一勘察设计院集团公司调研“服务职工、服务基层”活动开展情况。（王 玉 摄）

2012 年 8 月 2 日，股份公司党委副书记、纪委书记、监事会主席齐晓飞出席在中铁第四勘察设计院集团公司举行的中国铁建“铁骨柔情 大爱无疆”爱心捐助活动。图为齐晓飞（左）向中铁第四勘察设计院集团公司颁发中国铁建“郭明义爱心团队示范单位”奖牌。（李再良 摄）

2012 年 3 月 21 日，股份公司执行董事、副总裁、总经济师扈振衣（前排右）代表中国铁建与印度尼西亚 AG 集团所属 BSM 公司签署合作协议。

（刘建国　摄）

2012 年 10 月 20 日，股份公司副总裁夏国斌（前排左）到中国铁建投资建设的南京青奥轴线地下工程施工现场检查指导。

（张　媛　提供）

2012 年 11 月 28 日，股份公司副总裁范德（前排右二）到巴布亚新几内亚独立国首都莫尔斯比港考察当地房建市场。

（章 梅 提供）

2012 年 8 月 16 日，股份公司副总裁、总会计师、总法律顾问庄尚标（中）主持召开中国铁建系统资金中心主任研讨会。

（穆恒昌 提供）

2012 年 10 月 13 日，股份公司副总裁刘汝臣（右二）到中铁二十四局集团公司承建的新疆涝坝湾煤矿副平硐工程检查指导。

（章 伟 摄）

中国铁建国际集团有限公司

CHINA RAILWAY CONSTRUCTION CORPORATION (INTERNATIONAI) IIMITED

2012 年 12 月 5 日，中国铁建国际集团有限公司（以下简称国际集团）由中国铁建股份有限公司独家出资 30 亿元人民币，在北京正式挂牌成立。

国际集团成立后，将致力于境外工程项目投融资、规划咨询、勘察设计、建设、安装调试及运营维护管理，与工程总承包、运营、维护相关的技术开发、服务，相关项目项下的原材料、设备、配件的进出口，建筑材料、工程机械、机电设备进出口业务，投资开发、特许经营、资产管理、物流贸易等业务。国际集团在深耕既有市场，重点开发非洲和东盟市场的基础上，注重项目前段运作，发挥自身商务优势，加强与兄弟单位的合作，发挥中国铁建整体设计施工优势，共谋海外发展。

中国铁建国际集团有限公司的成立，标志着中国铁建"走出去"与"大海外"经营格局的构建进入一个新的阶段。

（张 岩 撰稿并提供图片）

董事长、总经理 卓 磊

党委书记 赵佃龙

中国铁建国际集团有限公司揭牌仪式

阿尔及利亚东西高速公路

沙特阿拉伯麦加轻轨

中国铁建财务有限公司

CRCC FINANCE COMPANY LIMITED

中国铁建财务有限公司（以下简称财务公司）是经中国银监会批准，具有独立法人资格的非银行金融机构，于2012年4月18日正式开业运营。财务公司是中国铁道建筑总公司重组中国长城财务公司后，引入其下属核心子公司——中国铁建股份有限公司，共同出资成立的。注册资本金13亿元人民币。其中，中国铁建股份有限公司出资122200万元，占比94%；中国铁道建筑总公司出资7800万元，占比6%。

中国铁建财务有限公司的成立标志着中国铁建在稳步推进金融资本和产业资本结合方面迈出了新的一步。财务公司是为中国铁建及成员单位提供专业金融服务的非银金融机构，依托集团，服务集团，致力于打造集资金结算和集中管理、信贷、创誉、推动结构调整和产融结合于一身的中国铁建综合性金融平台，促进中国铁建的产业结构调整和转型升级。财务公司将在促进资金集中管理，加强资金监管，防范资金风险；提高资金使用效益，降低财务成本，优化财务结构，有效配置金融资源，助力结构调整等方面发挥重要的作用。 （郭融晖 撰稿并提供图片）

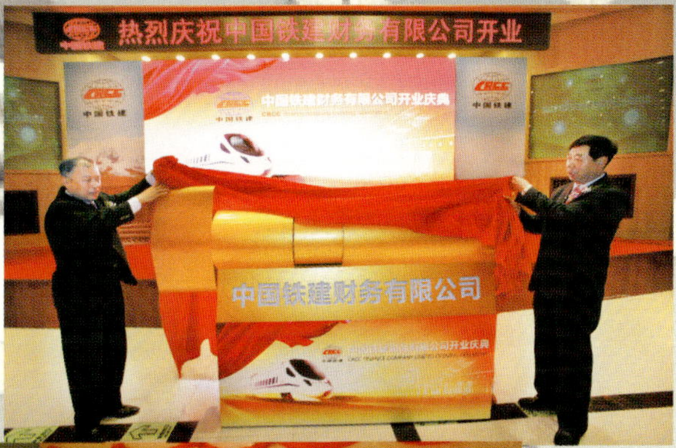

中国铁建财务有限公司揭牌仪式

国务院监事会主席李克（中），股份公司董事长、党委书记孟凤朝（左），股份公司副总裁、财务公司董事长庄尚标在财务公司揭牌仪式上。

中国银监会北京监管局副局长逯剑（左）向财务公司总经理冀涛颁发金融许可证。

2012 年 3 月 1 日，中国铁建与海南省政府签署战略合作框架协议。
（刘 文 摄）

2012 年 3 月 11 日，中国铁建与河北省政府签署战略合作协议。
（刘建国 摄）

2012 年 12 月 30 日，中国铁建与珠海市政府签署珠海市西部中心城区首期开发区域（B 片区）基础设施工程合作开发合同。
（周宏威 摄）

2012 年 4 月 28 日，中国铁建与浙江大学、中南大学、西南交通大学、北京交通大学、兰州交通大学、石家庄铁道大学签署战略合作协议。
（刘 文 摄）

2012 年 5 月 21 日，中国铁建与中国兵器工业集团公司签署战略合作协议。（刘 文 摄）

2012 年 3 月 18 日，中铁物资集团有限公司与山西煤炭运销集团有限公司签订合资合作协议。（刘建国 摄）

2012 年 10 月 12 日，中铁二十五局集团有限公司与广东省地质矿产公司签署战略合作协议。（熊国青 摄）

2012 年 8 月 8 日，在中国铁建与成都市政府战略合作协议签约仪式上，成都兴城投资公司与“二十四局—物资集团”联合体签订成都天府新区正公路项目合同。（欧阳泱 熊自立 摄）

中国铁建承建的京津城际铁路工程获2012年度国家科学技术进步一等奖。

（徐云华　提供）

中铁二十三局集团轨道交通公司研发的无砟轨道18号道岔板在杭甬铁路客运专线建设中应用。（张蜀秦　提供）

中铁二十二局集团二公司开发的“穿隧式运架一体机研制及应用”技术成果获2012年度中国施工企业管理协会科学技术奖技术创新成果一等奖。（万红梅　提供）

中铁十三局集团公司在贵昆铁路六盘水至沾益段增建二线乌蒙山二号隧道施工中开发的“山区软岩大跨大断面四线铁路车站隧道施工技术研究”成果获2012年度中国施工企业管理协会科学技术奖技术创新成果一等奖。

（李仕兵　提供）

中铁二十局集团公司兰渝铁路兰州枢纽杨家湾黄河特大桥浮云平台双壁钢围堰施工技术，获“水中墩承台双壁钢围堰施工用组装式浮体”及“水中墩承台双壁钢围堰施工用起吊下放系统”实用新型两项专利。（黄超全 摄）

2012 年 4 月 24 日，中铁第四勘察设计院集团公司开发的“宜万铁路高压富水大型充填岩溶及断裂带隧道修建技术”获中国铁道学会科学技术特等奖。图为齐岳山隧道。（李敏 摄）

中铁十八局集团五公司在中新天津生态城主干道跨蓟运河故道桥施工中开发的“大跨度鱼腹式变截面箱梁施工工艺创新”成果获全国 QC 成果一等奖。（阎世杰 提供）

中铁十一局集团城市轨道公司在成都地铁 2 号线 5 标段施工中开发的“EPB 盾构机穿越密集建筑物下富水砂卵石地层施工技术”成果经湖北省科技厅鉴定，达到国际先进水平。图为盾构区间贯通时建设者欢庆的场面。（周鹏 摄）

中铁十二局集团公司承建的山西体育中心体育场工程获2012年度中国建设工程鲁班奖。（梁建平 摄）

中铁十二局集团公司及其一、四公司参建的新建武汉天兴洲公铁两用长江特大桥正桥工程获2012年度中国建设工程鲁班奖。（武羽 摄）

中铁二十局集团一公司承建的苏州工业园区北环快速路东延二期工程获2012年度中国建设工程鲁班奖。（刘文君 提供）

中铁二十四局集团安徽公司承建的合肥市畅通一环四里河立交桥工程获 2012 年度中国建设工程鲁班奖。
（江 涛 摄）

中国铁建股份公司承建，中铁十四局集团公司及其四公司、电气化公司、隧道公司、北京中铁房山桥梁公司，中铁十五局集团公司参建的南京长江隧道工程获 2012 年度中国建设工程鲁班奖。
（邰洪涛 摄）

中铁二十四局集团公司参建的上海崇明越江通道（长江隧桥）工程获 2012 年度国家优质工程金质奖。 （平贵书 摄）

中铁第一勘察设计院集团公司设计、中铁二十三局集团公司承建、甘肃铁一院工程监理公司监理的郑西铁路客运专线渭南渭河特大桥工程获 2012 年度国家优质工程银质奖。 （张孟桥 摄）

中铁第一勘察设计院集团公司设计、中铁二十一局集团公司承建及其电务电化公司参建、甘肃铁一院工程监理公司监理的新建铁路精伊霍线站后工程（供电线路及电力牵引供电工程）获 2012 年度国家优质工程银质奖。 （高秋凤 提供）

中铁第四勘察设计院集团公司设计、中铁十一局集团公司承建的武汉至广州铁路客运专线新建武汉动车段工程获 2012 年度国家优质工程银质奖。 （刘时运 提供）

中铁第四勘察设计院集团（湖北）工程监理咨询公司监理的宜万铁路宜昌东站工程获2012年度国家优质工程银质奖。

（刘时运　提供）

中铁建设集团公司承建的新建海南东环铁路三亚站工程获2012年度国家优质工程银质奖。（章　梅　提供）

中铁二十三局集团公司承建的成昆铁路货车外绕线工程绕城双线特大桥工程获2012年度国家优质工程银质奖。

（益西卓玛　提供）

中铁十八局集团公司承建的小河至安康高速公路包家山隧道工程获 2012 年度国家优质工程银质奖。（梁淑芳　提供）

中铁十五局集团五公司、中铁十三局集团公司参建的二连浩特至河口国道主干线陕西省户县经洋县至勉县公路郭家山隧道工程获 2012 年度国家优质工程银质奖。（李仕兵　摄）

中铁十五局集团公司承建的大庆至广州高速公路(江西境内)武宁至吉安段九岭山隧道工程获 2012 年度国家优质工程银质奖。（郑凤华　提供）

中铁十二局集团四公司、中铁十三局集团公司、中铁十七局集团公司及其四公司、中铁二十一局集团三公司、中铁二十三局集团公司参建的国道主干线(GZ40)云南水富至麻柳湾高速公路工程获2012年度国家优质工程银质奖。（益西卓玛 提供）

中铁十八局集团一公司及五公司、中铁十六局集团五公司、中铁十一局集团一公司参建的国道主干线子洲至靖边高速公路工程获2012年度国家优质工程银质奖。（王大章 提供）

中铁十九局集团二公司、中铁二十一局集团三公司参建的四川省西昌（黄联关）至攀枝花公路工程获2012年度国家优质工程银质奖。（刘英华 提供）

中铁十四局集团公司及其二公司、中铁十八局集团五公司参建的国道112线高速公路天津东段工程永定河特大桥工程获2012年度国家优质工程银质奖。（洪鲜春 提供）

中铁十五局集团公司承建的合肥市长江西路高架快速路综合建设工程获 2012 年度国家优质工程银质奖。（郑凤华 提供）

中铁第一勘察设计院集团公司设计、甘肃铁一院工程监理公司监理的昆明主城二环快速系统改扩建工程南二环段福海立交工程获 2012 年度国家优质工程银质奖。（曲东兰 提供）

中铁二十二局集团哈尔滨铁路建设集团公司承建的哈尔滨市宣化街交通疏解工程获 2012 年度国家优质工程银质奖。（陈 旭 摄）

中铁十八局集团公司承建的迪拜运动城 The Bridge 项目获 2012 年度国家优质工程银质奖。 （仰细礼 摄）

中铁十四局集团公司承建的滨州中金盛德商务写字楼工程获 2012 年度国家优质工程银质奖。

（韩 辉 提供）

中铁第四勘察设计院集团（湖北）工程监理咨询公司监理的南宁调度所工程获 2012 年度国家优质工程银质奖。 （刘时运 提供）

中铁二十二局集团公司承建及其四公司参建的广州市白云区江高—石井污水处理系统一期厂区工程获2012年度国家优质工程银质奖。（万红梅 提供）

中铁十四局集团二公司承建、中铁二十四局集团安徽公司参建的华能东营河口风电场1–4期工程获2012年度国家优质工程银质奖。（刘志勇 摄）

中铁十九局集团五公司参建的宁夏水洞沟电厂一期2×660兆瓦机组工程获2012年度国家优质工程银质奖。（张强 提供）

中铁十九局集团一公司参建的华电北清河 300 兆瓦风电特许权工程获 2012 年度中国电力优质工程奖。（张继艳　提供）

中铁十四局集团二公司参建的华能东营河口风力发电项目 1—4 期（198 兆瓦）工程获 2012 年度中国电力优质工程奖。（洪鲜春　提供）

中铁十八局集团二公司参建的中广核临朐刘王庄风电场 38.5 兆瓦工程获 2012 年度中国电力优质工程奖。（丁潇洒　提供）

中铁十八局集团建筑安装公司承建的华东数控崮山工业 1 号车间 A、B 区钢结构工程获 2011 年度中国钢结构金奖（国家优质工程）。
（阎世杰　提供）

中铁建设集团公司承建的新建福厦铁路厦门西站站房及站台雨棚钢结构工程获 2011 年度中国钢结构金奖（国家优质工程）。
（章　梅　提供）

中铁建设集团公司承建的海航集团新华航空公司基地一期工程 I 标段维修机库钢结构工程获 2011 年度中国钢结构金奖（国家优质工程）。
（章　梅　提供）

▲中铁建设集团公司承建的甬台温铁路温州站站房安装工程及地方配套安装工程获 2011～2012 年度中国安装工程优质奖（中国安装之星）。

（章 梅 提供）

◀中铁建设集团公司承建的北京市石景山区银河万达广场通风空调工程获 2011～2012 年度中国安装工程优质奖（中国安装之星）。

（章 梅 提供）

▲中铁十九局集团一公司承建的华润水泥（封开）有限公司 6×4500t/d 熟料水泥生产线一期工程获 2011 年度国家建材工程建设优质工程奖。 （张继艳 提供）

◀中铁十九局集团一公司承建的华润水泥（上思）有限公司 2×4500t/d 新型干法水泥熟料生产线一期工程获 2011 年度国家建材工程建设优质工程奖。 （张继艳 提供）

2012 年 7 月 21 日，股份公司董事长孟凤朝(前排右三)在武汉东湖宾馆会晤到湖北访问的尼日尔总统穆罕默杜·伊素福(前排右二)一行。 (徐云华 摄)

2012 年 7 月 20 日，股份公司副总裁兼总经济师扈振衣在中国铁建大厦会见来访的佛得角共和国总理内韦斯。图为扈振衣向内韦斯总理赠送纪念品。 (刘建国 摄)

2012 年 6 月 15 日，非洲铁路建设规划及施工管理研修班学员到昆明中铁大型养路机械集团公司参观考察。 (富建强 摄)

2012年3月8日，中土尼日利亚公司承建的尼日利亚贝努埃州官邸工程竣工启用。图为州长官邸全景。（郭子岩　提供）

中铁二十局集团公司承建的本格拉铁路洛比托车站工程。（赵彦彬　摄）

中铁十七局集团公司承建的安哥拉K.K.社会住房工程。（周福荣　摄）

中铁十八局集团国际公司承建的越南上昆嵩水电站进水口工程采用TBM掘进机施工。（马剑平　提供）

中铁十三局集团公司承建的马来西亚沙巴州瓜拉班尤大桥工程。（李仕兵　提供）

2012 年 10 月 15 日，哈大铁路客运专线开通运营。图为中铁十三局集团公司承建的哈大铁路客运专线金州湾 2 号特大桥工程。 （李仕兵 摄）

2012 年 9 月 28 日，石武铁路客运专线郑州至武汉段通车运营。图为郑州东始发到武汉的首趟 G501 次列车飞驰在中铁十一局集团公司承建的湖北黄陂境内。 （徐云华 摄）

2012 年 6 月 29 日，厦深铁路开通运营。图为中铁十三局集团公司承建的厦深铁路榕江特大桥工程。 （李仕兵 摄）

中铁十七局集团公司承建的石武铁路客运专线郑州东站工程。（鲁苗苗　摄）

中铁二十五局集团建筑安装公司承建的武广铁路客运专线英德西站工程。（叶文　摄）

中铁建设集团公司承建的哈尔滨西站工程。（刘永洲　摄）

中铁二十二局集团哈尔滨铁路建设集团公司承建的前抚铁路站场工程。（万红梅　提供）

中铁十三局集团公司承建的沪昆铁路江西段赣江特大桥工程。 （李仕兵 提供）

中铁十二局集团公司承建的大西铁路客运专线跨汾河特大桥工程。 （刘国占 摄）

中铁十七局集团公司承建的杭甬铁路客运专线曹娥江特大桥工程。 （周福荣 摄）

中铁二十二局集团公司承建的哈齐铁路客运专线松花江特大桥工程。 （陈 旭 摄）

2012 年 9 月 28 日，中铁十一局集团电务公司担负“五电”施工的国内第一条城市公交化铁路——上海金山铁路通车运营。图为金山支线跨越黄浦江大桥。（易婷 提供）

中铁二十一局集团三公司承建的贵广铁路黄岗隧道工程。图为隧道正在进行防水板安装施工。（郭津津 提供）

中铁十四局集团五公司承建的向莆铁路乌口岭隧道进口工程。（朱诚 提供）

中铁十九局集团六公司承建的拉日铁路 2 标段经过拉萨的曲水才纳和茶巴朗保护湿地，由于施工人员注重环保，丝毫没有影响候鸟越冬。图为大量的候鸟在路基旁栖息觅食，形成人与自然和谐共处的景观。（邓春岭 摄）

中铁十八局集团五公司采用墩顶转体施工工艺建造的河北省衡水市前进街上跨京九石德铁路立交桥工程被评为2012年度河北省结构优质工程。（阎世杰 提供）

中铁十七局集团一公司承建的永古高速公路萱麻河大桥工程。（胡巧芬 提供）

2012年7月29日，中铁十五局集团七公司承建的南阳光武大桥建成通车。图为夜色降临，华灯初上时的光武大桥景色。（马俊丽 摄）

中铁二十局集团六公司与西安市市政集团共同建设的西安秦汉大道灞河桥工程。（许岗 摄）

中铁十九局集团三公司承建的丹通高速公路 17 标段工程。（倪作霖 摄）

中铁十二局集团公司承建的西商高速公路秦岭灞源隧道工程。（高 山 摄）

中铁十四局集团四公司承建的张家口北绕城高速平门高架桥工程。（左华军 摄）

中铁十七局集团五公司参建的大浏高速公路工程。（鲁苗苗 摄）

◀中铁十三局集团公司承建的大连体育中心游泳馆工程。（李仕兵　提供）

◀中铁建设集团装饰公司承建的位于北京市北三环的联合国教科文组织国际农村教育研究与培训中心工程。（杨承雷　摄）

▲中铁十三局集团公司承建的安徽省合肥市苗木基地怡心湖景观工程。（李仕兵　摄）

中铁建设集团公司承建的金沙鹭岛一期工程获四川省建设工程天府杯金奖。（章　梅　提供）

▲中铁十二局集团公司承建的山西省电力勘测设计院综合业务楼工程。（梁建平　摄）

中铁建设集团公司承建的三亚美高梅酒店机电工程获 2012 年度北京市安装工程优质奖。（章 梅 提供）

中铁十一局集团五公司承建的重庆悦来国际会展中心工程。（张羽丰 摄）

中铁十二局集团公司承建的太原理工大学新校区工程。（梁建平 摄）

中铁建设集团公司承建的海军总医院内科医疗楼工程被解放军总后勤部基建营房部评为北京地区军队工程建设管理示范项目。（章 梅 提供）

中铁十七局集团公司承建的无锡地铁 2 号线广华区间右线工程。 （丁孝平　摄）

中铁十九局集团公司承建的沈阳地铁 1 号线市图书馆站工程。 （杜　彬　摄）

中铁十八局集团四公司参建的昆明长水国际机场快速公交工程。 （岳　斌　提供）

中铁十三局集团公司参建的北京地铁 4 号线工程获北京市长城杯金质奖。 （李仕兵　摄）

中铁十九局集团公司承建的西安地铁 2 号线小寨站工程。（高红燕　提供）

中铁十三局集团电务公司承建的天津地铁机电设备安装工程。（李仕兵　提供）

中铁十九局集团公司承建的苏州地铁 1 号线南施街站工程。（高红燕　提供）

中铁十一局集团公司承建的武汉地铁 2 号线常青花园车辆段工程。（李有才　摄）

中铁第四勘察设计院集团公司和法国 AREP 公司联合设计、已运行 3 年的武汉火车站获得芝加哥雅典娜建筑设计博物馆颁发的 2012 年国际建筑奖。（刘时运　提供）

2012 年 10 月 16 日，中铁上海设计院集团公司设计的合蚌铁路客运专线开通运营。（吝永亮　提供）

中铁第一勘察设计院集团公司完成的西安地铁 2 号线总体设计获 2012 年度陕西省优秀工程设计一等奖，其修建关键技术获陕西省科学技术进步一等奖。（徐建灵　提供）

▲中铁第四勘察设计院集团公司总体总包设计的苏州地铁 1 号线。图为室内装修具有本土特色的星湖街站。（李再良　摄）

◀2012 年 12 月 28 日，中铁第四勘察设计院集团公司设计的武汉轨道交通 2 号线开通运营。图为穿越长江的越江隧道工程。（李敏　摄）

中铁第四勘察设计院集团公司温福铁路精密控制测量获2012年度全国优秀测绘工程金奖。（刘时运　提供）

中铁第一勘察设计院集团公司设计的大西铁路客运专线晋陕黄河特大桥。（张孟桥　摄）

2012年12月18日，北京铁城建设监理公司监理的海南文昌清澜跨海特大桥建成通车。（龚成木　提供）

中铁第一勘察设计院集团公司设计的红柳林—神木铁路西丑沟特大桥获2012年度陕西省优秀工程设计一等奖。

（李魁冰　提供）

北京铁城建设监理公司监理的世界首条穿越严寒地区高速铁路——哈大铁路客运专线工程。（龚成木　提供）

2012 年 2 月 15 日，中国铁建重工集团公司自主研发、具有自主知识产权的“星城一号”盾构机在长沙正式下线。（王 策 摄）

2012 年 12 月 28 日，中铁十一局集团六公司汉江重科研制的 HKC190 矿用自卸车成功下线。图为该车试运行。（黄跃勇 摄）

中铁十一局集团六公司研制的中国第一台长 60 米、宽 15 米、高 11 米的 THQ900 型分离式过隧架桥机，正准备穿越宽 13 米、高 9.8 米的合福铁路客运专线文公山隧道。（崔禄元 摄）

中铁第五勘察设计院集团路桥公司自主研发的高速铁路架桥机在兰新铁路大通河特大桥架设 56 米预应力混凝土简支箱梁。（赵忻英 提供）

昆明中铁大型养路机械集团公司制造的XM-1800钢轨铣磨车。（富建强 摄）

昆明中铁大型养路机械集团公司制造的GCX-1000型轨道除雪车。（富建强 摄）

昆明中铁大型养路机械集团公司制造的CQS-550清筛机。（富建强 摄）

中铁二十三局集团轨道交通公司制造的上海轨道交通16线U型梁。（张蜀秦 提供）

中铁二十局集团房地产公司开发的中铁·山水一舍项目获2012詹天佑·重庆住宅小区优秀环境设计奖和优秀建筑设计奖。

（刘文君　提供）

中国铁建房地产集团公司开发的北京中国铁建·山语城。

（王小熙　提供）

中国铁建房地产集团公司开发、中铁十八局集团六公司承建的中国铁建·成都青秀城。　（郭小沁　提供）

中铁十四局集团凯华置业公司在南京开发建设的中国铁建·江佑铂庭项目实景。

（顾亚楠　提供）

中国铁建房地产集团贵州中泓公司开发的贵阳中国铁建·国际城。（张 帆 提供）

中铁建设集团公司开发建设的信阳中国铁建·领秀城福江园。（章 梅 提供）

中国铁建房地产集团公司开发的广州中国铁建·荔湾国际城。（呙于鹏 提供）

中国铁建房地产集团公司开发的长春中国铁建·国际花园。（马健男 提供）

中铁十三局集团公司承建的济南市小清河综合治理一期工程获2012年度济南市市政金杯示范工程奖。（吴生尧 摄）

中铁十四局集团四公司承建的济南市小清河综合治理工程获泰山杯优质工程奖。（徐福和 提供）

中铁十三局集团公司承建的南水北调第一槽——淅川3标段刁河渡槽工程。（李仕兵 提供）

2012年8月13日，中铁二十二、十七局集团公司承建的引汉济渭秦岭隧洞1、2号主洞贯通。（万红梅 提供）

中铁十二局集团电气化公司承建的安徽凤阳风电工程。
（王 盼 提供）

中铁十九局集团六公司承建的华电宁夏月亮山风电二期安装工程。
（邓春岭 摄）

中铁二十二局集团电气化公司承建的大唐长清风电场工程。
（孔祥文 摄）

中铁十八局集团公司参建的锦屏电站拦河闸坝工程。
（伍 振 摄）

中国铁建港航局集团公司承建的华润水泥（封开）有限公司6×4500t/d熟料水泥生产线配套码头工程。（周宏威 摄）

中国铁建港航局集团公司承建的温州苍南1号风电场海上测风塔基础工程。（李育华 提供）

中铁十四局集团四公司承建的山东临矿集团会宝岭铁矿斜坡道掘砌及溜破系统工程获煤炭行业优质工程和太阳杯奖。（蒋复建 摄）

中铁十七局集团二公司承建的西藏甲玛铜多金属矿开采工程。（周福荣 摄）

2012 年 4 月 21 日，中铁物资集团公司与国内知名钢铁网站“钢之家”联合推出的“中国大宗物资网”（www.zgdzwz.com）上线仪式在上海星河湾大酒店举行。

（王 蕾 提供）

中铁物资集团公司物流配送车队。（叶玲玲 摄）

2012 年 5 月 16 日，中国铁建物资集中采购中心在北京成立。（王 蕾 提供）

中铁二十五局集团南方实业公司湖南省建筑用钢材重点物流市场。（秦一鸣 提供）

中铁二十五局集团南方实业公司南铁物流。（秦一鸣 提供）

2012 年 11 月 18 日，中国铁建 BOT+EPC 总承包模式运作项目——中铁十八局集团隧道公司承建的成渝高速公路复线巴岳山隧道贯通。（马明明　提供）

2012 年 8 月 10 日，中国铁建与南京市人民政府签订南京青奥轴线地下工程投资建设合同。（张华琴　提供）

2013 年 11 月 27 日，广东省江门市新会区人民政府与中国铁建港航局集团公司举行 BT 项目协议签约仪式。（李育华　提供）

2012 年 6 月 27 日，中铁第四勘察设计院集团公司采取 BT+EPC 模式承揽的项目——昆明呈贡新城东外环中路工程及其上部道路工程开工兴建。（李再良　摄）

2012 年 7 月 3 日，铁道兵纪念馆暨中国铁建展览馆资料征集捐赠仪式在中国铁建大厦三楼报告厅举行。 （刘 文 摄）

为庆祝党的 91 华诞，纪念建团 90 周年，迎接十八大召开，中铁二十五局集团公司举行“我把青春献给党”文艺汇演。

（戴军武 李 异 摄）

昆明中铁大型养路机械集团公司职工文艺节目音乐剧《新徒弟》获 2012 年中国铁建“职工才艺大赛”二等奖。

（富建强 摄）

2012年11月5日，中土尼日利亚公司在阿布贾依都园区举行依都培训中心揭牌暨青年视界与技能计划启动仪式。股份公司党委副书记齐晓飞（右）、中国驻尼大使邓波清（左）为培训中心暨青年视界与技能计划启动仪式揭牌。 （郭子岩 提供）

2012年8月15日，中土尼日利亚公司在阿布贾举办小松挖掘机操作手培训班。图为现场操作与讲解。 （曹少峰 摄）

2012年10月26日，青海玉树灾后重建城乡住房、僧舍工程基本完成暨琼龙小区2134户居民入住仪式在中国铁建援建的琼龙小区举行。 （张兰忠 摄）

2012年10月23日，中国铁建向贵州山区希望工程基金捐款300万元，为贵州贫困山区农村小学建设12所“爱心食堂”，有效改善贵州贫困山区学校的办学条件。 （刘文 摄）

2013 年 1 月 28 日，中国铁建一届四次职工代表大会暨 2013 年工作会议在北京召开。

（刘建国 摄）

特　载

本栏责任编辑　**杨启燕**

全面贯彻落实党的十八大精神
真抓实干奋发有为 开创科学发展新局面
——党委书记、董事长孟凤朝在中国铁建股份有限公司党委二届八次全体委员会议上的报告
（摘 要）
（2013 年 1 月 27 日）

一、2012 年党委工作

2012 年，面对市场严峻挑战，股份公司党委以高度的责任感和强烈的使命感，团结带领广大党员和职工，紧紧围绕企业改革发展和生产经营中心，自觉把工作干劲凝聚到转型升级上，把主要精力放到降本增效上，把干事热情转到风险管控上，坚定信心，振奋精神，开拓创新，稳中求进，扭转了不利形势，企业改革发展取得显著成绩。2012 年新签合同额 7893. 37 亿元，同比增长 15. 9%；完成营业收入 4843. 13 亿元，同比增长 5. 89%；实现利润总额 108. 96 亿元，同比增长 8. 35%；实现净利润 85. 21 亿元，同比增长 8. 11%。

（一）深化创先争优，基层党组织建设取得新成效

各级党组织以迎接十八大、贯彻十八大为主线，按照“抓落实、全覆盖、求实效、受欢迎”的要求，广泛开展“基层组织建设年”，不断深化和拓展创先争优活动，取得明显成效。

一是战略引领，推动企业科学发展。各级党委着眼科学发展，自觉把优化产业结构、创新发展模式、提高发展质量纳入创先争优活动。股份公司党委审时度势，科学判断，准确定位，引领企业加快战略转型。收购重组中国铁建财务公司，加强资金集中管理，打造新的融资平台和利润增长点。组建成立中国铁建国际集团公司，加快“走出去”步伐，增强企业国际化经营能力。所属各级党组织自觉围绕企业中心任务，创优秀、争先进，充分发挥政治核心作用，形成推动科学发展的强大合力，促进企业又好又快发展。中铁十二局集团公司深入开展“实干兴企、实干增值”主题实践活动，引领企业攻坚克难，开创发展新局面。中铁物资集团公司全力打造六大业务板块，进入全国知名物流企业前五强。

二是排忧解难，促进企业稳定和谐。所属各级党委始终坚持以人为本和群众利益无小事的理念，不断健全完善“党委统一领导、党政共同负责、部门齐抓共管、职工群众广泛参与”的维稳工作机制，主动深入基层，从源头上预防和化解矛盾，排民忧，解民难，努力解决好广大职工最现实、最直接、最关心的就业上岗、收入分配、社会保障、劳动安全等热点难点问题，密切与基层职工的联系，促进企业稳定和谐。昆明中铁大型养路机械集团公司积极倡导“快乐工作，享受生活，品味人生”，不断提高职工收入，持续改善职工工作生活条件。中国铁建电气化局集团公司积极构建职工工资正常增长和支付保障机制，促进劳动关系稳定和谐。中铁十一局集团公司领导班子成员深入工程公司、项目部，分别参加 40 个联系单位创先争优活动，帮助解决实际问题。

三是强基固本，加强基层组织建设。所属各级党组织坚持抓好创先争优的“三个结合”，即抓好创先争优活动与创建“四好领导班子”的有机结合，与创建“四强”党组织、争当“四优”共产党员的有机结合，与创建学习型党组织的有机结合，党建工作重点更加突出、主题更加鲜明、载体更加丰富，基层组织建设焕发出新的活力。同时，各级党组织着力构建创先争优长效机制，把在创先争优活动中创造的经验和做法，以制度的形式固化下来，促进创先争优长效化、常态化。中铁建设集团公司坚持党建工作与生产经营过程管控同步考核、同步奖惩的制度化建设，实现党建工作与生产经营的双丰收。中铁十三、十九、二十、二十四局集团公司和中铁第四勘察设计院集团公司认真落实“分设、专职、一样”的要求，有效推动党组织书记队伍建设。中铁十五、十六、二十一、二十三、二十五局集团公司和中铁上海设计院集团公司等注重夯实基础工作，切实推进党建工作标准化、规范化。中铁十七、十八局

集团公司积极探索海外党建新途径，推动党的工作向海外项目拓展。中铁第一勘察设计院集团公司党委、中铁十四局集团公司北京地铁9号线项目部党支部被中组部评为全国创先争优先进基层党组织。

（二）着眼能力提升，领导班子建设取得新突破

股份公司党委结合实际，加强各级领导班子思想政治建设，推进领导人员规范管理，不断提升各级领导班子的治企能力和水平。

一是加强思想建设，提升把关定向能力。各级党组织牢固树立和认真落实科学发展观，狠抓领导班子的思想建设、组织建设、作风建设和反腐倡廉建设，不断增强领导班子的政治意识、大局意识、责任意识和忧患意识。采取座谈交流、听取讲座、专家辅导等形式，强化党委中心组学习，深化学习型党组织建设，推进思想理论武装。推荐、组织领导班子成员参加中央党校、国家行政学院等培训，提高领导班子的思想政治素质，提升领导班子的把关定向能力。中铁二十二局集团公司深入开展"讲原则、重责任，加强班子和党员领导干部思想作风建设"主题实践活动，有效解决党员领导干部作风不实、原则性不强、责任心缺失问题，促进企业持续健康发展。中国铁建重工集团公司《以学习型党组织建设培育企业学习力，提升核心竞争力》的经验，作为湖南省唯一一家企业代表，在全省贯彻十八大精神暨推进学习型党组织建设工作会上发言，并被编入《湖南省委学习型党组织建设指导丛书》。

二是加强形势研判，提升驾驭复杂局面能力。面对2012年更加严峻的经济形势，股份公司各级领导班子按照稳中求进的思路，积极采取应对措施，保增长，保安全，保稳定，坚定不移转方式，脚踏实地促转型。在铁路市场任务严重不足的情况下，积极拓展公路、市政、房地产、水利水电、轻轨和能源资源等路外市场。立足国内市场开发，积极拓展海外市场。审慎运作资本运营，不断涉足新领域，生产经营取得显著成绩。中国铁建房地产集团公司面对"限购、限贷、限价"等各项严厉的宏观调控政策，审慎决策、防范风险，创新营销、提升管理，经营业绩持续攀升，品牌影响力显著增强，对股份公司的利润贡献度稳步增长。

三是加强整体功能，提升解决自身矛盾问题能力。股份公司党委注重发挥所属单位领导班子的整体功能，加大领导班子管理力度，通过召开民主生活会、建立并执行党委议事规则等方式，引导各单位领导班子自觉坚持民主集中制，正确处理局部与全局的关系、集体领导与个人分工负责的关系、民主讨论与集体决策的关系、"班长"与班子其他成员的关系，切实提高班子解决自身矛盾和问题的能力，促进领导班子的团结协作。加大领导人员的考核力度、严格执行选任和退出制度。全年选任和调整领导人员涉及单位34个次、85人次，其中，1名领导人员被免职，1名领导人员被降职使用。通过考核调整，领导班子的年龄结构、知识结构得到进一步优化，促进了领导班子整体功能的有效发挥，形成推动企业改革发展的内生动力。

（三）强化精神引领，宣传思想文化工作取得新成绩

宣传思想文化工作坚持以科学理论为指导，切实抓好思想先导、文化引领和形象塑造，为推动企业科学发展提供思想保证。

一是夯实企业科学发展的共同思想基础。组织开展"回顾辉煌历程、喜迎党的十八大"读书竞赛活动。开展"创佳绩、促和谐、迎盛会"形势任务教育活动。深入开展各种形式的主题教育活动和精神文明创建活动，推进郭明义爱心团队等群众性精神文明建设活动的蓬勃开展。中铁建设集团公司和中铁第五勘察设计院集团公司获全国文明单位称号，股份公司获中央企业首届精神文明建设"五个一"优秀作品奖。深入开展社会主义核心价值体系教育，广泛宣传中国铁建第二届十佳道德模范，凝聚力量，开创新风。深入开展思想政治工作研究，股份公司党建政研会获中央企业课题研究优秀组织单位奖。组织开展责任成本管理宣传活动，推出33个单位和35名个人在成本管理中的经验。系列的宣传教育工作，为企业转型升级、做强做优奠定了良好的思想基础。

二是全面深化企业文化建设。各单位认真贯彻落实党的十七届六中全会精神和十八大精神，培育职工高度的文化自觉和文化自信，增强企业文化软实力。在广泛征求意见的基础上，股份公司党委印发《关于进一步加强企业文化建设的决定》，对今后一个时期深化企业文化建设作出具体部署。开展中国铁建广告语征集评选工作，扩大中国铁建文化的吸引力和影响力。深入开展"绩效为先，执行为上"专题教育活动，倡导以绩效论英雄，以执行看作风，为树立正气、提高效率、推动发展提供良好的文化条件。积极推进铁道兵纪念馆暨中国铁建展览馆建设，广泛开展群众性文化活动，组织开展书法、美术、摄影评比、展览活动，筹备了第16届大路画展。企业文化建设不断向纵深发展，极大地激发了职工的工作热情和创造活力。

三是着力抓好新闻宣传报道工作。围绕股份公司转型升级的新思路、新举措，有计划、有重点地策划和组织国内外重点工程及创效板块的对外宣传。2012年，股份公司总部在中央主流媒体刊稿182篇（幅）。"两会"前夕，中国铁建作为中宣部确定的国企改革先进典型，中央主流媒体进行了宣传报道。"七一"期间，组织近30家中央主流媒体深入北京地铁9号线，

对荣获全国创先争优先进典型的中铁十四局集团公司项目党支部进行采访;9月中旬,组织11家中央主流媒体,集中宣传被誉为“国企带头人”——中铁十八局集团公司四川锦屏水电站“金牌项目经理”孔凡成。《新闻联播》两次播报中国土木工程集团公司曹宝刚的先进事迹,引起社会强烈反响。全年及时处理、有效应对突发事件20余起,最大限度维护了企业形象。《中国铁道建筑报》坚持面向管理层,面向基层,认真践行“走转改”,紧紧围绕企业中心工作,突出宣传企业转型发展的新成就、新经验。这些新闻宣传,提高了企业的知名度、美誉度和社会影响力。

(四)狠抓责任落实,党风建设和反腐倡廉取得新进展

各级党委、纪委围绕企业中心任务,落实党风建设和反腐倡廉工作,完善制度体系,夯实教育基础,强化监督制约,加大惩处力度,为推动企业持续、健康、和谐发展提供有力保障。

一是狠抓制度建设,强化廉洁教育。各级党委、纪委把建立健全反腐倡廉基本制度,作为推进惩防体系建设的基础性工作常抓不懈。围绕法人治理、重大决策、项目管理、投资管理、招标采购等重点部位和关键环节,印发《贯彻落实“三重一大”决策制度实施办法》等30余项规章制度。以完善基本制度为依托,以党风廉政建设责任制为龙头,以反腐倡廉联席会议为载体,以“三重一大”制度执行情况专项检查为重点,探索廉洁风险防控有效途径,推动各项制度落实,初步形成惩防体系有效运行的工作机制。全系统发挥宣传教育在反腐倡廉建设中的先导作用,广泛开展反腐倡廉形势任务教育、党性党风教育、党纪条规教育,充分发挥先进模范的示范引导效应和反面典型的警示教育作用,营造了“廉荣贪耻”的廉洁文化氛围。全年全系统新建反腐倡廉配套制度127项,签订党风廉政建设责任书6848份,考核单位3151个,责任追究277人。

二是狠抓集中整治,强化监督制约。按照国务院国资委统一部署,全系统深入开展依法经营集中教育整治活动。积极部署宣传教育活动。以刘志军严重违纪违法案件为反面典型,以部分单位在铁路项目招投标问题为重点,各级党委中心组和经营人员认真学习《国有企业领导人员廉洁从业若干规定》《中华人民共和国招标投标法》等文件和法规,并层层签订“依法经营承诺书”。认真做好自查自纠工作。在领导决策、投标公关、物资设备招标、包工队伍使用、自查自报等关键环节上进行自查深挖,分别填写单位和个人“自查登记表”,做到严谨求实、全面排查、如实上报,不漏项、不留死角。扎实开展整改纠错工作。对违规使用中介承揽铁路工程及瞒报有关情况的责任人启动问责程序,予以严肃处理,彻底治理中介违法分包问题。同时,把强化权力监督制约,作为防止滥权和腐败的关键环节,完善约束机制,拓宽监督渠道,整合监督资源,落实监督措施,努力规范权力运行,初步建立起协调统一、健全高效的监督体系。

三是狠抓大案要案,强化效能监察。全系统各级纪检监察组织以惩促防,标本兼治,重点查办大案要案,加大惩处力度,有效遏止腐败案件易发高发势头。全年全系统受理群众信访举报283件次;初核案件线索290件,立案268件,结案249件。通过办案挽回经济损失2183.31万元。全系统结合“管理提升”活动,认真开展效能监察,规范经营管理行为,提高管理水平和创效能力。全系统效能监察立项23项,查处违规违纪金额1.47亿元,避免经济损失2.14亿元。

(五)注重作用发挥,工会共青团工作取得新收获

各级工会、共青团充分发挥自身独特优势和作用,围绕中心,服务大局,积极开展工作。

工会工作扎实推进。各级工会紧紧围绕企业中心工作,以“推进企业科学发展、维护职工群众利益”为主题,广泛开展劳动竞赛,扎实推进“双服务”活动,着力加强民主管理,努力构建和谐劳动关系。一是建功立业活动广泛开展。各级工会广泛开展各种形式的劳动竞赛,促进重难点工程的有效突破。创新劳动保护形式,组织安全亲情活动、完善“一法三卡”等安全防护措施,提高职工安全防护意识。推动职工技术创新,成立以中铁十六局集团公司“黄昌富创新工作室”为代表的20多个技术创新工作室,以点带面,增强企业创新驱动力。大力弘扬劳模精神,认真抓好评先创模工作,充分发挥劳模先进在创先争优活动中的示范引领作用。全系统有3个单位获得全国五一劳动奖状,5个单位获全国“工人先锋号”称号,15人获得全国五一劳动奖章。二是企业民主管理进一步深化。坚持职代会制度,职代会建制率、召开率明显提高。落实职代会各项职权,民主评议干部富有成效。重视提案征集落实工作,不断深化企务公开,进一步拓宽职工诉求表达渠道。三是维护职能进一步彰显。工资集体协商有序推进,全系统二级公司工资集体协商已实现全覆盖,职工工资正常增长和支付保障机制逐步建立完善。女职工权益得到切实落实。股份公司完善农民工工资直发等制度,切实维护农民工权益的做法,受到中华全国总工会主席王兆国的充分肯定。四是“双服务”扎实有效。大力开展“服务基层、服务职工”活动,了解和帮助基层单位和职工群众解决困难,全面落实“面对面、心贴心、实打实服务职工在基层”要求,企业凝聚力明显增强。以“三不让”、送温暖为重点的帮扶救助工作普遍开展。全年筹集“三不让”专项资金9760万元,

救助困难职工家庭11370户次,资助困难职工子女入学2756人次,救助患病职工3580人次。

共青团工作蓬勃开展。各级团组织结合自身实际,团结带领广大团员青年开拓创新、奋勇拼搏,为中国铁建科学发展作出积极贡献。组织开展“文化引领我争先、转型发展谱新篇”等青年主题实践活动,服务企业中心工作,充分发挥青年生力军作用。围绕纪念建团90周年,开展系列活动,激发广大青年爱国、爱团、爱企热情。夯实组织建设基础,优化团组织负责人的工作待遇和工作环境,进一步焕发团组织的生机与活力。勇担社会责任,开展“团组织就在我身边”、“铁骨柔情,大爱无疆”等关爱活动,进一步树立团组织的良好形象。2012年,广大团员青年积极奉献爱心,捐款380余万元。其中,在贵州捐助兴建“中国铁建·爱心食堂”12所。全系统19个先进青年集体和25名先进青年受到团中央和中央企业团工委的表彰。

二、面临的形势

2013年,是全国上下深入学习贯彻落实党的十八大精神的开局之年,也是企业实施“十二五”规划承上启下的关键之年。综合分析影响企业生存发展的各种因素,我们面临的形势可以概括为:机遇与挑战并存,希望与困难同在。困难和挑战主要表现在:

一是国际经济形势依然错综复杂。国际金融危机的阴霾久聚不散,世界经济复苏的不确定性和不稳定性仍在上升。世界经济低速增长态势仍将延续,各种形式的保护主义明显抬头,发达国家量化宽松货币政策所推动的潜在通胀和资产泡沫的压力加大。同时,经济危机引发社会危机和政治危机,造成地区冲突、宗教矛盾、社会动荡,对企业“走出去”,扩大国际化经营带来更大的压力和风险。

二是国内经济仍然面临诸多挑战。国内经济增速理性放缓,产业升级短期内仍缺乏新的增长引擎,各级财政特别是地方财政收入增速出现较为明显的减慢,劳动力成本持续上升,能源原材料等生产要素成本居高不下,物价上涨压力增大。

三是企业科学发展任务依然艰巨。企业市场竞争形势严峻,转型升级任重道远,结构调整远未到位,粗放管理方式还未根本改变,盈利能力差、水平低的问题仍然比较严重。此外,顶尖人才和一些特定领域的专业人才不足以及资金紧张等问题,也影响和制约着企业发展。

四是加强企业党建思想政治工作难度加大。在全球化、信息化的影响下,党员、职工的思想和价值观更加多元化。少数单位重生产、轻党建的思想依然存在。少数领导干部脱离职工,形式主义、官僚主义作风比较严重,影响党组织政治核心作用的发挥。

“祸兮福之所倚”。在看到影响企业发展的困难与挑战的同时,我们更应该看到,企业发展还有很多积极因素。主要表现在:

一是世界经济下滑的风险有所降低。美、俄、日、欧纷纷瞄准新世纪前20年,制定整体振兴计划。美国和日本的经济活动正趋于活跃,欧盟债务危机压力渐放,新兴经济体应对危机的机能不断增强,中国和拉美地区的合作日益密切。

二是中国发展仍处于可以大有作为的重要战略机遇期。中国综合国力和国际威望日益提升,将为中央企业发挥自身优势,参与全球资源配置,抢占未来发展制高点带来机遇。贯彻落实十八大精神和政府换届选举,将进一步激发全国上下发展的热情。2013年还是“十二五”规划中期评估年份,以过往规律看,每个五年规划中的第二、三年往往是投资加速年份。大量审批并开工的“十二五”规划重点建设项目有利于投资增长和经济回升。2012年12月,94个重大项目被放行;获批的轨道项目共计14条段,投资2650亿元;2013年城市轨道建设投资规模2800亿元左右,铁路投资规模仍高达6500亿元,其中基建投资5200亿元。未来三年,全国铁路将完成投资1.33万亿元,投产新线2.07万公里。此外,《促进城镇化健康发展规划(2011~2020年)》已提上国家议事日程。城镇化在未来十年预计可拉动40万亿元投资,预示着建筑业更广阔的市场即将到来。

三是企业综合实力显著增强。抗风险能力逐步提高,调结构,促转型取得初步成效,公司治理结构逐步完善,规章制度逐步健全,技术创新硕果累累,走出去步伐逐渐加大,“诚信、创新永恒,精品、人品同在”的企业价值观深入人心,企业处处彰显发展后劲。

四是企业政治优势明显。十八大对全面推进党的建设新的伟大工程作出了全面部署,为企业党建工作提供了新的机遇。“支部建在连上”的优良传统得到传承和发扬,党组织基本实现全覆盖。创先争优等教育实践活动深入开展,营造了企业党建和思想政治工作的良好氛围。特别是经过近年来的积极探索,初步建立了一整套具有企业自身特点的党建工作体制机制,为进一步加强和改进企业党的建设打下较好基础。

三、2013年主要工作

2013年党委工作的总体思路是:以邓小平理论、“三个代表”重要思想、科学发展观为指导,全面贯彻落实党的十八大、中央经济工作会议和中央企业负责人会议精神,紧紧围绕企业科学发展这个中心,切实加强党的建设,团结带领各级党组织和全体党员、广大职工,真抓实干、奋发有为,攻坚克难、开拓创新,不断开创企业科学发展新局面,为实现党的十八大确定的目标任务开好局、起好步作出积极贡献。总体要求是：围绕一条主线，发挥三大优势，抓好五项建设，即围绕学习贯彻落实十八大精神这条主线，发挥政治优势、组织优势和密切联系群众优势，抓好组织建设、领导班子建设、人才队伍建设、作风建设和反腐倡廉建设，为打造高价值创造力的具有国际竞争力的大型建设集团提供政治保证、组织保证。

（一）武装头脑，推动工作，深入学习贯彻十八大精神

党的十八大描绘了全面建成小康社会、夺取中国特色社会主义新胜利的宏伟蓝图，对新的时代条件下推进中国特色社会主义事业作出重大战略部署，为党和国家事业发展指明方向。各级党委要以高度的政治责任感和历史使命感，把学习贯彻党的十八大精神当作当前和今后一个时期的首要政治任务，切实抓紧抓好。

一是进一步掀起学习贯彻十八大精神热潮。各级党委要在前一阶段学习贯彻的基础上，通过中心组学习、专题讲座、座谈研讨、培训教育等方式，引导广大党员、干部职工把十八大精神学习好、领会好。要深化学习型党组织建设，充分发挥报纸、网站等的舆论引导作用，广泛开展"抓质量、增效益"主题教育活动，采取党员群众喜闻乐见的形式，使十八大精神家喻户晓、深入人心，把广大党员、干部职工的思想和行动统一到十八大精神上来，把十八大精神转化为推动工作、加快发展的新理念、新部署、新举措，转化为实实在在的企业发展成果。股份公司党委将举办所属单位专职党委副书记和基层党组织书记、党务干部学习贯彻十八大精神专题培训班。通过培训，推动各级党组织书记、党务干部自觉用十八大精神武装头脑，推动工作。股份公司党委将适时召开学习宣传贯彻十八大精神经验交流视频会，推动学习宣传贯彻十八大精神引向深入。

二是深入开展党的群众路线教育实践活动。党的十八大提出，围绕保持党的先进性和纯洁性，在全党深入开展以为民务实清廉为主要内容的党的群众路线教育实践活动。这是推进党的建设新的伟大工程的战略举措，是加强党的作风建设的重要载体。这项活动将于2013年在全党开展。我们要根据中央部署和国资委党委安排，高度重视，认真组织，借鉴历次教育实践活动的成功经验，确保活动取得实实在在的效果。

三是召开总公司第三次暨股份公司第一次党代会。按照党章规定和国资委党委要求，认真筹备召开总公司第三次暨股份公司第一次党代会，总结总公司第二次党代会以来企业改革发展和党建工作，谋划今后5年企业改革发展大计和企业党建工作思路，选举产生新一届党委、纪委领导班子，进一步加强党的建设，为企业科学发展提供思想政治和组织保证。

（二）改革创新，强基固本，深化基层党组织建设

各级党委要以改革创新精神深化基层党组织建设，加强薄弱环节，解决突出问题，巩固扩大创先争优活动成果，夯实企业党的组织基础。

一是努力建设学习型、服务型、创新型党组织。各级党委要按照十八大的要求，努力建设学习型、服务型、创新型党组织。要组织引导各级党组织不断学习，加强党委中心组学习经验的总结和推广，始终保持先进性和纯洁性，不断提高能力水平。要建立健全服务职工群众的机制，使服务职工群众落实在制度上、体现在行动中。要坚持改革创新，推动企业管理创新、制度创新。通过扎实工作，使学习型、服务型、创新型党组织建设取得明显成效。

二是扎实做好党建专项提升和整改落实工作。要结合企业管理提升活动，抓好党建专项工作，着力在推动企业党组织参与重大事项决策、建立和完善发挥政治核心作用体制机制上下功夫、见成效。所属二、三级单位党委要建立和完善党委议事规则，提出贯彻落实党委议事规则的具体措施；工程项目部等生产工作一线党组织要制定和完善参与"三重一大"事项集体决策制度。同时，切实抓好党委议事规则及"三重一大"事项集体决策制度的贯彻落实。股份公司党委将适时进行抽查。开展海外项目党建工作检查调研，制定海外项目党建工作指导意见，提高海外项目党建工作水平，促进海外项目规范管理、安全创效。

三是下决心在基层党组织书记队伍建设上取得实质性进展。当前，政工干部队伍后继乏人、青黄不接，党群工作缺人干、不愿干、不会干的问题十分突出，基层政工干部，特别是基层党组织书记紧缺的局面没有根本好转。各级党委必须在这个问题上真重视、真解决，下决心在基层党组织书记队伍建设上取得实质性进展。既要解决缺人干、不愿干、不会干的问题，又要进一步理顺和解决政工干部发展空间问题。注重从专业技术干部中选拔政工干部，培养复合型管理人才。党群领导要以主要精力履行所承担的岗位职责。新任职党群领导必须参加党群工作专题培训，提高履职能力和水平。

（三）健全机制，优化结构，加强领导班子和人才队伍建设

"政治路线决定之后，干部就是决定因素"。各级党委要坚持党管干部、党管人才原则，紧紧围绕"十二五"战略规划和企业"稳增长、调结构、强基础、提效益、上水平"的总基调，健全选用机制，优化素质结构，推进领导班子和人才队伍建设，为企业改革发展提供保证。

一是加强领导班子考核评价和领导人员选拔调整。结合单位年度工作会议、领导班子补缺考察、专项考核，认真实施领导班子和领导人员的考核评价，坚持任期离任审计，全面、客观、科学地掌握所属单位领导班子和领导人员的德才表现。坚持所属单位领导人员年度述职制度，完善领导班子和领导人员的考核评价档案，建设在状态、有活力、负责任、讲团结的坚强领导集体。改进领导人员选拔方式，坚持以德为先，注重履职经历，并把竞争性选拔作为选人用人的重要方式，选拔政治立场坚定、经营管理能力强、业绩突出、群众公认的优秀年轻管理人才进入各级领导班子。落实企业领导人员相关廉政措施和个人有关事项报告制度，加强对领导人员的全面监管。落实问责制，对生产经营、企业管理中出现重大问题，给企业造成重大损失，或在组织考核评价中认定为不称职、纪委巡视中发现有严重个人问题的，要坚决、及时按规定进行处理。

二是进一步健全领导人员管理机制。修订《企业领导人员管理暂行办法》，形成比较完善的企业领导人员选拔、考察、任用、公示、任期、交流、考核评价、退出、后备管理等制度。结合信息化建设，组织力量完善领导人员基础资料，为实现科学、有效的管理奠定基础。

三是认真抓好后备干部队伍建设。选拔政治坚定、业绩突出、群众公认的优秀干部，列入后备干部队伍进行重点培养；根据所属单位领导班子建设的需要，统一调配使用。有计划地进行交流和轮岗，使后备干部在多岗位锻炼中丰富阅历；选送后备干部进入中央党校、国资委培训中心等机构培训，增长见识，加快成长。

四是加强人才队伍建设。做好新一轮“百千万人才工程国家级人选”的申报推荐工作，着手建立股份公司专家库。对思想素质好、业务能力强、忠诚企业，在重点工程或技术含量高的项目上得到充分锻炼的专业技术干部，有计划、有针对性地进行培养和锻炼，为股份公司的发展储备一批技术专家和管理专家。做好专业职务评聘工作，适时对相关单位的专业技术职务评审工作进行检查。进一步加强和改进总部机关人员管理，建立并规范总部机关绩效管理制度。

（四）构筑文化优势，凝聚精神力量，加强宣传思想文化建设

各级党委要以学习宣传贯彻党的十八大精神为主线，切实做好宣传思想文化工作，为企业科学发展提供强大的精神文化力量。

1. 深入开展思想政治工作。各级党组织和党员领导干部要按照中央“八项规定”和股份公司党委、股份公司《关于进一步改进工作作风、密切联系群众的具体措施》的要求，扑下身子，深入实际，密切联系职工，到困难和矛盾集中、职工意见多的地方去，体会职工包括农民工的苦乐，了解职工思想，集中职工智慧，增强思想政治工作的针对性和实效性，做好队伍的思想稳定工作。扎实开展先进典型的培育、选树和推广工作，使一批扎根基层、实干兴企的先进典型成为全系统学习的榜样。做好股份公司党建政研会第二届理事会的换届工作，扎实有效地开展思想政治工作研究，发现问题、研究问题，出对策、出经验，推进问题解决，促进企业科学发展。

2. 加强精神文明建设。进一步推进精神文明创建活动纵深发展，提升文明单位建设整体水平，促进企业健康发展。在抓好试点的基础上，全面推进“道德讲堂”走进中国铁建，弘扬传统美德和时代新风，努力营造风清气正的氛围。组织开展第三届“十佳道德模范”评选活动，大力宣扬道德模范的先进事迹和精神，进一步激发道德模范的影响力、感召力，为企业发展提供强大的精神力量。

3. 深化企业文化建设。深入贯彻落实《股份公司党委 股份公司关于进一步加强企业文化建设的决定》，形成中国铁建独特的文化优势。制定境外项目文化建设标准及评比办法，规范境外项目文化建设，适时组织境外项目文化检查。召开中国铁建第四次企业文化建设现场推进会，修订企业文化视觉识别系统，建立一批企业文化建设示范单位，进一步推行“四个统一”，打造中国铁建统一品牌。制定机关文化建设标准和考核评价制度，以作风建设为重点，开展机关文化建设年活动，促进各级机关建设。加强书法美术摄影协会工作。开展“落成一个纪念馆”等“七个一”系列活动，纪念铁道兵成立65周年，缅怀历史，展示业绩，凝聚力量。

4. 抓好对外报道，妥善做好突发事件新闻处置。以典型报道和重大项目报道为重点，及时对外宣传中国铁建的新业绩、新成就和新经验，为中国铁建改革发展营造良好氛围。认真贯彻执行《中央企业新闻工作考核评价暂行办法》，进一步建立和完善应对突发事件新闻处置机制、舆情监测机制，加强网络评论员队伍建设，妥善做好突发事件中的新闻处置工作，充分发挥微博等新媒体的作用，最大限度地挤压负面信息的传播空间，维护企业形象和利益。继续办好《中国铁道建筑报》。

（五）突出重点，突破关键，扎实推进党风建设和反腐倡廉工作

各级党委要按照十八大和十八届中央纪委二次全会的要求，突出重点领域，突破关键环节，扎实推进党风建设和反腐倡廉工作，推动企业持续、健康、和谐发

展。

1. 加强反腐倡廉宣传教育。加强理想信念和宗旨教育、党性党风党纪教育、依法经营教育、案例警示教育,切实抓好对企业领导人员、重点岗位人员和广大员工的反腐倡廉教育。利用报纸、网站、多媒体发布平台、手机短信等多种渠道,宣传先进典型、剖析贪腐案例、进行廉洁提醒。丰富廉洁文化创建载体,推进廉洁文化建设进机关、进班子、进岗位、进项目、进小区、进家庭。

2. 推进廉洁风险防控工作。查找各部门、各岗位廉洁风险点。针对不同廉洁风险点,分层次、分部门进行警示教育。对廉洁风险进行分级,编制廉洁风险防控手册。优化管理流程,完善制度体系。

3. 加强权力运行监督制约。广泛深入开展巡视工作,对纪委书记综合巡视、信访举报等反映出来的问题,约谈其所属单位主管领导,全面掌握领导人员廉洁从业情况。加强重点领域和关键环节的监督,促进企务、党务公开。开展《贯彻落实"三重一大"决策制度实施办法》执法检查,加强对权力运行的监督制约,把权力关进制度的笼子里。

4. 保持查办案件高压态势。坚持有腐必反、有贪必肃,老虎、苍蝇一起打。拓宽案源渠道,努力从信访举报、审计监督、财务检查、效能监察等多种渠道发现案件线索。加强所属单位案件督办工作,实行办案目标责任制。突出办案重点,严肃查办违反政治纪律的案件;严厉查处领导人员以权谋私、权钱交易、失职渎职、滥用职权、贪污受贿、跑官卖官的案件;坚决查办在干部提升、工程招投标、物资设备采购、工程款拨付等重点领域和关键环节中发生的违纪违规行为,努力解决职工群众身边的腐败问题。

5. 加强效能监察。继续做好国资委统一部署的管理提升和统一立项的效能监察工作。深入开展中国铁建立项的"亏损项目持续整治"、"海外项目强化管理"等工作。加强对物资设备采购招投标、资金集中管理等关键领域和重点环节的监督检查,踏石留印、抓铁有痕,抓出成果、抓出效益。

(六)展示作为,发挥作用,加强工会共青团工作

工会、共青团组织要围绕中心、服务大局,展示作为、发挥作用,组织引导广大职工、青年积极投身企业改革发展,在推进企业科学发展中贡献力量。

工会工作要坚持党的"依靠"方针,切实发挥工会组织联系职工群众的桥梁和纽带作用。进一步推动劳动竞赛和职工技术创新活动,团结动员广大职工建功立业、展示作为。进一步完善职工代表大会、企务公开和职工董事监事等制度,全面贯彻落实中纪委等六部委下发的《企业民主管理规定》。进一步推进工资集体协商工作,提高工资集体协商质量,扩大覆盖面和受益面,建立健全劳资双方共同参与的工资决定机制和工资支付保障机制。进一步巩固"双服务"活动成果,为职工群众解决实际困难,多办实事好事,实现服务职工活动的常态化和长效化。进一步推进帮扶救助和建家建线工作,完善"三不让"工作格局,实现体面劳动、尊严生活。进一步加强劳动关系矛盾预警及调处机制建设,努力构建"有组织、有预防、有调解、有保障"的法律服务组织体系。进一步做好女职工工作,发挥女职工在企业改革发展中的作用。做好统战工作和离退休职工管理工作。做好民工工资发放和职工上访处理工作,严防群体性事件发生。

共青团工作要紧密结合企业和青年实际,积极开展"品牌建设年"活动。要引导各级团组织结合自身特点,自主设计和创建有影响、有长效的品牌活动项目,以品牌活动建设喜迎团的十七大。依托"五小"成果开发奖励机制,引导广大青年不断提高科研素养和创新能力。要完善规章制度,形成良好的团内创先争优氛围,创造性地做好各项工作。依托青年组织关爱活动,形成无私奉献、团结友爱的良好氛围,打造奋发向上、互助共进的青年团队。

(七)脚踏实地,艰苦奋斗,努力开创企业科学发展新局面

当前,企业改革发展的目标是明确的,工作思路是清晰的。特别是近年来,在推进企业调结构、转方式上采取了一些重大举措,在提升企业管理水平、提高企业发展质量上提出了具体目标,也取得了实实在在的成绩。但是,我们企业发展方式不协调、不可持续的问题仍然突出,企业发展质量和效益仍然不高,管理粗放的局面还没有得到根本扭转。归根到底,就是执行力、落实力不到位的问题。我们的前身是铁道兵,具有执行力强、令行禁止的优良传统。但是,我们恰恰在这方面出了问题。这不仅和中央要求不符,也和我们这支队伍的优良传统相悖,更和我们承担的企业使命不相适应。各级党组织、广大党员特别是党员领导干部,必须警醒起来,切实提高执行力,加强落实力。对股份公司党委、股份公司作出的工作部署,要坚决贯彻落实,绝不允许上有政策,下有对策;对股份公司党委、股份公司的制度规定,要严格执行,绝不允许有令不行,有禁不止。

执行力和落实力问题,说到底是作风问题。党的作风不仅关系党的形象、人心向背和党的生死存亡,而且关系企业兴衰成败。早在全国解放前夕,毛泽东同志就提出:务必使同志们继续保持谦虚谨慎、不骄不躁的作风,务必使同志们继续保持艰苦奋斗的作风。十八大以后,习近平总书记先后就转变作风多次作出重

要批示。新一届中央领导集体率先垂范，带头改进工作作风，带头密切联系群众，为全社会带来了扑面新风。借助这股新风，股份公司党委、股份公司制定了贯彻落实中央“八项规定”的具体措施。各单位也要制定相应的具体办法。各级党组织、党员特别是党员领导干部，都应以高度的政治责任感，加快转变作风，切实在思想作风、学风、工作作风等方面树立新的形象。

空谈误国，实干兴邦。习近平总书记多次谈到“中国梦”。梦想于国家而言，是实现民族复兴；于企业而言，是站立行业之巅。让我们紧密团结在以习近平同志为总书记的党中央周围，把握机遇、真抓实干，做强做优、科学发展，为实现“铁建梦”、“中国梦”而努力奋斗！

成就中国铁建的梦想

——董事长、党委书记孟凤朝在中国铁建一届四次职工代表大会暨2013年工作会议上的讲话

（摘　要）

（2013年1月28日）

会议的主题是贯彻落实党的十八大、中央经济工作会议和中央企业负责人会议精神，总结2012年的工作，研究部署2013年改革、发展、稳定任务。

2012年，是中国铁建共克时艰、砥砺奋进、成效卓著的一年。一年来，我们认真贯彻落实国资委的各项决策部署，以科学发展为主题，以结构调整为主线，更加注重精益管理，更加注重降本增效，更加注重风险管控，实现稳定增长目标，超额完成年度计划，股市表现止跌回升，市场对中国铁建发展看好，信心增强。

我们能够在波折中发展，在逆境中实现增长，关键在于：

始终坚持科学发展。牢牢把握科学发展主题，不断深化对中国铁建发展现状的认识，把握发展规律，认清发展不足，厘清发展思路，提振发展信心，扭住生产经营不放松。

始终坚持转型升级。加大资源整合力度，完善产业链条，优化资产质量，培育新兴市场，产业结构调整效果明显。

始终坚持规范运作。按照“各负其责，协调运转，有效制衡”要求，不断加强法人治理结构，规范公司治理机制，董事会科学决策、监事会依法监督、经理层高效执行、党委会保障有力，公司治理机制更加科学规范，高效顺畅。

始终坚持创新驱动。加大科技投入，完善创新平台。高速铁路、高原铁路、长大隧道及地下工程的设计施工保持国际领先水平，大型铁路养护设备、盾构设备研发制造达到国际先进水平，桥梁、房建、“四电”集成、水工领域的设计施工水平大幅提升，核心竞争能力显著增强。

始终坚持精益管理。构建以管理提升活动为抓手、以降本增效为目标、以绩效改善为核心的精益管理体系，着力推进设备物资集中采购、资金集中管理、保险集中管理、机票集中预订、责任成本管理，成本竞争优势和企业管理水平不断提升。

始终坚持党的建设。坚持企业发展与党建工作的有机融合，努力把政治优势转化为竞争优势、发展优势。深入开展创建“四好领导班子”、创先争优活动，不断加强反腐倡廉、思想宣传、企业文化和民生建设，扎实有效地做好共青团、离退休职工和机关保障服务工作，着力提升各级党组织的战略决策能力、经营管理能力、抓班子带队伍能力，强化企业发展的政治保障作用。

始终坚持“依靠”方针。坚持以职工为本，全心全意依靠职工办企业，紧密围绕企业中心工作，发挥广大职工主力军作用，激励引导职工勤奋劳动、诚实劳动、创新劳动。坚持促进企业发展和维护职工权益

相统一，推动企业与职工效益共创、利益共享。坚持在党的领导下充分发挥工会组织的桥梁纽带作用，凝聚全员力量，推动科学发展，促进企业和谐。职工群众建功立业热情空前激发，评先创模成绩优异。

一、对形势的把握和展望

2013年是全面贯彻落实十八大精神的开局之年，又是实现“十二五”规划的关键之年。新的一年，国内外经济社会出现许多新情况、新变化、新特点，亟需引起我们高度关注。

一是经济环境更加复杂。发达国家经济复苏缓慢，金融危机的深层次矛盾尚未得到有效解决。全球经济低迷，能源原材料等新增需求放缓，大量游资在大宗商品市场和资本市场频繁炒作，经济波动幅度加大。国内经济总量增加，经济活动更趋多样，区域经济发展失衡，多种所有制经济成分并存，不同的利益主体和投资主体对经济政策的反应差异较大，各种经济活动及其相互关系复杂。国内外经济关系日趋紧密并相互影响，经济走势不确定性增加。

二是发展环境更为严峻。全球经济将保持缓慢复苏的态势，各国经济刺激政策加剧流动性过剩，通胀压力逐步加大。各国激烈争夺有限的国际市场，贸易保护主义抬头，贸易摩擦和贸易纠纷日益增多。国际市场潜在风险加大，对企业开拓国际市场、扩大国际化经营带来更大压力。国内土地、原材料、劳动力等生产要素成本持续上升，电、煤、成品油价格形成机制改革将继续推进，企业刚性成本不断增加。建筑业营业税改为增值税将全面推行，给建筑企业带来一些不利影响。国内公众环境保护意识增强，资源环境约束强化，保持经济增长的刺激政策将逐步淡出。加快转变发展方式，追求发展质量和效益更加迫切。

三是市场竞争更趋激烈。发达国家工程承包商因传统市场萎缩而更多地关注中低端海外市场，对中国建筑企业形成“挤压”效应。国内建筑行业既有市场竞争格局已经打破，行业区隔、地缘优势不复存在。建筑行业向投融资一体化转变的态势明显，几大央企承包商之间在重大项目、关键项目上的竞争更加激烈。地方保护主义盛行，地方建筑企业、民营建筑企业迅速发展，在地方投资项目和中低端项目上极具优势，对我们企业形成“挤出”效应。传统产业产能过剩问题日趋严重，企业效益不断摊薄，规模扩展空间有限。

四是监控监管更加严格。国资委要求中央企业进一步提高企业的发展质量和效益，加大对中央企业负责人的绩效考核力度，强化经济增加值的考核。加大对资产负债率的监控力度，对资产负债率高的企业进行重点监控。加大投资项目的监管审批和责任追究力度。监管机构对公司治理的合规性监管更加严格、更加完善，境内外投资机构、股东、媒体对公司关注度不断提高，企业规范运作面临新的考验。

经济有利因素也逐渐增多。

一是全球经济下行风险下降，经济增速缓慢回升。美国经济继续复苏向好。美国房地产市场持续好转，页岩气大规模开发带动的能源成本降低拉动相关产业投资增长。德国等捍卫欧元和欧元区的立场坚决，欧洲央行推出“直接货币交易计划”有利于稳定欧洲金融市场，欧洲经济2013年表现可望略好于2012年，世界经济增长也要高于2012年水平。

二是国内经济继续保持平稳较快增长态势。2012年中国GDP首次超过50万亿元，粮食产量实现九连增。稳增长、稳物价“双稳”目标实现，投资增速稳定，出口回暖速度加快，贸易顺差重上高位。中央明确稳中求进的总基调，经济持续健康发展成为首要任务。财政政策积极，货币政策稳健。未来较长时期，中国经济平稳较快增长趋势明显。

三是中国经济领域的一系列新举措值得期待。新型城镇化最具经济潜力，并有望引领改革实现重大突破。土地管理法的修正，户籍制度、收入分配制度的改革，必将对中国经济社会生活产生深远影响，对基础设施建设构成重大利好。国家在基础设施领域加大公共投资力度，地方政府大规模基建投资计划相继出台，投资增速明显。铁路建设市场回暖，公路、市政建设投资回升，轨道交通建设投资快速增长，保障性住房建设力度进一步加大。十八大“美丽中国”概念的提出，引领生态修复、旅游建设、水利水电、环境保护、清洁能源等领域的投资大幅增长，为企业发展提供了新的机遇。

二、关于2013年及今后一个时期发展的战略基点和重大工作任务

近十年来，历届领导班子团结带领广大干部职工抓住发展机遇，奋力攻坚克难，十年再造了十个中国铁建，创造了跨越式发展的“铁建模式”。但也要清醒地看到，我们仍处于产业链的低端，长期积累的体制性、结构性矛盾仍未从根本上得到破解，企业发展内生动力不足，管理基础薄弱，管理方式粗放，发展质量、效益与规模不匹配，结构调整、转型升级任务繁重，民生改善压力较大。企业改革发展稳定面临很多新情况新问题，实现“十二五”规划的目标任务十分艰巨。总的看，中国铁建正处于“三个关键点”上，即:处在调整结构、转型升级、加快发展方式转变的关键点上;处在夯实基础、精细管理、加快改革、提升发展质量效益的关键点上;处在破除体制机制深层次矛盾、激发创新发展活力、加快形成企业内生增长机制的关键点上。

根据面临的形势和中国铁建的发展基础、发展现状,2013 年及今后一个时期,要把持续健康发展作为全部工作的总基调。具体讲,就是要“稳增长、调结构、强基础、提效益、上水平”。“稳增长”,就是要在 2012 年完成的各项主营指标的基础上,2013 年要实现一定幅度的增长。这个增长是没有水分的增长,是有质量、高效益的增长。“调结构”,就是调整优化经济结构、产业结构、产品结构。通过内部整合、重组并购、合资合作,推动资源要素向优势产业集中,做强优势企业。根据现有布局和产业发展趋势,明确不同主业的调整思路,掌控产业链高端环节,掌控核心技术。发挥中国铁建整体优势,构建特色鲜明、结构合理、优势互补的战略性产业发展格局。“强基础”,就是紧紧围绕发展需求,深化管理提升,加强关键领域、薄弱环节工作,在体制机制、风险管控、项目管控、队伍素质等基层和基础工作上下功夫,夯实发展基础。“提效益”,就是加大市场开发力度,提高承揽质量,向市场要效益;突破新兴建设领域,保持一定增长幅度,向规模要效益;加强科学管理、精益管理,向管理要效益;加快结构调整,促进转型升级,向结构调整要效益;加强控本经营,降本增效,向成本要效益。毛利率、净利润、经济增加值等指标要有明显改善和进步。“上水平”,就是通过全系统上上下下、党政工团的共同努力,公司治理、发展能力、管控能力、创新能力、党的建设、群团建设等各项工作都有一个质的提高。社会贡献、企业形象、员工薪酬福利有新的进步。需要强调的是,我们的发展是规模、质量和效益统筹发展。我们是一个工程承包产业为主业的企业,产高利低是不争的事实,保持一定增长速度和规模,是实现质量和效益的前提,没有一定增长速度和规模,经济质量和效益也难以实现。

围绕上述发展总基调和考量,2013 年及今后一个时期发展重点是抓好以下 10 项工作。

(一)加快结构调整,促进转型升级

结构问题是制约中国铁建转变方式的一个根本性、全局性、战略性问题。尽管我们大力推进工业制造、房地产开发、物流贸易、资本运营、金融保险等产业发展,但总体上工程承包一头独大、其他产业规模较小,结构不合理、发展层次低的状况还没有得到根本解决。特别是铁路市场高台跳水,使我们更加清醒地认识到,不能把中国铁建的命运维系在铁路这一棵树上。我们要按照“十二五”发展规划确定的产业结构战略部署,大力调整优化产业结构,加快非工程产业和战略型新兴产业的发展,着力解决制约企业持续健康发展的重大结构问题。我们的调整是在发展中的调整,是在前进中的调整。通过调整,进一步增强发展的系统性、整体性、协调性,形成产业发展的新动力,新体系,新优势。

勘察设计咨询。设计是工程的灵魂,是工程承包产业链的上游,处于价值链的高端。勘察设计企业要加快调整步伐,加强品牌建设,提高专业化、规模化水平。中铁第一、第四勘察设计院集团公司定位于建设国内顶级、世界一流的国际工程公司。在市场定位上要做强做大设计,大力提升海外设计咨询能力。在经营领域上,以技术为引领,创造客户需求,由铁路向市政、城轨、交通、建筑、人防、新型城市综合改造等方面延伸,形成路内、路外、海外三大市场,跨国、跨行业、跨产业链的经营格局。在产品设计上,扩大中端,进入高端,由单纯的设计向规划、咨询、设计服务拓展。中铁第五勘察设计院集团公司 2012 年取得设计综合甲级资质,跨入国家级设计院行列。中铁第五勘察设计院集团公司、中铁上海设计院集团公司要向专、精、尖、新、特发展,做出特色。监理业务要调整产业结构,扩大业务领域,提升业务层次,全面升级服务水平。

工程承包。工程承包是我们的主业,是企业赖以生存的根基和发展的基础。要切实纠正和改变承揽靠中介,效益靠大包,利润靠贷款的不良现象。按照“拓宽领域、发展高端、深耕细作、提升质量”的要求,大力巩固扩大铁路、公路市场,重点发展房建、市政、城轨、水利水电、运营等市场,尽快在水工建设、水资源和水环境建设、新能源建设、节能环保建设、智慧城市建设、城市综合体建设、园区建设等领域取得突破。要坚持“五个转变”,以“大项目、好业主、好市场”为标准,提升高端项目比重,形成可持续发展的态势。按照“布局合理、特色鲜明、集约高效”的原则,积极推动以产业链为纽带、生产要素、资源要素集中集聚的产业集群建设,2 ~ 3 年内,重点打造 4 ~ 5 个营业收入过 500 亿元的集团公司。大力培育并发挥综合工程集团公司比较优势,形成差异化、专业化竞争能力和市场品牌,逐步改变同质化竞争局面,提升核心竞争力。目前,中铁十二局集团公司进入铁路养护领域,中铁十三局集团公司进入园林绿化、管网安装领域，中铁二十局集团公司以垃圾处理厂建设为依托进入城市环保建设领域，中铁二十二局集团公司进入风电建设领域，中铁二十三局集团公司进入水资源、水环境建设领域。资质是企业进入市场、竞争市场的准入证。2012 年，中国铁建取得 19 个铁路特一级资质，具备行业设计甲级与施工总承包特级资格，各集团公司要补齐设计短板，提升设计和工程承包竞争能力，增强产业链的竞争优势。各专业工程集团，处于不同的专业领域，具有不同的发展阶段和战略特征，各产业的业务格局和定位也不同。要根据自身的发展基础和条件，坚持专业化定位，加强对战略业务的布局规划，明确调整方向和发展重点，寻求适合自身发展的商业模式，形成在本行业本专业的竞争优势和领导地位。

工业制造。工业制造是处于价值链中高端和产业链的核心环节，是产业体系的脊梁。大力培育和发展高端工业制造，是提升中国铁建产业核心竞争力的必然要求。以昆明中铁大型养路机械集团公司、中国铁建重工集团公司为主的工业制造产业取得了很好的成绩，但仍存在研发能力不足、创新能力薄弱、核心技术和核心零部件受制于人、配套能力发展滞后、产业规模过小、市场网络不健全、服务体系建设滞后等问题。工业制造企业的结构调整和转型升级，一是在稳增长的基础上实现健康发展。构建以昆明中铁大型养路机械集团公司、中国铁建重工集团公司为骨干，中铁十一局集团公司襄阳、中铁二十局集团公司西安和中国铁建电气化局集团公司常州、江阴机械制造公司为组成部分的工业制造发展基础和产业集群，加快建设北京高端装备制造基地。二是进行产业产品的战略趋向调整。由一般制造向高端制造转变，单一产品向多元产品转变，传统产品向特色产品转变。昆明中铁大型养路机械集团公司要在巩固和升级既有产品的同时，积极推进相关产品系列化多元化，重点跟进电气化铁路的施工和维护机械项目。中国铁建重工集团公司要重点发展轨道系统和地下工程装备两大板块和五大既有产品系列，重点发展与施工工法密切关联的特种或非标地下工程装备。工业企业通过兼并重组、合资合作等方式，打造以绿色、智能、清洁、安全为重点发展方向的新兴产品，大力推行节能减排制造。三是以推动技术创新为核心战略，通过引进、消化、吸收和创新，加强新产品研发，掌握核心技术，实现产品技术升级。四是加强市场开拓，提升营销能力。积极发展精准化的定制服务，全生命周期的运维和在线支持服务，提供整体解决方案、个性化设计制造等服务形式，提高服务在产品价值中的比重。

房地产。房地产板块 2012 年成绩显著，贡献了近四分之一的利润。但从占有的资金、资源优势来看，贡献还要加大。2013 年总的要求是：能力要更强、规模要更大、品质要更高、成本要更低，贡献要更多、排名要更靠前。第一，在战略布局上，坚持以中国铁建房地产集团公司为主，各集团专业公司为补充的战略格局，鼓励中国铁建房地产集团公司与各局集团、设计院以资本为纽带，按照“优势互补、互利双赢”的原则开展合作。对资产负债率过高、资金链风险较大的单位，不允许独立开发新的房地产项目。第二，在产品布局上，坚持住宅开发建设为主，适度持有商业地产。发挥股份公司全价值链的综合管理能力和经验，择机启动“投资、开发、建设、运营”四位一体、协同发展的城市运营模式。加大产品线研发力度，不断推广研究成果，形成具有中国铁建鲜明特色的产品品牌。第三，在产业链条上，坚持提升土地获取、规划设计、开发建设、市场营销、物业管理一站式服务能力，打造全产业链优势。建立和推进专业化的物业管理模式，开展多种经营和以物业价值增值为核心的资产管理。建立物业管理标准化服务体系，提升服务规范化、专业化水平。第四，加强土地储备，确保可持续发展。

物流贸易。2012 年以中铁物资集团公司为骨干的物流贸易企业积极应对市场形势变化，克服市场波动，破解行业困局，取得好成绩。但物流贸易的发展仍存在一些问题和不足，集中采购离预期目标还有很大差距，物流企业的结构调整有待深化等。物流贸易要实施“大物流”战略，进一步提升发展规模、质量和效益，构建以中铁物资集团公司为骨干、各集团物流企业为组成部分的大物流格局，做强做大物流贸易产业，要抓住铁路市场复苏和城镇化发展的机遇，进一步推进工程物流、现货贸易、建材加工制造、装备出口。加强物流服务功能，向仓储、交易、加工、配送等多功能、多业态拓展。倾力打造现代物流电子商务平台，组织物流线上线下交易，吸引供需双方入驻，积累优秀客户，增加业务流量，提升交易规模，通过增值服务增加粘性，努力向在线交易、仓储、配送和增值服务多元发展，打造新的经济增长点。

资本经营。坚持生产经营与资本经营的双轮驱动，加大投资力度，促进与相关产业的协同发展。资本经营存在的问题：项目运作能力和融资能力有待提高，投资结构不够合理、投入产出的效益还未释放，部分 BT 项目回款滞后,存在一定风险。开展资本经营必须坚持“量力而行、控制风险、结构合理、确保收益”的原则。首先,要把握好投资方向,有所为有所不为,要把有限的资源投向关系国计民生、国家安全、国家鼓励发展的重要区域、重点项目,投向成长性好,有超额回报的领域、项目。其次,要创新投融资模式。充分运用多种融资工具和融资手段,探索非负债的融资方式,实现有限追索或无追索融资。第三,调整投资结构。在保持适度拉动工程承包产业发展投资的基础上,积极介入特许经营、一级土地开发、产业园区、城市综合体等投资开发。把握国家战略必需的矿产资源、能源、稀缺资源等领域的投资机会,保持投资结构的合理调整。合理搭配投资组合,实现投资增值方式的多元化,力争风险最小化和收益最大化。

金融保险。国资委明确支持具备条件的企业探索“产融结合”,走“产融结合”的发展之路是股份公司“十二五”规划中作出的重点发展战略之一,我们已经成立中国铁建财务公司、诚合保险经纪公司,在产融结合的道路上迈出了第一步。要加强加快金融保险业务的建设,进一步增强财务公司和保险公司实力,增强服务能力。择机涉足银行、证券、信托、担保、PE、财产保险等金融领域,控股、参股成长性好有发展前景的城市商业银行,构建股份公司大金融平台,完善金融产业链条,发挥金融业务与其他产业的协同效应,努力使金融保险成为股份公司重要支撑产业。

海外业务。股份公司发展规划明确,到“十二五”末,海外营业收入要达到30%以上。要实现这一目标,必须坚持“大海外”战略,依托 CRCC、CCECC 两个品牌,坚持“走出去、扎下去、融进去”。充分发挥中国土木工程集团公司、中国铁建国际集团公司、中铁建中非建设公司的商务优势,发挥设计院设计优势,工程集团的施工管理优势,联合作战,抱团发展。积极创新商务模式,完善业务链条,拓宽业务领域,在全球范围开展资源配置和价值链整合,实现从工程承包向项目整体解决方案服务商的转变。按照区域化、专业化、差异化的发展要求,进一步清理整合海外机构,严格准入管理,加强重大项目审批制度,完善海外投资决策制度。鼓励企业利用海外资源投资建厂,就地转化加工。支持企业开展工程换资源,工程换能源。加强与其他中央企业合作,共同投资建设附加值高、影响力大的项目,走管控有力、扩张有序、风险可控、效益优先、发展协同的海外发展之路。

实现结构调整、转型升级目标,必须大力推进内部整合和并购重组。一是加大内部资源整合力度,提高资源配置效率。唤醒沉睡资产,盘活闲置资源。大力推动资金、技术、人才、资产等资源和生产要素向重点发展产业集中,向优势企业集中,向主业集中。加快推进仓储、专用线、建材等物流资源的整合步伐;加快推进装备制造资源的整合步伐;加快推进施工与设计的联合重组,引导资源要素合理集聚,完善企业功能定位,构建主业突出、结构优化、优势明显的发展格局。二是围绕产业链和价值链,积极推进国内外并购重组。立足于股份公司发展战略和产业规划,鼓励支持勘察设计企业和工程集团公司并购、控股地方设计企业;鼓励支持工业制造企业开展战略性高端产业、产品的并购;鼓励支持收购拥有核心技术、市场营销网络和知名品牌的境外公司,实现优势互补和产业技术升级。三是积极开展合作经营。与国内外先进企业开展联合经营、合作经营,以合资合作、股权置换、资产投资、股权投资等形式,开展高端合作,促进产业发展和技术进步。

(二)深化企业改革,增强企业活力

改革是推动企业持续发展的不懈动力,中国铁建的历史就是一部改革发展的历史。通过改革,我们从军队体制进入了企业体制,从计划体制进入了市场体制。通过改革,我们建立现代企业制度,完善了产业链条,进入了资本市场,由国有独资公司转变为上市公司,极大地激发了企业活力和竞争力。按照国资委要求,结合企业实际,我们提出全面深化中国铁建的总体方案、路线图、时间表。

一是推进企业管理体制改革。完善改进二级企业法人和控股公司治理结构,建立分工明确、授权清楚、相互制衡、运转顺畅的决策、监督、执行机制。

二是推进企业组织架构改革。科学设置企业组织体系,缩短管理链条,减少管理层次,推进总部机关的机构改革,探索适合中国铁建产业发展的组织管理模式。

三是推进企业经营体制改革。强化全领域、全方位、全过程的“大经营”工作理念与思路,推动企业经营战略、经营策略、经营机制、经营方式、经营结构的转变。整合经营资源和经营要素,培育发育集团公司经营能力,逐步建立经营资源要素集中利用、有效利用、集约利用、综合利用的机制。

四是推进用工制度改革。建立机动灵活、供需稳定、保障有力、劳资共赢的新型用工机制和“诚信为先、能力为要、阳光操作、择优选聘”的劳务队伍选聘机制,确保有充足的劳动力资源,有合格的劳务队伍。规范劳务派遣用工管理,防范用工风险。

五是推进人事制度改革。改革干部推荐、选拔、考核、聘用机制,建立市场化选人用人制度,将竞争机制引入选人用人工作。建立总部机关与集团公司、三级公司干部挂职交流制度。

六是推进薪酬与考核制度改革。完善工资总额和工资水平的双控政策,建立职工工资正常增长机制,完善企业负责人年薪制,规范企业负责人收入,落实企业负责人职务消费管理办法。改进修订绩效考核办法,建立健全与发展规划相衔接,覆盖全员、精准化、差异化的绩效考核评价制度。

(三)强化企业管理,夯实发展基础

中国铁建要想成为国际一流企业,不被竞争所淘汰,首要的途径和根本之道是要苦练内功,提升管理。业绩是干出来的,效益是管出来的。要提升中国铁建发展质量,关键是要下决心扎扎实实解决精细化、标准化、流程化问题。强化管理,夯实基础,精细过程。由定性管理向定量管理转变,静态管理向动态管理转变,事前管理向超前控制管理转变,结果管理向过程管理转变。

第一,突出抓战略管理。围绕股份公司确定的"建筑为本、相关多元、一体运营、转型升级"总体发展战略,准确把握市场经济规律和企业发展规律,适应国内外市场形势变化,以科学发展为主题,以加快转变发展方式、提升发展质量和效益为主线,大力实施转型升级、科技创新、国际化经营、人才强企、和谐发展、协同发展、专业化发展战略,全面落实股份公司提出的"八大战略转变"、"提升十种能力"的要求,建设自主创新能力强、资源配置能力强、经济实力强、风险管控能力强、人才队伍强和经营业绩优、公司治理优、业务结构优、社会形象优的集团公司。在结构调整等重点领域、重点工作上取得实实在在的新进展和新突破。

第二,突出抓安全管理。安全生产工作必须坚持"安全第一"的工作定位不动摇,"预防为主"的工作思路不动摇,"综合治理"的工作思路不动摇,"以人为本"的工作思路不动摇。安全工作重在抓好三张网建设。一是安全生产责任网。全系统上下共同抓安全生产,明确落实各级责任,形成一级抓一级,一级对一级负责,层层抓落实的安全生产责任体系,使所有单位、部门和从业人员履行岗位职责的同时,承担相应安全生产责任。二是安全生产监控网。把安全监控贯穿企业生产、经营的全过程,不放过一个安全隐患、管理漏洞和制度缺陷。三是安全生产保障网。通过制度、标准、投入、技术、培训等多种措施,夯实安全生产保障基础,包括制度标准保障、物质资金投入保障、技术支撑保障、教育培训保障、应急救援保障等。

第三,突出抓重点问题。当前,着力抓好违规分包、层层转包问题,全面推进工程队、架子队施工。着力抓好设备物资管理问题,深入推进设备物资集中采购,构建设备物资集中采购、招标、结算、监管机制,提高集采率。着力抓好控本经营、降本增效问题。加强资金集中管理。各单位富余资金、沉淀资金,BT、BOT项目资金,职工的企业年金、工会资金和企业自管的职工住房公积金,要集中到中国铁建财务公司管理。要严控人工成本增长,严控用工人数,凡是经济效益下滑和人工成本高于经济效益增长的企业,企业负责人薪酬不得增加。要大力压缩非生产性开支,牢固树立"过紧日子"的思想,节省开支,减少浪费。

(四)狠抓科技创新,提高竞争能力

实施创新驱动是中国铁建发展的核心动力。股份公司、各集团公司要进一步统筹落实发展战略规划和科技发展规划,深入实施科技兴企、人才强企战略和可持续发展战略,坚持自主创新,提高原始创新、集成创新、引进消化吸收再创新能力。强化各产业基础技术研究、高端技术研究、前沿技术研究,提高技术研究和成果转化能力。抢占科技发展制高点,建设更多的国家级技术中心、工程技术研究中心、重点工程实验室等创新平台,建立院士工作站和博士后工作站,加强产业链上下游合作,提升协同创新能力,不断夯实中国铁建技术强企的坚实基础。要积极承担参与国家科技重大专项和重点科技项目,积极主导、参与国家标准、规范的制定,加强技术集成和商业模式创新,促进传统产业改造升级。

深化科技管理体制改革,加快产业创新体系建设。要始终把企业创新能力作为中心任务,坚持把科技创新与各产业板块发展相结合,着力构建以企业为主体、市场为导向、产学研相结合的技术创新体系。要加强与其他中央企业间的合作创新,加强与科研院所、大专院校的科技合作,建立产业技术创新战略联盟,进一步做好科技创新服务工作。

加快创新型人才和高层次科技人才队伍建设,建立科技成果考核评价体系。完善科技创新奖励制度,探索对科技人员的中长期有效激励。加快加强院士、专家、科技领军人才的培养,营造"激励创新,宽容失败"的创新文化环境,开展科技奖励基金的探索。实施知识产权战略,加强知识产权的创造、应用、管理和保护,提高科技管理水平。

（五）加强风险管控，确保稳健发展

内控风险工作是确保企业健康稳定发展的重要保障，是一项长期复杂的系统工程。各单位必须高度重视内控风险体系的建设管理工作，切实发挥内控风险、审计监督、法律合规、纪检监察等职能部门的联动作用，有效推进风险防范工作的深入。

要强化投资风险管控。BT项目要经过周密的论证和风险评估，必须对政府的信用、政府的财政状况、回购能力、担保条件的设置、项目风险评估、投资退出机制等进行深入研究。

要强化工程项目风险管控。要强调完善项目决策流程，强化项目的施组，细化项目实施准备工作，加强项目的管控、监控，提高项目精细化管理程度，下决心推进项目的规范化、流程化、标准化，防止项目失控。

要强化资金风险管控。采取稳健的财务策略，严格设定资产负债率控制限额，提升现金流预测能力，加强资金预算管控，优化融资结构，合理安排筹资，加强监控预警，建立资金监控体系，确保资金链安全。

要强化海外风险管控。必须把海外风险管控摆在更加突出的位置，高度重视，严加防范，尽快研究制定海外风险防范指导意见，开展国别风险评估，加强海外人员教育培训，加强危机应急管理，研究建立保障海外人员人身安全的制度和措施。采取合作转移风险，投保转移风险。

（六）构筑人才高地，引领跨越发展人才是推动中国铁建改革发展的第一资源、核心资源。企业的竞争，归根到底是人才的竞争。我们必须加大人才工作力度，培养造就高层次的经营管理人才、科技创新人才、国际化经营人才、高技能人才、政工人才，形成门类齐全、素质较高、满足企业发展需要的人才队伍。

第一，坚持以人为本，全面开展人才通道建设。尊重人才特点和成长规律，以提高职业能力为导向，以履行岗位职责为基础，以绩效考核为依据，着眼于“能干什么事，在干什么事，干成什么事”，合理设置职位体系和薪酬体系，搭建管理、专业技术、技能操作等人才成长途径，使各类人才成长有通道，进步有阶梯，发展有空间。

第二，坚持面向市场、面向世界、面向中国铁建的未来培养人才。要坚持当前与长远相结合、理论与实践相结合、育才与育德相结合、实践锻炼与针对性培养培训相结合，形成事业造就人才的育才格局。拓展优秀人才选拔范围，多渠道选拔引进人才，确保人才来源多元化。坚持岗位是最好的培训，工作是最好的老师，注重立足岗位实践培养人才，依托重大项目培养人才，通过上下交流培养人才，全面打造支撑中国铁建发展的人才队伍。

第三，坚持待遇留才、事业留才、感情留才、信任留才。坚持人才发展与中国铁建发展协调推进，全面落实尊重劳动、尊重知识、尊重人才、尊重创造的方针，优化人才成长环境，强化人企共赢，构筑人才高地，深化人文关怀，完善有效激励，提高员工收入水平，提升员工幸福指数，努力让员工工作得更加舒畅，生活得更加幸福，更有尊严，让员工有奔头、有盼头。

（七）强化班子建设，提升领导合力

第一，切实加强领导班子的能力建设。这是建设好领导班子的关键问题。要在“政治坚定、能力过硬、作风优良、奋发有为”和“德才兼备、以德为先”的要求下，大力提升领导班子队伍以“高标准履行政治职责、高水平履行工作职责、高效率履行创新职责、高品位履行表率职责”为主要内容的核心能力，推动领导班子战略统筹能力、推动发展能力、自我提升能力、持续创新能力的提高。第二，坚持正确的选人用人导向。要坚持崇尚实干的导向，坚持以实为本、以干为责、以干为荣，大力倡导重实干、办实事、求实效，把企业绩效考核结果作为领导班子调整最重要的依据，在干部选拔任用时优先考虑敢于负责、勇于担当、一心干事的干部，综合素质高、安心做事、不跑不要、不事张扬、勤政廉洁的干部。第三，进一步加强领导班子团结。班子的团结要靠忠诚、真诚、坦诚来维系，只有坚持做到“三诚”，团结才有根基、有支撑，班子才会有朝气、有生气、有底气。第四，坚持贯彻民主集中制。坚持贯彻民主集中制，要严格执行议事规则，凡属“三重一大”事项，都要提交会议集体决定，坚持做到集体研究、民主决策，形成聚精会神抓企业，一心一意谋发展的强大合力。

（八）切实改进作风，实干兴企报国

“改进工作作风，密切联系群众”。是新一届中央领导集体掷地有声的施政承诺，也是用实际行动向全党发出的政治要求。认真贯彻落实“八项规定”要求，对于深入践行党的十八大精神，推动企业持续稳健发展，具有重大而深远的意义。

改进作风要领导带头。要把各级领导干部和领导机关作为改进工作作风的突破口，严格自律，率先垂范，“以我为准，向我看齐”，形成一级带一级、一级影响一级，一级抓一级的良好局面。

改进作风要实干兴企。我们领导干部，都要把精力用到企业发展上，把功夫下到工作落实上，说实话、办实事、出实招、求实效。真正以管理提升的实际成效,推进转型升级,促进企业健康稳步发展。

改进作风要狠抓落实。抓落实就是抓执行力。领导干部的执行力,要表现把精力集中到加快企业发展上,把精力用在改善企业管理上,把功夫下到狠抓落实上,一步一个脚印,扎扎实实推动企业发展。

(九)建设企业文化,构筑发展之魂

中国铁建的企业文化,源于铁道兵文化,要进一步传承铁道兵的先进文化,坚持中国铁建的主体文化,毫不动摇推进“四个统一”。

企业文化建设是一个长期的、系统的复杂工程,需要各个部门、各个岗位、每个员工身体力行。各级要把企业文化建设作为一项重要工作纳入议事日程,与其他工作同部署、同实施、同检查、同考核,形成党政主管领导负总责、分管领导具体抓、企业文化主管部门负责组织协调、各职能部门分工负责、每个员工积极践行的企业文化建设大格局。

(十)加强党的建设,提供政治保障

转变企业发展方式,推动企业持续增长,要切实把企业党组织的政治优势,转化为企业核心竞争优势。为实现“十二五”发展规划目标,建设世界一流企业,提供坚强的思想政治保障。

一是加强思想政治建设。深入学习贯彻十八大精神,切实把十八大的思想成果转化到企业的实践层面,增强转变发展方式,提高企业发展质量和效益的自觉性和坚定性。

二是加强党组织和党员队伍建设。加强“四好领导班子”建设,以学习型党组织建设带动和促进学习型企业建设,提升企业领导班子引领企业参与全球竞争、实现科学发展的能力。加强党组织书记队伍建设。更加注重在政工干部中选拔有专职党群工作经历,熟知、热爱党群工作的干部,充实到党群领导岗位,特别是党组织书记、副书记岗位。担任党群领导职务的干部必须在岗在位,在其位谋其政,以主要精力认真履行所承担的岗位职责。今后,新任职党群领导干部必须参加股份公司党委组织的党群工作专题培训,切实提高履职能力和水平。加强党员队伍建设,深入开展争当“六好共产党员”等活动,永葆党员先进性,使党员成为企业的优秀人力资源。深化创先争优活动,构建创先争优长效机制。做好新形势下的工会、共青团、离退休职工工作。

三是加强民生建设。始终坚持党的“依靠”方针,切实发挥工会组织联系职工群众的桥梁和纽带作用。要加强源头参与,深化民主管理,有效落实职代会职权,搭建职工参政议政平台,促进企业管理更加规范;推进工资集体协商,推动企业与职工共建共享;提高建家建线水平,丰富“职工之家”内涵,发挥“生活线、卫生线、文化线”的保障作用,实现体面劳动、尊严生活;创新困难帮扶机制,提升“三不让”管理水平和工作实效,密切职工与企业的血肉联系;深化争先创模活动,弘扬劳模精神,强化先进职工文化建设,促进企业良好风尚的形成。特别指出的是,要继续深入推进“服务职工、服务基层”活动,着力推动解决职工群众反映强烈的突出问题,提高做好新形势下服务职工群众的能力和水平。

四是反腐倡廉工作。反腐倡廉建设,要求领导干部要有底线思维,从心净开始,戒除不良欲念、欲望,始终保持一颗“敬畏心”,亮起一盏“红绿灯”。做官的根基是做人,官品来自人品。领导干部这个职业面临很多风险,尤其是贪腐的风险很大,要以好的人品为基础,坚持党性原则,“胜人者力、自胜者强”,要远离诱惑和应酬,学会放弃的智慧,真正做到“富贵不能淫、贫贱不能移、威武不能屈”,要积小善为大德,“勿以善小而不为,勿以恶小而为之”,慎为、慎独、慎始、慎终,不仁之事不为,不义之财不取,不正之风不染,不法之事不干。清正在德,廉洁在志。头顶三尺是法纪,脚下支撑是官德,为官品不端,必然要翻船。莫伸手,伸手必被捉。

以党的十八大精神统揽全局
推进企业持续健康和谐发展

——总裁赵广发在中国铁建一届四次职工代表大会暨2013年工作会议上的报告

（摘　要）

（2013年1月28日）

这次会议的主要任务是：贯彻落实党的十八大、中央经济工作会议和中央企业负责人会议精神，总结2012年工作，分析形势，明确任务，部署2013年工作。

一、2012年工作回顾

2012年，是企业发展极不平凡的一年，是面临挑战极为严峻的一年，更是我们创造辉煌业绩、成效最为显著的一年。一年来，面对铁路市场持续低迷、工程项目停工缓建、市场资金极度紧张、稳定压力不断加大的严峻形势，面对营业收入和净利润一度下滑、全年"保增长"压力剧增的严峻挑战，公司上下认真贯彻落实年初工作会议精神，坚持"目标不变、指标不减"，先后召开经济运行分析、经营工作、项目管理、房地产和责任成本管理等重要会议，采取一系列强有力措施，全力以赴保增长、千方百计保安全、认真负责保稳定，全面完成各项奋斗目标，企业发展迈上新台阶。

——主要经济指标全面完成。中国铁建A股和H股股价强势反弹，攀升至两年来的最好水平。

——施工生产有序推进。安全生产责任事故总数、因工伤亡人数、事故单位数量、安全发展的主要指标均明显下降。全年获中国建设工程鲁班奖5项，国家优质工程金质奖1项、银质奖23项，工程质量水平不断提高。

——结构调整实现重大突破。非工程承包业务比重进一步提高，效益贡献率和规模均实现大幅增长，企业可持续发展能力显著增强。

——资本经营稳健发展。全年审批项目占10年来总数的一半以上，超过近3年的总和。通过资本经营，有效带动勘察设计咨询、工业制造、物流贸易等产业协同发展，进一步发挥了资本的杠杆和纽带作用，巩固了双轮驱动、协调发展的良好局面。

——房地产开发保持迅猛增长。年度销售在全国的排名由27名上升到23名。

——集中管理取得明显成效。设备物资集中采购规模增大，资金集中率提升。

——技术创新取得丰硕成果。中铁十一、十六局集团公司和中国铁建重工集团公司技术中心通过国家级认定。新增5家省级技术中心，两项863课题与国家科技部签订合同。全年获国家科技进步奖2项，其中京津城际铁路工程获得一等奖。申报中国土木工程詹天佑奖8项，获得省部级科技进步奖136项，省部级工法249项，授权专利703项。

——企业影响力显著提升。在世界和中国企业500强的排名进一步巩固。党和国家领导人以及10多个国家的元首和政府首脑先后视察中国铁建的在建项目、亲切接见干部职工，给予高度评价。我们注重加强与各省市自治区、国家相关部委和中央企业的高层沟通，提升高端运作水平。中央主流媒体加大对中国铁建的宣传力度，铁道兵纪念馆筹备工作加快推进，企业文化建设全面深化。尤其是习近平总书记要求全党"永远要有逢山开路、遇河架桥的精神"，为我们在新时期大力弘扬铁道兵精神指明了方向。

一年来，我们主要做了以下工作：

1. 全力以赴开拓市场，经营工作成绩突出。一是高度重视路外市场，路外市场新签合同额明显增长。二是紧抓四季度铁路市场回暖机遇，铁路市场份额保持领先。三是先后与尼日利亚等10多个国家，湖南、北京等20多个省市自治区以及10多家中央企业进行业务对接，加强战略合作，搭建高端平台，狠抓协议落实，相继在长沙、兰州、石家庄、长春、青岛等地签约大项目。四是圆满完成总部及所属二级企业的资质就位，取得19个铁路特一级资质以及行业设计甲级与施工总承包特级资格。五是组建川渝、广州、北京3个区域指挥部，加强上海代表处及云贵、山东、福建等区域经营平台建设。六是加快“走出去”步伐，充分发挥中国土木工程集团公司、中国铁建国际集团公司的商务优势，调动各集团公司积极性，先后中标尼日利亚拉各斯高速公路、吉布提铁路、蒙古南部铁路等重大工程项目。

2. 精心组织施工生产，在建管理不断加强。一是对在建项目进行全面梳理，调整施工计划，优化设计方案，优化施工组织，优化资源配置，合理安排施工生产，积极调配资金，确保在建工程资金链不断、现场不乱。二是强化项目管理，深入实施“法人管项目”，加强工程队、架子队建设，注重节能减排和生态保护，建立重点工程定期通报制度，全面推进标准化建设，项目管理水平进一步提升。三是抓好重点项目施工，汉宜、厦深、哈大、石武、京石等一大批铁路项目相继通车。玉树灾后重建项目实现“三年重建两年基本完成”的目标，安全、质量、工期在参建中央企业中名列前茅。高达358米的广西“市长大厦”按计划顺利推进。安哥拉本格拉铁路首批车站、特多斯卡伯罗总医院、博茨瓦纳国际科技大学等一批海外项目先后建成。阿尔及利亚东西高速公路补充合同谈判取得积极进展。沙特麦加轻轨铁路圆满完成2012年朝觐运营，累计运送朝觐者约400万人次，受到世界各地穆斯林朝觐者和国内外媒体的高度赞誉。四是注重发挥科技创新的支撑引领作用，依托在建工程，积极开展科技攻关，桥隧施工能力和技术水平持续提升。厦深铁路榕江特大桥、雅泸高速公路干海子特大桥等顺利建成，创造世界同类桥梁设计施工技术之最。厦深铁路梁山隧道、锦屏电站引水隧洞等一批高难度、高风险隧道实现贯通。五是狠抓安全质量管理，以“打非治违”专项行动和“安全月”、“质量月”活动为契机，加强安全质量教育培训，建立健全应急机制，深入开展大检查、大整改活动，有效排查并化解安全质量隐患。

3. 深入推进结构调整，转型升级成效显著。坚持以质量和效益为中心，调结构、促转型，推动企业可持续发展。一是大力发展非工程承包业务。勘察设计咨询的转型步伐进一步加快。中铁第一勘察设计院集团公司陕西省铁道及地下交通工程重点实验室进入实质运行阶段；中铁第四勘察设计院集团公司在牵头实施工程总承包方面做了有益尝试；中铁第五勘察设计院集团公司依托股份公司平台，积极开发中央企业市场。工业制造的自主创新能力进一步提升。昆明中铁大型养路机械集团公司加强高速铁路无砟轨道养护领域设备研发，为进入相关领域奠定了基础。中国铁建重工集团公司累计生产盾构45台(套)，成功应用于北京、西安、长沙等10多个城市的地铁市场，与神华集团合作研发制造煤矿掘进机正加快推进；中铁十一局集团公司汉江重科190吨矿用自卸车已研制成功并正式投产；中铁二十局集团机械公司生产的冲击压路机占取国内市场80%的份额，研发制造环保装备已通过论证。房地产开发在“限购、限贷、限价”的严厉政策环境下逆势增长，目前已在全国37个城市开发建设76个项目，总建设用地面积872万平方米(13080亩)，规划总建筑面积2747万平方米，以一二线城市为重点、三四线城市为补充的梯次布局逐步形成。中国铁建房地产集团公司坚持“减库存、调在建、慎拿地”的原则，全面加强队伍建设、品牌建设和体制机制建设。海外房地产业务迈出实质性步伐，尼日利亚拉各斯7万平方米房地产项目正式启动，销售良好。物流贸易取得长足发展，中铁物资集团公司加强商业模式创新，多元化、网络化经营加快推进，资源掌控和风险防控能力进一步增强。二是大力扶持专业化公司发展。中国铁建国际集团公司挂牌成立，进一步优化了海外资源配置，加强了海外风险防控，国际化经营能力得到提升。并购重组广东航盛集团，将中铁二十三局集团七公司整体划转到中国铁建港航局集团公司，并在设备购置、任务协调等方面加大扶持力度。中国铁建财务公司成立仅8个月就实现净利润1.4亿元。诚合保险经纪公司在全国420多家保险经纪公司中排名前15位。中铁十九局集团矿业公司立足矿山剥离和矿产资源开发主业，发展势头强劲，经济效益可观。中铁十六局集团铁运公司先后承担包神、神朔等多条地方铁路的运营任务。中铁十二局集团铁路养护公司担负青藏铁路526公里线路养护任务，取得良好的经济和社会效益。三是大力发展资本经营。在提升规模的同时，进一步明确股份公司、中国铁建投资公司以及各集团公司的职能定位，明晰市场分工，完善责任制，协同作战的运行机制初步形成。同时，强化项目论证和过程监管，提升风险防控能力。中国铁建投资公司作为股份公司的专业化平台，注册资本金由30亿元调整为100亿元，市场竞争、再融资和持续发展能力得到增强。中铁建中非建设莱基自贸区新增10家注册企业，招商进展顺利。

4. 注重突出降本增效，经济运行质量持续提升。按照国资委“管理提升活动”的要求，注重过程控制，强化集中管控，努力降本增效。一是深入推进精益化管理，“三次经营”卓有成效，项目统筹、变更索赔和成本控制能力明显增强。各单位坚持以经济效益为中心，在营业收入规模不断扩大的同时，创效水平进一步提高。二是全面推进“工程要素、金融保险、商贸服务”集中采购，进一步完善设备物资集中采购体系，充分发挥“两级采购平台”和“两个集采中心”的作用，基本实现10万元以上设备以及钢材、水泥等大宗物资的集中招标采购，全年内部调剂使用设备5602台(套)，内部产品采购合同额达到12.3亿元。加强资金集中管理，积极推行“资金池”和“法人一套账”管理模式，调剂使用资金768.3亿元，较好地满足了各单位的资金需求。全年利用财政税收优惠政策，为企业争取中央财政补贴3.1亿元，财务价值创造能力不断提升。积极拓展融资渠道，加强债券融资统一管理，加大清收清欠力度，有效缓解资金压力。三是加强全面预算和责任成本管理，增强过程管控能力。加大财务监督和审计力度，深入开展财务大检查，推进领导离任和任期审计，对发现的问题及时有效处理，为企业挽回了损失。四是强化风险内控体系建设，编制形成《内部控制整体建设持续改进计划》，将风险管理纳入日常管理工作。五是着力完善法律合规管理体制机制，以法律服务与合规监督为工作重点，法律合规管理逐步深入到资本运营、境外项目、证券融资、改制重组等重要业务领域，保障企业依法经营、合规管理。六是着力加强信息化建设，电子商务、人力资源、资本运营、法律合规等管理系统得到推广应用，以全面预算管理等为主体的新一轮财务信息化建设逐步展开。企业信息化从无到有，全面推进，不断加强与业务的融合，推动了生产方式和管理模式的转变，进一步提升了管控能力和工作效率。

5. 不断强化基础工作，企业保持和谐稳定。加大人才引进和培养力度，全年接收高校毕业生6740人，举办各类培训班1540个，16.9万人次参加培训，有222人通过教授级高级工程师评审。全面加强机关建设，总部机关协调、服务、指导职能不断提升。通过总部反复多次的协调沟通，中铁二十一、二十二、二十三局集团公司与铁道部脱钩相关的债务问题得到解决，为企业减轻了债务。始终坚持以人为本，维护职工权益，在岗职工人均年收入由2011年的52925元增加到56535元，增长了6.8%。注重做好特困职工、困难家庭的帮扶救助工作，“两节”期间筹集资金6005万元，慰问困难职工19226户。落实“三不让”承诺，筹集专项资金9760万元，救助困难职工家庭11370户次，资助困难职工子女入学2756人次，救助患病职工3580人次。切实关心离退休人员，加强老年体协工作，组织开展丰富多彩的活动，使他们切实感受到企业大家庭的温暖。妥善处置来信来访，积极处理矛盾纠纷，维护了企业稳定。各级党委充分发挥政治核心作用和思想政治工作优势，加强组织引领，为生产经营提供了强大精神动力。各级纪检监察部门，坚持惩防并举，严厉打击违法违规行为，深入开展效能监察，为企业保驾护航。工会和共青团组织充分发挥桥梁和纽带作用，组织开展各类劳动竞赛和主题教育活动，服务基层，服务职工，维护了职工权益。各级组织围绕中心工作，党政工团齐抓共管，形成建设企业、服务企业、发展企业的强大合力。文化和宣传工作，坚持正面舆论导向，紧贴企业重点工作，在中央主流媒体刊发新闻稿件2739篇。

二、面临形势和奋斗目标

2012年以来，国内外政治经济形势发生重大变化，势必对市场、行业和企业产生深刻影响。我们一定要科学研判，准确把握。

从国内形势看，党的十八大胜利召开，标志着中国经济社会步入改革发展的新阶段。中央提出用10年时间实现国内生产总值再翻番、全面建成小康社会的总目标。实现这个目标，必须确保GDP年均增长7.2%以上，中国经济还将长期保持平稳较快的发展态势。中央强力实施扩大内需，加快推进城镇化，千方百计稳增长。未来十年仍然是中国经济发展的重要战略机遇期。

从国际形势看，国际金融危机持续发酵，主权债务危机日渐凶猛，发达国家经济持续低迷，新兴经济体需求疲软，特别是西方大国对外转嫁内部经济困难的意图十分明显，各种形式的保护主义抬头，贸易战、汇率战全面升级，地区冲突、宗教矛盾和主权争议等问题加剧，部分地区政局持续动荡。虽然面临的国际形势错综复杂，不稳定、不确定性因素增加，但世界经济的深度调整和国际建筑市场的旺盛需求，也给我们更好地发挥自身优势，参与全球资源配置，加快“走出去”步伐，抢占未来发展制高点带来了新机遇。

从市场环境看，受“扩大内需”、“新城镇化”等宏观经济政策影响，铁路、公路、房建、城市轨道等基础设施建设必然加强，建筑市场总量将稳步增加，物流贸易、工程设备制造市场容量将随之扩大。房地产市场的刚性需求有增无减，调控政策将更趋合理。刚刚召开的全国铁路工作会议明确指出铁路投资不会放缓，未来三年投资年平均额将超过4400亿元，2013年的投资额将达到6500亿元，其中基本建设投资5200亿元，投产新线5000公里以上，铁路建设将迎来新的机遇期。伴随经济形势和市场趋势的深刻变化，建筑市场也出现了一些新的特点。首先，政府投资方向逐步转变。为推进结构调整，中央预算投资主要投向保障性安居工程，农业、水利、城市管网等基础设施，社会事业等民生工程，节能减排和生态建设等领域，信贷支持将优先满足国家重点在建续建项目的资金需求。其次，投资主体渐趋多元。基建市场的投资准入将进一步放宽，铁路、能源等领域将引入民间资本，投资主体由政府投资向社会投资和企业投资转变，一些行业的垄断格局将逐步打破。第三，建筑市场承包模式深刻变化。以BT、BOT、EPC等方式实施的项目逐步增多，为发展资本经营和运营管理业务提供了机遇，但对企业的资金实力、融资能力以及产业协同能力都是严峻考验。

从企业自身看，经过多年的快速发展，我们已经站在了新的更高起点上，但是还面临着各种瓶颈制约，存在着许多亟待解决的问题。一是各单位发展还不平衡。同为工程局，新签合同额最多的717亿元，最少的仅为163亿元；完成营业收入最多的426亿元，最少的仅为74亿元；实现净利润最多的5.82亿元，最少的仅为570万元。各单位之间的差距进一步拉大。二是业务结构还不尽合理。工程承包业务规模占全公司的80%以上，产高利低。非工程承包业务创效可观，但规模较小，整体实力不强，有的业务发展缓慢，甚至止步不前。海外业务规模和创效水平还有待提升。企业结构调整任重道远。三是基础管理还不到位。全面预算管理、责任成本管理、信息化管理等尚未普及到最基层，体制机制、组织架构等还不能完全适应发展需要，企业整体管理水平与精益化、流程化的要求还有差距，管理依然粗放。四是各类风险还依然较大。资本经营项目回购风险、资金风险随规模提升进一步加大，资产负债率和有息负债规模居高不下，包工队问题，分包转包、以包代管在个别单位还比较严重，质量病患、安全事故时有发生，拖薪欠薪、群信群访接连不断，个别海外项目还存在较大风险。安全质量风险、经济风险、市场风险等都需要我们积极稳妥应对，下大力加以化解。

面对复杂多变的形势，我们必须坚持"一分为二"，既要看到有利条件，增强必胜信心，又要看到不利因素，增强忧患意识和风险意识，要按照习近平总书记"底线思维"的要求，凡事从最坏处准备，努力争取最好的结果，扎扎实实地办好自己的事，做到有备无患，遇事不慌，牢牢把握主动权。

根据当前形势，2013年工作的总体要求是：以党的十八大精神统揽全局，深入贯彻落实中央经济工作会议和中央企业负责人会议精神，以科学发展为主题，以转变发展方式为主线，以提高发展质量和效益为中心，坚持稳中求进，注重改革创新，深化结构调整，促进管理提升，求真务实、真抓实干，保增长、保安全、保稳定，全面推进企业持续健康和谐发展。

做好2013年的工作，必须以党的十八大精神统揽全局，这既是中央的要求，也是我们企业要始终坚持的原则。中央企业是党执政的重要基础。作为一家兵改工的特大型中央企业，我们要进一步坚定走中国特色社会主义道路的信心和决心，理直气壮地发展壮大国有经济，坚定不移地推动企业改革发展，为全面建成小康社会贡献力量。

做好2013年的工作，必须按照党中央、国资委的要求，牢牢把握"稳中求进"的总基调。首先要稳：第一，经济运行要平稳，各项经济指标要保持稳步增长，不能大起大落。第二，安全质量形势要稳定，在建工程要平稳推进。第三，队伍要保持稳定，企业心齐风正，员工安居乐业。在稳的基础上，还要求进：一是确保各项经济指标持续增长，企业发展的速度不能低于同行业平均水平，否则就是倒退。二是确保结构调整持续推进，产品结构、专业结构、产业结构更加合理。三是确保改革创新持续深化，要在体制机制、商业模式、核心技术等领域创新发展，有效激发企业活力。四是确保职工收入持续提高，企业发展成果惠及广大员工。

三、2013年要着力抓好的工作

2013年，是深入贯彻落实党的十八大精神的开局之年，是实施"十二五"规划承前启后的关键一年，我们要紧紧围绕奋斗目标和中心任务，着力抓好以下几项工作：

（一）切实采取有效措施，确保"三项指标"稳步增长

企业发展如逆水行舟，不进则退，保增长仍然是2013年的中心任务，必须千方百计、全力以赴确保实现平稳较快增长。

一是加强市场开发，确保新签合同额实现新突破。要继续加大承揽力度，巩固提升铁路、公路、房建、城市轨道等核心市场，大力开拓能源、环保、水工等新兴市场，有效打入城市综合体开发等高端市场，不断拓展新领域，提高占有率。要继续完善市场开发管理协调机制，提升经营效率和承揽质量。要继续深化与各级地方政府、中央企业、大型民营企业等各方面的战略合作，构建互惠互利、合作共赢的高端经营平台，深入抓好战略合作项目的落实，经营大城市、大客户，争取大项目、大订单，打好"阵地战"、"持久战"，实现长期经营、滚动发展。要始终坚持两条腿走路，加快"走出去"步伐，大力提升海外经营能力，扩大海外市场份额，为可持续发展开辟新的途径。

二是抓好施工生产，确保营业收入实现新增长。要统筹兼顾，精心组织，精细施工，均衡生产，平稳有序推进在建工程。要深入开展技术攻关，确保重难点工程实现重大突破，以点带面，全面推进。要高度重视信誉评价工作，坚持标准化作业和文明施工，精心呵护企业形象。要加强一线职工队伍管理，处理好与业主、地方政府等各方面的关系，为在建工程稳步推进创造和谐氛围。非工程承包业务要加强产品营销，提升服务水平，满足合同需求，力争实现产值新突破。

三是着力降本增效，确保经济效益实现新提高。

继续落实"严管、强收、少投、确保"的方针,严格执行全面预算和责任成本管理,深入推进精益化管理,加强过程控制和节能减排,严控非生产性开支和楼堂馆所的建设。各单位要认真制定开源节流、降本增效的目标、任务和措施,分解到各个层级和环节,落实到各个岗位和员工,降低成本、提升效益。

强调"保增长",既要看重速度和规模,更要注重发展的质量和效益。第一,增长没有水分。数据真实可靠,经得起检验,是实实在在的增长。第二,经济效益要好。毛利率和净利润要提升,尤其是工程承包主业要挖潜增效,提升创效水平。第三,经济运行质量要高。资金充裕,负债合理,资产负债率可控,现金流正常。

(二)加快推进结构调整,促进企业转型升级

实现企业持续健康发展,根本途径是加快转变发展方式,关键是深化结构战略性调整。

一是着力调整产业结构。总的方向是以工程为主体,带动多元产业协同发展,要巩固提升工程承包业务,加快发展勘察设计咨询、房地产开发、工业制造、物流贸易、矿产资源开发、运营管理和金融业务。要在深入调研的基础上,进一步明确产业协调发展的指导意见和政策规定。

二是继续调整专业结构。要依据自身实力、经营优势和专业特长,坚持有所为、有所不为,选择强项技术、专业领域进行专攻,集中力量做专做优做强,走专业化、差异化发展之路。

三是切实加强资本经营。要管理好、运作好既有投资项目。要依托主业,努力拓展资源能源类和特许经营项目,审慎参与股权运作,优化投资结构,培育长效资产。要加强新项目的研究论证,规范决策程序,强化法律合规审核,风险可控,确保投资安全。要注重发挥资本的杠杆和纽带作用,做好资本经营与各业务板块的协同。

(三)全面促进管理提升,夯实企业发展基础

要以开展管理提升活动为契机,着力强化基础管理,提高风险管控能力,夯实企业发展基础。

一要强化集中采购管理。继续强力推进"工程要素、金融保险、商贸服务"领域的集中采购。加强设备内部调剂使用,进一步规范大型施工设备管理。

二要强化"法人管项目"。各级法人要切实履行主体责任,加强对人、财、物等要素的统一管理,加快推进项目管理信息化建设。坚定不移地推进工程队、架子队建设,杜绝分包转包、以包代管的现象。

三要强化资金和财务管理。认真落实全面预算管理,以改善财务状况为重点,加快对已完工项目的确权,加大清收清欠力度,严格控制有息负债规模,积极盘活存量资产,通过增资减债、清欠还贷,降低债务依存度,优化资产负债结构,降低资产负债率,提高经济运行质量。进一步提高资金集中度和资金运作水平,降低资金成本和财务费用。深入开展财务大检查,坚决消除虚报冒领、账外账、小金库等违规行为。

四要强化审计和效能监察。继续做好经济责任审计和工程项目审计,加大绩效复核、风险管理和境外资产审计力度,重点关注债务高企、净现金负增长、巨额贷款的单位以及大额亏损的项目,发挥审计"免疫"促进作用。紧紧围绕企业中心任务,对项目管理不规范、违规使用包工队等热点、焦点问题,深入开展效能监察,坚决查处违规违纪行为,为企业发展保驾护航。

五要强化安全质量管理。必须坚持"安全第一,预防为主,综合治理"。抓好安全生产,必须"三管齐下",一靠制度,二靠技术,三靠责任落实。要切实提高安全风险防范意识,重点加强隧道、深基坑、高边坡、高空作业、大型机械、既有线施工、危爆和易燃物等高危领域的综合治理。要高度重视安全事故发生的新特点和新趋势,坚决遏制火灾、行车事故和自然灾害等非工程施工安全事故的发生。要落实质量管理方针,严格流程控制,严禁偷工减料,坚决消除质量通病。要进一步加强民工队伍和协作队伍管理,绝不能放任自流,杜绝因包工队问题引发的安全质量隐患。

六要强化机关管理。必须下大力提高决策水平和执行能力,淡化行政色彩,强化服务职能。要引入先进管理方法,加快信息化建设,优化工作流程,做到上下联网,全面覆盖,注重实效,广泛应用,加快推进。要严格控制各级机关人员数量,降低机关管理费用,提升人员业务素质和工作效率,进一步改善部分单位机关机构臃肿、机制僵化、信息不畅、效率低下的状况。

(四)大力推进改革创新,增强企业核心竞争力

创新是企业发展的不竭动力,是转变发展方式、提高发展质量和效益的关键。

一是注重技术创新。要着力构建以企业为主体、市场为导向、产学研相结合、科工贸一体化的技术创新体系。加强科技创新平台建设,进一步整合内部科技资源,积极创造条件申报国家级创新平台。要做实已经认定的研发平台,使之真正成为企业创新能力的孵化器。继续做好国家级科技计划项目,特别是国家科技支撑计划项目的申报、立项和实施工作。重点做好高海拔高岩温铁路、高墩大跨桥梁、复杂地质隧道、超高层建筑等领域设计和施工技术的研究,做好大直径、全断面隧道掘进装备、大型铁路养护装备、重载铁路道岔、节能环保混凝土的技术开发与研究应用。重视各类科技奖项的申报和评选工作,加强专利、工法、标准的管理,加强科技成果转化和应用,提升自主创新能

力。

二是注重商业模式创新。要根据市场变化，完善规划设计、土地一级开发、基础设施建设、房地产开发、运营管理一体化的商业模式。注重强化总部专业平台与各单位之间的联动。具体项目运作，要坚持合作共赢原则，以资本为纽带，采取市场化的运作模式，发挥专业优势，形成整体合力。要通过商业模式创新，加快推进对外并购重组，加强与国内外优势企业合作经营，提升在全球范围内优化配置资源的能力。对外并购重组必须坚持弥补短板、提升品牌价值、完善产业链的原则，加强对体量小、负担轻、专业强的设计院和工程单位的并购重组，加强对层次高、潜力大、与主业适度关联的战略性新兴产业相关企业的并购重组。要通过商业模式创新，在国内外适时开展以项目换土地、以工程换资源、以运营管理谋求滚动发展，变拿项目为造项目，变"游击战"为"阵地战"，变"建房子"为"造城市"，促进企业转型升级。

三是注重深化改革。要遵循市场规律和企业发展规律，按照上市公司和跨国企业集团的标准，加快推进管理体制、经营机制、组织模式创新，积极稳妥地推进劳动、人事、分配三项制度改革，建立更加科学合理、公平公正的绩效考核和激励约束机制，增强改革的系统性、整体性、协同性，积聚各项改革的"正能量"。要根据《公司法》和公司章程规定，进一步完善议事规则，规范决策程序，做到各司其职、协调运转、科学决策、有效监督。要进一步加大内部资源整合力度，加强内部企业改革重组，把人才、技术、资质、资金等有限的资源向优势企业集中，实现效益最大化。要按照国资委的部署，下大力解决厂办大集体等历史遗留问题，为企业发展减负。

（五）加快"走出去"步伐，提升国际化经营能力

中国铁建有近40年海外经营的辉煌历史，积累了丰富经验，目前在全球61个国家和地区有近400个项目和经营网点，460多亿美元的在手任务。但与先进跨国企业相比，我们的国际化水平还比较低。在世界一体化、经济全球化日益明显的今天，要实现企业持续健康发展，必须坚定不移地实施"走出去"战略。2013年，海外各项指标要有重大突破。

一是树立全球视野。要摒弃小打小闹、小富即安的思想，放眼全球，培育国际化思维，积极探索国际市场开发的新思路、新途径，走工程项目总承包、资源开发利用、投资、建设、运营、服务一体化的高端发展道路。

二是完善市场布局。要高端运作、上游介入，加大对新市场和新领域的研究，积极开展项目前期策划。要深度开发核心市场，积极培育辅助市场，重点关注潜在市场，逐渐形成立足于非洲、中东、东南亚，向美洲、澳洲、欧洲拓展渗透的全球市场布局。

三是发挥整体优势。中国铁建是一个整体。各单位必须树立团队意识，携手"走出去"，齐心闯市场，不能搞恶性竞争。要按照"有利于发挥股份公司海外综合优势和竞争力，有利于实现各种要素的优化配置，有利于发挥中土集团和国际集团的旗舰作用"的原则，进一步理顺中土集团、国际集团与各单位在海外经营中的关系，尽快完善海外经营管理和协调机制。中土集团和国际集团要发挥商务谈判主体的带动优势，对系统内设计、施工单位进行有效组织，实现资源共享，优势互补，共同发展。

四是防控海外风险。海外市场不同于国内市场，情况千差万别，形势复杂多变，风险高，难度大。必须把风险防控放在海外经营的首位，要建立健全海外经营风险防范和预控机制，设定底线，对一味压价导致恶性竞争的项目坚决不做，对风险不能掌控的领域或地区坚决不进。要遵守国际规则，强化合约意识，加强法律审核；要适应海外工作新特点，强化海外业务法律合规工作，善于运用法律和合同条款维护企业利益。要进一步梳理海外项目，建立监控机制，定期分析、定期通报，防止项目失控。总部机关各部门要结合各自职能，统筹国内、国外项目管理。

五是实施本土化经营策略。本土化策略是海外发展的长久大计，一定要跳出狭隘封闭的小圈子，融入当地社会，扎根当地市场。要充分利用当地资源，加强与中国驻外使领馆的联系，促进了解，增进友谊，密切关系，为企业滚动发展创造良好环境。

（六）始终坚持以人为本，维护企业和谐稳定

人才是企业发展的第一资源。和谐稳定是企业发展的坚实基础。只有坚持以人为本、加强队伍建设和执行力建设，转变工作作风、密切联系群众，才能确保企业和谐稳定、长治久安。

一是加强班子建设。企业发展，关键在领导、在班子。班子强则企业强。要把各级班子建设成为团结奋进、开拓进取、心齐风正、勤政廉洁的班子。要坚持"德才兼备、以德为先"的用人标准，坚持业绩导向，既要充分发扬民主、尊重民意，又不能简单地以票数取人，真正把想干事、能干事、干成事的干部提拔到领导岗位。"政贵有恒"，各级领导干部为官一方、为政一时，既要锐意进取，看准了就要及时调整和完善，但不要换一届领导就兜底翻，真正做到一张好的蓝图一干到底，不折腾，不反复，切实干出成效。

二是加强廉政建设。要认真贯彻落实十八届中央纪委二次全会和中央企业反腐倡廉建设工作会议精神，以习近平总书记强调的"踏石留印、抓铁留痕"的

劲头抓好廉政建设。各级领导干部要严明政治纪律，遵守财经纪律，依法办事，依纪行事，依规履职，坚决做到在思想上、政治上、行动上与党中央、国资委保持高度一致，绝不允许有令不行、有禁不止，坚决做到思想统一、步调一致，干部为政清廉，企业风清气正。

三是强化作风建设。再宏伟的蓝图不落实，终究在纸上；再远大的理想不践行，终究是空想。空谈误企，实干兴业。要认真贯彻落实中央政治局八项规定和股份公司的具体要求，切实转变工作作风，坚持求真务实，实事求是，讲实话、办实事、求实效。重大决策和各项任务，必须明确责任、有督促、有落实、有检查、有奖惩。要深入一线调查研究，主动到矛盾和困难集中的地方了解真实情况，解决实际问题。要切实改进会风文风，开短会、讲效率、抓落实，力戒空话套话，摒弃形式主义。要厉行勤俭节约，坚决反对铺张浪费，严格遵守职务消费各项规章制度。

四是营造和谐氛围。要切实维护职工权益，全心全意依靠职工办企业，及时足额缴纳“五险两金”，积极开展送温暖活动，解决好困难家庭的大病医疗、子女就学等问题。真心诚意地关心离退休职工生活，帮助解决实际问题。要稳妥解决好经济纠纷、息工待岗等引发的各类问题。尤其是在网络媒体高度发达的今天，学会与媒体打交道，出现问题，第一时间妥善处理，防止恶意炒作。要加强企业文化建设，以先进的企业精神凝聚人心。加大宣传报道力度，内树信心、外树形象。加快推进铁道兵纪念馆的筹备和相关电视纪录片的拍摄，确保实现预期目标。要加强群众工作，充分发挥各级党组织和工会、共青团组织在改革发展中的重要作用，凝聚各方力量，建设和谐企业。

借力十八大东风　开创工作新局面

——党委副书记、纪委书记齐晓飞在中国铁建股份有限公司2013年党风建设和反腐倡廉工作会议上的报告

（摘　要）

（2013年1月29日）

一、肯定成绩，看清问题

过去的一年极不平凡。全系统以迎接党的十八大为契机，紧扣“稳中求进、转型升级”的主题落实科学发展观，生产经营工作取得令人鼓舞的成绩。

过去的一年，各级党委和纪检监察组织按中央、中央纪委和国资委要求，围绕中心，服务大局，以惩防体系建设为主线，以落实党风廉政建设责任制为龙头，夯实教育基础、完善体制机制、强化监督制约、加大惩处力度，为企业稳健、持续、和谐发展提供了有力保障。

——惩防体系建设迈出新步伐。全系统把基本制度建设，作为推进惩防体系建设的基础性工作常抓不懈。围绕法人治理、重大决策、项目管理、投资监管、招标采购等重点部位和关键环节，制定出台《贯彻落实“三重一大”决策制度实施办法》等反腐倡廉配套制度127项；落实党风廉政建设责任制，坚持反腐倡廉建设联席会议制，探索廉洁风险防控有效途径，初步形成惩防体系有效运行的工作机制。全系统签订党风廉政建设责任书6848份，考核单位3151个，责任追究277人，其中纪律处分188人，减扣薪酬166人。股份公司对二级单位进行了落实党风廉政建设责任制和纪检监察工作全面考核。

——查办案件获得新突破。各级党委和纪检监察组织以惩促防，标本兼治，努力遏制腐败案件易发高发势头。2012年，全系统受理群众信访举报283件次；初核案件线索290件，立案268件，结案249件，党纪处分86人，政纪处分460人，党政纪双重处分67人；移送司法机关12人，刑事处理28人，组织处理29人，责任追究44人。通过办案挽回经济损失2183.31万元。股份公司纪委在中央企业查办案件工作座谈会上介绍了经验。

——效能监察取得新成效。全系统效能监察立

项总数23项，提出监察建议3797条，作出监察决定470个，整章建制472个，查处违纪违规资金1.47亿元，避免经济损失2.14亿元，挽回经济损失4.08亿元，节约资金3.22亿元，直接增加经济效益1.52亿元。按照国务院国资委和股份公司的统一部署，集中开展境外资产监管、整治亏损项目、转变经济增长方式和治理“小金库”等专项检查，涉及资金442.81亿元，发现各类问题3763个，纠正3619个。股份公司纪委在中央企业效能监察推进会上介绍了工作经验，两个集团公司的设备租赁和整治亏损项目效能监察成果，分别被国务院国资委评为中央企业效能监察示范项目。

——反腐倡廉教育呈现新格局。全系统把反腐倡廉教育融入廉洁文化创建活动之中，逐步形成理论灌输与文化培育相交融、组织教育与群众活动相呼应、反腐倡廉教育与各类业务素质培训相结合的新格局。全年组织反腐倡廉教育活动3260场次，参加人员16.1万人次；开展廉洁文化作品创作活动，股份公司征集作品936件，评选优秀作品168件；开展依法经营集中教育整治活动，填写“自查登记表”3138份，签订“依法经营承诺书”2927份；领导人员实行廉洁承诺1.6万人次，廉洁谈话2623人次；上缴礼品礼金和有价证券146人次，合计362万余元。

——权力运行监督制约提升新层次。全系统落实监督措施，拓宽监督渠道，整合监督资源，努力规范权力运行。推行企务公开、党务公开、“三项招标”监督；开展领导人员述职述廉和职工群众评绩评廉活动，述廉议廉5852人次；着力企检共建工作，化解企业经营风险，促进依法合规经营；组织巡视调研，全年派出巡视组28个，巡视企业132家，向被巡视单位提出整改建议343条，对领导人员进行提醒或诫勉谈话109人次。

——纪检监察组织建设得到新加强。全系统贯彻《关于加强和改进中央企业和中央金融机构纪检监察组织建设的若干意见》（中纪发〔2010〕12号），增加纪检监察机构编制61个，新增人员48人，纪检监察干部与其他业务部门交流168人次。围绕纪检监察干部政治、业务素质提升，各级采取办班培训、岗位交流、以会代训等形式，提高纪检监察人员依纪依法办案、化解风险、拒腐防变的能力。全年举办纪检监察业务培训班152期，培训专兼职纪检监察人员2935人次。

在看到成绩的同时，也要看到系统内还存在着的问题，准确把握面临的新形势，坚定不移地把党风建设和反腐倡廉工作引向深入。

二、举旗定向，明确思路

十八大把对腐败问题的认识，提到了“亡党亡国”的高度，执政党作出如此重大而又坦诚的论断，前所未有。十八大召开后的短短两个月里，以习近平为总书记的新一届中央领导集体，对反腐败斗争，多次指示、密集部署。2012年11月15日，新一届政治局常委见面会上，习近平总书记以“打铁还需自身硬”来表明要下大气力解决“党员干部中发生的贪污腐败、脱离群众、形式主义、官僚主义等问题”。11月17日，习近平总书记在政治局集体学习时指出，“物必先腐，而后虫生。近年来，一些国家因长期积累的矛盾导致民怨载道、社会动荡、政权垮台，其中贪污腐败就是一个很重要的原因。大量事实告诉我们，腐败问题愈演愈烈，最终必然会亡党亡国！”12月4日，习近平总书记主持政治局会议审议通过关于改进工作作风、密切联系群众的“八项规定”。12月31日，习近平总书记主持中央政治局会议，研究部署2013年党风廉政建设和反腐败工作，认为新形势下，反腐败斗争形势依然严峻，少数党员干部宗旨意识淡薄，形式主义、官僚主义问题突出，奢侈浪费现象严重，一些领域消极腐败现象易发多发，个别领导干部特别是高级干部严重违纪违法。全党必须增强忧患意识、风险意识、责任意识，既坚定果断刹风整纪，加大办案力度，坚决遏制腐败现象蔓延势头，又树立长期作战思想，注重深化改革，健全体制机制，加强源头治理，不断铲除腐败现象滋生蔓延的土壤，不断以反腐倡廉实际成效推进廉洁政治建设。

2013年1月5日，习平近总书记在新晋中央委员、候补委员学习贯彻十八大精神研讨班上说，衡量一名共产党员、一名领导干部是否具有共产主义远大理想，是有客观标准的，那就要看他能否坚持全心全意为人民服务的根本宗旨，能否吃苦在前、享受在后，能否勤奋工作、廉洁奉公……一切及时行乐的思想，一切贪图私利的行为，一切无所作为的作风，都是与此格格不入的。1月7日，全国政法工作电视电话会议召开，习近平总书记强调，深化司法体制机制改革，坚持从严治警，坚决反对执法不公、司法腐败……努力让人民群众在每一个司法案件中都能感受到公平正义。他还要求着力提升政法队伍拒腐防变能力。1月17日，习近平总书记在新华社文章《网民呼吁遏制餐饮环节“舌尖上的浪费”》上作出批示：广大干部群众对餐饮浪费等各种浪费行为特别是公款浪费行为反映强烈。联想到中国还有一亿多农村扶贫对象、几千万城市低保人员以及其他为数众多的困难群众，各种浪费现象的严重存在令人十分痛心。要加大宣传引导力度，大力弘扬中华民族勤俭节约的优秀传统，大力宣传节约光荣、浪费可耻的思想观念，努力使厉行节约、反对浪费在全社会蔚然成风。各级党政军机关、事业单位，各人民团体、国有企业，各级领导干部，都要率先垂范，严格执行公务接待制度，严格落实各项节约措施，坚决杜绝公款浪费现象。要采取针对性、操作性、指导性强的举措，加强监督检查，鼓励节约，整治浪费。1月21日，在十八届中央纪委二次全会上，习近平总书记更进一步强调，要加强对权力运行的制约和监督，把权力关进制度的“笼子”里；要有腐必反、有贪必肃，坚持“老虎”、“苍蝇”一起打；要以踏石留印、抓铁有痕的劲头纠歪风、正作风，避免“无形的墙”把我们党同群众隔开；要抓住“常”、“长”关键二字，形成“经常抓”和“长期抓”的长效机制。同日，中纪委书记王岐山的全会工作报告言简意赅，从四个方面对全年工作提出要求：一要坚决维护党章的权威性和严肃性；二要不折不扣落实中央关于改进工作作风、密切联系群众的“八项规定”；三要坚持惩治腐败和预防腐败两手抓、两手都要硬；四要用铁的纪律打造人民满意的纪检监察干部队伍。全会还提出抽查核实领导干部报告个人有关事项的新举措。1月28日，习近平总书记又主持召开中央政治局会议，在研究部署加强新形势下党员发展和管理工作时指出，少数党员理想信念动摇、宗旨意识淡薄、组织纪律不强，甚至思想蜕变、腐化堕落，等等。这些问题影响着党员队伍的生机活力，影响着党在人民群众中的形象和威信，削弱了党的创造力、凝聚力、战斗力，必须切实加以解决。

中央领导的指示掷地有声，中央的措施切实有力，一切都充分表明，中央下了最大的决心，要从根子上彻底解决腐败问题。上有所呼，下有所应。在执政党高度重视反腐问题的态势下，社会上也紧锣密鼓地展开了空前的反腐行动，博客、微博、视频、论坛等网络新兴媒介纷纷聚焦腐败问题，已成为民间反腐的重要平台。反腐在民间、坊间已经不再是一般性的话题，而是成了全社会高度关注的焦点、热点。有媒体提出，十八大的开局之年——2013年之关键词有两个：一是改革，另一个就是反腐。

形势比人强！联系社会实际和工作实际，做好2013年的党风建设和反腐倡廉工作，就要在思想上统一认识，明确四个“必须”：

首先，必须以十八大精神为统领。十八大解决了中国改革发展关键阶段、战略机遇期“举旗定向”的重大问题，具有政治里程碑意义。作为国民经济支柱的国有企业、特别是我们央企，要实现做大、做强、做优的发展目标，就要高举邓小平理论、“三个代表”重要思想和科学发展观的伟大旗帜，坚定不移地走有中国特色的社会主义道路，就要坚持共产党的领导。而要坚持共产党的领导、稳固党的执政地位，就要坚持党要管党、从严治党，就要转变作风密切联系群众，就要坚决地开展反腐败斗争，彻底改变腐败严重滋生的现状。有十八大精神统领全局，我们就能在大是大非面前，确保道路自信、理论自信、制度自信，就能站稳立场、认清方向、扎实前进，把党风建设和反腐倡廉工作引向深入。

其二，必须以党的政治纪律为保障。我们央企面临的竞争形势越严峻、改革发展的任务越繁重，越是需要铁的纪律作保障。铁的纪律从何而来？从讲政治中来，从维护党章的权威性和严肃性中来。就全党来讲，严守党的政治纪律，是增强党的凝聚力和向心力的必然要求；具体到国有企业、特别是中央企业来说，是党员发挥先锋模范带头作用的必要条件，是基层党支部发挥战斗堡垒作用的必要条件，是各级党委发挥政治核心作用的必要条件，也是纪检监察组织提升执行力的必要条件。各级党委、纪委，要教育广大党员认真学习党章，坚持民主集中制，下级服从上级，全党服从中央，在思想上和行动上自觉同以习近平为总书记的党中央保持高度一致。决不允许“上有政策、下有对策”，决不允许有令不行、有禁不止。

其三，必须以作风建设为先导。作风建设关乎人心向背、事业成败、企业兴衰。根据中央要求和企业实际，当前党风建设和反腐倡廉工作，也必须从作风建设破题。作风显现在细微之处，体现在日常工作之中，甚至是在8小时之外的生活中。不良作风往往是滋生腐败的土壤和温床，领导人员产生腐败行为，往往都能找到其作风问题的根源。以抓作风为先导，是以小见大，体现了预防为主的方针。作风建设要靠自律，从我做起，从现在做起，从细微处做起，从工作中做起，从8小时之外的生活中做起，从“见怪不怪”、“习以为常”做起。作风建设更要靠他律、靠监督。要坚持求真务实，树立正确的政绩观，反对形式主义和官僚主义，反对弄虚作假、沽名钓誉；坚决抵制和纠正“山头主义”、“独立王国”等不良倾向；要坚持创新进取，教育督促各级领导人员勇于负责、敢于担当、勤勉敬业、廉洁奉公，坚决抵制和纠正庸懒散奢等不良风气，始终保持党员的先进性、纯洁性。

再有，必须以企业经营管理为中心。“围绕中心，服务大局”，是企业党风建设和反腐倡廉工作的出发点和落脚点。孟凤朝董事长指出，2013 年及今后一个时期，要把持续、健康、稳定发展作为全部工作的总基调。具体讲，就是要“稳增长、调结构、强基础、提效益、上水平”。把握这个总基调，赵广发总裁代表经理层提出要着力抓好六大工作任务：一是采取有效措施，确保“三项指标”稳步增长；二是加快推进结构调整，促进企业转型升级；三是全面促进管理提升，夯实企业发展基础；四是大力推进改革创新，增强企业核心竞争力；五是加快“走出去”步伐，提升国际化经营能力；六是坚持以人为本，维护企业和谐稳定。党风建设和反腐倡廉工作，要放到生产经营管理大局中来思考、谋划和推进。要保障企业持续健康发展的总基调，在促进提升企业发展质量效益上体现价值；要抓住主要问题，把握有利时机，找准有效途径，突出工作重点，在促进企业依法合规经营、规范有序管理中展示作为；要全面履行纪检监察组织职能，对内加强监督检查和风险防控，对外化解经营风险，优化发展环境，在为企业发展保驾护航中发挥作用。

三、真抓实干，细化措施

遵循上述总体思路，2013 年具体要抓好以下六项工作：

（一）严明政治纪律，加强监督检查，确保中央和企业重大决策部署的贯彻执行

信任不能代替监督。要充分利用党内监督、职工民主监督、纪检监察组织专项监督相协调的综合监管机制，加强对各级组织和各级领导人员贯彻落实中央、中央纪委和国资委、股份公司重大决策部署情况的监督检查，确保全系统政令畅通。监督各级党组织开好民主生活会，过好党的组织生活，认真开展批评与自我批评。以提升企业发展质量效益为重，着力抓好“增收节支”、“挖潜提效”等活动落实情况的监督检查；以贯彻股份公司《进一步改进工作作风、密切联系群众的具体措施》《子公司负责人职务消费管理指导意见》为抓手，重点抓好对业务招待费及各级领导人员职务消费管控情况的专项检查；严格执行股份公司《国有企业领导人员廉洁从业若干规定实施办法》《贯彻落实“三重一大”决策制度实施办法》，开展专项治理，纠正以权谋私、有章不循行为；督促领导人员严守组织人事纪律，确保选人用人工作风清气正；继续深化工程建设领域突出问题专项治理活动，整治项目亏损、使用中介、违法分包、责任成本管理制度不落实、安全质量责任事故多发等问题。

（二）加强宣传教育，创新活动载体，筑牢拒腐防变思想道德防线

深入开展理想信念和宗旨教育、党性党风党纪教育、依法经营教育、诚信教育和职业道德教育，深化示范教育、警示教育和廉洁文化理念教育，建立健全分层分类施教机制，提高教育的文化含量，增强各项教育活动的针对性和实效性。要组织开展全系统的“反腐倡廉教育月”活动，围绕“心系职工，务实清廉”主题，突出党章学习、领导人员上党课、反面典型警示、先进模范引导四个重点，强化“经营合规，决策问法”的意识；要组织对股份公司《职工违纪违规处分暂行规定》的学习宣传，开展知识竞赛、体会交流、群众演讲等活动，营造“遵规守纪，违规必究”的氛围；继续深化廉洁文化“五进”、“五上”工作，开展群众性的廉洁文化创建活动，营造“廉荣腐耻”的廉洁文化环境。

（三）强化办案职能，严查大案要案，保持惩治腐败工作高压态势

要以对党、企业和职工高度负责的态度，坚持有腐必反、有贪必肃，既要坚决查处领导人员违纪违法案件，又要切实解决发生在群众身边的不正之风和腐败问题，决不姑息养奸。要突出办案重点，查办贪污贿赂、失职渎职、跑官卖官、违反财经纪律和廉洁从业规定的案件；查办发生在产权交易、招标投标、物资采购和新增业务领域中侵害企业利益的案件；查办责任亏损、责任事故案件；查办违法分包、提点转包和领导人员越级插手“三项招标”的案件；查办侵害职工合法权益的案件。要逐步建立股份公司、集团公司办案工作内部指标管理制度，强化各级主管和纪委书记办案责任意识。要落实案件线索排查、线索移送、案件督办、集中办案、交叉办案等规章制度，完善案件揭露和查处机制；完善企业与司法、行政执法等机关的办案合作以及防逃追逃追赃机制，深化企检共建工作机制，在严惩腐败的同时，积极化解经营风险。要落实“一案两报告”制度，加强案例剖析与通报，总结发案规律，解剖典型案例，提出防范措施，发挥办案治本功能。要建立对查办案件工作的激励机制，出台相关办法，对查办大要案先进集体和有功个人予以表彰奖励。

（四）紧盯热点难点，深化效能监察，促进企业发展质量效益提升

要全面梳理制约企业发展质量效益提升的热点、难点问题，抓住主要矛盾，准确选题立项，有针对性地开展效能监察工作。要根据国资委统一布置的成本

管理、库存管理、应收账款管理、招投标管理、节能减排以及设备物资采购效能监察，选好本单位的重点，抓出成效；要坚持境内、境外项目并重，传统、新兴业务板块并举，继续开展股份公司统一立项的整治亏损项目、海外项目监管、全面风险管控三项效能监察，年内召开整治亏损项目效能监察经验交流会，集团公司要选好正反典型，剖析亏损产生的主客观原因，总结项目创效、扭亏增盈的成功经验。要完善效能监察协调工作机制，规范工作流程，落实检查责任，健全整改体系，保障监察实效；要探索建立对效能监察成果审核鉴定、科学评价机制，提升效能监察对企业发展质量效益的贡献率。

（五）完善规章制度，强化科技支撑，推进惩治和预防腐败体系建设

要继续完善惩治和预防腐败体系，加大整体推进力度，按照中央要求，抓紧制定《2013～2017年工作规划实施办法》，落实党风廉政建设责任制，抓好任务分解和考核追究，统筹推进反腐倡廉建设各项工作，形成“经常抓”和“长期抓”的长效机制。要围绕全面预算管理、全面风险管理、设备物资集中采购、资金集中管理、法人管项目、节能减排、“三项招标”及人事用工分配“三项制度”改革等关键环节和重要领域，强化顶层设计，完善规章制度。要引入先进的管理方法和管理工具，借助信息化手段，梳理优化工作流程，定期查找廉洁风险点，建立系统科学实用的廉洁风险防控体系，实现管理制度化、制度流程化、流程信息化。要加强对权力运行的监督制约，细化“三重一大”决策制度，建立健全境外投资管理制度，规范境外投资行为，严格履行境外投资决策程序和报批程序，强化内部控制和风险防范，强化资产损失责任追究；规范企业领导人员从业行为，落实重大事项报告制度；推进纪检、监察、审计、法律合规、监事会等监督资源的相互协同与有效整合；推进企务公开、党务公开，全面落实股份公司党委《巡视工作暂行办法》。

（六）健全组织机构，提高履职能力，建设素质过硬的纪检监察队伍

要贯彻落实中纪发〔2010〕12号文件精神，在机构设置、人员配备、政治业务素质提升上加强协调力度，提高全系统纪检监察队伍的履职能力。要将贯彻12号文件精神的要求纳入党风廉政建设责任制考核，纪检监察组织建设特别是机构设置和人员配备，只能加强，不能削弱。要引导纪检监察干部加强理论学习和党性修养，用科学发展观指导反腐倡廉建设实践、推动各项工作。要加强综合业务和专项业务培训，力争3年内将全系统纪检监察干部轮训一遍。年内，股份公司将继续举办纪检监察干部综合业务培训班，并将委托中国纪检监察学院，举办一期全系统纪委书记培训班。同时，加强系统内办案、效能监察等业务经验交流。要建立和完善业绩考评机制，制定出台纪检监察工作业绩考评办法，推行二级单位纪委书记向股份公司纪委述职制度。要牢固树立执纪者更要带头遵守纪律、监督者更要自觉接受监督的意识，加强对纪检监察干部的监督管理，强化内部管控，促进依法依纪履职，维护可亲、可信、可敬的良好形象。

当前，中央发出反腐倡廉的时代强音，给我们带来了进一步规范管理和加强反腐倡廉建设的强劲东风。借力于东风之强劲，我们能得到上级更大的支持，获得群众更多的拥护，去解决一些长期难以解决的重点、难点问题，从而为股份公司各项重大决策部署的贯彻落实，提供强有力的保障。天时、地利、人和俱足，我们有信心、有勇气，围绕中心、服务大局，尽职履责，开创工作新局面！

以党的十八大精神为统领
在推动中国铁建和谐发展中彰显工会新作为
——党委副书记、副董事长、工会主席彭树贵
在中国铁路工会中国铁建股份有限公司一届五次全委(扩大)会议上的工作报告
(摘　要)
(2013 年 2 月 26 日)

2012 年工作简要回顾

2012 年,是中国铁建坚持“稳中求进”方针,实现新跨越、新发展的一年;也是中国铁建工会积极发挥职能作用,取得新突破、新提升的一年。面对国内外复杂严峻的经济形势和“保增长、保安全、保稳定”的目标压力,全系统工会组织在中国铁建党委和上级工会的正确领导下,充分发挥桥梁纽带作用,坚持融入中心,突出维护职能,以发展促和谐,以和谐保发展,形成职工与企业同舟共济、共克时艰、共建共享、同步发展的良好局面。

——工会维护职能作用明显。股份公司工会把落实“两个普遍”、农民工和女职工权益维护作为构建和谐劳动关系的重点,组织起来,切实维权。一是工会组织建设全面加强。新建单位与工会组建同步,劳务派遣工入会率逐年上升。目前,全系统工会组织近万个,在职职工会员近 30 万人,入会率 100%,劳务派遣工入会率 90% 以上。二是工资集体协商有序推进。全系统二级单位建立工资集体协商制度和签订工资专项协议实现 100% 双覆盖目标,工资集体协商“456”工作法被中华全国铁路总工会命名为特色品牌,职工工资协商共决机制、正常增长机制和支付保障机制正逐步建立完善。三是农民工权益得到有效维护。股份公司工会建立内部防止拖欠农民工工资长效机制,受到中华全国总工会王兆国主席的批示和肯定。9000 多个在建项目基本实现职工和农民工生产生活“五同”、“八一样”,农民工有效融入铁建文化。90 多名农民工被授予各级劳动模范和技术创新能手称号,有的被提拔为基层项目经理。四是女职工权益落实到位。积极贯彻落实女职工权益保护的法规、制度,特别是普遍签订《女职工权益保护专项集体合同》。中铁十八局集团公司补充签订“男职工休产假”条款,受到中华全国总工会的特别关注。注重女干部的选拔和使用,一批素质高、能力强的女干部进入各级领导班子,发挥了独特作用。全系统 11 名女性获 2011 中国经济女性年度人物称号,占中央企业受表彰人数的 11.8%。

——民主管理基础不断夯实。全系统坚持依靠职工办企业,办好企业为职工,不断完善民主管理制度,保障职工民主政治权利。一是全面落实职代会职权。全系统两级职代会制度建制率、召开率均达 100%,职代会五项职权得到落实。职代会标准化建设深入推进,决策监督、职工代表定期巡视、优秀提案评选和星级职代会评比扎实有效,职代会质量普遍提高。二是不断深化民主评议。所属局处两级职代会评议干部覆盖面已达 99%。一些单位逐步把评议延伸到基层一线项目经理、党工委书记,全方位落实职工群众的评议监督权。三是重视提案征集落实。股份公司一届三次职代会收集整理职工代表提案 165 条,及时移交各相关部室处理,提案答复率 100%。四是注重拓展企务公开。推动建立公开、公平、公正、透明的管理体制和机制,公开重点逐步向职工关心的热点、难点和敏感问题延伸,向企业重大决策、物资设备采购、工程劳务分包、领导干部廉洁、业务招待费使用、职工住房建设等热点问题拓展,全系统企务公开覆盖面和实施率均达到 95% 以上。五是着力拓宽职工诉求渠道。通过工会主席信箱和热线、工会主席接待日、民主对话会等职工参与企业管理、表达个人意愿的沟通渠道及网上社区、论坛等交流平台的建立,及时关注网络舆情,掌握

职工思想动态和利益诉求，将不稳定因素消除在萌芽状态。

——建功立业活动成效显著。各级工会坚持融入中心，服务大局，广大职工的主力军作用得以发挥。一是劳动竞赛成效突出。围绕施工生产经营重点，广泛深入开展劳动竞赛。竞赛的内容更加突出实效性、精细化、集约型，内涵延伸，科技含量提高。在2012年全路群众生产工作会议上，中国铁建作为基础建设行业唯一代表做经验介绍。二是劳动保护创新发展。多种形式的安全竞赛，扩大了“安康杯”参赛覆盖面，提高了职工安全防护意识，最大限度地消除了施工现场安全隐患。“一法三卡”活动在全系统推广普及，成为中国铁建的劳动保护工作品牌。全年荣获省部级“安康杯”竞赛优胜和先进单位13个，获得全国“安康杯”竞赛优胜单位25个。中铁十六局集团公司制作的《赵总监正传》，独家荣获铁道部“铁路安全生产警示教育电视片展播”活动特等奖。中国铁建劳动保护工作的力度、深度和知名度同步大幅提升。三是职工技术创新亮点纷呈。通过工地大学、职工夜校、导师带徒、劳模创新工作室等形式，推动职工技术创新。先后成立25个技术创新工作室，以点带面，增强了创新驱动力。全系统提出合理化建议3842项，采纳1420项，创造经济效益3.9亿元；取得技术创新成果358项，创造经济效益2.75亿元。四是评先创模成绩优异。3个单位荣获全国五一劳动奖状、6个单位荣获全国“工人先锋号”、17人荣获全国五一劳动奖章。2名劳模在“五一”期间应邀参加人民大会堂庆祝表彰活动，1名劳模在国庆节期间应邀与党和国家领导人一道，参加向人民英雄纪念碑敬献花篮仪式。

——服务职工力度持续提升。积极开展以“推进铁建科学发展，维护职工群众利益”为主题的“双服务”活动。活动开展以来，共有2438名工会干部参与走访基层活动，走访基层单位3292个，建立联系点6882个，发放慰问金1530万元，帮助解决实际问题418个，对职工反映的住房、收入、医保社保、子女就业等突出问题及时回应、督促解决。其中，中铁十一局集团公司开展“双百”活动，中铁十四局集团公司开展“构建和谐企业，共创幸福家园”活动，中铁十八局集团公司建立服务职工工作室等做法，有力提升了服务企业、服务基层、服务职工的能力和水平。中铁第一勘察设计院集团公司工会被陕西省总工会授予服务职工创先争优先进单位。全系统大力提升建家建线质量，全年投入专项资金3000万元，重点改善一线职工的吃住、医疗、环保和文体设施，使职工吃住舒心，娱乐开心，工作尽心，从而实现了体面劳动、尊严生活、全面发展。目前，全系统建职工之家2995个，获全国模范职工之家48个、省部级模范职工之家81个。2012年组织参加铁路职工才艺大赛，1个节目在全路巡演，2个节目获奖，3人受到表彰；组织参加中华全国铁路总工会“感动铁路”文艺演出并获二等奖。3人被评为火车头职工艺术家。成功举办“中国铁建杯”单项职工体育桥牌比赛和乒乓球比赛。10个单位和15名个人分别被评为全路体育先进单位和体育先进个人，1人被国家体育总局评为全民健身工作先进个人。

——帮扶救助体系趋于完善。一是送温暖活动已成常态。全年筹集资金6005万元，慰问劳模、科技骨干、离退人员、一线职工、困难职工和农民工53940人。二是切实履行“三不让”承诺。不断完善救助办法，共筹集专项资金9760万元，救助困难职工家庭11370户次，资助困难职工子女入学2756人次，救助患病职工3580人次。三是通过保证职工充分上岗维护队伍稳定。各集团公司不断完善劳动合同和集体合同制度，按施工产值定额安排内部职工，强化职业技能培训，实行息工待岗警示，使息工待岗率保持在相对较低的比例。中铁建设集团公司实现“零待岗”的目标。四是加大矛盾调处疏导力度。努力构建“有组织、有预防、有调解、有保障”的法律服务组织体系，中铁十四、十八局集团公司工会获全国工会职工法律援助维权示范单位称号。

——工会自身建设迈上新台阶。一是工会干部队伍素质明显提高。股份公司工会有序组织参加中华全国铁路总工会工会干部任职学习班和独立举办工会基层干部培训班，177名工会干部接受培训。中铁第四勘察设计院集团公司被中华全国总工会命名为全国职工教育培训示范点，成为全国百家示范点之一。二是工会财务及经费审查工作全面加强。积极完善财务内控制度，开展工会财务规范化建设。认真贯彻《中国工会审计条例》，切实加强经费审查组织和干部队伍建设，强化审计监督职能，努力提高经费审计工作质量，切实保证工会资产安全完整。开展工会财务工作竞赛评比，派员参加中华全国铁路总工会经费审查培训，有效促进工会财务、经费审查干部的能力和水平。股份公司工会获中华全国铁路总工会财务竞赛特等奖。

深刻领会党的十八大精神
全面提高和创新工会工作

2013年，是全面深入贯彻落实党的十八大精神的开局之年，是为国家全面建成小康社会奠定坚实基础的重要一年，也是企业实施“十二五”规划承前启后的关键一年。我们要以十八大精神统领工会工作全局，全面认识和把握当前面临的形势和任务。

（一）党的十八大对推进和创新工会工作思路提出了新的指针和要求

党的十八大报告对工人阶级和工会工作作出重要论述：在坚持全心全意依靠工人阶级上，强调营造劳动光荣、创造伟大的社会氛围；健全以职代会为基本形式的企事业单位民主管理制度，保障职工参与管理和监督的民主权利。在保障和改善民生上，强调深化企业工资分配制度改革，推行企业工资集体协商制度，保护劳动所得；加强职业技能培训，提升劳动者就业创业能力，推动实现更高质量的就业。在加强和改进党的群众工作上，强调始终保持党同人民群众的血肉联系，支持工会、青年团、妇联等人民团体充分发挥桥梁纽带作用，更好反映群众呼声，维护群众合法权益等等。这些重要论述从不同层面、不同侧面为我们企业改进和创新工会工作指明了方向，阐述了原则，明确了重点，提供了方法，我们务必要全面理解和深刻领悟。

（二）促进企业和谐发展对提升工会工作水准提出了新的挑战和任务

党的十八大明确提出，社会和谐是中国特色社会主义的本质属性，是国家富强、民族振兴、人民幸福的重要保证。无疑，企业和谐是企业持续发展的重要基础，是企业强大和职工幸福的根本保障。当前和今后一个时期，中国仍处于劳动关系矛盾的多发期和各种利益关系的调整期，构建和谐劳动关系的任务十分艰巨。具体到中国铁建，首先，我们将面对更趋复杂的劳动关系。随着企业经营规模的扩大、产业领域的拓宽，管理链条的延长，一些影响劳动关系和谐稳定的问题逐步凸显，劳动争议案件及群体性事件呈逐年上升趋势，给企业正常生产经营带来很大干扰，对企业形象造成不良影响。其次，我们要正视职工对分享企业发展成果的迫切期望。越来越多的职工渴望拥有充分的上岗机会，畅通的诉求渠道，充分的民主政治权利，良好的职业健康安全环境，完善的社会保障条件，及时的企业帮扶救助，以及更大的职业发展空间。在物价上涨，住房、医疗、教育市场化改革，但社会保障制度并不完善的背景下，职工生活压力增大，对工会和劳动工资等部门寄予的期望值更高，对企业的依附程度更强。第三，我们需认识工会在构建和谐劳动关系中不可替代的重要作用。面对严峻的形势、迫切的要求，构建和谐劳动关系已是当前协调劳动关系矛盾的迫切需要，更是时代赋予工会组织的历史任务。作为职工劳动权益的代表者和维护者，工会在表达和维护职工合法权益，参与协调和妥善处理劳动关系，构建劳动关系、和谐企业等方面的重要责任不言而喻。作为党联系职工群众的桥梁和纽带，工会具有天然的政治优势、组织优势和群众工作优势，在联系群众、服务职工、凝聚力量、助推发展等方面的独特作用不可替代。因此，努力提升工会工作新水准，开拓工会工作新局面，促进企业和谐新发展，时不我待。

2013 年工会重点工作

股份公司工会 2013 年工作的指导思想和总体要求是：认真学习贯彻党的十八大精神，践行中国特色社会主义工会发展道路，全面落实全国总工会、铁路总工会和股份公司党委年度工作部署，以维护职工群众利益、推进企业和谐发展为主旨，以持续推进“两个普遍”、构建和谐劳动关系为主线，着力深化企业民主管理，深入开展“双服务”活动，不断提升建家建线和帮扶工作层次，全面提升工会工作水平，团结动员广大职工发挥主力军作用，为实现企业持续健康和谐发展贡献智慧和力量。

（一）履行基本职责，依法维护职工合法权益，努力构建和谐劳动关系

一要持续深入推进“两个普遍”。推进“两个普遍”是落实“组织起来，切实维权”工会工作方针和促进劳动关系和谐的重要举措。当前，“两个普遍”工作已进入全面覆盖、纵深发展的关键阶段。我们要重点抓好新组建单位工会组织的组建，做到工会与基层党委同步设立，同步展开工作。要采取有效措施，确保劳务派遣工、农民工入会率达标。要在调查研究、实施细则、群众监督、示范文本、目标责任等方面，持续提高工资集体协商的工作水平和质量。要对应职工收入到 2020 年的“倍增”目标，明确职工基本薪酬年平均增长幅度，建立职工工资正常增长机制。要逐步将集体合同纳入各级领导班子年终经营业绩考核内容，加大集体合同的落实力度，切实保障职工的合法权益。下半年，要对开展工资集体协商、落实集体合同及其工资专项协议情况进行重点检查，并于年底召开全系统构建和谐劳动关系工作会议。

二要依法规范劳动合同管理。学习宣传《劳动合同法（修正案）》是当前和今后一个时期的重要工作，我们要充分利用修正案施行前为期半年的预备期，宣传劳动合同法修改的主要内容和重大意义，密切关注相关配套法规的出台和实施。针对“劳务派遣”岗位界定、用工数量限制、同工同酬权利、处罚条款等内容，配合劳动工资、法律等部门做好衔接服务，完善劳动用工制度，保障被派遣劳动者切身利益，规范用工行为，规避用工风险。

三要重点关注青年职工权益维护。要加强专业知识和技能培训，促进青年职工成长成才；引导优秀青年职工积极入党和在工作上创先争优，并切实维护其民主权利和职业发展权利。要积极帮助青年职工解决婚

姻、居住、户口迁移、子女入园入学以及异地工作带来的切实困难，同时，加大对他们心理健康的关注和投入，加强心理疏导，帮助他们搞好自我管理、自我调适，缓解心理压力，提高耐挫力，激发正能量。

（二）加强源头参与，着力深化民主管理工作，提高企业管理水平

一要有效落实职代会职权。真正把职代会建设成为提升企业竞争力、凝聚力、决策力，实现企业科学发展、和谐发展，促进企业与职工共建共享改革发展成果的有效平台。要严格把关，确保职代会的三项刚性制度（即：企业重大改革事项预告制度、涉及职工切身利益重大方案表决制度、职代会民主评议领导干部制度）落实到位，促进企业决策管理层和广大干部职工的良性互动，有效提高广大干部职工对企业决策、目标的认同度、支持率。要建立健全提案工作的规章制度，努力提高职代会提案工作的质量。为更好地引导职工群众科学、有序、规范地参与企业管理，发挥职工代表先进性、代表性和示范性，年内组织开展金牌职工代表评选，同时继续组织开展星级职代会评比。

二要修订完善企业民主管理制度。认真贯彻执行中纪委等六部委 2012 年印发的《企业民主管理规定》，与惩防体系建设、党务公开、开展创先争优活动、深化“公开解难题，民主促发展”主题活动、创建厂务公开民主管理示范单位活动结合起来，主动联合有关职能部门各司其职、分工合作、结合自身实际，制定实施细则，促使民主管理工作更规范、更全面。

三要积极畅通职工诉求表达渠道。在研究制定企业发展战略、财务管理、生产管理、营销管理、人力资源管理等制度中，坚持实行企务公开、民主管理，不断创新和拓展职工参与企业管理、表达个人意愿的方式和渠道。提倡建立和普及工会主席信箱、热线、工会主席接待日、民主对话会等沟通方式，利用信息技术开辟网上交流平台，多渠道关注网络舆情，了解群众思想动态，倾听群众心声，征求职工合理化建议。

（三）深入基层一线，扎实推进“双服务”活动，切实发挥工会组织的桥梁纽带作用

一要及时总结推广“双服务”活动经验。一季度，各级工会组织要继续扎实开展“双服务”活动，并对 2012 年的活动开展情况进行全面梳理和认真总结，对职工反映的热点难点问题，分类、分层次予以认真答复。对活动开展中的先进经验，要及时总结上报，争取在中华全国铁路总工会、中华全国总工会和国资委等更高平台上展示本单位工作成果，扩大中国铁建影响。对活动开展中的优秀单位和先进个人，要给予通报表彰和奖励。

二要着力落实“服务职工长效机制”。要妥善处理近期和长远的关系，做到办实事与建机制相结合，按照中华全国总工会文件要求，建立健全服务职工六项长效制度（即：工会组织联系职工制度、工会领导干部深入基层调研制度、源头参与制度、为职工办实事制度、困难职工帮扶机制及劳动争议调处和法律援助机制）。在此基础上，制定为职工办实事计划，实行公开承诺，并对服务职工绩效进行考核；建立工会干部联系基层、服务职工档案及工作台账，严格通报和回复制度，接受职工群众监督。通过制度约束，实现服务职工活动的常态化和长效化。

三要有效开展“接受群众路线再教育”活动。按照中央即将开展的以“为民务实清廉”为主要内容的党的群众路线教育实践活动，以及中华全国总工会、中华全国铁路总工会的相关部署，股份公司工会拟以“接受群众路线再教育”为主题，深化“服务职工在基层”活动，各级工会干部要进一步深入基层访民情、真情互动顺民意、尽心竭力解民忧，着力解决职工群众反映强烈的突出问题，努力提高做好新形势下职工群众工作的能力和水平。

（四）积极融入中心，广泛开展建功立业活动，充分发挥广大职工的主力军作用

一要广泛开展劳动竞赛和职工技术创新活动。要认真贯彻落实《中央企业劳动竞赛指导意见》，紧紧围绕提高经济增长质量和效益这一中心，牢牢把握“当好主力军，建功‘十二五’”竞赛主题，广泛开展各种形式的劳动竞赛活动。进一步丰富竞赛的内涵，拓展竞赛范围和领域，创新竞赛形式，完善考核评价机制。继续组织参加中华全国铁路总工会开展的铁路装备制造劳动竞赛；探索和总结物流贸易、勘察设计板块劳动竞赛经验，适时出台对应板块劳动竞赛管理办法；选择海外试点项目，总结劳动竞赛成功做法，并予以示范推广。要大力倡导尊重自然、顺应自然、保护自然的生态文明理念，全面落实中华全国铁路总工会节能减排达标竞赛五年规划，积极参与“节能减排”达标竞赛，创建资源节约型环境友好型企业。积极开展职工技术创新及合理化建议活动，加强创新成果应用转化。推广设立劳模创新工作室，围绕关键工艺工序进行技术攻关和技能传授，提升一线职工的技能水平。推动创新型班组建设，培养一批知识型、技术型、创新型的高素质员工，实现职工与企业的共同发展。

二要切实履行劳动保护监督检查职责。要高度重视职工生命健康权益维护，加大劳动保护监督检查力度。股份公司工会将与工程、安全质量部门组成督导组，对“一法三卡”落实情况进行检查，并拟于下半年召开全系统劳动保护现场经验交流会。要创新群众安全管控体系，推广中铁十五局集团公司在一线生产班

组设置群众监督员的做法,使劳动保护关口前移,把事故消灭在萌芽状态。根据中华全国铁路总工会要求,扎实开展"安康杯"竞赛活动,并将安全风险管理的各项要求纳入其中,形成覆盖行业工种、体现岗位特色,真正促进施工安全和运输安全的竞赛载体。要切实维护好女职工的合法权益和特殊利益,推进落实《女职工劳动保护特别规定》。全方位、全过程筑起安全防火墙,全力打造平安企业。

三要扎实推进争先创模工作。要大力培养选树劳动竞赛先进典型和模范人物,注重选树扎根生产一线、在平凡岗位上作出突出业绩、具有无私奉献精神的职工劳模。年内,要继续组织好全国、各省市五一劳动奖状、奖章,火车头奖杯、奖章,"工人先锋号"及各级劳模先进参评工作,尽早部署、积极推荐、畅通渠道,确保实现"争先创模"工作新的突破。要继续优化工会奖励信息模块,提升劳模管理服务工作信息化水平。股份公司工会将继续组织第6批劳模赴国外参观考察。

(五)注重民生建设,提升建家建线和帮扶工作,不断提高职工群众的幸福指数

一要持续提高建家建线水平。进一步拓展建家建线的新思路、新途径、新领域,不断丰富职工之家的内涵,发挥"生活线、卫生线、文化线"的保障作用。2013年是全国、全路模范职工之家表彰年,全系统要争取在评选和表彰方面有新的突破。要突出抓好新上项目、国内偏远及海外项目的建家建线工作,做到先期介入、分类指导,优化项目建家模式,保障一步到位。不断提高职工之家、职工小家建设质量,大力推广中铁十九局集团公司"民工之家"以及中国土木工程集团公司境外职工之家"三项工程"的建设经验,在加强硬件设施投入的基础上,注重压力释解和人文关怀。要开展好会员评家工作,针对薄弱单位和环节,及时有效弥补短板,切实提高建家总体水平。要在全系统推广和普及农民工"五同"、"八一样"的做法,研究和探索新形势下协作队伍管理的规律和途径,提升农民工的归属感、认同感和责任感。年内,要筹划、组织好全系统广播体操大赛,推动全民健身活动深入开展。

二要积极打造"大帮扶"工作格局。完善集困难帮扶、生活救助、法律援助、劳动争议调解及农民工维权于一体的"大帮扶"工作格局,为广大职工提供更多的服务和帮助。利用先进的技术手段和管理方法,推动提升"三不让"管理信息化、自动化水平,切实提高工作实效。在全系统推广普及中铁十四、十八局集团公司法律援助服务方面的经验做法,进一步健全劳动法律服务监督和劳动争议调解组织,加强法律监督、劳动争议调解队伍和工作制度建设,努力构建"有组织、有预防、有调解、有保障"的法律服务组织体系。

(六)改进工作作风,加强工会组织自身建设,不断推动工会工作创新发展

一要全面加强工会干部队伍建设。要加强各级工会组织建设,督促已经延期和到期换届的单位及时换届,强化对换届工作的指导。加强工会干部作风建设,工会干部要身先垂范,认真贯彻中央政治局关于改进作风、密切联系群众的八项规定,努力降低管理成本,紧密结合实际,以"双亮活动"为载体,完善创新工会工作制度,深化"职工有困难找工会"的品牌内涵。加强工会干部能力建设,强化教育培训,本着缺什么补什么的原则,运用授课辅导、问题研讨、典型示范、以会代训等多种形式搞好专题培训。

二要重点强化女职工工作。要充分发挥女工委3个专业委员会的作用,针对女工组织建设、女工权益保护、选拔和培养使用女干部等问题进行深入调研。各级工会要加强女职工组织建设,明确工作职责,健全工作机制,按要求配备女工干部,重视研究解决女职工工作中的突出问题。各级女工组织要大力实施女职工素质提升工程,开展巾帼建功活动,打造女职工工作品牌。

三要继续做好财务经费审查工作。加强经费预算管理,做好年度经费预决算编报。加大经费收缴力度,重点抓好各级工会经费的清欠工作,股份公司工会将通报经费拖欠情况,确保工会经费及时足额收缴到位。继续推进工会财务规范化建设,加强财务检查和业务指导,进行工会财务课题研究,创新工会财务管理手段,提高全系统工会财务管理水平。加强经费审查审计监督,着力推进经费审查工作规范化建设,提高经费审查工作质量,开展对下经费收支审计和工会主席任期经济责任审计,进行经费规范化考核和优秀审计项目评选,强化工会资产管理,确保工会资产安全完整。

四要创新开展特色工作。紧密结合企业中心工作,注意总结出成效突出、实用性强、推广价值高的特色工作品牌。发挥特色工作品牌示范带动作用,组织现场观摩,促进学习交流,推动全系统工会工作创新发展。加强信息建设,建立健全工会信息网络,重点在基层项目部建立工会信息直报点,通过各种信息平台收集整理一线职工和农民工关注的热点。

2012年5月11日、12日，尼日利亚东南区阿夸伊博州UYO地区酋长委员会和大土皇、十字河州IKOM酋长委员会和大土皇，分别授予中国土木工程集团公司副总经理兼中土尼日利亚公司总经理曹保刚当地最高酋长头衔，并颁发酋长证书。图为曹保刚（前排右二）与阿夸伊博州UYO地区酋长委员会成员和大土皇合影留念。

（曹少峰 摄）

大事记

本栏责任编辑 **杨启燕**

2012 年大事记

1 月

▲4 日　中国铁建安全质量工作视频会议在北京召开。会议总结 2011 年工作，表彰先进，兑现奖罚，部署新一年的工作，要求深刻领会中央经济工作会议对安全生产工作的重要指示精神以及国家安监总局安全工作会议和国资委中央企业负责人会议的要求，增强做好中国铁建 2012 年安全生产工作的前瞻性、预见性和主动性，动员党政工团齐抓共管，努力构建平安稳定和谐铁建，促进企业科学安全持续发展。中国铁建董事长、党委书记孟凤朝，总裁赵广发，副董事长、党委副书记、工会主席彭树贵，党委副书记、纪委书记、监事会主席齐晓飞，副总裁夏国斌、范德、张宗言、刘汝臣出席会议。赵广发就进一步做好安全质量工作作重要讲话，彭树贵主持会议，夏国斌宣读表彰 2011 年度安全生产达标单位和兑现 2011 年安全工作包保责任状的通报，刘汝臣作关于 2011 年度安全质量的工作报告。

▲7 日　中共中央政治局委员、北京市市委书记刘淇在北京市委常委、统战部长牛有成，北京市副市长夏占义陪同下，到中铁建设集团公司承建的草莓园工程检查指导工作。第七届世界草莓大会将在这里召开。草莓园工程由“一园两中心”组成，即世界草莓博览园和培训展示中心、加工物流中心。工程总建筑面积 49885 平方米。

▲同日　青海玉树地震灾后重建援建中央企业座谈会在北京召开，国资委主任王勇、副主任黄丹华，住房和城乡建设部副部长仇保兴，青海省省长骆惠宁、常务副省长徐福顺，中国铁建总裁赵广发、副总裁刘汝臣和中国建筑、中国中铁、中国电建的主管领导及有关人员参加会议。会议由骆惠宁主持，王勇、黄丹华、仇保兴、徐福顺作重要讲话。赵广发在会上简要汇报中国铁建援建工作情况。

▲10 日　中国铁建与神华集团在北京中国铁建总部召开项目推进会，研究在神华集团新街矿区开发中，如何采用 TBM（盾构）进行长距离斜井施工，确保 2012 年 8 月第一台 TBM（盾构）下井施工。这是双方为贯彻落实《关于采用 TBM（盾构）施工煤矿长距离斜井试验研究合作框架协议》召开的第 3 次推进会。

▲同日　中国铁建总裁赵广发在北京中国铁建总部会见美国摩根大通公司高级董事总经理、亚洲区证券业务主席马克一行。双方进行友好会谈，并就共同关心的问题交换意见。

▲12 日　中国铁建董事长、党委书记孟凤朝在北京中国铁建总部会见摩根大通公司美国总部公共财政部董事总经理保罗一行。双方就中国铁建与摩根大通发挥各自优势，开展友好合作，共同开拓美国市场，进行深入广泛交流。中国铁建和摩根大通指定各自企业的联络人，双方将就在资本市场、项目投资等业务领域开展合作进行进一步研究。

▲13 日　中国铁建 2012 年第一次临时股东大会在北京中国铁建总部召开。经过股东表决，决定聘请国富浩华会计师事务所有限公司为中国铁建 2011 年度内部控制审计机构。

▲14 日　中国铁建总裁赵广发、副总裁兼总经济师扈振衣一行在沙特利雅得分别拜会沙特城乡事务大臣曼苏尔亲王和次大臣哈比比博士。双方就麦加轻轨铁路项目相关事宜进行沟通与磋商。

▲15 日　国务院总理温家宝在中国驻沙特使馆亲切接见中国铁建总裁赵广发和中国驻沙特使馆工作人员、中资机构及留学生代表，并向大家致以新春问候。

▲18 日　中国铁建副总裁张宗言在中国铁建大厦亲切会见昆明市副市长何波一行，双方就加强合作举行会谈。

▲同日　中国铁建机关迎新春文艺晚会在中国铁建大厦隆重举行。

▲25 日　中国铁建董事长、党委书记孟凤朝随中国企业家代表团出访尼日尔。期间，看望中铁十四局集团公司在尼员工并致新春问候。

2 月

▲1 日　中铁十七局集团电气化公司承建的中国援建多米尼克公路修复工程罗索桥举行通车典礼。多米尼克总理斯凯里特和中国驻多米尼克大使王宗来为罗索桥通车剪彩。

▲4 日　湖南省省委书记周强、省长徐守盛在湖南长沙分别会见中国铁建总裁赵广发、副总裁张宗言一行。双方就在更高层次、更广领域开展合作进行会谈，并达成广泛共识。

▲7 日 《铁道兵志在四方》的曲作者郑志洁，在河北省石家庄市白求恩国际和平医院因病去世，享年85岁。

▲9 日 中国铁建党委二届七次全体会议在中国铁建大厦三层报告厅举行。会议审议通过党委书记孟凤朝代表中国铁建党委常委会向二届七次全体会议作的工作报告，党委副书记赵广发主持会议，党委常委彭树贵、齐晓飞、扈振衣、夏国斌、范德、庄尚标、张宗言、刘汝臣和14位委员出席会议，中国铁建纪委委员、非党委委员单位的党委书记、董事会秘书、团委书记等33人列席会议。

▲同日 中国铁建总裁赵广发、副总裁扈振衣在总部机关会见中国驻坦桑尼亚大使吕友清、参赞林治勇。

▲10～11 日 中国铁建一届三次职工代表大会暨2012年工作会议在中国铁建大厦召开。国务院监事会主席李克出席并讲话，中国铁建董事长、党委书记孟凤朝发表讲话，总裁赵广发作行政工作报告，副董事长、党委副书记、工会主席彭树贵主持会议，副总裁兼总经济师扈振衣作提案工作报告，副总裁、总会计师兼总法律顾问庄尚标作财务工作报告。

▲12 日 中国铁建2012年党风建设和反腐倡廉工作会议在北京召开。

▲14 日 中国铁建副总裁张宗言在总部机关会见天津市滨海新区副区长阳世昊率领的滨海新区区政府代表团一行。张宗言与阳世昊就中国铁建参与滨海新区开发与建设方面的合作进行深入交流，并达成新的共识。

▲同日 中国铁建召开"国企改革典型"新闻宣传媒体见面会。《人民日报》、新华社、《光明日报》、《经济日报》、中央人民广播电台、中央电视台、《科技日报》、《工人日报》、《中国青年报》、人民网、新华网11家中央主流媒体的16名记者参加见面会。中国铁建董事长、党委书记孟凤朝，党委副书记、纪委书记、监事会主席齐晓飞出席见面会，党委宣传部部长钱桂林主持会议。

▲15～19 日 由《人民日报》、新华社、《经济日报》、中央人民广播电台、中央电视台等8家中央媒体记者组成的采访团，在中国铁建党委宣传部人员的陪同下，到中国铁建重工集团公司和中国铁建房地产集团公司长沙项目部实地采访。

▲15 日 第二届中央建筑企业法制工作联谊座谈会在中国铁建大厦召开。国务院国资委政策法规局局长周渝波，副局长孙才森、肖福泉，中国铁建副总裁、总会计师兼总法律顾问庄尚标以及中国建筑、中国中冶、中化工程、中国中铁、中交集团、中国电建、中国能建的总法律顾问、法律部门负责人等出席联谊座谈会。

▲16 日 由国务部长兼国土整治及公共发展部部长阿玛杜·布巴卡尔·西塞率领的尼日尔政府代表团一行，到中国铁建总部进行友好访问。中国铁建董事长、党委书记孟凤朝，副总裁兼总经济师扈振衣等与尼日尔贵宾，就尼基础设施建设方面的有关议题进行深入细致的沟通交流。

▲同日 国防交通物资储备T231库挂牌仪式在中铁十八局集团五公司材料厂举行。

▲同日 中铁第一勘察设计院集团公司勘察设计的，全国第二大钾肥生产商、青海省民营经济领军企业藏格钾肥有限公司铁路专用线工程开工建设。这是铁一院继青藏铁路察尔汗盐湖铁路安全稳定运营30余年之后，在盐湖地区设计修建的又一条高标准电气化铁路专用线。该线全长25.3公里，自青藏铁路西格段察尔汗车站接轨引出，至终点藏格站，全线设两个横列式装车站。全线均为盐湖路基，设涵洞11座，建成后年运量将达到350万吨，远期满足800万吨。

▲17 日 国务院安全生产委员会副主任、国家安全生产监督管理总局党组书记、局长骆琳，到中铁二十局集团公司承建的沪昆铁路客运专线贵州段重难点工程岗乌隧道正洞掌子面调研，对该项目的安全防范工作给予肯定。

▲同日 中国铁建副总裁夏国斌到中铁十四局集团房山桥梁公司就集中采购和结构调整问题进行深入调研。调研组实地考察了车间一线，详细了解了资源利用、项目合作、转型规划等方面工作情况。

▲18～19 日 中国铁建在广东省珠海市举办为期两天的安全质量管理干部培训班，中国铁建系统245名安全质量管理干部参加培训。

▲19 日 中国铁建总裁赵广发、副总裁张宗言一行在成都会见四川省省委常委、成都市市委书记黄新初。双方就深入开展合作进行会谈并达成广泛共识。

▲20 日 国务院监事会主席李克在中国铁建副总裁、总会计师兼总法律顾问庄尚标的陪同下，深入昆明中铁大型养路机械集团公司调研。李克指出，昆明中铁是一个标杆企业，是一个成功的企业，工作扎实到位，前景让人放心。

▲21 日 中国铁建完成对广东省属规模最大的水工企业，原广东省铁路建设投资集团所属航盛建设集团公司100%股权收购。中国铁建董事长、党委书记孟凤朝，广东省铁路建设投资集团董事长朱耀忠分别代表双方在产权交易合同书上签字。广东省国资

委副主任张晓牧到会致辞。

▲22 日　中国铁建与珠海市政府合作框架协议签约仪式在珠海举行。根据协议规定，中国铁建将参与该市西部中心城区开发中的基础设施建设项目。中国铁建董事长、党委书记孟凤朝，珠海市市委副书记、市长何宁卡分别代表双方在协议书上签字。中国铁建副总裁张宗言出席签约仪式并讲话。珠海市副市长王庆利主持仪式。

▲24 日　中国铁建董事长、党委书记孟凤朝，在中国铁建大厦会见来访的中国城市轨道交通协会会长包叙定一行。双方就中国城市轨道交通发展形势进行广泛交流，对中国城市轨道交通协会工作进行深入研讨。中国铁建副总裁张宗言，中国城市轨道协会秘书长马季华等参加会见。

▲同日　中国铁建党委副书记、纪委书记、监事会主席齐晓飞深入中国铁建重工集团公司长沙盾构生产制造基地和株洲道岔分公司、株洲桥梁公司和电气物资公司及生产一线考察调研，并在集团公司机关听取相关情况汇报，以及企业发展的战略构想。齐晓飞高度评价重工集团的发展是两手抓两手都硬。

▲26 日　贝宁总统亚伊在 38 摄氏度高温下，视察中国铁建所属中铁十四局集团公司承建的阿克萨多至博伊贡公路维修工程后发出号召："要学习中国铁建建设者吃苦耐劳、无私奉献的精神"。2 月 27 日，该国第一大报《民族报》在显著位置刊发消息。

▲27 日～3 月 1 日　中国铁建副董事长、党委副书记、工会主席彭树贵率党委干部部、纪委纪检监察室一行 7 人到中国铁建港航局集团公司及其下属公司航盛集团考察指导工作。

▲28 日　中国铁建副总裁兼总经济师扈振衣在中国铁建大厦会见来访的南非公共企业部副部长本·马丁斯一行，双方就共同推进南非铁路基础设施建设等事宜进行广泛交流。

▲2 月　中国铁建机关离退休职工管理部被评为北京市敬老爱老为老服务示范单位。

3 月

▲1 日　海南省人民政府与国务院国资委合作备忘录暨海南省与中央企业深化合作座谈会在北京钓鱼台国宾馆举行。国务院国资委主任、党委书记王勇，海南省省委书记罗保铭、省长蒋定之出席并致辞。中国铁建总裁赵广发、副总裁张宗言代表中国铁建分别与海南省人民政府、海口市人民政府签署战略合作框架协议。双方本着平等互利、公平守信原则，将在海南省道路设施建设、桥梁隧道、市政建设以及保障性住房、国际旅游岛开发等基础设施建设领域开展多层次、多渠道、多形式的合作，促进双方共赢。

▲1～6 日　中国铁建团委一届四次全委（扩大）会在湖南长沙召开。会议明确 2012 年是中国铁建共青团工作"活力建设年"，要求各级团组织以庆祝建团 90 周年为契机，不断激发团员青年思想活力、组织活力、队伍活力、创造活力、形象活力和文化活力，团结带领广大团员青年开拓创新、奋勇拼搏，为加快实现中国铁建转方式、调结构、促升级的发展目标作出新的贡献。中国铁建党委书记、董事长孟凤朝发来寄语："大胆工作，展示才华，爱岗敬业，收获理想"，表达了对中国铁建广大团员青年的殷切期望。中国铁建党委副书记、纪委书记、监事会主席齐晓飞出席会议并讲话。

▲2 日　中国铁建总裁赵广发在北京总部会见海南省海口市市长冀文林一行。双方就中国铁建参与海口经济建设、推动海口快速发展进行会谈，并达成广泛共识。中国铁建副总裁张宗言，海口市政府副市长谢京、鞠磊等参加会见。

▲同日　中国铁建股份公司北京培训中心获中央国家机关会计人员继续教育培训优秀单位称号。

▲5 日　中国铁建与铜陵有色金属集团有限公司（简称铜陵有色）合作投资的厄瓜多尔全资子公司厄瓜多尔科里安特公司和厄瓜多尔不可再生资源部，在厄瓜多尔总统拉斐尔·科雷亚·德尔加多先生和中国驻厄瓜多尔共和国特命全权大使苑桂森的共同见证下，在厄首都基多总统府签署"厄瓜多尔政府与厄瓜多尔科里安特公司签订的采矿合同"，标志着中国铁建厄瓜多尔米拉多铜矿项目正式进入采矿阶段。

▲6 日　中国铁建董事长、党委书记孟凤朝，副总裁张宗言在中国铁建大厦会见珠海市委书记李嘉、市长何宁卡率领的珠海市政府代表团一行。双方就中国铁建参与珠海市基础设施建设、深化战略合作进行会谈，并达成广泛共识。

▲7 日　全国妇联在人民大会堂小礼堂召开创先争优巾帼建功全国三八红旗手（集体）表彰大会。中国铁建女职工的优秀代表，中铁十六局集团二公司技术副总工程师、天津地铁项目部总工程师王英茹被授予全国三八红旗手称号。中共中央政治局委员、全国人大常委会副委员长、中华全国总工会主席王兆国，中共中央政治局委员、国务委员刘延东出席大会，并在会前亲切接见与会代表。

▲同日　中国铁建与中国恒天集团在中土大厦签署战略合作框架协议。中国铁建董事长、党委书记孟凤朝，中国恒天集团董事长、党委书记张杰出席仪式并致辞。中国铁建副总裁夏国斌主持仪式。中国

铁建副总裁张宗言与中国恒天集团副总裁刘红分别代表双方在协议书上签字。

▲同日　国务院监事会主席李克一行在中国铁建副总裁、总会计师兼总法律顾问庄尚标的陪同下，到位于北京经济技术开发区的中铁十九局集团公司机关调研。

▲8日　中国铁建在中土大厦召开所属驻京津单位部分女领导干部座谈会。

▲9日　中国铁建董事长、党委书记孟凤朝在中国铁建大厦会见吉林省通化市市委书记刘保威、市长田玉林一行。双方就探寻合作机会进行认真探讨，并达成合作意向。

▲同日　中国铁建总裁赵广发在中国铁建大厦会见湖北省省委常委、襄阳市市委书记范锐平一行。双方围绕中铁十一局集团公司汉江重工项目，就如何深化合作内容进行深入探讨，并达成许多共识。

▲10日　中国驻尼日利亚“经济首都”拉各斯总领事馆新任总领事刘显法率副总领事邱舰、经商室贾平领事等到莱基自贸区视察指导工作，称赞中国铁建莱基自贸区项目，是中国在境外投资最成功的自贸区之一。

▲11日　中共河北省委、河北省人民政府与部分中央企业座谈会暨战略合作签约仪式在北京钓鱼台国宾馆举行。河北省省委书记、省人大常委会主任张庆黎，省委副书记、省长张庆伟，省委常委、常务副省长杨崇勇，省委常委、秘书长景春华，副省长宋恩华、张杰辉、沈小平等河北省领导出席仪式。中国铁建董事长、党委书记孟凤朝，副总裁兼总经济师扈振衣，副总裁张宗言等应邀出席。座谈会及签字仪式由杨崇勇主持。宋恩华代表河北省政府，扈振衣代表中国铁建，分别在河北省与中国铁建战略合作协议上签字。

▲13日　中国铁建副总裁张宗言在中国铁建大厦会见到访的福建省三明市市长邓本元一行。双方就在物流、工业制造、区域开发等领域合作进行广泛交流。

▲14日　中国铁建董事长、党委书记孟凤朝，副总裁张宗言一行受邀出席湛江市政府在北京钓鱼台国宾馆举行的湛江投资说明会。会前，孟凤朝、张宗言会见出席会议的湛江市委书记刘小华、市长王中丙，双方就密切项目合作，加快推进工程建设，加强部门之间的沟通协调交换意见，达成共识。

▲18日　中国铁建董事长、党委书记孟凤朝，副总裁张宗言率领中国铁建总部机关经营计划部、资本运营部以及中铁十二、十四、十七局集团公司，中铁建设集团公司，中国铁建房地产集团公司，中国铁建投资公司等部门和单位领导赴河北省石家庄市考察，双方就战略合作达成共识。石家庄市市委副书记、市长姜德果高度评价中国铁建长期以来对石家庄市城市建设发展作出的贡献。

▲同日　中铁物资集团公司与山西煤炭运销集团公司战略合作协议签订仪式在北京香格里拉大酒店举行。中国铁建总裁赵广发、副总裁夏国斌出席合作协议签订仪式，中铁物资集团公司总经理王涛和山西煤炭运销集团公司董事、副总经理荣海涛共同签署合资合作协议。

▲19日　中国铁建总裁赵广发在中国铁建大厦会见中国驻阿尔及利亚大使刘玉和及夫人一行。

▲20日　2012年度《财富》杂志（中文版）企业社会责任排行榜新闻发布会暨企业社会责任25强颁奖典礼在北京昆仑饭店举行，中国铁建比2011年上升10席，跃至第4位。

▲同日　坦桑尼亚总统贾卡亚·姆里绍·基奎特参加中国土木工程集团东非公司实施的坦桑尼亚合作社新大楼项目奠基仪式，并为该项目揭牌。

▲21日　中国铁建副总裁张宗言在中国铁建大厦会见来访的天津市地铁集团党委书记苗玉刚、董事长张兴彦和武清区副区长尤天成一行。双方就中国铁建参与天津地铁建设，以及参与武清经济建设进行深入交流，并达成合作意向。

▲同日　中共中央政治局委员、北京市市委书记刘淇在安哥拉首都罗安达访问期间，视察中国铁建参建的安哥拉社会住房K.K.项目。

▲同日　中国铁建董事长、党委书记孟凤朝，副总裁兼总经济师扈振衣在中国铁建大厦会见来访的印度尼西亚驻华大使易幕龙，以及印度尼西亚AG集团总裁郭说峰一行。扈振衣与AG集团所属BSM公司董事长普拉波沃代表双方签署合作协议。根据协议，中国铁建将与AG集团合作参与印尼大型基础设施建设项目。

▲同日　中国铁建副总裁兼总经济师扈振衣在中国铁建大厦会见几内亚总统战略顾问、中几合作委员会主席乌斯玛内·卡巴博士率领的几内亚总统顾问代表团一行。双方就加强相关项目合作进行深入交流。

▲22日　中国铁建副总裁张宗言在中国铁建大厦会见专程考察调研中国铁建的重庆高速公路集团副总经理杜国平一行。双方在投资运营、基础建设、物流贸易等方面进行深入探讨和交流。

▲同日　中国铁建与中国中煤能源集团有限公司在北京钓鱼台国宾馆签署战略合作框架协议，本着强强联合、优势互补、合作双赢、风险共担的原则，共

同开启煤矿建设及装备等6个领域的全方位战略合作。中国铁建总裁赵广发与中煤集团党委书记、副董事长李延江共同见证双方的诚信合作，中国铁建副总裁夏国斌主持签约仪式，副总裁张宗言与中煤能源总裁杨列克分别代表双方签署战略合作框架协议。

▲23日　中国铁建党委副书记、纪委书记、监事会主席齐晓飞出席中铁十七局集团公司“文化引领我争先，转型发展谱新篇”青年主题实践活动，并到湖州、苏州中国铁建有关单位及项目考察调研。

▲同日　中国铁建沉管隧道技术交流会在中铁十八局集团五公司天津中央大道海河隧道工地召开。

▲25日　中国铁建总裁赵广发、副总裁张宗言一行在青岛会见青岛市委副书记、代市长张新起。双方就深度开展战略合作进行会谈，并达成广泛共识。

▲27日　中国铁建工会一届四次全委(扩大)会议在北京召开。中国铁建党委副书记、副董事长、工会主席彭树贵出席会议，并代表中国铁建工会常委会作题为《依靠劳动，尊重劳动，倡导劳动，激发职工劳动热情与活力，促进中国铁建和谐健康发展》的工作报告。中国铁建工会第一届委员会委员32人出席会议。第一届经费审查委员会委员，中铁十四、十七局集团公司主持工会工作的副主席以及中国铁建港航局集团公司、投资公司、财务公司和中铁建中非建设公司、诚合保险经纪公司分管工会工作的领导，股份公司工会处以上干部列席会议。中国铁建工会副主席、女工委主任白晶主持会议。

▲同日　国务院国资委与广西壮族自治区人民政府合作备忘录签字仪式暨“央企广西行”活动启动仪式在南宁举行。仪式上，中国铁建与广西壮族自治区人民政府签订战略合作框架协议。国务院国资委主任王勇、自治区主席马飚出席仪式并讲话。中国铁建总裁赵广发代表中国铁建与广西壮族自治区副主席林念修签署战略合作框架协议。

▲30日　中国铁建在北京和香港同时举行2011年年度业绩发布会。

▲30日~4月3日　中国铁建在新加坡和香港同步举行2011年度年报路演。

▲31日　中共中央政治局常委、国务院副总理李克强在海南省委书记、省人大常委会主任罗保铭，省委副书记、省长蒋定之陪同下，到中铁建设集团海南分公司承建的海口市乐成恭和苑老年公寓考察调研。

▲3月　中铁十三局集团电务公司被认定为国家高新技术企业。

4月

▲1日　中国铁建董事长、党委书记孟凤朝在新加坡路演期间，到中铁十一局集团公司新加坡轨道交通大士西延长线项目部现场办公。

▲4日　中国最高人民检察院检察长曹建明在安哥拉首都罗安达访问期间，考察中国铁建安哥拉社会住房项目。中国驻安哥拉大使高克祥、安哥拉总检察长德索萨陪同考察。

▲5日　“中国铁建郭明义爱心团队”授旗仪式在北京举行。国务院国资委宣传工作局局长卢卫东，中央企业团工委书记许高峰，中国铁建董事长、党委书记孟凤朝，党委副书记、纪委书记、监事会主席齐晓飞出席仪式并向爱心团队授旗。

▲同日　中国铁建2012年新闻宣传工作会议在中国铁建大厦召开。

▲6日　中国铁建第四期高级经营管理人员培训班开班典礼在北京培训中心举行。中国铁建副总裁张宗言出席开班典礼并讲话。

▲9日　中央企业创先争优活动领导小组与国务院国资委党委，联合举办中央企业先进精神报告会，启动大庆精神铁人精神、载人航天精神和青藏铁路建设精神巡回宣讲活动。中国铁建青藏铁路建设精神，获得中央企业创先争优活动领导小组、国务院国资委的高度肯定。

▲10日　前来中国推介项目的俄罗斯联邦布里亚特共和国总统B. B. 那果维岑、经济部长T. T. 杜姆诺娃一行，访问中铁二十二局集团公司，并同集团公司董事长、党委书记刘国志，总经理司家海进行友好会谈。

▲11日　中铁二十一局集团公司兰州综合基地奠基仪式在甘肃省兰州市经济技术开发区核心地带的安宁区举行。

▲12日　中国铁建总裁赵广发、副总裁刘汝臣在中国铁建大厦会见来访的陕西省国资委主任刘阳、发改委副主任蔡少林一行。双方就中国铁建与陕西省加强合作进行友好会谈，并达成合作意向。

▲同日　中国铁建董事长、党委书记孟凤朝，副总裁张宗言率领有关人员，在深圳市与深圳市市长许勤、常务副市长吕锐锋等市领导举行会谈，进一步深化落实中国铁建与深圳市的战略合作框架协议。

▲同日　中铁建设集团公司、中铁第五勘察设计院集团公司被评为全国文明单位。

▲13日　中共中央政治局常委、全国人大常委会委员长吴邦国，在河南省省委书记卢展工等陪同

下，到中铁十七局集团公司石武铁路客运专线郑州东站工地视察，并亲切接见集团公司董事长、党委书记段东明。

▲同日　国务院国资委副主任姜志刚在中国铁建董事长、党委书记孟凤朝，副总裁张宗言等陪同下，到中国铁建投资、设计和施工建设的南京长江隧道和正在建设中的江佑铂庭房地产项目考察。

▲同日　中铁二十二局集团等单位完成的“复杂地质条件下大断面海底隧道施工关键技术研究”成果获2010～2011年北京市科学技术奖一等奖。

▲14日　青海省“决战2012重建誓师动员大会”在玉树藏族自治州结古镇举行。省委书记、省人大常委会主任强卫，省长骆惠宁在中国铁建副总裁刘汝臣，中国铁建玉树灾后重建指挥部指挥长、党工委书记张克勤，中铁第一勘察设计院集团公司院长刘为民，中铁二十一局集团公司副总经理、总工程师赵彦旭等陪同下，深入中国铁建玉树援建工地检查指导工作。

▲同日　中国中信—中国铁建联合体承建的阿尔及利亚东西高速公路M3标段举行双向通车仪式。阿东西高速公路全长1216公里，中国中信—中国铁建联合体承建中、西两标段528公里。

▲16日　铁道部党组书记、部长盛光祖率铁道部党组成员、副部长彭开宙、胡亚东、陆东福、卢春房，部党组成员、纪委书记安立敏，部党组成员、中华全国铁路总工会主席兼北京铁路局局长何玉华组成的考察组，赴京石铁路客运专线工地现场办公。中国铁建总裁赵广发等陪同考察，并参加现场办公总结会。

▲17日　中国共产党中国铁道建筑总公司党员代表大会在中国铁建大厦召开，会议以差额选举、无记名投票的方式选举孟凤朝、赵广发等9人为总公司出席中央企业系统（在京）党代表会议代表。

▲同日　中央纪委案管室副主任徐志华、国务院国资委纪委办公室主任应红等一行7人，就起草“十七大以来国有企业违纪违法案件情况分析报告”有关事宜，到中国铁建进行调研座谈。

▲18日　中国铁建财务有限公司举行开业庆典仪式。

▲同日　中国铁建董事长、党委书记孟凤朝，副总裁夏国斌在中国铁建大厦会见辽宁省副省长、第十二届全国运动会组委会副主任滕卫平率领的第十二届全国运动会组委会访问团一行。双方就辽宁省全运会体育设施基建项目、地铁项目拓展合作领域，实现互惠共赢达成广泛共识。

▲19日　中国铁建董事长、党委书记孟凤朝，执行董事、副总裁兼总经济师庖振衣，在中国铁建大厦会见中国驻尼日尔共和国大使夏煌。双方就加强中国铁建与尼国的项目合作，拓宽市场领域进行深入沟通，并征得大使的支持。

▲20日　中国铁建董事长、党委书记孟凤朝，执行董事、副总裁兼总经济师庖振衣，在中国铁建大厦会见中兴通讯集团董事长侯为贵。双方就在通信领域合作进行广泛交流，并达成共识。

▲21日　中国铁建总裁赵广发，执行董事、副总裁兼总经济师庖振衣，在中国铁建大厦会见由泰国交通部长查路鹏·路昂苏万率领的泰国交通代表团。双方就在交通建设领域开展合作，特别是在高速铁路方面的合作，进行深入交流，并达成广泛共识。

▲23日　中国铁建副董事长、党委副书记、工会主席彭树贵在中国铁建大厦会见来访的以色列地铁公司首席执行官舒赫曼一行。双方就以色列地铁项目建设合作事宜交换意见，并达成初步共识。

▲24～25日　中国对外承包工程商会和澳门特别行政区政府经济局联合举办的第三届国际基础设施投资与建设高峰论坛在澳门举行。澳门特别行政区行政长官崔世安，中国商务部副部长陈健，中央人民政府驻澳门特别行政区联络办公室副主任高燕，澳门特别行政区政府经济财政司司长谭伯源，中国对外承包工程商会会长刁春和，中国铁建董事长、党委书记孟凤朝，执行董事、副总裁兼总经济师庖振衣，副总裁、总会计师兼总法律顾问庄尚标，副总裁张宗言等应邀出席。24日，孟凤朝在论坛会上作题为《加强国际合作，促进共同发展》的主旨演讲。25日，中国铁建主办“第三届国际基础设施投资与建设高峰论坛——铁路与城市轨道交通投资建设平行论坛”。

▲25日　中国铁建新版管理体系文件正式发布。

▲27日　国务院国资委与陕西省人民政府签署合作备忘录暨央企进陕发展活动仪式在北京钓鱼台国宾馆举行。国务院国资委主任、党委书记王勇，陕西省省委书记、省人大常委会主任赵乐际，陕西省省委副书记、省长赵正永出席并发表讲话。王勇与赵正永分别代表双方签署合作备忘录，陕西省副省长李金柱与中国铁建总裁赵广发等37家中央企业负责人签署合作框架协议，协议签约项目206个，涉及能源化工、军工、装备制造、电子信息、有色冶金、轻工纺织、基础设施七大类，新增投资7000多亿元。

▲同日　中国铁建3个单位荣获全国五一劳动奖状、15人荣获全国五一劳动奖章、6个集体获全国“工人先锋号”称号。

▲同日　在全国庆祝五四运动93周年、喜迎建团90周年之际，中国铁建共青团“进一线、促团建、

助发展”主题实践活动启动仪式在中铁十六局集团公司北京地铁昌(平线)八(号线)联络线12标段项目部举行。

▲28日　中国铁建与浙江大学、中南大学、西南交通大学、北京交通大学、兰州交通大学、石家庄铁道大学签署战略合作协议。这是中国铁建转型发展，构建以企业为主体、市场为导向、产学研相结合技术创新体系，加快推进科技创新平台建设，提升核心竞争力的一项重大举措。

▲同日　由中铁第四勘察设计院集团公司设计，中铁十一、十三、十四局集团公司等单位施工的苏州地铁1号线正式通车。这是苏州开通的首条地铁，也让苏州成为中国首座开通地铁的地级城市。

▲29日　福建省省委书记孙春兰、省长苏树林等省领导带领全省各区市党政主要领导和省直有关部门负责人，到中铁十七局集团六公司承建的福州地铁1号线象峰站检查指导工作，亲切慰问“五一”期间坚守岗位的广大一线劳动者，代表省委、省政府向劳动者致以节日的问候和良好的祝愿。

▲30日~5月2日　孟凤朝董事长率领中国铁建代表团访问匈牙利，会晤匈牙利经济部部长马托尔奇，并与匈牙利国家铁路公司首席运营官费伦茨签署匈牙利机场快线项目备忘录。

▲4月　中国施工企业管理协会作出表彰2011年度全国优秀施工企业的决定，全国445家企业被评为2011年度全国优秀施工企业，中国铁建所属十三、十五、二十四局集团公司，电气化局集团公司、十一局集团二公司、十一局集团建筑安装公司、十一局集团桥梁公司、十二局集团二公司、十七局集团二公司、十八局集团四公司、十八局集团五公司、十九局集团三公司、十九局集团五公司、二十局集团一公司、二十一局集团二公司、二十二局集团六公司、二十三局集团轨道交通公司、二十四局集团南昌建设公司、二十四局集团上海电务电化公司19家企业获全国优秀施工企业称号。

▲4月　中国铁建获中央企业档案工作评价A级企业称号。

▲4月　中国铁建团委组织开展的“百元奖励、万分牵挂——中国铁建关爱农民工子女志愿服务行动”被评为中央企业“金牌青年志愿服务项目”。

▲4月　中铁十三局集团公司中标神华集团新街煤矿斜井项目，利用TBM进行连续长距离大坡度掘进施工，是一项填补国内技术空白的试验性项目，也是企业转型发展的一大突破。

5月

▲1日　中共中央政治局常委、国务院副总理李克强与匈牙利总理欧尔班共同出席两国政府间和企业间合作协议书签字仪式，两国签署促进中匈中小企业交流合作、两国建立农业科技合作促进中心、在匈设立欧洲物流中心和网络维护中心、建设布达佩斯机场快线项目等7个政府间和企业间合作协议书。中国铁建董事长、党委书记孟凤朝在仪式上与匈牙利国家铁路公司首席运营官签署匈牙利首都布达佩斯机场快线项目补充合作备忘录。

▲3日　中共中央政治局委员、北京市市委书记刘淇到建设中的地铁8号线中铁十四局集团公司南锣鼓巷站和中铁十八局集团公司鼓楼大街站项目工地调研。

▲4日　中国铁建董事长、党委书记孟凤朝率团考察访问俄罗斯，与俄罗斯高速铁路股份公司总裁穆拉托夫·丹尼斯举行会谈。孟凤朝表达了与俄高铁公司合作的意愿，表示愿加强沟通与合作，为中俄经贸合作增添新的亮点。

▲同日　中国铁建庆祝共青团成立90周年暨青年榜样事迹报告会在北京召开。

▲5日　中铁二十四局集团南昌建设公司工人李艳光获“江西共青团致敬人物”称号。

▲6~8日　中国铁建董事长、党委书记孟凤朝一行赴中铁二十三局集团公司承建的格鲁吉亚第比利斯绕城铁路项目、格鲁吉亚现代化铁路改造项目工地现场办公，强调干好在建工程，不断拓展海外市场。在格鲁吉亚期间，孟凤朝率团拜会中国驻格鲁吉亚大使陈建福，与格鲁吉亚业主方就加强合作进行友好商谈。

▲7日　中国铁建总裁赵广发、副总裁张宗言在中国铁建大厦，会见来访的福建省省委常委、副省长张志南一行。双方就携手合作，共同推动福建经济发展进行认真交流，并达成合作共识。

▲同日　中铁第四勘察设计院集团公司研发的“高速铁路综合维修体系与关键技术及其应用”成果经湖北省科技厅鉴定，项目总体技术达到国际先进水平，在综合维修体系及工程应用方面处于国际领先水平。

▲8~9日　国务院监事会主席李克一行在中国铁建副总裁、总会计师兼总法律顾问庄尚标陪同下，到中铁十二、十七局集团公司调研。

▲10日　国务院国资委与云南省政府举行合作备忘录签署暨“央企入滇”活动。国务院国资委主

任、党委书记王勇,云南省省委书记、省人大常委会主任秦光荣出席仪式并讲话。省委副书记、省长李纪恒致辞。国务院国资委副主任黄丹华出席,省委副书记仇和主持。58家中央企业负责人及国务院国资委有关厅局负责人出席活动,中国铁建总裁赵广发与云南省省委常委、副省长李江签订战略合作协议。

▲同日　湖南省省委副书记、省长徐守盛到中铁十六局集团公司承建的的沪昆铁路客运专线长昆湖南段3标段,专题调研沪昆铁路客运专线湖南段建设情况,并召开沪昆铁路客运专线湖南段建设工作推进会。

▲11日　纪念杨连第牺牲60周年大会在湖北省襄阳市中铁十一局集团一公司召开。

▲11日、12日　尼日利亚东南部阿夸伊博姆州乌约地区酋长委员会和当地大土皇,十字河州伊科姆地区酋长委员会和大土皇,分别授予中国土木工程集团公司副总经理兼中土尼日利亚公司总经理曹保刚最高酋长头衔。

▲14日　中国铁建2012年经营工作暨经济运行分析视频会在中国铁建大厦召开。

▲14日　中国铁建副董事长、党委副书记、工会主席彭树贵,非执行董事朱明暹,独立非执行董事李克成、赵广杰、吴太石、魏伟峰到中铁十六局集团公司考察调研。

▲16日　中国铁建副董事长、党委副书记、工会主席彭树贵,非执行董事朱明暹,独立非执行董事李克成、赵广杰、吴太石、魏伟峰到中国铁建电气化局集团公司考察调研。

▲17日　中国铁建副董事长、党委副书记、工会主席彭树贵,非执行董事朱明暹,独立非执行董事李克成、赵广杰、吴太石在珠海分别考察调研中国铁建港航局集团公司和中国铁建投资公司拟投资项目。

▲同日　中国铁建副总裁夏国斌到中国铁建电气化局集团科技公司检查指导工作。

▲同日　中共中央政治局委员、全国人大常委会副委员长、中华全国总工会主席王兆国在河南考察期间,专程到中国铁建参建的石武铁路客运专线郑州东站工程建设工地视察。王兆国称赞中国高速铁路发展迅速,勉励建设者为中原经济区建设作更大贡献。

▲18日　中国铁建与大连交通大学在中国铁建大厦举行战略合作签约仪式,中国铁建董事长、党委书记孟凤朝和大连交通大学校长李学伟分别代表双方签约。

▲同日　在第七届中国中部投资贸易博览会——湖南绿色发展推介会上,中国铁建和湖南省政府签订战略合作框架协议。

▲19日　莫桑比克解放阵线党总书记帕温德以及莫驻华大使伊纳西奥率考察团到中铁二十五局集团公司就莫桑比克相关项目合作意向进行友好会谈。

▲19日　中国铁建副总裁张宗言到贵阳中国铁建·国际城地产开发项目检查指导工作。

▲21日　中国铁建与中国兵器工业集团公司战略合作协议签字仪式在北京钓鱼台国宾馆举行。双方将在机械装备、工程承包等领域进行深化合作。

▲22日　中国铁建董事长、党委书记孟凤朝,执行董事、副总裁兼总经济师扈振衣,在中国铁建大厦分别会见来访的国际米兰足球俱乐部主席莫拉蒂一行。双方围绕建设国际米兰足球场问题,进行友好会谈,并达成共识。

▲同日　中国铁建副总裁刘汝臣到中国铁建电气化局集团公司石武铁路客运专线河南段项目检查指导工作,对石武铁路客运专线联调联试工作提出明确要求,提出要“不留遗憾,不当罪人,建不朽工程”。

▲23日　北京市市长郭金龙到中铁十四局集团公司承建的北京地铁8号线工程,就2012年的防汛工作准备落实情况进行专项检查。

▲23~24日　为全面贯彻落实中华全国总工会、中华全国铁路总工会“面对面、心贴心、实打实服务职工在基层”活动的总体要求,中国铁建党委副书记、副董事长、工会主席彭树贵率领中国铁建工会“服务职工、服务基层”活动工作组到西安,对中国铁建驻陕5家单位进行调研和走访。

▲24日　国务院监事会主席李克、监事会第16办事处副主任樊华,在中国铁建副总裁、总会计师兼总法律顾问庄尚标陪同下,到中国铁建重工集团公司调研和检查。李克对铁建重工成立5年来的发展成绩表示充分肯定,并对铁建重工下一步发展提出要求。

▲24~26日　国务院国资委副主任邵宁一行到访特立尼达和多巴哥,在中国铁建执行董事、副总裁兼总经济师扈振衣陪同下,调研中国铁建特多市场。邵宁对中国铁建在加勒比地区的稳定发展给予高度评价,对在特多承揽并高质量完成斯卡伯罗总医院表示欣慰。邵宁说,“走出去”不仅仅是中国中央企业的必然选择,更是唯一出路;中国铁建除了在传统的非洲、中东、东南亚市场外,能在美洲、欧洲这样的高端市场打响自己的品牌非常了不起。邵宁一行还考察了位于特立尼达岛南部的拉贝亚沥青湖。特立尼达沥青湖现探明储量为1200万吨~1500万吨,是世界上唯一的天然沥青产地。邵宁表示,资源类项目是国内急需的,这样高质量、高性能的沥青在全球建材市场中都非常少见,以后可以考虑加大这类项目的开

发力度。

▲25 日　中国铁建在北京召开定点扶贫暨援疆援藏工作座谈会。

▲同日　中国铁建获中央企业档案工作先进集体称号，晋爱萍被评为中央企业档案工作先进个人。

▲29 日　中央企业创先争优活动领导小组成员、国务院国资委企干二局局长宋亚晨一行，到中国铁建检查指导"基层组织建设年"活动开展情况。中国铁建党委书记、董事长孟凤朝向调研组作工作汇报，党委副书记、副董事长、工会主席彭树贵主持汇报会，党委副书记、纪委书记、监事会主席齐晓飞参加汇报会，并陪同调研组到昆明中铁大型养路机械集团北京瑞维通公司检查指导工作。

▲同日　安徽省与 121 家中央企业深化合作发展会议在安徽国际会展中心召开。会后，安徽省省委常委、合肥市市委书记吴存荣会见参加会议的中国铁建副总裁张宗言、中铁二十四局集团公司总经理朱赤等，并就发展城市轨道交通、房地产建设等方面进行会商和"精准对接"。

▲30 日　铁道兵纪念馆暨中国铁建展览馆展陈方案汇报会在中国铁建大厦举行。中国铁建总裁赵广发要求，坚持"高标准、高质量、高品位"原则，建设精品工程。铁道兵纪念馆暨中国铁建展览馆建设，经过公开招标，设计单位选定清华大学，建设总承包单位为中铁建设集团公司。

▲同日　中国铁建 2012 年度科技工作座谈会在山西太原中铁十二局集团公司召开。

▲31 日　中国铁建与青岛市政府举行城市轨道交通项目投资合作签约仪式。双方本着互惠互利、共同发展、实现双赢的原则，联手打造优化空间布局的青岛市城市轨道交通建设。中国铁建总裁赵广发，青岛市市委副书记、市长张新起出席签约仪式并致辞。中国铁建副总裁张宗言和青岛市副市长王建祥分别代表双方签订《青岛市城市轨道交通工程投资合作框架协议书》。此次合作是继 2011 年 10 月 31 日，中国铁建与青岛市政府签署《战略合作框架协议》后，对前期合作成果的充分肯定，中国铁建将以更加深入的方式参与青岛市轨道交通建设，也标志着双方合作进入新的发展阶段。

▲同日　中国铁建在青岛召开城市轨道交通项目跟踪承揽专题会。会议强调，为应对当前复杂的市场形势，中国铁建要充分利用全系统整体优势，抢抓当前城市轨道交通大发展的良好机遇，统筹策划，协同发展，全面拓展城市轨道交通市场。

▲同日　中国铁建与中兴通讯在深圳举行战略合作协议签约仪式，根据战略合作协议，双方将在海外市场联合策划、开发和经营相关工程项目，扩大双方业务的市场分布范围，进而加快国际化经营的步伐；同时，双方将利用各自的优势互补，协助进行市场拓展及资源整合，通过合作与创新实现共赢。中国铁建董事长、党委书记孟凤朝出席仪式并致辞。执行董事、副总裁兼总经济师扈振衣与中兴通讯全球市场负责人、执行副总裁樊庆峰代表双方签署战略合作协议。

▲5 月　中国铁建系统获铁道科技奖特等奖 1 项、一等奖 9 项、二等奖 25 项、三等奖 39 项。其中，股份公司作为推荐单位，获一等奖 7 项、二等奖 18 项、三等奖 34 项。

▲5 月　中铁二十一局集团德盛和置业公司副总经理张琳被甘肃省总工会授予五一巾帼奖。

▲5 月　中铁建设集团公司承建的新建福厦铁路厦门西站站房及站台雨棚钢结构工程和海航集团新华航空公司基地一期工程 I 标段维修机库钢结构工程获 2011 年度中国钢结构金奖（国家优质工程）。

▲5 月　中铁十七局集团公司董事长、党委书记段东明和中铁第四勘察设计院集团公司董事长蒋再秋，在重庆召开的 2012 年全国企业家年会暨两江论坛会上，被授予 2011 ~ 2012 年全国优秀企业家称号。

6 月

▲3 日　中国铁建与新兴际华集团在北京签署战略合作协议。这是两家同样拥有军队血统的中央企业，为贯彻国务院国资委"集中资源办大事、联合起来谋发展"精神，加强业务合作的重要举措。中国铁建董事长、党委书记孟凤朝，新兴际华集团董事长、党委书记刘明忠出席签约仪式，并代表双方企业致辞。签约仪式由新兴际华集团总经理沙鸣主持。中国铁建副总裁夏国斌与新兴际华第一副总经理郭士进代表双方签署战略合作协议。

▲4 日　中铁十五局集团二公司第四机械化工程队工人、中央企业优秀共产党员许敬银在中国共产党中央企业系统（在京）代表会议上，当选为中央企业系统（在京）出席中国共产党第十八次全国代表大会代表。

▲5 日　中国铁建副总裁、总会计师兼总法律顾问庄尚标到中铁十九局集团矿业公司通和矿业，就经济运行情况进行调研。

▲6 日　中国铁建副董事长、党委副书记、工会主席彭树贵一行，到中国铁建房地产集团公司考察调研。

▲7 ~ 8 日　中国铁建总裁赵广发、副总裁兼总

经济师扈振衣一行陪同全国政协副主席、前澳门特别行政区行政长官何厚铧访问安哥拉。

▲9～13日　中国铁建总裁赵广发、副总裁兼总经济师扈振衣在安哥拉现场办公。

▲11日　中国铁建副董事长、党委副书记、工会主席彭树贵，非执行董事朱明暹，独立非执行董事李克成、赵广杰、吴太石一行到中铁十九局集团公司和中铁第五勘察设计院集团公司考察调研。

▲同日　国务院国资委副主任姜志刚一行在青海省省委常委、玉树藏族自治州州委书记旦科，青海省副省长、玉树灾后重建现场指挥部指挥长张光荣，中国铁建副总裁刘汝臣等陪同下，深入由中国铁建援建的玉树琼龙路住宅小区D区调研住房建设情况并看望慰问一线建设者。

▲12日　中国铁建2011年度股东大会在中国铁建大厦召开。15名股东及股东代理人出席会议，代表8335198894股份，占公司有表决权股份总数的67.56%。公司董事、监事、董事会秘书出席会议。公司高级管理人员、总部机关相关部门负责人列席会议。公司境内外律师等有关中介机构人员也参加了会议。会议由中国铁建董事长、党委书记孟凤朝主持，副董事长、党委副书记、工会主席彭树贵作董事会2011年度报告。

▲同日　国家开发银行与中国产业海外发展和规划协会联合举办2012年国家开发银行跨国规划项目推介会，并与有关企业共同签署"跨国规划合作协议"。中国铁建监事会主席、党委副书记、纪委书记齐晓飞出席会议及签约仪式，并致辞。国家开发银行党委委员、副行长李吉平，中国产业海外发展和规划协会会长、国家发改委原副主任、国家能源局原局长张国宝到会致辞并共同出席签约仪式。

▲13日　中国铁建作为中央企业代表，参加由国务院国资委、人力资源和社会保障部、国家民族事务委员会在中央民族大学联合举办的中央企业面向西藏青海新疆三地高校毕业生现场招聘会活动。

▲14日　中国铁建总裁赵广发、副总裁兼总经济师扈振衣在尼日利亚首都阿布贾分别拜会尼日利亚副总统纳马迪·桑博和贸易投资部部长奥卢塞贡·阿甘加。双方就进一步加强合作进行会谈，并达成广泛共识。

▲同日　中国铁建总裁赵广发、副总裁兼总经济师扈振衣等在尼日利亚首都阿布贾中国驻尼日利亚大使馆会见中国驻尼大使馆临时代办贺萌。

▲14～17日　中国铁建总裁赵广发、副总裁兼总经济师扈振衣赴尼日利亚现场办公。

▲16日　中国铁建首个海外房地产项目——尼日利亚拉各斯7万平方米房地产项目开工仪式在拉各斯举行。中国铁建总裁赵广发、中国驻拉各斯总领事刘显法、中国铁建副总裁兼总经济师扈振衣等出席开工仪式。

▲同日　中铁二十三局集团四公司承建的四川汶川特大地震灾后重建最后一项工程、中国在建海拔最高公路隧道——雅克夏雪山隧道，历经3年安全贯通。该项目是吉林省在2008年汶川大地震后对口援建的重点项目之一，也是四川省最后一个灾后援建工程。

▲22～23日　中国铁建副总裁兼总经济师扈振衣出席在北京CBD国贸大酒店举行的第五届跨国公司领袖圆桌会议，并代表中国铁建在中国企业"走出去"闭门会议上作主旨发言。

▲25日　尼日利亚总统乔纳森出席中国土木工程集团尼日利亚公司承建的尼日利亚阿夸依博州14公里公路项目竣工剪彩。

▲28日　中国铁建副总裁张宗言在长春与长春市市委副书记、市长姜治莹举行会谈。双方就城市轨道交通投资建设合作事项进行充分交流，并达成重要共识。

▲29日　中铁十九局集团矿业公司、中铁二十二局集团一公司获首都文明单位称号。

▲6月　在共青团中央、国家人力资源和社会保障部联合开展的全国"青年岗位能手"(标兵)评选中，中铁十四局集团隧道公司邢慧堂获全国"青年岗位能手"标兵称号，中铁十一局集团四公司游泽勤、中铁十二局集团二公司田国锐、中铁十三局集团二公司潘文忠、中铁十七局集团二公司智慧获全国"青年岗位能手"称号。

▲6月　中铁第一勘察设计院集团公司副总工程师、教授级高级工程师孟祥连获中国地质学界最高奖项——第五届黄汲清青年地质科技奖。

7月

▲3日　铁道兵纪念馆暨中国铁建展览馆资料征集捐赠仪式在中国铁建大厦三楼报告厅举行。

▲4日　中国铁建与南宁市人民政府在南宁市红林大酒店举行"南宁市城市基础设施项目投资合作框架协议书"签订仪式。中国铁建总裁赵广发，广西壮族自治区党委常委、南宁市市委书记陈武出席签约仪式，并代表双方致辞。中国铁建副总裁张宗言和南宁市市长周红波分别代表双方在合作框架协议书上签字。

▲同日　中国铁建总裁赵广发，副总裁范德、张

宗言分别到中铁建设集团公司承建的广西南宁九洲国际大厦工程和中国铁建房地产集团公司开发的南宁中国铁建·凤岭山语城项目检查指导。

▲5日　中国铁建总裁赵广发、副总裁张宗言在南宁桂景大酒店与广西壮族自治区副主席杨道喜、桂林市市长李志刚、政协主席粟增林等进行座谈。双方就有关项目合作进行深入探讨并达成共识。

▲5～6日　中国铁建工程项目管理推进会在天津召开。

▲5～7日　中国铁建党委副书记、纪委书记、监事会主席齐晓飞一行出席中铁二十五局集团公司怀化基地棚户区改造项目启动仪式，并到贵州铜仁、湖南怀化考察相关项目。

▲6日　陕西省省委常委、延安市市委书记姚引良一行专程到中国铁建总部，与中国铁建董事长、党委书记孟凤朝，副总裁张宗言会面，盛情邀请中国铁建参与延安市新区开发建设。

▲9日　中国铁建在2012年度《财富》世界500强排名第111位。

▲同日　由中国铁建投资公司投资、中铁第一勘察设计院集团公司设计、中铁二十一局集团公司承建的兰州市轨道交通试验段工程开工建设。

▲10日　中国铁建总裁赵广发、副总裁张宗言在甘肃兰州宁卧庄宾馆拜会甘肃省省委书记、省人大常委会主任王三运。王三运表示，甘肃省委省政府将进一步支持中国铁建在甘肃的发展，创造良好环境，扩大合作规模，拓展合作领域，实现优势互补、互利共赢。

▲11～13日　中国铁建参加在美国费城宾夕法尼亚会展中心举办的第八届世界高速铁路展览大会。

▲12日　以匈牙利经济部国务秘书诺伯特·齐兹马迪亚为团长的匈牙利青年代表团50余人到访中国铁建总部。全国青联副秘书长、团中央国际联络部副部长董霞陪同考察。中国铁建董事长、党委书记孟凤朝亲切接见代表团一行，并与来宾进行广泛交流。

▲13日　中国铁建副总裁兼总经济师扈振衣在中国铁建大厦会见到访的西班牙驻华大使欧亨尼奥·布雷戈拉特，以及巴塞罗那市长哈维尔·迪利阿斯一行。双方就巴塞罗那港口、铁路、物流中心等项目的合作进行深入交流。

▲同日　中国铁建副总裁兼总经济师扈振衣在中国铁建大厦会见来访的几内亚公共工程及交通部部长奥斯曼·巴一行。双方就加强相关项目合作进行深入交流，并达成广泛共识。

▲17日　中国铁建总裁赵广发，副总裁夏国斌、刘汝臣在中国铁建大厦会见到访的湖南省省委常委、长沙市市委书记陈润儿一行。双方就更深层次、更广领域进一步加强合作进行沟通，并达成广泛共识。

▲同日　中国铁建董事长、党委书记孟凤朝，副总裁张宗言在青岛分别会见青岛市市委书记李群、市长张新起，就促进双方互利合作，为青岛市实现“蓝色跨越”战略多作贡献。

▲同日　中国铁建房地产集团公司与青岛市四方区政府签署战略合作框架协议。

▲17～19日　中国铁建系统党委组织部长座谈会在黑龙江省哈尔滨市中铁十三局集团四公司召开。中国铁建党委副书记、副董事长、工会主席彭树贵出席会议并讲话。会议围绕落实中央要求开展基层组织建设年活动、企业党委换届选举工作，贯彻落实股份公司党委、股份公司《关于加强和改进工程项目部党的建设的决定》等内容开展研讨。

▲18日　中国铁建副董事长、党委副书记、工会主席彭树贵到中铁二十二局集团公司哈齐铁路客运专线松花江特大桥项目检查指导工作。

▲20日　中国铁建副总裁兼总经济师扈振衣在中国铁建大厦会见来访的佛得角共和国总理内韦斯。内韦斯总理盛邀中国铁建参与佛得角多领域合作，共同开辟双方互利共赢的合作新路径。

▲21日　中国铁建董事长、党委书记孟凤朝在武汉东湖宾馆会见尼日尔总统穆罕默杜·伊素福一行，并陪同伊素福一行乘动车从汉口到宜昌，考察由中国铁建设计施工的汉宜铁路，加深双方合作交流。中国驻尼日尔大使夏煌陪同会见考察。

▲同日　中国铁建在国务院国资委推动的中央企业资源整合和业务合作签约仪式上，与中国有色集团公司、中国北车集团公司签订业务合作协议。

▲24日　股份公司党委、股份公司授予中铁十八局集团隧道公司副总经理兼锦屏二级水电站引水隧洞工程项目经理孔凡成“忠诚企业的模范项目经理”荣誉称号。

▲同日　中国铁建总裁赵广发、副总裁张宗言一行在厦门拜会福建省省委常委、厦门市市委书记于伟国。双方就进一步加强合作进行卓有成效的沟通，并达成广泛共识。

▲25～27日　2012中国铁路电气化技术装备交流大会及产品展示会、2012中国铁路电气化新技术十大创新技术和十大应用成果评选揭晓暨颁奖典礼在北京举行。中铁第一勘察设计院集团公司开发的6项“电气化铁路接触网防融冰理论研究及技术推广”、“强风环境下铁路电气化接触网技术研究”、“客运专线长大距离电缆线路供电技术研究”、“牵引供电系统可靠性研究”4项成果获2012中国铁路电气

化十大创新技术奖,“330/2×27.5千伏牵引变压器研制及应用”、“铁路供电系统重要装备——隧道刚性接触网技术研究及应用”两项成果获2012中国铁路电气化十大应用成果奖。

▲7月　中铁二十局集团公司副总经理李令选被蒙古国授予总统勋章,并获蒙古国国家科学技术奖一等奖。

▲7月　中铁十六局集团公司获全国就业先进企业称号。

▲7月　中铁二十五局集团公司青年农民工袁增伟荣登“中国好人榜”,当选“敬业奉献”好人。

▲7月　中铁第四勘察设计院集团公司和法国AREP公司联合设计、已运行3年的武汉火车站获得芝加哥雅典娜建筑设计博物馆颁发的2012年国际建筑奖。

8月

▲1日　国务院监事会主席李克在中国铁建副总裁、总会计师兼总法律顾问庄尚标陪同下,专程到青藏高原最长的单线万米长隧——拉日铁路盆因拉隧道施工现场检查安全质量。

▲2日　中国铁建党委副书记、纪委书记、监事会主席齐晓飞出席在武汉中铁第四勘察设计院集团公司举行的中国铁建“铁骨柔情 大爱无疆”爱心捐助活动,并向铁四院颁发中国铁建“郭明义爱心团队示范单位”奖牌。

▲3日　中国铁建总裁赵广发、副总裁张宗言在太原分别会见山西省副省长牛仁亮、太原市市长廉毅敏、山西省交通厅厅长段建国等领导,就加强中国铁建与山西省、太原市的战略合作进行深入的沟通交流,并达成广泛共识。

▲3~5日　铁道部副部长卢春房一行先后到中铁十四局集团公司承建的霍尔果斯铁路口岸站和哈罗铁路项目检查指导。

▲8日　中国铁建与成都市战略合作协议签约仪式在成都举行。四川省省委常委、成都市市委书记黄新初,市长葛红林,中国铁建董事长、党委书记孟凤朝,副总裁张宗言等出席仪式。成都市副市长刘仆和中国铁建副总裁张宗言分别代表双方在合作协议上签字。与战略合作协议同时签订的还有成都天府新区正公路项目合同,成都兴城投资公司董事长张正红和中铁物资集团公司董事长、党委书记金跃良分别代表项目业主和“二十四局—物资集团”联合体在合同上签字。天府新区正公路项目总投资额约47亿元,是成都市与中国铁建战略合作的重要内容。

▲10日　中国铁建与南京市人民政府在北京钓鱼台国宾馆举行南京青奥轴线地下工程投资建设合同签字仪式。中国铁建副总裁张宗言、南京市副市长陆冰分别代表双方出席签字仪式并致辞。南京河西新城区开发建设指挥部副指挥长孙康龙、南京重大路桥建设指挥部常务副指挥长武焕陵、中国铁建投资公司副总经理李振刚分别代表合同三方签约。

采用BT合作模式打造的南京梅子洲过江通道——青奥轴线地下交通工程投资建设项目,是2014年南京市举办第二届世界青年奥林匹克运动会的重点交通配套工程,工程主要由梅子洲过江通道连接线、青奥轴线地下交通系统以及2.4万平方米的广场地下空间建筑3个部分组成。工程核心区域是地下3层互通式立交,这是目前国内在建的结构体系最为复杂、规模最大的超大型地下交通系统工程。

▲同日　中铁二十一局集团二公司玉树地震灾后重建项目部、中铁第一勘察设计院集团城建院玉树灾后重建设计组被授予中央企业“青年文明号”称号;中铁第一勘察设计院集团兰州铁道设计院工程师胡炳成,中铁二十一局集团四公司玉树灾后重建项目部工程部副部长康旭升、六公司玉树灾后重建项目部计财部部长刘金刚,中国铁建玉树灾后重建指挥部建管部技术员王超4人被授予中央企业“青年岗位能手”称号。

▲同日　委内瑞拉总统查韦斯视察中铁十七局集团公司承建的委内瑞拉社会住房蒂乌娜项目B地块,称赞该项目建设迅速。

▲23日　中国铁建与中国冶金地质总局战略合作协议在中国铁建大厦签署。双方将在矿产资源地质勘察、投资开发以及工程承包、机械装备制造、房地产开发、资本运营等领域开展广泛合作。

▲27日　安哥拉共和国总统多斯·桑托斯和夫人在多名内阁成员的陪同下,为中铁二十局集团公司承建的本格拉铁路洛比托车站剪彩揭牌。

▲28日　北京轨道建筑学会成立大会暨一届一次理事会在中国铁建大厦举行。中国铁建董事长、党委书记孟凤朝,总裁赵广发,副总裁兼总经济师扈振衣,副总裁夏国斌、张宗言、刘汝臣出席大会。中国工程院院士、交通运输部公路科学研究院研究员沙庆林,中国工程院院士、中国铁建副总工程师梁文灏,北京市科委委员王建新,北京市门头沟区区委常委、副区长张永,北京市门头沟区民政局副局长彭剑新在主席台就坐。大会由赵广发主持。大会通过《北京轨道建筑学会章程》,表决通过理事长、常务副理事长、副理事长和秘书长人选。孟凤朝、赵广发当选北京轨道建筑学会第一届理事会名誉理事长,中国工程院院

士何华武、王梦恕、钱七虎、施仲衡、王景全、沙庆林、梁文灏当选荣誉理事长。夏国斌当选北京轨道建筑学会第一届理事会理事长，中国铁建总工程师韩风险当选常务副理事长，生态人类联合会理事长张文波当选副理事长，中国铁建科技设计部部长王清明当选秘书长。

北京轨道建筑学会是由中国铁道建筑总公司发起，轨道科技工作者自愿组成的社会团体。根据章程规定，北京轨道建筑学会是依法登记的社会团体法人，是北京科协的组成部分，是轨道建筑科学技术事业的重要社会力量。

▲8月　中国铁建被评为2012中国上市公司综合实力100强、2012中国上市公司诚信企业100强，中国铁建董事会秘书余兴喜被评为2011中国上市公司百佳董秘。

▲8月　为全面贯彻落实《2006～2020年国家信息化发展战略》和《国务院办公厅关于加快电子商务发展的若干意见》，中国施工企业管理协会举办全国工程建设行业优秀企业网站评比活动，评出优秀网站65家，中国铁建网站排名第一。

9月

▲4日　国务院国资委在北京召开中国铁建董事会2011年度工作报告专题会议，中国铁建董事会向国资委汇报2011年度工作。会议由国资委副主任邵宁主持，国务院监事会主席李克、国资委改组局等相关司局领导，中国铁建董事长、党委书记孟凤朝，副董事长、党委副书记、工会主席彭树贵，非执行董事朱明暹，独立非执行董事李克成、赵广杰、吴太石、魏伟峰，董事会秘书余兴喜等参加会议。

▲5日　中国铁建总裁赵广发、副总裁兼总经济师扈振衣在坦桑尼亚达累斯萨拉姆市会见坦桑尼亚总统贾卡亚·姆里绍·基奎特。双方就进一步加强合作进行深入而坦诚的交流，并达成广泛共识。

▲5～7日　中国铁建副总裁夏国斌分别到中铁十一局集团公司、中铁物资集团中南公司、中铁第四勘察设计院集团公司调研。

▲6日　国务院副总理回良玉一行在中国铁建总裁赵广发，副总裁兼总经济师扈振衣等陪同下参观坦赞铁路达累斯萨拉姆市火车站，并前往坦赞铁路中国专家公墓，向因公殉职的中国援坦专家敬献花圈。

▲7日　中国铁建董事长、党委书记孟凤朝，副总裁张宗言在海口中铁物资集团海南公司调研，听取公司工作汇报，亲切看望慰问干部职工。

▲同日　中国铁建董事长、党委书记孟凤朝，副总裁张宗言在海南省海口市迎宾馆拜会海南省省委副书记、省长蒋定之，省委常委、常务副省长谭力。双方就进一步落实海南省政府与中国铁建签署的战略合作框架协议深入交换意见。

▲同日　中国铁建总裁赵广发、副总裁兼总经济师扈振衣在塞拉利昂首都弗里敦拜会塞拉利昂总统科罗马。双方就加强合作进行深入而坦诚的交流，并达成广泛共识。

▲10日　中国铁建总裁赵广发、副总裁兼总经济师扈振衣在津巴布韦首都哈拉雷拜会津巴布韦总统穆加贝。双方进行亲切友好的会谈，并就加强合作达成共识。

▲10～11日　中国铁建总裁赵广发、副总裁兼总经济师扈振衣在莫桑比克首都马普托分别拜会莫桑比克总统格布扎、总理阿里。双方进行了亲切友好的会谈，并就加强合作达成共识。

▲12日　中国铁道建筑总公司董事长、总经理、党委副书记孟凤朝当选中央企业政研会第三届理事会常务理事。

▲17日　中国铁建董事长、党委书记孟凤朝，副总裁张宗言在中国铁建大厦，会见来访的湛江市市委书记刘小华、市长王中丙一行。双方就建设湛江石化产业园进行深入探讨，一致表示加快建设步伐。

▲17～21日　中国铁建在北京大学举办女领导干部高级研修班，80名女干部参加研修。党委副书记、副董事长、工会主席彭树贵出席开班仪式并讲话。

▲18日　中国工程院院士、原第十届全国人大财经委主任、原铁道部部长傅志寰到中铁十五局集团公司广深港铁路客运专线项目部福田站考察。

▲同日　中国铁建与福建省人民政府签署战略合作框架协议。福建省省委副书记、省长苏树林，中国铁建总裁赵广发，福建省省委常委、副省长张志南，中国铁建副总裁、总会计师兼总法律顾问庄尚标和副总裁张宗言等出席签约仪式。双方还就加强全方位合作进行会谈，并达成广泛共识。

▲19日　《财富》杂志总编辑苏安迪在中国铁建董事长、党委书记孟凤朝陪同下，到中国铁建北京地铁14号线工地采访，深有感触地表示："中国国企为中国经济的快速发展起到了重要作用。中国可以选择自己的方式发展。"

▲20～21日　中国铁建2012年纪委书记座谈会在山东青岛召开。中国铁建党委副书记、纪委书记、监事会主席齐晓飞出席会议并作重要讲话。

▲24日　中国铁建党委副书记、纪委书记、监事会主席齐晓飞出席在拉萨举行的对口支援西藏住房城乡建设厅中央企业负责人座谈会和捐赠仪式。中

国铁建向西藏住房城乡建设厅捐赠资金20万元。

▲25日　中国铁建党委在昆明中铁大型养路机械集团公司召开中国铁建创先争优活动总结暨基层组织建设年推进大会。

▲26日　全国人大常委会副委员长司马义·铁力瓦尔地一行在中国驻沙特大使李成文、中国驻吉达总领事王勇等陪同下，到中国铁建麦加轻轨铁路项目视察。

▲28日　中国铁建所属中铁第四勘察设计院集团公司，中铁十一、十四、十六、十七、十八、十九、二十、二十三局集团公司，电气化局集团公司参建的京广高速铁路郑武段开通运营。

▲同日　中铁十七局集团公司投资建设的石家庄轨道交通3号线一期新火车站至二中段开工建设。

10月

▲9日　中国铁建副总裁范德到由中铁建设集团装饰分公司负责精装修及外幕墙施工的中国铁建科研楼工程指导工作。

▲11日　中国铁建与香港三合集团战略合作框架协议签约仪式在北京举行。根据协议，双方将在项目节能减排与环境评价、可再生能源利用、国际工程承包等领域开展合作。中国铁建总裁赵广发出席签约仪式，三合集团董事长陆克与中国铁建副总裁张宗言代表双方在协议书上签字，中国铁建副总裁兼总经济师扈振衣与三合集团总经理刘建军致辞，仪式由中国铁建党委副书记、纪委书记、监事会主席齐晓飞主持。中国大唐集团新能源公司总经理胡永生、三合集团副董事长雒彬出席仪式。

▲17日　中国铁建总裁赵广发，副总裁、总会计师兼总法律顾问庄尚标在国家开发银行总部与国家开发银行行长郑之杰举行会谈。双发就进一步加强全方位合作达成广泛共识。

▲同日　中国铁建资本运营工作座谈会在北京召开。会议围绕更新经营理念，促进转型升级的主题，总结近年来全系统资本运营工作的做法和经验，提出资本运营的相应工作思路和近期的工作重点。中国铁建副总裁张宗言出席会议并作重要讲话。

▲18日　中国铁建总裁赵广发，党委副书记、纪委书记、监事会主席齐晓飞，副总裁张宗言在中国铁建大厦，会见前来拜访的青岛市市北区人民政府区长由翠玉一行，双方就共同关心的项目进行亲切友好的会谈。

▲同日　中铁第一勘察设计院集团公司设计的敦煌至格尔木铁路开工建设。按照设计方案，新建敦煌至格尔木铁路设计为I级单线电气化铁路并预留复线条件，正线全长509公里。其中，甘肃境内263.7公里，青海境内245.3公里。设计时速120公里，投资总额约136亿元，建设工期6年。

▲19～20日　宝鸡至兰州铁路客运专线分别在陕西和甘肃开工建设。按照中铁第一勘察设计院集团公司的设计方案，新建宝鸡至兰州客运专线按照客运专线双线标准建设，设计时速250公里。正线全长401公里。其中，陕西省境内46公里，甘肃省境内355公里。建设工期5年。

▲23日　中铁第一勘察设计院集团公司设计，中铁十二、二十一局集团公司和中国铁建电化局集团公司参建的宁西铁路增建二线陕西段正式开工。

▲23～25日　以“中国铁建与大路文化”为主题的第十六届大路画展创作草图观摩会在北京召开。

▲24日　中国铁建总裁赵广发在西宁拜会青海省省长、省玉树地震灾后重建工作领导小组组长骆惠宁。青海省常务副省长、省重建工作领导小组第一副组长徐福顺，中国铁建副总裁刘汝臣等陪同会见。

▲24～25日　中国铁建总裁赵广发、副总裁刘汝臣在中铁二十一局集团公司总经理王继红、中铁第一勘察设计院集团公司院长刘为民、中国铁建玉树灾后重建指挥部指挥长张克勤等陪同下，深入即将竣工交验的项目工地检查指导工作。

▲26日　中国铁建援建的青海玉树灾后重建最大居民住宅小区——琼龙小区举行竣工入住仪式。青海省省委常委、常务副省长徐福顺，中国铁建总裁赵广发，青海省省委常委、玉树灾后重建现场指挥部指挥长、玉树州州委书记旦科，中国铁建副总裁刘汝臣等领导和玉树州各族各界干部群众近千人参加仪式。

中国铁建援建的琼龙住宅小区总占地面积约23万平方米，总建筑面积27.7万平方米，由99栋商住楼组成，可安置2134户居民。该工程2011年8月开工建设，2012年9月30日全部达到入住条件。

▲28日～11月6日　为贯彻落实国务院国资委进一步加强海外市场监管的精神，强化海外项目监督管理，确保海外市场的健康发展，中国铁建党委副书记、纪委书记、监事会主席齐晓飞到中国铁建在格鲁吉亚、土耳其、尼日利亚三国的部分项目进行调研，并看望和慰问长期战斗在海外的中国铁建员工。

▲31日　中国铁建副总裁夏国斌到中铁建设集团市政分公司承建的北京密云潮白河特大桥项目工地调研。

11 月

▲1 日　中国铁建被评为中央企业精神文明建设“五个一工程”优秀作品获奖单位，由中国铁建报送、李昌明作词的歌曲《朋友，你好吗》获中央企业首届精神文明建设“五个一工程”优秀作品奖。

▲2 日　中国铁建承建的青岛地铁 2 号线一期工程举行开工仪式。青岛地铁 2 号线一期工程线路全长 25.2 公里，设车站 22 座，换乘站 8 个。

▲5 日　中国对外工程承包商会副会长迟长海，在中国铁建副总裁兼总经济师扈振衣、中国铁建副总裁张宗言等陪同下，到中铁十二局集团公司调研指导工作。

▲9 日　中国铁建港航局集团公司与广州文冲船厂有限责任公司举行每小时 5000 立方米绞吸式挖泥船建造签约仪式，中国铁建副总裁夏国斌出席仪式并讲话。

▲15 日　中国铁建 2012 年责任成本管理会在广西南宁召开。中国铁建总裁赵广发作重要讲话，副总裁、总会计师兼总法律顾问庄尚标就责任成本管理工作作专题报告。会议肯定了成绩，分析了形势，指出了问题，对下一步工作进行了部署。与会人员观看了工程项目责任成本管理流程的宣传片，参观了责任成本管理工作展板，中铁建设集团公司等 4 家单位作经验交流。会议还为各单位提供了三个责任成本管理案例，介绍责任成本工作中的具体做法。副总裁刘汝臣宣读《关于表彰 2012 年责任成本管理工作先进单位和先进个人的通报》《关于表彰 2012 年责任成本管理宣传报道先进单位和优秀宣传稿件的通报》，党委副书记、纪委书记、监事会主席齐晓飞，副总裁张宗言分别主持会议。副总裁范德出席会议。

▲16 日　中铁十一、十六局集团公司和中国铁建重工集团公司被评为国家认定企业技术中心。

▲同日　中国铁建 2012 年房地产工作会暨项目观摩会在南宁召开。中国铁建总裁赵广发发表重要讲话，副总裁范德作报告。会议由副总裁、总会计师兼总法律顾问庄尚标主持。党委副书记、纪委书记、监事会主席齐晓飞，副总裁张宗言、刘汝臣出席会议。

▲20 日　中共中央政治局委员、北京市市委书记郭金龙，市委副书记、代市长王安顺等到中铁十四局集团公司承建的北京地铁 6 号线平安里站调研。

▲23 日　中国铁建总裁赵广发、副总裁张宗言在兰州拜会甘肃省省委书记、省人大常委会主任王三运，省委副书记、省长刘伟平。双方就进一步加大合作力度、深化合作项目、拓宽合作领域、创新合作模式进行卓有成效的会谈，并达成广泛共识。

▲26 日　青海省玉树灾后重建工作会议召开。中国铁建圆满完成 2012 年玉树援建任务。截至 2012 年 11 月，中国铁建援建玉树灾后重建项目累计开工 118 项，开工率 100%；开工建筑面积 64.43 万平方米，占总建筑面积 64.43 万平方米的 100%；竣工项目 107 项，竣工交验 74 项，通过率 69.16%；开工累计完成计划投资 207969 万元，占计划总投资 221418 万元的 93.9%；实际完成投资 298794 万元。

▲27 日　德国前总理，现任洛希尔公司高级顾问、洛希尔欧洲顾问委员会委员格哈德·施罗德访问中国铁建。中国铁建董事长、党委书记孟凤朝，副总裁兼总经济师扈振衣在中国铁建大厦会见施罗德一行。双方就中国铁建与洛希尔公司在企业并购、基础设施建设等领域的合作进行磋商，并就欧洲以及全球经济形势交换了意见，探讨未来合作机会。

▲27 日　铁道部部长盛光祖视察中铁建设集团公司承建的中国高寒地区最大的客运综合交通枢纽——哈尔滨西站。

▲同日　中国铁建副总裁张宗言在长沙拜会湖南省省委常委、长沙市市委书记陈润儿，双方就加强和深化合作进行深入交流。

▲29 日　中铁第一勘察设计院集团公司设计，中铁十二、十四局集团公司参建的哈密至罗布泊铁路通车运营，亘古荒漠罗布泊彻底告别没有铁路的历史。

哈罗铁路北端接轨于哈密南环线的哈密南站，南至罗中，全长 369.8 公里，设计时速 120 公里，沿途设花园乡、南湖等 9 个车站，总投资约 31 亿元，于 2010 年 5 月开工建设，新建铁路与哈密至临河铁路相连，形成新疆与西北、华北地区客货交流的新通道。

▲同日　中铁十三、十五局集团公司参建的世界上首条在大地震、高裂度灾区修建的高速公路——四川映汶高速公路正式通车。

▲同日　中国铁建与海口市政府签订海口市西海岸新区南片区土地开发项目合作框架协议。海南省省委副书记、省长蒋定之，省委常委、海口市市委书记陈辞出席签约仪式。中国铁建副总裁张宗言，海口市市委副书记、市长冀文林分别代表双方签字。

▲同日　中铁第四勘察设计院集团公司设计的向莆铁路全线铺通。

▲11 月　中国铁建获第八届中国证券市场年会“金笛奖”。

▲11 月　中国铁建股份有限公司（中国铁建 HK01186）在 2012 年度香港上市公司 100 强评选中，获综合实力 100 强和营业额 10 强两项大奖。

▲11 月　商务部下发《关于承担援坦赞铁路第15 期技术合作任务的通知》，中国土木工程集团公司将承担援坦赞铁路第 15 期技术合作项目总承包任务，项目总金额 2.7 亿元人民币。

▲11 月　中国铁建获全国档案法制普及宣传奖。

▲11 月　第 11 届中华技能大奖、全国技术能手和国家技能人才培育突出贡献奖评选结果近日揭晓。中铁十二局集团三公司工程测量工、高级技师刘军华获第 11 届中华技能大奖；中铁十三局集团一公司工程测量工、技师徐斌，中铁十六局集团二公司铁道线路工、高级工孙成聚获全国技术能手称号；中铁十五局集团公司获国家技能人才培育突出贡献奖，中铁十二局集团技工学校校长王志湘获国家技能人才培育突出贡献奖。

12 月

▲1 日　中铁第一勘察设计院设计，中铁十三、十九、二十、二十三局集团公司和中铁建设集团公司等参建的世界首条高寒地区高速铁路——哈大客运专线正式开通运营。哈大铁路客运专线纵贯东北哈、吉、辽 3 省，正线全长 903.9 公里，营业里程 921 公里。全线设 24 个车站。

▲4 日　中国铁建总裁赵广发、副总裁张宗言在中国铁建大厦会见到访的昆明市副市长何波一行，双方深入探讨在昆明公路建设领域合作的有关事宜。

▲5 日　中国铁建国际集团有限公司在北京中国铁建大厦举行揭牌仪式。全国政协常委、中国国际贸易促进委员会会长、中国国际商会会长万季飞，国务院监事会主席李克，外交部原副部长吕国增，中国对外承包工程商会会长刁春和与中国铁建董事长、党委书记孟凤朝共同为国际集团有限公司揭牌。中国铁建总裁赵广发主持揭牌仪式，中国铁建在京领导出席仪式。全国人大副委员长、民盟中央主席蒋树声，全国政协副主席何厚铧，商务部部长陈德铭等发来贺信，中国驻阿尔及利亚、沙特阿拉伯、特立尼达和多巴哥、几内亚大使馆等分别发来贺电。外交部、铁道部、国资委、北京市等有关部门和单位，中国进出口银行、国家开发银行等国内外金融机构的代表，部分驻华使节、国际国内大型企业代表以及中国铁建所属各集团公司主要负责人等 280 余人出席揭牌仪式。

▲6 日　石家庄城市轨道交通 3 号线一期二中站至新石家庄站及正定新区市政预留工程投资建设项目签约仪式在石家庄市举行。中国铁建董事长、党委书记孟凤朝，副总裁张宗言，石家庄市市委常委、常务副市长王大虎，政协副主席张发旺出席仪式。石家庄市轨道交通公司董事长付庆文、中国铁建石家庄投资发展有限公司总经理杜水波分别代表双方签署合同框架协议。仪式由石家庄市政府常务副秘书长蒲国良主持。签约结束后，孟凤朝、张宗言与石家庄市长姜德果、副市长刘晓军等进行座谈，就深化合作达成共识。

▲8 日　第十一届全国人大常委会副委员长乌云其木格一行到中铁建设集团海南分公司第九项目部承建的三亚海棠湾国际购物中心一期工程项目调研。乌云其木格在全面参观工地现场、细心听取施工建设和设计等情况汇报后，由衷赞叹“中铁建设集团是一家十分过硬的建设单位”。

▲10 日　中国铁建首个文化地产项目、中铁二十二局集团公司和海南出版社投资开发的“书香小镇”项目开工建设。

▲13 日　中国铁建党委举行中心组（扩大）学习贯彻十八大精神报告会，收看中央政策研究室副主任潘盛洲所作的党的十八大精神辅导报告（录像）和国资委副主任、党委委员黄丹华在中央企业学习贯彻党的十八大精神报告会上的讲话。

▲同日　国务院国资委与青海省政府在北京联合召开玉树地震灾后重建援建央企座谈会。国资委主任王勇，青海省省委书记强卫，国资委副主任黄丹华出席会议并讲话，青海省省长骆惠宁主持会议，青海省常务副省长徐福顺通报重建工作进展情况。中国铁建总裁赵广发在会上发言。中国铁建副总裁刘汝臣出席会议。

▲18 日　中铁二十二局集团公司承建的前抚铁路开通客运，“华夏东极”抚远告别不通火车历史。

▲同日　中国铁建 2012 年法制工作会议在成都召开。

▲21 日　中国铁建所属十三、二十、二十一局集团公司等单位参建的新建敦煌至格尔木铁路开工建设。线路全长 509 公里，总投资 134.8 亿元，建设工期 6 年。

▲26 日　中国铁建承建的京广高速铁路开通运营。线路全长 2298 公里，连接京石、石武、武广的京广高铁，贯穿 6 省市。

▲同日　郑州至徐州铁路客运专线在郑州东站宣布开工。郑徐铁路客运专线西起郑州东站，东至徐州东站，线路全长 361.9 公里，设计时速 350 公里，初期运营时速 300 公里，建设工期 4 年。郑徐铁路客运专线穿越河南、安徽、江苏三省，由铁道部和河南、安徽、江苏三省共同出资建设。全线设郑州东、开封北、兰考南、民权北、商丘、砀山南、永城北、萧县北和徐州

东9座车站。全线没有一座隧道，桥梁占90%以上。郑徐铁路客运专线全线分为9个标段，中铁十二、十四、十七、二十局集团公司参加工程建设。

▲27日　中国铁建构建和谐劳动关系推进会在宁波召开。中国铁建副董事长、党委副书记、工会主席彭树贵在讲话中强调，职工基本权益的实现是构建和谐劳动关系的核心，各级工会要突出维护职能，坚持以员工为本，兼顾企业和员工双方利益，实现共建共享。会议由中国铁建工会副主席、女工委主任白晶主持。中华全国总工会及铁路总工会领导出席，对中国铁建构建和谐劳动关系工作给予肯定，并对下一步工作提出意见和建议。中铁建设集团公司等10家单位介绍构建和谐劳动关系、促进企业发展经验。与会人员现场观摩中铁建设集团公司铁路工程总指挥部宁波枢纽工程项目部。

▲28日　中铁第四勘察设计院集团公司勘察设计，中铁十一局集团公司等单位参建的武汉地铁2号线一期工程开通运营。

▲同日　中国铁建以BT形式参与投资建设的、国内首例高速铁路站场综合开发利用项目——重庆沙坪坝铁路综合交通枢纽工程开工建设。该项目占地面积8.53万平方米(128亩)，总建筑面积75万平方米，总投资100亿元。

▲30日　中国铁建承建的北京地铁6号线一期、10号线二期、8号线二期南段、9号线北段正式投入运营。

▲同日　中国铁建与珠海市政府签署珠海市西部中心城区首期开发区域(B片区)基础设施工程合作开发合同。中国铁建将在未来3~4年内，投资100亿元，完善该区域核心片区市政基础及服务设施的配套建设。在中国铁建董事长、党委书记孟凤朝，副总裁张宗言，广东省省委常委、珠海市市委书记李嘉，市委副书记、市长何宁卡的共同见证下，中国铁建投资公司董事长、党委书记李宁与珠海市市长助理、市西部中心城区开发建设办公室主任陈仁福代表双方签署合作开发合同。该项目采取“投融资+设计施工总承包+投资收益”的合作模式，开发期56个月，其中建设期36个月。

▲31日　国务院总理温家宝在青海省省委书记强卫、省长骆惠宁等陪同下，视察玉树灾后重建现场，看望中国铁建玉树灾后重建指挥部员工。

▲12月　昆明中铁大型养路机械集团公司“铁路大型养路机械国际科技合作基地”通过国家科技部第八批示范型国际科技合作基地认定。

▲12月　中铁建设集团物资公司获全国用户满意企业称号。

▲12月　中国铁建重工集团公司被认定为国家认定企业技术中心、国家高新技术企业。

▲12月　中国铁建重工集团公司成立中铁建特种装备工程有限公司。

5月22日到访的国际米兰足球俱乐部主席莫拉蒂向中国铁建董事长、党委书记孟凤朝赠送国际米兰球衣。

(刘建国　摄)

2012 年 10 月 17 日，中铁二十三局集团第七工程有限公司划转移交中国铁建港航局集团有限公司工作会在广东深圳召开。

（李有忠 提供）

概　况

本栏责任编辑　**杨启燕**

【简况】 前身是铁道兵的中国铁建股份有限公司(中文简称中国铁建,英文简称 CRCC),由中国铁道建筑总公司独家发起设立,于2007年11月5日在北京成立,为国务院国有资产监督管理委员会管理的特大型建筑企业。2008年3月10日、13日,公司人民币内资股(A股,代码601186)和境外上市外资股(H股,代码1186)分别在上海证券交易所和香港联合证券交易所上市。

中国铁建下辖35家二级单位。在岗职工244523人。其中,管理人员44992人,占18.4%;专业技术人员95872人,占39.21%;技能人才103659人,占42.39%。拥有工程院院士1名、国家勘察设计大师6名、享受国务院特殊津贴的专家220名。资产总额4806.61亿元,比2011年增长13.64%。机械动力设备87071台(套),总功率784.15万千瓦,技术装备率1.99万元/人,动力装备率31.6千瓦/人。公司业务涵盖工程承包、勘察设计咨询、工业制造、房地产开发、物流与物资贸易等,具有科研、规划、勘察、设计、施工、监理、维护、运营和投融资等完善的行业产业链。在高原铁路、高速铁路、高速公路、桥梁、隧道和城市轨道交通工程设计及建设领域,确立了行业领导地位。自上世纪80年代以来,中国铁建在工程承包、勘察设计咨询等领域获得国家级奖项470项。其中,国家科技进步奖63项;国家勘察设计"四优"奖90项;中国土木工程詹天佑奖50项;中国建设工程鲁班奖87项;国家优质工程奖180项。累计拥有专利1740项,获国家级工法180项。

中国铁建经营范围遍及除台湾以外的全国31个省、直辖市、自治区和香港、澳门特别行政区,以及世界59个国家和地区,是中国乃至全球最具实力、最具规模的特大型综合建设集团之一。连续7年入选"世界企业500强",2012年排名第111位;连续15年入选"全球225家最大承包商",2012年排名第2位;连续8年入选"中国企业500强",2012年排名第11位。年内获中国上市公司资本品牌百强、中国上市公司诚信企业100强、中国上市公司综合实力100强和最具海外影响力上市公司、最佳投资者关系管理上市公司、香港上市公司综合实力100强及营业额10强等奖项。

(杨启燕)

【主要经济技术指标完成情况】 2012年,中国铁建系统累计完成企业总产值5008.3亿元,完成年度计划4310亿元的116.2%。其中,国内完成产值4791.7亿元,占总产值的95.7%;海外完成产值216.6亿元,占总产值的4.3%。与2011年同期完成的企业总产值4598.2亿元(国内4389.4亿元、海外208.8亿元)相比,同比增长8.9%。其中,国内同比增长9.2%;海外同比增长3.7%。在企业总产值中,施工产值4117.3亿元,占82.2%;勘察设计咨询73.9亿元,占1.5%;工业制造96.1亿元,占1.9%;物资贸易483.9亿元,占9.7%;房地产开发173.3亿元,占3.5%;其他产值63.9亿元,占1.3%。在施工产值中,铁路1923.6亿元,占46.7%;公路870.3亿元,占21.1%;房建530.3亿元,占12.9%;轻轨、地铁283.3亿元,占6.9%;市政295.1亿元,占7.2%;水利、电力86.6亿元,占2.1%;港口与航道30.1亿元,占0.7%;矿山39.4亿元,占1.0%;其他产值58.6亿元,占1.4%。总产值排名前五位的单位分别是:中铁物资集团公司406亿元,中铁十二局集团公司393亿元,中铁十一局集团公司321亿元,中铁十七局集团公司308亿元,中铁十八局集团公司304亿元。

中国铁建系统全年完成主要实物工程量:土石方10亿立方米,隧道1316公里,桥梁1283公里,正线铺轨6016公里,站线铺轨746公里,公路2859公里,通信线路6343条公里,供电线路6798公里,房屋施工面积6916万平方米,房屋竣工面积1238万平方米。

(荆彩萍)

【主要财务指标完成情况】 2012年,中国铁建实现营业收入4843.13亿元,比2011年的4573.66亿元增加269.47亿元,增长5.89%。其中,工程承包增长0.01%,勘察设计咨询下降2.37%,工业制造增长11.99%,物流贸易增长61.51%,房地产增长33.98%。全年完成海外营业收入174.28亿元,比2011年的171.99亿元增加2.29亿元,增长1.33%。实现利润总额108.96亿元,比2011年的100.56亿元增加8.4亿元,增长8.35%。实现净利润85.21亿元,比2011年的78.82亿元增加6.39亿元,增长8.1%。资产总额4806.61亿元,负债总额4073.72亿元,所有者权益总额733.29亿元。截至年底,货币资金余额922.74亿元,比年初的830.58亿元增加92.16亿元,增长11.1%。

(丁亚杰)

中国铁建主要财务指标完成情况比较

项　　目	2012 年	2011 年	同比增长或下降(%)
资产总额(亿元)	4806.61	422983.00	20.76
所有者权益	733.29	657.19	11.58
营业收入(亿元)	4743.13	4573.66	5.89
利润总额(亿元)	108.96	100.56	8.35
净利润(亿元)	85.21	78.82	8.11
归属于母公司所有者的净利润	84.79	78.54	7.96
技术开发投入(亿元)	45.86	69.13	-33.66
利税总额(亿元)	299.63	289.00	3.68
应缴税金总额(亿元)	190.67	188.44	1.18
加权平均净资产收益率(%)	12.47	12.98	减少0.51 个百分点
总资产报酬率(%)	3.48	3.42	增加0.06 个百分点
总公司国有资本保值增值率(%)	115.30	110.80	增加4.5 个百分点

制表:杨启燕　尚　健

【改革发展】 (1)大力发展非工程承包业务。勘察设计咨询的转型步伐进一步加快。中铁第一勘察设计院集团公司陕西省铁道及地下交通工程重点实验室进入实质运行阶段;中铁第四勘察设计院集团公司在牵头实施工程总承包方面做了有益尝试;中铁第五勘察设计院集团公司依托股份公司平台,积极开发中央企业市场。工业制造的自主创新能力进一步提升。昆明中铁大型养路机械集团公司加强高速铁路无砟轨道养护领域设备研发,为进入相关领域奠定基础。中国铁建重工集团公司累计生产盾构设备 45 台(套),成功应用于北京、西安、长沙等 10 多个城市的地铁市场,与神华集团合作研发制造煤矿掘进机正加快推进;中铁十一局集团公司汉江重科 190 吨矿用自卸车已研制成功并正式投产;中铁二十局集团机械公司生产的冲击压路机占取国内市场 80% 的份额,研发制造环保装备已通过论证。房地产开发在“限购、限贷、限价”的严厉政策环境下逆势增长,在全国 37 个城市开发建设 76 个项目,总建设用地面积 872 万平方米,规划总建筑面积 2747 万平方米,以一二线城市为重点、三四线城市为补充的梯次布局逐步形成。海外房地产业务迈出实质性步伐,尼日利亚拉各斯 7 万平方米房地产项目正式启动,销售良好。物流贸易取得长足发展,中铁物资集团公司加强商业模式创新,多元化、网络化经营加快推进,资源掌控和风险防控能力进一步增强。

(2)大力扶持专业化公司发展。中国铁建国际集团公司挂牌成立,进一步优化海外资源配置,加强海外风险防控,国际化经营能力得到提升。并购重组广东航盛集团,将中铁二十三局集团七公司整体划转到中国铁建港航局集团公司,并在设备购置、任务协调等方面加大扶持力度。中国铁建财务公司成立 8 个月实现净利润 1.4 亿元。诚合保险经纪公司在全国 420 多家保险经纪公司中排名前 15 位。中铁十九局集团矿业公司立足矿山剥离和矿产资源开发主业,发展势头强劲,经济效益可观。中铁十六局集团铁运公司先后承担包神、神朔等多条地方铁路的运营任务。中铁十二局集团铁路养护公司担负青藏铁路 526 公里线路养护任务,取得良好的经济和社会效益。

(3)大力发展资本经营。在提升规模的同时,进一步明确股份公司、中国铁建投资公司以及各集团公司的职能定位,明晰市场分工,完善责任制,协同作战的运行机制初步形成。同时,强化项目论证和过程监管,提升风险防控能力。中国铁建投资公司作为股份公司的专业化平台,注册资本金由 30 亿元调整为 100 亿元,市场竞争、再融资和持续发展能力得到增强。中铁建中非建设莱基自贸区新增 10 家注册企业,招商进展顺利。

(杨启燕)

【企业管理】 (1)全力以赴开拓市场,经营工作成绩突出。一是高度重视铁路外市场,新签合同额明显增长。房建、公路、市政、城市轨道的新签合同额分别达到 1559.53 亿元、1320.92 亿元、786.42 亿元、619.21 亿元,水工、环保等市场开发取得新成效。二是紧抓 10~12 月铁路市场回暖机遇,上下配合、内外沟通、周密运作,新签铁路合同额 1720.03 亿元,同比增长

26.05%。三是先后与尼日利亚等10多个国家，湖南、北京等20多个省市自治区以及10多家中央企业进行业务对接，加强战略合作，搭建高端平台，狠抓协议落实，相继在长沙、兰州、石家庄、长春、青岛等地签约大项目。四是圆满完成总部及所属二级企业的资质就位，取得19个铁路特一级资质以及行业设计甲级与施工总承包特级资格。五是组建川渝、广州、北京3个区域指挥部，加强上海代表处及云贵、山东、福建等区域经营平台建设。

（2）精心组织施工生产，在建项目管理不断加强。一是对在建项目进行全面梳理，调整施工计划，优化设计方案，优化施工组织，优化资源配置，合理安排施工生产，积极调配资金，确保在建项目资金链不断、现场不乱。二是强化项目管理，深入实施“法人管项目”，加强工程队、架子队建设，注重节能减排和生态保护，建立重点工程定期通报制度，全面推进标准化建设，项目管理水平进一步提升。三是抓好重点项目施工，汉宜、厦深、哈大、石武、京石等一大批铁路项目相继通车。玉树灾后重建项目实现“三年重建两年基本完成”的目标，安全、质量、工期在参建中央企业中名列前茅。广西358米高的市长大厦按计划顺利推进。四是注重发挥科技创新的支撑引领作用，依托在建项目，积极开展科技攻关，桥隧施工能力和技术水平持续提升。厦深铁路榕江特大桥、雅泸高速公路干海子特大桥等顺利建成，创造世界同类桥梁设计施工技术之最。厦深铁路梁山隧道、锦屏电站引水隧洞等一批高难度、高风险隧道实现贯通。五是狠抓安全质量管理，以“打非治违”专项行动和“安全月”、“质量月”活动为契机，加强安全质量教育培训，建立健全应急机制，深入开展大检查、大整改活动，有效排查并化解安全质量隐患。

（3）注重突出降本增效，经济运行质量持续提升。按照国资委“管理提升活动”的要求，注重过程控制，强化集中管控，努力降本增效。一是深入推进精益化管理，“三次经营”卓有成效，项目统筹、变更索赔和成本控制能力明显增强。各单位坚持以经济效益为中心，在营业收入规模不断扩大的同时，创效水平进一步提高。二是全面推进“工程要素、金融保险、商贸服务”集中采购，进一步完善设备物资集中采购体系，充分发挥“两级采购平台”和“两个集采中心”的作用，基本实现10万元以上设备以及钢材、水泥等大宗物资的集中招标采购，全年内部调剂使用设备5602台（套），内部产品采购合同额达到12.3亿元。加强资金集中管理，积极推行“资金池”和“法人一套账”管理模式，调剂使用资金768.3亿元，较好地满足了各单位的资金需求。全年利用财政税收优惠政策，为企业争取中央财政补贴3.1亿元，财务价值创造能力不断提升。积极拓展融资渠道，加强债券融资统一管理，加大清收清欠力度，有效缓解资金压力。三是加强全面预算和责任成本管理，增强过程管控能力。加大财务监督和审计力度，深入开展财务大检查，推进领导离任和任期审计，对发现的问题及时有效处理，为企业挽回了损失。四是强化风险内控体系建设，编制形成《内部控制整体建设持续改进计划》，将风险管理纳入日常管理工作。五是着力完善法律合规管理体制机制，以法律服务与合规监督为工作重点，法律合规管理逐步深入到资本运营、境外项目、证券融资、改制重组等重要业务领域，保障企业依法经营、合规管理。

（4）不断强化基础工作，企业保持和谐稳定。加大人才引进和培养力度，全年接收高校毕业生6740人，举办各类培训班1540个，16.9万人次参加培训，有222人通过教授级高级工程师评审。全面加强机关建设，总部机关协调、服务、指导职能不断提升。始终坚持以人为本，维护职工权益，在岗职工人均年收入由2011年的52925元增加到56535元，增长6.8%。

（杨启燕）

【技术创新】 2012年，新增中铁十一、十六局集团公司和中国铁建重工集团公司3家国家级技术中心和5家省级技术中心。承担的“大直径全断面硬岩掘进机总体设计与集成关键技术研究”和“绿色高性能混凝土材料性能和品质提升技术”两项“863”课题，年内与国家科技部签订立项合同。中国铁建参建的京津城际铁路工程、中铁十六局集团公司参与研发的“地下工程开挖诱发灾害防控关键技术开发及应用”科技成果分别获国家科技进步一、二等奖。全年获省部级科技进步奖142项、省部级工法249项；授权专利703项，其中发明专利86项；获中国测绘工程金奖1项、中国建筑学会建筑设计奖2项、省部级勘察设计奖76项。申报中国土木工程詹天佑奖8项。（杨启燕）

【工程创优】 2012年，中国铁建承建的山西体育中心主体育场、合肥市畅通一环四里河立交桥、新建武汉天兴洲公铁两用长江大桥正桥、南京长江隧道、苏州工业园区北环快速路东延二期工程获2012年度中国建设工程鲁班奖，承建的上海崇明越江通道（长江隧桥）工程获国家优质工程金质奖，承建的宁夏水洞沟电厂一期2×660兆瓦机组工程、华能东营河口风电场1－4期工程、广州市白云区江高—石井污水处理系统一期厂区工程、上海市轨道交通7号线工程通信系统工程、新建海南东环铁路三亚站工程、新建铁路精伊霍线站后工程（供电线路及电力牵引供电工程）、郑西铁路客运专线渭南渭河特大桥工程、宜昌东站工程、南宁调度所工程、武汉至广州客运专线新建武汉动车段工程、成昆铁路货车外绕线工程绕城双线特大桥工程、二连浩特至河口国道主干线陕西省户县经洋县至勉县公路郭家山隧道工程、大庆至广州高速公路（江西境内）武宁至吉安段九岭山隧道工程、小河至安康高速公路包家山隧道工程、国道112线高速公路天津东段工程永定河特大桥工程、合肥市长江西路高架快速路综合建设工程、哈尔滨市宣化街交通疏解工程、国道主干线子洲至靖边高速公路建设项目、国道主干线（GZ40）云南水富至麻柳湾高速公路项目、昆明主城二环快速系统改扩建工程南二环段福海立交工程、四川省西昌（黄联关）至攀枝花公路工程、滨州中金盛德商务写字楼工程、迪拜运动城 The Bridge 项目23项工程获国家优质工程银质奖。（杨启燕）

【国内工程】 2012年，中国铁建完成施工产值4114.3亿元。5000万元以上的在建工程2311项。其中，铁路工程567项；公路工程757项；市政工程225项；城市轨道交通工程253项；水利水电工程91项；房建工程324项；其他工程64项；海外工程30项。全年承建隧道3261座6256.1公里，开工累计完成4264.5公里，其中10公里以上隧道87座；承建桥梁10761.5座6208.6公里，开工累计完成4491.9公里。国内在建重点工程25项。其中，铁路15项：沪昆高速铁路、京石铁路客运专线、石武铁路客运专线、哈齐铁路客运专线、津秦铁路客运专线、合福铁路客运专线、成渝铁路客运专线、山西中南部铁路通道、拉日铁路、兰渝铁路、兰新铁路、渝利铁路、贵广铁路、西格铁路二线关角隧道、土库铁路二线中天山隧道；公路工程2项：成渝高速公路复线重庆段、岳阳至宜昌高速公路石首至松滋段；城市轨道交通工程2项：北京地铁、昆明地铁3号线；水利工程1项：锦屏二级水电站；房建工程2项：广西九洲国际、昆明草海安置房；综合工程3项：湛江石化产业园、新疆伊吾县白石湖煤矿露天剥离工程、玉树地震灾后重建工程。年内，汉宜铁路客运专线、厦深铁路厦门至漳州段、哈大铁路客运专线、石武铁路客运专线郑武段、京石铁路客运专线、通化至灌水铁路、哈密至罗布泊铁路建成通车；北京地铁6号线一期、8号线南段、9号线、10号线二期，杭州地铁1号线、苏州地铁1号线、沈阳地铁2号线开通运营。3月19日，向莆铁路戴云山特长隧道贯通，该隧道为双洞单线隧道，双洞总长31.2公里，最大跨度断面270平方米；9月，全长22.175公里的向莆铁路青云山隧道贯通。4月22日，目前世界上最长的钢管桁架梁公路桥——四川雅泸高速公路干海子特大桥工程竣工，标志着中国艰险山区高速公路桥梁建设的科研与施工取得重大突破。天津西站至天津站地下直径线盾构隧道于6月12日贯通。（刘　辉）

【海外工程】 加快“走出去”步伐，充分发挥中国土木工程集团公司、中国铁建国际集团公司的商务优势，调动各集团公司积极性，2012年中标尼日利亚拉各斯高速公路、吉布提铁路、蒙古国南部铁路等一批重大工程项目，新签合同额733.41亿元。年内，安哥拉本格拉铁路首批车站、特多斯卡伯罗总医院、博茨瓦纳国际科技大学等工程相继建成。阿尔及利亚东西高速公路补充合同谈判取得积极进展；涉特麦加轻轨铁路圆满完成2012年朝觐运营，累计运送朝觐者约400万人次，受到世界各地穆斯林朝觐者和国内外媒体的高度赞誉。沙特政府正式向国资委、外交部、商务部发来感谢信，感谢中国铁建为全世界穆斯林朝觐作出的卓越贡献。沙特项目的成功运营为中央企业树立了信誉，为国家争得了荣誉。（杨启燕）

【房地产开发】 中国铁建房地产业务按照“减库存、调在建、慎拿地”的工作方针，在国家房地产宏观调控政策持续偏紧的情况下，紧密结合市场形势，加快库存项目的去化速度，审慎稳妥拓展土地储备，经营业绩持续攀升，品牌影响力显著增强，对公司的利润贡献度稳步增长。房地产板块全年完成销售金额211.647亿元，同比增长44.47%；实现销售面积225.9万平方米，同比增长26.91%。年度销售金额在全国排名第23位。实现营业收入181.37亿元，同比增长33.98%；实现利润总额28.68亿元，同比增长29.69%。51个项目在29个城市销售，有35个项目单盘销售金额超过1亿元，在北京开发的中国铁建梧桐苑、中国铁建青秀城、中国铁建国际城单盘销售金额突破20亿元，分别为39.211亿元、22.343亿元和20.875亿元。截至2012年底，中国铁建在北京、上海、天津、广州、杭州、重庆、西安、长沙、贵阳、南宁、成都、合肥、长春、济南、厦门、武汉、宁波等37个城市开展房地产开发业务，项目建设用地总面积872万平方米，规划总建筑面积2747万平方米。在新项目获取上始终坚持审慎、稳妥的原则，年内分别在北京、上海、重庆、武汉、长沙、兰州、西安、梧州、杭州、济南、徐州等13个城市获得16个房地产开发项目，新增建设用地面积131万平方米，规划总建筑面积376万平方米。（杨启燕）

【工业制造】 2012年，中国铁建系统的工业制造自主创新能力进一步提升，全年新签合同额102.81亿元，实现营业收入9984.31亿元。昆明中铁大型养路机械集团公司加强高铁无砟轨道养护领域设备研发，为进入相关领域奠定基础。中国铁建重工集团公司累计生产盾构设备45台（套），已应用于北京、西安、长沙等10多个城市的地铁建设。与神华集团合作研发制造煤矿掘进机正加快推进。中铁十一局集团汉江重科190吨矿用自卸车已研制成功并正式投产；中铁二十局集团机械公司生产的冲击压路机占取国内市场80%的份额，研发制造环保装备通过论证。（郭春雷）

【党建工作】 （1）深化创先争优，基层党组织建设取得新成效。一是战略引领，推动企业科学发展。收购重组中国铁建财务有限公司，组建成立中国铁建国际集团有限公司，加强“走出去”步伐，增强企业国际化经营能力。（2）着眼能力提升，领导班子建设取得新突破。各级党组织牢固树立和认真落实科学发展观，采取多种形式，强化党委中心组学习，深化学习型党组织建设，推进思想理论武装。推荐、组织领导班子成员参加中央党校等培训，提高领导班子的思想政治业务素质，提升领导班子的把关定向能力。面对严峻的经济形势，各级领导班子稳中求进，坚定不移转方式、促转型，积极拓展路外市场、海外市场，资本运营不断涉足新领域，驾驭复杂局面的能力明显提升。不断加大所属单位领导班子管理力度，引导各单位领导班子自觉坚持民主集中制，加大领导人员的考核力度、严格执行选任和退出制度，形成推动企业改革发展的内生动力。（3）强化精神引领，宣传思想文化工作取得新成绩。组织开展迎接十八大读书竞赛活动和“创佳绩、促和谐、迎盛会”形势任务教育活动，深入开展社会主义核心价值体系教育和精神文明创建活动，开展思想政治工作研究，组织开展责任成本管理宣传活动，为企业做强做优奠定良好的思想基础。对今后一个时期深化企业文化建设作出具体部署，开展中国铁建广告语征集评选工作和“绩效为先，执行为上”专题教育活动，积极推进铁道兵纪念馆暨中国铁建展览馆建设，广泛开展群众性文化活动，企业文化建设不断向纵深发展。策划和组织对股份公司转型升级的新思路、新举措和国内外重点工程及创效板块的对外宣传。（4）狠抓责任落实，党风建设和反腐倡廉取得新进展。狠抓制度建设，强化廉洁教育，围绕重大决策、招标采购等重点部位和关键环节，印发30余项规章制度，推动各项制度落实，初步形成惩防体系有效运行的工作机制。广泛开展反腐倡廉教育，营造“廉荣贪耻”的廉洁文化氛围。狠抓集中整治，强化监督制约，深入开展依法经营集中教育整治活动。认真做好自查自纠工作。在领导决策、投标招标、包工队伍使用等关键环节上进行自查深挖。扎实开展整改纠错工作。启动问责程序，彻底治理中介违法分包问题。整合监督资源，初步建立起协调统一、健全高效的监督体系。狠抓大案要案，强化效能监察。全系统各级纪检监察组织标本兼治，重点查办大案要案，加大惩处力度，有效遏制腐败案件易发高发势头。同时认真开展效能监察，规范经营管理行为，提高管理水平和创效能力。（5）注重作用发挥，工会共青团工作取得新收获。各级工会广泛开展各种形式的劳动竞赛，创新劳动保护形式，组织安全亲情活动，完善“一法三卡”等安全防护措施，推动职工技术创新，认真抓好评先创模工作。职代会建制率、召开率明显提高。落实职代会各项职权，民主评议干部富有成效。重视提案征集落实工作，不断深化企务公开，职工诉求表达渠道进一步拓宽。工资集体协商有序推进，职工工资正常增长和支付保障机制逐步建立完善。女职工权益得到切实落实。农民工工资直发等制度和做法，受到中华全国总工会充分肯定。大力开展“服务基层、服务职工”活动，全面落实“面对面、心贴心、实打实服务职工在基层”要求，帮扶救助工作普遍开展。共青团组织开展“文化引领我争先、转型发展谱新篇”等青年主题实践活动。围绕纪念建团90周年，开展系列活动。夯实组织建设基础，进一步焕发团组织的生机与活力。勇担社会责任，开展“团组织就在我身边”、“铁骨柔情 大爱无疆”等关爱活动，进一步树立团组织的良好形象。（耿仁胜）

【信息化建设】 2012年，中国铁建系统投入9741万元加强信息化建设，制定下发中国铁建《信息安全建设规划》《信息网络建设规划》《“十二五”财务信息化发展规划》《“十二五”科技发展规划》《勘察设计咨询“十二五”规划》，明确信息化建设的发展目标和行动路线。出台中国铁建《信息化工作绩效考核实施细则》和《信息化工作奖励管理办法》，将信息化工作纳入子分公司负责人年度绩效考核，对信息化建设先进单位、先进个人和示范项目进行表彰。年内，电子商务、人力资源、法律合规、外事管理、资本运营等管理系统得到推广应用，以全面预算管理等为主体的新一轮财务信息化建设逐步展开。昆明中铁大型养路机械集团公司开发的“加强两化融合、提升昆明中铁自主创新能力”项目被列入国家工业和信息化部计划，获得866万元的国家产业振兴和技术改造专项资金支持；申报的“昆明中铁数字化集团管控”项目通过国家科技部评审，被云南省推荐参加工业和信息化部组织的“两化融合”成果展览会。中国铁建重工集团公司被认定的为首批全国产业软件应用示范试点企业。

（张一鸣）

【履行社会责任】 2012年，中国铁建在《财富》（中文版）企业社会责任排行榜评选中，入选25强。（1）关爱帮扶员工。全年救助困难员工家庭11370户次，资助困难员工子女入学2756人次，救助患病员工3580人次。（2）吸纳社会就业。在国内，吸纳192万名农民工参与工程建设；在海外，坚持属地化原则，吸纳当地劳务2.6万名，提高其生存技能，推动当地经济发展。全年接收高校毕业生6740人，解决残疾人就业2400人。（3）玉树灾后重建。援建青海玉树州结古镇城东片区和仲达乡灾后重建项目118项，总建筑面积64.51万平方米，计划总投资22.14亿元。截至年底，竣工107项，开工累计完成投资20.8亿元。（4）公益事业。继续加强河北省尚义、万全两县定点扶贫工作，积极开展援疆、援藏工作。（5）节能减排。全年投入节能环保资金2.79亿元，新购设备5125台（套），淘汰报废落后设备4248台（套）；开发节能环保优秀成果219项，创造经济效益9756万元。（何燕军）

【企业资质】 截至2012年底，中国铁建系统具有施工资质企业159家。其中，主项资质为总承包特级资质企业17家；主项资质为施工总承包一级资质企业106家；主项资质为专业承包一级资质企业37家。具有房屋建筑工程施工总承包一级资质企业51家，公路工程施工总承包一级资质企业68家，市政公用工程施工总承包一级资质企业103家，水利水电工程施工总承包一级资质企业21家，铁路工程施工总承包一级资质企业18家，矿山工程施工总承包一级资质企业4家，城市轨道交通工程专业承包资质企业28家，铁路电气化工程专业承包一级资质企业24家。（刘军锋）

【管辖单位】 截至2012年底，中国铁建股份有限公司下辖中国土木工程集团有限公司、中铁十一局集团有限公司至中铁二十五局集团有限公司、中铁建设集团有限公司、中国铁建电气化局集团有限公司、中国铁建港航局集团有限公司、中国铁建房地产集团有限公司，中铁第一、第四、第五勘察设计院集团有限公司，中铁上海设计院集团有限公司、中铁物资集团有限公司、昆明中铁大型养路机械集团有限公司、中国铁建重工集团有限公司、中国铁建国际集团有限公司、北京铁城建设监理有限责任公司、中国铁建投资有限公司、中国铁建财务有限公司、中铁建中非建设有限公司、诚合保险经纪有限责任公司、中铁建（北京）商务管理有限公司、北京培训中心（党校）35家二级子公司和单位；有三级子企业413家，其中工程公司148家。

（陈 维　李学红）

【机构编制变更情况】 1月6日，中铁十九局集团有限公司成立中铁十九局集团长春工程有限公司（仅限于经营承揽）。

同日，中铁建设集团有限公司设立中铁建设集团设备安装有限公司和中铁建设集团市政工程有限公司。

1月9日，中铁二十二局集团有限公司设立安徽分公司（仅限于经营承揽）。

同日，中铁物资集团有限公司设立中铁物资集团香港有限公司，与中铁物资集团港澳有限公司为一个机构、两块牌子。

1月19日，中铁十二局集团有限公司设立重庆分公司（仅限于经营承揽）。

2月10日，中铁建中非建设有限公司设立几内亚办事处。

同日，中铁建（北京）商务管理有限公司设立北京铁建物业管理有限公司。

同日，中国铁建电气化局集团有限公司与陕西省物资产业集团总公司、西安灞桥电气化电杆厂合资设立中铁建电气化局集团渭南电气化制品有限公司，注册资本金2000万元。中国铁建电气化局集团有限公司占74.375%股权，陕西省物资产业集团总公司占15%股权、西安灞桥电气化电杆厂占10.625%股权。

2月17日，中铁十七局集团有限公司设立云南分公司和西南（重庆）分公司（仅限于经营承揽）。

同日，中国土木工程集团有限公司设立中国土木工程集团塞拉利昂有限公司。

同日，中铁十三局集团有限公司第六工程公司（分公司）变更为中铁十三局集团第六工程有限公司（子公司）。

3月2日，中国土木工程集团有限公司设立驻印度尼西亚代表处。

同日，中国土木工程集团有限公司设立中土集团乐清建设有限公司。

同日，中铁十二局集团建筑安装工程有限公司设立大连新特建筑工程有限公司。

3月7日，中铁十二局集团有限公司设立厦门分公司（仅限于经营承揽）。

同日，中铁十八局集团有限公司成立中铁十八局集团长春工程有限公司（仅限于经营承揽）。

3月14日，中国土木工程集团有限公司设立中土海外（北京）人力资源管理有限公司。

同日，中铁十六局集团有限公司设立中铁十六局集团通辽首通房地产开发有限公司。

同日，中铁第一勘察设计院集团有限公司设立新疆分公司（仅限于经营承揽）。

3月15日,中铁二十二局集团有限公司设立重庆分公司(仅限于经营承揽)。

3月16日,中铁物资集团有限公司设立北京中铁国际招标有限公司。

同日,中铁十一局集团有限公司成立勘测设计研究院。

3月28日,中铁二十二局集团有限公司设立赣州分公司(仅限于经营承揽)。

3月29日,中铁物资集团有限公司与山西煤炭运输集团有限公司合资设立中铁煤焦销售有限公司,注册资本金5000万元。中铁物资集团有限公司占51%股权,山西煤炭运输集团有限公司占49%股权。

同日,中铁十二局集团有限公司成立中铁十二局集团沈阳工程有限公司(仅限于经营承揽)。

4月1日,中铁十四局集团有限公司设立佛山分公司(仅限于经营承揽)。

4月5日,中铁二十二局集团有限公司设立宁夏分公司(仅限于经营承揽)。

4月19日,中铁第四勘察设计院集团有限公司成立中铁四院集团武汉物业管理有限公司,主要负责铁四院开发房地产项目的物业管理服务工作。

4月23日,中铁二十四局集团安徽工程有限公司设立安徽宏图轨道交通工程检测有限公司,主要负责合肥市城市轨道交通工程盾构管片的检测试验。

同日,中铁十三局集团有限公司设立中铁十三局集团钢结构工程有限公司。

4月24日,中铁物资集团有限公司与上海钢之家信息科技有限公司合资设立中铁物资集团钢之家电子商务有限公司,注册资本金500万元。中铁物资集团有限公司占51%股权,上海钢之家信息科技有限公司占49%股权。

4月26日,中铁十二局集团有限公司设立青岛分公司(仅限于经营承揽)。

5月4日,中铁二十三局集团有限公司成立中铁二十三局集团长春工程有限公司(仅限于经营承揽)。

同日,中铁二十一局集团有限公司成立西安、兰州两个物业管理有限公司。

同日,中铁十二局集团有限公司成立中铁十二局集团房地产开发有限公司。

5月18日,中铁十一局集团有限公司成立中铁十一局集团物资贸易有限公司。

5月21日,中铁二十五局集团有限公司成立中铁二十五局集团房地产开发怀化有限公司(为项目公司)。

5月23日,中铁二十五局集团有限公司成立中铁二十五局集团房地产开发衡阳有限公司(为项目公司)。

同日,中国土木工程集团有限公司设立中国土木工程集团(纳米比亚)有限公司。

5月29日,中铁十七局集团有限公司设立海西分公司和天津分公司(仅限于经营承揽)。

同日,中铁十二局集团有限公司成立中铁十二局集团吉林省建筑工程有限公司(仅限于经营承揽)和中铁十二局集团投资管理有限公司。

同日,中铁二十二局集团有限公司成立中铁二十二局集团吉林工程有限公司(仅限于经营承揽)。

同日,昆明中铁大型养路机械集团有限公司成立昆明中铁恒源商务服务有限公司。

同日,中铁第五勘察设计院集团有限公司设立杭州咨询分公司。

5月30日,中铁二十三局集团有限公司成立中国水生态环境工程投资发展有限公司,注册资本金10000万元。

5月31日,中铁物资集团有限公司与中铁二十四局集团有限公司合资设立四川中铁投资开发有限公司,注册资本金100000万元。中铁物资集团有限公司占51%股权,中铁二十四局集团有限公司占49%股权。

6月5日,中铁十二局集团有限公司成立中铁十二局集团国际工程有限公司。

6月14日,中铁第一勘察设计院集团有限公司设立阿联酋分公司。

6月15日,中铁建中非建设有限公司设立中铁建中非建设(香港)有限公司和中铁建中非建设南非商贸物流有限公司。

6月21日,中国土木工程集团有限公司设立中国土木工程集团(肯尼亚)有限公司。

同日,中铁第四勘察设计院集团有限公司设立温州分公司。

7月2日,中国铁建重工集团有限公司成立中铁建特种装备工程有限公司,注册资本金1亿元。

7月9日,中铁二十五局集团有限公司成立中铁二十五局集团辽宁工程有限公司和中铁二十五局集团吉林工程有限公司(仅限于经营承揽)。

同日,中铁十七局集团有限公司设立甘肃分公司(仅限于经营承揽)。

同日,中铁二十二局集团有限公司设立海南分公司和佛山分公司(仅限于经营承揽)。

7月16日,中铁建设集团有限公司设立中铁建设集团辽宁有限公司。

7月17日,中铁二十五局集团有限公司成立中铁建梵净山开发有限公司。

7月20日，中铁十一局集团有限公司成立武汉荣德昌物业管理有限公司。

7月26日，中铁建设集团有限公司以天津分公司为依托，成立中铁建设集团天津工程有限公司。

同日，中铁十七局集团有限公司设立吉林分公司和海南分公司（仅限于经营承揽）。

7月30日，中国铁建电气化局集团有限公司成立中铁建电气化局集团长春工程有限公司和中铁建电气化局集团大连工程有限公司（仅限于经营承揽）。

同日，中国土木工程集团有限公司设立中国土木工程集团（科特迪瓦）有限公司。

8月3日，中铁建设集团有限公司成立中铁建设集团大连有限公司和中铁建设集团长春有限公司（仅限于经营承揽）。

同日，中铁十二局集团建筑安装工程有限公司设立长春源茂建筑工程有限公司（仅限于经营承揽）。

8月8日，中国铁建房地产集团有限公司设立海南嘉誉房地产开发有限公司（为项目公司）。

同日，中国铁建投资有限公司成立中铁建兰州地铁投资有限公司（为项目公司）。

同日，中铁二十二局集团有限公司设立驻俄罗斯代表处。

同日，中国铁建港航局集团有限公司设立驻澳门代表处。

8月9日，中铁二十二局集团有限公司设立太原分公司（仅限于经营承揽）。

8月14日，中国铁道建设（香港）有限公司与中铁二十局集团有限公司、中国国际基金有限公司合资在香港设立中铁建中基国际有限公司，注册资本港币100万元。中国铁道建设（香港）有限公司占30%股权；中铁二十局集团有限公司占20%股权；中国国际基金有限公司占50%股权。

8月17日，中铁二十二局集团第六工程有限公司设立物业管理公司和园林绿化公司。

8月31日，中铁建设集团有限公司设立中铁建设集团北京有限公司，同时撤销北京分公司。

9月13日，中铁十三局集团电务工程有限公司设立吉林省尚科机电安装工程有限公司。

9月27日，中铁二十一局集团有限公司成立中铁二十一局集团国际工程承包有限公司。

同日，中铁第一勘察设计院集团有限公司成立西安中铁一院空港投资发展有限公司（为项目公司）。

同日，中铁十四局集团有限公司设立北京门头沟区分公司（仅限于办理梧桐苑项目招商引资奖励之用）。

同日，中铁二十局集团有限公司设立苏州市吴中区南环路西延二期工程项目投资建设有限公司（为项目公司）。

同日，中国铁建国际集团有限公司在科特迪瓦设立中国铁建西非有限责任公司。

9月29日，中铁十七局集团有限公司在埃塞俄比亚首都亚的斯亚贝巴设立埃塞俄比亚分公司。

10月9日，中国铁建股份有限公司机关将科技设计部（技术中心办公室）综合处更名为创新建设处。

10月12日，中铁二十局集团有限公司成立中铁二十局集团沈阳工程有限公司（仅限于经营承揽）和在安哥拉国成立中铁二十局集团安哥拉国际有限责任公司。

同日，中国土木工程集团有限公司设立中国土木工程集团乍得有限公司和中土埃塞俄比亚工程有限公司。

同日，中国铁建投资有限公司设立中铁建甘肃投资有限公司（为项目公司）。

同日，中国铁建国际集团有限公司成立中铁建（北京）国际贸易有限公司。

10月16日，中铁物资集团有限公司与江苏西城三联控股集团有限公司合资设立中铁西城钢铁有限公司，注册资本金5000万元。中铁物资集团有限公司占60%股权，江苏西城三联控股集团有限公司占40%股权。

10月25日，中铁十二局集团有限公司设立北京分公司，与中铁十二局集团公司北京地铁指挥部为一套人马、两块牌子（仅限于经营承揽）。

同日，中铁十三局集团有限公司成立中铁十三局集团管网安装工程有限公司。

10月30日，中国土木工程集团有限公司设立中国土木工程集团南太平洋有限公司。

11月1日，中铁二十四局集团南昌建设有限公司设立南昌铁诚建设工程劳务有限公司。

同日，中国铁建港航局集团有限公司成立中铁建港航局隆昌基础设施投资建设有限公司（为项目公司）。

11月4日，中国铁建投资有限公司成立中铁建西南投资建设管理有限公司。

11月12日，中铁十四局集团有限公司成立中铁十四局集团大连工程有限公司（仅限于经营承揽）。

同日，中国铁建投资有限公司成立中铁建山东投资建设管理有限公司。

11月15日，中国铁建投资有限公司成立青岛蓝色硅谷轨道交通有限公司（为项目公司）。

11月20日，中国铁建投资有限公司成立西藏铁建投资管理有限公司。

同日，中铁十四局集团有限公司设立北非建设分公司。

11月24日，中国铁建投资有限公司成立中铁建华东投资建设管理有限公司。

11月29日，中铁二十局集团有限公司与兰州市轨道交通有限公司合资成立兰州星锐轨道交通建筑材料有限公司，注册资本金1200万元。中铁二十局集团有限公司占80%股权，兰州市轨道交通有限公司占20%股权。

同日，中铁二十五局集团有限公司与贵州新世纪汽车投资发展有限公司合资成立中铁二十五局贵州贵龙经济带开发有限公司，注册资本金30000万元。中铁二十五局集团有限公司占80%股权，贵州新世纪汽车投资发展有限公司占20%股权。该公司为中铁二十五局集团有限公司控股法人项目公司，主要负责贵龙大道BT项目的投资建设管理。

12月3日，中国铁建股份有限公司成立中铁建石家庄投资发展有限公司(为项目公司)，主要负责石家庄城市轨道交通和石家庄市正定新区市政预留工程BT项目的投融资、建设管理、施工监管及投资收益的落实。

12月5日，中国铁建股份有限公司成立交通安全委员会，与股份公司安全生产委员会为一个机构、两个牌子。

12月12日，将北京东方地景房地产开发有限公司纳入中铁建设集团公司组织序列。

12月21日，中铁二十局集团有限公司与西安德兆环保科技有限公司、广基宏源投资有限公司合资成立中铁环保产业开发有限公司，注册资本金5000万元。中铁二十局集团有限公司以货币方式出资2250万元，占45%股权；西安德兆环保科技有限公司以整套专利技术及阎良实验厂实物资产出资2450万元，占49%股权；广基宏源投资有限公司以货币方式出资300万元，占6%股权。

同日，中国土木工程集团有限公司设立中国土木工程集团(加蓬)有限公司和中国土木工程集团(布隆迪)有限公司。

12月26日，中铁十一局集团有限公司成立中铁十一局集团武汉房地产开发有限公司。

12月28日，中国铁建房地产集团有限公司设立中铁房地产集团上海置业有限公司(为项目公司)。

12月29日，中国铁建房地产集团有限公司设立中铁房地产集团杭州京发置业有限公司(为项目公司)。

同日，中铁十七局集团有限公司成立中铁十七局集团内江新城建设有限公司(为项目公司)。

3月31日，中国铁建股份有限公司撤销广西国投资产管理有限公司。

9月18日，中国铁建重工集团有限公司注销中铁轨道工程研究设计有限公司。

11月12日，中铁建设集团有限公司注销陕西京创房地产开发有限公司。

11月15日，中铁十八局集团有限公司注销中国铁道建筑(马来西亚)有限公司。 (陈 维 李学红)

【直管项目管理机构设立、变更情况】 6月20日，成立中国铁建股份有限公司川渝指挥部，定员6人。主要负责中国铁建全系统在重庆、四川地区的市场经营统筹管理工作。

8月1日，成立中国铁建股份有限公司北京区域指挥部，编制定员4~6人。主要负责股份公司在京、津、冀等地区建筑市场开发、经营承揽工作。

同日，成立中国铁建股份有限公司广州区域指挥部，编制定员4~6人。主要负责股份公司在广东、广西、海南等建筑市场开发和经营承揽工作。

10月23日，成立中国铁建股份有限公司青岛地铁2号线工程指挥部，定员20人。主要负责青岛地铁2号线一期工程土建施工项目的建设管理。同时，设立中国铁建股份有限公司青岛分公司，与青岛地铁2号线工程指挥部为一个机构、两块牌子。

12月17日，中国铁建股份有限公司成立中铁建昆明新机场快速公交基础设施建设有限公司(为项目公司)，注册资本金1亿元，定员18人。主要负责昆明新机场快速公交基础设施二期工程BT项目的投融资、建设管理、施工监管及投资收益的落实工作。

(陈 维 李学红)

【对外并购重组】 2月21日，中国铁建股份有限公司斥资3亿元人民币，收购广东省铁路建设投资集团有限公司所属广东省航盛建设集团有限公司100%股权；3月6日，将广东省航盛建设集团有限公司整体并入中国铁建港航局集团有限公司进行重组，航盛集团相关资质平移至港航局集团公司。

9月，中国铁建港航局集团有限公司独立出资564.36万元，对广东省铁路投资建设集团有限公司控股的广东省综合交通勘察设计院有限公司实施增资扩股。增资后，广东省综合交通勘察设计院有限公司注册资本金1383.53万元，港航局集团公司占51%股权，取得对广东省综合交通勘察设计院有限公司的控制权。

(陈 维 李学红)

【内部划转重组】 1月19日，为支持中国铁建房地产集团有限公司发展，完善其产业链条，提升物业管理水平，将中铁建(北京)商务管理有限公司所属中铁建(北京)物业管理有限公司划转到中国铁建房地产集团有限公司管理。

8月1日，为优化内部资源配置，提升中国铁建港航局集团有限公司市场竞争能力，将中铁二十三局集团第七工程有限公司划转到港航局集团公司管理。

8月23日，为满足中国铁建国际集团有限公司工商注册需要，将中国土木工程集团有限公司所属北京中铁建总国际经贸有限公司重组到中国铁建国际集团有限公司。

12月7日，为解决中铁十九局集团有限公司在北京申报一级爆破作业资质问题，将中铁第五勘察设计院集团北京铁兵爆破有限公司划转到中铁十九局集团有限公司管理。 (陈 维 李学红)

【组建国际集团】 为加速中国铁建海外业务的扩张与发展，进一步提升国际市场的竞争能力，实现成为跨国产业集团的发展目标，中国铁建斥资30亿元，于2012年4月在北京组建中国铁建国际集团有限公司。股份公司直属的美国公司、加勒比公司、香港公司、沙特麦加轻轨项目公司、阿尔及利亚项目经理部整体划转国际集团。撤销海外事业部，其资产、自有人员及债权债务划入国际集团管理。中国铁建国际集团有限公司以北京中铁建总国际经贸有限公司重组变更的形式于2012年9月正式完成工商注册。

(陈 维 李学红)

【人员状况】 截至2012年底，中国铁建系统职工288624人。其中，在岗职工243628人；非在岗职工44996人。在岗职工中，长期职工238885人，临时职工4743人。2012年增加在岗长期职工18860人。其中，新录用大学、中专、技校毕业生9865人；非在岗职工回归2011人；从农村、城镇招收2089人；录用退伍军人409人。2012年减少在岗长期职工16497人。其中，退休1650人；死亡271人；在岗长期职工减为非在岗职工2790人；终止解除劳动合同6927人；开除、除名、辞退498人。在岗职工中息工放假11133人。其他从业人员39080人，主要为零散外部劳务人员。建制单位外部劳务人员601300人。 (徐博华)

【干部构成】 截至2012年底，中国铁建系统干部总数141095人。其中，专业技术干部131863人，占干部总数的93.46%；女干部29553人，占干部总数的20.95%；少数民族干部4841人，占干部总数的3.43%；党员干部59079人，占干部总数的41.87%。专业技术干部中，高级技术职务17575人，中级技术职务33340人，初级技术职务72285人。学历结构：研究生及以上毕业4107人，大学本科毕业82046人，大专毕业41841人，中专毕业6564人，高中毕业4696人，初中以下1841人。大专以上学历干部127994人，占干部总数的90.71%。年龄结构：30岁以下72127人，31~40岁36759人，41~50岁20695人，51岁以上11964人。

(王 谐)

【工人构成】 截至2012年底，中国铁建系统工人总数131802人，其中女工人29281人，占工人总数的2.22%。文化程度：本科及以上3131人，占工人总数的2.38%；大专和高技能人员18007人，占工人总数的13.66%；中专、技校和职业高中29349人，占工人总数的22.27%；高中35526人，占工人总数的26.95%；初中及以下45789人，占工人总数的34.74%。技术工人98254人，占工人总数的74.55%。初级工6944人，中级工18346人，高级工35790人，技师9883人，高级技师1903人。 (徐博华)

【主要技术设备】 截至2012年底，中国铁建拥有机械动力设备87071台(套)，其中大型施工机械设备4050台(套)，进口大型机械设备555台(套)。机械动力设备固定资产原值413亿元、净值228元，设备资产比2011年增加24亿元。机械设备总功率784.15万千瓦，技术装备率1.99万元/人，动力装备率31.6千瓦/人。主要施工机械设备资产利润率13%，成新率55%。拥有盾构设备148台(套)、全断面掘进机(TBM)5台，铁路客运专线用900吨架桥机79台、运梁车97台、提移梁机181台(套)、移动模架19(套)，常规铁路架桥机44台、铺轨机11台，电气化施工设备275台(套)，大型机械化整道设备109台。全系统全年更新各类设备、车辆5125台(套)，价值30.8亿元，占2012年度固定资产设备购置计划78.96亿元的39%；报废设备4248台(套)，原值7.12亿元。

(张宏成)

中国铁道建筑总公司领导人员名单

中国铁道建筑总公司领导

董事长、总经理、党委副书记	孟凤朝
董事、党委书记	赵广发
副董事长、党委副书记、工会主席	彭树贵
党委副书记、纪委书记	齐晓飞
党委常委	扈振衣
党委常委	夏国斌
党委常委	范　德
党委常委	周志亮（2 月免，调离）
党委常委	庄尚标
党委常委	张宗言
党委常委	刘汝臣

中国铁建股份有限公司领导人员

董事长、党委书记	孟凤朝
执行董事、总裁、党委副书记	赵广发
副董事长、党委副书记、工会主席	彭树贵
非执行董事、党委副书记	霍全贵（5 月免职退休）
党委副书记、纪委书记、监事会主席	齐晓飞
执行董事、党委常委、副总裁	扈振衣
非执行董事	朱明暹
独立非执行董事	李克成
独立非执行董事	赵广杰
独立非执行董事	吴太石
独立非执行董事	魏伟峰
副总裁、党委常委	夏国斌
副总裁、党委常委	范　德
副总裁、党委常委	周志亮（2 月免，调离）
副总裁、党委常委、总会计师	庄尚标
副总裁、党委常委	张宗言
副总裁、党委常委	刘汝臣

中国铁建股份有限公司总法律顾问、总工程师、董事会秘书、监事、总裁助理、三总师副职、安全总监、纪委副书记、工会副主席

总法律顾问	庄尚标（兼）
总工程师	韩风险
董事会秘书	余兴喜
监事	黄少军
总裁助理	林兰生
总裁助理	王学伟
总裁助理	李友才（1 月退休）
总裁助理	卓　磊
总裁助理	李明申（1 月退休）
总裁助理	陈晓星
总裁助理	冯中海（4 月任）
副总工程师	彭江鸿（3 月退休）
副总工程师	辛　实
副总经济师	刘发林（3 月退休）
副总经济师	张永宝（3 月退休）
副总经济师	许顺生
副总经济师	琚建明
副总经济师	孟乔然
副总经济师	廖大球（6 月退休）
副总经济师	房光辉
副总经济师兼直属机关党委书记	赵登善
安全总监	王　峰
纪委副书记	王国平（1 月退休）
纪委副书记	郭品云
工会副主席兼女工委主任	白　晶

中国铁建股份有限公司机关各部门及二级机构负责人以上人员名单

董事会秘书局

主任　李学甫
副主任　靖　菁
秘书处处长　吴　笛
投资者关系处处长　（空缺）
股权代表管理处处长　谢华刚

办公室

主任　冯中海（4月免）
　　戴开扬（4月任）
副主任　樊祐修（4月任）
部员　曹　军
　　卜锦华（4月免）
秘书处处长　李　冰
文书处处长　崔友峰
信息处处长　（空缺）
行政保卫处处长　樊祐修（兼）
信访处处长　邵长亮
信访处副处长　牛凤忠
档案馆馆长　汪枞华（11月退休）
档案馆副馆长　晋爱萍

发展规划部

部长兼企协秘书长　扆守义
副部长　陈　维（享受部门正职待遇）
部员　杜经红
战略规划处处长　（空缺）
政策研究处处长　李吉锋
企协副秘书长
兼企业管理处处长　董跃君（享受部门副职待遇）
风险内控处处长　张世杰
编制处处长　李学红

人力资源部（党委干部部）

部长　鲁　斌
副部长　宋旭东
　　张晓明
领导干部处处长　康福祥
人事处处长　张晓明（兼）
劳资处处长　张介鹏
社会保险管理处处长　李　倩
培训与技能鉴定处处长　刘爱波

科技设计部（技术中心办公室）

部长兼技术中心办公室主任　王清明
技术中心办公室副主任　贾志武
副部长　许和平
创新建设处处长　张育红
科研处处长　贾志武（兼，8月免）
　　郭信君（8月任）
技术处处长　李庆民
设计咨询管理处处长　（空缺）
学会处处长　李小和（9月任）

经营计划部

部长　孙国富
副部长　张国峰
　　王旭永
　　齐　伟
市场开发处处长　吴文钊
市场开发处副处长　吕　琳
造价合同处处长　范永芳
计划统计处处长　户苏予

工程管理部

部长　陈勇鹏
副部长　高晓东（享受部门正职待遇）
　　曾宗根
部员　刘　晖
综合处处长　贾国林
工程管理处处长　陈洪波

调度处处长　安惠泽
节能环保处处长　（空缺）

安全质量监督部

部长　王　峰（兼）
安全副总监　胡学义
副部长　彭　峰
　秦正刚
安全监督处处长　程明薪
质量监督处处长　仇　发
贯标办公室主任　（空缺）

房地产开发部

部长　楼　翱
开发处处长　刘建光
监管处处长　（空缺）

设备物资部

部长　覃为刚
总机械师　沙明元（享受部门正职待遇）
副部长　白云飞
设备处处长　郭春雷
物资处处长　刘宝庆
工业处处长　康　琳

资本运营部

部长　张沛然
总经济师　荀照杰
部员　李学智（6 月退休）
　尹　华
　汪起帆
咨询评估处处长　陈梦月
投资管理处处长　罗　芳
矿产资源处处长　鞠小华
资产管理处处长　汪起帆（兼）

财务部

部长　曹锡锐
副部长　黄健民（4 月免）
　王　磊（4 月任）
　乔国英（4 月任）
部员　彭长林（6 月免）
财务处处长　王　磊（兼）
会计处处长　李　彤
机关财务处处长　杨现庆
产权处处长　汪兆启（6 月免）
预算考核处处长　（空缺）
成本管理处处长　（空缺）
资金管理中心主任　（空缺）

审计监事局

局长　黄少军（兼）
副局长　董海军
部员　李忠心
审计一处处长　王铁兵
审计二处处长　边元双

法律合规部

部长　王甲国
副部长　刘　兵
法律处处长　（空缺）
合规处处长　文荣周

国际部

部长　武宪功
副部长　廖　军
海外业务管理处处长　王永强
外事处处长　蔡显琨

信息中心

主任　肖新华
副主任　孙永利
规划需求处处长　张一鸣
建设运维处处长　孟浩雅

党委办公室

主任　赵登善（兼）
党委秘书处处长　梁树峰
调研处处长　（空缺）

党委组织部

部长　张良才
副部长　林立人（享受部门正职待遇）
组织员　高学存
组织处处长　杨　赳

党员教育管理处
（机关党委工作处）处长　王子利

党委宣传部（企业文化部）

部长兼政研会秘书长　钱桂林
副部长　刘　渝
政研会副秘书长　李昌明
宣传教育处处长　汪元章
企业文化处处长　钱东锋
新闻处副处长　刘　文

纪委办公室

主任　（空缺）
综合处处长　（空缺）
案件审理处处长　（空缺）

纪委纪检监察室

主任　王兆刚
纪检监察专员　杜庆吉
案件检查处处长　（空缺）
执法监察处处长　王共鸣

工会生产综合部

部长兼火车头体协秘书长　李　睿
综合处处长　（空缺）
生产宣教处处长　李青颖

工会组织权益部和女工部

部长　（空缺）
组织女工处处长　孙秀伟（8月退休）
保障财务处处长　吕向东

团委

书记　赵佃龙（3月免）
副书记　沈玉泉

海外事业部

部长　郝桂林
副部长　于洪忠
　李重阳

中国铁道建筑总公司机关各部门及二级机构负责人以上人员名单

机关离退休职工管理部

部长、党总支书记　马吉财
副部长　高尚升
　卜锦华（4月任）
生活服务处处长　曾楚雄
事务管理处处长　赵兰芳
健康服务处处长　杨建群
组宣处处长　谭李平

机关房地产管理中心

主任　吕殿义
副主任　张家年
部员　张宏德
基建处处长　童联合
房地产管理处处长　杜学文

中国铁道建筑报社

社长兼总编辑　钱桂林（兼）
副社长　韩传荣
副总编辑　王　洋
总编辑助理　罗光明（享受部门副职待遇）
办公室主任　韩传荣（兼，3月免）
办公室副主任　殷建伟（3月任）
新闻部主任　何大成
政文部主任　梅梓祥
美术摄影部主任　王沂光（3月免）
美术摄影部副主任　赵玲莉（3月任）
广告部主任　杨晓志

（王　谐）

中国铁道建筑总公司所属单位组织序列

(2012年)

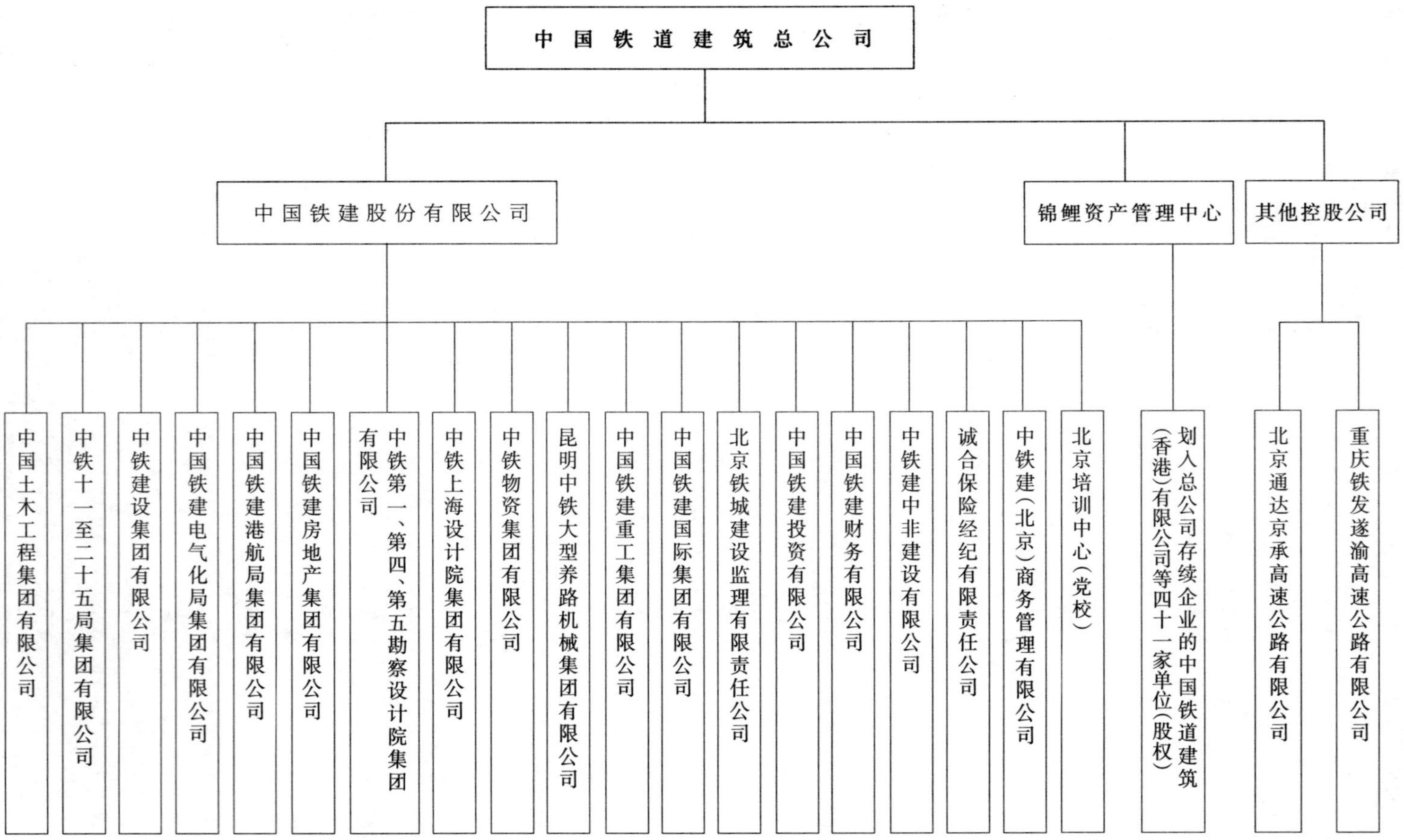

制表:李学红

中国铁建股份有限公司机关组织序列

（2012年）

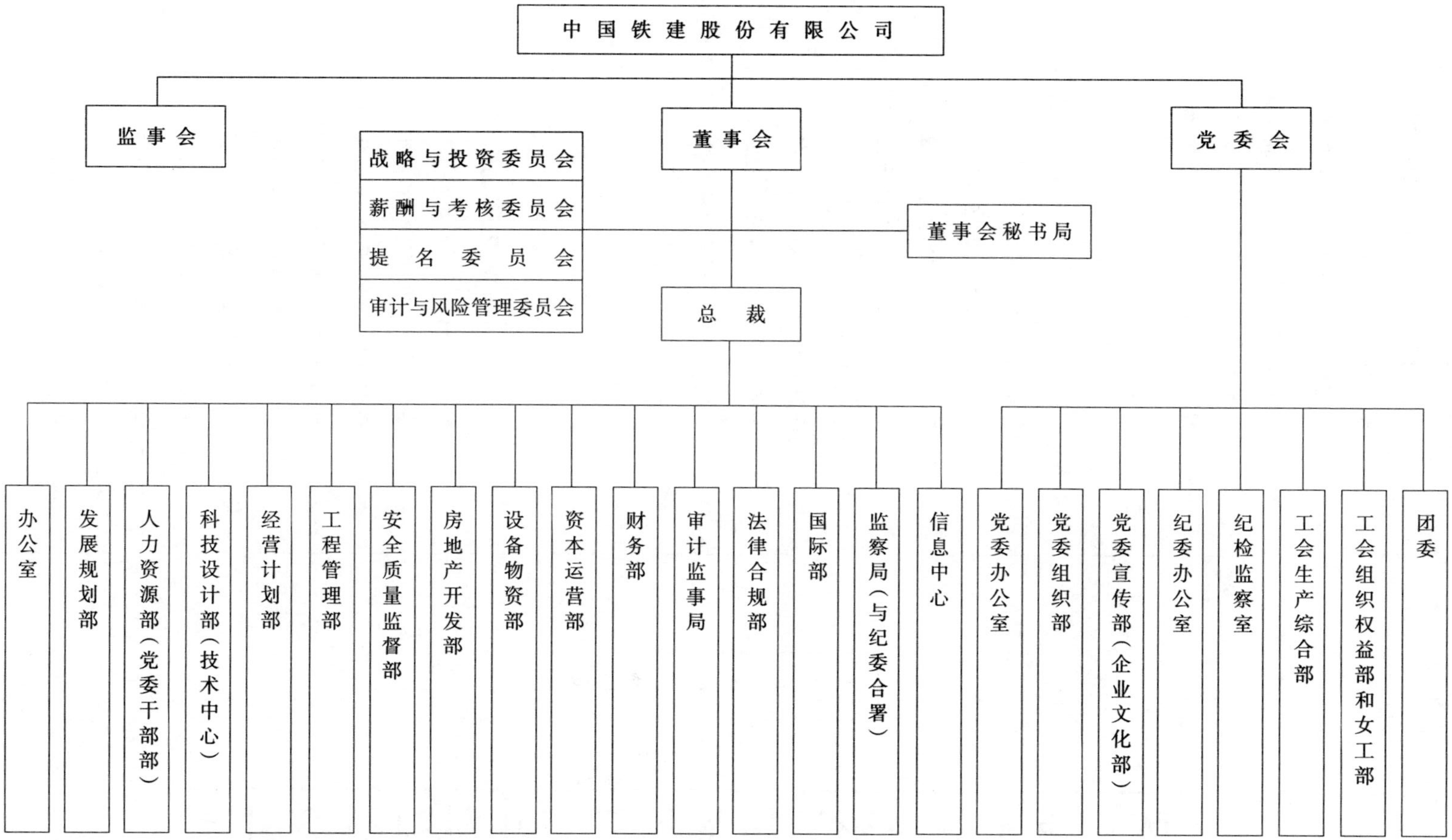

制表：李学红

中国铁建股份有限公司所属二级单位组织序列

(2012年)

中国铁建股份有限公司

- 中国土木工程集团有限公司
- 中铁十一局集团有限公司
- 中铁十二局集团有限公司
- 中铁十三局集团有限公司
- 中铁十四局集团有限公司
- 中铁十五局集团有限公司
- 中铁十六局集团有限公司
- 中铁十七局集团有限公司
- 中铁十八局集团有限公司
- 中铁十九局集团有限公司
- 中铁二十局集团有限公司
- 中铁二十一局集团有限公司
- 中铁二十二局集团有限公司
- 中铁二十三局集团有限公司
- 中铁二十四局集团有限公司
- 中铁二十五局集团有限公司
- 中铁建设集团有限公司
- 中国铁建电气化局集团有限公司
- 中国铁建港航局集团有限公司
- 中国铁建房地产集团有限公司
- 中铁第一勘察设计院集团有限公司
- 中铁第四勘察设计院集团有限公司
- 中铁第五勘察设计院集团有限公司
- 中铁上海设计院集团有限公司
- 中铁物资集团有限公司
- 昆明中铁大型养路机械集团有限公司
- 中国铁建重工集团有限公司
- 中国铁建国际集团有限公司
- 北京铁城建设监理有限责任公司
- 中国铁建投资有限公司
- 中国铁建财务有限公司
- 中铁建中非建设有限公司
- 诚合保险经纪有限责任公司
- 中铁建(北京)商务管理有限公司
- 北京培训中心(党校)

制表:李学红

中国铁道建筑总公司党组织序列

(2012年)

- 中国铁道建筑总公司党委
  - 重庆铁发遂渝高速公路有限公司党委
  - 中国铁建股份有限公司党委
    - 中国土木工程集团有限公司党委
    - 中铁十一局集团有限公司党委
    - 中铁十二局集团有限公司党委
    - 中铁十三局集团有限公司党委
    - 中铁十四局集团有限公司党委
    - 中铁十五局集团有限公司党委
    - 中铁十六局集团有限公司党委
    - 中铁十七局集团有限公司党委
    - 中铁十八局集团有限公司党委
    - 中铁十九局集团有限公司党委
    - 中铁二十局集团有限公司党委
    - 中铁二十一局集团有限公司党委
    - 中铁二十二局集团有限公司党委
    - 中铁二十三局集团有限公司党委
    - 中铁二十四局集团有限公司党委
    - 中铁二十五局集团有限公司党委
    - 中铁建设集团有限公司党委
    - 中国铁建电气化局集团有限公司党委
    - 中国铁建港航局集团有限公司
    - 中国铁建房地产集团有限公司党委
    - 中铁第一勘察设计院集团有限公司党委
    - 中铁第四勘察设计院集团有限公司党委
    - 中铁第五勘察设计院集团有限公司党委
    - 中铁上海设计院集团有限公司党委
    - 中铁物资集团有限公司党委
    - 昆明中铁大型养路机械集团有限公司党委
    - 中国铁建重工集团有限公司党委
    - 中国铁建国际集团有限公司党委
    - 北京铁城建设监理有限责任公司党委
    - 中国铁建投资有限公司
    - 中国铁建财务有限公司党委
    - 中铁建中非建设有限公司党委
    - 中铁建（北京）商务管理有限公司党委
    - 股份公司党校（北京培训中心）党委
    - 总公司（股份公司）直属机关党委

制表：杨 赳

中国铁道建筑总公司工会组织序列

(2012年)

- 中国铁道建筑总公司工会
  - 中国铁建股份有限公司工会
    - 总公司(股份公司)直属机关工会（虚线连接中国铁道建筑总公司工会）
    - 股份公司党校(北京培训中心)工会
    - 中铁建(北京)商务管理有限公司工会
    - 北京铁城建设监理有限责任公司工会
    - 中国铁建国际集团有限公司工会
    - 中国铁建重工集团有限公司工会
    - 昆明中铁大型养路机械集团有限公司工会
    - 中铁物资集团有限公司工会
    - 中铁上海设计院集团有限公司工会
    - 中铁第五勘察设计院集团有限公司工会
    - 中铁第四勘察设计院集团有限公司工会
    - 中铁第一勘察设计院集团有限公司工会
    - 中国铁建房地产集团有限公司工会
    - 中国铁建电气化局集团有限公司工会
    - 中铁建设集团有限公司工会
    - 中铁二十五局集团有限公司工会
    - 中铁二十四局集团有限公司工会
    - 中铁二十三局集团有限公司工会
    - 中铁二十二局集团有限公司工会
    - 中铁二十一局集团有限公司工会
    - 中铁二十局集团有限公司工会
    - 中铁十九局集团有限公司工会
    - 中铁十八局集团有限公司工会
    - 中铁十七局集团有限公司工会
    - 中铁十六局集团有限公司工会
    - 中铁十五局集团有限公司工会
    - 中铁十四局集团有限公司工会
    - 中铁十三局集团有限公司工会
    - 中铁十二局集团有限公司工会
    - 中铁十一局集团有限公司工会
    - 中国土木工程集团有限公司工会

制表:杨 赳

中国铁道建筑总公司共青团组织序列

（2012年）

- 中国铁道建筑总公司团委
  - 重庆铁发遂渝高速公路有限公司团委
  - 中国铁建股份有限公司团委
    - 中国土木工程集团有限公司团委
    - 中铁十一局集团有限公司团委
    - 中铁十二局集团有限公司团委
    - 中铁十三局集团有限公司团委
    - 中铁十四局集团有限公司团委
    - 中铁十五局集团有限公司团委
    - 中铁十六局集团有限公司团委
    - 中铁十七局集团有限公司团委
    - 中铁十八局集团有限公司团委
    - 中铁十九局集团有限公司团委
    - 中铁二十局集团有限公司团委
    - 中铁二十一局集团有限公司团委
    - 中铁二十二局集团有限公司团委
    - 中铁二十三局集团有限公司团委
    - 中铁二十四局集团有限公司团委
    - 中铁二十五局集团有限公司团工委
    - 中铁建设集团有限公司团委
    - 中国铁建电气化局集团有限公司团委
    - 中铁第一勘察设计院集团有限公司团委
    - 中铁第四勘察设计院集团有限公司团委
    - 中铁第五勘察设计院集团有限公司团委
    - 中铁上海设计院集团有限公司团委
    - 中铁物资集团有限公司团委
    - 昆明中铁大型养路机械集团有限公司团委
    - 中国铁建重工集团有限公司团工委
    - 中国铁建投资有限公司团委
    - 中国铁建财务有限公司团委
    - 中铁建中非建设有限公司团委
    - 中铁建（北京）商务管理有限公司团委

制表：杨赳

中国铁建股份有限公司主要子公司2012年主要财务指标完成情况

单位：百万元

公　司　名　称	注册资本	总资产	净资产	净利润	主营业务
中国土木工程集团有限公司	1210.00	17714.87	2837.11	233.87	建筑施工
中铁十一局集团有限公司	1031.85	27078.42	3044.78	555.66	建筑施工
中铁十二局集团有限公司	1060.68	35796.91	3976.29	638.32	建筑施工
中铁十三局集团有限公司	1044.81	18163.20	2133.98	371.62	建筑施工
中铁十四局集团有限公司	1110.00	24579.93	2694.73	343.59	建筑施工
中铁十五局集团有限公司	1117.21	19661.54	1943.73	267.47	建筑施工
中铁十六局集团有限公司	1068.30	20751.53	2080.67	284.96	建筑施工
中铁十七局集团有限公司	1105.47	26013.61	2843.05	409.69	建筑施工
中铁十八局集团有限公司	1130.00	21997.29	1973.08	400.76	建筑施工
中铁十九局集团有限公司	1095.47	20742.93	2283.43	363.07	建筑施工
中铁二十局集团有限公司	1110.00	20514.01	2229.53	328.00	建筑施工
中铁二十一局集团有限公司	950.00	17321.72	1921.03	210.64	建筑施工
中铁二十二局集团有限公司	926.00	15857.64	1954.06	300.96	建筑施工
中铁二十三局集团有限公司	965.00	15457.35	1661.51	6.77	建筑施工
中铁二十四局集团有限公司	953.24	13160.29	1691.21	152.98	建筑施工
中铁二十五局集团有限公司	910.72	10772.96	1308.51	141.08	建筑施工
中铁建设集团有限公司	1300.00	28512.73	3335.27	614.34	建筑施工
中国铁建电气化局集团有限公司	710.00	12718.76	2111.78	426.21	建筑施工
中国铁建港航局集团有限公司	1200.00	3762.43	1379.05	68.60	港口与航道
中国铁建房地产集团有限公司	7000.00	53068.60	10611.21	1732.16	房地产开发、经营
中铁第一勘察设计院集团有限公司	200.00	5072.34	996.07	190.32	勘察设计咨询监理
中铁第四勘察设计院集团有限公司	150.00	9672.31	1868.95	412.54	勘察设计咨询监理
中铁第五勘察设计院集团有限公司	155.00	853.27	460.68	51.07	勘察设计咨询监理
中铁上海设计院集团有限公司	130.00	607.11	421.70	58.72	勘察设计咨询监理
中铁物资集团有限公司	1000.00	23394.73	2715.07	557.33	物资采购销售
昆明中铁大型养路机械集团有限公司	587.98	4499.28	1870.94	237.71	工业制造
中国铁建重工集团有限公司	750.00	4718.73	1808.28	297.65	工业制造
中国铁建国际集团有限公司	3000.00	7341.13	2945.41	-49.34	工程承包
北京铁城建设监理有限公司	20.00	263.10	67.49	12.90	勘察设计咨询监理
中国铁建投资有限公司	10000.00	19871.49	11042.11	324.85	项目投资
中国铁建财务有限公司	1300.00	19334.34	1439.19	139.19	财务代理业务
中铁建中非建设有限公司	1000.00	1847.95	1043.32	26.09	建筑施工
诚合保险经纪有限责任公司	50.00	102.24	79.61	13.63	保险经纪
中铁建（北京）商务管理有限公司	18.83	147.66	37.27	3.83	物业管理

摘自《中国铁建股份有限公司2012年度报告》

2012 年 5 月 17 日，中国铁建外部董事到中国铁建港航局集团公司调研。（周宏威 提供）

董事会工作

本栏责任编辑 **杨启燕**

【中国铁道建筑总公司董事会】 中国铁道建筑总公司董事会（以下简称总公司董事会）由孟凤朝、赵广发、彭树贵3名董事组成。董事会按照《中华人民共和国公司法》《中国铁建股份有限公司章程》的规定行使职权。2012年按照国务院国资委要求，继续做好建设规范董事会各项工作。在国务院国资委指导下，建立健全公司法人治理相关制度，继续完善董事会决策机制，组织董事参加国资委董事会专题培训及试点企业工作座谈等，董事会运行不断完善。

（余兴喜）

【建设规范董事会工作】 总公司董事会按照国资委关于建设规范董事会相关规定，不断完善公司法人治理，提高董事会决策的合规性、科学性。总公司董事会积极组织董事参加国资委培训，不断提高履职能力。2012年4月28日，总公司正式向国资委上报《关于中国铁建董事会2011年度工作情况的报告》。

（李学甫）

【总公司董事会第17次临时会议】 2012年5月14日，总公司董事会召开第17次临时会议，会议审议通过关于办理沙特项目公司营业范围拓展的议案。

（靖 菁）

【总公司董事会第18次临时会议】 2012年5月31日，总公司董事会召开第18次临时会议，会议审议通过关于中铁建中非建设有限公司参与中国有色矿业有限公司香港IPO项目的议案。 （李 静）

【股东大会】 股东大会是股份公司的权力机构，依法行使下列职权：决定公司的经营方针和投资计划；选举和更换非由职工代表担任的董事、监事，决定有关董事、监事的报酬事项；审议批准董事会报告；审议批准监事会报告；审议批准公司的年度财务预算方案和决算方案；审议批准公司的利润分配方案和弥补亏损方案；对公司增加或者减少注册资本作出决议；对发行公司债券作出决议；对公司合并、分立、解散、清算或者变更公司形式作出决议；制定和修改公司章程，并批准《股东大会议事规则》《董事会议事规则》和《监事会议事规则》；对公司聘用、解聘或者不再续聘会计师事务所作出决议；审议单独或者合计持有公司3%以上有表决权股份的股东提出的议案；审议批准公司在一年内购买、出售重大资产超过公司最近一期经审计总资产30%的事项；审议批准变更募集资金用途事项；审议批准股权激励计划；审议批准公司章程规定的对外担保事项；审议法律和公司股票上市地的证券监督规则规定的应当由股东大会审议批准的关联交易；审议法律、公司股票上市地的证券监督管理机构的相关规定及公司章程规定应当由股东大会决定的其他事项。 （余兴喜）

【2011年年度股东大会】 2012年6月12日，中国铁建股份有限公司2011年年度股东大会在北京市复兴路40号中国铁建大厦召开。会议审议并通过关于董事会2011年度报告的议案、关于监事会2011年度工作报告的议案、关于公司2011年度财务决算报告的议案、关于公司2011年度利润分配方案的议案、关于公司2011年年报及其摘要的议案、关于核定公司内部担保额度的议案、关于聘请2012年度外部审计机构及支付2011年度审计费用的议案、关于聘请2012年度内部控制审计机构的议案、关于2011年度董事薪酬标准的议案、关于修订《中国铁建股份有限公司董事会议事规则》的议案、关于购买董监事高管责任保险的议案、关于修订《中国铁建股份有限公司章程》的议案、关于授予董事会发行公司H股股份一般性授权的议案、关于公司发行超短期融资券的议案、关于公司发行非公开定向债务融资工具的议案和关于公司发行境外债券的议案，听取独立董事2011年度履职情况报告。 （李学甫）

【2012年第1次临时股东大会】 2012年1月13日，中国铁建股份有限公司2012年第1次临时股东大会在北京市复兴路40号中国铁建大厦召开。会议审议并通过关于聘请2011年度内部控制审计机构的议案。

（靖 菁）

【2012年第2次临时股东大会】 2012年12月28日，中国铁建股份有限公司2012年第2次临时股东大会在北京市复兴路40号中国铁建大厦召开。会议审议并通过关于修订《中国铁建股份有限公司章程》有关现金分红条款的议案、关于公司未来三年（2012～2014年）股东回报规划的议案和关于增加中国铁建股份有限公司中期票据和短期融资券注册发行额度的议案。 （李 静）

【中国铁建股份有限公司董事会】 中国铁建股份有限公司董事会（以下简称股份公司董事会）由9名董事组成：执行董事、董事长孟凤朝，执行董事、副董事长彭树贵，执行董事、总裁赵广发，执行董事、副总裁扈振衣，非执行董事朱明暹，独立非执行董事李克成、赵广杰、吴太石、魏伟峰。股份公司董事会对股东大会负责，按照《中国铁建股份有限公司公司章程》依法行使职权，下设提名、战略与投资、薪酬与考核、审计与风险管理4个专门委员会，制定《董事会议事规则》、各专门委员会工作细则及《独立董事工作制度》等法人治理相关工作制度。

（余兴喜）

【股份公司董事会提名委员会】 提名委员会负责规范公司董事、总裁及其他高级管理人员的选择标准和程序。2012年3月20日前，提名委员会由孟凤朝、彭树贵、朱明暹、李克成、赵广杰5名董事组成，孟凤朝任提名委员会主席。2012年3月20日后，经公司第二届董事会第10次会议审议通过，董事会对提名委员会组成人员进行调整，提名委员会由孟凤朝、彭树贵、李克成、赵广杰和吴太石5名董事组成，孟凤朝任提名委员会主席。（余兴喜）

【股份公司董事会战略与投资委员会】 战略与投资委员会负责对公司发展战略规划和重大投资决策进行研究并提出建议。战略与投资委员会由赵广发、扈振衣、朱明暹、李克成、吴太石5名董事组成，赵广发任战略与投资委员会主席。

2012年，战略与投资委员会分别于2月23日、3月27日、4月25日、8月6日、8月28日、10月29日、12月27日召开会议，审议关于2012年企业投资方案的议案，关于收购广东省航盛建设集团有限公司后将其并入中国铁建港航局集团有限公司重组的议案，关于参加深圳地铁三期工程BT项目投资建设的议案、关于参加昆明轨道交通工程BT项目投资建设的议案，关于中国铁建投资有限公司参加南京梅子洲过江通道一期工程BT项目投资建设的议案，关于中铁二十四局集团有限公司、中铁物资集团有限公司联合参加成都天府新区正公路BT项目投资建设的议案，关于中铁建中非建设有限公司入股几内亚西芒杜铁矿项目的议案，关于中国铁建投资有限公司投资贵州省松桃至铜仁高速公路BOT项目的议案，关于中国铁建投资有限公司、中铁第四勘察设计院集团有限公司和中铁十八局集团有限公司投资广西资源至兴安高速公路BOT项目的议案，关于中国铁建投资有限公司以资本金BT方式投资建设长春市地铁2号线一期工程项目的议案，关于中国铁建投资有限公司投资珠海市西部中心城区土地一级整理开发项目的议案，关于中国铁建投资有限公司投资兰州市崔家大滩土地一级开发项目的议案，关于厄瓜多尔米拉多铜矿投资开发建设的议案，关于中铁十七局集团有限公司等单位参加石家庄市轨道交通BT项目投资建设的议案，关于中铁十八局集团有限公司参加成都金融总部商务区基础设施建设项目红星路南延线段工程BT项目投资建设的议案，关于中铁十九局集团有限公司参加辽宁省灯塔至辽中、盘锦辽滨疏港高速公路BT项目投资建设的议案，关于中铁二十局集团有限公司参加苏州南环快速路西延二期（吴中区段BT）项目投资建设的议案，关于中国铁建投资有限公司、中国铁建港航局集团有限公司参加重庆寸滩长江大桥BT项目投资建设的议案，关于厄瓜多尔米拉多铜矿投资开发建设的议案，关于中国铁建投资有限公司参加青岛蓝色硅谷交通配套工程BT项目投资建设的议案，关于中国铁建投资有限公司投资建设济南至徐州高速公路济宁至鱼台（鲁苏界）段BOT项目的议案，关于中国铁建投资有限公司投资建设德州至商丘高速公路夏津至聊城段BOT项目的议案，关于各局联合以出资资本金方式参加麻昭高速公路项目投资建设的议案，关于中国铁建投资有限公司、中铁物资集团有限公司联合以BT方式参加成都市轨道交通10号线一期工程项目投资建设的议案，关于中铁十七局集团有限公司以BT方式参加重庆沙坪坝铁路枢纽综合改造工程项目投资建设的议案。（余兴喜）

【股份公司董事会薪酬与考核委员会】 薪酬与考核委员会负责制定、审查公司董事及高级管理人员的薪酬政策与方案，负责研究公司董事及高级管理人员的考核标准、进行考核并提出建议。薪酬与考核委员会由赵广杰、李克成、吴太石3名董事组成，赵广杰任薪酬与考核委员会主席。

2012年，薪酬与考核委员会分别于4月25日、10月29日召开会议，审议关于公司总裁2011年度绩效考核结果的议案、关于确定公司总裁2012年度绩效考核目标值的议案、关于2011年度总裁薪酬方案和总裁对副总裁个人绩效考核情况汇报、关于2012年总裁对副总裁个人绩效合约签订情况汇报、关于股份公司对子公司负责人绩效考核情况汇报、关于股份公司对总部机关部门绩效考核情况汇报。（余兴喜）

【股份公司董事会审计与风险管理委员会】 审计与风险管理委员会主要负责提议公司外部审计机构的聘

请、更换；公司内部审计制度的监督；公司内外部审计的沟通、监督和核查；财务信息及其披露的审阅；内控制度的审查；公司风险管理策略和解决方案的制定，重大决策、重大事件、重要业务流程的风险控制、管理、监督和评估等工作。2012年3月20日前，审计与风险管理委员会由吴太石、赵广杰、魏伟峰3名董事组成，吴太石任审计与风险管理委员会主席。2012年3月20日后，经公司第二届董事会第10次会议审议通过，董事会对审计与风险管理委员会组成人员进行调整，审计与风险管理委员会由吴太石、朱明暹、李克成、赵广杰、魏伟峰5名董事组成，吴太石任审计与风险管理委员会主席。

2012年，审计与风险管理委员会分别于2月9日、3月6日、3月21日、3月27日、4月25日、8月6日、8月29日、10月29日、12月3日召开会议，听取审计监事局2011年度内控审计情况的汇报、审议审计监事局2012年度审计工作思路及审计计划草案、听取安永华明会计师事务所关于公司2011年度年审进展情况的汇报、听取国富浩华会计师事务所关于公司2011年内部控制有关情况的汇报、审议安永华明会计师事务所关于公司2011年度年审报告、讨论修改《中国铁建股份有限公司审计与风险管理委员会工作细则》、讨论选聘2012年度年审中介机构、审议国富浩华会计师事务所关于公司2011年度内部控制审计报告的议案、审议关于企业2011年度内部控制评价报告的议案、审议关于《企业内部控制评价管理办法（暂行）》的议案、审议公司2012年度第一季度报告、审议公司2011年度风险内控工作总结及2012年风险内控工作计划、讨论公司2012年度内控审计中介机构选聘、审议关于企业2012年度全面风险管理报告的议案、审议公司本级内控与风险管理手册、听取公司2012年上半年风险内控工作的汇报、听取安永华明会计师事务所2012年度半年报表审阅情况汇报、审议公司2012年度半年报、审议公司内部控制整体建设实施方案及持续改进计划的议案、审议公司2012年内部控制评价方案的议案、审议公司2012年第三季度财务报告、听取安永华明会计师事务所（特殊普通合伙）关于公司2012年度年报审计计划的汇报、听取审计监事局关于公司2012年财务决算审计费用有关情况的汇报。

（余兴喜）

【董事会秘书】 公司设董事会秘书1名，由董事会聘任和解聘。董事会秘书为公司的高级管理人员，对董事会负责。其主要职责：（1）组织筹备并列席董事会会议及其专门委员会会议、监事会会议和股东大会会议。（2）确保公司董事会决策的重大事项严格按规定的程序进行。根据董事会的要求，参加组织董事会决策事项的咨询、分析，提出相应的意见和建议。受委托承办董事会及其有关委员会的日常工作。（3）作为公司与证券监管部门的联络人，负责组织准备和及时递交监管部门所要求的文件，负责接受监管部门下达的有关任务并组织完成。（4）负责协调和组织公司信息披露事宜，建立健全有关信息披露的制度，参加公司所有涉及信息披露的有关会议，及时知晓公司重大经营决策及有关信息资料。（5）负责公司股价敏感资料的保密工作，并制定行之有效的保密制度和措施。对于各种原因引起公司股价敏感资料外泄，要采取必要的补救措施，及时加以解释和澄清，并通告公司股票上市地监管机构。（6）负责公司投资者关系管理事务，完善公司投资者的沟通、接待和服务工作机制。（7）负责协调来访接待，保持与新闻媒体的联系，负责协调解答社会公众的提问，并组织向中国证监会报告有关事宜。（8）协助公司董事会制定公司资本市场发展战略，协助筹划或者实施公司资本市场再融资或者并购重组事务。（9）保证公司的股东名册妥善设立，保证有权得到公司有关记录和文件的人及时得到有关记录和文件；负责公司股权管理事务，包括保管公司股东持股资料、办理公司限售股相关事项和督促公司董事、监事、高级管理人员及其他相关人员遵守公司股份买卖相关规定及其他公司股权管理事项。（10）协助董事及总裁在行使职权时切实履行境内外法律、公司章程及其他有关规定。在知悉公司作出或可能作出违反有关规定的决议时，有义务及时提醒，并有权如实向中国证监会及其他监管机构反映情况。（11）协调向公司监事会及其他审核机构履行监督职能提供必要的信息资料，协助做好对有关公司财务负责人、公司董事和总裁履行诚信责任的调查。（12）履行董事会授予的其他职权以及公司股票上市地要求具有的其他职权。（余兴喜）

【中国铁建股份有限公司第二届董事会第8次会议】

2012年2月9日，股份公司第二届董事会第8次会议在中国铁建大厦14层第2会议室召开。会议审议通过关于2011年生产经营计划执行情况和2012年生产经营计划安排的议案、关于2012年度财务预算主要指标方案的议案、关于收购广东省航盛建设集团有限公司股权的议案。

（靖菁）

【中国铁建股份有限公司第二届董事会第 9 次会议】

2012 年 2 月 24 日，股份公司第二届董事会第 9 次会议在中国铁建大厦 14 层第 2 会议室召开。会议审议通过关于公司 2012 年投资方案的议案、关于公司 2012 年度全面预算的议案、关于公司 2012 年信贷规模预算的议案、关于公司银行综合授信的议案、关于将公司收购的广东省航盛建设集团有限公司并入中国铁建港航局集团有限公司重组的议案、关于周志亮先生不再担任公司副总裁的议案、关于《中国铁建股份有限公司董事会 2012 年工作要点》的议案。

（靖　菁）

【中国铁建股份有限公司第二届董事会第 10 次会议】

2012 年 3 月 20 日，股份公司第二届董事会第 10 次会议在中国铁建大厦 14 层第 2 会议室召开。会议审议通过关于成立中国铁建国际集团有限公司的议案、关于调整董事会专门委员会组成人员的议案、关于购买董监事高管责任保险的议案。（李　静）

【中国铁建股份有限公司第二届董事会第 11 次会议】

2012 年 3 月 28 ~ 29 日，股份公司第二届董事会第 11 次会议在中国铁建大厦 14 层第 2 会议室召开。会议审议通过关于公司 2011 年度财务决算报告的议案、关于公司 2011 年度利润分配方案的议案、关于公司 2011 年年报及其摘要的议案、关于公司 A 股募集资金存放与实际使用情况专项报告的议案、关于核定公司内部担保额度的议案、关于董事会 2011 年度报告的议案、总裁 2011 年度工作报告、关于公司 2011 年度社会责任报告的议案、关于公司 2011 年度内部控制评价报告的议案、关于《企业内部控制评价管理办法（暂行）》的议案、关于聘请 2012 年度外部审计机构及支付 2011 年度审计费用的议案、关于 2011 年度董事薪酬标准的议案、关于参加深圳地铁三期工程 BT 项目投资建设的议案、关于参加昆明轨道交通工程 BT 项目投资建设的议案、关于修订《中国铁建股份有限公司章程》的议案、关于修订《中国铁建股份有限公司董事会议事规则》的议案、关于修订《中国铁建股份有限公司董事会提名委员会工作细则》的议案、关于修订《中国铁建股份有限公司董事会薪酬与考核委员会工作细则》的议案、关于修订《中国铁建股份有限公司董事会审计与风险管理委员会工作细则》的议案、关于修订《中国铁建股份有限公司董事会战略与投资委员会工作细则》的议案、关于修订《中国铁建股份有限公司董事会秘书工作制度》的议案、关于授予董事会发行公司 H 股股份一般性授权的议案、关于召开公司 2011 年年度股东大会审议相关事宜的议案。（李　静）

【中国铁建股份有限公司第二届董事会第 12 次会议】

2012 年 4 月 26 日，股份公司第二届董事会第 12 次会议在中国铁建大厦 14 层第 2 会议室召开。会议审议通过关于公司 2012 年第一季度报告的议案、关于公司发行超短期融资券的议案、关于公司发行非公开定向债务融资工具的议案、关于公司发行境外债券的议案、关于聘请 2012 年度内部控制审计机构的议案、关于公司总裁 2011 年度绩效考核结果的议案、关于确定公司总裁 2012 年度绩效考核目标值的议案、关于公司 2012 年度全面风险管理报告的议案、关于中国铁建投资有限公司参加南京梅子洲过江通道一期工程 BT 项目投资建设的议案、关于中铁二十四局集团有限公司和中铁物资集团有限公司联合参加成都天府新区正公路 BT 项目投资建设的议案、关于中铁建中非建设有限公司入股几内亚西芒杜铁矿项目的议案、关于董事会向国资委报告 2011 年度工作的议案。

（李　静）

【中国铁建股份有限公司第二届董事会第 13 次会议】

2012 年 8 月 7 日，股份公司第二届董事会第 13 次会议在中国铁建大厦 14 层第 2 会议室召开。会议审议通过关于中国铁建财务有限公司与中国铁道建筑总公司签订“金融服务协议”的议案、关于中国铁建投资有限公司、中铁第四勘察设计院集团有限公司和中铁十八局集团有限公司投资贵州省松桃至铜仁高速公路 BOT 项目的议案、关于中国铁建投资有限公司投资广西资源至兴安高速公路 BOT 项目的议案、关于中国铁建投资有限公司以出资资本金方式投资建设长春市地铁 2 号线一期工程项目的议案、关于中国铁建投资有限公司投资珠海市西部中心城区土地一级整理开发项目的议案、关于中国铁建投资有限公司投资兰州市崔家大滩土地一级开发项目的议案。（李　静）

【中国铁建股份有限公司第二届董事会第 14 次会议】

2012 年 8 月 29 ~ 30 日，股份公司第二届董事会第 14 次会议在中国铁建大厦 14 层第 2 会议室召开。会议审议通过关于公司 2012 年上半年财务决算的议案、关于公司 2012 年半年报及其摘要的议案、关于修订《中国铁建股份有限公司章程》有关现金分红条款的议案、关于未来三年股东回报规划的议案、关于内部控制整体建设实施方案及持续改进计划的议案、关于2012年内部控制评价方案的议案、关于中铁十七局集团有限公司等单位参加石家庄市轨道交通BT项目投资建设的议案、关于中铁十八局集团有限公司参加成都金融总部商务区基础设施建设项目红星路南延线段工程BT项目投资建设的议案、关于中铁十九局集团有限公司参加辽宁省灯塔至辽中及盘锦辽滨疏港高速公路BT项目投资建设的议案、关于中铁二十局集团有限公司参加苏州南环快速路西延二期（吴中区段BT）项目投资建设的议案、关于中国铁建投资有限公司和中国铁建港航局集团有限公司参加重庆寸滩长江大桥BT项目投资建设的议案、关于中铁建铜冠投资有限公司股权结构调整方案的议案、关于厄瓜多尔米拉多铜矿投资开发建设的议案。（李 静）

【中国铁建股份有限公司第二届董事会第15次会议】 2012年9月26日，股份公司第二届董事会第15次会议以通讯方式召开。会议审议通过关于《中国铁建股份有限公司债务融资工具信息披露事务管理细则》的议案。（李 静）

【中国铁建股份有限公司第二届董事会第16次会议】 2012年10月30日，股份公司第二届董事会第16次会议在中国铁建大厦14层第2会议室召开。会议审议通过关于公司2012年第三季度报告的议案、关于公司增加中期票据和短期融资券注册发行额度的议案、关于中国铁建投资有限公司参加青岛蓝色硅谷交通配套工程BT项目投资建设的议案、关于中国铁建投资有限公司投资建设济南至徐州高速公路济宁至鱼台（鲁苏界）段BOT项目的议案、关于中国铁建投资有限公司投资建设德州至商丘高速公路夏津至聊城段BOT项目的议案、关于内部单位联合以出资资本金方式参加麻昭高速公路项目投资建设的议案、关于召开公司2012年第二次临时股东大会审议相关事宜的议案、关于2011年度总裁薪酬方案的议案。

（李 静）

【中国铁建股份有限公司第二届董事会第17次会议】 2012年12月28日，股份公司第二届董事会第17次会议在中国铁建大厦14层第2会议室召开。会议审议通过关于调整2012年关联交易上限的议案、关于2013～2015年持续关联交易上限和相关框架协议续签的议案、关于中国铁建投资有限公司和中铁物资集团有限公司联合以BT方式参加成都市轨道交通10号线一期工程项目投资建设的议案、关于中铁十七局集团有限公司以BT方式参加重庆沙坪坝铁路枢纽综合改造工程项目投资建设的议案、关于撤回非公开发行A股股票申请文件的议案、关于向中国铁建投资有限公司增加注册资本金的议案。（李 静）

【完善公司法人治理制度】 2012年，股份公司董事会继续加强制度建设，按照国务院国有资产监督管理委员会、中国证券监督管理委员会、证券交易所等监管机构的有关规定，结合企业实际情况，进一步完善法人治理制度。2012年制定《中国铁建股份有限公司债务融资工具信息披露事务管理细则》，修订《中国铁建股份有限公司章程》《中国铁建股份有限公司董事会议事规则》《中国铁建股份有限公司提名委员会工作细则》《中国铁建股份有限公司薪酬与考核委员会工作细则》《中国铁建股份有限公司审计与风险管理委员会工作细则》《中国铁建股份有限公司战略与投资委员会工作细则》《中国铁建股份有限公司董事会秘书工作制度》。（李学甫）

【董事会向国资委报告年度工作】 2012年9月4日，国务院国资委召开中国铁建董事会2011年度工作报告专题会议。股份公司董事长、党委书记孟凤朝代表董事会向国资委汇报工作，董事和董事会秘书作补充发言。国资委副主任邵宁代表国资委对中国铁建董事会2011年度工作给予充分肯定，对董事会工作寄予厚望，并对董事会需要进一步关注的问题提出具体要求。国务院派驻中国铁道建筑总公司监事会主席李克作重要讲话，国资委改组局等相关司局领导参加会议。

（靖 菁）

【外部董事到所属企业调研】 2012年5月14日、5月16～18日、6月11日，副董事长彭树贵带队，股份公司非执行董事朱明暹，独立非执行董事李克成、赵广杰、吴太石、魏伟峰，在董事会秘书余兴喜和董事会秘书局、资本运营部的陪同下，先后到中铁十六局集团公司、中国铁建电气化局集团公司、中国铁建港航局集团公司、中铁十九局集团公司和中铁第五勘察设计院集团公司5家企业进行调研，视察中铁十六局集团公司承建的昌八线工程12标段项目，并对中国铁建投资有限公司拟投资的某土地开发项目进行实地调研。调研采取召开座谈会和现场考察的方式，所属单位向外部董事汇报企业发展现状及存在的问题、企业结构调整和转型升级的具体举措，为股份公司董

事会科学决策提供了翔实的信息。（孙 瞻）

【外部董事到部分海外项目调研】 2012 年 11 月 18 ~22 日，副董事长彭树贵带队，股份公司非执行董事朱明暹，独立非执行董事李克成、赵广杰、吴太石、魏伟峰，在董事会秘书余兴喜和总裁助理、中国铁建国际集团公司董事长卓磊和股份公司董事会秘书局、国际部的陪同下，对阿尔及利亚东西高速公路项目、中国土木工程集团公司阿尔及利亚 55 公里铁路项目等海外项目进行考察调研。外部董事围绕中国铁建“走出去”战略专题，听取海外经营管理人员的情况介绍，董事结合股份公司“十二五”发展规划，对海外经营模式、海外资源整合等问题进行深入探讨，提出建设性的意见和建议。（孙 瞻）

【董事会秘书局】 董事会秘书局为公司董事会的常设工作机构，负责公司董事会日常工作事务，负责筹备、组织股东大会、董事会会议，负责董事会决议执行情况的监督和信息反馈；负责起草董事会重要文件，建立健全董事会各项工作制度；负责董事会印章管理，处理法人代表授权委托事项；负责为董事履职提供工作服务；负责公司投资者关系管理，管理股东名册，接待投资者来访，与投资者保持良好的日常沟通与交流；组织编制年报、半年报、季度报告等定期报告；负责安排、组织业绩路演、推介活动；负责董事会与公司内外部的联络与沟通，协调与境内外监管机构的关系；负责公司内部重大信息的收集、整理与汇总，对外进行信息披露；负责公司委派的专职外部董事的日常管理、工作服务；负责委派的专职外部董事代表出资人行使决策意见的沟通与协调；负责公司董事会与全资、控股子公司董事会的业务联系；参与公司股票、债券及其衍生品的发行工作；参与公司全面风险管理、内部控制、履行社会责任等工作；承办总公司董事会相关工作；完成领导交办的其他工作。股份公司董事会秘书局下设秘书处、投资者关系处、股权代表管理处；定员 14 人，设主任 1 人、副主任 1 人，现员 11 人。

2012 年，股份公司董事会秘书局依据部门职责和中国证券监督管理委员会及北京监管局、上海、香港两地交易所等的监管要求，按照《中国铁建股份有限公司董事会 2012 年工作要点》的总体部署，主要围绕股份公司董事会规范运作开展工作，进一步完善公司治理结构与制度建设，做好信息披露与投资者关系管理，对二级公司董事会建设进行业务指导，为企业改革与发展服务，依法合规办事，注重工作实效。（李学甫）

【股份公司债务融资工具信息披露事务管理细则制定】 股份公司为加强在银行间债券市场发行债务融资工具信息披露事务的管理，保护投资者的合法权益，制定《中国铁建股份有限公司债务融资工具信息披露事务管理细则》，并经 2012 年 9 月 26 日股份公司第二届董事会第 15 次会议审议通过印发。

（李 静）

【股份公司章程修订】 经 2012 年 6 月 12 日股份公司 2011 年度股东大会审议通过，并经 8 月 6 日国务院国资委批准，《中国铁建股份有限公司章程》部分条款修订，于 8 月 17 日印发。（李 静）

【股份公司章程有关现金分红条款修订】 经 2012 年 12 月 28 日股份公司 2012 年第 2 次临时股东大会审议通过，股份公司章程有关现金分红条款修订，报国资委审核。（李 静）

【股份公司董事会议事规则修订】 根据香港联合交易所有限公司最新发布的《企业管治常规守则》及《香港联合交易所有限公司证券上市规则》要求，结合企业实际情况，对《中国铁建股份有限公司董事会议事规则》部分内容进行修订，并经 2012 年 6 月 12 日股份公司 2011 年年度股东大会审议通过，于 7 月 2 日印发。（李 静）

【股份公司提名委员会工作细则修订】 根据香港联合交易所有限公司最新发布的《企业管治常规守则》及《香港联合交易所有限公司证券上市规则》要求，结合企业实际情况，对《中国铁建股份有限公司提名委员会工作细则》部分内容进行修订，并经 2012 年 3 月 28 ~ 29 日第二届董事会第 11 次会议审议通过，于 4 月 16 日印发。（李 静）

【股份公司薪酬与考核委员会工作细则修订】 根据香港联合交易所有限公司最新发布的《企业管治常规守则》及《香港联合交易所有限公司证券上市规则》要求，结合企业实际情况，对《中国铁建股份有限公司薪酬与考核委员会工作细则》部分内容进行修订，并经 2012 年 3 月 28 ~ 29 日第二届董事会第 11 次会议审议通过，于 4 月 16 日印发。（李 静）

【股份公司审计与风险管理委员会工作细则修订】 根据香港联合交易所有限公司最新发布的《企业管治常规守则》及《香港联合交易所有限公司证券上市规则》要求，结合企业实际情况，对《中国铁建股份有限公司审计与风险管理委员会工作细则》部分内容进行修订，并经2012年3月28～29日第二届董事会第11次会议审议通过，于4月16日印发。

（李　静）

【股份公司战略与投资委员会工作细则修订】 根据香港联合交易所有限公司最新发布的《企业管治常规守则》及《香港联合交易所有限公司证券上市规则》要求，结合企业实际情况，对《中国铁建股份有限公司战略与投资委员会工作细则》部分内容进行修订，并经2012年3月28～29日第二届董事会第11次会议审议通过，于4月16日印发。（李　静）

【股份公司董事会秘书工作制度修订】 根据香港联合交易所有限公司最新发布的《企业管治常规守则》及《香港联合交易所有限公司证券上市规则》要求，结合企业实际情况，对《中国铁建股份有限公司董事会秘书工作制度》部分内容进行修订，并经2012年3月28～29日第二届董事会第11次会议审议通过，于4月16日印发。（李　静）

【组织董事、监事培训】 2012年，股份公司按照国资委要求，组织董事、董事会秘书参加董事会规范运作专题研讨及培训活动。按照中国证监会北京监管局要求，组织董事、监事参加北京辖区上市公司董事监事培训活动。年内组织股份公司董事、监事参加相关培训28人次。（王海强）

【董事会日常工作暨上市公司信息管理培训座谈会】 2012年12月20～21日，股份公司在北京举办董事会日常工作暨上市公司信息管理培训座谈会，对上市公司信息披露管理等工作进行业务培训，并就董事会日常工作进行座谈交流。股份公司副董事长、党委副书记、工会主席彭树贵作重要讲话，上海证券交易所公司管理部专家就关联交易和年报准则进行授课，董事会秘书余兴喜讲解上市公司信息披露相关规定，董事会秘书局李学甫主任介绍董事会日常工作，中国铁建房地产集团有限公司董事会秘书佟强介绍二级单位董事会试点工作的经验和体会，所属单位就信息披露和董事会日常业务进行交流。股份公司所属单位董事会秘书、董事会工作机构负责人及全系统重大信息内部报告联络人85人参加培训。（徐　红　谢华刚）

【证券市场获奖情况】 2012年，中国铁建在资本品牌建设、保持与投资者全方位的沟通交流等方面获得证券市场的高度认可，获评多个奖项。先后被评为最佳投资者关系管理上市公司和最具海外影响力上市公司，获2012年度中国上市公司资本品牌百强、2012年中国上市公司诚信企业100强、2012年中国上市公司综合实力100强称号；在2012年度香港上市公司100强评比中，股份公司入选综合实力100强和营业额10强。在证券时报社联合证券时报网主办，中国上市公司协会担任权威指导机构的第四届上市公司优秀网站评选中，中国铁建被评为最受投资者欢迎的上市公司网站，位列第4名；同时获得最佳信息披露网站、最佳形象展示网站两个单项奖。董事会秘书余兴喜获得2011中国主板上市公司百佳董秘、第八届中国证券市场年会“金笛奖”和最佳投资者关系管理董秘等荣誉。（何　珊　卢富平）

【信息披露】 中国铁建信息披露工作严格按照上海、香港两地监管机构的要求，做到真实、准确、完整、及时、公平，保证信息披露的质量和水平。2012年，股份公司在上海证券交易所披露文件资料77份。其中，定期报告6份；临时公告42份；公司治理文件14份；H股公告6份；股东大会会议资料9份。在香港联合交易所披露中文文件91份。其中，公告与通告55份；通函17份；财务报表2份；月报表12份；委任代表表格2份；宪章文件3份。披露英文文件65份。信息披露文件在报送交易所的同时按监管机构要求同时抄送北京证监局，并分别在《中国证券报》《上海证券报》《证券日报》《证券时报》4家指定报纸和《中国铁道建筑报》及中国铁建网站披露。中国铁建于香港联交所网站发布的海外监管公告，在公司网站上同时披露中英文版，方便海外投资者了解公司信息。（赫东娜）

【公司定期报告编制与披露】 为做好定期报告编制与披露工作，公司提前制定定期报告编制实施意见及工作安排，明确时间节点和部门分工，保障定期报告按要求编制、及时发布。2012年完成2011年年度报告、2012年一季度报告、中期报告和三季度报告的编制与披露工作。定期报告未出现重大差错或遗漏，并按期完成涉及H股股东的年度报告翻译校对、封面排版、印刷、问询、邮寄等相关工作。

（卢富平　谢华刚　何　珊）

【投资者关系管理】　股份公司认真贯彻落实上海证券交易所《关于进一步加强上市公司投资者关系管理工作的通知》和北京证监局《关于集中开展投资者保护宣传工作的通知》精神，严格按照《中国铁建股份有限公司投资者关系工作制度》的有关规定，扎实有效地开展投资者关系工作。开设投资者关系热线电话及专用邮箱，为投资者及分析师提供便利的沟通条件。2012 年安排投资者和分析师见面会 87 场，来访者 260 余人次；配合定期报告的披露，及时召开由境内外投资者参加的见面会或电话会议，并在境内外组织多种形式的路演活动，主动与投资者沟通；多次参加国内外投资机构举办的交流活动，听取投资者的意见和建议；通过多种途径，提供客观、真实和准确的信息，使投资者及时了解公司所处行业的最新动态、生产经营和发展前景等相关情况，以便对公司作出公正客观的评价和判断。股份公司取得投资者和分析师的理解和认同，促进了股份公司与投资者、分析师良性关系的建立。　（何　珊　卢富平）

【业绩发布和路演】　配合定期报告的发布，组织各类业绩发布及相关路演活动。2012 年，股份公司召开 2011 年年度报告业绩现场发布会（国内和香港两地）、2012 年半年度报告现场业绩发布会和 2012 年一季度、三季度报告业绩发布电话会议，公布股份公司经营业绩情况，如实回答投资者和分析师普遍关注的问题。年度业绩发布同时，在香港、新加坡等投资者集中地区进行一对一、一对多的路演活动，获得投资者和分析师的高度理解和广泛支持。　（卢富平）

【内幕信息管理】　2012 年，股份公司按照中国证监会等监管机构的相关要求，严格按照《中国铁建股份有限公司内幕信息知情人管理制度》的规定，认真执行和落实信息披露管理的各项要求，在确保所披露信息及时、真实、准确、完整的基础上，加强内幕信息保密管理的相关措施，完善内幕信息知情人登记备案，规范内幕信息知情人行为，有效地保护了公司股东、债权人及其他利益相关人员的合法权益。

（卢富平）

【2011 年度分红派息】　拟订《关于中国铁建股份有限公司 2011 年度分红派息工作的报告》，明确工作流程、具体安排、时间节点及分工建议等事宜，按时完成分红派息的相关工作。　（卢富平）

【中介机构的年度考核、合同签订和费用支付】　组织股份公司所聘中介机构的年度考核、合同签订和费用支付工作。其中，境内律师选聘北京德恒律师事务所，境外律师选聘贝克·麦坚时律师事务所，境外股东登记服务机构选聘香港中央证券登记有限公司，境外财经公关公司和印刷商选聘香港皓天财经集团有限公司。　（卢富平）

【与监管机构的信息沟通】　日常定期浏览上海证券交易所、香港联合交易所和北京上市公司协会网站上的最新信息动态，将监管部门网站上发布的最新通知和文件及时下载进行传阅，并根据领导批示进行处理。年内接收中国证监会、北京证监局、上海证券交易所、香港联合交易所、北京上市公司协会通知及文件 174 份，对其中的 88 份进行重点传阅和处理。股份公司通过对监管机构的最新政策、法规和动态情况的了解，保证了与监管机构的信息沟通和反馈的顺畅。　（赫东娜）

【中国铁建股东名册管理】　中国铁建 A 股和 H 股股东情况和相关数据分别由中国证券登记结算公司上海分公司和香港中央证券进行管理和提供。A 股股东名册管理主要是 PROP 系统的日常管理工作，需要每月月末从 PROP 系统下载公司前百名大股东名册数据，以及在召开股东大会、分红派息、业绩发布等期间需要特定日期股东名册时，按时进行股东名册的申请、下载、汇总、对比和查询。H 股股东名册管理主要是与香港中央证券的沟通和联系工作，每月月末从香港中央证券网站下载公司全部股东名册、地域分布、大股东名单等统计表格，及时了解公司股份分布情况。

（赫东娜）

中国铁建股份有限公司五年业绩摘要

合并利润表　　　　单位：百万元

项目	2012 年	2011 年	2010 年	2009 年	2008 年
营业收入	484312.93	457366.11	470158.79	355520.77	226140.71
营业成本	432889.01	409327.41	428647.12	322427.81	203607.08
营业税金及附加	14441.24	14046.78	13971.61	10544.54	6730.52
销售费用	1946.45	1745.92	1530.99	1016.38	848.89
管理费用	20705.77	19851.40	19159.24	13408.95	8724.93
财务费用	3500.58	1981.75	511.16	365.60	1061.51
资产减值损失	331.87	624.56	614.01	-268.26	610.08
公允价值变动收益	3.24	-27.11	-20.41	11.91	-90.50
投资收益	186.94	168.39	135.37	155.87	234.54
营业利润	10688.19	9929.57	5839.62	8193.53	4701.74
营业外收入	655.86	521.54	409.63	300.26	265.16
营业外支出	448.19	395.22	160.49	186.39	398.07
营业外收支净额	207.67	126.32	249.14	113.87	-132.91
利润总额	10895.86	10055.89	6088.76	8307.40	4568.83
所得税	2375.24	2173.93	1772.12	1575.69	862.55
净利润	8520.62	7881.96	4316.64	6731.71	3706.28
归属于上市公司股东净利润	8478.89	7854.29	4246.22	6599.07	3643.84
少数股东损益	41.73	27.67	70.42	132.64	62.44
基本每股收益	0.69	0.64	0.34	0.53	0.32
稀释每股收益	不适用	不适用	不适用	不适用	不适用

合并资产及负债总额　　　　单位：百万元

项目	2012 年	2011 年	2010 年	2009 年	2008 年
资产总额	480661.30	422982.84	350265.20	282990.27	220101.54
负债总额	407332.00	357264.07	292033.78	228911.03	171800.27
股东权益	73329.30	65718.77	58231.42	54079.24	48301.27

（摘自《中国铁建2012年年度报告》）

2012 年 12 月 28 日，中铁十一局集团公司工程技术人员对武黄城际铁路跨京广铁路余家湾上行特大桥转体进行观测。（郭 琳 提供）

工程施工

本栏责任编辑 **杨启燕**

工 程 管 理

【工程管理部】 是股份公司工程管理、工程调度、抗洪抢险、抗震救灾、环境保护及铁路战备综合管理职能部门。主要职责:管理、指导全系统工程管理工作,负责组织制定建设项目施工管理、竣工验收管理等各项规章制度,负责交流推广先进项目管理经验,负责组织有关部门处理和解决公司承建的重点工程中的施工组织、施工难点问题和竣工验收交接工作,负责工程调度和重难点工程的信息工作,负责公司总承包项目和本级工程项目的施工组织管理指导工作,负责工程(劳务)分包商审核和架子队建设指导工作,负责工程项目环境保护、节能减排、防洪、抗震减灾等工作;参与公司总体发展战略及中长期规划的研究制定、社会责任报告编纂工作,参与全面风险管理和内控相关工作,参与绩效考核、经济对标、信息化建设、责任成本管理、全面预算管理及概预算梳理、设计变更、经济索赔工作;承办总公司管理的国家铁路战备及总公司经营项目工程管理工作。 (刘 辉)

【施工生产综述】 2012 年,中国铁建完成施工产值 4114.3 亿元,占年度计划的 113%,同比增加 182 亿元。全系统超过 5000 万元以上的在建项目 2311 项。其中,铁路工程 567 项;公路工程 757 项;市政工程 225 项;城市轨道交通工程 253 项;水利水电工程 91 项;房建工程 324 项;其他工程 64 项;中国土木工程集团公司承建的国外工程 30 项。承建隧道 3261 座 6256.1 公里,开工累计完成 4264.5 公里,其中 10 公里以上的在建隧道 87 座 1442 公里;承建桥梁 10761.5 座 6208.6 公里,开工累计完成 4491.9 公里。国内在建重点工程 25 项。其中,铁路 15 项:沪昆高速铁路、京石铁路客运专线、石武铁路客运专线、哈齐铁路客运专线、津秦铁路客运专线、合福铁路客运专线、成渝铁路客运专线、山西中南部铁路通道、拉日铁路、兰渝铁路、兰新铁路、渝利铁路、贵广铁路、西格铁路二线关角隧道、土库铁路二线中天山隧道;公路工程 2 项:成渝高速公路复线(重庆段)、岳阳至宜昌高速公路石首至松滋段;城市轨道交通工程 2 项:北京地铁、昆明地铁 3 号线;水利工程 1 项:锦屏二级水电站;房建工程 2 项:广西九洲国际、昆明草海安置房;综合工程 3 项:湛江石化产业园、新疆伊吾县白石湖煤矿露天剥离工程、玉树地震灾后重建工程。年内,汉宜铁路客运专线、厦深铁路厦门至漳州段、哈大铁路客运专线、石武铁路客运专线郑武段和石郑段、京石铁路客运专线、通化至灌水铁路、哈密至罗布泊铁路相继开通运营。北京地铁 6 号线一期、8 号线南段、9 号线、10 号线二期,杭州地铁 1 号线、苏州地铁 1 号线、沈阳地铁 2 号线开通运营。3 月 19 日,向莆铁路戴云山特长隧道贯通,该隧道为双洞单线隧道,双洞总长 31.2 公里,最大跨度断面 270 平方米;9 月,向莆铁路全长 22.175 公里的青云山隧道全线贯通。目前,世界上最长的钢管桁架梁公路桥——四川雅泸高速公路干海子特大桥于 4 月 22 日竣工,标志着中国艰险山区高速公路桥梁建设的科研与施工取得重大突破。6 月 12 日,天津西站至天津站地下直径线盾构隧道实现贯通。 (刘 辉)

【京石铁路客运专线】 北起首都北京,南至河北省省会石家庄市,全长 283.672 公里。其中,北京市境内 48.712 公里;河北省境内 234.96 公里。设计时速 350 公里,桥梁长度占线路全长的 77%。工程总投资 438.7 亿元。2008 年 10 月 7 日正式开工建设,2012 年 12 月 26 日开通运营。中铁十一、十二、十三、二十一、二十二局集团公司和中国铁建电气化局集团公司参加工程建设。 (刘 辉)

【石武铁路客运专线】 自石家庄东站引出,经邢台、邯郸、安阳、新乡、郑州、许昌、漯河、驻马店、信阳,过天兴洲公铁两用桥,终点为武汉新火车站,与武广铁路客运专线对接,全线设 14 个车站,线路全长 840.7 公里。其中,河北省境内 202.642 公里;河南省境内 506.862 公里;湖北省境内 131.221 公里。设计时速 350 公里,桥隧长度占线路全长的81%。工程投资 1167.6 亿元。2008 年 10 月 15 日正式开工建设,2012 年 12 月 26 日正式通车。中铁十一、十四、十五、十六、十七、十八、十九、二十、二十三局集团公司和中国铁建电气化局集团公司参加工程建设。 (刘 辉)

【2012 年股份公司项目管理先进单位】

中国土木工程(澳门)公司
中铁十一局集团二公司
中铁十二局集团一公司
中铁十三局集团二公司
中铁十四局集团三公司
中铁十五局集团二公司
中铁十六局集团北京工程公司
中铁十七局集团公司
中铁十八局集团五公司
中铁十九局集团矿业投资公司
中铁二十局集团一公司

中铁二十一局集团六公司
中铁二十二局集团六公司
中铁二十三局集团轨道交通公司
中铁二十四局集团福建铁路建设公司
中铁二十五局集团建筑安装公司
中铁建设集团设备安装分公司
中铁建设集团济南分公司
中国铁建电气化局集团南方公司 （刘 辉）

【2012 年股份公司优秀项目经理】

冯 旭	王 磊	代华伟	李承连	李有道
伍绍红	张 隽	宋志荣	马勇军	邱胜华
郭宏伟	宋云财	甘玉林	孟繁亚	戴洪伟
刘 勇	宋贵杰	韩战涛	韩 伟	千绍玉
卢永堂	张智涛	丛恩伟	戴兴民	毛承祖
孙 旺	刘会迎	郝汝忠	岑天飞	韩亚东
张海龙	李华伟	王国群	王素华	苗博宇
盖 峰	王忠诚	田怀念	尹建勋	朱昌岳
刘振川	王东君	丁永生	董凤杰	朱道江
罗汉林	郑志强	李志兵	古国贞	李兵兵
刘 军	孙少辉	薛文军	刘兴晨	罗世昌
李利军	宋钢贤			

（刘 辉）

【2012 年股份公司优秀项目经理部】

中国土木工程集团公司阿夸伊博州 AKA14 公里公路项目经理部

中国土木工程集团公司贝努埃州州长官邸项目经理部

中铁十一局集团公司石武铁路客运专线湖北段 TJⅡ标段项目经理部

中铁十一局集团公司京石铁路客运专线 JS－3 标段项目经理部

中铁十一局集团电务公司上海金山铁路改建工程Ⅲ标段项目经理部

中铁十二局集团一公司福建松建高速公路项目经理部

中铁十二局集团三公司忻阜高速公路总承包 S 合同段项目经理部

中铁十二局集团四公司平阳高速路基 16 标段项目经理部

中铁十二局集团建筑安装公司安哥拉 FUTUNGO 总统小区一期项目经理部

中铁十三局集团一公司南平闽江大桥项目经理部

中铁十三局集团五公司成都地铁 2 号线二期工程土建 2 标段项目经理部

中铁十三局集团电务公司天津地铁 3 号线项目经理部

中铁十四局集团公司山西中南部铁路通道 ZNTJ－21 标段项目经理部

中铁十四局集团公司广深港铁路客运专线 ZH－1 标段项目经理部

中铁十四局集团公司哈罗铁路项目经理部

中铁十四局集团公司石武铁路客运专线（河北段）项目经理部四分部

中铁十五局集团公司郧县汉江公路二桥项目经理部

中铁十五局集团一公司长平高速公路 LJ7 合同段项目经理部

中铁十五局集团七公司三淅高速公路灵卢段 TJ08 标段项目经理部

中铁十六局集团公司广西沿海铁路钦州北至防城港段扩能改造工程 QF－2 标段工程指挥部

中铁十六局集团公司密云京承联络线—西统路 4 标段项目经理部

中铁十六局集团公司首都机场航空货运基地市政景观工程项目经理部

中铁十六局集团公司三亚鹿回头小东海项目 A26－A27 地块半山半岛商业街工程项目经理部

中铁十七局集团公司津秦铁路客运专线项目经理部

中铁十七局集团宁杭铁路客运专线第二项目经理部

中铁十七局集团一公司遵义至毕节高速公路第 22 合同段项目经理部

中铁十八局集团公司锦屏二级水电站引水隧洞项目经理部

中铁十八局集团公司西安地铁 1 号线 TJSG－2 标段项目经理部

中铁十八局集团公司渝利铁路工程项目经理部

中铁十八局集团五公司中新天津生态城中生大道跨蓟运河故道桥梁工程项目经理部

中铁十九局集团公司广西沿海铁路南宁至钦州北段扩能改造工程 NQ－1 标段工程指挥部

中铁十九局集团公司乌努格吐山铜钼矿项目经理部

中铁十九局集团二公司长春轻轨三期工程项目经理部

中铁十九局集团轨道交通公司北京地铁 9 号线 8 标段项目经理部

中铁二十局集团公司南京绕越高速公路东南段 RY－DN3 合同段项目经理部

中铁二十局集团公司宜昌至巴东高速公路 YBE08 合同段项目经理部

中铁二十局集团二公司巴达高速公路 BD05 合同段项目经理部

中铁二十一局集团二公司青藏房建项目经理部

中铁二十一局集团三公司十天高速汉中段 H－C03 标段项目经理部

中铁二十二局集团公司津秦铁路客运专线项目经理部

中铁二十二局湘桂铁路扩改工程柳南段 3 标段工程指挥部

中铁二十二局集团电气化公司大唐长清风电场项目经理部

中铁二十三局集团公司四川雅泸高速公路 C20 项目经理部

中铁二十三局集团一公司青临高速公路第 22 合同段项目经理部

中铁二十四局集团公司重庆轨道交通 6 号线一期礼嘉站及区间隧道工程项目经理部

中铁二十四局集团公司合肥市南北高架 1 号线（中段）工程施工 2 标段项目经理部

中铁二十五局集团公司赣韶铁路工程项目经理部

中铁二十五局集团公司湘桂铁路扩改工程 GTXG－1 标段工程指挥部

中铁建设集团北京分公司银河商务区 I 地块（CRD 银座）项目经理部

中铁建设集团北京分公司 5 号幼儿园等 9 项 2 标段项目经理部

中铁建设集团天津分公司福建大厦项目经理部

中铁建设集团武汉分公司武汉恒大绿洲一期项目经理部

中国铁建电气化局集团公司石武铁路客运专线河南段项目经理部

中国铁建电气化局集团公司汉宜铁路项目经理部

中国铁建电气化局集团北方公司昆明轨道交通 6 号线供电项目经理部

中国铁建港航局集团公司天津南港工业区西港池南侧四区吹填造陆及西港池南侧五区吹填工程 5 标段项目经理部

中国铁建港航局集团公司新会绕城公路建设 1 标段项目经理部 （刘 辉）

铁路工程

·沪昆高速铁路·

【工程概况】 沪昆高速铁路是中国东西向线路里程最长、经过省份最多的高速铁路，途径上海、杭州、南昌、长沙、贵阳、昆明 6 个省会城市及直辖市。线路全长 2066 公里，为复线电气化铁路，设计时速 350 公里，总投资 3000 亿元。沪昆高速铁路通道主要由沪杭、杭长和长昆 3 段铁路客运专线组成。沪杭铁路客运专线于 2009 年 2 月开工建设，2010 年 10 月 26 日正式通车营运；杭长铁路客运专线于 2009 年 12 月 22 日开工建设；长昆铁路客运专线于 2010 年 3 月 26 日开工建设。全线预计 2015 年 3 月通车。 （刘 辉）

【杭长铁路客运专线】 东起浙江杭州，经绍兴、金华、衢州，江西上饶、鹰潭、抚州、南昌、新余、宜春、萍乡，湖南株洲至长沙，线路长 927 公里。中铁十一、十三、十五、十六、十七、十九、二十局集团公司参与工程建设。

中铁十一局集团公司杭长铁路客运专线 HZJ－3 标段工程 项目驻浙江省义乌市，项目负责人雷位兵。合同投资 300401 万元，线路长 43.6 公里。主要工程量：桥梁 28 座 28400 延长米，隧道 12 座 9400 延长米，路基长 5.6 公里，车站 1 座。

中铁十三局集团公司杭长铁路客运专线 HKJX－4 标段工程 项目驻江西省南昌市，项目负责人张锦辉。合同投资 239660 万元，线路长 37.1 公里。主要工程量：赣江特大桥长 37106.5 延长米。

中铁十五局集团公司杭长铁路客运专线 HKJX－1 标段工程 项目驻江西省上饶市，项目负责人王令振。合同投资 570415 万元，线路长 66.3 公里。主要工程量：土石方 210 万立方米，桥梁 56 座 42300 延长米，隧道 15 座 9796 延长米，铺轨 592 公里。

中铁十六局集团公司杭长铁路客运专线 HKJX－5 标段工程 项目驻江西省高安市，项目负责人程红彬。合同投资 465994 万元，线路长 68.6 公里。主要工程量：土石方 622.3 万立方米，桥梁 29 座 45100 延长米，涵洞 77 座 2270.8 横延米，无砟轨道 233.38 公里，车站 2 座（南昌西站、高安站）。

中铁十七局集团公司杭长铁路客运专线 HCZJ－2 标段工程 项目驻浙江省诸暨市，项目负责人韩贤文。合同投资 410434 万元，线路长 52 公里。主要工程量：土石方 189 万立方米，桥梁 42 座 35300 延长米，涵洞 44 座 992 横延米，隧道 19 座 14200 延长米。

中铁十九局集团公司杭长铁路客运专线 HKJX－8 标段工程 项目驻江西省萍乡市，项目负责人王跃进。合同投资 475234 万元，线路长 67.5 公里。主要工程量：土石方 516.2 万立方米，桥梁 54 座 45700 延长米，隧道 7 座 7500 延长米，车站 1 座（萍乡北站），标段内轨道板预制及铺设。

中铁二十局集团公司杭长铁路客运专线 HCTJ－1

标段工程　项目驻湖南省醴陵市,项目负责人郭祥君。合同投资437293万元,线路长50.2公里。主要工程量:土石方359万立方米,桥梁45座29000延长米,隧道16座14200延长米,涵洞16座636横延米。（刘　辉）

【长昆铁路客运专线】　起自湖南长沙,途经湘潭、韶山、娄底、邵阳、新化、溆浦、怀化,贵州玉屏、三穗、凯里、贵定、贵阳、平坝、安顺、关岭、普安、盘县,云南富源、曲靖至昆明。全长1167公里,设计时速250公里以上。中铁十一、十二、十三、十四、十六、十七、二十、二十二、二十三、二十四、二十五局集团公司参与工程建设。

中铁十二局集团公司长昆铁路客运专线TJ-3标段工程　项目驻云南省马龙县,项目负责人刘建佳。合同投资345199万元,线路长51.6公里。主要工程量:桥梁47座18400延长米,涵洞60座1788横延米,隧道11座14600延长米。

中铁十二局集团公司长昆铁路客运专线CKTJ-5标段工程　项目驻湖南省娄底市,项目负责人董裕国。合同投资306647万元,线路长42.5公里。主要工程量:桥梁14座7300延长米,涵洞19座645.4横延米,隧道7.5座30800延长米,CRTSI型双块式无砟道床铺设85.2公里。

中铁十三局集团公司长昆铁路客运专线CKGZTJ-11标段工程　项目驻贵州省晴隆县,项目负责人臧守杰。合同投资307000万元,线路长41.8公里。主要工程量:桥梁5座961.7延长米,涵洞1座23.12横延米,隧道6座40700延长米,CRTSⅡ型板式无砟轨道铺设85.7公里。

中铁十四局集团公司长昆铁路客运专线CKGZTJ-7标段工程　项目驻贵州省贵阳市,项目负责人苏斌。合同投资295896万元,线路长50.9公里。主要工程量:土石方390万立方米,桥梁36座18000延长米,涵洞88座2351.48横延米,隧道19座8357延长米。正线无砟轨道铺设101.3公里。

中铁十四局集团公司长昆铁路客运专线CKTJ-9标段工程　项目驻湖南省怀化市,项目负责人林存友。合同投资321323万元,线路长41.6公里。主要工程量:桥梁29座8200延长米,涵洞17座750.2横延米,隧道23座32300延长米。

中铁十六局集团公司长昆铁路客运专线TJ-3标段工程　项目驻云南省嵩明县,项目负责人饶延泉。合同投资124115万元,线路长16公里。主要工程量:土石方274.4万立方米,桥梁18座8900延长米,隧道1座454延长米。

中铁十六局集团公司长昆铁路客运专线CKTJ-3/GZYZ-1标段工程　项目驻湖南省娄底市,项目负责人郎建平。合同投资294343万元,线路长32.9公里。主要工程量:桥梁24座13700延长米,隧道7座11500延长米,路基7.62公里,无砟轨道32.97公里,车站1座(娄底南站)。

中铁十七局集团公司长昆铁路客运专线CKGZTJ-5标段工程　项目驻贵州省麻江县,项目负责人文珂。合同投资231869万元,线路长30.4公里。主要工程量:土石方149万立方米,桥梁23座7593延长米,涵洞8座218横延米,隧道12.5座20600延长米。

中铁十七局集团公司长昆铁路客运专线CKTJ-7标段工程　项目驻湖南省怀化市,项目负责人李兴旺。合同投资253700万元,线路长34.5公里。主要工程量:土石方84万立方米,桥梁19座5671延长米,涵洞3座79横延米,隧道12座27400延长米。

中铁二十局集团公司长昆铁路客运专线TJ-2标段工程　项目驻云南省曲靖市,项目负责人石鸿江。合同投资363115万元,线路长54.6公里。主要工程量:桥梁41座22700延长米,隧道8座15400延长米,涵洞44座1151.3横延米,公路跨线桥5座276.6米,人行天桥2座106.4米。

中铁二十局集团公司长昆铁路客运专线CKGZTJ-9标段工程　项目驻贵州省安顺市,项目负责人冯军武。合同投资497298万元,线路长63.2公里。主要工程量:隧道19座43600延长米,桥梁22座11800延长米,车站1座,轨道板预制场1座,CRTSⅡ型无砟轨道预制、铺设106.5公里。

中铁二十二局集团公司长昆铁路客运专线CKGZ-TJ-12标段工程　项目驻贵州省盘县,项目负责人司尚荣。合同投资390000万元,线路长48.3公里。主要工程量:土石方448万立方米,桥梁10200延长米,隧道32200延长米,双块式无砟道床96.6公里。

中铁二十三局集团公司长昆铁路客运专线CKGZ-TJ-6标段工程　项目驻贵州省贵定县,项目负责人赵永明。合同投资435800万元,线路长56.5公里。主要工程量:隧道23座34275延长米,桥梁33座16728延长米,涵洞17座421.7横延米,CRTSI型双块式无砟轨道铺设114公里。

中铁二十四局集团公司长昆铁路客运专线CKGZ-TJ-5标段工程　项目驻贵州省福泉市,项目负责人郑军锋。合同投资97900万元,线路长12.6公里。主要工程量:桥梁7座1504延长米,隧道4.5座10534延长米。

中铁二十五局集团公司长昆铁路客运专线CKTJ-1标段工程　项目驻湖南省湘潭市,项目负责人王金海。合同投资152777万元,线路长25.1公里。主要工程量：路基土石方 208.6 万立方米，桥梁 26 座 16600 延长米，隧道 3 座 1122 延长米，涵洞 13 座 397.5 横延米。 （刘 辉）

·哈齐铁路客运专线·

【工程概况】 哈齐铁路客运专线自哈尔滨站引出，经肇东、安达、大庆、泰康，止于齐齐哈尔南站。线路全长 286 公里，工程投资 312.41 亿元，设计时速 300 公里。合同工期 2009 年 10 月～2013 年 10 月。中铁十三、十五、十六、二十、二十二、二十三局集团公司参加工程建设。 （刘 辉）

【参建标段】 中铁十三局集团公司哈齐铁路客运专线 HQTJ－5 标段工程　项目驻黑龙江省泰康县，项目负责人戴文革。线路长 64 公里，合同投资 446713 万元。主要工程量：路基 14 公里，路基土石方 210 万立方米，桥梁 51000 延长米，箱梁 1594 孔，涵洞 874 横延米，铺轨 32 公里。

中铁十五局集团公司哈齐铁路客运专线 HQTJ－4 标段工程　项目驻黑龙江省大庆市，项目负责人周建富。线路长 44 公里，合同投资 218420 万元。主要工程量：路基 29 公里，特大桥 4 座 15270 延长米，涵洞 57 座，正线无砟轨道铺设 89 公里，站线铺轨 4 公里。

中铁十六局集团公司哈齐铁路客运专线 HQTJ－3 标段工程　项目驻黑龙江省大庆市，项目负责人任灿伟。线路长 64 公里，合同投资 432000 万元。主要工程量：路基 22 公里，桥梁 6 座 42000 延长米，涵洞 42 座 903 横延米，无砟道床 124 公里，铺长轨 309 公里，安达、龙凤两座车站。

中铁二十局集团公司哈齐铁路客运专线 HQTJ－2 标段工程　项目驻黑龙江省肇东市，项目负责人王广建。线路长 59 公里，合同投资 315000 万元。主要工程量：路基土石方 462 万立方米，桥梁 11 座 20000 延长米，涵洞 79 座 1545 横延米，站场 1 座，无砟道床 119 公里，铺轨 16 公里。

中铁二十二局集团公司哈齐铁路客运专线 HQTJ－1 标段工程　项目驻黑龙江省哈尔滨市，项目负责人张国华。线路长 47 公里，合同投资 476274 万元。主要工程量：路基土石方 569 万立方米，桥梁 8 座，CFG 桩 732 万米，铺轨 233 公里，拆除道岔 25 组，新铺道岔 48 组。

中铁二十三局集团公司哈齐铁路客运专线 HQTJ－5 标段工程　项目驻黑龙江省齐齐哈尔市，项目负责人周才华。线路长 26 公里，合同投资 190734 万元。主要工程量：路基土石方 156 万立方米，桥梁 2 座 19050 延长米，预制轨道板 4.5 万块，5 标段铺轨。 （刘 辉）

·津秦铁路客运专线·

【工程概况】 津秦铁路客运专线起自天津站，途经天津市河东区、东丽区、塘沽区、汉沽区、宁河县，进入河北省唐山市，经北戴河至终点秦皇岛，全线设滨海站、滨海北站、唐山站、滦河站、北戴河站、秦皇岛站 6 座车站。线路全长 261 公里，设计时速 350 公里，桥隧长度占线路全长的 70.85%。工程投资 338 亿元。2008 年 11 月 8 日正式开工建设，计划工期 4 年。中铁十七、十八、二十一、二十二局集团公司和中国铁建电气化局集团公司参加工程建设。 （刘 辉）

【参建标段】 中铁十七局集团公司津秦铁路客运专线 3 标段工程　项目驻河北省唐山市，项目负责人吴建荣。线路长 32.8 公里，合同投资 308600 万元。主要工程量：路基土石方 57 万立方米，桥梁 6 座 26621 延长米，涵洞 8 座 227 横延米。

中铁十八局集团公司津秦铁路客运专线 1 标段工程　项目驻天津市，项目负责人王志杰。线路长 32.9 公里，合同投资 235701 万元。主要工程量：塘沽西跨京津塘特大桥，中小桥及涵洞 22 座，无砟轨道双线铺设 32.93 公里，牵引变电所 1 座，军粮城北站。

中铁二十一局集团公司津秦铁路客运专线 4 标段工程　项目驻河北省秦皇岛市，项目负责人张增科。线路长 69.2 公里，合同投资 365137 万元。主要工程量：路基 26 公里，路基土石方 672 万立方米，桥梁 33 座 28000 延长米，隧道 14 座 11000 延长米，涵洞 91 座 3004 横延米，滦河车站。

中铁二十二局集团公司津秦铁路客运专线 1 标段工程　项目驻天津市，项目负责人郭建东。线路长 24.4 公里，合同投资 240000 万元。主要工程量：滨海车站及宁车沽永定新河特大桥。 （刘 辉）

·合福铁路客运专线·

【工程概况】 合福铁路客运专线北接合蚌铁路客运专线、京沪高速铁路，形成一条贯穿中国南北的高速铁路大通道。合福铁路客运专线自合肥南站引出，经安徽巢湖、铜陵、芜湖、绩溪、黄山，江西婺源、上饶，福建武夷山、南平，至福州站。线路全长 806 公里。其中，江西省境内 184 公里；安徽省境内 343 公里；福建省境内 278 公里。设计时速 350 公里。工程投资 1098 亿元。2009 年 12 月 31 日正式开工建设，计划 2014 年 6

月竣工。中铁十一、十三、十七、十九、二十四局集团公司参加工程建设。（刘 辉）

【参建标段】 中铁十一局集团公司合福铁路客运专线 HFZQ－7 标段工程 项目驻安徽省绩溪县，项目负责人李文俊。线路长 39.2 公里，合同投资 359916 万元。主要工程量：土石方 492 万立方米，桥梁 51 座 14500 延长米，涵洞 20 座 1192.41 横延米。

中铁十一局集团公司合福铁路客运专线 HFMG－1 标段工程 项目驻江西省婺源县，项目负责人郝生德。线路长 95 公里，合同投资 708016 万元。主要工程量：土石方 480 万立方米，桥梁 109 座 33700 延长米，隧道 47.5 座 56700 延长米。

中铁十三局集团公司合福铁路客运专线 HFZQ－2 标段工程 项目驻安徽省巢湖市，项目负责人张景生。线路长 90 公里，合同投资 593294 万元。主要工程量：土石方 177 万立方米，桥梁 13.5 座 81400 延长米，涵洞 41 座 1159.3 横延米，隧道 4 座 2631 延长米。

中铁十七局集团公司合福铁路客运专线 HFMG－7 标段工程 项目驻福建省南平市、宁德市，项目负责人赵子林。线路长 59.3 公里，合同投资 429241 万元。主要工程量：土石方 417 万立方米，桥梁 33 座 11100 延长米，涵洞 9 座 261 横延米，隧道 17 座 44600 延长米。

中铁十九局集团公司合福铁路客运专线 HFMG－3 标段工程 项目驻江西省上饶市，项目负责人马南飞。线路长 54.3 公里，合同投资 459259 万元。主要工程量：土石方 305 万立方米，桥梁 47 座 25100 延长米，涵洞 6 座 194.59 横延米，隧道 13.5 座 22100 延长米。

中铁二十四局集团公司合福铁路客运专线 HFMG－4 标段工程 项目驻福建省武夷山市，项目负责人江如辉。线路长 49.5 公里，合同投资 302676 万元。主要工程量：土石方 256.6 万立方米，桥梁 15 座 6600 延长米，隧道 12.5 座 39800 延长米。（刘 辉）

·成渝铁路客运专线·

【工程概况】 成渝铁路客运专线全长 308 公里，设计时速 350 公里，桥隧长度占线路全长的 66%。全线设成都东、简阳南、资阳北、资中北、内江北、隆昌北、荣昌北、大足、永川东、璧山、沙坪坝、重庆 12 座车站。2010 年 3 月 22 日开工建设，计划工期 4 年。中铁十一、十六、十七局集团公司参加工程建设。（刘 辉）

【参建标段】 中铁十一局集团公司成渝铁路客运专线 CYSG－4 标段工程 项目驻重庆市荣昌县，项目负责人荆山。线路长 54.2 公里，合同投资 490347 万元。主要工程量：土石方 737.8 万立方米，桥梁 70 座 27337.56 延长米，箱梁预制架设 728 孔，隧道 10 座 6518 延长米，板式无砟轨道 107.65 公里，铺轨 642.3 公里。

中铁十六局集团公司成渝铁路客运专线 CYSG－2 标段工程 项目驻四川省资阳市，项目负责人卢永堂。线路长 52.1 公里，合同投资 367000 万元。主要工程量：土石方 311.1 万立方米，桥梁 74 座，隧道 11 座，涵洞 16 座 386 横延米，梁场 2 座，制运架箱梁 728 孔，连续梁 5 联 29 孔。

中铁十七局集团公司成渝铁路客运专线 CYSG－6 标段工程 项目驻重庆市沙坪坝区，项目负责人文珂。线路长 17.2 公里，合同投资 134823 万元。主要工程量：土石方 78 万立方米，桥梁 13.5 座 4670 延长米，隧道 7 座 15300 延长米，涵洞 22 座 681 横延米。

（刘 辉）

·中南部铁路通道·

【工程概况】 中南部铁路通道是世界上第一条按 30 吨轴重设计、施工的重载铁路。该铁路西起山西省吕梁市瓦塘镇，东至山东省日照港，横贯晋豫鲁 3 省 12 市。线路全长 1259.57 公里，山西、河南、山东 3 省境内分别为 579 公里、255 公里和 426 公里。其中，新建铁路 1034.89 公里，利用既有铁路增建二线 170.673 公里；配套建设与菏瓦、南同蒲、太焦、京广、京九、京沪铁路的联络线 113.977 公里。设计时速 120 公里，桥隧长度占线路全长的 46.8%。工程投资 821 亿元。建设工期 4 年半，计划 2014 年竣工。中铁十一、十二、十四、十六、十七、十八、二十、二十一、二十三、二十四局集团公司参加工程建设。（刘 辉）

【参建标段】 中铁十一局集团公司中南部铁路通道 ZNTJ－7 标段工程 项目驻山西省洪洞县，项目负责人李小红。线路长 49 公里，合同投资 370375 万元。主要工程量：隧道 3 座 13700 延长米，桥梁 18 座 17800 延长米，正线铺轨 301.87 公里，无砟轨道 23.46 公里。

中铁十二局集团公司中南部铁路通道 ZNTJ－1 标段工程 项目驻山西省临县，项目负责人祁玺剑。线路长 70.1 公里，合同投资 604232 万元。主要工程量：路基土石方、桥梁、隧道、涵洞、轨道、站场等。

中铁十四局集团公司中南部铁路通道 ZNTJ－21 标段工程 项目驻山东省日照市，项目负责人孟繁亚。线路长 82.9 公里，合同投资 192370 万元。主要工程量：土石方 911.9 万立方米，特大桥 30 座 24500 延长米，隧道 7 座 9852 延长米，涵洞 148 座 3959.1 横延米，车站 2 座。

中铁十六局集团公司中南部铁路通道 ZNTJ18 标段工程　项目驻山东省泰安市，项目负责人李平。线路长 25.2 公里，合同投资 246855 万元。主要工程量：路基土石方 433 万立方米，复杂特大桥 6291.14 延长米，一般特大桥 4590.7 延长米，铺架 211.4 公里。

中铁十七局集团公司中南部铁路通道 ZNTJ－5 标段工程　项目驻山西省石楼县，项目负责人刘友平。线路长 57.7 公里，合同投资 292461 万元。主要工程量：土石方 1170 万立方米，桥梁 28 座 12600 延长米，隧道 18 座 25000 延长米，涵洞 117 座 8537 横延米。

中铁十七局集团公司中南部铁路通道 ZNTJ－20 标段工程　项目驻山东省临沂市，项目负责人毛承租。线路长 21.1 公里，合同投资 240348 万元。主要工程量：土石方 251 万立方米，桥梁 3 座 5624 延长米，隧道 3 座 3840 延长米，涵洞 41 座 734 横延米。

中铁十八局集团公司中南部铁路通道 ZNTJ－12 标段工程　项目驻山西省平顺县，项目负责人李铁翔。线路长 52.9 公里，合同投资 251000 万元。主要工程量：土石方 279 万立方米，桥梁 15 座 3728 延长米，隧道 9 座 42200 延长米，涵洞 24 座 899.73 横延米。

中铁二十局集团公司中南部铁路通道 ZNTJ－3 标段工程　项目驻山西省临县，项目负责人王广建。线路长 23.8 公里，合同投资 151685 万元。主要工程量：特大桥 3 座 2256 延长米，大桥 19 座 5140.97 延长米，隧道 10 座 9441 延长米，涵洞 42 座 2769.41 横延米，铺轨 49.52 公里。

中铁二十局集团公司中南部铁路通道 ZNTJ－19 标段工程　项目驻山东省沂源县，项目负责人王伟。线路长 84.5 公里，合同投资 251218 万元。主要工程量：土石方 696.89 万立方米，特大桥 49 座 26800 延长米，隧道 15 座 28100 延长米，涵洞 59 座 943.37 横延米，铺轨 15.8 公里。

中铁二十一局集团公司中南部铁路通道 ZNTJ－13 标段工程　项目驻河南省安阳市，项目负责人冯建军。线路长 77.3 公里，合同投资 375000 万元。主要工程量：土石方 976 万立方米，桥梁 31 座 22600 延长米，隧道 8 座 6260 延长米，预制、架设 T 梁 1269 孔。

中铁二十一局集团公司中南部铁路通道 ZNTJ－18 标段工程　项目驻山东省泰安市，项目负责人杨金卫。线路长 11.9 公里，合同投资 88900 万元。主要工程量：区间路基 11.9 公里，框架小桥涵 60 座，中桥 3 座，228 公里线上运架梁及铺架。

中铁二十三局集团公司中南部铁路通道 ZNTJ－21 标段工程　项目驻山东省日照市，项目负责人董煊。线路长 29.6 公里，合同投资 79495 万元。主要工程量：土石方 473.4 万立方米，桥梁 6 座 10900 延长米，涵洞 1187.74 横延米。

中铁二十四局集团公司中南部铁路通道 ZNTJ－20 标段工程　项目驻山东省临沂市，项目负责人康军利。线路长 10.2 公里，合同投资 16453 万元。主要工程量：路基土石方 58 万立方米，路基圬工 14.9 万立方米，特大桥 2 座 1947.7 延长米，框架涵 21 座，公路跨铁路桥 1 座。（刘　辉）

·拉日铁路·

【工程概况】　拉日铁路是青藏铁路延长线，东起青藏铁路的终点拉萨，沿拉萨河南下，经堆龙德庆、曲水，顺雅鲁藏布江而上，穿越长度近 90 公里的峡谷区，经尼木、仁布抵达日喀则。线路全长 253 公里，设计时速 120 公里，桥隧长度占线路全长的 45.7%。工程投资 108 亿元。2010 年 9 月 26 日开工建设，计划工期 4 年。中铁十二、十九、二十一局集团公司参加工程建设。（刘　辉）

【参建标段】　中铁十二局集团公司拉日铁路 TJ4 标段工程　项目驻拉萨市，项目负责人尚宏卫。线路长 23.7 公里，合同投资 111401 万元。主要工程量：桥梁 6 座 1800 延长米，隧道 4 座 20056 延长米，桥隧长度占线路长的 91.66%；车站 1 座。

中铁十九局集团公司拉日铁路 TJ2 标段工程　项目驻拉萨市曲水县，项目负责人姜文。线路长 45.7 公里，合同投资 95665 万元。主要工程量：路基土石方 300.43 万立方米，桥梁 18 座 8199.7 延长米，隧道 5 座 4987 延长米。

中铁二十一局集团公司拉日铁路 TJ5 标段工程　项目驻拉萨市仁布县，项目负责人尹建勋。线路长 46.4 公里，合同投资 95665 万元。主要工程量：土石方 156.6 万立方米，桥梁 27 座 11400 延长米，隧道 6 座 21500 延长米，涵洞 41 座 807.57 横延米。（刘　辉）

·兰渝铁路·

【工程概况】　兰渝铁路北起甘肃省兰州市枢纽兰州东站，途经榆中县、渭源县、岷县、宕昌县、陇南市（武都区），向东经四川省广元市、苍溪县、阆中市、南部县到南充市（顺庆区），在南充（高坪区）分线，一条经武胜县到重庆市，另一条经广安市、三汇坝到重庆市。线路全长 820 公里，其中甘肃省境内 435 公里。设计时速160公里,桥隧长度占线路全长的73%。工程投资774亿元。2008年9月26日开工建设,计划工期6年。中铁十一、十三、十六、十八、十九、二十、二十一、二十三局集团公司参加工程建设。 (刘 辉)

【参建标段】 中铁十一局集团公司兰渝铁路客运专线LYS-4标段工程 项目驻甘肃省宕昌县,项目负责人陈仕猛。线路长26公里,合同投资132000万元。主要工程量:隧道3座26000延长米,大桥3座504延长米,宕昌车站。

中铁十三局集团公司兰渝铁路客运专线LYS-4标段工程 项目驻甘肃省宕昌县,项目负责人李素清。线路长66公里,合同投资310000万元。主要工程量:路基6公里,隧道12座39790延长米,桥梁15座22159延长米,涵洞22座436横延米。

中铁十三局集团公司兰渝铁路兰州枢纽工程 项目驻甘肃省兰州市,项目负责人李维瑞。合同投资72000万元。主要工程量:路基土石方670.8万立方米,隧道1座2273延长米,大桥1座448延长米,站场铺道岔191组、铺轨72公里,房屋建筑5.5万平方米,高速公路1.278公里。

中铁十六局集团公司兰渝铁路客运专线LYS-2标段工程 项目驻甘肃省渭源县,项目负责人薛瑞林。线路长54公里,合同投资242900万元。主要工程量:路基土石方435万立方米,桥梁15座10000延长米,隧道13座49000延长米。

中铁十八局集团公司兰渝铁路客运专线XQLS1标段工程 项目驻甘肃省武都县,项目负责人史振春。线路长31公里,合同投资163996万元。主要工程量:西秦岭特长隧道右线28236.58延长米,范家坪隧道3198延长米,潘家沟两座单线中桥88.26延长米。

中铁十八局集团公司兰渝铁路客运专线LYS-9标段工程 项目驻四川省元坝县,项目负责人王中会。线路长9公里,合同投资53653万元。主要工程量:土石方7.96万立方米,桥梁3座397延长米,涵洞1座23.5横延米,梅岭关隧道8270延长米。

中铁十九局集团公司兰渝铁路客运专线LYS-1标段工程 项目驻甘肃省定西市,项目负责人解方亮。线路长39公里,合同投资204736万元。主要工程量:路基2公里,隧道5座35000延长米,桥梁4座,车站1座。

中铁二十局集团公司兰渝铁路客运专线LY-LZSN-1标段工程 项目驻甘肃省兰州市,项目负责人刘庭联。线路长39公里,合同投资204736万元。主要工程量:路基土石方278万立方米,桥梁26座11087延长米,隧道17座23910延长米,涵洞15座622延长米,铺轨109公里。

中铁二十一局集团公司兰渝铁路客运专线LYS-7标段工程 项目驻甘肃省兰州市榆中县,项目负责人黄庆华。线路长30公里,合同投资181572万元。主要工程量:土石方406万立方米,隧道3座6953延长米,桥梁25座16063延长米,T梁1292片,连续梁3处464米,涵洞96座1780横延米。

中铁二十一局集团公司兰渝铁路客运专线LY-LZSN-3标段工程 项目驻甘肃省兰州市,项目负责人吴刚。线路长58公里,合同投资31659万元。主要工程量:信号计算机联锁车站7座,其中新建3座、改建4座;联锁道岔664组,轨道区段1089个,区间自闭58.44公里。

中铁二十三局集团公司兰渝铁路客运专线重庆枢纽1标段工程 项目驻重庆市北碚区,项目负责人李建军。线路长48公里,合同投资217369万元。主要工程量:路基15.994公里,土石方2528万立方米,桥梁12座4520延长米,改建既有单线隧道3座2312延长米,新建单线隧道4座6209延长米,正线铺轨51.66公里,站线铺轨178.49公里。 (刘 辉)

·兰新铁路第二双线·

【工程概况】 兰新铁路第二双线自兰州西站引出,经青海省西宁市,甘肃省张掖市、酒泉市、嘉峪关市,新疆维吾尔自治区哈密市、吐鲁番市,引入乌鲁木齐站,线路全长1776公里,设车站31座。其中,甘肃省境内797.815公里;青海省境内265.728公里;新疆境内712.907公里。设计时速200公里,工程投资1200亿元。2009年11月4日正式开工建设,计划工期5年。铁路建成后,将以客运为主,兼顾货运,既有兰新铁路将改为货运专线。中铁十一、十二、十三、十六、十七、十八、十九、二十、二十一局集团公司参加工程建设。

(刘 辉)

【参建标段】 中铁十一局集团公司兰新铁路第二双线LXS-16标段工程 项目驻甘肃省瓜州县,项目负责人余霖。线路长84公里,合同投资354475万元。主要工程量:路基79.8公里,路基土石方893万立方米,桥梁33座4775延长米,正线、站线铺轨800公里。

中铁十二局集团公司兰新铁路第二双线LXS-14标段工程 项目驻甘肃省玉门市,项目负责人徐孟校。合同投资80608万元。主要工程量:路基20.8公里,桥梁5座,清泉南站。

中铁十二局集团公司兰新铁路第二双线LXTJ8标段工程 项目驻新疆维吾尔自治区乌鲁木齐市,项目负责人祁玺剑。线路长42公里,合同投资216881万元。主要工程量:土石方426万立方米,桥梁20座10083延长米,涵洞84座2704横延米,达板城隧道4598延长米。

中铁十三局集团公司兰新铁路第二双线LXS-6标段工程　项目驻青海省门源县,项目负责人王保国。线路长52公里,合同投资219800万元。主要工程量:路基34公里,路基土石方216万立方米,特大桥8座15400延长米,隧道1座2200延长米,铺轨104公里,铺设轨道板173.9公里。

中铁十三局集团公司兰新铁路第二双线LXTJ4标段工程　项目驻新疆维吾尔自治区哈密市,项目负责人张春荣。线路长30公里,合同投资120000万元。主要工程量:土石方220万立方米,路基17.7公里,桥梁20座,涵洞46座12600横延米。

中铁十六局集团公司兰新铁路第二双线LXTJ6标段工程　项目驻新疆维吾尔自治区吐鲁番市,项目负责人焦敬青。线路长34公里,合同投资242959万元。主要工程量:路基22.3公里,桥梁11座12100延长米,涵洞64座1912.9横延米,无砟道床68.4公里,铺长轨670公里,大河沿车站。

中铁十七局集团公司兰新铁路第二双线LXS-17标段工程　项目驻甘肃省酒泉市,项目负责人王林俊。线路长104公里,合同投资302000万元。主要工程量:路基土石方1103万立方米,桥梁32座5227延长米,涵洞266座6521横延米。

中铁十八局集团公司兰新铁路第二双线LXS-2标段工程　项目驻甘肃省兰州市红古区,项目负责人刘东。线路长53公里,合同投资391414万元。主要工程量:路基土石方183万立方米,桥梁21座24495.3延长米,隧道9座17338延长米,涵洞35座849.6横延米,铺设无砟轨道53.66公里。

中铁十八局集团公司兰新铁路第二双线LXS-5标段工程　项目驻青海省门源县,项目负责人高永亮。线路长16公里,合同投资140966万元。主要工程量:大坂山隧道15918延长米,三塘沟斜井1952.28米,头塘沟斜井1046.6米,南门斜井2100米,平导16066米,进出口防寒泄水洞2300米。

中铁十九局集团公司兰新铁路第二双线LXS-15标段工程　项目驻甘肃省玉门市,项目负责人陈金荣。线路长46公里,合同投资318342万元。主要工程量:路基19.6公里,路基土石方301.7万立方米,桥梁26500延长米,涵洞46座。

中铁二十局集团公司兰新铁路第二双线LXS-7标段工程　项目驻青海省门源县,项目负责人任少强。线路长16公里,合同投资150899万元。主要工程量:大梁隧道6561延长米,祁连山隧道9515延长米,硫磺沟斜井572米,三叉东沟斜井1450米,平导9515米。

中铁二十局集团公司兰新铁路第二双线LXTJ1标段工程　项目驻新疆维吾尔自治区哈密市,项目负责人姚长文。线路长67公里,合同投资196910万元。主要工程量:路基土石方878.4万立方米,桥梁2937.2延长米,隧道1座1050延长米,涵洞122座3400.4横延米,无砟道床67.7公里,红柳河南站。

中铁二十一局集团公司兰新铁路第二双线LXSQZ-1标段工程　项目驻青海省西宁市,项目负责人范登乾。线路长23公里,合同投资187541万元。主要工程量:桥梁16座12000延长米,隧道6座6315延长米,涵洞13座293横延米。

中铁二十一局集团公司兰新铁路第二双线LX-LZSN-1标段工程　项目驻甘肃省兰州市,项目负责人姚璐。线路长15公里,合同投资139250万元。主要工程量:路基2公里,路基土石方116万立方米,桥梁12座6407延长米,隧道4座6805延长米,铺轨31公里,电力迁改15公里。

中铁二十一局集团公司兰新铁路第二双线LXTJ7标段工程　项目驻新疆维吾尔自治区乌鲁木齐市,项目负责人朱昌岳。线路长34公里,合同投资197129万元。主要工程量:桥梁14座4088.6延长米,隧道5座6001延长米,涵洞77座206横延米。

中铁二十一局集团公司兰新铁路第二双线KKS-13标段工程　项目驻甘肃省酒泉市,项目负责人杜逢春。线路长14公里,合同投资45000万元。主要工程量:路基土石方92万立方米,特大立交1座,箱型涵24座,新建酒泉南站。（刘　辉）

·贵广铁路·

【工程概况】 贵广铁路始于贵州省贵阳市贵阳北站,止于广东省广州枢纽新广州车站,途经贵阳、都匀、桂林、贺州、肇庆、佛山、广州,线路全长857公里。其中,广东省境内207.5公里;广西境内348.5公里;贵州省境内301公里。设计时速200公里,桥隧长度占线路全长的70%。工程投资858亿元。2008年10月13日开工建设,计划工期4年。中铁十二、十三、十四、十六、十八、二十一、二十三局集团公司参加工程建设。

（刘　辉）

【参建标段】 中铁十二局集团公司贵广铁路GGTJ-6标段工程　项目驻广西壮族自治区桂林市,项目负责人李天胜。线路长66公里,合同投资572800万元。主要工程量:路基土石方436万立方米;桥梁26座

19000延长米;隧道14座31000延长米,其中天平山隧道14000延长米;涵洞137座4815横延米;铺轨505公里;车站两座。

中铁十三局集团公司贵广铁路GGTJ－8标段工程　项目驻广西壮族自治区钟山县,项目负责人臧守杰。线路长67公里,合同投资29300万元。主要工程量:路基土石方827万立方米;隧道9座2383延长米,其中两安隧道12632延长米;桥梁13座8321延长米;涵洞234座6273横延米;无砟道床25公里;车站两座。

中铁十四局集团公司贵广铁路GGTJ－9标段工程　项目驻广西壮族自治区贺州市,项目负责人周长进。线路长60公里,合同投资354306万元。主要工程量:路基土石方268万立方米,桥梁23座12575延长米,隧道10座33789延长米,涵洞59座2033横延米,正线铺轨299公里,新建贺街车站。

中铁十六局集团公司贵广铁路GGTJ－11标段工程　项目驻广东省广宁县,项目负责人赵国旗。线路长59公里,合同投资432102万元。主要工程量:土石方731万立方米,桥梁23座6967延长米,隧道27座36781延长米,涵洞75座3424.2横延米,铺架151公里,车站两座。

中铁十八局集团公司贵广铁路GGTJ－4标段工程　项目驻贵州省从江县,项目负责人李正士。线路长50公里,合同投资329659万元。主要工程量:路基土石方530万立方米;隧道6座45441延长米,其中洛香隧道11232延长米、高青隧道10953延长米;桥梁15座2690.85延长米;涵洞20座489.39横延米。

中铁二十一局集团公司贵广铁路GGTJ－3、4标段工程　项目驻贵州省黎平县,项目负责人张超民。线路长31公里,合同投资186000万元。主要工程量:路基土石方48.6万立方米;隧道6座28200延长米,其中黄岗双线隧道12245延长米;桥梁13座2309.8延长米;涵洞4座;无砟道床23.43公里。

中铁二十三局集团公司贵广铁路GGTJ－7标段工程　项目驻广西壮族自治区阳朔县,项目负责人袁勇。线路长94公里,合同投资526642万元。主要工程量:路基25公里,路基土石方885万立方米;桥梁58座29785延长米,预制及架设箱梁818孔;涵洞108座2973横延米;隧道23座43851延长米,其中宝峰山隧道13678延长米;铺设无砟轨道188公里;车站两座。

（刘　辉）

·渝利铁路·

【工程概况】　渝利铁路西起重庆市渝北区重庆北站,向东经由渝北区、长寿区、涪陵区、丰都县、石柱土家族自治县,接湖北省利川市凉雾站,与宜万铁路接轨至利川站。线路全长264公里。其中,重庆市境内238公里;湖北省境内26公里。设计时速200公里,桥隧长度占线路全长的79.2%。工程投资301亿元。2008年12月29日开工建设,计划工期5年。中铁十一、十二、十五、十八、二十三局集团公司参加工程建设。

（刘　辉）

【参建标段】　中铁十一局集团公司渝利铁路2标段工程　项目驻重庆市长寿区,项目负责人余斌。线路长18.5公里,合同投资163700万元。主要工程量:路基10.5公里,桥梁16座3626.93延长米,隧道2.5座4788.5延长米,涵洞50座。

中铁十二局集团公司渝利铁路1标段工程　项目驻重庆市渝北区,项目负责人赵树林。线路长36公里,合同投资364000万元。主要工程量:路基18公里,路基土石方1133万立方米,隧道16座32426延长米,桥梁40座19077延长米,涵洞57座2986横延米,站场3座,无砟道床18.72公里。

中铁十五局集团公司渝利铁路5标段工程　项目驻重庆市石柱县,项目负责人田存周。线路长6公里,合同投资33604万元。主要工程量:隧道3.5座5990延长米,桥梁2座398.9延长米,铺设无砟轨道6.45公里。

中铁十八局集团公司渝利铁路5标段工程　项目驻重庆市石柱县,项目负责人张海龙。线路长34公里,合同投资180486万元。主要工程量:隧道7座32766延长米,桥梁5座1297延长米。

中铁二十三局集团公司渝利铁路制梁铺架工程　项目驻重庆市北碚区,项目负责人吴登银。线路长296公里,合同投资259593万元。主要工程量:渝利铁路全线1209孔2101梁和1397孔2201梁预制、铺架及桥面系。

（刘　辉）

·西格铁路二线关角隧道·

【工程概况】　西格铁路二线关角隧道全长32.645公里,是目前中国在建最长的铁路隧道,也是世界最长的高原铁路隧道。隧道位于青海省天峻县境内,属青藏高原亚寒带半干旱气候,年平均气温－0.5℃,极端最低气温－35.8℃,最大积雪厚度21厘米,最大冻结深度299厘米,海拔3400米～4000米。

（刘　辉）

【参建标段】　中铁十六局集团公司青藏铁路西宁至格尔木增建二线关角隧道XGZHQ5－1标段工程　项

目驻青海省天峻县，项目负责人刘海荣。合同投资135792万元。合同工期2007年11月6日~2012年4月15日。主要工程量：隧道17372延长米，隧道开挖270.24万立方米，混凝土72.13万立方米。（刘　辉）

·吐库铁路二线中天山隧道·

【工程概况】 中天山隧道是南疆铁路吐库二线控制性工程，隧道全长22.467公里，是中国营运和在建的第三铁路长隧。隧道最大埋深1728米，存在高地应力、突泥、岩暴和隧道涌水等不良地质，地质条件十分复杂，隧道采用TBM全断面敞开式掘进机及钻暴法施工。（刘　辉）

【参建标段】 中铁十八局集团公司南疆铁路吐鲁番至库尔勒段增建二线中天山、伯信特隧道SK1标段工程　项目驻新疆维吾尔自治区托克逊县，项目负责人杜万英。合同投资118013万元，合同工期2007年6月~2013年12月。主要工程量：隧道左线22452延长米，横洞2座1299米，斜井1座2553米。（刘　辉）

公路工程

·成渝高速公路复线重庆段·

【工程概况】 成渝高速公路复线重庆段位于重庆中西部，总体呈东西走向，起于重庆市绕城高速公路，沿线经沙坪坝区、璧山县、铜梁县、大足县，止于大足县川渝交界的观音桥，全长78.628公里。设计时速120公里，双向6车道，实行全封闭、全立交、完全控制出入、收费管理方式。工程为BOT项目，由重庆高速公路集团有限公司和中国铁建股份有限公司共同出资修建，分别成立重庆渝蓉高速公路有限公司、中国铁建成渝高速公路复线工程指挥部，按EPC总承包模式管理。2010年9月开工建设，合同工期39个月。中铁十一、十二、十三、十六、十七、十八、十九、二十、二十一、二十二、二十四局集团公司参加工程建设。（刘　辉）

【参建标段】 中铁十一局集团公司成渝高速公路复线重庆段J合同段工程　项目驻重庆市大足县，项目负责人黄才华。线路长10.5公里，合同投资42000万元。主要工程量：主线路基10.518公里，桥梁4座1141延长米，涵洞75座2517横延米。

中铁十二局集团公司成渝高速公路复线重庆段G合同段工程　项目驻重庆市大足县，项目负责人杜吉远。线路长7.9公里，合同投资26600万元。主要工程量：土石方339万立方米，路基6.3公里，桥梁16座1561延长米，涵洞76座2694横延米，预制架设T梁238片。

中铁十三局集团公司成渝高速公路复线重庆段E合同段工程　项目驻重庆市铜梁县，项目负责人查鹏。线路长8.5公里，合同投资30000万元。主要工程量：土石方324万立方米，路基6.985公里，桥梁17座3654.6延长米，涵洞49座1772.61横延米，制、架梁727榀。

中铁十六局集团公司成渝高速公路复线重庆段A合同段工程　项目驻重庆市沙坪坝区，项目负责人姚四海。线路长3.9公里，合同投资68000万元。主要工程量：路基1.2公里，缙云山隧道2.7公里（A合同段负责1.6公里），涵洞27座。

中铁十七局集团公司成渝高速公路复线重庆段D合同段工程　项目驻重庆市璧山县，项目负责人郭俊勇。线路长4.7公里，合同投资45000万元。主要工程量：土石方30.8万立方米，路基1.2公里，隧道1座左线3360延长米、右线3335延长米，桥梁1座93.1延长米，涵洞7座307.4横延米。

中铁十八局集团公司成渝高速公路复线重庆段F合同段工程　项目驻重庆市大足县，项目负责人曹美俊。线路长6.2公里，合同投资60000万元。主要工程量：土石方176万立方米，隧道2座6572延长米，桥梁3座324延长米，路面86122平方米，架梁70片，涵洞13座。

中铁十九局集团公司成渝高速公路复线重庆段LM合同段工程　项目驻重庆市璧山县、大足县，项目负责人全厚发、韩峰。线路长78.6公里，合同投资81011万元。主要负责路面工程施工。

中铁二十局集团公司成渝高速公路复线重庆段H合同段工程　项目驻重庆市大足县，项目负责人王永刚。线路长10.6公里，合同投资40000万元。主要工程量：隧道1座，桥梁4座，涵洞、通道26座。

中铁二十一局集团公司成渝高速公路复线重庆段C合同段工程　项目驻重庆市璧山县，项目负责人吴宝京。线路长8.5公里，合同投资45357万元。主要工程量：挖方266.4万立方米，填方142.8万立方米，涵洞22座1263.9横延米，特大桥1座1209延长米，大桥3座。

中铁二十二局集团公司成渝高速公路复线重庆段B合同段工程　项目驻重庆市璧山县，项目负责人刘永阔。线路长5.8公里，合同投资52000万元。主要工程量:路基土石方355万立方米,防护工程5万立方米,隧道双洞长2185延长米,桥梁1234延长米,涵洞983横延米。

中铁二十四局集团公司成渝高速公路复线重庆段Ⅰ合同段工程　项目驻重庆市大足县,项目负责人王均。线路长12公里,合同投资34099万元。主要工程量:挖方260.9万立方米,填方280.6万立方米,架梁234片,涵洞60座,天桥7座。　(刘　辉)

·岳阳至宜昌高速公路石首至松滋段·

【工程概况】　岳阳至宜昌高速公路石首至松滋段工程是湖北省"五纵五横两环"高速公路网中阳新至松滋高速公路的荆州段,为国道主干线杭瑞、二广、沪渝等的横向联络线,是南沿江高速公路的组成部分,起于石首市高基庙镇鄂湘两省交界处,止于松滋市桠杈铺子。全长105.109公里,按双向4车道高速公路标准建设,设计时速100公里。合同投资35.8亿元,合同工期2011年7月~2013年11月。　(刘　辉)

【参建标段】　中铁十一局集团公司湖南岳阳至湖北宜昌高速公路石首至松滋段一期JNTJ-2标段工程　项目驻湖北省松滋市,项目负责人周宏。合同投资166700万元。主要工程量:路基土石方1139.79万立方米,桥梁47座13117延长米,互通及服务区7处。

中铁二十三局集团公司湖南岳阳至湖北宜昌高速公路石首至松滋段一期JNTJ-1标段工程　项目驻湖北省石首市,项目负责人沈德华。合同投资191587万元。主要工程量:路基土石方246万立方米,桥梁34座19648延长米,互通及服务区3处。　(刘　辉)

城市轨道交通工程

·北京地铁6号线二期工程·

【工程概况】　北京地铁6号线是一条贯穿北京中心城区的东西向轨道交通骨干线,西起石景山区苹果园站,东至通州区东小营站,全长41.74公里,工程分三期建设。其中,一期工程西起海淀区五路居,东至朝阳区草房,线路长31公里,设车站20座,2012年12月30日正式开通;二期工程自朝阳区草房至通州区东小营,计划2014年开通;三期工程自苹果园至海淀区五路居,计划2015年开通。　(刘　辉)

【参建标段】　中铁十二局集团公司北京地铁6号线二期13标段工程　项目负责人刘广钧。线路长3.24公里,合同投资48452万元,合同工期2011年7月~2013年12月。主要工程:新华大街站,长460米;新华大街站至玉带河大街站盾构区间,长1214.05米。

中铁十八局集团公司北京地铁6号线二期11标段工程　项目负责人陈庆章。线路长4.04公里,合同投资62764万元,合同工期2010年12月~2014年12月。主要工程:物资学院站,建筑面积17652平方米;草房站至物资学院站双线盾构区间,长14181.8米;物资学院站至北关站双线盾构区间,长2295.7米。

中铁二十二局集团公司北京地铁6号线二期16标段工程　项目负责人汤贵海。线路长0.95公里,合同投资21400万元,合同工期2011年7月~2013年12月。主要工程:通州新城站,建筑面积5957平方米;通州新城站至东小营站双线盾构区间,长670.7米;物资学院站至北关站双线盾构区间,长2295.7米。

中国铁建电气化局集团公司北京地铁6号线设备安装工程　项目负责人王永刚。合同工期2010年12月~2014年12月。主要工程为42.855公里的通信及民用传输、无线系统设备安装。　(刘　辉)

·北京地铁8号线二期工程·

【工程概况】　北京地铁8号线二期工程北起回龙观,向南在中国美术馆东街与地铁6号线相接。二期工程线路长17.5公里,全部为地下线,设车站12座,其中换乘站4座。8号线是贯穿北京市南北的骨架线路,位于北京市的中轴线上,服务于北部清河回龙观地区、奥林匹克中心区、中部历史文化区、商业区等重要功能区。2012年12月30日,8号线南段开通运营。　(刘　辉)

【参建标段】　中铁十四局集团公司北京地铁8号线二期10标段工程　项目负责人周庆合。线路长3.24公里,合同投资56244万元,合同工期2009年10月~2013年12月。主要工程为什刹海站、南锣鼓巷站及鼓楼大街站至什刹海站至南锣鼓巷站至中国美术馆站区间。

中铁十六局集团公司北京地铁8号线二期8标段工程　项目负责人戴兴民。线路长1.49公里,合同投资48370万元,合同工期2009年10月~2013年12月。主要工程为安华桥站、中国美术馆站及中国美术馆站北区间、北土城站至安华桥站区间、美术馆折返线3个暗挖段。

中铁十八局集团公司北京地铁8号线二期9标段工程　项目负责人黄广锴。线路长2.33公里,合同投资48800万元，合同工期2009年10月~2012年12月。主要工程为黄寺站、鼓楼站及安华桥站至黄寺站区间、黄寺站至鼓楼大街站区间。 （刘 辉）

·北京地铁9号线工程·

【工程概况】 北京地铁9号线南起丰台区郭公庄，北至海淀区国家图书馆站，与地铁4号线相接。9号线全长16.5公里，全部为地下线，设车站13座、换乘站8座，是一条位于北京市西部、呈南北走向的线路，与线网中的多条线路交叉换乘，在线网中起到重要的联络作用。2011年12月31日，一期工程（郭公庄至北京西站，除丰台东大街）开通；2012年10月12日，丰台东大街站开通；2012年12月30日，二期工程（北京西站至国家图书馆）开通。中铁十一、十二、十四、十九局集团公司参加工程建设。 （刘 辉）

·北京地铁10号线二期工程·

【工程概况】 北京地铁10号线二期位于城市道路三环与四环之间，起于一期工程终点劲松站南端，终于一期工程起点巴沟站西侧，竣工后将与一期工程构成北京市地铁第二环线。10号线具有连接中心城西北、东南方向的对角线功能，是线网中的骨架线路。10号线二期工程长32.44公里，全部为地下线，设车站23座。一期（北段和东段，巴沟站至劲松站）于2008年7月开通；二期（南段和西段），其中大部分于2012年年底开通；西南角首经贸站至西局站之间的两站三区间受丰台火车站更改规划的影响，工期延后，计划2013年5月开通。中铁十二、十六局集团公司参加工程建设。 （刘 辉）

·北京地铁7号线工程·

【工程概况】 北京地铁7号线起于北京西站，沿羊坊店南路、两广大街至东四环，穿越化工路至垡头，最后至焦化厂设置终点站，沿线经过丰台、西城、东城、朝阳4个区。线路全长约24公里，设车站21座，全部为地下线，线路在东端设置车辆段1座。 （刘 辉）

【参建标段】 中铁十一局集团公司北京地铁7号线9标段工程　项目负责人曾恕辉。线路长1.8公里，合同投资27518万元，合同工期2010年5月~2014年11月。主要工程为南楼子庄站及化工站至南楼子庄站区间。

中铁十二局集团公司北京地铁7号线00标段工程　项目负责人张爱军。线路长1.05公里，合同投资33680万元，合同工期2009年10月~2013年12月。主要工程为大郊亭站、百子湾站及大郊亭站至百子湾站区间。

中铁十二局集团公司北京地铁7号线8标段工程　项目负责人张爱军。线路长0.98公里，合同投资27270万元，合同工期2010年5月~2013年12月。主要工程为化工站及百子湾站至化工站区间。

中铁十三局集团公司北京地铁7号线6标段工程　项目负责人宋云财。线路长2.11公里，合同投资49346万元，合同工期2010年5月~2014年12月。主要工程为双井站车站及广渠门外站至双井站、双井站至九龙山站区间。

中铁十六局集团公司北京地铁7号线4标段工程　项目负责人徐福田。线路长1.93公里，合同投资67355万元，合同工期2010年5月~2014年12月。主要工程为三里河站、磁器口站和珠市口站至三里河站、三里河站至磁器口站区间及磁器口站至广渠门内站区间联络线。

中铁十八局集团公司北京地铁7号线13标段工程　项目负责人解培为。线路长1.38公里，合同投资36866万元，合同工期2010年5月~2014年12月。主要工程为焦化厂站及双合村站至焦化厂站、焦化厂站至设计终点区间。

中铁十九局集团公司北京地铁7号线7标段工程　项目负责人李凤城。线路长1.68公里，合同投资58698万元，合同工期2010年5月~2014年12月。主要工程为九龙山车站、大郊亭站及九龙山车站至大郊亭区间。 （刘 辉）

·北京地铁14号线工程·

【工程概况】 北京地铁14号线西起丰台区长辛店东河沿路，穿京石高速公路后，沿卢沟桥路向东，进入北京南站，至朝阳公园后，到达来广营地区。线路全长45.9公里，设车站36座，停车场、车辆段各1座。 （刘 辉）

【参建标段】 中铁十四局集团公司北京地铁14号线17标段工程　项目负责人苗春刚。线路长2.54公里，合同投资57433万元，合同工期2010年11月~2014年12月。主要工程为大望路站、红庙站及九龙山站至大望路站至红庙站区间。

中铁十五局集团公司北京地铁14号线12标段工程　项目负责人李运涛。线路长1.19公里，合同投资25107万元，合同工期2010年5月~2014年12月。主要工程为十里河站及十里河站至南八里庄站区间。

中铁十九局集团公司北京地铁14号线18标段工程　项目负责人吕兵。线路长1.78公里,合同投资40761万元,合同工期2010年11月~2014年12月。主要工程为朝阳公园站及红庙站至甜水园站、甜水园站至朝阳公园站区间。

中铁二十局集团公司北京地铁14号线9标段工程　项目负责人刘召臣。线路长1.07公里,合同投资23658万元,合同工期2010年4月~2013年5月。主要工程为安乐林站及永定门外站至安乐林站区间。

中铁二十二局集团公司北京地铁14号线3标段工程　项目负责人刘志宝。线路长2.29公里,合同投资34159万元,合同工期2010年5月~2013年3月。主要工程为郭庄子站及大瓦窑站至郭庄子站、郭庄子站至大井站区间。　（刘　辉）

·昆明轨道交通3号线东标段工程·

【工程概况】　昆明轨道交通3号线为昆明主城内东西方向的骨干线,线路起点位于主城西部石咀火车站,止于规划的东部客运站附近东绕城连接线南侧,全长19.158公里。其中,高架线1.1716公里;地下线和过渡段17.9864公里。昆明轨道交通3号线的建设,将极大地改善城市道路功能、缓解交通紧张、解决百姓出行难的问题,从而构筑城市公共交通大动脉、提高出行质量,对昆明市多层次交通体系的形成乃至城市总体健康发展具有重要的意义。

中国铁建承担的昆明轨道交通3号线东标段工程包含3座车站、9个区间和1座停车场。东标段线路长9.395公里,合同投资17亿元,合同工期2011年3月~2013年2月。中铁十一、十二、十三、十五、十六、十八、十九、二十三局集团公司参加工程建设。　（刘　辉）

【中国铁建昆明轨道交通3号线工程指挥部】　2011年5月30日成立,驻云南省昆明市。指挥长琚建明。　（刘　辉）

【中铁十九局集团公司一工区项目经理部】　项目负责人祁世亮。线路长1.662公里,合同投资37786万元。主要工程为西昌路站及体育馆站至西昌路站、西昌路站至省博物馆站区间。　（刘　辉）

【中铁十一局集团公司二工区项目经理部】　项目负责人汪思海。线路长1.247公里,合同投资31588万元。主要工程为省博物馆站及省博物馆站至文化宫站区间。　（刘　辉）

【中铁十五局集团公司三工区项目经理部】　项目负责人赵卫星。线路长2.054公里,合同投资19745万元。主要工程为文化宫站至省体育馆站、省体育馆站至大树营站、大树营站至金马寺站区间。　（刘　辉）

【中铁十三局集团公司四工区项目经理部】　项目负责人毕纯利。线路长0.464公里,合同投资24021万元。主要工程为省体育馆站。　（刘　辉）

【中铁十八局集团公司五工区项目经理部】　项目负责人张富国。线路长2.338公里,合同投资30184万元。主要工程为大树营站至金马寺站、金马寺站至太平村站、太平村站至虹桥村站区间。　（刘　辉）

【中铁十六局集团公司六工区项目经理部】　项目负责人吕耀宗。线路长1.382公里,合同投资10699.82万元。主要工程为虹桥村站至东部客运站区间。　（刘　辉）

【中铁十二局集团公司七工区项目经理部】　项目负责人彭少中。线路长1.199公里,合同投资20014万元。主要工程为放马桥停车场及东部客运站至放马桥停车场。　（刘　辉）

电力工程

·锦屏二级水电站·

【工程概况】　雅砻江锦屏二级水电站引水隧洞洞群沿线上覆岩体埋深1500米~2000米,最大埋深2525米,具有埋深大、洞线长、洞径大的特点,是世界上规模最大的水工隧洞工程。　（刘　辉）

【参建单位】　中铁十三局集团公司和北京振冲工程股份有限公司联合体承担雅砻江锦屏二级水电站C5标段施工,项目主体工程为东端3号、4号引水隧洞。合同投资153932万元,合同工期2007年8月~2014年12月。3号引水隧洞长14133米,采用TBM施工;4号引水隧洞长11918米,采用钻爆法施工,由中铁十三局集团公司承建。

中铁十八局集团公司和中国水利水电第七工程局有限公司联合体承担雅砻江锦屏二级水电站C4标段施工,项目主体工程为1号、2号引水隧洞东端及检修排水系统，采用钻爆法和TBM相结合的施工方案。合同投资176593万元，合同工期2007年5月～2013年9月。1号引水隧洞长14144.29米，采用TBM施工；2号引水隧洞长11929.09米，采用钻爆法施工。

（刘 辉）

房建工程

·广西九洲国际工程·

【工程概况】 广西九洲国际工程为钢管混凝土柱框架—钢筋混凝土核心筒混合结构，占地面积11515.86平方米，建筑面积214388.77平方米，其中地上建筑面积162008.49平方米、地下建筑面积52380.28平方米；地上71层、地下6层，建筑高度301.6米，是一座集商业、酒店、办公、娱乐等功能为一体的综合性超高层建筑。

（刘 辉）

【参建单位】 中铁建设集团公司承担广西九洲国际主体结构、结构粗装修及部分给排水管道施工任务，合同投资8亿元，合同工期2011年6月～2014年3月。项目负责人张学臣。

（刘 辉）

·昆明市草海安置房工程·

【工程概况】 昆明市草海北片区45号地安置房工程坐落于昆明市西山区，毗邻滇池北岸。草海北片区45号地分10个地块。其中，A1－1～A1－6地主要由38栋20～34层最高99米的高层住宅及配套的商铺办公楼组成；A1－7～A1－10地为公用建筑，主要由60班幼儿园、84班小学、36班中学、社区配套用房、垃圾收集站、医院等附属设施用房组成。总建筑面积149.7万平方米，总投资31.8亿元，合同工期18个月。中铁建设集团公司及中铁十二、十八、二十五局集团公司承担施工任务。

（刘 辉）

·玉树地震灾后重建工程·

【工程概况】 2010年5月28日，中国铁建股份有限公司成立中国铁建玉树地震灾后重建指挥部，承担玉树州结古镇城东片区和仲达乡灾后援建任务，工程137项，总建筑面积78.6万平方米，计划总投资35亿元，合同工期2010～2013年。除由青海省指挥部委托设计3项、业主自建24项、非土建类5个项目外，其余108项由中国铁建设计、施工。中铁第一勘察设计院集团公司承担设计任务，中铁二十一局集团公司承担施工任务，指挥长张克勤。截至2012年12月，开工累计完成投资30.8亿元，占总投资的88%；完成建筑面积57万平方米，占总建筑面积的73%。

（刘 辉）

煤矿工程

·新疆广汇集团伊吾县白石湖煤矿露天剥离工程·

【工程概况】 新疆广汇集团伊吾县白石湖煤矿露天剥离工程，南北长约800米，东西长约1200米，分土石方剥离和原煤开采两部分施工。一期土石方剥离工程预计总量1亿立方米，原煤开采预计3500万立方米，合同工期2011年6月～2016年6月，合同投资14.86亿元。二期土石方剥离及采煤工程，预计年采剥总量5303万立方米，合同工期10年，合同投资87亿元。

（刘 辉）

【参建单位】 中铁十九局集团公司主要承担新疆广汇集团伊吾县白石湖煤矿露天剥离工程施工任务。项目负责人胡金琦。

（刘 辉）

市政工程

·湛江石化产业园工程·

【工程概况】 湛江石化产业园位于广东省湛江市东海岛北侧，主要建设内容为石化产业园区内东海岛海域围填海工程及园区内所有规划市政道路及配套管线工程，计划投资100亿元。合同工期：围填海工程2011年10月～2013年6月，市政道路工程2012年3月～2014年12月。主要工程量：（1）围填海工程。吹填海域8.82平方公里，拟建围堤长度17939.1米，分隔围堰长度1410.1米，吹填至设计标高的吹填方量7886万立方米。（2）市政道路工程。市政道路规划27条，总长度88.9公里，道路宽度不同，分为A～E5个等级,依次为60米、50米、40米、30米、20米。其中主要干道有石化大道、东成大道、东山大道、港南大道等。中国铁建投资有限公司与湛江开发区管委会共同出资成立中铁建湛江开发有限公司,合作开发湛江石化产业园。中铁十五、二十五局集团公司及中国铁建港航局集团公司参加工程建设。（刘 辉）

安全质量监督

【中国铁建股份有限公司安全生产委员会】 2007年成立。2012年,中国铁建股份有限公司安全生产委员会成员调整。总裁赵广发任主任委员;副董事长、党委副书记、工会主席彭树贵,党委副书记、纪委书记、监事会主席齐晓飞,副总裁兼总经济师扈振衣,副总裁夏国斌、刘汝臣任副主任委员;总部机关部门以上领导及机关有关部门负责人任委员。下辖的安全生产委员会办公室设在安全质量监督部,安全总监兼安全质量监督部部长王峰兼任办公室主任。中国铁建股份有限公司安全生产委员会的主要职责:规划、监督、指导全系统安全工作;对安全生产状况进行评估,及时提出强化管理举措;对安全重大问题提出决策性意见;审查较大以上事故调查处理报告,提出处理意见。（郭 宏）

【安全质量监督部】 是监督、管理中国铁建系统劳动安全、人身安全、锅炉压力容器安全、运输安全和工程质量、计量、试验工作,在安全、质量和"三标"体系运行工作中发挥规划、监督、管理和服务作用的职能部门。主要职责:贯彻执行中央和国家有关部委安全生产和质量管理的方针、政策和法规,管理、监督全系统劳动安全、人身安全、锅炉压力容器安全和质量管理、计量、试验及贯标认证工作;组织制定安全生产、质量管理规划、规章制度;分析安全生产、质量管理情况,提出预防事故措施;组织开展安全、质量大检查活动,促进安全质量标准工地建设,推广现代安全、质量管理办法;开展安全、质量创优、评优活动和"三标"体系运行工作,协助较大以上事故的调查处理,实施有关奖惩事宜。下设安全监督处、质量监督处和贯标办公室,定员10人,设部长1人、副部长2人。现员11人。其中,教授级高级工程师3人;高级工程师6人;高级经济师1人;工程师1人。（郭 宏）

【安全质量工作综述】 2012年,股份公司坚持以科学发展观为指导,坚持"安全第一,预防为主,综合治理"和"百年大计,质量第一"的方针,积极应对复杂多变的国内外经济环境,尤其是铁路建设市场出现的新情况、新挑战,着力强化安全质量主体责任,抓重点、抓基础、抓基层,开展隐患排查治理,推进标准化管理,有力地促进了全系统安全质量管理水平的整体提升,确保了安全质量工作在稳步推进中卓有成效。

安全生产形势总体稳定,安全目标基本实现。2012年,全系统安全生产出现三个"明显下降":事故总起数明显下降;事故单位数量明显下降;反映企业安全发展水平的主要指标明显下降,每百亿元产值死亡人数低于2人。中国土木工程集团公司等11个单位被授予2012年度安全生产先进单位称号。

工程质量水平不断提高,创优数量逐年增加。全年获中国建设工程鲁班奖5项,国家优质工程金质奖1项、银质奖23项。全员质量意识持续增强,QC小组成果丰硕。年内获全国优秀质量管理小组3个、全国工程建设优秀质量管理小组奖66个、全国工程建设质量管理小组活动优秀企业6个。（郭 宏 孙胜考）

【安全质量工作视频会议】 1月5日,股份公司召开安全质量工作视频会议,总结分析2011年安全生产和工程质量情况,表彰安全质量工作先进单位,兑现安全工作包保责任状,部署2012年安全质量工作。

（郭 宏 孙胜考）

【安全质量管理干部培训】 2月18～23日,股份公司在广东省珠海市举办全系统安全质量管理干部培训班,对在职安全质量管理干部进行法律法规、安全生产风险管理、事故案例分析、事故调查处理和质量管理、优质工程评选培训。（郭 宏 孙胜考）

【工程质量安全专题会议】 为进一步加强高速铁路和铁路客运专线质量安全工作,8月26日,股份公司在北京召开工程质量安全专题会议。会议传达贯彻落实铁道部铁路建设工程质量专题会议精神,通报有关问题,部署股份公司进一步加强质量安全工作。会议要求所属单位结合实际,本着对个人、对企业、对国家负责的态度,广泛开展质量安全风险意识教育,不断提高工程质量安全风险认识水平,转变思想和作风,提高风险防控能力;认真对照会议通报的相关质量安全问题,举一反三,切实查找已经交付的客运专线工程、在建工程存在的质量问题,端正态度,抓紧整改,确保工程质量及运营安全;结合铁路建设标准化管理基本概念和要求,认真梳理本单位设计、施工、监理等方面采用的技术标准、管理标准和作业标准及各项管理流程,完善规章制度,扎实推进机制转变,提高

标准化管理水平。（郭 宏 孙胜考）

【安全工作包保责任状】 年初，股份公司董事长孟凤朝、总裁赵广发与所属集团公司主要党政领导干部分别签订“2012 年安全工作包保责任状”。年终兑现责任状，按规定分别给予达标的中国土木工程集团公司，中铁十一、十二、十三、十四、十五、十六、十七、十九、二十、二十二、二十四、二十五局集团公司，中铁建设集团公司、中国铁建电气化局集团公司、中国铁建港航局集团公司、中国铁建房地产集团公司，中铁第一、第四、第五勘察设计院集团公司，中铁上海设计院集团公司、中铁物资集团公司、昆明中铁大型养路机械集团公司、中国铁建重工集团公司、中铁建中非建设公司、中铁建（北京）商务管理公司的党政主要领导 10000 元~30000 元奖励。（郭 宏）

【全国“安全生产月”活动】 根据中共中央宣传部、国家安全生产监督管理总局、公安部、国家广播电影电视总局、中华全国总工会、共青团中央、中华全国妇女联合会《关于开展 2012 年全国“安全生产月”活动的通知》精神，全系统于 6 月组织开展第 11 次全国“安全生产月”活动。所属单位结合实际，紧紧围绕“科学发展，安全发展”的活动主题，认真组织，广泛宣传，大力提高全员安全意识和素质，深入开展安全生产大检查活动，加大隐患排查治理力度，促进企业科学安全持续发展。（郭 宏）

【“全国质量月”活动】 根据国家质量监督检验检疫总局、中共中央宣传部、教育部、工业和信息化部、农业部、商务部、卫生部、国务院国有资产监督管理委员会、国家广播电影电视总局、国家旅游局、国家国防科技工业局、国家食品药品监督管理局、国务院食品安全委员会办公室、中国人民解放军总装备部、中华全国总工会、共青团中央、中国国际贸易促进委员会、中华全国工商业联合会、中国机械工业联合会、中国石油和化学工业联合会、中国纺织工业联合会联合下发的《关于开展 2012 年全国“质量月”活动的通知》精神，全系统开展 2012 年质量月活动。所属单位围绕“贯彻《质量发展纲要》推进质量强国建设”的活动主题，广泛开展宣传教育活动，建设质量文化，提高质量意识。全面开展质量整治、确保安全、强化过程质量控制活动，在企业中形成质量兴企、人人有责的良好氛围。强化质量责任意识，加快质量标准化建设，开展质量管理小组活动，从细节入手，找准质量控制点，推动全面质量管理，提高质量控制标准，工程质量处于可控状态。

（孙胜考）

【安全生产先进单位】 2012 年，股份公司表彰安全生产先进单位 11 个。

中国铁建安全生产先进单位

中国土木工程集团公司
中铁十一局集团公司
中铁十二局集团公司
中铁十三局集团公司
中铁十六局集团公司
中铁十九局集团公司
中铁二十局集团公司
中铁二十四局集团公司
中铁建设集团公司
中国铁建电气化局集团公司
中国铁建港航局集团公司（郭 宏）

【安全先进工作者】 2012 年，股份公司表彰安全先进工作者 106 名。

中国铁建安全先进工作者

高志海 黄明春 毛宗德 项 乐 吴启新
漆洪生 刘培洪 杨汉国 温海军 张立军
程伟鹫 乔 明 陈铁骑 秦 凯 王 平
王 太 林宪广 邹佳光 李新献 巩后田
彭跃立 邱红卫 冯文吉 田克勇 郭德清
王志明 周 通 王列武 王月幸 张明宇
王建伟 宋学栋 刘金良 潘宝磊 但晓华
李质富 王 冠 于海峰 黄发跃 赵永军
周海军 孙 磊 杨文轩 王 芳 荆子明
温国良 周 峰 曲玉林 吴卫东 任朝敏
王建强 韩志强 程 楠 陈茂良 关培山
杨洪涛 江政杰 郝陆勇 谢永胜 徐宝域
苏永雄 曹军师 武 强 张 勇 程全红
付诗圣 戎建军 任素全 刘成明 张 承
罗光华 周永彪 巫远泉 李根存 许景阳
梁金永 蒋英波 张大明 江 华 李永季
卢 赟 师建闽 冉 亚 朱 雄 黄绪东
怀荣根 孙瑛皓 崔存福 宇廷武 杨 琢
颜 晨 康彦君 蔡 旭 王 泽 张启迪
王留涛 姬保兵 邓少敏 杜家平 许顺生
王 峰 覃为刚 高晓东 刘 晖 程明薪
贯文伟（郭 宏）

【质量管理先进个人】 2012 年，股份公司表彰质量管理先进个人 107 名。

中国铁建质量管理先进个人

张志亮 李 兵 王 磊 曹 颖 葛和焰
谭 文 周 坤 甘胜银 史道泉 张秀玉

赵鹏宪　金小磊　张海云　刘　徽　方伟太
邹晶奎　侯景德　杨占勇　王华伟　李　明
李燕粉　董　颖　齐春峰　冉　磊　周志勇
薛丽波　谢　菁　刘德生　王卫星　王选祥
王正平　宋学栋　温淑荔　刘　冀　唐君德
赵广仁　梁爱国　秦敬爱　刘秀昌　于海峰
韩　磊　王国成　杨　攀　杨添奥　张庆平
康宏林　张　涛　武　林　谢红山　崔艳丽
翟耀存　董启军　肖鸿章　杨　毅　宋文义
成　鹏　王辅圣　李远超　赵中良　张　奇
韩　义　钟安兵　胡明贤　黄水良　江期洪
李　旭　王海涛　徐　岭　彭龙虎　张　杰
董　跃　李文彬　董琴亮　邓志深　唐大文
曹竟梅　孙彦胜　王　诚　张学伏　刘　文
田丽平　马晓红　杨永强　唐　沛　沈　吟
王志军　刘爱华　崔玉强　李光远　马增阳
王克勤　孔　瑜　王晓峰　谷建岭　马建忠
郑　重　葛　强　张伟宏　张银川　张丽霞
辛　实　陈勇鹏　仇　发　白云飞　杨生荣
琚建明　金守华

（孙胜考）

【安全质量标准工地】 2012 年，全系统有 84 个工地（车间）被评为中国铁建安全质量标准工地（车间）。

中国铁建安全质量标准工地

中国土木工程集团公司拉各斯轻轨项目歌剧院梁厂

中铁十一局集团二公司大西铁路客运专线马家庄隧道工程

中铁十一局集团四公司大准铁路增建二线工程

中铁十一局集团电务公司上海金山铁路改建工程

中铁十一局集团城市轨道公司武汉地铁 4 号线一期工程 2 标段

中铁十二局集团公司大西铁路客运专线站前工程 8 标段

中铁十二局集团公司宁安城际铁路 6 标段

中铁十二局集团一公司霍永高速公路东段路基第 13 标段

中铁十二局集团二公司广乐高速公路 T4 合同段

中铁十二局集团电气化公司北京地铁 9 号线供电系统设备安装工程

中铁十三局集团二公司北京地铁 6 号线 10 标段项目经理部

中铁十三局集团四公司哈尔滨市哈西地铁联络线土建工程 2 标段

中铁十三局集团六公司北京市南水北调配套工程南干渠工程第 7 标段

中铁十三局集团电务公司成都地铁 2 号线一期及西延线机电安装与装修工程 B 标段

中铁十四局集团公司湖南桂武高速公路第 32 合同段

中铁十四局集团公司沪昆铁路客运专线长昆湖南段 CKTJ－IX 标段

中铁十四局集团公司宁安铁路 NASZ－1 标段

中铁十四局集团四公司张家口北绕城高速公路 Q1 合同段

中铁十四局集团五公司烟海高速公路工程

中铁十五局集团公司上海 S6 公路 1 标段

中铁十五局集团公司昆明轨道交通一期工程土建 13 标段

中铁十五局集团三公司博克图至牙克石段高速公路 14 标段

中铁十五局集团六公司万水泉车辆检修中心

中铁十六局集团三公司宁波象山港大桥及接线工程 2 合同段

中铁十六局集团四公司南昌国际体育中心及南昌铁路西客站地区市政路网工程

中铁十六局集团轨道交通公司穗莞深城际铁路 SZH－3 标段

中铁十六局集团北京公司三亚红沙海岸工程

中铁十六局集团北京公司通辽机场航站楼扩建工程

中铁十六局集团地铁公司北京市通州运河核心区市政配套工程北环环隧工程 3 标段

中铁十七局集团公司中南通道 ZNTJ－5 标段

中铁十七局集团公司石武铁路客运专线河南段 9 标段

中铁十七局集团公司杭甬铁路客运专线 HYZQ－Ⅱ标段

中铁十七局集团一公司成绵乐铁路客运专线 1 标段

中铁十八局集团一公司乐雅高速公路水碾坝枢纽工程

中铁十八局集团三公司西安地铁 1 号线一期工程 TJSG－2 标段

中铁十八局集团四公司南京地铁 3 号线 TA17 标段秣周路站工程

中铁十八局集团建筑安装公司湖南省东常高速公路沅水特大桥 1 号桥工程

中铁十九局集团公司杭长铁路客运专线浙江段 7 标段

中铁十九局集团二公司雅砻江卡拉、杨房沟水电站交通专用公路土建Ⅲ标段

中铁十九局集团三公司京石二通道(大苑村至市界段)高速公路第16合同段

中铁十九局集团轨道交通公司无锡地铁1号线土建工程10标段

中铁二十局集团公司哈齐铁路客运专线尚家制梁场

中铁二十局集团二公司兰州枢纽杨家湾1号黄河特大桥工程

中铁二十局集团四公司哈尔滨西客站工程

中铁二十局集团五公司大四铁路高关支线张栓沟隧道工程

中铁二十一局集团三公司贵阳枢纽联络线I标段大龙滩1号、2号桥工程

中铁二十一局集团四公司拉日铁路TJ5标段雅江3号特大桥工程

中铁二十一局集团电务电化公司兰州枢纽信号信息工程

中铁二十一局集团路桥公司兰新铁路二线平安制梁场

中铁二十二局集团公司新建沪昆铁路客运专线长沙至昆明段站前工程CKGZTJ－12标段

中铁二十二局集团公司新建松原至陶赖昭铁路工程第二松花江特大桥工程

中铁二十二局集团一、六公司北京地铁14号线土建工程03项目合同段

中铁二十二局集团二公司京石铁路客运专线轨道工程

中铁二十二局集团五公司成渝高速公路复线B合同段

中铁二十三局集团公司第比利斯绕城铁路项目5号隧道工程

中铁二十三局集团公司沪昆铁路客运专线贵定北四线大桥工程

中铁二十三局集团公司兰渝铁路新歌乐山隧道工程

中铁二十三局集团公司向莆铁路青云山隧道工程

中铁二十四局集团公司新疆莎车县综合福利中心工程

中铁二十四局集团公司新建铁路厦深线(福建段)诏安站房及配套工程

中铁二十四局集团公司新建铁路阜阳至六安线工程六安制梁场

中铁二十四局集团公司南通市江海大道西段快速化改造工程A标段

中铁二十五局集团公司大西铁路客运专线原平梁场

中铁二十五局集团公司湘桂铁路扩能改造工程Ⅶ标段鹧鸪江联络线

中铁二十五局集团公司忻州环城高速公路第2合同段

中铁二十五局集团公司新建德保至靖西铁路工程

中铁建设集团北京分公司中石油钻井研发中心1号楼工程

中铁建设集团华东分公司杭政储出〔2010〕1号地块(一期)商品住宅项目

中铁建设集团公司哈大铁路客运专线长春西站站房及站台雨棚工程

中铁建设集团公司郑州分公司石武铁路客运专线新乡东站工程

中国铁建电气化局集团公司京石铁路客运专线项目经理部

中国铁建电气化局集团公司京九铁路电气化改造工程指挥部(广州段)

中国铁建电气化局集团公司朔黄铁路电气化改造项目经理部

中国铁建电气化局集团公司昆明轨道交通6号线供电项目经理部

中国铁建港航局集团公司岩土公司博深高速公路第10合同段

中国铁建房地产集团公司中国铁建·国际城诗景颂苑项目

中铁第一勘察设计院集团公司黄陵至韩城至侯马铁路工程

中铁第五勘察设计院集团公司准池铁路工程

中铁物资集团公司南昌国际体育中心及南昌铁路西客站地区市政路网工程

昆明中铁大型养路机械集团公司制造总厂西山分厂

中国铁建重工集团中铁隆昌铁路器材公司闸瓦车间

中国铁建国际集团公司阿尔及利亚东西高速公路工程

中国铁建投资公司成渝高速公路复线(重庆境)F－J合同段

中铁建(北京)商务管理公司北京铁建物业管理公司来广营国际城物业管理中心

(杨生荣)

2012 年中国铁建优秀质量管理小组

序号	获 奖 小 组	获 奖 成 果
1	中国土木工程集团福州设计研究院有限公司南昌南车辆段扩能改造房建 QC 小组	南昌南车辆段联合车库及修车库优化设计
2	中国土木工程集团公司阿尔及利亚 67 公里铁路复线项目雨棚 QC 小组	阿尔及利亚火车站混凝土雨棚安装精度控制
3	中铁十一局集团公司宿淮铁路连续梁拱挂篮施工技术创新 QC 小组	京杭运河特大桥连续梁拱挂篮横向开模施工技术创新
4	中铁十一局集团公司湘桂铁路工程指挥部隧道掘进水压爆破 QC 小组	提高隧道掘进水压爆破效果
5	中铁十一局集团公司渝利项目部质量管理 QC 小组	提高龙溪河大桥连续钢构箱梁外观质量
6	中铁十一局集团建筑安装公司襄轴工业园项目部 QC 小组	确保工业厂房地脚螺栓施工精度
7	中铁十一局集团三公司石武项目部 QC 小组	提高无砟轨道静态长轨精调一次合格率
8	中铁十二局集团四公司宁安铁路杏花制梁场 QC 小组	接触网支柱预埋螺栓精度控制
9	中铁十二局集团一公司临吉高速公路 S26 项目部 QC 小组	提高竖向预应力管道压浆畅通率
10	中铁十二局集团建筑安装公司第二项目部 QC 小组	提高泡沫混凝土施工质量合格率
11	中铁十二局集团二公司长沙地铁岩溶盾构掘进 QC 小组	降低岩溶地层盾构掘进偏差值
12	中铁十二局集团三公司中南部通道第七项目部 QC 小组	改进桥梁施工对水源地环境影响
13	中铁十三局集团公司提高住宅工程室内天棚质量 QC 小组	提高住宅工程室内天棚质量
14	中铁十三局集团公司贵阳北二环偏坡大桥预应力混凝土连续刚构箱梁 QC 小组	偏坡大桥预应力连续刚构箱梁混凝土施工质量控制
15	中铁十三局集团公司 NHA2 合同段预制箱梁 QC 小组	提高高速公路预制箱梁外观质量
16	中铁十三局集团公司门源制梁场 QC 小组	钢筋闪光对焊质量控制
17	中铁十三局集团公司绥满 B11 标段现浇连续箱梁 QC 小组	互通立交桥现浇连续箱梁混凝土色差质量控制
18	中铁十四局集团二公司宜巴高速 21 标段隧道 QC 小组	提高深埋隧道开挖预留沉降量精度
19	中铁十四局集团电气化公司上海轨道交通机电安装 QC 小组	减少轨道交通机电安装工程运营缺陷
20	中铁十四局集团二公司李红英 QC 小组	提高槽形梁薄壁混凝土浇筑质量
21	中铁十四局集团隧道公司哈尔滨地铁盾构施工 QC 小组	富水浅埋地层盾构掘进地表沉降控制
22	中铁十四局集团三公司李雷明小组	提高三维排水柔性生态护坡植草成活率
23	中铁十四局集团北京中铁房山桥梁公司轨枕车间 QC 小组	降低新Ⅲ型桥枕次品率
24	中铁十五局集团二公司汉江项目部 QC 小组	汉江二桥主桥钢管拱肋缆索吊装施工方案比选和应用
25	中铁十五局集团三公司广深港项目部 QC 小组	提高单箱多室钢箱梁单元节焊接变形一次检查合格率
26	中铁十五局集团七公司南阳光武大桥项目部 QC 小组	优选主桥现浇箱梁梁体支架方案
27	中铁十五局集团六公司运输处 QC 小组	降低列车无列尾设备运行率
28	中铁十五局集团四公司邯郸东环立交桥 QC 小组	提高环刀切法破桩头一次合格率
29	中铁十六局集团二公司勇闯天涯 QC 小组	提高线间排水槽施工质量

续表

序号	获 奖 小 组	获 奖 成 果
30	中铁十六局集团铁运公司神朔指机车 QC 小组	降低机车油脂消耗
31	中铁十六局集团轨道公司施振东 QC 小组	提高超长联络通道冻结效果
32	中铁十六局集团二公司 G307 黄万框构桥项目部 QC 小组	软土地基桥涵顶进新方法
33	中铁十六局集团轨道公司周阳宗 QC 小组	降低盾构施工中吊装运输的延误时间
34	中铁十六局集团路桥公司马巢高速公路项目部 QC 小组	提高装配式涵洞施工质量
35	中铁十七局集团四公司中南一分部 QC 小组	提高 8 字节格栅拱架加工效率
36	中铁十七局集团三公司扬绩项目 QC 小组	确保装配式预应力混凝土箱梁保护层厚度
37	中铁十七局集团铺架公司汉宜项目第三 QC 小组	提高移动式闪光焊焊接接头合格率
38	中铁十七局集团二公司兰新铁路项目 QC 小组	防治结合有效降低箱梁支座板空鼓率
39	中铁十七局集团五公司京沪项目第一 QC 小组	改变焊缝形状提高桥梁侧向挡块施工一次检验合格率
40	中铁十八局集团四公司向莆铁路项目部 QC 小组	提高接触网基础预埋螺栓优良率
41	中铁十八局集团隧道公司韩建宇 QC 小组	提高隧道电缆槽边墙观感质量
42	中铁十八局集团三公司高铁路基填筑施工 QC 小组	高铁路基 B 组填料填筑技术研究
43	中铁十八局集团二公司溶洞地区钻孔桩施工 QC 小组	提高溶洞地区钻孔桩施工质量
44	中铁十八局集团大都公司补偿收缩混凝土 QC 活动小组	保证补偿收缩混凝土质量
45	中铁十九局集团一公司新疆鄯善公路项目部 QC 小组	提高螺纹道钉正锚法锚固质量
46	中铁十九局集团二公司江山制梁场 QC 小组	加强闪光对焊的质量控制
47	中铁十九局集团三公司丹通高速公路路面施工 QC 小组	提高温拌、阻燃沥青混凝土的质量
48	中铁十九局集团五公司袁州梁场箱梁施工工艺研究 QC 小组	降低夏季施工梁体芯部温度
49	中铁十九局集团六公司大保当制梁场 QC 小组	预应力穿束机在 T 梁预制中的研发
50	中铁二十局集团一公司海洋铁路项目第四架子队 QC 小组	如东站雨棚钢结构现场焊接施工技术控制
51	中铁二十局集团二公司遵毕公路项目隧道防渗漏施工质量 QC 小组	提高隧道防渗漏施工质量
52	中铁二十局集团三公司杭长项目第三工程队 QC 小组	提高客运专线桥梁墩身外观质量
53	中铁二十局集团四公司青荣城际铁路项目隧道 QC 小组	提高隧道仰拱施工质量
54	中铁二十局集团六公司中央大道项目提高现浇泡沫轻质土施工质量 QC 小组	提高现浇泡沫轻质土施工质量
55	中铁二十一局集团电务电化公司乌阿 S2 标段工程项目部接触网 QC 小组	提高大风区段钢管柱法兰定位模盘制作合格率
56	中铁二十一局集团四公司“路之魂”QC 小组	既有站场道岔更换施工质量控制
57	中铁二十一局集团三公司先锋 QC 小组	减少 900 吨双线整孔预制箱梁缺棱掉角率
58	中铁二十一局集团二公司玉树地震灾后重建项目部 QC 小组	提高 CL 剪力墙结构喷射混凝土墙面的合格率
59	中铁二十一局集团拉日铁路指挥部“天路”QC 小组	提高隧道止水带安装合格率

续表

序号	获 奖 小 组	获 奖 成 果
60	中铁二十二局集团哈尔滨铁路建设集团公司广珠铁路西江特大桥 QC 小组	确保 2－230 米连续刚构梁——柔性拱组合桥钢管混凝土双连拱竖转合龙精度
61	中铁二十二局集团五公司湘桂铁路项目部 QC 小组	硬质倾斜岩层桥梁钻孔桩纠偏方法创新
62	中铁二十二局集团六公司哈尔滨地铁 1 号线 6 标段 QC 小组	提高 PBA 洞桩法暗挖车站钢管柱安装精度
63	中铁二十二局集团一公司红烟铁路项目桥梁工程 QC 小组	确保强风严寒条件下桥梁墩身混凝土施工温度
64	中铁二十二局集团吉图珲铁路客运专线 V 标段一工区 CFG 桩施工 QC 活动小组	确保延吉西站场 CFG 桩软基处理施工质量
65	中铁二十三局集团四公司向莆铁路 QC 小组	提高接地端子施工质量
66	中铁二十三局集团一公司石武项目部 QC 小组	缩短隧道微台阶法施工循环周期
67	中铁二十三局集团七公司狮山制梁场预制箱梁混凝土外观质量 QC 小组	减小预制箱梁混凝土硬伤掉角面积
68	中铁二十三局集团四公司中铁新城二期 1 标段 QC 小组	提高外墙穿墙螺栓孔的抗渗质量
69	中铁二十三局集团二公司哈双南项目 QC 小组	提高咬合桩施工质量
70	中铁二十三局集团三公司新且午安全控制 QC 小组	新且午高瓦斯隧道施工安全控制
71	中铁二十四局集团浙江公司旅客地道 QC 小组	临近营业线深基坑开挖轨道变形控制
72	中铁二十四局集团浙江公司杭州铁路枢纽扩建工程Ⅱ标段项目部京杭运河大桥 QC 小组	京杭运河大桥 112 米钢桁梁浮拖架设控制
73	中铁二十四局集团上海铁建工程公司漕宝路 1 标段 QC 小组	降低曲线钢箱梁现场安装的线型偏差
74	中铁二十四局集团上海铁建工程公司 TBM 第一 QC 小组	复杂环境下盾构进洞洞门密封与封堵新工艺研究
75	中铁二十四局集团南昌铁路工程公司蓝箭 QC 小组	提高隧道中埋式止水带安装合格率
76	中铁二十五局集团建筑安装公司固资管理系统研发 QC 小组	基于 EXCEL 平台的 VBA 固资管理系统研发
77	中铁二十五局集团公司云桂铁路项目部革朗隧道攻关 QC 小组	提高隧道防水板热熔焊施工质量与速度
78	中铁二十五局集团二公司衡州大道项目部 QC 攻关小组	宽幅箱梁三角斜拉式挂篮研制攻关
79	中铁二十五局集团公司沪昆铁路客运专线桥梁超长桩桩基 QC 攻关小组	高速铁路岩溶地区桥梁超长桩桩基施工技术攻关
80	中铁二十五局集团湘桂铁路Ⅶ标段第一项目部柳江桥 QC 活动小组	提高深水基础水下爆破的施工效率和质量
81	中铁第一勘察设计院集团公司西秦岭隧道 TBM 三维技术研究 QC 小组	用三维数字技术演示 TBM 施工工法研究
82	中铁第一勘察设计院集团公司西安地铁 2 号线区间结构设计 QC 小组	攻克地铁区间隧道穿越地裂缝结构设计难题
83	中铁第一勘察设计院集团公司大庆西站房 BAS 系统设计 QC 小组	提高大庆西站房 BAS 系统监控效率
84	中铁第一勘察设计院集团公司杜家山隧道勘察 QC 小组	提高杜家山特长隧道地质构造勘察精度
85	中铁第一勘察设计院集团公司宝麟定测线路 QC 小组	宝麟线定测线路方案优化设计
86	中铁第四勘察设计院集团公司地路处旁压试验 QC 小组	提高预钻式旁压试验一次成功率
87	中铁第四勘察设计院集团公司工勘院工程所 QC 小组	合理确定京沪高速铁路 CPIII 测量控制网的基础
88	中铁第四勘察设计院集团公司桥梁处殴江北口特大桥设计 QC 小组	殴江北口特大桥主缆优化设计
89	中铁第四勘察设计院集团公司通号处京广线微机监测系统升级改造方案设计 QC 小组	京广线微机监测系统升级改造方案优化

续表

序号	获 奖 小 组	获 奖 成 果
90	中铁第四勘察设计院集团建筑院昆明南站建筑节能 QC 小组	攻克昆明南站候车室自然通风设计难点
91	中铁第五勘察设计院集团公司捷奥斯 QC 小组	提高跨孔地震波 CT 数据采集合格率
92	中铁第五勘察设计院集团公司路基检测质量控制 QC 小组	提高变形模量 Ev2/Ev1 检测合格率
93	中铁第五勘察设计院集团公司包兰铁路中卫黄河特大桥勘察 QC 小组	提高中卫黄河特大桥复杂地层冬季施工岩芯采取率
94	中铁第五勘察设计院集团公司地路院岩土所 QC 小组	不规则形状基础下 CFG 桩复合地基设计程序的研发
95	中铁第五勘察设计院集团公司市政工程设计院桥梁所 QC 小组	超重、大跨、转体法施工的独塔双柱双索面斜拉桥设计实现
96	中铁上海设计院集团公司“峰下线”QC 小组	解决峰下机走线低净空区段接触网通过问题
97	中铁上海设计院集团公司建筑创作 QC 小组	欧式建筑元素在双港停车场建筑立面的应用
98	中铁上海设计院集团公司视频会议系统 QC 小组	提高视频会议系统设备的可靠性
99	中铁上海设计院集团公司专用线 QC 小组	提高专用线设计说明书文件质量
100	中铁上海设计院集团公司蔡楼集配站 QC 小组	蔡楼集配站改扩建工程限额设计
101	中铁上海设计院集团公司合蚌铁路客运专线精测 QC 小组	提高合蚌 CPⅢ网平面测量复测效率
102	中铁建设集团长沙分公司第九项目部 QC 小组	提高填充墙砌筑工程质量优良率
103	中铁建设集团海南铁路站房项目经理部 QC 小组	提高混凝土桁架下弦节点钢筋绑扎一次验收合格率
104	中铁建设集团北京分公司第十八项目部 QC 小组	提高反梁梁、柱节点混凝土观感
105	中铁建设集团设备安装分公司 QC 小组	提高空调水平水管套管安装质量
106	中铁建设集团天津分公司天津客运中心综合枢纽站工程项目 QC 小组	提高圆形框架柱混凝土施工成型观感质量
107	中国铁建电气化局集团一公司石武铁路客运专线项目部天馈系统安装 QC 小组	提高石武铁路客运专线 GSM－R 天馈系统安装一次合格率
108	中国铁建电气化局集团二公司准东二线项目部 QC 活动小组	提高复式交分道岔安装调试效率
109	中国铁建电气化局集团北方公司昆明地铁 6 号线供电项目部	昆明地铁限界检测装置的研制
110	中国铁建电气化局集团五公司石武铁路客运专线三分部接触网 QC 小组	控制接触网腕臂预配精度
111	中国铁建电气化局南方公司石武铁路客运专线项目部电气化 QC 小组	提高接触网整体吊弦预制质量
112	昆明中铁大型养路机械集团制造总厂总装分厂精益 QC 小组	缩短 DC－32 捣固车应急收车时间
113	昆明中铁大型养路机械集团制造总厂机加工分厂轮对 QC 小组	车轮注油孔加工工装的研制
114	中国铁建重工集团中铁建钢结构公司颍河钢桁梁特大桥生产制作 QC 小组	降低弦杆整体尺寸误差
115	中国铁建重工集团道岔分公司旋风队 QC 小组	提高联合锯钻、配轨生产线效率
116	中铁物资集团华东公司代理采购 QC 小组	提升年度代理采购客户保有率
117	中铁物资集团中南公司武汉地铁钢轨供应 QC 小组	提高武汉地铁钢轨供应服务质量
118	中国铁建港航局集团公司莞惠城际轨道仲恺大道 3 号特大桥 Y 型墩外观质量控制 QC 小组	消除气泡蜂窝麻面及裂纹、提高 Y 型墩柱外观质量
119	中国铁建港航局集团公司洪奇沥水道航道整治工程码头工程 QC 小组	预防码头磨耗层开裂现象提高码头磨耗层质量

制表：孙胜考

中国铁建 1984～2012 年获奖优质工程统计

项目 数量 年度	中国土木工程詹天佑奖	中国建设工程鲁班奖（国家优质工程）	国家优质工程	省（直辖市）优质工程	铁道部（铁路）优质工程	火车头优质工程	总公司（股份公司）优质工程	中国铁建杯优质工程奖
1984 年			1				1	
1985 年			1		1		7	
1986 年			1		4			
1987 年			1		3			
1988 年				8(8)	3			
1989 年			2	5(5)	7			
1990 年		2	2	7(7)	2			
1991 年		1	2	10(10)			10	
1992 年				3(3)	1		12	
1993 年				8(8)	5		14	
1994 年				2(2)			9	
1995 年				7(7)	24		19	
1996 年		3		10(10)	12		20	
1997 年		4		7(7)	20		29	
1998 年		2		10(10)	27		27	
1999 年	2	2	4	13(13)	24		54	
2000 年		3	5	22(14)	13		41	
2001 年	2	5	1	19(14)	21		61	
2002 年		6	5	44(29)	9	12	64	
2003 年	5	9	5	43(25)	18	28	55	
2004 年	3	6	10	69(42)		14	48	
2005 年	1	4	13	69(59)		29	78	
2006 年	5	5	11	66(14)		56	90	
2007 年	8	5	23	73(11)		61	110	
2008 年	8	8	18	67		71	99	
2009 年	5	6	20			63	91	
2010 年	7	3	17		31	47	143	
2011 年	4	7	15			54	124	
2012 年		5	24		52			144
合　计	56	86	181	562(298)	277	435	1206	144
总　计	323			1274(298)			1350	

注:省、直辖市优质工程括号中的数量不含建设过程中所获“优质结构奖”数量。　　制表:孙胜考

2012年中国铁建获中国建设工程鲁班奖情况

序号	获奖工程	施工单位
1	山西体育中心主体育场工程	中铁十二局集团建筑安装公司
2	合肥市畅通一环四里河立交桥工程	中铁二十四局集团安徽公司
3	新建武汉天兴洲公铁两用长江大桥正桥工程	中铁十二局集团公司及其一公司、四公司
4	南京长江隧道工程	中国铁建股份公司,中铁十四局集团公司及其四公司、电气化公司、隧道公司、北京中铁房山桥梁公司,中铁十五局集团公司
5	苏州工业园区北环快速路东延二期工程	中铁二十局集团一公司

制表:孙胜考

2012年中国铁建获国家优质工程奖情况

序号	获奖工程	施工单位
	金质奖	
1	上海崇明越江通道(长江隧桥)工程	中铁二十四局集团公司
	银质奖	
2	宁夏水洞沟电厂一期 2×660 兆瓦机组工程	中铁十九局集团一公司
3	华能东营河口风电场 1-4 期工程	中铁十四局集团二公司、中铁二十四局集团公司
4	广州市白云区江高—石井污水处理系统一期厂区工程	中铁二十二局集团公司、中铁二十二局集团四公司
5	上海市轨道交通 7 号线通信系统工程	中铁上海设计院集团公司
6	新建海南东环铁路三亚站工程	中铁建设集团公司
7	新建铁路精伊霍线站后工程(供电线路及电力牵引供电工程)	中铁二十一局集团公司及其电务电化公司、中铁第一勘察设计院集团公司及其甘肃铁一院工程监理公司
8	郑西铁路客运专线渭南渭河特大桥工程	中铁二十三局集团公司、中铁第一勘察设计院集团公司及其甘肃铁一院工程监理有限责任公司
9	宜昌东站工程	中铁第四勘察设计院集团武汉铁四院工程监理咨询公司宜万铁路监理总站
10	南宁调度所工程	中铁第四勘察设计院集团铁四院(湖北)工程监理咨询公司
11	武汉至广州客运专线新建武汉动车段工程	中铁十一局集团公司、中铁第四勘察设计院集团公司
12	成昆铁路货车外绕线工程绕城双线特大桥工程	中铁二十三局集团公司
13	二连浩特至河口国道主干线陕西省户县经洋县至勉县公路郭家山隧道工程	中铁十五局集团五公司、中铁十三局集团公司
14	大庆至广州高速公路(江西境内)武宁至吉安段九岭山隧道工程	中铁十五局集团公司
15	小河至安康高速公路包家山隧道工程	中铁十八局集团公司
16	国道 112 线高速公路天津东段工程永定河特大桥工程	中铁十四局集团公司及其二公司、中铁十八局集团五公司
17	合肥市长江西路高架快速路综合建设工程	中铁十五局集团公司

续表

序号	获奖工程	施工单位
18	哈尔滨市宣化街交通疏解工程	中铁二十二局集团哈尔滨铁路建设集团公司
19	国道主干线子洲至靖边高速公路工程	中铁十八局集团五公司、一公司,中铁十六局集团五公司、中铁十一局集团一公司
20	国道主干线(GZ40)云南水富至麻柳湾高速公路工程	中铁十七局集团公司及其三公司、中铁十二局集团四公司、中铁十三局集团公司、中铁二十一局集团三公司、中铁二十三局集团公司
21	昆明主城二环快速系统改扩建工程南二环段福海立交工程	中铁第一勘察设计院集团公司及其甘肃铁一院工程监理公司
22	四川省西昌(黄联关)至攀枝花公路工程	中铁十九局集团二公司、中铁二十一局集团三公司
23	滨州中金盛德商务写字楼工程	中铁十四局集团公司
24	迪拜运动城 The Bridge 工程	中铁十八局集团公司

制表:孙胜考

2012 年中国铁建获铁路优质工程(勘察设计)奖情况

序号	获奖工程	申报单位	主要参加人员
	一等奖		
1	重庆集装箱中心站集装箱作业区综合工程	中铁十一局集团公司	崔幼飞 张军林 姜攀 李秀杰 代华伟 张春林 陶孝刚 杨金伟 钟建东 张盟 罗登桥 于坤 王乐 周成忠 潘兆舟
2	贵阳枢纽贵阳南编组站扩能改建及枢纽客车外绕线工程	中铁二十二局集团公司	王爱国 谢红山 张勇 仪孝春 王君勋 李绿青 张雪锋 杜以军 吴延江 郝银根 李忠峰 庹军 文寅杰 郭彦来 杨宏博
3	温福铁路客运专线瑞安、鳌江车站深厚软基工程	中铁二十四局集团公司	韩文忠 阚宏明 姜志炜 陆喜钢 沈志明 吕旭明 樊文跃 郭庭强 徐开俊 李远超 陈澄海 俞醒 顾湘生 张辉 武金龙
4	武汉天兴洲公铁两用长江大桥正桥工程	中国中铁大桥局集团公司 中铁十二局集团公司	史聪慧 赵常煜 钱立军 杨希文 刘成木 范军 王森章 魏爱军 武垚强 李恒太 寇越 张钰 李瑞昌 李伟军 郝锐
5	沪宁城际铁路苏州东 1 号特大桥工程	中铁十一局集团公司	郝生德 蒋晓光 胡昌虎 何志勇 霍强 宋政平 刘昌盛 杨京川 冷继华 何江 姚青松 边新丰 雷建旺 柯亮 陈学林
6	沪宁城际铁路苏州西特大桥工程	中铁十一局集团公司	卢杰 邢天恩 何志勇 王俊生 霍强 宋政平 刘昌盛 杨京川 钱修曹 何江 姚青松 边新丰 雷建旺 丁明 施忠原
7	京沪高速铁路濉河特大桥工程	中铁十二局集团公司 中铁十四局集团公司	宋津喜 高治双 赵常煜 尚红卫 孙峰伟 程建平 赵年全 郭光宇 张保林 郑丙宪 王引仓 梁建忠 李庆光 杨建东 谭凤吉
8	京沪高速铁路淮河特大桥工程	中铁十二局集团公司 中铁十四局集团公司 中铁十五局集团公司	宋津喜 高治双 赵常煜 王勇 魏国斌 孙峰伟 程建平 李永华 卫建雷 李保明 李恒太 任达元 陈嘉喜 杨建东 胡明文
9	京沪高速铁路后八丁特大桥工程	中铁十二局集团公司	王经纬 吴振虎 李伟军 张端海 齐帅 李卫军 周治国 王新军 焦军 曾剑峰 张建民

续表

序号	获奖工程	申报单位	主要参加人员
10	京沪高速铁路京杭运河特大桥工程	中铁十二局集团公司	曹钢龙 张国红 陈少波 刘运泽 杜振清 李 伦 田 俊 安茂强 袁 浩 唐利群 陈登举 崔越超 沈霖源
11	京沪高速铁路亮岗特大桥工程	中铁十二局集团公司	高治双 赵常煜 赵朋宪 武 峰 潘晓刚 梁安军 王克勤 李 帅 相 明 王 剑 刘国旗 戚桂荣 李晓超 黄实勇 林广南
12	新建沪杭铁路客运专线跨沪杭高速公路特大桥工程	中铁十二局集团公司	谭雷平 李有为 张福才 姚 勇 陈创社 贾优秀 孙 辉 丁晓军 范恒波 张小彬 蔡福海 安 璐 何眼军 屈长利 王玉华
13	新建海南东环铁路工程新海口高架双线特大桥工程	中铁十七局集团公司	王宏敏 刘宝庆 葛 强 严勇智 张义理 赵瑞轩 王卓林 刘永明 陈二平 郭建龙 陈明辉 王开胜 吴庆猛 赵 刚 李应昆
14	武广铁路客运专线藏龙岛特大桥工程	中铁十八局集团公司	付仕保 李兰勤 卫海宏 席居法 付彦生 钟兴兵 史鹏飞 段志国 潘宝垒 冯英华 盛永东 张立伟 崔振喜 冀海峰
15	沪宁城际铁路戚墅堰特大桥工程	中铁十九局集团公司	梁爱国 刘林生 韩 刚 陈 霞 王国群 华 冰 白增奇 蒋俊辉 乔兴华 张 华 黄 示 韩 军 黄东栋 徐世权 王金亮
16	昌九城际铁路永修特大桥工程	中铁二十局集团公司 中铁二十四局集团公司	赵崇科 任少强 孙世科 邓加成 石鸿江 王海波 喻志良 郭 晖 张 迪 杨军奇 钱建忠 江政杰 吴凡华 李永茂 陈冬春
17	武广铁路客运专线汀泗河特大桥工程	中铁十一局集团公司	曾国升 陈林生 李晓波 邓文洪 朱英磊 谭 文 陈 跃 邱桂琴 陈 政 李泉兵 田志明 王立飞 周特文 万 成 张运体
18	京沪高速铁路济南西站站房及相关工程	中铁十二局集团公司	郑 军 任二福 唐 龙 张秀玉 崔俊燕 罗中来 陈坚强 李鹏举 尹玉平 杨 洁 刘兆慧 崔保国 高并强 郭 铁 刘 强
19	新建海南东环铁路三亚站站房及相关工程	中铁建设集团公司	宋璟毅 于占福 刘传林 姚源刚 武利平 雷春光 余家海 蔡 川 孟昭威 梅 洪 吕素领 党书远 韩邦良 曹志永 李长勇
20	新建铁路福厦线厦门西站房及配套工程	中铁建设集团公司	李士坦 蒋水兵 李延昌 伊 亮 李 庆 高 志 杨炳华 居 刚 闫 军 赵延亮 张靳杰 贾锐锐 范祥祥 王志成 周 超
21	包西铁路陕西省界至张桥段“四电”工程	中铁十一局集团电务公司	王 尧 刘尊涵 何佳雷 蒋 海 陈海洋 徐告春 蒋永进 陈良君 朱正凯 张 通 谢高悟 杨丽娟 胡予昭 冯云龙 张 盟
22	包西铁路延安北黄陵南桥牵引供电工程	中铁十二局集团电气化公司	温海军 白东晖 李 进 张家旭 贺金圣 夏亮亮 胡军阁 靳小刚 郝 云 张国篷 张力生 陈金萍 王红军 胡长冰 黄少峰
23	兰新线电气化改造乌西至阿拉山口段工程	中铁二十一局集团公司	程永和 何 颉 陈小东 杨晓军 曲玉林 郭民祥 袁晓强 白永宏 赵军刚 安 毅 王德孝 巩进海 冯育民 王学军 王宏兵
24	新建铁路洛湛线岑溪至茂名段三电工程	中国铁建电气化局集团公司	肖 勇 陈再红 曾力勇 卢挺丰 秦 震 王戈辉 周卫方 杨精平 杨 琰 史新瑜 续文达 肖祥秋 张军辉 伍燕琳 肖乾刚
25	兰新铁路乌西至精河段增建二线三电工程	中国铁建电气化局集团公司	李云峰 朱 勇 刘志亨 董德奎 黄 枢 柳小燕 席俊章 任玉敏 秦大伟 雍松坪 杜永强 陈治明 陈建波 徐中兴 李文彬

续表

序号	获 奖 工 程	申 报 单 位	主 要 参 加 人 员
26	改建铁路武九线电气化改造工程	中国铁建电气化局集团公司	黄 兵 袁玉红 谢文艺 叶志荣 刘俊峰 姜晓辉 叶玉鹏 邱正晓 杨清太 刘玖林 许 斌 寇华桥 罗林生 周小吉 唐 阳
	二等奖		
27	沪汉蓉铁路万寿河特大桥工程	中铁十一局集团公司 中国中铁大桥局集团公司	谭发刚 陈红兵 薛海华 范亚峰 李 杨 胡 瑞 何声军 林立冬 查道宏 赵振东 汪 波 赵 敏 王明哲 高晓玲 杨永斌
28	沪宁城际铁路南浜特大桥工程	中铁十一局集团公司	卢 杰 王金波 卢芝海 王 坤 刘 鹏 张 磊 冷 涛 周金涛 李三林 陈旭刚 刘国平 阳六仔 张 健 陈则章 童本义
29	沪宁城际铁路娄蕴特大桥工程	中铁十一局集团公司	蒋国云 王同华 曾令富 杨明清 廖正树 张常乐 王 政 李建兵 王朝虎 游学东 黄金柱 刘昉俊 吕忠利 吴 峰 徐其学
30	武广铁路客运专线大燕河特大桥工程	中铁十二局集团公司	王淼章 魏爱军 司敏建 赵蓓蕾 贾欢欢 赵 亮 白 勇 姜学勇 岳 军 袁 博 曹礼林 孙玉虎 申 山 李志强 谷平安
31	郑西铁路客运专线北平泉特大桥工程	中铁十二局集团公司	张凤华 胡建国 梁彬彬 陈志高 王晋生 梁光荣 李智杰 石有才 徐建刚 王佳斌 吴展剑 王志权 杨建东 王平山 金小磊
32	郑西铁路客运专线峪峒特大桥工程	中铁十二局集团公司	霍玉华 张凤华 胡建国 梁彬彬 王晋生 杨自政 梁光荣 李智杰 袁振洪 田永铸 唐 伟 王 雷 李文龙 杨小芳 周 凤
33	武广客运专线西瓜地特大桥工程	中铁十五局集团公司	胡志广 李长福 姚铁军 阎永风 李燕粉 陈伟社 马中伟 韩志红 冯国荣 薛保国 岳 琳 程 翔 杨志成 柳兴海 宋忠涛
34	武广铁路客运专线北乡特大桥工程	中铁十五局集团公司	陈永祥 李自锋 周 伟 张安普 姚铁军 阎永风 赵建奇 李亚玲 王开荣 向中学 范碧权 王 磊 王立军 刘 成 李文强
35	迁曹铁路滦南至曹妃甸段曹妃甸特大桥工程	中铁十六局集团公司	任海顺 徐敏聪 任运仲 陈俊斗 张建国 邱厚好 黄 翰 周元元 刘存京 曹培昌 刘海涛 张维范 梁伦文 尚秋来 来 乐
36	新建甬台温铁路永宁江特大桥工程	中铁十八局集团公司	闫广天 王志武 黄旭升 李 宗 杨长京 杨旭辉 余 杉 温淑荔 杨志峰 朱 鹏 张海波 徐建国 闫须行 李崇威 刘 勇
37	西格铁路增建二线新民村湟水河特大桥工程	中铁十九局集团公司	陈金荣 王兆华 王玉琦 张乾俊 徐 春 于东峰 吕国涛 魏 权 关岳森 欧小亮 耿爱民 谢 军 陈金志 张广利 王智勇
38	长春至吉林城际铁路跨长吉公路特大桥工程	中铁十九局集团公司	刘林生 黄发跃 侯利宗 韩 刚 陈 霞 丑国伟 陈保忠 谢昌龙 王宏军 宋 扬 丙连浩 尹 宾 马宏伟 魏廷超 张树伟
39	包西铁路跨黄延高速大桥工程	中铁二十一局集团公司	马 威 曾继光 彭海涛 柴颖鹏 庄乾理 黄炬银 田占良 冯 钰 杨明星 赵江英 郑永奇 李 凯 廖利宏 张 沱 赵 侃
40	昌九城际铁路乐化特大桥工程	中铁二十四局集团公司	吴义良 郭 俊 余 游 伍基建 朱铁桥 吴明俊 霍发军 孙思文 王小兵 徐清松 罗 锐 李福明 邓 昆 程先荣 邬小敏

续表

序号	获 奖 工 程	申 报 单 位	主 要 参 加 人 员
41	昌九城际铁路熊家特大桥工程	中铁二十四局集团公司	杨前成 段学良 陈富兵 袁兆廷 饶 群 谢 良 邹永胜 李良钊 徐利民 夏启辉 高志平 邓发刚 聂继昌 何祥荣
42	包西铁路桑树湾隧道工程	中铁十二局集团公司	霍元盛 徐 峰 曹康俊 石红川 张孔晶 王文志 管恩善 范雪玉 魏井申 付文国 陈伟明 代贝贝 郭韶龙 陈彦刚 陈明元
43	新建洛湛铁路袍子岭隧道工程	中铁十三局集团公司 中铁十五局集团公司	吴逢怀 曾其威 张崙铭 李继宏 崔永军 廖福塘 于自鹏 宋怀庆 李新文 吕培良 赵守仁 宁远思 肖文平 岳晓东 黄 伟
44	新建宜万铁路龙麟宫隧道工程	中铁二十局集团公司	赵崇科 任少强 吴应明 王作举 邓加成 白建伟 张广耀 杜 越 王永峰 薛俊峰 韩 磊 罗宗帆 吴信军 杨立然 宋长甫
45	新建宜万铁路别岩槽隧道工程	中铁二十局集团公司 中铁二十一局集团公司	赵崇科 任少强 吴应明 张文峰 陈益发 李 英 陈国庆 田海龙 魏 辉 孙世科 曹云堂 曾继光 赵春锋 庄乾理 柴颖鹏
46	南疆铁路吐库二线新库鲁塔格隧道工程	中铁二十一局集团公司	赵彦旭 石龙海 朱 宇 杨 波 柴江明 李涛涛 金 龙 袁宪灿 王立博 肖 军 郑雅文 邢伟芳 杨耀恒 荆子明 常正儒
47	贵昆铁路六盘水至沾益段增建第二线新且午隧道工程	中铁二十三局集团公司	王义春 董凤杰 唐淑萍 肖 毅 黄修江 赵达宏 刘 福 杨旭东 杨金成 郭红岩 邓承德 邓安龙 徐建斌 李 丹 牛春香
48	南昌枢纽西环线电务工程	中铁二十四局集团电务公司	胡宜光 徐同亮 熊林许 徐学华 胡星华 谢 晖 周洪杨 张 平 李志江 李湘磊 周承德 赵中良 方 立 王大超 吴 耘
49	新建铁路奎屯至北屯"三电"工程	中国铁建电气化局集团一公司	王春林 张进忠 胡继强 邱日庆 赵春波 周宇峰 吕仁权 谭森林 谭大本 夏文龑 陈 俞 吴继成 袁小龙 陈艳伶 史云侠
50	改建铁路南同蒲线榆次至侯马北段电气化扩能改造工程	中国铁建电气化局集团二公司	钟 勇 穆建军 张相利 李 宁 康常乐 岳彩文 赵志敏 谭亚洲 犹 春 徐 超 张绍全 肖德刚 卢志高 曹桂枝 屈家玉
51	包西铁路通道包头至陕西省界段通信信号工程	中国铁建电气化局集团公司	吕彦伟 姬龙飞 吕 兵 宁德俭 刘春军 肖兴强 魏雪圣 李建军 曹 娜 王兵兵 毛红霞 吕鹏伟 陈启明 史新瑜 杨毓泉
52	改建铁路武汉枢纽武汉站货车外绕线及武昌东编组站南疏解"四电"工程	中国铁建电气化局集团南方公司	万 靖 张 晖 易 姗 韩水清 余德武 胡代信 司 勇 李海东 陈长青 庄冬梅 江 松 赵和香 宗爱荣 蒋斌斌 吴 昊

制表:孙胜考

2012年中国铁建杯优质工程奖获奖情况

序号	获奖工程	施工单位
1	西铜高速公路浊峪河大桥工程	中铁十一局集团一公司
2	厦蓉高速公路也送坡特大桥工程	中铁十一局集团二公司
3	厦蓉高速公路排调河1号特大桥工程	中铁十一局集团二公司
4	沪宁城际铁路南浜特大桥工程	中铁十一局集团二公司
5	重庆集装箱中心站综合工程	中铁十一局集团公司及其三公司、电务公司,中铁第四勘察设计院集团公司
6	绩黄高速公路5标段佛岭隧道工程	中铁十一局集团四公司
7	安康至毛坝高速公路米溪梁隧道工程	中铁十一局集团四公司
8	沪宁城际铁路苏州东1号特大桥工程	中铁十一局集团四公司
9	沪宁城际铁路苏州西特大桥工程	中铁十一局集团四公司
10	包西铁路庆兴隧道工程	中铁十一局集团公司及其二公司、五公司
11	重庆轻轨3号线嘉陵江特大桥工程	中铁十一局集团五公司
12	重庆轨道交通1线石桥铺车站工程	中铁十一局集团五公司
13	昆明大型铁路养护设备产业基地工程	中铁十一局集团六公司
14	包西铁路“四电”工程	中铁十一局集团电务公司
15	京沪高速铁路潍河特大桥工程	中铁十二、十四局集团公司
16	京沪高速铁路淮河特大桥工程	中铁十二、十四、十五局集团公司
17	京沪高速铁路4标段后八丁特大桥工程	中铁十二局集团一公司
18	京沪高速铁路4标段陈山特大桥工程	中铁十二局集团一公司
19	京沪高速铁路4标段京杭运河特大桥工程	中铁十二局集团一公司
20	京沪高速铁路JHTJ－4标段亮岗特大桥工程	中铁十二局集团公司及其二公司
21	广深港铁路客运专线狮子洋隧道工程	中铁十二局集团二公司
22	雅西高速公路大相岭泥巴山隧道工程	中铁十二局集团三公司
23	太中银铁路(银川联络线)ZQ－VI标段四儿滩特大桥工程	中铁十二局集团四公司
24	太中银铁路(银川联络线)ZQ－VI标段跨银灵公路特大桥工程	中铁十二局集团四公司
25	包西铁路通道大保当至张桥段BXS－2标段桑树湾隧道工程	中铁十二局集团四公司
26	沪杭铁路客运专线跨沪杭高速公路特大桥工程	中铁十二局集团四公司
27	汉宜高速铁路东荆河特大桥工程	中铁十二局集团七公司
28	天津西站交通枢纽配套市政公用工程机电设备安装B包工程	中铁十二局集团电气化公司
29	包西铁路BXZH－3标段电气化工程	中铁十二局集团电气化公司
30	南平市闽江大桥主桥及南岸连接线工程	中铁十三局集团公司
31	卧龙湾立交桥工程(大连开发区9号路跨快轨3号线立交桥工程)	中铁十三局集团公司
32	洛湛铁路袍子岭隧道工程	中铁十三、十五局集团公司

续表

序号	获 奖 工 程	施 工 单 位
33	成都地铁2号线一期工程土建2标段工程	中铁十三局集团公司
34	深圳地铁2号线东延线工程土建2223～2225、2229标段、福田站综合交通枢纽工程	中铁十三、十六、十五、十八局集团公司
35	苏州轨道交通1号线Ⅰ－TS－05标段工程	中铁十三局集团公司
36	哈尔滨市三环路西线跨松花江大桥工程	中铁十三局集团公司
37	西安市轨道交通2号线一期工程会展中心站工程	中铁十三局集团公司
38	中铁十四局集团一公司办公楼、1～7号住宅楼及地下车库工程	中铁十四局集团公司
39	国道315线德令哈至小柴旦湖段高速公路B合同段工程	中铁十四局集团公司
40	安哥拉社会住房项目凯兰巴凯亚西一期Ⅳ标段房建工程17号地块工程	中铁十四局集团公司
41	成都地铁1号线1期文殊院站土建工程	中铁十四局集团公司
42	湖北省宜昌至巴东(鄂渝界)公路郑家垭隧道工程	中铁十四局集团二公司
43	东莞生态园大道市政道路工程第4标段工程	中铁十四局集团五公司
44	天津集疏港公路二期中段1标段海河大桥工程	中铁十五局集团公司
45	枚皋路京杭运河大桥及其接线工程	中铁十五局集团公司
46	汕昆高速公路板江项目T7合同段白岩脚隧道工程	中铁十五局集团一公司
47	南水北调湖北省郧县汉江公路二桥工程	中铁十五局集团二公司
48	包西铁路通道大保当至张桥段新寺则河隧道工程	中铁十五集团公司及其四公司
49	十天高速公路旬阳隧道工程	中铁十五局集团五公司、中铁二十局集团四公司
50	十天高速公路H－C27标段茶店互通立交工程	中铁十五局集团五公司
51	重庆巫奉高速公路大风口隧道工程	中铁十五局集团五公司、中国中铁六局集团公司
52	太佳高速公路14合同段老龙山隧道工程	中铁十五局集团五公司
53	灵山高速公路抢风岭隧道工程	中铁十五局集团五公司
54	西安至铜川高速公路渭河特大桥工程	中铁十五局集团五公司、中铁十二局集团公司、中国中铁五局集团三公司
55	芜湖市弋江路改建工程袁泽大桥工程	中铁十六局集团三公司
56	台缙高速公路东延段DS5合同段九曲岭隧道工程	中铁十六局集团三公司
57	达陕高速公路D4合同段红岩湾隧道工程	中铁十六局集团公司及其四公司
58	曹妃甸工业区1号路跨纳潮河大桥工程	中铁十六局集团公司及其五公司
59	杭州地铁1号线九堡站及7、8号盾构区间工程	中铁十六局集团公司及其北京轨道交通工程建设公司
60	天津站交通枢纽工程轨道换乘中心工程	中铁十六局集团公司及其北京轨道交通工程建设公司
61	迁曹铁路滦南至曹妃甸段LC4标段曹妃甸特大桥工程	中铁十六局集团公司及其二公司
62	常州市高架道路二期高架桥第3标段工程	中铁十六局集团公司
63	海航集团新华航空公司基地一期工程Ⅱ标段综合工程	中铁十六局集团公司及其北京工程公司

续表

序号	获 奖 工 程	施 工 单 位
64	三亚红沙海岸工程	中铁十六局集团北京工程公司
65	福厦铁路站前重点工程 ZD－I 标段木兰溪特大桥工程	中铁十七局集团公司及其一公司
66	海南东环铁路 DHZQ－Ⅰ标段美兰机场隧道工程	中铁十七局集团公司及其一公司、五公司
67	海南东环铁路工程 DHZQ－Ⅰ标段新海口高架双线特大桥工程	中铁十七局集团公司及其一公司
68	重庆鱼洞长江大桥二期工程	中国铁建股份公司、中铁十七局集团公司及其二公司、中铁二十三局集团公司
69	大广高速公路衡大段 LQ7 合同段跨京九铁路高架桥工程	中铁十七局集团公司及其三公司
70	大广高速公路深州至大名(冀豫界)段 LQ25、LQ26 合同段漳河特大桥工程	中铁十七局集团三公司
71	山西省平阳高速公路第 17 合同段大南山隧道工程	中铁十七局集团公司及其三公司
72	邯武快速路上跨西环路邯长铁路立交工程	中铁十七局集团公司及其五公司
73	福厦铁路站前重点工程 ZD－I 标段黄晶岭隧道工程	中铁十七局集团公司及其六公司
74	南昌铁路枢纽西环线沙田赣江特大桥工程	中铁十七局集团公司及其六公司
75	宜万铁路白云山隧道工程	中铁十八局集团公司
76	宁波机场快速干道工程Ⅳ标段工程	中铁十八局集团二公司
77	贵阳市北二环路偏坡隧道工程	中铁十八局集团四公司
78	世纪新筑 34 号楼及北部地下车库工程	中铁十八局集团北京中铁大都工程公司
79	宝平高速公路二郎山隧道工程	中铁十八局集团隧道公司
80	青藏铁路西宁至格尔木段增建二线新民村湟水河特大桥工程	中铁十九局集团一公司、中铁二十二局集团二公司
81	黑龙江省伊春至绥化公路 A4、A5 合同段工程	中铁十九局集团三公司
82	营口 MOMA 峰汇住宅小区一期 3、4、5 号楼工程	中铁十九局集团五公司
83	TCL 液晶电视整机一体化制造项目注塑厂工程	中铁十九局集团七公司
84	北京市轨道交通大兴线机电安装 2 标段工程	中铁十九局集团电务公司
85	昆明主城二环快速系统改扩建工程福德立交桥工程	中铁二十局集团公司及其五公司
86	昌九城际铁路 ZDZ 标段永修特大桥工程	中铁二十局集团一公司
87	宜万铁路 W15 标段龙麟宫隧道工程	中铁二十局集团一公司
88	宜万铁路 37 标段双流特大桥工程	中铁二十局集团三公司
89	宜万铁路 37 标段别岩槽隧道工程	中铁二十局集团公司、中铁二十一局集团三公司
90	宝汉高速公路宝鸡至陕甘界 BP11 合同段五里坡特大桥工程	中铁二十局集团三公司
91	天津西站交通枢纽配套市政公用工程土建 2 标段工程	中铁二十局集团六公司
92	东沙至新联高速公路五沙高架桥工程	中铁二十局集团六公司
93	天津团泊体育场工程	中铁二十局集团六公司
94	蔚蓝国际 C、D 座工程	中铁二十局集团六公司
95	南疆铁路吐库二线新库鲁塔格隧道工程	中铁二十一局集团一公司

续表

序号	获 奖 工 程	施 工 单 位
96	包西铁路新九燕山隧道工程	中铁二十一局集团三公司
97	包西铁路跨黄延高速公路大桥工程	中铁二十一局集团三公司
98	福厦铁路紫岭隧道工程	中铁二十一局集团三公司
99	福厦铁路晋江特大桥工程	中铁二十一局集团三公司
100	兰新铁路红柳河至阿拉山口电气化改造乌西至阿拉山口段 S2 标段工程	中铁二十一局集团电务电化公司
101	贵阳枢纽贵阳南编组站扩能改建及枢纽客车外绕线工程	中铁二十二局集团二公司
102	厦门环岛干道（文曾路至厦门大学段）工程	中铁二十二局集团三公司
103	晋江双龙路东拓与浦沟路工程	中铁二十二局集团三公司
104	大庆至广州高速公路深州至大名（冀豫界）24 合同段工程	中铁二十二局集团四公司
105	攀枝花市炳仁线环境治理工程	中铁二十二局集团四公司
106	雅泸高速公路 C10 合同段汉源隧道工程	中铁二十二局集团五公司
107	大庆汇景花园居住小区 10 标段工程	中铁二十二局集团六公司
108	徐州市中国铁建未来城工程	中铁二十三局集团公司
109	石武铁路客运专线（湖北段）TJI 标段黄龙寺隧道工程	中铁二十三局集团一公司
110	石武铁路客运专线（湖北段）TJI 标段澴水特大桥工程	中铁二十三局集团一公司
111	长春市轻轨三期工程北亚泰大街站至伪皇宫、长春火车站地下区间、房建工程	中铁二十三局集团二公司
112	贵昆铁路六盘水至沾益段增建第二线 W5 标段新且午隧道工程	中铁二十三局集团三公司
113	准东二期铁路西五色浪 1 号隧道工程	中铁二十三局集团四公司
114	成都地铁 2 号线一期工程站东广场站至东洪路站（含）工程	中铁二十三局集团轨道交通公司及其成都工程公司
115	平齐线茂林至太平川段增建二线工程	中铁二十三局集团电务公司
116	福厦铁路“四电”系统集成工程	中铁二十四局集团公司及其上海电务电化公司
117	南昌枢纽西环线电务工程	中铁二十四局集团公司及其上海电务电化公司
118	铜陵市沿新路互通立交桥工程	中铁二十四局集团公司及其安徽工程公司
119	上海至南京城际轨道交通工程德胜河特大桥工程	中铁二十四局集团公司及其新余工程公司
120	海南东环铁路龙滚河双线特大桥工程	中铁二十五局集团一公司
121	太中银铁路站前工程 ZQ－I－1 标段跨石太铁路特大桥工程	中铁二十五局集团三公司
122	海南东环铁路海口东站站房工程	中铁二十五局集团建筑安装公司
123	郑西铁路客运专线洛阳南站站房工程	中铁二十五局集团建筑安装公司
124	京沪高速铁路站房 3 标段苏州北站站房工程	中铁建设集团公司
125	京沪高速铁路站房 3 标段无锡东站站房工程	中铁建设集团公司

续表

序号	获奖工程	施工单位
126	北京朝阳区来广营乡清河营村住宅及配套商业金融1号地1～6号楼工程	中铁建设集团公司
127	润景茗苑C5－C8楼及B1－B4车库工程	中铁建设集团公司
128	中加吉鼎住宅区1号住宅楼等16项工程	中铁建设集团公司
129	风景御园一期1标段工程	中铁建设集团公司
130	海南东环铁路三亚站站房及相关工程	中铁建设集团公司
131	中国铁建·国际城C组团1标段总承包工程	中铁建设集团公司
132	唐山新华贸中心工程	中铁建设集团公司
133	广东·恒大绿洲11～35号楼主体及配套工程	中铁建设集团公司
134	福厦铁路厦门西站房及配套工程	中铁建设集团公司
135	洛湛铁路岑溪(马路圩)至茂名段工程M6标段工程	中国铁建电气化局集团公司
136	上海轨道交通13号线世博园区专用交通联络线工程牵引、降压变电所、电力监控、接触网、通信、信号系统工程	中国铁建电气化局集团一公司
137	南同蒲铁路榆次至侯马北段电气化扩能改造工程NTDG－6标段工程	中国铁建电气化局集团二公司
138	长吉城际铁路“四电”集成及相关工程	中国铁建电气化局集团三公司
139	重庆奉云高速公路机电工程BJD1合同段工程	中国铁建电气化局集团四公司
140	包西铁路通道包头至省界段通信信号工程	中国铁建电气化局集团五公司
141	新菏兖日电气化改造工程	中国铁建电气化局集团北方工程公司
142	武汉枢纽武汉站货车外绕线及武昌东编组站南疏解工程HWS－2标段工程	中国铁建电气化局集团南方工程公司
143	武九铁路电气化改造工程	中国铁建电气化局集团南方工程公司
144	阿萨巴中央银行工程	中国土木工程集团公司

制表：孙胜考

2012年中国铁建生产安全事故情况

事故级别	总计（起数）	死亡人数（人）	重伤人数（人）	直接经济损失（万元）	备注
一般事故	2	2			
较大事故	3	9			
重大事故					
特别重大事故					
其他	1	13			陕西省安全生产监督管理局出具证明：陕西省周至县境内引水工程“10·10”火灾事故，发生在水利工程建设过程中生活区民工宿舍的火灾事故，此事故排除工程作业过程事故。
合计	6	24			

制表：郭　宏

中国铁建兵改工以来职工因工死亡人数逐月统计

数量 \ 项目 / 年度	一月	二月	三月	四月	五月	六月	七月	八月	九月	十月	十一月	十二月	全年合计：职工人数（人）	全年合计：死亡人数（人）	全年合计：千人死亡率（‰）
1984 年	1	4	1	1	3	1	3	2	3	1	4	3	150549	27	0. 179
1985 年		1	3	1	2	10	4	2	4	6	2	1	153134	36	0. 235
1986 年	4	1	1	5	3	3	7	5	6	5	3	1	151620	44	0. 29
1987 年			4	12	2		9	8	3	4	2	1	151428	45	0. 297
1988 年			4	1	5	1	2		3		2	3	146855	21	0. 143
1989 年	3		4	2	3		3	1	1	3			150962	20	0. 132
1990 年	1				1		3		1		2		153288	8	0. 053
1991 年			1	1	1		3		5	9	4		158588	24	0. 151
1992 年	1					1	1	2	1	1	2	6	160379	15	0. 094
1993 年	1	2	1		1	3	1	2	1	6	1		145876	19	0. 13
1994 年		3		2			5		1	1		2	145368	14	0. 096
1995 年		3		5		1		1		1	1	2	145608	14	0. 096
1996 年	1	1			1	1				1	1		146871	6	0. 041
1997 年	1	9		3	4	1	1	3	4		2		141327	28	0. 198
1998 年			2								2		139731	4	0. 029
1999 年			1	7	2	2	1	5	3	1		10	171445	32	0. 187
2000 年	6		4				1	5	1	1	1	1	200850	20	0. 1
2001 年	2				2		2	2	6		7	3	186680	24	0. 129
2002 年											1		186000	1	0. 005
2003 年			2			1	1						176000	4	0. 023
2004 年	1				1		2	1	1		1	4	227650	11	0. 048
2005 年		7	4		1			2	7			12	230533	33	0. 143
2006 年	1	8		1						4		6	237232	20	0. 084
2007 年	4		6	4	1	4			3				242168	22	0. 091
2008 年			5		3			2					184868	10	0. 054
2009 年			5					3		6		6	209103	20	0. 096
2010 年		2	12	4	3		10	1	2	1	7		228004	42	0. 184
2011 年	3		6		7			5	1	25		2	240660	49	0. 2036
2012 年					3	3	1			13	4		287568	24	0. 0835
合　计	30	41	66	49	49	32	60	52	57	89	49	63		637	0. 1239

制表：郭　宏

原铁道兵部队和中国铁建逐年事故死亡人数统计

项目 / 数量 / 年度	死亡人数	千人死亡率	项目 / 数量 / 年度	死亡人数	千人死亡率	项目 / 数量 / 年度	死亡人数	千人死亡率
1948 年	21		1977 年	216	0.64	1984 年	27	0.179
1949 年	96		1978 年	193	0.58	1985 年	36	0.235
1950 年	36		1979 年	192	0.51	1986 年	44	0.29
1951 年	365		1980 年	177	0.58	1987 年	45	0.297
1952 年	521		1981 年	116	0.52	1988 年	21	0.143
1953 年	448		1982 年	121	0.62	1989 年	20	0.132
1954 年	33		1983 年	76	0.47	1990 年	8	0.053
1955 年	157	1.55				1991 年	24	0.151
1956 年	144	1.26				1992 年	15	0.094
1957 年	60	0.58				1993 年	19	0.13
1958 年	125	1.24				1994 年	14	0.096
1959 年	235	1.53				1995 年	14	0.096
1960 年	249	1.77				1996 年	6	0.041
1961 年	151	1.17				1997 年	28	0.198
1962 年	63	0.64				1998 年	4	0.029
1963 年	137	0.68				1999 年	32	0.187
1964 年	106	0.51				2000 年	20	0.1
1965 年	336	1.63				2001 年	24	0.129
1966 年	436	1				2002 年	1	0.005
1967 年	351	1				2003 年	4	0.023
1968 年	263	0.6				2004 年	11	0.048
1969 年	373	0.58				2005 年	33	0.143
1970 年	404	0.7				2006 年	20	0.084
1971 年	536	1.3				2007 年	22	0.091
1972 年	371	0.71				2008 年	10	0.054
1973 年	254	0.61				2009 年	20	0.096
1974 年	291	0.67				2010 年	42	0.184
1975 年	263	0.56				2011 年	49	0.2036
1976 年	257	0.74				2012 年	24	0.0835
铁道兵合计				8173	0.88	中国铁建合计	637	0.1239

制表：郭 宏

中国铁建兵改工以来伤亡事故统计

项目 / 数量 / 年度	合计				职工因工伤亡事故				职工在国有公路上发生交通事故				职工非因工伤亡事故				我方主要责任造成群众伤亡事故				外部劳务伤亡事故			
	起数	轻伤	重伤	死亡	起数	轻伤	重伤	死亡	起数	轻伤	重伤	死亡	起数	轻伤	重伤	死亡	起数	轻伤	重伤	死亡	起数	轻伤	重伤	死亡
1984年	312	187	107	79	219	162	69	27					36	7	9	24	57	18	29	28				
1985年	241	168	58	52	215	157	51	36					17	3	4	10	9	8	3	6				
1986年	259	160	61	77	217	156	47	44					26	3	6	19	16	1	8	14				
1987年	166	99	38	63	145	92	36	45					13	5	2	11	8	2		7				
1988年	117	64	23	45	92	60	21	21	4		1	3	15		1	15	6	4		6				
1989年	111	76	26	33	87	56	19	20	14	20	5	5	10		2	8								
1990年	113	89	18	31	86	69	15	8	12	17	3	8	12	3		12	3			3				
1991年	128	99	24	38	107	84	21	24	7	9	4		11			11	3	6		3				
1992年	144	113	15	28	130	112	13	15	6	1	2	4	6			7	2			2				
1993年	144	131	28	32	129	119	21	19	10	9	6	11	3	1		2	2	2	1		11			20
1994年	107	97	8	21	99	94	6	14	3	3	2	2	5			5	1	2		4	9	10	6	33
1995年	92	85	15	14	92	85	15	14													4	3		6
1996年	72	62	9	8	70	62	9	6					2			2					3			9
1997年	87	72	11	36	85	72	11	28					2			8					4	5		7
1998年	66	59	7	6	64	59	7	4					2			2					4	2	1	9
1999年	103	86	9	37	98	86	9	32					5			5					2			4
2000年	66	74	13	21	65	74	13	20					1			1					3	1	1	5
2001年	66	80	14	30	62	80	14	24					4			6					1			1
2002年	79	70	7	2	78	70	7	1					1			1					2	1	2	4
2003年	72	67	10	4	72	67	10	4													2	1		4
2004年	76	79	7	12	75	79	7	11					1			1								
2005年	57	63	10	33	57	63	10	33													3			3
2006年	60	60	11	20	60	60	11	20													1	3		3
2007年	67	70	14	22	67	70	14	22													3			4
2008年	4	2	2	10	1			4													3	2	2	6
2009年	8			20	6			15													2			5
2010年	10	3		42	1	3		7													9			35
2011年	11			49																	11			49
2012年	6	22	7	24																	6	22	7	24
合计	2844	2237	552	889	2479	2091	456	518	56	59	23	33	172	22	24	150	107	43	41	73	83	50	19	231

制表：郭宏

中国铁建兵改工以来各单位逐年职工因工死亡人数统计

年度 / 数量 / 单位	职工因工死亡人数																													
	一九八四年	一九八五年	一九八六年	一九八七年	一九八八年	一九八九年	一九九〇年	一九九一年	一九九二年	一九九三年	一九九四年	一九九五年	一九九六年	一九九七年	一九九八年	一九九九年	二〇〇〇年	二〇〇一年	二〇〇二年	二〇〇三年	二〇〇四年	二〇〇五年	二〇〇六年	二〇〇七年	二〇〇八年	二〇〇九年	二〇一〇年	二〇一一年	二〇一二年	合计
中国土木工程集团公司																														
中铁十一局集团公司	2	7	6	4	2	2	1	1	7	1	5						2	2		2		1	4				2			51
中铁十二局集团公司	2	1	1	2	4										2	2		14					2	9		2	10			51
中铁十三局集团公司	1	2		2	4	3		1	1	1			1			4				1			1	1			7			30
中铁十四局集团公司	1	3	1	6	1	1	1	4	2				1	1		1	1					6				6		3		39
中铁十五局集团公司	3	2		2	2	4		6	2	3	4			1		8	6	1					1	3	1			5		54
中铁十六局集团公司	6	8	11	4	1	2	1	2	2	3	1	2	1	20				1			1	8		3		5	2			84
中铁十七局集团公司	1		2	3		1	1	1			3												9	4	4	1	2	2		34
中铁十八局集团公司	5	4	9	16	3		2	1		3		6	1			2	2	1						1	5	3	10	1	13	88
中铁十九局集团公司	1		4	1	1	3		3		5		1		1	1	10	8				1	12		1				24		77
中铁二十局集团公司	1	6	7	5	3	4	1	1	1							4		2			2		3					11		51
中铁二十一局集团公司																													7	7
中铁二十二局集团公司																						3					1		1	5
中铁二十三局集团公司																												1	3	4
中铁二十四局集团公司																					4					2	7			13
中铁二十五局集团公司																										1	1			2
中铁建设集团公司		1	1																									2		4
中国铁建电气化局集团公司																														
中国铁建港航局集团公司																														
中国铁建房地产集团公司																														
中铁第一勘察设计院集团公司																														
中铁第四勘察设计院集团公司																					1									1
中铁第五勘察设计院集团公司																			1											1
中铁上海设计院集团公司																														
中铁物资集团公司			1										1																	2
昆明中铁大型养路机械集团公司																					1									1
中国铁建重工集团公司																														
中铁建中非建设公司																														
中铁建(北京)商务管理公司																					1	3								4
中国铁建直属单位	4	2	1				1	4		3	1	5	1	5	1	1	1	3		1										34
合计	27	36	44	45	21	20	8	24	15	19	14	14	6	28	4	32	20	24	1	4	11	33	20	22	10	20	42	49	24	637

注:中国铁建直属单位包括原工厂局、国内工程公司、铁路运输处、铁道战备舟桥处。

制表:郭　宏

设备物资

【设备物资部】 主要职责:贯彻执行国家有关设备、运输、物资、工业、节能减排工作的方针、政策和法规;组织制定股份公司系统设备、运输、物资、工业、节能减排管理的各项规章制度;负责股份公司主要物资和大型专用设备的集中招标采购和大型专用施工设备的内部调配;组织设备重大技术的推广与交流;负责利用外资贷款购置设备,协调总承包工程项目和本级经营项目主要物资的供应;负责股份公司系统铁路路料运输、工程路用车、铁路机车车辆调拨、铁路自轮运转特种设备管理;负责铁路集采专供物资、油料、民爆器材计划及协调工作;负责工业企业建设和工业产品技术研发、引进、消化、吸收,以及工业企业资源优化配置、产品调整的研究论证;负责股份公司节能减排管理,组织全系统设备、运输、物资、节能减排检查及年度统计报表汇总上报工作。定员 9 人,现员 8 人,设部长 1 人、副部长 1 人、总机械师 1 人;下设设备处、物资处、工业处。 (郭春雷)

【主要技术设备】 截至 2012 年底,股份公司拥有机械动力设备 87071 台(套)。其中,大型施工机械设备 4050 台(套);进口大型机械设备 555 台(套)。机械动力设备固定资产原值 413 亿元、净值 228 元,设备资产比 2011 年增加 24 亿元。机械设备总功率 784.15 万千瓦,技术装备率 1.99 万元/人,动力装备率 31.6 千瓦/人,主要施工机械设备资产利润率 13%,成新率 55%。拥有盾构设备 148 台,全断面掘进机(TBM)5 台,铁路客运专线用 900 吨架桥机 79 台,运梁车 97 台,提移梁机 181 台(套),移动模架 19(套);常规铁路架桥机 44 台,铺轨机 11 台;电气化施工设备 275 台(套);大型机械化整道设备 109 台。2012 年,全系统更新设备、车辆 5125 台,价值 30.8 亿元,占 2012 年度固定资产设备购置计划 78.96 亿元的 39%;报废设备 4248 台,原值 7.12 亿元。主要施工设备已接近或达到世界先进水平,在工程投标和完成施工任务中发挥了重要作用,进一步提高了股份公司的市场竞争力。 (张宏成)

【设备管理专业人员】 2012 年,股份公司系统有设备管理专业技术人员 11339 人。其中,高级工程师 848 人;工程师 1603 人。设备技术工人 27209 人。其中,机械司机 12225 人;汽车驾驶员 12715 人;修理工 3707 人。所属单位全年完成专业技术培训 603 期,培训人员 9169 人。 (张宏成)

【物资管理专业人员】 2012 年,股份公司系统有物资管理人员 13107 人。其中,高级职务 347 人;中级职务 1214 人;初级职务 3889 人;其他管理人员 7657 人。所属单位全年完成业务培训 239 期,培训人员 6119 人。 (刘宝庆)

【物资供应】 2012 年,股份公司系统组织供应物资 1964 亿元,消耗物资 1902 亿元。其中,供应钢材 1324 万吨;木材 96 万立方米;水泥 4626 万吨;油料 172 万吨;炸药 24 万吨。有效的物资供应,满足了施工生产的需求,确保了生产经营的顺利进行。 (刘宝庆)

【设备物资检查】 为进一步加强中国铁建设备物资管理工作,增强企业机械化施工能力和综合实力,降低设备物资采购成本,提高管理水平及企业整体经济效益,股份公司下发《关于部署开展 2012 年度设备物资检查工作的通知》,要求所属单位在机构设置、制度落实、人员配备、资料管理方面加强检查力度,找出问题并制定整改措施,进一步规范设备物资管理流程。 (郭春雷 刘宝庆)

【推广应用"四新"技术】 年内组织中国铁建系统设备管理人员与国内外主要设备制造商进行施工设备和施工工艺交流,促进新设备、新技术、新工艺的及时推广与应用。11 月组织设备管理人员参加中国国际工程机械、建材机械、工程车辆及设备博览会,实时地了解国内外工程机械的技术水平和发展趋势。 (张宏成)

【中国铁建设备物资管理小组会议】 8 月 1 日,中国铁建设备物资集采管理小组会议在山东济南召开。会议听取所属单位汇报设备、物资工作情况,通报设备、物资管理主要工作,分析设备物资集中招标采购中存在的问题,研究改进措施;研讨设备调剂、采购、维护管理和物资集采推进工作。股份公司副总裁夏国斌到会作重要讲话。 (郭春雷 刘宝庆)

【设备物资管理】 5 月,股份公司下发《中国铁建股份有限公司子公司负责人设备物资工作年度绩效考核办法》，建立集中采购工作考核评价体系，开展股份公司各级集采工作的定向、定性、定量评价、考核工作。 （郭春雷 刘宝庆）

【设备集中招标采购】 2012 年继续深入推行设备集中招标采购制度，单台 10 万元以上设备购置计划需上报股份公司。年内，通过电子商务平台提报设备购置计划 4086 台（套），预算总金额 34.11 亿元。批复设备采购 3519 台（套），其中批复股份公司集中采购 1013 台（套），批复各集团公司集中采购 2506 台（套）。股份公司组织集中采购 703 台（套），采购总价 12.92 亿元，预算总价 15.4 亿元，节约资金 2.48 亿元；集团公司组织集中采购设备 2498 台（套），采购总价 18.86 亿元，预算总价 19.63 亿元，节约资金 0.77 亿元。两级采购共节约资金 3.25 亿元，节资率 9.28%，超过股份公司确定的设备集采节资率 4% 的管理目标。 （张宏成）

【物资集中招标采购】 2012 年，股份公司系统工程施工物资集中采购合同总价 1016.8 亿元，市场总价 1037.9 亿元，节约资金 21.1 亿元，节资率 2.01%。其中集中采购钢材 1058 万吨、水泥 3700 万吨，两项共节约成本 16.6 亿元。

（1）有序推进区域物资集中采购，降本增效成果显著。年内，股份公司物资集中采购中心先后组织系统内相关单位在多个区域实施约 206.7 万吨的物资招标采购工作，为采购单位节约采购成本 6961 万元。3～4 月，与中铁十三局集团公司共同组织实施重庆黔江至湖北恩施高速公路 A 标段项目钢材 68264 吨、钢绞线 3878 吨、水泥 282023 吨的招标采购，节约资金 740.91 万元；7 月 12 日，组织中铁十三、十四、十六局集团公司北京地区 14 个工程项目 3 万余吨钢材招标采购，节约资金 300 余万元；7～8 月，与中铁十三局集团公司共同组织合肥轨道 1 号线土建项目 3 万吨钢材招标采购，节约资金 370 万元；9 月，组织中铁十二、十七、二十、二十一局集团公司江西寻全高速公路钢材 35178 吨、水泥 155181 吨招标采购，节约资金 400 余万元；10 月，根据铁道部《铁路建设项目物资设备管理办法》精神，全面启动股份公司系统铁路项目钢材、水泥等自购物资集中采购工作，组织中铁十三、十五、十七、二十、二十二局集团公司实施宁西铁路二线 6 种物资、41 个包件，总额 7.8 亿元的物资集中招标采购，节约资金约 3960 万元；11 月，组织中铁十三、二十二、二十四局集团公司实施金温铁路钢材 90405 吨钢材、粉煤灰 188350 吨的招标采购，节约资金 1190 万元。

（2）海外施工项目钢轨集中采购工作取得突破。股份公司物资集中采购中心积极探索海外市场钢轨集中采购模式，为建立和完善股份公司海外物资集中采购工作奠定基础。3 月，组织中国土木工程集团尼日利亚阿卡铁路项目 24506 吨钢轨的集中采购，节约资金 490 余万元；6 月，组织中铁二十局集团公司安哥拉项目 11500 吨钢轨集中采购，节约资金 189 万元。

（3）所属集团公司物资集中采购工作取得较大进展。中铁十一局集团公司将局指挥部需求的 21 万吨钢材和 3 万吨钢绞线纳入集中采购范围，由局物资贸易公司从钢厂直接进货采购，并统一配送，为项目节约了成本，创造了效益。中铁十四局集团公司不断强化物资"集量"工作，建立"工程项目设备物资集中采购信息台账"和"工程项目物资采购供应动态台账"，确保物资集中采购覆盖度，集团公司集中采购中心全年组织物资集中招标 73 批次，集采节资率 3.7%。中铁十六局集团公司对 3 亿元以上的直管和托管项目、分支机构 1 亿元以上的项目，集团公司参与、组织、指导、监督物资集中招标工作。中铁十七局集团公司制定从项目上场开始到工程结束全过程的地材采购管理工作流程和程序，将地材采购纳入集中管控范围，逐步实现地材集中采购与管理规范化。中铁十九局集团公司积极推广矿业公司集中采购工作的先进经验和做法，通过试点先行，典型引路，针对各工程公司施工专业的不同特点，采取不同的模式，取得显著成效。中铁二十四局集团安徽物流分公司与马钢（合肥）公司签订框架协议，享受钢厂优惠销售政策，同时解决部份中小项目招标难、集采难的问题。中铁二十五局集团公司逐步扩大物资集中招标采购的品种和范围，从大宗主要物资集中招标采购扩大到砂石料、预埋件、商品混凝土、周转材料和活动板房等物资品种的集中招标采购，集采率 90% 以上。中铁建设集团公司物资集中采购工作按照"统一领导、两级集中"的原则，集团公司进行大宗的、通用的、全覆盖的物资集中采购，各分公司进行具有本单位地域特性、专业特性的物资集中采购，两级集采互为补充，发挥各自优势。中国铁建电气化局集团公司大力推行资金统一结算支付制度，解决由于资金支付问题而影响集采工作开展的状况，有力地推动了物资集中招标采购工作的开展。 （刘宝庆）

【铁路编组自运行设备发运】 为保证中国铁建系统电气化施工任务的完成，在收到所属单位发运申请后，及时与铁道部运输局取得联系，2012 年为各单位的铁路自运行设备发运办理铁道部调度命令 18 次，发运 90 车次。（刘宝庆）

【工程路用车管理】 2012 年，根据所属单位承建的贵广、兰新、中南部通道、渝涪、集包等铁路工程铺轨、架梁任务的需要，全年申请使用工程路用车 3451 辆。股份公司对所属单位提出的使用申请，严格把关、及时申报计划，并要求使用单位加强管理，杜绝违章使用情况发生，保证新建铁路铺架现场桥梁、轨排及材料的运输。（张宏成）

【工业制造】 2012 年，股份公司工业板块实现企业总产值 62.34 亿元，占股份公司年度计划 60 亿元的 103.9%；新签合同额 61.32 亿元，占股份公司年度计划 60 亿元的 102.2%；营业收入 58.98 亿元，占股份公司年度计划 57.04 亿元的 103.4%。其中，昆明中铁大型养路机械集团公司完成工业产值 32.04 亿元，占集团公司年度计划的 100.1%；新签合同 28.02 亿元，占集团公司年度计划的 100.07%；完成营业收入 30.48 亿元，占集团公司年度计划的 105.1%。中国铁建重工集团公司完成工业产值 30.3 亿元，占集团公司年度计划的 108.2%；新签合同额 33.3 亿元，占集团公司年度计划的 104%；实现营业收入 28.5 亿元，占集团公司年度计划的 107.8%。

产品研发。2012 年，昆明中铁大型养路机械集团公司有 11 个新产品列入研制计划。其中，道岔稳定车于 6 月完成组装调试；除雪车进入调试阶段；铣磨车处于总装阶段，预计 2013 年 1 月进行调试；DC－32Ⅳ型捣固车正在进行零部件加工，预计 2013 年 3 月实施组装；联合生产型高效清筛机正在进行组装；自主研发型高效清筛机完成设计，筹备投产；道岔捣固稳定车正在进行车架静强度实验，预计 2013 年组装；蒙古国 4 种宽轨车型中，两台配砟车已交付客户，其余两台车型正在生产，预计 2013 年 3 月完成。中国铁建重工集团公司全年研发约 70 项地下施工装备和轨道系统产品；地下工程装备开始进入煤矿行业，承担神华集团两台“长距离、大坡度、深埋层斜井掘进机”的研发制造任务，预计 2013 年交付使用，同时还为神华集团研制立井掘进机和煤层巷道掘锚机两项重大科技项目；研制的泥水平衡盾构、小直径城市管网盾构、隧道凿岩台车、隧道预切槽机和 TRD 连续墙设备等地下工程装备即将投放市场。

市场拓展。昆明中铁大型养路机械集团公司加大对国有铁路和地方铁路的经营力度，成立“十二五”装备规划投标项目组，密切跟踪铁道部“十二五”铁路规划建设信息；加快营销布局，推进区域经营，在北京成立营销分公司，在上海、西安、广州、武汉设立网点，覆盖全国 18 个铁路局；深入挖掘国内市场，弥补铁道部部采合同不足。深入挖掘各铁路局自采及地方铁路、神华、集通等市场，保证国内市场份额在 80% 的基础上稳中求进；海外市场加大拓展力度，CMEC 阿根廷项目取得有效进展。中国铁建重工集团公司生产的地下施工装备板块产品覆盖股份公司内部施工单位，轨道板块先后在北京地铁 10 号线、武汉地铁、长沙地铁 2 号线、重庆地铁 6 号线、上海地铁 13 号线、无锡地铁 1 号线、南京地铁 3 号线、沈阳有轨电车、昆明地铁 2 号线、广州地铁项目中标。

（郭春雷）

中国铁建尼日利亚莱基自贸区卡口大楼。（初英才 提供）

海外经营 境外工程

本栏责任编辑 **杨启燕**

海外经营

【国际部】 主要职责:贯彻执行党和国家有关外经、外事方针、政策、法律、法规;执行公司的有关决定、决议;负责编制公司海外经营战略,制定、完善公司外经、外事管理制度和规定;代表公司对口国家外交、外经主管部门、省市外事管理部门;负责与驻华使(领)馆、驻外使领馆、商会、协会的工作联系以及驻外企业的交流与合作;负责公司领导参加外事活动联络,因公出国(境)人员审批、护照办理、签证等工作;负责公司境外业务管理、协调、监督、服务工作;负责公司海外业务风险管理与内控工作;负责 ENR(全球最大 225 家国际承包商)评选参选资料准备及报送工作;负责公司对外经营资格证书年检、企业信用等级评价的申报、更新工作;负责处理境外突发事件及公司系统机构、承揽工程情况统计报表及相关统计分析工作。定员 8 人,设部长、副部长各 1 人;下设海外业务管理处、外事处,每处定员 3 人。 (杨 贺)

【全球最大 225 家国际承包商排名】 4 月,按照中国对外承包工程商会通知要求,完成美国《国际工程新闻记录》(ENR)组织的全球最大 225 家国际承包商排名的资料报送工作。2012 年,中国铁建在 ENR 全球最大 225 家国际承包商中排名第 2 位。 (杨 贺)

【对外经营资格年检】 5 月,按照北京市商务委员会的通知要求,完成对外承包工程经营资格和对外劳务合作经营资格的更新与年检。 (杨 贺)

2012 年中国铁建海外经营新签合同额情况

单位:万美元

序号	单　　位	新签合同额	占海外合同总额比例(%)
1	中国土木工程集团有限公司	505503.49	49.33
2	中铁十二局集团有限公司	37832.45	3.69
3	中铁十三局集团有限公司	17585.19	1.72
4	中铁十四局集团有限公司	90813.44	8.86
5	中铁十五局集团有限公司	67396.33	6.58
6	中铁十七局集团有限公司	64325.06	6.28
7	中铁十八局集团有限公司	103858.06	10.14
8	中铁二十局集团有限公司	76200.00	7.44
9	中铁二十一局集团有限公司	15000.00	1.46
10	中铁二十二局集团有限公司	23738.00	2.32
11	中铁二十四局集团有限公司	3952.00	0.39
12	中铁二十五局集团有限公司	5238.00	0.51
13	中铁建中非建设有限公司	13252.64	1.29
	总　　计	1024694.66	100.00

制表:杨 贺

2012年中国铁建海外经营完成营业额情况

单位:万美元

序号	单　位	完成营业额	占海外营业总额比例(%)
1	中国土木工程集团有限公司	129276.67	44.34
2	中铁十一局集团有限公司	4418.00	1.52
3	中铁十二局集团有限公司	21258.00	7.29
4	中铁十三局集团有限公司	2262.00	0.78
5	中铁十四局集团有限公司	9614.45	3.30
6	中铁十五局集团有限公司	7963.14	2.73
7	中铁十七局集团有限公司	9874.45	3.39
8	中铁十八局集团有限公司	26775.15	9.18
9	中铁二十局集团有限公司	38141.00	13.08
10	中铁二十三局集团有限公司	16951.00	5.81
11	中铁二十四局集团有限公司	1984.09	0.68
12	中铁二十五局集团有限公司	2.00	0.00
13	中铁建设集团有限公司	4608.00	1.58
14	中国铁建电气化局集团有限公司	823.00	0.28
15	中国铁建国际集团有限公司	17399.94	5.97
16	中铁建中非建设有限公司	231.56	0.08
	总　计	291582.45	100.00

制表:杨　贺

【外宾来访】 1月10日,股份公司总裁赵广发在中国铁建大厦会见美国摩根大通公司高级董事总经理、亚洲区证券业务主席马克一行。双方进行友好会谈,并就共同关心的问题交换意见。股份公司执行董事、副总裁兼总经济师扈振衣,董事会秘书余兴喜、财务部部长曹锡锐,摩根大通中国区公司业务总监熊莉等参加会见。

1月12日,股份公司董事长、党委书记孟凤朝在总部机关会见摩根大通公司美国总部公共财政部董事总经理保罗一行。双方就中国铁建与摩根大通发挥各自优势,开展友好合作,共同开拓美国市场进行深入广泛交流。

2月16日,股份公司董事长、党委书记孟凤朝,执行董事、副总裁兼总经济师扈振衣在中国铁建大厦会见来访的尼日尔国务部长兼国土整治及公共发展部部长阿玛杜·布巴卡尔·西塞率领的尼日尔政府代表团一行,就尼日尔基础设施建设方面的有关议题进行深入细致的沟通交流。

3月21日,股份公司董事长、党委书记孟凤朝,执行董事、副总裁兼总经济师扈振衣在中国铁建大厦会见来访的印度尼西亚驻华大使易幕龙,以及印度尼西亚AG集团总裁郭说峰一行。

同日,股份公司执行董事、副总裁兼总经济师扈振衣在中国铁建大厦会见几内亚总统战略顾问、中几合作委员会主席乌斯玛内·卡巴博士率领的几内亚总统顾问代表团一行。双方就加强相关项目合作进行深入交流。

4月21日,股份公司总裁赵广发在中国铁建大厦会见由泰国交通部长查路鹏·路昂苏万率领的泰国交通代表团。双方就在交通建设领域开展合作,特别是在高速铁路方面的合作进行深入交流,并达成广泛共识。

4月23日,股份公司副董事长、党委副书记、工会主席彭树贵在中国铁建大厦会见来访的以色列地铁公司首席执行官舒赫曼一行。双方就以色列地铁项目建设合作事宜交换意见，并达成初步共识。

5 月 21 日，股份公司执行董事、副总裁兼总经济师扈振衣在中国铁建大厦会见科威特驻华大使默罕默德·萨利赫·祖维赫。国际部部长武宪功、中国土木工程集团公司总经理袁立、中国铁建国际集团公司(筹)副董事长、党委书记赵佃龙参加会见。

5 月 22 日，股份公司董事长、党委书记孟凤朝，执行董事、副总裁兼总经济师扈振衣在中国铁建大厦分别会见来访的国际米兰足球俱乐部主席莫拉蒂一行。双方围绕建设国际米兰足球场问题进行友好会谈，并达成共识。

6 月 20 日，股份公司执行董事、副总裁、总经济师扈振衣在中国铁建大厦会见来访的特立尼达和多巴哥(以下简称特多)湖沥青有限公司董事会主席库拉·兰姆普萨德一行。双方就进一步加强战略合作进行深入交流，并就中国铁建独家代理特多湖沥青大中华区销售事宜达成共识。

7 月 12 日，股份公司董事长、党委书记孟凤朝在中国铁建大厦亲切接见以匈牙利经济部国务秘书诺伯特·齐兹马迪亚为团长的匈牙利青年代表团一行，并与来宾进行广泛交流。中华全国青年联合会(以下简称全国青联)副秘书长、共青团中央委员会(以下简称团中央)国际联络部副部长董霞陪同考察。匈牙利青年代表团是应团中央、全国青联的邀请访华的。本次访问旨在落实国务院总理温家宝、副总理李克强访问匈牙利期间，与匈牙利总理欧尔班就进一步发展中匈关系、加强中匈青年交流达成的重要共识。匈牙利代表团由匈牙利经济部选派，主要由匈牙利青年公务员、青年企业家和学生代表组成。

7 月 13 日，股份公司执行董事、副总裁、总经济师扈振衣在中国铁建大厦会见来访的几内亚公共工程及交通部部长奥斯曼·巴一行，双方就加强相关项目合作进行深入交流，并达成广泛共识。股份公司总裁助理兼中铁建中非建设有限公司董事长、总经理陈晓星参加并主持会议。

同日，股份公司执行董事、副总裁兼总经济师扈振衣在中国铁建大厦会见到访的西班牙驻华大使欧亨尼奥·布雷戈拉特及巴塞罗那市长哈维尔·迪利阿斯一行。双方就巴塞罗那港口、铁路、物流中心等项目的合作进行深入交流。

7 月 20 日，股份公司执行董事、副总裁兼总经济师扈振衣在中国铁建大厦会见来访的佛得角共和国内韦斯总理一行，双方就互利共赢、加强项目合作进行友好交流，并达成共识。内韦斯总理是应邀出席中非合作论坛第五届部长级会议开幕式并访华，此次专程访问中国铁建，盛邀中国铁建参与佛得角多领域合作，共同开辟双方互利共赢的合作新路径。佛得角共和国驻中国大使德莫赖斯、中国驻佛得角共和国大使李春华、中共中央对外联络部副局长张立军等陪同参加会见。

7 月 21 日，股份公司董事长、党委书记孟凤朝在湖北武汉东湖宾馆会见出席中非合作论坛第五届部长级会议的尼日尔总统穆罕默杜·伊素福一行，并陪同伊素福一行乘动车从汉口到宜昌，考察由中国铁建所属中铁第四勘察设计院集团公司总体设计，中铁十一、十二、十七局集团公司等单位施工建设的汉宜铁路，加深双方合作交流，并达成广泛共识。中国驻尼日尔大使夏煌陪同会见考察。

9 月 14 日，股份公司执行董事、副总裁兼总经济师扈振衣在中国铁建大厦会见来访的美国洛杉矶郡郡长兼大洛杉矶交通局董事长迈克尔·安东诺维奇先生一行，双方就加强美国加州高速铁路等项目上的合作进行深入友好的交谈，并达成广泛共识。股份公司总裁助理兼中国铁建国际集团公司董事长、总经理卓磊，副总经理张喜胜等陪同参加会见。

11 月 27 日，股份公司董事长、党委书记孟凤朝，副总裁兼总经济师扈振衣在中国铁建大厦会见德国前总理格哈德·施罗德一行。在热烈友好的气氛中，双方就中国铁建与洛希尔公司在企业并购、基础设施建设等领域的合作进行磋商，并就欧洲以及全球经济形势交换意见，探讨未来合作机会。随同施罗德来访的有洛希尔公司欧洲副主席克劳斯·曼格德，董事总经理、大中华区主席俞丽萍等。股份公司总裁助理兼中铁建中非建设有限公司董事长、总经理陈晓星参加会见。

12 月 21 日，股份公司执行董事、副总裁兼总经济师扈振衣在中国铁建大厦会见泰国副总理兼内政部长、泰党主席乍鲁蓬·琅素旺，双方就泰国高速铁路等基础设施建设合作进行深入交流。 (杨 贺)

【股份公司领导出访】 1 月 14 日，股份公司总裁赵广发、副总裁兼总经济师扈振衣一行在沙特利雅得分别拜会沙特城乡事务大臣曼苏尔亲王和次大臣哈比比博士。双方就麦加轻轨铁路项目相关事宜进行沟通和磋商。

1 月 13 ~ 16 日，在新春佳节即将来临之际，股份公司总裁赵广发、副总裁兼总经济师扈振衣一行赴中国土木工程集团公司和中铁十五、十八局集团公司所在沙特单位调研，深入现场检查指导，看望慰问一线职工。

1 月 25 日，股份公司董事长、党委书记孟凤朝随中国企业家代表团出访尼日尔，看望中铁十四局集团公司在尼员工并致新春问候。

4月1日，正在新加坡参加路演的股份公司董事长、党委书记孟凤朝一行到中铁十一局集团公司新加坡轨道交通大士西延长线项目部现场办公。

4月24～25日，股份公司董事长、党委书记孟凤朝，执行董事、副总裁兼总经济师扈振衣，副总裁、总会计师兼总法律顾问庄尚标，副总裁张宗言在澳门参加由中国对外承包工程商会和澳门特别行政区政府经济局联合举办的第三届国际基础设施投资与建设高峰论坛。澳门特别行政区行政长官崔世安，中国商务部副部长陈健，中央人民政府驻澳门特别行政区联络办公室副主任高燕，澳门特别行政区政府经济财政司司长谭伯源，中国对外承包工程商会会长刁春和等出席会议。

4月30日～5月2日，股份公司董事长、党委书记孟凤朝率领中国铁建代表团访问匈牙利，亲切会晤匈牙利经济部部长马托尔奇，并与匈牙利国家铁路公司首席运营官费伦茨签署匈牙利机场快线项目备忘录。

5月4日，股份公司董事长、党委书记孟凤朝率团考察访问俄罗斯，与俄罗斯高速铁路股份公司总裁穆拉托夫·丹尼斯就俄罗斯高速铁路和货运铁路建设举行会谈。双方表达加强沟通与合作的意愿。

5月6～8日，股份公司董事长、党委书记孟凤朝率团拜会中国驻格鲁吉亚大使陈建福，并与中铁二十三局集团公司第比利斯绕城铁路项目业主就加强合作进行深入会谈。随后，深入中铁二十三局集团公司承建的格鲁吉亚第比利斯绕城铁路项目、格鲁吉亚现代化铁路改造项目工地考察。

6月7～8日，股份公司总裁赵广发、副总裁兼总经济师扈振衣陪同全国政协副主席、前澳门特别行政区行政长官何厚铧访问安哥拉。期间，赵广发先后出席中安企业家经贸合作午餐会，代表团与安格拉外交部、贸易部等部委高层洽谈会以及中国驻安使馆、经参处宴请代表团的活动，与安哥拉外交部、贸易部、农业部、交通部、安哥拉驻华大使以及中国驻安哥拉大使馆、经参处进行卓有成效的沟通与交流。

6月9～13日，股份公司总裁赵广发、副总裁兼总经济师扈振衣在安哥拉现场办公。先后驱车2000多公里，现场查看中铁二十局集团公司承建的罗安达铁路、本格拉铁路大修工程，实地检查中铁十二、十三、十四、十七局集团公司房建、市政项目施工现场和制造厂，听取项目情况汇报；拜会安哥拉国务部长科佩利巴将军，就进一步深化合作、扩大合作领域进行卓有成效的沟通。

6月12日，股份公司总裁赵广发、副总裁兼总经济师扈振衣在罗安达将军府邸拜会安哥拉国务部长科佩利巴将军。双方就进一步加强合作进行深入交流，并达成广泛共识。

6月14～17日，股份公司总裁赵广发、副总裁兼总经济师扈振衣赴尼日利亚现场办公。在尼期间，赵广发一行现场察看阿布贾城市铁路、尼日利亚铁路现代化改造、拉各斯轻轨和莱基自由贸易区项目，检查中国土木工程集团尼日利亚公司和中铁十八局集团尼日利亚公司驻地，看望慰问一线干部职工，听取情况汇报；会见尼日利亚副总统、贸易投资部部长、拉各斯州长代表以及中国驻尼日利亚大使馆临时代办和驻拉各斯总领事，就进一步加快中国铁建在尼日利亚的发展进行卓有成效的沟通。

6月17日，股份公司总裁赵广发、副总裁兼总经济师扈振衣在尼日利亚莱基自由贸易区会见拉各斯州长代表——拉各斯工商局局长欧文夫人一行。双方就中国铁建在拉各斯的有关项目进行亲切友好的交流。

9月5日，股份公司总裁赵广发、副总裁兼总经济师扈振衣在坦桑尼亚达累斯萨拉姆市会见坦桑尼亚总统贾卡亚·姆里绍·基奎特。双方就进一步加强合作进行深入而坦诚的交流，并达成广泛共识。

9月7日，股份公司总裁赵广发、副总裁兼总经济师扈振衣在塞拉利昂首都弗里敦拜会塞拉利昂总统科罗马。双方就加强合作进行深入而坦诚的交流，并达成广泛共识。股份公司总裁助理兼中国铁建国际集团公司董事长、总经理卓磊，中铁二十局集团公司董事长、党委书记周富，中国铁建国际集团公司副总经理王选尚等陪同访问。

9月10日，股份公司总裁赵广发、副总裁兼总经济师扈振衣在津巴布韦首都哈拉雷拜会津巴布韦总统穆加贝。双方进行亲切友好的会谈，并就加强合作达成共识。

9月10日和11日，股份公司总裁赵广发、副总裁兼总经济师扈振衣在莫桑比克首都马普托分别拜会莫桑比克总统格布扎、总理阿里。双方进行亲切友好的会谈，并就加强合作达成共识。

10月21～29日，股份公司副总裁兼总经济师扈振衣带领中国铁建国际集团公司相关人员到麦加朝觐运营现场指挥，并深入各车站研究解决问题，圆满完成朝觐任务。

10月27日～11月10日，股份公司监事会主席、党委副书记、纪委书记齐晓飞赴格鲁吉亚、土耳其和尼日利亚进行海外效能监察，股份公司纪委及国际部有关人员陪同。

11月18～22日，股份公司副董事长、党委副书记、工会主席彭树贵陪同非执行董事朱明暹及独立非执行董事李克成、赵广杰、吴太石、魏伟峰，赴阿尔及利

亚对海外项目进行考察调研。（杨 贺）

【领导视察】 5月24日，为掌握中央企业海外经营情况，了解中央企业在“走出去”过程中取得的成绩和遇到的困难，国务院国资委副主任邵宁带领国资委企业改组局局长李冰、研究局局长彭华岗、外事局局长陆志军等一行8人到访特立尼达和多巴哥，对中国铁建在特多的经营发展进行为期4天的调研。期间，邵宁副主任一行实地考察了中国铁建（加勒比）有限公司承建的多巴哥斯卡伯罗总医院项目和湖沥青项目，并召开现场座谈会。

9月6日，国务院副总理回良玉在访问坦桑尼亚期间，视察中国铁建修建和运营的坦赞铁路达累斯萨拉姆市火车站，并前往坦赞铁路中国专家公墓，向在这里牺牲和殉职的中国援坦专家敬献花圈。

9月26日，全国人大常委会副委员长司马义·铁力瓦尔地一行在中国驻沙特大使李成文、中国驻吉达总领事王勇等陪同下到中国铁建麦加轻轨铁路项目现场视察，全国人大教科文卫委员会副主任委员石宗源、全国人大民族委员会副主任委员雪克来提·扎克尔陪同视察。（杨 贺）

【战略合作】 3月5日，在位于赤道的厄瓜多尔共和国首都基多的总统府内，中国铁建与铜陵有色金属集团有限公司（以下简称铜陵有色）合作投资的厄瓜多尔全资子公司厄瓜多尔科里安特公司和厄瓜多尔不可再生资源部，在厄瓜多尔总统拉斐尔·科雷亚·德尔加多先生和中国驻厄瓜多尔共和国特命全权大使苑桂森的共同见证下，双方代表签署“厄瓜多尔政府与厄瓜多尔科里安特公司签订的采矿合同”，标志着中国铁建厄瓜多尔米拉多铜矿项目正式进入采矿阶段。

3月21日，股份公司执行董事、副总裁兼总经济师扈振衣与印度尼西亚AG集团所属BSM公司董事长普拉波沃代表双方签署合作协议。根据协议，中国铁建将与AG集团合作参与印尼大型基础设施建设项目。

5月1日，国务院副总理李克强与匈牙利总理欧尔班共同出席两国政府间和企业间合作协议书签字仪式，两国签署促进中匈中小企业交流合作、两国建立农业科技合作促进中心、在匈设立欧洲物流中心和网络维护中心、建设布达佩斯机场快线项目等7个政府间和企业间合作协议书。股份公司董事长、党委书记孟凤朝在仪式上与匈牙利国家铁路公司首席运营官签署匈牙利首都布达佩斯机场快线项目补充合作备忘录。

5月31日，中国铁建与中兴通讯在广东深圳举行战略合作协议签约仪式，标志着双方踏上跨行业合作交流、全方位优势互补的新里程。股份公司董事长、党委书记孟凤朝出席仪式并致辞。股份公司执行董事、副总裁兼总经济师扈振衣与中兴通讯全球市场负责人、执行副总裁樊庆峰代表双方签署战略合作协议。

6月12日，股份公司监事会主席、党委副书记、纪委书记齐晓飞出席国家开发银行与中国产业海外发展和规划协会联合举办的2012年国家开发银行跨国规划项目推介会及“跨国规划合作协议”签约仪式并作致辞。国家开发银行党委委员、副行长李吉平，中国产业海外发展和规划协会会长、国家发展和改革委员会原副主任、国家能源局原局长张国宝到会致辞并共同出席签约仪式。

6月16日，中国铁建首个海外房地产项目——尼日利亚拉各斯7万平方米房地产项目开工仪式在拉各斯举行。股份公司总裁赵广发、中国驻拉各斯总领事刘显法及股份公司执行董事、副总裁兼总经济师扈振衣等出席开工仪式。拉各斯7万平方米房地产项目是中国铁建第一个海外房地产项目，它的开工建设，既是中国土木工程集团公司创新海外经营模式，实现由工程承包向投资开发拓展的重要举措，也是中国铁建发挥综合优势、拓展房地产业务、调整海外经营结构，实现企业转型升级的有益探索和尝试，在中国铁建“走出去”历程中具有重要的里程碑意义。（杨 贺）

【海外经营工作座谈会】 4月24日，股份公司在澳门召开海外经营工作座谈会。股份公司董事长、党委书记孟凤朝，副总裁、总会计师兼总法律顾问庄尚标，副总裁张宗言分别在座谈会上讲话，执行董事、副总裁兼总经济师扈振衣主持会议。机关有关部门负责人和14个集团公司的领导参加会议。此次座谈会是在澳门参加第三届国际基础设施投资与建设高峰论坛期间，利用会议间隙召开的一次系统内部座谈会。

（杨 贺）

【沙特麦加轻轨铁路朝觐运营】 中国铁建沙特麦加轻轨铁路2012年朝觐运营于10月23日开始，10月29日18时结束，历经7天6夜，期间开行列车1698列，运送朝觐者约400万人次，高峰运营时，一天的运量相当于国内春运期间北京站和北京西站三天运量的总和，再次创造麦加轻轨铁路朝觐运营的新记录，展现了中国企业重质量、讲信用、善管理的良好形象，在沙特及世界穆斯林中产生积极影响。2012年是中国铁建承建的沙特麦加轻轨铁路连续第三年为世界各国朝觐者提供运输服务。乘客包括海湾国家王室成员、政府官员以及普通朝觐者。列车的安全、舒适、快捷和先进性再次受到世界穆斯林的广泛赞誉。轻轨铁路业主沙特城乡事务部对此予以高度评价，其发言人说，麦加轻轨铁路为世界穆斯林朝觐作出了巨大贡献。
（杨 贺）

境 外 工 程

【安哥拉本格拉铁路大修工程】 位于安哥拉中部，西起大西洋沿岸的洛比托港，东至安哥拉与刚果的边境，是安哥拉三条铁路主干线之一。全长1343公里，合同投资18亿美元，合同工期2007年8月～2011年1月。由于业主资金问题，项目延期。由中铁二十局集团公司负责设计施工总承包。截至2012年底，开工累计完成投资15.88亿美元。（杨 贺）

【土耳其安卡拉—伊斯坦布尔高速铁路二期工程】 全长158公里，总投资10.83亿美元。其中，第1标段科斯克亚—温兹里罕姆长103公里，合同投资6.6亿美元，2006年11月28日中标并签约，2008年10月21日开工；第2标段温兹里罕姆—依奴诺长54公里，合同投资6.1亿美元，2006年7月11日中标并签约，2008年9月22日开工。铁路采用欧洲技术标准，设计时速250公里，合同工期24个月。工程由中国铁建牵头，与中国机械进出口集团公司及土耳其成吉思汗、伊兹塔斯建筑公司组成合包集团共同负责工程施工。主要工程量：桥梁22座10300延长米，隧道44座45100延长米，车站7座。截至2012年底，开工累计完成投资0.73亿美元。（杨 贺）

【尼日利亚铁路现代化工程】 尼日利亚拉各斯—卡诺双线准轨铁路正线全长1315公里，铺轨2730公里，车站25座，桥梁200余公里，机车车辆维修工厂2座，全立交、全封闭、全自动闭塞微机联锁、全线电力贯通，采用中国技术标准进行设计、施工，开创中国技术标准输出先河。2006年10月30日中标，合同投资83亿美元，是中国公司在国际工程承包市场获得的最大订单。2007年3月工程开工，合同工期4年。由中国土木工程集团公司负责设计施工总承包。2008年基本完成初步勘测设计任务，并向尼日利亚提交相关设计资料。2009年5月1日，双方达成一致，先期启动阿布贾—卡杜纳和拉各斯—伊巴丹段。阿布贾—卡杜纳段为正线186.5公里、站线41.291公里的单线铁路，2009年10月26日与联邦交通部签约，合同投资84975万美元，合同工期36个月。截至2012年底，开工累计完成投资3.54亿美元。2012年8月27日启动拉各斯—伊巴丹段，合同投资14.88亿美元。（杨 贺）

【尼日利亚阿布贾城市铁路工程】 全长60.7公里，合同投资8.4亿美元，2007年5月签约，合同工期4年。主要工程量：铁路桥梁10座1226延长米，公路跨线桥7座340延长米，框架桥1600平方米，涵洞168座，铺轨165公里，铺道岔131组。采用中国技术标准，由中土尼日利亚有限公司负责设计施工总承包。截至2012年底，开工累计完成投资1.71亿美元。
（杨 贺）

【尼日利亚拉各斯轻轨工程】 2009年4月签约，合同投资4.2亿美元。采用中国技术标准，由中土尼日利亚有限公司负责设计施工总承包。截至2012年底，开工累计完成投资2.62亿美元。（杨 贺）

【阿尔及利亚55公里铁路项目】 位于阿尔及利亚北部沿海地区。2007年7月，中国土木工程集团公司与土耳其OZGUN公司组成联合体中标，2009年6月20日签约，2009年7月18日开工。全长55公里，合同投资5.7亿美元。中国铁建负责拆除既有单线线路、改建复线线路。其中，单线双洞隧道7370延长线；单洞双线隧道2796延长米。工程为设计施工总承包项目，设计时速160公里。截至2012年底，开工累计完成投资0.81亿美元。（杨 贺）

【沙特阿拉伯南北铁路工程CT200项目】 全长2400公里，总投资28亿美元，为单线铁路工程，采用美国技术标准，由欧洲公司负责设计。中铁十八局集团公司承建的CTW200标段位于沙特北部博斯特—安娜德之间，标段长453公里，合同投资5.24亿美元，2007年3月开工。截至2012年底，开工累计完成投资5.09亿美元。（杨 贺）

【沙特阿拉伯南北铁路工程CT400项目】 由Al Ayuni—CCECC—Al Omaier三家公司组成联营体中标，Al Ayuni和Al Omaier两家公司分别负责结构工程和土方工程的施工，中国土木工程集团公司负责509公里轨道铺架及相关工程施工。合同投资7.36亿美元，根据联合体协议，中国土木工程集团公司占合同投资的20%，为1.47亿美元。截至2012年底，开工累计完成投资0.23亿美元。（杨 贺）

【沙特阿拉伯麦麦高速铁路工程】 全长449公里，采用法国有砟高速铁路技术标准，设计时速350公里。

中铁十八局集团公司承建的第1标段于2009年3月签约,合同投资3.84亿美元,后签署补充合同,投资总额5.73亿美元。主要工程量:土石方12200万立方米,桥梁93座,车站7座。截至2012年底,开工累计完成投资1.02亿美元。 (杨 贺)

【尼日利亚达迈高速公路工程】 位于尼日利亚东北部,为132公里州际高速公路双线改造、扩建工程。2006年7月中标,合同投资3.1亿美元。2007年1月开工,由中土尼日利亚有限公司承建。截至2012年底,开工累计完成投资1.17亿美元。 (杨 贺)

【格鲁吉亚第比利斯绕城铁路工程】 为欧洲复兴银行贷款项目,新建双线轨道26.9公里,既有线改造10公里,增建二线30.66公里,合同投资2.83亿美元。2010年6月15日签约,合同工期2010年7月8日~2013年7月7日。由中铁二十三局集团公司承建。截至2012年底,开工累计完成投资2.71亿美元。

(杨 贺)

【格鲁吉亚铁路现代化工程】 业主为格鲁吉亚铁路公司,中铁二十三局集团公司承担Zestaphoni站—Kharagauli站段23公里铁路现代化改造任务。2011年8月18日签约,合同投资3.38亿美元。截至2012年底,开工累计完成投资0.39亿美元。 (杨 贺)

【科威特别墅和公用建筑工程】 2010年11月11日签约,合同投资1.21亿美元。工程主要包括别墅324套,幼儿园、小学各两所,女子中学1所,清真寺6座,主清真寺1座。截至2012年底,开工累计完成投资0.6亿美元。 (杨 贺)

【印度Mandi医药大学工程】 业主为印度国家建筑公司,合同投资1.2亿美元,2009年7月30日开工。工程主要包括办公楼、医院、住宅、宿舍楼、宾馆等建筑物。由中铁十四局集团公司与NCC组成联合体承建,截至2012年底,开工累计完成投资0.9亿美元。

(杨 贺)

【阿尔及利亚东西高速公路西标段W8标段工程】 业主为阿尔及利亚公共工程部,2008年4月18日签约,合同投资4.39亿美元。标段正线长53.966公里,主要工程量:路基土石方1847.2万立方米,碎石垫层87万立方米,路面沥青混凝土69.05万吨,主线桥14座3113.3延长米,天桥6座428.171延长米,涵洞87座5544.5横延米。由中铁十七局集团公司承建。截至2012年底,开工累计完成投资4.53亿美元。(杨 贺)

【埃塞俄比亚铁路工程】 为设计、采购、施工总承包(EPC)项目。2011年12月16日签约,全长约330公里,合同投资12.02亿美元。标准轨电气化客货混运单线铁路,设计时速120公里,采用中国技术标准,由中国土木工程集团公司承建。截至2012年底,开工累计完成投资0.15亿美元。 (杨 贺)

【新加坡轨道项目大士西延长线工程】 2011年11月18日签约,合同投资3.96亿美元。主要工程量:单层高架车站3座,主干道铁路高架桥4.2公里;桩基7.3万米,混凝土28.5万立方米,钢筋6.1万吨,钢结构1576吨。由中铁十一局集团公司承建。截至2012年底,开工累计完成投资0.44亿美元。 (杨 贺)

【吉布提国际自治港多哈雷新港—格雷雷铁路工程】 为设计、采购、施工总承包(EPC)项目。2012年1月30日签约,合同投资5.78亿美元。全长125公里,单线标准轨道,设计时速120公里,采用中国技术标准,由中国土木工程集团公司承建。 (杨 贺)

【蒙古国南部铁路达兰扎达嘎德—赛音山达段工程】 2012年8月6日签约,全长约500公里,合同投资6.28亿美元,合同工期30个月。采用中国技术标准,设计时速120公里。主要工程量:桥梁20公里,箱涵及框架小桥约600座;路基土石方4000万立方米,铺轨600公里;车站24座。由中铁二十局集团公司承建。截至2012年底,完成投资605万美元。(杨 贺)

【以色列阿口—卡密尔铁路吉隆隧道工程】 2011年10月25日签约,合同投资1.92亿美元。主要工程量:西口明挖断1165米,两座双线双洞铁路隧道9250米,18座连接横通道306米;东口明挖断960米,抽水泵站1座。截至2012年底,开工累计完成投资872万美元。

(杨 贺)

【拉各斯巴达格瑞高速公路工程】 2011年12月29日签约,合同投资9.41亿美元。全长14.8公里,双向10车道,路宽100米。由中国土木工程集团公司承建。截至2012年底,开工累计完成投资0.51亿美元。

(杨 贺)

2012 年 5 月 14 日，中国铁建 2012 年经营工作暨经济运行分析视频会在铁建大厦召开。

（刘建国 摄）

经营管理

本栏责任编辑　**杨启燕**

企业管理

【发展规划部】 主要职责：组织制定股份公司总体发展战略、中长期发展规划，组织开展公司发展方针、政策、策略和各创效板块战略、分战略、子战略等战略体系的构建，组织全面风险管理和内控工作，负责公司制度建设和企业重大课题组织研究及企业改革、资源配置、整合、并购、重组、合并、分离、分立、关闭、注销、撤销、破产等方案的制定和组织实施，负责企业组织架构、机构编制设立、审批、撤销、管理等工作，组织工程公司建设及企业管理建设，负责企业施工、勘察设计、工程监理、对外承包等资质的审核、申报、统计、管理工作，负责注册资本金调整和企业工商注册、商标、标识、域名等注册登记工作，负责企业管理协会和公司参加的相关协会的日常工作，负责《中国铁道建筑管理》杂志的编辑、出版，组织公司社会责任报告的编纂并提供相关资料；参与责任成本管理、投资收购论证、信息化建设工作；承办总公司企业管理相关工作。定编15人，设部长兼企业管理协会秘书长1人、副部长1人，企业管理协会副秘书长1人；下设战略规划处、政策研究处、企业管理处、风险内控处、编制处。 （袁守义）

【工作综述】 2012年，以国资委开展管理提升活动为契机，按照年度发展规划工作要点，紧紧围绕企业改革发展、转型升级大局，以突出“转方式，保增长，调结构，增效益”为主线开展工作。

（1）编制股份公司2012～2014年三年滚动规划。根据新的形势，在股份公司发展战略与规划的总体框架内，适时对三年滚动规划目标做出微调，确保企业沿着正确的轨迹稳步前进。调整后的三年规划总体目标是：保持企业较快发展，深耕两路市场，重点向路外市场和海外市场延伸，加大产业结构调整力度，向产业链高端和相关产业延伸，持续提升一站式服务能力。到2014年，当年新签合同额5800亿元，完成营业收入4700亿元，实现净利润91亿元以上。

（2）初步建立所属单位三年滚动规划编制机制。制定下发《中国铁建股份有限公司发展战略与规划编制大纲》，要求所属单位自2013年开始建立滚动规划编制机制。每年2月底之前按照要求编制上报包括未来五年战略目标和未来三年详细规划目标的三年滚动规划，为所属单位中长期战略规划的落地提供体制保障。

（3）批复所属单位“十二五”发展规划。股份公司“十二五”规划发布后，按照规划保障措施要求，所属子公司先后上报“十二五”发展规划，经股份公司规划评估工作小组分析评估，形成批复意见。

（4）新特级资质就位工作。年内，股份公司所属17家企业申报的16项铁路特一级和1项房建特一级、1项特二级共18项特级资质就位全部获得通过。12月24日，股份公司取得住房和城乡建设部直接授予的新特级资质。至此，经过四年多时间的准备，一年多艰苦奋战和攻坚，股份公司总部及工程所属二级需就位企业的就位工作取得圆满成功。

（5）企业管理提升活动。开展管理提升活动是国务院国资委应对国内外复杂经济环境，推进中央企业长远可持续发展的一项重大举措。3月23日，国资委召开中央企业开展管理提升活动视频会议；5月14日，股份公司召开全系统管理提升活动宣贯动员大会，对管理提升活动进行全面动员和部署。制定印发《关于中国铁建开展管理提升活动的指导意见》，成立管理提升领导小组，设立管理提升领导小组办公室；明确活动分为三个阶段、六个环节进行开展。第一阶段主要任务是自我诊断、查找问题。所属二级公司通过对标诊断，查出问题累计5600余条，经过梳理和归纳，涉及15个方面的管理问题207个。9月25日，管理提升活动转入第二阶段，即专项提升、协同推进阶段。12月9日，制定印发《中国铁建管理提升活动整改实施方案》。为加强所属单位之间的交流，2012年股份公司编制管理提升活动工作简报12期。按照国资委要求，下发《管理提升活动辅导手册》26000本。

（6）企业并购重组、资源整合。年内，股份公司并购重组广东省航盛建设集团有限公司，成立中国铁建港航局集团有限公司，迈出中国铁建“快速进入水工市场”产业发展战略的第一步；并将中铁二十三局集团第七工程有限公司整体无偿划转到港航局集团。为支持中国铁建房地产集团有限公司发展，将中铁建（北京）物业管理有限公司整体划转到房地产集团，进一步提升房地产集团的综合能力。将中铁第五勘察设计院集团北京铁兵爆破有限公司A级爆破作业资质划转到中铁十九局集团有限公司，解决十九局集团公司在北京申报一级爆破作业资质问题。

（7）工程公司建设。继续开展工程公司双“20强”发布活动。2012年，全系统164家工程公司完成营业收入3357亿元、实现利润37.68亿元，分别占股份公司营业总额和利润总额的69%和35%。进入2012年度20强的工程公司共完成营业收入800亿元、实现利润14.56亿元，分别占工程公司营业总额和利润总额的24%和39%。2012年，全系统235家其他业务三级公司完成营业收入808亿元、实现利润45亿元，分别占股份公司营业总额和利润总额的17%和41%。进入2012年度20强的其他业务三级公司共完成营业收入251亿元、实现利润38.51亿元，分别占其他业务三级公司营业总额和利润总额的31%和86%。

（8）企业管控。全年批复新设机构131家。其中，法人企业101家；非法人企业（分支机构）30家。合并撤销子公司9家。其中，三级子公司5家；四级子公司4家。截至2012年12月，股份公司有建制企业和单位2089家。其中，法人企业552家；非法人机构1537家。

（9）企业风险内控。印发《中国铁建股份有限公司2012年重大、重要风险管控措施落实方案》和《中国铁建股份有限公司2012年内部控制评价方案》，各集团公司按要求开展自我评价，并成立独立评价工作组对相关单位开展内控独立评价。加强总部风险内控工作，组织机关各部门认真开展内部控制缺陷整改，编制印发《中国铁建股份有限公司总部内控与风险管理手册(2012版)》。开展专项风险管理研究，选取海外工程承包风险和房地产开发风险开展专项风险管理研究。按照国资委《关于加快构建中央企业内部控制体系有关事项的通知》要求，编制《中国铁建股份有限公司内部控制整体建设持续改进计划》，进一步完善风险内控体系建设。依照上市公司信息披露要求及国资委开展全面风险管理工作规定，连续4年编制内部控制评价报告、社会责任报告和全面风险管理报告。

（杨　玲）

【管理提升活动】 在中央企业开展为期两年的管理提升活动是国务院国资委为了应对国内外复杂经济环境，推进中央企业长远可持续发展而采取的一项重大举措。该项活动以2012年3月23日国资委组织召开中央企业管理提升活动视频会议为标志拉开序幕，时任国资委主任王勇在会上作重要讲话。5月14日，股份公司召开全系统管理提升活动宣贯动员大会，传达国资委王勇主任的讲话精神，对管理提升活动进行全面动员和部署。制定印发《关于中国铁建开展管理提升活动的指导意见》，成立管理提升活动领导小组，设立领导小组办公室，下属各级单位成立相应机构，制定相应活动方案。中国铁建管理提升活动分为三个阶段、六个环节进行开展。第一阶段的主要任务是自我诊断、查找问题，时间2012年5～8月。通过对标，所属二级公司诊断查出问题累计5600余条，经过梳理和归纳，涉及15个方面的管理问题207个；总部机关诊断的问题涉及14个专项领域方面的64个重要问题，确定14个问题是制约、影响股份公司提升管理水平的短板和瓶颈问题。为强化管理提升活动的宣贯和沟通，股份公司编制《中国铁建开展管理提升活动工作简报》，通报情况，推广典型。2012年编发工作简报12期。年内订购国资委编写的13项重点领域的《管理提升活动辅导手册》26000本，下发所属单位和机关各部门学习。经股份公司党委第60次会议研究决定，从9月25日开始，管理提升活动转入第二阶段——专项提升、协同推进阶段。12月9日，股份公司第62次党委常委会研究通过《中国铁建管理提升活动整改实施方案》，以正式文件形式印发全系统，管理提升活动全面进入整改实施阶段。（杨　玲）

【《中国铁道建筑管理》编辑发行】 2012年编辑发行《中国铁道建筑管理》6期，审阅稿件580余篇，修改刊登文章215篇124万字，刊登照片110余幅。为宣传企业精神，促进企业管理、交流及创新、探索发挥积极作用。

（杜经红）

【股份公司总部内控与风险管理手册编制】 2012年，股份公司总部进一步调整和优化相关业务流程，组织机关各部门开展内部控制缺陷整改，完成内控与风险管理体系基础建设，编制印发《中国铁建股份有限公司总部内控与风险管理手册(2012版)》。（张世杰）

【重大、重要风险管理】 2012年年初，股份公司开展面向总部及所属集团公司的风险评估工作，确定2012年面临的9项重大、重要风险，即海外风险、安全与质量风险、投资风险、竞争风险、资金风险、项目管理风险、成本费用风险、价格风险、人力资源风险。印发《中国铁建股份有限公司2012年重大、重要风险管控措施落实方案》，根据管理归口和工作职责，落实重大、重要风险管控责任，做好重大、重要风险管理。

（张世杰）

【内部控制评价】 2012年，中国铁建内部控制与风险管理工作纳入子公司负责人绩效考核范围，聘请专业机构协助开展内部控制评价工作。股份公司内部控制评价工作采取自我评价和独立评价相结合的方式，要求所属单位必须开展内部控制自我评价，同时抽取股份公司总部和中铁十三、十五、十六、十七、十八、十九、二十一、二十二局集团公司及中国铁建电气化局集团公司、中铁上海设计院集团公司、昆明中铁大型养路机械集团公司12家单位开展内部控制独立评价。在内部控制评价基础上，股份公司编制并按时对外披露2012年度内部控制评价报告，同时安永华明会计师事务所针对中国铁建与财务报告相关内部控制出具标准意见的内部控制审计报告。（张世杰）

【内部控制体系建设】 2012年,中国铁建积极落实国资委《关于加快构建中央企业内部控制体系有关事项的通知》要求,认真总结前期的内控与风险管理工作开展情况,组织所属单位分别制定下一步的内部控制工作整体建设规划,并经股份公司总裁办公会议审议、董事会批准,向国资委报送《中国铁建股份有限公司内部控制整体建设持续改进计划》,认真扎实地持续推进内控与风险管理工作。（张世杰）

【内部控制缺陷整改】 针对2011年内部控制审计和评价中发现的问题,结合北京市证监局内部控制专项检查和国资委派驻公司监事会开展的资金管理、招投标和采购业务内部控制检查工作中提出的缺陷,中国铁建2012年组织开展内部控制缺陷整改工作,总部及所属单位认真制定内部控制缺陷整改方案,明确整改范围、整改时间和整改责任人员,全面开展内部控制缺陷整改。（张世杰）

【内控与风险管理业务培训】 2012年,中国铁建持续开展不同层面的内控与风险管理业务培训工作。7月25~28日,举办全系统二级单位专业人员参加的内控与风险管理实务培训班;11月14~16日,举办全系统二级单位及部分三级单位部门负责人和业务人员参加的内部控制评价及审计专项培训班;12月3日,举办总部机关各部门负责人及风险内控联络员参加的《中国铁建股份有限公司总部内控与风险管理手册(2012版)》应用和维护培训班。（张世杰）

【履行社会责任】 2012年,中国铁建在稳健、快速发展的同时,进一步加强社会责任意识,主动履行社会责任,努力实现企业发展与社会、环境的协调统一,连续第5年编制并对外披露社会责任报告。年内,中国铁建在《财富》(中文版)企业社会责任排行榜评选中,入选25强。(1)规范公司治理。按照"各司其职,各负其责,协调运转,有效制衡"的原则,股东大会、董事会科学决策,监事会依法监督,经理层高效执行,公司治理机制更加科学规范,高效顺畅。(2)关爱帮扶员工。积极维护员工合法权益,保障员工的安全与健康,重视对困难员工的帮扶。全年救助困难员工家庭11370户次,资助困难员工子女入学2756人次,救助患病员工3580人次。(3)吸纳社会就业。在国内,中国铁建吸纳192万名农民工参与工程建设,为社会的稳定起到积极作用;在海外,坚持属地化原则,吸纳当地劳务2.6万名,推动了当地经济的发展。2012年接收高校毕业生6740人,解决残疾人就业2400人。(4)玉树灾后重建。公司援建的青海玉树州结古镇城东片区和仲达乡灾后重建项目118项,总建筑面积64.51万平方米,计划总投资22.14亿元。截至2012年底,累计开工项目118个,开工率100%;完工项目107项,完工率91%;竣工交验74项,交验使用率63%。开工累计完成计划投资20.8亿元,占计划总投资的94%,实际完成投资29.88亿元。2012年,公司完成结古镇统规自建区5个片区1670户居民住房和琼龙路住宅小区99栋楼2134套住房建设;11月,琼龙旅游区20栋楼96套住房和康巴风情商街54栋楼150套住房完成主体封顶。(5)公益事业。继续加强河北省尚义、万全两县定点扶贫工作,积极开展援疆、援藏工作。2012年,中国铁建货币资金对外捐赠543.18万元,其他捐赠及劳务援助、社区共建达数千万元。(6)节能减排。大力推广使用节能新技术、新材料、新工艺,积极引进、消化、吸收见效快的先进技术和装备,淘汰、停用耗能大、工效低的老旧设备,开展节能环保科研研究、技术改造、技术创新等活动,取得较好的效果。年内投入节能环保资金2.79亿元,新购设备5125台(套),淘汰报废落后设备4248台(套),取得节能环保优秀成果219项,创造经济效益9756万元。（何燕军）

【工程公司建设】 2012年,"中国铁建工程公司建设20强"名单连续第5年发布,"中国铁建其他业务三级公司20强"名单连续第2年发布。中铁十二局集团建筑安装工程有限公司等20家公司入选"中国铁建工程公司建设20强",北京第六大洲房地产开发有限公司等20家公司入选"中国铁建其他业务三级子公司20强"。（董跃君　刘军锋）

【企业管理协会】 2012年,中国铁建在世界企业500强中排名第100位、在中国企业500强中排名11位。年内,所属10家企业被评为全国优秀施工企业,78名个人被评为全国工程建设优秀项目经理、5人被评为全国工程建设优秀高级职业经理人(优秀施工企业家),6项工程项目管理成果被评为全国工程建设项目优秀管理成果一等奖。（董跃君　刘军锋）

2012 年度中国铁建工程公司 20 强名单

序号	企业名称	所属单位	业务类型	营业收入（万元）	利润总额（万元）
1	中铁十二局集团建筑安装工程有限公司	中铁十二局	工程承包	618948	13887
2	中铁十二局集团电气化工程有限公司	中铁十二局	工程承包	227431	12483
3	中铁十三局集团第六工程有限公司	中铁十三局	工程承包	191857	12000
4	中铁十八局集团第五工程有限公司	中铁十八局	工程承包	582482	9022
5	中铁十七局集团第二工程有限公司	中铁十七局	工程承包	526727	8032
6	中铁十二局集团第一工程有限公司	中铁十二局	工程承包	688207	7613
7	中铁十三局集团第四工程有限公司	中铁十三局	工程承包	443422	7498
8	中铁十八局集团第三工程有限公司	中铁十八局	工程承包	309054	6644
9	中铁二十三局集团轨道交通工程有限公司	中铁二十三局	工程承包	99927	6226
10	中铁十一局集团第三工程有限公司	中铁十一局	工程承包	566612	6207
11	中铁十八局集团第四工程有限公司	中铁十八局	工程承包	244368	6127
12	中铁十一局集团第五工程有限公司	中铁十一局	工程承包	457241	6118
13	中铁二十局集团第四工程有限公司	中铁二十局	工程承包	556790	6068
14	中铁十四局集团隧道工程有限公司	中铁十四局	工程承包	355236	5705
15	中铁十四局集团第三工程有限公司	中铁十四局	工程承包	370728	5657
16	中铁十一局集团城市轨道工程有限公司	中铁十一局	工程承包	203673	5524
17	中铁十七局集团建筑工程有限公司	中铁十七局	工程承包	225362	5507
18	中铁十七局集团第四工程有限公司	中铁十七局	工程承包	455309	5356
19	中铁二十局集团第一工程有限公司	中铁二十局	工程承包	361759	5030
20	中铁十七局集团第三工程有限公司	中铁十七局	工程承包	519606	4918
	小计			8000000	145600

制表：董跃君　刘军峰

2012 年度中国铁建其他业务三级公司 20 强名单

序号	企业名称	所属单位	业务类型	营业收入（万元）	利润总额（万元）
1	北京第六大洲房地产开发有限公司	房地产集团	房地产	213564	69951
2	中铁房地产集团北京丰基置业有限公司	房地产集团	房地产	221961	40833
3	中铁房地产集团合肥置业有限公司	房地产集团	房地产	130110	29614
4	中铁房地产集团（广西）有限公司	房地产集团	房地产	102663	28344
5	成都中铁建项目建设管理有限公司	物资集团	BT 公司	103876	26980
6	中铁房地产集团北京正达置业有限公司	房地产集团	房地产	276411	25199
7	中铁地产（成都）开发有限公司	房地产集团	房地产	133067	23944
8	中土尼日利亚有限公司	中土集团	海外工程承包	349090	20543
9	中铁十四局集团凯华置业有限公司	中铁十四局	房地产	100116	18424
10	中铁二十二局集团房地产开发有限公司	中铁二十二局	房地产	69410	15764
11	中铁二十一局集团德盛和置业有限公司	中铁二十一局	房地产	75135	11803
12	中铁房地产集团北京丰昊置业有限公司	房地产集团	房地产	76941	11517
13	长春中铁房地产开发有限公司	房地产集团	房地产	48938	11507

续表

序号	企业名称	所属单位	业务类型	营业收入（万元）	利润总额（万元）
14	湖南中盛嘉业房地产开发有限公司	房地产集团	房地产	54552	10737
15	中铁二十局集团房地产开发有限公司	中铁二十局	房地产	35346	7807
16	中铁十九局集团矿业投资有限公司	中铁十九局	矿业开发	228753	7050
17	昆明奥通达铁路机械有限公司	昆明中铁	工业制造	41139	6823
18	中铁十八局集团国际工程有限公司	中铁十八局	海外工程承包	170894	6271
19	中铁房地产集团四川有限公司	房地产集团	房地产	41087	6064
20	中铁房地产集团长沙置业有限公司	房地产集团	房地产	34099	5898
	小　　计				

制表：董跃君　刘军峰

2008～2012 年所属集团公司进入工程公司 20 强情况比较

年　份	11 局	12 局	13 局	14 局	15 局	16 局	17 局	18 局	19 局	20 局	21 局	22 局	23 局	24 局	25 局	电气化局
2008 年	1	5	1			4	3		3	2	1					
2009 年	4	5	2			5	3			1						
2010 年	3	5	1			2	3	1		4						1
2011 年	6	1	2	2			3	2		2	1					1
2012 年	3	3	2	2			4	3		2			1			

制表：董跃君　刘军峰

2008～2012 年所属集团公司进入工程公司 20 强情况比较

年　份	工程公司总数	工程公司营业收入总额（亿元）	占股份公司比例	工程公司利润总额（亿元）	占股份公司比例	工程公司平均产值利润率	盈利工程公司数	亏损工程公司数	20 强营业收入总额（亿元）	占工程公司比例	20 强利润总额（亿元）	占工程公司比例	20 强平均产值利润率	20 强利润最高（亿元）	20 强利润最低（亿元）	20 强营业收入最多（亿元）	20 强营业收入最少（亿元）	利润过亿元公司
2008 年	136	1633	72%	21	44%	1.26%	132	4	568	35%	7.8	38%	1.37%	6519	2529	617856	116301	0
2009 年	137	2584	73%	28	42%	1.08%	136	1	886	34%	13	45%	1.47%	10575	3597	854992	171268	5
2010 年	141	3454	74%	42	69%	1.21%	140	1	1075	31%	19	45%	1.77%	15281	5268	861683	280078	8
2011 年	159	3276	72%	35	35%	1.07%	147	10	846	26%	12	34%	1.42%	9326	4556	674322	84877	0
2012 年	164	3357	69%	38	35%	1.12%	152	11	800	24%	14.56	39%	1.82%	13887	4918	688207	99927	3

制表：董跃君　刘军峰

2011～2012 年所属集团公司进入工程公司 20 强情况比较

年　份	列入评价子公司总数	子公司营业收入总额（亿元）	占股份公司比例	子公司利润总额（亿元）	占股份公司比例	子公司平均产值利润率	盈利子公司数	亏损子公司数	20 强营业收入总额（亿元）	占其他业务三级子公司比例	20 强利润总额（亿元）	占其他业务三级子公司比例	20 强平均产值利润率	20 强利润最高（亿元）	20 强利润最低（亿元）	20 强营业收入最多（亿元）	20 强营业收入最少（亿元）	利润过亿元公司
2011 年	210	606	13%	30	30%	4.95%	144	47	223	37%	29	97%	13%	56996	3215	250033	12617	10
2012 年	235	808	17%	45	41%	5.57%	159	60	251	31%	39	86%	15.4%	69951	5898	349089	34098	14

制表：董跃君　刘军峰

经 营 计 划

【经营计划部】 主要职能:负责公司国内工程经营工作的协调、指导和管理,组织编制公司经营发展战略规划和经营计划工作相关规章制度、办法;负责重大工程项目投标的组织协调、国内较大工程(施工)总承包及本级工程承包项目的前期调研与承揽;负责概预算、定额等工程经济工作,组织和指导铁路项目概算调整、清理及路外重大工程项目调概索赔等工作;负责本级工程承包项目内部经济责任合同的拟订、签订、监督工作;负责企业内部固定资产投资建设项目的立项批复和生产经营、固定资产投资计划及统计工作;负责公司总部机关小型及大修项目、翻建职工住房项目的立项与计划申报和计划完成情况的监督检查;负责经营风险管理与内控工作;负责工程承包考核指标下达;承办总公司相关计划统计工作。下设市场开发处、造价合同处、计划统计处,设部长1人、副部长2人,定员15人。 (孙国富)

【工作综述】 2012年,中国铁建面对复杂多变的市场形势,认真贯彻"稳中求进"的指导方针,市场经营、造价管理、计划统计等工作取得良好成绩。(1)市场经营。全年新签合同额7893.3亿元,比2011年增长15.9%,完成年度计划的143.5%。经营多元发展局面进一步巩固,经营统筹协调管理取得显著成效,市场经营基础管理实现新的进步。(2)变更索赔。全年实现变更索赔额671.98亿元,比2011年增加123.95亿元;变更索赔率16.55%,比2011年增长2.6个百分点。所属单位变更索赔管理体系、工作机制、基础建设不断完善,变更索赔管理创新方法不断涌现。(3)计划统计。股份公司本级计划统计管理取得新的进步,所属单位计划统计管理呈现新的亮点。 (王旭永)

【铁路大中型基本建设工程项目投标】 2012年,中国铁建调配全系统经营资源,发挥集团作战优势,积极组织所属施工单位参与铁路大中型基建项目投标。年内,中国铁建等单位参与铁路大中型基本建设工程投标97项,中标总额1703.35亿元。其中,中国铁建中标金额802.19亿元,占47.09%;中国中铁中标金额723.67亿元,占42.49%;中国交建中标金额78.51亿元,占4.61%;中国建筑中标金额44.66亿元,占2.62%;中国水电中标金额22.36亿元,占1.31%;其他单位中标金额31.96亿元,占1.88%。 (吴文钊)

【青岛地铁2号线投标】 10月19日,股份公司参加青岛地铁2号线一期工程土建工程投标。青岛地铁2号线一期工程线路全长25.175公里,全部为地下线,设车站22座,总投资约166亿元。土建工程包括19座车站、23个区间,分两个标段进行总承包招标。股份公司中标第2标段,线路长18.41公里,主要工程量为14个车站、15个区间,中标金额369681.64万元,占招标额的69%。 (王旭永 吕 琳)

【经营工作考核管理办法制定】 为科学考核评价中国铁建所属集团经营工作,加大经营管理力度,提高经营创效水平,年内制定《中国铁建股份有限公司经营工作考核管理办法》《中国铁建股份有限公司二次经营工作考核管理办法》。 (范永芳 江炳堃)

【与地方政府签订战略合作协议及有关活动】 2012年,为进一步拓宽工程项目承揽的渠道与方式,促进工程项目承揽,中国铁建积极与地方政府联系,建立战略合作关系。

3月25日,股份公司总裁赵广发、副总裁张宗言一行在山东青岛会见青岛市市委副书记、代市长张新起,双方在友好的气氛中就深度开展战略合作进行会谈,并达成广泛共识。

3月27日,股份公司总裁赵广发、副总裁张宗言参加国务院国资委与广西壮族自治区人民政府合作备忘录签字仪式暨中央企业广西行活动启动仪式,总裁赵广发代表中央企业在仪式上致辞,并与广西壮族自治区人民政府签订战略合作协议。

4月27日,股份公司总裁赵广发、副总裁张宗言参加国务院国资委与陕西省人民政府签署合作备忘录暨央企进陕发展活动仪式,中国铁建与陕西省人民政府签订战略合作框架协议。

5月10日,股份公司总裁赵广发、副总裁张宗言参加国务院国资委与云南省人民政府签署合作备忘录暨央企入滇活动仪式,中国铁建与云南省人民政府签订战略合作协议。

5月16日,股份公司副总裁张宗言参加国务院国资委和重庆市战略对接活动签约仪式;5月17日参加中国(重庆)国际投资暨全球采购会开幕式活动。

5月29日,股份公司副总裁张宗言参加国务院国资委与安徽省人民政府合作备忘录签字暨安徽省与中央企业合作项目签约仪式;5月30日与安徽省省委常委、合肥市市委书记吴存荣举行友好会谈。

9月18日,股份公司总裁赵广发及副总裁庄尚标、张宗言拜访福建省省长苏树林,双方进行友好会

谈。中国铁建分别与福建省人民政府、兴业银行签订战略合作协议。（王旭永）

【经营工作座谈会】 为筹备召开经营工作会，股份公司分别于3月29日、4月6日召集所属单位经营分管领导以及经营部长就新签合同情况、经营工作中存在的主要问题和困难、经营及经营管理的主要经验体会等有关问题进行座谈，深入了解相关情况，听取有关意见和建议。（吕 琳）

【经营工作暨经济运行分析视频会】 5月14日，中国铁建2012年经营工作暨经济运行分析视频会在北京召开。会议总结近年来的经营工作，交流经营工作及创效经验，分析企业面临的经营形势，明确下一步“保增长”的目标任务，动员全系统上下统一思想，坚定信心，迎难而上，确保年度经济指标超额完成。股份公司董事长、党委书记孟凤朝，总裁赵广发作重要讲话；副总裁张宗言总结2009年以来的经营工作并对近期经营工作进行部署；副总裁、总会计师兼总法律顾问庄尚标通报一季度经济运行情况；副总裁夏国斌宣读对中铁建设集团公司等10家经营工作先进单位，中国土木工程集团公司非洲事业部等43个先进区域经营机构，以及周天想等103名先进个人的表彰通报。会议先后由党委副书记、纪委书记、监事会主席齐晓飞和执行董事、副总裁兼总经济师扈振衣主持。副总裁范德、刘汝臣出席会议。会议期间，中铁十一、十二、十七、十九局集团公司和中铁建设集团公司、中铁第四勘察设计院集团公司、中铁物资集团公司、昆明中铁大型养路机械集团公司8家先进单位作经营工作及创效经验交流。股份公司机关部分副职以上负责人，各集团公司主管领导、经营和财务相关负责人220余人在主会场参加视频会议。各集团公司组织广大干部和职工在分会场收看会议实况。（吕 琳）

【铁路招标评标办法研讨会】 5月24日，为认真学习铁路建设工程招标的新评标办法，尽快适应新的《铁路建设工程施工招标投标实施细则》，促进所属单位制定科学合理的铁路投标方案，采取正确的投标策略，股份公司召集中铁十一、十二、十六、十七、十八、十九、二十、二十二局集团公司和中铁建设集团公司、中国铁建电气化局集团公司的有关领导和报价人员进行研讨，汇总整理《新〈铁路建设工程施工招标投标实施细则〉的新变化及应对策略》，明晰铁路工程投标思路，增强铁路投标报价的科学性。（吴文钊）

【区域经营机构负责人座谈会】 10月9日，股份公司召开区域经营机构负责人座谈会。上海代表处、川渝指挥部、北京区域指挥部、广州区域指挥部负责人以及云贵、山东、福建等区域经营机构负责人，中国铁建投资公司负责人，总部机关相关部门领导参加会议。会议作出继续加强股份公司区域经营工作具体安排，并讨论《中国铁建股份有限公司区域经营机构费用收取及经营考核暂行办法》（征求意见稿）。（江炳堃）

【二次经营工作座谈会议】 12月29日，股份公司在山西太原召开二次经营工作座谈会议。会议解读铁道部《铁路建设项目变更设计管理办法》；股份公司副总裁张宗言总结全系统二次经营工作开展情况，分析当前面临的形势，安排和部署下一步工作，并对各单位的二次经营工作提出具体要求；机关相关部门领导从各自工作的角度对股份公司二次经营工作提出建议。8家二次经营工作先进单位在会上作经验交流发言。（范永芳　王青志　刘延华）

【计划统计工作会议】 11月，股份公司在北京召开2012年计划统计工作会议。会上，股份公司副总裁张宗言作《以开展管理提升活动为契机 进一步提高计划统计业务管理水平》的重要讲话；布置2013年生产经营计划和固定资产投资计划、2012年生产经营统计和固定资产投资年度统计工作；表彰2011～2012年计划统计工作先进单位和先进个人；所属单位就2013年生产经营计划、2012年预计完成情况进行汇报和讨论。（户苏豫）

【参加中央企业业务合作暨内部招商会】 7月21日，国资委在山东青岛举办中央企业资源整合与业务合作签约仪式，股份公司总裁赵广发、副总裁张宗言参加会议。会上，38家中央企业签订一批资源整合与业务合作项目，中国铁建分别与中国北车签订“关于天津、兰州、唐山、六盘水等轨道交通项目战略合作协议”，与中国有色签订“关于赞比亚铜业资产等项目战略合作协议”。（吴文钊）

【第四期高级经营管理人员培训班】 4月5日～5月25日，中国铁建第四期高级经营管理人员培训班在北京培训中心举办。股份公司所辖30家集团公司的83名经营骨干参加培训。培训期间，围绕中国铁建2012年工作总体要求，系统地学习当前国际国内形势、企业战略管理与企业经营理念、招投标理念策略与实务、合同管理与实务、工程项目设计变更及索赔、团队建设与公共关系、中国铁建经营管理研究等综合知识，进一步研究市场经营创新方向，明晰规模与效

益同步较快增长的工作思路。（吴文钊）

【第三期经营业务人员培训班】 6月1日～9月28日，中国铁建第三期经营业务人员培训班在河北石家庄铁道大学举办。股份公司所属28家集团公司（公司）的101名来自经营工作一线或即将从事经营工作的业务人员参加培训。培训期间，系统学习企业战略管理、工程预算理论与实务、施工组织设计、招投标策略与实务、合同管理与实务、团队建设与公共关系以及其他经营基础理论知识，夯实理论基础，提升业务水平。（吴文钊）

【二次经营高级培训班】 9月10～15日，股份公司举办二次经营高级培训班，所属集团公司、工程公司、各级项目部的分管领导、业务部门领导218人参加培训。通过6天的研讨学习，达到交流学习提高的目的，取得良好效果。（范永芳 王青志 刘延华）

【与神华集团合作进行TBM（盾构）施工煤矿长距离斜井试验研究】 为推进与神华集团合作进行TBM（盾构）施工煤矿长距离斜井项目的实验研究，经营计划部牵头组织与神华集团的合作推进事宜。在“神华集团有限责任公司与中国铁建股份有限公司关于采用TBM（盾构）施工煤矿长距离斜井试验研究合作框架协议”的基础上，组织中国铁建所属单位参与神华集团新街台格庙矿区TBM工法长距离斜井试验研究项目的投标。项目分成两个试验段工程进行招标，中国铁建十一、十三、十五、十八、十九局集团公司参加两个标段的投标。最终，中铁十一、十三局集团公司中标，中标金额分别为3.71亿元、3.79亿元。（吴文钊）

【设计院调研】 为促进设计单位的开拓创新，推动勘察设计板块的快速发展，股份公司组织中铁第一、第四、第五勘察设计院集团公司和中铁上海设计院集团公司分管经营的副院长，分别于2月10日、3月6日，前往中国寰球工程公司、中国建筑设计研究院进行调研学习，了解国内优秀设计院在设计咨询领域的独到管理体制与宝贵经验，理清思路，开阔视野，为促进中国铁建设计咨询业务的健康发展积累经验。

（吴文钊）

【参与《建精品工程 树百年丰碑——中国水利优质工程策划与实施》编写】 中国铁建受中国水利工程协会委托，组织股份公司经营计划部、安全质量监督部和中铁十六局集团公司有关技术人员参与《建精品工程 树百年丰碑——中国水利优质工程策划与实施》一书的编写，于2012年8月出版。股份公司副总裁张宗言（中国水利工程协会副会长）为该书主编之一。

（高 勇）

【工程项目变更索赔工作管理】 2012年加强全系统变更索赔工作管理，通过抓体系、抓制度、抓培训、抓基础、抓协调、抓指导，全年实现变更索赔总额671.98亿元，比2011年的变更索赔额548.03亿元增加123.95亿元；变更索赔率16.55%，比2011年的变更索赔率13.94%提升了2.61个百分点。（范永芳 刘延华）

【变更索赔工作督导】 1月4～8日，股份公司专家督导组检查哈齐铁路客运专线变更索赔工作。专家督导组听取各单位现场指挥部关于变更索赔工作的情况汇报，了解变更索赔日常管理、策划、激励考核等工作情况；协助各单位利用工程量清单进行盈亏分析，策划变更索赔方向；宣贯铁道部、股份公司相关文件和精神，解读合同、计量等规则，解答各单位疑难问题；为各单位变更索赔工作提出管理建议和意见。（范永芳）

【铁路重难点项目变更索赔】 2012年，股份公司召开包西、京沪、沪杭、哈齐、浦南等重难点铁路项目座谈会，梳理、汇总所属单位存在的工程费用问题，并向铁道部及相关地方政府进行汇报请示和沟通。2月28日，股份公司联合中国建筑、中国中铁、中国交建共同向铁道部报送《关于解决沪杭铁路客运专线站前工程费用问题的请示》；3月5日，股份公司向铁道部报送《关于包西铁路工程费用问题的紧急请示》；6月18日，股份公司向铁道部报送《关于京沪高速铁路工程费用问题的紧急请示》；6月20日，股份公司向福建省人民政府发出《关于福建省浦南高速公路项目费用问题的函》。此外，股份公司多次与铁道部领导、铁道部工程设计鉴定中心、相关铁路局、铁道第三勘察设计院集团公司及股份公司所属中铁第一、第四勘察设计院集团公司沟通，推动相关重难点铁路项目费用问题的解决。（王旭永 范永芳 刘延华）

【帮扶二十三局二次经营工作】 年内，根据股份公司领导指示和股份公司对中铁二十三局集团公司审计整改工作的安排，组织专家对二十三局二次经营工作进行帮扶督导。针对二十三局变更索赔工作存在的实际问题，专家组从方式、方法、案例方面向二十三局二次经营管理人员集中授课；到二十三局承建的重点铁路工程施工现场进行帮扶督导，并就哈西铁路项目费用问题与设计院进行沟通协调。（王旭永 刘延华）

【参加工程造价基础工作研究活动】 6月1日，参加铁道部《铁路工程工程量清单研究及计价指南修订》大纲审查会；8月30日，参加铁路设计概预算编制办法专题研讨会；11月14日，参加铁路基本建设工程设计概预算编制办法征求意见会；9月20日，参加铁路工程地热、瓦斯、超前地质预报测定研究大纲审查会；9月21日，参加铁路隧道工程抽排水定额审查会。通过参加工程造价基础工作研究活动，了解铁路工程项目费用存在的问题，表达施工单位对铁路工程造价的诉求，积极推动有关工程费用问题的解决。

（王旭永）

【工程造价宏观外部环境改善】 股份公司各级领导多次向国务院、国务院国资委、铁道部、中央纪委、国家审计署、中国民主促进会汇报、沟通当前铁路工程在造价、合同、计价、拨款、招投标、变更补差、概算清理等方面存在的问题。8月10日，以总公司名义向铁道部报送《中国铁道建筑总公司关于帮助解决铁路工程停工损失的请示》；自10月开始，根据国务院国资委的要求，股份公司开始逐月向国资委报送铁路项目停工复工及损失情况，国资委也多次与铁道部沟通，努力推进相关问题的解决。（王旭永　范永芳　刘延华）

【变更索赔资料编印】 为提高中国铁建系统变更索赔管理水平，方便业务人员及时掌握变更索赔的相关资料，总结成功案例经验，12月，股份公司编印变更索赔有关文件、案例汇编和经验交流材料，增强系统内部的学习交流。（范永芳　王青志　刘延华）

【检验实验费测定】 2011年5月受铁路工程定额所委托，股份公司组织中铁十九局集团公司、中国铁建电气化局集团公司对铁路工程检验实验费进行测定；2012年2月10日，编制完成《铁路工程检验实验费测定与研究工作大纲》，上报铁路工程定额所；2012年12月8日，铁路工程定额所组织有关专家组织论证。所属单位按照股份公司《关于上报“铁路工程检测检验试验费”有关资料的通知》要求，上报相关项目资料。

（王旭永　范永芳　王青志）

【生产经营计划】 根据中国铁建“十二五”发展规划总体目标和国家宏观经济形势以及各单位在建工程施工工期、投资规模和剩余合同额等因素，结合所属单位上报的2012年生产经营计划，综合有关业务部门意见，经过综合平衡、统筹协调，在控制风险、效益优先的基础上，按照实事求是、积极稳妥的原则，编制2012年生产经营计划。计划新签合同额5500亿元、完成企业总产值4310亿元。（户苏豫）

【2012年企业投资计划】 《中国铁建股份有限公司2012年企业投资计划》在所属单位上报的基础上，由经营计划部、房地产开发部、设备物资部、资本运营部和信息中心5个部门归口审核共同编制而成，并经2012年2月13日股份公司第4次总裁办公会议研究，2月23日股份公司第二届董事会战略与投资委员会第6次会议审议通过，2月24日股份公司第二届董事会第9次会议批准。

2012年企业投资计划的编制，贯彻股份公司工作会议精神，以科学发展为主题，以“转变方式、调整结构、促进升级”为主线，落实“强化转型升级，强化降本增效，强化风险管控”的总体要求。2012年企业投资计划4709961万元，比2011年投资计划4160994万元增长13%。其中，固定资产建设项目124075万元，比2011年计划减少24%，占2012年企业投资计划的2.63%；房地产开发项目2011529万元（含土地储备项目150亿元），比2011年计划增长18%，占2012年企业投资计划的42.71%；固定资产设备购置项目789650万元，比2011年计划增长18%，占2012年企业投资计划的16.77%；资本运营项目1764818万元（含预备项目969220万元），比2011年计划增长10%，占2012年企业投资计划的37.47%；全系统信息化项目投资19889万元，比2011年计划增长7%，占2012年企业投资计划的0.42%。（邵洪博）

【总公司2012年企业投资完成情况和2013年企业投资计划】 中国铁道建筑总公司根据国务院国资委《关于做好报送中央企业2012年投资完成情况和2013年投资计划工作的通知》要求，上报2012年完成投资573287万元，完成年计划826859万元的69%，其中固定资产投资完成461906万元、长期股权（产权）投资完成111381万元；2013年总公司计划投资981544万元，其中企业固定资产投资622180万元、长期股权投资359364万元。

在2012年总公司完成投资中，主业投资545791万元，占年度投资的95%；非主业投资27496万元，占年度投资的5%。企业固定资产新开工项目406547万元，占年度投资的70.9%，其中购置施工机械335034万元；续建项目55377万元，占年度投资的29.1%；资金来源企业自有资金627445万元，境外投资27286万元。（邵洪博）

【股份公司2012年企业投资统计】 2012年，股份公司完成企业投资243.26亿元,完成企业年度计划471亿元的51.65%。其中,固定资产建设项目10.18亿元,完成年度计划的82.07%;房地产开发项目135.15亿元,完成年度计划的67.19%;固定资产设备购置33.5亿元,完成年度计划的42.43%;资本运营项目63.78亿元,完成年度计划的36.14%;固定资产信息化建设项目0.64亿元,完成年度计划的32.29%。

(邵洪博)

【股份公司2007~2012年投资情况】 股份公司成立6年来共投入资金1258.42亿元。其中,房地产开发投入资金613.35亿元,占投资总额的48.47%,年均投入102.23亿元;设备购置投入资金346.17亿元,占投资总额的27.51%,年均投入57.7亿元;资本运营投入资金232.5亿元,占投资总额的18.48%,年均投入38.75亿元;企业固定资产建设项目投入资金62.86亿元,占投资总额的5%,年均投入10.48亿元;信息化建设投入资金3.54亿元,占投资总额的0.28%,年均投入1.18亿元。

(邵洪博)

中国铁建股份有限公司2007~2012年企业投资完成情况

年　份	资本运营投入资金（亿元）	房地产开发投入资金（亿元）	固定资产建设项目投入资金（亿元）	固定资产设备购置投入资金（亿元）	固定资产信息化建设投入资金（亿元）	企业投资合　计（亿元）
2007年	9.8	22.5	11.4	38.2		81.9
2008年	27.5	70.2	11.6	54.4		163.7
2009年	26.1	35.0	10.2	92.5		163.8
2010年	46.4	185.6	12.7	94.6	1.5	340.8
2011年	58.9	164.9	6.8	33.0	1.4	265.0
2012年	63.8	135.2	10.2	33.5	0.6	243.3
总　计	232.5	613.4	62.9	346.2	3.5	1258.5

制表:邵洪博

【企业投资计划统计管理系统升级改造】 年内,升级改造企业投资计划统计管理系统中的固定资产建设项目模块,增加“铁建家园”信息模块。10月22~25日,股份公司在石家庄铁道大学信息技术学院举办“铁建家园”管理员培训班。截至年底,采集“铁建家园”信息746个。

(邵洪博)

【主要经济技术指标完成情况】 2012年,全系统累计完成企业总产值5008.3亿元,完成年度计划4310亿元的116.2%。其中,国内完成产值4791.7亿元,占总产值的95.7%,海外完成产值216.6亿元,占总产值的4.3%。与2011年同期完成的企业总产值4598.2亿元(其中国内4389.4亿元、海外208.8亿元)相比,同比增长8.9%。其中,国内同比增长9.2%;海外同比增长3.7%。

在企业总产值中,施工产值4117.3亿元,占82.2%;勘察设计咨询产值73.9亿元,占1.5%;工业制造产值96.1亿元,占1.9%;物资贸易产值483.9亿元,占9.7%;房地产开发产值173.3亿元,占3.5%;其他产值63.9亿元,占1.3%。在施工产值中,铁路工程产值1923.6亿元,占46.7%;公路工程产值870.3亿元,占21.1%;房建工程产值530.3亿元,占12.9%;轻轨、地铁工程产值283.3亿元,占6.9%;市政工程产值295.1亿元,占7.2%;水利、电力工程产值86.6亿元,占2.1%;港口与航道工程产值30.1亿元,占0.7%;矿山工程产值39.4亿元,占1%;其他工程产值58.6亿元,占1.4%。所属单位完成企业总产值排位前五名的单位:中铁物资集团公司406亿元,中铁十二局集团公司393亿元,中铁十一局集团公司321亿元,中铁十七局集团公司308亿元,中铁十八局集团公司304亿元。

全年完成主要实物工程量:土石方10亿立方米,隧道1316公里,桥梁1283公里,正线铺轨6016公里,站线铺轨746公里,公路2859公里,通信线路6343条公里,供电线路6798公里,房屋施工面积6916万平方米,房屋竣工面积1238万平方米。

(荆彩萍)

【统计工作】 2012年完成国家统计局2011年建筑业统计年报及2012年统计定报、住房和城乡建设部建筑业企业主要指标月度快速调查、北京市海淀区统计局2011年建筑业统计年报及2012年统计定报。在国家统计局2012年度统计数据质量评比中，股份公司获建筑业统计特等奖。（荆彩萍）

【计划统计培训】 8月18～19日，股份公司召开“企业生产计划统计网上直报系统”研讨会，是继2011年大规模培训后的一次回访，巩固软件使用功能，讨论存在的问题及解决方案。以会代训，集思广义，对软件的使用及完善、提高软件功能起到指导作用。（户苏豫）

【计划统计论文研讨评审】 根据股份公司《关于计划统计优秀论文评选办法》，6月中旬组织召开股份公司计划统计论文评比研讨会，评选出2011年计划统计论文一等奖2名、二等奖4名、三等奖6名，并下发《关于2011～2012年度计划统计论文评选结果的通报》；同时获奖论文推荐参加中国建筑业协会统计专业委员会评比，参评论文均获二等奖，刊载于《建筑》杂志2012增刊，股份公司获单位优秀组织奖。（户苏豫）

【统计咨询服务】 根据中国证监会、国资委监事会的要求和股份公司董事会的安排，为股份公司年度报告、半年度报告、季度报告、企业社会责任报告、企业年度报告提供相关资料；根据所属单位承揽任务和完成合同情况，及时汇总、编写《统计信息》11期，为企业管理和领导决策提供依据。（荆彩萍）

【机关小型项目费用审批】 2012年参与股份公司机关小型项目立项审批、招投标、项目谈判等过程，对小型项目合同管理、验工计价、计量款支付、日常管理等进行审核、监督；按程序审核批复总公司机关房地产管理中心提交的项目，年内批复小型项目投资1.01亿元。（范永芳）

【经营管理系统信息化需求研究】 3月拟订《中国铁建经营管理系统建设目标和需要研究报告》，经专家评审后，中国铁建经营管理信息系统进入开发阶段。（江炳堃）

【玉树灾后重建联络工作】 2012年，经营计划部继续进行玉树灾后重建工程的联络工作，及时传达国务院、国资委、青海省及总公司领导的指示精神，及时上报现场指挥部的建设进展情况，全年先后5次陪同各级领导赴现场检查指导工作。针对玉树灾后重建项目的巨额潜亏问题，积极联合北京、辽宁、中国建筑、中国中铁、中国水电5家援建单位，多次向国资委、发改委进行呼吁、反映，多次与青海省政府、国家发改委进行交涉，在一定程度上实现减亏。此外，国资委同意在对中国铁建考核及评优时充分考虑玉树灾后重建项目的影响因素。（范永芳）

房地产开发与监管

【房地产开发部】 主要职责：开展国内房地产行业发展趋势的分析、研究，贯彻国家房地产法律法规和相关政策，动态监测房地产市场整体发展状况；负责股份公司房地产发展战略规划的编制、完善和组织实施，并指导所属集团公司房地产发展战略的制定和落实；建立房地产业务管理流程和相关制度，构建科学、规范、高效的房地产业务管理体系，完善房地产风险防控机制，推进房地产业务信息化建设；负责股份公司房地产领导小组的日常工作，组织对房地产项目的考察分析、市场研究、投资评价、过程监管等工作，负责协调和处理房地产开发过程中出现的有关问题；负责编制房地产板块年度投资计划和业务发展计划，统计分析房地产经济技术指标完成情况，对标企业研究；参与股份公司全面预算、绩效考核、投资后评价、责任成本管理等工作，负责建立与政府相关部门之间的联系与沟通。下设开发处、监管处，定员5人，设部长1人。（楼翱）

【中国铁建股份有限公司房地产开发与经营领导小组】 由股份公司领导和董事会秘书局、发展规划部、经营计划部、房地产开发部、资本运营部、财务部、审计监事局、法律合规部等相关部门领导组成。房地产开发与经营领导小组负责全系统房地产业务的整体协调与管理，负责涉及房地产业务的重大事项和新项目审批，负责研究和处理有关房地产业务发展过程中的重大问题。房地产开发部负责领导小组会议的具体事宜和日常工作。2012年召开会议8次，会签项目12次，形成会议纪要8份，项目会签报告12份，下达批复36份。

1月12日，领导小组认真研究分析中铁十六局集团公司上报的内蒙古通辽经济技术开发区69333.68平方米（104亩）土地项目，形成会签报告，并下达批复。

4月12日，领导小组召开2012年第1次会议，分别听取中国铁建房地产集团公司北京东城区香河园3

号地项目、中铁二十一局集团公司甘肃兰州梧桐苑项目、中铁二十五局集团公司湖南衡阳珠晖区项目、中铁建设集团公司大连高新技术产业园区凌水路项目有关情况汇报。会议在听取项目可行性分析报告、进行认真研究和讨论的基础上,提出会议意见和要求,形成房地产领导小组会议纪要,并对北京东城区香河园3号地项目及大连高新技术产业园区凌水路项目下达批复。

4月24日,领导小组认真研究分析中国铁建房地产集团公司上报的南京白下区机床厂地块项目,形成会签报告,并下达批复。

5月15日,领导小组认真研究分析中铁十六局集团公司上报的内蒙古通辽经济技术开发区33333.5平方米(50亩)土地项目,形成会签报告,并下达批复。

6月4日,领导小组认真研究分析中铁二十二局集团公司上报的厦门集美区2012P01项目,形成会签报告,并下达批复。

6月7日,领导小组召开2012年第2次会议,听取中国土木工程集团公司关于尼日利亚拉各斯项目有关情况汇报。会议在听取项目可行性分析报告、进行认真研究和讨论的基础上,提出会议意见和要求,形成房地产领导小组会议纪要并下达批复。

7月6日,领导小组认真研究分析中国铁建房地产集团公司上报的北京长阳西站5号地项目,形成会签报告,并下达批复。

7月16日,领导小组召开2012年第3次会议,分别听取中国铁建房地产集团公司北京大兴区绿隔改造二期A1项目和杭州谢村地块项目、中铁十三局集团公司长春西新经济开发区项目有关情况汇报。会议在听取项目可行性分析报告、进行认真研究和讨论的基础上,提出会议意见和要求,形成房地产领导小组会议纪要并下达批复。

8月10日,领导小组召开2012年第4次会议,分别听取中国铁建房地产集团公司大连甘井子区大橡塑地块和长沙梅溪湖B-30/31/32地块、中铁十一局集团公司武汉青菱乡地块有关情况汇报。会议在听取项目可行性分析报告、进行认真研究和讨论的基础上,提出会议意见和要求,形成房地产领导小组会议纪要并下达批复。

9月5日,领导小组召开2012年第5次会议,听取中国铁建房地产集团公司关于成都锦江区农科院地块、中铁十一局集团公司天津空港经济区地块有关情况的汇报。会议在听取项目可行性分析报告、进行认真研究和讨论的基础上,提出会议意见和要求,形成房地产领导小组会议纪要并下达批复。

9月14日,领导小组认真研究分析中国铁建房地产集团公司上报的北京经济开发区X83R1和X86R1地块情况,形成会签报告,并下达批复。

9月17日,领导小组认真研究分析中国铁建房地产集团公司上报的杭州谢村R21-14地块调整竞买价格上限情况,形成会签报告,并下达批复。

9月20日,领导小组认真研究分析中铁十六局集团公司上报的广西梧州红岭BS-05/06地块情况,形成会签报告,并下达批复。

9月27日,领导小组召开2012年第6次会议,听取中国铁建房地产集团公司关于北京大兴亦庄新城B03R1-1地块、北京大兴亦庄新城B03R1-2地块、北京大兴生物医药基地东配套5号地、成都成华区锦电东苑地块、杭州滨江区江南单元BJ01-R21-12地块、徐州新城区体育场南Q4-4地块、徐州新城区体育场南Q4-5地块有关情况汇报。会议在听取项目可行性分析报告、进行认真研究和讨论的基础上,提出会议意见和要求,形成房地产领导小组会议纪要并下达批复。

11月12日,领导小组召开2012年第7次会议,听取中国铁建房地产集团公司关于上海宝山区宝安公路北侧1号地块、广州荔湾区AF010114地块、杭州杭政储出〔2012〕52/53/54号地块、大连橡塑机厂地块调整竞买上限有关情况汇报;听取中铁二十二局集团公司太原市小王村城中村改造3、12号地块,重庆北碚区A19、A25地块,兰州六四一三厂项目有关情况汇报;听取中铁十一局集团公司武汉东湖高新区民族大道西侧项目有关情况汇报。会议在听取项目可行性分析报告、进行认真研究和讨论的基础上,提出会议意见和要求,形成房地产领导小组会议纪要并下达批复。

11月26日,领导小组认真研究分析中铁二十五局集团公司上报的广东中山市南头镇将军村地块情况,形成会签报告,并下达批复。

12月7日,领导小组认真研究分析中国铁建房地产集团公司上报的北京昌平区中关村科技园地块情况,形成会签报告,并下达批复。

12月11日,领导小组认真研究分析中铁十四局集团公司上报的济南章丘市双山地块情况,形成会签报告,并下达批复。

12月14日,领导小组召开2012年第8次会议,听取中国铁建房地产集团公司关于广西军区南宁良庆农场144667.39平方米(217亩)宗地、徐州市新城区A3-3/4地块、上海市闸北区470街坊6丘地块、成都市高新区GX21/22/27地块、大连市甘井子区大城(2012)-37/38/39地块和杭州市萧山经济开发区47、48号地块有关情况汇报;听取中铁二十局集团公司重庆茶园67、68、71、72号地块有关情况汇报。会议在听取各项目可行性分析报告、进行认真研究和讨论的基础上，提出会议意见和要求，形成房地产领导小组会议纪要，并对徐州市新城区 A3 - 3/4 地块和重庆茶园67、68、71、72 号地块下达批复。

12 月 21 日，领导小组认真研究分析中国铁建房地产集团公司上报的北京通州台湖镇 068、069、070 号地块情况，形成会签报告。（傅志跃　赵文晴）

【房地产简报】 2012 年刊发股份公司《房地产简报》4 期，通报和分析房地产板块发展情况，传递有效政策信息，引导全系统房地产管理者采取有效应对措施。《房地产简报》分要闻概览、土地储备、销售快报、政策聚焦、权威发布、市场动态 6 个栏目。（傅志跃）

【中国铁建房地产工作会议】 11 月 16 日，中国铁建房地产工作会议在广西南宁召开。此次会议是股份公司在党的十八大胜利召开后的一个重要会议，是在中国铁建房地产板块创立 5 周年之际，在国内宏观调控继续走向深入的大背景下，全系统召开的第 3 次房地产工作会议。股份公司总裁赵广发发表重要讲话，副总裁范德作题为《认清形势 明确目标 提升管理 努力推动房地产板块再上新台阶》的工作报告。会议由副总裁、总会计师兼总法律顾问庄尚标主持，党委副书记、纪委书记、监事会主席齐晓飞，副总裁张宗言、刘汝臣出席会议。会议总结回顾房地产板块近几年来的发展历程和取得的成绩，认真分析当前房地产形势，直面存在的问题和挑战，号召全系统抓住市场发展机遇，打造房地产核心竞争力，努力推动房地产板块再上新台阶。会议期间，全体与会人员观摩了南宁中国铁建·山语城项目，中国铁建房地产集团公司介绍山语城项目的园林景观设计及施工经验，汇报集团公司房地产业务发展情况。各集团公司及其所属房地产公司、项目公司主管领导，股份公司总部机关相关部门负责人230 人参加会议。（刘建光）

【房地产板块信息化建设】 2012 年，全系统正在开发建设的房地产项目，均通过中国铁建房地产报表系统上报数据。截至年底，思源地产营销管理系统在中国铁建房地产集团公司、中铁建设集团公司，中铁十四、十五、十八、二十一局集团公司，中铁第四勘察设计院集团公司 7 个单位的 36 个项目得到应用。年初，在股份公司信息中心和中国铁建房地产集团公司的协助下，EAC 的地产管理模块和报表系统、思源地产营销管理系统完成数据接口工作，地产管理模块实现自动从两个系统抽取数据的功能；年中，结合业务实际需求，优化调整地产模块中的有关功能，核对数据，地产管理模块的功能已经基本符合部门的使用要求，处于正常运行状态。（傅志跃）

【房地产投资及销售收益】 2012 年，股份公司完成房地产开发投资 213 亿元，其中续建项目完成投资 166.9 亿元、土地储备完成投资 46.3 亿元。中国铁建房地产集团公司完成房地产开发投资 146 亿元，其中续建项目完成投资 114 亿元、土地储备完成投资 31.8 亿元。中国铁建房地产板块全年实现销售面积 226 万平方米，销售金额 212 亿元，营业收入 181 亿元。其中，中国铁建房地产集团公司全年实现销售面积 151 万平方米，销售金额 161 亿元，营业收入 143 亿元。

2012 年，中国铁建有 51 个项目在 29 个城市销售，其中 35 个项目单盘销售金额超过 1 亿元。北京中国铁建·梧桐苑、北京中国铁建·青秀城和北京中国铁建·国际城单盘销售金额突破 20 亿元，分别为 39.2 亿元、22.3 亿元和 20.9 亿元。根据国内行业研究机构发布的《2012 年中国房地产企业销售排行榜》，中国铁建排名第 23 位。（傅志跃）

2012 年中国铁建房地产开发投资及销售收益

单　　位	年度投资（亿元）	营业收入（亿元）	销售金额（亿元）	销售面积（万平方米）
中国铁建股份有限公司	213	181	212	226
其中：中国铁建房地产集团有限公司	146	143	161	151

制表：傅志跃

2012 年中国铁建房地产项目销售额超过亿元的项目排名

序号	单位名称	项目名称	销售金额（万元）	销售面积（万平方米）	销售均价（元/平方米）
1	中国铁建房地产集团有限公司	北京中国铁建·梧桐苑	392105	29.87	13127
2	中国铁建房地产集团有限公司	北京中国铁建·青秀城	223427	12.64	29648①
3	中国铁建房地产集团有限公司	北京中国铁建·国际城	208754	10.42	20034②
4	中国铁建房地产集团有限公司	合肥中国铁建·国际城	130020	21.91	5934
5	中国铁建房地产集团有限公司	广州中国铁建·国际城	118673	6.69	17739
6	中国铁建房地产集团有限公司	成都中国铁建·国际城	98467	17.63	5585
7	中国铁建房地产集团有限公司	天津中国铁建·国际城	88119	6.73	13093
8	中铁十四局集团有限公司	南京中国铁建·江佑铂庭	75093	7.94	9458
9	中国铁建房地产集团有限公司	南宁中国铁建·山语城	71310	7.92	9004
10	中铁二十二局集团有限公司	厦门中国铁建·海曦	65927	4.35	15156
11	中铁二十一局集团有限公司	西安中国铁建·梧桐苑	55600	5.59	9946
12	中国铁建房地产集团有限公司	北京中国铁建·山语城	47422	2.87	16523
13	中国铁建房地产集团有限公司	贵阳中国铁建·国际城	42343	7.66	5528
14	中国铁建房地产集团有限公司	成都中国铁建·青秀城	40928	5.40	7579
15	中铁建设集团有限公司	信阳中国铁建·领秀城	35000	8.06	4342
16	中铁十四局集团有限公司	济南中国铁建·国际城	31711	3.73	8502
17	中国铁建房地产集团有限公司	长沙中国铁建·山语城	27844	5.16	5396
18	中铁二十局集团有限公司	重庆中国铁建·山水一舍	26115	3.72	7020
19	中国铁建房地产集团有限公司	长春中国铁建·国际花园	25950	4.18	6208
20	中国铁建房地产集团有限公司	徐州中国铁建·龙域中央	25919	5.39	4809
21	中铁二十二局集团有限公司	保定中国铁建·京南一品	24781	4.11	6029
22	中铁二十一局集团有限公司	西安中国铁建·国际城	22000	3.30	6667
23	中铁十五局集团有限公司	临沂中国铁建·东来尚城	19885	5.12	3884
24	中铁十六局集团有限公司	宁德中国铁建·天天花园	19410	3.83	5068
25	中铁二十二局集团有限公司	黄石中国铁建·天方百花园	16457	3.60	4571
26	中国铁建房地产集团有限公司	长沙中国铁建·国际城	15988	3.12	5124
27	中国铁建房地产集团有限公司	杭州中国铁建·国际城	15518	0.73	21258
28	中铁二十五局集团有限公司	柳州中国铁建·金色蓝庭	14043	2.49	5640
29	中铁十八局集团有限公司	武汉中国铁建·1818 中心	14000	0.52	26923
30	中铁建设集团有限公司	西安中国铁建·瑞园	13037	1.94	6720
31	中铁十四局集团有限公司	章丘中国铁建·明山秀水	12810	2.88	4448
32	中国铁建房地产集团有限公司	北京中国铁建·原香小镇	12296	0.93	13222
33	中铁第四勘察设计院集团有限公司	株洲中国铁建·荷塘星城	11548	2.49	4638
34	中铁十五局集团有限公司	周口中国铁建·东来尚城	11200	2.95	3797
35	中国铁建房地产集团有限公司	成都中国铁建·西派国际	10242	0.63	16257

注：①北京中国铁建·青秀城项目销售均价为商品房销售均价，销售面积和销售金额均包括保障房部分；
②北京中国铁建·国际城销售面积和销售金额均包括公寓及车库。

制表：傅志跃

【土地储备】 2012 年，中国铁建分别在北京、上海、重庆、杭州、西安、济南、武汉、长沙、徐州等 13 个城市获取房地产开发项目 16 个，新增建设用地面积 131 万平方米（1965 亩），总建筑面积 376 万平方米，土地成交总额 79.4 亿元。其中，中国铁建房地产集团公司获取 7 个项目，新增建设用地面积 55 万平方米（825 亩），土地成交总额 53.7 亿元。截至年底，中国铁建分别在北京、上海、天津、广州、杭州、重庆、西安、长沙、贵阳、南宁、成都、合肥、长春、济南、厦门、宁波、株洲、临沂、泰安、梧州等 37 个城市持有 76 个房地产开发项目，建设用地总面积 872 万平方米（13080 亩），规划总建筑面积 2747 万平方米。其中，中国铁建房地产集团公司建设用地总面积 529 万平方米（7935 亩），规划总建筑面积 1650 万平方米。

1 月，中铁二十一房集团公司获取甘肃省兰州市一宗土地，该地块位于兰州市安宁区，建设用地面积 2.62 万平方米，容积率 3.5，规划总建筑面积 12.29 万平方米，土地成交总额 13273 万元，楼面地价每平方米 1387 元。

1 月，中铁二十五局集团公司获取湖南省衡阳市一宗土地，该地块位于衡阳市衡州大道，建设用地面积4.84万平方米，容积率3.0，规划总建筑面积16.03万平方米，土地成交总额5089万元，楼面地价每平方米350元。

7月2日，中铁十六局集团公司获取内蒙古自治区通辽市一宗土地，该地块位于通辽市开发区，建设用地面积10.29万平方米，容积率2.34，规划总建筑面积30.7万平方米，土地成交总额11754万元，楼面地价每平方米487元。

7月20日，中国铁建房地产集团公司获取北京市房山区一宗土地，该地块位于北京市房山区长阳镇，建设用地面积8.02万平方米，容积率2.0，规划总建筑面积19.15万平方米，土地成交总额78090万元，楼面地价每平方米4896元。

10月16日，中国铁建房地产集团公司获取湖南省长沙市一宗土地，该地块位于长沙市梅溪湖片区，建设用地面积15.59万平方米，容积率3.8，规划总建筑面积68.92万平方米，土地成交总额118386万元，楼面地价每平方米2000元。

10月16日，中铁第一勘察设计院集团公司获取陕西省西安市一宗土地，该地块位于西安市雁塔区，建设用地面积3.54万平方米，容积率3.19，规划总建筑面积14.17万平方米，土地成交总额17138万元，楼面地价每平方米1519元。

10月18日，中铁十六局集团公司获取广西壮族自治区梧州市一宗土地，该地块位于梧州市红岭新区，建设用地面积5.2万平方米，规划总建筑面积20.68万平方米，容积率3.4，土地成交总额13260万元，楼面地价每平方米750元。

11月23日，中国铁建房地产集团公司获取上海市宝山区一宗土地，该地块位于宝山区宝安公路北侧，建设用地面积7.68万平方米，规划总建筑面积11.52万平方米，容积率1.5，土地成交总额96200万元，楼面地价每平方米10278元。

11月27日，中国铁建房地产集团公司获取浙江省杭州市一宗土地，该地块位于杭州市江干区，建设用地面积2.13万平方米，规划总建筑面积6.92万平方米，容积率2.4，土地成交总额45850万元，楼面地价每平方米8990元。

12月4日，中铁十一局集团公司获取湖北省武汉市一宗土地，该地块位于武汉市东湖新技术开发区，建设用地面积12.2万平方米，规划总建筑面积36.51万平方米，容积率2.5，土地成交总额55041万元，楼面地价每平方米1804元。

12月6日，中铁建设集团公司通过股权收购获取北京市密云县一宗土地，该地块位于密云县果园街道，建设用地面积7.13万平方米，规划总建筑面积16.24万平方米，容积率2.0，土地成交总额42000万元，楼面地价每平方米2945元。

12月11日，中国铁建房地产集团公司获取北京市昌平区一宗土地，该地块位于昌平区中关村科技园昌平园，建设用地面积7.69万平方米，规划总建筑面积21.9万平方米，容积率2.2，土地成交总额80000万元，楼面地价每平方米4734元。

12月14日，中国铁建房地产集团公司获取江苏省徐州市一宗土地，该地块位于徐州市新城区彭祖大道，建设用地面积8.7万平方米，规划总建筑面积20.5万平方米，容积率1.8，土地成交总额33100万元，楼面地价每平方米2149元。

12月14日，中铁十四局集团公司获取山东省济南市一宗土地，该地块位于济南市章丘市，建设用地面积1.1万平方米，规划总建筑面积3万平方米，容积率2.0，土地成交总额2776万元，楼面地价每平方米1207元。

12月21日，中国铁建房地产集团公司获取浙江省杭州市一宗土地，该地块位于杭州市萧山区，建设用地面积5.16万平方米，规划总建筑面积15.3万平方米，容积率2.0，土地成交总额84922万元，楼面地价每平方米7476元。

12月31日，中铁二十局集团公司获取重庆市一宗土地，该地块位于重庆市南岸区茶园新区，建设用地面积28.71万平方米，规划总建筑面积62.18万平方米，容积率1.63，土地成交总额97435万元，楼面地价每平方米2120元。 （刘建光　傅志跃）

2012年中国铁建房地产开发土地储备情况

单　　位	新增建设用地（万平方米）	新增总建筑面积（万平方米）	总建设用地（万平方米）	总建筑面积（万平方米）
中国铁建股份有限公司	131	376	872	2747
其中：中国铁建房地产集团有限公司	55	164	529	1650

制表：傅志跃

【主要房地产开发项目】 长沙中国铁建·山语城　位于湖南省长沙市北二环与芙蓉北路交汇处。建设用地面积36.8万平方米，总建筑面积91.1万平方米。项目定位为山水景观、生活之城，并配置水景多功能会所、精品商业街、超市、幼儿园、小学等生活配套设施，涵盖联排别墅、板式小高层和高层等产品。截至2012年底，项目一期已经完成交付，三期学校及幼儿园工程竣工，二期处于竣工验收阶段，累计实现销售金额12.4亿元。

贵阳中国铁建·国际城　位于贵州省贵阳市南明区花果园南小车河畔。建设用地面积59.2万平方米，总建筑面积225.3万平方米。项目于2007年取得，背靠万亩原生态自然保护林带和36万平方米森林公园，地理位置得天独厚，是贵阳两城区最大规模生态楼盘。截至2012年底，项目一期已经交付，二期正在开发建设，累计实现销售金额15亿元。

长春中国铁建·国际花园　位于吉林省长春市汽车产业开发区。建设用地面积23.5万平方米，总建筑面积56.3万平方米。项目依托北高南低15米天然向阳坡地，楼群呈扇形分布，通过纵贯南北、东西的两条景观带将小区分为十二个小型组团，打造大型低密度洋房社区。截至2012年底，项目竣工备案手续完成，累计实现销售金额11.7亿元。

南宁中国铁建·山语城　位于广西壮族自治区南宁市青秀区凤岭镇。建设用地面积16.5万平方米，总建筑面积42.9万平方米。项目利用缓坡地形，构成丰富的内部组团，成为南宁花园洋房和高层住宅良好匹配的典范社区。截至2012年底，项目基本完工，综合备案完成，累计实现销售金额26.4亿元。

长沙中国铁建·国际城　位于湖南省长沙市长沙县城。建设用地37.6万平方米，总建筑面积120万平方米。项目以一条简约东南亚园林为主线，连接东西方不同园林风格，高层与板式楼体相结合，组成内庭院式的景观，成为星沙第一大园林社区。截至2012年底，项目正进行二期一组团的结构施工，累计实现销售金额9.9亿元。

合肥中国铁建·国际城　位于安徽省合肥市庐阳区。建设用地面积44.1万平方米，总建筑面积165万平方米。项目毗邻大房郢水库，地理位置优越，交通网路发达。项目利用超大规模体量，集住宅、国际商业街区、星级酒店、学校于一体，成为主城区超大规模综合体。截至2012年底，德园已竣工交付，和畅园、桂园正进行装饰及室外工程施工，累计实现销售金额36亿元。

北京中国铁建·国际城　位于北京市朝阳区来广营北苑东路。建设用地面积19.6万平方米，总建筑面积81万平方米。项目周边被国家森林公园、立水桥公园、朝来森林公园、郊野公园环绕，社区住宅产品丰富，规划有多层、小高层、高层和高厅三叠等多种产品形式，另有26万平方米大型商业综合体，融汇时尚与动感，成为最具生活品质的社区。截至2012年底，1－2地块处于交房阶段，1－1地块处于二次结构施工阶段，1－10地块处于基础施工阶段，累计实现销售金额49亿元。

杭州中国铁建·国际城　位于浙江省杭州市拱墅区。建设用地面积10万平方米，总建筑面积36万平方米。项目西靠康桥河绿化景观，南接蔡马河，紧邻浙江大学城市学院，规划有10万平方米商业综合体，营造低碳环保、生态休闲的高品质社区。截至2012年底，项目一期进行外墙施工，二期进行地下结构施工，累计实现销售金额2.2亿元。

北京中国铁建·梧桐苑　位于北京市门头沟区永定镇。建设用地面积14万平方米，总建筑面积47万平方米。项目是全国首个“限地价、竞房价”项目，土地成交总额22.2亿元，楼面地价每平方米5850元。项目公建规划8万平方米，住宅全部定位为“中低价位，中小套型普通商品房”，住宅销售限价每平方米13600元。截至2012年底，项目住宅部分结构封顶，二次结构平均施工至13层，累计实现销售金额39亿元。

广州中国铁建·国际城　位于广东省广州市荔湾区旧龙溪路花地河南岸。建设用地面积6.5万平方米，总建筑面积17.6万平方米。项目景观资源丰富，市政配套齐全，适合打造休闲宜居型高品质社区，规划以高层产品为主，充分利用河景资源，建设成为荔湾区高品质楼盘。截至2012年底，项目正进行主体结构施工，累计实现销售金额11.9亿元。

天津中国铁建·国际城　项目位于天津市河北区金钟河大街北侧。建设用地面积24.7万平方米，总建筑面积86.78万平方米。项目横跨月牙河两岸，景观资源极佳，规划地铁5号、6号线均在本地块设站，是河北区政府重点打造的核心区域，将成为区域大规模综合社区。项目规划有高层、小高层和多层等各类住宅产品。截至2012年底，项目处于全面开发建设中，累计实现销售金额9亿元。

北京中国铁建·山语城　位于北京市丰台区王佐镇。建设用地面积21万平方米，总建筑面积33万平方米。项目位于王佐镇中心区西北角，该区域属于丰台河西生态休闲旅游带，区域景观资源丰富，距离千灵山、青龙湖等景区很近，产品形态为叠拼别墅和花园洋房。截至2012年底，项目施工作业基本完成，累计实现销售金额7.9亿元。

武汉中国铁建·国际城　位于湖北省武汉市汉阳区。建设用地面积16万平方米,总建筑面积48万平方米,为城中村改造项目,采用毛地出让,净地交付的方式。项目紧邻武汉市二环线,位于王家湾商务区,西望扁担山,南邻龙阳湖,具有一定的景观资源。截至2012年底,项目完成拆迁1.5万平方米。

北京中国铁建·国际花园　位于北京市房山区长阳镇。建设用地面积8万平方米,总建筑面积19万平方米。项目紧邻轻轨房山线,五环线、京石高速、京良路等城市主干道纵横交错。项目全部为18层纯板楼,一梯两户,南北通透,规划有75平方米两居、90平方米及128平方米三居。截至2012年底,项目处于前期报建阶段。

北京中国铁建·原香漫谷　位于北京市房山区城关镇。建设用地面积13.6万平方米,总建筑面积43万平方米。项目规划为近35万平方米的优质住宅区,紧邻六环路、京石高速、京周路和正在建设的京石二高速,同时规划中的城铁燕房线也将在此设站通车。截至2012年底,项目处于全面开发建设中,累计实现销售金额7000万元。

西安中国铁建·梧桐苑　位于陕西省西安市曲江新区新开门南路西侧。建设用地面积8.4万平方米,总建筑面积33万平方米。项目位于西安曲江新区核心地段,南临寒窑遗址公园,西侧300米曲江池遗址公园。项目分南、北两个区域开发。截至2012年底,项目处于全面开发建设中,累计实现销售金额18.6亿元。

济南中国铁建·国际城　位于山东省济南市奥体中心核心片区。奥体西路与经十路交汇处北500米路东,建设用地面积9.6万平方米,总建筑面积40万平方米。区位优势明显,交通极为便利,发展前景巨大。项目规划有5A甲级生态写字楼、低密度观景大宅、风情步行商业街、豪华会所等多种物业形态。截至2012年底,项目处于主体结构施工阶段,累计实现销售金额3.2亿元。

武汉中国铁建·1818中心　位于湖北省武汉市武昌区。建设用地面积4.7万平方米,总建筑面积26万平方米。项目地处武昌区主干道中北路和公正路交叉口,距离湖北省委、省政府驻地以及洪山广场均不足1公里。项目涵盖写字楼、住宅、高端购物中心、商业街、LOFT公寓、私人酒店、美食中心等多种业态,是典型的城市综合体。项目主楼高181.8米,业态定位为超五星级典雅主义地标写字楼及私人酒店。截至2012年底,项目处于主体结构施工阶段,累计实现销售金额1.4亿元。

厦门中国铁建·海曦　位于福建省厦门市思明区。建设用地面积1.8万平方米,总建筑面积6万平方米。项目地处厦门市东海岸观音山板块,是厦门未来规划的高端商务运营区,拥有稀缺的海景资源,区位位置优越。项目规划6栋高层住宅,为纯板式建筑形态,外立面采用简约大气的“简欧”风格外立面。项目正处装修作业阶段,累计实现销售金额7.3亿元。

(傅志跃)

资本运营与管理

【资本运营部】　主要职责:贯彻执行国家资本管理的法律法规,落实国有资产管理委员会有关资产管理的规定,制定公司资本发展战略和运作制度;负责组织研究国内外宏观、微观经济形势和相关产业运行状况,定期向公司领导提出分析报告;负责公司总部境内外经营性固定资产投资(含矿业投资)、权益性资本投资管理工作;负责国内外投资考核指标的下达,组织公司对外经营性投资项目的选择、咨询、论证、评估;负责投资项目股权管理和项目实施过程的监管;负责实物资产管理工作。承办总公司及总公司锦鲤资产管理中心相关工作职能。部门定员13人,设部长1人、副部长1人、总经济师1人;下设咨询评估处、投资管理处、矿产资源处、资产管理处。　(张红彦)

【资本运营项目概况】　2012年,中国铁建系统有资本运营项目58项。其中,总公司本级2项;股份公司56项。

总公司本级两项资本运营项目均为BOT项目,总投资81.49亿元,项目资本金28.5亿元。企业应投入资本金21.43亿元,总公司已投入资本金21.43亿元。

股份公司56项资本运营项目中,BOT项目4项、BT项目44项、股权类投资项目(包括矿产资源项目)8项,总投资1073.36亿元。企业应投入资本金435.85亿元,股份公司已投入资本金265.51亿元。BOT项目总投资167.83亿元,其中项目资本金40.14亿元;企业应投入资本金22.25亿元,股份公司已投入资本金19.08亿元。BT项目总投资735.25亿元,其中企业应投入资本金355.99亿元,股份公司已投入资本金209.79亿元。2012年,BT项目实际回购款20.2亿元。股权类投资项目(包括矿产资源项目)总投资170.28亿元,其中企业应投入资本金60.27亿元,股份公司已投入资本金36.04亿元。　(张红彦)

2012 年中国铁道建筑总公司本级资本运营项目投资情况

项 目 名 称	投资方式	项 目 总投资（万元）	项 目 资本金（万元）	企业应投资本金（万元）	企业已投入资本金（万元）	营业收入（万元）
合 计		814880	285043	214334	214334	90666
京承高速公路二期	BOT	391900	137000	95900	95900	27000
重庆遂渝高速公路	BOT	422980	148043	118434	118434	63666

制表:张红彦

2012 年中国铁道建筑总公司资本运营投资情况

项 目 名 称	项数	项目总投资（亿元）	企业应投资本金（亿元）	企业已投入资本金（亿元）
合 计	58	1154.85	457.28	286.94
中国铁道建筑总公司本级	2	81.49	21.43	21.43
BOT 项目	2	81.49	21.43	21.43
中国铁建股份有限公司	56	1073.36	435.85	265.51
BOT 项目	4	167.83	21.64	21.64
BT 项目	44	735.25	355.99	209.79
参股项目	8	170.28	58.22	36.04

制表:张红彦

2012 年中国铁建系统资本运营投资情况

	单 位 名 称	项目数量	项目计划总投资（亿元）	企业应投资本金（亿元）	企业已投入资本金（亿元）
	合 计	45	1205.5	314.7	18.7
1	中铁十一局集团有限公司	2	8.6	2.9	
2	中铁十三局集团有限公司	1	14.0	4.9	
3	中铁十四局集团有限公司	1	1.8	0.2	
4	中铁十六局集团有限公司	5	37.8	20.5	0.6
5	中铁十七局集团有限公司	6	56.3	16.8	
6	中铁十八局集团有限公司	1	15.2	3.8	
7	中铁十九局集团有限公司	3	54.3	18.1	3.4
8	中铁二十二局集团有限公司	2	16.6	16.6	0.1
9	中铁二十一局集团有限公司	2	6.4	1.6	
10	中铁二十二局集团有限公司	2	3.8	2.9	0.4
11	中铁二十五局集团有限公司	1	12.0	3.0	
12	中铁建设集团有限公司	2	4.6	4.6	0.3
13	中国铁建港航局集团有限公司	1	5.0	0.5	
14	中铁第一勘察设计院集团有限公司	1	3.8	1.0	
15	中国铁建房地产集团有限公司	1	1.7	1.7	
16	中铁建中非建设有限公司	1	12.5	12.5	2.1
17	中国铁建投资有限公司	9	782.3	155.7	3.7
18	中铁十一、十三、十六、二十局集团有限公司,中国铁建电气化局集团有限公司	1	19.6	4.9	
19	中铁二十四局集团有限公司、中铁物资集团有限公司	1	47.3	14.2	8.2
20	内部联合体	1	28.0	10.0	
21	云南指挥部	1	74.0	18.5	

制表:张红彦

【资本运营工作座谈会】 10 月 17 日，股份公司在北京怀柔召开资本运营工作座谈会。重庆铁发遂渝高速公路公司、云贵指挥部，中铁十六、二十二局集团公司，中铁物资集团公司、中国铁建投资公司 6 家单位介绍本单位开展资本运营工作的经验和做法；各区域指挥部负责人、总部机关有关部门负责人就如何开展资本运营工作进行简要发言；资本运营部介绍 BT 项目投融资模式及相关实务；股份公司副总裁张宗言作重要讲话。股份公司所属子公司分管资本运营工作的领导和业务部门负责人、各区域指挥部主要负责人、机关相关部门负责人 100 余人参加会议。 （鞠小华）

【资本运营高级管理人员研修班】 为进一步提高系统内资本运营工作人员业务能力和综合素质，12 月 24 ~28 日在清华大学举办为期 5 天的资本运营高级管理人员研修班，所属集团公司资本运营业务部门领导及业务骨干约 80 人参加。研修班邀请清华大学、北京大学、对外经贸大学、同济大学等知名学者与教授，就宏观经济、项目投资行业分析、特许经营项目融资、企业投资风险若干问题、项目可行性分析与投资决策、土地一级开发与投融资模式等内容进行专题讲座。

（罗　芳）

【资本运营咨询评估专项研讨会】 9 月 21 日，股份公司在北京举办资本运营咨询评估专项研讨会，所属单位 28 家单位 40 余人参加学习研讨。研讨期间，对项目选择、跟踪及合同谈判、经济评价、请示上报等前期工作进行专题培训。 （陈梦月）

【资本运营 BOT 项目监管】 总公司和股份公司 BOT 项目 6 项，已经建成运营 4 项，分别为中铁十一局集团公司投资的湖北山南铁路专用线项目和中铁十五局集团公司投资的济阳黄河公路大桥项目、京承高速公路二期、遂渝高速公路。2012 年运营收入 9.93 亿元，累计收入 51.77 亿元。 （张红彦）

【中非建设参股投资开发几内亚西芒杜铁矿项目】 中铁建中非建设公司入股中方联合体，参与几内亚西芒杜铁矿项目投资开发，以带动铁路项目的工程承包业务。2012 年 4 月，经股份公司 2012 年第 7 次总裁办公会议审议，并经第二届董事会第 12 次会议决策，同意中铁建中非建设公司参与几内亚西芒杜铁矿项目开发，出资 3375 万美元入股中方联合体公司——中铝铁矿控股有限公司（在铁矿项目上占比 47%），所占股权比例 2.5%，后续项目开发投资约 5525 万美元 ~ 8525 万美元，入股中方联合体和项目开发投资合计投资金额约 0.89 亿美元 ~ 1.19 亿美元（具体金额根据项目的融资情况而定）。 （鞠小华）

【与中国冶金地质总局、三合集团签署战略合作协议】 为积极贯彻国务院国资委关于推进中央企业资源整合与业务合作精神，加快推进、切实落实股份公司与中国冶金地质总局领导之间业已达成的中国冶金地质总局和中国铁建要加强业务合作的共识，经初步分析研究，设想分两步推进：第一步，两企业之间建立全面战略合作关系，并签订一个意向性质的战略合作协议；第二步，在战略合作协议的框架下，两企业之间就同类业务整合、产业链上下游业务合作、研发合作、联合走出去、联合投资、联合发展新兴产业等方面寻求合作的具体项目。2012 年 8 月 23 日，经过多次沟通洽商，中国铁建与中国冶金地质总局正式签署战略合作协议。

为进入风能、太阳能等新能源领域，经与香港三合集团反复沟通协商，就双方携手合作共同开发风能、太阳能等新能源领域项目达成共识，并于 10 月 12 日与三合集团签署战略合作协议。 （鞠小华）

【与地方政府签署战略合作协议】 3 月，中国铁建分别与海南省人民政府、海口市人民政府签署战略合作框架协议。

4 月，中国铁建与通化市人民政府签署战略合作框架协议。

5 月，中国铁建与湖南省人民政府签署战略合作框架协议；与青岛市人民政府签署“青岛城市轨道交通工程投资合作框架协议”。

7 月，中国铁建与南宁市人民政府签署战略合作框架协议；与桂林市人民政府签署“资源（梅溪）至兴安高速公路项目投资意向书”。

8 月，中国铁建分别与成都市人民政府、成都市地铁有限责任公司签署战略合作框架协议。

9 月，中国铁建与成都交通投资集团签署战略合作框架协议。

12 月，中国铁建与珠海市人民政府签署投资框架协议。 （鞠小华）

【资本运营信息管理系统（CRCC_COM）通过验收】 资本运营信息管理系统（CRCC_COM）被列入 2010 年度股份公司第一批信息化项目开发计划，7 月北京起步科技有限公司中标研发；2011 年 6 月系统试运行，9 月 8 日系统正式上线，9 月 16 日系统通过初验。经过一年多的使用和不断完善，2012 年 11 月 29 日系统通过最终验收。系统由投资管理、独立项目财务指标计算、资产管理、风险信息、系统管理五大模块组成，不同模块协同运行共享资本运营信息资源，实现项目投资管理的标准化、程序化和信息化，极大地提高了工作效率和科学管理水平，适应中国铁建资本运营快速发展的新趋势。（荀照杰）

【资本运营信息系统操作培训班】 6月18～21日，股份公司在北京培训中心举办资本运营信息系统操作培训班，所属30家单位50余人参加培训。培训主要介绍股份公司资本运营现状、投资管理机构职能划分和投资决策程序、权限及投资项目评价主要指标、投资项目选择标准、投资风险管理，以及中国铁建"十二五"资本运营发展目标、方向、架构；讲解中国铁建资本运营信息管理系统功能，并进行模拟环境实际操作训练。（陈梦月）

财　务

【财务部】 负责股份公司资产产权管理、财务管理、会计核算、资金管理和会计监督的综合职能部门。主要职责：贯彻执行国家财务会计法律法规和制度，组织制定和实施公司财务发展战略，制定和实施公司财务会计规章制度，管理、组织、监督、检查和规范公司财务会计工作；负责全面预算管理和责任成本管理，组织公司系统业绩考核评价；负责公司系统财务会计管理、会计电算化、资金管理、产权管理和公司总部机关本级会计核算、经费管理、财务预决算工作；负责组织开展经济活动分析和实施财务会计诚信建设，依法编制和及时提供财务会计报告；协助做好公司信息披露相关工作；建立和落实财务内控制度与责任，对公司经济活动过程和经济运行任务进行财务监督和控制；建立和完善财务、汇率、利率、资金风险防范预警与控制机制；组织实施财务收支稽核检查；负责既有的股权管理、货币类金融产品及债券投资与管理；承办总公司及锦鲤资产管理中心财务工作；负责国务院监事会派驻公司办公室事务的协调配合和服务工作；完成公司董事会及董事会相关委员会交办的工作。下设财务处、会计处、机关财务处、产权处、预算考核处、成本管理处、资金管理中心。定员34人，设部长1人、副部长2人。定员34人，现员27人，其中高级会计师11人、会计师11人。（曹锡锐）

【年度工作综述】 2012年，股份公司财务工作遵循公司"十二五"发展战略规划和财务战略规划指导思想，坚持依法理财、稳健理财、科学理财，以现金流管理为中心，以全面预算管理为主线，以效益管理为根本，以创造价值为目标，强化成本费用控制，改善资金状况，优化资产负债结构，提高资产运营能力，加强财务内控管理，有效防范财务风险，推进会计基础工作标准化、财务信息化和责任成本管理精细化，发挥财务绩效考评导向作用，着力提高财会队伍素质，促进财务转型，提升财务能力，增强财务实力，在企业做强做优中发挥财务推动作用。（郭双来）

【会计信息披露和配合审计工作】 2012年，股份公司在上海证券交易所和香港联合证券交易所及时、准确、完整地披露季度报告、半年度报告、年度报告等各项会计信息，完成国资委、财政部财务决算报告的编制和报送。在完成4个季度的财务报告编制的同时，配合股份公司董事会完成财务信息披露、资料整理、路演数据本的制作。工作包括主要会计数据的计算摘录，每股收益的计算，非经常性损益的分析认定，业务板块的划分及毛利率的分析计算，主要经济指标大幅增减原因的分析、解释，担保、收购、兼并等重要事项的确认，整理、更新路演数据资料。股份公司系统财务决算审计机构有5家，年内审计591家法人单位。2012年内退人员精算报告在韬睿事务所、股份公司人力资源部的协助下顺利完成。（丁亚杰）

【财务制度建设】 2012年，制定《中国铁建股份有限公司财务监察管理办法（试行）》，促进国家财经法规和企业财务规章制度的贯彻执行，规范企业经济行为，加强财务监督，防止和查处舞弊行为，保障企业财产安全完整。制定《中国铁建股份有限公司银行账户管理办法》，进一步规范股份公司银行账户管理。制定《中国铁建股份有限公司资金集中管理考核暂行办法》和《中国铁建股份有限公司资金调剂管理办法》，推进资金集中管理，防范和化解风险，保障资金运作安全，提高资金使用效率，强化责任，充分发挥绩效考核的引导作用，促使公司的资金筹划管理更上新台阶。制定《中国铁建股份有限公司内部存款超额收益分配暂行办法》，提高所属单位通过中国铁建财务有限公司实施资金结算和资金集中工作的积极性。制定《中国铁建股份有限公司债券发行管理暂行办法》，加强债券发行管理，规范债券发行程序。制定《中国铁建股份有限公司设备采购集中支付管理暂行办法》，推进设备集中采购工作，充分发挥股份公司设备集中采购的整体优势和规模效益，增加股份公司的市场信誉度，树立股份公司诚实守信的商业形象。制定"4个阶段、22个环节"工程项目责任成本管理流程，实现标准化、可复制的责任成本管理模式，努力提升精益化管理水平，促进项目收益水平的有效提高。修订《中国铁建股份有限公司责任成本管理考评暂行办法》，积极推进责任成本管理各项制度落实，实现效益最大化。制定《中国铁建股份有限公司外出经营活动税收管理证明管理暂行办法》，加强企业外出经营活动税收管理，规范企业经营行为，为建立企业安全生产投入长效机制。制定《中国铁建股份有限公司安全生产费用提取和使用管理办法》，加强安全生产费用管理，保障企业安全生产资金投入，维护企业、职工以及社会公共利益。

（王　磊）

【股份公司年度财务工作会议】 股份公司2012年度财务工作会议于2012年11月5～7日在北京召开。国资委监事会第16办事处主任金丹阳出席会议并讲话；股份公司副总裁、总会计师兼总法律顾问庄尚标作题为《强化管控防风险 完善体系上水平 以价值创造为目标推动财务工作转型升级》的财务工作报告。会议指出：一年来，各级财务部门紧扣发展主旋律，认真落实“财务管控年”的要求，不断强化财务基础管理，全力应对各种困难和挑战，在力促财务转型发展、提高财务保障支持、实现财务价值创造等方面进行积极探索与实践，为企业经济平稳运行、健康发展作出突出贡献。会议要求各级财务部门既要正视困难与挑战，又要看到优势和机遇所在，着力在夯实基础、强化管控、完善体系、创造价值方面下功夫，努力推动财务工作再上新台阶。会议确定2013年财务工作总体思路：以企业“十二五”发展战略规划和财务战略规划为引领，以国资委管理提升活动为契机，以价值创造为主线，以提高效益、增加积累和财务稳健为使命，突出优化财务状况这项中心工作，狠抓资金管理、责任成本管理、全面预算管理、财务风险管理、绩效考核、财务监察、财务信息化、税务管理、产权管理、财务基础管理十项重点工作，把握政策变动趋势，推进财务管理创新，为推动企业经济运行持续稳定健康发展而不懈努力。围绕“一条主线、三大使命、一个中心、十项重点”的总体思路，做好2013年财务工作。会议表彰2012年度财务工作先进单位和先进个人，部署资金管理、财务决算和年度工作报告编制等有关工作，中兴通讯详细介绍了财务共享中心建设方案。各集团公司、直属单位总会计师，财务部长，资金管理、决算工作负责人及总部机关有关人员190人参加会议。（李　鲲）

【股份公司表彰财务工作先进】

2012年度股份公司财务工作先进单位

中铁十一局集团公司
中铁十二局集团公司
中铁十三局集团公司
中国铁建电气化局集团公司
中铁第四勘察设计院集团公司
中国铁建重工集团公司
中国土木工程集团尼日利亚公司
中国土木工程集团东非有限公司
中铁十一局集团三公司
中铁十一局集团五公司
中铁十一局集团桥梁公司
中铁十二局集团三公司
中铁十二局集团四公司
中铁十二局集团建筑安装公司
中铁十三局集团二公司
中铁十三局集团四公司
中铁十三局集团公司合福铁路项目经理部
中铁十四局集团三公司
中铁十四局集团四公司
中铁十四局集团公司太仓管理指挥部
中铁十五局集团南京公司
中铁十五局集团河南置业公司
中铁十五局集团公司郑开城际铁路工程指挥部
中铁十六局集团三公司
中铁十六局集团北京工程公司
中铁十六局集团宁夏工程指挥部
中铁十七局集团二公司
中铁十七局集团三公司
中铁十七局集团建筑工程公司
中铁十八局集团一公司
中铁十八局集团二公司
中铁十八局集团津秦项目部
中铁十九局集团一公司
中铁十九局集团矿业投资公司
中铁十九局集团公司杭长铁路客运专线浙江段项目经理部
中铁二十局集团一公司
中铁二十局集团四公司
中铁二十局集团公司安哥拉工程指挥部
中铁二十一局集团四公司
中铁二十一局集团公司大西铁路客运专线工程指挥部
中铁二十一局集团山西中南部铁路通道ZNTJ－13标段项目经理部
中铁二十二局集团三公司
中铁二十二局集团北京天瑞泰投资公司
中铁二十二局集团六公司哈尔滨地铁项目部

中铁二十三局集团三公司
中铁二十三局集团轨道交通公司
中铁二十三局集团向莆铁路 FJ－10 工程指挥部
中铁二十四局集团鹰潭设备安装公司
中铁二十四局集团福建公司
中铁二十四局集团上海铁建工程公司
中铁二十五局集团一公司
中铁二十五局集团二公司
中铁二十五局集团建筑安装公司
中铁建设集团南宁分公司
中铁建设集团市政工程分公司
中国铁建电气化局集团三公司
中国铁建电气化局集团北方工程公司
中国铁建港航局集团航务工程分公司
中国铁建房地产集团北京第六大洲房地产开发公司
中国铁建房地产集团北京正达置业公司
中铁第一勘察设计院集团甘肃铁道综合工程勘察院公司
中铁第一勘察设计院集团青海铁道工程勘察公司
中铁第四勘察设计院集团铁四院（湖北）工程监理咨询公司
中铁第四勘察设计院集团公司地质路基设计研究处
中铁第五勘察设计院集团工程机械公司
中铁上海设计院集团公司南京设计院
中铁物资集团东北公司
中铁物资集团港澳公司
昆明中铁大型养路机械集团昆明奥通达铁路机械公司
中国铁建重工集团公司道岔分公司
中国铁建重工集团中铁株洲桥梁公司
北京铁城建设监理公司天津分公司

2012 年度股份公司决算工作先进单位

中铁十一局集团公司
中铁十二局集团公司
中铁十九局集团公司
中铁第四勘察设计院集团公司
中铁物资集团公司
中铁建（北京）商务管理公司

2012 年度股份公司预算工作先进单位

中铁十一局集团公司
中铁十三局集团公司
中铁十六局集团公司
中铁二十一局集团公司
中铁二十二局集团公司
中国铁建重工集团公司

2012 年度股份公司资金集中管理工作先进单位

中国土木工程集团公司
中铁十二局集团公司
中铁二十四局集团公司
中铁建设集团公司
中国铁建电气化局集团公司
中铁第四勘察设计院集团公司

2012 年度股份公司财务信息化先进单位

中铁十三局集团公司
中铁十五局集团公司
中铁十七局集团公司
中铁十八局集团公司
中国铁建电气化局集团公司
昆明中铁大型养路机械集团公司

2012 年度股份公司财务工作先进个人

王希学　姜　华　刘鹏程　宋春梅　赵苏祥
王赛飞　袁善锟　毕赞锋　宋菲菲　刘德生
李小雨　乔　艳　舒红宇　何锦洲　董晓飞
连　斐　刘　斌　杨晓飞　张　峰　郑斌鑫
张　苓　赵　磊　窦立兵　李红斌　刘　永
孙志学　薛　阳　郑开军　王　震　孙锋先
王　民　闫文哲　马玉柏　耿万军　孙正才
景少卿　蔡　嵘　匡刚军　刘云江　马　伟
马正林　吴　英　徐志敏　赵汝云　蔺文虎
朱长安　严　励　李桂林　李司锄　李　忠
沈　沛　孙晓兵　郭宇柱　宁晓峰　皮广荣
秦志刚　谭森林　闫建忠　叶智锋　张艳霞
牛永辉　单秀娟　董　杰　孙光宏　王　敏
王新峰　杨　倩　章　莉　邓少英　吴玉洁
韩　雪　邬宝琛　马秀君　高洪源　刘志伟
娄维维　吴碧艳　吴　军　何　华　罗志弟
李桂花　董文忠　王丽娟　蔡玉标　党艳银
付良焕　魏惠民　范轶群　邹　洁　韩广宁
贺毓陶　吴　鹏　李　敏　龙　静　李鑫源
岳秀丽　杨照群　何艳梅　王爱敏　蒋道斌
苏跃奎　梁广德　鲁　顺　莎　莉　罗晓川
龚有文　李　萍　顾　鑫　熊　望　曾维龙
康丹丹　何维东　陈俊松　何建华　熊淑歌
高东云　黄重平　曹　贺　栗喜明　渠祥军
辛　主　周小毛　李　星　吴素芬　郭宇鑫
张剑青　樊果芬　齐元合　陈　向　孔德明
李　滢　张晓风　李浩宇　刘群良　苏宏伟
蒋志明　徐　晟　刘　勇　罗　卿　吴　飞
胡　梅　莫艳玲　陈　进　肖　军　杨　宏
刘　航　王喜桔　代云书　李民荣　黄国栋

赵雅丽　张红伟　李治富　刘英杰　段永毅
冯利芳　周晓宏　韩　斌　李　鲲　阎　宇
张鸿斌　　　　　　　　　　　　　（李　鲲）

【税务工作】 营业税改征增值税作为国家“十二五”时期结构性减税的重要举措，2012年在交通运输业和部分现代服务业进行试点。随着国家进一步扩大“营改增”试点范围，将择机把铁路运输、邮电通信、建筑业等纳入“营改增”试点范围。为应对税收政策变化，做好经营管理变革准备，提高税务工作的前瞻性和可预见性，保证税改工作顺利平稳，股份公司2012年对“营改增”政策影响及应对措施进行研究，测算分析所属企业，撰写营业税改征增值税对股份公司的影响分析报告，通过召开视频会议、专题研讨会，加大政策研究及宣传力度，积极做好税改准备工作及应对措施。（李　彤）

【内部调剂资金情况】 截至2012年底，全系统资金中心内部调剂资金735.5亿元，比2012年初增加38.7亿元，增长5.3%。其中，集团公司资金中心调剂资金697.6亿元，比2012年初增加79亿元，增长11.3%；财务公司提供内部调剂余额7.9亿元。（乔国英）

【融资情况】 2012年，全系统新增融资信贷规模203亿元。其中，有息负债新增137亿元；票证类规模新增66亿元。股份公司本级年内发行短期融资券100亿元；超短融注册300亿元，发行60亿元。（乔国英）

【资金中心职能转变】 年内，股份公司资金管理中心将资金结算业务移交中国铁建财务有限公司，职能由资金结算转变为资金管理。（乔国英）

【完善资金管理制度】 2012年，股份公司制定印发《银行账户管理办法》《内部调剂款管理办法》《内部超额收益分配办法》，进一步完善资金管理制度。出台股份公司《资金集中管理考核办法》，将资金集中度、资金上存度作为资金管理考核指标纳入业绩考核体系，并下达2012年度考核指标。（乔国英）

【资金管理专题会议】 年内，股份公司在贵州贵阳召开资金集中管理专题会议，总结全系统资金管理工作，分析存在的问题，提出资金集中管理工作方案并进行讨论。会上股份公司副总裁、总会计师兼总法律顾问庄尚标作重要讲话。此次会议对全系统资金集中管理工作起到积极的推动作用。（乔国英）

【国际信用评级工作启动】 2012年12月，股份公司启动国际信用评级工作。聘请花期、汇丰银行作为免费评级顾问；聘请穆迪、标普和惠誉3家评级机构，对股份公司开展国际信用评级。（乔国英）

【责任成本管理】 为深入贯彻股份公司2012年工作会议精神，坚持内部管理型战略，进一步推动责任成本管理工作的深入开展，实现责任成本管理的规范化、标准化和信息化，促进责任成本管理工作水平不断提高、企业发展质量和效益不断提升，4月11～13日，股份公司召开部分单位责任成本管理负责人（专家）座谈会，研讨股份公司《责任成本管理工作指导意见（修订稿）》《责任成本管理考核评价办法》和责任成本管理信息化建设等内容。2～10月，股份公司在《中国铁道建筑报》上开辟“向责任成本管理要效益”、“责任成本管理面面观”、“责任成本管理精英录”栏目，报道所属单位在推进责任成本管理上取得的成果。活动开展以来，收到稿件280篇、刊用69篇。经评选，16篇获奖，其中特等奖1篇、一等奖2篇、二等奖5篇、三等奖8篇。6～8月，股份公司对中铁十五、二十三局集团公司进行责任成本管理情况督导。7月8日、12月28日，股份公司举办两期责任成本管理高级培训班，280余人参训。11月15日，股份公司在广西南宁召开2012年责任成本管理会，股份公司总裁赵广发作重要讲话，副总裁、总会计师兼总法律顾问庄尚标就责任成本管理工作作专题报告，会议表彰2012年责任成本管理工作先进单位和先进个人。12月，股份公司对中国土木工程集团公司，中铁十一至十四局、十六至二十二局、二十四局集团公司、中铁建设集团公司、中国铁建电气化局集团公司、中铁物资集团公司16家单位进行考评。（城　云）

【全面预算管理】 2月，股份公司编制全面预算报告，经董事会审议通过上报国资委。4月，深入审核中铁十五、二十一、二十三和二十五局集团公司2012年度全面预算，股份公司全面预算管理小组分别指出各单位存在的问题，提出意见和建议。5月，对所属子公司2012年度全面预算进行批复，制定年度主要预算指标，指出所属子公司全面预算管理工作中需要重点关注和改进的问题，要求各单位进一步强化责任成本管理和资金管理，充分发挥全面预算管理在资源配置和防范风险等方面的作用。10月，股份公司召开全系统预算管理工作视频会议，传达国资委全面预算管理提升专题会议精神及2013年预算编报的基本要求，周密细致地安排2013年全面预算工作，要求各单位继续夯实预算编制基础，优化资源配置，扎实推进全面预算管理提升，努力促进企业实现战略目标。11月，根据所属单位上报的2013年度主要经济指标预计完成情况，结合2013年度建筑行业形势预判及股份公司“十二五”战略规划，向国资委上报总公司2013年度主要经济指标预报表。12月下达所属子公司2013年度预算指导数。（张鸿斌）

【业绩考核】 1月，股份公司制定所属子公司负责人2012年度绩效考核主要指标方案，经总裁办公会审议通过，并在股份公司2012年度工作会上，由总裁代表股份公司与各子公司董事长签订2012年度绩效合约书。2月，总公司2012年度经营业绩考核指标建议值上报国资委，经审核获得批复。4月，国资委评定总公司2011年度经营业绩考核结果为B级；股份公司董事会评定总裁2011年度业绩考核结果为A级；股份公司完成所属子公司负责人2011年度绩效考核方案，经总裁办公会议审议通过，各子公司绩效考核结果整体优于2010年。5月，股份公司董事会完成总裁2012年度绩效考核方案，经董事会审议通过，并制定董事会对总裁2012年度绩效合约书。5～6月，审核股份公司本级直管项目公司、项目部2011年度经营业绩考核资料，形成2011年度经营业绩考核结果及2012年度考核指标方案，经总裁办公会议审议通过，本级直管项目公司、项目部管理有序，完成指标较好。4月、8月、11月参加国资委组织的中央建筑企业经济增加值、国际化和对标考核专题研讨会，学习有关中央建筑企业考核中的先进做法，为进一步完善股份公司业绩考核积累经验。10月，按照国资委的部署，监测总公司经济增加值季度执行情况，并形成监测报告上报国资委，总公司经济增加值总体运行情况良好，实现稳中有升。11月，召开股份公司上市后第一次业绩考核工作专题会议，会议总结上市以来业绩考核工作取得的成效和做法，分析当前考核工作中存在的主要问题和面临的挑战，部署下一阶段业绩考核工作；会上，中铁十二局集团公司和中铁建设集团公司介绍工作经验。

（张鸿斌）

【国有资本经营收益上缴】 9月，根据《财政部 国资委关于印发〈中央企业国有资本收益收取管理暂行办法〉的通知》和国资委《关于上交2011年度国有资本收益的通知》精神，核定总公司2011年度应缴国有资本收益15778万元。（尚 健）

【国有资本经营预算】 2012年5月，根据国资委《关于做好2013年中央企业国有资本经营预算预申报工作的通知》要求，总公司汇总2013年度国有资本经营预算项目，分别向国资委、财政部报送《关于2013年国有资本经营预算预申报的报告》。2012年10月，根据国资委《关于做好2013年中央企业国有资本经营预算支出计划申报工作的通知》要求，总公司分别向国资委、财政部报送《关于2013年资本预算支出计划申报的报告》。2012年11月财政部下达《关于2012年中央国有资本经营预算重大技术创新及产业化资金预算（拨款）的通知》，拨付总公司国有资本经营预算重大技术创新及产业化资金955万元。（尚 健）

【股份公司总部财务管理】 2012年完成总公司、股份公司、锦鲤资产管理中心、中铁建资产管理公司等单位的报销审核、工资发放、账务处理、报表编制、会计档案整理、日常业务查询、备用金清理工作；配合中介机构对股份公司年度报告、税务、内控进行审计、评估；完成北京市国税、地税稽查所涉及问题的整改工作；完成原铁道建筑公安局挂账资产的移交及账务处理工作；清查、盘点股份公司总部固定资产，分析2012年度总部经费开支情况，对2013年经费预算进行安排。

（杨现庆）

【资金集中管理工作情况】 2012年，全系统各级财务资金管理部门继续深入推进资金集中管理措施，在有效保障生产经营资金需求同时，资金集中管控水平得到较大提升。一是股份公司修订、出台账户管理、资金调剂、资金集中考核、发债管理等资金内控制度，完善内控体系，夯实管理基础。二是继续加大外部业主银行方的沟通协调力度及内部成员单位管控力度，资金集中度不断提升。截至年底，全系统资金集中度77%，比2011年提高8.2个百分点，增幅12%。三是加大内部调剂力度，有效盘活内部资金使用效率，减少外部融资。四是中国铁建财务有限公司正式挂牌并迅速开展业务，跨银行、跨区域内部资金集中平台初步建成，开业不到一年取得利润1.86亿元，在推动全系统资金管控提升和经济创效方面均取得显著成效。五是积极提升融资保障能力，有效降低融资成本，2012年股份公司加大债券市场融资力度，全年发行债券236.8亿元，平均利率4.15%，是全年有息负债净增加额的近两倍，年末债券余额361.8亿元，融资成本低于同期银行贷款利率1～2个点（下浮15%～40%）。

（东润宁）

【网络报表应用开发】 2012年，中国铁建网络报表应用系统自上线以来，运行平稳、正常，系统功能、信息安全和服务效率进一步提高。2月，副科级以上会计人员统计表上线，搜集财务骨干人员基本情况。7月，股份公司利用网报系统组织全体财务人员进行业务知识考试,提升财务人员专业技能;资金集中管理考核表、现金保证金管理台账(季报)、信贷预算统计表上线,推进资金集中管理。9月,境外国有产权管理报表、中国铁建财务监察表上线。10月,中国铁建营改增推算表、中国铁建营改增测算表上线,为营改增工作提供财务依据。11月,财务分析数据补充表上线,提升财务分析工作质量。12月,应收和应付款项统计表上线,加强债权、债务管理;2012年度国资委企业财务决算报表上线,录入、汇总、合并年度财务数据。(岳云飞)

【资产评估】 按照《关于启用中央企业资产评估管理信息系统有关事项的通知》规定,2012年度总公司资产评估项目数据录入"中央企业国有资产评估管理信息系统"。2011年,国务院国有资产监督管理委员会将中国长城财务公司国有产权无偿划转总公司;2012年,总公司对长城财务公司进行改制重组,涉及评估前账面价值-10166.07万元,评估价值-10166.7万元。中国铁建房地产集团公司、中铁二十四局集团安徽工程公司进行股权转让事项,共涉及评估前账面价值1246.64万元,评估价值17950.04万元,评估增值16703.4万元,增值率1339.87%。(阎宇)

【财务集中管理】 4月,中国铁建财务有限公司网上金融系统正式上线,向总公司各级单位提供服务,资金集中管理工作迈上新台阶。4~10月,股份公司组织进行"法人一套账"、财务共享中心建设可行性研究、论证和分析工作;8月,股份公司印发《关于推进"法人一套账"工作的指导意见》,中铁十四、二十局集团公司和中国铁建电气化局集团公司等单位被列为"法人一套账"试点单位。9月,中铁十五、十八、二十二局集团公司和中国铁建电气化局集团公司完成账表一体化试点工作。12月,中铁十七局集团二公司被股份公司列为财务共享中心试点单位,与中兴通讯签订咨询服务合同。(岳云飞)

【会计人员】 2012年,股份公司系统有持证在岗会计人员16593人。按性别划分,男性7646人、女性8947人;按文化程度划分,硕士以上学历236人、大学本科学历8433人、大专学历6191人、中专学历1053人、其他文化程度680人;按专业技术职务划分,高级会计师1156人、会计师2402人、助理会计师6357人、会计员4028人、其他专业技术人员487人、无专业技术职务人员2163人。(陈晓)

【基建财务管理】 2012年,认真执行总公司基建财务内部控制制度,严格财务监管,参与基建招投标活动,做好保证金收、退与会计核算工作,从源头抓起,切实维护企业利益。编制基建财务处理和会计报表,完善集资建房、车位等款项的收缴管理制度。(陈晓)

【银行授信与合作】 2012年,股份公司先后与16家国内银行和5家外资银行签订综合授信协议,股份公司本部获银行授信额度1132.5亿元。其中,融资类贷款额度745.8亿元,已使用71.8亿元(美元贷款8.41亿元,折算人民币约53亿元;人民币贷款18.8亿元);其他非融资类授信额度386.7亿元,已使用147.1亿元。授信额度主要用于办理贷款、债券融资、国内外工程保函等业务。充足的授信额度保证了股份公司及所属单位在国内外经营活动中的信贷业务需求。9月,股份公司与兴业银行签订银企合作协议,兴业银行为股份公司提供400亿元授信额度。11月,股份公司与浦发银行签订战略合作协议,浦发银行为股份公司提供500亿元授信额度。(陈英)

【债券融资】 2012年,股份公司发行短期融资券100亿元,在银行间交易商协会注册超短期融资券300亿元,发行超短期融资券60亿元。(陈英)

【担保情况】 经董事会及股东大会审议,股份公司核定2012年对全资子公司担保总额为400亿元。截至2012年12月31日,股份公司为中铁十一、十四、十五、十六、十八、二十局集团公司,中国铁建投资公司、中铁第五勘察设计院集团公司、北京铁城建设监理公司提供担保34.53亿元。为参股公司四川纳叙铁路有限责任公司按出资比列,累计提供担保1.176亿元;为中铁铜冠与国家开发银行、中国农业银行和中国银行签订借款合同,按照50%的投资比列,提供保证担保约1.7亿美元。截至年底,股份公司对外担保11.848亿元。(蔡梅君)

【产权登记】 2012年4月20日,国资委颁布第29号令《国家出资企业产权登记管理暂行办法》。股份公司按照国资委统一部署,在中央企业中率先完成产权重新登记工作,被列为国资委产权重新登记审核试点企业,并被评为中央企业产权登记工作先进单位,工作经验在第3期国资委《产权动态与研究》刊载。2012年,股份公司申请重新办理占有产权登记的企业630家。其中,一级企业1家;二级企业7家;三级企业53家;四级企业399家;五级企业163家;六级企业7家。630家企业中,国有全资企业14家,国有绝对控股企业552家,国有实际控制企业2家,国有参股企业62

家；办理补录历史数据占有产权登记的企业629家，办理新设投资企业占有产权登记的企业1家。经国资委审核，628家企业重新办理占有产权登记，两家参股企业不具备登记条件不予登记。（邓 凯）

【会计人员继续教育】 7月16日～8月17日，股份公司举办5期驻京单位会计人员继续教育培训班，1598名中、初级会计人员参加培训。培训班根据理论学习与实际操作相结合、现实问题与前瞻所需相结合的原则，设置培训内容，开设“建筑企业国家审计的内容和方法”、“建筑业财务内部控制与风险防范”、“企业会计准则新旧政策比较及在施工企业的应用”、“新税收政策及其企业财税疑难问题讲解”和“增值税原理及营业税改征增值税政策讲解”等课程。（刘新龙）

【财会学会工作】 11月7日召开中国铁道建筑总公司财会学会第六次代表大会暨第六届理事会第一次会议。会长庄尚标作题为《提升服务能力 发挥支持作用 努力办好具有中铁建特色的财会学会》第五届理事会工作报告，会议审议通过第六届理事会章程。68名理事参加会议。年内，股份公司获《铁道财会》课题评比一等奖2项、二等奖1项、三等奖4项，优秀论文三等奖、优秀奖各1篇，摄影比赛三等奖2项、优秀奖1项。全年为332名财务人员颁发会计人员荣誉证书，鼓励会计人员热爱本职工作，增强会计人员的职业荣誉感。年内，中铁十三、十五局集团公司和中铁第一勘察设计院集团公司、中国铁道建筑总公司财会学会被中国铁道财务会计学会评为先进财会学会；中铁十二局集团公司王锦友、中铁十三局集团公司王宁、中铁十六局集团公司张夕和、中铁二十一局集团公司吴江荣、中国铁道建筑总公司刘新龙被中国铁道财务会计学会评为先进个人。（刘新龙）

审计监事

【审计监事局】 股份公司负责内部审计、监事会及董事会审计与风险管理委员会的工作机构。下设审计一处、审计二处、监事会办公室。定员15人，设局长、副局长各1人。现员11人，其中高级技术职务9人、中级技术职务1人、初级技术职务1人。主要职责：贯彻执行国家有关方针、政策、法规，制定内部审计制度和监事会工作制度及有关规定，协助修订股份公司审计与风险管理委员会工作细则；负责对公司及所属企业（单位）财务收支、财务预算、财务决算、资产质量、经营绩效、建设项目等经济活动的真实性、合法性和效益性进行审计监督、评价；负责对股份公司高级管理人员、所属企业负责人收入进行审计监督、评价；负责管理和组织实施股份公司内部经济责任审计及日常审计工作；承办总公司直管项目公司、项目部（指挥部、协调组）和锦鲤资产管理中心的内部审计工作；负责协助监事会主席、监事处理监事会日常事务；协助监事会主席做好监事会业务建设，完善监事会议事规则；负责监事会会议的筹备与组织，督促检查决议的贯彻执行情况；对监事会提出的问题组织调研，进行协助和处理；协调监事会与股份公司所属单位、机关业务部门之间的关系；协助组织召开审计与风险管理委员会定期和临时会议；负责审计与风险管理委员会会议签到、决议、纪要、记录等文字工作；负责做好审计与风险管理委员会决策的前期准备工作，向其提供相关书面材料；负责审计与风险管理委员会提交董事会审议的专项意见；协助审计与风险管理委员会对股份公司风险管理策略和解决方案、重大决策、重大事件、重要业务流程的风险控制、管理、监督和评价等工作；负责组织会计师事务所对股份公司年度财务决算的审计，并对会计师事务所的审计质量情况进行监督检查；负责内部审计学会工作及审计人员岗位资格证书的管理，组织审计人员后续教育、业务培训和审计理论研究；总结审计工作，交流、推广审计经验，评选和表彰审计先进单位和先进个人。（黄少军）

·审计工作·

【审计工作综述】 2012年完成审计项目2851个，完成计划的110.2%。查处违规违纪金额44.95亿元、损失浪费金额2.5亿元，提交审计报告2278份，提出审计建议10477条，违规违纪问题在审计中基本得到纠正，促进企业增收节支及挽回经济损失32.8亿元，移交纪检监察部门立案查处11人，给予党纪、政纪处分5人，移送司法机关1人。

2012年在加强对全系统审计业务工作指导的同时，先后开展中铁二十、二十三、二十五局集团公司和中铁第五勘察设计院集团公司法定代表人离任经济责任审计，中铁建铜冠投资有限公司原董事长、总经理离任经济责任审计，中铁十三、二十二局集团公司及中国铁建房地产集团公司、中铁第四勘察设计院集团公司、昆明中铁大型养路机械集团公司、中国铁建重工集团公司法定代表人任中经济责任审计，并对以上单位进行2010～2011年度的绩效复核审计；开展中铁二十三局集团公司、中铁第五勘察设计院集团公司、中国铁建重工集团公司内部控制审计，昆明市二环改扩建工程项目竣工审计；组织全系统财务决算审计工作，监督检查中介机构审计质量，开展所属香港、澳门有关公司年度报告就地审计和所属尼日利亚、博茨瓦纳、巴布亚新几内亚、特立尼达和多巴哥、美国等地有关公司及中铁二十二局集团公司代管的泰柯玛、红日国际贸易公司年度报告送达审计。 （沈晓霞）

【审计机构和审计人员】 截至2012年底，全系统有内部审计机构199家，专职审计人员595人，其中高级职务171人、中级职务276人、初级职务148人。

（沈晓霞）

【2012年股份公司审计项目】 （1）经济责任审计360项，提交报告350份，发现问题金额405444万元。通过审计，纠正违规违纪金额186599万元，促进增收节支53692万元。（2）工程项目审计1537项，提交报告1232份，发现问题金额118005万元。通过审计，纠正违规违纪金额64388万元，促进增收节支5900万元。（3）财务收支审计185项，提交报告166份，发现问题金额10365万元。通过审计，纠正违规违纪金额5650万元，促进增收节支139万元。（4）经济效益审计211项，提交报告210份，发现问题金额13778万元。通过审计，纠正违规违纪金额2047万元，促进增收节支195万元。（5）内部控制审计48项，提交报告38份，发现问题金额177万元。通过审计，促进增收节支15万元。（6）基建审计34项，提交报告34份，发现问题金额745万元。通过审计，纠正违规违纪金额7万元，促进增收节支54万元。（7）后续审计21项，提交报告16份，发现问题金额174万元。通过审计，提出审计建议60条，被采纳59条。（8）经济合同审计19项，提交报告14份，发现问题金额26万元。通过审计，促进增收节支65万元。（9）资金、基金审计10项，提交报告10份，发现问题金额64万元。通过审计，纠正违规违纪金额11万元。（10）专项审计调查169项，提交报告89份，发现问题金额27221万元。通过审计，纠正违规违纪金额7705万元，促进增收节支801万元。（11）其他审计项目257项，提交报告117份，发现问题金额598万元。通过审计，纠正违规违纪金额454万元，促进增收节支631万元。 （沈晓霞）

【审计理论研究及培训】 2012年全系统举办审计人员培训班28期，培训专、兼职审计人员715人。获全国内部审计优秀论文一、二等奖各1篇，优秀论文提名奖4篇。 （沈晓霞）

【股份公司表彰审计工作先进】 2012年，股份公司表彰审计工作先进单位42个、先进工作者64名。

股份公司审计工作先进单位

中铁十一局集团公司审计部
中铁十二局集团公司审计处
中铁十七局集团公司审计处
中铁十九局集团公司审计处
中铁二十二局集团公司审计处
中铁建设集团公司审计部
中国铁建房地产集团公司审计部
中铁十一局集团五公司审计部
中铁十一局集团建筑安装公司审计部
中铁十二局集团一公司审计科
中铁十二局集团建筑安装公司审计科
中铁十三局集团五公司审计部
中铁十三局集团六公司审计部
中铁十四局集团二公司审计部
中铁十四局集团四公司审计部
中铁十五局集团二公司审计科
中铁十五局集团三公司审计部
中铁十六局集团五公司审计部
中铁十六局集团北京工程公司审计部
中铁十六局集团电务公司审计部
中铁十七局集团一公司审计科
中铁十七局集团五公司审计部
中铁十八局集团三公司审计部
中铁十八局集团四公司审计科
中铁十九局集团一公司纪检监察审计部
中铁十九局集团六公司审计科
中铁二十局集团一公司审计部
中铁二十局集团二公司审计部
中铁二十一局集团二公司审计部
中铁二十一局集团三公司审计部
中铁二十二局集团四公司审计部
中铁二十二局哈尔滨铁路建设集团公司审计部
中铁二十三局集团三公司审计部
中铁二十四局集团南昌铁路工程公司审计部
中铁二十四局集团福建铁路建设公司审计部
中铁二十五局集团三公司审计部
中铁二十五局集团四公司审计部
中铁建设集团公司北京分公司审计部
中国铁建电气化局集团南方工程公司审计部
中国铁建电气化局集团北方工程公司审计部
中国铁建港航局集团深圳工程公司审计部
北京中铁建物资贸易公司审计稽核部

股份公司审计工作先进工作者

许云彪	孙　忍	项军红	孟晓斌	李晓光
陈家居	张晋民	肖　军	张全斌	韦　龙
菅海东	翟永军	李　伟	郑仕义	赵　军
李　颖	杜永才	霍东兴	于新英	刘　旺
闫治平	李新宇	王翠英	熊　晖	张芸芸
郑丽婕	郑常龙	梁学超	汪红英	刘新庄
姜全新	赵党校	孔德库	余美仙	赵澍涛
肖东辉	刘海林	蒋盛煌	余好斌	冯有东
沈　斌	李　恒	吴文君	刘文如	张　倩
彭绵绵	熊永军	李玉树	张　凯	孟宪法
郝宪军	邢淑芳	张　杰	李凤玲	何晓军
赵君瑞	何永雷	钟吉明	范忠云	刘一达
高慧蔷	赵兴华	章　曦	沈晓霞	

（沈晓霞）

·监事会工作·

【中国铁建股份有限公司监事会】 由3名监事组成，其中股东代表监事2名、职工代表监事1名。股东代表担任的监事由股东大会选举和罢免，职工代表担任的监事由公司职工民主选举和罢免。股东代表监事齐晓飞、黄少军，职工代表监事张良才。齐晓飞担任监事会主席。2012年召开会议4次，审议表决通过议案13项。（董海军）

【中国铁建股份有限公司第二届监事会第4次会议】 3月29日在中国铁建大厦15层第1会议室以现场会议方式召开。会议审议通过《关于公司2011年度财务决算报告的议案》《关于公司2011年度利润分配方案的议案》《关于公司2011年年报及其摘要的议案》《关于公司A股、H股募集资金存放与实际使用情况专项报告的议案》《关于公司2011年度内部控制自我评价报告的议案》《关于公司内幕信息知情人登记管理制度监督情况的议案》《关于2011年度监事会工作报告的议案》，讨论通过《2011年度监事会工作总结和2012年度监事会工作要点》。（董海军）

【中国铁建股份有限公司第二届监事会第5次会议】 4月26日在中国铁建大厦15层第1会议室以现场会议方式召开。会议审议通过《关于公司2012年第一季度报告的议案》。（董海军）

【中国铁建股份有限公司第二届监事会第6次会议】 8月30日在中国铁建大厦15层第1会议室以现场会议方式召开。会议审议通过《关于公司2012年上半年财务决算的议案》《关于公司2012年半年报及其摘要的议案》《关于修订〈中国铁建股份有限公司章程〉有关现金分红条款的议案》《关于未来三年股东回报规划的议案》。（董海军）

【中国铁建股份有限公司第二届监事会第7次会议】 10月30日在中国铁建大厦15层第1会议室以现场会议方式召开。会议审议通过《关于公司2012年第三季度报告的议案》。（董海军）

【指导监督所属企业监事会工作】 11月5日，股份公司监事会办公室为总结监事会工作经验，指导所属企业监事会工作，将监事会运作研究、境内外监事会运作经验及案例、监事会相关法律法规、公司内部规章制度、监事会规范运作工作样本和监事会管理建议书汇编成册，编辑出版《监事会运作的实践与研究》。该书成为中国铁建系统各级企业监事会人员的培训教材，对进一步改进监事会工作，提高公司董事、高级管理人员及各级领导干部认识、支持监事会工作起到积极作用。（董海军）

【上市公司规范运作自查自纠工作情况】 根据全国证券工作会议精神和北京证监局《关于开展北京辖区上市公司规范运作自查自纠工作的通知》，成立中国铁建规范运作自查自纠工作领导小组，组长由股份公司党委副书记、纪委书记、监事会主席齐晓飞担任，董事会秘书局、办公室、发展规划部、财务部、审计监事局等19人参与自查自纠工作，对监事会履职行为33项、董事会履职行为46项、高级管理人员履职行为21项、公司信息披露等行为115项逐项检查，7月2日将检查报告、检查指标分解表、检查底稿装订成册上报北京证监局。通过此次上市公司规范运作自查自纠活动，进一步完善公司内部控制制度建设，规范公司治理行为。9月5日，按北京证监局要求，完成问题整改工作，并按时上报相关整改资料。（董海军）

【上市公司监事会最佳实践情况】 9月28日，股份公司监事会办公室根据北京上市公司协会《关于开展倡导独立董事、监事会最佳实践工作的通知》，撰写并上报《准确把握工作定位，积极维护股东权益》的经验材料。（董海军）

【监事培训】 9月21～23日，股份公司监事会主席齐晓飞，监事黄少军、张良才参加北京证监局组织的上市公司董事、监事培训班，系统学习上市公司法人治理、上市公司信息披露、中国石化内控流程及风险管控经验等内容。（董海军）

·审计与风险管理·

【中国铁建股份有限公司审计与风险管理委员会】 审计与风险管理委员会由5名独立董事组成。主要负责提议公司外部审计机构的聘请、更换,内部审计制度的监督,内外部审计的沟通、监督与核查,财务信息及其披露的审阅,内控制度的审查,公司风险管理策略和解决方案的制定,重大决策、重大事件、重要业务流程的风险控制、管理、监督和评估等工作。2012年,股份公司审计与风险管理委员会召开会议7次,其中董事李克成、赵广杰各缺席会议1次。 (章 曦)

【中国铁建股份有限公司第二届董事会第7次审计与风险管理委员会会议】 2012年3月21日召开。听取公司2011年度内控审计情况汇报。一是进一步明确委员会的工作职责和机制,加强风险内控工作的汇报和沟通;二是肯定国富浩华内部控制审计工作汇报,高度关注公司内部控制缺陷;三是积极配合内部控制审计工作,按期、保证质量出具内部控制审计报告;四是加强工作总结,做好下一步内部控制审计工作。 (章 曦)

【中国铁建股份有限公司第二届董事会第8次审计与风险管理委员会会议】 2012年3月27日召开。审议通过安永华明会计师事务所关于公司2011年度年审报告,国富浩华会计师事务所关于公司2011年度内部控制审计报告议案;审议通过修改《中国铁建股份有限公司审计与风险管理委员会工作细则》;审议通过《内部控制自我评价报告》议案;审议《企业内部控制评价管理办法(暂行)》议案,聘用安永华明会计师事务所为公司2012年度年审中介机构议案。 (章 曦)

【中国铁建股份有限公司第二届董事会第9次审计与风险管理委员会会议】 2012年4月25日召开。审议通过公司一季度报表,委员会认为公司2012年一季度报告真实准确地反映了公司当前财务状况,同意总裁办公会议对公司一季度经济情况的分析。从一季度报告看,毛利有所上升,清欠有成果,但收入和利润都没有达到预期目标,资产负债率高居不下,有息负债的比例大幅增加,资金困难的状况没有明显改善,2012年后三个季度的问题仍然严峻。委员会建议管理层要从一季度工作中总结经验,客观分析当前铁路市场的不利形势,同时也要看到路外市场的潜力,统一认识,稳中求进,做好资金的统筹安排,有效降低资金成本。 (章 曦)

【中国铁建股份有限公司第二届董事会第10次审计与风险管理委员会会议】 2012年8月6日召开。会议主要听取股份公司发展规划部关于公司2012年上半年内部控制与风险管理工作和北京证监局对股份公司内部控制专项检查的情况汇报,传达国资委《关于加快构建中央企业内部控制体系有关事项的通知》精神。 (章 曦)

【中国铁建股份有限公司第二届董事会第11次审计与风险管理委员会会议】 2012年8月29日召开。会议审议听取安永华明会计师事务所2012年度半年报表审阅情况汇报;审议公司2012年度上半年财务报告,公司内部控制整体建设实施方案及持续改进计划议案,公司2012年内部控制评价方案议案。 (章 曦)

【中国铁建股份有限公司第二届董事会第12次审计与风险管理委员会会议】 2012年10月29日召开。会议审议公司2012年度第三季度财务报告。 (章 曦)

【中国铁建股份有限公司第二届董事会第13次审计与风险管理委员会会议】 2012年12月3日召开。会议听取安永华明会计师事务所关于公司2012年度年报审计计划的汇报,股份公司审计监事局关于公司2012年度财务决算审计费用有关情况的汇报。 (章 曦)

2012年9月24日，中国铁建第一期公文处理工作业务培训班开班。　（郝慧晶　提供）

综合管理

本栏责任编辑　**杨启燕**

机关政务 行政事务

【办公室】 主要职责：综合协调公司对上、对下、对外和机关职能部门之间的工作；传达、督查督办公司领导有关决定、指示；负责公司政策研究，起草综合性文件、报告、领导讲话及其他综合性文字材料；负责文秘、政务信息、信访、会议纪录及纪要整理、文书、档案管理，年鉴和各类史、志编写；负责公司对外联系接待和综合性会议会务安排；负责公司门户网站管理和全系统网站群建设；负责公司机关行政管理和安全保卫；负责全系统行政办公室人员培训、业务指导；负责本部门风险、内控工作，参与公司全面风险管理和内控相关工作；参与公司总体发展战略及中长期规划的研究制定；参与公司社会责任报告的编撰并提供相关资料，承办国资委办公厅组织办理的相关工作；承办总公司办公厅相关工作；完成公司领导交办的其他工作。定员30人，设主任1人，副主任2人；下设秘书处、文书处、网站管理处、行政保卫处、信访处、档案馆。 （冯 伟）

【中国铁建一届三次职工代表大会暨2012年工作会议】 2月9～11日在北京召开。国务院监事会主席李克出席会议并讲话，国务院监事会第16办事处主任金丹阳、副主任樊华以及国资委群众工作局局长谢俊出席会议。中国铁建董事长、党委书记作题为《转方式 调结构 促升级 推动企业持续平稳较快发展》的重要讲话，总裁、党委副书记作题为《坚持稳中求进 提升发展质量 为做强做优中国铁建而努力奋斗》的行政工作报告。副总裁、总会计师、总法律顾问庄尚标作《关于财务收支及经济运行情况的报告》和《关于业务招待费用使用情况的报告》，执行董事、副总裁、总经济师扈振衣作提案工作报告。2月11日召开第二次全体大会，大会举手表决通过行政工作报告、《关于财务收支及经济运行情况的报告》《关于业务招待费用使用情况的报告》以及提案工作报告的决议。中国铁建所属集团公司、设计院等单位签订年度绩效合约和安全包保责任书。副董事长、党委副书记、工会主席彭树贵，党委副书记、纪委书记、监事会主席齐晓飞，副总裁夏国斌、范德、张宗言、刘汝臣以及独立非执行董事朱明暹、赵广杰、吴太石、魏伟峰参加会议。

（冯 伟）

【办公室建设】 2012年，为创建学习型部室，根据办公室工作的性质和特点，按照股份公司机关日常管理规定，制定《办公室工作制度》《办公室工作例会制度》《办公室学习制度》，进一步规范管理，推进组织纪律、工作作风和业务建设。 （冯 伟）

【秘书工作】 2012年起草和整理总裁年度工作报告、专题会议讲话、各类通知等文字材料近100篇计30余万字。围绕企业发展中的重点、难点、热点问题和领导交办事项，随同公司领导或组织有关人员开展调研活动，先后赴10多家单位进行调研，并将调研成果及有关单位所提建议，适时向股份公司领导反映，并体现在有关材料中，为领导决策和工作部署提供第一手资料和参考依据。收集总裁办公会议议题97项，整理总裁办公会议纪要15份、总经理办公会议纪要10份，并结合总裁（总经理）办公会议议定事项积极开展督办工作，形成《督办情况》5期，完成90余项督查任务，为领导决策提供可靠依据，加快各项重点工作落实的进程。领导秘书陪同领导出差或现场办公223次740天，安排重要会议与商务活动576项次，协助领导批阅处理文件4089份，服务领导、参政辅政能力进一步提高。严格按照相关规定，做好会议室和贵宾室的协调、服务工作，全年安排、协调会议室近3000次，满足了机关部门的工作需要。 （冯 伟）

【公文和印章管理】 2012年，为切实提高股份公司系统的公文质量和办文效率，编写印发《中国铁建股份有限公司公文处理工作实用手册》，并修订《中国铁建股份有限公司公文处理办法》。严格公文核稿程序，确保公文的严肃性、规范性、权威性和有效性，全年核稿900余份，制发总公司、股份公司公文及公函913件。接收下级单位来文2072份、上级及外部单位来文1875份。发文2922份。其中，OA办公系统发文1854份；邮政、机要发文1068件。清退文件、资料3875份。年内，总公司被评为中央国家机关、中央企业机要文件交换优秀集体，张海清被评为中央国家机关、中央企业优秀机要交换员。年内承办文件材料16438件。其中，文件打印360件30万字；文件、会议材料排版4812件；彩色打印文件3356件；复印、胶印文件6760件；扫描文件1150件。胶印制版2754张。全年整理归档文件14卷121份、资料10卷179份。严格遵守印章管理规定，服从工作需要，规范总公司、股份公司印章和领导名章管理。2012年接待盖章1792人次，加盖印章万余次。全年印章管理无差错。

（崔友峰 郝慧晶）

【中国铁建第一期公文处理工作业务培训班】 为贯彻落实国家《党政机关公文处理工作条例》和《党政机

关公文格式》，切实提高股份公司各级办公室工作效能，规范公文处理程序，9月24～27日，股份公司办公室在北京培训中心举办中国铁建第一期公文处理工作业务培训班。股份公司副总裁兼总经济师扈振衣、中央党校办公厅副主任张忠军等出席开班典礼，股份公司办公室主任戴开扬主持开班典礼。培训班邀请国务院办公厅、国家质检总局中国标准化研究院等有关专家授课，深入解读《党政机关公文处理工作条例》和《党政机关公文格式》。所属集团公司、公司办公室人员110余人参加培训。（崔友峰 郝慧晶）

【政务信息】 2012年，在国资委侧重选取重点行业和关键领域企业信息、压缩《央企要情》篇幅、信息采用难度加大的情况下，及时调整报送重点，挖掘生产经营和管理提升方面的亮点。年内上报国资委政务信息344条（篇），比2011年的133条（篇）增加211条（篇）；采用信息109条（篇），比2011年的55条（篇）增加54条（篇），增长98%。2012年得分204分，比2011年的72分增加132分，增长183%。中国铁建是建筑施工类中央企业采用信息最多的单位，在中央企业总排名第24位，比2011年提升了30多位。制定《中国铁建股份有限公司政务信息工作管理办法》，规范全系统政务信息工作，提升信息质量，适时改版《铁建信息》，全年出刊150期。（公相鹏）

【网站建设】 2012年，股份公司网站在严格按照信息披露要求做好上网信息审核发布的同时，增强网站的可视性和扩大信息量。网站全年发布新闻6800余条、图片4776张。外网相继开辟“国企带头人——孔凡成”、“学习雷锋好榜样 中国铁建在行动”、“管理提升活动”专题报道，建立“投资者教育”栏目。9月承担向国资委网站报送信息的工作，截至年底，上报信息19条，采用10条。2月，股份公司网站连续第3次被国资委评为A级，并跃居中央企业第4名、建筑行业第1名；8月被中国施工企业协会评为优秀网站。

（公相鹏）

【行政管理】 2012年，完善机关管理规定，制定《中国铁建总部机关会议室等公共办公场所及多媒体发布系统使用管理暂行办法》，规范总部机关会议室使用和多媒体发布行为。积极做好机关办公用品及设备的保障服务，建立固定资产档案，年内为机关各部门集中采购办公家具50台（套），配置电脑、打印机等104台，提供办公设备保养维护和办公家具维修服务1581人次，办理电话更换和移机、布置网线等服务89人次；订做公司专用办公用品75320件，订购企业礼品250件。强化安全保卫管理，落实各项安全保卫措施，保证机关正常的工作秩序。年内配合公安部门阻止上访人员进入中国铁建大厦79起，接待上访人员552人次。加强安全管理，与机关各部门主要负责人签订消防安全责任书，印发消防安全注意事项同时在多媒体上宣传。督促机关物业管理中心做好对消防设备的维护检测工作，多次组织消防隐患排查工作，把事故苗头消灭在萌芽状态。全年组织消防演练2次，组织安全大检查15次，定期更换灭火器660具，烟感检测300个，防汛沙箱2个，新购安全隔离墩30个。对车库长期停放、过夜车辆进行排查，清理车库，消除安全隐患。中国铁建大厦实行24小时监控和不间断巡逻，做到每日巡查工作都有记录。机关全年无刑事治安案件、无火警事故、无治安灾害事故。加强机关直属单位监督管理，机关物业管理中心进一步规范会务服务；机关餐厅不断推出特色菜品；机关车队在保障机关用车的情况下，无车辆安全事故发生。（戴 红）

【受理来信来访】 2012年，全系统受理来信来访8025件次。其中，各类申诉337件次；集体经济32件次；揭发检举81件次；工资福利450件次；离退休待遇1106件次；劳动就业496件次；医疗改革801件次；伤病残亡待遇227件次；工程款拖欠2468件次；征地拆迁295件次；职工生活445件次；工程质量13件次；精简下放414件次；遗留问题382件次；各种建议48件次；环境保护40件次；其他390件次。（邵长亮）

【信访立案】 2012年，中国铁建系统信访立案628件次。其中，上级交办134件次；本级立案494件次。结案626件次，结案率99.7%。（邵长亮）

【领导重视信访工作情况】 2012年，中国铁建系统各级领导阅批职工群众来信604件次，接待职工群众来访2339人次，占信访总数的34.7%。各级领导接待集体来访190批2554人次。（邵长亮）

【贯彻国资委信访维稳工作会议精神】 2012年3月1日，国资委召开中央企业信访维稳工作会议暨中央企业信访维稳工作表彰会议。会后，股份公司认真贯彻落实。一是找准工作重点，认真抓好落实，解决好职工群众的正当合理诉求；二是强化责任工作，把属地责任、部门责任、领导责任切实落到实处；三是依法合规处理信访问题，继续贯彻落实国务院、国资委以及股份公司关于信访工作的一系列决策、部署和规章制度。

（邵长亮）

【确保党的十八大胜利召开】 2012年11月8~14日,中国共产党第十八次全国代表大会在北京召开,维护企业稳定是压倒一切的政治任务。股份公司针对信访突出特点,审时度势,明确提出:一要充分认识这一期间做好信访工作的极端重要性;二要认真开展矛盾纠纷排查化解工作,防止上访老户借机进京上访;三要注重从源头上解决问题,化解矛盾,对于发生的重大群体性上访事件,要及时向当地政府部门汇报沟通;四要切实做好来访接待工作;五要认真做好值班和应急处置工作,及时妥善处理突发性事件。通过所属单位的共同努力,党的十八大期间,股份公司在京及京外单位未发生不良信访事件,为党的十八大胜利召开作出积极贡献。 (邵长亮)

【档案管理工作制度建设】 2012年制定印发《中国铁建档案事业发展"十二五"规划》《中国铁建档案工作评价办法》,完善股份公司档案工作归档流程和档案工作借阅流程,形成中国铁建系统统一的档案工作制度,促进档案管理规范化、标准化、科学化。(晋爱萍)

【《中国铁建档案工作评价实施办法》制定实施】 3月22~23日,组织召开中国铁建档案工作专项业务研讨会,深入学习领会《中央企业档案工作评价办法》,修订《中国铁建档案工作评价实施办法》,提出中国铁建档案工作评价推进计划、实施步骤及有关具体要求。4月23日,《中国铁建档案工作评价实施办法》印发实施。8月20~21日,举办中国铁建系统档案工作评价评审员培训班。经过培训与资格审查,46人获得股份公司档案工作评价评审员资格。12月25日,股份公司北京培训中心通过中央企业档案工作评价C级评审。 (晋爱萍)

【档案信息化建设】 按照企业档案信息化建设总体规划和档案业务发展的实际需求,充分运用新技术和档案业务指导理念,规划并建成贯通中国铁建组织体系、覆盖各业务板块的档案信息化标准规范体系和档案管理信息系统。整合全系统档案信息资源,达到集中统一、分级管理、随需利用的效果。 (晋爱萍)

【新馆建设】 按照国家《档案馆建筑设计规范》要求,经过多方调研论证,进一步优化建馆方案,拟配备防盗报警、自动灭火、恒温恒湿、消毒杀菌、通风除尘、视频监控、智能密集架等现代化设施设备。 (晋爱萍)

【档案课题研究】 11月,中国土木工程集团公司和股份公司申报的"海外工程档案管理体系研发"课题被列入2012年度股份公司科技研究开发计划课题。 (晋爱萍)

【档案接收管理】 2012年,股份公司实行电子文档与纸质文件双套存档制。总部机关全年收集进馆档案2215卷9077份,文书资料96册。其中,科技档案375卷4942份、图纸4393张,整理上架375卷4942份、图纸4393张;文书归档163卷1522份,整理上架208卷2361份,归档专门档案1248卷2613份,整理上架1248卷2613份;归档会计档案447卷,整理上架447卷。 (晋爱萍)

【档案利用】 积极提供档案资料为企业中心工作有效利用。2012年向铁道兵纪念馆提供历史跨度近60年的照片、电影胶片和兵改工以来的文件资料。年内,总部机关利用档案720卷份213人次。其中,文书档案210卷份96人次;科技档案89卷份53人次;会计档案112卷份41人次;声像档案309份23人次。资料10册5人次。复印档案资料1699张。编制全宗卷、宗卷目录30余册。 (晋爱萍)

【档案统计】 截至2012年底,中国铁建系统有专职档案人员373人,其中女性335人;兼职档案人员5253人。专职档案人员中,研究馆员8人,副研究馆员16人,馆员35人,其他高级职务28人、中级职务85人。全系统馆存档案2013798卷,录音录像4833盘,照片259525张,光盘8815张,底图3350923张。 (曹 军)

【档案编研】 2012年,编制《1999~2011年历次组织机构变革概览》《2000~2011年大事记》《中国铁建人〈中国铁路志〉资料长编汇编补充资料》等档案编研成果。 (杨启燕)

【中国铁建被评为中央企业档案工作评价A级企业】 4月,国资委通报2011年度中央企业档案工作评价情况,117家中央企业中有113家参加首次档案工作考核评审。其中,中国铁建等16家企业通过组织管理、设施设备、基础业务建设、档案信息化建设、开发利用5个方面63项82个指标的考评,被评为中央企业档案工作评价A级企业。 (晋爱萍)

【中国铁建档案工作获国资委表彰】 5月,国资委下发《关于表彰2011年度中央企业档案工作先进集体和先进个人的通报》,中国铁建等16家企业被授予中央企业档案工作先进集体称号,中国铁建办公室晋爱萍等31人被评为中央企业档案工作先进个人。 (杨启燕)

【中国铁建获全国档案法制普及宣传奖】 为纪念《中华人民共和国档案法》颁布25周年，进一步深入普及档案法制知识，国家档案局于2012年5～8月在全国举办档案法制知识有奖竞赛活动。10月，经总结评比，中国铁建等33家单位获得全国档案法制普及宣传奖。 （晋爱萍）

【图书管理】 2012年，图书馆新购图书405册、音像18部，征订报纸10份、刊物69种。全年借阅图书823册473人次，接待报刊阅览者944人次。 （李晓雯）

·史志鉴工作·

【2012年卷《中国铁建年鉴》编辑】 2012年卷《中国铁建年鉴》编辑工作从2012年7月开始。截至年底，收集资料360余万字、图片670余幅，编辑成书130万字。 （杨启燕）

【《中国铁建年鉴》获奖】 《中国铁建年鉴》2011年卷在第六届全国年鉴编校质量检查评比中获得特等奖。评审活动由中国出版工作者协会年鉴工作委员会主办，2012年3月启动。经过参评单位自查、评委初查、顾问专家复审组复审、评审委员会审核批准等环节，9月确定最终评审结果。这是《中国铁建年鉴》连续第4届获得特等奖。 （杨启燕）

【年鉴论文获奖】 9月，股份公司档案馆杨启燕撰写的论文《正确认识企业年鉴价值 充分发挥企业年鉴作用》《企业年鉴创新探说》分别获第六届全国年鉴学术论著一、二等奖。 （杨启燕）

【向国家相关部委提供年鉴资料】 2012年，在编辑《中国铁建年鉴》的同时，还向《中国国有资产监督管理年鉴》（以下简称《国资年鉴》）及《中国铁道年鉴》《中国建设年鉴》《中国建筑业年鉴》提供相关企业发展、生产经营等情况资料近4万字。 （杨启燕）

【《国资年鉴》征订】 按照国资委办公厅有关《国资年鉴》征订通知的要求，2012年在中国铁建系统征订《国资年鉴》137册，征订工作在国资委召开的中央企业《国资年鉴》（2012）编纂出版工作会议上受到表扬。 （杨启燕）

【参加中国地方志指导办公室研讨会】 2月17日，中国地方志指导小组办公室在北京市政协会议中心组织召开国务院有关部委局及行业、中央企业史志机构、年鉴编纂机构主要负责人出席的志鉴编纂出版经验交流座谈会。会上，介绍了中国铁建所属单位史志机构人员情况、志书和年鉴编修状况、志鉴出版利用现状，并提出相关建议。 （杨启燕）

【参加全国年鉴学术交流会】 11月26～28日，由中国版协年鉴工作委员会主办，深圳市史志办公室承办的第13届全国学术年会在深圳召开。25个省（直辖市、自治区）、70余个城市、20余家国家部委及中央企业的年鉴工作者230余人参加会议。会上，中国版协年鉴工作委员会学术委员会主任孙关龙作题为《中国年鉴35年奇迹发展史的动力——创新》的主题报告，梳理了中国年鉴事业自1978年以来由一本年鉴发展到现在，每年出版3000多本的光辉历史。会议期间，举办全国年鉴联展和全国年鉴工作图片展，共展出全国年鉴工作单位的工作图片65版及集结出版画册、全国各地最新年鉴300余种，集中展示年鉴人的工作风采、宣传全国年鉴的工作成果。《中国铁建年鉴》参加展示。 （杨启燕）

【参加第13期全国年鉴高级研讨班学习】 8月26～29日，由中国版协年鉴工作委员会主办，铜陵市史志办公室承办的第十三期全国年鉴高级研讨班，在安徽省铜陵市举办。全国各年鉴单位负责人、主编、编辑部主任，编辑和撰稿骨干等200余人参加研讨学习。研讨班采取授课与讨论相结合的方式，邀请北京大学教授李国新，中国版协年鉴工作委员会主任许家康、常务副主任王守亚、学委会主任孙关龙，分别就国外年鉴的现状及经验教训、年鉴编辑的几个基本问题、年鉴条目编写的常见问题、方志同年鉴的关系问题等专题授课。 （杨启燕）

【《中国铁建入〈中国铁路志〉资料长编汇编补充资料》】 中国铁建《中国铁路志》编写组（以下简称编写组）从2008年1月开始为《中国铁路志》提供资料，2011年5月入志资料长编基本完成。2011年9月，编写组将提供《中国铁路志》的资料和铁道兵时期及兵改工后完成新建铁路的有关资料编辑成《中国铁建入〈中国铁路志〉资料长编汇编》，为新一轮续写志书和查找资料提供方便。全书分十一章，上、下册，190万字。在资料汇编付印期间，《中国铁路志》有关分志编委会将初审的资料长编下发征求意见，在征求意见稿中，特别是人物分志中，中国铁建（含铁道兵）资料不全需要补充，同时编委要求要进一步补充提供“建筑工业”方面的资料长编和5名科学技术专家的材料。

汇编中第七章“建筑工业”、第十章“人物”铁道兵团(含铁路职工)在抗美援朝战争中被授予一、二级战斗英雄和二级模范以及特等功臣、一等功臣名录,因补充内容较多,需重新编写;其他章节个别处也有增减,对这些新增加的资料,编写组进行梳理后,于 2012 年 8 月编辑成汇编补充资料,供今后查找使用。 (杨启燕)

【《汶川特大地震中央企业抗震救灾志》征求意见稿】 7 月,中国铁建《汶川救灾志》编写组完成国资委《汶川特大地震中央企业抗震救灾志》征求意见稿的修改任务,并向国资委呈报修改意见。 (杨启燕)

人力资源

【人力资源部】 主要职责:负责制定公司人力资源发展战略和规划并组织实施;负责制定公司人力资源各项管理制度和办法;负责公司领导人员、所属企业和单位领导班子成员、总部机关人员管理;负责全系统专业人才队伍管理和建设;负责公司高级管理人员、所属企业和单位领导班子成员、总部机关人员薪酬管理;负责全系统功效挂钩、工资总额计划(预算)和工资收入分配管理、指导、监督、检查工作;负责劳动关系管理、指导;负责总部机关工作人员劳动合同、考核、招聘、任免及薪酬管理;负责人才开发、员工培训、考核和职业技能鉴定;负责社会保险和企业年金管理;负责卫生保障、职业病防治和员工健康保健;负责公司人才资源、劳动工资、离退休职工统计。定员 21 人,设部长 1 人、副部长 2 人,下设领导干部处、人事处(人才中心)、劳资处、社会保险管理处、培训与技能鉴定处(职业技能鉴定中心),现员 18 人。 (鲁 斌)

【总公司暨股份公司领导班子建设】 2012 年 1 月 8 日,国务院国资委党委免去周志亮的中国铁道建筑总公司党委常委职务,另有任用;1 月 11 日,国务院国资委党委同意周志亮不再担任中国铁建股份有限公司副总裁、党委常委。2012 年 4 月 28 日,国务院国资委党委决定,中国铁道建筑总公司党委副书记、纪委书记齐晓飞一年试用期满转正,任职时间从 2011 年 5 月起计算。调整后,总公司、股份公司有领导班子成员 10 人。 (汪显东)

【所属单位领导班子建设】 2012 年,股份公司、股份公司党委严格按照《中央企业领导人员管理暂行规定》和《中国铁建股份有限公司企业领导人员管理暂行办法》明确的程序和企业建设实际,进一步加强对所属二级单位领导班子建设。二级单位的领导班子能力进一步增加,管理水平进一步提高,在生产经营和企业建设中的作用进一步增加。截至年底,股份公司所属二级单位领导班子 39 个(含上海代表处及北京指挥部、广州指挥部、青岛分公司),领导班子成员 373 人,平均年龄 49.47 岁,其中 45 岁以下的 53 人、40 岁以下的 17 人;具有高级专业职务的 348 人,其中教授级高级工程师 132 人;大学本科以上学历 358 人。

所属单位领导班子建设特点:一是调整人数比较多。2012 年提拔、调整领导人员涉及 34 个次单位 85 人,其中提拔 33 人。主要是随着企业转型,新成立了中国铁建国际集团有限公司和北京、广州两个区域性指挥部,补缺的中铁十三、二十、二十一局集团有限公司等单位领导职数缺额较大。二是主管领导调整力度大。先后调整 9 个单位的 22 名主管领导。重点是考核配备新成立单位的领导班子,以及对群众有反映或有问题的单位坚决调整。三是加强问责制。对出现问题的单位和个人进行严肃处理,其中 1 名领导被免职、1 名领导被降职使用。四是坚持领导人员退出制度。年内 15 人改任顾问,10 人办理退休手续。五是坚持干部选任工作过程公开、程序公开、标准公开、集体研究,透明度不断增强。六是结合领导班子调整,对 10 个单位开展年度考评,较为全面地掌握了领导班子及成员状况。七是加强领导人员的作风建设和教育培养。对所有提拔人员进行任前及廉政谈话。

(康福祥)

【所属单位领导人员调整】 中国土木工程集团有限公司:7 月 6 日,丁维利任副总经理。9 月 28 日,免去崔杰(女)党委委员职务,不再担任副总经理职务,退休。

中铁十二局集团有限公司:3 月 6 日,免去张喜胜党委常委职务,不再担任副总经理职务。9 月 3 日,原军不再担任副总经理职务。

中铁十三局集团有限公司:7 月 17 日,刘敏任党委常委、纪委书记、监事会主席;免去赵华纪委书记、监事会主席职务;刘树山、刘俊民、韩再明任副总经理。7 月 23 日,翁行焱任顾问,免去董事、党委常委、委员职务,不再担任副总经理、总经济师职务。9 月 28 日,张景生免职退休。

中铁十四局集团有限公司:3 月 9 日,刘运平、于立中任副总经理。4 月 10 日,李景元任顾问,免去董事、党委常委职务,不再担任副总经理职务。9 月 28 日,刘运平任顾问,免去董事、党委委员职务,不再担任副总经理、总工程师职务;于立中任顾问,免去董事、党委常委、委员职务,不再担任副总经理、总经济师职务。

中铁十五局集团有限公司:2 月 3 日,许建付、裴璐辉任副总经理。11 月 21 日,武宪功任董事长、党委副书记,张喜胜任董事、总经理、党委副书记,许东坤任高级顾问,免去董事长、董事、党委副书记、常委、委员职务,不再担任总经理职务。

中铁十六局集团有限公司:2 月 17 日,马栋、张夕和任副总经理。

中铁十七局集团有限公司:7 月 3 日,免去明思义党委常委职务,另有任用。9 月 3 日,李忠信免职退休。

中铁十八局集团有限公司:2 月 3 日,马秀之任副总经理。7 月 23 日,刘树洪退休。

中铁十九局集团有限公司:3 月 6 日,王景华任顾问,不再担任副总经理职务。3 月 6 日,魏万征不再担任副总经理职务。

中铁二十局集团有限公司:3 月 6 日,马登峰任顾问,免去董事、党委常委职务,不再担任副总经理职务;免去张志军董事职务。10 月 18 日,王玉松、李令选任董事,李胜义任党委副书记、纪委书记,赵斌任职工董事、党委常委、工会主席,张文峰、刘峰、苗文怀任副总经理。10 月 30 日,免去王选尚党委常委、委员职务,不再担任副总经理职务;康义初免职退休。

中铁二十一局集团有限公司:3 月 6 日,张克勤任顾问,免去董事、党委副书记、常委、工会主席职务。4 月 10 日,免去郑群棣党委常委、委员职务,不再担任副总经理。9 月 3 日,吴建顺任党委副书记、工会主席,不再担任副总经理职务;张超民任党委副书记、纪委书记,不再担任副总经理职务;高玉峰、庄继栋、凌洪涛、张天舒、赵春锋任副总经理。10 月 12 日,黄庆华任董事。

中铁二十二局集团有限公司:10 月 30 日,王庆国任顾问,免去董事、党委常委、委员职务,不再担任副总经理职务。11 月 30 日,李晓莹任顾问,免去党委委员职务,不再担任副总经理职务。

中铁二十三局集团有限公司:5 月 20 日,高峰任顾问,免去党委常委、委员、工会主席职务。7 月 5 日,徐明新任董事长;免去李洪奇董事长、董事、党委副书记、常委、委员职务,退休;丁维利不再担任副总经理职务,另有任用。10 月 18 日,肖红武任副总经理;干天成任顾问,免去副董事长、董事职务。10 月 19 日,免去干天成党委副书记、常委、委员职务。

中铁二十四局集团有限公司:2 月 13 日,许伟书、沈济业任副总经理。10 月 12 日,吴鹤敏不再担任副总经理职务。

中铁二十五局集团有限公司:4 月 10 日,黄卫民任顾问,免去董事、党委副书记、委员职务。7 月 3 日,任国华任党委副书记、纪委书记、监事会主席,不再担任副总经理、总经济师职务;冼海燕任董事;李飞前任职工董事、党委委员、工会主席,不再担任副总经理职务;明思义任党委委员、副总经理;免去王志国党委委员职务,不再担任工会主席职务。10 月 30 日,贺爱民免职退休。

中铁建设集团有限公司:7 月 6 日,陈有忠任副总经理。

中国铁建电气化局集团有限公司:2 月 8 日,田恒开任顾问,免去党委副书记、党委、纪委书记职务,不再担任董事职务。4 月 10 日,王汉林任党委书记,免去张志才党委书记、常委、委员、副董事长、董事职务,退休。6 月 19 日,李如东免职退休。7 月 6 日,王志国任副总经理。11 月 30 日,李章锁任顾问,免去党委常委、委员职务,不再担任副总经理职务。

中国铁建港航局集团有限公司:3 月 6 日,张小平任党委委员、总经理,许四发不再担任总经理职务,谭世霖任党委委员、副总经理。7 月 3 日,许四发任党委书记,张小平任党委副书记;免去蒋汉祥党委书记、委员、副董事长、董事职务。

中国铁建房地产集团有限公司:9 月 3 日,陈国芳任党委委员、副总经理。

中铁第一勘察设计院集团有限公司:7 月 12 日,董勇、周仲华任董事,魏州泉任副院长,张学伏任副院长、总工程师;免去刘培硕董事职务,不再担任副院长职务;彭文盛不再担任总工程师职务。4 月 20 日,党委常委、副院长蔡西阳去世。

中铁第五勘察设计院集团有限公司:4 月 12 日,娄德兰任党委书记,不再担任院长职务;王立新任董事、院长、党委副书记;免去吴德增党委书记、常委、委员、副董事长、董事职务,退休。7 月 3 日,刘培硕任董事长、党委书记,免去娄德兰董事长、董事、党委书记、常委、委员职务。9 月 3 日,免去陈国芳董事、党委常委、委员职务,不再担任副院长职务。11 月 30 日,彭志树免职退休。

昆明中铁大型养路机械集团有限公司:10 月 12 日,余园林任党委委员、副总经理、总会计师。

中国铁建重工集团有限公司:7 月 6 日,免去胡少峰董事职务,不再担任副总经理、总会计师职务;李健(女)任党委委员、副总经理、总会计师。

北京铁城建设监理有限责任公司:4 月 10 日,朱英爱免职退休。

中国铁建投资有限公司:4 月 12 日,免去周志亮兼任的董事长、董事职务;李宁任董事长,不再担任总经理职务;王巍任董事、总经理、党委副书记;刘虎军任副总经理。

中国铁建财务有限公司:4 月 10 日,王龙沙(女)任副总经理,刘辉(女)、王小珍(女)不再担任副总经理职务。

中国铁建国际集团有限公司:3 月 6 日,卓磊任董事长、总经理、党委副书记,赵佃龙任党委书记、副董事长兼纪委书记、工会主席,郝桂林任董事、党委委员、副总经理(正职待遇),张喜胜、应尔强、魏万征、于洪忠、李重阳任党委委员、副总经理,魏万征任监事会主席。4 月 10 日,黄健民任党委委员、副总经理、总会计师。7 月 2 日,王选尚任党委委员、副总经理。11 月 21 日,免去张喜胜党委委员职务,不再担任副总经理职务。

中铁建中非建设有限公司:2 月 7 日,免去丁永华党委委员职务。9 月 3 日,原军任副总经理。

诚合保险经纪有限责任公司:10 月 12 日,钱生校、文金朝任副总经理。

中铁建(北京)商务管理有限公司:10 月 12 日,王凤丽(女)任董事、党委委员、副总经理、总会计师,石兴国任董事、党委委员、副总经理,唐国荣任党委副书记、纪委书记、监事会主席。 (汪显东)

【领导人员培训】 5 月、10 月,股份公司副总裁张宗言参加国资委举办的企业经营管理人才素质提升工程领军人才(欧洲)培训班;11 月,副总裁夏国斌参加中央党校学习贯彻党的十八大精神专题研讨班。年内,选送 8 名所属单位领导人员参加中央党校培训班,选送 1 名所属单位领导人员参加国资委举办的企业经营管理人才素质提升工程领军人才(国内)培训班培训。 (张瑞全)

【直属项目、公司领导人员调配】 川铁泸州铁路有限责任公司:荀照杰为董事人选;汪起帆为监事人选。

中国铁建股份有限公司阿尔及利亚项目经理部:免去刘发林副总经理兼总经济师职务。

中国铁建包西铁路工程指挥部、中国铁建包西铁路协调组:免去彭江鸿中国铁建包西铁路工程指挥部指挥长、中国铁建包西铁路协调组组长职务。

重庆铁发遂渝高速公路有限公司:许顺生任党委书记;张泽任党委副书记;李忠心为监事,并为监事会主席人选;免去于风丽监事会主席、监事职务。

中国铁建股份有限公司青岛地铁 2 号线工程指挥部:金守华任董事长,武明静任常务副指挥长兼总工程师,韩福启任副指挥长,蔚东绪任副指挥长兼安全总监。

中国铁建股份有限公司青岛分公司:金守华任总经理。

中铁建石家庄投资发展有限公司:杜水波任总经理,武有根、连文博任副总经理,郝玉强任总工程师,李建军任财务总监。

中铁建山东高速公路济乐有限公司:李军强任财务总监,免去乔国英财务总监职务。

中国铁建玉树地震灾后重建指挥部:任永明任副指挥长,常军强任总经济师,姜胜利任总工程师。免去赵彦旭总工程师职务。

中铁建资产管理有限公司:冯中海为执行董事、总经理、法定代表人。

中国铁建股份有限公司北京区域指挥部:娄德兰任指挥长(总部机关部门正职)。

中国铁建股份有限公司广州区域指挥部:蒋汉祥任指挥长(总部机关部门正职)。 (王 谱)

【总部机关人员管理】 截至 2012 年底,总部机关(包括报社)有职能部门 27 个,编制定员 368 人(其中报社 23 人),现员 296 人(其中报社 17 人)。学历结构:研究生 43 人(其中博士研究生 3 人),大学本科 230 人,大学专科 23 人。专业技术职务:正高级职务 40 人(包括馆员 2 人,主任编辑 1 人),高级职务 178 人,中级职务 57 人,初级职务 12 人,未聘专业职务 6 人。专业技术职务中,教授级高级工程师 37 人,高级工程师 60 人,工程师 19 人,助理工程师 2 人;高级经济师 30 人,经济师 9 人;高级会计师 30 人,会计师 12 人,助理会计师 5 人;高级政工师 50 人,政工师 15 人,助理政工师 5 人。

2012 年,总部机关人员任免调配 149 人次,其中包括 112 人次专业职务任职资格聘任。正式调入总部机关 19 人,其中,助勤满一年后,经过组织考察和股份公司领导批准调入 14 人。调出总部机关 17 人,包括海外事业部整体划转到中国铁建国际集团有限公司。办理助勤人员 10 人。全年办理退休人员 17 人,其中内退人员 4 人。

根据《中国铁建股份有限公司总部机关工作人员职位晋升暂行办法》的有关规定,通过领导提名、民主推荐等方式,选拔 6 名部门副职及以上人员;通过部门正职提名,经过必要的晋升考核程序,选拔 4 名二级机构负责人。 (王 谱)

【高校毕业生接收】 2012 年根据国资委要求,下发《关于报送 2012 年招收高校毕业生工作有关情况的通知》,全面了解和掌握股份公司所属单位 2012 年招收高校毕业生就业工作进展情况,提前筹划和部署股份公司系统 2013 年的高校毕业生招收工作。年内,股份公司按照“统筹协调、突出重点、确保主业、兼顾辅业、总量控制、适度调剂”的原则，紧紧围绕公司发展战略，结合单位中心工作，以及企业未来的发展需求和趋势，制定详细的招收工作计划，严格按照计划中确定的招收数量、专业和学历结构执行，股份公司全年接收高校毕业生6740名。其中，博士研究生11名、硕士研究生522名、大学本科毕业生4902名，本科及以上学历毕业生占接收人数的80.64%；大专及以下学历毕业生1305名，占接收人数的19.36%。受宏观经济环境影响，铁路市场投资规模大幅度压缩，2012年接收高校毕业生的数量比前几年明显减少，实际招收人数比计划招收人数减少266名，是需求计划的96.2%。与2011年实际接收的14929名高校毕业生相比，减少了8189人，是2011年实际接收数量的45.15%。

（王 谐）

【面向西藏青海新疆三地高校毕业生招聘】 2012年6月13日，中国铁建作为中央企业代表，参加由国务院国资委、人力资源和社会保障部、国家民族事务委员会在中央民族大学联合举办的中央企业面向西藏青海新疆三地高校毕业生现场招聘会活动。中国铁建股份公司副董事长、党委副书记、工会主席彭树贵作为中央企业代表参加现场招聘会并讲话。招聘活动启动实施以来，股份公司领导高度重视，积极响应国家号召，在基本完成2012年招聘工作的基础上，组织所属单位努力挖潜就业岗位400余个，在此次专场招聘会的46家中央企业中位居首位，较好地发挥了带头示范作用，得到国务院国资委、人力资源和社会保障部的高度赞扬。

（王 谐）

【京外调干】 近年来，中国铁建为适应市场环境，整合优质资源，培育新的经济增长点，新组建了几个专业化的集团公司；同时，积极响应国家“走出去”战略，积极开拓境外市场，大力发展海外业务。由于上述原因，近几年在北京的单位陆续从京外引进大批专业技术及管理人才，这些人当前也是各单位生产经营的骨干。鉴于此，中国铁建向人力资源和社会保障部申请给予专项支持的报告。通过认真细致的工作，人力资源和社会保障部对中国铁建京外调干工作继续给予大力支持，2012年批准给中国铁建京外调干指标30户，公开招聘45户，合计75户。这是近年来批准数量最多且在中央企业名列前茅。结合近几年各单位上报材料以及选调人员的质量，统筹考虑在京所属单位现状进行指标分配。

在京单位利用人力资源和社会保障部下达的境外调干和公开招聘指标引进的专业技术人员和管理人员，都是各单位生产经营所急需的人才，调京工作后在各自的工作岗位中承担着重要的责任，有效地缓解了在京单位人力资源紧缺的矛盾，保证了职工队伍的稳定。通过各种渠道为符合条件的人员办理进京落户手续，有效地解决了所属在京单位引进人才工作生活上的难题，促进了员工队伍的思想稳定。（王 谐）

【在京所属单位毕业生接收及落户】 5月、9月，股份公司先后下发《关于做好在京单位2012年毕业生接收工作的通知》和《关于做好2012年度高校毕业生落户审核工作的通知》，对在京所属单位毕业生接收及落户工作有关事宜进行专门部署。年内，941名符合条件的毕业生在人力资源和社会保障部人力资源市场司和北京市公安局举行的第一次联合现场办公中通过审核，办理了进京落户手续。人力资源和社会保障部下发《关于开展高校毕业生接收工作情况检查的通知》，对近三年来的毕业生接收工作进行检查，股份公司认真开展自查工作。2009年以来，人力资源和社会保障部人力资源市场司下达京外生源毕业生接收指标共计3005个，股份公司完成接收指标2919个，完成率97%。其中，2009年908个（研究生155个，本科生753个）；2010年1003个（研究生153个，本科生850个）；2011年1008个（研究生176个，本科生832个）。股份公司将指标用于接收一线生产经营和技术管理工作岗位急需的专业技术人才，较好地完成了专业技术人才队伍建设与储备工作，极大地缓解了股份公司生产任务繁重与人力资源状况紧张之间的突出矛盾，促进了各项生产任务的顺利实施和圆满完成。

（王 谐 杨永睿）

【专业技术职务任职资格评审】 根据人力资源和社会保障部、国务院国资委有关政策和股份公司专业技术职务评审工作的总体安排，2012年4月下发《关于做好2012年度专业技术职务评聘工作的通知》和《关于做好2012年度政工专业职务评审工作的通知》，全面布置2012年的职务评审工作。经股份公司批准成立工程系列高级专业技术职务评审委员会的所属单位继续进行高级工程师任职资格评审，评审结果报股份公司审批。11～12月组织召开工程系列正高级及经济、会计等系列的高级专业技术职务评审会议。经评审，222人具备教授级高级工程师资格，1654人具备高级工程师资格，147人具备高级经济师资格，152人具备高级会计师资格，201人具备高级政工师资格。截至2012年底，全系统有专业技术人员133314人。其中，高级专业职务17730人；中级专业职务33857人；初级专业职务70373人；未聘专业技术职务11354人。

高级专业职务中,教授级高级工程师1286人,高级工程师11934人,高级会计师1385人,高级经济师1137人,高级政工师1506人。（杨永睿）

【22人获得国务院政府特殊津贴】 2012年,经人力资源和社会保障部评审,22人获得国务院政府特殊津贴,其中专业技术人员17人、技能人员5人。

庄尚标　中国铁建股份公司副总裁、总会计师兼总法律顾问

韩凤险　中国铁建股份公司总工程师

袁　立　中国土木工程集团公司总经理

唐达昆　中铁十一局集团公司技术管理部副部长

纪尊众　中铁十三局集团公司副总经理、总工程师

黄昌富　中铁十六局集团公司副总经理

韩利民　中铁十八局集团公司副总经理、总工程师

杜　越　中铁二十局集团一公司总工程师

王　亮　中铁二十一局集团公司工程项目管理中心副主任、工程管理处处长

郭衍敬　中铁二十二局集团公司党委副书记

钱振地　中铁二十三局集团公司副总经理

贾学斌　中铁建设集团设备安装分公司总经理

郑　斌　中国铁建电气化局集团公司总经理

程永亮　中国铁建重工集团公司副总经理

王慨慷　中铁第五勘察设计院集团检测公司总经理

谢江生　昆明中铁大型养路机械集团公司副总工程师兼第一研究所所长

李　涛　中铁上海设计院集团公司副总工程师兼技术中心主任

游泽勤　中铁十一局集团四公司测量班班长

潘昌洪　中铁十四局集团二公司高级技师

智　慧　中铁十七局集团二公司项目部测量队队长

黄梅英　中铁二十三局集团六公司项目部安全质量部副部长

徐春光　中铁十七局集团公司高级技师

（杨永睿）

【8人获2012年度茅以升铁道工程师奖】

2012年度茅以升铁道工程师奖

王祖华　中铁十一局集团二公司副总经理、总工程师

雷　军　中铁十二局集团二公司总工程师

孙晓迈　中铁十四局集团一公司副总经理、总工程师

王春晓　中铁十五局集团公司集疏港项目部总工程师

崔松涛　中铁十六局集团轨道公司副总经理、总工程师

孙　立　中铁第四勘察设计院集团公司教授级高级工程师

胡　斌　昆明中铁大型养路机械集团公司副总经理、总工程师

许　非　中国铁建国际集团沙特公司教授级高级工程师

（杨永睿）

【4人获第11届詹天佑铁道科学技术奖】

第11届詹天佑铁道科学技术奖成就奖

任少强　中铁二十局集团公司副总经理、总工程师

许克亮　中铁第四勘察设计院集团公司副总工程师

第11届詹天佑铁道科学技术奖青年奖

雷　军　中铁十二局集团二公司总工程师

郭关柱　昆明中铁大型养路机械集团公司研究所所长

（杨永睿）

【23人获第8届詹天佑中铁建专项基金奖】

第8届詹天佑中铁建专项基金奖成就奖

许健赋　中铁十五局集团公司副总经理、总工程师

吴煊鹏　中铁十六局集团公司副总工程师

杜嘉俊　中铁十七局集团公司副总经理、总工程师

赵　伟　中铁建设集团公司总经理

谢江生　昆明中铁大型养路机械集团公司副总工程师

第8届詹天佑中铁建专项基金奖人才(管理)奖

张坚东　中土尼日利亚公司总工程师

张树海　中铁十一局集团公司副总经理

罗海滨　中铁十二局集团公司党委副书记、工会主席

周长进　中铁十四局集团公司副总经理

翟超杰　中铁二十局集团西安工程机械公司总工程师

赵彦旭　中铁二十一局集团公司副总经理、总工程师

王北京　中铁二十四局集团公司董事长

吴仕岩　中国铁建房地产集团公司总经理

董　勇　中铁第一勘察设计院集团公司副院长

高　嵩　中铁第五勘察设计院集团公司线路运输设计院院长

第8届詹天佑中铁建专项基金奖青年奖

袁长春　中铁十三局集团三公司总工程师

孙晓迈　中铁十四局集团一公司副总经理、总工程师

陈　鹰　中铁十六局集团公司青岛海底隧道项目部总工程师

王朝辉　中铁十八局集团五公司副总工程师

冯德泉　中铁第一勘察设计院集团公司高级工程师

刘云强　中铁第四勘察设计院集团公司建筑院副总工程师

孙世豪　中铁第五勘察设计院集团机械公司副总经理

白存仓　中铁上海设计院集团公司副总工程师

（杨永睿）

【人才资源统计】　截至2012年底，中国铁建系统有在职在岗人员244523人，比2011年增加1420人。其中，管理人才44992人，占人员总数的18.4%；专业技术人才95872人，占人员总数的39.21%；技能人才103659人，占人员总数的42.39%。各类人员中，女性50946人，占人员总数的20.83%；少数民族7326人，占人员总数的3%；中共党员75492人，占人员总数的30.87%。

截至2012年底，中国铁建系统有专业技术人才（包括在管理岗位工作的）133314人，比2011年增加1302人。专业技术人才中，高级专业职务17730人，占专业技术人才总数的13.3%；中级专业职务33857人，占专业技术人才总数的25.4%；初级专业职务70373人，占专业技术人才总数的52.79%；未聘专业技术职务11354人，占专业技术人才总数的8.51%。工程技术人员100347人，占专业技术人才总数的75.27%；会计人员13149人，占专业技术人才总数的占9.86%；经济人员9345人，占专业技术人才总数的7.01%；政工人员7201人，占专业技术人才总数的5.4%；卫生技术人员1894人，占专业技术人才总数的1.42%；统计人员291人，占专业技术人才总数的0.22%；翻译人员249人，占专业技术人才总数的0.19%；其他专业技术人才838人，占专业技术人才总数的0.63%。（王　谐）

【离退休人员】　截至2012年底，中国铁建系统有离休干部745人。其中，中共党员599人；80岁以上725人，70～79岁20人。有退休干部21692人。其中，享受正省（部）级单项待遇1人；享受副省（部）级单项待遇4人。

（王　谐）

【军转干部接收安置和扶贫挂职干部选派】　按照国务院军转办公室的统一部署，2012年中国铁建在京单位安置军转干部3名。其中，中铁十九局集团公司接收安置1名；中国铁建电气化局集团公司接收安置2名。年内，按照国资委统一安排，从中铁十二、十八局集团公司分别选派1名工作经验丰富、素质较高的处级干部赴张家口市承担挂职扶贫任务。湖北省武汉市委组织部选派两名干部到中国铁建总部机关挂职。其中，徐建平挂职担任科技设计部部长助理；胡海燕挂职担任党委宣传部部长助理。根据国资委有关部门的要求，从所属单位选派两名干部到国资委机关助勤工作。

（王　谐）

【因私出国审批】　认真做好总部机关及所属在京单位领导班子人员因私出国的备案工作，严格遵守因私出国各项规章制度，坚持按程序办理，进一步规范材料申报格式。2012年根据领导干部调配和任免情况，对总部机关和在京单位50余人报备信息进行新增、更新和撤销工作。完成50人因私出国手续的办理。

（杨永睿）

【人事档案管理】　2012年不断加强干部档案基础性建设和日常管理工作，针对新单位组建和部分单位档案管理人员变动的情况，对诚合保险经纪有限责任公司、中铁建中非建设有限公司等6家单位档案管理人员进行专题培训。根据干部调配情况，年内接收人事档案45卷，转出人事档案30卷，收集、整理、鉴别、补充归档材料3000余份；协助有关单位、部门查借阅干部档案60余卷。为推进干部档案数据库建设，根据干部基本信息、工作经历、学习培训、家庭成员等变动情况，完成数千条数据的采集与录入工作，为干部人事工作高效开展提供完整准确的依据。（杨永睿）

【工效挂钩与工资计划】　根据国资委的要求，总公司、股份公司、锦鲤资产管理中心及所属企业继续实行企业工资总额与利润总额单项指标挂钩。国资委清算批复总公司2011年度应提工效挂钩工资总额1625480万元，符合国家规定的单列工资总额92534万元；批准总公司2012年度工效挂钩工资总额基数1629327万元，利润总额基数870771万元。（邹　磊）

【股份公司领导薪酬管理】　根据国资委分配局关于中国铁道建筑总公司主要负责人2011年度薪酬确定有关问题的函，2012年10月30日，中国铁建股份有限公司董事会审议通过总裁2011年度薪酬方案的议案，股份公司领导正职2011年度薪酬总额87万元，其中基薪23.5万元、绩效薪63.5万元。年度考核为A级的副职领导年薪77.13万元，其中基薪19.98万元、绩效薪57.15万元；年度考核为B级的副职领导年薪

73.96 万元，其中基薪 19.98 万元、绩效薪 53.98 万元。股份公司领导年度绩效薪的 40% 延期兑现。

2012 年 11 月 26 日，根据国资委要求，将 2011 年度股份公司董事报酬方案报国资委审批，同时将 2011 年度股份公司董事报酬管理工作总结报告、股份公司高级管理人员 2011 年度业绩考核和薪酬兑现情况报告报国资委备案。（张介鹏）

【职务消费管理制度】 8 月 14 日，根据国资委《中央企业负责人职务消费管理暂行规定》和《中央企业负责人公务用车管理暂行规定》等文件精神，研究制定股份公司《企业负责人职务消费管理暂行办法》和《子公司负责人职务消费管理指导意见》，报国资委审核备案，并根据国资委对股份公司《企业负责人职务消费管理暂行办法》的整改要求，修订完善企业负责人职务消费管理规定。（张介鹏）

【子公司负责人薪酬管理】 2012 年 4 月，制定印发《中国铁建股份有限公司子公司负责人薪酬管理办法实施细则》，进一步规范子公司负责人薪酬管理和薪酬外收入。2012 年 8 月 7 日，下发《关于子公司负责人 2011 年度薪酬结算兑现有关问题的通知》，根据所属企业 2011 年度绩效考核结果，结算子公司主要负责人 2011 年度薪酬。实行考核年薪制的 30 家二级子公司主要负责人（正职领导）2011 年度年薪平均值 81.01 万元，年薪最高 121.82 万元、最低 54.66 万元，其中基薪 16 万元后者 13.5 万元；平均绩效薪酬 65.18 万元，子公司领导年度绩效薪酬的 20% 延期兑现。（张介鹏）

【农民工工资清欠】 根据国资委要求，建立农民工信息季报制度。2012 年 11 月，根据元旦春节期间农民工工资纠纷和群体事件多发的特点，股份公司印发通知，组织开展职工工资和农民工工资支付专项检查工作，在 2013 年元旦春节期间实行农民工工资清欠周报制度，及时掌握农民工工资清欠情况，督促所属单位切实解决拖欠农民工工资问题。（张介鹏）

【内退人员费用精算】 12 月，组织开展 2012 年度股份公司内退人员费用精算工作。截至 12 月 31 日，股份公司系统有内退及长期离岗人员 36182 人，平均年龄 53.2 岁。2012 年 1 月 1 日 ~ 12 月 31 日，股份公司内退及长期离岗人员生活费和其他福利支出 91968 万元。（徐博华）

【总部机关工作人员工资】 2012 年，总部机关发放工资 8629.1 万元。根据北京市 2011 年职工平均工资标准，分别于 2012 年 1 月、4 月、7 月调整机关工作人员企业年金、养老保险、失业保险、医疗保险、住房公积金个人缴费标准。（邹　磊）

【总部机关内退人员内退费】 截至 2012 年 12 月 31 日，参照北京市有关文件于 2012 年 1 月调整内退人员基本生活费，发放机关内退人员 63 人内退生活补贴 349 万元。根据个人 2011 年工资总额基数分别于 2012 年 1 月、4 月、7 月调整内退人员企业年金、养老保险、失业保险、医疗保险、住房公积金个人缴费标准。（邹　磊）

【企业退休养老金、抚恤金发放】 截至 2012 年 12 月 31 日，发放总部机关离退休人员、遗属 547 人企业退休养老金 1341 万元、抚恤金 38064 元。（邹　磊）

【劳动用工】 2012 年，股份公司根据人力资源和社会保障部实行特殊工时制度审批规定，组织所属单位上报实行特殊工时岗位和数量等申报材料，开展实施特殊工时申报工作，总结 2009 ~ 2011 年全系统实行特殊工时制度的情况和主要做法。6 月申报实行特殊工时制度，根据人力资源和社会保障部同意中国铁道建筑总公司实行特殊工时制度的批准文件，制定印发总公司实行特殊工时制度实施办法，完善特殊工时管理规定，保障企业科学合理组织生产，提高劳动生产率，切实预防工资支付纠纷。（张介鹏）

【五险一金及统筹外费用缴纳】 截至 2012 年 12 月 31 日，中国铁建系统参加基本养老保险 286168 人，离退休 81575 人。缴纳基本养老保险费 359122 万元，其中企业缴纳 255467 万元、个人缴纳 103655 万元。全系统有工伤人员 5018 人，其中一级伤残 47 人、二级伤残 95 人、三级伤残 154 人、四级伤残 463 人、五级伤残 279 人、六级伤残 473 人、七级伤残 441 人、八级伤残 534 人、九级伤残 781 人、十级伤残 830 人、十级以下伤残 915 人。参加基本医疗保险 301953 人，缴纳基本医疗保险费 129283 万元，其中企业缴纳 103832 万元、个人缴纳 25450 万元。参加失业保险 242130 人，缴纳失业保险费 26021 万元，其中企业缴纳 17625 万元、个人缴纳 8392 万元。参加生育保险 246358 人，缴纳生育保险费 7641 万元。全系统 172648 人建立补充养老保险，归集资金 27 亿元。全年审核、统计离退休人员统筹外费用 32493 万元。（李　倩）

【保险缴费基数核定及最低工资】 2011 年北京市职工年平均工资 56061 元，2012 年 1 ~ 3 月社会保险缴费基数上限12603元、下限1680元,4～12月北京市社会保险缴费基数上限14016元、下限1869元。农民工社会保缴费基数按照本人上一年月平均工资确定,上限按照北京市上年职工月平均工资300%确定,下限按照北京市上年职工月平均工资40%确定。（李 倩）

【总部机关人员健康体检】 2012年,总部机关与铁建医院联系协调,组织在职职工和离退休人员813人进行健康体检。其中,在职职工278人(男职工210人、女职工68人);离退休及内退人员535人(男性367人、女性168人)。（程相辉）

【社保工作培训会】 7月5～6日,中国铁建驻京单位社会保险工作培训会在北京召开,驻京单位、办事处72名社保人员参加。分别邀请北京市人力资源和社会保障局工伤保险处领导讲解《工伤保险条例》部分条款并进行案例分析,北京市海淀区社会保险基金管理中心领导讲解《社会保险法》及北京地区社会保险业务办理流程。会上,中铁建设集团公司作典型经验发言,北京北控伟仕软件工程技术公司技术人员讲解中国铁建补充医疗保险报销系统。（程相辉）

【补充医疗报销系统软件开发】 中国铁建与北京北控伟仕软件工程技术公司联合,为在京单位编制企业补充医疗保险报销软件,简便报销流程,缩短报销周期。（程相辉）

【教育培训】 2012年,股份公司以人才队伍建设为重点,紧紧围绕企业调整经济结构、转变发展方式、提高经济效益的中心任务,积极开展多层次、多类别、多渠道的员工教育培训。全年举办培训1540期,培训员工169633人次。干部培训84820人次。其中,领导干部培训3638人次;经营管理人员培训8656人次;专业技术人员培训47904人次;其他各类管理人员培训24622人次。技能员工培训84813人次。其中,技能培训和岗位练兵36026人次;职业资格等级培训10117人次;适应性岗位培训38670人次。（刘爱波）

【所属单位领导干部培训】 为提升各级领导干部最新管理技能,培养其战略决策能力、创新能力、市场应变能力、组织协调能力和经营管理能力,增强领导干部的执政能力,全面提高和改善干部队伍的知识结构和人才储备,2012年在股份公司北京培训中心举办领导干部培训班、后备干部岗位培训班各两期,中央党校国资委分校春季学期中国铁建处级干部进修班1期。5期培训432人。（刘爱波）

【海外项目管理人员培训】 2012年3月2日～6月30日,股份公司在清华大学举办第四期国际工程专业英语培训班,培训64人,为全面进军海外市场做好人才储备。（刘爱波）

【注册执业资格考前培训和继续教育】 为加大一级注册建筑师、结构师和建造师等注册工程师的培养力度,满足企业特级资质就位和投招标需要,2012年5月在石家庄铁道大学举办一级注册建筑师考前培训班,7月举办一级注册建造师考前培训班及一级注册结构、岩土工程师培训班。4期培训312人。2012年是一级注册建造师继续教育年,股份公司分别在北京交通大学、西南交通大学、石家庄铁道大学、中国建设教育培训中心举办建造师继续教育培训班8期,培训上千人。（刘爱波）

【总部机关人员业余培训和英语口语培训】 2012年,为满足总部机关领导及工作人员的学习需求,提高机关人员把握宏观大局的能力,经股份公司领导批准,人力资源部在世纪管理名家讲堂购买会员学习卡,机关工作人员132人次参加培训。5～7月在机关举办英语口语培训班,150余人参加培训。（刘爱波）

【获第11届中华技能大奖】 中铁十二局集团三公司工程测量工高级技师刘军华获第11届中华技能大奖,中铁十三局集团一公司工程测量工技师徐斌、中铁十六局集团二公司铁道线路工高级工孙成聚获全国技术能手称号;中铁十五局集团公司获国家技能人才培育突出贡献奖,中铁十二局集团技工学校校长王志湘获国家技能人才培育突出贡献奖。（苗振林）

【职业技能鉴定】 按照职工个人自愿申请、所在企业推荐、职业技能鉴定主管部门批准的原则,根据人力资源和社会保障部职业能力建设司授权,2012年股份公司下达职业技能鉴定计划10117人,其中鉴定初级工917人、中级工2787人、高级工4292人、技师1629人、高级技师492人。全年实际完成8202人职业技能鉴定,其中初级工500人、中级工2557人、高级工3676人、技师1119人、高级技师333人,完成年度计划的81.1%。有7322人取得职业资格证书,其中初级工455人、中级工2252人、高级工3382人、技师940人、高级技师293人。（苗振林）

【高级技师职业资格认定】 2012年,股份公司系统47个职业(工种)509人申报高级技师职业资格,333人参加考核,参考率65.4%;293人成绩合格。依据股

份公司高级技师评审委员会评审意见，批准李大愚等291人高级技师任职资格。（苗振林）

【职业技能鉴定考评员聘任】 汪瑞虹等162人经所在单位审核、推荐，参加2012年人力资源和社会保障部职业技能鉴定考评员、高级考评员和管理人员资格考核，并通过人力资源和社会保障部职业技能鉴定中心资格认证。根据国家和中国铁建职业技能鉴定实施办法，聘任汪瑞虹等89人为中国铁建企业职工职业技能鉴定高级考评员，聘任张广赛等67人为中国铁建企业职工职业技能鉴定考评员，聘任张俊超等6人为中国铁建企业职工职业技能鉴定管理人员。聘期3年，从2012年5月至2015年5月。（苗振林）

信息化建设

【中国铁建信息化建设领导小组】 股份公司总裁赵广发任组长，副总裁范德任常务副组长，副总裁夏国斌和副总裁、总会计师兼总法律顾问庄尚标任副组长。（张一鸣）

【信息中心】 主要职责：组织制定股份公司整体信息化规划和年度计划；组织股份公司机关各业务部门和所属单位完成相关信息系统的建设、运行、技术支持和维修、维护任务；指导、监督所属单位的信息化工作；整体推进中国铁建信息化的运用与管理，并保持持续改进与完善，实现信息化对主营业务的支持；承担国家有关部委、股份公司下达的信息系统科技攻关任务；承担股份公司系统信息化专业人员的技术培训；完成股份公司领导和信息化领导小组交办的其他工作。定员7人，设主任、副主任各1人；下设规划需求处和建设运维处。（张一鸣）

【工作综述】 2012年，股份公司信息化建设以“应用推广年”为主题，全面落实“十二五”信息化规划。全年全系统信息化投入9741万元，其中股份公司本级投入1578万元、硬件投入1888万元、硬件运维及网络租用2087万元。年内取得国家版权局软件著作权37项，累计92项。昆明中铁大型养路机械集团公司“加强两化融合，提升昆明中铁自主创新能力”项目列入国家工业和信息化部计划，获得866万元国家产业振兴和技术改造专项资金支持；申报的“昆明中铁数字化集团管控”项目通过国家科学技术部的评审；被云南省推荐参加工业和信息化部组织的“两化融合”成果展览会。中国铁建重工集团公司成为国家工业和信息化部认定的首批全国3家“全国产业软件应用示范试点企业”，通过全国“两化融合”示范企业评选省级审核。

2012年，股份公司发布《信息安全建设规划》《信息网络建设规划》《“十二五”财务信息化发展规划》《“十二五”科技发展规划》《勘察设计咨询“十二五”规划》等涉及信息化的专项、业务与板块规划，明确信息化的建设目标和行动路线。为增加信息化的推动力，股份公司出台《信息化工作绩效考核实施细则》，将信息化工作绩效纳入子分公司负责人年度绩效考核；同时出台《信息化工作奖励管理办法》，对信息化先进单位、先进个人和示范项目进行激励。

随着信息安全、网络建设规划与管理办法的发布，以《关于加强信息安全等级保护工作的通知》为标志，信息安全建设提到议事日程。年内，股份公司完成10个信息系统的定级备案与测评工作。

信息化建设成果的推广应用不断扩大、业务融合不断形成，为企业管理转型、创新管理提供了条件。2012年，大力推进电子商务、人力资源、法律合规、外事管理、资本运营信息系统的应用推广与融合；因地制宜、创造性地推进自建业务运营系统的应用。电子商务平台通过最终验收，经业务部门的大力推进，在全系统得到推广应用。法律合规管理系统、外事管理系统、资本运营信息管理系统通过验收，在全系统得到推广应用。人力资源管理系统通过初步验收，在多数单位推广应用。项目管理系统在全面应对特级资质信息化考评的历史使命完成后，针对特级资质信息化考评标准与企业管理的实际差异较大、导致项目管理系统的不实用后果，部分单位真正从实际管理需要出发，根据自身管理特点，建设施工项目管理系统，并取得实质性突破与应用。在以会计核算、合并报表、资金管理三大系统为代表的财务信息化基础平台基本建立、得到较好应用的基础上，正在展开以全面预算管理、财务分析与风险预警、财务共享中心、产权管理、责任成本为主体的新一轮财务信息化建设，为加强集中管控和实时管理提供支撑工具。（张一鸣）

法律事务

【法律合规部】 主要职能：负责公司法律事务工作；贯彻执行国家法律、法规，参与公司重大经济活动规划，提出减少、避免法律风险的措施和法律意见；审核、修改经济合同、协议和重要规章制度；代表公司处理诉讼、仲裁、行政复议案件；参与处理公司债权债务的清理和追收工作；参与企业的重组、分立、并购、兼并、注销、撤销、合并、破产、解散、投融资、担保、租赁、产权转让、投招标等重大经济活动，处理有关法律事务；负责选聘律师，并对其工作进行监督和评价；开展法律咨询；指导公司本级境外公司、项目部的法律工作；负责公司合规风险管理，组织拟订、制定公司合规政策，主动识别、评估、检测和报告公司合规风险，并提出有效的风险处置方案；负责组织提供上市公司规范运作的法律服务。参与公司总体发展战略及中长期规划的研究制定、社会责任报告的编撰并提供相关资料；参与全面风险管理和内控相关工作；参与绩效考核及投资收购、并购重组、投资后评价相关工作；参与概预算梳理、设计变更、经济索赔工作；参与信息化建设工作。承办总公司相关法律事务。定员8人，设部长、副部长各1人，下设法律处、合规处。现员6人，帮助工作4人。（文荣周）

【法制工作第3个三年目标实施】 2012年是贯彻落实法制工作第3个三年目标的第一年，股份公司连续召开专题培训会、总法律顾问及法律机构负责人座谈会、年度法律工作会，广泛发动，全面部署落实。股份公司实施方案采取定性、定量分析法，划分3大类28项，以表格形式分阶段细化每项指标，明确“三个完善、两个提高”是法律管理提升的重要任务，扩展国资委要求的三项法律审核率100%为四项法律审核率100%，量化案件管理，增加机构人员、海外业务、重大项目以及日常管理、信息化等指标，并对新三年目标向三级单位延伸提出工作要求。所属单位认真研究制定新三年目标实施方案，紧密结合自身实际，再提高、再深入，分解细化指标要求，合理设置时间节点，切实增强实施方案的针对性和操作性。（文荣周）

【督促法律工作第3个三年目标落实】 （1）股份公司召开全系统法律工作会议，学习贯彻中央企业法制工作座谈会议精神，总结全系统法制工作进展情况和取得的成效，分析形势，交流经验，找出不足，研究部署下一阶段的工作重点和主要任务。（2）股份公司下发《关于加快实现企业总法律顾问专职化有关问题的通知》《关于转发国资委〈中央企业落实法制工作第3个三年目标考评标准〉的通知》《关于组织参加企业法律顾问资格考试有关问题的通知》和《关于印发〈中国铁建股份有限公司2012年法律合规工作要点〉的通知》，提要求，促落实。（3）印发《中国铁建落实法制工作三年目标工作简报》4期，刊发有关单位的新思路、新方法，供所属单位借鉴学习，互相促进。（4）采取参加会议、现场检查等方式及制定单位负责人法制工作绩效考核等措施，督导落实。（5）举办法律业务培训，提高法律工作人员的履职能力，提升法制工作人员持证上岗率。

截至2012年底，股份公司32家二级单位设置总法律顾问。其中，专职法律顾问11家（含专职任副总法律顾问5家）；10家集团公司及其重要子企业设置总法律顾问。210家三级单位设置总法律顾问。32家二级单位设立法律事务机构。其中，独立部门的22家；合署办公的5家；设为二级机构的5家。全系统专职法律人员由2011年的297人增加到2012年的400人，242人取得法律顾问执业资格。股份公司及1/3的二级单位在公司章程中纳入总法律顾问制度。各单位建立总法律顾问、法律事务机构负责人参加总经理办公会议等重要会议的工作机制，发挥总法律顾问审核把关的作用。部分单位建立500元~800元不等的法律资格证书专项补贴制度。所属单位建立项目部法律联络员制度及工作奖惩机制，加强基层项目法律风险管理，法律风险防范关口前移至施工一线。2012年，中国铁建在国资委对中央企业落实法制工作三年目标进展情况考评中被评为A级企业。（文荣周）

【法律纠纷案件处理】 建设工程领域历来法律纠纷案件高发，全系统各单位始终重视和不断加强法律纠纷案件处理。2012年减损增效成绩显著，扭转不利市场因素导致法律纠纷发案居高不下的态势，年内没有发生因自身违法违规引发的重大法律纠纷案件。股份公司内部纠纷协调机制发挥积极作用，全年协调处理内部单位之间经济纠纷10起，争议金额14589万元，达到息纷止争、化解矛盾、案结事的效果。（文荣周）

【四项法律审核】 2012年，股份公司总部审核规章制度42件、合同272件、重要决策87件，重要子企业审核规章制度447件、合同28237件、重要决策326件。除个别年内新成立的单位外，所属其他单位基本建立四项法律审核制度。股份公司80%以上的二级单位四项法律审核率接近或实现100%。其中，授权委托书法律审核率有21家二级单位实现100%；1/3的二级单位采取合同管理信息化手段，实现合同法律审核率100%；部分二级单位明确法律部门介入企业规章制度管理，确保企业规章制度法律审核率100%；重要决策法律审核率提升明显。（文荣周）

【法律风险预警与提示】 2012年，股份公司编印《BOT项目中有关法律问题》《关于市场紧缩条件下承包商法律风险防范研究》《BT项目中投资方应注意的法律问题》3期政策研究成果并编发案例汇编，分析原因、总结教训、指导实践。编制《中国铁建选择合作方风险警示名录》下发所属单位，供各级管理人员参考。（文荣周）

【参与重大经营活动】 2012年，股份公司法律部门参与湛江东海岛土地开发、广东航盛集团重组收购、土耳其铁路、厄瓜多尔铜矿项目及财务融资券、基金融资等重大经营活动并提供法律服务；作为股份公司房地产开发小组成员、设备物资采购工作小组成员和总公司存续资产管理小组成员参与相关工作，同步提供法律服务，出具审核意见。所属单位法律工作人员年内不同程度地参与单位重大经营活动，全过程进行法律风险防范和控制。（文荣周）

【合规管理】 股份公司合规管理信息化建设初步完成，梳理24个部门管理职责及239件公司内部规章制度，整理与企业有关的外部法律法规2127件。开展合规审查，出具审核意见272份。中国铁建房地产集团公司合规检查三级单位15家，发现风险源，形成整改书面报告；中国铁建电气化局集团公司梳理确定有效规章制度127项；中铁第一勘察设计院集团公司法律审核规章制度227项。（文荣周）

【法律合规管理系统建立】 2012年，中国铁建法律合规管理系统通过验收，标志着法律合规信息化建设实现，管理系统进入运营维护阶段，与协同办公系统对接。股份公司内外网法律合规板块改版上线，反映中国铁建系统法律合规工作的成效和动态信息。建立信息管理员制度，规范系统管理和信息报送工作。法律合规管理系统的建立，为全系统法律合规工作提供了交流平台，起到整合法律资源、提高工作效率的作用。（文荣周）

【开展“六五”普法】 2012年，全系统开展形式多样的普法宣传活动。每月通过股份公司OA系统更新上传与企业有关的法律法规，全年更新法律法规985部；每周定期在机关多媒体播发法律小常识，全年播发122条；每天在股份公司OA系统内网播发漂浮版法律小常识。利用宣传展板，发放普法小手册及印有法律知识的扑克牌、办公用品等形式，开展“12·4”法制宣传日活动。编印《法制工作简报》和《政策研究》，为有关部门提供决策参考。所属单位通过法制文艺节目排演、编印法制刊物，举办法律培训、专题讲座、知识竞赛、业务咨询、案例剖析、会议研讨等形式，开展特色法制宣传活动。通过普法活动的开展，全系统依法经营、依法决策、合规管理的能力和水平不断提升，企业职工遵纪守法与维权意识明显提高。（文荣周）

【表彰法制工作先进】

2012年股份公司法制工作先进单位

中铁十三局集团公司
中铁十六局集团公司
中铁十九局集团公司
中铁二十局集团公司
中铁物资集团公司
中铁建中非建设公司
中铁建设集团公司
中国铁建房地产集团公司
中铁第四勘察设计院集团公司
中铁二十四局集团上海铁建工程公司

2012年股份公司法制工作先进个人

张拉柱　马　勇　万子兵　王锦友　范　颖
刘庆凯　高云鹏　张敬海　孙福平　张忠孝
邢素波　张　杰　范利鹏　郑良虎　陈水军
王　宁　吕民祥　陈　巍　尤敦同　陈国新
魏德刚　王泽阳　陈壮凌　蔡晓庆　朱　柳
林福来　张　波　陈俊茂　刘建平　谢静菲
秦　玥　秦振英　刘新忠　苏顺正　王雪峰
江小娅　周仲华　金立新　王维朝　王子晶
于宝宏　李福兵　武彩虹　周艳梅　赵勤砚
李　馨　李连华　王　菲　靳浩冉　岳向文
王裕溪　（文荣周）

【业务培训】 6月3～6日，股份公司在北京培训中心举办2012年第一期法律事务人员培训班。所属单位总法律顾问、法律事务机构负责人、法律事务工作人员及项目部法律联络员210余人参加培训。

7月1～5日，股份公司在安徽黄山举办2012年度企业法律顾问执业资格考试考前培训班，全系统280余人参加培训。

11月5～8日，全系统180余名具有企业法律顾问资格的人员参加铁道部在北京铁路职工培训中心举办的法律顾问注册培训。（文荣周）

【法律工作会议】 12月18日，股份公司在四川成都召开股份公司法律工作会议，学习贯彻中央企业法制工作座谈会议精神，总结2012年全系统法制工作进展和成效，分析形势，交流经验，研究部署2013年工作重点和主要任务。股份公司董事长孟凤朝、总裁赵广发专门作出重要批示，副总裁、总会计师兼总法律顾问庄尚标出席会议并作题为《围绕三年目标，服务改革发展,切实为培育世界一流企业提供坚强法律保障》的法律合规工作报告。所属集团公司、公司分管法律工作的领导、总法律顾问和法律事务部门负责人73人参加会议。 （文荣周）

机关房地产管理

【总公司机关房地产管理中心】 代表总公司行使业主权利的职能部门和办事机构。主要职责:负责总公司机关房地产管理、建筑物维修、更新改造和新增项目的建设管理工作;负责制定总公司机关基本建设计划,提出基建方案,办理基建和房屋翻建、改造项目审批手续;负责机关基建项目的规划,参与论证、分析,及时向总公司领导提供有价值的情况和数据,并在工程立项后组织实施工作;负责总公司机关调整配售住房工作委员会及其办公室有关住房调整配售决议案的组织实施和房屋日常管理具体工作;负责总公司机关房地产的租赁使用及管理;负责对职工住房上市交易相关事项的审批及办理;负责机关院内地下车库销售的组织实施和有关手续的办理;负责办理房产证及职工住宅变更过户手续;负责总公司机关与地方政府部门及周边单位相关事务的协调处理;代表总公司人民防空委员会负责总公司机关及中铁十六局集团公司等10个总公司驻京单位人防工程的日常管理,并负责总公司机关人防工程的维护。定员8人,现员10人。设主任1人(兼任总公司人防委员会副主任)、副主任1人,下设基建处(总公司人防办公室)、房地产管理处。

（吕殿义）

【固定资产投资计划实施】 (1)中国铁建大厦A座报告厅大屏幕更换。2012年与股份公司办公室共同考察调研大屏幕品制,选购并安装,完成投资945373元。(2)玉泉路65号院监控系统改造。“玉泉路65号院监控系统升级改造”经总公司批复立项,中铁二十二局集团北京电气化公司通过招标负责承建,总投资约50万元。主机存储设备和监控摄像头采用北京星立方科技有限公司生产的罗德凯品牌网络全数字化高清设备,录像存储时间达到公安局要求的至少30天,图像质量达到720P,供电模式采用双路和两小时不间断电源供电形式,确保因临时停电实现正常关闭设备的保护措施。9月15日开工建设,12月15日竣工验收合格投入正常使用。通过升级改造,解决地处海淀、石景山、丰台三区交界的65号院小区社会治安混乱的问题,为院区居民居住安全提供良好保证。 （童联合）

【大修计划实施】 2012年,总公司机关大修计划工程25项:锅炉房烟道移位消声器及消声处理,总配电室楼道粉刷及增加扶手工程,58号楼北侧雨棚更换,西院1、2号楼防水大修,18号楼增设门接柜、室外箱变2号负荷开关更换,88号楼电梯更换,通信中心暖气主干管线更换,铁印宾馆暖气回水干线管更换,南门外马路增设雨水口,83、10号楼卫生间暖气立管更换,68号楼北花园西侧雨水管更换,5号楼输入电缆和配电箱更换,2、3、4、5、6、8、9、10号楼前通向西院道路路灯改造,65号院电缆沟大修和3、5、9号楼部分住宅楼下水管更换及1、3号楼地下室防水设施改造以及4号楼3单元阳台加固,中国铁建大厦西大厅旋转门电机更换、外墙玻璃更换、地下车库出入口道路翻新和5、7号电梯钢丝绳和轴承更换、中控室地板修补。计划投资153.4万元。2012年完成23项,其中两项因计划资金不足,重新计划实施;完成2011年结转大修计划4项,投资15.6万元;完成65号院补充计划3项,投资312349元。全年完成大修项目30项,投资约190万元。 （童联合）

【中国铁建大厦B座建设使用】 2012年,确定中国铁建大厦B座使用单位。地下1层委托中铁建(北京)商务管理有限公司使用运营,首层为北京银行、中铁航空服务公司租用,2~4层对外租赁,5、6层为铁道兵纪念馆,7层为中国铁建国际集团有限公司租用,8层为中国铁建股份有限公司档案馆,9、10层为中国铁建投资有限公司租用,11~14层为中国铁建房地产集团有限公司租用。(1)加大设计力度。根据使用单位需求,年初完成室内装修与装饰设计及智能化系统和机电系统工程的末端设计工作。组织中铁第五勘察设计院集团公司、东泰华美装饰设计公司、中铁建设集团装饰分公司进行室内精装修设计。邀请清华大学设计院对铁道兵纪念馆进行方案、展品陈设、展示设计,对特殊功能房间进行建筑声学和电声设计,对视频会议室进行灯光设计、档案馆等进行专业和专项设计;对室外绿化、交通和园林进行深化设计,使外景与园林和谐美观,达到作为总部大厦的形象要求。(2)精心组织施工。年内完成大厦外幕墙安装、室外铺装、照明等景观工程,进行楼梯、电梯、公共大堂、电梯厅、走道、会议室、办公空间等面层装饰与装修。完成智能化系统工程,包括:网络通信、楼宇自动控制、办公自动化(会议系统、视频系统、安全防护与监控系统等5A智能建筑工程),通风空调系统工程(中央空调系统、含冰蓄冷系统、新风系统、排风系统、冷却水系统、VRV系统、风机盘管系统），消防工程（消火栓系统、自动喷洒系统、机械排烟系统、气体灭火系统和自动报警系统），给排水系统工程（生活热水系统、中水系统和排水系统），电气工程（变配电系统、动力系统、照明系统、防雷接地保护系统、泛光照明系统），电梯工程（客梯、人防梯、消防梯）。（3）完成投资。主体部分，新签订精装、弱电、变配电室、燃气、小市政及主要设备、主材等分包合同17份1.25亿元，均履约完成。 （童联合）

【竣工工程审计】 （1）2002年总公司机关院内民用电力增容工程项目竣工决算审计。2002年1月1日开工，2005年12月31日竣工，计划投资金额1804万元，审核金额1651.39万元。（2）2008年总公司机关综合楼10千伏电缆工程竣工决算审计。2007年9月19日开工，2009年12月31日竣工，投资金额26107189.29元，审核金额25308580.02元。其中，建筑安装投资19985041.02元，设备投资4094239.00元，待摊投资1229300元，交付使用资产25308580.02元。

（童联合）

【住房调整配售】 （1）清收住房款。收回9套租改售住房购房款1501123.6元；清收欠购房款15户，收回1854577.60元；收78号楼最终测绘补交房款1157134.1元。共计收回售房款4512835.3元。（2）上缴公共维修资金。按照北京市海淀区房屋管理局的要求，将58、68、78号楼单位缴存和住户缴纳的住房公共维修资金4151019.7元上缴北京市资金中心。（3）办理文书材料。全年开具证明信144份。 （杜学文）

【地下车位销售】 2012年销售车位82个，收回销售车位款42.86万元。 （杜学文）

【非法侵占公有住房行为处理】 对拒不腾退住房人员继续采取经济和法律措施。（1）经济处罚。2012年，继续执行2011年经济处罚规定，即：按照合同规定，追缴违约金每天500元，继续从工资中扣缴（每月留出基本生活费1000元），不够扣的从年终奖中扣除，直到交回住房为止。（2）法律措施。2011年10月，北京市海淀区法院对付玉忠、赵军、孙善魁3人拒不腾退旧房作出判决：付玉忠、赵军两人违反合同规定，应交回新调整的住房；孙善魁违反合同规定，应交回原有住房，并支付违约金每天500元，自2010年6月15日起，至交回住房之日止。3人均不服一审判决，向北京市第一中级人民法院提起上诉。2011年12月，北京市第一中级人民法院对3人的上诉作出终审判决："驳回上诉，维持原判。"截至2012年底，3人仍不执行法院判决，不腾退应交回的住房。 （杜学文）

【房产证办理及住房档案整理】 （1）职工住宅楼大房权证办理。2012年，18、78号楼办理大房权证。（2）准备新房产证办理有关资料。整理58、68、78号楼住户信息及住户的销售、缴纳公共维修资金资料；向国务院机关事务管理局报送58、68、78号楼住户明细表和交款明细表，并在北京市海淀区房屋管理局备案。 （杜学文）

【物业管理】 根据北京市物业管理相关规定要求，协调物业公司聘请北京市金泊顿物业服务评估监理有限公司，按照物业管理服务三级标准（最高五级）对大院物业管理服务进行评估，确定相应的收费标准，报总公司领导批准后实施。审核支出2011年度物业管理费4984844.37元（含玉泉路65号院和小屯路东里2号院2、3号楼）、公共水电费2284038.66元，2012～2013年度公共及办公场所和住户取暖费2998480.62元。

（杜学文）

【总公司人民防空委员会及办公室工作】 （1）核查数据。按照国家人民防空办公室要求，核查大院办公楼及住宅楼面积340233平方米；普通地下室9处面积56339平方米，人防面积21318平方米；宿舍区面积6050平方米，内部居住面积3980平方米；旅馆招待所面积2070平方米。核查数据报送国务院机关事务管理局人民防空办公室备案。（2）调整总公司人民防空委员会。根据总公司《关于调整总公司人民防空委员会及办公室的通知》要求，总公司人民防空委员会主任由总公司分管机关房地产管理中心的领导兼任，副主任由机关房地产管理中心领导兼任，成员由总公司机关相关部门领导和驻京自有独立人防设施的部分二级单位分管行政的领导兼任。成员为总公司办公室、人力资源部、经营计划部、工程管理部、财务部、党委宣传部、机关房地产管理中心、战备局负责人，中铁十六、十九、二十二局集团公司，中国铁建电气化局集团公司、中铁建设集团公司、中铁物资集团公司、中铁第五勘察设计院集团公司、中国土木工程集团公司、中铁建（北京）商务管理公司、股份公司北京培训中心分管领导。总公司人民防空委员会办公室改设在总公司机关房地产管理中心，与基建处合署办公，办公室主任由基建处处长兼任。撤销2011年成立的总公司人民防空办公室。总公司人民防空委员会办公室代表总公司与驻京自有独立人防设施的单位每年签订人民防空工作责任书，要求其负责本单位人防设施的使用管理和维护，并根据国务院机关事务管理局的规定、要求做好相关数据收集等工作，总公司人民防空办公室负责检查落实。 （童联合）

离退休职工管理

【总公司机关离退休职工管理部】 负责总公司机关离退休人员、内部退养职工的日常管理和服务工作。定员15人，现员16人。设部长、党总支书记1人，副部长2人。下设事务管理处、生活服务处、健康服务处和组织宣传处。

截至2012年12月31日，总公司机关有离退休人员、内部退养职工617人。其中，离休干部16人；退休人员544人；内部退养人员57人。党员495人。参加活动人数979人，含直属单位371人、遗属2人。（赵兰芳）

【离退休职工管理与服务】 落实离退休职工政治待遇。2012年，认真落实总公司机关党委关于深入贯彻党的十七大和十七届历次全会精神的指示，发放学习资料516册；在离退休制度建立30周年之际，组织30名离退休职工开展党的十七大以来老干部政策落实情况调查问卷，并利用4月初中组部老干局到中国铁建检查老干部工作、召开座谈会之机，反映有关问题；开展以“喜迎十八大，老同志活动剪影”为主题的摄影活动；开展争先创优活动，“七一”表彰先进党支部3个、优秀共产党员51名；在北京市海淀区“和谐家庭”评选活动中，68户被评为“和谐家庭”；为每位离退休及内部退养人员订阅《中国老年报》1份；全年为离退休职工分发报纸47500余份、传阅文件550余份、提供阅览杂志30余种。

落实离退休职工生活待遇。年内，向离退休及内部退养人员发放节日慰问、补助金164.83万元、副食600余箱；走访、慰问原铁道兵老首长、总公司老领导39人及困难职工家庭120户；为32名年满70、80整岁的离退休老人送去生日慰问金。组织20人到北京市退休职工之家疗养。组织健康宣传讲座10余次；协助离退休职工变更定点合同医院30余人次；帮助患病的离退休职工联系在京医院专家看病、会诊20余人次；组织500余人体检；看望慰问生病住院离退休职工40余人次；初审医疗费用报销单据万余张；为离休人员借住院支票数十人次。为3名逝世老职工办理丧事、安抚家属。

组织离退休职工开展文体活动。每个工作日18个活动室准时开放；组织15个文体分会开展棋牌、门球、游园等室内外活动。全年约有4万人次参加各项文体活动。年内，总公司被火车头老年体协评为“老年健身家园”先进单位。（赵兰芳）

公　安

【铁道建筑公安局移交善后工作组】 2010年1月1日，铁道建筑公安局移交善后工作组（以下简称善后工作组）成立。2012年，在铁道部公安局、中国铁道建筑总公司的关怀、支持下，善后工作组以党的十七大精神为指针，认真落实十八大安全保卫工作，本着“加强管理，提升素质，维护稳定，公正执法，服务企业”的工作思路，认真履行职责，加大防控力度，狠抓措施落实，有效地维护了内部治安秩序；积极推进分离移交工作，确保队伍稳定。各级公安机关认真贯彻上级指示精神，克服困难，履行职责。针对辖区治安状况，有的放矢地开展工作。多次组织专项整治行动，加大辖区治安、刑事案件的查处侦破力度，有力地震慑了违法犯罪。全年查破刑事案件122起，协助地方查破刑事案件36起，抓获违法犯罪嫌疑人118人，抓获网上逃犯7人；查处治安案件315起，处罚193人；清查废旧品回收站（点）93个，捣毁非法回收窝点10个；打掉犯罪团伙11个，缴获赃款赃物折合人民币1980万元。（常金光）

【分离移交】 遵照总公司领导指示，2012年6月5～15日，组成两个工作组，分别到山西、河北、内蒙古等地，对尚未移交的十二、十七公安处，十五公安处四分处、十六公安处五分处，十八公安处一、二、三分处，十九公安处四分处就分离移交、队伍管理等相关问题进行调研。经调查，地方政府、各企业非常重视公安分离移交工作；公安队伍稳定，各项业务工作有序开展；地方公安机关、各企业及职工群众对公安队伍满意度较高。在原移交到地方单位的基础上，8月1日，驻山东省泰安市的十四公安处二分处10名民警分散移交到当地公安系统。截至2012年12月，尚有2个公安处，7个公安分处514名民警没有彻底完成移交。涉及中铁十二、十四、十五、十六、十七、十八、十六、二十二局集团公司及中国铁建电气化局集团公司、中国铁建重工集团公司。（常金光）

【维护稳定】 坚持“稳定压倒一切”的思想，认真做好十八大的安全保卫工作。根据公安部、铁道部公安局和总公司关于做好十八大安全保卫工作的要求，善后工作组结合工作实际及时下发通知，利用举办培训班、召开座谈会等形式提出要求。各单位认真贯彻落实。期间收集情报信息3862条，及时采取措施反馈信息

1942条,发现梳理不稳定因素21起,及时控制11起。(常金光)

【保障工程安全施工】 所属各级公安机关主动出击,有效处置各类矛盾纠纷,为施工生产营造和谐稳定环境。根据施工现场需要,75%的民警长期奋战在施工生产第一线,广大公安民警以高度的政治责任感及时出警,积极配合职能部门依法制止、疏导、调处、化解矛盾纠纷。全年接报警6630起,出警6410余人次,调解矛盾纠纷3363起,涉及8600余人次。各级公安机关为保障工程安全施工发挥重要作用。(常金光)

【突发事件处置】 2012年,各单位牢固树立为企业施工生产保驾护航的思想,积极应对,妥善处置突发事件。全年出动警力2800余人次,调解处置群体性事件720起;及时发现并妥善处置火灾事故12起。(常金光)

【安全保卫】 2012年,各单位出动警力630余人次,车辆90余台次,圆满完成节假日和全国两会期间的特勤任务。全年清查外租房屋946户、车辆194台,审查外来务工人员6375人;新增监控设施119个,更换、升级防盗设备236件;新增保卫人员131人,举办技能培训4期。(常金光)

【要害部位治安管理】 对辖区内财务室、油库、仓库、控制工程等重要部位进行全面排查,指定专人负责,落实安全保卫措施,签订包保责任书。年内,先后确定要害部位131处,签订责任书131份,制定应急预案76份。(常金光)

【爆炸物品管理】 截至2012年底,未移交单位设置炸药库253处,涉爆项目200余个。各单位先后检查涉爆项目176个、炸药库121处、涉爆工点245个。发现安全隐患177处,现场整改143处,下发限期整改通知书46份,回收炸药715公斤、毫秒雷管567发、电雷管112发。年内,举办爆破培训班7期,培训涉爆人员180余人;办理涉爆人员年审118名、涉爆证件113个;出具无违法犯罪证明63份。(常金光)

【消防安全监督】 汲取有关单位重特大火灾事故的教训,本着"预防为主、防消结合"的方针,2012年确立消防重点部位312处,签订防火责任书145份,制定消防应急预案23个,完善用火、用电、用气管理制度128项;建立义务消防队123支,举办消防培训班9期,开展消防演练11次,培训义务消防队员360余人次;更新消防器材186件,全年开展消防专项检查14次,发现和整改隐患43处。(常金光)

【为企业和职工群众提供优质服务】 2012年,所属各级公安机关为企业干部、职工家属办理第二代身份证721张,办理新生儿落户173名,办理户口迁出198名,户口迁入182名,开具无违法犯罪证明149份;办理驾驶员换证290余人次,驾驶员审验体检2380余人次,审验到期车辆1040余台,报废车辆104台;开展交通安全教育21场次,受教育人员2120余人,处理违法车辆290余台次;开展交通安全大检查9次,发现和整改安全隐患125处。(常金光)

【第13期司晋督培训班】 遵照公安部"逢(进)晋必训,经培训合格的新民警和司晋督人员方可上岗晋升"和铁道部公安局全路警衔会审工作要求,完善民警个人档案和分离移交手续,为顺利移交做准备。10月18～28日,善后工作组在中铁二十局集团公司乐山基地石柱山宾馆举办新民警、警司晋升警督暨2012年下半年警衔申报培训班。60名民警参加培训。经考核,平均成绩87.09分,最高分95分、最低分75分。(常金光)

【执法资格等级考试中级考试】 继2011年执法资格等级考试基本级考试工作之后,2012年按照公安部关于全警进行执法资格等级考试中级考试的总体部署和铁道部公安局的具体要求,先后组织335名民警于12月3、5、7日分别在唐山、涿州,太原、辽宁等5个考点、8个考场进行闭卷考试。(常金光)

【警衔申报和公安人事管理】 认真落实公安干部管理和警衔条例等有关政策规定,不断加强和规范干部管理制度和档案建设,进一步建立和完善警衔档案管理、信息数据库管理与维护工作。2012年呈报晋升人民警察警衔审批材料49份,年内49人获批下发警衔命令;协助中铁十二、十七局集团公司党委申请调整晋升24名民警职级请示上报总公司党委审批。(常金光)

【来信来访】 广大民警在处置上访工作中,防止工作方式不当激化矛盾,积极开展人性化工作方式,坚持打不还手、骂不还口,讲政策、讲法律、讲原则,耐心细致地做好思想工作。2012年接到上访电话26人次,其中民警19人次;接收处理上访信件4件,其中民警2件;接待处理上访人员67人,其中民警19人次。(常金光)

2012 年 11 月 16 日，中铁十一局集团公司技术中心被授予第 19 批国家认定企业技术中心称号。图为中铁十一局集团公司董事长、党委书记王桂林（前排左二）出席表彰大会并接受奖牌。（徐云华 摄）

科技管理

本栏责任编辑 **杨启燕**

【科技设计部(技术中心办公室)】 主要职责:贯彻国家科学技术、勘察、设计发展的方针、政策、法规;执行国家规范和标准;组织制定和修订股份公司科技发展战略规划以及技术中心、科研、技术、勘察设计、学会和科技激励的有关规章制度和办法;负责科技创新体系的建设;负责技术中心办公室日常工作;负责年度科技发展项目计划、科研项目资助经费计划并组织实施;负责科技成果鉴定、技术方案审查;负责成果、工法、专利、标准、勘察设计"四优"成果、中国土木工程詹天佑奖、优秀论文等科技奖项的归口管理以及奖励和推荐工作;组织科技攻关、新技术的推广应用和成果转化及国内外技术合作、交流、研讨工作;归口铁路产品生产技术条件管理;负责勘察设计单位咨询资质的申报、认定、升级和管理工作;负责北京轨道建筑学会日常管理并协助各类科技社团的相关工作;负责科技管理信息化建设的协调和技术中心网站的管理;负责科技设计宣传管理;编写年度科技设计工作总结;指导集团公司科技工作建设。设创新建设处、科研处、技术处、设计咨询管理处、学会处。定员17人,现员15人,其中部长(兼技术中心办公室主任)1人、副部长1人、技术中心办公室副主任1人、部长助理1人、处长4人、职员5人、助勤2人。有教授级高级工程师9人,高级工程师5人,研究馆员1人。 (王清明)

【科技工作综述】 2012年,中国铁建认真贯彻"科技兴企,科技强企"战略,紧紧围绕"十二五"科技发展规划目标,狠抓科技创新平台建设,提高战略合作层级,搭建并充分利用学会平台,继续夯实科技管理基础工作,科技拥有比较优势,为企业发展起到服务、支撑和引领作用。中国铁建系统全年投入科技经费748866万元。其中,外部资助24856万元,是2011年的393%;股份公司本部2597万元;中铁十二局集团公司205885万元;中铁十一局集团公司56060万元。年内,所属3家企业技术中心通过国家级技术中心认定;同国家科学技术部签订两项科技合同,承担1项国家科技支撑计划项目;两项科技成果分别获得国家科学技术进步一、二等奖,142项科技成果获得省部级科技进步奖,294项科技成果通过省部级鉴定或股份公司评审。全年获得授权专利703项,其中发明专利86项;1项专利获第14届中国专利优秀奖。249项工法被认定为省部级工法。1项工程获中国测绘工程金奖,2项工程获中国建筑学会建筑设计一等奖,76项工程获省部级勘察设计奖。年内,中国铁建与8所高校签订科技战略合作协议。 (王清明)

【中国铁建科技工作座谈会】 5月30日在山西太原中铁十二局集团公司召开。股份公司董事长、党委书记孟凤朝到会并作重要指示。会议总结2011年度科技工作,动员所属单位紧抓增强自主创新能力主线,扎实做好2012年科技工作,为增强企业软实力,构建企业核心竞争力,实现企业健康可持续发展作出新的更大贡献。副总裁夏国斌主持会议,总工程师韩风险作题为《切实增强自主创新能力,支撑和引领企业健康可持续发展》的科技工作报告。会议表彰2011年度科技创新先进单位和先进个人,交流科技创新和科技管理工作经验。中铁十一、十二、十三、十八局集团公司,中铁第四勘察设计院集团公司、中国铁建重工集团公司等单位,展示了企业发挥自身优势,强化科研项目管理,拓宽技术创新途径,整合内外科技资源,引进高层次人才等科技创新方面的特色和经验做法。所属集团公司科技工作分管领导、部门主管领导等80余人参加会议。 (王清明)

【科技指标纳入绩效考核】 2012年,股份公司出台科技指标考核办法,将科技指标首次纳入考核体系。主要考核股份公司范围内以工程承包、勘察设计、工业制造为主营业务的子公司负责人。考核指标包括科技创新扣分指标和科技创新加分指标,其创新扣分指标由科技管理体系、制度建设、研发平台、获奖情况、基础工作5项指标组成,最高扣分5分;加分指标由国家级研发平台、国家级成果奖、国家级工法(国家勘察设计四优、商标)、发明专利、国家级研发课题、技术标准6项指标组成,加分分值由股份公司每年根据实际情况确定。相关集团公司根据股份公司考核办法,结合自身企业情况,制定实施办法或细则。 (张育红)

【股份公司技术中心网站】 2012年,股份公司技术中心网站发布科技动态和最新成果708篇,新增标准规范51本,其中交通行业标准规范10本、铁路行业标准规范11本、建筑行业标准规范30本。继续与万方数据公司合作,在万方数据库原有的机械与仪表工程、建筑科学、水利工程、交通运输、环境科学与安全科学7个专题的基础上,新增中国学位论文全文库309735篇,全国会议论文12789篇。2012年为中国铁建系统科技工作者提供论文检索和全文免费下载,数字化期刊全文下载81359次,数字化期刊摘要浏览61890次,会议论文全文下载13902次,会议论文摘要浏览9857次,学位论文全文下载31078次,学位论文摘要浏览8462次。 (彭京渝)

【股份公司技术中心网站研讨会】 6月7~8日,股份公司在福建召开第6次技术中心网站研讨会。所属

29个单位信息员参加会议。会议总结2011年度网站工作情况,表彰先进。中铁十六、十四、十七、二十三局集团公司,中铁建设集团公司,中铁第一、第五勘察设计院集团公司被评为报送信息先进单位;中铁第五、第四勘察设计院集团公司,中国土木工程集团公司、中铁十四局集团公司、中铁建设集团公司、北京铁城建设监理公司被评为万方数据库使用先进单位。 (彭京渝)

【国家级技术中心认定】 2012年11月,中铁十一、十六局集团公司和中国铁建重工集团公司3家企业被认定为国家级技术中心。 (张育红)

【省级技术中心认定】 中国铁建拥有省级技术中心31家。其中,集团公司22家;工程公司8家。2012年,集团公司新增1家,工程公司新增4家。

(张育红)

【省级工程实验室认定】 中国铁建拥有省级工程实验室3家。2012年,中铁二十一局集团公司甘肃省道桥工程灾害防治省级工程实验室通过甘肃省认定;中铁第四勘察设计院集团公司、中国铁建重工集团公司参加的水下隧道技术湖北省工程实验室通过湖北省认定。 (张育红)

【高新技术企业认定】 中国铁建拥有高新技术企业35家。其中,集团公司14家;工程公司21家。2012年,高新技术企业享受减免税和加计扣除等税收优惠6.5亿元。 (张育红)

【博士后工作站】 中国铁建拥有博士后科研工作站5个。2012年,中铁十三局集团公司博士后工作站办理出站1人、进站2人,在站博士4人,分别负责天平铁路“复杂地质条件下小断面超长隧道施工关键技术研究”、宁波地铁“软弱地层深基坑施工关键技术研究”、神华集团“斜进盾构施工关键技术研究”和北京地铁“PBD工法研究”课题;中铁第四勘察设计院集团公司博士后工作站承担“铁路三维数字化交互设计技术研究”、“列车振动对隧道结构以及周边环境影响综合研究”、“铁路工程地质遥感勘察技术体系建设研究”3项课题。 (张育红)

【科研合作平台】 中铁十一局集团公司与武汉大学、中铁二十四局集团公司与上海交通大学合作的教育中心被教育部批准为国家级工程实践教育中心;昆明中铁大型养路机械集团公司昆明国家大型养路机械高新技术产业化基地通过科学技术部认定,铁路大型养路机械国际科技合作基地通过科学技术部第8批“示范型国际科技合作基地”认定。 (张育红)

【产学研科技战略合作】 2012年,股份公司先后与浙江大学、中南大学、西南交通大学、北京交通大学、兰州交通大学、石家庄铁道大学、大连交通大学、解放军理工大学8所高校签订科技战略合作协议。所属集团公司与高校签订具体的科技合作协议10余份。股份公司作为成员单位参加的以北京交通大学、西南交通大学、中南大学为主联合发起的“轨道交通安全协同创新中心”通过国家首批2011工程认定,成为4家行业协同创新中心之一;参加由解放军理工大学发起的“国家重大工程综合防护军民融合协同创新中心”建设。这些协议的签订和协同创新中心的建设,拓宽并增强了股份公司培养高端人才、承担高端课题研发和把握技术发展方向的渠道和能力。 (张育红)

【专利授权】 2012年,中国铁建申请专利923项,其中发明专利258项。获得授权专利741项,其中发明专利86项、外观设计10项、软件著作权30项;中铁第四勘察设计院集团公司97项。中铁十七局集团公司开发的“沥青水泥砂浆搅拌工艺”获第14届中国专利优秀奖。截至年底,中国铁建累计拥有有效专利1840项,其中发明专利233项。 (张育红)

【国家及省部级科研项目】 2012年,中国铁建系统承担国家及省部级科研项目135项,其中新立国家级项目9项、省部级项目34项,投入研发经费351727万元,获得政府资助7286万元。股份公司与中铁十一、十三局集团公司和中铁第四勘察设计院集团公司、中国铁建重工集团公司共同主持的国家科技支撑计划项目“盾构施工煤矿长距离斜井关键技术研究”于10月上报可行性研究报告,其中股份公司承担的“盾构施工煤矿长距离斜井不良地段处置技术”课题获准专项资助400万元。中国铁建重工集团公司承担的国家科技支撑计划项目“预切槽隧道施工成套设备关键技术研究”于11月申报任务书,获准专项资助380万元。中国铁建重工集团公司承担的国家863项目“大直径全断面硬岩掘进机(TBM)总体设计与集成关键技术研究”和中铁十五局集团公司承担的国家科技支撑计划项目“绿色高性能混凝土材料性能和品质提升技术”正式与国家科学技术部签订科研合同。全系统新立铁道部科研课题14项,获准资助740万元。

(丁正全)

【股份公司科研项目】 2012年,股份公司新立科技研究开发项目81项，投入研发经费2330万元，获得资助2175万元。在研项目226项，全年投入研发经费2330万元。（丁正全）

【科技成果鉴定与评审】 2012年，股份公司有294项科研成果通过省部级鉴定、验收和股份公司评审。其中，鉴定114项；铁道部验收13项；股份公司评审150项；其他机构评审、组织验收9项。经鉴定，23项成果达到国际领先水平，91项成果达到国际先进水平，115项成果达到国内领先水平，38项成果达到国内先进水平。（贾志武）

【国家科学技术进步奖】 2012年，中国铁建参加的"京津城际铁路工程"和中铁十六局集团公司参与开发的"地下工程开挖诱发灾害防控关键技术开发及应用"科技成果分别获国家科学技术进步一、二等奖。（程博华）

【省部级科技进步奖】 2012年，中国铁建系统获省部级科技进步奖142项，其中特等奖1项、一等奖39项、二等奖75项、三等奖27项。中铁第四勘察设计院集团公司主持的"武广高速铁路关键技术研究"获财政部中央级建筑施工科技研发项目三等奖，奖励资金30万元。82项科技成果获中国施工企业管理协会科学技术奖，其中特等奖1项、一等奖27项、二等奖54项。（程博华）

【总公司科学技术奖】 2012年，全系统申报中国铁道建筑总公司科学技术奖215项。经评审，160项获得奖励，其中特等奖3项、一等奖32项、二等奖56项、三等奖69项。（程博华）

【高速铁路建造技术】 2012年，中国铁建参建的世界最长高速铁路——京广高速铁路、世界第一条高寒地区高速铁路——哈大高速铁路建成通车，标志着中国铁建的高速铁路设计施工技术位居世界领先水平，高寒地区修建高速铁路技术取得突破、获得成果。高速铁路运营维护基础性科技研究开发力度不断加大，相继开展"无砟轨道维修技术"、"西部极端气候区多场耦合作用下无砟道床裂缝试验及其控制技术"、"长大隧道防灾及应急救援"等课题研究，取得阶段性成果。中铁第四勘察设计院集团公司研究开发的"高速铁路综合维修体系与关键技术及其应用"科技成果通过湖北省科技厅鉴定，达到国际领先水平。（李庆民）

【桥梁建造技术】 中铁十八局集团公司承建的金东金沙江大桥主跨730米悬索桥、中铁第四勘察设计院集团公司设计的跨度50米+2×800米+50米三塔公铁两用悬索桥分别是中国铁建施工、设计的最大跨度桥梁，促进中国铁建桥梁技术迈上新台阶。中铁十五局集团公司承建的天津集疏港公路海河大桥主桥为双索面独塔斜拉桥结构，主跨310米，桥梁的顺利建成通车，实现了中国铁建斜拉桥建造技术的新突破。中铁二十三局集团公司承建的雅泸高速公路干海子特大桥全长1811米，是世界最长的钢管桁架梁公路桥，也是国家交通部的试验桥梁，梁部为倒三角钢管混凝土桁架，跨度64米，最小曲线半径356米，墩身为格构式钢管混凝土，最高桥墩107米，梁部采用顶推法施工，是世界同类结构中单联最长的连续结构，其桥型结构为国内首创，适合高地震烈度地域，技术水平国际领先，该桥于2012年4月22日顺利竣工，标志着中国艰险山区高速公路建设的科学研究与施工水平取得重大突破。中铁第四勘察设计院集团公司设计、中铁十三局集团公司承建的榕江特大桥，主桥上部设计采用110米+2×220米+110米的钢桁梁柔性拱结构，是世界高速铁路同类桥梁的最大跨度，截至2012年底，大桥完成主体结构施工。中铁二十二局集团公司承担的黄韩候双线铁路干拼简支箱梁是铁路首次采用干拼技术。桥梁的建设和关键技术的攻克，促进了中国铁建桥梁施工技术水平的提升。（李庆民）

【隧道及地下工程建设技术】 中铁十一、十三局集团公司承建的神华新街台格庙矿区TBM工法长距离斜井实验工程填补了中国煤矿领域盾构法建设斜井的技术空白，将为煤矿高效集约化生产提供技术支撑，开创煤炭矿井建设新模式，大大提升了中国煤矿开采的产能，减少安全事故。中铁十八局集团公司承建的天津市滨海新区中央大道海河隧道是中国铁建系统承建的第一座沉埋管隧道，包含超深地下连续墙、大型沉管混凝土浇注、大型管段基底注浆处理、水下浚挖、管段浮运沉放等新工艺、新技术，2012年7月工程竣工。12月28日，中铁第四勘察设计院集团公司设计的武汉地铁2号线长江隧道建成通车，为中国第一座地铁长江隧道。中铁十四局集团公司承建的扬州瘦西湖隧道工程是国内直径最大的单管双层城市盾构隧道，盾构机直径14.93米，12月28日顺利始发。中铁十一局集团公司承建的兰渝铁路毛羽山隧道工程，克服高地应力软岩大变形隧道的多项技术难题，施工进展顺利。中铁十二局集团公司承建的广深港铁路客运专线狮子洋隧道攻克单机推进距离长、穿越地层复杂等技术难题，成功实现江中对接，隧道已建成通车。中铁十三、十八局集团公司承建的雅砻江锦屏电站引水隧洞最大埋深

2525米，独头掘进近12公里，隧洞已顺利贯通，成功解决了岩爆和隧道长距离通风等多项世界级难题。中铁十五局集团公司承建的广深港铁路客运专线福田车站是中国首座大型国铁与城轨连接的大型地下车站，基坑最大跨度78米，平均深度32米，周围高楼林立，截至2012年底，主体结构完成，盾构施工进展顺利。中铁十六局集团公司承建的西格铁路二线关角隧道是国内最长（全长32公里）的高海拔铁路隧道，年内施工进展顺利。天津地下直径线工程，利用大直径泥水盾构机下穿海河浅埋软土隧道取得成功。中国铁建开发的"高速铁路大断面黄土隧道施工关键技术"、"干燥粉细砂地层大断面隧道施工关键技术"、"多断层、富水岩溶地区特长公路隧道修建关键技术及防灾救援方案研究与应用"、"鹰鹞山特长复杂地质隧道施工关键技术"、"核岛区域地下洞室群综合施工技术"、"城市中心区大型多层地下结构施工综合技术富水粉细砂隧道施工关键技术"等科研成果达到国际领先水平，在工程施工中得到推广应用。（李庆民）

【高层建筑施工技术】 中铁建设集团公司承建的广西九洲国际大厦高317.6米，截至2012年底完成地基施工；承揽的中国—东盟广西市长大厦工程，地上84层、地下5层，高358米，总建筑面积234924.63平方米，为钢筋混凝土核心筒、钢框架结构形式，集会议、办公、接待、餐饮、高端政务、商务、文化活动、停车以及直升飞机停机等服务为一体，该工程的承揽，使中国铁建房建工程进入一个新的高度，促进中国铁建高层建筑技术更加稳固。中铁二十局集团公司承建的西咸空港综合保税区事务服务办理中心，造型复杂，施工难度大，包含48条曲面拱肋，最高拱肋27.17米，造型复杂为目前国内同类房建项目之最。中国铁建房地产集团公司开展"基于中国铁建地产品牌的住宅开发产品线"和"BM技术在公建单体及总体规划中的技术"研究，取得阶段性成果。（李庆民）

【"四电"技术】 中国铁建继续对新建时速350公里高速铁路"四电"系统集成技术进行深化研究，解决时速350公里接触网计算及安装、高速铁路接触网工厂预配施工、客运专线接触网附加导线驰度精度施工调整、新建客运专线接入既有客运专线信号系统施工、特殊地段GSM-R无线网络优化、330千伏牵引变电设备安装调试、110千伏主变电站差动保护、铁路长大隧道900MHz漏泄同轴电缆施工等高速铁路"四电"系统关键技术难题。通过对长大铁路客货共线电气化工程技术研究，解决接触网施工系列计算平台、编组站接触网改造过渡施工、盐湖地区接触网施工等工程技术难题。在新产品开发方面，突破钢铝复合导电轨生产工艺及装备，相关技术填补国内空白，实现高强高导接触导线和铜合金绞线、高速铁路电气化接触网零部件的系列化和标准化，技术成果获北京市科技进步一等奖。通过近几年的努力，中国铁建电气化接触网设计、施工、产品制造技术达到国内领先水平，形成比较优势。（李庆民）

【工业制造技术】 中国铁建重工集团公司自主研发的ZTE6250复合式土压平衡盾构机，适用于软土、复合、砂卵石地层等不同地质条件，已有35台盾构机服务于长沙、西安、北京、苏州等城市地铁工程；自主研发的HPS3016轮胎式混凝土喷射机机械手已生产18台，成功应用于成渝和沪昆高速铁路等隧道工程，产品整机达到国内领先水平，主要技术性能达到国际领先水平；自主研发的HPSD3010履带式混凝土喷射机械手已完成试制，能批量生产；承担的国家科技支撑计划项目"预切槽隧道施工成套设备"完成技术设计，进入试制阶段；承担国家重点新产品项目"ZTE6250复合式土压平衡盾构"研发任务，承担的国家863计划有关盾构机方面的两个课题已签订合同，进入项目启动阶段。昆明中铁大型养路机械集团公司开发生产出具有自主知识产权的铁路大型养路机械——SPZ-200W宽轨配砟车，已出口蒙古国；生产的GZC-120高精度轨道作业测量车及HFX恒张力放线车开始批量生产；生产的QJ-280桥梁检查车、TX-65道床吸污车正进行工业性运用考核，YHGQ-1200高原型数控气压焊轨车已通过铁道部鉴定。中国铁建港航局集团公司与武昌船舶重工有限责任公司合作承担国内最高、最大的水上打桩船制造任务。（李庆民）

【技术重难项目方案审查】 2012年，加大技术重难工程管控力度，根据工程项目采用的技术、材料、设备、工艺情况及安全风险等情况，确定股份公司2012年技术重难工程39项，其中新立项目11项、延续项目28项。年内组织考察阿尔及利亚55公里铁路甘塔斯隧道和哈齐铁路客运专线松花江特大桥等项目施工技术进展及技术方案审查情况。所属集团公司加强技术重难工程项目管理，全年组织技术方案评审近300次。中铁十一、十七、二十四、二十五局集团公司及中铁建设集团公司等单位确立集团公司技术重难工程项目。中铁十一局集团公司专门出台《集团公司项目评审办法》，组织对金锅岭隧道等50余个工程的整体方案进行评审；中铁十二局集团公司组织厦深铁路梁山隧道等工程的施工技术方案评审；中铁十三局集团公司将专项方案的审查由函审改为会议答辩审查，大大提升专项方案的评审质量。中铁十六局集团公司对子分公司和直管项目部上报的48项重难点工程的施工组织设计和重大施工方案进行评审,确保施工生产顺利进行。
(李庆民)

【中国铁建沉管隧道技术交流会】 3月23日在首次承担沉管施工任务的中铁十八局集团公司天津中央大道海河沉管隧道施工现场召开。所属集团公司总工程师、科技部部长、隧道工程技术人员等90余人参加交流会。股份公司副总裁夏国斌、总工程师韩风险,中铁十八局集团公司董事长兼党委书记郝趁义出席会议。会议邀请股份公司权威专家对沉管隧道设计施工技术作专题报告,并观摩中铁十八局集团公司承建的天津海河沉管隧道工程、中铁十四局集团公司承建的天津海河开启桥工程及中铁十五局集团公司承建的天津集疏港公路海河大桥工程。会议的召开,对中国铁建科技成果转化、新技术的推广应用及沉管隧道设计施工技术的全面发展将起到积极的促进作用。 (李庆民)

【工程建设标准管理】 积极参加国家、行业和地方工程建设标准的制定和修订工作。在2012年颁布的国家和行业标准中,中国铁建系统主编铁道部标准4项、通用参考图4项,参编国家及行业标准18项。主持编写了《高速铁路竣工环境保护验收实施细则》《CRTS Ⅲ型板无砟轨道工程质量验收指导意见》《铁路无砟轨道施工机械配置指导意见》等技术标准。对国家、行业和地方没有统一规定的特殊建设工程,相关集团公司积极编写企业标准,2012年全系统制定企业标准111项。根据《中国铁道建筑总公司技术标准管理暂行规定》,对2010~2011年所属单位主持制定和修订的国家、行业和地方工程建设标准给予资金补助,对《高速铁路路基工程施工质量验收标准》(TB10751-2010)等12项技术标准资助资金32万元。 (李庆民)

【省部级工法认定】 2012年积极组织铁路建设工程等省部级工法的开发、申报工作,年内获省部级工法249项,其中铁路建设工程部级工法97项。(李庆民)

【总公司优秀工法评选】 12月4~5日组织召开2012年度中国铁道建筑总公司优秀工法评审会议。对全系统申报的245项工法进行评审,评选出优秀工法153项,其中一等奖70项、二等奖83项。 (李庆民)

【申报中国土木工程詹天佑奖】 中国土木工程詹天佑奖采取“一年一评审,两年一表彰”的模式。2012年,中国铁建申报第11届中国土木工程詹天佑奖8项,其中铁道部推荐3项:沪宁城际、齐岳山隧道、沪杭高速铁路跨沪杭高速公路特大桥;总公司推荐5项:云南新街至河口高速公路、沪蓉西高速公路支井河特大桥、天津海河开启桥、福厦铁路丘后128米系杆拱特大桥、福厦线厦门西站。 (李庆民)

【科技成果转化及技术转让】 科技成果转化是指为提高生产力水平而对科学研究与技术开发所产生的具有实用的科技成果进行的后续的试验、开发、应用、推广直至形成新工艺、新材料,发展新产业等活动。2012年,股份公司加强科技成果再转化工作,取得良好的经济效益。中铁十七局集团公司开发的水压爆破技术在京福铁路客运专线、中南通道、张唐铁路等工程广泛推广应用,在武广铁路客运专线施工中形成的“CRTS Ⅰ型无砟轨道工具轨法施工技术”应用于兰新铁路二线工程,取得良好的经济效益。中铁二十二局集团公司开发的软弱围岩隧道交叉口弧形导坑施工工法及隧道仰拱定型端模快速施工技术成果在沪昆铁路林家屋基隧道、高塝隧道、高家屯隧道等工程推广应用,确保了施工安全,大大加快了施工进度,节约了施工成本。中铁二十四局集团公司将集团公司发明专利“隧道围岩变形监控量测及自动化报警管理信息系统”应用于贵阳枢纽白云至龙里北铁路梅家庄隧道进口、京福铁路闽赣段黄墩隧道及前山隧道等工程,实现隧道施工围岩量测智能化管理,隧道施工安全处于受控状态。中铁第五勘察设计院集团公司将机械产业园区作为行业研发基地,实施“双块式无砟轨道组合式轨排法施工装备”的成果产业化工作,全年实现产值8300万元,该成果装备占取国内80%的市场份额;将路基检测仪器设备及高速铁路梁场科研成果转化为产品,取得良好的经济效益。中铁十六局集团公司参加的“高速铁路900吨简支箱梁建造成套技术与装备转化项目”被列为北京市2012年度高新技术成果转化项目,获得资助100万元。
(李庆民)

【中国铁建优秀科技论文评选】 根据《中国铁道建筑总公司优秀科技论文评选办法》,组织2012年度优秀科技论文评审,评出中国铁建优秀科技论文154篇。其中一等奖61篇、二等奖93篇。发放奖金64500元。
(梁爱珍)

【参加软土路基工程技术研讨会】 9月8日,第十四届中国科协年会第十三分会场软土路基工程技术研讨会在石家庄铁道大学召开。中国铁建有23篇论文入选《第十四届中国科协年会第十三分会场软土路基工程技术研讨会论文集》,其中3篇论文在

大会上发言交流。（梁爱珍）

【优秀论文推荐】 年内，股份公司积极向《中国土木工程学会第十五届年会暨隧道及地下工程分会第十七届年会论文集》推荐优秀论文，推荐87篇，录用61篇，占总数的53.5%。（梁爱珍）

【获省部级勘察设计“四优”奖63项】 2012年，全系统获省部级优秀工程勘察13项，优秀工程设计32项，优秀工程建设标准设计6项，优秀工程勘察设计软件12项。（徐惠纯）

【中国铁建勘察设计“四优”奖评选】 根据《中国铁道建筑总公司优秀工程勘察设计评选奖励办法》和《优秀工程勘察设计软件评选奖励办法》，评选出2012年度中国铁建勘察设计“四优”奖97项，其中优秀工程勘察16项、优秀工程设计70项、优秀工程勘察设计软件11项。（徐惠纯）

【北京轨道建筑学会成立大会暨一届一次理事会】 8月28日在北京中国铁建大厦召开。北京轨道建筑学会由中国铁道建筑总公司发起，轨道科技工作者自愿组成的社会团体，是依法登记的社会团体法人，是轨道建筑科学技术事业的重要社会力量。会议通过学会章程，选举产生学会第一届理事会理事长、常务副理事长、副理事长和秘书长。（李小和）

2012年度中国铁建获省部级以上科学技术奖项目

序号	获奖项目名称	获奖名称及等级	获奖单位
1	京津城际铁路工程	国家科学技术进步奖一等奖	中国铁建
2	地下工程开挖诱发灾害防控关键技术开发及应用	国家科学技术进步奖二等奖	中铁十六局
3	复杂水文地质条件下超大直径泥水盾构长距离穿越长江关键技术研究	中国公路学会科学技术奖一等奖	中铁十四局
4	特长公路隧道施工及营运期结构安全一体化监控技术研究	中国公路学会科学技术奖一等奖	中铁十五局
5	高速公路螺旋型曲线隧道营运安全控制技术研究	中国公路学会科学技术奖一等奖	中铁二十三、十二局
6	厦门翔安海底隧道建设与运营成套技术	福建省科学技术进步奖一等奖	中铁十八、二十二局
7	高速铁路超细晶强化型铜镁合金接触线关键技术	北京市科学技术奖一等奖	中国铁建电气化局
8	西安地铁2号线修建关键技术研究	陕西省科学技术奖一等奖	铁一院
9	DWL－48连续走行捣固稳定车	云南省科学技术进步奖一等奖	昆明中铁
10	高速铁路自锚上承式拱梁组合体系超大吨位转体桥施工技术	山西省科学技术进步奖二等奖	中铁十二局、铁五院
11	深水裸岩不等边跨单向纵坡大跨度斜拉桥施工技术	吉林省科学技术进步奖二等奖	中铁十三局
12	山区软岩大跨大断面四线铁路车站隧道施工新技术研究	吉林省科学技术进步奖二等奖	中铁十三局
13	青海柴木铁路冻土沼泽湿地路基修筑综合技术	青海省科学技术进步奖二等奖	中铁十三局
14	高应力强富水超埋深大断面引水隧洞施工关键技术	天津市科学技术进步奖二等奖	中铁十三局
15	天津海河双叶立转开启桥关键施工技术	山东省科学技术进步奖二等奖	中铁十四局
16	高压富水充填岩溶区隧道施工技术研究	北京市科学技术奖二等奖	中铁十六局
17	基于“三维数字隧道”平台的隧道施工衬砌变形安全预警技术研究	甘肃省科学技术进步奖二等奖	中铁二十一局

续表

序号	获奖项目名称	获奖名称及等级	获奖单位
18	新疆南疆高温差、干旱地区温度应力对铁路连续箱梁施工影响研究及应用	新疆维吾尔自治区科学技术进步奖二等奖	中铁二十一局
19	高墩大跨曲线变宽道岔连续刚构施工技术研究	青海省科学技术进步奖二等奖	中铁二十一局
20	铁路雪害防治技术研究	陕西省科学技术奖二等奖	铁一院
21	开敞式 TBM 在城市地铁工程中应用的关键技术研究	陕西省科学技术奖二等奖	铁一院
22	重载提速列车制动材料的研究	北京市科学技术奖二等奖	铁建重工
23	马鹿箐隧道岩溶溃水风险控制及处治技术	湖北省科学技术进步奖三等奖	中铁十一局
24	重庆轻轨跨嘉陵江和城市运营轨道小半径连续刚构桥施工综合技术研究	重庆市科学技术进步奖三等奖	中铁十一局
25	铁路 T 型简支梁现场预制循环流水生产线设计与施工技术	山西省科学技术进步奖三等奖	中铁十二局
26	CRTSII 型轨道板制板检测系统的研制	山西省科学技术进步奖三等奖	中铁十二局
27	观音堂隧道进口明洞段高边坡变形机理及桩钉复合支护技术研究	山西省科学技术进步奖三等奖	中铁十二局
28	金竹山瓦斯隧道施工关键技术研究	中国公路学会科学技术奖三等奖	中铁十二局
29	绕城高速公路天恒山隧道综合快速施工技术	黑龙江省科学技术进步奖三等奖	中铁十三局
30	时速 350 公里客运专线铁路 168 米连续钢构桥深水裸岩基础和梁部关键技术	山东省科学技术进步奖三等奖	中铁十四局
31	超静定钢管混凝土拱桥整体顶上改造与建造关键技术及应用研究	甘肃省科学技术进步奖三等奖	中铁十六局
32	大跨径钢管混凝土系杆拱桥跨越密集铁路站场顶推施工技术	山西省科学技术进步奖三等奖	中铁十七局
33	高速铁路岔区板式无砟轨道系统制造与施工技术研究	山西省科学技术进步奖三等奖	中铁十七局
34	CRTSI 型轨道板制造及铺设技术研究	河北省科学技术进步奖三等奖	中铁十七局
35	高速公路隧道超大直径四分隔通风竖井快速施工技术	中国公路学会科学技术奖三等奖	中铁十七局
36	高速客运专线 CRTS Ⅱ 型板式无砟轨道板生产技术研究	天津市科学技术进步奖三等奖	中铁十八局
37	大体积混凝土桥墩抗开裂综合技术研究	天津市科学技术进步奖三等奖	中铁十八局
38	双向有粘结预应力后张拉大跨异型现浇混凝土楼板的设计与施工	天津市科学技术进步奖三等奖	中铁十八局
39	复杂地质大断面特长双线铁路隧道综合施工技术研究	甘肃省科学技术进步奖三等奖	中铁二十一局
40	CRTSIII 型无砟轨道板研制及路基纵连板施工维修技术的研究	四川省科学技术进步奖三等奖	中铁二十三局
41	成灌线无砟轨道抗震特性及适应性研究	四川省科学技术进步奖三等奖	中铁二十三局
42	严寒气候条件下结构混凝土冬期施工技术研究	黑龙江省科学技术进步奖三等奖	中铁建设

续表

序号	获奖项目名称	获奖名称及等级	获奖单位
43	超细晶强化型铜镁合金接触网线材工艺及其装备技术	江苏省科学技术奖三等奖	中国铁建电气化局
44	武广高速铁路关键技术研究	财政部中央级建筑施工技术研发项目奖励三等奖	铁四院、中铁十六局
45	广州新客站综合施工技术研究	中国施工企业管理协会科学技术奖技术创新成果特等奖	中铁二十二局
46	电气化铁路营业线不停运增建明洞安全快速施工技术	中国施工企业管理协会科学技术奖技术创新成果一等奖	中土集团、中铁十六局
47	武汉至广州客运专线新建武汉动车段工程建造综合技术	中国施工企业管理协会科学技术奖技术创新成果一等奖	中铁十一局
48	高速铁路特大断面黄土隧道施工关键技术	中国岩石力学与工程学会科学技术奖一等奖	中铁十二局
49	铁路路基下伏多层富水大型采空区稳定性评价及治理关键技术研究	中国施工企业管理协会科学技术奖技术创新成果一等奖	中铁十二局
50	超深埋特长公路隧道复杂地质条件下综合施工关键技术研究	中国施工企业管理协会科学技术奖技术创新成果一等奖	中铁十二局
51	山区软岩大跨大断面四线铁路车站隧道施工新技术研究	中国施工企业管理协会科学技术奖技术创新成果一等奖	中铁十三局
52	高应力强富水超埋深大断面引水隧洞施工关键技术	中国施工企业管理协会科学技术奖技术创新成果一等奖	中铁十三局
53	复杂地质条件下超大直径泥水盾构泥浆及成膜关键技术	中国施工企业管理协会科学技术奖技术创新成果一等奖	中铁十四局
54	复杂地层及地形复杂地质条件下穿越长江施工的超大直径泥水盾构机状态检测及故障诊断关键技术	中国施工企业管理协会科学技术奖技术创新成果一等奖	中铁十四局
55	复杂地层及地形条件下超大直径泥水盾构浅覆土长距离穿越长江关键技术研究	中国施工企业管理协会科学技术奖技术创新成果一等奖	中铁十四局
56	复杂地质条件下超大直径泥水盾构泥浆及成膜关键技术	中国施工企业管理协会科学技术奖技术创新成果一等奖	中铁十四局
57	高压富水充填岩溶区隧道施工技术研究	中国施工企业管理协会科学技术奖技术创新成果一等奖	中铁十六局
58	海底隧道钻爆法安全施工关键技术研究	中国施工企业管理协会科学技术奖技术创新成果一等奖	中铁十六局
59	铁路客运专线500米小曲线半径多梁型箱梁运架设备研制	中国施工企业管理协会科学技术奖技术创新成果一等奖	中铁十七局
60	跨多条繁忙电气化铁路干线空间刚架（桥梁）综合施工技术	中国施工企业管理协会科学技术奖技术创新成果一等奖	中铁十七局
61	新型大体积混凝土抗开裂综合技术研究	中国施工企业管理协会科学技术奖技术创新成果一等奖	中铁十八局
62	新生地震带长大隧道综合施工技术	中国施工企业管理协会科学技术奖技术创新成果一等奖	中铁十九局
63	海底隧道陆域段穿越复杂建筑群施工修建综合技术研究	中国施工企业管理协会科学技术奖技术创新成果一等奖	中铁十九局
64	复杂环境基坑控制爆破综合技术	中国工程爆破协会科学技术奖一等奖	中铁二十局
65	穿隧式运架一体机研制及应用	中国施工企业管理协会科学技术奖技术创新成果一等奖	中铁二十二局
66	曲线宽幅单索面矮塔斜拉桥施工技术研究	中国施工企业管理协会科学技术奖技术创新成果一等奖	中铁二十四局
67	钢木龙骨模板支撑体系绿色建筑施工节材代木研究	中国物流与采购联合会科学技术奖一等奖	中铁建设

续表

序号	获奖项目名称	获奖名称及等级	获奖单位
68	厦门北站钢结构屋盖安装关键技术研究	中国施工企业管理协会科学技术奖技术创新成果一等奖	中铁建设
69	高速铁路超细晶强化型铜镁接触线研制及应用	中国施工企业管理协会科学技术奖技术创新成果一等奖	中国铁建电气化局
70	郑州至西安高速铁路四电系统集成技术研究	中国施工企业管理协会科学技术奖技术创新成果一等奖	中国铁建电气化局
71	黄土地区高速铁路修建关键技术——郑西客专陕西段专题研究	中国施工企业管理协会科学技术奖技术创新成果一等奖	铁一院、中铁二十三局
72	精伊霍铁路雪害防治技术研究	中国施工企业管理协会科学技术奖技术创新成果一等奖	铁一院
73	开敞式 TBM 在城市地铁工程应用的关键技术研究	中国施工企业管理协会科学技术奖技术创新成果一等奖	铁一院
74	交通隧道围岩稳定性与分级方法研究	中国岩石力学与工程学会科学技术奖一等奖	铁一院
75	宜万铁路岩溶高风险隧道技术经济分析	中国施工企业管理协会科学技术奖技术创新成果一等奖	铁四院，中铁十二、十一、十六局
76	HPS3016 混凝土喷射机械手	中国施工企业管理协会科学技术奖技术创新成果一等奖	铁建重工
77	复合式土压平衡盾构设备研制及其应用	中国施工企业管理协会科学技术奖技术创新成果一等奖	铁建重工
78	高寒冻土区涵洞防冻胀融沉施工技术	中国施工企业管理协会科学技术奖技术创新成果二等奖	中铁十一局
79	多箱室预应力混凝土槽形梁拱组合桥施工技术	中国施工企业管理协会科学技术奖技术创新成果二等奖	中铁十一局
80	复合式土压平衡盾构机过复杂地质地段中间风井施工技术	中国施工企业管理协会科学技术奖技术创新成果二等奖	中铁十一局
81	京沪高速铁路再创新 CRTSⅡ型板式无砟轨道规模化生产及综合施工技术研究	中国施工企业管理协会科学技术奖技术创新成果二等奖	中铁十二局
82	CRTSⅡ型水泥乳化沥青砂浆的研制及其在京沪高速铁路的应用	中国施工企业管理协会科学技术奖技术创新成果二等奖	中铁十二局
83	渝涪铁路二线紧邻既有线石方控制爆破新技术	中国施工企业管理协会科学技术奖技术创新成果二等奖	中铁十二局
84	900 吨变位平台运架一体机特殊工况施工工艺研究	中国施工企业管理协会科学技术奖技术创新成果二等奖	中铁十二局
85	铁路大型客站复杂钢结构施工结构行为与风载特征试验研究	中国施工企业管理协会科学技术奖技术创新成果二等奖	中铁十二局
86	特殊地质复杂环境地铁区间隧道施工关键技术	中国施工企业管理协会科学技术奖技术创新成果二等奖	中铁十二局
87	重庆火车站敏感区域石方控制爆破新技术	中国工程爆破协会科学技术奖二等奖	中铁十二局
88	复杂地质条件下超大直径盾构始发接收超深基坑综合施工技术	中国岩石力学与工程学会科学技术奖二等奖	中铁十四局
89	地铁小净距隧道安全施工技术研究	中国岩石力学与工程学会科学技术奖二等奖	中铁十四局
90	高速铁路板式无砟轨道精密测量系统	中国测绘学会测绘科技进步奖二等奖	中铁十五局
91	浅埋大断面小净距改扩建公路隧道综合施工技术	中国岩石力学与工程学会科学技术奖二等奖	中铁十六局
92	海底隧道钻爆法安全施工关键技术研究	中国岩石力学与工程学会科学技术奖二等奖	中铁十六局
93	京沪高速铁路 108 米中承式钢箱拱非对称转体施工技术	中国施工企业管理协会科学技术奖技术创新成果二等奖	中铁十七局

续表

序号	获奖项目名称	获奖名称及等级	获奖单位
94	复杂岩溶地质条件下隧道安全施工与灾害防治关键技术	中国施工企业管理协会科学技术奖技术创新成果二等奖	中铁十七局
95	高速公路隧道超大直径四分隔通风竖井快速施工技术	中国施工企业管理协会科学技术奖技术创新成果二等奖	中铁十七局
96	山区超大水深高桩承台基础综合施工技术	中国施工企业管理协会科学技术奖技术创新成果二等奖	中铁十八局
97	大体积构件平曲线顶推施工技术	中国施工企业管理协会科学技术奖技术创新成果二等奖	中铁十八局
98	双向有粘结预应力后张拉大跨异型现浇砼楼板的设计与施工	中国施工企业管理协会科学技术奖技术创新成果二等奖	中铁十八局
99	新轨道工程施工综合技术研究	中国施工企业管理协会科学技术奖技术创新成果二等奖	中铁十八局
100	富水砂层三拱两柱大跨度双层地铁车站暗挖施工技术应用	中国施工企业管理协会科学技术奖技术创新成果二等奖	中铁十八局
101	大型交通枢纽工程基坑降水研究与应用	中国施工企业管理协会科学技术奖技术创新成果二等奖	中铁十八局
102	饱和弱成砂岩隧道挑高段综合施工技术研究	中国施工企业管理协会科学技术奖技术创新成果二等奖	中铁十九局
103	浅埋偏压流塑状围岩隧道施工技术研究	中国施工企业管理协会科学技术奖技术创新成果二等奖	中铁十九局
104	客运专线超大面积深厚软土桩网复合地基承载性状及沉降变形控制研究	中国施工企业管理协会科学技术奖技术创新成果二等奖	中铁十九局
105	高速铁路路基变形(沉降)观测方法及控制措施	中国施工企业管理协会科学技术奖技术创新成果二等奖	中铁十九局
106	新型时速350公里单线试验箱梁关键技术研究	中国施工企业管理协会科学技术奖技术创新成果二等奖	中铁十九局
107	大倾角长大通风斜井综合施工技术研究	中国施工企业管理协会科学技术奖技术创新成果二等奖	中铁十九局
108	严寒地区超低温高性能混凝土施工技术研究	中国施工企业管理协会科学技术奖技术创新成果二等奖	中铁二十局
109	跨繁忙铁路干线钢桁梁平面转体施工技术	中国施工企业管理协会科学技术奖技术创新成果二等奖	中铁二十局
110	兰渝铁路杨家湾黄河特大桥浮运平台双壁钢围堰施工技术	中国施工企业管理协会科学技术奖技术创新成果二等奖	中铁二十局
111	复杂地质大断面特长双线铁路隧道综合施工技术研究	中国施工企业管理协会科学技术奖技术创新成果二等奖	中铁二十一局
112	复杂地质隧道修建技术——新宝塔山隧道综合施工技术研究	中国施工企业管理协会科学技术奖技术创新成果二等奖	中铁二十一局
113	客运专线900吨过隧箱梁制运架施工技术	中国施工企业管理协会科学技术奖技术创新成果二等奖	中铁二十一局
114	新建向莆铁路近海地区特大桥综合施工技术研究	中国施工企业管理协会科学技术奖技术创新成果二等奖	中铁二十一局
115	多因素综合作用下的大断面瓦斯突出隧道施工关键技术	中国施工企业管理协会科学技术奖技术创新成果二等奖	中铁二十二局
116	客运专线无砟道岔施工工艺及成套设备研究	中国施工企业管理协会科学技术奖技术创新成果二等奖	中铁二十三局
117	系杆拱异位现浇整体横移就位施工技术研究	中国施工企业管理协会科学技术奖技术创新成果二等奖	中铁二十三局
118	德阿公路绵竹段1号桥震后恢复维修综合技术研究	中国施工企业管理协会科学技术奖技术创新成果二等奖	中铁二十四局
119	无砟轨道施工设备与工艺研究——长轨铺设技术	中国施工企业管理协会科学技术奖技术创新成果二等奖	中铁二十五局

续表

序号	获奖项目名称	获奖名称及等级	获奖单位
120	分体多枕连续铺轨法施工工艺及设备研制	中国施工企业管理协会科学技术奖技术创新成果二等奖	中铁二十五局
121	JQ900A 型架桥机小解体过隧道及重新组装施工技术	中国施工企业管理协会科学技术奖技术创新成果二等奖	中铁二十五局
122	山区复杂地形条件下大跨度钢结构施工技术	中国施工企业管理协会科学技术奖技术创新成果二等奖	中铁二十五局
123	索梁体系无站台柱雨棚钢结构安装施工技术	中国施工企业管理协会科学技术奖技术创新成果二等奖	中铁二十五局
124	既有建筑功能提升改造关键技术研究	中国施工企业管理协会科学技术奖技术创新成果二等奖	中铁建设
125	三维土工网植草加固航道边坡技术研究	中国施工企业管理协会科学技术奖技术创新成果二等奖	中国铁建港航局
126	华南软基车辆动载塑性行为及公路建养技术研究	中国施工企业管理协会科学技术奖技术创新成果二等奖	中国铁建港航局
127	搅拌桩复合地基非线性性状研究	中国施工企业管理协会科学技术奖技术创新成果二等奖	中国铁建港航局
128	超长高速铁路的法截面子午线椭球高斯投影	中国测绘学会测绘科技进步奖二等奖	铁一院
129	超长高速铁路的法截面子午线椭球高斯投影	中国施工企业管理协会科学技术奖技术创新成果二等奖	铁一院
130	客运专线长大距离电缆线路供电技术研究	中国施工企业管理协会科学技术奖技术创新成果二等奖	铁一院
131	航空 LiDAR 技术在铁路勘察设计中的应用研究	中国施工企业管理协会科学技术奖技术创新成果二等奖	铁一院
132	高速、重载电铁与风电场相互影响及应对措施研究	中国施工企业管理协会科学技术奖技术创新成果二等奖	铁一院
133	高速铁路弓网受流状态稳定性监测及评估技术研究	中国施工企业管理协会科学技术奖技术创新成果二等奖	铁四院
134	地基处理新技术应用研究	中国施工企业管理协会科学技术奖技术创新成果二等奖	铁四院
135	适应限界挖潜需要的动车组动态包络线研究	中国施工企业管理协会科学技术奖技术创新成果二等奖	铁四院
136	铁路房屋节能技术研究	中国施工企业管理协会科学技术奖技术创新成果二等奖	铁四院
137	京沪高速铁路丹阳至昆山特大桥上无砟轨道设计技术研究	中国施工企业管理协会科学技术奖技术创新成果二等奖	铁四院
138	沪杭高速铁路桥梁半封闭式声屏障工程技术研究	中国施工企业管理协会科学技术奖技术创新成果二等奖	铁四院、中铁二十四局
139	桥梁混凝土空心墩温度作用及效应研究	中国施工企业管理协会科学技术奖技术创新成果二等奖	铁四院
140	旧堡隧道富水破碎围岩施工灾害控制技术	中国岩石力学与工程学会科学技术奖三等奖	中铁十二局
141	天津站交通枢纽工程超深大面积富水基坑盖挖逆作综合施工技术	中国岩石力学与工程学会科学技术奖三等奖	中铁十六局
142	CRTS Ⅱ 型板式无砟轨道布板设计与定位测量系统	中国测绘学会测绘科技进步奖三等奖	铁一院
143	航空 LiDAR 技术在铁路勘察设计中的应用研究	中国测绘学会测绘科技进步奖三等奖	铁一院
144	高速铁路特大桥上 CPIII 点坐标多值性问题研究	中国测绘学会测绘科技进步奖三等奖	铁四院

制表：程博华

2012年度中国铁道建筑总公司科学技术奖项目

序号	获奖项目名称	获奖单位	获奖等级
1	复杂水文地质和地形条件下超大直径泥水盾构长距离穿越长江关键技术研究	中铁十四局	特等奖
2	高速铁路水下盾构法隧道设计关键技术	铁四院、中铁十二局	特等奖
3	复合式土压平衡盾构设备研制及其应用	铁建重工	特等奖
4	富水砂卵石地层盾构下穿密集建筑群施工技术	中铁十一局	一等奖
5	复杂地质条件特长公路隧道施工技术	中铁十二局	一等奖
6	PC梁有效预应力施工控制与评估技术研究	中铁十二局	一等奖
7	干燥粉细砂地层大断面隧道施工关键技术研究	中铁十二局	一等奖
8	京沪高铁济南西站综合施工关键技术研究与应用	中铁十二局	一等奖
9	深水裸岩不等奖边跨单向纵坡大跨度斜拉桥施工技术	中铁十三局	一等奖
10	高应力强富水超埋深大断面引水隧洞施工关键技术	中铁十三、十八局	一等奖
11	核岛区域地下洞室群综合施工技术	中铁十五局	一等奖
12	高速铁路板式无砟轨道精密测量系统	中铁十五局	一等奖
13	高寒地区岛状冻土特性及公路路基处治技术研究	中铁十五局	一等奖
14	黄河冲淤积地质城市地铁综合施工技术	中铁十六局	一等奖
15	高速铁路450吨双线并置箱梁全工况运架设备研制与应用技术研究	中铁十六局	一等奖
16	软基条件下海河沉管隧道关键技术研究	中铁十八局	一等奖
17	高速铁路大跨度道岔连续梁桥综合施工技术研究	中铁十九局	一等奖
18	大断面高地应力软岩隧道大变形控制综合技术研究	中铁十九局	一等奖
19	复杂条件下深水大跨双线铁路连续刚构梁柔性拱施工综合技术	中铁二十二局	一等奖
20	层状岩超小净距特大断面地铁车站关键施工技术研究	中铁二十四局	一等奖
21	大型铁路客运枢纽综合施工技术研究	中铁建设	一等奖
22	350公里/小时接触网计算及安装技术	中国铁建电气化局	一等奖
23	钢铝复合导电轨的研制	中国铁建电气化局	一等奖
24	法截面子午线椭球数学模型及三维可视化	铁一院	一等奖
25	长大隧道涌水量预测主要影响因素的分析研究	铁一院	一等奖
26	铁路综合接地系统测量方法研究	铁四院	一等奖
27	京沪高速铁路桥上无砟轨道无缝道岔及桥梁结构设计研究	铁四院	一等奖
28	城市轨道交通信号维护支持系统(MSS)方案研究	铁四院	一等奖
29	高速铁路特大桥上CPⅢ点坐标多值性问题研究	铁四院	一等奖
30	大跨度独柱塔自锚式悬索桥关键技术研究	铁四院	一等奖
31	和谐型大功率电力机车检修基地关键技术研究	铁四院	一等奖

续表

序号	获奖项目名称	获奖单位	获奖等级
32	高速铁路深厚层软土路基地基加固新技术研究	铁四院	一等奖
33	大粒径填料平板载荷试验及压实系数研究	铁五院、中铁十二局	一等奖
34	CQS－550 道岔全断面道砟清筛机	昆明中铁	一等奖
35	引进道岔技术及工装设备的国产化研究	铁建重工	一等奖
36	深圳轨道交通 3 号线双层车辆段综合施工技术研究	中土集团	二等奖
37	62 号超长大号码高速无砟道岔铺设技术研究	中铁十一局	二等奖
38	长距离复杂岩溶地层盾构施工技术研究	中铁十二局	二等奖
39	高速铁路特大断面黄土隧道施工关键技术	中铁十二局	二等奖
40	鹰鹞山特长复杂地质隧道施工关键技术	中铁十二局	二等奖
41	山区高速铁路 CFG 桩复合地基高路堤沉降控制技术研究	中铁十二局	二等奖
42	改进型 CRTS Ⅰ 型无砟轨道板规模化生产关键技术的研究和应用	中铁十二局	二等奖
43	350 公里/小时铁路客运专线 160 米钢管混凝土连续梁拱桥综合施工技术	中铁十四局	二等奖
44	WZ500E 型无砟道床长轨条铺轨机研制及线路铺设技术	中铁十五局	二等奖
45	京沪高速铁路跨浍河 96 米钢管混凝土系杆拱桥施工综合技术研究	中铁十五局	二等奖
46	长距离三维曲线大口径钢顶管施工技术	中铁十六局	二等奖
47	钢结构厂房横排版大波纹彩钢板外围护墙施工技术研究	中铁十六局	二等奖
48	复杂环境高含水砂粘土复合地层土压平衡盾构掘进机施工关键技术研究	中铁十七局	二等奖
49	现浇大跨度双向预应力后张拉楼板体系的设计优化与工程应用	中铁十八局	二等奖
50	河底浅埋小间距软岩暗挖隧道施工技术研究	中铁十八局	二等奖
51	浅埋暗挖地铁隧道穿越特殊黄土的关键技术研究	中铁十九局、铁一院	二等奖
52	饱和弱成砂岩隧道挑高段综合施工技术研究	中铁十九局	二等奖
53	超高双肢空心墩快速施工技术研究	中铁二十局	二等奖
54	复杂岩溶地质条件下大口径钻孔桩综合施工技术	中铁二十局	二等奖
55	复杂环境下浅孔控制爆破桥梁基坑开挖综合技术	中铁二十局	二等奖
56	兰新第二双线强风段戈壁路基填料特性、施工技术研究及应用	中铁二十一局	二等奖
57	新疆南疆高温差、干旱地区温度应力对铁路连续箱梁施工影响研究及应用	中铁二十一局	二等奖
58	无砟轨道路基监测施工技术研究	中铁二十一局	二等奖
59	隧道衬砌台车快速定位系统开发	中铁二十二局	二等奖
60	液压龙门式轨排铺轨机铺轨施工技术	中铁二十二局	二等奖
61	哈尔滨地铁 1 号线利用既有人防工程关键技术研究	中铁二十二局	二等奖
62	大巴山富水岩溶特长公路隧道施工技术研究	中铁二十四局	二等奖
63	施工项目综合管理信息系统	中铁二十五局	二等奖

续表

序号	获 奖 项 目 名 称	获 奖 单 位	获奖等级
64	田德铁路隧道穿越岩溶施工技术研究与应用	中铁二十五局	二等奖
65	高层钢—混凝土组合结构施工安全性关键技术研究	中铁建设	二等奖
66	大型商店建筑冷热源节能管理平台建设及其关键技术研究	中铁建设	二等奖
67	神池南编组站接触网改造过渡施工技术研究	中国铁建电气化局	二等奖
68	接触网施工系列计算平台	中国铁建电气化局	二等奖
69	超细晶强化型铜镁合金绞线	中国铁建电气化局	二等奖
70	高速铁路接触网工厂化预配施工技术	中国铁建电气化局	二等奖
71	地铁平行换乘站帮接建设对既有车站结构的影响分析研究	铁一院	二等奖
72	客运专线无砟轨道板定位测量技术及装置研究	铁一院	二等奖
73	地铁隧道近距离平行和小角度穿越活动地裂缝带的性状及防治措施研究	铁一院	二等奖
74	电气化铁路电能质量预测与对策分析研究	铁一院	二等奖
75	扁铲侧胀试验及旁压测试技术在黄土地区的应用研究	铁一院	二等奖
76	客运专线铁路信号列控系统与铁路站场结合设计标准的研究	铁四院	二等奖
77	宜万铁路大跨拱桥设计与施工试验研究	铁四院	二等奖
78	宜万铁路大跨 T 构设计与施工试验研究	铁四院、中铁十八局	二等奖
79	京沪线电气化铁道谐波、负序、功率因数综合治理方案研究	铁四院	二等奖
80	客运专线大型客运站作业仿真系统研究与开发	铁四院	二等奖
81	快速公交系统通行能力研究	铁四院	二等奖
82	口岸站货车换轮及相关配套技术研究	铁四院	二等奖
83	客运专线铁路连续钢箱叠合拱桥设计研究	铁四院	二等奖
84	武广铁路客运专线无砟轨道路基软土及松软土地基加固措施应用效果研究	铁四院	二等奖
85	客运专线过渡段轨道结构设计技术研究	铁四院	二等奖
86	15 米级直径泥水盾构定额研究	铁四院	二等奖
87	大直径现浇薄壁管桩加固深厚层软土地基的应用研究	铁四院	二等奖
88	提高牵引供电网雷电防护水平和方法的研究	铁四院	二等奖
89	客运专线双线铁路 140 米钢箱系杆拱设计研究	铁四院	二等奖
90	高速铁路隧道关键技术研究	铁四院	二等奖
91	长株潭城际铁路地下车站设计标准研究	铁四院	二等奖
92	郑徐铁路客运专线引入徐州东站应急工程上跨京沪高铁施工技术研究	中铁十二局、铁五院	三等奖
93	特长隧道快速施工机械化配套技术研究	中铁十二局	三等奖
94	旧堡隧道富水破碎围岩施工灾害控制技术	中铁十二局	三等奖
95	忻阜高速公路凤凰岭隧道施工关键技术研究	中铁十二局	三等奖

续表

序号	获 奖 项 目 名 称	获 奖 单 位	获奖等级
96	水平泥岩砂岩互层隧道稳定性及施工控制技术研究	中铁十二局	三等奖
97	强烈发育岩溶地区高速铁路超深桩基施工成套技术研究	中铁十二局	三等奖
98	地铁车辆段污废水处理与回用工艺研究及应用	中铁十三局	三等奖
99	山区国道垂直高边坡爆破切方施工技术	中铁十三局	三等奖
100	CITYFLO650 系统施工技术研究及应用	中铁十三局	三等奖
101	高速铁路机械化整道施工技术	中铁十五局	三等奖
102	高速铁路无缝线路现场移动焊施工技术	中铁十五局	三等奖
103	重载铁路正线上跨京沪铁路特大桥钢桁梁无导梁拖拉施工技术	中铁十六局	三等奖
104	地面整体移动式支架施工节段拼装箱梁技术	中铁十七局	三等奖
105	乌鞘岭公路隧道 F4、F5 富水断层快速施工关键技术	中铁十七局	三等奖
106	粉细砂地层中水泥土地下连续墙施工技术	中铁十七局	三等奖
107	穿越煤层和采空区的高瓦斯隧道施工技术	中铁十七局	三等奖
108	极旱荒漠风沙地区路桥施工节水技术	中铁十七局	三等奖
109	西安北站大面积深基坑纯砂类土降水研究与应用	中铁十八局	三等奖
110	地铁盾构三维智能导航与管控集成系统	中铁十八局	三等奖
111	独立多单元构件自动化蒸汽养护施工技术	中铁十九局	三等奖
112	新华街立交桥纵横抬梁施工研究	中铁十九局	三等奖
113	高速铁路箱梁管道密实度控制施工技术研究	中铁十九局	三等奖
114	客运专线大跨连续梁变形观测和线形控制技术研究	中铁十九局	三等奖
115	大断面土质隧道变形监测预报与防治措施关键技术研究	中铁十九局	三等奖
116	客运专线湿陷性黄土地基沉降预测与控制技术研究	中铁十九局	三等奖
117	戈壁风区条件下高速铁路双线 48 米节段箱梁预制拼装技术	中铁二十局	三等奖
118	胶粒半刚性混凝土及应用研究	中铁二十局	三等奖
119	周边建筑复杂的异形深基坑施工技术研究	中铁二十局	三等奖
120	高速公路深厚软土地基处理与低路堤设计关键技术研究	中铁二十局	三等奖
121	自重湿陷性黄土场地大跨度上承式钢管混凝土拱桥施工综合技术研究	中铁二十一局	三等奖
122	强风区接触网工程施工关键技术研究与应用	中铁二十一局	三等奖
123	基于“三维数字隧道”平台的隧道施工衬砌变形安全预警技术研究	中铁二十一局	三等奖
124	黄土隧道施工技术及地震安全评价方法研究	中铁二十一局	三等奖
125	邻水库滑坡地带高压富水岩层轨道交通工程隧道洞口施工技术	中铁二十一局	三等奖
126	高墩大跨变宽曲线道岔连续刚构施工技术研究	中铁二十一局	三等奖
127	板式无砟大号码道岔施工技术	中铁二十二局	三等奖
128	深水裸岩、岩溶钻孔桩基础施工技术	中铁二十二局	三等奖
129	现场预制混凝土 T 型梁整体立、拆模系统及整体钢筋笼制安系统及配套系统	中铁二十二局	三等奖

续表

序号	获奖项目名称	获奖单位	获奖等级
130	SVM1000型铺轨机组升级改造及应用	中铁二十二局	三等奖
131	临近既有线涌水高瓦斯隧道施工工艺研究	中铁二十三局	三等奖
132	ZPW－2000R型无绝缘移频自动闭塞技术	中铁二十三局	三等奖
133	跨越既有铁路钢箱梁架设施工技术	中铁二十三局	三等奖
134	冲抓成孔咬合桩施工技术	中铁二十三局	三等奖
135	隧道围岩变形实时监测及自动报警管理系统	中铁二十四局	三等奖
136	特殊地质条件下地下连续墙成槽施工技术	中铁二十五局	三等奖
137	简易吊架安拆D型便梁施工技术	中铁二十五局	三等奖
138	钢筋混凝土空腹网架施工关键技术研究	中铁建设	三等奖
139	高压单芯电缆故障分析及研究	中国铁建电气化局	三等奖
140	新建客运专线接触网附加导线弛度精度施工调整技术	中国铁建电气化局	三等奖
141	GSM－R宽带光纤直放站安装调试施工技术	中国铁建电气化局	三等奖
142	铁路长大隧道内900MHz漏泄同轴电缆施工技术	中国铁建电气化局	三等奖
143	搅拌桩复合地基非线性性状研究	中国铁建港航局	三等奖
144	华南软基车辆动载塑性行为及公路建养技术研究	中国铁建港航局	三等奖
145	高速铁路沉降变形观测与评估模型研究及软件包研制	铁一院	三等奖
146	城际铁路运输组织研究	铁一院	三等奖
147	当前经济形势下陕西省铁路发展策略专题研究	铁一院	三等奖
148	客运专线大跨连续梁梁缝处超限支承间距合理取值及处理措施的研究	铁一院	三等奖
149	西安北站广播系统声场分布研究	铁一院	三等奖
150	公网运营商移动电话及无线局域网引入客运专线站房工程应用研究	铁一院	三等奖
151	城市群区域交通结构优化配置研究	铁一院	三等奖
152	城际铁路引入枢纽地区衔接方式研究	铁一院	三等奖
153	通用地面测量工程控制网数据处理数学模型研究及软件包研制	铁一院	三等奖
154	铁路客站地源热泵系统热平衡控制策略研究	铁四院	三等奖
155	客运专线突发事件应急处理技术研究	铁四院	三等奖
156	新型动车组检查库热环境分析	铁四院	三等奖
157	桥上CRTSⅡ型板式无砟轨道无缝线路设计技术研究	铁四院	三等奖
158	水底隧道人员疏散通道的安全性分析研究	铁四院	三等奖
159	铁路建设项目大型临时工程土地复垦评价指标体系研究	铁四院	三等奖
160	城市轨道交通用扣件研制	铁建重工	三等奖

制表:程博华

2012年度中国铁建获省部级以上工程勘察设计"四优"奖项目

序号	项 目 名 称	完成单位	评选单位	奖项类别及等级
1	温福铁路客运专线精密控制测量	铁四院	中国测绘学会	全国测绘工程奖金奖
2	新建铁路福厦线引入福州枢纽福州南站通风空调系统设计	铁四院	中国建筑学会	建筑设计奖(暖通空调)一等奖
3	新武汉火车站通风空调系统设计	铁四院	中国建筑学会	建筑设计奖(暖通空调)一等奖
4	新建田东至德保铁路全过程造价咨询	铁五院	中国建设工程造价管理协会	全国优秀工程造价成果奖二等奖
5	京沪高速铁路徐沪段工程地质勘察	铁四院	湖北省住房和城乡建设厅	湖北省优秀工程勘察奖一等奖
6	宜万铁路齐岳山隧道工程地质及水文地质勘察	铁四院	湖北省住房和城乡建设厅	湖北省优秀工程勘察奖一等奖
7	武广铁路客运专线武汉站工程地质勘察	铁四院	湖北省住房和城乡建设厅	湖北省优秀工程勘察奖二等奖
8	宜昌长江大桥工程地质勘察	铁四院	湖北省住房和城乡建设厅	湖北省优秀工程勘察奖二等奖
9	汉口站进出口、地下广场深基坑支护设计	铁四院	湖北省住房和城乡建设厅	湖北省优秀工程勘察奖二等奖
10	宜万铁路精密控制测量	铁四院	湖北省住房和城乡建设厅	湖北省优秀工程勘察奖二等奖
11	包西铁路通道新九燕山隧道工程地质勘察	铁一院	甘肃省勘察设计协会	甘肃省优秀工程勘察奖三等奖
12	随岳高速公路湖北南段工程地质勘察	铁四院	湖北省住房和城乡建设厅	湖北省优秀工程勘察奖三等奖
13	京沪高速铁路3标段轨道板、道岔板复测项目	铁五院	北京市勘察设计与测绘管理办公室	北京市优秀测绘地理信息工程奖三等奖
14	青藏铁路西宁至格尔木段增建二线电气化工程	铁一院	陕西省勘察设计协会	陕西省优秀工程设计奖一等奖
15	郑西铁路客运专线西安北站工程综合设计	铁一院	陕西省勘察设计协会	陕西省优秀工程设计奖一等奖
16	包西铁路通道大保当至张桥段综合设计	铁一院	陕西省勘察设计协会	陕西省优秀工程设计奖一等奖
17	西安地铁2号线总体设计	铁一院	陕西省勘察设计协会	陕西省优秀工程设计奖一等奖
18	成都铁路集装箱中心站工程	铁一院	陕西省勘察设计协会	陕西省优秀工程设计奖一等奖
19	新丰镇编组站改扩建信号工程设计	铁一院	陕西省勘察设计协会	陕西省优秀工程设计奖一等奖
20	新建铁路红柳林至神木西格丑沟特大桥	铁一院	陕西省勘察设计协会	陕西省优秀工程设计奖一等奖
21	山东济阳黄河公路大桥设计	铁一院	陕西省勘察设计协会	陕西省优秀工程设计奖一等奖
22	郑西铁路客运专线大断面黄土隧道设计	铁一院	陕西省勘察设计协会	陕西省优秀工程设计奖一等奖
23	武汉长江隧道工程	铁四院	湖北省住房和城乡建设厅	湖北省优秀工程设计奖一等奖
24	南京长江隧道工程	铁四院	江苏省住房和城乡建设厅	江苏省城建系统优秀工程设计奖一等奖
25	苇河至亚布力南(含亚布力南站舍)铁路新建工程	铁五院	黑龙江省住房和城乡建设厅	黑龙江省优秀工程设计奖一等奖
26	包西铁路(西禹高速立交特大桥、通道冒天山隧道工程设计)	铁一院	陕西省勘察设计协会	陕西省优秀工程设计奖二等奖
27	郑西铁路客运专线灞河特大桥工程设计	铁一院	陕西省勘察设计协会	陕西省优秀工程设计奖二等奖

续表

序号	项目名称	完成单位	评选单位	奖项类别及等级
28	张集铁路古城河特大桥工程设计	铁一院	陕西省勘察设计协会	陕西省优秀工程设计奖二等奖
29	襄渝铁路二线杨河隧道设计	铁一院	陕西省勘察设计协会	陕西省优秀工程设计奖二等奖
30	西安地铁2号线(供电系统、渭河车辆段与综合基地工程设计)	铁一院	陕西省勘察设计协会	陕西省优秀工程设计奖二等奖
31	京包铁路大包段电气化改造工程通信系统设计	铁一院	陕西省勘察设计协会	陕西省优秀工程设计奖二等奖
32	大包电气化及万吨重载工程信号系统设计	铁一院	陕西省勘察设计协会	陕西省优秀工程设计奖二等奖
33	昆明二环快速系统福海立交工程设计	铁一院	陕西省勘察设计协会	陕西省优秀工程设计奖二等奖
34	铁四院生产科研办公大楼	铁四院	湖北省住房和城乡建设厅	湖北省优秀工程设计奖二等奖
35	北京地铁亦庄线供电系统设计	铁四院	湖北省住房和城乡建设厅	湖北省优秀工程设计奖二等奖
36	长沙湘江大道浏阳河隧道	铁四院	湖北省住房和城乡建设厅	湖北省优秀工程设计奖二等奖
37	厦门快速公交(BRT)一期工程2号线	铁四院	湖北省住房和城乡建设厅	湖北省优秀工程设计奖二等奖
38	随岳高速公路湖北南段工程	铁四院	湖北省住房和城乡建设厅	湖北省优秀工程设计奖二等奖
39	那曲物流中心通信、信息系统设计	铁一院	甘肃省勘察设计协会	甘肃省优秀工程设计奖二等奖
40	郑西铁路客运专线南场特大桥设计	铁一院	陕西省勘察设计协会	陕西省优秀工程设计奖三等奖
41	包西铁路史家河特大桥设计	铁一院	陕西省勘察设计协会	陕西省优秀工程设计奖三等奖
42	广州地铁2、8号线嘉禾车辆段低压配电及照明	铁一院	陕西省勘察设计协会	陕西省优秀工程设计奖三等奖
43	喀什至和田铁路通信系统设计	铁一院	陕西省勘察设计协会	陕西省优秀工程设计奖三等奖
44	陇海线西宝段CTCS－2级列控系统改造工程设计	铁一院	陕西省勘察设计协会	陕西省优秀工程设计奖三等奖
45	武汉轨道交通1号线槽型梁拱组合桥	铁四院	湖北省住房和城乡建设厅	湖北省优秀工程设计奖三等奖
46	高速铁路隧道斜切式洞门设计通用参考图集	铁四院	湖北省住房和城乡建设厅	湖北省优秀标准设计奖一等奖
47	高速铁路CRTSⅠ型双块式无砟轨道设计通用参考图集	铁四院	湖北省住房和城乡建设厅	湖北省优秀标准设计奖二等奖
48	客货共线铁路单双线明洞设计通用参考图集	铁四院	湖北省住房和城乡建设厅	湖北省优秀标准设计奖二等奖
49	时速200公里客货共线铁路接触悬挂下锚安装通用参考图集	铁四院	湖北省住房和城乡建设厅	湖北省优秀标准设计奖三等奖
50	铁路箱式通信、信号机房设计通用参考图集	铁四院	湖北省住房和城乡建设厅	湖北省优秀标准设计奖三等奖
51	铁路无线通信系统漏泄同轴电缆(LCX)和中继设备安装通用参考图集	铁四院	湖北省住房和城乡建设厅	湖北省优秀标准设计奖三等奖
52	高速客运专线隧道衬砌辅助设计软件	铁一院	陕西省住房和城乡建设厅	陕西省工程勘察设计计算机优秀软件一等奖
53	铁路各设计阶段数字选线平台	铁一院	陕西省住房和城乡建设厅	陕西省工程勘察设计计算机优秀软件一等奖
54	CRTSⅡ型板式无砟轨道布板设计与定位测量系统	铁一院	陕西省住房和城乡建设厅	陕西省工程勘察设计计算机优秀软件一等奖

续表

序号	项　目　名　称	完成单位	评选单位	奖项类别及等级
55	公路简支梁应用集成软件	铁一院	陕西省住房和城乡建设厅	陕西省工程勘察设计计算机优秀软件二等奖
56	接触网设计系统平台及基础数据库开发	铁一院	陕西省住房和城乡建设厅	陕西省工程勘察设计计算机优秀软件二等奖
57	铁路工程数量及概预算自动编制一体化系统	铁一院	陕西省住房和城乡建设厅	陕西省工程勘察设计计算机优秀软件二等奖
58	列控区段(CTCS2 级)码序表 CAD 辅助设计软件	铁四院	湖北省住房和城乡建设厅	湖北省工程勘察设计计算机优秀软件三等奖
59	铁路工程咨询项目管理系统	铁一院	陕西省住房和城乡建设厅	陕西省工程勘察设计计算机优秀软件三等奖
60	铁一院公积金管理系统	铁一院	陕西省住房和城乡建设厅	陕西省工程勘察设计计算机优秀软件三等奖
61	牵引供电系统全相量计算软件	铁一院	陕西省住房和城乡建设厅	陕西省工程勘察设计计算机优秀软件三等奖
62	铁路桥梁辅助设计系统	铁一院	陕西省住房和城乡建设厅	陕西省工程勘察设计计算机优秀软件三等奖
63	铁路涵洞 CAD 辅助设计系统	铁一院	陕西省住房和城乡建设厅	陕西省工程勘察设计计算机优秀软件三等奖
64	新建西安至成都铁路西安至江油段可行性研究	铁一院	陕西省工程咨询协会	陕西省优秀工程咨询成果奖一等奖
65	西安地铁 3 号线一期工程(鱼化寨—国际港务区)可行性研究报告	铁一院	陕西省工程咨询协会	陕西省优秀工程咨询成果奖一等奖
66	新建铁路拉萨至日喀则线地热勘察专题报告	铁一院	陕西省工程咨询协会	陕西省优秀工程咨询成果奖一等奖
67	新建铁路拉萨至日喀则线环境影响报告书	铁一院	陕西省工程咨询协会	陕西省优秀工程咨询成果奖一等奖
68	安哥拉本格拉铁路机务、车辆等运营设施配套工程	中铁上海院	上海市咨询行业协会	上海市优秀工程咨询成果奖一等奖
69	新建铁路拉萨至日喀则线可行性研究	铁一院	陕西省工程咨询协会	陕西省优秀工程咨询成果奖二等奖
70	西安地铁 3 号线一期工程(鱼化寨—国际港务区)节能评估报告	铁一院	陕西省工程咨询协会	陕西省优秀工程咨询成果奖二等奖
71	新建铁路宝鸡至兰州客运专线地质灾害危险性评估报告	铁一院	陕西省工程咨询协会	陕西省优秀工程咨询成果奖二等奖
72	新建铁路兰渝线兰州至广元段地质灾害危险性评估	铁一院	陕西省工程咨询协会	陕西省优秀工程咨询成果奖二等奖
73	太原市城市轨道交通建设规划及线网规划环境影响报告书	铁一院	陕西省工程咨询协会	陕西省优秀工程咨询成果奖二等奖
74	新建铁路宝鸡至兰州客运专线环境影响报告书	铁一院	陕西省工程咨询协会	陕西省优秀工程咨询成果奖二等奖
75	上海市松江区人民路上跨铁路立交桥工程	中铁上海院	上海市咨询行业协会	上海市优秀工程咨询成果奖二等奖
76	新建铁路广佛环线佛山西站至广州南站段节能评估报告书	铁一院	陕西省工程咨询协会	陕西省优秀工程咨询成果奖三等奖
77	新建铁路敦煌至格尔木线水土保持方案报告书	铁一院	陕西省工程咨询协会	陕西省优秀工程咨询成果奖三等奖
78	新建铁路敦煌至格尔木线环境影响报告书	铁一院	陕西省工程咨询协会	陕西省优秀工程咨询成果奖三等奖
79	铁路上海站北广场综合交通枢纽工程轨道交通 3、4 号线地下换乘大厅	中铁上海院	上海市咨询行业协会	上海市优秀工程咨询成果奖三等奖

制表:程博华

2012 年度中国铁道建筑总公司工程勘察设计“四优”奖项目

序号	项　目　名　称	完成单位	奖励等级
一	**优秀工程勘察**		
1	西安地铁 2 号线一期工程岩土工程总体勘察	铁一院	一等奖
2	宜万铁路齐岳山隧道工程地质及水文地质勘察	铁四院	一等奖
3	新建田东至德保铁路岩溶区工程地质勘察	铁五院	一等奖
4	包西铁路通道冒天山越岭段工程地质选线	铁一院	二等奖
5	哈大铁路客运专线(哈尔滨至沈阳段)精密工程控制测量	铁一院	二等奖
6	宜昌长江大桥工程地质勘察	铁四院	二等奖
7	宜万铁路精密控制测量	铁四院	二等奖
8	北京市地下铁道大兴线 01 合同段工程勘察	铁五院	二等奖
9	沪杭高速铁路运营期平面控制复测及沉降监测报告	中铁上海院	二等奖
10	京包铁路集包段增建第二双线集宁隧道工程地质勘察	铁一院	三等奖
11	喀什至和田铁路克孜勒河特大桥工程地质勘察	铁一院	三等奖
12	大西铁路客运专线(运城至西安段)精密工程控制测量	铁一院	三等奖
13	沪宁城际铁路娄蕴特大桥工程地质勘察	铁四院	三等奖
14	沪杭铁路客运专线软土松软土路基工程地质勘察	铁四院	三等奖
15	沪杭铁路客运专线精密控制测量	铁四院	三等奖
16	保利嘉园住宅区和九年一贯制学校岩土工程勘察	铁五院	三等奖
二	**优秀工程设计**		
1	成都铁路集装箱中心站设计	铁一院	一等奖
2	山东济阳黄河公路大桥设计	铁一院	一等奖
3	郑西铁路客运专线大断面黄土隧道设计	铁一院	一等奖
4	新广州站及相关工程站场设计	铁四院	一等奖
5	苏州 1 号线天平车辆段	铁四院	一等奖
6	武广铁路客运专线武汉站路基设计	铁四院	一等奖
7	京沪高速铁路镇江京杭运河特大桥	铁四院	一等奖
8	沪杭铁路客运专线跨沪杭高速公路特大桥	铁四院	一等奖
9	宜万铁路齐岳山隧道工程	铁四院	一等奖
10	武汉长江隧道工程	铁四院	一等奖
11	宜万铁路电气化工程设计	铁四院	一等奖
12	沪宁城际铁路通信、信号、信息系统	铁四院	一等奖
13	北京市轨道交通工程亦庄线设计 02 合同段	铁五院	一等奖
14	长客产业园区调试线城轨试验线(地铁)、动车试验线电气化设计	铁五院	一等奖
15	上海市轨道交通 10 号线(M1 线)一期工程轨道工程设计	上海院	一等奖
16	武汉至安康铁路增建第二线(老河口东至安康段)工程设计	铁一院	二等奖
17	通辽枢纽扩能改造工程设计	铁一院	二等奖

续表

序号	项　目　名　称	完 成 单 位	奖励等级
18	呼和浩特东客运站房设计	铁一院	二等奖
19	张集铁路古城河特大桥工程设计	铁一院	二等奖
20	广州地铁 3 号线北延段供电系统工程设计	铁一院	二等奖
21	沪宁城际铁路选线设计	铁四院	二等奖
22	上海客运专线基础设施维修基地	铁四院	二等奖
23	铁四院生产科研办公大楼	铁四院	二等奖
24	武广铁路客运专线特大型客站卸污及客车上水系统设计	铁四院	二等奖
25	沪宁城际铁路环保设计	铁四院	二等奖
26	宜万铁路落步溪大桥	铁四院	二等奖
27	昌九城际铁路永修特大桥	铁四院	二等奖
28	广珠城际快速轨道交通工程容桂水道特大桥	铁四院	二等奖
29	广珠城际快速轨道交通工程小榄特大桥	铁四院	二等奖
30	宜万铁路大支坪隧道工程	铁四院	二等奖
31	宜万铁路白云山隧道工程	铁四院	二等奖
32	杭州市庆春路过江隧道	铁四院	二等奖
33	南京枢纽电力系统设计	铁四院	二等奖
34	广珠城际电力电化设计	铁四院	二等奖
35	广珠城际铁路通信、信号设计	铁四院	二等奖
36	武汉轨道交通 1 号线二期通信、信号及 AFC 设计	铁四院	二等奖
37	宁安铁路客运专线梁场、板场及搅拌站工程	铁五院	二等奖
38	武威站房改建工程设计	铁一院	三等奖
39	阿尔及利亚东西高速公路泥灰岩高边坡设计(欧洲标准)	铁一院	三等奖
40	包西铁路通道西禹高速立交特大桥设计	铁一院	三等奖
41	包西铁路通道冒天山隧道设计	铁一院	三等奖
42	广州地铁 2、8 号线嘉禾车辆段低压配电及照明设计	铁一院	三等奖
43	新建喀什至和田铁路电力工程设计	铁一院	三等奖
44	包西铁路通道大保当至张桥段通信、信息系统设计	铁一院	三等奖
45	陇海铁路西宝段 CTCS－2 级列控系统改造工程设计	铁一院	三等奖
46	沪宁城际南京动车运用所	铁四院	三等奖
47	汉口动车运用所	铁四院	三等奖
48	沪宁城际铁路典型路基工点地基处理设计	铁四院	三等奖
49	沪杭铁路客运专线特殊地段软土路基工程设计	铁四院	三等奖
50	广珠城际快速轨道交通工程新会站	铁四院	三等奖
51	广州轨道交通 5 号线滘口至文冲段首期工程——滘口站和滘口公交站场工程	铁四院	三等奖
52	京沪高速铁路徐州京杭运河特大桥	铁四院	三等奖

续表

序号	项　目　名　称	完成单位	奖励等级
53	广州南站道岔群区桥梁工程	铁四院	三等奖
54	宜万铁路马水河大桥	铁四院	三等奖
55	广珠城际快速轨道交通工程跨广珠西线特大桥	铁四院	三等奖
56	涟钢铁水运输线高溪河特大桥	铁四院	三等奖
57	杭州市萧山区永久路拓宽与北干山新开隧道工程	铁四院	三等奖
58	宜万铁路堡镇隧道工程	铁四院	三等奖
59	宜万铁路金子山隧道工程	铁四院	三等奖
60	宜万铁路八字岭隧道工程	铁四院	三等奖
61	广州轨道交通5号线FAS、BAS、ACS智能化设计	铁四院	三等奖
62	沪宁城际铁路电力电化设计	铁四院	三等奖
63	沪杭铁路客运专线电力电化设计	铁四院	三等奖
64	深圳地铁5号线(环中线)五和站	铁五院	三等奖
65	北京新华印刷有限公司国家级印刷基地	铁五院	三等奖
66	川气东送管道工程野三河跨越悬索桥设计	铁五院	三等奖
67	北京轨道交通昌平线上跨京包及东北环铁路高架桥工程	铁五院	三等奖
68	成都铁路局2009年灾后重建项目成汶线10千伏电力贯通线工程	铁五院	三等奖
69	长荆线长江埠至荆门段电气化改造工程“四电专业”设计	铁四院电气化院	三等奖
70	改建铁路沈吉线石家至烟筒山段增建二线改造工程自动闭塞设计	铁四院电气化院	三等奖
三	**工程勘察设计计算机优秀软件**		
1	高速客运专线隧道衬砌辅助设计软件	铁一院	一等奖
2	计算机辅助驼峰设计系统	铁四院	一等奖
3	地基基础工程质量检测信息系统	铁四院	一等奖
4	概算智能辅助系统V1.0	铁四院	一等奖
5	接触网设计系统平台及基础数据库开发	铁一院	二等奖
6	铁路工程数量及概算自动化编制一体化系统	铁一院	二等奖
7	轨道工程数量计算软件	铁四院	二等奖
8	桥涵GPS测量系统	铁四院	二等奖
9	工程地质遥感解译信息系统的开发研究	铁四院	二等奖
10	列控区段(CTCS2级)码序表CAD辅助设计软件开发	铁四院	二等奖
11	上铁院一体化协同设计平台V1.0	中铁上海院	二等奖

制表:程博华

2012 年度中国铁建获省部级工法情况

序号	工法名称	开发单位	认定机构
1	复杂地质条件下高瓦斯隧道施工工法	中铁十一局	交通运输部
2	山岭地区场地条件恶劣条件下的高墩骑墩式门架桥梁提升施工工法	中铁十一局	交通运输部
3	高墩大跨连续刚构中边跨同时合龙施工工法	中铁十一局	交通运输部
4	山岭重丘区高填石路基填筑施工工法	中铁十一局	交通运输部
5	长螺旋钻孔灌注桩嵌岩成孔施工工法	中铁十二局	山西省住房和城乡建设厅
6	钢管混凝土柱高抛施工工法	中铁十二局	山西省住房和城乡建设厅
7	钢管混凝土插钢筋笼施工工法	中铁十二局	山西省住房和城乡建设厅
8	公共建筑伐板深埋地源热泵管道施工工法	中铁十二局	山西省住房和城乡建设厅
9	含硬质夹层地质水冲法辅助静压管桩沉桩施工工法	中铁十二局	山西省住房和城乡建设厅
10	中小型断面渠道机械化衬砌施工工法	中铁十二局	山西省住房和城乡建设厅
11	采空区注浆封孔施工工法	中铁十二局	山西省住房和城乡建设厅
12	多层采空区一次性成孔及注浆复钻成孔施工工法	中铁十二局	山西省住房和城乡建设厅
13	高速铁路 CRTS Ⅱ型轨道板标准承轨台标定施工工法	中铁十二局	山西省住房和城乡建设厅
14	紧邻既有铁路高边坡控爆立体防护施工工法	中铁十二局	山西省住房和城乡建设厅
15	紧邻既有铁路预留岩墙深孔爆破施工工法	中铁十二局	山西省住房和城乡建设厅
16	岩溶路基封闭型溶洞多孔注浆施工工法	中铁十二局	山西省住房和城乡建设厅
17	岩溶路基移动式注浆施工工法	中铁十二局	山西省住房和城乡建设厅
18	CRTS Ⅱ型轨道板门子型精调滑架校准工法	中铁十二局	山西省住房和城乡建设厅
19	既有线间钻孔桩施工工法	中铁十二局	山西省住房和城乡建设厅
20	软弱围岩夹硬质孤石地层大直径自进式锚杆超前支护施工工法	中铁十二局	山西省住房和城乡建设厅
21	瓦斯隧道机械车辆主动防御防爆改装施工工法	中铁十二局	山西省住房和城乡建设厅
22	瓦斯隧道双 U 型管水气分离装置施工工法	中铁十二局	山西省住房和城乡建设厅
23	特长隧道黄土堆积体施工工法	中铁十二局	山西省住房和城乡建设厅
24	防水板铺设台车施工工法	中铁十二局	山西省住房和城乡建设厅
25	高性能混凝土二次衬砌蒸汽养护施工工法	中铁十二局	山西省住房和城乡建设厅
26	深埋高地应力软岩隧道挤压变形控制施工工法	中铁十二局	山西省住房和城乡建设厅
27	陡坡斜井中隔墙快速施工工法	中铁十二局	山西省住房和城乡建设厅
28	下半断面为干燥粉细砂层隧道施工工法	中铁十二局	山西省住房和城乡建设厅
29	斜井联络风道上跨正洞隧道开挖施工工法	中铁十二局	山西省住房和城乡建设厅
30	隧道钢拱架集中加工施工工法	中铁十二局	山西省住房和城乡建设厅
31	隧道大型涌突水地段排水施工工法	中铁十二局	山西省住房和城乡建设厅
32	深埋隧道高(极高)地应力地段岩爆施工工法	中铁十二局	山西省住房和城乡建设厅
33	全风化富水围岩隧道水平旋喷桩施工工法	中铁十二局	山西省住房和城乡建设厅
34	全风化富水花岗岩隧底井点降水施工工法	中铁十二局	山西省住房和城乡建设厅
35	深水钻孔平台龙门吊吊装超重钢筋笼施工工法	中铁十二局	山西省住房和城乡建设厅

续表

序号	工　法　名　称	开发单位	认定机构
36	实心矩形墩9米翻模施工工法	中铁十二局	山西省住房和城乡建设厅
37	900吨轮胎式搬运机移梁施工工法	中铁十二局	山西省住房和城乡建设厅
38	运架一体机、轮轨式移梁台车配套移装梁施工工法	中铁十二局	山西省住房和城乡建设厅
39	深水大直径桩基TR400D旋挖钻施工工法	中铁十二局	山西省住房和城乡建设厅
40	CRTSⅡ型板式无砟轨道水泥乳化沥青砂浆施工工法	中铁十二局	山西省住房和城乡建设厅
41	板式无砟道岔自密实混凝土施工工法	中铁十二局	山西省住房和城乡建设厅
42	无砟轨道基准网(GRP)测设施工工法	中铁十二局	山西省住房和城乡建设厅
43	多阶连接式笼式楼梯施工工法	中铁十二局	山西省住房和城乡建设厅
44	盾构偏角始发施工工法	中铁十二局	山西省住房和城乡建设厅
45	盖挖军用梁道路恢复实施性施工工法	中铁十二局	山西省住房和城乡建设厅
46	横跨地铁车站带压上水管道原位支托保护施工工法	中铁十二局	山西省住房和城乡建设厅
47	无水大粒径砂卵石地层土压盾构施工工法	中铁十二局	山西省住房和城乡建设厅
48	高速铁路无砟轨道路基封闭层施工工法	中铁十二局	山西省住房和城乡建设厅
49	道岔群铺设工法	中铁十二局	山西省住房和城乡建设厅
50	复杂环境条件下盾构进洞施工工法	中铁十二局	山西省住房和城乡建设厅
51	长距离溶沟孤石群盾构掘进施工工法	中铁十二局	山西省住房和城乡建设厅
52	盾构整机导轨滚轮过站施工工法	中铁十二局	山西省住房和城乡建设厅
53	盾构直接截除立交桥群桩掘进施工工法	中铁十二局	山西省住房和城乡建设厅
54	氢气飞艇在复杂地形施放引绳施工工法	中国铁建电气化局、中铁十二局	山西省住房和城乡建设厅
55	贯通地线敷设及接地施工工法	中铁十二局	山西省住房和城乡建设厅
56	地铁均回流铜排焊接施工工法	中铁十二局	山西省住房和城乡建设厅
57	土质隧道组合支护结构施工工法	中铁十三局	交通运输部
58	钢纤维喷射混凝土单层衬砌工法	中铁十三局	交通运输部
59	大管径空间渐变三角组合拱肋加工制造施工工法	中铁十三局	交通运输部
60	钢纤维喷射混凝土单层衬砌工法	中铁十三局	辽宁省住房和城乡建设厅
61	大跨度单拱肋钢箱拱加工制作工法	中铁十三局	辽宁省住房和城乡建设厅
62	垂直山体动静结合爆破施工工法	中铁十三局	辽宁省住房和城乡建设厅
63	下承式钢结构悬索拱桥吊索张拉施工工法	中铁十三局	辽宁省住房和城乡建设厅
64	超薄SMA－5沥青玛蹄脂碎石混合料路面施工工法	中铁十三局	辽宁省住房和城乡建设厅
65	悬臂式爬模施工工法	中铁十三局	辽宁省住房和城乡建设厅
66	腐蚀环境下环氧涂层钢筋施工工法	中铁十三局	辽宁省住房和城乡建设厅
67	长大隧道内CRTSⅠ型双块式无砟道床施工工法	中铁十三局	黑龙江省住房和城乡建设厅
68	轨排架轨及无缝线路铺设施工工法	中铁十三局	黑龙江省住房和城乡建设厅
69	土质隧道组合支护结构施工工法	中铁十三局	交通运输部、黑龙江省住房和城乡建设厅
70	富水软弱复杂地层全地下大直径钢管柱施工工法	中铁十五局	河南省住房和城乡建设厅

续表

序号	工　法　名　称	开发单位	认定机构
71	WZ500E 型铺轨机组铺设跨区间无缝线路长轨条施工工法	中铁十五局	河南省住房和城乡建设厅
72	16 米多片式 T 梁翼缘板现场施工工法	中铁十五局	河南省住房和城乡建设厅
73	严寒地区客运专线防冻胀路基施工工法	中铁十五局	河南省住房和城乡建设厅
74	潮汐大流速深水裸露基岩基础施工工法	中铁十六局	交通运输部
75	特殊环境条件下大直径深桩基施工工法	中铁十六局	交通运输部
76	锁扣钢管桩深基坑支护止水施工工法	中铁十六局	交通运输部
77	桥梁基础补桩加固施工工法	中铁十六局	交通运输部
78	异形板桥梁“钢弹簧支顶”主动加固施工工法	中铁十六局	交通运输部
79	海底隧道超前地质预报工法	中铁十六局	交通运输部
80	超大直径竖井全断面快速掘进施工工法	中铁十七局	山西省住房和城乡建设厅
81	隧道喷射混凝土机械化布料施工工法	中铁十七局	交通运输部、山西省住房和城乡建设厅
82	多变深水面浮式混凝土搅拌平台锚碇施工工法	中铁十七局	交通运输部、山西省住房和城乡建设厅
83	高速铁路大跨度中承式钢箱拱非对称转体施工工法	中铁十七局	山西省住房和城乡建设厅
84	高速铁路简支系杆叠拱拱安装施工工法	中铁十七局	山西省住房和城乡建设厅
85	高速铁路跨既有线空间刚架桥梁施工工法	中铁十七局	山西省住房和城乡建设厅
86	SX48/1500 型造桥机架设双线铁路节段拼装箱梁施工工法	中铁十七局	山西省住房和城乡建设厅
87	地面整体移动式支架配合跨墩龙门吊施工节段拼装箱梁工法	中铁十七局	山西省住房和城乡建设厅
88	单壁锁口钢围堰施工工法	中铁十七局	福建省住房和城乡建设厅
89	多跨 40 米现浇梁软弱地基支架连续搭设施工工法	中铁十七局	福建省住房和城乡建设厅
90	加强型生态边坡施工工法	中铁十七局	福建省住房和城乡建设厅
91	深基坑井点降水结合钢板桩围堰施工工法	中铁十七局	福建省住房和城乡建设厅
92	高速铁路声屏障安装施工工法	中铁十七局	河北省住房和城乡建设厅
93	有压输水箱涵钢模台车施工工法	中铁十七局	河北省住房和城乡建设厅
94	客运专线箱梁钢筋笼整体绑扎及整体吊装施工工法	中铁十七局	河北省住房和城乡建设厅
95	拼装组合式制梁底座施工工法	中铁十七局	河北省住房和城乡建设厅
96	900 吨过隧道运架一体式架桥机架梁施工工法	中铁十七局	河北省住房和城乡建设厅
97	CRTSⅡ型板式无砟轨道乳化沥青砂浆填充层封边施工工法	中铁十七局	河北省住房和城乡建设厅
98	四分隔竖井井壁二衬与中隔板混凝土同步施工工法	中铁十七局	交通运输部
99	隧道施工多功用断面检测台车的施工工法	中铁十九局	辽宁省住房和城乡建设厅
100	压力分散型预应力锚索循环式灌浆施工工法	中铁十九局	辽宁省住房和城乡建设厅
101	单线铁路隧道浅埋段弱震爆破施工工法	中铁十九局	辽宁省住房和城乡建设厅
102	混凝土梁预应力张拉数字化控制施工工法	中铁十九局	辽宁省住房和城乡建设厅
103	后张法铁路简支 T 梁高效率车间式预制施工工法	中铁十九局	辽宁省住房和城乡建设厅
104	浅滩、急流裸露基岩钢栈桥施工工法	中铁十九局	辽宁省住房和城乡建设厅

续表

序号	工　　法　　名　　称	开发单位	认定机构
105	复杂地质条件下锁扣钢管桩深水围堰施工工法	中铁十九局	辽宁省住房和城乡建设厅
106	TLJ900 吨架桥机单面折叠“O”形支腿施工工法	中铁十九局	辽宁省住房和城乡建设厅
107	既有铁路高陡边坡危岩落石报警系统安装工法	中铁十九局	辽宁省住房和城乡建设厅
108	高洁净度防微震华夫楼板施工工法	中铁十九局	辽宁省住房和城乡建设厅
109	全圆水工隧洞简易衬砌台车的应用施工工法	中铁十九局	辽宁省住房和城乡建设厅
110	盾构小转接施工工法	中铁十九局	辽宁省住房和城乡建设厅
111	全套管双流高压振动沉管拔桩施工工法	中铁十九局	辽宁省住房和城乡建设厅
112	压路机智能连续压实过程控制施工工法	中铁十九局	辽宁省住房和城乡建设厅
113	跨繁忙铁路干线钢桁梁平面转体施工工法	中铁二十局	陕西省住房和城乡建设厅
114	戈壁风区条件下高速铁路双线 48 米简支箱梁节段拼装施工工法	中铁二十局	陕西省住房和城乡建设厅
115	自动流水线预制钢筋混凝土管片施工工法	中铁二十局	陕西省住房和城乡建设厅
116	铁路 500 米长钢轨铺设和焊接施工工法	中铁二十局	陕西省住房和城乡建设厅
117	多种填料深坑路堤填筑施工工法	中铁二十局	陕西省住房和城乡建设厅
118	预制清水看台板安装施工工法	中铁二十局	陕西省住房和城乡建设厅
119	220 千伏单塔双回路线路不停电施工工法	中铁二十局	陕西省住房和城乡建设厅
120	多种填料深坑路堤填筑施工工法	中铁二十局	交通运输部
121	跨河拱桥装配式组合钢支架施工工法	中铁二十局	交通运输部
122	城市桥梁桩基础旋挖钻机成孔无固相泥浆护壁施工工法	中铁二十局	交通运输部
123	跨铁路既有线特大桥连续槽型梁施工工法	中铁二十一局	甘肃省住房和城乡建设厅
124	海底隧道穿越浅滩富水砂层分仓止水施工工法	中铁二十二局	交通运输部
125	钢管桁架连续梁桥单元节段制造工法	中铁二十三局	四川省住房和城乡建设厅
126	道岔板生产工法	中铁二十三局	四川省住房和城乡建设厅
127	ZPW－2000R 型无绝缘移频自动闭塞设备调试工法	中铁二十三局	四川省住房和城乡建设厅
128	严寒地区预制后张法铁路简支 T 型梁冬期施工工法	中铁二十三局	四川省住房和城乡建设厅
129	仰拱整体钢模快速施工工法	中铁二十三局	四川省住房和城乡建设厅
130	临近铁路营运线高路堑石方控制爆破施工工法	中铁二十三局	四川省住房和城乡建设厅
131	城市高架桥钢结构箱梁施工工法	中铁二十三局	四川省住房和城乡建设厅
132	跨越既有铁路钢箱梁架设施工工法	中铁二十三局	四川省住房和城乡建设厅
133	移动模架逐段悬拼推进就位安装工法	中铁二十三局	四川省住房和城乡建设厅
134	HDD 技术实施城市隧道长管棚施工工法	中铁二十四局	福建省住房和城乡建设厅
135	铁路长大隧道 900MHz 漏泄同轴电缆施工工法	中国铁建电气化局	山西省住房和城乡建设厅
136	GSM－R 宽带光纤直放站安装调试施工工法	中国铁建电气化局	山西省住房和城乡建设厅
137	铁路牵引变电所 GIS 开关柜插接式电压互感器改进安装施工工法	中国铁建电气化局	山西省住房和城乡建设厅
138	高速铁路利用轨道车进行电缆敷设施工工法	中国铁建电气化局	山西省住房和城乡建设厅
139	牵引变压器自锚滑行施工工法	中国铁建电气化局	山西省住房和城乡建设厅
140	接触网隔离开关的安装调试改进施工工法	中国铁建电气化局	山西省住房和城乡建设厅

续表

序号	工　法　名　称	开发单位	认定机构
141	河道岸坡三维土工网百喜草防护工法	中国铁建港航局	交通运输部
142	CRTSⅡ型轨道板自锁式角钢封边施工工法	中铁十二、十七局	铁道部
143	62号超大号码长枕埋入式高速无砟道岔施工工法	中铁十一局	铁道部
144	长大箱涵移动模板台车施工工法	中铁十一局	铁道部
145	CRTSⅡ型无砟轨道板4×24线毛坯板生产施工工法	中铁十二局	铁道部、山西省住房和城乡建设厅
146	多层采空区一次性成孔及注浆施工工法	中铁十二局	铁道部
147	CRTSⅡ型轨道板制板检测施工工法	中铁十二局	铁道部、山西省住房和城乡建设厅
148	紧邻营业线高边坡深孔控制爆破施工工法	中铁十二局	铁道部
149	封闭型溶洞移动式多孔注浆施工工法	中铁十二局	铁道部
150	时速350公里高速岔枕制造工法	中铁十四局	铁道部
151	客运专线有砟岔枕制造工法	中铁十四局	铁道部
152	板式无砟轨道道岔板制造工法	中铁十七、二十三、十四局	铁道部
153	WJ－7B型扣件系统无砟轨道线路静动态精调施工工法	中铁十七局	铁道部
154	多渡多交道岔铺设施工工法	中铁二十二、十二局	铁道部
155	分体多枕连续铺轨施工工法	中铁二十五局	铁道部
156	铁路大号码道岔铺设施工工法	中铁二十五局	铁道部
157	嵌入式轨道交通工程导向轨施工工法	中铁十八局	铁道部
158	跨营运线连续梁中心承重平衡转体施工工法	中铁十一局	铁道部
159	跨营业线连续梁0号段预应力三角托架施工工法	中铁十一局	铁道部
160	大跨度钢桥双块式无砟轨道精度控制施工工法	中铁十一局	铁道部
161	大跨度钢箱系杆拱桥悬臂拼装施工工法	中铁十一局	铁道部
162	多箱室预应力混凝土槽形梁悬灌施工工法	中铁十一局	铁道部
163	侧开模挂篮悬臂浇筑连续梁施工工法	中铁十一局	铁道部
164	利用900吨架桥机改造架设450吨并置箱梁施工工法	中铁十一局	铁道部
165	高速铁路THQ900型架桥机过隧施工工法	中铁十一局	铁道部
166	复杂地质条件下旋挖钻孔扩底桩施工工法	中铁十一局	铁道部
167	后张预应力混凝土薄壁U型梁整孔预制施工工法	中铁十一局	铁道部
168	连续梁0号段挂篮交错安装施工工法	中铁十二局	铁道部、山西省住房和城乡建设厅
169	连续梁合龙段钢壳施工工法	中铁十二局	铁道部
170	大跨连续刚构桥挂篮悬浇直线梁段施工工法	中铁十二局	铁道部、山西省住房和城乡建设厅
171	64米钢桁梁拼装及顶推施工工法	中铁十二局	铁道部、山西省住房和城乡建设厅
172	跨电气化既有线有限空间条件下高速铁路连续梁合龙段挂篮施工工法	中铁十二局	铁道部

续表

序号	工　法　名　称	开发单位	认定机构
173	顶举对中、点动牵引转体精确就位施工工法	中铁十二局	铁道部
174	紧邻营业线深水基础双壁钢套箱围堰下沉施工工法	中铁十二局	铁道部、山西省住房和城乡建设厅
175	客运专线大跨度连续梁拱施工工法	中铁十四局	铁道部
176	钢管混凝土拱桥门式斜支架法拼装施工工法	中铁十四局	铁道部
177	高速铁路大跨连续刚构桥悬臂浇筑施工工法	中铁十四局	铁道部
178	利用公路运架设备架设多片并置铁路 T 梁施工工法	中铁十四局	铁道部
179	高速铁路跨既有线空间刚架(桥梁)施工工法	中铁十七局	铁道部
180	高速铁路大跨度中承式钢箱拱非对称转体施工工法	中铁十七局	铁道部
181	SSJ900/32 型架桥机自行过隧、运梁车驮运过隧工法	中铁十七局	铁道部
182	大体积构件平曲线顶推施工工法	中铁十八局	铁道部
183	大跨径、变截面道岔连续梁多主桁菱形挂篮悬灌施工工法	中铁十九局	铁道部
184	独立多单元构件自动化蒸汽养护施工工法	中铁十九局	铁道部、辽宁省住房和城乡建设厅
185	高速铁路箱梁管道密实度控制施工工法	中铁十九局	铁道部
186	移动式台座预制后张法 T 梁施工工法	中铁十九局	铁道部
187	跨繁忙铁路干线钢桁梁平面转体施工工法	中铁二十局	铁道部
188	风区及高空条件下高速铁路双线 48 米简支箱梁节段拼装施工工法	中铁二十局	铁道部
189	特大桥浮运平台双壁钢围堰施工工法	中铁二十局	铁道部
190	跨电气化营业线全封闭高压绝缘挂篮施工工法	中铁二十局	铁道部
191	富水砂层地质旋挖钻孔桩施工工法	中铁二十一局	铁道部
192	刚构桥梁悬臂浇筑挂篮反压施工工法	中铁二十一局	铁道部
193	近海地区跨铁路客运专线防护棚架施工工法	中铁二十一局	铁道部
194	跨繁忙干线连续梁挂篮快速移动施工工法	中铁二十一局	铁道部
195	整体移动式梁柱支架现浇高铁箱梁施工工法	中铁二十二局	铁道部
196	深水隔舱式双壁钢吊箱围堰施工工法	中铁二十二局	铁道部
197	跨四线提梁机配合运架一体机架梁施工工法	中铁二十二局	铁道部
198	严寒地区预制后张法铁路简支 T 型梁冬期施工工法	中铁二十三局	铁道部
199	现浇箱梁支架整体落架拆除施工工法	中铁二十四局	铁道部
200	牛腿支架现浇门式刚构帽梁施工工法	中铁二十四局	铁道部
201	铁路大跨度连续梁拱组合桥快速施工工法	中铁二十五局	铁道部
202	电气化铁路不断电不停运增建明洞安全快速施工工法	中土集团、中铁十六局	铁道部
203	大断面黄土隧道斜井转正洞“垂直挑顶”施工工法	中铁十一局	铁道部
204	立体交叉浅层下穿隧道综合施工工法	中铁十一局	铁道部
205	铁路运营线隧道口新增拱形明洞施工工法	中铁十二局	铁道部
206	下挂式仰拱模板施工工法	中铁十二局	铁道部、山西省住房和城乡建设厅

续表

序号	工　法　名　称	开发单位	认定机构
207	高性能混凝土二次衬砌蒸汽养护施工工法	中铁十二局	铁道部
208	自行式移动仰拱栈桥施工工法	中铁十二局	铁道部、山西省住房和城乡建设厅
209	粉细砂层大跨斜井进入正洞施工工法	中铁十二局	铁道部
210	隧道二衬止水带定型组合钢模板法施工工法	中铁十二局	铁道部、山西省住房和城乡建设厅
211	全风化富水围岩隧道水平旋喷桩加固施工工法	中铁十二局	铁道部
212	高原高寒地区浅埋风积砂层隧道施工工法	中铁十六局	铁道部
213	隧道内狭小空间全套管静压拔桩施工工法	中铁十六局	铁道部
214	营业线隧道工程列车式快速升降折叠工作平台施工工法	中铁十八局	铁道部
215	临近既有线水平岩层地质隧道施工工法	中铁二十一局	铁道部
216	高压富水堆积体岩层斜井施工工法	中铁二十一局	铁道部
217	隧道煤与瓦斯突出地段揭煤施工工法	中铁二十二局	铁道部
218	隧道仰拱整体钢模快速施工工法	中铁二十三、二十二局	铁道部
219	松散破碎炭质片岩隧道施工工法	中铁二十五局	铁道部
220	大跨度焊接球网架高空拼装施工工法	中铁十一局	铁道部
221	大型钢管桁架累积滑移整体卸载施工工法	中铁十二局	铁道部
222	高速铁路客站与地铁站一体化逆作法施工工法	中铁十二局	铁道部
223	折板网格钢结构屋盖安装施工工法	中铁十二局	铁道部
224	超长轻薄巨型钢管桁架安装施工工法	中铁建设	铁道部
225	双向不等高正交钢管桁架分块整体提升施工工法	中铁建设	铁道部
226	大跨度预应力钢筋混凝土空腹网架施工工法	中铁建设	铁道部
227	ZPW－2000R 型移频自动闭塞室内、外设备安装及系统调试施工工法	中铁二十三局	铁道部
228	电气化铁路既有接触网 6 跨自动电分相改造中心移位施工工法	中铁十一局	铁道部
229	大风高温差气候条件下接触网换线施工工法	中铁十一局	铁道部
230	GSM－R 宽带光纤直放站安装调试工法	中国铁建电气化局、中铁二十五局	铁道部
231	不等高悬挂吊弦计算安装调整施工工法	中国铁建电气化局	铁道部
232	电气化接触网上部施工工厂化预配工法	中国铁建电气化局、中铁二十五局	铁道部
233	铁路长大隧道内 900 米漏泄同轴电缆施工工法	中国铁建电气化局	铁道部
234	线路曲线处整体吊弦安装工法	中国铁建电气化局	铁道部
235	盐湖地区接触网基础防腐施工工法	中国铁建电气化局	铁道部
236	GIS 开关柜插接式电压互感器改进安装施工工法	中国铁建电气化局、中铁二十五局	铁道部
237	牵引变压器自锚滑行施工工法	中国铁建电气化局	铁道部
238	皮带机出砟条件下 TBM 掘进与拱墙衬砌并行施工工法	中铁十八局	铁道部

制表：李庆民

2012年度中国铁道建筑总公司优秀工法

序号	工　法　名　称	开发单位	获奖等级
1	复杂地质条件下旋挖钻孔扩底桩施工工法	中铁十一局	一等奖
2	紧邻既有铁路高边坡深孔控制爆破施工工法	中铁十二局	一等奖
3	水泥土柱锤冲扩桩(挤密桩)+CFG桩处理深厚湿陷性黄土地基施工工法	中铁十七局	一等奖
4	CRTSⅢ型板式无砟轨道铺设施工工法	中铁十九局	一等奖
5	高温高寒干燥多风地区双块式轨枕养护施工工法	中铁十九局	一等奖
6	真空—堆载联合预压施工工法	中铁二十局	一等奖
7	升级改造后的SVM1000型铺轨机组应用施工工法	中铁二十二局	一等奖
8	液压龙门式轨排铺轨机铺轨施工工法	中铁二十二局	一等奖
9	CRTSⅢ型板式无砟轨道板制造工法	中铁二十三局	一等奖
10	限高路段袋装砂井接管施工工法	中国铁建港航局	一等奖
11	水下基底土质及回淤沉积物厚度快速检测工法	中国铁建港航局	一等奖
12	压力分散型锚索框架施工工法	铁四院,中铁十四、十九局	一等奖
13	岩质高陡边坡柔性三维排水材料绿色生态边坡防护施工工法	铁四院,中铁十四、十七局	一等奖
14	跨高速铁路门式防护棚架施工工法	中铁十一局	一等奖
15	SXJ/32型架桥机改造架设450吨并置箱梁施工工法	中铁十一局	一等奖
16	多跨钢管系杆拱港口栈桥施工工法	中铁十三局	一等奖
17	固定式双索道缆索起重机架设预制梁直接就位施工工法	中铁十三局	一等奖
18	空心薄壁混凝土V构平衡塔斜托施工工法	中铁十三局	一等奖
19	450吨组合箱梁运架施工工法	中铁十六局	一等奖
20	500米小半径曲线多梁型箱梁运架设备施工工法	中铁十七局	一等奖
21	大跨度波形钢腹板PC连续梁施工工法	中铁十八局	一等奖
22	大跨度重载荷缆索吊架设施工工法	中铁十八局	一等奖
23	高速铁路CRTⅡ型板式无砟轨道箱梁梁面平整度控制施工工工法	中铁十九局	一等奖
24	水上桥梁裸岩区“环切法”植入钢管桩施工工法	中铁十九局	一等奖
25	跨繁忙铁路干线钢桁梁平面转体施工工法	中铁二十局	一等奖
26	超高双肢空心墩快速施工工法	中铁二十局	一等奖
27	现浇箱梁弧形外腹板采用钢木组合模板施工工法	中铁二十局	一等奖
28	跨繁忙干线连续梁挂篮快速移动施工工法	中铁二十一局	一等奖
29	高温差干旱地区铁路连续箱梁桥施工工法	中铁二十一局	一等奖
30	铁路T型梁整体钢筋笼制安及整体模板立拆系统施工工法	中铁二十二局	一等奖
31	深水钢板桩围堰内大管井降水无封底砼承台施工工法	中铁二十二局	一等奖
32	超长桩拉—锚法荷载试验施工工法	中铁二十三局	一等奖
33	钢管桁架梁拖拉架设工法	中铁二十三局	一等奖
34	跨中梁底粘贴钢板与墩顶负弯区桥面补强相结合的梁体加固施工工法	中铁二十四局	一等奖
35	困难条件下既有铁路上架设D型施工便梁施工工法	中铁二十五局	一等奖
36	深水大直径变截面钻孔灌注桩施工工法	中国铁建港航局	一等奖
37	软岩隧道非爆开挖施工工法	中铁十一、二十五局	一等奖
38	超近距离立体交叉隧道综合施工工法	中铁十一局	一等奖
39	浅埋大跨度黄土隧道偏心CD环形开挖施工工法	中铁十一局	一等奖

续表

序号	工　法　名　称	开 发 单 位	获奖等级
40	土压平衡盾构机穿越密集建筑物下富水砂卵石地层施工工法	中铁十一局	一等奖
41	盾构机轮滚式整体过站施工工法	中铁十一局	一等奖
42	瓦斯隧道机械车辆主动防御防爆改装施工工法	中铁十二局	一等奖
43	特长隧道黄土堆积体施工工法	中铁十二局	一等奖
44	深埋高地应力软岩隧道挤压变形控制施工工法	中铁十二局	一等奖
45	土质隧道组合支护结构施工工法	中铁十三局	一等奖
46	强岩爆隧洞微震监测与应力解除施工工法	中铁十三局	一等奖
47	分段前进式高压注浆施工工法	中铁十四局	一等奖
48	地下连续墙穿越既有管线施工工法	中铁十六局	一等奖
49	海底超浅埋非对称小间距隧道预留剥离层施工工法	中铁十六局	一等奖
50	海底隧道二衬混凝土施工工法	中铁十八局	一等奖
51	软弱地基沉管隧道基础注浆施工工法	中铁十八局	一等奖
52	软弱地基沉管隧道轴线干圬施工工法	中铁十八局	一等奖
53	软基条件沉管隧道岸壁保护结构施工工法	中铁十八局	一等奖
54	整体式大型沉管管段预制施工工法	中铁十八局	一等奖
55	钢管混凝土柱地下深孔内精确安装施工工法	中铁二十局	一等奖
56	隧道初期支护三维数字安全预警施工工法	中铁二十一局	一等奖
57	富水粉砂地质隧道综合排水与加固工法	中铁二十一局	一等奖
58	暗挖车站跨既有隧道施工工法	中铁二十二局	一等奖
59	盾构衬砌管片流水线生产工法	中铁二十三局	一等奖
60	紧邻既有隧道微扰动旋压套管护壁钻孔灌注桩施工工法	中铁二十四局	一等奖
61	隧道围岩变形实时监控量测工法	中铁二十四局	一等奖
62	长螺旋钻孔灌注桩嵌岩成孔施工工法	中铁十二局	一等奖
63	特殊地质水冲法辅助静压管沉桩施工工法	中铁十二局	一等奖
64	双向有粘结预应力后张拉大跨异型现浇混凝土楼板施工工法	中铁十八局	一等奖
65	三维多曲面造型装饰石材施工工法	中铁建设	一等奖
66	大空间弧形铝单板吊顶反吊施工工法	中铁建设	一等奖
67	双把杆拆除 1000t. m 级塔式起重机施工工法	中铁建设	一等奖
68	高原地区架空电力线路四分裂导线张力展放施工工法	中铁十二局	一等奖
69	强风区接触网工程腕臂支持结构安装施工工法	中铁二十一、二十五局	一等奖
70	新建铁路接入既有电气化铁路接触网过渡施工工法	中国铁建电气化局	一等奖
71	城市轨道 150 米长轨厂焊及铺设综合施工工法	中铁十一局	二等奖
72	利用岔心技术实现既有铁路快速拨接施工工法	中铁十一局	二等奖
73	山岭重丘区高填石路基施工工法	中铁十一局	二等奖
74	道岔群铺设工法	中铁十二局	二等奖
75	多层采空区一次性成孔及注浆施工工法	中铁十二局	二等奖
76	CRTSⅡ型轨道板制板检测工法	中铁十二局	二等奖
77	岩溶路基封闭型溶洞移动式多孔注浆施工工法	中铁十二局	二等奖
78	中小型断面渠道机械衬砌施工工法	中铁十二局	二等奖
79	时速 250 公里客运专线膨胀岩路堑(土)预应力锚索施工工法	中铁十四局	二等奖
80	高速铁路路基混凝土护肩人工滑模浇筑施工工法	中铁十七局	二等奖

续表

序号	工　法　名　称	开发单位	获奖等级
81	深基坑混凝土栈桥施工工法	中铁十七局	二等奖
82	西安北站大面积深基坑纯砂类土降水施工工法	中铁十八局	二等奖
83	密级配沥青碎石下面层(ATB－25)施工工法	中铁十九局	二等奖
84	“两喷六搅”水泥搅拌桩处理淤泥质软基施工工法	中铁十九局	二等奖
85	胶粒半刚性混凝土施工工法	中铁二十局	二等奖
86	无砟轨道整体道床托架式钢轨法施工工法	中铁二十一局	二等奖
87	临近既有线旁减小 PHC 桩沉桩挤土效应施工工法	中铁二十四局	二等奖
88	软基路堤水载预压施工工法	中国铁建港航局	二等奖
89	旋喷桩联合花管注浆加固既有线软基施工工法	铁四院	二等奖
90	低高度现浇梁用直径 48 钢管作支架纵横梁施工工法	中铁十一局	二等奖
91	后张梁预应力穿束架穿束工法	中铁十一局	二等奖
92	侧开模挂篮悬臂浇筑连续梁施工工法	中铁十一局	二等奖
93	高速铁路 THQ900 型架桥机过隧施工工法	中铁十一局	二等奖
94	大跨径后张预应力混凝土薄壁 U 型轨道梁预制工法	中铁十一局	二等奖
95	地铁高架段声屏障安装施工工法	中铁十四局	二等奖
96	复杂地质钻孔桩超前预钻孔辅助成孔施工工法	中铁十六局	二等奖
97	高速铁路声屏障安装施工工法	中铁十七局	二等奖
98	有压输水箱涵钢模台车施工工法	中铁十七局	二等奖
99	SX48/1500 型造桥机架设双线铁路节段拼装箱梁施工工法	中铁十七局	二等奖
100	单壁锁口钢围堰施工工法	中铁十七局	二等奖
101	地面整体移动式支架配合跨墩龙门吊施工节段拼装箱梁工法	中铁十七局	二等奖
102	多跨 40 米现浇梁软弱地基支架连续搭设施工工法	中铁十七局	二等奖
103	深基坑井点降水结合钢板桩围堰施工工法	中铁十七局	二等奖
104	多功能可调式钢筋绑扎胎具施工工法	中铁十九局	二等奖
105	高速铁路箱梁预制“精细化”施工工法	中铁十九局	二等奖
106	柔性拉索千斤顶分级加载预压施工工法	中铁十九局	二等奖
107	跨河拱桥装配式组合钢支架施工工法	中铁二十局	二等奖
108	大跨度上承式钢管混凝土拱桥无支架缆索吊装施工工法	中铁二十一局	二等奖
109	跨海大桥滨海滩涂深淤泥钻孔桩成桩施工工法	中铁二十二局	二等奖
110	双线铁路连续刚构拱卧拼及竖转施工工法	中铁二十二局	二等奖
111	严寒地区桥梁现浇大体量混凝土冬期施工工法	中铁二十三局	二等奖
112	大跨度钢桁梁浮托架设施工工法	中铁二十四局	二等奖
113	带钢筋剪力键的外包钢管加固桥墩施工工法	中铁二十四局	二等奖
114	铁路多种非标 T 梁集中预制施工工法	中铁二十五局	二等奖
115	大断面黄土隧道斜井转转正洞垂直挑顶施工工法	中铁十一、二十二局	二等奖
116	复杂地质大跨度双连拱隧道三导洞并行施工工法	中铁十一局	二等奖
117	大断面浅埋隧道冻结暗挖施工工法	中铁十一局	二等奖
118	明挖地铁可滑移式墙模板安装与拆除施工工法	中铁十一局	二等奖
119	干燥粉细砂上覆新黄土大断面隧道施工工法	中铁十二局	二等奖
120	隧道钢拱架集中加工施工工法	中铁十二局	二等奖
121	陡坡斜井中隔墙快速施工工法	中铁十二局	二等奖

续表

序号	工　法　名　称	开发单位	获奖等级
122	隧道二衬止水带定型组合钢模板法施工工法	中铁十二局	二等奖
123	富水、全风化围岩隧道水平旋喷桩加固施工工法	中铁十二局	二等奖
124	地铁均回流铜排焊接施工工法	中铁十二局	二等奖
125	四线铁路隧道超大断面整体衬砌施工工法	中铁十三局	二等奖
126	梯形渠道薄壁混凝土机械化衬砌施工工法	中铁十四局	二等奖
127	大面积深埋锚索地下狭小空间拔除施工工法	中铁十六局	二等奖
128	黄河冲淤质地层中钻孔灌注桩施工工法	中铁十六局	二等奖
129	单侧高边墙新型移动模架施工工法	中铁十六局	二等奖
130	自行式栈桥牵引仰拱模板施工工法	中铁十七局	二等奖
131	隧道含水逆断层地段综合注浆加固施工工法	中铁十七局	二等奖
132	富水砂性土洞内更换盾尾刷施工工法	中铁十七局	二等奖
133	粉细砂地层中水泥加固土地下连续墙施工技术	中铁十七局	二等奖
134	内河沉管隧道管段浮运沉放施工工法	中铁十八局	二等奖
135	强岩爆地段 TBM 隧道超前导洞释放应力施工工法	中铁十八局	二等奖
136	复杂环境下地铁暗挖车站“PBA”施工工法	中铁十八局	二等奖
137	砂卵石层双套管跟进深孔锚索施工工法	中铁十八局	二等奖
138	钢箱渡槽法改移地铁车站暗渠施工工法	中铁十九局	二等奖
139	隧道地震波反射层析扫描成像超前地质预报施工工法	中铁十九局	二等奖
140	HSL35D 自动化流水线预制钢筋混凝土管片工法	中铁二十局	二等奖
141	隧道衬砌台车快速定位系统施工工法	中铁二十二局	二等奖
142	深基坑加深二次围护施工工法	中铁二十二局	二等奖
143	隧道穿越煤矿采空区的吹砂回填施工工法	中铁二十五局	二等奖
144	现浇混凝土空腔楼盖薄壁箱体施工工法	中铁十二、十一局	二等奖
145	公共建筑伐板深埋地源热泵管道施工工法	中铁十二局	二等奖
146	室外防风间隔式铝条板吊顶施工工法	中铁十七局	二等奖
147	预制清水看台板安装施工工法	中铁二十局	二等奖
148	填充墙砌体工程预制件拼砌施工工法	中铁建设	二等奖
149	水泥土置换止水桩施工工法	中铁建设	二等奖
150	超高层建筑机电设备垂直运输工法	中铁建设	二等奖
151	大风、高温差气候条件下接触网换线施工工法	中铁十一局	二等奖
152	高原电力输电线路飞艇放线施工工法	中铁十二局	二等奖
153	既有电气化铁路两端咽喉区改造过渡施工工法	中国铁建电气化局	二等奖

制表：李庆民

2012 年度中国铁建科技成果鉴定、评审项目

序号	项 目 名 称	完成单位	鉴定、评审单位	成果评价	类别
1	高速铁路特大断面黄土隧道施工关键技术	中铁十二局	中国岩土学会	国际领先	鉴定
2	干燥粉细砂地层大断面隧道施工关键技术研究	中铁十二局	山西省科学技术厅	国际领先	鉴定
3	鹰鹞山特长复杂地质隧道施工关键技术	中铁十二局	山西省科学技术厅	国际领先	鉴定
4	复杂周边环境下客运专线高墩多跨连续刚构桥施工技术	中铁十二局	河北省科学技术厅	国际领先	鉴定
5	多断层、富水岩溶地区特长公路隧道修建关键技术及防灾救援方案研究与应用	中铁十二局	交通运输部	国际领先	鉴定
6	高应力强富水超埋深大断面引水隧洞施工关键技术研究	中铁十三局	天津市科学技术厅	国际领先	鉴定
7	核岛区域地下洞室群综合施工技术	中铁十五局	河南省科学技术厅	国际领先	鉴定
8	城市中心区大型多层地下结构施工综合技术研究	中铁十五局	河南省科学技术厅	国际领先	鉴定
9	富水粉细砂隧道施工关键技术研究	中铁二十一局	甘肃省科学技术厅	国际领先	鉴定
10	复杂条件下深水大跨双线铁路连续刚构梁柔性拱施工综合技术	中铁二十二局	北京市科学技术厅	国际领先	鉴定
11	湿陷性黄土地区高速铁路修建关键技术	铁一院	陕西省科学技术厅	国际领先	鉴定
12	珍珠岩尖劈共振吸声砖研究	铁四院	湖北省科学技术厅	国际领先	鉴定
13	高速铁路综合维修体系与关键技术及其应用	铁四院	湖北省科学技术厅	国际领先	鉴定
14	62 号超长大号码高速无砟道岔铺设技术研究	中铁十一局	湖北省科学技术厅	国际先进	鉴定
15	EPB 盾构机穿越密集建筑物下富水砂卵石地层施工技术	中铁十一局	湖北省科学技术厅	国际先进	鉴定
16	旧堡隧道富水破碎围岩施工灾害控制技术研究	中铁十二局	中国岩土学会	国际先进	鉴定
17	柳南铁路膨胀土路堑边坡加固防护、监测与施工技术研究	中铁十二局	山西省科学技术厅	国际先进	鉴定
18	忻阜高速公路凤凰岭隧道施工关键技术研究	中铁十二局	山西省科学技术厅	国际先进	鉴定
19	山区高速铁路 CFG 桩复合地基高路堤沉降控制技术研究	中铁十二局	山西省科学技术厅	国际先进	鉴定
20	PC 梁有效预应力施工控制与评估技术研究	中铁十二局	山西省科学技术厅	国际先进	鉴定
21	京沪高铁济南西站结构性能实验与综合施工关键技术研究与应用	中铁十二局	山西省科学技术厅	国际先进	鉴定
22	京沪高铁济南西站大型深基坑工程施工力学行为与变形规律及应用	中铁十二局	山西省科学技术厅	国际先进	鉴定
23	复杂地质条件特长公路隧道施工技术	中铁十二局	山西省科学技术厅	国际先进	鉴定
24	重庆铁路枢纽复杂环境岩石路堑与浅埋隧道安全控爆技术	中铁十二局	重庆市科学技术厅	国际先进	鉴定
25	高强度硬岩段间杂软弱岩地层盾构施工技术	中铁十三局	天津市科学技术委员会	国际先进	鉴定

续表

序号	项　目　名　称	完成单位	鉴定、评审单位	成果评价	类别
26	三峡库区深水基础综合施工技术	中铁十三局	吉林省科学技术厅	国际先进	鉴定
27	深水裸岩不等边跨单向纵坡大跨度斜拉桥施工技术	中铁十三局	吉林省科学技术厅	国际先进	鉴定
28	复杂地质条件下穿越长江施工的超大直径泥水盾构机状态检测及故障诊断关键技术	中铁十四局	山东省科学技术厅	国际先进	鉴定
29	复杂地质条件下超大直径泥水盾构泥浆及成膜关键技术	中铁十四局	山东省科学技术厅	国际先进	鉴定
30	复杂地层及地形条件下超大直径泥水盾构浅覆土长距离穿越长江关键技术研究	中铁十四局	山东省科学技术厅	国际先进	鉴定
31	复杂地质条件下超大直径泥水盾构壁后注浆关键技术	中铁十四局	山东省科学技术厅	国际先进	鉴定
32	复杂地质条件下超大直径盾构隧道衬砌结构基于监控的施工安全控制技术	中铁十四局	山东省科学技术厅	国际先进	鉴定
33	复杂地质条件下超大直径盾构始发接收超深基坑综合施工技术	中铁十四局	山东省科学技术厅	国际先进	鉴定
34	京沪高速铁路廊坊段路涵过渡段影响范围研究	中铁十七局	山西省科学技术厅	国际先进	鉴定
35	复杂环境高含水砂粘土复合地层土压力平衡盾构掘进机施工关键技术研究	中铁十七局	山西省科学技术厅	国际先进	鉴定
36	穿越煤层和采空区的高瓦斯隧道综合施工技术	中铁十七局	山西省科学技术厅	国际先进	鉴定
37	水压力作用下隧道仰拱开裂机理及预防与整治研究	中铁十八局	天津市科学技术委员会	国际先进	鉴定
38	双向有粘结预应力后张拉大跨异型现浇混凝土楼板的设计与施工	中铁十八局	天津市科学技术委员会	国际先进	鉴定
39	大型基坑纯砂类土降水研究与应用	中铁十八局	天津市科学技术委员会	国际先进	鉴定
40	高速客运专线 CRTSⅡ型板式无砟轨道板生产技术研究	中铁十八局	天津市科学技术委员会	国际先进	鉴定
41	地铁盾构三维智能导航与管控集成系统技术	中铁十八局	天津市科学技术委员会	国际先进	鉴定
42	富水砂层三拱两柱大跨度双层地铁车站暗挖施工技术应用	中铁十八局	天津市科学技术委员会	国际先进	鉴定
43	大型沉管隧道管段预制及沉放施工关键技术研究	中铁十八局	天津市科学技术委员会	国际先进	鉴定
44	大型沉管隧道基础处理施工技术研究	中铁十八局	天津市科学技术委员会	国际先进	鉴定
45	锦屏引水隧洞复杂地质条件下大断面 TBM 快速施工技术	中铁十八局	天津市科学技术委员会	国际先进	鉴定
46	河底浅埋小间距软岩暗挖隧道施工技术研究	中铁十八局	天津市科学技术委员会	国际先进	鉴定
47	饱和弱成砂岩隧道挑高段综合施工技术研究	中铁十九局	甘肃省科学技术厅	国际先进	鉴定
48	复杂环境下浅孔控制爆破桥梁基坑开挖综合技术	中铁二十局	中国工程爆破协会	国际先进	鉴定
49	黄土隧道施工技术及地震安全评价方法研究	中铁二十一局	甘肃省科学技术厅	国际先进	鉴定
50	岩溶地区高风险瓦斯突出隧道施工关键技术研究	中铁二十二局	重庆市科学技术委员会	国际先进	鉴定

续表

序号	项　目　名　称	完成单位	鉴定、评审单位	成果评价	类别
51	珠三角软土地基公路建设结构选型比较研究	中国铁建港航局	广东省科学技术厅	国际先进	鉴定
52	铁路各设计阶段数字选线平台	铁一院	陕西省科学技术厅	国际先进	鉴定
53	铁路建设项目大型临时工程土地复垦评价指标体系研究	铁四院	湖北省科学技术厅	国际先进	鉴定
54	城际铁路地下区段隧道通风模式研究	铁四院	湖北省科学技术厅	国际先进	鉴定
55	新型动车检查库热环境模拟研究分析	铁四院	湖北省科学技术厅	国际先进	鉴定
56	高速铁路特大桥上 CPIII 点坐标多值性问题研究	铁四院	湖北省科学技术厅	国际先进	鉴定
57	快速公交系统通行能力研究	铁四院	湖北省科学技术厅	国际先进	鉴定
58	铁路客站地源热泵系统热平衡控制策略研究	铁四院	湖北省科学技术厅	国际先进	鉴定
59	水底隧道人员疏散通道的安全性分析研究	铁四院	湖北省科学技术厅	国际先进	鉴定
60	工程地质遥感解译信息系统的开发研究	铁四院	湖北省科学技术厅	国际先进	鉴定
61	CTCS－2 级列控系统码序表辅助设计软件	铁四院	湖北省科学技术厅	国际先进	鉴定
62	区间自动闭塞室外工程辅助设计系统	铁四院	湖北省科学技术厅	国际先进	鉴定
63	概算智能辅助系统 V1．0	铁四院	湖北省科学技术厅	国际先进	鉴定
64	大风、高温差气候条件下接触网换线施工技术	中铁十一局	湖北省科学技术厅	国内领先	鉴定
65	郑徐铁路客运专线引入徐州东站应急工程上跨京沪高铁施工技术研究	中铁十二局	山西省科学技术厅	国内领先	鉴定
66	强烈发育岩溶地区高速铁路超深桩基施工成套技术研究	中铁十二局	山西省科学技术厅	国内领先	鉴定
67	水平泥岩砂岩互层隧道稳定性及施工控制技术研究	中铁十二局	山西省科学技术厅	国内领先	鉴定
68	高速公路隧道群智能监控综合信息平台技术研究	中铁十二局	山西省科学技术厅	国内领先	鉴定
69	改进型 CRTS Ⅰ型无砟轨道板规模化生产关键技术的研究和应用	中铁十二局	山西省科学技术厅	国内领先	鉴定
70	WZ500E 型无砟道床长轨条铺轨机研制及线路铺设技术	中铁十五局	河南省科学技术厅	国内领先	鉴定
71	高寒地区岛状冻土特性及处治技术研究	中铁十五局	河南省科学技术厅	国内领先	鉴定
72	YQXZ240t－60A3 架桥机架设 60 米钢箱梁施工技术	中铁十七局	山西省科学技术厅	国内领先	鉴定
73	极旱荒漠风沙地区路桥施工节水技术	中铁十七局	山西省科学技术厅	国内领先	鉴定
74	兰新铁路甘青段高性能混凝土配合比设计与应用研究	中铁十九局	河北省科学技术厅	国内领先	鉴定
75	膨胀软岩铁路隧道施工力学行为及关键技术研究	中铁二十一局	甘肃省科学技术厅	国内领先	鉴定

续表

序号	项　目　名　称	完成单位	鉴定、评审单位	成果评价	类别
76	无砟轨道路基监测施工技术研究	中铁二十一局	甘肃省科学技术厅	国内领先	鉴定
77	自重湿陷性黄土场地大跨度上承式钢管混凝土拱桥施工综合技术研究	中铁二十一局	甘肃省科学技术厅	国内领先	鉴定
78	CRST1 型双块式无砟轨道托架式施工技术研究	中铁二十一局	甘肃省科学技术厅	国内领先	鉴定
79	新疆南疆高温差、干旱地区温度应力对铁路连续箱梁施工影响研究及应用	中铁二十一局	新疆科学技术厅	国内领先	鉴定
80	强风区接触网工程施工关键技术研究与应用	中铁二十一局	新疆维吾尔自治区科学技术厅	国内领先	鉴定
81	兰新铁路第二双线强风段戈壁路基填料特性、施工技术研究及应用	中铁二十一局	新疆维吾尔自治区科学技术厅	国内领先	鉴定
82	津秦铁路大跨度跨线连续箱梁的施工及控制技术研究	中铁二十一局	甘肃省科学技术厅	国内领先	鉴定
83	无砟轨道Ⅱ型板压紧封边施工技术应用研究	中铁二十一局	甘肃省科学技术厅	国内领先	鉴定
84	邻水库滑坡地带高压富水岩层轨道交通工程隧道洞口施工技术	中铁二十一局	甘肃省科学技术厅	国内领先	鉴定
85	寒旱地区铁路工程混凝土碱集料反应抑制技术应用研究	中铁二十一局	甘肃省科学技术厅	国内领先	鉴定
86	128 米双线铁路曲线钢管混凝土系杆拱桥施工技术研究	中铁二十一局	青海省科学技术厅	国内领先	鉴定
87	利用既有人防结构施工关键技术研究	中铁二十二局	黑龙江省科学技术厅	国内领先	鉴定
88	铁路长大隧道 900MHz 漏泄同轴电缆施工关键技术	中国铁建电气化局	山西省科学技术厅	国内领先	鉴定
89	铁路牵引变电所 GIS 开关柜插接式电压互感器改进安装施工工法	中国铁建电气化局	山西省科学技术厅	国内领先	鉴定
90	氢气飞艇在复杂地形施放牵引绳施工工法	中国铁建电气化局	山西省科学技术厅	国内领先	鉴定
91	接触网隔离开关的安装调试改进施工工法	中国铁建电气化局	山西省科学技术厅	国内领先	鉴定
92	钢铝复合导电轨	中国铁建电气化局	河北省科学技术厅	国内领先	鉴定
93	公路简支梁应用集成软件	铁一院	陕西省科学技术厅	国内领先	鉴定
94	铁路桥梁辅助设计系统	铁一院	陕西省科学技术厅	国内领先	鉴定
95	旅客车站公共区自然通风节能分析	铁四院	湖北省科学技术厅	国内领先	鉴定
96	计算机辅助驼峰设计系统	铁四院	湖北省科学技术厅	国内领先	鉴定
97	无砟轨道辅助绘图系统 V1．0	铁四院	湖北省科学技术厅	国内领先	鉴定
98	轨道工程数量计算软件	铁四院	湖北省科学技术厅	国内领先	鉴定
99	客运专线大型客运站作业仿真系统研究与开发	铁四院	湖北省科学技术厅	国内领先	鉴定
100	连续梁桥墩设计绘图系统	铁四院	湖北省科学技术厅	国内领先	鉴定

续表

序号	项目名称	完成单位	鉴定、评审单位	成果评价	类别
101	桥涵GPS测量系统	铁四院	湖北省科学技术厅	国内领先	鉴定
102	地基基础工程质量检测信息系统	铁四院	湖北省科学技术厅	国内领先	鉴定
103	适宜于西北地区中小城市的新型污水土地处理技术研究	铁五院	甘肃省科学技术厅	国内领先	鉴定
104	电气化铁路既有接触网6跨自动电分相改造中心移位施工技术	中铁十一局	湖北省科学技术厅	国内先进	鉴定
105	高速铁路无缝线路现场移动焊施工技术	中铁十五局	河南省科学技术厅	国内先进	鉴定
106	高速铁路机械化整道施工技术	中铁十五局	河南省科学技术厅	国内先进	鉴定
107	跨区间无缝线路锁定技术	中铁十五局	河南省科学技术厅	国内先进	鉴定
108	无砟轨道测控技术研究	中铁二十一局	甘肃省科学技术厅	国内先进	鉴定
109	跨海大桥滨海滩涂深淤泥钻孔桩成桩施工工法	中铁二十二局	福建省科学技术厅	国内先进	鉴定
110	GSM－R宽带光纤直放站安装调试施工关键技术	中国铁建电气化局	山西省科学技术厅	国内先进	鉴定
111	高速铁路利用轨道车进行电缆敷设施工工法	中国铁建电气化局	山西省科学技术厅	国内先进	鉴定
112	牵引变压器自锚滑行施工工法	中国铁建电气化局	山西省科学技术厅	国内先进	鉴定
113	公积金管理系统	铁一院	陕西省科学技术厅	国内先进	鉴定
114	铁路涵洞CAD辅助设计系统	铁一院	陕西省科学技术厅	国内先进	鉴定
115	450吨分体式过隧架桥机、运梁车配套设计及运架梁技术研究	中铁十六局	中国铁建	国际领先	评审
116	深水钢板桩围堰内大管井降水无封底混凝土承台施工技术	中铁二十二局	中国铁建	国际领先	评审
117	钢管桁架梁拖拉架设技术	中铁二十三局	中国铁建	国际领先	评审
118	大跨度独柱塔自锚式悬索桥关键技术研究	铁四院	中国铁建	国际领先	评审
119	铁路综合接地系统测量方法研究	铁四院	中国铁建	国际领先	评审
120	非埋式桩板结构在高速铁路深厚层软土路基加固中的应用研究	铁四院	中国铁建	国际领先	评审
121	高速铁路深厚软土地段地基加固处理与路基填筑技术综合试验研究	铁四院	中国铁建	国际领先	评审
122	高速铁路水下盾构法隧道设计关键技术	铁四院	中国铁建	国际领先	评审
123	高速铁路隧道关键技术研究	铁四院	中国铁建	国际领先	评审
124	城市轨道交通信号维护支持系统（MSS）方案研究	铁四院	中国铁建	国际领先	评审
125	岩石隧道非爆开挖（铣挖、液压劈裂）技术	中铁十一局	中国铁建	国际先进	评审

续表

序号	项目名称	完成单位	鉴定、评审单位	成果评价	类别
126	重载铁路正线上跨京沪铁路特大桥钢桁梁无导梁拖拉施工技术	中铁十六局	中国铁建	国际先进	评审
127	LH－900 型辅助导梁式架桥机特殊工况下的技术改造研究	中铁十六局	中国铁建	国际先进	评审
128	高原特长隧道不良地质段综合施工技术研究	中铁十六局	中国铁建	国际先进	评审
129	黄河冲淤积地质城市地铁综合施工技术	中铁十六局	中国铁建	国际先进	评审
130	大跨度波形钢腹板 PC 连续梁施工技术	中铁十八局	中国铁建	国际先进	评审
131	高速铁路大跨度道岔连续梁桥综合施工技术研究	中铁十九局	中国铁建	国际先进	评审
132	超高双肢空心墩快速施工技术研究	中铁二十局	中国铁建	国际先进	评审
133	复杂岩溶地质条件下大口径钻孔桩综合施工技术	中铁二十局	中国铁建	国际先进	评审
134	胶粒半刚性混凝土及应用研究	中铁二十局	中国铁建	国际先进	评审
135	高速公路深厚软土地基处理与低路堤设计关键技术研究	中铁二十局	中国铁建	国际先进	评审
136	戈壁风区条件下高速铁路双线 48 米节段箱梁预制拼装技术	中铁二十局	中国铁建	国际先进	评审
137	现场预制混凝土 T 型梁整体立、拆模系统及整体钢筋笼制安系统及配套系统	中铁二十二局	中国铁建	国际先进	评审
138	液压龙门式轨排铺轨机铺轨施工技术	中铁二十二局	中国铁建	国际先进	评审
139	隧道衬砌台车快速定位系统开发	中铁二十二局	中国铁建	国际先进	评审
140	时速 350 公里接触网计算及安装技术	中国铁建电气化局	中国铁建	国际先进	评审
141	超细晶强化型铜镁合金绞线	中国铁建电气化局	中国铁建	国际先进	评审
142	引进道岔技术及工装设备的国产化研究	中国铁建电气化局	中国铁建	国际先进	评审
143	地铁平行换乘站帮接建设对既有车站结构的影响分析研究	铁一院	中国铁建	国际先进	评审
144	地铁隧道近距离平行和小角度穿越活动地裂缝带的性状及防治措施研究	铁一院	中国铁建	国际先进	评审
145	电气化铁路电能质量预测与对策分析研究	铁一院	中国铁建	国际先进	评审
146	法截面子午线椭球数学模型及三维可视化研究	铁一院	中国铁建	国际先进	评审
147	大跨度铁路钢—混凝土组合桁架结构关键技术试验研究	铁一院	中国铁建	国际先进	评审
148	客运专线铁路隧道缓冲结构研究	铁一院	中国铁建	国际先进	评审
149	重庆粉房湾长江大桥轨道关键技术的研究	铁一院	中国铁建	国际先进	评审
150	高速铁路电力无功补偿设置方法研究	铁四院	中国铁建	国际先进	评审

续表

序号	项　目　名　称	完成单位	鉴定、评审单位	成果评价	类别
151	宜万铁路大跨T构设计与施工试验研究	铁四院	中国铁建	国际先进	评审
152	宜万铁路大跨拱桥设计与施工试验研究	铁四院	中国铁建	国际先进	评审
153	客运专线铁路连续钢箱叠合拱桥设计研究	铁四院	中国铁建	国际先进	评审
154	客运专线双线铁路140米钢箱系杆拱设计研究	铁四院	中国铁建	国际先进	评审
155	大直径现浇薄壁管桩加固深厚层软土地基的应用研究	铁四院	中国铁建	国际先进	评审
156	客运专线无砟轨道深厚软土地区低矮路基处理方案研究	铁四院	中国铁建	国际先进	评审
157	武广铁路客运专线无砟轨道路基软土及松软土地基加固措施的应用效果研究	铁四院	中国铁建	国际先进	评审
158	大直径钢管混凝土柱设计与施工研究	铁四院	中国铁建	国际先进	评审
159	折板型空间桁架结构在苏州雨棚中的应用	铁四院	中国铁建	国际先进	评审
160	京沪高速铁路桥上无砟轨道无缝道岔及桥梁结构设计研究	铁四院	中国铁建	国际先进	评审
161	桥上CRTSⅡ型板式无砟轨道无缝线路设计技术研究	铁四院	中国铁建	国际先进	评审
162	口岸站货车换轮及相关配套技术研究	铁四院	中国铁建	国际先进	评审
163	和谐大功率电力机车检修基地关键技术研究	铁四院	中国铁建	国际先进	评审
164	客运专线突发事件应急处理技术研究	铁四院	中国铁建	国际先进	评审
165	混凝土密肋梁空腔楼盖施工技术	中铁十一局	中国铁建	国内领先	评审
166	高层建筑现浇空心楼板泡沫圆形实心芯模定位施工技术	中铁十一局	中国铁建	国内领先	评审
167	明挖地铁可滑移式墙模板安装与拆除施工技术	中铁十一局	中国铁建	国内领先	评审
168	大断面浅埋隧道冻结暗挖施工技术	中铁十一局	中国铁建	国内领先	评审
169	带嵌岩锁脚桩的地下连续墙施工技术	中铁十一局	中国铁建	国内领先	评审
170	江河入海口潮汐水位叠加深水基础施工技术	中铁十一局	中国铁建	国内领先	评审
171	复杂地质大跨度双连拱隧道三导洞并行施工关键技术	中铁十一局	中国铁建	国内领先	评审
172	浅埋大跨度黄土公路隧道施工过程控制的关键技术	中铁十一局	中国铁建	国内领先	评审
173	跨高速铁路连续梁棚架防护施工技术	中铁十一局	中国铁建	国内领先	评审
174	现浇桥中以普通钢管代替方木作为支架纵横梁的施工技术	中铁十一局	中国铁建	国内领先	评审
175	CITYFLO650系统施工技术研究与应用	中铁十三局	天津市科学技术委员会	国内领先	评审

续表

序号	项　目　名　称	完成单位	鉴定、评审单位	成果评价	类别
176	地铁车辆段污废水处理与回用工艺研究与应用	中铁十三局	天津市科学技术委员会	国内领先	评审
177	时速350公里铁路客运专线160米钢管混凝土连续梁拱桥综合施工技术	中铁十四局	中国铁建	国内领先	评审
178	双块式无砟轨道施工关键技术研究	中铁十五局	中国铁建	国内领先	评审
179	客运专线CFG桩网结构施工技术研究	中铁十五局	中国铁建	国内领先	评审
180	京沪高速铁路跨浍河96米钢管混凝土系杆拱桥施工技术研究	中铁十五局	中国铁建	国内领先	评审
181	钢结构厂房横排版大波纹彩钢板外围护墙施工技术	中铁十六局	中国铁建	国内领先	评审
182	复杂环境下地铁暗挖车站“PBA”施工工法	中铁十八局	中国铁建	国内领先	评审
183	复杂环境下盾构近距离穿越地铁车站施工技术	中铁十八局	中国铁建	国内领先	评审
184	砂卵石层双套管跟进深孔锚索施工技术	中铁十八局	中国铁建	国内领先	评审
185	大跨度重载荷缆索吊架设施工技术	中铁十八局	中国铁建	国内领先	评审
186	高速铁路416米跨钢管劲性拱桥拱座混凝土施工技术	中铁十八局	中国铁建	国内领先	评审
187	浅埋暗挖地铁隧道穿越特殊黄土的关键技术研究	中铁十九局	中国铁建	国内领先	评审
188	大断面高地应力软岩隧道大变形控制综合技术研究	中铁十九局	中国铁建	国内领先	评审
189	客运专线大跨连续梁变形观测和线形控制技术研究	中铁十九局	中国铁建	国内领先	评审
190	客运专线湿陷性黄土地基沉降预测与控制技术研究	中铁十九局	中国铁建	国内领先	评审
191	考虑重载的沥青混合料疲劳性能研究	中铁十九局	中国铁建	国内领先	评审
192	周边建筑复杂的异形深基坑施工技术研究	中铁十九局	中国铁建	国内领先	评审
193	深基坑加深二次围护施工技术	中铁二十二局	中国铁建	国内领先	评审
194	SVM1000型铺轨机组升级改造及应用	中铁二十二局	中国铁建	国内领先	评审
195	板式无砟大号码道岔施工技术	中铁二十二局	中国铁建	国内领先	评审
196	严寒地区桥梁现浇大体量混凝土冬期施工技术	中铁二十二局	中国铁建	国内领先	评审
197	邻近既有线涌水高瓦斯隧道施工工艺研究	中铁二十二局	中国铁建	国内领先	评审
198	CRTSⅢ型板式无砟轨道板生产技术	中铁二十三局	中国铁建	国内领先	评审
199	超长桩大吨位荷载试验技术	中铁二十三局	中国铁建	国内领先	评审
200	钻孔桩钻机自动控制施工技术	中铁二十三局	中国铁建	国内领先	评审

续表

序号	项　目　名　称	完成单位	鉴定、评审单位	成果评价	类别
201	下承式预应力混凝土系杆拱施工技术	中铁二十三局	中国铁建	国内领先	评审
202	盾构衬砌管片流水线生产技术	中铁二十三局	中国铁建	国内领先	评审
203	隧道围岩变形实时监测及自动报警管理系统	中铁二十四局	中国铁建	国内领先	评审
204	铁路多种非标T梁集中预制技术	中铁二十五局	中国铁建		评审
205	高速铁路客运专线既有线施工安全技术研究	中铁二十五局	中国铁建	国内领先	评审
206	铁路下承式钢桁梁钢混凝土结合桥面设计与施工技术	中铁二十五局	中国铁建	国内领先	评审
207	高速铁路接触网工厂化预配施工技术	中铁二十五局	中国铁建	国内领先	评审
208	扁铲侧胀试验及旁压试测试技术在黄土地区的应用研究	铁一院	中国铁建	国内领先	评审
209	长大隧道涌水量预测主要影响因素的分析研究	铁一院	中国铁建	国内领先	评审
210	WorldView卫星立体像对数据数字测图方法及精度研究	铁一院	中国铁建	国内领先	评审
211	客运专线无砟轨道板定位测量技术及装置研究	铁一院	中国铁建	国内领先	评审
212	通用地面测量工程控制网数据处理数学模型研213究及软件包研制	铁一院	中国铁建	国内领先	评审
213	兰新铁路第二双线防风明洞预制构件刚性接头力学性能试验	铁一院	中国铁建	国内领先	评审
214	盐岩（石膏岩）隧道防排水、耐腐蚀技术研究	铁一院	中国铁建	国内领先	评审
215	城际铁路引入枢纽地区衔接方式	铁一院	中国铁建	国内领先	评审
216	城际铁路运输组织研究	铁一院	中国铁建	国内领先	评审
217	城市群区域交通结构优化配置研究	铁一院	中国铁建	国内领先	评审
218	大跨连续梁梁端抬轨装置研究	铁一院	中国铁建	国内领先	评审
219	当前经济形势下陕西省铁路发展策略专题研究	铁一院	中国铁建	国内领先	评审
220	客运专线建设技术研究－客运专线大跨连续梁梁缝处超限支承间距合理取值及处理措施的研究	铁一院	中国铁建	国内领先	评审
221	西成客运专线翻越秦岭地段最大坡度专题研究	铁一院	中国铁建	国内领先	评审
222	虚拟现实（VR）技术在工程中的应用研究	铁一院	中国铁建	国内领先	评审
223	应用系统虚拟化技术	铁一院	中国铁建	国内领先	评审
224	15米级直径泥水盾构定额研究	铁四院	中国铁建	国内领先	评审
225	提高牵引供电网雷电防护水平和方法的研究	铁四院	中国铁建	国内领先	评审

续表

序号	项 目 名 称	完成单位	鉴定、评审单位	成果评价	类别
226	京沪线电气化铁道谐波、负序、功率因数综合治理方案研究	铁四院	中国铁建	国内领先	评审
227	沪通铁路黄浦江盾构隧道设计关键技术研究	铁四院	中国铁建	国内领先	评审
228	长株潭城际地下车站设计标准研究	铁四院	中国铁建	国内领先	评审
229	GSM－R 相关技术研究——相邻线路和枢纽地区 GSM－R 网络无线覆盖和频率规划技术方案研究	铁四院	中国铁建	国内领先	评审
230	客运专线过渡段轨道结构设计技术研究	铁四院	中国铁建	国内领先	评审
231	客货分线后货车检修能力布局与技术研究	铁四院	中国铁建	国内领先	评审
232	客运专线综合维修过渡时期实行属地化管理技术研究	铁四院	中国铁建	国内领先	评审
233	高原多年冻土区隧道二次加强衬砌施工技术	中铁十一局	中国铁建	国内先进	评审
234	城市轨道纵向轨枕整体道床施工关键技术	中铁十一局	中国铁建	国内先进	评审
235	城市轨道 150 米长轨厂焊及铺设施工技术	中铁十一局	中国铁建	国内先进	评审
236	城市轨道钢弹簧浮置板道床施工综合技术	中铁十一局	中国铁建	国内先进	评审
237	大连地铁机辛区间下穿停机坪地面沉降控制施工技术	中铁十一局	中国铁建	国内先进	评审
238	深层水泥土挤密桩加固地基施工技术	中铁十八局	中国铁建	国内先进	评审
239	大断面土质隧道变形监测预报与防治措施关键技术研究	中铁十九局	中国铁建	国内先进	评审
240	新华街立交桥纵横抬梁施工研究	中铁十九局	中国铁建	国内先进	评审
241	软弱围岩隧道交叉口弧形导坑施工技术	中铁二十二局	中国铁建	国内先进	评审
242	大跨度钢箱梁多点连续拖拉数字实时监测技术	中铁二十二局	中国铁建	国内先进	评审
243	冲抓成孔咬合桩施工技术	中铁二十三局	中国铁建	国内先进	评审
244	大直径顶管穿越浅埋淤泥层河道施工技术	中铁二十三局	中国铁建	国内先进	评审
245	软弱覆盖层下伏中等强度基岩大直径钻空桩旋挖施工技术	中铁二十五局	中国铁建	国内先进	评审
246	鹅岭隧道洞门重型石材饰面施工工艺及技术研究	中铁二十五局	中国铁建	国内先进	评审
247	高速铁路岩溶地区桥梁超长桩桩基施工技术研究	中铁二十五局	中国铁建	国内先进	评审
248	隧道穿越煤矿采空区的吹砂回填施工技术	中铁二十五局	中国铁建	国内先进	评审
249	困难条件下既有铁路上架设 D 型施工便梁施工技术	中铁二十五局	中国铁建	国内先进	评审
250	薄壁空心墩快速施工技术	中铁二十五局	中国铁建	国内先进	评审

续表

序号	项　目　名　称	完成单位	鉴定、评审单位	成果评价	类别
251	接触网施工系列计算平台	中国铁建电气化局	中国铁建	国内先进	评审
252	神池南编组站接触网改造过渡施工技术研究	中国铁建电气化局	中国铁建	国内先进	评审
253	石武铁路客运专线信号系统接入既有郑西铁路客运专线技术研究	中国铁建电气化局	中国铁建	国内先进	评审
254	石武高速铁路黄河公铁两用特大桥接触网施工技术	中国铁建电气化局	中国铁建	国内先进	评审
255	昆明地铁6号线110千伏主变电站差动保护技术报告	中国铁建电气化局	中国铁建	国内先进	评审
256	高压单芯电缆故障分析及研究	中国铁建电气化局	中国铁建	国内先进	评审
257	新建客运专线接触网附加导线弛度精度施工调整技术	中国铁建电气化局	中国铁建	国内先进	评审
258	高速铁路沉降变形观测与评估模型研究及软件包研制	铁一院	中国铁建	国内先进	评审
259	隧道Ⅵ级围岩富水砂层段施工技术	中铁十一局	中国铁建	行业领先	评审
260	铁路隧道穿越充填泥沙溶腔施工技术	中铁二十五局	中国铁建	行业领先	评审
261	复杂环境下深层软土地基预应力砼管桩施工技术	中铁二十五局	中国铁建	行业领先	评审
262	西安北站声场测试应用研究	铁一院	中国铁建	行业先进	评审
263	大粒径填料平板载荷试验及压实系数研究	铁五院	中国铁建		评审
264	公网运营商移动电话及无线局域网引入客运专线站房工程应用研究	铁一院	中国铁建		评审
265	喀和线网络化数字视频监控系统设计方案	铁一院	中国铁建		评审
266	铁路光通话柱技术方案及应用研究	铁一院	中国铁建		评审
267	天津海河开启桥工程综合施工技术研究	中铁十四局	中国铁建	国际领先	结题
268	客运专线无砟轨道岔枕生产	中铁十四局	中国铁建	国内领先	结题
269	客运专线大跨度连续拱桥施工技术研究	中铁十四局	中国铁建	国内领先	结题
270	框架式板式无砟轨道预制与铺设及配套技术研究	中铁十四局	中国铁建	国内领先	结题
271	建筑业科技投入统计范畴研究	中铁十四局	中国铁建	国内领先	结题
272	客运专线提篮拱施工技术研究	中铁十四局	中国铁建	国内领先	结题
273	梯形轨枕组合模板及新型预应力施工台座设计	中铁十四局	中国铁建	国内领先	结题
274	宁启复线电化工程T型梁液压控制模板研究	中铁十四局	中国铁建	国内领先	结题
275	大直径泥水盾构越江施工关键技术研究	中铁十四局	中国铁建	国际先进	结题

续表

序号	项　目　名　称	完成单位	鉴定、评审单位	成果评价	类别
276	高速铁路深厚软土地段地基加固处理与路基填筑技术综合试验研究	铁四院	铁道部		结题验收
277	京沪高速铁路桥上无砟轨道无缝道岔及桥梁结构设计研究	铁四院	铁道部		结题验收
278	京沪高速铁路特大桥上 CPIII 点坐标多值性问题解决方案研究	铁四院	铁道部		结题验收
279	高速铁路隧道关键技术研究	铁四院	铁道部		结题验收
280	超大超深基坑支护体系与安全控制技术研究	铁四院	铁道部		结题验收
281	组合式多功能平板载荷测试仪研制	铁五院	北京市科学技术委员会	填补国内空白	验收
282	时速 350 公里 60 千克/米钢轨 18 号单开道岔（客专〔08〕016）	铁建重工	铁道部		验收
283	时速 350 公里 60 千克/米钢轨 42 号单开道岔（客专〔07〕006）	铁建重工	铁道部		验收
284	60 千克/米钢轨 18 号拼装式合金钢辙叉（专线 4309）	铁建重工	铁道部		验收
285	时速 250 公里 60 千克/米钢轨 18 号无砟道岔（客专〔07〕001）	铁建重工	铁道部		验收
286	30 吨轴重重载道岔技术研究（专线 4307、专线 4308）	铁建重工	铁道部		验收
287	接触网设计系统平台及基础数据库开发	铁一院	陕西省科学技术厅	国内领先	验收
288	高速客专隧道衬砌辅助设计软件	铁一院	陕西省科学技术厅	国内领先	验收
289	牵引供电系统全相量计算软件	铁一院	陕西省科学技术厅	国内领先	验收
290	铁路工程咨询项目管理系统	铁一院	陕西省科学技术厅	国内领先	验收
291	CQS－550 道岔清筛机研制	昆明中铁	铁道部		
292	YHGQ－1200 移动式焊轨车	昆明中铁	铁道部		
293	铁路旅客列车给水设施技术条件	铁四院	铁道部		技术
294	城际铁路主要技术标准研究	铁四院	铁道部		技术

制表：丁正全

2012年度中国铁建获发明、外观设计专利及软件著作权情况

序号	专　利　名　称	专利号	权属单位	专利类型
1	一种跨越电气化铁路的立交桥门式墩施工方法	ZL201110026015．1	中土集团	发明
2	在电气化铁路营业线上增建明洞转移接触悬挂的方法	ZL201110033887．0	中土集团	发明
3	电气化铁路营业线增建明洞拱圈衬砌台车及构筑方法	ZL201110050338．4	中土集团	发明
4	一种铁路隧道衬砌边墙混凝土施工方法	ZL200810047802．2	中铁十一局	发明
5	隧道施工中用于反坡追踪排水排淤的应急设备	ZL200910258586．2	中铁十一局、股份公司	发明
6	一种快速测定颗粒料含水量方法	ZL200910273477．6	中铁十一局	发明
7	一种隧道高压富水断层带的快速施工方法	ZL201010133692．9	中铁十二局	发明
8	一种低弹模高性能混凝土	ZL201110271280．6	中铁十二局	发明
9	混凝土泌水胶砂检测法	ZL201010561354．5	中铁十二局	发明
10	一种利用转盘球铰进行公路、铁路转体桥梁施工的方法	ZL2010101324550	中铁十二局	发明
11	一种变质岩承压水隧道的施工方法	ZL200910261828．1	中铁十二局	发明
12	陡坡裸岩钢管桩平台搭设方法	ZL201010522014．1	中铁十三局	发明
13	一种盾构机刮刀刀座的保护刀	ZL201010242949．4	中铁十三局	发明
14	钢筋笼护筒在淤泥层地质条件下处理钻孔桩塌孔方法	ZL200810050549．6	中铁十三局	发明
15	浅埋大跨软塑粘土隧道两台阶五步开挖法施工技术	ZL201010540923．8	中铁十三局	发明
16	盾构隧道施工地表沉降仿真检测系统	ZL201010592551．3	中铁十四局	发明
17	预制梁模板液压装置	ZL201010617800．X	中铁十四局	发明
18	轨枕模具成孔方式转换装置	ZL201010608598．4	中铁十四局	发明
19	时速350公里高速道岔岔枕及其制造工法	ZL201010618435．4	中铁十四局	发明
20	梯形轨枕的模型	ZL200910242870．9	中铁十四局	发明
21	轨枕运输车	ZL200910242868．1	中铁十四局	发明
22	用于测量高速岔枕的底板钉孔距的装置及方法	ZL200910242840．8	中铁十四局	发明
23	高速铁路轨道精调装置	ZL201010169106．6	中铁十五局	发明
24	一种易拆卸桥梁空心梁的钢制内膜	ZL200910064042	中铁十五局	发明
25	一种狭小空间全套管静压拔桩方法	ZL201010199229．4	中铁十六局	发明
26	无砟轨道道床板现浇混凝土刮平抹面机	ZL200910074794．5	中铁十七局	发明
27	一种小曲线铁路箱梁架桥机	ZL200910220914．8	中铁十七局	发明
28	压力出水孔快速封堵引流装置及方法	ZL201010594146．5	中铁十七局	发明
29	一种水泥乳化沥青砂浆膨胀率的检测方法	ZL201010144945．2	中铁十七局	发明
30	一种无砟轨道超高段轨道板防滑移方法	ZL201010576713．4	中铁十七局	发明
31	竖井井壁二衬与竖井中隔板的同步施工方法	ZL201010234363．3	中铁十七局	发明
32	灌注桩水下混凝土灌注导管压力式疏通器及方法	ZL201010594141．2	中铁十七局	发明
33	洁具用用密闭压力水箱	ZL201010231811．4	中铁十七局	发明
34	宽轨枕到发线轨排组装平台	ZL201010551299．1	中铁十七局	发明

续表

序号	专　利　名　称	专利号	权属单位	专利类型
35	一种隔振装药炮眼及装药方法	ZL201010266281．7	中铁十九局	发明
36	独塔无背索斜拉桥主塔整体提升模板及其提升施工方法	ZL201010013656．9	中铁二十局	发明
37	双块式无砟轨道整体施工工艺	ZL201010159257．3	中铁二十局	发明
38	黄河河道内承台施工用钢板桩围堰施工工艺	ZL20101074611．X	中铁二十局	发明
39	高原冻土隧道模筑混凝土刚性初期支护的施工方法	ZL201010251224．1	中铁二十局	发明
40	黄河主河道水中墩承台施工用双壁钢围堰施工工艺	ZL201110107171	中铁二十局	发明
41	大温差、强风沙条件下长钢轨铺设及焊接施工工艺	ZL201110137063．8	中铁二十局	发明
42	跨越现有线路且与既有线并行的钢混结合梁施工工艺	ZL201110092727．3	中铁二十局	发明
43	一种既有线路横抬加固方法及结构	ZL201010187124．7	中铁二十一局	发明
44	电气化铁道接触网拉出值测量工具	ZL200910117590．5	中铁二十一局	发明
45	一种应用于纵连式轨道板的剪力装置	ZL200910266853．9	中铁二十三局	发明
46	有挡肩纵连接式轨道板	ZL20091025460．5	中铁二十三局	发明
47	二维可调无挡户承轨槽模具	ZL200910217303．8	中铁二十三局	发明
48	一种圆曲线型后张预应力纵连轨道板模具	ZL200910266737．7	中铁二十三局	发明
49	双块式无砟轨道螺杆调节器及轨排定位方法	ZL201010545066．0	中铁二十四局	发明
50	钢箱梁的架设顶推装置	ZL201010547758．9	中铁二十四局	发明
51	轻型桁架挂篮	ZL201010545953．8	中铁二十四局	发明
52	双块式无砟轨道的轨排定位方法	ZL201010545065．6	中铁二十四局	发明
53	钢管墩贝雷梁现浇支架整体落梁装置及方法	ZL201110001808．8	中铁二十四局	发明
54	一种磁力固定 T 钢的定位方法	ZL201110097869．9	中铁二十四局	发明
55	用于桥梁施工的整体钢筋预绑胎模施工方法	ZL201110097872．0	中铁二十四局	发明
56	箱梁外模之外侧模的纵向移动方法	201110097870．1	中铁二十四局	发明
57	电磁式移动平台	ZL201010184713．X	中铁建设	发明
58	双溶沟液面增压搅拌三体合金熔炼炉	ZL201010559194	中国铁建电气化局	发明
59	列车接近报警系统及报警方法	ZL201010534430．3	中国铁建电气化局	发明
60	一种采用完全非轴向分块面的盾构隧道管片	ZL201010212212．8	铁四院	发明
61	既有铁路、公路路基工程软弱地基加固方法	ZL201010212239．7	铁四院	发明
62	隧道下穿暗河岩溶大厅处理方法	ZL201010265618．2	铁四院	发明
63	大型空溶洞隧道支护体系	ZL201010265753．7	铁四院	发明
64	短时动三轴试验测定体积动剪应变门槛的方法	ZL201010520167．2	铁四院	发明
65	高速铁路红黏土路堑基床结构	ZL201010516065．3	铁四院	发明
66	疲劳动三轴试验测定控制动剪应变的方法	ZL201010520219．6	铁四院	发明
67	用标贯击数 N 探测红黏土压缩模量 Es 的方法	ZL201010541095．X	铁四院	发明
68	冲洪积扇信息的自动提取方法	ZL201110191094．1	铁四院	发明
69	环向索弦支网格梁结构及对其施加预应力的方法	ZL201010541096．X	铁四院	发明

续表

序号	专　利　名　称	专 利 号	权 属 单 位	专利类型
70	动态承载比检测方法及检测仪	ZL201010563499．9	铁五院	发明
71	非对称的小间距隧道开挖施工方法	201110087798．4	中铁上海院	发明
72	轨道交通中设备故障后的系统联动方法	201010274318．0	中铁上海院	发明
73	组合式铁路道砟运输机械及其作业方法	200910094246．9	昆明中铁	发明
74	水平直线惯性激振器	ZL201010185664．1	昆明中铁	发明
75	转盘式输送机	ZL201010039136．5	昆明中铁	发明
76	一种 AT 钢轨跟端的锻压方法	ZL201010239382．5	铁建重工	发明
77	金属圆钢自动理料机	ZL201010190875．4	铁建重工	发明
78	一种道岔可动心轨辙叉垫板	ZL201010239382．5	铁建重工	发明
79	三滚碾丝机对模装置及对模方法	ZL201010278097．4	铁建重工	发明
80	金属圆钢自动送料机	ZL201010600448．9	铁建重工	发明
81	一种喷射机械手	ZL201110090400．2	铁建重工	发明
82	一种用于盾构刀盘主驱动性能的测试装置	ZL201110094731．3	铁建重工	发明
83	单趾弹条快速检具及检测方法	ZL201110256632．0	铁建重工	发明
84	双阀布袋袖阀管注浆方法	ZL200910039944．9	中国铁建港航局	发明
85	双阀双布袋袖阀管注浆方法	ZL200910039945．3	中国铁建港航局	发明
86	磁环定位观测路基横剖沉降的方法	ZL2010106083655．8	中国铁建港航局	发明
87	预应力管桩（带有竖向排水凹槽）	ZL201130374468．4	中铁十七局	外观设计
88	套管座	ZL201130180640．2	中国铁建电气化局	外观设计
89	可调定位支座（一）	ZL201130180659．7	中国铁建电气化局	外观设计
90	双耳楔形线夹	ZL201130180642．1	中国铁建电气化局	外观设计
91	定位支座	ZL201130180671．8	中国铁建电气化局	外观设计
92	双耳管接头（二）	ZL201130180638．5	中国铁建电气化局	外观设计
93	旋转平双耳（一）	ZL201130180775．9	中国铁建电气化局	外观设计
94	定位环	ZL201130180673．7	中国铁建电气化局	外观设计
95	警示牌（道路小半径弯道内侧加宽区域）	ZL201230209316．3	铁四院	外观设计
96	履带式喷射机械手（HPSD3010）	ZL201230060769．4	铁建重工	外观设计
97	铁路电气化接触网工程智能设计集成系统 V1．0	2012SR008858	铁四院	软件著作权
98	试验数据分析与应用软件 V1．0	2012SR013247	铁四院	软件著作权
99	工程试验数据管理及图表、报告处理软件 V1．0	2012SR013245	铁四院	软件著作权
100	钢桥节点三维设计系统 V1．0	2012SR031352	铁四院	软件著作权
101	轨道交通车辆设施工作量计算软件 V2．0	2012SR056924	铁四院	软件著作权
102	列控区段（CTCS－2）码序表 CAD 辅助软件 V1．1	2012SR077277	铁四院	软件著作权
103	区间自动闭塞室外设计 CAD 软件 V1．0	2012SR077383	铁四院	软件著作权

续表

序号	专 利 名 称	专 利 号	权 属 单 位	专利类型
104	铁路防灾安全监控系统室外 CAD 辅助软件 V1. 0	2012SR081800	铁四院	软件著作权
105	铁路信号连锁图表（Windows 版）V1. 0	2012SR081967	铁四院	软件著作权
106	高速接触网悬挂安装模拟工艺设计系统	2012SR100122	铁四院	软件著作权
107	工程地质遥感解译信息系统 V1. 0	2012SR103983	铁四院	软件著作权
108	路基设计工具箱软件 V1. 0	2012SR113495	铁四院	软件著作权
109	动态变形模量 Evd 数据处理软件	软著登字第 0381070	铁五院	软件著作权
110	多功能平板载荷数据处理软件	软著登字第 0381069	铁五院	软件著作权
111	中铁五院集团项目管理系统	软著登字第 0485339	铁五院	软件著作权
112	轨道几何参数自动引导计算机 AGC 软件	2012SR101695	昆明中铁	软件著作权
113	轨道几何参数自动引导计算机 AGC_ EDIT 软件	2012SR101710	昆明中铁	软件著作权
114	接触网施工系列计算平台	ZL2012SR059291	中国铁建电气化局	软件著作权
115	LC 徽记	ZL2012Z11S00998. 2	铁建重工	软件著作权
116	地铁杂散电流检测系统软件 V1. 0	2012SR022934	中铁十四局	软件著作权
117	中铁二十二局基于 AWS 系统的浪潮 GS3. 5 凭证标准数据预算报销系统（简称 AWS BPM 系统标准数据接口）	2012SR044193	中铁二十二局	软件著作权
118	中铁二十二局预算费用流程控制系统（简称：预算费用系统 V1. 0）	2012SR044615	中铁二十二局	软件著作权
119	办公自动化管理系统 V1. 0	2012SR032817	中铁二十四局	软件著作权
120	信息协同平台 V1. 0	2012SR032816	中铁二十四局	软件著作权
121	中铁二十四局人力资源管理信息系统 V1. 0	2012SR038546	中铁二十四局	软件著作权
122	综合项目管理系统 V1. 0	2012SR034610	中铁二十四局	软件著作权
123	人力资源信息管理系统 V1. 0	软著登字第 0444115 号	中铁二十五局	软件著作权
124	综合项目管理系统 V2. 0	软著登字第 0444115 号	中铁二十五局	软件著作权
125	铁路施工组织设计的进度指标库和主计算机辅助设计系统 V1. 0	2012SR101902	中铁上海院	软件著作权
126	城市轨道交通工程测量与调坡设计数据处理系统 V1. 0	2012SR101907	中铁上海院	软件著作权

制表：张育红

为纪念建党 91 周年，迎接十八大召开，中铁十七局集团二公司组织开展“弘扬延安精神，争当创优先锋活动”。图为组织党员和入党积极分子在延安革命纪念馆前宣誓。（王世平 提供）

党的工作

本栏责任编辑 **杨启燕**

综合工作

【总公司党委】 中国共产党中国铁道建筑总公司委员会(以下简称总公司党委)是国务院国有资产监督管理委员会党委领导下的对下属单位党组织实行统一领导的党组织。总公司党委在企业中处于政治核心地位,发挥政治核心作用。主要负责统一领导并组织实施股份公司党的建设和思想政治工作。总公司党委常委由赵广发、孟凤朝、彭树贵、齐晓飞、扈振衣、夏国斌、范德、庄尚标、张宗言、刘汝臣 10 人组成,赵广发任党委书记,孟凤朝、彭树贵、齐晓飞任党委副书记。总公司党委职能机构设党委办公室、组织部、宣传部、干部(人事)部。总公司纪委是总公司党委和国务院国有资产监督管理委员会纪委领导下的纪检监察机关,履行党的纪律检查和行政监察两种职能,党委副书记齐晓飞任纪委书记。总公司工会接受总公司党委和中华全国铁路总工会的领导,党委副书记彭树贵任工会主席。 (赵登善)

【股份公司党委】 中国共产党中国铁建股份有限公司委员会(以下简称股份公司党委)是中国铁道建筑总公司党委领导下的对下属单位党组织实行统一领导的党组织。股份公司党委在企业中处于政治核心地位,发挥政治核心作用。主要负责统一领导并组织实施股份公司党的建设和思想政治工作。股份公司党委常委由孟凤朝、赵广发、彭树贵、齐晓飞、扈振衣、夏国斌、范德、庄尚标、张宗言、刘汝臣 10 人组成,孟凤朝任党委书记,赵广发、彭树贵、齐晓飞任党委副书记。股份公司党委职能机构设党委办公室、组织部(直属机关党委)、宣传部(企业文化部)、党委干部部(人力资源部)。党委副书记彭树贵任工会主席,党委副书记齐晓飞任纪委书记。根据《总公司、总公司党委关于中国铁建股份有限公司成立后需明确的有关问题的通知》(中铁建劳〔2007〕207 号)和总公司党委《关于成立中国铁建股份有限公司党委、纪委和工会、共青团组织的通知》(中铁建党组〔2007〕75 号)精神,总公司党委委员、纪委委员、工会委员、团委委员同为股份公司党委委员、纪委委员、工会委员、团委委员。

根据中央组织部和原中央企业工委及国资委党委批复和指示精神,基于总公司主营业务整体上市和局集团公司均为股份公司全资控股子公司,股份公司分布在全国各地的下属单位,党的领导关系由股份公司党委和所在省、自治区、直辖市党委双重领导,以股份公司党委垂直领导为主。按照中共中央有关规定,在 35 家下属单位中,18 个单位的领导班子成员实行以股份公司党委管理为主,地方党委协助管理,其余单位由股份公司党委实行全面管理。 (赵登善)

【工作综述】 2012 年,股份公司党委以高度的责任感和强烈的使命感,组织引导各级党组织和全体党员,团结带领广大职工,紧紧围绕企业改革发展和生产经营中心,知难而进,迎难而上,自觉把工作干劲凝聚到转型升级上,把主要精力放到降本增效上,把干事热情转到风险管控上,坚定信心,振奋精神,开拓创新,稳中求进,扭转不利形势,企业改革发展取得显著成绩。全年新签合同额 7893.4 亿元,同比增长 15.9%;完成营业收入 4590.2 亿元,同比增长 0.4%;实现利润 101.1 亿元,同比增长 0.6%;实现净利润 79.3 亿元,同比增长 0.7%。

(1)深化创先争优,基层党组织建设取得新成效。股份公司党委战略引领,推动企业科学发展。年内收购重组中国铁建财务有限公司,成立中国铁建国际集团有限公司。所属各级党组织自觉围绕中心,创优秀、争先进,发挥政治核心作用,形成推动科学发展的强大合力,促进企业又好又快发展。各级党委始终坚持以人为本的理念,不断健全完善维稳工作机制,从源头上预防和化解矛盾,密切与基层职工的联系,促进企业稳定和谐。各级党组织坚持抓好创先争优与创建“四好领导班子”、创建学习型党组织等活动的有机结合,强基固本,加强基层组织建设,基层组织建设焕发出新的活力。同时,各级党组织着力构建创先争优长效机制,促进创先争优长效化、常态化。

(2)着眼能力提升,领导班子建设取得新突破。各级党组织牢固树立和认真落实科学发展观,采取多种形式,强化党委中心组学习,深化学习型党组织建设,推进思想理论武装。推荐、组织领导班子成员参加中央党校等培训,提高领导班子的思想政治业务素质,提升领导班子的把关定向能力。面对严峻的经济形势,各级领导班子稳中求进,坚定不移地转方式、促转型,积极拓展路外市场、海外市场,资本运营不断涉足新领域,驾驭复杂局面的能力明显提升。股份公司党委不断加大所属单位领导班子管理力度,引导各单位领导班子自觉坚持民主集中制,加大领导人员的考核力度、严格执行选任和退出制度,形成推动企业改革发展的内生动力。

(3)强化精神引领,宣传思想文化工作取得新成绩。组织开展迎接党的十八大读书竞赛活动和“创佳绩、促和谐、迎盛会”形势任务教育活动,深入开展社会主义核心价值体系教育和精神文明创建活动,开展思想政治工作研究,组织开展责任成本管理宣传活动,为企业做强做优奠定良好的思想基础。对今后一个时期深化企业文化建设作出具体部署,开展中国铁建广告语征集评选工作和“绩效为先,执行为上”专题教育活动,积极推进铁道兵纪念馆暨中国铁建展览馆建设,广泛开展群众性文化活动,企业文化建设不断向纵深发展。策划和组织对股份公司转型升级的新思路、新举措和国内外重点工程及创效板块的对外宣传。2012年,股份公司总部在中央主流媒体刊稿182篇(幅)。《中国铁道建筑报》认真开展“走基层、转作风、改文风”活动,突出宣传企业转型发展的新成就、新经验,提高企业的知名度、美誉度和社会影响力。

(4)狠抓责任落实,党风建设和反腐倡廉取得新进展。狠抓制度建设,强化廉洁教育,围绕重大决策、招标采购等重点部位和关键环节,制定30余项规章制度,初步形成惩防体系有效运行的工作机制。广泛开展反腐倡廉教育,营造“廉荣贪耻”的廉洁文化氛围。狠抓集中整治,强化监督制约,深入开展依法经营集中教育整治活动。认真做好自查自纠工作,在领导决策、投标招标、包工队伍使用等关键环节上进行自查深挖。扎实开展整改纠错工作。启动问责程序,彻底治理中介违法分包问题。整合监督资源,初步建立起协调统一、健全高效的监督体系。狠抓大案要案,强化效能监察。全系统各级纪检监察组织标本兼治,重点查办大案要案,加大惩处力度,有效遏制腐败案件易发高发势头。同时认真开展效能监察,规范经营管理行为,提高管理水平和创效能力。

(5)注重作用发挥,工会共青团工作取得新收获。各级工会广泛开展各种形式的劳动竞赛,创新劳动保护形式,组织安全亲情活动,完善“一法三卡”等安全防护措施,推动职工技术创新,认真抓好评先创模工作。职代会建制率、召开率明显提高。落实职代会各项职权,民主评议干部富有成效。重视提案征集落实工作,不断深化企务公开,职工诉求表达渠道进一步拓宽。工资集体协商有序推进,职工工资正常增长,支付保障机制逐步建立完善。女职工权益得到切实落实。农民工工资直发等制度和做法,受到中华全国总工会主席王兆国的充分肯定。大力开展“服务基层、服务职工”活动,全面落实“面对面、心贴心、实打实服务职工在基层”要求,帮扶救助工作普遍开展。共青团组织开展“文化引领我争先、转型发展谱新篇”等青年主题实践活动。围绕纪念建团90周年,开展系列活动。夯实组织建设基础,进一步焕发团组织的生机与活力。勇担社会责任,开展“团组织就在我身边”、“铁骨柔情,大爱无疆”等关爱活动,进一步树立团组织的良好形象。

(耿仁胜)

【党委办公室】 总公司和股份公司党委的综合职能部门,协助党委领导处理日常工作的机构。主要职责:负责党委会和党委召开的全局性会议的筹备工作和会务工作,协助领导组织会议决定事项的实施;协助党委领导组织制定和起草工作计划、总结、报告和有关会议文件、材料等;审核以党委或党委办公室名义发布的公文;督促检查党委各部门和下属单位党委对中央和上级重要指示、决议和重要会议精神以及党委领导有关指示的执行落实情况,并跟踪调研,及时反馈信息;协调党群各部门之间的工作关系;协助党委领导组织处理需由党委直接处理的突发事件和重大政治事故;组织政治工作专题调查研究;了解掌握下属单位党委的工作情况和政治工作动态,做好政工信息的收集、整理、上报、通报,编发《政工情况》。负责股份公司维护稳定领导小组、党委保密委员会、扶贫开发的日常工作;负责党委和党委领导的文电收发运转、党委印鉴和信件管理等工作;办理党委领导交办的其他事项。定员7人,现员5人;设主任1人、副主任1人;下设党委秘书处、调研处和保密办公室。

2012年,在股份公司党委的正确领导下,紧紧围绕企业中心任务,充分发挥综合协调和参谋助手职能作用,不断完善服务理念,全面提升服务水平,狠抓工作任务落实。一是坚定立场,喜迎党的十八大、宣传党的十八大。组织总部机关和中国铁建投资集团公司等所属单位认真聆听胡锦涛总书记代表第十七届中央委员会所作的报告,力争在第一时间掌握来自中央最高层的思想理论的最新动态。此外,认真组织全系统传达贯彻党的十八大会议精神视频会议,听取党委书记、董事长孟凤朝主讲的传达贯彻党的十八大精神讲座。通过学习党的十八大精神,更加坚定了走中国特色社会主义道路的信念。二是注重学习,努力提高综合服务能力。认真学习中央全会重要理论文章和股份公司党委文件,尤其是深入学习党的十七届四中、五中、六中、七中全会精神和胡锦涛总书记七一讲话及股份公司党委全会精神,积极参加股份公司党委中心组组织的各种报告会和学习会,把握实质,融会贯通,努力提高自身素质;不断提升自身综合素养,着重学习现代企业制度有关知识、法律知识、国际国内时事以及业务知识,开阔视野,拓宽思路。三是深入调研,切实发挥参谋助手作用。组织召开全系统党委工作调研会,所属单位结合宏观经济形势与行业、企业发展趋势,提出2013年工作的主要思路。联合有关部门进行工作会调研,了解所属单位的生产经营、党建等基本情况,为领导班子和机关部门提供相关信息。四是提高《政工信息》编制质量,认真筛选信息,突出思想性,注重指导性。五是维护稳定,构建企业和谐发展环境。坚持稳定为先,严格落实稳定工作责任制。建立和完善维稳工作长效机制,落实维护稳定工作任务,细化、分解责任和目标,形成统一协调的稳定工作体制和机制。关心离退休、内退人员和职工生活,发挥群团组织作用,努力构建和谐企业,为股份公司科学发展、和谐发展营造良好的环境。六是注重创新,保密工作进一步规范。中国铁建保密工作在国资委保密委员会和股份公司党委的正确领导下,深入贯彻《中共中央关于加强新形势下保密工作的决定》和上级保密工作会议精神,围绕企业中心任务,积极应对新形势下保密工作面临的新情况、新问题,注重加强领导,健全机构;注重加强教育,提高意识;注重健全制度,明确责任;注重完善措施,加强执行,确保全年无失泄密事件发生。七是真抓实干,扶贫工作成绩显著。2012 年,1 个单位和 1 名个人分别被国资委评为中央企业扶贫开发先进单位和先进个人,4 名挂职干部被评为河北省扶贫工作先进个人;股份公司撰写的典型经验入编全国社会扶贫优秀案例 100 例。（耿仁胜）

【保密工作】 按照中央保密委员会、国家保密局要求和国资委 2012 年保密工作要点,围绕股份公司中心工作,研究新情况,采取新举措,建立规范、有序、合理、协调的保密工作运行机制,促进保密工作科学化、规范化、制度化,开创保密工作新局面。一是加强领导,健全保密机构。股份公司主管领导亲自过问保密工作,多次做重要批示。股份公司副董事长、党委副书记、工会主席、保密委员会主任彭树贵召集公司保密工作领导小组成员会议,学习传达上级保密工作会议精神,分析企业保密工作形势,部署当前和今后的保密工作。各单位选拔政治可靠、责任心强的党员干部充实到保密工作队伍,三级单位成立保密工作领导小组。二是加强教育,提高保密意识。高度重视保密教育工作,采取多种方式,进行经常性的保密教育。在《中国铁道建筑报》等内部报刊资料上,大力宣传《中华人民共和国保守国家秘密法》等法律法规,收到明显效果。结合施工生产实际,采取知识讲座、知识竞赛、图片展、邀请专家学者讲课、播放电教片等形式,进行保密宣传教育,有效地提高了全员保密意识。股份公司党委办公室按照国家保密局和国资委要求,进行安奈特电子设备和勘察测绘专项活动清查。三是健全制度,落实保密目标。结合企业实际制定《保密工作管理办法》《商业秘密保护规定》等 6 项规定办法,编印《保密法规文件汇编》,下发总部机关和所属单位学习执行。针对保密工作中容易出现失泄密的环节制定严密措施,严堵失泄密漏洞,部署落实“三合一”等保密系统配备工作。坚持做到加强网络信息管理工作,加强上市后信息披露工作,加强文件收发、阅办和回收工作,加强对外交往保密工作,加强经营承揽等重点环节的保密工作,以全过程、全方位的管理,确保国家秘密和企业商业秘密的安全。四是积极开展保密协作活动。股份公司作为国资委第 8 保密协作组重点涉密单位,根据保密协作组组长单位安排,承担相关责任,制定上报保密年度工作计划,开展保密工作评价活动。结合股份公司机关 OA 管理体系建设,督促抓好总部保密管理系统,实现定密管理、涉密岗位、涉密人员、涉密设备等保密日常业务的信息化管理。推进股份公司商业秘密保护及其信息系统安全防护体系建设,建议和督促信息中心制定网络舆情保密管理工作实施方案,切实提升股份公司网络舆情保密工作能力和管理水平。股份公司全年无失泄密情况发生,多次受到上级主管部门嘉奖。2012 年连续被评为国资委保密工作先进单位。（梁树枫）

【扶贫和援疆援藏工作】 按照国务院扶贫办公室和国资委的部署和要求,股份公司接受对河北省尚义县、万全县定点扶贫和援疆援藏工作。采取的主要措施:一是把开展扶贫和援疆援藏工作提升到政治责任和社会责任的高度常抓不懈。在定点扶贫和援疆援藏工作实践中,以“三个代表”重要思想为指导,积极践行和落实科学发展观,从解决贫困群众最关心、最直接、最现实的问题入手,动真情,举实措,扶真贫,为推动贫困地区经济和社会事业的发展作出积极贡献。二是把发挥中央企业优势作为开展好扶贫和援疆援藏工作的有效途径。2012 年,股份公司投入资金和实物 100 余万元,帮助接洽和引进项目 3 个,支持和扶助尚义、万全两县脱贫致富。利用在对口县域内进行国家重点基础设施建设的时机,积极帮扶贫困村镇销售石材,输出劳务,定销农副产品,帮销金额千万元以上,输出劳务 700 余人。三是把扶贫工作自觉纳入地方经济和社会总体发展规划中。在发挥比较优势,抢重点、找机遇,抓好帮扶项目的同时,结合当地县情,始终把握扶贫工作与地方党委、政府中心工作保持一致、合拍配套的宗旨,自觉把扶贫工作纳入地方经济和社会总体发展规划中,积极献计献策,提供智力和资金支持。四是把开展扶贫和援疆援藏工作做为教育和锻炼干部的重要手段。4 名挂职扶贫和援疆援藏干部,以心系群众、无私奉献的公仆情怀,开拓进取、求真务实的优良作风,艰苦奋斗、知难而进的拼搏精神,密切了与驻地人民群众的联系,增进了感情,展示了中央企业干部的良好形象。2012 年,中铁建设集团公司和挂职干部苏雪峰分别获中央企业扶贫开发先进单位和先进个人称号;股份公司撰写的《扶贫扶根本“输血”为“造血”》

典型经验被国务院扶贫开发领导小组办公室选为全国社会扶贫100优秀案例之一；河北省委、省政府向股份公司发来感谢信并颁发"真帮实扶 情暖燕赵"奖牌，股份公司派出挂职干部卢振宇、张军柱、李昌盛、苏雪峰被授予河北省扶贫工作先进个人称号。年内，股份公司召开首次定点扶贫暨援疆援藏工作座谈会，完成定点扶贫挂职干部轮换选派工作；与西藏自治区住房和城乡建设厅实现对接并圆满完成专项扶助任务，派出的援疆援藏干部均获受援地区和单位表扬奖励。

（梁树枫）

【调研工作】 （1）会议调研。12月19日召开全系统党委工作调研会，所属集团公司、公司和党校党委办公室主任（党委工作部部长）40余人参加。会上，参会单位回顾本级党委2012年主要工作，总结经验，查找差距，分析原因，制定对策，结合学习贯彻落实党的十八大精神和企业"十二五"发展规划，结合宏观经济形势与行业、企业发展趋势，提出本级党委2013年工作的总体要求、目标任务、主要思路和具体措施及对股份公司党委工作的建议及意见。（2）工作调研。会同股份公司董事会秘书局、发展规划部、报社等有关部门到中国土木工程集团公司，中铁十二、十七局集团公司，中铁物资集团公司等单位调研，了解所属单位的生产经营、党建等基本情况，对取得的成绩和经验进行总结，对发现的问题以及所属单位提出的建议意见进行梳理汇总，提供领导班子和机关部门研究。（3）理论调研。调研论文《创先争优重实效 科学发展上水平》入选由求是杂志社研究所、中华人民共和国日史编辑委员会组织编辑、光明日报出版社出版的《先锋的力量——全国创先争优典型经验选编》一书。承担的国资委党建政研会课题《国有企业党的政治优势转化为核心竞争力的实践与探索》获2011～2012年度优秀研究成果二等奖。（耿仁胜）

【信息工作】 股份公司党委编印的《政工情况》是反映所属各级党委工作动态、基层工作进展情况和经验交流的平台，也是为各集团公司党委、领导提供重要情况、指导工作的一条重要渠道，具有思想性、内参性、指导性、实效性、动态性特征。2012年收集政工信息269篇，编辑《政工情况》52期，刊稿160篇。年内，中国土木工程集团公司党委工作部等7家单位被股份公司评为党委信息工作先进单位，寇鲁林等32名信息员被评为党委信息工作先进个人。（韩秀珍）

【文印管理】 按照股份公司党委有关文件、公章的管理规定，2012年审核公文、公函114份，保密委员会文件4份。全年收发上级、本级、下级文件1278份，其中上级文件329份、机密文件119份、秘密文件59份、党委领导传阅文件510份、党委办公室传阅文件439份。2012年文件归档4卷82份，其中永久性档案1卷12份、30年档案1卷8份、10年档案2卷62份。全年使用股份公司、总公司党委及保密委员会印章3952枚次。

（韩秀珍）

·机关党务·

【直属机关党委】 是股份公司党委领导下的对直属机关和直属项目部实行统一领导的党组织，由赵登善、余兴喜、郭品云、白晶、张良才、鲁斌、冯中海、戴开扬、马吉财8名委员组成，赵登善任党委书记。主要职责：组织机关和直属项目部党员认真学习马列主义、毛泽东思想、邓小平理论和"三个代表"重要思想，学习贯彻科学发展观，深入开展创先争优活动；学习和宣传党的路线、方针、政策，按照国资委党委、股份公司党委的部署及指示精神，结合股份公司机关和直属项目部实际情况，及时提出贯彻落实意见；对党员进行教育、培训、考评、管理和监督；负责表彰党内先进；培养入党积极分子和发展新党员；指导所属党总支、党支部的换届选举；负责党费的收缴、管理和使用；负责党内统计和党员组织关系的接转；负责直属机关计划生育、社会救助和募捐工作；做好股份公司党委民主生活会的服务工作；指导监督直属机关各支部的民主生活会；做好思想政治工作，充分发挥党组织的战斗堡垒作用和党员的先锋模范作用，努力建设学习型、服务型、责任型、效能型、廉洁型机关。

（王子利）

【直属机关党员代表大会】 中国共产党中国铁建股份有限公司直属机关党员代表大会于2012年4月9日召开。应到会代表84名，实际到会代表75名。大会以差额选举、无记名投票的方式选举王峰、白晶、冯中海、孙国富、李学甫、余兴喜、张良才、武宪功、赵登善、钱桂林、郭品云、扆守义、黄少军、曹锡锐、覃为刚、鲁斌（按姓氏笔画排序）16人为中共中国铁建股份有限公司直属机关出席中国铁道建筑总公司党员代表大会代表。

（王子利）

【基层党组织分类定级】 按照股份公司党委《关于做好基层党组织分类定级工作的通知》精神，机关各支部在分类定级工作中，坚持实事求是、符合规范、客观公正的要求，不回避问题，不降低标准。经汇总统计，机关24个党支部，有23个被评定为"好"，1个被评定为"较好"。直属机关党委严格按照基层党组织"五个好"的

标准要求，制定目标、明确责任、落实措施，着力巩固先进、推动一般、整顿后进，全面推进和加强基层党组织建设工作。（王子利）

【预备党员审批】 12月29日召开直属机关党委会，研究通过罗芳、张红彦、尤家民、江炳坤、李栋5人加入中国共产党预备党员。（王子利）

【党小组长培训班】 10月18～19日，直属机关党委在中铁十四局集团公司南京项目部举办党小组长培训班，30名党小组长参加培训。培训班以党小组工作规程、工作方法为重点，以建设学习型、规范型、服务型、效能型、廉洁型机关为着力点，以提高执行力、增强管控力为出发点和落脚点，把培训与加强机关党的建设、促进机关全面发展相结合，既有理论教学，又有实践活动；既有现场参观增加感性认识，又有爱国主义教育的理性升华。讨论修改《机关思想作风建设意见》和《一先两优评选办法》。（王子利）

【社会捐助活动】 4月，开展“送温暖、献爱心”社会捐助活动，向灾区、贫困地区群众及北京市困难群众捐款29150元。（王子利）

【观看历史文献纪录片《信仰》】 7月12日组织机关党员、入党积极分子观看历史文献纪录片《信仰》。纪录片以党的90多年光辉历程为背景，通过讲述革命、建设、改革各个历史时期优秀共产党员坚持理想信念、发挥先锋模范作用、保持先进性和纯洁性的感人故事，深刻阐述共产党人的核心价值观，是一部兼取政论片、文献片、纪实片之长，融思想性、教育性、艺术性、观赏性于一体的优秀电视片，也是对广大党员、干部和入党积极分子进行理想信念的教育片。（王子利）

【观看电影《雨中的树》】 11月12日组织党员干部观看电影《雨中的树》。《雨中的树》是中国电影股份有限公司等单位联合摄制的，反映四川万源市委原常委、组织部部长李林森先进事迹的一部影片，也是向党的十八大献礼的重点影片。（王子利）

【机关党组织和党员队伍状况】 直属机关党委下设2个党总支、45个党支部。其中机关党支部25个、项目部党支部3个、离退休党支部16个。党员813名，其中在岗职工党员309人、离退休人员（含内退）501人、其他人员3名。在岗职工党员中，管理人员、专业技术人员301人，工人8人。党员中，35岁以下61人，36～45岁105人，46～54岁120人，55～59岁66人，60岁以上461人；研究生45人，大学本科365人，大学专科141人，中专105人，高中47人，初中及以下110人。（刘立新）

组　织

【党委组织部】 股份公司党委主管党的建设工作的职能部门。主要职责：认真贯彻执行党中央、国资委党委和股份公司党委关于加强党的建设的指示精神，研究制定本系统党建工作规划、制度、规定和措施；负责领导班子思想政治建设、民主集中制建设，指导各单位召开领导班子民主生活会和“四好领导班子”创建活动；负责党的委员会建设，指导各单位按期召开党员代表大会，进行党委换届选举；指导各单位抓好工程项目部党组织建设、党支部建设、党员教育管理和发展党员工作，开展创建“五好党支部”、“六好共产党员”等党内创先争优活动；负责全系统党内表彰奖励和先进典型选树工作；负责党内统计、党费收缴和管理、党员组织关系接转、党内教育培训、党群系统组织机构设置和编制定员等工作。定员7人，现员7人；设部长1人、副部长1人、组织员1人；下设组织处、党员教育管理处。

2012年重点抓了四个方面的工作。一是做好中央企业系统（在京）十八大代表选举工作。根据中央部署和国资委党委要求，认真做好中央企业系统（在京）十八大代表选举的相关工作。二是开展创先争优活动。在认真做好全系统创先争优活动总结工作的基础上，筹备召开股份公司创先争优活动总结大会。按照中央的要求，制定和修改完善一系列创先争优活动的制度和办法，形成创先争优的长效机制。三是着力加强工程项目部党组织建设。通过全面调研检查全系统工程项目部党组织建设情况，持续推动《股份公司党委、股份公司关于加强和改进工程项目部党的建设的决定》精神的贯彻落实，切实加强工程项目部党组织建设。四是狠抓管理提升年活动党建专项提升和整改落实工作。根据国资委管理提升活动的要求，在全面分析股份公司党建工作基本情况的基础上，确定“建立和完善企业党组织有效参与重大事项决策，发挥政治核心作用的体制机制”的党建专项提升的重点工作内容，并全面部署整改落实工作。（张良才）

【党组织和党员队伍状况】 截至2012年12月31日，全系统有党委906个、党总支305个、党支部6738个、党组6个。党员126330名。其中，在岗职工党员96663

名;离退休人员 29507 名。预备党员 4780 名,女党员 17090 名。党员队伍专业结构:企业管理人员和专业技术人员党员 75854 名,工人党员 20809 名。党员队伍年龄结构;35 岁以下的 40206 名,占党员总数的 31.8%;36~45 岁的 24404 名,占党员总数的 19.3%;46~54 岁的 28625 名,占党员总数的 22.6%;55~59 岁的 13875 名,占党员总数的 11%;60 岁以上的 19220 人,占党员总数的 15.2%。党员队伍文化程度:研究生 3065 名,大学本科 40645 名,大学专科 29260 名,中专 10218 名,高中 20404 名,初中及以下 22738 名。大专以上学历党员占在岗职工党员总数的 75.49%,比 2011 年增长 2.4 个百分点。 (刘立新)

【党员发展】 2012 年,全系统各级党组织认真学习贯彻党的十八大精神,按照《中国共产党章程》和《中国共产党发展党员工作细则(试行)》要求,认真执行"坚持标准、保证质量、改善结构、慎重发展"的方针,坚持把发展党员工作重点放在优秀专业技术人才、管理人才和高技能人才上,突出发展生产、工作一线艰苦环境、关键岗位上的优秀员工。在发展党员工作中,坚持"严格标准,规范程序,执行计划,保证质量"的原则,全系统全年发展新党员 4013 名,其中女党员 713 名、少数民族党员 137 名。新党员年龄结构:35 岁以下的 3169 名,占发展总数的 79%;36~59 岁的 844 名,占发展总数的 21%。新党员文化程度:大学本科以上学历 2221 名,占发展总数的 55.3%;大专学历 1280 名,占发展总数的 31.8%;中专、高中及以下学历 478 名,占发展总数的 11.9%。发展生产一线党员 3534 名,占发展总数的 80.6%;专业技术人员和管理人员 3722 名,占发展总数的 92.7%。

(高学存)

【入党积极分子队伍建设】 培养一支数量充足、质量较高的入党积极分子队伍是保证发展新党员质量的重要基础。所属各级党组织按照中央和国资委党委关于发展新党员工作要求,积极做好在企业生产经营一线担当重任的青年优秀工人、优秀管理人才、优秀专业技术人才和优秀高技能人才的教育培养工作,对思想要求进步、踊跃向党组织靠拢、愿为党的事业和企业改革发展不懈奋斗的员工,党组织积极吸收到积极分子队伍中,不断壮大入党积极分子队伍。对列为入党积极分子的员工,采取多种形式进行重点培养教育,并指定 2 名党员具体帮助指导。截至 2012 年底,全系统基层党支部在 17900 名申请入党人员中,经上级党组织批准,10533 人列为入党积极分子。 (高学存)

【选举出席中央企业系统(在京)党代表会议代表】 按照国资委党委部署和要求,总公司党委于 4 月 18 日召开中国共产党中国铁道建筑总公司党员代表大会,选举孔凡成、许敬银、何义斌、汪文忠、张良才、孟凤朝、赵广发、聂志娥(女)、蔺双平(女)(按姓氏笔画为序)9 人为出席中央企业系统(在京)党代表会议代表。9 名代表以及大会指定代表李金城出席 6 月 4 日举行的中央企业系统(在京)党代表会议,选举中央企业系统(在京)出席中国共产党第十八次全国代表大会代表。

(杨 赳)

【选举中国共产党第十八次全国代表大会代表】 根据中央部署和国资委党委要求,在认真部署所属单位落实中央企业系统(在京)党的十八大代表选举工作会议精神及扎实推进党的十八大代表候选人推荐工作的基础上,根据各单位党组织和党员的意见,确定孟凤朝、赵广发、张良才、许敬银、彭亚娟(女)5 人为党的十八大代表候选人推荐人选。经中央企业系统(在京)大多数党组织进一步推荐和国资委党委遴选,在广泛深入考察的基础上,经 6 月 4 日中央企业系统(在京)党代表会议代表选举,中铁十五局集团二公司挖掘机司机许敬银当选中国共产党第十八次全国代表大会代表。 (杨 赳)

【3 人参加中国共产党第十八次全国代表大会】 中国共产党第十八次全国代表大会于 11 月 8~14 日在北京召开,中国铁建系统孟凤朝、李金城、许敬银亲历盛会。其中,中铁十五局集团二公司挖掘机司机许敬银作为十八大代表出席大会;股份公司党委书记、董事长孟凤朝,中铁第一勘察设计院集团公司副院长李金城列席大会。

(杨 赳)

【李金城当选党的十八届中央委员会候补委员】 11 月 14 日,中国共产党第十八次全国代表大会胜利闭幕。十七届中央委员会候补委员、中铁第一勘察设计院集团公司副院长李金城当选中国共产党第十八届中央委员会候补委员。 (杨 赳)

【创先争优活动总结大会】 9 月 25 日,股份公司党委创先争优活动总结大会在云南昆明召开。会上,股份公司党委书记、董事长孟凤朝作创先争优活动工作总结。自 2010 年 6 月开展创先争优活动以来,股份公司党委紧紧围绕"抢抓机遇保发展,调整优化促转型"的工作要求,以立足企业实际、推动科学发展、服务中心工作为切入点,全面、深入、扎实地开展创先争优活动,取得良好效果。一是开展党员公开承诺活动。股份公司党委按照中央《关于在创先争优活动中深入开展党员公开承诺的通知》精神,要求各级党组织按照"科学承诺、严格审核、全面公开、民主评议”的步骤落实党员公开承诺。二是抓好领导逐级点评工作。按照要求,全系统7396个基层党组织,有7192名党组织书记对基层党组织情况进行点评,占97.2%;党员121934名,被点评的党员有104093名,占85.4%。三是开展群众公开评议活动。全系统开展群众评议的基层党组织7396个,占基层党组织的100%;参加评议的群众144095人。基层党组织开展创先争优活动群众评议结果:满意的5149个,占总数的69%;基本满意的2292个,占总数的31%。群众评议满意和基本满意率100%。四是进行分类定级。各级党委严格按照分类定级规定的方法步骤和程序开展工作,做到分类着重找准问题、定级定实整改目标。全系统有6488个党支部经过分类定级。其中,先进党支部4016个,占61.9%;较好党支部1940个,占29.9%;一般党支部479个,占7.4%;较差党支部53个,占0.8%。通过开展创先争优活动,对一般党支部和较差的党支部进行帮扶整改,有力地推动了各项工作。会后,股份公司党委向国务院国资委党委上报创先争优活动总结报告。　(张良才　王子利)

【创先争优长效机制建立】　按照中央创先争优活动领导小组《印发〈关于各地区各部门各单位建立健全创先争优长效机制的指导意见〉的通知》要求,结合企业实际,充分借鉴党员先进性教育、学习实践科学发展观等活动中形成的成功经验,在推动科学发展、促进企业和谐、服务职工群众、加强基层组织等方面形成长效机制。为促进各级党组织开展创先争优活动做到制度化、长效化、常态化,股份公司党委要求所属各级党组织,按照上级精神,认真建立和完善创先争优活动长效机制。各级党组织高度重视,按照“务实管用、简便易行、群众欢迎”的原则,对已有的文件规定进行全面梳理和汇总,所属二、三级党委普遍建立创先争优长效机制,项目党工委普遍建立以项目党建工作制度为主要内容的长效机制,基层党支部至少建立一套管用可操作的创先争优活动制度。2012年,全系统各级党组织建立和完善各类长期性规章制度1758项。其中,推进科学发展方面670项;促进企业和谐方面356项;服务职工群众方面329项;加强基层组织方面403项。股份公司党委结合实际,建立和修订《关于开展党员公开承诺活动实施办法》《关于开展创建“四好领导班子”活动实施办法》和《关于开展创建“五好党支部”和争当“六好共产党员”活动实施办法》。根据要求,总公司党委向国务院国资委党委上报《中国铁道建筑总公司党委关于建立健全创先争优长效机制情况的报告》。　(刘　留)

【基层组织建设年活动】　根据国资委有关“基层组织建设年”活动的部署要求,股份公司党委下发《关于做好中央企业基层党组织分类定级工作的通知》,部署基层组织调研摸底、分类定级、整改措施等工作。一是立体摸底,做到调查全覆盖。建立党委组织部牵头摸底,基层党(工)委拉网摸底、党支部全面摸底、党员干部职工配合摸底的“四位一体”调查摸底体系,全面掌握基层党组织领导班子是否健全、工作制度是否完善、经费保障是否落实、作用发挥是否充分、亮点工作和薄弱环节等情况。为确保基层党员调查摸底的参与率达到100%,基层党组织深入职工群众之中,采取个别交流、召开座谈会、问卷调查等形式,广泛征求广大党员和职工群众的意见建议,全面掌握全系统6488个基层党组织的组织设置、班子建设、工作制度、活动经费、场所保障、作用发挥等情况。二是量化评价,做到分类精准化。按照基层党组织“五个好”的标准,各级党组织细化制定党组织带头人、工作思路、工作制度、活动阵地、保障机制、工作业绩、群众评价七项分类定级指标,并对分类定级指标按照百分制进行量化计分。规定综合得分90分以上为“好”,80~89分为“较好”,60~79分为“一般”,60分以下为“较差”。在定级指标的具体运用中,通过采用“基层党组织自评、党员群众测评、上级党委评定”的工作程序,坚持标准,严格计分,评定等级,并在一定范围内进行公示,接受职工群众监督。三是分类管理,做到推进重实效。各级党组织根据分类汇总的等级评定情况,实施分类管理。对先进基层党组织,通过典型引路、结对帮扶等措施,使之发挥示范引领作用;对列入较好和一般等级的党组织,要求对照定级标准,自纠自查,制定强化措施,争取进位升级;对较差党组织,由所属单位党委牵头督办,明确整改目标、措施和期限,上级党组织定期督查、年终验收,对工作措施不力、整改效果不明显的基层党组织进行通报。　(王子利)

【党建专项提升】　根据国资委《关于做好管理提升年活动第一阶段工作评价和第二阶段工作安排有关事项的通知》要求,股份公司党建专题小组结合全系统党建工作实际,认真分析查找制约和影响提升企业管理水平的党建方面的短板和瓶颈问题,主要是企业党组织有效参与重大事项决策,发挥政治核心作用的体制机制有待进一步建立和完善。分析问题产生的原因,并提出整改目标和具体措施。10月9日,股份公司下发《关于做好管理提升活动第二阶段党建专项提升和整改落实工作的通知》,部署全系统管理提升年活动党建专项提升和整改落实工作,要求所属单位党委结合本单位党建工作实际,制定整改工作方案。　(刘　留)

【表彰“四好领导班子”】　9月20日,股份公司党委、股份公司作出决定，批准中铁十一局集团有限公司、中铁十二局集团有限公司、中铁十三局集团有限公司、中铁十四局集团有限公司、中铁建设集团有限公司、中国铁建房地产集团有限公司、中铁第一勘察设计院集团有限公司、昆明中铁大型养路机械集团有限公司、中国铁建重工集团有限公司9个单位领导班子为股份公司2011年度“四好领导班子”。（杨 赳）

【部分单位召开党代会】 根据党章规定和股份公司党委要求，中铁十八局集团有限公司、中铁二十五局集团有限公司、中国铁建房地产集团有限公司、中铁第一勘察设计院集团有限公司分别召开党代表大会或党员大会，选举产生新一届党的委员会和纪律检查委员会，郝趁义、安康、李黎、王争鸣分别当选中铁十八局集团有限公司、中铁二十五局集团有限公司、中国铁建房地产集团有限公司、中铁第一勘察设计院集团有限公司党委书记。（杨 赳）

【财务公司党委成立】 9月5日，股份公司党委发出通知，决定成立中国共产党中国铁建财务有限公司委员会，冀涛、果秀娟、彭长林为党委委员，冀涛任党委书记。（杨 赳）

【遂渝公司党委纪委成立】 7月9日，总公司党委决定成立中国共产党重庆铁发遂渝高速公路有限公司委员会，许顺生、张泽、王中歧、唐跃兰、刘洋为党委委员；许顺生为党委书记，张泽为党委副书记。

12月21日，总公司党委发出通知，决定成立中国共产党重庆铁发遂渝高速公路有限公司纪律检查委员会，张泽、牛文明、李亮、曹崇智、王春云为纪委委员，张泽为纪委书记。（杨 赳）

【国际集团党委纪委成立】 10月25日，股份公司党委发出通知，决定成立中国共产党中国铁建国际集团有限公司委员会，赵佃龙、卓磊、郝桂林、张喜胜、王选尚、应尔强、魏万征、黄健民、于洪忠、李重阳为党委委员，赵佃龙为党委书记，卓磊为党委副书记；成立中国共产党中国铁建国际集团有限公司纪律检查委员会，田晓宇、冯来刚、孙利民、杨晋军、赵佃龙（按姓氏笔画为序）为纪委委员，赵佃龙为纪委书记。（杨 赳）

【青岛分公司党工委成立】 11月21日，股份公司党委发出通知，同意成立中国共产党中国铁建股份有限公司青岛分公司工作委员会，金守华、何庆安、李振刚、武明静、韩福启、蔚东绪、刘生秀为党工委委员，金守华为党工委书记，何庆安为专职副书记。（杨 赳）

【组织部长座谈会】 为进一步贯彻落实股份公司党委工作要求，扎实推进企业党的建设和组织工作，股份公司系统党委组织部长座谈会于7月17～19日在黑龙江哈尔滨中铁十三局集团四公司召开。股份公司党委副书记、副董事长、工会主席彭树贵出席会议并讲话。会议围绕落实中央要求开展基层组织建设年活动、企业党委换届选举工作、党委参与企业“三重一大”问题决策和贯彻落实股份公司党委、股份公司《关于加强和改进工程项目部党的建设的决定》等内容进行座谈研讨。股份公司系统所属单位的党委组织部部长、党委工作部部长参加会议。（杨 赳）

【重工集团党委与湖南省委建立双重领导关系】 根据工作需要，经研究并与中共湖南省委组织部协商，决定中国铁建重工集团有限公司党组织实行由湖南省委与中国铁道建筑总公司党委双重领导，以中国铁道建筑总公司党委垂直领导为主的管理体制。（杨 赳）

【参加中央企业先进精神巡回报告】 2012年，中央企业创先争优活动领导小组成立以宣讲“大庆精神、铁人精神”、“载人航天精神”和“青藏铁路建设精神”为主要内容的中央企业先进精神巡回演讲报告团。中铁十六局集团公司解丽丽作为宣讲员，代表股份公司参加在国资委机关和广东、山东等地巡回演讲，引起广大干部职工强烈反响，受到广泛好评，为宣传青藏铁路建设精神、中央企业先进精神、提升中国铁建良好形象作出积极贡献。（杨 赳）

【党员领导干部民主生活会】 按照中央、国资委党委有关规定和股份公司党委的要求，所属单位认真召开2012年党员领导干部民主生活会。根据企业发展面临的形势和任务，民主生活会以“深化创先争优，加快转型升级，提升管理水平，推进改革发展，以优异成绩迎接十八大、贯彻十八大”为主题。（杨 赳）

【项目党组织书记培训班】 根据股份公司党委、股份公司《关于加强和改进工程项目部党的建设的决定》的要求，为全面推进工程项目党建工作，加强和改进基层党组织自身建设，深入开展创先争优、“基层组织建设年”活动，2012年举办4期项目党组织书记培训班，培训党组织书记751人。（刘 留）

【两个单位党组织获全国创先争优先进基层党组织称号】 根据中央组织部关于表彰全国创先争优活动党内先进的通知精神，经国务院国资委党委和中共陕西省委所属各级党组织严格按照程序规范、公开透明、逐级推荐的要求，“七一”前夕，中铁十四局集团公司北京地铁9号线5标段项目部党支部、中铁第一勘察设计院集团公司党委被中共中央组织部授予全国创先争优先进基层党组织称号。（王子利）

【授予孔凡成荣誉称号】 7月3日，股份公司党委、股份公司作出决定，授予中铁十八局集团隧道工程公司副总经理兼锦屏二级水电站引水隧洞工程项目部经理孔凡成“忠诚企业的模范项目经理”荣誉称号。7月24日，股份公司党委、股份公司在天津中铁十八局集团公司机关召开命名表彰大会，宣读股份公司党委、股份公司《关于授予孔凡成“忠诚企业的模范项目经理”荣誉称号的决定》，股份公司党委副书记、副董事长、工会主席彭树贵为孔凡成颁发荣誉证书和奖金，并代表股份公司党委、股份公司作重要讲话，号召全系统广大党员、干部和职工向孔凡成学习；天津市规划建设交通工委副书记王忠武出席大会并代表地方政府讲话；孔凡成在会上作先进事迹报告。（高学存）

【慰问生活困难党员和老党员】 按照中央组织部和国资委党委部署，股份公司党委决定，在2012年春节前对生活困难党员和老党员进行慰问活动。慰问重点是建国前(1949年前)入党的生活困难党员、下岗职工中生活困难党员和获得中国铁建及以上各种荣誉称号的生活困难党员。国务院国资委下拨慰问款306800元，股份公司党委从本级留存的党费中拨出306800元，共计613600元，慰问全系统生活困难党员754名。（王子利）

宣　　传

【党委宣传部(企业文化部)】 股份公司党委宣传部，又称企业文化部，既属公司党委工作部门，又属行政工作部门。主要职责：负责股份公司党委和所属各级党委的思想理论建设和职工的政治理论教育；负责总部本级党委中心组学习，指导检查所属单位党委中心组学习；负责全系统施工生产中的思想政治工作和对职工经常性思想教育的宏观指导；负责企业改革的宣传教育和时事政策教育；组织指导股份公司系统精神文明建设；负责党建思想政治工作研究；负责企业文化建设、品牌文化建设工作；负责本级重大活动的宣传报道和对全国性报刊、电台、电视台及网络媒体的新闻报道；负责突发事件中的新闻处置；负责企业电视宣传片、专题片的摄制；负责中国铁建书法家协会日常管理工作；协同有关部门进行普法教育和综合治理方面的宣传教育；负责铁道兵纪念馆暨中国铁建展览馆筹建工作。定员12人，设部长兼党建政研会秘书长1人、副部长1人、副秘书长1人，现员10人；下设宣传教育处、企业文化处、新闻处、铁道兵纪念馆暨中国铁建展览馆(筹)。

2012年，坚持以邓小平理论、“三个代表”重要思想和科学发展观为指导，认真学习贯彻党的十七届六中全会精神和十八大精神，不断强化理论武装，加强学习型党组织建设，深化企业文化建设，深入开展思想政治工作，大力加强精神文明建设，不断创新新闻宣传的思路和方式，为企业科学发展提供强有力的精神动力、文化支撑和舆论保障。（刘　渝）

【学习贯彻十八大精神】 全系统以“迎接十八大、宣传十八大、贯彻十八大”为主线，大力开展宣传教育活动。6月26日，股份公司党委印发《关于组织开展“回顾辉煌历程 喜迎党的十八大”读书竞赛活动的通知》，采取多种形式组织广大党员干部群众热情参与读书竞赛活动，努力为党的十八大胜利召开营造良好氛围。11月7日，股份公司党委下发《关于收看收听十八大开幕式的紧急通知》，各单位和各级党组织迅速行动，组织党员、职工集中收看收听十八大开幕式。11月20日，股份公司党委召开全系统学习视频会，十八大列席代表、股份公司董事长、党委书记孟凤朝传达十八大精神。11月26日，下发《关于认真学习贯彻党的十八大精神的通知》，部署学习贯彻十八大精神。12月13日，再次召开全系统学习视频会，邀请参与十八大报告起草的中央政策研究室副主任潘盛洲作学习辅导报告。全系统二级单位均召开学习辅导报告会，部分单位把辅导报告视频连接到项目部，全系统掀起学习贯彻落实十八大精神的热潮。（汪元章）

【学习型党组织建设】 股份公司各级党组织以党的十七届六中全会和党的十八大精神为指导，组织开展“创佳绩、促和谐、迎盛会”形势任务教育活动，采取座谈交流、听取讲座、专家辅导等形式，不断深化学习型党组织建设，引领企业在“转方式、调结构，控风险、增效益”上谋求新思路，制定新举措，展现新作为。股份公司党委以收取书面材料的方式，督查各单位学习型党组织建设情况，并择优报送国务院国资委简报6期。（汪元章）

【精神文明创建活动】 组织参加“做文明有礼的北京人”主题活动，推荐先进典型参加“首都精神文明建设奖”评选活动。宣传推广中国铁建系统全国文明单位和首都文明单位的经验。组织开展“学习雷锋好榜样”活动，在网站开辟专栏宣传全系统学习雷锋的各项举措；举行郭明义爱心团授旗仪式，推进郭明义爱心团队等群众性精神文明建设活动的蓬勃开展。开展文明单位创建活动，中铁建设集团公司和中铁第五勘察设计院集团公司获全国文明单位称号。广泛开展社会主义核心价值体系教育。会同党委组织部撰写的《生命禁区开天路，雪域高原铸忠诚》演讲稿，制作演讲视频背景电视片，参与中央企业精神报告团，在全国10多个省市的国资系统和高校宣传中国铁建“青藏铁路建设精神”。在全系统广泛宣传中国铁建第二届十佳道德模范的事迹，凝聚力量，陶冶情操，开创新风。中国铁建报送的作品《朋友你好吗》获中央企业首届精神文明建设“五个一”优秀作品奖。（汪元章）

【责任成本管理宣传活动】 以国资委全面开展的“管理提升年”活动为契机，会同财务部、中国铁道建筑报社联合开展责任成本管理宣传活动，推出33个单位和35名个人在成本管理中的经验，并在全系统进行广泛宣传。（汪元章）

【思想政治工作】 所属各级党组织和企业领导人员结合企业改革发展中的热点难点问题和员工的思想实际，深入基层、深入项目，广泛开展思想政治工作。按照股份公司党委的部署，各单位普遍开展主题教育实践活动，通过座谈、个别谈话、演讲、征文、图片展、印发先进典型事迹材料并组织学习等方式，开展思想教育工作，为企业发展奠定良好的思想基础。股份公司党委宣传部（企业文化部）、中铁十三局集团三公司、中铁十七局集团三公司、中铁第五勘察设计院集团公司、中国铁建重工集团公司被评为中央企业思想政治工作先进单位；中铁十一局集团公司党委副书记雷佳民、中铁十六局集团公司党委宣传部部长王立武、中铁十八局集团公司党委宣传部部长王利、中铁二十四局集团福建公司党委书记刘钦曙及中铁建设集团公司党委书记、董事长汪文忠被评为中央企业优秀思想政治工作者。（汪元章）

【党建思想政治工作研究】 2012年围绕“发展、学习、聚力、铸魂”四大主题，组织开展思想政治工作研究。组织完成在中央企业党建政研会立项政研课题7个。组织完成股份公司本级政研课题111个，其中12个政研课题获股份公司党建政研课题一等奖、31个获二等奖、33个获三等奖、35个获成果奖；中铁十一、十四、十六、十七、十八、十九局集团公司和中铁第四勘察设计院集团公司7家单位获优秀组织单位奖。在中央企业党建思想政治工作研究会公布的2011～2012年政研成果中，中国铁建获一等奖2项、二等奖2项、三等奖1项、成果奖1项。其中，中国铁建党建政研会撰写的《中国铁建社会责任的实践与思考》、党委办公室撰写的《企业党组织政治优势转化为企业竞争力实践与研究》分获一、二等奖。同时，中国铁建被评为中央企业党建思想政治工作研究优秀组织单位。（汪元章）

【党委中心组学习】 所属各级党组织把党委中心组学习纳入党委年度工作计划，深入学习贯彻中央精神和国资委、国资委党委的有关部署。股份公司党委先后邀请中央党校、清华大学等单位的教授，就“国有企业是社会主义市场经济第一主体”、“公有制是共产党执政的基础”、“工程类企业突发事件媒体沟通管理”等内容进行讲解。购发《旧制度与大革命》等学习资料，推进理论武装工程建设。（汪元章）

【筹备第十六届大路画展】 6月8日印发《关于举办第十六届大路画展的通知》，确定组织机构、画展主题、主要题材和进度安排。改选大路美术家协会组织机构，股份公司党委副书记、纪委书记、监事会主席齐晓飞兼任大路美术家协会主席，宣传部部长、报社社长、总编钱桂林兼任常务副主席，董吉祥、王沂光、张衍海任副主席，党委宣传部宣教处处长汪元章兼任秘书长。与中国美术家协会、中国美术馆联系展览事宜。组织召开草图观摩会，并先后邀请中国美术家协会专家袁武、尚辉对大路美术创作进行辅导、对创作草图进行点评。启动大路美术名家的推荐工作，首次在全系统推出10名大路美术名家。2012年筹备期间，收集草图作品600余幅。（汪元章）

【编辑《铁建政工》】 2012年出版《铁建政工》6期。刊物及时反映股份公司党委重大活动和全系统政工动态，推进思想政治工作研究，交流先进经验，推广典型做法。（汪元章）

【反邪教维稳工作】 及时传达贯彻国资委党委和北京市公安局的有关会议精神，并组织召开中国铁建系统驻北京企业相关负责人会议，传达上级精神，排查摸底，落实工作部署，并及时向国资委汇报相关情况，密切与北京市公安局中国铁建公安局沟通，掌握实情，把握动态，落实有关维稳工作。（汪元章）

【《新春走基层》新闻宣传】 春节期间，按照中共中央宣传部的总体部署和中央主流媒体“走基层、转作风、改文风”活动的报道方案，股份公司派出报道小组，配合中央主流媒体记者深入中南铁路煤运通道太行山隧道施工现场、昆明轨道交通线建设工地等国家重点工程工地，从不同角度、不同层面采访记录中国铁建员工节日期间坚守岗位、舍小家为国家的精神风貌和感人故事。新华社、新华每日电讯、《工人日报》、人民网、中国证券网等媒体先后刊发新闻稿件、新闻图片20余篇(幅)。中央电视台春节期间在《新闻联播》《晚间新闻》《东方时空》等黄金时段的《新春走基层》栏目中播出《太行山两端的坚守》等新闻，引起中国铁建系统和社会的强烈反响和共鸣，并受到国资委宣传局领导的高度评价。（刘文　刘渝）

【《国企改革典型》新闻宣传】　在全国人民代表大会和中国人民政治协商会议召开前夕，经国务院国资委推荐上报，中国铁建股份有限公司被中共中央宣传部确定为国企改革先进典型之一。股份公司党委宣传部(企业文化部)带领《人民日报》、新华社、《光明日报》《经济日报》、中央人民广播电台、中央电视台、《科技日报》《工人日报》《中国青年报》等11家中央主流媒体记者，深入长沙中国铁建重工集团公司、中国铁建房地产集团公司长沙山语城等项目实地采访。从2月20日到3月3日，中央主流媒体先后刊发长篇通讯13篇，就中国铁建转变发展思路、调整产业结构取得的新经验、新成绩展开全方位、多层次的宣传报道，大大提升了企业的知名度、美誉度和社会影响力。其中，《人民日报》的文章《入地下海谱新篇》、中央电视台《新闻联播》播出的《变了思路，有了出路》等稿件，均重点刊发了股份公司董事长、党委书记孟凤朝和总裁赵广发的采访，在中国铁建系统和全社会引起强烈反响。

（刘文　刘渝）

【全国创先争优先进基层党组织——中铁十四局集团公司北京地铁9号线项目党支部新闻宣传】　“七一”前夕，经国资委宣传局推荐并报送中共中央宣传部批复，股份公司党委宣传部(企业文化部)组织协调中央主流媒体、并报北京市委宣传部批复后组织北京市主流媒体，两次集中采访报道全国创先争优先进基层党组织获得单位——中铁十四局集团公司北京地铁9号线项目部党支部。7月18日，股份公司党委副书记、纪委书记、监事会主席齐晓飞召集《人民日报》、新华社、中央电视台、《光明日报》等中央主流媒体，在中铁十四局集团公司北京地铁9号线项目部召开典型宣传座谈会，并陪同记者深入地下约30米的北京地铁9号线军事博物馆站工地现场采访。8月15日，《北京日报》、北京电视台等11家北京媒体到中铁十四局集团公司北京地铁9号线项目部集中采访。

从7月中旬至8月下旬，包括中央主流媒体和地方媒体在内的全国50余家电台、电视台、报刊、网站播发稿件数十篇，社会影响十分广泛，大大提升了中国铁建在北京乃至全国地铁建设市场的品牌形象和美誉度。（刘文　刘渝）

【《国企带头人》典型孔凡成新闻宣传】　9月，股份公司党委宣传部(企业文化部)带领由《人民日报》、新华社、中央人民广播电台、中央电视台、《工人日报》等14家中央主流媒体及《中国铁道建筑报》记者组成的采访团，深入四川雅砻江畔的锦屏水电站引水隧洞工地，对“国企带头人”典型、“金牌项目经理”——中铁十八局集团隧道公司副总经理、局锦屏水电站项目经理孔凡成看重责任、忠诚企业的先进事迹和崇高精神进行深入采访。从9月16日开始，各大中央主流媒体陆续在重要栏目、黄金时段刊发深度新闻报道，国资委网站专门开辟《国企带头人》宣传专栏，在中央企业内部和全社会引起强烈关注和热烈反响。（刘文　付玉忠）

【《走基层：国企在海外》新闻宣传】　为配合党的十八大胜利召开，股份公司党委宣传部(企业文化部)主动与中央电视台沟通协调，积极参与《走基层：国企在海外》栏目的选题策划。9月，派员带领中央电视台记者赴中国土木工程集团尼日利亚公司，现场采访中国铁建海外员工吃苦奉献、融入当地、造福社会的突出业绩、精神风貌和感人故事，编辑制作的5集新闻专题节目，受到中央电视台胡占凡台长及央视新闻中心领导的高度赞赏，从11月8日党的十八大召开当天开始，中央电视台在《朝闻天下》栏目中连续播出5集系列报道，并在《新闻联播》节目的头条播出7分钟新闻《国企在海外——尼日利亚的中国酋长》。节目播出后，在中央企业、全社会和海内外引起轰动效应，并受到中国驻尼日利亚大使的充分肯定，“中国酋长”一度成为网络热词。（刘文　尤家民）

【企业转型发展新闻宣传】　股份公司党委宣传部(企业文化部)围绕企业加快转变发展方式，加速产业升级的战略思路，针对中国铁建科学布局促进结构调整、科技创新推动产业升级、抓住机遇实施“大海外”战略三个方面的突出成绩，与中央主流媒体上报沟通。8月2日，《经济日报》整版刊登记者署名文章《中国铁建——建筑业巨人是如何长大的》，并配发记者观察《“铁建速度”从哪里来》和3幅照片，向全社会展示中国铁建作为世界500强企业的良好形象。（刘文）

·企业文化建设·

【表彰企业文化建设先进单位和个人】 12月25日，下发《股份公司党委、股份公司关于表彰企业文化建设先进单位、优秀项目部和先进个人的决定》，19个单位被评为2012年度企业文化建设先进单位、59个项目部被评为企业文化建设优秀项目部、105人被评为企业文化建设先进个人。（刘志强）

【中国铁建书法家协会改选】 5月10日，下发《关于总结上报中国铁建书法家协会开展活动情况的通知》，各单位上报2006年以来活动开展情况，统计协会会员。6月28日下发选票；7月3日，中国铁建书法家协会第二届理事会改选工作完成。12月21日，印发《关于中国铁建书法家协会第二届理事会组织机构及组织人员的通知》。（刘志强）

【中国铁建广告语评选】 中国铁建广告语征集活动收到应征作品4857条。10月19日，经中国铁建广告语评选委员会无记名投票评选出优秀作品10条、入围作品30条。（刘志强）

【中国铁建企业文化建设培训班】 11月19～24日在股份公司北京培训中心举办。培训班邀请专业机构人员讲授企业文化基础知识、企业文化构建策略及企业文化理论成果，点评企业文化建设经典案例。股份公司系统115人参加学习，通过考试，取得中华人民共和国高级企业文化师职业资格证书。（刘志强）

【中国铁建获中国企业文化建设优秀单位称号】 11月30日～12月1日，中国文化管理学会企业文化管理专业委员会在广州举办2012中国企业文化管理年会暨中国企业文化管理测评最新成果发布会。会上，中国铁建被评为中国企业文化建设优秀单位，钱桂林被评为中国企业文化建设优秀个人。（刘志强）

【出台决定进一步加强企业文化建设】 12月25日，股份公司党委、股份公司下发《关于进一步加强企业文化建设的决定》，要求全系统深入贯彻落实党的十八大精神和十七届六中全会精神，不断增强企业文化软实力，充分发挥企业文化在提高管理水平、增强竞争能力、促进改革发展中的作用。决定从加强企业文化建设的重要意义、指导思想和基本原则及总体目标、重点工作、保障措施四个方面，提出进一步加强企业文化建设的具体要求。（刘志强）

【铁道兵纪念馆暨中国铁建展览馆建设】 3月19日，经第5次中国铁道建筑总公司总经理办公会议研究，铁道兵纪念馆暨中国铁建展览馆筹建经费预算方案通过审核。3月21日，招标小组成立。5月底、6月初，经公开招标，确定清华大学美术学院、中铁建设集团公司分别为场馆设计方和总承包建设方，中铁第五勘察设计院集团公司为监理方。随着筹备工作的不断推进，根据工作进展需要召开机关各部门会议、工程协调会、各项工作推进会、展陈方案讨论会等会议71次。截至2012年底，两馆完成原有墙体改造和隔墙龙骨安装工作。（毕中喜）

【铁道兵纪念馆暨中国铁建展览馆历史资料及物品征集】 2012年在中国铁建系统内、外多方面、多渠道征集有关铁道兵、中国铁建的历史资料及物品，考证历史事实。年内召开北京、天津、上海、武汉、西安5个地区片会，动员并布置资料收集工作；协调中国铁建总部机关相关部门，翻查铁道兵时期遗留下来、尚未拆除的库房，寻找历史资料与线索；相继走访总政北京玉泉路干休所、成都军区马家花园干休所、大连第七干休所，采访老铁道兵及老铁道兵家属近百人次；参观四川乐山铁道兵博物馆、成都铁道兵纪念馆及黑龙江省博物馆、沈阳抗美援朝纪念馆、中国工业博物馆、丹东抗美援朝纪念馆，赴黑龙江原铁道兵嫩江农场、物资局西南办事处等单位搜集历史资料；内、外部借调文件1100余份、整理500余份；胶转磁方式处理历史胶片纪录片24盘；收集实物资料1993件，照片5000余张（含电子版）。（毕中喜）

【铁道兵纪念馆暨中国铁建展览馆举行第1次资料征集捐赠仪式】 7月3日，铁道兵纪念馆暨中国铁建展览馆资料征集捐赠仪式在中国铁建大厦三楼报告厅举行。仪式以视频会议形式举办。中国铁道建筑总公司党委书记、中国铁建股份公司总裁、铁道兵纪念馆暨中国铁建展览馆筹备工作领导小组组长赵广发作重要讲话，中国铁道建筑总公司党委副书记、纪委书记，中国铁建股份公司党委副书记、纪委书记、监事会主席、纪念馆暨展览馆筹备工作领导小组副组长齐晓飞总结2012年以来的筹建工作情况，纪念馆暨展览馆筹备工作领导小组顾问霍金贵出席会议。仪式由中国铁建股份公司企业文化部部长、铁道兵纪念馆暨中国铁建展览馆筹备工作办公室主任钱桂林主持。捐赠仪式收到捐赠物品百余件，其中包括将军服、《铁道兵志在四方》油印版、《铁军》报增刊等珍贵物品，产生了较大的社会反响。中国铁建领导、机关各部门负责人、联络员、档案工作人员，所属在京单位和中铁十五、十七、

二十三、二十四局集团公司,中铁第一勘察设计院集团公司,昆明中铁大型养路机械集团公司分管领导和宣传部负责人在主会场参加仪式,其他二级单位分管领导、宣传部负责人和工作人员在分会场参加仪式。仪式邀请20位为纪念馆筹建捐赠珍贵物品的单位代表和嘉宾。（毕中喜）

【铁道兵纪念馆暨中国铁建展览馆历史资料、物品整理】 截至2012年底,完成铁道兵纪念馆暨中国铁建展览馆历史资料、物品的整理、登记、编号工作,物品拍照造册工作正在进行;两馆藏品管理系统框架建立。全年发放收藏证书83份、荣誉证书22份。（毕中喜）

【铁道兵纪念馆暨中国铁建展览馆历史资料搜集、查询、归纳】 2012年翻阅各类史志、年鉴31套(册),各类传记、回忆录18套,各时期文件1100余份,以及所属二级单位及中国铁建机关汇集的文字资料1000余万字,画册12册、照片5000余幅,搜集展陈大纲、后台文字、解说词等专题的撰写材料。截至年底,经过近30次大的修改,增删60万字,形成两馆大纲5万字;精选图片540幅;整理后台文字近50万字、表格近50份。（毕中喜）

【铁道兵纪念馆暨中国铁建展览馆展陈大纲及展陈设计方案】 随着资料的不断丰富和历史依据的查实工作不断取得新成果,铁道兵纪念馆暨中国铁建展览馆展陈大纲编修工作持续推进。铁道兵纪念馆展陈大纲经过18次较大调整于11月报审;中国铁建展览馆展陈大纲经过11次调整,内容基本确定。两馆总体设计方案和铁道兵纪念馆展陈设计方案分别于5月30日、8月28日在中国铁建股份有限公司总裁办公会议上审核通过。截至2012年底,铁道兵纪念馆展板设计工作全面展开,中国铁建展览馆展陈设计方案基本完成;12件艺术品、13个触摸屏软件、10个多媒体视频策划方案完成。（毕中喜）

【中国铁建宣传品制作】 4月、7月,中国铁建分别参加在澳门举办的第三届国际基础设施投资与建设高峰论坛——铁路与城市轨道交通投资建设平行论坛和在美国举办的第八届世界高速铁路展览大会,为在会上形象地宣传企业业绩,先后制作中国铁建画册(英文版)和中英文折页宣传品。（毕中喜）

纪检监察

【中国铁建股份有限公司纪律检查委员会与监察局】 为合署办公机构,是中国铁建股份有限公司执纪、监督组织,履行党的纪律检查和行政监察两项职能,对股份公司党委和行政全面负责。股份公司纪委在党委和上级纪委的双重领导下开展工作,纪检业务以上级纪委领导为主。主要职责和任务:维护党的章程和党内其他法规,检查党的路线、方针、政策、决议和国家法律法规以及企业规章制度的执行情况,协助党委和行政领导加强党风建设和组织协调反腐败工作;负责党员党风党纪教育,对党员领导人员行使权力进行监督,检查和处理管理权限内的领导人员违纪案件;受理党员的控告申诉,保障党员的权利;组织开展效能监察和专项执法检查,为企业的改革发展和稳定提供纪律保证。

2012年,股份公司纪委、监察局领导任职及组织机构设置情况:纪委书记齐晓飞,纪委副书记王国平(1月退休)、郭品云。股份公司纪律检查委员会定编12人,现员11人;设纪委办公室和纪检监察室两个部门,分别下设综合处、案件审理处和案件检查处、执法监察处。

2012年,中国铁建系统各级纪检监察组织按中央、中央纪委和国资委要求,围绕中心,服务大局,以惩防体系建设为主线,以落实党风廉政建设责任制为龙头,夯实教育基础、完善体制机制、强化监督制约、加大惩处力度,为企业稳健、持续、和谐发展提供有力保障。（王　强）

【组织机构与队伍建设】 2012年,中国铁建系统继续贯彻中央纪委、中央组织部、监察部和国务院国资委党委联合下发的《关于加强和改进中央企业和中央金融机构纪检监察组织建设的若干意见》精神,年内增加纪检监察机构编制61个,新增人员48人,纪检监察干部与其他业务部门交流168人次。围绕纪检监察干部政治、业务素质提升,所属各级纪检单位采取办班培训、岗位交流、以会代训等形式,提高纪检监察人员依纪依法办案、化解风险、拒腐防变的能力。全年举办纪检监察业务培训班152期,培训专兼职纪检监察人员2935人次。（王　强）

【党风廉政建设责任制】 2012年,中国铁建系统签订党风廉政建设责任书6848份,考核单位3151个,责任追究277人,其中纪律处分188人、减扣薪酬166人。

12月，股份公司党委、纪委组成6个检查组，对二级单位进行落实党风廉政建设责任制和纪检监察工作全面考核。（王 强）

【惩防体系建设】 中国铁建系统把基本制度建设作为推进惩防体系建设的基础性工作常抓不懈。围绕法人治理、重大决策、项目管理、投资监管、招标采购等重点部位和关键环节，2012年制定《贯彻落实"三重一大"决策制度实施办法》等反腐倡廉配套制度127项。落实党风廉政建设责任制、坚持反腐倡廉建设联席会议制，探索廉洁风险防控有效途径，初步形成惩防体系有效运行的工作机制。（王 强）

【党风党纪教育及领导人员廉洁从业】 中国铁建系统把反腐倡廉教育融入廉洁文化创建活动之中，逐步形成理论灌输与文化培育相交融、组织教育与群众活动相呼应、反腐倡廉教育与各类业务素质培训相结合的新格局。2012年组织反腐倡廉教育活动3260场次，参加人员16.1万人次；开展廉洁文化作品创作活动，征集作品936件，评选优秀作品168件；开展依法经营集中教育整治活动，填写自查登记表3138份，签订"依法经营承诺书"2927份；领导人员实行廉洁承诺1.6万人次，廉洁谈话2623人次；上缴礼品礼金和有价证券146人次362万元。（王 强）

【查办案件】 中国铁建各级党委和纪检监察组织以惩促防，标本兼治，努力遏制腐败案件易发高发势头。2012年，全系统受理群众信访举报283件次；初核案件线索290件，立案268件，结案249件，党纪处分86人，政纪处分460人，党政纪双重处分67人；移送司法机关12人，刑事处理28人，组织处理29人，责任追究44人。通过办案挽回经济损失2183.31万元。股份公司纪委在中央企业查办案件工作座谈会上介绍经验。（王 强）

【效能监察】 2012年，中国铁建系统效能监察立项23项，提出监察建议3797条，作出监察决定470个，整章建制472个，查处违纪违规资金1.47亿元，避免经济损失2.14亿元，挽回经济损失4.08亿元，节约资金3.22亿元，直接增加经济效益1.52亿元。按照国务院国资委和股份公司的统一部署，集中开展境外资产监管、整治亏损项目、转变经济增长方式和治理"小金库"等专项检查，涉及资金442.81亿元，发现问题3763个，纠正3619个。股份公司纪委在中央企业效能监察推进会上介绍工作经验，中铁二十、二十二局集团公司的设备租赁和整治亏损项目效能监察成果分别被国务院国资委评为中央企业效能监察示范项目。（王 强）

【规范领导人员权力运行】 全系统落实监督措施，拓宽监督渠道，整合监督资源，努力规范权力运行。推行企务公开、党务公开、"三项招标"监督；开展领导人员述职述廉和职工群众评绩评廉活动，述廉议廉5852人次；着力企检共建工作，化解企业经营风险，促进依法合规经营；组织巡视调研，2012年派出巡视组28个，巡视企业132家，向被巡视单位提出整改建议343条，对领导人员进行提醒或诫勉谈话109人次。（王 强）

【中国铁建2012年党风建设和反腐倡廉工作会议】 2月12日在北京召开。所属集团公司、公司、党校、直管项目部等单位的党委书记、董事长、总经理、院（校）长、纪委书记、监察处长和股份公司纪委委员以及总部机关部门正职以上（含）领导190余人参加会议。会议的主要任务是认真贯彻党的十八大和十八届中央纪委一次、二次全会及2012年中央企业反腐倡廉工作会议精神，总结2011年工作，部署2012年任务。股份公司党委副书记、纪委书记、监事会主席齐晓飞作题为《围绕转型升级发展，促进依法合规经营，努力开创党风建设和反腐倡廉工作新局面》的工作报告。股份公司领导孟凤朝、赵广发、彭树贵、齐晓飞、扈振衣、夏国斌、范德、庄尚标、张宗言、刘汝臣等出席会议。（王 强）

【中国铁建纪委书记座谈会】 9月20～21日，中国铁建2012年纪委书记座谈会在山东青岛召开。股份公司纪委、监察局主要领导和工作人员，所属集团公司、公司及党校纪委书记或相关领导48人参加会议。会议传达中央、中央纪委、国资委纪委最新指示精神，通报1～8月全系统效能监察调研及案件查办情况，所属单位汇报纪检监察工作，修订股份公司党委《党风廉政建设责任制实施办法》《巡视工作暂行办法》《党务公开实施细则》。会议期间，观摩中铁十四局集团公司青荣城际铁路工程指挥部廉洁文化建设和中铁二十局集团四公司效能监察工作。股份公司党委副书记、纪委书记、监事会主席齐晓飞出席会议并作重要讲话，要求全系统认真学习贯彻中央、中央纪委、国务院国资委纪委的指示精神，重视落实党风廉政建设责任制，加强廉洁风险防控工作，加大效能监察和查办案件工作力度，完善惩防体系制度建设，开展廉洁文化创建活动。（王 强）

【中国铁建反腐倡廉联席会议第4次会议】 9月3日

在北京召开。会议由股份公司纪委副书记郭品云主持，股份公司纪委委员、机关各部门负责人及纪委、监察局全体人员参加会议。股份公司党委副书记、纪委书记、监事会主席齐晓飞出席会议并作重要讲话。会上，总部机关各部门总结汇报在筑牢反腐倡廉防线、促进廉洁从业、防控廉洁风险、依法合规开展管理的工作情况，并结合部门业务内容和岗位职责提出防控廉洁风险的意见和建议。郭品云对总部机关开展廉洁风险防控、建立廉洁风险防控体系工作进行具体部署和安排。（王　强）

【廉洁文化作品征集评选及展览活动】 11 月 12 ~ 19 日，股份公司纪委在中国铁建大厦一楼大厅举办中国铁建廉洁文化作品展。为深入推进廉洁文化建设，营造风清气正的文化氛围，促进企业健康和谐发展，以优异成绩迎接党的十八大召开，2012 年 5 ~ 8 月，股份公司纪委、监察局举办廉洁文化作品征集评选活动，征集作品 936 幅。其中，书法类（含篆刻）作品 484 幅；绘画类作品 141 幅；文字类作品 275 篇；剪纸作品 19 幅；其他作品（含摄影、刺绣、歌曲创作等）17 份。经评选，评出一等奖 25 名、二等奖 35 名、三等奖 50 名、优秀奖 60 名，5 个单位获组织奖。股份公司董事长、党委书记孟凤朝，总裁赵广发高度重视此次展览，并亲笔题词，寄予厚望；党委副书记、纪委书记、监事会主席齐晓飞拟写前言；副总裁、中国铁建书法协会主席扈振衣为展览题名。（王　强）

【纪检监察业务培训班】 10 月 22 ~ 28 日，股份公司纪委、监察局在股份公司北京培训中心举办纪检监察业务培训班。全系统 152 名纪检监察干部参加培训。培训班邀请国务院国资委、中国纪检监察报社的领导、专家，同时安排股份公司纪委具有丰富经验的纪检人员，围绕办案文书制作、招投标监督、巡视工作、查办案件流程、效能监察、纪检监察新闻写作、情绪管理与阳光心态、公务接待与礼仪等专题，进行深度解读和讲解。（王　强）

报　纸

【中国铁道建筑报社】 《中国铁道建筑报》1948 年 10 月 15 日创刊，是中国铁道建筑总公司主管，中国铁道建筑报社主办的行业性报纸。报社定员 23 人。

2012 年，《中国铁道建筑报》充分发挥企业媒体资源优势，围绕中心，服务大局；加强组织，精心策划；强化培训，提升素质；坚持面向管理层，面向基层一线，积极开展“三贴近”和“走基层、转作风、改文风”活动，为企业转型发展提供动力引擎，成为企业的一种无形生产力，为促进企业文化建设和可持续发展发挥重要的舆论引领作用。（何大成）

【重要工作宣传】 2012 年充分发挥报纸在企业发展中的舆论导向作用，紧紧围绕企业不同时期的中心工作和重大主题进行精心策划，强势引导，不断打出“组合拳”，形成强大舆论攻势。

1 月，重点推出转型发展系列报道专栏，盘点 2011 年，加强对企业“转方式，调结构，促转型”的宣传报道。2 月，分三个阶段（会前预热、会中集中报道、会后反响）在一至四版开辟“学习贯彻四会精神”等专栏，组织“四会”专刊，以消息、通讯、评论、图片、会议报告等形式进行强势宣传报道，先后刊发稿件 261 篇 11 万字，使“四会”精神广为人知，也为有效实施新一年发展战略，推动企业转型升级营造良好的舆论环境。3 月，推出中央主流媒体聚焦中国铁建专题报道，从主流媒体的视觉解读企业，巧借外力为中国铁建树立良好的外部形象。同时，跟踪报道十一届全国人大五次会议、全国政协十一届五次会议及十一届全国人民代表大会，让广大职工充分了解国家政治形势，培养国企职工的政治责任。5 月，以劳动节为契机，宣传一批施工现场的先进典型，通过深度报道，引导更多职工扎根基层建功立业。7 月，在纪念中国共产党成立 91 周年之际，报道一批基层优秀共产党员先进事迹。11 月，为迎接党的十八大，在一版开辟“科学发展，成就辉煌”栏目，以系列报道形式突出主流舆论引导，刊发《从追赶着到领跑者——中国铁建依靠科技创新推进企业发展纪实》《谱写壮丽的和谐乐章——中国铁建勇担社会责任纪实》《搏斗风雨阔步行——中国铁建房地产集团 5 年发展纪实上》《聆听地产新锐的铿锵足音——中国铁建房地产集团 5 年发展纪实下》《领军海外的王者之师——中国铁建实施“走出去”战略勇闯国际市场纪实》《幸福像花一样开放——中国铁建全力改善民生纪实》《让历史告诉未来——中国铁建十年科学发展速写》7 篇报道，以宏篇巨制深度诠释企业在科学发展道路上取得的辉煌成就。围绕责任成本管理，在一、二版开辟“向责任成本管理要效益”、“责任成本管理面面观”、“责任成本管理精英录”等栏目，以消息、言论、通讯等形式刊发报道 50 余篇，加大企业管控能力、管理提升活动等方面的宣传力度，引领企业坚定不移地走质量效益型之路，促进企业经营质量效益提升，不断推动企业做强做优。（何大成）

【先进典型宣传】 采写报道中国铁建房地产集团公司五年发展成就，全面梳理、深度剖析中国铁建房地产板块的先进管理经验。先后报道全国三八红旗手——中铁十六局集团二公司王英茹，全国五一巾帼标兵——中铁十四局集团二公司邯黄项目部总工程师李红英，全国创先争优先进基层党组织——中铁十四局集团公司北京地铁9号线5标段项目部党支部，“中国好人”获得者——中铁二十五局集团三公司青年农民工袁增伟的典型事迹；并与中央主流媒体联合推出“国企带头人”孔凡成先进事迹的深度报道。

（何大成）

【党和国家领导人以及省部级领导视察中国铁建宣传】 2012年，组织采写中共中央政治局常务、国务院总理温家宝在沙特接见股份公司总裁赵广发，中共中央政治局委员、北京市市委书记刘淇到中铁建设集团公司承建的草莓园工程调研，湖南省省委书记周强、省长徐守盛会见股份公司总裁赵广发一行，铁道部部长盛光祖率铁道部党组成员赴京石铁路客运专线现场办公，中共中央政治局常委、国务院副总理李克强考察中铁建设集团公司承建的海口市乐成恭和苑老年公寓工程，最高人民检察院检察长曹建民考察中国铁建安哥拉社会住房项目，中共中央政治局常委、全国人大常委会委员长吴邦国视察中铁十七局集团公司郑州东站工地，湖南省省长徐守盛调研中国铁建沪昆铁路客运专线湖南段建设情况，全国人大委员会副委员长司马义·铁力瓦尔地视察中国铁建承建的麦加轻轨铁路工程，江西省省委书记苏荣视察中铁十八局集团公司南昌轨道交通1号线丁公路北站工程建设情况，黑龙江省省长王宪魁视察中铁二十二局集团公司钢结构厂，铁道部部长盛光祖视察哈尔滨西客站等报道20余篇。

（何大成）

【外国领导人、代表访问中国铁建宣传】 2012年，刊发股份公司董事长、党委书记孟凤朝会见尼日尔政府代表团，总裁赵广发会见泰国交通部长查路鹏·路昂苏皖，孟凤朝率中国铁建代表团访问匈牙利，贝宁总统号召人民向中国铁建学习，孟凤朝会见印尼驻华大使及AG集团总裁一行，匈牙利青年代表团访问中国铁建总部，孟凤朝会见德国前总理施罗德等消息10余篇。

（何大成）

【海外重要工程宣传】 组织策划“科学发展，成就辉煌”栏目——海外板块10年成就宣传报道及二、三版联版的“海外专刊”，刊载《中土集团：扬帆海外谱新篇》《中非建设公司：精耕非洲绘蓝图》《领军海外的王者之师——中国铁建实施“走出去”战略勇闯国际市场纪实》等文章，宣传企业在实施“大海外”战略中取得的辉煌成就，扩大企业在海外的影响力，树立企业“走出去”的品牌形象，坚定“走出去”的信心和决心。

（何大成）

【国内重点工程宣传】 围绕项目、标准化管理和安全质量、工程队建设、区域滚动发展，重点领域、重点工程及工程公司、项目部科技创新和新工艺、新技术应用进行宣传报道。先后刊发狮子洋隧道、关角隧道，沪昆铁路客运专线等一批重点工程和中国铁建重工集团公司责任成本管理及自主创新成就的报道。（何大成）

【业务培训】 2012年，为提高采编人员及基层通讯员新闻采写能力，采取“内训”和“外培”两种模式，全方位提升工作人员的业务素质。8月20～27日，报社在股份公司北京培训中心举办第12期新闻报导骨干培训班，238人参加培训。培训班邀请新华社、产业报协会、人民铁道报社、人民大学及人民网等专家、教授讲授新闻摄影、中国新闻奖获奖规律与采写、通讯员修养及人物通讯采写等知识。年内3次派出编辑记者参加新闻出版署组织的业务培训；多次派出报社资深编辑深入中国铁建所属集团公司、工程公司和项目部进行新闻业务培训，2000人次受训。（何大成　王海青）

【新闻作品获奖】 在第七届中国铁路记协好新闻评选中，由何大成撰写的《慈母之心》获报纸副刊特等奖；刘长彬、赵玲莉采写的《贝宁总统号召人民向中国铁建学习》，王莹采写的《中国企业为中国经济发展起到重要作用》获报纸新闻一等奖；王维撰写的《让新闻讲述动人的故事》、邹静撰写的《论改进新闻报道的着力点》获新闻业务论文一等奖；张少峰撰写的《让走出去战略的步伐更坚实》获报纸评论二等奖；王维撰写的散文《记忆中的味道》被评为报纸副刊三等奖；赵渊青拍摄的《特别的节目特别的婚礼》被评为新闻图片三等奖。

在第二十七届中国产经新闻奖评选中，副刊杂文《让灵魂跟上前行的脚步》（作者王维）获一等奖并申报中国新闻奖；通讯《从“中国制造”迈向“中国创造”》（作者王维、罗光明、向奇志）、新闻论文《让新闻讲述动人的故事》（作者王维）获二等奖；消息《格桑花儿今朝校园喜绽放》（作者王莹、何大成、张兰忠）、《让中国高铁领跑世界》（作者王莹、何大成、孔祥文）、《曹保刚：来自中国的尼日利亚酋长》（作者王维），言论《“不让老实人吃亏”呼唤传统价值回归》（作者何大成），新闻论文《论改进新闻报道的着力点》（作者邹静），副刊杂文《从为民做主谈开去》（作者邹静），新闻版面2012年7月24日一版（责任编辑王莹）、2012年12月29日二三联版（责任编辑王维、王莹），新闻摄影《奋力掘进》（作者冯学亮）、《六获绿色奖励》（作者杨卧龙）和《企业“手机报”人文新平台》（作者庞曙光）11件作品获三等奖。（何大成）

【中国铁建新闻报道优秀记者】

孔祥文　边均安　张兰忠　张荣文　方　玲
赵守民　刘德联　杨秀权　成海忠　王昌尧
陈桂芳　李良苏　李佩山　李仕兵　王立武
蔡崇金　石宝进　江耀明　桑胜文　刘新红
富建强　陈树青　徐云华　尹登明　（王海青）

【中国铁建新闻报道先进单位和优秀通讯员】 2012年，《中国铁道建筑报》评出中国铁建新闻报道先进单位89家、优秀通讯员150名。（王海青）

【参加新闻采编人员资格培训】 12月10～14日，国家新闻出版总署培训中心在北京举办第89期中央在北京各报社新闻采编人员资格培训班，中国铁建系统30人参加培训，并取得资格合格证书。（王海青）

【网站管理】 2012年，报社网站移交股份公司信息中心管理和维护。全年上传电子报153期708个版面。（王海青）

【第十六届大路画展草图观摩会】 10月23～25日在北京召开。中国美术家协会分党组书记、常务副主席，中国人民大学艺术学院名誉院长，中央美术学院教授，中国西藏文化保护与发展协会常务理事吴长江、中国人民解放军艺术学院教授袁武出席会议，分别作精彩演讲并对大路画家的作品草图进行观摩和讲评。中国铁建党委宣传部部长、政研会秘书长、中国铁道建筑报社社长钱桂林，副社长韩传荣出席会议并讲话，大路美术家协会副主席、秘书长王沂光主持重点作品研讨，参加会议的专家，教授，领导，大路画派的画家、作者以及会议工作人员近百人。第十六届大路画展的主题是“中国铁建与大路文化”，拟定于2013年4月在中国美术馆举办。（王海青）

中铁二十四局集团公司远风书画院作家在创作。（文雄　摄）

2012 年 5 月 4 日,中国铁建团委召开庆祝共青团成立 90 周年大会暨中国铁建青年榜样事迹报告会。

（刘建国 摄）

工会 共青团

特载 | 大事记 | 概况 | 董事会工作 | 工程施工 | 海外经营 境外工程 | 经营管理 | 综合管理 | 科技管理 | 党的工作 | 工会 共青团 | 所属单位 | 人物 | 统计资料 | 文献辑要 | 附录

本栏责任编辑 **杨启燕**

工　　会

·生产综合·

【股份公司工会】 股份公司工会同时履行公司总部机关工会职能，在股份公司党委领导下，依据《工会法》《中国工会章程》和《中国铁建股份有限公司章程》独立自主地开展工作。动员和组织职工参加企业的改革和生产经营管理活动，代表和组织职工参与企业民主管理；民主监督企业领导人员和经营管理人员履行职责情况；教育职工不断提高道德修养和科学文化素质，建设"四有"职工队伍；维护职工合法权益；负责全国和省（部、市）劳动模范和各类先进的评选、推荐、审核和公司劳动模范的评比、表彰工作；负责公司总部机关工会日常工作。下辖中国土木工程集团公司，中铁十一至二十五局集团公司，中铁建设集团公司，中国铁建电气化局集团公司，中国铁建房地产集团公司，中铁第一、第四、第五勘察设计院集团公司，中铁上海设计院集团公司，中铁物资集团公司，昆明中铁大型养路机械集团公司，中国铁建重工集团公司，中国铁建国际集团公司、北京铁城建设监理公司，中铁建（北京）商务管理公司，北京培训中心及直属机关工会。股份公司副董事长、党委副书记彭树贵任股份公司工会主席，白晶任工会副主席、女职工委员会主任。下设生产综合部、组织权益和女工部。股份公司工会另设体协理事会、工会经费审查委员会、女职工委员会。　（于　斌）

【生产综合部】 负责股份公司工会的综合协调和文秘工作，负责工会系统的宣传教育、劳动竞赛、"创争"活动、合理化建议和技术革新评审、评先树模、工地文化建设工作，负责统战和侨联工作，负责股份公司总部机关工会日常工作。定员5人，下设综合处、生产宣教处。　（于　斌）

【职代会提案】 工会生产综合部综合处作为职工代表大会提案工作委员会办公室，负责提案的征集、立案、处理、落实、反馈、归档工作，发挥监督、协调和服务作用。2月9日，股份公司一届三次职工代表大会在北京召开，会上立案提案165条。截至7月12日，165条提案全部答复处理，并由所属单位工会将答复处理的提案反馈至提案人，提案办复率100%。

股份公司提案工作委员会根据《中国铁建一届职工代表大会提案工作委员会工作制度》的有关规定，评选优秀提案、优秀处理落实提案各10条。为进一步激励职工代表提交优质提案，同时提高提案处理单位处理提案的积极性、主动性，推动职代会提案工作跃上新台阶，在股份公司的大力支持下，提案工作委员会研究决定，从一届三次职代会开始，对评优提案给予通报表彰的同时，将提案评优奖励从每条1000元增加到每条2000元，奖金由股份公司行政拨付。　（刘永胜）

中国铁建股份公司一届三次职工代表大会优秀提案

序号	提案案由	提案单位	提案人
1	进一步整合资源、坚定信心，做好做优海外市场	中国土木工程集团公司	刘志明 袁　立
2	解决铁路项目的先天性亏损	中铁十二局集团公司	李健康
3	加强信息化建设，提高企业信息化水平	中铁十三局集团公司	孙玉春
4	加强项目党建工作机制建设，堵塞效益流失漏洞	中铁十四局集团公司	赵　誉
5	绿色建筑，绿色施工	中铁十五局集团公司	周禹驰
6	关于加强领导干部、职工代表财经知识培训的提案	中铁十八局集团公司	刘琳琳
7	建立材料供应商的资源平台	中铁二十二局集团公司	张培柱
8	关于发挥综合优势，大力推行"大海外"战略的提案	中铁第一勘察设计院集团公司	刘为民 蒋　平
9	大力发展以勘察设计咨询企业为龙头的工程总承包业务	中铁第四勘察设计院集团公司	刘家美
10	关于进一步加强中国铁建文化建设的提案	中国铁建重工集团公司	宋占波

制表：刘永胜

中国铁建股份公司一届三次职工代表大会优秀处理落实提案

序号	提　案　案　由	提案单位	处理落实单位（股份公司）
1	强化专业培训，提升员工技能水平	中铁十一局集团公司	人力资源部
2	出台安全应急事件处置办法	中铁十三局集团公司	安全质量监督部
3	绿色建筑，绿色施工	中铁十五局集团公司	工程管理部
4	拓展企业生产经营项目，增强企业抗风险能力	中铁十五局集团公司	发展规划部
5	加大对集团公司的资金支持力度	中铁十七局集团公司	财务部
6	如何从源头上规避项目迎接国家审计的风险	中铁二十一局集团公司	审计监事局
7	建立物资设备集中管理信息平台	中铁二十一局集团公司	设备物资部
8	关于对科研成果推广应用的提议	中铁二十一局集团公司	科技设计部
9	全系统切实加强责任成本管理工作	中铁二十一局集团公司	财务部
10	加强法律事务系统的建设和管理，应对工程法律诉讼案件	中铁二十二局集团公司	法律合规部

制表：刘永胜

【文印管理】 认真、及时、准确做好上级、本级、下级的来文登记、传阅、清退、审核等工作。积极提供各部门所需文件资料。年内办理文电1672份。整理归档文书档案和科技档案11卷84份，其中永久卷2卷、长期卷3卷、短期卷6卷。遵循印章使用审核、登记管理规定。（程　玉）

【信息工作】 信息工作紧跟形势、围绕中心、服务基层，在对内指导工作和对外宣传企业、扩大影响等方面发挥积极作用。2012年编发《情况通报》23期，有关建立工资拖欠预警机制的信息入选中共中央办公厅《每日汇报》。（程　玉）

【体协工作】 为增强职工体质和丰富活跃职工文化生活，3月21～23日，在湖北咸宁举办“中国铁建杯”职工体育单项（桥牌）比赛。12月6～7日，在中铁十六局集团公司广州工程指挥部举办第六届“中国铁建杯”职工体育单项（乒乓球）比赛；同时，召开股份公司体协秘书长会，总结2012年股份公司体育工作并统筹部署2013年工作计划。（程　玉）

【有线电视管理】 股份公司机关工会负责复兴路40号院10余家单位和1400余户居民的有线电视维护管理。2012年，在股份公司财务部、中铁二十二局集团电气化公司通信中心和北京歌华有限电视网络股份有限公司等单位的积极协助下，机关工会完成党的十八大、第三十届伦敦奥运会等重要节目信号的传输保障任务，实现安全管理、维修及时和热情服务。（刘永胜）

【劳动竞赛】 股份公司总裁赵广发亲自签发电报，对2012年的劳动竞赛专门作出安排部署，所属各级工会积极按照股份公司要求，把维护职工权益，促进企业发展作为劳动竞赛的重要内容，以加快转变经济发展方式为主线，促进重难点工程完成为重点，提升企业经济效益为目标，广泛深入地开展“当好主力军，建功十二五”为主题的重点工程劳动竞赛。各级组织和项目部不断优化施工组织，狠抓安全质量，科学安排工期，强化成本控制，确保重点工程顺利推进，为超额完成企业年度生产经营任务、实现主要经济指标全面增长发挥重要作用。

根据铁道部和股份公司关于在铁路客运专线开展劳动竞赛的通知精神，股份公司组织有关部门对所属单位上报的2011年劳动竞赛参评资料进行认真评审，股份公司、股份公司工会研究决定：授予中铁十一局集团公司京福铁路客运专线闽赣Ⅰ标段项目经理部等10

个单位铁路客运专线劳动竞赛综合优胜单位、中国铁建“工人先锋号”称号，各奖励20000元；授予中铁十五局集团公司沪昆铁路客运专线项目部等5个单位铁路客运专线劳动竞赛单项优胜单位称号，各奖励5000元；授予中铁十一局集团公司成渝铁路客运专线CYSG－4标段项目经理部等21个单位铁路客运专线劳动竞赛先进单位称号。为表彰在铁路客运专线建设及重点工程建设中作出突出贡献的先进个人，决定：授予中铁十一局集团公司京福铁路客运专线闽赣Ⅰ标段项目部计划部部长田茂先等20人中国铁建“工人先锋号”标兵称号，各奖励2000元；授予中铁十二局集团公司宁安铁路1标段工程指挥部第一分项目部项目经理周世宏等64人中国铁建劳动竞赛优秀组织者称号，各奖励1000元。对以上获奖单位和个人分别颁发奖牌及荣誉证书。

中国铁建铁路客运专线劳动竞赛综合优胜单位、中国铁建“工人先锋号”

中铁十一局集团公司京福铁路客运专线闽赣Ⅰ标段项目经理部

中铁十六局集团公司贵广铁路工程指挥部

中铁十一局集团公司兰新铁路甘青段项目经理部

中铁十四局集团公司沪昆铁路客运专线长昆湖南段项目经理部

中铁十四局集团公司成绵乐铁路客运专线工程指挥部

中铁十二局集团公司宁安铁路1标段工程指挥部

中铁十九局集团公司沪昆铁路客运专线站前工程HKJX－8标段项目经理部

中铁十七局集团公司厦深铁路惠深段工程指挥部

中铁二十四局集团公司合福铁路安徽段站前4标段项目经理部

中铁二十五局集团公司大西铁路客运专线工程指挥部

中国铁建铁路客运专线劳动竞赛单项优胜单位

工程质量第一名

中铁十五局集团公司沪昆铁路客运专线项目经理部

安全生产第一名

中铁二十局集团公司哈齐铁路客运专线项目经理部

工程进度、环境保护第一名

中铁二十三局集团公司沪昆铁路客运专线工程指挥部

科技创新第一名

中铁二十二局集团公司哈尔滨铁路建设集团公司哈齐铁路客运专线项目经理部

文明施工和节支降耗第一名

中铁十八局集团公司石武铁路客运专线河南段项目部

中国铁建铁路客运专线劳动竞赛先进单位

中铁十一局集团公司成渝铁路客运专线CYSG－4标段项目经理部

中铁十七局集团公司兰新铁路项目经理部

中铁二十四局集团公司金温铁路扩能改造工程指挥部

中铁十九局集团公司兰新铁路甘青段项目经理部

中铁十一局集团公司沪昆铁路客运专线长昆湖南段2标段项目经理部

中铁十二局集团公司湘桂铁路扩改工程柳南段和南黎铁路工程指挥部

中铁十九局集团公司大西铁路客运专线工程指挥部

中铁十九局集团公司天平铁路工程指挥部

中铁十二局集团公司贵广铁路客运专线工程指挥部

中铁十八局集团公司津秦铁路客运专线工程项目经理部

中铁十七局集团公司宁安铁路工程指挥部

中铁十一局集团公司沪昆铁路客运专线杭长3标段项目经理部

中铁十三局集团公司京石铁路客运专线工程指挥部

中铁二十局集团公司沪昆铁路客运专线杭长湖南段HCTJI标段项目经理部

中国铁建电气化局集团公司京石铁路客运专线项目经理部

中铁二十局集团公司沪昆铁路客运专线贵州段工程指挥部

中铁十七局集团公司沪昆铁路客运专线贵州段工程指挥部

中铁十七局集团公司沪昆铁路客运专线长昆湖南段项目经理部

中铁十八局集团四公司京津城际延伸线项目经理部

中铁二十局集团二公司青荣城际铁路项目经理部

中铁十七局集团公司南广铁路NGZQ－3项目经理部

中国铁建铁路客运专线劳动竞赛“工人先锋号”标兵

田茂先　中铁十一局集团公司京福铁路客运专线闽赣Ⅰ标段项目部计划部部长

王金波　中铁十一局集团公司京福铁路客专闽赣Ⅰ标项目部安质部部长

蔡　进　中铁十一局集团公司兰新铁路项目经理部工程部部长

龙武斌　中铁十一局集团公司兰新铁路项目经理

部安质部部长

吕剑锋　中铁十二局集团公司宁安城际铁路1标段工程指挥部常务副指挥

赵长庆　中铁十二局集团公司宁安城际铁路1标段工程指挥部第四分项目部总工程师

朱　磊　中铁十六局集团公司贵广铁路项目经理部运架队队长

蒲　磊　中铁十六局集团公司贵广铁路项目经理部四项目部计划部部长

池　现　中铁十四局集团公司沪昆铁路客运专线长昆湖南段项目经理部计划部部长

尹立华　中铁十四局集团公司沪昆铁路客运专线长昆湖南段项目经理部第一项目分部书记

王庆京　中铁十四局集团公司成绵乐铁路工程指挥部二工区4号拌合站站长

杨世锋　中铁十四局集团公司成绵乐铁路工程指挥部三工区副经理

刘　嵘　中铁十七局集团公司厦深铁路(惠深段)二工区测量工班长

杨运平　中铁十七局集团公司厦深铁路(惠深段)一工区工程师

霍德民　中铁十九局集团公司沪昆铁路客运专线江西段站前工程HKJX-8标段三工区经理

刘百合　中铁十九局集团公司沪昆铁路客运专线江西段站前工程HKJX-8标段四工区经理

宋文胜　中铁二十四局集团公司京福铁路(安徽段)项目经理部常务副经理、副书记

余　翔　中铁二十四局集团公司京福铁路(安徽段)项目经理部工委书记、综合部部长

尚高科　中铁二十五局集团公司大西铁路客运专线项目经理部第一工区总工程师

曾湘澜　中铁二十五局集团公司大西铁路客运专线项目经理部第六工区区长

中国铁建客运专线劳动竞赛优秀组织者

郝生德　杜军良　余　霖　杨汉国　周世宏
石志祥　张为民　王献伟　李孝南　袁绪宏
张国辉　王素海　李德禄　张　涛　张明杰
莫汉能　杨　东　李　广　鲁劲松　谭华梁

中国铁建2011年度劳动竞赛优秀组织者

李庆勇　黄德广　彭新文　荆　山　宋津喜
程庆海　梁　斌　王宝明　孟凡亚　刘慧云
高晨辉　王红升　卢永堂　董　梁　潘喜发
郝建彬　谷振伟　张述兴　张宏杰　崔吉林
王高鹏　沈维圣　董金堂　尹建勋　乔英杰
万华民　赵永明　冯永弟　马俊岭　杨从华
郝登元　王金海　赵　伟　李清堂　吕锡纲
李利军　徐茂义　张金健　罗先林　黄孝民
伊礼强　刘林华　李　滨　黄平原　（李青颖）

【劳动竞赛经验介绍】　中国铁建劳动竞赛经验在全国重点工程劳动竞赛经验交流会、国资委工会主席会议、全国铁路群众生产会议上做经验介绍后,2012年3月在广州召开的全国铁路工会生产宣传工作会议上,再次作为铁路基建行业的唯一代表在大会做经验介绍。在中华全国铁路总工会2012年铁路建设系统表彰中,中国铁建有9个先进集体获火车头奖杯、42名先进个人获火车头奖章,在铁路客运专线建设表彰中,中国铁建有30个先进集体获火车头奖杯、102名先进个人获火车头奖章。此外,中华全国铁路总工会为中国铁建包西铁路和中铁物资集团公司在劳动竞赛、降本增效等方面成绩突出的单位和个人,特批两个火车头奖杯、14个火车头奖章指标并下发表彰文件。中铁十八局集团公司获全国保障性安居工程建设劳动竞赛先进单位,董事长郝趁义被评为优秀建设者,同时被授予全国五一劳动奖章,受邀参加国家住房和城乡建设部与中华全国总工会在人民大会堂联合举行的表彰大会并登台领奖。　（李青颖）

【劳动竞赛调研报告获奖】　中国铁建工会撰写的《劳动竞赛在企业发展中的地位和作用》调研报告,在中华全国铁路总工会工作调研报告评比中获一等奖。

（李青颖）

【节能减排活动】　中国铁建贯彻国资委、中华全国铁路总工会关于节能减排的通知要求,在全系统开展节能减排活动。节能减排在推进中国铁建绿色环保、科学发展中发挥积极作用。2012年,中铁十九局集团五公司路桥六公司承赤高速公路项目经理部被中华全国铁路总工会授予全国"工人先锋号"称号。

2012年1～8月,全系统有1391个公司和3914个班组、项目经理部开展以节能减排为主题的劳动竞赛活动。提合理化建议3620项,采纳2196项、实施1933项;开展节能减排技能培训899次,68071人参训;开展技术攻关、技术革新、技术发明1001项,岗位练兵、技术比武、技术交流活动617次,总结推广职工岗位节能减排先进技术、工法和绝技高招478个;组织节能减排巡查活动832次,提出改善意见或建议1607项,节能减排投入资金14193.81万元,节能减排节约资金55886.66万元;表彰"我为节能减排作贡献"活动中的先进单位171个、优秀团队275个、先进个人665名、优秀成果304项。　（李青颖）

【劳动保护】 中国铁建所属各级工会认真贯彻股份公司武广高速铁路劳动保护和宁杭高速铁路劳动竞赛两个现场推进会的精神和要求，把基层班组和施工一线作为安全活动的着力点和落脚点，以维护职工人身安全作为第一职责、第一要务，积极参与企业安全管理，大力弘扬安全文化，不断丰富活动内容，创新活动形式，开展征集安全家书、光盘说心里话等亲情活动；签订安全目标安全投入集体合同，并实施兑现；开展安全培训，安全生产月、年活动；落实“一法三卡”等安全措施，建立健全群众监督委员会和职工安全监督员队伍。各级工会广泛开展比遵章守纪、比规范操作、比安全技能、比安全成效等形式的安全竞赛，扩大“安康杯”参赛覆盖面；开展事故隐患排查治理，与落实劳动保护责任制和安全目标管理考核结合起来，增强活动效果和责任意识。2012年，全系统各级工会派出安全监察组691次4151人次，发现安全隐患并提出整改意见2102个，被行政采纳整改的1850个；工会参与工伤事故处理62起；举办专兼职劳动保护监察员培训班179个、培训人员2790名，外送培训273名。全系统获省部级“安康杯”竞赛优胜和先进单位40个、全国“安康杯”竞赛优胜单位26个。 （李青颖）

【“安康杯”竞赛】 2012年，中国铁建所属单位积极参加“安康杯”竞赛，中铁十二和十七局集团公司连续3年、中铁二十三局集团公司连续5年获全国“安康杯”竞赛优胜单位称号，中铁二十三局集团公司是四川省唯一的全国“安康杯”竞赛示范单位；中铁十四局集团公司连续6年被评为全国“安康杯”竞赛优胜单位，并被授予连胜杯；中铁十五局集团公司连续11年获全国“安康杯”优胜企业称号；中铁十一局集团城市轨道公司连续4年、一公司连续3年，中铁十八局集团三公司连续5年获全国“安康杯”优胜企业称号；中铁十五局集团公司有3个公司获全国“安康杯”竞赛的连胜杯。中铁十五局集团六公司开发的班组安全管理经验成果在中华全国总工会2011年创新成果发布后，作者高之磊被授予全国五一劳动奖章。中铁十一局集团公司赵晋华被授予全国安康企业家称号，中铁十八局集团公司工会主席赵心昭被评为全国“安康杯”竞赛组织工作优秀个人。 （李青颖）

【安全警示教育片《赵总监正传》获奖】 中铁十六局集团二公司工会拍摄的《赵总监正传》，在铁道部和中华全国铁路总工会联合组织的安全警示教育片评比中获特等奖。 （李青颖）

【职工才艺大赛】 中国铁建广泛开展职工才艺大赛，推出一批内容健康、形式新颖、积极向上的职工才艺节目，涌现出一批技艺精湛的优秀文艺骨干，极大地丰富了广大职工的文化生活，促进了中国铁建职工文化的大发展、大繁荣。经评选，评出优秀节目23个、优秀组织奖及优秀组织者奖各1个。

中国铁建职工才艺大赛优秀节目一等奖

1. 杂技《抖空竹》

中铁二十二局集团六公司：杨迪

2. 独舞《雨巷》

中铁十七局集团建筑公司：尚健

中国铁建职工才艺大赛优秀节目二等奖

1.《魔术表演》

中铁十六局集团北京工程公司：马文杰、观赏女孩

2. 小品《过年》

中铁十一局集团一公司：王志军、李小燕、石峰

3. 音乐剧《新徒弟》

昆明中铁大型养路机械集团公司：刘杰、陈意彰、施敏等

4. 男声独唱《把一切献给党》

中国土木工程集团公司：黄克学

5. 女声独唱《愿五星红旗永远飘扬》

中铁十四局集团房桥公司：王兰芬

6. 女声独唱《我们是光荣的筑路人》

中铁十九局集团三公司：吕彦艳

中国铁建职工才艺大赛优秀节目三等奖

1. 舞蹈《阿妹是月亮》

中铁第五勘察设计院集团公司：宋晔

2. 女声独唱《我的青藏线》

中国铁建港航局集团公司：湛娟

3. 快板书《列车奇遇》

中铁十二局集团公司：杨茂森

4. 舞蹈《神舞古韵》

中铁十五局集团七公司：郝爽等

5. 女声独唱《春天的芭蕾》

中铁物资集团北京公司：贺青

6. 集体舞《彝家春早》

昆明中铁大型养路机械集团公司：王珏、王丹、杨铃惠等

7. 舞蹈《康定情歌》

中铁建（北京）商务管理公司北京物业公司：刘小莹、李飞飞、朱昆等

8. 女声独唱《我要去西藏》

中铁十三局集团四公司：陈曦

9. 琵琶演奏《春江花月夜》

中国铁建房地产集团公司：罗凯

10. 女声独唱《我爱你中国》

中国铁建房地产集团公司:彭显征

11. 舞蹈《天路》

中铁建(北京)商务管理公司北京铁建医院:张丽霞、李卫莉、庞和春、张秀君等

12. 健身表演《职工花毽》

中铁二十五局集团公司:范建生、周飞、杨德华、刘芳、朱必礼等

13. 舞蹈《肚皮舞》

中铁二十局集团公司:黄峻梅

中国铁建职工才艺大赛优秀节目特别奖

戏曲《变脸》

股份公司机关离退休职工管理部:冯亚男

中国铁建职工才艺大赛优秀组织奖

中铁十四局集团公司工会

中国铁建职工才艺大赛优秀组织者奖

张丽霞　中铁建(北京)商务管理公司北京铁建医院长　　(李青颖)

【参加全国铁路职工才艺大赛】 中华全国铁路总工会主办的全国铁路职工才艺大赛暨全路巡回演出,于2012年11月在北京圆满落幕。中华全国铁路总工会表彰在职工才艺大赛中表现突出的先进单位和先进个人及优秀节目。中铁十七局集团建筑公司尚健、股份公司机关离退休职工管理部冯亚男、中国土木工程集团福州设计院黄克学、中铁十六局集团北京工程公司马文杰、昆明中铁大型养路机械集团公司刘杰被中华全国铁路总工会授予全国铁路职工才艺大赛“才艺之星”称号;中铁十七局集团建筑公司尚健的独舞《雨巷》、股份公司机关离退休职工管理部冯亚男的戏曲《变脸》、中铁十四局集团北京中铁房山桥梁公司王兰芬的女声独唱《我们是光荣的筑路人》、中铁十九局集团三公司吕彦艳的女声独唱《愿五星红旗永远飘扬》,分别获全国铁路职工才艺大赛一、二、三等奖和优秀节目奖。　　(李青颖)

【3人获“火车头职工艺术家”称号】 中铁十二局集团电气化公司杨茂森、中铁十六局集团一公司邓一文、中铁二十四局集团浙江工程公司租赁公司曹进被中华全国铁路总工会授予“火车头职工艺术家”称号。　　(李青颖)

【获铁道部火车头体育协会表彰】 中国铁建10个单位和16名个人被铁道部火车头体育协会分别评为全国铁路体育工作先进单位和先进个人。

全国铁路体育工作先进单位

中国土木工程集团公司

中铁十四局集团公司

中铁十五局集团七公司

中铁十六局集团三公司

中铁十九局集团一公司

中铁二十一局集团公司

中铁第一勘察设计院集团新疆铁道勘察设计院公司

中铁第四勘察设计院集团公司

昆明中铁大型养路机械集团公司

中国铁建重工集团中铁株洲桥梁公司

全国铁路体育工作先进个人

王庆忠　中国土木工程集团公司工会副主席

李　俊　中铁十一局集团公司工会副主席

吴都管　中铁十二局集团公司体协秘书长

姜　艳　中铁十七局集团公司体协秘书长

赵玉环　中铁十八局集团公司体协秘书长

陈益发　中铁二十局集团公司体协秘书长

宋艳玲　中铁二十二局集团公司女工委副主任

马俊岭　中铁二十四局集团公司体协秘书长

范建生　中铁二十五局集团公司体协秘书长

李泽文　中铁建设集团公司工会宣传干事

李桂梅　中国铁建电气化局集团公司体协秘书长

刘家美　中铁第四勘察设计院集团公司工会主席

黄孝民　中铁第五勘察设计院集团公司工会办公室主任

董启宽　中铁物资集团北京中铁工业公司工会主席

杨昂宇　昆明中铁大型养路机械集团公司制造总厂党委书记

程　玉　中国铁建股份公司工会高级政工师

(李青颖)

【中国铁建劳模代表参加“五一”庆祝活动】 2012年4月27日上午,中华全国总工会在北京人民大会堂举行庆祝“五一”国际劳动节大会,邀请全国200名劳动模范代表参加首都“五一”系列庆祝活动。2012年全国五一劳动奖章获得者、2009年中央企业劳动模范、中铁二十四局集团公司董事长、党委书记王北京,2012年全国五一劳动奖章获得者、中铁十八局集团公司副总经理邓勇,2010年全国劳动模范、中铁第四勘察设计院集团公司副总工程师郭志勇应邀参加庆祝活动。　　(李青颖)

【评先树模】 2012年,中国铁建有3个单位获全国五一劳动奖状、17人获全国五一劳动奖章,6个集体被授予全国“工人先锋号”称号;39个集体获火车头奖杯、

146 人获火车头奖章;48 个集体被授予中国铁建“工人先锋号”称号,32 人被评为中国铁建“工人先锋号”标兵。

全国五一劳动奖状获得单位

中铁二十三局集团公司

中铁二十一局集团二公司

中国铁建玉树地震灾后重建指挥部

全国五一劳动奖章获得者

赵广发　中国铁建股份公司总裁

吕　岗　中铁十一局集团公司副总经理

王维民　中铁十四局集团公司青荣城际铁路项目经理部书记

孔令健　中铁十六局集团公司指挥长

赵国旗　中铁十六局集团贵广铁路客运专线 GGTJ－11 标段工程指挥部指挥长

谭光华　中铁十六局集团公司北京工程公司农民工

邓　勇　中铁十八局集团公司副总经理

赵永明　中铁二十三局集团公司副总工程师

王北京　中铁二十四局集团公司董事长、党委书记

肖明清　中铁第四勘察设计院集团公司副总工程师

郝趁义　中铁十八局集团公司董事长、党委书记

王少华　中铁二十一局集团四公司玉树灾后重建项目经理部施工员

李　波　中铁二十一局集团二公司玉树灾后重建项目经理部总工程师

王立华　中铁二十一局集团六公司玉树灾后重建项目经理部项目经理

达文斌　中国铁建玉树地震灾后重建指挥部总工程师

陈永祥　中铁十五局集团公司广深港铁路客运专线 ZH－4 标段四工区队长

高之磊　中铁十五局集团六公司高速铁路铺架一队队长

全国“工人先锋号”

中铁十一局集团合福铁路安徽段站前 7 标段项目经理部北山隧道施工班

中铁十九局集团五公司广源高速公路第 8 合同段项目经理部

中铁二十一局集团公司大西铁路客运专线工程指挥部第三项目部

中铁第一勘察设计院集团兰州铁道设计院公司线路运输所

中铁二十局集团公司沪昆铁路客运专线贵州段工程指挥部中心试验室

中铁二十三局集团三公司四川雅泸高速公路 C20 项目经理部

火车头奖杯获得单位

中铁十六局集团公司西格铁路二线工程指挥部第一项目部

中铁十七局集团三公司沪昆铁路客运专线贵州工程指挥部

中铁十八局集团轨道交通公司莞惠城际 GZH－2 标段项目经理部

中铁十九局集团一公司

中铁二十局集团一公司兰新铁路甘青段祁连山隧道掘进队

中铁十二局集团公司包西铁路通道(陕西段)工程指挥部

中铁十四局集团公司包西铁路通道(陕西段)工程指挥部

中铁十二局集团公司贵广铁路工程指挥部天平山隧道项目经理部

中铁二十三局集团公司沪昆铁路客运专线贵州段工程指挥部

中铁二十四局集团公司沪昆铁路客运专线贵州段工程指挥部

中铁十一局集团公司兰新铁路甘青段项目经理部

中铁十二局集团公司兰新铁路甘青段项目经理部

中铁二十局集团公司山西中南部铁路通道吕临铁路 ZNTJ－3 标段项目经理部

中铁二十四局集团公司京福铁路客运专线闽赣Ⅳ标段项目经理部

中铁十六局集团公司成渝铁路客运专线 CYSG－2 标段项目经理部

中铁十一局集团公司哈齐铁路客运专线项目经理部

中铁第四勘察设计院集团武汉铁四院工程咨询公司哈齐铁路客运专线咨询项目经理部

中铁十九局集团公司云桂铁路广西段 YGZQ－4 项目经理部六工区

中铁十一局集团公司杭长铁路客运专线浙江段项目经理部

中铁十二局集团公司沪昆铁路客运专线云南段项目经理部

中铁十七局集团公司宁安城际铁路工程指挥部

中铁二十二局集团公司湘桂铁路扩改工程柳南段和南黎铁路Ⅲ标段工程指挥部

中铁十八局集团公司向莆铁路 FJ－1A 标段工程指挥部

中铁十二局集团公司厦深铁路梁山隧道项目经理部

中国铁建电气化局集团公司湘桂站后Ⅰ标段工程指挥部

中铁十四局集团五公司南钦铁路项目经理部

中国铁建电气化局集团公司石武铁路客运专线湖北段“四电”系统集成项目经理部

中铁第四勘察设计院集团公司石武铁路客运专线郑武段建设指挥部

中铁十三局集团公司兰渝铁路工程指挥部一分部

中铁十九局集团公司牡绥铁路4标段项目经理部

中铁二十二局集团公司牡绥铁路1标段项目经理部

中铁十九局集团公司东通道前庄项目经理部庄河制梁场

中铁十一局集团公司武咸城际铁路2标段项目经理部

中国铁建电气化局集团公司石武铁路客运专线河南段项目经理部

中铁建设集团郑州分公司石武铁路客运专线河南段项目经理部

中铁第四勘察设计院集团工程咨询公司沈阳施工图审核项目经理部

中铁十二局集团公司兰新铁路第二双线项目经理部六工区

中铁十二局集团公司霍尔果斯铁路口岸站ZH标段工程指挥部

中铁十四局集团公司霍尔果斯铁路口岸站ZQ标段工程指挥部

火车头奖章获得者

石红兵　中国土木工程集团尼日利亚公司拉各斯轻轨项目经理

陈志明　中铁十一局集团二公司党委书记

徐孟校　中铁十二局集团建筑安装公司广州动车段项目经理部副总工程师

刘树山　中铁十三局集团五公司董事长兼党委书记

李红英(女)中铁十四局集团二公司邯黄项目经理部总工程师

茹念文　中铁十五局集团三公司广深港项目经理部项目经理

郭庆静　中铁十六局集团一公司副总工程师

巨宏博　中铁十七局集团一公司京福铁路项目经理部总工程师

温桂安　中铁十八局集团公司武咸项目经理部副总工程师

张洪杰　中铁十九局集团二公司董事长、总经理

肖荣飞　中铁二十局集团四公司精测队测量班长

杨君财　中铁二十一局集团六公司副总经理

汪益斌　中铁二十二局集团公司副总工程师

喻丕金　中铁二十三局集团轨道交通公司执行董事、总经理

柳明佳　中铁二十四局集团路桥公司副总经理

平国友　中铁二十五局集团五公司总经理

李　擘　中铁建设集团山西分公司高级工程师

宫良国　中国铁建房地产集团北京第六大洲房地产开发公司高级工程师

廖　颂　中国铁建电气化局集团北方公司遂渝铁路二线项目经理部总工程师

冯　威　中铁第一勘察设计院集团公司副总工程师

光振雄　中铁第四勘察设计院集团公司经计部副部长

高　嵩　中铁第五勘察设计院集团公司线路运输设计院院长

边晓春　中铁上海设计院集团公司副总工程师

刘　霄(女)昆明中铁大型养路机械集团公司铸造分厂技术室主任

龙　斌　中国铁建重工集团研究总院主任工程师

贾京刚　中国铁建股份公司北京培训中心办公室职员

白　晶(女)中国铁建股份公司工会副主席、女工委主任

李　伟　中铁第一勘察设计院集团公司包西铁路工程指挥部指挥长兼总工程师

王　钢　中铁第一勘察设计院集团公司包西铁路工程指挥部教授级高级工程师

高潮府　中铁十一局集团公司包西铁路工程指挥部党工委书记

赵中华　中铁十五局集团公司包西铁路工程指挥部指挥长

高付才　中铁十七局集团公司包西铁路工程指挥部总工程师

姜　文　中铁十九局集团公司包西铁路工程指挥部指挥长

李寿福　中铁二十一局集团公司包西铁路工程指挥部指挥长、党工委书记

余卫中　中国铁建电气化局集团公司包西铁路工程指挥部高级工程师

谢全红　北京铁城建设监理公司包西铁路工程指挥部陕西段BXJ－1绥德监理站高级工程师

张沛杰　中铁十二局集团公司贵广铁路工程指挥

部副指挥长兼总工程师

赵玉龙　中铁十三局集团公司贵广铁路工程指挥部副指挥长

夏红昌　中铁十四局集团公司贵广铁路工程指挥部总工程师

林平明　中铁十六局集团公司贵广铁路工程指挥部广宁制梁场场长

李正士　中铁十八局集团公司贵广铁路工程指挥部常务副指挥长

李　璟　中铁二十一局集团公司贵广铁路工程指挥部常务副指挥长兼总工程师

袁　勇　中铁二十三局集团公司贵广铁路工程指挥部常务副指挥长

陈广波　中铁第一勘察设计院集团工程咨询院副院长兼总工程师

赵国祝　中铁十三局集团公司沪昆铁路客运专线贵州段工程指挥部副指挥长兼总工程师

李孝晋　中铁十四局集团公司沪昆铁路客运专线贵州段工程指挥部副指挥长兼安全总监

袁昌生　中铁二十局集团公司沪昆铁路客运专线贵州段工程指挥部副总工程师

胡　贺　中铁二十二局集团公司沪昆铁路客运专线贵州段工程指挥部安全总监

马中海　中铁二十三局集团公司沪昆铁路客运专线贵州段工程指挥部安质部部长

陈则忠　中铁二十四局集团公司沪昆铁路客运专线贵州段工程指挥部总工程师

路占峰　中铁十三局集团公司兰新铁路甘青段项目经理部门源制梁场经理

王林俊　中铁十七局集团公司兰新铁路甘青段项目经理部项目经理

付志华　中铁十九局集团公司兰新铁路甘青段项目经理部副总工程师兼工程部部长

苟　冰　中铁二十局集团公司兰新铁路甘青段项目经理部架子一队队长

李肖伦　中铁第一勘察设计院集团公司兰新铁路甘青段工程指挥部常务副指挥长

毛承祖　中铁十七局集团公司山西中南部铁路通道 ZNTJ－20 标段项目经理部项目经理

董　煊　中铁二十三局集团公司山西中南部铁路通道 ZNTJ－21 标段项目经理部项目经理

康军利　中铁二十四局集团公司山西中南部铁路通道 ZNTJ－20 标段项目经理部项目经理

杜军良　中铁十一局集团公司京福铁路客运专线闽赣Ⅰ标段项目经理部总工程师

辛文军　中铁十七局集团公司京福铁路客运专线闽赣Ⅶ标段项目经理部项目副经理兼总工程师

王孝平　中铁十九局集团公司京福铁路客运专线闽赣Ⅲ标段项目经理部常务副指挥长兼总工程师

李益群　中铁第四勘察设计院集团公司工经处高级工程师

翁长根　中铁十一局集团公司成渝铁路客运专线 CYSG－4 标段项目经理部第二分部经理

吴洪波　中铁十六局集团公司成渝铁路客运专线 CYSG－2 标段项目经理部党工委书记兼常务副经理

李临燕　中铁十七局集团公司成渝铁路客运专线 CYSG－6 标段项目经理部第一分部经理

白秀峰　北京铁城—德国欧博迈亚联合体成渝铁路客运专线监理项目部副总监理工程师

吴万鹏　中铁十一局集团公司哈齐铁路客运专线项目经理部常务副经理

田树道　中铁十三局集团公司哈齐铁路客运专线项目经理部一分部办公室主任

苗国林　中铁十五局集团公司哈齐铁路客运专线项目经理部安全监察长

付家亮　中铁十六局集团公司哈齐铁路客运专线项目经理部四分部经理

侯宽林　中铁二十局集团公司哈齐铁路客运专线项目经理部财务总监兼党工委副书记

刘忠新　中铁二十二局集团公司哈齐铁路客运专线项目经理部江桥分部经理

陈利东　中铁十七局集团公司南广铁路项目经理部副经理

蒋清泉　中铁二十五局集团公司南广铁路项目经理部党工委书记、项目副经理

刘志波　中铁十四局集团公司云桂铁路广西段项目经理部一工区经理

郭振江　中铁十九局集团公司云桂铁路广西段项目经理部二工区经理

谢本辉　中铁十九局集团公司云桂铁路广西段项目经理部安全总监

丁文成　北京铁城建设监理公司云桂铁路广西段项目经理部分站长

段双喜　中铁十二局集团公司沪昆铁路客运专线长昆湖南段项目经理部项目副经理

孙甲友　中铁十四局集团公司沪昆铁路客运专线长昆湖南段项目经理部总工程师

崔　旭　中铁二十局集团公司沪昆铁路客运专线杭长湖南段项目经理部项目副经理、总工程师

蒲仕洲　中铁十六局集团公司沪昆铁路客运专线江西段 HKJX－5 标段项目经理部常务副书记

陈小梅　中铁第四勘察设计院集团公司杭长铁路

客运专线工程指挥部副总工程师

王益东　中铁第四勘察设计院集团铁四院（湖北）工程监理咨询公司沪昆铁路客运专线江西段监理1标段副总监理工程师

贺海军　中铁十七局集团公司杭长铁路客运专线浙江段一分部副总工程师

于海峰　中铁十九局集团公司杭长铁路客运专线浙江段项目经理部安全总监

秦　超　中铁第四勘察设计院集团公司沪昆铁路客运专线杭长浙段建设指挥部副指挥长

刘建佳　中铁十二局集团公司沪昆铁路客运专线云南段项目经理部常务副经理

苏彦喜　中铁十七局集团公司云桂铁路项目经理部项目副经理

赵永军　中铁十九局集团公司云桂铁路云南段项目经理部常务副经理

杨德祥　中铁第一勘察设计院集团咨询监理公司沪昆铁路客运专线云南段监理项目部副总监理工程师

冯鸿千　中铁十一局集团公司合福铁路安徽段站前7标段项目经理部二分部项目总工程师

程和平　中铁十三局集团公司合福铁路安徽段站前2标段项目经理部副经理兼安全总监

鲁德利　中铁十九局集团公司合蚌铁路客运专线站前1标段项目经理部常务副经理

付伟庆　中铁二十四局集团公司合福铁路安徽段站前4标段项目经理部总工程师

牛守信　中铁十二局集团公司宁安城际铁路1标段工程指挥部党工委书记兼副指挥长

王玉彬　中铁十二局集团公司宁安城际铁路6标段工程指挥部总会计师

周光军　中铁十一局集团公司大西铁路客运专线工程指挥部副总工程师兼工程部长

霍玉华　中铁十二局集团公司大西铁路客运专线工程指挥部指挥长

武守恩　中铁十八局集团公司大西铁路客运专线工程指挥部常务副指挥长

刘　智　中铁十九局集团公司大西铁路客运专线工程指挥部指挥长

聂亚军　中铁十一局集团公司厦深铁路广东段工程指挥部常务副指挥长

唐卫星　中铁第四勘察设计院集团公司厦深铁路项目经理部高级工程师

喻明灯　中铁十二局集团公司柳南铁路5标段工程指挥部总工程师

朱青峰　中铁十八局集团公司柳南铁路4标段工程指挥部计划合同部部长

杨柱文　中铁十七局集团公司宁杭铁路客运专线工程指挥部工程部副部长

周炳学　中国铁建电气化局集团公司宁杭铁路客运专线工程指挥部副指挥长

周阳宗　中铁十六局集团北京轨道公司副总经理兼项目经理

徐上进　中铁十二局集团公司湘桂铁路扩改工程Ⅲ标段工程指挥部指挥长

陈奉苏　中国铁建电气化局集团公司湘桂站后Ⅰ标段工程指挥部指挥长

杜少成　中铁十四局集团五公司南钦铁路项目经理部项目经理

黄国胜　中国铁建电气化局集团公司广西沿海铁路扩能改造工程指挥部指挥长

娄良彪　中铁十一局集团公司石武铁路客运专线湖北段TJⅡ标段项目经理部项目副经理

林世求　中铁十一局集团公司石武铁路客运专线湖北段TJⅡ标段五公司项目经理部项目经理兼党工委书记

吴章信　中铁二十三局集团公司石武铁路客运专线湖北段TJⅠ标段项目经理部项目副经理

朱华平　中铁二十三局集团公司石武铁路客运专线湖北段TJⅠ标段项目经理部副总工程师

熊秋龙　中国铁建电气化局集团公司石武铁路客运专线湖北段“四电”系统集成项目经理部电化分部经理

魏　伟　北京铁城建设监理公司石武铁路客运专线湖北段SWJLⅠ标段监理三组组长

谭劲松　中铁第一勘察设计院集团西安铁一院工程咨询监理公司石武铁路客运专线湖北段SWJLⅡ标段监理站副总监

秦国强　中铁第四勘察设计院集团公司石武铁路客运专线郑武段副总体设计负责人

李　雷　中铁第一勘察设计院集团公司兰渝铁路工程总指挥部常务副总指挥长

朱瑞强　中铁十三局集团公司四公司牡绥铁路2标段项目经理部一分部经理

王利民　中铁十三局集团公司牡绥铁路2标段项目经理部项目经理

杨保旭　中铁十九局集团二公司牡绥铁路4标段项目经理部项目经理

冯铁骥　中铁二十二局集团六公司牡绥铁路1标段项目经理部四工区经理

李宝成　中铁二十二局集团哈尔滨铁路建设集团公司牡绥铁路1标段项目经理部项目经理

宋怀亮　中铁十九局集团公司东通道前庄项目经

理部党委书记

宿树波　中铁十九局集团公司东通道前庄项目经理部总工程师

宋立峰　中铁十九局集团公司东通道前庄项目经理部二、五工区经理

赵奎银　中铁十七局集团公司张唐铁路项目经理部常务副经理

熊钦武　中铁二十二局集团公司前扶铁路工程指挥部指挥长

杨明亮　中铁十一局集团公司湖北城际铁路工程指挥部指挥长

李　隽　中铁第四勘察设计院集团公司武汉城市圈城际铁路项目经理部总工程师

于　涛　中铁十九局集团公司盘营铁路2标段项目经理部高级工程师

王　勇　中国铁建电气化局集团公司盘营铁路“四电”项目经理部副总工程师

李永祥　中铁十二局集团公司兰新铁路第二双线项目经理部轨枕厂工程师

许治水　中铁二十一局集团公司兰新铁路第二双线项目经理部四工区工人

朱　霖　中铁第一勘察设计院集团公司兰新铁路新疆段工程指挥部常务副指挥长

徐孟校　中铁十二局集团公司霍尔果斯铁路口岸站ZH标段工程指挥部指挥长

王玉贵　中铁十四局集团公司霍尔果斯铁路口岸站ZQ标段工程指挥部指挥长

王安时　中铁第四勘察设计院集团公司霍尔果斯铁路口岸站工程指挥部指挥长

熊卫东　中铁物资集团公司副总经理

王跃飞　中铁物资集团公司副总经理

王　青　中铁物资集团公司财务部部长

王　辉　中铁物资集团港澳公司总经理

谢兴沛　中铁物资集团中南公司党委书记

中国铁建“工人先锋号”

中国土木工程集团公司埃塞俄比亚米埃索—达瓦利铁路项目经理部

中国土木工程集团福州勘察设计研究院阿尔及利亚55公里铁路复线项目设计部

中铁十一局集团三公司焊轨分公司焊1号机组

中铁十一局集团五公司阳左高速公路ZB2项目经理部

中铁十二局集团一公司贵广铁路第5项目部

中铁十二局集团二公司长沙轨道交通1号线10标段项目经理部

中铁十三局集团一公司西北工程公司

中铁十三局集团电务公司天津地铁3号线项目经理部

中铁十四局集团四公司中南通道项目经理部

中铁十四局集团电气化公司中南铁路通道项目经理部

中铁十五局集团六公司铁路运输处内燃一队

中铁十五局集团河南置业公司周口项目公司

中铁十六局集团三公司沪昆铁路江西段项目经理部

中铁十六局集团五公司承赤高速公路第10合同段项目经理部

中铁十七局集团五公司中南通道山东段项目经理部

中铁十七局集团物资公司京福铁路客运专线闽赣Ⅶ标段南平轨枕场

中铁十八局集团建筑安装公司锅炉安装分公司

中铁十八局集团国际公司尼日利亚尤比区域古拉快速路项目经理部

中铁十九局集团电务公司北京地铁8号线二期通信系统工程项目经理部

中铁十九局集团矿业投资公司贵州锦丰金矿项目经理部

中铁二十局集团四公司青荣城际铁路工程指挥部

中铁二十局集团公司吕临支线ZNTJ－3标段项目经理部

中铁二十一局集团电务电化公司宝兰铁路客运专线兰州枢纽项目经理部三分部

中铁二十一局集团四公司兰新铁路第二双线项目经理部二工区

中铁二十二局集团电气化公司宝塔石化宁东铁路专用线工程项目经理部

中铁二十二局集团六公司第7项目经理部

中铁二十三局集团公司沪昆铁路客运专线贵州段工程指挥部三公司项目经理部

中铁二十三局集团轨道交通公司南京地铁项目经理部

中铁二十四局集团安徽工程公司合肥方兴大道项目经理部

中铁二十四局集团南昌建设公司昆明陈家营保障房第四工区项目部

中铁二十五局集团一公司铺架分公司

中铁二十五局集团五公司湾底疏港路高架工程项目经理部

中铁建设集团济南分公司市场营销部

中铁建设集团广东分公司第11项目部

中国铁建电气化局集团五公司湘桂铁路扩能改造

工程站后Ⅰ标段工程指挥部

中国铁建电气化局集团南方工程公司武咸城际铁路项目经理部

中国铁建港航局集团勘察设计院水动力数学模型研究技术攻关项目组

中国铁建房地产集团北京顺捷金海置业公司营销部

中铁第一勘察设计院集团公司环境设备处车辆设计所

中铁第四勘察设计院集团公司图文印制中心

中铁第五勘察设计院集团工程机械公司结构车间

中铁上海设计院集团公司沈阳地铁勘察设计项目部

中铁物资集团北京公司五棵松饭店工程部

昆明中铁大型养路机械集团奥通达铁路机械公司修理项目部

中国铁建重工集团隆昌铁路器材公司工务器材车间螺纹压型班

北京铁城建设监理公司中缅油气管道工程隧道第二监理部

中铁建(北京)商务管理公司物业管理公司大厦服务中心礼仪部

中国铁建股份公司党校教研开发处

中国铁建"工人先锋号"标兵

邹立岩　中国土木工程集团尼日利亚公司东南区经理部总经理

李晓青　中铁十一局集团电务公司无锡地铁1号线供电项目部施工队长

赵长庆　中铁十二局集团三公司宁安城际铁路1标段四分部总工程师

张生军　中铁十三局集团二公司昆明地铁项目维修工(农民工)

钟玉刚　中铁十三局集团四公司天平铁路六盘山项目经理部总工程师

姜忠仁　中铁十四局集团北京中铁房山桥梁公司副总经理

张建民　中铁十五局集团一公司郑卢项目经理部项目经理

李建旺　中铁十六局集团地铁工程公司副总工程师兼项目经理

郝文朝　中铁十六局集团四公司项目副总经理、工会主席

刘朝辉　中铁十七局集团五公司常务副总经理

沙作刚　中铁十八局集团六公司副总工程师兼项目经理

周宝春　中铁十九局集团七公司副总经理兼成兰铁路工程指挥部指挥长

吴信军　中铁二十局集团一公司沪昆铁路客运专线云南段副总工程师兼工程部部长

张向明　中铁二十一局集团五公司集通复线项目经理部作业队长

杜以军　中铁二十二局集团二公司高级工程师

李　民　中铁二十三局集团一公司哈齐铁路客运专线项目经理部项目书记

晏　炜　中铁二十四局集团福建公司铺架分公司项目总工程师

聂实刚　中铁二十五局集团三公司厦深铁路项目经理部项目副经理

吴桐金　中铁建设集团市政分公司副总经理

冯宇辉　中国铁建电气化局集团轨道交通器材公司副总经理、工会主席

薛　威　中国铁建港航局集团岩土工程公司研发项目负责人

高　虹　中国铁建房地产集团广州公司部门经理

陈　堃　中铁第一勘察设计院集团公司桥梁隧道处桥一所副所长兼南京地铁项目经理部项目副经理

唐志国　中铁第四勘察设计院集团工程勘察研究院第五勘测队助理工程师

王椿新　中铁第五勘察设计院集团城市轨道交通设计院项目负责人

陈怀智　中铁上海设计院集团公司桥梁隧道处副总工程师

张银松　中铁物资集团港澳公司总经理助理、商务部部长

龚　彦　昆明中铁大型机械集团制造总厂机加工分厂镗床操作工人

彭桂梁　中国铁建重工集团制造总厂结构车间班长

杨多军　北京铁城建设监理公司关角隧道监理站总监理工程师

韩国芳　中国铁建股份公司机关汽车队司机

牛西星　中国铁建股份公司党校职员　(李青颖)

【劳模出国考察休养】　10月,股份公司第5次组织中国铁建以上劳动模范和省(市)、部及全国五一劳动奖章获得者19人,赴加拿大、美国进行为期15天的考察休养。(李青颖)

【"中国铁建杯"职工体育单项(桥牌)比赛】　3月20~23日在湖北咸宁举行。中国铁建系统19支代表队、91名运动员参加。公开队式比赛采用瑞士赛制,经过7轮角逐,最后排出各队名次,中铁第四勘察设计

院集团公司、中铁十四局集团公司、中铁二十四局集团公司、中国铁建电气化局集团公司、中国土木工程集团公司、中铁建(北京)商务管理公司、中国铁建股份公司机关、中铁二十五局集团公司分获团体第一至第八名;公开双人赛,蔡庆华、李一获南北组第一名,蒋再秋、张湘平获东西组第一名。中铁第四勘察设计院集团公司代表队获体育道德风尚奖,中铁十五局集团公司等10支代表队获优秀组织奖。　(李青颖)

【第六届"中国铁建杯"职工体育单项(乒乓球)比赛暨体协秘书长会议】 12月6~7日在广州白云体育中心举行。中国铁建股份公司副董事长、党委副书记、工会主席彭树贵,工会副主席、女职工委员会主任白晶,中铁十六局集团公司总经理赵瑞亮等与中国著名球星、解放军八一女篮领队兼总教练郑海霞一同观看男女单打决赛并为获奖运动员颁奖。中国铁建系统26支代表队参加比赛。中铁十六局集团公司代表队王繁赢得男单冠军,中国铁建电气化局集团公司王帅获得男单亚军,中国铁建电气化局集团公司梁国刚、中国铁建重工集团公司刘国坚、中铁第四勘察设计院集团公司王祥、中铁十七局集团公司李鑫分获第三、第四、第五、第六名;中国铁建电气化局集团公司章薇赢得女单冠军,中铁十六局集团公司张熊获得女单亚军,中铁第四勘察设计院集团公司潘琼获得女单季军。中铁十六局集团公司代表队获大赛优秀组织奖,中铁十七局集团公司代表队获体育道德风尚奖。

6日下午,中国铁建火车头体协在广州白云国际会议中心召开全系统体协秘书长会议。　(李青颖)

【合理化建议和技术改进成果】 中国铁建股份公司合理化建议和技术改进评审委员会评出2012年度合理化建议和技术改进成果56项。　(李青颖)

2012年度中国铁建股份公司合理化建议和技术改进获奖项目

序号	项目名称	单位	主要作者	获奖等级
1	刀具及刀具配置优化方案	中铁十一局集团轨道公司成都地铁项目	李有道、钟海军	一等奖
2	武汉东湖制梁场大临建设	中铁十一局集团四公司武黄城际项目部	熊德文	二等奖
3	黄家村下行特大桥100米跨连续梁改72米跨建议	中铁十一局集团四公司武黄城际项目部	柯亮	二等奖
4	混凝土喷锚车	中铁十二局集团二公司机械化工程公司	成显珠	二等奖
5	广州地铁4号线高架段声屏障安装工程	中铁十四局集团电气化公司	王明增、魏兴亮	二等奖
6	整平机改进	中铁十五局集团公司沪昆铁路客运专线项目部	杨志	二等奖
7	高速铁路声屏障安装工艺改进	中铁十七局集团三公司	郑传兵	二等奖
8	高速铁路路基混凝土护肩人工滑膜浇筑技术	中铁十七局集团二公司兰新项目	霍继军、王郭波	二等奖
9	大型沉管隧道管段预制、沉放及基础处理施工	中铁十八局集团五公司海河隧道项目部	代敬辉、王朝辉	二等奖
10	既有线隧道病害整治快速升降折叠工作平台施工技术改进	中铁十八局集团二公司京九改造项目部	马志刚、桑明宇	二等奖
11	钢筋混凝土举折屋面檐椽与飞椽异型模板支撑技术创新	中铁二十二局集团六公司北京八大处项目部	谭纪山	二等奖
12	钻孔桩钻机自动控制技术	中铁二十三局集团一公司沪昆铁路客运专线项目部	张圣强、王春堂	二等奖
13	复合式硬岩掘进机硐内拖拉始发合理化建议	中铁二十四局集团上海铁建公司	余刚、张彦鹏	二等奖

续表

序号	项目名称	单位	主要作者	获奖等级
14	风压成孔与注浆在砂层隧道中的应用	中铁二十五局集团五公司青岛地铁项目部	孙占峰	二等奖
15	K922 型移动闪光焊机 U71Mn(k)钢轨焊接工艺参数研究	中铁十一局集团三公司焊轨分公司	郑齐武、王立飞	三等奖
16	下穿海勒斯豪南站 2 米 ~ 8 米框架中桥施工台车改进	中铁十一局集团四公司神华新准项目部	刘乙建、李藉友	三等奖
17	铣挖法在高地应力软岩大变形隧道开挖中的应用	中铁十一局集团四公司兰渝铁路项目部	杨斌	三等奖
18	轮滚式盾构机整体过高新路站施工方案	中铁十一局集团轨道公司南京地铁项目	罗水保、陈善云	三等奖
19	CFG 桩截桩机	中铁十二局集团一公司大西 8 标段项目部	刘跃辉	三等奖
20	沥青拌和站柴油导热油炉和燃煤导热油炉经济性对比	中铁十二局集团一公司南平松建项目部	陈志	三等奖
21	桥墩墩身尺寸调整统一节约模板成本	中铁十二局集团一公司贵广第 5 项目部	侯佳俊	三等奖
22	液压式松土器配合欠挖式爆破和非爆开挖法的运用	中铁十二局集团二公司广昆铁路项目部	帅建兵	三等奖
23	隧道二衬钢筋圆形保护层垫块施工方法	中铁十二局集团三公司大西铁路第 10 项目部	吕亚杰	三等奖
24	深孔高压手动旋喷器	中铁十二局集团三公司大西铁路第 11 项目部	佟艳军	三等奖
25	紧邻既有铁路石方控制爆破改进方案	中铁十二局集团三公司渝涪铁路项目部	段正国	三等奖
26	大吨位箱梁环保注浆帽代替水泥砂浆封堵方案	中铁十二局集团四公司宁安 1 标段贵池制梁场	邓毅旁	三等奖
27	长大隧道洞内挖机快速组装巧拼二次衬砌台车	中铁十二局集团四公司十天高速项目部	朱礼直	三等奖
28	大吨位箱梁六面坡成型合理化建议	中铁十二局集团四公司宁安 1 标段贵池制梁场	芮冬冬	三等奖
29	富水砂卵石地层水下不分散同步浆液的研制	中铁十三局集团二公司成都地铁项目部	王国义	三等奖
30	关于夏季高温地区墩身覆膜流水养护工艺的改进	中铁十四局集团四公司云桂项目部	李树敬	三等奖
31	双块式轨枕蒸养通道密封办法	中铁十四局集团公司	刘勇、张才刚	三等奖
32	路基自制新型 CFG 桩截桩机	中铁十五局集团六公司哈齐项目部	汪锡铭	三等奖
33	广深港铁路客运专线大直径盾构边缘滚刀改进	中铁十五局集团公司广深港铁路客运专线项目部	乔水旺	三等奖
34	薄壁空心墩—滑膜工艺与吊篮技术的结合应用	中铁十六局集团二公司郧十高速项目部	朱斌	三等奖
35	盾构选型、刀具更换、密封舱填料及径向补偿注浆的方案	中铁十六局集团地铁工程公司	丛恩伟	三等奖
36	高铁长大隧道变电进洞技术	中铁十七局集团六公司	李勇军	三等奖

续表

序号	项　目　名　称	单　　位	主要作者	获奖等级
37	传统高轨枕优化为简易低轨枕体系	中铁十七局集团上海轨道公司	刘映凯	三等奖
38	对 TJ165 铁路架桥机改造	中铁十七局集团公司中南铁路通道项目部	刘克明、刘峰	三等奖
39	地铁盾构三维智能导航与管控集成系统	中铁十八局集团四公司南京地铁项目部	吴涛	三等奖
40	整体道床施工专用轨道排架的改进项目	中铁十八局集团路桥公司涿州机械厂	孟凡力	三等奖
41	超超临界燃气轮机组润滑油泵的研制	中铁十八局集团路桥公司涿州水泵厂	周志军、李红军	三等奖
42	内燃机车防飞车装置的设计	中铁十九局集团六公司	库铁原	三等奖
43	采用空气间隔器	中铁十九局集团矿业公司乌山项目部	陈远忠	三等奖
44	长大隧道水压爆破掘进施工新技术	中铁二十局集团一公司沪昆铁路客运专线项目部	欧然、来贝贝	三等奖
45	胶粒半刚性混凝土施工技术	中铁二十局集团四公司	汪君睿	三等奖
46	上跨既有铁路现浇梁挂篮施工防护关键技术	中铁二十局集团六公司	郭炜、魏云	三等奖
47	临水库山体坡脚滑坡地带高压富水岩层隧道口施工技术	中铁二十一局集团二公司莞惠城际铁路项目部	朱冠生、陈兵章	三等奖
48	摩擦阻荷原理在桥梁整体平移中的应用	中铁二十一局集团三公司项目管理中心	陈向军、王明辉	三等奖
49	隧道工程仰拱整体模架及配套快速施工技术	中铁二十一局集团一公司沪昆铁路客运专线项目部	张圣强、王春堂	三等奖
50	利用废旧钢筋设备改制钢绞线放丝机	中铁二十三局集团八公司六盘水制梁场	杜飞	三等奖
51	立壁隧道掘进水压爆破施工	中铁二十四局集团南昌公司阳左高速项目部	王均	三等奖
52	薄壁空心墩快捷施工工艺	中铁二十五局集团建筑安装公司	李进荣、吴九祥	三等奖
53	“8S”现场管理法	中铁建设集团公司铁路总指挥部	张学臣	三等奖
54	高速铁路利用轨道车进行电缆敷设施工	中国铁建电气化局集团公司西包铁路工程指挥部	白雄雄	三等奖
55	车轮注油孔加工工装的研制	昆明中铁大型养路机械集团机加工分厂	舒扬超、陈飞	三等奖
56	枢纽总图规划评价体系研究	中铁第四勘察设计院集团公司线站处	雷中林	三等奖

制表：李青颖

【推进示范基地建设、打造老年健身家园研讨会】 4月10～11日，中国铁道建筑总公司老年体协召开推进示范基地建设、打造老年健身家园研讨会。会议交流三年来示范基地建设和打造健身家园的示范性经验，探讨贯彻党的十七届六中全会精神，推动老年体育文化创新发展的问题。总公司老年体协常务副主席沈柏铭在会上作重要讲话，明确提出要提高三种意识（政治意识、大局意识、责任意识），做到四个到位（思想认识到位、党政支持到位、场地建设到位、群众活动到位），推进四项工程（老体工作首要工程、单位一把手工程、企业民心工程、老年体协系统工程）。常务副主席霍金贵作会议总结，要求所属单位把研讨会的成果和共识，转化为工作的举措，落实到行动中去；把老年人体育示范基地转型，提升到建好老年健身家园。铁道部火车头老年体协常务副主席郑启清和副秘书长王学华参加会议并讲话，对总公司老年体协工作给予充分肯定和高度评价。（刘茂芝　汤友庭）

【总公司老年体协增补理事】　9月20日，经总公司老年体协办公会议研究决定：增补中铁二十局集团公司原党委书记周玉成、中铁二十三局集团公司原董事长李洪奇、中国铁建电气化局集团公司原董事长薛之桂、昆明中铁大型养路机械集团公司原党委副书记张云祯、中国铁建重工集团公司原党委书记刘亚平为中国铁道建筑总公司老年体协理事会理事。

（刘茂芝　汤友庭）

【16家单位被评为全国铁路“老年健身家园”】　11月1日，中国铁道建筑总公司机关、中铁十一局集团一公司、中铁十二局集团三公司、中铁十三局集团一公司、中铁十四局集团北京中铁房山桥梁公司、中铁十五局集团六公司、中铁十六局集团三公司、中铁十七局集团三公司、中铁十八局集团二公司、中铁十九局集团五公司、中铁二十局集团洛阳基地、中铁二十三局集团八公司、中铁二十四局集团设备安装公司、中铁第四勘察设计院集团公司老年文化活动基地、中铁物资集团西南公司、昆明中铁大型养路机械集团公司被铁道部老年体协评为全国铁路“老年健身家园”。

（刘茂芝　汤友庭）

【总公司老年体协理事会第二届四次工作会议】　10月11～12日在甘肃兰州中铁二十一局集团公司召开。中国铁道建筑总公司老年体协常务副主席夏良振主持会议，常务副主席霍金贵传达中国铁建股份公司董事长、党委书记孟凤朝和总裁、名誉主席赵广发的贺词；常务副主席沈柏铭作工作报告并传达名誉主席王振侯的希望与要求。会议学习贯彻火车头老年体协建设体育文化、打造健身家园研讨会精神，确定2013年工作思路。中铁第四勘察设计院集团公司、中铁十六局集团铁运工程公司、中铁十七局集团三公司、中铁十九局集团五公司在会上交流经验。（刘茂芝　汤友庭）

·组织权益·

【组织权益和女工部】　主要职责：(1)负责股份公司各级工会组织建设工作，制定基层工会组织建设规划和制度，指导和推进基层工会组建工作；负责监督检查《工会法》《中国工会章程》的贯彻执行；负责工会代表大会、全委会、常委会有关人事问题的组织工作及换届选举；负责工会干部教育培训，承办协助党委管理工会干部的具体工作。(2)负责指导基层工会开展建设职工之家活动和评选表彰活动；负责本级和指导各级工会开展以职工代表大会为基本制度的民主参与、民主管理、民主监督工作，推动企务公开；负责组织民主推荐公司董事、职工监事。(3)负责职工保障机制的建立和完善，实施职工帮扶救助工作的开展，参与涉及职工利益的各项企业规章制度的制定，指导和组织实施送温暖工程，维护特困职工和困难职工群体的合法权益。(4)负责推动各级工会组织建立平等协商、集体合同制度和监督保证机制，指导各级工会参与工资集体协商，推动企业构建和谐劳动关系；负责工会劳动争议和劳动法律监督工作，指导和承担工会法律援助与法律服务，配合有关部门开展普法宣传教育。(5)负责工会经费的预、决算管理和资产管理。(6)负责全系统女职工工作，参与有关女职工合法权益特别是特殊权益的企业规章制度的制定；指导维护女职工合法权益和各级女职工组织建设工作；参与侵害女职工合法权益重大事件的调查处理。定员5人，下设组织处、保障财务处。（翟国堂　李　红）

【工会组织建设】　截至2012年底，中国铁建系统有工会会员863420人，其中职工会员287568人、女职工会员61672人、劳务工会员575852人。全系统建立工会组织6552个，其中股份公司工会1个、集团公司工会26个、公司工会4个、党校工会1个；子公司、分公司、分院（处级）工会466个；项目部工会3416个；工程队、车间工会（工委）2638个。工会小组11918个。

（翟国堂　李　红）

【工会干部队伍状况与培训】　截至2012年底，中国铁建系统有专职工会干部990人，其中女干部312人；兼职工会主席4108人。全年培训工会干部3586人次。5月7～11日，2人参加中华全国铁路总工会在北京大学举办的铁路工会领导干部培训班；6月26日～7月2日，20名副处级以上工会干部参加中华全国铁路总工会在铁道部党校举办的2012年第三基层工会主席任职培训班。12月3～7日，股份公司工会在北京培训中心举办全系统工会基层干部培训班,154 人参加培训。8 月,中铁第四勘察设计院集团公司被中华全国总工会命名为全国职工教育培训示范点。

(翟国堂　李　红)

【基层工会组织建设指导】 2012 年,股份公司工会指导中国铁建房地产集团公司、中铁建设集团公司、中铁十二局集团公司、中铁十六局集团公司工会及中铁二十三局集团公司女职工委员会换届,指导中国铁建投资公司、中国铁建财务公司成立工会筹委会。

(翟国堂　李　红)

【职代会制度建设】 2012 年,集团公司、子公司应建职工(代表)大会制度的单位 501 个,召开职工代表大会的单位 501 个;评议领导干部的单位 486 个,实行投票表决制的单位 453 个。评议集团公司领导干部 326 人,优良率在 90% 以上的 280 人,占评议总数的 85.9%。股份公司一届三次职工代表大会收集整理职工代表提案 165 条,及时呈交各相关部室抓好处理,提案答复率 100%,代表满意率 100%。12 月,股份公司工会下发《关于组织召开好 2013 年各级职工(代表)大会的通知》,要求各单位认真贯彻落实职工代表大会的相关制度,坚持按期召开职工代表大会,严格履行职代会相关程序,坚持职代会民主评议领导干部制度,做好召开 2013 年度职工代表大会的各项筹备工作。

(翟国堂　李　红)

【中国铁建一届三次职工代表大会】 2 月 9 ~ 12 日在北京总部召开,职工代表 271 名,其中女职工代表 39 人,占代表总数的 14.39%,代表平均年龄 46.54 岁。代表构成:企业领导人员代表 74 人,占代表总数的 27.31%;技术管理人员代表 134 人,占代表总数的 49.45%;一线生产人员代表 56 人,占代表总数的 20.66%;青年职工代表 7 人,占代表总数的 2.58%。职工代表组成 19 个代表团。大会主要议题:听取和审议公司年度《行政工作报告》《财务收支及经济运行情况的报告》《业务招待费使用情况的报告》,审议通过《提案工作报告》,调整职代会专门委员会成员,通过职代会各项决议。

(翟国堂　李　红)

【职工之家建设】 截至 2012 年底,中国铁建系统建立工会组织 6552 个,建设职工之家 3970 个,其中模范职工之家 685 个、先进职工之家 1053 个、合格职工之家 2232 个。全系统获全国模范职工之家 48 个、全国模范职工小家 25 个,省部级模范职工之家 81 个、职工小家 74 个,股份公司模范职工之家 323 个、职工小家 181 个。

(翟国堂　李　红)

【中国铁建工会一届四次全委(扩大)会议】 3 月 27 日在北京召开,参加会议人员 49 人,其中全委会委员 33 人、经费审查委员会委员 4 人、列席人员 12 人。股份公司党委副书记、副董事长、工会主席彭树贵作题为《依靠劳动,尊重劳动,倡导劳动,激发职工劳动热情与活力,促进中国铁建和谐健康发展》的工会工作报告,全面总结 2011 年工会工作,安排部署 2012 年工作。会议增免第一届经费审查委员会委员,同意冀涛不再担任中国铁建工会第一届经费审查委员会委员、副主任,补选黄健民为中国铁建工会第一届经费审查委员会委员、副主任;讨论修改《关于加强和改进培养使用女干部工作的指导意见》(征求意见稿)。

(翟国堂　李　红)

【组织民管工作业务交流会】 6 月 19 日,股份公司工会在湖北十堰召开组织民管工作业务交流会,所属单位 37 名负责组织民管工作的干部参加会议。股份公司工会副主席、女工委主任白晶出席会议并讲话,全面总结股份公司工会一大召开至今两年多的组织民管工作情况,布置下一阶段需要重点推进的几项组织民管工作。会议传达中华全国铁路总工会 2012 年组织工作会议精神。会议采取以会代训的形式,7 家单位以课件形式在会上作专题交流,内容涵盖基层工会组织建设、创新发展职代会制度、企务公开、农民工入会、职工之家建设、会员评家、工会干部培训等方面,既有基本业务知识的讲解,又有实践经验、特色工作的介绍。

(翟国堂　李　红)

【工会基层干部培训班】 为提高工会干部的理论水平和能力素养,完成"十二五"期间专兼职工会干部的培训工作,12 月 3 ~ 7 日,股份公司工会在北京培训中心举办全系统工会基层干部培训班,154 人参加培训,股份公司党委副书记、副董事长、工会主席彭树贵出席开班仪式并作重要讲话。培训班邀请清华大学、中央党校、中国劳动关系学院、中央教育电视台、北京青年政治学院的专家学者,以及实践工作经验丰富的基层工会干部授课。培训内容涵盖党的十八大报告的解读,中国社会风险分析及公共危机处理,劳动法律法规及劳动争议处理,企业民主管理,工会性质、地位和职能,领导干部的语言表达艺术,公务接待礼仪,建家建线等内容。

(翟国堂　李　红)

【中国特色社会主义工会发展道路网络有奖征文活动】 4 月,股份公司工会转发中华全国总工会《关于举办"学习宣传实践中国特色社会主义工会发展道路网络有奖征文"活动的通知》。9月28日,中华全国总工会、全国工会干部教育培训网举办有奖征文颁奖仪式,中铁十七局集团公司工会、中铁二十五局集团公司工会获得优秀组织奖,中铁十七局集团二公司辛铁峰、中铁十八局集团二公司顾春英、中铁二十三局集团八公司赵建、中铁物资集团东北公司王玲4人获得优秀奖。 (翟国堂　李　红)

【党工共建创先争优活动总结】 按照中华全国总工会和中华全国铁路总工会关于做好创先争优活动总结的要求,股份公司工会下发《关于做好创先争优活动总结工作,建立健全创先争优长效机制的通知》,要求所属单位认真总结两年来党工共建创先争优工作。股份公司工会根据各单位上报的总结材料进行汇总整理,起草中国铁建工会开展创先争优活动的总结报告,报送中华全国铁路总工会创先争优活动领导小组。从2010年10月中国铁建党工共建创先争优活动启动以来,股份公司工会紧紧围绕"抢抓机遇保发展,调整优化促转型,服务中心上台阶"的工作要求,以"党建带动工建、工建服务党建"为主题,以服务企业科学发展、服务职工群众、实现企业又好又快发展为基本目标,从推动全系统工会工作创新发展的实际需要出发,全面、深入、扎实地开展党工共建创先争优活动,取得良好效果。 (翟国堂　李　红)

【转发铁总关于进一步完善铁路企业"双亮"工作的通知】 11月,股份公司工会转发中华全国铁路总工会《关于进一步完善铁路企业工会组织亮牌子工会主席亮身份工作的通知》,要求所属单位工会结合实际,不断总结经验,丰富内容,创新载体,提升水平,促进工会整体工作水平的提升。 (翟国堂　李　红)

【会员评议职工之家活动开展自查】 股份公司工会下发通知,要求所属单位根据中华全国总工会、中华全国铁路总工会关于会员评议职工之家活动的要求,对评家活动开展三年来的情况进行全面、深入的自查,肯定成绩,发现典型,找出不足,提出对策。股份公司工会依据各单位的自查报告进行汇总整理,起草中国铁建工会会员评议职工之家工作自查情况报告,上报中华全国铁路总工会。中铁十八局集团公司工会被中华全国总工会评为会员评议职工之家示范单位。

(翟国堂　李　红)

【女职工队伍状况】 截至2012年底,中国铁建系统有女职工61672人,占职工总数的21.45%。女职工年龄结构:35岁以下31667人,36~45岁18167人,46岁以上11838人。文化结构:高中(含职高)21246人,大专、大学33987人,研究生以上854人。专业技术职务:高级职务2651人,中级职务10630人,技师816人,高级技师186人。女干部17971人,其中局级干部13人、处级干部847人。 (翟国堂　李　红)

【女职工组织建设】 截至2012年底,中国铁建系统建立女职工委员1127个,配备女工委主任1127人,其中专职162人。各级职代会代表中,女代表4043人,占代表总数的14.85%。2012年举办各级女职工干部培训班200期,6357人参加培训,建档特重困女职工家庭693户,发放救助金210万元。

(翟国堂　李　红)

【白晶替补为铁总第四届女职工委员会委员】 12月8~9日,中华全国铁路总工会女职工委员会第四届三次会议在重庆召开,中国铁建股份公司工会副主席、女工委主任白晶替补为中华全国铁路总工会第四届女职工委员会委员。 (翟国堂　李　红)

【女职工工作法被命名为全路工会特色工作品牌】 12月24日,中华全国铁路总工会下发《关于命名"全国铁路工会特色工作品牌"的决定》,中国铁建工会"构建女职工工作立体化格局"工作法被中华全国铁路总工会命名为"全国铁路工会特色工作品牌"。

(翟国堂　李　红)

【王英茹获全国三八红旗手称号】 2月29日,中华全国妇女联合会下发《关于授予吴菊萍等10人全国三八红旗手标兵、杨景怡等339人全国三八红旗手、北京市朝阳区人民法院王四营人民法庭等202个单位全国三八红旗集体荣誉称号的决定》,中铁十六局集团二公司天津地铁项目部总工程师王英茹被授予全国三八红旗手称号。 (翟国堂　李　红)

【中国铁建"三八"表彰】 2月28日,中国铁建工会下发《关于表彰中国铁建女职工先进集体和先进个人的决定》,20个集体、40名个人获得表彰。

中国铁建三八红旗集体

中铁十三局集团三公司试验检测中心

中铁十五局集团四公司三分公司许禹地方铁路III标段项目部试验室

中铁十七局集团一公司中南铁路通道20标段临沂制梁场实验室

中铁十九局集团矿业投资公司道桥安装分公司

中铁二十一局集团电务电化公司工程经营部商务报价科

中铁二十三局集团七公司福建双永高速公路项目部吊车班

中铁二十五局集团南方实业公司长沙南铁宾馆

中国铁建电气化局集团二公司汉宜铁路客运专线项目信号配线队

中铁第一勘察设计院集团新疆铁道勘察设计院工经分处

中铁第四勘察设计院集团公司财务部会计核算中心

中国铁建三八红旗手

靖　菁　徐　红　赵淑华　陈玉英　夏　杰
周　冰　柳杨春　柳桂丽　杨昌芝　郭亚杰
李　娜　常建梅　王玉梅　周耀芝　陶　英
张淑霞　张　敏　杨慧娟　王霞飞　王素玲
钱小江　杨德昭　秦学珍　刘　佳　薛红云
沈　吟　郭迎霄　徐　宏　张　静　宋兰平

中国铁建巾帼标兵岗

中铁十二局集团三公司修造厂二车间女工班

中铁十四局集团三公司市场开发部

中铁十六局集团北京工程公司技术科研部

中铁十八局集团公司技工学校教务科

中铁二十局集团公司技工学校教学管理科

中铁二十二局集团哈尔滨铁路建设集团公司前抚铁路工程项目二分部一区三队钢筋女工班

中铁二十四局集团贵溪桥梁厂公司轨枕分公司弹簧班

中铁建设集团公司房产中心客服部

中铁物资集团北京五棵松饭店公司总服务台

中国铁建重工集团公司财务部

中国铁建巾帼标兵

王　平　李　伟　张春荣　杜春惠　付　娜
黄立新　苏　平　张玉香　胡艳娥　高改英

（翟国堂　李　红）

【中国铁建女领导干部座谈会】　3月8日、5月22日，中国铁建工会女工委先后在北京、西安召开部分女领导干部座谈会，77名处级以上女领导干部参加会议，就如何进一步加强女工工作进行交流和讨论，修改完善《关于进一步加强和改进培养选拔女干部工作的指导意见》。（翟国堂　李　红）

【11人被评为2011中国经济女性年度人物】　2012年4月15日由中国妇女报社主办、国资委群工局等单位协办的2011中国经济女性年度人物揭晓，表彰中国经济女性年度人物178名，其中中央企业女性管理者93名。中国铁建11名优秀女性入选，占受表彰人数的6.2%，占中央企业受表彰人数的11.8%，充分展示了铁建巾帼的风采，有力地提升了中国铁建的知名度。

2011 中国经济女性年度创新人物

崔　杰　中国土木工程集团公司副总经理

2011 中国优秀经济女性人物

杨海红　中铁十一局集团公司经济管理部副部长

宋　军　中铁十二局集团公司总经理助理兼福建经营部部长

谢　娜　中铁十二局集团电气化公司项目部计划科科长

裴璐辉　中铁十五局集团公司副总经理、总会计师

迟宝君　中铁十六局集团北京工程公司总经济师

蔺双平　中铁十七局集团三公司设备运输部主任科员

马秀之　中铁十八局集团副总经理、总会计师兼总法律顾问

李　芳　中铁二十局集团四公司总会计师

郭俊芳　中国铁建电气化局集团二公司项目经理

李　嘉　中铁第五勘察设计院集团环境工程设计院院长

（翟国堂　李　红）

【《女职工劳动保护特别规定》宣传贯彻】　4月28日公布施行的《女职工劳动保护特别规定》是中国加强女职工劳动保护、保障女职工权益的重要法规。股份公司工会下发《关于学习宣传贯彻〈女职工劳动保护特别规定〉的通知》，对做好特别规定学习宣传贯彻工作作出具体部署，通过开展“三抓”，即抓学习、抓宣传、抓落实，扎实推进中国铁建系统学习宣传贯彻特别规定工作的深入开展。（翟国堂　李　红）

【北京大学中国铁建女领导干部高级研修班】　9月17～21日，中国铁建在北京大学举办女领导干部高级研修班，80名女领导干部参加。股份公司党委副书记、副董事长、工会主席彭树贵出席开班仪式并讲话。课程安排紧张有序，学习内容丰富，涵盖当前宏观经济分析、中国社会风险分析等前瞻性内容。

（翟国堂　李　红）

【“中国铁建巾帼风采”摄影比赛】　股份公司工会女工委在全系统举办“中国铁建巾帼风采”摄影比赛评选活动，收到28个单位报送的作品近千幅，评出获奖作品100幅，其中一等奖10名、二等奖20名、三等奖30名、优秀奖40名；中铁十一、十二、十四、十七、十八

局集团公司工会女工委获单位组织奖。股份公司工会女工委把获奖作品汇编成《巾帼风采摄影作品集》下发,展示中国铁建女职工丰富多彩的生活以及蓬勃向上的精神风貌。股份公司工会选送19幅优秀摄影作品参加中华全国铁路总工会“巾帼风采摄影比赛”的评比,获二等奖1名、优秀奖18名。

(翟国堂 李 红)

【“喜迎十八大,巧手展才艺”活动】 2012年,为迎接党的十八大胜利召开,引导广大女职工积极参与企业文化建设,陶冶思想情操,培育文明风尚,中华全国铁路总工会女职工委员会组织开展“喜迎十八大,巧手展才艺”活动。股份公司工会女工委组织所属各级工会女职工积极参加活动,收到各单位选送的绣艺类、布艺类、编织类、雕刻类、工艺类作品300余件,作品主题鲜明,内容丰富,题材广泛,艺术性强,充分展示中国铁建广大女职工的多才多艺和健康向上的生活情趣。股份公司工会女工委精选15件作品报送中华全国铁路总工会女工委参加评比,4件作品入选铁总优秀作品汇编。 (翟国堂 李 红)

【“三不让”帮扶】 “三不让”帮扶成为企业关注民生,维护职工权益的有效载体。2012年筹集专项资金9760万元,救助困难职工家庭11370户次,资助困难职工子女入学2756人次,救助患病职工3580人次。

(吕向东 张晓川)

【送温暖活动】 2012年元旦、春节期间,股份公司开展“面对面、心贴心、实打实做好群众工作”为主题的送温暖活动。“两节”期间筹集资金6005万元,慰问困难职工19226户,慰问劳模、离退休人员、一线职工和农民工53940人。1794名工程公司级以上领导参加慰问活动。 (吕向东 张晓川)

【金秋助学】 2012年,金秋助学活动资助职工子女3214人,发放助学金358万元。其中,困难职工子女3057人,发放助学金336.6万元;受灾职工子女86人,发放助学金12万元;困难农民工子女71人,发放助学金9.4万元。 (吕向东 张晓川)

【集体合同工资集体协商】 2012年,所属单位按照股份公司要求,把集体合同工资集体协商作为深化重点,加强集体合同平等协商程序和规范化建设,认真落实工资集体协商制度。截至年底,工程公司建立工资集体协商制度和签订工资集体协商专项协议达到100%的全覆盖目标,协商工作有序向纵深推进,职工工资协商共决机制、正常增长机制和支付保障机制逐步建立完善。全系统集体合同签订率100%,兑现率98%,职工满意度98%以上。 (吕向东 张晓川)

【中国铁建构建和谐劳动关系推进会】 12月27日,股份公司在宁波召开构建和谐劳动关系推进会,10个单位分别从落实“两个普遍”、推进工资集体协商、构建和谐劳动关系、创建和谐企业等方面介绍经验。中华全国总工会对中国铁建实现全系统工资集体协商“双覆盖”目标给予高度赞扬,《工人日报》、新浪网报道会议召开情况。 (吕向东 张晓川)

【工会经费收支和离任审计】 2012年,股份公司工会经费审查委员会办公室组织审计组先后审计12家单位。其中,中铁十二、十四、二十五局集团公司工会和中国铁建股份公司党校工会开展工会主席离任经济责任审计;中铁十一、十三、十八局集团公司,中铁第一、第四勘察设计院集团公司,中铁建设集团公司、中铁物资集团公司和昆明中铁大型养路机械集团公司工会开展经费收支情况审计。 (吕向东 张晓川)

【工会经费工作规范化考核和优秀审计项目评选】 2012年,中国铁建系统开展经费审查工作规范化建设考核,4个单位达到A级标准、13个单位达到B级标准、4个单位达到C级标准;评选2011年度工会优秀审计项目11个。

2011年度集团公司级工会经费审计工作规范化建设

A级标准单位

中铁十五局集团公司工会经费审查委员会
中铁建设集团公司工会经费审查委员会
中铁二十五局集团公司工会经费审查委员会
中国铁建房地产集团公司工会经费审查委员会

B级标准单位

中铁十八局集团公司工会经费审查委员会
中铁二十局集团公司工会经费审查委员会
中铁十一局集团公司工会经费审查委员会
中铁十九局集团公司工会经费审查委员会
中铁第一勘察设计院集团公司工会经费审查委员会
中铁第四勘察设计院集团公司工会经费审查委员会
中铁二十一局集团公司工会经费审查委员会
中铁十四局集团公司工会经费审查委员会
中铁二十四局集团公司工会经费审查委员会
昆明中铁大型养路机械集团公司工会经费审查委员会

中国土木工程集团公司工会经费审查委员会
中国铁建电气化局集团公司工会经费审查委员会
中铁十六局集团公司工会经费审查委员会

C 级标准单位

中铁十七局集团公司工会经费审查委员会
中铁十三局集团公司工会经费审查委员会
中铁二十二局集团公司工会经费审查委员会
中铁二十三局集团公司工会经费审查委员会

（吕向东　张晓川）

2011 年度中国铁建股份公司工会优秀审计项目

序号	项目名称	实施单位
1	中铁二十一集团二公司原工会主席高承荣任期经济责任审计	中铁二十一集团公司工会经费审查委员会
2	中铁二十一集团电务电话公司原工会主席叶志国任期经济责任审计	中铁二十一集团公司工会经费审查委员会
3	中铁十八局集团一公司工会 2010 年度经费收支审计	中铁十八局集团公司工会经费审查委员会
4	中铁十八局集团三公司工会 2010 年度经费收支审计	中铁十八局集团公司工会经费审查委员会
5	铁一院兰州铁道设计院 2011 年度经费收支审计	中铁第一勘察设计院集团公司工会经费审查委员会
6	铁四院桥梁处原工会主席蔡云标任期经济责任审计	中铁第四勘察设计院集团公司工会经费审查委员会
7	中铁十一局集团建筑安装公司原工会主席王文献任期经济责任审计	中铁十一局集团公司工会经费审查委员会
8	中国铁建电气化局集团北方公司工会 2009 ~ 2011 年度经费收支审计	中国铁建电气化局集团公司工会经费审查委员会
9	中铁十五局集团一公司工会 2008 ~ 2010 年度经费收支审计	中铁十五局集团公司工会经费审查委员会
10	中铁十五局集团六公司工会 2008 ~ 2010 年度经费收支审计	中铁十五局集团公司工会经费审查委员会
11	中铁二十四局集团上海铁建公司工会 2009 ~ 2010 年度经费收支审计	中铁二十四局集团公司工会经费审查委员会

制表：吕向东　张晓川

【工会财务工作竞赛评比】 5 月 8 ~ 9 日组织召开中国铁建系统工会财务工作竞赛评比会议，对所属单位 2011 年工会财务工作进行考核，评出一等奖 14 个、二等奖 10 个、三等奖 4 个。

2011 年度工会财务工作竞赛一等奖

中铁十一局集团公司工会
中铁十二局集团公司工会
中铁十四局集团公司工会
中铁十五局集团公司工会
中铁十七局集团公司工会
中铁十八局集团公司工会
中铁十九局集团公司工会
中铁二十局集团公司工会
中铁二十四局集团公司工会
中铁建设集团公司工会
中国铁建房地产集团公司工会
中铁第一勘察设计院集团公司工会
中铁第四勘察设计院集团公司工会
中铁第五勘察设计院集团公司工会

2011 年度工会财务工作竞赛二等奖

中国土木工程集团公司工会
中铁十三局集团公司工会
中铁十六局集团公司工会
中铁二十一局集团公司工会
中铁二十五局集团公司工会
中国铁建电气化局集团公司工会

中铁上海设计院集团公司工会
中国铁建重工集团公司工会
昆明中铁大型养路机械集团公司工会
中铁建(北京)商务管理公司工会

2011 年度工会财务工作竞赛三等奖

中铁二十二局集团公司工会
中铁二十三局集团公司工会
中铁物资集团公司工会
北京铁城建设监理公司工会 (吕向东　张晓川)

【工会财务、经费审查工作获表彰】 2012 年,中铁十一局集团公司工会被中华全国总工会评为工会财务工作先进单位。股份公司工会在中华全国铁路总工会经费审查工作规范化考核和财务工作竞赛评比中分别获特等奖和一等奖,中铁十四、十八、十九局集团公司和中铁建设集团公司工会被中华全国铁路总工会评为财务工作先进单位。 (吕向东　张晓川)

【工会财务论文评选】 2102 年,股份公司工会开展财务优秀论文征集评选活动。征集论文 74 篇,评出优秀论文一等奖 3 篇、二等奖 6 篇、三等奖 11 篇,中铁十三、十四、十七、十九、二十、二十一局集团公司工会被评为股份公司工会财务论文评选优秀组织单位。

(吕向东　张晓川)

2012 年度中国铁建股份公司工会财务优秀论文

序号	论　文　题　目	作者姓名	选送单位	获奖等级
1	关于做好工会财务工作的几点认识	李海林	中铁十三局集团公司工会	一等奖
2	关于大型铁路施工企业“三不让”资金管理的思考	肖　琼	中铁二十局集团公司工会	一等奖
3	关于中国铁建股份公司工会财务管理信息化建设的探索	向宗灿	中铁第一勘察设计院集团公司工会	一等奖
4	论工会经费的使用效果	李社宁	中铁二十局集团公司工会	二等奖
5	浅议如何加强工会财务内部控制	张忠华	中铁十三局集团四公司工会	二等奖
6	浅谈科学建立工会经费支出结构	冯　军	中铁第四勘察设计院集团公司工会	二等奖
7	谈基层工会经费收缴工作存在的问题及建议	刘晓敏	中铁十三局集团二公司工会	二等奖
8	浅谈如何加强工会会计基础工作	张　晶	中铁十九局集团公司工会	二等奖
9	以用促收,收好用好工会经费	杨　懿 黄玉霞	中铁十五局集团公司工会	二等奖
10	浅谈“三不让”资金使用中的问题及建议	谢书贞	中国铁建电化局集团一公司工会	三等奖
11	浅谈新形势下施工企业工会经费收缴工作	郑　丹	中铁十九局集团六公司工会	三等奖
12	浅谈施工企业工会预算管理工作存在的问题及几点建议	李玲玲	中铁十三局集团一公司工会	三等奖
13	关于工会系统经费收、管、用问题的几点研究	李阿娜	中铁十四局集团水利水电分公司工会	三等奖
14	建立“三不让”承诺新机制,提升“双服务”工作质量	王金凤	中铁十四局集团二公司工会	三等奖
15	基层工会固定资产管理	白耀珍	中铁十七局集团一公司工会	三等奖

续表

序号	论 文 题 目	作者姓名	选送单位	获奖等级
16	推进工会财务规范化建设的思考	党 欣	中铁十七局集团二公司工会	三等奖
17	加强工会财务制度建设,使内控制度贯穿工会财务管理的全过程	马左莉	中铁十七局集团建筑公司工会	三等奖
18	企业工会会计独立的几点思考	陈良平	中铁二十三局集团四公司工会	三等奖
19	对企业工会财务工作规范化建设的探讨	唐 玲	中铁十四局集团建筑安装公司工会	三等奖
20	浅谈出纳工作技巧	商冬梅	中铁十五局集团三公司工会	三等奖

制表:吕向东　张晓川

团　委

【股份公司团委】 中国铁建股份有限公司2007年11月成立后,成立共青团中国铁建股份有限公司委员会(简称股份公司团委),同时行使中国铁道建筑总公司团委职能。2009年12月召开共青团中国铁建股份有限公司第一次代表大会,选举产生共青团中国铁建股份有限公司第一届委员会。股份公司团委在股份公司党委和中央企业团工委的领导下开展共青团和青年工作,对下实施垂直管理,主要负责全系统团组织建设、干部队伍建设、团的生产活动及团员青年的思想政治工作。股份公司团委下辖30个集团公司、公司团委(团工委、团总支)。全系统有888个基层团委,188个团总支,3169个团支部;专职团干部186人,兼职团干部5598人,团员56285人,35岁以下青年职工119082人。股份公司团委定员3人,现员2人,其中团委副书记1人、职员1人。

2012年是中国铁建共青团工作的"活力建设年",按照股份公司党委和中央企业团工委的部署,各级团组织以邓小平理论、"三个代表"重要思想为指导,深入落实科学发展观,不断激发团员青年的思想活力、组织活力、队伍活力、创造活力、形象活力和文化活力,团结带领广大团员青年开拓创新、奋勇拼搏,为加快中国铁建调结构、促转型、上水平的发展步伐作出新的贡献。全年全系统有20个先进青年集体和20名先进青年受到团中央和中央企业团工委的表彰。其中,2个先进青年集体受到团中央表彰;18个先进青年集体和20名先进青年受到中央企业团工委。　(沈玉泉)

【基层团组织组建与调整】 2012年,股份公司团委指导中铁十一、十二、二十三局集团公司和中铁建设集团公司召开团代会并完成换届选举工作,批准中国铁建财务公司成立团委,调整中铁十三、十五、二十局集团公司团委负责人。　(沈玉泉)

【共青团中国铁建一届四次全委(扩大)会议】 3月1~6日,中国铁建股份公司团委一届四次全委(扩大)会在湖南长沙召开。股份公司党委书记、董事长孟凤朝深情寄语团员青年:"大胆工作,展示才华,爱岗敬业,收获理想。"股份公司党委副书记、纪委书记、监事会主席齐晓飞出席会议并作重要讲话。股份公司团委委员、各集团公司团组织负责人及部分工程公司团委书记60余人参加会议。会议传达上级有关会议精神,回顾总结股份公司2011年度共青团工作,全面部署2012年度共青团工作。　(沈玉泉)

【落实国资委党委文件精神】 2011年,国资委党委下发《关于印发〈中央企业团委负责人管理办法(试行)〉的通知》,要求各中央企业制定所属单位团干部的管理办法。为落实国资委党委文件精神,股份公司团委多次召开研讨会并起草中国铁建的管理办法,经股份公司党委办公室、党委组织部、人力资源部审核,股份公司党委副书记、纪委书记、监事会主席齐晓飞审定修改,2012年8月8日,股份公司党委下发《关于印发〈中国铁建所属集团公司级团组织负责人管理办法(试行)〉的通知》,对集团公司级团组织负责人的资格条件、选拔任用、政治经济待遇、培养与教育、考核与奖惩、转岗等方面作出明确要求,有效地优化了团组织负责人的工作待遇和工作环境。　(沈玉泉)

【推优入党】 2012年，中国铁建系统有1106名团员在团组织推荐下光荣加入中国共产党。（沈玉泉）

【中国铁建共青团制度建设】 2012年，为进一步推进和规范中国铁建共青团工作，股份公司团委制定《中国铁建共青团团费收缴、使用和管理办法（试行）》《中国铁建青年"五小"成果征选、评比管理办法》《中国铁建"导师带徒"活动实施办法》《中国铁建"推优入党"实施细则》。（沈玉泉）

【中国铁建团组织信息统计工作年会】 共青团基本信息采集工作是团的组织建设的重要基础性工作，为更好地补充、修善中国铁建共青团基本信息统计数据，10月，股份公司团委在湖北武汉召开中国铁建团组织信息统计工作年会，对团组织统计软件使用进行培训。（闫国良）

【学习贯彻胡锦涛总书记重要讲话精神】 5月4日，中共中央总书记、国家主席、中央军委主席胡锦涛在纪念中国共产主义青年团成立90周年大会上发表重要讲话。中国铁建各级团组织高度重视学习胡锦涛总书记的重要讲话精神，股份公司团委下发专项通知，要求各级团组织充分认识学习贯彻宣传胡锦涛总书记重要讲话的意义，积极引导广大团员青年和团干部深刻领会讲话的精神实质，在全系统掀起学习胡锦涛总书记重要讲话的热潮。各级团组织和广大团员青年以不同形式开展学习活动。（沈玉泉）

【中国铁建庆祝共青团成立90周年暨青年榜样事迹报告会】 5月4日在北京召开。股份公司董事长、党委书记孟凤朝寄语广大团员青年，总裁赵广发发表重要讲话。4名基层单位的青年职工代表，以饱满的热情、朴实的语言、生动的事例讲述他们爱岗敬业、无私奉献，在平凡的工作岗位上创造不平凡业绩的典型经验。股份公司机关各部门负责人、所属在京单位分管共青团工作的党委领导和团干部、团员青年代表260余人在北京主会场参加庆祝大会，京外各单位分会场1800余名代表参加会议。（沈玉泉）

【参加纪念建团90周年活动】 5月4日，股份公司团委选派中铁十二局集团公司刘天一和中铁二十一局集团公司卢长德两名青年作为建国以来优秀青年典型代表参加在北京人民大会堂举行的纪念中国共产主义青年团成立90周年大会；选派中铁十七局集团公司蔺双平作为中国铁建青年代表参加中央企业团工委组织的学习贯彻中央领导"五四"重要讲话精神座谈会并在会上发言。（沈玉泉）

【中国铁建"文化引领我争先、转型发展谱新篇"青年主题实践活动】 3月22～23日，股份公司团委在中铁十七局集团上海轨道公司苏州地铁项目部启动"文化引领我争先、转型发展谱新篇"青年主题实践活动。主题实践活动根据股份公司实施的"转型领先发展"和推进"全面加强企业文化建设"战略，涵盖"青年读书"、"文化创新"、"献计发展"等内容。活动的开展，使团员青年进一步认清形势、统一思想、坚定信念，增强为企业实现转型领先发展贡献青春力量的动力。（沈玉泉）

【中国铁建共青团"进一线、促团建、助发展"主题实践活动】 为进一步贯彻落实"两个全体青年"的目标要求，扎实推进基层组织建设和共青团工作，锻炼提升各级团干部做好党的青年群众工作的能力，股份公司团委在全系统深入持久地开展"进一线、促团建、助发展"主题实践活动。4月27日，股份公司团委在中铁十六局集团公司北京地铁昌八线12标段项目部举行共青团"进一线、促团建、助发展"主题实践活动启动仪式。全系统各级团干部和机关青年积极深入施工生产一线，与广大团员青年同吃、同住、同劳动，实现青工队伍状况在一线掌握、团组织服务职能在一线体现、共青团工作任务在一线落实、共青团创先争优在一线开展，团组织与青年的感情在一线加深，团干部的能力和作风在一线锤炼的目标。（沈玉泉）

【"团组织就在我身边"关爱行动】 2012年春节前，股份公司团委从"中国铁建青年爱心金"中划拨28万余元关爱500名平时工作表现突出且生活相对困难的团员青年。根据各自实际状况，有区别地给予一定数额的一次性现金资助。（闫国良）

【"中国铁建郭明义爱心团队"活动】 4月5日，股份公司团委举行"中国铁建郭明义爱心团队"授旗仪式，中央企业团工委书记许高峰和股份公司党委领导参加仪式，并向在京单位的9支"郭明义爱心团队"授旗，向到会的务工青年、爱心团队队员赠送《雷锋精神读本》和纪念品，向特困家庭务工人员发放慰问金。（沈玉泉）

【"铁骨柔情，大爱无疆"爱心捐助活动】 为进一步落实国资委向"当代雷锋"郭明义学习的倡议，积极履行中央企业的社会责任，彰显中国铁建良好的社会形象，大力弘扬中国铁建青年团结、友爱、互助、奉献的志愿精神，股份公司团委在铁建广大团员青年中开展“铁骨柔情，大爱无疆”爱心捐助活动。活动期间，各级团组织精心组织，广大团员青年和职工积极奉献爱心，捐款360余万元。股份公司团委按照雪中送炭、将爱心捐赠到最需要的地方的原则，综合考虑并报请有关部门批准，决定在贵州捐助兴建12所“中国铁建·爱心食堂”，并于10月23日在贵阳举行“中国铁建·爱心食堂”捐助仪式。 （沈玉泉）

【匈牙利青年代表团访问接待】 7月12日，在中国铁建总部，股份公司团委成功组织接待以匈牙利经济部国务秘书诺伯特·齐兹马迪亚为团长的匈牙利青年代表团50余人的访问，圆满完成团中央交办的外事任务，受到团中央的表扬。通过访问，加深了匈牙利对中国铁建的了解，增进了双方的感情，促进了双方进一步的交流合作。 （沈玉泉）

【香港大学生实习任务安排】 根据中央企业青年联合会的安排，2012年有4名香港大学生到中国铁建实习，经股份公司团委研究并报请股份公司党委领导同意，安排到中国土木工程集团公司实习。在为期一个多月的实习期间，中国土木工程集团公司团委为4名学生安排了丰富多彩的实习内容。实习活动得到团中央和中央企业团工委领导的充分认可。 （闫国良）

【“向团组织说句心里话”短信征集大赛】 为纪念中国共产主义青年团建团90周年，进一步增进团员青年对共青团的了解与认同，不断改进未来共青团工作的针对性和时效性，股份公司团委在团员青年中广泛开展“向团组织说句心里话”短信征集大赛。各级团组织精心组织，广大团员青年踊跃参与，上报短信2000余条。经过评选，评出一等奖15条、二等奖20条、三等奖60条。 （闫国良）

【第九届“活力杯”征文评选活动】 为宣传中国铁建良好企业形象，展望中国铁建美好发展前景，进一步激发团员青年的爱企情怀，提高团员青年对中国铁建的归属感、认同感和自豪感，股份公司团委组织开展了第九届“活力杯”——“中国铁建·我的家”为主题的征文活动。活动收到征文817篇，股份公司团委对征文进行评选，评出一等奖30篇，二等奖40篇，三等奖50篇。股份公司团委把获奖作品编集成册，印发各单位阅读学习。 （闫国良）

【中央企业团工委表彰2012年度“两优两红”】

中央企业五四红旗团委

中国土木工程集团公司团委
中铁第一勘察设计院集团公司团委
昆明中铁大型养路机械集团公司团委

中央企业五四红旗团支部

中铁十五局集团一公司广深港项目团支部
中铁第五勘察设计院集团公司四电设计院团支部

中央企业优秀共青团干部

陈明贵 中铁十四局集团公司团委书记
熊国华 中铁第四勘察设计院集团公司团委书记
毕　辉 中铁物资集团公司团委书记
沈玉泉 中国铁建股份公司团委副书记

中央企业优秀共青团员

张刘雷 中铁十二局集团一公司拉日项目团支部
葛启钊 中铁二十三局集团六公司重庆轨道交通项目部团支部

第十三批中央企业五四红旗团委创建单位

中铁建设集团公司团委
中铁二十二局集团公司团委
中铁二十四局集团公司团委 （闫国良）

【中国铁建团委表彰“两优两红”】 2012年“五四”期间，股份公司团委表彰优秀共青团员84名、优秀团干部61名和五四红旗团委40个、五四红旗团支部43个。

中国铁建优秀共青团员

杨　曦	李达隆	赵松松	王　承	武振华
郑斌鑫	张小龙	陈　伟	高瑞峰	马连宏
杨统领	李　石	翟兆雷	张占森	索江伟
苗鹏坤	张红伟	曲国胜	王　东	马召腾
沈茂川	徐小平	罗海文	邹　平	段利飞
张学峰	张　雪	庞宏宇	张　斌	张　艳
刘　珂	金　明	王　宁	郭亭玉	岳才君
聂　亮	覃军红	葛启钊	颜本仕	史树林
李建学	李文斌	石　磊	李凌峰	李　明
李剑红	林　立	梁伟冬	路　鑫	叶佩文
尹　聪	韩曜丞	张勇振	张宏翔	任亚昊
田海乾	焦　帅	孙同贺	黎　硕	王　唯
付　斌	刘金华	王海锋	赵文建	李　冰
吴海军	石建斌	杜冰冰	秦太祥	郑　伟
张　卿	郭超波	王莉莉	司锡昊	夏艳珍
袁增伟	周丽萍	陈小科	王顺平	张　杨
王艳丽	高广东	李晓东	刘　海	

中国铁建优秀共青团干部

王　笑	王建军	谢艳梅	高　宇	逯囡囡
赵晓博	刘倩倩	赖　沛	刘俊彤	包　涵

白宏业　顾亚楠　周　彬　杨令振　张大仓
杨　青　陈　鹏　赵江峰　刘　阳　颜梦瑶
郭迎霞　孙常锋　宋俊娜　董勇华　孔祥宇
张　华　李春成　贺　群　姜海威　柳　志
黎青川　牛双华　王晋元　韩永忠　柯　瑟
王　凛　刘　栋　赖　迪　孙　洋　剧利宾
刘　跃　马　宁　许怀兵　王嘉林　刘崇前
车　清　曾　佳　刘德萍　李雅丹　周祯淳
刘亚林　方　进　徐　衍　王立春　侯大鹏
王　云　于　景　王莉娜　孙明宇　赵晓梅
王延梅

中国铁建五四红旗团委

中国土木工程集团福州院团委
中铁十一局集团建筑安装公司团委
中铁十一局集团桥梁公司团委
中铁十二局集团二公司团委
中铁十二局集团四公司团委
中铁十三局集团二公司团委
中铁十三局集团四公司团委
中铁十四局集团北京中铁房山桥梁公司团委
中铁十四局集团公司沪昆铁路客运专线贵州段工程指挥部团工委
中铁十五局集团七公司团委
中铁十五局集团新疆公司团委
中铁十六局集团电务公司团委
中铁十六局集团铁运公司团委
中铁十七局集团五公司团委
中铁十七局集团物资公司团委
中铁十八局集团国际公司科威特项目部团工委
中铁十八局集团五公司团委
中铁十九局集团轨道交通公司团委
中铁十九局集团二公司沪昆铁路客运专线8标段四工区团工委
中铁二十局集团三公司团委
中铁二十局集团兰州商贸公司团委
中铁二十一局集团二公司团委
中铁二十一局集团电务电化公司团委
中铁二十二局集团一公司团委
中铁二十二局集团六公司团委
中铁二十三局集团轨道交通公司团委
中铁二十三局集团七公司团委
中铁二十四局集团上海公司团委
中铁二十四局集团福建公司团委
中铁二十五局集团三公司团委
中铁二十五局集团建筑安装公司团委
中铁建设集团北京分公司团委
中国铁建电气化局集团南方公司团委
中铁第一勘察设计院集团新疆铁道勘察设计院团委
中铁第四勘察设计院集团公司线站处团委
中铁物资集团东北公司团委
昆明中铁大型养路机械集团制造总厂团委
中国铁建重工集团研究设计总院团工委
中铁建中非建设公司团委
重庆铁发遂渝高速公路公司团委

中国铁建五四红旗团支部（总支）

中国土木工程集团阿尔及利亚公司机关团支部
中铁十一局集团三公司铺轨运输二队团支部
中铁十一局集团五公司临吉高速公路项目部团支部
中铁十二局集团一公司湘桂铁路项目部团支部
中铁十二局集团建筑安装公司第11项目部团支部
中铁十三局集团公司锦屏工程指挥部团支部
中铁十三局集团公司巢湖滨湖景城项目团支部
中铁十四局集团公司杭州工程指挥部宁启铁路项目部团支部
中铁十四局集团五公司贵广铁路项目部第一团支部
中铁十五局集团二公司林长项目部团支部
中铁十五局集团华南公司广深港项目部团支部
中铁十六局集团轨道公司广佛地铁17标段项目部团支部
中铁十六局集团北京公司第六分公司团支部
中铁十七局集团一公司青岛地铁项目团支部
中铁十七局集团电气化公司一分公司团支部
中铁十八局集团三公司新密电厂项目部团支部
中铁十八局集团建筑安装公司机电安装分公司团支部
中铁十九局集团三公司路面第三项目管理部团总支
中铁十九局集团五公司路桥五公司锦赤铁路ZH－01团支部
中铁二十局集团路桥工程分公司团支部
中铁二十局集团沪昆杭长湖南段株洲轨道板场团支部
中铁二十一局集团四公司山西中南部铁路通道ZNTJ－13标段四分部团支部
中铁二十一局集团五公司兰新第二双线兰州枢纽引入工程项目二分部团支部
中铁二十二局集团哈尔滨铁路建设集团公司前抚项目部团支部

中铁二十二局集团六公司轨道板安装公司团支部

中铁二十三局集团二公司哈齐铁路客运专线项目部团支部

中铁二十三局集团电务公司绥中项目部团支部

中铁二十四局集团公司宁波北站及货场搬迁工程项目部团支部

中铁二十四局集团公司上海大功率机车检修基地电务分部项目部团支部

中铁二十五局集团六公司柳北货场小高层住宅楼项目部团支部

中铁二十五局集团轨道公司长沙地铁2号线9标段项目部团支部

中铁建设集团市政分公司团支部

中国铁建电气化局集团二公司汉宜铁路项目部团支部

中铁第一勘察设计院集团公司桥梁隧道处团总支

中铁第四勘察设计院集团公司设备处团总支

中铁第五勘察设计院集团四电设计院团支部

中铁上海设计院集团公司线站设计处团支部

中铁物资集团公司机关第二团支部

昆明中铁大型养路机械集团制造总厂结构分厂团支部

中国铁建重工集团株洲中铁电气物资公司机关团支部

中铁建(北京)商务管理公司北京铁建物业管理公司团支部

重庆铁发遂渝高速公路公司润君房地产开发公司团支部

重庆铁发遂渝高速公路公司G93沙坪坝团支部

(闫国良)

【争创“青年文明号”、争当“青年岗位能手”活动】 2012年,股份公司团委在全系统广泛开展争创“青年文明号”、争当“青年岗位能手”活动,带领广大团员青年奋战施工一线,充分发挥生力军和突击队的作用。2个集体被评为全国“青年文明号”;6个集体被评为中央企业“青年文明号”,3名青年被评为中央企业“青年岗位能手”。股份公司团委评选“青年文明号”82个、“青年岗位能手”121名。

全国“青年文明号”

中铁十一局集团公司武汉地铁2号线汉口站项目部

中铁第一勘察设计院集团公司线运处轨道所

中央企业“青年文明号”

中铁十一局集团公司兰渝铁路项目部

中铁十三局集团三公司兰新铁路二线项目部

中铁十七局集团物资公司石油公司

中铁二十局集团公司安哥拉罗安达、本格拉铁路大修工程

中铁二十一局集团中国铁建国际城项目指挥部

中铁二十五局集团长株潭城际铁路综合Ⅲ标段项目部

中央企业“青年岗位能手”

李振武　中铁十六局集团地铁公司

刘胜军　中铁十九局集团三公司

姚　满　中国铁建重工集团公司

中国铁建“青年文明号”

中国土木工程集团公司非洲第一事业部

中国土木工程集团公司非洲第二事业部

中国土木工程集团尼日利亚公司伊都梁枕厂女子工班

中铁十一局集团三公司合福铁路项目部

中铁十一局集团电务公司上海金山铁路支线项目部

中铁十一局集团建筑安装公司中海锦城项目部

中铁十一局集团桥梁公司涟源制梁场

中铁十二局集团公司共和至玉树公路B5合同段项目部

中铁十二局集团三公司中南部铁路通道ZNTJ-1标段第五项目部

中铁十二局集团四公司神河高速公路LJ1项目部

中铁十二局集团国际公司55公里铁路项目部

中铁十三局集团公司合福铁路安徽段站前2标段项目部

中铁十三局集团公司兰新铁路甘青段项目部

中铁十三局集团公司贵广铁路工程指挥部

中铁十三局集团公司哈齐铁路客运专线项目部一分部

中铁十四局集团公司扬州瘦西湖隧道工程指挥部盾构工区

中铁十四局集团公司中国铁建·国际城工程指挥部

中铁十四局集团三公司霍尔果斯铁路口岸站项目部

中铁十四局集团隧道公司南京地铁10号线TA03标段项目部

中铁十五局集团一公司三淅项目部

中铁十五局集团四公司二分公司阜六项目部

中铁十五局集团五公司嵩栾项目部

中铁十五局集团六公司万水泉项目部

中铁十六局集团五公司赣龙铁路项目

中铁十六局集团轨道公司上海地铁项目

中铁十六局集团铁运公司神朔铁路运营指挥部

中铁十六局集团北京公司燕翔饭店改扩建项目部

中铁十七局集团一公司第一桥梁运架公司

中铁十七局集团二公司西藏甲玛项目部

中铁十七局集团物资公司石油公司

中铁十七局集团六公司盾构公司

中铁十八局集团公司京津城际延伸线项目部

中铁十八局集团公司山西中南部铁路通道 ZNTJ－12 标段项目部

中铁十八局集团四公司南京地铁 3 号线 TA17 标段土建工程项目部

中铁十八局集团轨道交通公司钦州市子材大桥工程项目部

中铁十九局集团公司青岛地铁一期工程(3 号线)土建 05 标段项目部

中铁十九局集团六公司神华准池铁路工程指挥部

中铁十九局集团矿业公司金英金矿项目部

中铁十九局集团轨道交通公司七分公司

中铁二十局集团一公司北京地铁 14 号线项目部

中铁二十局集团二公司兰新铁路二线红柳河特大桥项目部

中铁二十局集团四公司电力运输分公司

中铁二十局集团六公司大西铁路客运专线项目部

中铁二十一局集团公司宝兰铁路客运专线兰州枢纽项目一分部

中铁二十一局集团公司兰新铁路二线平安至西宁段平安制梁场

中铁二十一局集团公司兰州综合基地工程

中铁二十一局集团一公司乌鲁木齐铁路工程采石爆破公司

中铁二十二局集团一公司吉图珲铁路客运专线项目部

中铁二十二局集团四公司太兴项目部

中铁二十二局集团五公司巫奉项目部

中铁二十三局集团公司向莆铁路 FJ－10 标段青云山隧道 2 号斜井项目部

中铁二十三局集团二公司哈双南拓宽改造工程 3 标段项目部

中铁二十四局集团公司合福铁路安徽段站前 4 标段项目部五分部

中铁二十四局集团上海公司天府新区正公路第三项目部

中铁二十四局集团福建公司宁杭铁路客运专线 4 标段一分部

中铁二十四局集团路桥分公司南通区项目部

中铁二十五局集团一公司铺架分公司

中铁二十五局集团公司长韶娄高速公路项目部

中铁二十五局集团建筑安装公司原平制梁场

中铁二十五局集团公司云桂铁路云南段项目部三分部

中铁建设集团济南分公司聊城项目部

中铁建设集团天津分公司中华文化会馆工程

中国铁建电气化局集团南方公司电气化分公司第一工程队

中国铁建电气化局集团北方公司京石暨石武(河北段)客运专线 DK244 公里～DK490 公里＋248(不含石家庄枢纽)四电集成工程

中国铁建房地产集团北京第六大洲房地产开发公司

中国铁建房地产集团北京丰基置业公司

中铁第一勘察设计院集团公司地质路基处拉日铁路施工图设计、配合施工及超前地质预报小组

中铁第一勘察设计院集团交通与市政工程设计研究院斯里兰卡 A09 公路重建与改善工程

中铁第四勘察设计院集团公司线站处线路室

中铁第四勘察设计院集团公司苏州轨道交通设计项目部

中铁第五勘察设计院集团公司石家庄轨道交通设计项目部

中铁上海设计院集团公司上海轨道交通 12 号线通信系统项目部

中铁物资集团公司现货贸易事业一部

昆明中铁大型养路机械集团北京营销分公司售后服务部

中国铁建重工集团制造总厂数镗班

中国铁建国际集团阿尔及利亚公司合同计划部

北京铁城建设监理公司财务部

中国铁建投资公司南京青奥轴线地下工程指挥部

中铁建中非建设尼日利亚公司昂杜州 4.3 公里公路项目部

诚合保险经纪公司市场开发部

中铁建(北京)商务管理公司中铁国际航空服务公司票务部

重庆铁发遂渝高速公路公司书房坝收费站

中国铁建“青年岗位能手”

柯昌良	杨家宝	耿道锦	李晓波	许杨林
蒋　海	郭晓军	龙广山	胥宝华	李　帅
李少敏	王继杰	何　武	岳博文	方伟太
贾　山	高　辉	刘　凯	张新磊	盖广林
韩　杰	郭成田	李兴刚	尚明宣	徐　征
王广周	杨　飞	侯海良	李士才	曹佃松
袁会波	焦晓兵	夏　源	李宏达	徐沛江

王正瑜　王宗保　樊泽海　刘新菊　田爱华
张东港　郭甲祥　周旺根　宋留军　蔡永斐
杨国栋　华　冰　蒋小军　李雪洁　赵　华
水耀龙　徐文明　岳宗显　杨万顺　孔　维
沈小迪　邢发红　石双宏　盛　锁　刘自明
谭纪山　金嗣东　孙俭峰　王延朝　张清山
肖　洋　范金生　廖中华　赖生福　杨　东
廖　德　张　平　张少华　徐新明　孙学猛
李凌峰　薛红博　徐立涛　张路军　任向阳
丁　满　杨国强　陈志华　赵宏香　陈向华
宋钢贤　关　键　张洪波　谢秉钊　田建平
赵瑞鹏　郭建伟　贾晓宏　解振全　韩　涛
别碧勇　孙玉亮　徐电波　陈　杰　聂　飞
张伟生　王永振　蒋　峰　张敏洁　石　磊
谷建岭　董琳琳　白秀峰　陈　亮　周彦武
李治富　葛　斌　窦　阳　张　斌　郭　晔
苏凤祥　郑　毅　闫中秋　达姗姗　李德坤
周玉玲　（闫国良）

【中国铁建青年志愿服务获表彰】 3月，中央企业团工委、中央企业青年联合会评选首届中央企业金牌青年志愿服务项目、金牌青年志愿者，中国铁建1个项目获中央企业金牌青年志愿服务项目称号，2名青年获中央企业金牌青年志愿者称号。

中央企业金牌青年志愿服务项目

百元奖励、万分牵挂——中国铁建关爱农民工子女志愿服务行动

中央企业金牌青年志愿者

李雪芳　中铁二十四局集团上海铁建公司

孙　彬　中铁十五局集团七公司　（闫国良）

【中国铁建青年玉树地震灾后重建工作获表彰】 8月，中央企业团工委、青海团省委联合表彰在玉树灾后重建工作中作出突出贡献的先进青年集体和个人，中国铁建2个青年集体获玉树地震灾后重建工作中央企业“青年文明号”称号，4名青年获玉树地震灾后重建工作中央企业“青年岗位能手”称号。

玉树地震灾后重建工作中央企业“青年文明号”

中铁二十一局集团二公司玉树地震灾后重建项目部

中铁第一勘察设计院集团公司城建院玉树灾后重建设计组

玉树地震灾后重建工作中央企业“青年岗位能手”

胡炳成　中铁第一勘察设计院集团兰州铁道设计院工程师

康旭升　中铁二十一局集团四公司玉树灾后重建工程项目部工程部副部长

王　超　中铁二十一局集团四公司玉树灾后重建指挥部建管部部员

刘金刚　中铁二十一局集团北京分公司玉树灾后重建工程项目部三分部计财部部长　（闫国良）

【团委人员变动】 3月，股份公司团委书记赵佃龙转岗到中国铁建国际集团有限公司任党委书记、副董事长、纪委书记、工会主席。　（闫国良）

2012 年 10 月 30 日，昆明中铁国家工程技术研究中心通过国家 CNAS 现场评审。　　（富建强　摄）

所属单位

特载 | 大事记 | 概况 | 董事会工作 | 工程施工 | 海外经营 境外工程 | 经营管理 | 综合管理 | 科技管理 | 党的工作 | 工会 共青团 | 所属单位 | 人物 | 统计资料 | 文献辑要 | 附录

本栏责任编辑　**杨启燕**

中国土木工程集团有限公司

【简况】 中国土木工程集团有限公司(以下简称中土集团)是铁路工程施工总承包特级,房屋建筑、市政工程施工总承包一级,土石方、城市轨道交通和建筑装修装饰工程专业承包一级资质企业;同时拥有香港地区房建、道路及渠道、地盘平整、海港和桩基础工程最高级别资质,尼日利亚土建(公路)、房建、电力安装工程D级(最高级别)资质,坦桑尼亚建筑一级资质,博茨瓦纳建筑E级(最高级别)资质,赞比亚房建、市政、公路、土木工程一级资质,津巴布韦房建和土木工程总承包A级资质,阿拉伯联合酋长国桥梁、隧道工程特级及房建、钢结构一级资质等。中土集团总部驻北京市海淀区北蜂窝4号。前身为铁道部援外办公室。1979年6月1日,经国务院批准,在铁道部援外办公室的基础上成立中国土木工程公司;1996年12月更名为中国土木工程集团公司;2000年9月与铁道部脱钩,先后划归中央企业工委、国务院国资委管理;2003年9月并入中国铁道建筑总公司,2007年12月企业改制改称中国土木工程集团有限公司。下辖中土集团北方建设有限公司、北京中土大厦、中土国际贸易有限公司、广州中土实业发展有限公司、中土集团南方建设有限公司、海南基冠房地产开发(香港)有限公司、中土集团福州勘察设计研究院有限公司、中土海外(北京)人力资源管理有限公司、中土尼日利亚有限公司、中土东非有限公司、中国土木阿尔及利亚有限公司、中国土木工程集团(纳米比亚)有限公司、中国土木工程(赞比亚)有限公司、中国土木工程集团塞拉利昂有限公司、中国土木工程集团(肯尼亚)有限公司、中国土木工程集团(科特迪瓦)有限公司、中国土木工程集团(加蓬)有限公司、中土埃塞俄比亚工程有限公司、中国土木工程集团乍得有限公司、中国土木工程集团(布隆迪)有限公司、中国土木工程集团(香港)有限公司、中国土木工程集团(澳门)有限公司、中铁(澳门)有限公司、中国土木工程集团南太平洋有限公司、中国土木工程集团博茨瓦纳有限公司、中土巴西国际商业有限公司、中国土木工程集团(波兰)有限公司、中国土木工程集团(俄罗斯)有限责任公司,中国土木工程集团有限公司沙特分公司、阿联酋分公司,中国铁建土耳其安卡拉分公司,土铁项目欧洲代表处(中国土木工程公司驻德国代表处)及中国土木工程集团有限公司驻日本代表处、驻印度尼西亚代表处、驻以色列代表处、驻卢旺达办事处、驻利比亚办事处、驻科威特办事处、驻伊拉克办事处、驻吉布提办事处、驻伊朗办事处、驻尼泊尔办事处、驻泰国办事处、驻美国办事处、驻马来西亚办事处、驻也门办事处、驻黎巴嫩办事处、驻越南办事处、驻柬埔寨办事处、驻新加坡办事处、驻乌干达办事处、驻卡塔尔办事处52个境内外法人公司和办事机构。职工1087人,其中专业技术干部978人。资产总额177.15亿元。其中,固定资产原值39.97亿元、净值15.9亿元;流动资产151.57亿元。机械设备6669台(套),设备原值261603.78万元、净值95372.44万元。其中,大型设备101台(套),原值47438.6万元、净值25433.61万元;铺轨设备4台;大型养路设备5台(套);公铁架桥机2(套)。设备资产增长率16%,设备成新率36%。

2012年,新签合同额69.79亿美元,折合人民币441.22亿元。完成营业额17.56亿美元,折合人民币113.18亿元币;实现利润2.34亿元人民币。职工年人均收入15万元人民币。国有资产保值增值率108.9%,净资产收益率8.48%,资产负债率83.98%。再次入选225家最大国际承包商和最大225家全球承包商行列,分别排名第91位和第185位。

中土集团以优异的经营业绩获得中国最大500家服务企业、中国国有企业500强、中国行业百强、中国建筑业功勋企业等称号;在世界最大225家国际承包商评选中,连续15年居世界百强之内;是中国对外承包工程商会、中国铁道学会、中国铁道工程建设协会、中国国际贸易促进委员会、中国国际经济合作协会理事,中国施工企业管理协会、中国国际工程咨询协会常务理事,中国机电产品进出口商会、中国招投标协会、中国土木工程学会会员;被评为对外承包工程、对外劳务合作AAA级信用等级企业,境外成套工程企业信用等级评价AAA级企业,拥有商务部对外援助物资项目A级企业资格。

(郭子岩)

【领导人员】

董事会

董事长	刘志明
董事	袁　立
	郝毅忠
	初厚才
	薛立智

监事会

监事会主席	吴　江
监事	许云彪
职工监事	王庆忠

经理层

总经理	袁　立
副总经理	郝毅忠
	初厚才
	丁维利(7月任)
	赵仲宁
	周天想
	崔　杰
	陈志杰
	曹保刚
	孙　勇
	严学斌
	胡社忠
	薛立智
总工程师	胡社忠(兼)
总会计师	薛立智(兼)

党群系统

党委书记	刘志明
党委副书记	袁　立(兼)
	吴　江
纪委书记	吴　江(兼)
工会主席	吴　江(兼)

(许　征)

【职工队伍】　截至2012年底,中土集团正式职工1087人。专业技术人员978人,占职工总数的90%,其中高级职务304人、中级职务337人、初级职务298人。大学本科以上学历932人,占职工总数的85.7%;大专学历75人,占职工总数的14.3%。30岁以下453人,31~40岁262人,41~50岁197人,51~59岁175人。(许　征)

【境外工程施工】　阿尔及利亚55公里铁路新线工程　阿福龙至黑密斯55公里铁路新线工程是阿尔及利亚北方铁路干线的组成部分,跨阿尔及利亚布利达和艾因迪夫拉两省。采用欧洲标准,轨距1435毫米,设计时速客车160公里、货车100公里。2009年6月8日签约,7月18日开工,合同工期30个月。合同投资4.3亿欧元。2012年7月16日,3号补充协议生效,合同投资增至4.6亿欧元,工期增加28个月,延长至2014年5月17日。主要工程量:土石方607万立方米;路基44.6公里;隧道2座10210延长米;铁路桥梁10座960.4延长米,公路桥梁12座996延长米;涵洞70座1558.3横延米,框架通道22座550横延米;站场6处;有砟道床56.7公里;正线铺轨113.4公里,站线铺轨31.6公里;制梁150榀,架梁150榀;车站6座。项目由CCECC—OZGUN组成项目联合体,中国铁建占89.76%的份额。工程由中国土木阿尔及利亚公司牵头组织实施,施工单位为中铁十二局集团公司和中国土木阿尔及利亚公司,设计单位为中土集团福州勘察设计研究院和法国SETEC公司。截至2012年底,开工累计完成投资6020万欧元。

阿尔及利亚175公里铁路电气化新线工程　布拉里季堡至特尼亚175公里电气化铁路新线工程是阿尔及利亚北方铁路干线的组成部分,跨越布迈戴斯、布依哈和布拉里季堡三省。采用欧洲标准,轨距1435毫米,设计时速客车160公里、货车100公里。主要工程量:土石方3280万立方米,铁路高架桥76座22810延长米,单洞双线隧道22座16540延长米,车站改建和新建9座2.2万平方米,电气化轨道339.32公里。2009年4月15日签署框架合同,合同投资17.28亿欧元,合同工期48个月,以6个应用合同(设计+临建、隧道、土建、轨道、电气化、通信信号)分期实施;5月27日,一期应用合同签约;7月18日开工。合同投资1.24亿欧元。工程由CCECC—OZGUN组成项目联合体,中国铁建占84%的份额。工程由中国土木阿尔及利亚公司组织实施,施工单位为中铁十二、十四、十九局集团公司及中国土木阿尔及利亚公司,工程设计单位为中铁第四勘察设计院集团公司和中国中铁二院工程集团公司。截至2012年底,开工累计完成投资4233.53万欧元。

阿尔及利亚67公里铁路复线工程　位于黑密斯至乌德福达路段,是阿尔及利亚北方干线铁路的一部分。2006年11月4日签约,12月5日开工,合同工期18个月。合同投资6103万美元。采用欧洲标准。中国土木阿尔及利亚公司组织实施。主要工程量:土石方62.6万立方米;路基56.4公里;桥梁2座39延长米,涵洞80座120横延米;站场10处;有砟道床56.4公里;正线铺轨51公里,站线铺轨5.4公里;制、架梁84片;车站5座,联锁道岔35组。截至2012年底,开工累计完成投资6026.85万美元。

阿尔及利亚94公里铁路更新改造工程　位于比斯克拉到图古尔特路段,撒哈拉沙漠边缘地区。合同投资4996万欧元。2007年5月9日签约,5月13日开工,原合同工期18个月。经业主提速变更后,合同工期增加至49.5个月。采用欧洲标准。中土集团和中铁二十四局集团公司共同实施。主要工程量:有砟道床100公里,拆、铺轨道100公里。截至2012年底,开工累计完成投资4564.08万欧元。

阿尔及利亚东西高速公路M6标段工程　位于谢里夫省境内,标段长24.213公里。采用欧洲标准,设计时速120公里,双向6车道。2006年9月2日签约,2007年5月19日开工,合同工期32个月。合同投资

2.31 亿美元。设计单位为中铁第一勘察设计院集团公司和中交第一公路勘察设计研究院有限公司，中国土木阿尔及利亚公司组织实施。主要工程量：土石方 400 万立方米；桥梁 10 座 1028 延长米，涵洞 58 个，架梁 340 片；路面 75.7 万平方米。截至 2012 年底，开工累计完成投资 13276.31 万美元。

阿尔及利亚奥兰房建工程　位于阿尔及利亚东部奥兰和艾因泰穆尚特两省，为 360 套、228 套、324 套和 684 套安居房建设。2012 年签约，合同总投资 5518 万美元。中国土木阿尔及利亚公司组织实施。截至 2012 年底，人员、设备和资金到位。

土耳其安卡拉至伊斯坦布尔高速铁路项目二期工程　为买方信贷项目，是中国铁路行业首次获得的海外高速铁路电气化工程。合同总投资 12.7 亿美元，资金来源为中国进出口银行提供的 7.2 亿美元贷款和欧洲投资银行（EIB）提供的 5.5 亿美元贷款。项目由中国铁建土耳其安卡拉分公司、中国机械进出口集团公司和两家土耳其公司组成合包集团中标。工程线路长 158 公里，变更后 147 公里。采用欧洲标准。中土集团组织实施，中国铁建土耳其安卡拉分公司负责项目管理。工程由两个标段组成，工期均为 730 天。1 标段 2008 年 10 月 21 日开工，2012 年 6 月 13 日竣工，延期 604 天；2 标段 2008 年 9 月 22 日开工，2012 年 5 月 26 日竣工，延期 612 天。

尼日利亚铁路现代化项目阿布贾至卡杜纳段工程　业主为尼日利亚联邦政府。2006 年 10 月 30 日签约，合同投资 83 亿美元，合同工期 4 年，由中土集团设计、施工总承包。项目为新建一条从尼日利亚南部城市拉各斯至北部城市卡诺的双线标准轨铁路，长 1315 公里，设计时速 150 公里。采用中国标准，是中国首次向外输出中国铁路技术标准的铁路工程项目。因尼方原因，2008 年 10 月 3 日收到业主暂时停工令。经过双方近一年的反复磋商和谈判，同意保留尼铁现代化项目原合同，项目采取分段实施，先期启动阿布贾至卡杜纳和拉各斯至伊巴丹段。2009 年 10 月签订阿布贾至卡杜纳分段实施补充协议。阿布贾至卡杜纳段单线铁路长 186.5 公里，合同投资 8.49 亿美元。主要工程量：土石方 1400 万立方米，车站 9 座，铁路桥梁 30 座，公路桥梁 29 座，涵洞 204 座。2010 年 12 月 20 日，尼日利亚铁路现代化项目阿布贾至卡杜纳段 5 亿美元优惠贷款协议在北京签署，标志着尼铁阿卡段施工及尼铁现代化项目重新启动。截至 2012 年底，开工累计完成投资 22.1 亿元人民币。由中土尼日利亚公司承建。

尼日利亚阿布贾城市铁路工程　业主为阿布贾首都地区部交通局。2007 年 5 月 25 日签约，合同投资 8.4 亿美元，合同工期 4 年，全长 60.67 公里。以设计、施工总承包方式实施，采用中国标准。2009 年 5 月 28 日开工，中标里程增加到 77.782 公里，计划 2013 年 5 月竣工。2011～2012 年，因政府预算不到位，项目处于半停工状态。为促进中国进出口银行的 5 亿美元优贷的批复，2012 年 2 月向业主提出分期施工逐段推进的方式分阶段完成全线施工方案；8 月 24 日与业主签订补充 1 号协议，合同投资 51.3 亿元人民币，由中国进出口银行优惠贷款 38.8 亿元人民币。一期工程 45.245 公里，合同工期 3 年。主要工程量：土石方 636.3 万立方米，车站 26 座，简支梁桥 11 座，框架桥 3 座，公路桥 7 座，涵洞 40 座。二期工程设计图纸未完成。截至 2012 年底，开工累计完成投资 10.5 亿元人民币。由中土尼日利亚公司承建。

尼日利亚非行公路工程　位于尼日利亚埃奴古州和十字河州，业主为尼日利亚联邦政府工程部。合同投资 6.58 亿元人民币，2010 年 1 月 8 日开工，合同工期 39 个月。主要工程：分别对 85 公里和 25 公里的既有公路实施沥青混凝土路面改造。2012 年竣工交付使用。由中土尼日利亚公司承建。

尼日利亚拉各斯蓝线轻轨工程　线路长 28 公里，合同总投资 73.08 亿元人民币，合同工期 36 个月。设计时速 100 公里。主要工程量：车站 12 座，高架桥 8 公里，路基 20 公里。截至 2012 年底，开工累计完成投资 16.2 亿元人民币。由中土尼日利亚公司承建。

尼日利亚拉各斯红线轻轨一期工程　合同投资 8101.76 万美元，2010 年 5 月 1 日开工，合同工期 8 个月。主要工程为 26 公里红线勘测设计和既有线改造。工程尚未正式启动。由中土尼日利亚公司承建。

尼日利亚阿夸伊博姆州 14 公里公路工程　线路长 14 公里，双向 6 车道。2010 年 4 月 7 日签约，合同投资 8020.19 万美元。2010 年 4 月 30 日开工，合同工期 24 个月。由中土尼日利亚公司承建。2012 年 10 月 15 日工程竣工交付使用。

尼日利亚拉各斯巴达格瑞高速公路改扩建项目 2 标段 A 段工程　起自尼日利亚拉各斯，沿大西洋向西至贝宁、科特迪瓦、加纳方向，是尼日利亚的交通大动脉，也是西非国家互通的重要门户。2011 年 12 月中标，业主为拉各斯州政府工程局。标段长 14.8 公里，合同投资 58.6 亿元人民币，双向 10 车道，中间为 15 米轻轨通道，标准断面宽 100 米，线路走向与拉各斯蓝线轻轨重叠，扩建后将成为西非国家等级最高的高速公路。主要工程量：收费站 5 座，车站 16 座，立交桥 7 座，服务区 2 处，公交车总站 1 座。截至 2012 年底，开工累计完成投资 3.3 亿元人民币。由中土尼日利亚公司承建。

尼日利亚拉各斯伊科若杜公路 1、2、3 标段工程业主为拉各斯州城市交通局。标段总长 13.3 公里，合同投资 11 亿元人民币。设计时速 80 公里，双向 4 车道，中间为公交车快速道。其中，1、2 标段线路长分别为 4 公里，2012 年 8 月 10 日开工，工期 24 个月；3 标段线路长 5.3 公里，2012 年 10 月 10 日开工，工期 24 个月。截至 2012 年底，开工累计完成投资 0.75 亿元人民币。由中土尼日利亚公司承建。

尼日利亚巴耶萨州 14 公里路桥改造工程　2012 年 6 月签约，合同投资 2.49 亿元人民币，合同工期 12 个月。主要工程量：桥梁 8 座，清表 3 万立方米，填砂 5.7 万立方米，4 厘米厚沥青混凝土结合层 14.3 万平方米，6 厘米厚沥青混凝土面层 7.5 万平方米。2012 年完成投资 4677 万元人民币。由中土尼日利亚公司承建。

尼日利亚扎姆法拉州 75.9 公里公路工程　业主为扎姆法拉州州政府。2011 年 10 月签约，合同投资 3.5 亿元人民币。2012 年 3 月 13 日开工，合同工期 30 个月。年内完成投资 0.62 亿元人民币。由中土尼日利亚公司承建。

尼日利亚中央银行哈尔科特大学精英中心工程　2012 年 3 月签约，合同投资 4.2 亿元人民币。2012 年 5 月 28 日开工，合同工期 31 个月。主要工程量：教学楼 9 座 30239 平方米。年内完成投资 0.52 亿元人民币。由中土尼日利亚公司承建。

尼日尔尼亚美至亚特克铁路工程　起自尼日尔首都尼亚美站，终至尼日尔与布基纳法索边境亚特克站，线路长 211.705 公里。2012 年 12 月签约，合同投资 9.98 亿美元。采用中国标准。由中土尼日利亚公司组织实施。主要工程量：车站 7 座，桥梁 21 座 3911.4 延长米，涵洞 635 座 9790.5 横延米，路基土石方 639.33 万立方米，铺轨 228.615 公里，铺道砟 422933 立方米，房屋面积 21315 平方米。

乍得铁路工程　2011 年 12 月签约，为 EPC 工程总承包合同（含机车车辆供货），全长 1364.09 公里，设计时速 120 公里，合同投资 56.31 亿美元。采用中国标准。由中土集团组织实施。主要工程量：车站 5 座，桥梁 37 座。

博茨瓦纳莫如普利供水二期工程　业主为博茨瓦纳电力公司。合同投资 3105 万美元，2011 年 6 月 15 日开工，合同工期 18 个月，维护期 12 个月。由中土博茨瓦纳公司组织实施。主要工程量：1000 立方米钢筋混凝土蓄水池 2 座，9335 立方米钢筋混凝土蓄水池、120 立方米压制钢水池各 1 座。截至 2012 年底，开工累计完成投资 14939 万元人民币。

博茨瓦纳国际科技大学项目一期工程　位于博茨瓦纳中部城市帕拉佩。2008 年 12 月中标，合同投资 5600 万美元，2009 年 3 月 16 日开工，合同工期 18 个月。工程采用 FIDIC 设计 + 施工合同管理模式，中土博茨瓦纳公司组织实施。主要工程量：教室、办公楼、图书馆、教师住宅和学生宿舍等建筑面积 3 万平方米。2012 年 7 月竣工交付使用。

博茨瓦纳沙卡维高级中学工程　位于博茨瓦纳西北部，距首都哈博罗内约 1300 公里。建筑面积 6 万平方米，合同投资 8701.96 万美元。中土博茨瓦纳公司承建。主要工程量：行政楼、教学楼等功能性建筑 8 栋，学生宿舍、教职工住宅等 30 余栋。2009 年 3 月 27 日开工，合同工期 2010 年 9 月 30 日，工期延至 2012 年 2 月 28 日。

赞比亚卡夫河供水工程　位于赞比亚首都卢萨卡以南 60 公里处，合同投资 1.5 亿美元，合同工期 24 个月。由中土赞比亚公司组织实施。主要工程量：输水管线 66 公里，加压泵站 1 座。

埃塞俄比亚米埃索至迪雷达瓦至达瓦利铁路工程　从埃塞俄比亚米埃索开始，途经迪雷达瓦至达瓦利（与吉布提接壤的边境城市），全长 339.1 公里。2011 年 12 月签约，合同投资 11.974 亿美元，合同工期 42 个月。采用中国标准，中土埃塞俄比亚公司组织实施。主要工程量：路基土石方 2320 万立方米，桥梁 57 座 7250 延长米，涵洞 498 座，道砟 110 万立方米，铺轨 360 公里。2012 年 11 月签订埃塞铁路补充协议，对全线工程量、铁路等级进行修改，合同投资提高到 14.018 亿美元，增加 2.04 亿美元。

吉布提铁路项目　起自吉布提首都吉布提市，终点至吉布提与埃塞俄比亚的边境处，与埃塞俄比亚新建铁路相接。线路长 82 公里。2012 年 1 月 19 日签约，为 EPC 工程总承包项目，合同投资 5.05 亿美元，合同工期 60 个月；11 月 7 日签订补充协议，增加合同投资 7358 万美元，合同投资提高到 5.7858 亿美元。主要工程量：土石方 1178 万立方米，桥梁 4237 延长米，涵洞 6965 横延米，正线铺轨 95.805 公里，站线铺轨 43.73 公里。计划 2013 年 9 月开工，中土埃塞俄比亚公司组织实施。

沙特北南线铁路工程　业主为沙特财政部下属的沙特铁路公司。全长 2400 公里，分 4 个标段。2009 年 9 月 12 日，中土集团与当地两家公司组成联合体中标第 4 标段，合同投资 7.36 亿美元，合同工期 3 年，中土集团占 20% 的份额。第 4 标段从沙特首都利雅得国际机场出发，向西北到 Al Makhram 附近与第 1 标段相交，线路长 509 公里，设计时速 250 公里，采用 1435 毫米标准轨距。沿线多为戈壁滩。中土沙特分公司组织实施。主要工程量：铺轨 509 公里。截至 2012 年底，开工累计完成投资 17942 万元人民币。

坦桑尼亚塔博拉51.98公里公路工程　2010年7月31日签约，合同投资5213万美元，2011年1月5日开工，合同工期24个月。中土东非公司组织实施。主要工程量：清除表土23万立方米，开挖土石方17.5万立方米、回填102.2万立方米，路面56.2万立方米。截至2012年底，开工累计完成投资7553万元人民币。

坦桑尼亚情报局大楼工程　位于坦桑尼亚首都达累斯萨拉姆市。2008年4月1日签约，合同投资2000万美元，合同工期26个月。中土东非公司组织实施。主要工程量：6层办公楼1座，建筑面积16000平方米。2012年3月竣工交付使用。

坦桑尼亚摩洛哥洛45公里公路工程　2009年6月17日签约，合同投资3887万美元，2010年2月1日开工，合同工期24个月。中土东非公司组织实施。主要工程量：土方开挖20.6万立方米、回填75.73万立方米，桥梁3座，箱涵19座，管涵101座，级配碎石7.05万立方米。截至2012年底，开工累计完成投资1.65亿元人民币。

坦桑尼亚摩洛哥洛48.6公里公路工程　2009年6月17日签约，合同投资3920万美元，2010年3月1日开工，合同工期24个月。中土东非公司组织实施。主要工程量：土方开挖11万立方米、回填75.79万立方米，桥梁4座，箱涵16座，管涵136座，级配碎石6.74万立方米。截至2012年底，开工累计完成投资1.48亿元人民币。

坦桑尼亚中央线铁路89公里换轨工程　位于坦桑尼亚塔博拉地区，距离塔博拉城区约170公里。合同投资2100万美元，合同工期12个月，2012年9月1日开工。中土东非公司组织实施。年内完成投资1168万元人民币。

以色列吉隆铁路隧道工程　为以色列阿卡至卡米埃勒新建双线铁路工程的第3标段，标段长6.75公里，设计时速160公里，采用欧洲和以色列标准。业主为以色列国家交通基础设施公司，是设计施工总承包工程，由中土集团和以色列Danya Cebus公司组成土建联营体共同实施。2011年10月23日签约，合同投资1.92亿美元，合同工期39个月。主要工程量：隧道单洞双线长9556米；西口明挖段1165米，东口明挖段960米。西段2012年3月29日开工，东段4月23日开工。

（郭子岩）

【优惠贷款和援外工程】　汤加中央商务区（CBD）重建工程　合同投资4.4亿元人民币，2012年8月竣工。

汤加城市道路改造工程　合同投资2.91亿元人民币。主要工程量：努库阿洛法、瓦瓦乌、哈派、艾瓦4岛123939米道路改造。2012年11月竣工。

安提瓜和巴布达V.C.伯德国际机场新航站楼工程　2011年4月签约，合同投资3亿元人民币，建筑面积16447平方米。截至2012年底，开工累计完成投资5281万元人民币。

安提瓜和巴布达V.C.伯德国际机场新航站楼二期扩建工程　2012年9月签约，合同投资2.8亿元人民币。

库克拉罗汤加供水管网升级改造工程补充合同　2012年11月签约，合同投资1.17亿元人民币。

吉尔吉斯斯坦国立医院新建医疗楼工程　2009年3月签约，合同投资6534万元人民币，建筑面积5762平方米。2012年12月竣工。

坦赞铁路第15期技术合作项目　2012年12月签约，合同投资9950万元人民币。

援安提瓜和巴布达板球场三期技术合作项目　2012年11月签约，合同投资540万元人民币。

多米尼克板球场技术合作三期项目　2011年12月签约，合同投资659万元人民币。截至2012年底，开工累计完成投资481万元人民币。

科摩罗机场技术合作二期项目　2011年12月签约，合同投资637万元人民币。截至2012年底，开工累计完成投资319万元人民币。

坦赞铁路第14期技术合作项目　2009年12月签约，合同投资2.7亿元人民币。截至2012年底，开工累计完成投资6249万元人民币。

朝鲜教育部门物资项目　2012年7月签约，合同投资2473万元人民币。年内完成投资680万元人民币。

（中土集团援外部）

【港澳工程】　澳门台山中街公共房屋建造工程　位于澳门青洲大马路、花地玛教会路。业主为澳门特别行政区政府建设发展办公室。合同投资5775.3万美元，合同工期2011年8月29日～2013年9月21日。工程由1栋32层塔楼、3层裙楼及3层地库组成，建筑面积49481.51平方米。中国土木工程（澳门）公司承建。房屋建造由于紧邻3栋约50年楼龄的旧楼，且在施工前发现并检测到1栋楼均有墙面裂缝、钢筋锈蚀、外墙抹灰空鼓、混凝土剥落等结构老化缺陷，充分暴露出地基稳定性差的风险，及时向业主提交检测报告。随着项目基础工程的逐步开展，3栋旧楼出现局部不均匀沉降，虽经项目业主、设计公司、顾问公司等各方对施工方法、施工顺序及钻孔桩对周边土体的影响进行详细的分析及监测，并调整施工方法及施工节奏，仍不能完全控制旧楼的轻微沉降和局部墙体裂缝，澳门政府建设发展办公室于2012年5月底决定中止项目建设。

驻澳门部队2012工程第2标段(军官公寓)工程　位于澳门氹仔望德圣母湾大马路708号。建设单位是中国人民解放军驻澳门部队。合同投资6557万港元,合同工期400天。公寓高10层36.15米,建筑面积7352平方米。2012年11月1日开工。中国土木工程(澳门)公司组织实施。　(尚书仁)

【境内工程】　深圳横岗车辆段上盖保障性住房一期工程　业主为深圳市地铁3号线投资有限公司。占地面积8.55万平方米,建筑面积17万平方米,保障性住房15栋、商品房3栋,为18栋联体12层小高层,是深圳横岗双层车辆段3105标段的楼面施工工程,合同投资6.31亿元,2010年10月12日开工。由中土集团珠海分公司承建。

莞惠城际轨道交通项目GZH－13标段工程　位于广东省惠州市惠城区。正线长3845双线延长米,全部为隧道工程。采用矿山法、明挖法施工,其中暗挖隧道3561双线延长米、明挖隧道284双线延长米。合同投资65248万元,合同工期2013年10月,2009年9月18日开工。由中土集团珠海分公司承建。

乐清新农村建设旧城改造"二区五路"工程安置房工程　位于浙江省乐清市乐成镇。新建26栋高层住宅、2481套安置房,总建筑面积46.61万平方米,为BT项目。2011年12月21日签约,合同投资14.71亿元。由中土集团承建。

山东临沂御山河项目一期工程　由临沂假日星瀚置业有限公司投资开发,建筑面积33万平方米,总投资约8亿元。中土集团南方公司中标一期工程,合同投资6500万元,为24幢别墅。　(林　徽)

【生产经营】　经营指标完成情况。2012年新签合同额74.43亿美元,折合470.4亿元人民币,为年度计划的162.2%。其中,境外市场新签合同额406.9亿元人民币;援外市场新签合同额6亿元人民币;境内市场新签合同额28.3亿元人民币。全年完成营业额17.56亿美元,折合113.2亿元人民币。实现营业收入76.2亿元人民币,为年度计划的110.6%。其中,境外市场58.7亿元人民币;援外市场2.5亿元人民币;境内市场15亿元人民币。2012年新签合同额、完成营业额在中国对外承包工程业务排行榜上,分别位于第8名和第15名。全年实现利润2.3亿元人民币,为年度计划的119.8%。

项目承揽。全年新签项目合同150个。1月,签约吉布提铁路EPC工程总承包项目,合同投资5.05亿美元。8月,签约尼日利亚铁路现代化项目拉各斯至伊巴丹段工程,合同投资14.87亿美元。9月,签约尼日利亚4个机场航站楼项目,合同投资6亿美元。11月,签订埃塞俄比亚铁路EPC工程总承包项目和吉布提铁路项目补充协议,新增合同投资分别为2.04亿美元和0.74亿美元,两个项目的合同总投资增加至19.8亿美元;中标尼日利亚巴达格瑞高速公路项目,合同投资9.41亿美元。12月,签约尼日尔铁路项目,合同投资9.98亿美元。

重点工程实施可控。尼日利亚铁路现代化项目阿布贾至卡杜纳段线下工程进展顺利,全年完成产值2.4亿美元;拉各斯轻轨项目按照施组计划平稳推进,全年完成产值1.16亿美元;阿布贾城铁项目使用中国进出口银行优惠买方信贷推动补充协议签订,项目建设全面启动,全年完成产值2173万美元;巴达格瑞高速公路项目按计划展开现场施工,全年完成产值3800万美元。阿尔及利亚55公里铁路项目征地工作取得实质性进展,施工生产稳步推进,全年完成产值3531万欧元。土耳其安卡拉至伊斯坦布尔高速铁路项目化解土建部分超合同额、中国进出口银行贷款协议到期、合作伙伴试图更改合同等危机,全年完成产值5094万美元,铺轨81公里,为2013年通车创造条件。尼日利亚拉各斯房地产开发项目启动。浙江乐清安置房BT项目被乐清市政府上报为温州市"互看互学"十大建设项目之一。2012年,中土集团责任成本管控项目242项,合同总额1208.2亿元人民币,其中在建项目134项,合同额811.1亿元人民币。合同投资5亿元人民币以上的项目27项,合同总额974.4亿元人民币;铁路项目25项,合同总额512.8亿元人民币。

(郭子岩)

【市场开发】　坚持以承揽项目为先导,加快新市场开发步伐。2012年建立塞拉利昂、纳米比亚、肯尼亚、科特迪瓦、埃塞俄比亚、乍得、加蓬、布隆迪、印度尼西亚、汤加10家驻外机构,在尼日尔等21个国家办理注册手续。截至年底,中土集团经营范围遍布60余个国家和地区,在42个国家和地区设有常驻机构。

(郭子岩)

【市场建设】　(1)非洲市场。尼日利亚公司妥善处理"6·3"空难、绑架和枪击等事件的善后事宜;从尼日利亚联邦政府和州政府两个层面全力开展对外经营,营业额和利润指标均超额完成年度计划;深入推进属地化建设,企业品牌形象在当地深入人心,被评为尼日利亚2012年度杰出工程建设企业和最佳基础设施建设承包商。埃塞俄比亚、吉布提市场打开局面,各项工作稳步推进。东非公司做精做强既有经营领域,积极参与乌干达、肯尼亚、布隆迪等周边国家项目投标。博茨瓦纳公司妥善处理沙卡维高级中学项目质量问题，工程通过验收；主动调整经营思路，开拓周边市场，成功承揽赞比亚卡夫河供水项目。塞拉利昂市场保持稳步发展，以优良的工程质量赢得声誉，为后续项目承揽奠定基础。

（2）中东市场。阿尔及利亚公司面对复杂多变的政治经济形势和竞争激烈的市场环境，充分利用现有资源做好在建项目，67 公里铁路复线项目顺利完工，94 公里铁路项目后续索赔工作积极推进，东西高速公路项目 M6 标段继续做好收尾工作，175 公里铁路项目验工计价取得突破；拓宽业务领域，新签房建项目合同额 5500 万美元。沙特分公司在制度建设、项目实施、市场调研等方面下大力气开展工作，主要经营指标完成情况好于 2011 年。阿联酋分公司在建项目保持平稳，参与阿联酋铁路二期工程等项目投标，开发卡塔尔、科威特、阿曼等市场。

（3）亚大市场。土耳其分公司在继续实施好安伊高速铁路项目的同时，不断追踪新项目，及时掌握市场动态。澳门两家公司克服历史遗留问题的影响，一手抓在建，保进度、保安全、促结算、促索赔，各项目平稳推进；一手抓承揽，中铁澳门中标 C350 轻轨一期工程等项目，新签合同额 3.1 亿元人民币，中土澳门中标驻澳门部队军营项目，新签合同额 5313 万元人民币。驻日本代表处在研修生外派服务管理方面保持较好水平，截至 2012 年底，有在日研修生 272 人。

（4）欧美市场。以色列市场以吉隆铁路隧道项目建设为中心开展工作，推进红线轻轨和卡迈尔隧道项目索赔。波兰公司超额完成中土集团下达的营业任务。俄罗斯公司调整经营方向，重点追踪高速铁路项目和贝尔卡姆尔铁路项目，取得积极进展。巴西公司全年收回欠款 70 万美元。匈牙利机场快线项目提交预可研报告，完成可供比选的技术报告和初步投资预算方案。

（5）援外市场。精心组织既有项目的管理实施，汤加 CBD 重建项目竣工移交，援吉尔吉斯斯坦国立医院项目通过验收，汤加城市道路改造和安巴机场新航站楼等项目有序可控，完成援坦赞铁路第 14 期并承揽第 15 期技术合作项目，以援外促承包的经营方针已显成效。

（6）境内市场。“一南一北”两家工程公司完成资源整合，整体竞争优势显现，形成与境外市场良性互动的局面。南方公司确立以境内工程为主，境外工程为辅，基础设施和房地产投资作为补充的发展模式，大力开拓珠三角城际、珠三角地铁、浙江、上海 4 个区域市场，同时进军赞比亚市场。北方公司开拓京津地区、山东和内蒙古市场，与呼和浩特铁路局合作开展煤炭运输业务，参与实施埃塞俄比亚铁路、阿布贾城铁、尼铁现代化项目阿布贾至卡杜纳段工程。福州勘察设计研究院为阿尔及利亚 55 公里铁路、埃塞俄比亚铁路等重点项目作出贡献，同时继续加强国内设计咨询工作，实施项目代建管理取得突破，全年新签合同额、营业额均超额完成年度任务。轨道部承担 9 个境外铁路项目的铺轨架梁任务，2012 年完成铺轨 302 公里，架设简支梁 158 孔。中土国际贸易公司拓展业务范围，有效管控风险，经营工作实现较快发展，各项指标均超额完成年度任务。北京中土大厦完成升星工作，海外合作建点取得突破，中土国旅实现扭亏为盈，并为中土集团机票集中采购发挥作用。广州中土实业发展公司充分利用现有资源条件，节约挖潜，稳步推进各项工作。海南基冠房地产开发公司不断提升管理和服务水平。

（郭子岩）

【坦赞铁路振兴项目启动】 为改变运营 37 年的坦赞铁路年久失修、经营恶化的状况，重树中非友好旗帜，中国商务部指定中国铁建股份公司为牵头单位，联合相关中资企业、金融机构，共同启动坦赞铁路振兴项目。中土集团代表中国铁建承担落实相关工作的任务。2012 年设立专门机构具体负责有关事宜，举办中方联合体首次会议暨发起人合作框架协议签约仪式，组织中方企业代表团与坦、赞两国有关部门进行接洽，各项工作进展顺利。

（郭子岩）

【管理提升活动】 （1）改革经营创效体系。加强政策指引和组织协调，不断完善责任成本管理制度，提高数据质量和分析能力，从抓好责任预算入手，做好新上项目的成本策划。编制中土集团境外项目造价组成和境外项目核算准则，为成本核算、建造合同核算与项目管理信息化的对接打下基础。各市场持续增强成本意识，认真落实二次经营管理，全年 44 个项目实现变更索赔，累计增加合同额 29.2 亿元人民币。（2）完善企业管理架构。修订管理办法 25 个。中土集团“三重一大”决策制度实施办法进一步规范公司的决策和管理体系。经营单位考核和经营承揽奖励两个办法，有效调动公司员工承揽项目、实施好项目的积极性。投标管理办法明确投标报价工作流程，有助相关工作不断提高。工程项目实施管理和工程质量管理两个办法的制定，进一步提升工程质量安全管理水平；职务消费、礼品使用管理办法的建立，强化了预算约束力度；总部员工绩效考核及奖惩办法的制定，创建了企业内部协调向上的工作机制。（3）集中管控取得实效。不断强化财务内控，提高工程项目预付款占比，进一步加强外账与税务策划，加大欠款清收力度，推广实践境外当地雇员工资支付电子化，资金集中管理保持扎实稳健。定期召开生产调度会，全面监管项目实施情况。成立中土海外人力资源有限公司，外派劳务管理渠道进一步顺畅。设备物资管理工作覆盖公司境内外各单位，管控水平全面提升，集中采购持续推进，降本增效成果显著，全年发运设备物资174批次，收回退税款超过7000万元人民币。（4）强化部门管理职能和服务意识。制定外事工作管理办法，外事服务保障进一步加强，全年派出因公团组907批2929人次，被中国外交部评为优秀办证单位。设立信息管理部，围绕信息管理与规划、硬件设施改造升级、信息系统建设、日常运维与基础管理、信息化培训五个方面积极开展工作。分拆原非洲事业部，成立非洲第一、第二事业部，进一步明晰完善经营管理架构。（5）打造学习型、创造型企业。年内举办“中土人自己讲”国际工程管理知识等系列讲座，组织境外基础设施PPP投资实务等10余期内部专题学习及20余次社会培训，有效完善公司员工的知识结构。成立尼日利亚依都培训中心，启动埃塞俄比亚铁路项目人才交流培训，提高当地员工专业素质。引进管理和专业技术优秀人员25人，为企业持续健康发展提供助力。科技管理和创新取得进步，征集优秀论文61篇，获国家科技成果一等奖1项、部级工法1项、发明专利3项。（郭子岩）

【党的工作】 中土集团党委下辖二级党委5个、党总支4个、党支部69个，有党员985人。其中，在职党员731人；2012年发展新党员23人。（1）领导班子建设。2012年，中土集团党委开展中心组学习6次、领导班子经营工作务虚会1次。创新中心组学习模式，在聘请外部专家辅导讲课的同时，领导班子成员内部开讲，讲课内容更加贴合企业实际，学习效果明显提升。不断完善民主决策制度，修订《中国土木工程集团公司党委议事规则》，出台《中国土木工程集团公司贯彻落实“三重一大”决策制度实施办法》，全年召开党委会6次，党政联席会议3次，企业决策的科学化和规范化程度进一步提高。集体讨论研究125人的岗位变动事宜。其中，提职、提级56人；其他人员变动69人。（2）基层组织建设。按照“四个同步”的要求，年内设置2个党委、1个党总支和2个直属党支部。在5个直属基层党组织设置专职书记，专职党组织书记比重进一步提高，基层领导体制得到完善。组织开展2期基层党组织书记培训班，提高专职书记的党建管理业务能力和“一肩挑”书记的履行一岗双责的能力。在中土集团党委统一部署下，5个二级党委建立《党委议事规则》，基层党组织民主议事制度和程序不断完善。中土集团针对党员流动性极强的特点，对党员情况进行调查摸底，及时更新党员信息库，掌握党员的基本情况，为进一步做好党员教育管理打下基础。（3）创先争优活动。围绕企业经营中心工作，深入开展创先争优活动，境内外各级党组织开展党员安全岗、示范岗、先锋号等争创活动，引导广大党员在安全生产、加快施工进度、科技创新、经营创效等领域中发挥模范带头作用，推动生产经营目标的完成。将创先争优活动中开展的亮点活动制度化、常态化，形成创先争优活动长效机制。按照股份公司党委的统一部署，开展“基层组织建设年”活动，以基层党组织自评、党员群众测评的方式，69个支部分类定级，评出先进支部59个、较好支部9个、一般支部1个。（4）宣传思想工作。开展迎接党的十八大读书竞赛活动，召开学习十八大精神动员大会，举办学习贯彻十八大精神专题培训班，将十八大精神准确传达给全体职工，以十八大精神统领企业发展全局。制定《中国土木工程集团公司视觉识别系统》，集团企业文化建设迈出实质性一步。编辑《中国土木》内部刊物，全年出版5期，成为企业文化的一个亮点。年内在中央及省部级媒体发稿179篇，在中国铁建媒体刊发新闻及图片197篇（幅），中央电视台《新闻联播》《朝闻天下》等栏目在十八大前后连续播出反映中土尼日利亚公司履行社会责任、促进当地社会发展的一系列报道，其中以《尼日利亚的中国酋长》为题的新闻在11月24日的《新闻联播》播发后，有效地扩大了中土集团的知名度和影响力。（杨源源）

【纪检监察】 （1）召开2012年党风建设和反腐倡廉工作会议，传达股份公司2012年党风建设和反腐倡廉工作会议精神，中土集团党委书记、董事长刘志明作题为《认清形势 突出重点 全面加强集团公司党风廉政建设和反腐倡廉工作》的报告，邀请专家讲授新时期反腐倡廉工作的形势及任务，集团领导与所属单位党政一把手签订“党风廉政责任书”47份。（2）贯彻落实《关于加强和改进中央企业和中央金融机构纪检监察组织建设的若干意见》和《国资委党委关于加强和改进中央企业纪检监察组织建设有关问题的通知》精神，进一步加强和改进集团公司纪检监察组织建设，完善机制，推进检审分离，强化纪检监察机构的职能。增加纪检监察部门设置，集团纪委下设纪委办公室和纪检监察室（纪检监察室与监察部合署办公，一个机构两块牌子），增加人员编制，明确工作职责，补充纪检监察专职人员。（3）根据《中国土木工程集团公司驻外机构（项目）特派监察专员暂行办法》规定，年内向土耳其分公司、尼日利亚公司、沙特分公司和阿尔及利亚公司派驻监察专员。年内，中土集团两级公司组成25个工作组，派出78人，对32个项目开展效能监察，提出监察建议 14 条。集团纪委、监察部被评为 2012 年度股份公司纪检监察工作先进单位，吴江、于洪晞被评为优秀纪检监察干部。(4)参加股份公司举办的廉洁文化作品征集评选活动，其中 1 件作品获书法类三等奖。 （韩 霜）

【工会工作】 中土集团工会下辖 8 个基层工会组织，有境外职工之家 12 个、境外职工小家 25 个，工会会员 1087 人。劳动竞赛。集团各级工会组织和境外职工之家围绕中心工作，动员全体职工把精力和热情投入到企业经营创效和安全生产上，认真开展劳动竞赛。“双服务”(服务企业、服务基层)活动。“双服务”重点做到“四个结合”，即“双服务”活动与建家建线相结合，与“健康工程、幸福工程、安全工程”相结合，与职工代表提案相结合和与“争创”活动相结合。推进“一法三卡”，保障安全生产。学习借鉴兄弟单位“一法三卡”的成功经验，2012 年以境外支柱市场、重点项目，特别是自营项目为突破口，积极推广“一法三卡”的应用。全年无重大生产安全事故，被股份公司评为安全生产先进单位。境外职工之家标准化建设。境外职工之家建设强调“三个舍得投入”，即在改善员工生活居住条件上舍得投入、在员工防病防疫上舍得投入、在保障安全上舍得投入。职代会制度向规范化、纵深化发展。充分发挥职代会民主管理的主渠道作用，完善、规范职代会制度，切实履行民主管理职能，认真落实职工代表提案。工资集体协商。努力协调劳动关系，构建工资集体协商机制。为职工办实事。针对境外职工生活工作情况和职工休假等问题，积极配合行政出台具体解决办法，实行家属反探亲制度。春节前夕，为出国职工家属寄送年货礼包，组织职工家属参加联欢团拜。成立专项体育运动俱乐部，形成职工体育锻炼常态化和长效化的良好氛围。开展送温暖活动，对生活困难的职工发放困难补助金，走访、慰问离退休职工。加强基层工会工作。按照股份公司工会要求，从根本上解决工会组织机构不健全、职能不分的问题。女工工作。加强女工委组织建设，补充女工委委员；签订“中土集团女职工权益保护专项集体合同”，保障女职工合法权益；参加股份公司“喜迎十八大，巧手展才艺”活动；开展集团女职工劳动保护及计划生育知识问答活动。工会财务管理。完善财务制度和财务管理工作，对原有工会财务管理办法和上解经费相关规定进行补充修改。 （陈莉莉）

【共青团工作】 中土集团团委下辖 4 个团委、3 个团总支、16 个团支部。2012 年，集团团委全面贯彻中国铁建团委一届四次全委(扩大)会议精神，紧紧围绕“活力建设年”总体要求开展工作。以建团 90 周年为契机，号召全体团员青年学习胡锦涛总书记在纪念中国共产主义青年团成立 90 周年大会上的讲话。“五四”期间，中土集团党委副书记、纪委书记、工会主席、监事会主席吴江与 5 名团员青年代表参加中国铁建庆祝建团 90 周年暨青年榜样事迹报告会；组织在京团员青年 60 余人参观北京鱼子山抗日纪念馆；集团所属各级团组织以“传承五四精神，勇担历史重任”为主题开展丰富多彩的纪念活动。构建学习型团组织。年内成立中土团校，开设中土青年视界讲堂；结合海外经营工作，启动中土海外市场青年视界与技能计划。丰富活动载体。非洲事业部、中东事业部团支部分别开展“扬中土拼搏精神，展非洲勇者风范”、“凝聚微力量，一起微环保”的主题活动，广州公司团支部坚持编发《团支部园地》内部刊物；境外机构团组织积极参加中国驻外使馆组织的中资企业联谊活动，主动承办中资企业间的体育赛事。开展中土集团第一届“五小”成果评比活动，承接“共创新世界”香港青年实习活动。开展郭明义先进事迹学习活动；组织“铁骨柔情，大爱无疆”爱心捐款活动，募集资金 90944 元，分别用于股份公司团委“中国铁建 · 爱心食堂”等公益项目。中土集团非洲事业部工程师张亮在患病救助期间，集团团委积极参加“‘血’中送碳 · 点‘亮’生命”献血活动。团组织建设。改选、增补基层团组织委员，成立北方、南方公司团委和欧美事业部、非洲一部、物资部、塞拉利昂团支部 6 个基层团组织。

（许 征 杨源源 韩 霜 陈莉莉 李志远 郭子岩）

【北京中土大厦】 驻北京市海淀区北蜂窝 6 号。是集住宿、餐饮、娱乐、写字间、会议、健身于一体的涉外三星级饭店，建筑面积 4 万平方米，拥有客房 260 间、写字间 112 间。法人代表刘晓平，执行董事、总经理安志军(12 月 28 日免)。职工 274 人。资产总额 13577.7 万元。其中，固定资产原值 17757.2 万元、净值 9844.98 万元；流动资产 2869.25 万元；其他资产 863.47 万元。

2012 年新签合同额 3468 万元，完成营业额 3468 万元，实现利润 211 万元。职工年人均收入 35993 元。净资产收益率 43.3%，资产负债率 109.64%，应上缴款完成率 224.58%。 （齐成韧）

【中土集团北方建设有限公司】 2011 年 10 月由中土集团国内工程部、北京中铁建总国际经贸有限公司和中土凯明工程咨询有限公司合并成立，是中土集团的全资子公司。公司位于北京市海淀区北蜂窝甲 8 号中雅大厦 C 座 2 层。董事长郝毅忠，党委书记房炳杰，总经理耿锦生。下辖凯明公司、欣欣物业、万方公司、天津办事处和埃塞俄比亚项目部、尼日利亚项目部、乐清项目部、朔黄项目部、尼日利亚驻华大使馆重建项目部。职工332人。其中,集团正式职工30人;聘用职工302人。资产总额40890万元,其中固定资产原值16573万元、净值8819万元。

2012年新签合同额84400万元,完成营业额27000万元,实现利润200万元。（齐杰夫）

【中土国际贸易有限公司】 驻北京市宣武门西大街28号大成广场7门1101～1108室。前身是中国土木工程集团公司贸易部,1998年5月14日注册成立具有独立法人资格的有限责任公司,注册资本金2100万元。总经理宋大为。（贾京平）

【中土集团南方建设有限公司】 2011年8月30日,上海中土实业有限公司与中国土木工程集团有限公司珠海分公司合并;2012年2月7日正式成立。公司驻广东省珠海市吉大石花东路58号华景西苑28栋6座。下辖上海华美达中土酒店有限责任公司、上海中土进出口贸易有限公司及浙江乐清旧城改造安置房BT项目部、莞惠城际轨道GZH－13标段项目部、横岗车辆段上盖保障性住房项目部、山东临沂御山河项目部。董事长、党委书记黄兴富,总经理朱小刚。职工238人,其中工程技术人员27人。资产总额84233万元。其中,固定资产净值33153万元;流动资产51091万元。

2012年新签合同额122400万元,完成营业收入98400万元,实现利润400万元。职工年人均收入136178元。（林徽）

【广州中土实业发展有限公司】 驻广东省广州市环市西路135号。前身是铁道部广州援外人员接待站、中国土木工程公司广州分公司、广州中土实业发展公司。下辖广州市万通大厦有限公司、广州市万凯市场发展有限公司。执行董事、法人代表王庆庆,总经理余春茂。职工113人,其中工程技术人员40人,占职工总数的35.4%。资产总额21917万元。其中,固定资产原值3908万元、净值1841万元;流动资产5732万元;其他资产14344万元。

2012年完成营业收入4170万元,实现利润803万元。职工年人均收入9.34万元。净资产收益率3.27%,资产负债率25.16%,国有资产保值增值率103.29%。（黄超英）

【中土集团福州勘察设计研究院有限公司】 驻福建省福州市晋安区火车站沁园支路41号。原为上海铁路局福州勘测设计院,1958年8月成立;2004年2月划归铁道第四勘察设计院管理,更名为铁道第四勘察设计院福州勘察设计院;2007年10月改制为福建铁四院勘察设计研究院有限公司,2009年10月12日划归中国土木工程集团有限公司管理,2010年6月22日改称现名。系铁道综合甲级(Ⅱ)勘测设计单位;拥有铁道工程设计、市政行业(轨道交通工程)专业、建筑行业(建筑工程)、工程岩土勘察、工程测量、工程咨询、建设工程监理、工程总承包甲级资质。下设线路站场设计所(信号设计室)、桥梁隧道设计所、建筑设计所(含房建设计室、电气设计室、给排水设备设计室、通信设计室)、工程经济设计所、测量队6个生产部门,下辖岩土工程公司、华东监理公司福州分公司、工程总承包部3个非法人子公司。董事长胡社忠(中土集团副总经理、总工程师兼任),党委书记兼副董事长沈铁峰。职工190人,其中干部148人。资产总额6526万元。其中,固定资产原值1141万元、净值507万元;流动资产4896万元。

2102年新签合同额25696.58万元,实现利税200万元。职工年人均收入12.7万元。年内,南昌南车辆段扩能改造房建QC小组获全国工程建设优秀质量管理小组二等奖,武汉铁路客运专线基础设施维修基地工程优化设计获福建省优秀QC二等奖。（高磊）

【中土尼日利亚有限公司】 驻尼日利亚联邦共和国首都阿布贾市机场路。拥有尼日利亚土建(公路)、房建、桥梁、电力安装工程D级最高资质。经营范围涉及铁路、公路、桥梁、市政、房建、水工、实业投资、物流贸易、房地产开发等领域。下辖拉各斯轻轨、阿布贾城市铁路、阿布贾至卡杜纳段铁路3个项目经理部和阿布贾首都区、西南区、东南区、北区4个区域经理部及阿九巴物流贸易公司、中土尼日利亚有限公司工业公司。建有9个砟场、6个沥青拌和站、2个梁枕厂、1个钢结构厂、1个门窗厂。总经理曹保刚。中方员工1267人。其中,干部155人;技术人员361人;技术工人751人。当地雇员11173人。资产总额648001.89万元。其中,固定资产原值182436万元、净值58820万元;流动资产562199万元。机械运输设备5414台(套),设备原值17.57亿元、净值5.42亿元,总功率631585.6千瓦,设备完好率95%、使用率95%,机械化施工程度80%以上,年施工能力56.88亿元。

2012年新签合同额312.88亿元,完成营业额56.88亿元,实现利润2.05亿元。全员劳动生产率7012万元/人年,人均创利17.048万元。职工年人均收入15.48万元。国有资产保值增值率196.31%,净资产收益率81.5%，产值利润率3.58%，投资回报率81.5%，资产负债率95.47%，应上缴款完成率100%。年内在建项目94个，分布于尼日利亚25个州。经营规模、资产质量和品牌知名度在尼日利亚均名列前茅。公司被评为尼日利亚最佳基建承包商、尼日利亚最佳工程建设公司、尼日利亚杰出工程建设企业。

（中土尼日利亚公司）

【中土东非有限公司】 驻坦桑尼亚首都达累斯萨拉姆市。2007年1月1日成立。拥有坦桑尼亚房建工程一级承包资质、土木工程一级资质，乌干达、卢旺达工程承包资质。下辖坦桑尼亚摩洛哥罗公路项目经理部，坦桑尼亚达累斯萨拉姆市地区、多多马地区、塔博拉地区、乌干达地区、卢旺达地区、布隆迪地区、肯尼亚地区7个地区经理部。总经理王磊。中方职工283人，其中干部93人。资产总额30691万元。其中，固定资产原值14797万元、净值4882万元；流动资产25808万元。机械运输设备704台（套），设备总功率56312千瓦，动力装备率188千瓦/人，设备完好率91%、利用率89%。机械化施工程度85%。年施工能力2.8亿元。

2012年新签合同额43975万元，完成营业额41388万元，实现利润3175万元。全员劳动生产率370万元/人年，人均创利79.38万元。职工年人均收入13万元。国有资产保值增值率235%，净资产收益率391.3%，产值利润率7.67%，资产负债率97.36%。

（中土东非公司）

【中国土木工程博茨瓦纳有限公司】 驻博茨瓦纳哈伯罗内市特鲁昆。1991年10月成立，拥有博茨瓦纳房建、公路、小区发展、乡村供水和给排水E级资质。总经理管嘉欣。职工83人。资产总额18828.67万元。其中，固定资产原值14256.95万元、净值875.13万元；流动资产16657.17万元。机械运输设备原值8401.59万元、净值720.80万元，机械化施工程度82.36%。年施工能力4854.19万元。

2012年完成营业额21193.91万元，实现利润34.95万元。全员劳动生产率33.49万元/人年，人均创利0.42万元。职工年人均收入21.5万元。国有资产保值增值率9.26%，净资产收益率0.62%，产值利润率0.16%，投资回报率21.1%，资产负债率70.15%。

（姜劲松）

【中土赞比亚有限公司】 驻赞比亚P. O. BOX 36186，LUSAKA，ZAMBIA。2009年4月，中土集团授权博茨瓦纳有限公司在赞比亚设立常驻机构，注册中土赞比亚有限公司。2010年，公司取得赞比亚公路、房建、市政工程承包一级资质。总经理管嘉欣。职工38人。资产总额8463万元。其中，固定资产原值5832万元、净值2200万元；流动资产6263万元。机械运输设备原值5823万元、净值2195万元，机械化施工程70%。年施工能力1.1亿元。

2012年新签合同额96096万元，完成营业额11093万元，实现利润－837万元。全员劳动生产率－22万元/人年，人均创利－22万元。职工年人均收入20万元。国有资产保值增值率100%，净资产收益率－9%，产值利润率－7.5%，投资回报率－9%，资产负债率117%。

（罗　琥）

【中国土木工程集团塞拉利昂有限公司】 2011年4月11日设立。驻塞拉利昂蓝茉莉海滩“西非阳光”小区。下辖非洲矿业125公里铺轨、弗里敦dangote水泥包装厂两个项目部。职工681人，其中正式职工16人。总经理许铎。

2012年新签合同额1410万美元，完成营业额2328.83万美元。

（塞拉利昂公司）

【中土埃塞俄比亚工程有限公司】 驻埃塞俄比亚亚的斯市。2012年6月19日注册成立。总经理李吾良。职工64人。

2012年新签合同额175127.4万元，完成营业额21125.93万元，实现利润72万元。人均创利17万元。职工年人均收入12.7万元。资产负债率99.98%，净资产收益率443.25%，产值利润率0.44%，应上缴款完成率100%。

（朱　磊）

【中国土木阿尔及利亚有限公司】 驻阿尔及利亚首都阿尔及尔。前身为中土阿尔及利亚办事处，2003年设立；2007年9月改制为中国土木阿尔及利亚有限公司。下辖67公里铁路复线、94公里铁路更新、55公里铁路新线、175公里铁路电气化新线、阿尔及利亚东西高速公路M6标段、奥兰房建、比斯克拉度假村7个项目部。总经理严学斌。职工1607人，其中中方职工761人。资产总额10.25亿元。其中，固定资产原值2.21亿元、净值0.43亿元；流动资产9.82亿元。机械运输设备433台（套），设备净值1803.48万元，总功率50945.5千瓦，动力装备率541.97千瓦/人，技术装备率19.2万元/人，设备完好率72%、利用率65%。

2012年新签合同额8756万美元，完成营业额8048万美元，实现利润6200万元人民币。全员劳动生产率34.93万元人民币。职工年人均收入99825元人民币。国有资产保值增值率71.34%，净资产收益率0.06%，产值利润率0.0015%，投资回报率0.0006%，资产负债率99.13%，应上缴款完成率11320.88%。 （王虹）

【中土集团公司沙特阿拉伯分公司】 驻沙特阿拉伯首都利雅得市。1999年2月设立沙特代表处，2008年8月成立中土集团公司沙特阿拉伯分公司，是中沙合作备忘录39家中资建筑企业之一。总经理郁葱。职工242人。其中，干部21人；工人221人。技术干部8人，技术工人103人。资产总额27368万元。其中，固定资产原值18191万元、净值11197万元；流动资产16133万元；其他资产900万元。机械运输设备270台（套），机械运输设备原值17733万元、净值11058万元，设备完好率、使用率100%。

2012年新签合同额4741万元，完成营业额15873万元，实现利润469万元。人均创收2万元，职工年人均收入8万元。资产负债率99%，应上缴款完成率77.5%。 （沙特分公司）

【中土集团公司阿拉伯联合酋长国分公司】 驻阿拉伯联合酋长国阿布扎比市。1985年设立。拥有桥梁、隧道和地下道等混凝土结构工程特级资质和房建、钢结构工程一级资质。下辖迪拜棕榈岛桥梁、新Reem岛桥梁、阿尔法拉水池、马福瑞克F2立交桥和沙迦工业区立交桥5个项目部。总经理亓世军。职工18人。资产总额1.25亿元。其中，固定资产原值5057万元、净值88万元；流动资产4978万元。机械设备5台（套），设备原值334万元、净值82万元，设备总功率846千瓦，动力装备率10.5千瓦/人，设备完好率85%、利用率90%。

2012年新签合同额3736万元，完成营业额2938万元，实现利润102万元。全员劳动生产率9.78万元/人年，人均创利0.44万元。职工年人均收入10.3万元。资产收益率10.64%，产值利润率3.5%，应上缴款成率100%。 （阿联酋分公司）

【中国土木工程（香港）有限公司】 驻香港九龙尖沙咀漆咸道南39号铁路大厦23楼。1986年设立。主要经营工程承包、房地产及贸易等业务。拥有香港政府工程最高资质C牌。职工7人，其中内派员工3人。总经理李法胜。

2012年完成香港东涌道路改造工程。 （刘若男）

【中国土木工程（澳门）有限公司】 驻澳门宋玉生广场263号中土大厦22楼C－H座。为中土集团全资子公司，1989年6月以中土香港公司名义在澳门登记注册，2001年11月26日正式成立。主要经营建筑工程、设计咨询、房地产开发等业务。总经理李法胜。下辖中土物业管理公司、中土台山中街公共房屋建造工程和驻澳门部队2012工程第2标段两个项目经理部。职工37人，其中内地聘用16人、当地雇员9人。资产总额12676万元。其中，固定资产原值13316万元、净值2439万元；流动资产10237万元。

2012年新签合同额10845万元，完成营业额10522万元，实现利润2218万元。人均创利60万元，职工年人均收入12万元。资产负债率142%，应上缴款完成率100%。 （尚书仁）

【中铁（澳门）有限公司】 驻澳门友谊大马路南方大厦1楼BCDJLMNO座。1989年6月在澳门注册设立一次性项目公司，1993年4月19日转为永久性公司。下辖中铁（澳门）职业介绍所有限公司、珠海中铁实业发展有限公司。总经理付强。职工37人。资产总额13662万元。其中，固定资产1755万元；流动资产11907万元。

2012年新签合同额27806万元，完成总产值11872万元。 （李洪星）

【中国铁建土耳其安卡拉分公司】 驻土耳其安卡拉市。2006年6月注册成立。下辖土铁中土项目部、合包集团项目部（中方人员）、安卡拉办事处。总经理郑建兵。职工152人，其中管理人员51人。资产总额58594万元。其中，固定资产原值7545万元、净值4686万元；流动资产53908万元。机械运输设备168台（套），设备净值5847万元，设备总功率6360.5千瓦，动力装备率44.48千瓦/人，技术装备率40.8万元/人，设备完好率100%、利用率100%。

2012年完成营业额32194万元，实现利润848万元。全员劳动生产率70万元/人年，人均创利7.3万元。职工年人均收入12.2万元。国有资产保值增值率10%，净资产收益率－15%，产值利润率3%，投资回报率－16%，资产负债率109.13%，应上缴款完成率－14%。 （土耳其安卡拉分公司）

【中土日本代表处】 驻日本东京市。1984年设立。代表刘方（5月免），蔡宇（5月任）。职工2名。

2012年完成营业收入295万元，实现利润99万元。截至年底，管理在日技能实习生288名。

（日本代表处）

【中土巴西国际商业有限公司】 驻巴西圣保罗市。1994年设立巴西代表处，1997年7月在当地注册成立中土(巴西)国际商业有限公司,是中土集团在巴西联邦共和国的全权代表机构,主要负责中土集团在巴西及南美地区工程、贸易项目的追踪和承揽,并代表中土集团向巴西小门德斯工程公司催收欠款。代表李宪翔。

2012 年收回欠款 590 万元,上缴现金 440 万元,人均创利 352 万元。 (李宪翔)

【中土以色列分公司】 驻以色列特拉维夫市。2007 年 1 月 29 日成立。拥有以色列隧道施工承包特级资质。经营业务涉及铁路、隧道、建筑、电子、贸易、家政、旅游等,是唯一一家在以色列市场实施基础设施项目的中国企业。总经理姜爱民。职工 7 人,其中外聘 2 人。

2012 年新签合同额 52 万元,完成营业额 1308 万元,实现利润 141 万元。全员劳动生产率 58 万元/人年,人均创利 23.55 万元。职工年人均收入 31 万元。净资产收益率 4.93%,产值利润率 4.27%,资产负债率 98.89%,应上缴款完成率 100%。(杨 曦)

【中国土木工程集团(俄罗斯)有限责任公司】 驻俄罗斯莫斯科市。2004 年 9 月注册,是中土集团的全资子公司。法人代表彭明宽。 (彭明宽)

【中国土木工程集团(波兰)有限公司】 驻波兰首都华沙。1993 年注册成立波兰办事处,1995 年 8 月成立中土波兰有限公司,1997 年 1 月更名为波兰华锐发展有限公司,2007 年 9 月更为现名。法人代表刘晓平。职工 7 人,其中当地雇员 5 人。拥有 30 套别墅,建筑面积 8316 平方米,土地面积 9565 平方米。资产总额 2373.43 万元。其中,固定资产原值 2381.44 万元、净值 917.61 万元;流动资产 651.91 万元。

2012 年新签出租、续租别墅合同 28 份,合同额 405 万元,完成营业额 560 万元。国有资产保值增值率 86%。 (刘晓平)

【重要记载】

▲1 月 4 日　中铁(澳门)有限公司中标澳门 C350 轻轨一期凼仔市中心段建造工程,合同投资 4.89 亿澳门币,合同工期 1158 天。

▲1 月 4~7 日　中土集团总经理袁立考察吉布提市场,拜会吉布提总统盖莱。

▲1 月 12~15 日　中土集团董事长刘志明应乍得总统伊德利斯·代比的邀请访问该国。

▲1 月 19 日　中土尼日利亚公司中标拉各斯巴达格瑞高速公路 2 标段工程,合同投资 9.41 亿美元,合同工期 3 年。

▲1 月 21 日　中土集团董事长刘志明在北京集团总部会见尼日利亚财政部兼经济协调部部长 Ngozi Okonjo – Iweala 率领的政府代表团。

▲2 月 23~24 日　中土集团在北京召开一届五次职工代表大会。

▲3 月 8 日　中土尼日利亚公司承建的尼日利亚贝努埃州长官邸项目竣工,尼日利亚总统乔纳森为项目启用剪彩揭牌。

▲3 月 12 日　中土尼日利亚公司与尼日尔政府签署尼亚美—多索—盖亚—贝宁边境铁路项目谅解备忘录。

▲3 月 16~19 日　中国商务部国际贸易谈判代表兼副部长高虎城视察中土集团承建的中国政府援安巴板球场项目。

▲3 月 20 日　中土东非公司承建的坦桑尼亚合作社新大楼项目举行奠基仪式,坦桑尼亚总统贾卡亚·姆里绍·基奎特为项目奠基揭牌,并参观公司工程展览。

▲3 月 30 日　中土尼日利亚公司与尼日利亚航空部签订阿布贾、拉各斯、卡诺和哈尔科特 4 个航站楼扩建项目合作协议,投资规模约 5 亿美元。

▲4 月　中土东非公司签订坦桑尼亚中央线 89 公里铁路和中央线铁路 3 桥更新改造项目合同,合同投资 3000 万美元。

▲5 月　中土集团副总经理曹保刚分别获得尼日利亚阿夸伊博州和十字河州的酋长头衔。

▲6 月 3 日　尼日利亚发生航空事故,中土尼日利亚公司 4 名员工在事故中遇难。

▲6 月 13 日　中土尼日利亚公司东南区经理部签订巴耶撒州 10 公里路桥项目合同,合同投资 4000 万美元。

▲6 月 25 日　尼日利亚总统乔纳森为中土尼日利亚公司承建的阿夸依博州 14 公里公路项目竣工剪彩。

▲6 月 26 日　中土集团承建的汤加 CBD 教会楼项目竣工移交启用。

▲7 月 11 日　中土东非公司签约坦桑尼亚总统府多功能厅项目施工合同,合同投资 1128 万美元,合同工期 70 周。

▲7 月 12 日　中土集团董事长刘志明、总经理袁立在北京集团总部会见尼日利亚前总统奥巴桑乔。

▲同日　中土集团中标中国政府援朝鲜教育部门物资项目,合同额 2473 万元。

▲7 月 19 日　中土集团董事长刘志明受股份公司董事长孟凤朝委托,在北京钓鱼台国宾馆拜会出席

中非合作论坛第五届部长级会议的尼日尔总统伊素福。

▲8月7～10日　中土集团董事长刘志明应坦桑尼亚总统贾卡亚·姆里绍·基奎特的邀请，率领由招商局国际有限公司、招商局华建公路投资有限公司、中国铁建投资有限责任公司联合代表团，考察坦桑尼亚港口、公路、铁路等基础设施建设情况。

▲8月22日　中土集团总经理袁立被授予国际杰出项目经理称号。

▲同日　中土尼日利亚公司收到拉各斯至伊巴丹铁路项目和阿布贾城铁项目修改补充协议的中标函。其中，拉各斯至伊巴丹铁路项目修改补充协议合同额14.87亿美元；阿布贾城铁项目修改补充协议合同额8.23亿美元。

▲8月24日　中土集团承建的深圳地铁横岗车辆段上盖保障性住房项目一期工程获深圳市优质结构工程奖。

▲9月4日～7日　中土集团董事长刘志明陪同国务院副总理回良玉率领的中国代表团出访坦桑尼亚。

▲9月6日　安提瓜和巴布达总理斯潘塞视察中土集团承建的安巴国际机场新航站楼项目工地，对施工进展表示满意。

▲9月8日　中土集团签订乍得北部公路项目合同，合同投资1.16亿美元，合同工期36个月。

▲9月21日　中土集团总经理袁立、副总经理陈志杰在北京拜会老挝人民民主共和国副总理宋沙瓦·沙凌瓦。

▲9月27日　中土集团中标安巴国际机场新航站楼扩建项目，合同投资2.8亿元人民币。

▲9月28日　中土尼日利亚公司中标拉各斯伊科若杜公路项目，合同投资1.78亿美元。

▲10月3日　中土集团公司阿联酋代表处更名为中土集团公司阿拉伯联合酋长国分公司。

▲10月4日　尼日利亚奥贡州政府将5条公路项目集中授标予中土尼日利亚公司，合同总额3.6亿美元，预付款20%。

▲10月18日　中土集团撤销非洲事业部，分别成立非洲第一事业部和非洲第二事业部。

▲10月30日　中国土木工程博茨瓦纳公司签订赞比亚卡夫河供水项目设计加施工总承包合同，合同投资1.5亿美元。

▲11月2日　中土集团签订埃塞俄比亚米埃索至达瓦利铁路工程项目补充协议，在原EPC合同基础上增加合同额2.044亿美元。

▲11月5日　中土尼日利亚公司在阿布贾依都园区举行依都培训中心揭牌暨青年视界与技能计划启动仪式。股份公司党委副书记齐晓飞、中国驻尼大使邓波清为培训中心暨青年视界与技能计划启动仪式揭牌，并为首任荣誉校长Chief Olopade颁发证书。

▲11月7日　中土集团与吉布提财政部签订吉布提铁路项目补充协议，增加合同额7358万美元。

▲同日　中土尼日利亚公司北区经理部两名员工，在尼日利亚北区武装分子袭击事件中遇难。

▲11月16日　中土集团与库克财政部签订库克群岛环线供水项目合同，合同投资1.17亿元人民币。

▲12月6日　中土尼日利亚公司被评为2012年尼日利亚最佳基础设施建设承包商。

▲12月11日　中土尼日利亚公司获2012年度尼日利亚杰出工程建设企业奖。

▲12月20日　中土亚的斯酒店试营业。中土亚的斯酒店由中土集团埃塞俄比亚公司注册，北京中土大厦承包经营。

▲12月21日　中土尼日利亚公司承建的尼日利亚铁路维修改造项目拉各斯至卡诺段举行通车仪式。

▲同日　中土集团与尼日尔装备部签署尼亚美至布基纳法索边境铁路项目站前施工合同，合同投资5.99亿美元。

▲12月26日　中土集团成立坦赞铁路振兴项目办公室，具体负责坦赞铁路振兴项目事宜。（郭子岩）

中铁十一局集团有限公司

【简况】　中铁十一局集团有限公司具有铁路工程施工总承包特级，房屋建筑、公路、市政公用、水利水电、通信、机电安装工程总承包一级，矿山工程总承包二级，桥梁、隧道、公路路面、机场场道、城市轨道、地基与基础、水工隧道、铁路铺轨架梁、土石方、铁路电务、电气化、送变电、钢结构、建筑装修装饰专业承包一级，地质环境治理、地质灾害防治、锅炉安装、管道安装、混凝土预制、岩土工程勘察、铁道行业设计、建筑工程设计、爆破，A级起重机安装、改造、维修，B级起重机制造、房地产开发等资质106项，劳务分包资质36项，试验资质4类31项。拥有国家专利授权140项，其中发明专利14项；国家认定企业技术中心1个，国家级工程实践教育中心1个，博士后产业基地1个，省级认定企业技术中心2个，省级高新技术企业2家。集团公司总部驻湖北省武汉市武昌区中山路347号。前身系中国人民解放军铁道兵第一师，1984年1月1日集体转业并入铁道部，改编为铁道部第十一工程局；1999年12月更名为中铁第十一工程局；2001年8月1日企业改制改称现名。下辖13个全资子公司，1个勘测设计研究院，北京、东北、北方、内蒙古、西北、新疆、川渝藏、云贵、鲁豫、华东、中南、东南、华南13个国内区域指挥部，东南亚、中东、非洲、美洲4个国际区域指挥部，央企联络部、襄阳管理部。职工16301人。其中，干部9301人；工人7000人。专业技术干部7810人，技术工人6030人。资产总额270.78亿元。其中，固定资产净值35.7亿元；流动资产227.52亿元；货币资金32.5亿元。机械运输设备3476台(套)。其中，单价200万元以上的大型施工机械197台(套)；复合式土压平衡盾构机23台(套)。设备总功率567280千瓦，固定资产原值311041万元、净值196336万元；2012年购置设备325台(套)，价值27560万元。动力装备率35千瓦/人，技术装备率12万元/人，主要设备完好率84.5%、利用率44.1%、成新率63.12%，综合机械化施工水平92%。年施工能力500亿元以上。在建工程600余项，分布于全国除港澳台以外的省、直辖市、自治区以及海外。

2012年承揽工程任务222项，合同总额516.86亿元。完成企业总产值320.99亿元，其中施工产值318.72亿元。实现利润60730万元。职工年人均收入25625元。净资产收益率19.45%，总资产报酬率3.34%，资产负债率88.76%。完成主要实物工程量：路基土石方6975万平方米，桥梁102528延长米，涵渠26946横延米，隧道117314延长米，房建1550939平方米，铺轨574公里，铺道岔375组，铁路制梁3572孔，铁路架梁4625孔，公路制梁9753片，公路架梁7953片。综合单位工程合格率100%。

集团公司产业结构合理，专业特色突出，技术创新能力较强。在铁路铺架、复杂桥梁、长大隧道、新型铁路桥梁、地铁轻轨、“四电”工程施工及装备制造领域具有较强的专业优势，具备较为完整的铁路施工产业链条。集团公司获中国建设工程鲁班奖7项、国家优质工程奖15项、国家市政工程金杯奖4项、省部级优质工程奖107项，中国土木工程詹天佑奖7项、国家级科技进步特等奖1项、省部级科技进步奖123项、中国十大建设科技成就奖2项、新中国成立60周年百项经典暨精品工程5项。先后获得全国五一劳动奖状、全国文明单位、全国精神文明建设先进单位、全国优秀施工企业、中国优秀诚信企业、全国模范职工之家、全国质量安全管理先进单位、湖北省优秀企业、湖北省守合同重信用企业、湖北省企业诚信与品牌建设“最具影响力品牌”等荣誉。（郭　琳）

【领导人员】

董事会

董事长　王桂林
副董事长　赵晋华
董事　吕　岗
　付　裕
职工代表董事　彭新文
秘书　贺　林

监事会

监事会主席　雷佳民
监事　阮祥杰
职工代表监事　李　俊

经理层

总经理　赵晋华
副总经理　谢敬平
　荆　山
　宫建岗
　张树海
　龙信桥
　吕　岗
　雷位冰
　张　成
　李小红
　张丕界
　付　裕
总工程师　张丕界
总会计师　付　裕
总法律顾问　付　裕(兼)

党群领导

党委书记　王桂林
党委副书记　赵晋华
　雷佳民
纪委书记　雷佳民(兼)
工会主席　彭新文　（陆　蒂）

【工程项目指挥机构】 汉宜铁路工程项目经理部　驻湖北省仙桃市。项目经理赵天元。

石武铁路客运专线工程项目经理部　驻湖北省武汉市黄陂区。项目经理张成，党工委书记束道法。

湖北城际铁路工程指挥部　驻湖北省武汉市东湖高新区。指挥长杨明亮，党工委书记张运道。

兰新铁路甘青段工程项目经理部　驻甘肃省瓜州县。项目经理余霖，党工委书记陈建荣。

山西中南部铁路通道工程项目经理部　驻山西省洪洞县。项目经理、党工委书记李小红。

杭长铁路客运专线工程项目经理部　驻浙江省义

乌市。项目经理雷位冰，党工委书记段邦顺，常务副经理甘胜银。

京福铁路客运专线闽赣Ⅰ标段工程项目经理部 驻江西省婺源县。项目经理郝生德，党工委书记朱明春。

合福铁路安徽段站前7标段工程项目经理部 驻安徽省绩溪县。项目经理李文俊，党工委书记赵良奎。

京石铁路客运专线工程指挥部 驻河北省保定市望都县。指挥长王金柱，党工委书记郑平良。

津保铁路工程项目经理部 驻河北省容城县。项目经理王金柱，党工委书记郑平良。

宿淮铁路工程指挥部 驻江苏省宿迁市。指挥长兼党工委书记胡昌虎。

沪昆铁路客运专线湖南段工程项目经理部 驻湖南省娄底市。项目经理宫建岗，党工委书记李明，常务副经理熊安祥。

成渝铁路客运专线工程项目经理部 驻重庆市荣昌县。项目经理荆山，党工委书记方克文。

昆明枢纽工程指挥部 驻云南省昆明国家经济技术开发区。指挥长包晓东，党工委书记周和平。

吉图珲铁路客运专线项目经理部 驻吉林省蛟河市。项目经理龙信桥，党工委书记方楚晶，常务副经理曾国升。

武汉市东湖高新区综合保税区工程项目经理部 驻湖北省武汉市东湖高新区。项目经理杨明亮，党工委书记张运道。

武汉轨道交通2号线30标段项目经理部 驻湖北省武汉市东西湖区。项目经理崔力波，党工委书记束道法。

多彩贵州城项目经理部 驻贵州省贵阳市。项目经理封明君，党工委书记赵晶。

湘桂铁路工程指挥部 驻广西壮族自治区柳州市鹿寨县。指挥长江淑春，党工委书记郑天真。

大西铁路客运专线工程指挥部 驻陕西省合阳县。指挥长董瑞武。

厦深铁路工程指挥部 驻广东省潮州市饶平县。指挥长赵高启，党工委书记管登习。

兰渝铁路工程指挥部 驻甘肃省宕昌县。指挥长陈仕猛，党工委书记贺先华。

渝利铁路工程指挥部 驻重庆市长寿区。指挥长余斌，党工委副书记陈贵全。 （陆 蒂）

【职工队伍】 截至2012年底，职工16301人。干部9301人，占职工总数的57%。专业技术干部7810人，占干部总数的83.96%。干部学历结构：研究生以上71人，本科5751人，专科2046人，中专353人，高中及以下1080人。干部年龄结构：35岁及以下6041人，36～40岁1023人，41～45岁491人，46～50岁602人，51～54岁628人，55岁及以上516人。专业技术干部中，教授级高级工程师60人，高级职务848人，中级职务2097人，初级职务4805人。

工人7000人，占职工总数的43%。技术工人6030人，占工人总数的86%。工人学历结构：本科59人，专科380人，中专792人，高中、技校2578人，初中及以下3191人。工人年龄结构：35岁及以下1614人，36～40岁961人，41～45岁400人，46～50岁1285人，51～54岁1962人，55岁及以上778人。技术工人中，初级工159人，中级工1295人，高级工4222人，技师278人，高级技师76人。

2012年接收高校毕业生935人。其中，研究生22人；大学本科853人；大学专科60人。组织较大规模培训59期，培训12474人次。

（张红月 高 鹏 穆飞军）

【铁路工程施工】 2012年，在建铁路工程117项，合同投资6220392万元，开工累计完成施工产值3559489万元。年内计划开通的8个铁路重点项目，除湘桂铁路业主延迟开通外，石武、京石等7个项目按期开通。12月28日，国内首座最大跨度T型刚构连续箱梁转体桥——武黄城际余家湾上行特大桥跨京广线2×115米转体桥（重14500吨）顺利转体。12月18日，集团公司目前承建的最长隧道——11850米闽赣三清山隧道贯通。

成渝铁路客运专线CYSG－4标段工程 标段长54.25公里，合同投资490347万元。截至2012年底，完成投资93961万元。完成主要实物工程量：路基土石方610万立方米，占设计量的100%；桥梁19887延长米，占设计量的68.3%；涵洞全部完成；隧道4436延长米，占设计量的96%。

长昆铁路客运专线CKTJ－3标段工程 标段长38.4公里，合同投资353635万元。截至2012年底，完成投资101526万元。完成主要实物工程量：路基土石方338.3万立方米，占设计量的129.7%；桥梁17929延长米，占设计量的75.1%；涵洞599横延米，占设计量的95.6%；隧道6719延长米，占设计量的102.3%。

吉图珲铁路Ⅱ标段工程 标段长45.18公里，合同投资282525万元。截至2012年底，完成投资144021万元。完成主要实物工程量：路基土石方623.7万立方米，占设计量的81.6%；桥梁5459.1延长米，占设计量的58.1%；隧道6683.8延长米，占设计量的60.1%。

山西中南部通道ZNTJ－7标段工程 标段长

98.2公里，合同投资370375万元，2010年4月开工。截至2012年底，完成投资288799万元。完成主要实物工程量：路基及站场土石方472.5万立方米，占设计量的100%；桥梁17117.4延长米，占设计量的85.9%；隧道22946延长米，占设计量的93.5%。

合福铁路闽赣段HFMG－1标段工程　标段长95.7公里，合同投资708016万元，2010年4月开工。截至2012年底，完成投资460077万元。完成主要实物工程量：路基土石方513万立方米，占设计量的97.3%；桥梁26741.1延长米，占设计量的79.1%；涵洞462横延米，占设计量的79%；隧道52472.9延长米，占设计量的92.4%。

合福铁路安徽段7标段工程　标段长39.2公里，合同投资359916万元，2010年4月开工。截至2012年底，完成投资195653万元。完成主要实物工程量：路基土石方461.5万立方米，占设计量的96.9%；隧道12653.1延长米，占设计量的86.9%；桥梁14640.9延长米，占设计量的99.5%。

杭长铁路客运专线HCZJ－3标段工程　标段长43.636公里，合同投资300401万元，2010年4月开工。截至2012年底，完成投资269440万元。完成主要实物工程量：路基土石方284万立方米，占设计量的99.7%；桥梁26057.2延长米，占设计量的90.9%；隧道9415延长米，占设计量的100%。

兰新铁路第二双线张掖至红柳河段LXS－16标段工程　标段长84.67公里，合同投资354475万元，2010年4月开工。截至2012年底，完成投资201562万元。年内完成无砟轨道铺设。

津保铁路5标段工程　标段长33.62公里，合同投资177550万元，2010年9月开工。截至2012年，完成投资72237万元。完成主要实物工程量：路基土石方129万立方米，占设计量的69.1%；桥梁11621延长米，占设计量的48.1%；涵洞359延长米，占设计量的65.1%。

大西铁路客运专线站前12标段工程　标段长12.47公里，合同投资124000万元，2010年3月开工。截至2012年，完成投资129149万元，工程基本完工。

兰渝铁路LYS－4标段工程　标段长26.306公里，合同投资135000万元，2009年2月18日开工。截至2012年，完成投资100711万元。完成主要实物工程量：隧道17209延长米，占设计量的67.1%。

（闫晋锁）

【铁路外工程施工】　2012年，在建铁路外工程209项，合同总额574亿元。其中，公路294亿元；城市轨道177亿元；房建66亿元；市政、电力、水利等其他工程36亿元。

湖北省谷城至竹溪高速公路一期土建第GZTJ－15标段工程　标段长6.08公里，合同投资35144万元，2010年8月开工。2012年完成投资12084万元；完成桥梁1517延长米，隧道1005延长米，公路制梁455片，公路架梁480片。

福建省泉州莆永高速公路永春至永定泉州段A2合同段工程　标段长7.5公里，合同投资37890万元，2011年4月开工。2012年完成投资25396万元；完成土石方91万立方米，桥梁231延长米，涵洞448横延米，隧道6840延长米。

新南港大桥及接线工程　全长2616.855米，合同投资51900万元，2011年3月开工。2012年完成投资27880万元；完成桥梁1805延长米。

云南龙瑞高速公路第18合同段工程　标段长3.7公里，合同投资22657万元，2012年4月开工。年内完成投资4591万元；完成路基土石方7.6万立方米，涵洞121横延米，隧道513延长米。

临合高速公路LH4合同段工程　标段长7.98公里，合同投资18887万元，2012年2月开工。年内完成投资3504.1万元；完成路基土石方11.46万立方米，桥梁375延长米，涵洞56横延米。

共玉公路A7标段工程　标段长15.576公里，合同投资64852万元，2011年6月开工。2012年完成投资25365万元；完成土石方25万立方米，桥梁331延长米，涵洞167横延米，隧道1817延米。

思剑高速公路13合同段工程　标段长6.272公里，合同投资39493万元，2010年8月开工。2012年完成投资12869万元；完成土石方25万立方米，桥梁1094延长米，涵洞87横延米，隧道678延长米。

江南高速公路JNTJ－2标段工程　标段长62.2公里，合同投资176532万元，2011年10月开工。2012年完成投资22882万元；完成路基土石方216万立方米，桥梁2099延长米，涵洞2027横延米。

广东乐昌至广州高速公路第T25合同段工程　标段长3.89公里，合同投资24120万元，2011年3月开工。2012年完成投资16029万元；完成路基土石方278万立方米，桥梁1155延长米，涵洞730横延米。

陕西铜川至黄陵高速公路TH－C06合同段工程　标段长4.2公里，合同投资29164万元，2010年2月开工。2012年完成投资20392万元；完成路基土石方118万立方米，桥梁1186延长米，涵洞581横延米。

新疆喀什至伊尔克什坦口岸公路G3013KY－1标段工程　标段长97.2公里，合同投资116415万元，2011年4月开工。2012年完成投资69407万元；完成土石方367.52万立方米，桥梁919.16延长米，涵渠

3220.06 横延米，隧道 330.4 延长米，公路制梁 1470 片，公路架梁 815 片。

惠兴高速公路第 11 合同段工程　标段长 9.1 公里，合同投资 49377 万元，2010 年 9 月 13 日开工。2012 年完成投资 23366 万元；完成土石方 58.55 万立方米，桥梁 2137 延长米，涵洞 181.714 横延米，公路制梁 942 片，公路架梁 892 片。（闫晋锁）

【经营管理】　工程承揽。2012 年，集团公司新签合同 516.86 亿元，其中境外新合同 3.91 亿元。新签合同中，铁路 97.66 亿元，公路 153.04 亿元，城市轨道 81.4 亿元，房建 68.07 亿元，水利电力 7.91 亿元，工业制造 6.97 亿元，市政 32.18 亿元，机场码头 2.08 亿元，物流 15.53 亿元，房地产 0.72 亿元，其他 51.32 亿元。

经济管理。制定 2012 年集团公司经济管理工作要点、法制工作第三个三年目标实施方案，建立完善集团公司合同管理办法、二次经营工作考核管理办法，更新集团公司 2012 年合格外部劳务队伍、外部劳务队伍黑名单名册和劳务工序承包指导价格，调整 2012 年部分经济指标、收益率目标值及工程项目切割提留比例，建立项目部法律联络员制度。加强经济资料、预算亏损项目减亏扭亏、“二次经营”、外部劳务、验工计价管理，编印工程项目变更索赔案例汇编，参与集团公司恒天首府、贵州省多彩贵州城、洛阳西环线 BT 等重大项目的法律论证，出具法律审核意见书 35 份，有效化解项目投资法律风险。

变更索赔。2012 年开展 221 个在建项目的成本督察工作，督察覆盖率 71.3%。年内实现变更索赔 512056 万元，占年度施工产值的 16.07%。其中，铁路工程 308594 万元；公路工程 110449 万元；工业与民用建筑工程 23816 万元；地铁及轻轨工程 66200 万元；市政工程 338 万元；水利水电工程 1840 万元；其他工程 819 万元。

安全质量。2012 年，集团公司开展安全大检查 6 次，检查工程项目 180 个，提出安全质量整改问题 600 余条，开出安全质量处罚通知书 1 份、安全隐患整改通知书 18 份、管理活动记录表 167 份和不合格报告 62 份，有力地促进了集团公司安全生产管理工作。年内，全集团未发生重大设备损坏和重大经济损失事故；未发生火工品爆炸、丢失事故；未发生火灾事故；员工因工责任伤亡事故率控制在年度安全生产目标之内，实现年度安全工作目标。集团公司获国家优质工程银质奖 1 项、省部级优质工程 19 项、股份公司优质工程 14 项；获全国工程建设优秀质量管理小组奖 10 项，其中一等奖 1 项、二等奖 8 项、三等奖 1 项；获省部级优秀质量管理小组奖 24 项，获股份公司优秀质量管理小组奖 5 项。集团公司获得全国工程建设质量管理小组活动优秀企业称号。2012 年，全集团在建工程分项工程、单位工程检查评定合格率均达到 100%，未发生质量等级事故。在铁道部铁路施工企业信用评价中，连续 7 次进入 A 类施工企业行列，水利水电行业信誉评价继续保持 AAA 级，公路施工企业信用评价获得 A 级。环境保护工作形势平稳，未发生环保事件、事故；通过质量、环境、职业健康与安全管理体系认证审核。

财务审计。坚持以科学发展观为指导，紧抓“资金与成本”两条主线，进一步加强基础管理，致力管理提升，强化风险管控，为企业平稳、健康发展作出积极贡献。一是梳理规范业务流程，调整完善内控制度，加大财务队伍建设力度，提升基础管理水平。二是强化资金集中管理，合理高效融通资金，狠抓强收政策落实，提升资金管理水平。三是完善责任成本体系，紧抓成本构成要素，强化重点环节管控，提升成本管理水平。四是大力加强内部监督，积极应对外部检查，深入推进法律预控，提升风险管理水平。2012 年，全集团完成审计项目 233 项。其中，财务收支审计 7 项；经济效益审计 20 项；经济责任审计 32 项；工程项目审计 128 项；专项审计调查 17 项；其他审计 29 项。出具审计报告 221 份，提出审计建议 932 条，发现问题金额 5753 万元。在外部迎审工作中化解审计风险，避免扣款或降低审减额 5500 万元。

（隋英姿　金　峰　仇效兵　崔雪梅　曹仪秋）

【科技创新】　集团公司技术中心被认定为国家企业技术中心。二公司、五公司技术中心被所在省市认定为省级技术中心。参与“盾构施工煤矿长距离斜井关键技术研究与示范”国家科技支撑计划课题研究。与股份公司签订科技合同 5 项，获科研经费 125 万元；与武汉市城乡建设委员会签订两项城建科研合同，获科研经费 10 万元。开发的“62 号超长大号码高速无砟道岔铺设技术研究”、“高富水砂卵石地层盾构下穿密集建筑群施工技术”两项科技成果经鉴定，达到国际先进水平；“马鹿箐隧道岩溶溃水风险控制及处治技术”成果获湖北省科技进步三等奖；获中国施工企业管理协会科学技术奖科技创新成果奖 5 项，其中“武汉动车段设计施工综合技术”、“宜万铁路岩溶高风险隧道技术经济分析”获一等奖，“复合式土压平衡盾构机过复杂地质地段中间风井施工技术”、“高寒冻土区涵洞防冻胀融沉施工技术”、“多箱式预应力混凝土槽形梁拱组合桥施工技术”获二等奖。全年鉴定工法关键技术 19 项，9 项达到国内领先水平，6 项达到国内先进水平；获铁道部部级工法 17 项、湖北省省级工法 17

项、中国铁建优秀工法21项；获专利授权50项，其中发明专利4项。2012年，集团公司全面实施技术难点项目分级管理与动态管控，首次推行技术难点项目会商快报制度，每月底收集编制成“技术难点动态管理报表”，全面掌握技术难点进展情况，全年发布《集团公司技术难点快报》12期。（汪　靖）

【内部保卫与综合治理】 2012年处理突发事件2次，接待和妥善处置上访人员46人次，未发生重大刑事案件，无火灾事故，一般治安案件较2011年有所下降，无群体性上访事件，集团公司连续3年被湖北省评为综合治理优胜单位。年内，武汉市公安局实行警务机制改革，撤销重点工程公安分局，集团公司主动与施工所在地公安机关联系，确保工地治安稳定。（万　峰）

【党群工作】 党的工作。集团公司党委下辖二级党委13个、党总支6个、党支部227个、党工委282个。有党员7739人，2012年发展新党员269人。（1）党组织建设。以“基层组织建设年”为推手，紧紧围绕迎接党的十八大胜利召开，动员组织各级党组织和广大党员职工开展基层党组织书记能力建设年、机关服务基层、“三节一降”等7项“喜迎十八大、争创新业绩”主题实践活动，顺利完成基层党组织分类定级和基层党组织书记轮训等工作，有力地促进了集团公司基层党组织建设。集团公司、工程公司两级机关42个党支部与42个重难点项目结对开展机关服务基层活动，有效地促进了项目的施工生产、工程管理、成本管控、党群等工作。在453个基层党组织中，141个被评为“好”，267个被评为“较好”，42个被评为“一般”，3个被评为“较差”。各基层党组织结合实际，围绕转变发展方式、调整产业结构、推动科学发展，不断深化“四强四优”、“六比六看，六比六促”和“创岗建区”等创先争优活动，建立健全党委中心组学习、党员干部承诺、基层党组织书记轮训、党员日常教育管理、党风廉政建设责任制等创先争优长效机制，推进创先争优制度化、常态化、长效化。2012年，集团公司3个基层党组织、7名共产党员受到重庆市委、湖北省委、湖北省国资委表彰。五公司党委、二公司共玉公路项目部党支部分别在重庆市城乡建设委员会和中国铁建股份公司“创先争优活动总结暨‘基层组织建设年’推进大会”上作经验交流。集团公司领导班子连续第5次被股份公司党委评为“四好领导班子”。（2）宣传思想工作。强化学习型班子、学习型职工、学习型企业建设，进一步夯实理论武装工程，集团公司党委中心组被评为湖北省先进党委中心组。开展“全面预控，精细管理”和“顺时应势迎挑战，精耕细作创佳绩”等主题教育活动，开展缅怀杨连第牺牲60周年系列活动，以登高精神和光荣传统，鼓舞斗志，凝聚力量，激发活力。扎实推进企业文化建设，深化拓展文明创建活动，积极开展“六五”普法工作，精神文明建设迈上新台阶，集团公司被评为湖北省企业诚信与品牌建设“最具影响力品牌”。围绕重难点工程，全面开展对外宣传报道，在中国铁建股份公司以上新闻媒体刊稿4940篇，进一步提升企业的知名度和美誉度。（3）党风廉政建设。各级纪检监察组织以“六进六上”为载体，通过组织参观警示教育基地、依法经营集中教育整治等形式，深入开展反腐倡廉教育和廉洁文化建设，进一步增强领导干部的廉洁自律意识。逐级签订党风廉政建设责任制，层层分解责任，促进“一岗双责”的落实。全面推进企业廉洁风险防控工作，所属单位全部完成《廉洁风险预警防控手册》的编制工作，构建起具有企业特色的惩防体系。着力加强纪检监察组织建设，项目部成立纪工委，进一步完善纪检监察工作网络。通过加大“三项”招标、成本督察和亏损项目效能交叉监察力度，降低采购成本，挽回了经济损失。继续深化检企共防，着力在“两个融入”上下功夫，取得良好成效。坚持从严治党，全年立案查办18件，51人给予党纪政纪处分。通过严格教育、严厉监督、严肃惩戒，有效防控和化解了企业风险，保护了企业利益和干部职工，促进了企业的平安发展。

工会工作。集团公司工会下辖11个工程公司、1个直属单位及机关工会，工会会员16301名，专职工会干部55名。全年集团公司各级工会组织坚持贴近群众、贴近基层、贴近生活，组织开展“四保一献”、“五比五创”劳动竞赛和“安康杯”竞赛，有效地调动了广大职工为企业发展建功立业的积极性。深化“六小建设”和“三不让”承诺，积极开展“夏送清凉、冬送温暖”和“双百”活动，有力地促进了企业和谐稳定。年内，集团公司被评为全国“安康杯”竞赛优胜单位，3人分别获得全国五一劳动奖章、全国优秀经济女性、湖北省劳动模范荣誉，1个单位被评为湖北省职业道德建设“十佳”单位，20人获得铁道部火车头奖章，15个集体获得铁道部火车头奖杯，6个项目部被授予铁路客运专线劳动竞赛标杆或先进单位称号。

共青团工作。集团公司各级共青团组织着力加强自身建设，集团公司、工程公司两级团委顺利换届。分片组织“新时代青年大学生如何立足岗位成长成才”大讨论，扎实开展“进一线、促团建、助发展”主题实践活动，一大批团员青年成长为企业建设发展的骨干。

（吴阿翔　尹修兵　蒋志涛　吴　强　周亚平　何　花　宋大勇）

【第一工程有限公司】 公路、市政公用工程施工总承包一级,铁路工程施工总承包二级,地基与基础、桥梁、隧道、公路路面、公路路基工程专业承包一级资质企业。驻湖北省襄樊市航空路73号。前身为中国人民解放军铁道兵第一师第一团,1984年1月1日集体转业并入铁道部,改编为铁道部第十一工程局第一工程处;1999年12月1日更名为中铁第十一工程局第一工程处,2001年9月26日企业改制改称中铁十一局集团第二工程有限公司。执行董事、总经理卞圣洲(8月免)、陈志明(9月任),党委书记周晗。下辖11个工程队、3个机运队、2个无砟轨道专业队、5个专业队及混凝土管理中心、物资租赁站,派出工程项目部56个。职工2251人。其中,干部1303人;工人948人。专业技术干部1074人,占干部总数的82.4%;技术工人821人,占工人总数的86.6%。资产总额380949万元。其中,固定资产原值96211.96万元、净值41323.26万元;流动资产338525.98万元;其他资产1099.91万元。机械运输设备381台(套),总功率48775千瓦,动力装备率28.9千瓦/人,技术装备率7万元/人。年施工能力50亿元以上。

2012年铁路外工程新签合同额539720万元,完成企业总产值431780万元,实现利润4448.76万元。国有资产保值增值率106.97%,净资产收益率7.14%,产值利润率1.03%,资产负债率85.15%。全员劳动生产率1918169.7元/人年,人均创利28906.83元。职工年人均收入38376元。完成主要实物工程量:路基土石方2475万立方米,隧道9238延长米,桥梁33493延长米,铁路架梁16孔,铁路制梁94片,铁路无砟轨道41公里,地铁152米,公路55.8公里、路面56311平方米,房建80005平方米。实现安全生产29周年,工程质量合格率100%。 (陈小刚 戴燕)

【第二工程有限公司】 公路、市政公用工程施工总承包一级,铁路工程施工总承包二级,房屋建筑工程施工总承包三级,公路路基、公路路面、桥梁、隧道、水工隧洞工程专业承包一级资质企业。驻湖北省十堰市白浪中路99号。前身为中国人民解放军铁道兵第一师第二团,1984年1月1日集体转业并入铁道部,改编为铁道部第十一工程局第二工程处;2001年9月18日企业改制改称中铁十一局集团第二工程有限公司。执行董事兼总经理王胜祖,党委书记陈志明(8月免)、党委书记谭发刚(9月任)。下辖5个工程队、2个专业施工队及路面分公司、机械化分公司、造桥分公司、设备物资管理中心、西宁物资配送中心、铁源公司、铁建医院、生活服务中心,派出工程项目部45个。职工2043人。其中,干部1056人;工人987人。专业技术干部887人,占干部总数的84%;技术工人772人,占工人总数的78.2%。资产总额339231万元。其中,固定资产原值61953万元、净值28053万元;流动资产308968万元。机械运输设备339台(辆),总功率49628千瓦,动力装备率24.2千瓦/人,技术装备率7.7万元/人。年施工能力41.15亿元。

2012年新签合同额50.66亿元,完成企业总产值41.15亿元,其中施工产值42.2亿元。实现净利润3342万元。全员劳动生产率32.25万元/人年,人均创利18090元。职工年人均收入37887元。国有资产保值增值率107.96%,净资产收益率8.03%,产值利润率0.95%,资产负债率87.85%,应上缴款完成率100%。完成主要实物工程量:土石方1431万立方米,桥梁22757米,隧道19044延长米,涵渠4830横延米,铁路正线铺轨4公里、站线铺轨77.62公里,公路路面8523平方米,公路架梁1236片,高速公路57公里。截至2012年12月31日,实现连续安全生产2587天。年内,公司被评为全国优秀施工企业、推进工程项目管理先进企业、湖北省最佳文明单位、湖北省学习型先进单位,1项科技成果获中国施工企业管理协会科学技术奖创新成果二等奖。 (邵玉 范莉)

【第三工程有限公司】 铁路、市政公用、公路工程施工总承包一级,房屋建筑、矿山工程施工总承包二级,铁路铺轨架梁、公路路基、桥梁、隧道工程专业承包一级,混凝土预制构件工程专业承包二级及爆破施工资质企业。驻湖北省十堰市武当路15号。前身为中国人民解放军铁道兵第一师第三团,1984年1月1日集体转业并入铁道部,改编为铁道部第十一工程局第三工程处;2001年9月26日企业改制改称中铁十一局集团第三工程有限公司。执行董事兼总经理崔幼飞,党委书记王荃荃。下辖新疆、黄石区域经营事业部,大机养、运架梁、焊轨、道岔、混凝土、电务6个专业化分公司,老河口设备物资基地,鹰潭、十堰房产管理部,2个铺架队、3个运输队、3个轨排队、2个铺轨运输队、1个无砟轨道队,桥涵、机修、机械、黄石综合运输等15个队,派出工程项目部42个,在武汉、北疆、山西、西藏、内蒙古、乌鲁木齐设有经营网点。职工2848人。其中,干部1256人;工人1592人。专业技术干部1035人,占干部总数的82.4%;技术工人1385人,占工人总数的86.99%。资产总额369079万元。其中,固定资产原值111763万元、净值52833万元;流动资产307173万元。机械运输设备601台(辆),其中机车41台、铁道车辆94辆。设备总功率148561千瓦,动力装备率50.36千瓦/人,技术装备率14.44万元/人。年施工能力60亿元以上。

2012年新签合同额45.87亿元，完成企业总产值56.65亿元，其中施工产值56.1亿元。实现利润5875万元。全员劳动生产率41.51万元/人年。职工年人均收入39540元。国有资产保值增值率114.91%，净资产收益率15.32%，产值利润率1.1%，资产负债率89.89%，应上缴款完成率100%。完成主要实物工程量：土石方920.2万立方米，桥梁12796延长米，涵洞6260.7横延米，隧道8202.13延长米，铁路铺轨230.11公里，地铁铺轨292.4公里，铁路制梁983.5孔，铁路架梁2298孔，铺设道岔398组，公路制梁2653片，公路架梁2476片。安全生产处于可控状态，安全工作持续稳定。（徐新斌）

【第四工程有限公司】 公路、市政公用工程施工总承包一级，铁路工程施工总承包二级，房屋建筑、矿山工程施工总承包三级，土石方、桥梁、隧道、公路路面、公路路基工程专业承包一级资质企业。驻湖北省武汉市东湖开发区华光大道21号。前身为中国人民解放军铁道兵第一师第四团，1984年1月1日集体转业并入铁道部，改编为铁道部第十一工程局第四工程处；2001年9月28日企业改制改称中铁十一局集团第四工程有限公司。执行董事兼总经理余先江，党委书记李成伟。下辖14个工程队，1个基地管理部，派出工程项目部41个。职工2789人。其中，干部1272人；工人1517人。专业技术干部1200人，占干部总数的94%；技术工人1436人，占工人总数的94.6%。资产总额29.85亿元。其中，固定资产净值27285万元；流动资产268619万元。机械运输设备502台（辆），总功率68495千瓦，动力装备率24.57千瓦/人，技术装备率3.55万元/人。年施工能力42.5亿元。

2012年新签合同额64.76亿元，完成企业总产值42.5亿元，实现净利润4656万元。国有资产保值增值率112.82%，净资产收益率12.92%，产值收益率6.51%，资产负债率87.69%。完成主要实物工程量：土石方1343万立方米，桥梁28436延长米，涵洞5001横延米，隧道37911延长米，铁路铺轨26.3公里，公路制梁742片、架梁672片。连续安全生产3090天。（张　艳）

【第五工程有限公司】 公路、市政公用工程施工总承包一级，房屋建筑、铁路、水利水电工程施工总承包二级，公路路基、桥梁、隧道、水工隧洞、土石方工程专业承包一级，钢结构工程专业承包三级资质企业。驻重庆市沙坪坝区新桥新村71号。前身为中国人民解放军铁道兵第二十九团，1984年1月1日集体转业并入铁道部，改编为铁道部第十一工程局第五工程处；2001年9月28日企业改制改称中铁十一局集团第五工程有限公司。执行董事兼总经理蒋国云，党委书记王政松。下辖建筑安装分公司、设备公司、房地产开发公司、中心试验室、生活物业管理中心及6个专业队、53个派出机构。职工2233人。其中，干部1244人；工人989人。专业技术干部1108人，占干部总数的89.07%；技术工人785人，占工人总数的79.37%。资产总额365330.8万元。其中，固定资产原值71959.7万元、净值29478.3万元；流动资产334644.3万元。机械运输设备469台（套），总功率102170千瓦，动力装备率45千瓦/人，技术装备率8.7万元/人。年施工能力50亿元以上。

2012年新签合同额88.26亿元，完成企业总产值45.23亿元，其中施工产值45.1亿元。实现净利润5152万元。职工年人均收入44292元。国有资产保值增值率108.77%，利润总额增长率-13.5%，权益净利率8.95%，资产负债率84.57%，营业总收入增长率-18.54%。完成主要实物工程量：土石方646.4万立方米，隧道2549.5延长米，桥梁11414延长米，涵洞2549.5延长米，公路制梁1480片、架梁1507片。年内，公司被评为全国质量安全AAA级优秀施工企业、全国工程建设质量管理先进小组，合福安徽项目部获全国“工人先锋号”称号。（张明江）

【第六工程有限公司】 机电安装工程施工总承包一级，房屋建筑工程施工总承包二级，铁路、市政公用、矿山工程施工总承包三级，管道、钢结构工程专业承包二级，环保、起重设备安装、消防设施工程专业承包三级资质企业；具有AB级门式起重机械、C级桥式起重机械、900吨架桥机、450吨通用门式起重机制造许可证，A级起重机械安装改造维修许可证和CA砂浆搅拌车生产许可证。公司驻湖北省襄樊市七里河路2号。前身为组建于1959年的中国人民解放军铁道兵第一师修理营，1984年1月1日集体转业并入铁道部，改编为铁道部第十一工程局机械厂，相继更名为铁道部第十一工程局工程机械厂、基建安装工程处，中铁十一局集团有限公司基建安装工程分公司；2007年2月企业改制改称中铁十一局集团第六工程有限公司。下辖汉江重工科技分公司、海外事业部，派出工程项目部20余个。职工837人。其中，干部490人；工人347人。专业技术干部485人，占干部总数的98.98%；技术工人304人，占技术工人的87.61%。资产总额13.83亿元。其中，固定资产原值4.31亿元、净值3.07亿元；流动资产9.74亿元。机械运输设备313台（套），总功率17182千瓦，动力装备率20.31千瓦/人，技术装备率30.4万元/人，设备完好率73.8%、利用率41%、成新率69%。

2012年新签合同额15.6亿元,完成企业总产值12亿元,实现净利润1049万元。职工年人均收入54432元。国有资产保值增值率107.4%,净资产收益率5.37%,产值利润率2.95%,资产负债率82.03%,应上缴款完成率100%。完成主要实物工程量:无砟轨道铺设40公里,铁路箱梁架设912孔,轻轨PC梁架设1309榀,房屋建筑面积8万平方米。（胡云龙）

【电务工程有限公司】 通信、机电安装工程施工总承包一级,房屋建筑工程施工总承包三级,建筑智能化、铁路电务、铁路电气化、送变电工程专业承包一级,通信信息网络系统集成甲级资质企业。驻湖北省武汉市东湖新技术开发区佳园路19号。前身为中国人民解放军铁道兵直属通信信号第三工程营,1984年1月1日集体转业并入铁道部,改编为铁道部第十一工程局电务工程段;1986年4月改为铁道部第十一工程局电务工程处,2001年9月26日企业改制改称中铁十一局集团电务工程有限公司;2009年7月22日,中铁十一局集团电务工程有限公司主体划转到中国铁建电气化局集团南方工程有限公司,保留资质。执行董事、总经理吴刚,党委书记严新金。下辖项目管理中心、通信信号事业部、电力电化事业部,广州、成都、上海、武汉、重庆、沈阳、西安、太原和内蒙古区域项目部,派出工程项目部33个。职工444人。其中,干部355人;工人89人。专业技术干部281人,占干部总数的79.2%;技术工人63人,占工人总数的70.8%。资产总额105032万元。其中,固定资产原值12805.71万元、净值10165.15万元;流动资产93842.67万元;其他资产1023.8万元。

2012年新签合同额27.11亿元,完成企业总产值100769万元,实现利润3843.51万元。全员劳动生产率241.08万元/人年;人均创利9.2万元。职工年人均收入5.05万元。国有资产保值增值率127.8%,净资产收益率26.24%,产值利润率3.81%,投资回报率30.5%,资产负债率86.58%,投资收益上缴率100%,应上缴款完成率100%。完成主要实物工程量:通信专业通信线路279.4公里,信号专业连锁道岔352组,自动闭塞61.7公里;电力专业供电线路109公里,变配电所11座;电气化专业接触网324.1条公里,牵引变电所7座;房屋建筑3437平方米;通信迁改29处,电力迁改28处。年内,公司获得湖北省五一劳动奖状、湖北省建筑业先进企业、湖北省职工职业道德建设十佳标兵单位、湖北省模范劳动关系和谐企业、湖北省国有企业创先争优先进基层党组织、上海市用户满意施工企业荣誉;承建的武汉动车段工程获国家优工程银质奖,上海轨道交通10号线工程获上海市十佳用户满意工程称号,上海轨道交通13号线工程获上海市重大工程文明工地称号,5项专利获国家实用新型专利授权。（易 婷）

【建筑安装工程有限公司】 房屋建筑、市政公用工程施工总承包一级,铁路、机电设备安装工程施工总承包二级,地基与基础、钢结构、建筑装修装饰、机电设备工程专业承包一级,环保工程专业承包二级资质企业。驻湖北省襄樊市长虹北路3号。前身为中国人民解放军铁道兵一师设计科,1984年1月1日集体转业并入铁道部,改编为铁道部第十一工程局勘测设计研究院;1996年6月改称建筑安装工程处,2001年9月20日企业改制改称中铁十一局集团建筑安装工程有限公司。执行董事兼总经理王发明,党委书记李书兵。下辖机械设备租赁公司、武汉物业管理服务中心、襄阳物业管理服务中心及若干个工程项目部。职工934人。其中,干部695人;工人239人。专业技术干部418人,占干部总数的60%;技术工人203人,占工人总数的84.9%。资产总额245319万元。其中,固定资产原值17591万元、净值10032万元;流动资产233370万元。机械运输设备93台(辆),总功率7282千瓦,动力装备率7.78千瓦/人,技术装备率3.9万元/人。年施工能力28.8亿元。

2012年新签合同额627334万元,完成企业总产值288524万元,其中施工产值288524万元。实现利润3624万元。全员劳动生产率388.32万元/人年,人均创利51667元。职工年人均收入37672元。国有资产保值增值率115.31%,净资产收益率15.13%,产值利润率1.3%,资产负债率90.12%,应上缴款完成率100%。完成主要实物工程量:土石方215万立方米,房屋建筑121.9万平方米。截至2012年12月31日,实现安全生产9964天。年内,公司获湖北省安全生产先进单位、湖北省守合同重信用企业、全国优秀施工企业称号。（王晓颖）

【桥梁有限公司】 桥梁工程、混凝土预制构件专业承包二级,钢结构工程专业承包三级资质企业。集高速铁路箱梁和高速铁路大板、博格板及城市轻轨PC梁、U型梁制造,铁路轨下产品生产,工业、贸易、物流、房地产开发、战备器材租赁于一体。驻江西省鹰潭市南站路24号。前身为中国人民解放军铁道兵鹰潭仓库,组建于1954年6月;1984年1月1日集体转业并入铁道部,改编为铁道部工程指挥部鹰潭材料总厂;1989年更名为中国铁道建筑总公司鹰潭战备材料总厂,2001年11月28日划转中铁十一局集团有限公司,

2003 年 7 月 1 日企业改制改称中国铁道建筑总公司鹰潭战备材料总厂有限公司,2007 年 8 月 10 日更名为中铁十一局集团桥梁有限公司。执行董事、总经理廖宏斌,党委书记胡士华。下辖物资贸易有限公司、铁路制品公司、物业管理公司、器材租赁公司,重庆城市轻轨 PC 制梁场、重庆 U 型梁场、吉图珲安图梁场、杭长项目诸暨梁场、合福铁路 I 标项目部绩溪制梁场,武汉城际铁路项目经理部、成渝项目部、京福闽赣项目部、津保项目经理部、长昆项目经理部,向莆铁路抚州制枕基地,德兴轨枕场、中南通道洪洞制枕场。职工 392 人。其中,干部 253 人;工人 139 人。专业技术干部 220 人,占干部总数的 86%;技术工人 114 人,占工人总数的 82%。资产总额 82478.64 万元。其中,固定资产原值 31606 万元、净值 19378 万元;流动资产 60214 万元。机械运输设备 361 台(套),铁路专用线 5 条 3747 米,料场、库房 10 万平方米,年最大吞吐能力 40 万吨。是铁道部重要的战备物资储备单位,华东地区最大的物流储备基地之一。

2012 年新签合同额 6.53 亿元,完成企业总产值 16.8 亿元,实现利润 1780.51 万元。资产负债率 76.18%,产值收益率 6.95%。全年生产轨枕 6.4 万根,销售轨枕 25 万根。截至年底,实现安全生产 10564 天。 (杨汉思)

【城市轨道工程有限公司】 隧道工程、混凝土预制构件专业承包二级,城市轨道交通、地基与基础工程专业承包三级,爆破专业承包四级资质企业。驻湖北省武汉市东湖开发区佳园路 23 号。前身为中铁十一局集团公司广州地铁工程指挥部、广州分公司、城市轨道工程公司,2007 年 8 月企业改制改称中铁十一局集团城市轨道工程有限公司。执行董事、总经理徐加兵,党委书记张平。下辖 2 个公司,派出工程项目部 31 个。职工 951 人。其中,干部 867 人;工人 84 人。技术干部 703 人,占干部总数的 74%。资产总额 244917 万元。其中,固定资产原值 105885 万元、净值 82208 万元;流动资产 159163 万元。机械运输设备 294 台(套),总功率 60225.57 千瓦,动力装备率 62.9 千瓦/人,技术装备率 72.8 万元/人。

2012 年新签合同额 35.52 亿元,完成企业总产值 22.6 亿元,实现净利润 4771 万元。全员劳动生产率 29 万元/人年,人均创利 5.83 万元。职工年人均收入 43403 元。国有资产保值增值率 100%,净资产收益率 13.35%,产值利润率 2.44%,资产负债率 85.4%,投资收益上缴率 100%。完成主要实物工程量:土石方 115 万立方米,盾构 19672 延长米。截至 2012 年底,实现连续安全生产 1900 天。年内,公司被评为全国“安康杯”竞赛优胜单位、湖北省守合同重信用企业。

(王 健)

【襄阳管理部】 2003 年 12 月成立,2006 年 9 月与襄樊基地资产管理开发中心合并,2009 年 12 月 30 日主体划转并入第六工程有限公司,继续保留和使用中铁十一局集团有限公司襄樊管理部名称,下辖襄阳管理分部;2010 年 12 月 2 日,襄樊市更名为襄阳市,原襄阳区更名为襄州区,集团公司于 2011 年 1 月 4 日决定将襄樊管理部更名为襄阳管理部,所属襄阳管理分部更名为襄州管理分部。驻湖北省襄樊市七里河路 2 号。党委书记兼主任黄仕典。在职职工 191 人。资产总额 469 万元。其中,固定资产原值 101 万元、净值 30 万元;流动资产 439 万元。职工年人均收入 40323 元。

(陈 莉)

【房地产开发有限公司】 主要从事房地产开发、销售、出租和自建商品房管理,具有房地产开发暂定资质。2010 年 3 月成立。公司驻湖北省武汉市武昌区中山路 347 号。执行董事赵晋华(兼),总经理、党委书记代峪。职工 11 人。资产总额 104298 万元。其中,固定资产原值 99 万元、净值 53 万元;流动资产 104244 万元。

2012 年开发中国铁建·璧河国际项目,销售 134 套,其中住房 127 套、门面房 7 套。9 月 10 日成立中铁十一局集团武汉物业管理有限公司,与房地产公司采取“一套班子、两块牌子”的模式。 (程 希)

【重要记载】

▲1 月 10 日 集团公司被评为湖北省经济建设年度领军企业,董事长、党委书记王桂林被评为最佳领军人物。

▲1 月 30 日 铁道部副部长卢春房在集团公司董事长、党委书记王桂林陪同下到集团公司承建的石武铁路客运专线孝感北站项目调研。

▲1 月 中铁十一局集团城市轨道公司被中国建设银行认定为 AAA 级信用企业。

▲4 月 1 日 股份公司董事长孟凤朝视察集团公司承建的新加坡轨道交通工程。

▲4 月 20 日 股份公司总裁赵广发到建筑安装公司承建的天津中铁国际城项目检查指导。

▲4 月 24 日 湖北省政协人口资源环境委员会转体调研组到集团公司承建的武汉地铁青鱼嘴站项目考察。

▲5 月 22 日 全国政协考察组到建筑安装公司承建的石武铁路客运专线孝感北站项目考察。

▲5 月 26 日　集团公司获湖北省企业诚信与品牌建设“最具影响力品牌”称号，董事长、党委书记王桂林被授予“最佳杰出贡献人物”称号。

▲7 月 21 日　股份公司董事长孟凤朝在武汉东湖宾馆会见到湖北访问的尼日尔总统穆罕默杜·伊素福一行，集团公司总经理赵晋华参加会见。

▲7 月 30 日　集团公司被评为湖北省守合同重信用企业。

▲9 月 25 日　二公司被认定为湖北省企业技术中心。

▲10 月 14 日　集团公司入选 2012 年武汉企业 100 强，排名第 7 位。

▲10 月 19 日　集团公司入选 2012 年湖北企业 100 强，排名第 11 位。

▲10 月　集团公司党委副书记、纪委书记雷佳民被国务院国资委党委评为 2009 ~ 2011 年度中央企业优秀思想政治工作者。

▲11 月 16 日　集团公司技术中心被授予第 19 批国家认定企业技术中心称号。

▲11 月 19 日　诚合保险经纪有限公司湖北分公司在集团公司机关举行开业揭牌仪式。

▲11 月　四公司大连地铁 212 标段工程被评为 2012 年国家 AAA 级安全文明标准化工地。

▲12 月 13 日　城市轨道公司承建的武汉地铁 4 号线青鱼嘴至周家大湾和周家大湾至洪山广场区间贯通。

▲12 月 14 日　集团公司与武汉大学签署战略合作框架协议。双方将在人才培养、科学研究与项目建设等领域进行更深层次的合作。　（郭　琳）

中铁十二局集团有限公司

【简况】　中铁十二局集团有限公司具有铁路工程施工总承包特级，房屋建筑、公路、水利水电、市政公用工程施工总承包一级，桥梁、隧道、公路路面、公路路基工程专业承包一级，城市轨道交通工程专业承包和地质灾害防治工程甲级资质，并享有对外承包工程资格和对外劳务合作经营权。集团公司总部驻山西省太原市西矿街 130 号。下辖第一、第二、第三、第四工程有限公司，建筑安装工程有限公司、电气化工程有限公司、第七工程有限公司、海南振海工程有限公司、市政工程有限公司、铁路养护工程有限公司、国际工程有限公司、物资有限公司、房地产开发有限公司、投资管理有限公司、山西铁道大厦有限公司，广州、华东、西北、川渝、云贵、京津、大企业工程指挥部，湘潭铁路工程学校、中心医院、兴城疗养院、物业管理中心、资金调度中心、北京办事处等单位。职工 16935 人。其中，干部 9140 人；工人 7795 人。资产总额 357.97 亿元。其中，固定资产 30.31 亿元；流动资产 314.35 亿元；货币资金 57.05 亿元。机械运输设备 5922 台（套），总功率 647446.1 千瓦，固定资产原值 305903.3 万元、净值 162110 万元，动力装备率 40.4 千瓦/人，技术装备率 10.2 万元/人，主要设备完好率 93.7%、利用率 72.8%，新度系数 0.54，综合机械化施工水平 91.1%。年施工能力 400 亿元以上。

2012 年承揽工程任务 177 项，合同投资 616.29 亿元；完成企业总产值 384.82 亿元，其中施工产值 375.29 亿元；实现利润 69979 万元。职工年人均收入 64822 元。完成主要实物工程量：土石方 6666 万立方米，隧道 182340 延长米，桥梁 109750 延长米，铁路架梁 3548 孔，公路架梁 9287 片，地铁 10148 米，公路 175 公里，公路路面 565 万平方米，房屋建筑 184.29 万平方米，通信线路 347 公里，供电线路 472 公里，电气化接触网 295 条公里。工程质量合格率 100%，全年无施工安全责任伤亡事故。资本金收益率 60.18%，净资产收益率 16.05%，营业利润率 1.72%，资产负债率 88.89%。年内，获国家优质工程奖 4 项，其中中国建设工程鲁班奖 2 项；获省部级优质工程奖 27 项；6 个 QC 小组被评为全国工程建设优秀质量管理小组；获省部级科技进步奖 14 项，取得授权专利 85 项；18 项科技成果通过省部级科技成果鉴定，其中 4 项达到国际领先水平、9 项达到国际先进水平。　（张林祥）

【领导人员】

董事会

董事长	史道泉
副董事长	宋津喜
董事	史道泉
	宋津喜
	霍玉华
	和万春
职工董事	罗海滨

监事会

监事会主席	赵玉林
监事	窦光武
	张金才

经理层

总经理	宋津喜
副总经理	霍玉华

	和万春
	张喜胜(3月免)
	薛如明
	高治双
	王锦友
	乔志东
	祁玺剑
	向远华
	原　军(9月免)
	张凤华
	谭雷平
	孙圣杰
总工程师	高治双(兼)
总会计师	王锦友(兼)
顾问	王爱民
	刘永年

党群领导

党委书记	史道泉
党委副书记	宋津喜
	赵玉林
	罗海滨
纪委书记	赵玉林
工会主席	罗海滨

（唐运尚）

【职工队伍】 职工16935人。干部9140人,其中专业技术干部8774人,占干部总数的96%。学历结构:研究生及以上114人,大学本科以上6798人,大学专科1291人,中专509人,高中以下314人。年龄结构:25岁以下1877人,26~30岁2946人,31~35岁1331人,36~40岁1063人,41~45岁685人,46~50岁410人,51~54岁487人,55岁以上340人。

工人7795人,其中技术工人4998人,占工人总数的64.12%。学历结构:初中及以下3265人,高中2535人,中专、技校、大专1995人。年龄结构:30岁以下551人,31~40岁1886人,41~50岁2298人,51~60岁3060人。

（蒲晋东）

【派出经营性机构】 广州工程指挥部　指挥王爱民。驻广东省广州市天河区中山大道建中路5号9层。

华东工程指挥部　指挥兼党工委书记向远华。驻上海市闵行区鹤庆路66号。

西北工程指挥部　指挥兼党委书记薛如明。驻陕西省西安市未央路125号第五国际A座17层。

川渝工程指挥部　指挥孙圣杰,党工委书记李志峰。驻四川省成都市武侯区广福桥正街5号。

云贵工程指挥部　指挥黄明玉。驻云南省昆明市国贸路117号。

京津工程指挥部　指挥姜建民,党工委书记李国强。驻北京市海淀区莲花小区2号楼。

大企业工程指挥部　指挥兼党工委书记张凤华。驻北京市。

海外经营部　部长秦建国。驻北京市宣武区马莲道中里三区1号楼。

武汉经营部　部长贾康田。驻湖北省武汉市武昌区体育馆路特一号香格里喜园C座一单元2201室。

福建经营部　部长宋军。驻福建省福州市长乐北路136号福霞小区1号楼305室。

山西经营部　部长支卫清。驻山西省太原市西矿街130号。

江西经营部　部长顾根金。驻江西省南昌市西湖区二七南路466号金辉家园C栋1单元1701室。

辽宁经营部　部长张旭。驻辽宁省沈阳市和平区北七马路14号1单元40室。

黑龙江经营部　部长徐忠。驻黑龙江省哈尔滨市道里区友谊路425号尊荣华府C座12－1室

（张林祥）

【工程项目指挥机构】 大西铁路客运专线工程指挥部　驻山西省临汾市育红路9号。指挥长霍玉华,党工委书记王桂元。

山西中南部铁路通道项目经理部　驻山西省临县218省道郝家坡收费站院内。项目经理兼党工委书记祁玺剑。

贵广铁路工程指挥部　驻广西壮族自治区桂林市北辰路438号。指挥长和万春,党工委书记黄明玉,常务副指挥长王光勇。

甘泉铁路工程指挥部　驻内蒙古自治区包头市甲尔坝新村B区99号。指挥长赵晓文,党工委书记厉建宗。

渝利铁路工程指挥部　驻重庆市渝北区龙塔街道兴盛大道281号。指挥长兼党工委书记赵树林。

西康铁路二线工程指挥部　驻陕西省镇安县岭南路29号。指挥长兼党工委书记易继武。

兰新铁路二线(新疆段)项目经理部　驻新疆维吾尔自治区乌鲁木齐市达坂城区新冠酒店。项目经理兼党工委书记祁玺剑,常务副经理邸建玄。

兰新铁路二线(甘青段)项目经理部　驻甘肃省玉门市玉门镇玉关路17号。项目经理范军,党工委书记夏跃进。

宁安铁路1标段工程指挥部　驻安徽省铜陵市长江西路1729号天井湖宾馆1号楼。指挥长窦光武,党

工委书记牛守信。

宁安铁路6标段工程指挥部　驻安徽省池州市贵池区秋浦西路20号。指挥长向远华，常务副指挥李跃林，党工委书记朱双成。

张唐铁路项目经理部　驻河北省承德市鹰手营子矿区鹰城大街12号。项目经理胡建国。

沪昆铁路客运专线云南段项目经理部　驻云南省马龙县环城西路延长线乐熙酒店。项目经理和万春，党工委书记兼常务副经理刘建佳。

沪昆铁路客运专线长昆湖南段项目经理部　驻湖南省邵阳市隆回县金石桥镇双鑫大道。项目经理兼党工委书记赵西民。

吉图珲铁路工程指挥部　驻吉林省图们市图们大路3号。指挥长和万春，党工委书记张仲理，常务副指挥长张瑞森。

拉日铁路工程指挥部　驻西藏自治区拉萨市经济技术开发区林琼岗路13－1。指挥长尚红卫，党工委书记魏丙友。

（张林祥）

【工程施工】 大西铁路客运专线8标段工程　位于山西省临汾市辖内的洪洞县、尧都区、襄汾县、侯马市、运城市新绛县境内，标段长99.295公里，合同投资78.01亿元，合同工期2010年3月10日～2012年7月20日。主要实物工程量：路基土石方387万立方米，特大桥5座72995.17延长米，隧道6座13254延长米，涵洞1119.75横延米，站场4处，CRTSI型双块式无砟轨道道床194.93公里。2012年完成投资18.4亿元。

山西中南部铁路通道工程ZNTJ－1标段工程　位于山西省兴县、临县境内，标段长70.147公里，合同投资60.42亿元，合同工期2010年4月9日～2013年9月30日。主要实物工程量：路基28.8公里，土石方1720万立方米，桥梁63座19600延长米，隧道19座31300延长米，铺架正线单线623.7公里、站线50.51公里。2012年完成投资14.3亿元。

贵广铁路GGTJ－6标段工程　位于广西壮族自治区桂林市临桂县、灵川县境内，标段长66.2公里，合同投资57.28亿元，合同工期2008年12月19日～2013年6月18日。主要实物工程量：隧道14座30100延长米，桥梁45座23500延长米。2012年完成投资8.86亿元。

张唐铁路ZTSG－5标段工程　位于河北省的兴隆县、滦平县、承德县境内，标段长76.6公里，合同投资30.03亿元。合同工期2010年9月1日～2015年2月28日。主要实物工程量：路基土石方720万立方米，桥梁19座6258延长米，涵洞79座5323.7横延米，隧道20座56003延长米，车站2座。2012年完成投资6.23亿元。

沪昆铁路客运专线长昆湖南段5标段工程　位于湖南省新化县、隆回县、溆浦县境内，标段长42.5公里，合同投资30.66亿元，合同工期2010年9月1日～2014年2月28日。主要实物工程量：特大桥6座6069.9延长米，大桥6座1059.9延长米，中桥2座157.7延长米；涵洞19座645.39横延米，隧道7.5座30814延长米。2012年完成投资12.7亿元。

沪昆铁路客运专线云南段TJ3标段工程　位于云南省境内，标段长51.6公里，合同投资47亿元，合同工期2010年9月2日～2015年7月16日，集团公司与中铁十六局集团公司组成联合体承担建设。其中，集团公司负责35.6公里施工任务，合同投资33亿元。主要实物工程量：隧道10座14300延长米，桥梁28座9600延长米，路基10.9公里。2012年完成投资7.06亿元。

渝利铁路土建1标段工程　位于重庆市境内，标段长36.118公里，合同投资36.4亿元，合同工期2008年12月～2013年12月。主要实物工程量：路基土石方1132.6万立方米；特大桥9座10571延长米，大中小桥40座18079延长米；涵洞3237.37横延米，隧道21座32426延长米，无砟轨道铺设18.71公里。2012年完成投资6060万元。

兰新铁路第二双线LXTJ8标段工程　位于新疆维吾尔自治区乌鲁木齐市达坂城区境内，标段长42.382公里，合同投资21.7亿元，合同工期2010年1月1日～2013年12月31日。主要实物工程量：路基27.707公里，桥梁20座10083延长米，隧道1座4590延长米，涵洞84座2703.5横延米，无砟轨道铺设84.337公里。2012年完成投资7亿元。

宁安铁路1标段工程　位于安徽省铜陵市境内，标段长60.081公里，合同投资35.03亿元，合同工期2009年3月20日～2012年12月31日。主要实物工程量：桥梁31座32400延长米，隧道5座1606延长米，路基26.1公里，土石方602.7万立方米，涵洞112座3553横延米，制、架箱梁956孔，无砟轨道铺设125.98公里。2012年完成投资4.96亿元。

宁安铁路6标段工程　位于安徽省池州、安庆市，标段长42.7公里，合同投资28.12亿元，合同工期2009年12月～2012年12月31日。主要实物工程量：路基12.42公里，桥梁22座27420延长米，涵洞61座1660横延米，无砟道床23.12公里，有砟道床19.58公里，正线铺轨250.24公里，站线铺轨42.07公里。2012年完成投资4.5亿元。

拉日铁路站前TJ4标段工程　位于雅鲁藏布江峡

谷区，标段长23.76公里，合同投资11.14亿元，合同工期2011年2月1日～2014年11月30日。主要实物工程量：路基土石方44万立方米，桥梁6座1641.3延长米，涵洞2座21.16横延米，隧道4座20036延长米，无砟道床20.229公里，车站1座。2012年完成投资6.31亿元。

吉图珲铁路客运专线6标段工程　位于吉林省延边朝鲜族自治州辖内的图们市境内，标段长36.315公里，合同投资23.64亿元，合同工期2011年6月20日～2013年8月30日。主要实物工程量：路基土石方247.7万立方米，特大桥7座8581.6延长米，隧道9座22240延长米，涵洞752.11横延米，站场1处。2012年完成投资11.51亿元。

宁西铁路西安至合肥段增建二线NXZQ－3标段工程　孝义乡至铁峪铺段位于陕西省渭南、商洛市境内，标段长42公里，合同投资92830万元，合同工期2012年7月1日～2015年12月31日。主要实物工程量：特大桥4座4835.05延长米、大桥10座2952.44延长米、中桥5座415.86延长米；涵洞87座1269.26横延米，隧道6座15774延长米，路基土石方174.98万立方米，无砟轨道19.76公里，车站4座。2012年完成投资5831万元。

西宁站改建3标段工程　位于青海省西宁市，合同投资11.06亿元，合同工期2012年9月5日～2014年12月5日。主要实物工程量：桥梁1座99.3延长米，涵洞26座1412.84横延米，路基土石方241万立方米，站线铺轨38.83公里，改建拆除轨道13.772公里，重铺轨道4.725公里，站场5处，房屋建筑15.9万平方米。2012年完成投资1.51亿元。

长沙市轨道交通2号线一期6标段工程　五一广场站位于长沙市五一大道与黄兴中路交叉口下，为1号线与2号线换乘车站。标段长6402米，合同投资39776万元，合同工期2009年9月16日～2012年8月31日。主要实物工程量：1号线五一广场站358.5米及联络线171.2米，2号线五一广场站145.8米，均为明挖工程。2012年完成投资11734万元。

北京地铁7号线8标段工程　位于北京市朝阳区化工东侧路，合同投资27270万元，合同工期2010年5月1日～2014年12月30日。主要实物工程量：化工站298.1米及站后明挖区间259.2米，百子湾至化工站区间左线686.166米、右线720.363米。2012年完成投资14949万元。

北京地铁6号线二期13标段工程　位于北京市新华东街北侧，合同投资48452万元，合同工期2011年7月1日～2013年12月31日。主要实物工程量：新华大街站长460米，新华大街站至玉带河大街站盾构区间1214.05米。2012年完成投资17793万元。

（张林祥）

【经营管理】　任务承揽。2012年承揽工程任务177项，合同总投资616.29亿元。其中，铁路工程27项，合同投资191.19亿元，占合同总投资的31.02%；公路工程40项，合同投资117.27亿元，占19.04%；水利水电工程16项，合同投资15.19亿元，占2.46%；房建工程41项，合同投资77.15亿元，占12.53%；轨道交通工程7项，合同投资19.50亿元，占3.16%；市政工程21项，合同投资47.11亿元，占7.64%；物资14项，合同投资6.75亿元，占1.09%；索赔补差56.1亿元，占9.1%；其他工程11项，合同投资86.02亿元，占13.96%。

项目管理。面对重难点工程多、保开通压力大、资金高度紧张等困难，坚持目标管理和问题管理，定期分析在建项目动态，不断优化施工组织，把握施工管理主动权；持续推进标准化管理，狠抓作业流程、作业标准的落实，全面提高项目管理水平；突出风险管控，高度重视在建项目安全质量管控，保持施工现场的有序受控。达坂城湿地大桥、蔚汾河特大桥、黄河壶口特大桥、梁山隧道、天平山隧道、临县隧道等一批技术含量高、施工难度大的桥隧重难点工程相继取得突破，实现节点目标。集包、龙厦、广珠、通灌、哈罗、六沾、京石、湘桂等一批保开通工程，新疆霍尔果斯口岸、太原西山旅游通道等一批应急工程，均兑现合同承诺，保证了如期开通。大西、中南通道、兰新、沪昆、宁安城际等在建重难点工程快速有序推进，进展态势良好。

安全质量。认真落实安全质量责任制，严格遵守国家和地方各项法规、标准及要求，深入开展"打非治违"专项行动、预防施工起重机械脚手架等坍塌事故专项整治及"安全生产年"、"安全月"、"质量月"、"百日安全无事故"和"管理提升"活动，狠抓方案预控、交底培训、带班作业、过程监控等制度落实，重点加强对隧道及地铁、桥梁、既有线施工、大型设备、高层建筑、施工用电、危爆物品、交通安全等隐患排查整治，扎实推进安全质量标准工地建设和信用评价工作，大力开展质量安全警示教育，进一步加大监督检查和处罚力度，全年保持安全质量管理总体受控。2012年未发生大的安全生产事故，被股份公司评为安全生产先进单位。获中国建设工程鲁班奖2项、国家优质工程奖2项、省部级优质工程奖27项；获全国工程建设优秀质量管理小组称号6个。

财务管理。坚持稳健理财原则，推进精细化和规范化管理，走可持续发展之路，保持经济状况的稳健运转。2012年实现营业收入426亿元，净利润6.4亿元。

一是狠抓资金管理。加强现金预算管理,有效掌控所属单位的现金流,实现内部资金高效运转;严格按照“四保四压”的用款原则,保证有限的资金用到最需要的地方;严格控制工程垫资,有效遏制垫资施工的势头;加大清欠力度,三次召开清欠专题会议,全年收回拖欠款247.5亿元,完成账外确权114.3亿元;千方百计开辟融资渠道,采取银行承兑汇票、保付代理、银行理财产品等方式,有效降低融资成本。二是推进经济管理体制调整进展顺利。组建经济管理中心履行全集团经济管理职能;梳理规范成本管理业务流程,剖析工程公司、在建重点工程经济状况,为完善经济管理制度和考核办法奠定基础;全力推进物资集中采购工作,建立完善验工计价、外部劳务管理等制度办法。三是强化变更索赔补差工作。优化变更索赔工作体系,加强重难点工程索赔工作的指导帮扶,全年完成变更索赔补差总额57亿元,占施工产值的15%。 (刘 高)

【科技工作】 2012年审定集团公司科技开发项目59项、子公司科技开发项目140项,计划投入科技开发经费21.9亿元。年内,18项科技成果通过省级鉴定,其中4项达到国内先进水平、9项达到国内领先水平;85项专利获得国家专利授权,其中发明专利5项;64项工法被认定为省部级工法,14项科技成果获得省部级科学技术进步奖。 (刘 高)

【党群工作】 党的工作。(1)领导班子建设。严格落实党委中心组学习制度、民主集中与分工负责制、民主生活会和职代会述职制度,集团公司领导班子被股份公司评为“四好领导班子”。持续加强所属单位领导班子建设,着重落实民主生活会制度,认真开展“四好领导班子”评选,加大领导班子考核力度,年内调整7个工程公司、部分工程指挥部的主管领导,及时补充部分单位副职领导职位,完成房地产、投资公司、大企业指挥部领导班子配备,考察12个单位领导班子及领导干部履职情况。(2)企业党建。深入开展创先争优活动,制定集团公司《建立健全创先争优活动长效机制实施方案》,编印《项目党建有形化指导手册》,规范基层党建流程。加强基层书记队伍建设,贯彻落实“双向进入、交叉任职”、优秀项目书记与项目经理同薪同酬等政策,并采取举办培训班、召开现场观摩会或推进会等形式,加强基层书记培养工作,提升基层书记队伍的整体素质。(3)党风廉政建设。认真开展反腐倡廉教育,以领导干部和关键岗位人员为重点,通过看录像、搞征文、评廉述廉、签订责任书等形式,增强廉洁自律意识。完善监控机制,出台集团公司《企业管理人员失职渎职行为责任追究的规定》《亏损项目责任追究办法》等规章制度,加大企业管理的过程监控。积极履行效能监察职能,派出26个工作组,查办贪污贿赂、失职渎职案件14起,撤换项目经理7人,整治亏损项目22个。

工会工作。集团公司各级工会组织突出两个维护,以“服务生产经营,服务职工群众”为统领,为推进企业转型发展和保持职工队伍稳定发挥积极作用。(1)深入开展“双服务”活动。先后到养护公司、拉日铁路、西山旅游公路、长平高速公路、北河湾房建项目部开展“双服务”慰问活动。(2)积极服务施工生产。围绕重难点工程在集团公司开展以“七比一争”、“合理化建议”、“安康杯”为主要内容的劳动竞赛活动,在大西铁路客运专线工程指挥部召开劳动竞赛推进会。年内收集整理职工合理化建议和技术改造成果248项,表彰奖励46项成果。(3)进一步加强企业民主管理。按时召开集团公司三届五次职工代表大会,听取审议行政、财务和工会工作报告。组织职工代表民主评议15名局级、102名处级、438名项目领导干部,整理归纳答复职工代表提案84件。(4)努力做好维权工作。签订2012~2014年集体合同,坚持每个季度清查一次职工工资发放、险金缴纳情况。全年接受处理职工来信103件,来访208人次。送温暖慰问困难职工1137户,发放慰问金127.8万元;救助受灾职工143户,发放救助金25万元;向74名困难职工家庭学生发放助学金13.8万元。(5)着力提升职工素质。组织开展学习宣传贯彻党的十八大精神活动、学习宣传实践中国特色社会主义工会发展道路主题活动、职工提素“五个一”活动。

共青团工作。集团公司所属各级团组织紧密结合生产经营中心和团员青年特点,深入开展特色活动,培养宣传先进典型,增强团组织的内在活力。一是深入扎实地推进青年思想引导工作,开展“实干”主题教育、纪念建团90周年、与青年团员“谈心”以及学习“身边的榜样”等活动。二是组织开展“双争”、青年突击队竞赛、青年安全监督岗、“创新创效”、“管理提升,青年先行”等青年生产活动。三是稳步推进青年素质工程,开展“导师带徒”和“双十”评选等选树典型活动。四是建立健全基层团组织,加强团干部队伍建设,召开集团公司第5次团员代表大会。五是开展“铁骨柔情,大爱无疆”爱心捐助活动,募集资金38.57万元。年内,17个青年集体和19名团员青年受到省部级以上表彰。 (刘 高)

【第一工程有限公司】 铁路、公路、市政公用工程施工总承包一级,桥梁、隧道、公路路基、水工隧洞、公路路面工程专业承包一级资质企业。公司驻山西省临汾市育红路9号。董事长、总经理许超英,党委书记崔耀华。下辖机械设备公司、混凝土公司、架桥一公司、架桥二公司、架桥三公司5个专业化公司及泰丰公司、临汾基地管理中心、职工医院、南充基地、广州基地、宜昌基地等附属单位,派出工程项目部60个。职工2897人。其中,干部1473人;工人1424人。专业技术干部1326人,占干部总数的90.02%;技术工人815人,占工人总数的57.23%。资产总额63.05亿元。其中,固定资产净值4.45亿元;流动资产57.3亿元。施工机械设备953台(套),原值69369.1万元、净值34622万元,总功率126080千瓦,技术装备率11万元/人,动力装备率39.9千瓦/人。年施工能力70亿元以上。

2012年新签合同额88亿元,完成企业施工总产值68.82亿元,实现利润7613万元。职工年人均收入57030元。完成主要实物工程量:土石方859.7万立方米,桥梁35243延长米,隧道及引水遂洞19252延长米,铁路制梁1465孔、架梁1435孔,公路架梁1435片,公路路面506.2万平方米。公司参建的天兴洲公铁两用大桥工程获中国建设工程鲁班奖,获铁路优质工程一等奖4项、二等奖1项,获全国工程优秀质量管理小组二等奖1个。（邓东英）

【第二工程有限公司】 铁路、公路、房屋建筑、市政公用工程施工总承包一级,矿山工程施工总承包二级,隧道、桥梁、公路路基、水工隧洞、铁路铺轨架梁工程专业承包一级资质企业。公司驻山西省太原市小店区人民南路19号。董事长、总经理雷军,党委书记何雪光。下辖物业管理公司、建筑安装工程公司、机械化工程公司、物资工程公司、桥梁施工分公司、混凝土施工分公司、地质钻探施工分公司,派出工程项目部67个。职工2971人。其中,干部1531人;工人1440人。专业技术干部1458人,占干部总数的95.23%;技术工人850人,占工人总数的59.03%。资产总额65.05亿元。其中,固定资产原值6.94亿元、净值3.1亿元;流动资产61.61亿元。主要施工机械1260台(套),原值7.5亿元、净值4.09亿元,总功率103191千瓦,动力装备率31.6千瓦/人,技术装备率13.1万元/人,机械化施工程度87%以上。年施工能力70亿元以上。

2012年新签合同额72.52亿元,完成企业施工总产值77亿元,实现净利润2018万元。人均年收入53780元。完成主要实物工程量:路基土石方555.9万立方米,隧道81367延长米,桥梁8475延长米,涵洞1674横延米,制梁836片、架梁798片,铺设道床41公里。年内获中国土木工程詹天佑大奖1项,国家优质工程银质奖1项,省部级优质工程一等奖3项;获国家优秀QC小组奖1个,省部级优秀QC小组奖5个;公司被评为2012年度全国工程建设质量管理小组活动优秀企业、山西省优秀建筑企业。（王俊武）

【第三工程有限公司】 公路、市政公用工程施工总承包一级,铁路工程施工总承包二级,桥梁、隧道、公路路基、水工隧洞工程专业承包一级,城市轨道交通工程专业承包资质企业。公司驻山西省太原市万柏林区西线街39号。董事长、党委书记梁彬彬,总经理陈志高。下辖机械化工程公司、混凝土工程公司、铺架工程公司、设备租赁公司、修理制造厂、物业管理中心、劳动力管理配置中心、招待所、机关门诊部,派出工程项目部70个。职工2998人。其中,干部1475人;工人1523人。专业技术干部1424人,占干部总数的96.52%;技术工人1418人,占工人总数的93.1%。资产总额67.48亿元。其中,固定资产5.64亿元;净资产7.17亿元;流动资产61.62亿元。机械设备1534台(套),总功率280029千瓦,动力装备率93.3千瓦/人,技术装备率13.9万元/人。年施工能力70亿元以上。

2012年新签合同额80.49亿元,完成施工产值69.2亿元,实现利润3061万元。职工年人均收入56644元。完成主要实物工程量:土石方3057万立方米,桥梁23309延长米,隧道41512延长米,公路架梁1130片,铁路架梁1155孔。年内获山西省建设工程“汾水杯”质量奖1项、铁路优质工程一等奖1项,获全国工程建设优秀QC小组二等奖1个、山西省工程建设优秀QC小组三等奖2个;1个项目部被授予山西省“工人先锋号”称号。（刘玮钰）

【第四工程有限公司】 公路、市政公用工程施工总承包一级,铁路、房屋建筑、矿山工程施工总承包二级,桥梁、土石方、公路路基、机场场道工程专业承包一级,隧道工程专业承包二级资质企业。驻陕西省西安市未央区徐家湾红旗东路3号。董事长、总经理李天胜,党委书记梁健。下辖机械化公司、架桥公司、预应力公司、混凝土公司、盾构公司、山西介休基地、劳务中心,派出工程项目部65个。职工2910人。其中,干部1456人;工人1454人。专业技术干部1368人,占干部总数的93.95%;技术工人834人,占工人总数的57.36%。资产总额65.13亿元。其中,固定资产原值6.18亿元、净值3.35亿元;流动资产61.1亿元。主要机械运输设备635台(套),总功率76336千瓦,技术装备率11.6万元/人,动力装备率26.4千瓦/人。年施工能力70亿元以上。

2012年新签合同额69.3亿元,完成施工产值50.3亿元,实现利润2821万元。职工年人均收入55553元。完成主要实物工程量:路基土石方1760万立方米，桥梁23944延长米，隧道21521延长米，涵洞4589横延米，铁路架梁930孔，公路架梁3452片，高速公路26.34公里，地铁555米。年内获中国建设工程鲁班奖1项、铁道部优质工程奖6项，1个QC小组获国家优秀质量管理小组成果奖，获中国施工企业管理协会科学技术奖技术创新成果二等奖2项。

（孟彩红）

【建筑安装工程有限公司】 房屋建筑、市政公用、机电安装工程施工总承包一级，铁路工程施工总承包二级，地基与基础、建筑装修装饰、钢结构、机电设备安装工程专业承包一级，建筑幕墙、建筑装饰装修工程设计与施工一级，建筑智能化工程专业承包三级和房地产开发四级资质企业。公司驻山西省太原市迎泽西大街169号。董事长、党委书记何国民，总经理申景涛。下辖工程指挥部、项目经理部、专业分公司及后勤服务单位57个。职工1842人。其中，干部1072人；工人770人。专业技术干部903人，占干部总数的84.24%；技术工人295人，占工人总数的38.31%。资产总额49.76亿元。其中，固定资产净值1.2亿元；流动资产48.36亿元。机械运输设备643台(套)，总功率17938千瓦，技术装备率1.4万元/人，动力装备率11.6千瓦/人。年施工能力50亿元以上。

2012年新签合同额82.8亿元，完成施工产值52.5亿元，实现利润1.39亿元。职工年人均收入61010元。完成主要实物工程量：土石方50万立方米，桥梁468延长米，房屋建筑178.44万平方米。全年创国家级优质工程1项、省部级优质工程4项、市级优良工程2项，获国家级优秀QC小组成果奖2项、省部级优秀QC小组成果奖3项。年内，公司被评为山西省优秀建筑企业、山西省建筑施工安全生产先进单位。

（袁廷方）

【电气化工程有限公司】 通信、房屋建筑工程施工总承包一级，铁路电务、铁路电气化、送变电、机电设备安装工程专业承包一级，公路交通工程通信、监控、收费综合系统工程资质企业；同时拥有承装(修)一级电力许可证和电力系统设备试验测试资格。公司驻天津空港经济区环河北路与中心大道交口空港商务园西区12号楼，董事长、总经理程庆海，党委书记李保国。派出工程项目部60个。职工597人。其中，干部431人；工人166人。专业技术干部387人，占干部总数的89.79%；技术工人148人，占工人总数的89.16%。资产总额31.01亿元，其中流动资产26.56亿元。主要机械设备165台(套)，设备原值7000万元、净值4000万元，总功率17000千瓦，利用率95%。年施工能力25亿元以上。

2012年新签合同额46.6亿元，完成施工产值22亿元，实现利润12483万元。职工年人均收入54014元。完成主要实物工程量：电气化接触网30公里，电力电缆16.7公里，通信光电缆46公里，信号电缆115.6公里，道岔转辙机124组；架桥4座，铺轨19公里，铺道岔52组；高速公路隧道机电安装48座87326米；铁塔277基，电力导线106公里；市政电力电缆787.5公里，变电所房建及设备安装67座，地铁变电所设备安装14座；风机基础39基。年内获省部级优质工程2项、省部级工法6项，授权专利4项，1项科技成果获铁道部科技进步奖。

（王盼　胡彬）

【第七工程有限公司】 铁路、公路、市政公用工程施工总承包一级，房屋建筑工程施工总承包二级，桥梁、隧道工程专业承包一级，公路路基工程专业承包三级，爆破工程C级和境外工程承包建筑施工资质企业。公司驻湖南省长沙市天心区友谊路202号。董事长、总经理郑胜允，党委书记杜湘豪。下辖机械公司、设备租赁公司、华铁工程材料设备公司、华铁物业管理有限公司、华铁工程质量检测有限责任公司。职工982人，其中专业技术人员531人。资产总额23.54亿元。其中，固定资产原值3.78亿元、净值1.48亿元；流动资产22.04亿元。机械设备282台(套)，总功率15312千瓦，技术装备率5.3万元/人，动力装备率25.8千瓦/人。年施工能力30亿元以上。

2012年新签合同额16.44亿元，完成施工产值18.09亿元，实现利润544.2万元。职工年人均收入60700元。完成主要实物工程量：土石方171.7万立方米，桥梁11605延长米，隧道12719延长米，涵渠853横延米，铁路制梁139孔、架梁112孔，公路制梁975片、架梁1011片。年内获省级工法2项，公司被评为湖南省守合同重信用企业。

（王兴堂）

【振海工程有限公司】 铁路、房屋建筑、公路、市政公用工程施工总承包三级，公路路面、公路路基、港口与海岸工程专业承包三级资质企业。公司驻海南省海口市面前坡东村1号。董事长、党委书记欧邦云，总经理徐德才。派出工程项目部14个。职工177人。其中，干部145人；工人32人。专业技术干部145人，占干部总数的100%；技术工人16人，占工人总数的50%。资产总额43499万元。其中，固定资产原值5236万元、净值1496万元；流动资产41892万元。机械运输设备49台(辆)，设备原值815.4万元、净值268.5万元。年施工能力6亿元。

2012年新签合同额10.82亿元，完成施工产值

2.81 亿元，实现利润 52.5 万元。职工年人均收入 44395 万元。完成主要实物工程量：土石方 180 万立方米，桥梁 1122 延长米，隧道 3161 延长米。

（帅 琦 王 薇）

【市政工程有限公司】 市政公用工程施工总承包一级，房屋建筑、土石方、公路路面、公路路基工程施工总承包三级，桥梁工程专业承包二级资质企业。公司驻广东省珠海市香洲区情侣南路 158 号。董事长兼总经理宋新录，党委书记洪杰。派出工程项目部 7 个。职工 568 人，其中工程技术和经济管理人员 282 人。资产总额 43757 万元。其中，固定资产 631 万元；流动资产 42910 万元。主要工程机械设备 480 台（套），完好率 85%，新度系数 0.5。年施工能力 5 亿元以上。

2012 年完成施工产值 3.81 亿元，实现利润 52 万元。职工年人均收入 52326 元。完成主要实物工程量：土石方 71 万立方米，桥梁 2882 延长米，隧道 580 延长米。工程质量合格率 100%，优良率 90% 以上。

（尹晓敏）

【铁路养护工程有限公司】 市政公用、房屋建筑工程施工总承包三级，公路路基工程专业承包三级资质企业。公司驻西藏自治区拉萨市经济技术开发区林琼岗路 13－1 号。董事长、党委书记张乐卿，总经理左志明。下辖 4 个线路车间，另设机械化项目部、检测车间、试验室、集包铁路项目部、3803 工程项目部、巨龙铜业项目部。职工 497 人。资产总额 49324 万元。主要机械设备 656 台（套），总功率 14966 千瓦。年施工能力 3 亿元以上。

2012 年完成施工产值 22726 万元，实现利润 －61 万元。职工年人均收入 133662 元。

（左景龙 刘盼东）

【重要记载】

▲2 月 22 日 集团公司与中联重科签署战略合作协议。

▲3 月 28 日 集团公司取得铁路工程施工总承包特级资质和铁道行业甲（Ⅱ）级设计资质。

▲4 月 18～19 日 集团公司三届三次党委全会、三届五次职工代表大会、2012 年工作会、党风建设和反腐倡廉工作会在山西太原铁道大厦召开。

▲5 月 8～9 日 国务院监事会主席李克在股份公司副总裁、总会计师兼总法律顾问庄尚标，国务院监事会第 16 办事处副主任樊华陪同下，到集团公司调研考察。

▲5 月 28 日 经股份公司批准，集团公司组建成立房地产开发有限公司，主要从事房地产投资与开发业务。10 月 28 日举行成立揭牌仪式。

▲5 月 29 日 中标新建霍尔果斯铁路口岸站工程施工总承包 ZH 标段工程，合同投资 90919 万元。

▲6 月 7 日 全国政协副主席、前澳门特别行政区行政长官何厚铧率国务院国资委及内地企业家考察团视察集团公司安哥拉社会住房项目。

▲6 月 12 日 股份公司总裁赵广发视察集团公司安哥拉社会住房项目。

▲6 月 26 日 经股份公司批准，集团公司组建成立投资管理有限公司，主要从事集团公司对外投资项目的投资、建设和管理。

▲6 月 29 日 电气化工程有限公司机关搬迁至天津滨海经济区。

▲7 月 13 日 中标宁西铁路西安至合肥段增建第二线工程（西安局管段）站前NXZQ－3 标段工程，合同投资 92830 万元。

▲7 月 25 日 经股份公司批准，集团公司在原海外工程有限公司基础上组建成立国际工程有限公司。

▲7 月 31 日 中标四川省雅安至康定高速公路二郎山隧道工程，合同投资 129515 万元。

▲9 月 2 日 中标西宁站改造及相关工程 QZXNZG－3 标段，合同投资 110606 万元。

▲9 月 6 日 集团公司董事长、党委书记史道泉被评为全国优秀施工企业家。

▲9 月 12 日 集团公司承建的长平高速公路山西省在建最长公路隧道——虹梯关隧道全线贯通。

▲12 月 5 日 集团公司承建的中国最长铁路黄土隧道——山西中南部铁路通道临县隧道贯通。

▲同日 中标新建成都至兰州铁路成都至川主寺段站前 CLZQ－8 标段工程，合同投资 158755 万元。

▲12 月 24 日 中标新建郑州至徐州铁路客运专线站前 ZXZQ09 标段工程，合同投资 217389 万元。

▲同日 中标新建重庆至万州铁路站前工程施工总承包 YWZQ－1 标段工程，合同投资 263080 万元。

（刘 高）

中铁十三局集团有限公司

【简况】 中铁十三局集团有限公司是铁路工程施工总承包特级，公路、市政、房建、水利水电工程施工总承包一级，桥梁、隧道、公路路基、公路路面工程专业承包一级，地质灾害防治工程甲级及城市轨道交通工程专业承包、对外工程行业管理资质企业，同时拥有援外工程A级资质。前身系中国人民解放军铁道兵第三师，1984年1月1日集体转业并入铁道部，改编为铁道部第十三工程局；1999年12月1日更名为中铁第十三工程局，2001年6月企业改制改称现名。下辖第一、二、三、四、五、六及电务、钢结构、园林环境工程有限公司，天津工程科技、吉林省现代城建轨道交通勘察设计院，天津市春江房地产开发有限公司、长春春原工程检测有限公司、赣州市铁龙工程实业有限公司、深圳市中铁达实业有限公司及技师学院、物业管理分公司，西北、华东、华北、东北、南方、川渝、新疆、皖江、陕西、内蒙古、北京工程指挥部。职工13852人，其中在职职工10552人。在职职工中，干部6464人，工人4088人；专业技术干部6233人，技术工人2895人。资产总额1816320万元。其中，固定资产原值359624万元、净值181777万元；流动资产1595243万元；其他资产39300万元。机械施工设备3293台(套)，原值212805万元、净值105574万元，总功率39.2万千瓦，动力装备率28.3千瓦/人，技术装备率7.6万元/人，综合机械化施工程度85%以上。

2012年新签合同额331.7亿元，完成企业总产值2651898万元，其中施工产值2637122万元。实现利润45462万元。全员劳动生产率50万元/人年，人均创利32309元。职工年人均收入44210元。国有资产保值增值率119.46%，净资产收益率18.39%，产值利润率1.75%，资产负债率88.25%，应上缴款完成率100%。完成主要实物工程量：土石方3827.1万立方米，隧道110751.5延长米，桥梁87397.6延长米。工程质量合格率100%。年内获中国土木工程詹天佑奖3项、国家优质工程奖2项、省部级优质工程奖10项，国家级优秀QC小组4个、省部级优秀QC小组5个，省级科技进步奖5项、中国施工企业管理协会科技进步奖技术创新成果奖2项，省部级工法16项，授权专利54项；集团公司被评为全国厂务公开民主管理先进单位、吉林省创建和谐劳动关系模范企业。（康 勇）

【领导人员】

董事会

董事长　雷升祥
副董事长　梁　君
董事　翁行焱(7月免)
　赵文祥
　井耀明

监事会

监事会主席　赵　华(7月免)
　刘　敏(7月任)
监事　李忠心
　何惠伶(9月去世)
　孙　伟

经理层

总经理　雷升祥(兼)
副总经理　翁行焱(7月免)
　赵文祥
　吴焕通
　臧守杰
　任汉波
　李素清
　纪尊众
　刘树山(7月任)
　刘俊民(7月任)
　韩再明(7月任)
总工程师　纪尊众(兼)
总经济师　翁行焱(7月免)
总会计师　赵文祥(兼)

党群领导

党委书记　梁　君
党委副书记　雷升祥(兼)
　赵　华
　井耀明
纪委书记　赵　华(7月免)
　刘　敏(7月任)
工会主席　井耀明(兼)

（康 勇　孙立伟）

【工程项目指挥机构】 西北工程指挥部　驻甘肃省兰州市城关区张掖路1号保利大厦B座5楼。指挥张子清，党工委书记王振江(4月内退)。

华东工程指挥部　驻上海市宝山区岭南路1115号中铁大厦16楼。指挥李长学，党工委书记侯玉伟(10月免)、孙晓晖(10月任)。

皖江工程指挥部　驻安徽省合肥市滨湖新区世纪金源国际公寓2905室。指挥宋彦君，党工委书记胡发林(6月免)、陈明荣(8月免)、宋彦君(8月任)。

新疆工程指挥部　驻新疆维吾尔自治区乌鲁木齐市鲤鱼山路汇展园小区南3-4-402。指挥刘立臣。

陕西工程指挥部　驻陕西省西安市莲湖区南二环西段397号。指挥王涛(8月免)、韩再明(8月任)。

内蒙古工程指挥部　驻内蒙古自治区呼和浩特市新城区胜利西路美新花园。指挥王滨会。

南方工程指挥部　驻贵州省贵阳市金阳新区金阳北路2号金元国际21号1-8-1室。指挥臧守杰。

重庆区域工程指挥部　驻重庆市渝北区洪湖东路

财富中心 B4 栋三单元 16－4 室。指挥王涛(8 月免)、韩再明(8 月任)。

锦屏项目部　驻四川省西昌市凉山州邮政局物流分局。项目经理吴焕通,常务副经理马天昌,党工委副书记迟军。

京石铁路客运专线工程指挥部　驻河北省新乐市 66296 部队农副业基地。指挥吴焕通。

贵广铁路工程指挥部　驻广西壮族自治区贺州市钟山县北门桥小区。指挥臧守杰,党工委书记王兴亚(5 月内退)。

兰渝铁路工程指挥部　驻甘肃省陇南市宕昌县民生广场 1 号楼。指挥李素清,党工委书记周脉权(3 月内退)。

哈齐铁路客运专线项目经理部　驻黑龙江省大庆市杜尔伯特蒙古族自治县塔拉斯街地税局院内。项目经理兼党工委书记吴焕通,常务副经理戴文革,党工委常务副书记罗俊。

兰新铁路甘青段项目经理部　驻甘肃省门源县浩门镇北大街。项目经理王保国,党工委书记袁兰荣。

合福铁路项目经理部　驻安徽省巢湖市居巢区碧桂园。项目经理兼党工委书记张景生(10 月免)、吴焕通(10 月任),常务副经理王涛,党工委常务副书记曹菊泉。

沪昆铁路客运专线工程指挥部　驻贵州省黔西南州晴隆县莲城镇东街。指挥兼党工委书记臧守杰,常务副指挥程建铝,党工委常务副书记苏如成。

金温扩能改造工程指挥部　驻浙江省温州市瞿溪镇三溪路 16 号。指挥兼党工委书记吴焕通,常务副指挥张德伟(8 月免)、綦彦波(8 月任)。

神华新街 TBM 斜井试验工程项目经理部　项目经理刘树山,党工委书记莫春义。　(康　勇　孙立伟)

【职工队伍】　职工 13873 人,其中在职职工 10552 人。在职职工中,干部 6464 人,工人 4088 人。在职干部中,专业技术干部 6233 人,占干部总数的 96.4%。专业职务构成:高级职务 926 人(含教授级 71 人),中级职务 1833 人,初级职务 3117 人。专业系列构成:工程系列 4538 人,卫生系列 60 人,教育系列 26 人,经济系列 573 人,统计系列 5 人,政工系列 331 人,会计系列 690 人,其他系列 10 人。专业技术干部学历构成:博士 3 人,研究生 47 人,本科 3675 人,大专 1939 人,中专 324 人,高中及以下 245 人。

在职技术工人 2895 人、普通工人 1193 人。技术工人中,高级技师 114 人、技师 560 人、高级工 1182 人、中级工 862 人、初级工 177 人。工人年龄结构:35 岁以下 1148 人,36～40 岁 691 人,41～45 岁 413 人,46～50 岁 773 人,51～54 岁 945 人,55 岁以上 118 人。

(康　勇　荣　斌)

【铁路工程施工】　2012 年,在建铁路工程 41 项,竣工 5 项,完成施工产值 905559 万元,占施工总产值的 34.3%。完成路基土石方 564 万立方米,桥梁 57351.2 延长米,隧道 57784.5 延长米,涵渠 3451 横延米,房屋建筑面积 4000 平方米。

贵广铁路站前工程 GGTJ－8 标段工程　位于广西壮族自治区贺州市钟山县。线路长 67.4 公里,合同投资 420008 万元。合同工期 2009 年 2 月 28 日～2014 年 10 月 31 日,2009 年 4 月 18 日开工。截至 2012 年底,开工累计完成土石方 540.7 万立方米,占设计量的 89.8%;桥梁 20534 延长米,占设计量的 88.8%;隧道 21495 延长米,占设计量的 90.2%。全长 12.668 公里的两安隧道于 7 月底全线贯通。开工累计完成投资 353732 万元。

新建兰州至重庆铁路夏官营(不含)至广元(不含)段土建 LYS－4 标段工程　位于甘肃省宕昌县。线路长 66.948 公里,合同投资 348076 万元。合同工期 2009 年 2 月 28 日～2014 年 7 月 18 日,2009 年 4 月 18 日开工。截至 2012 年底,开工累计完成土石方 70 万立方米,占设计量的 93.3%;隧道 32201 延长米,占设计量的 80.9%;桥梁 18346 延长米,占设计量的 86.4%;涵洞 465 横延米,占设计量的 100%。开工累计完成投资 275640 万元。

沪昆铁路客运专线贵州段 11 标段工程　位于贵州省布依族苗族自治州晴隆县。线路长 41.89 公里,合同投资 307753 万元。合同工期 2010 年 10 月 1 日～2015 年 4 月 15 日。截至 2012 年底,开工累计完成桥梁 141 延长米,占设计量的 14.7%;隧道 12404 延长米,占设计量的 30.4%。开工累计完成投资 145557 万元。

金华至温州铁路扩能改造工程 JWSG－V 标段工程　位于浙江省丽水市山口镇及温州市境内。线路长 32.756 公里,疏解线长 8.1 公里,合同投资 207234 万元。合同工期 2011 年 10 月 1 日～2013 年 1 月 16 日,2011 年 10 月 16 日开工。截至 2012 年底,开工累计完成桥梁 50 延长米,占设计量的 0.6%;隧道 7918 延长米,占设计量的 29%。开工累计完成投资 47578 万元。

合肥至福州铁路 HFZQ－2 标段工程　位于安徽省巢湖市。线路长 90.031 公里,合同投资 602437 万元。合同工期 2011 年 4 月 18 日～2014 年 3 月 31 日,2011 年 4 月 18 日开工。截至 2012 年底,开工累计完成路基土石方 128.9 万立方米,占设计量的 54.3%;涵洞 1049.2 横延米,占设计量的 100%;桥梁 52165 延长米,占设计量的63.95%;隧道2209延长米,占设计量的93.82%。开工累计完成投资393159万元。

沪昆铁路客运专线江西段站前HKJX-4标段工程　位于江西省南昌市进贤县、南昌县、新建县。线路长37.134公里,合同投资245821万元。合同工期2010年4月~2013年6月,2010年8月29日开工。截至2012年底,开工累计完成桥梁27541延长米,占设计量的74.2%。开工累计完成投资192463万元。

莞惠城际GZH-4标段工程　位于广东省东莞市。线路长5.3公里,合同投资88409万元。合同工期2009年9月18日~2012年1月31日,2008年6月18日开工。截至2012年底,开工累计完成隧道3241延长米,占设计量的61.2%。开工累计完成投资54070万元。

沈丹铁路客运专线TJ-2标段工程　位于辽宁省本溪市。线路长42.82公里,合同投资376076万元。合同工期2011年5月1日~2013年12月31日,2011年8月1日开工。截至2012年底,开工累计完成路基土石方14.4万立方米,占设计量的14.5%;桥梁4065延长米,占设计量的40%;隧道16785延长米,占设计量的56.3%。开工累计完成投资174553万元。

哈齐铁路客运专线5标段工程　位于黑龙江省泰康县,线路长64.737公里,合同投资254235万元,合同工期2009年10月10日~2013年10月10日,2009年11月开工。截至2012年底,开工累计完成土石方92.49立方米,占设计量的100%;桥梁28350延长米,占设计量的88.74%;涵洞257横延米,占设计量的100%;制梁1393片,占设计量的91.6%;架梁1231片。10月,全长31.5公里的扎龙自然保护区特大桥贯通。开工累计完成投资217852万元。

新建锡林浩特至乌兰浩特铁路第4标段工程　位于内蒙古自治区乌兰浩特市。线路长71公里,合同投资132873万元。合同工期2009年4月1日~2013年10月31日,2009年4月1日开工。截至2012年底,开工累计完成土石方1565万立方米,占设计量的97.5%;桥梁10316延长米,占设计量的78.27%;隧道9737延长米,占设计量的81.8%;涵洞7410横延米,占设计量的100%。开工累计完成投资112369万元。

厦深铁路客运专线XSGZQ-5标段工程　位于广东省汕头市潮安县及普宁市境内。线路长35.917公里,合同投资231416万元。合同工期2008年10月1日~2013年3月31日,2008年10月开工。截至2012年底,开工累计完成土石方132.5万立方米,占设计量的49.4%;桥梁17742.9延长米,占设计量的95.7%;涵洞739横延米,占设计量的98.3%;隧道8363.3延长米,占设计量的94%。12月9日,全长7.37公里的榕江特大桥主梁主跨钢桁梁柔性拱合龙。开工累计完成投资210416万元。

新建铁路天水至平凉工程TP-TJ2标段工程　位于甘肃省平凉市华亭县西华镇。线路长18.152公里,合同投资58695万元。合同工期2009年3月~2012年9月,2009年4月开工。六盘山特长隧道主洞全长16719延长米,为集团公司在建最长铁路隧道。截至2012年底,开工累计完成隧道13943.2延长米,占设计量的83.4%。开工累计完成投资44865万元。

(康　勇　朱伟华　张春玉)

【铁路外工程施工】　2012年,在建铁路外工程244项,竣工79项,完成施工产值1731563万元,占施工总产值的65.7%。完成土石方3263.1万立方米,桥梁30046.4延长米,隧道52967延长米,涵渠13997横延米,房屋建筑面积108.6万平方米。

大连地铁一期202标段工程　位于辽宁省大连市。线路长3.36公里,合同投资51000万元。合同工期2009年9月~2011年11月,2009年11月8日开工。主要实物工程量:两站三区间,区间暗挖段732米,盾构开挖段2256米,两座车站总建筑面积28519平方米。截至2012年底,开工累计完成投资20598万元。

宁波轨道交通1号线一期TJ-Ⅲ标段工程　位于浙江省宁波市海曙区。线路长1.1公里,合同投资93964万元。合同工期2009年6月1日~2013年6月30日,2009年6月26日开工。主要实物工程量:三站一区间,其中车站总建筑面积27183平方米,区间明挖段473米。截至2012年底,开工累计完成投资68532万元。

铁路宁波站改建工程配套项目轨道交通2、4号线铁路南站(北广场部分)工程及北广场地下停车场配套工程　位于浙江省宁波市海曙区。合同投资58147万元。合同工期2010年11月1日~2014年12月31日,2010年11月10日开工。截至2012年底,开工累计完成投资17125万元。

北京地铁7号线6标段工程　位于北京市朝阳区。线路长2.111公里,合同投资49346万元。合同工期2010年5月1日~2014年12月30日,2010年12月27日开工。主要实物工程量:一站两区间,其中盾构法区间56.4米、矿山法区间1017.34米。截至2012年底,开工累计完成隧道3541延长米,占设计量的94.7%。开工累计完成投资33715万元。

长春地铁1号线一期工程北环路站至庆丰路站至一匡街站车站及区间工程　位于吉林省长春市。线路长6315.5米,合同投资53443万元。合同工期2011年6月4日~2013年8月30日,2011年6月4日开工。主要实物工程量:三站三区间。区间左右线总长6315.5米,车站总建筑面积34770平方米。截至2012年底,开工累计完成区间1994米,占设计量的31.6%;开工累计完成车站面积13150平方米,占设计量的37.8%。开工累计完成投资21679万元。

苏州轨道交通2号线Ⅱ-TS-06标段工程　位于江苏省苏州市平江区。合同投资37264万元。合同工期2010年4月1日~2012年8月30日,2010年5月15日开工。主要实物工程量:两站两区间,区间总长2203米,车站总建筑面积31952平方米。截至2012年底,开工累计完成区间1550米,占设计量的100%;车站完工。开工累计完成投资36428万元。

西安地铁3号线一期工程试验段土建施工项目2标段工程　位于陕西省西安市雁塔区。合同投资33276万元。合同工期2011年6月20日~2013年12月30日,2011年6月20日开工。主要实物工程量:一站一区间,车站总建筑面积13650平方米。截至2012年底,开工累计完成投资6564万元。

大连地铁100标段工程　位于辽宁省大连市高新园区内。线路长2561.57米,合同投资26000万元。合同工期2009年7月15日~2011年7月14日,2009年9月10日开工。主要实物工程量:一站两区间,区间4429米,车站总建筑面积20233平方米。截至2012年底,开工累计完成区间1550米,占设计量的35%;开工累计完成车站面积9600平方米,占设计量的47.5%。开工累计完成投资12627万元。

哈尔滨地铁一期第10标段工程　位于黑龙江省哈尔滨市。合同投资32560万元。合同工期2009年3月10日~2011年11月20日,2011年6月20日开工。主要实物工程量:一站一区间,车站建筑面积11130平方米,区间1162.585米,出入场线路长3278米。截至2012年底,开工累计完成车站面积10076平方米,占设计量的90.5%;开工累计完成出入场线路2995米,占设计量的91.4%。开工累计完成投资30509万元。

成都地铁4号线一期工程土建2标段盾构工程　位于四川省成都市。合同投资63289万元。合同工期2012年10月1日~2014年4月12日,2012年10月1日开工。主要实物工程量:公平站至文家站、文家站至中坝站盾构区间7096米,土方61.4万立方米。2012年完成投资35121万元。

锦屏二级水电站C5标段工程　位于四川省凉山彝族自治州木里、盐源、冕宁三县交界处的雅砻江干流锦屏大河湾上。合同投资210649万元。合同工期2007年8月18日~2014年12月31日,2007年8月开工。截至2012年底,隧洞全部贯通,3号隧洞衬砌开工累计完成13337延长米,占设计量的58.5%;4号隧洞衬砌开工累计完成7043延长米,占设计量的30.6%。截至2012年底,开工累计完成投资136475万元。

湖北恩施至来凤公路1标段工程　位于湖北省恩施市和宣恩县。线路长27.39公里,合同投资144447万元。合同工期2011年6月~2014年2月,2011年8月22日开工。主要实物工程量:土石方1218万立方米,桥梁42座10358.46延长米,隧道3座5184延长米。截至2012年底,开工累计完成土石方700万立方米,占设计量的57.5%;桥梁3815延长米,占设计量的36.8%;隧道1573延长米,占设计量的30.3%。开工累计完成投资66128万元。

新疆维吾尔自治区217国道乔尔玛至那拉提段公路改建项目土建施工第2合同段工程　位于新疆维吾尔自治区。线路长51.5公里,合同投资41577万元。合同工期2008年5月1日~2013年7月30日,2008年5月1日开工。主要实物工程量:土石方83万立方米,桥梁2座52.5延长米,隧道1座1943延长米,涵洞120座1360.29横延米。截至2012年底,开工累计完成投资38675万元。

二连浩特至广州国家高速公路湖南省安化(梅城)至邵阳公路TJ3标段工程　位于湖南省。线路长20.41公里,合同投资67094万元。合同工期2010年6月1日~2012年7月31日,2010年7月15日开工。主要实物工程量:土石方460.28万立方米,桥梁22座5000.05延长米,隧道1座432.5延长米,互通立交3座。截至2012年底,开工累计完成投资57096万元。

大庆至广州高速公路解放至二莫段SLR03标段工程　位于吉林省松原市。线路长3.27公里,合同投资30000万元。合同工期2010年9月30日~2012年9月30日,2010年9月30日开工。主要实物工程量:土石方21.11万立方米,宁江松花江特大桥2236延长米。截至2012年底,开工累计完成投资29566万元。

成渝高速公路复线工程重庆段E合同段工程　位于重庆市境内。线路长8.501公里,合同投资33632万元。合同工期2010年12月30日~2013年6月30日,2010年12月30日开工。主要实物工程量:土石方324万立方米,桥梁17座3654.6延长米,涵洞49座1772.61横延米,制梁727榀,架梁727榀。截至2012年底,开工累计完成投资29742万元。

重庆沿江高速公路主城至涪陵段W8合同段工程　位于重庆市涪陵区蔺市镇和两汇镇境内。线路长9.035公里,合同投资81063万元。合同工期2011年4月~2014年9月,2011年4月开工。主要实物工程量:土石方156.9万立方米,隧道3座7185延长米,桥梁8座2076延长米,涵洞9座324.94横延米。截至

2012年底，开工累计完成投资49924万元。

重庆黔江至湖北恩施段高速公路工程　位于重庆市黔江区。线路长3.758公里，合同投资51365万元。合同工期2012年4月1日～2016年3月1日，2012年4月1日开工。主要实物工程量：土石方182.74万立方米，桥梁6座2400.05延长米，隧道2702延长米，涵洞9座263.02横延米。2012年完成投资3205万元。

沈阳绕城高速公路改扩建工程路基2标段工程　位于辽宁省沈阳市沈河区。线路长10.9公里，合同投资33500万元。合同工期2010年12月～2013年7月，2010年12月15日开工。主要实物工程量：土石方338万立方米，桥梁41座4390延长米，涵洞20座364横延米。截至2012年底，主体工程完工。截至2012年底，开工累计完成投资37800万元。

沈阳桃仙国际机场航站区扩建工程至高架桥第二阶段工程　位于辽宁省沈阳市。合同投资15330万元。合同工期2011年11月11日～2012年10月1日，2012年4月1日开工。截至2012年底，开工累计完成桥梁555延长米，占设计量的47.9%。开工累计完成投资9503万元。

天津铁建大厦办公楼项目　位于天津市空港经济区。合同投资20000万元。合同工期2011年12月1日～2013年5月31日，2011年12月9日开工。主要实物工程量：建筑面积57207平方米。截至2012年底，开工累计完成投资10890万元。

桐城双新经济开发区市政基础设施项目　位于安徽省桐城市。合同投资148673万元。合同工期2011年3月～2013年3月，2011年3月14日开工。主要实物工程量：市政道路14.473公里；房屋建筑29栋141859平方米。截至2012年底，开工累计完成投资8173万元。

沈阳棋盘山房建项目　位于辽宁省沈阳市。合同投资16479万元。合同工期2011年11月2日～2012年12月21日，2011年11月2日开工。主要实物工程量：房屋建筑面积71886平方米。截至2012年底，开工累计完成投资7979万元。（康　勇　朱伟华　张春玉）

【海外工程施工】　安哥拉卡赞卡2号地一期基础工程　位于安哥拉罗安达市。合同投资59202万元。合同工期2010年3月15日～2011年6月22日，2010年5月12日开工。主要实物工程量：土方115万立方米，相应配套给排水、电气管网工程约40000米，办公大楼、学校、医院、图书馆、市场等公用房建工程。截至2012年底，开工累计完成投资13248万元。

（康　勇　朱伟华　张春玉）

【经营管理】　市场开发。2012年新签合同额331.7亿元。其中，工程承包281.5亿元；二次经营50.2亿元。工程承包中，铁路29.8亿元，占10.6%；公路75.8亿元，占27%；水利水电12.9亿元，占4.6%；房屋建筑33.6亿元，占12%；市政78.3亿元，占27.9%；城市轨道交通46.4亿元，占16.6%；其他工程3.6亿元，占1.3%。经营工作在逆市中奋力开拓，继续坚持精揽、优揽原则，并进一步完善区域经营布局，区域经营不断放量，承揽项目质量有所上升，地铁工程承揽及资本运营等工作取得明显成效。

经济管理。二次经营充分发挥北京工作组的指导作用，抓住核心，完善机制，上下联动，确保“策划、沟通、跟踪、投入、资料、领导、奖惩、匹配”8个到位，重难点项目二次经营得到有效管控，新开工项目二次经营策划率100%，二次经营工作被股份公司评为先进单位。坚持向管理要效益，千方百计提升项目效益的增长点，在建项目综合收益率有所提高。“清包带劳务”的承包方式和“法人管项目”的管理模式逐渐深入人心。大力开展责任成本管理达标创效等活动，公布责任成本管理重点监控项目，制定集团公司《责任成本管理考核评价办法》，将考核结果与绩效考核挂钩；加强项目评估，2012年评估在建项目318项，评估项目占在建项目总数的87.6%。

物资设备管理。2012年组织大宗物资采购招标157次，合同总价642935万元，节约资金24686万元；向股份公司申报设备购置计划20次88台（套），价值3294.34万元。其中，股份公司集采18台（套），价值1617万元；集团公司集采61台（套），价值1495.9万元；集团公司自采9台（套），价值181.44万元。

财务管理和审计监督。采取财务“大检查”、“大审计”、融资模式创新及加大税收筹划、资金集中、发动清欠“攻坚战”等措施，积极发挥财务管理和审计监督等工作在企业风险防范、理财创效、资金保障等方面的作用，确保企业经济运行稳定。年内开展财务检查和监察，完成审计项目74项，提出审计建议365条，集团公司通过3年时间完成对子（分）公司的财务“大检查”及“大审计”工作，较好实现“摸家底、揭隐患、防风险、促发展”的工作目标；进一步探索融资创新，首次使用债券融资方式，以发债方式募集资金2.5亿元，利率下浮21.5%，并以应收账款保理低成本融资2亿元，大大节约财务费用；集团公司通过研发费加计扣除节税1090万元，获得天津空港经济区财政补贴1261万元；以现金流管理为主线，加强资金、信贷集中，资金池账户全部及时由长春迁移至天津，归集资金19.75亿元，资金归集率66%，节约财务费用530万元，利用归集资金发放内部贷款13.95亿元。年内，集团公司被天津市评为A级纳税人，被股份公司评为财务工作先进单位、预算工作先进单位、财务信息化先进单位、产权登记工作先进单位，被中国铁道财会学会评为学会工作先进单位。

安全质量。集团公司始终坚持安全是“1”、质量为本的理念。强化安全监控，落实各级责任制，全年未发生责任亡人事故，集团公司被股份公司评为安全生产先进单位；认真履行质量承诺，年内获国家优质工程奖2项、省部级优质工程奖10项，国家级优秀QC小组4个、省部级优秀QC小组5个。

转型发展。积极应对挑战，创新发展思路，企业转型升级步伐加快。整合成立新的专业化公司，先后成立钢结构公司、管网公司，将园林环境公司由长春迁往合肥并建立苗圃基地，构筑新的专业布局。6月，召开加快专业公司发展研讨会，研究确定各专业公司的总体发展定位。既有专业领域取得新成绩。其中，电务公司首次承揽铁路“四电”工程，实现集团公司在“四电”工程承揽上的重大突破；设计院在城市轨道交通设计领域取得新成绩，设计团队逐渐发展成熟，具备独立完成地铁工程设计任务的能力；地产开发工作取得新成效，“靖江鑫园”项目销售顺利，汉沽项目一期开工，长春西新经济技术开发区规划总建筑面积10万平方米的商住用地正在运作中，长春中铁地产项目二期按期竣工并提前交房，四公司哈尔滨基地改造开发项目快速推进。

综合管理。编制下发《中铁十三局集团公司管理基本法则》，开展对标管理、管理提升等活动，并结合风险内控管理大力推进企业的科学化、规范化管理，提升企业基础管理水平。信息化基础设施进一步加强，形成较为完善的信息化制度体系，项目管理系统获得国家计算机软件著作权授权，项目管理及人力资源管理等信息化系统整体水平稳步提升。天津铁建大厦10月30日按期封顶，项目部被授予天津市“工人先锋号”称号。加强资质和协会管理，年内取得铁路工程施工总承包特级、铁道行业甲(Ⅱ)级设计、地质灾害治理工程施工甲级资质，成为天津市建筑业协会、天津市水利协会、天津市勘察设计协会、中国地质灾害防治工程行业协会会员单位。企业信誉进一步提升，集团公司获全国优秀施工企业、中国水电工程施工AAA级企业、对外承包工程信用评价等级AAA级企业、天津市重合同守信用企业等称号。（刘晓冬　潘馥　张春玉　夏树军　付媛　张立学　郭永斌　陈琦　卢宏志）

【科技教育】 科技工作。坚持科技创新，加强施工组织设计管理，强化科技立项、科技成果鉴定。年内，集团公司获中国土木工程詹天佑奖3项，省部级工法16项；获批授权专利54项，其中发明专利4项，集团公司被授予天津市专利示范企业称号；11项科技成果通过鉴定，其中2项国际领先、6项国际先进、3项国内领先；获省部级以上科技进步奖5项，中国施工企业管理协会科技进步奖技术创新成果一等奖2项；科技课题国家立项2项、省级3项、股份公司5项，其中神华新街台阁庙矿区煤矿斜井TBM施工项目合同签订，国家科技支撑计划获批准，分别获得国家、天津滨海新区、神华集团专项科研经费资助681万元、150万元和1100万元。

教育培训。按照年度培训计划，年内集团公司组织、选送12011人次参加各类培训421期，其中送培213期1992人次，自培208期10019人次。集团公司技师学院办学成果显著，从全国14000余所职业学校中脱颖而出，进入“全国十大特色校”行列，国家中等职业教育改革发展示范学校建设进展顺利。

（刘晓冬　游祖群　张海英）

【党群工作】 党的工作。以科学发展观和党的十八大精神为指导，紧紧围绕“创新创业发展年”的总体目标部署工作，大力加强领导班子建设、基层党组织建设和党员队伍建设，扎实开展宣传、文化、纪检监察等工作，以坚强的思想保证和组织保证引导企业的政治方向。(1)领导班子建设。坚持抓学习，以党委理论中心组、党委常委(扩大)会、领导班子民主生活会、专题讲座、有针对性地自学等多种形式，提高班子判断形势、驾驭市场的能力；抓团结协作，建立有效的沟通和磋商机制，保证决策的正确性，进一步增强班子的合力和向心力；抓作风建设，把作风建设提升到事关企业生存发展的高度来对待，在班子中大力倡导“说了就算，说了就做，做就做好，少说多做，立说立行”的工作作风，加强自我管理、自我约束，树立班子良好形象。(2)加强基层党组织和党员队伍建设。以组织建设全覆盖、制度建设全覆盖、组织活动全覆盖为重点的基层党建工作得到有效加强。截至2012年底，集团公司有党组织235个。其中集团公司党委1个、子(分)公司独立法人单位党委(党工委)12个、工程项目部等党委(党工委)24个、党支部194个。党员5000人。其中，在职党员4192人、离退休党员808人；干部党员3734名、工人党员458名。年内发展新党员109名。(3)思想宣传教育工作。开展以“一季一专题，一季一讲座，一季一读本，一季一研讨”的“四个一”学习培训活动，通过邀请专家授课、集中观看教育光盘等形式进行员工礼仪、创新思维与创新管理、责任心与执行力等多方面的专题培训，推动学习型机关建设。党的十八大召开之后,集团公司党委在全集团启动学习教育活动。(4)企业文化建设。开展"十大新闻"、"十大科技创新工程"、"十大创效工程"评选活动。狠抓"三争"、"四个进一步"和"一个基地五个高地"主题实践教育活动,树立积极向上、奋发有为的企业文化氛围。全年在全国性媒体刊稿57篇、省部级461篇、《人民铁道》报39篇、《中国铁道建筑报》203篇。集团公司《铁道前锋》报被评为全国建筑行业优秀报纸,全年编印49期。(5)纪检监察工作。年内启动"恪守从业规范,争做自律表率"岗位廉政主题教育活动,加强领导干部作风建设。制定下发《中铁十三局集团公司廉洁风险防控工作实施方案》,推进惩防体系建设和反腐倡廉制度建设。落实股份公司依法经营集中整治工作会议精神,开展依法经营集中教育整治活动。在47个项目中,开展亏损项目整治、"三项招标"、"三重一大"决策制度执行情况监督检查三项效能监察,发现和纠正问题285个,形成效能监察报告27份。

工会工作。集团公司工会下辖处级工会27个,有专职工会干部41人,兼职工会干部269人,工会会员13777人,职工入会率100%。各级工会组织切实以维护全体职工合法权益为出发点,全面落实中华全国总工会的"面心实"和股份公司"双服务"活动,积极深入基层,开展"三不让"承诺情况调研,全面了解困难职工状况,面对面、心贴心、实打实地为职工排忧解难,为职工服务,加大解困救助力度,建立扶贫帮困长效机制。进一步创新发展职代会制度,依法有效地落实职代会的各项职权,完善职代会民主程序,提高职代会质量。积极开展劳动竞赛活动。工程公司继续推行"承揽杯、产值杯和效益杯"竞赛活动,激发职工工作热情,取得良好效果。保障职工劳动安全权利,继续抓好"一法三卡"工作法,并在实践中不断丰富和完善。

共青团工作。集团公司团委下辖基层团委12个、团总支4个、团支部147个,35岁以下青年4698人,其中团员2310人。2012年深入开展"青年文明号"、"安全生产标兵岗"和"节能减排标兵岗"的创建工作,引导广大团员青年积极开展科技创新、质量创新、安全创新和效益创新活动,努力培养团员青年成长为基层项目的技术骨干。强化团的组织建设和思想建设,各级团组织切实关注青年一代的思想变化,干预早,引导早,为广大青年灌输正确的人生价值观,在生活、学习和思想上真真切切帮扶团员青年。动员团员青年发挥生力军和突击队作用,深化青工"五小成果"工作,征集"五小"成果194项,70项获奖。 (王鹏 姜群 郭冬雪 尹希慧 王晓刚 周利文 孟长江)

【第一工程有限公司】 公路、房屋建筑、市政公用工程施工总承包一级,铁路、水利水电工程施工总承包三级,钢结构、桥梁、隧道、公路路面、公路路基工程专业承包一级资质企业。公司驻辽宁省大连市沙河口区沙跃街9号。董事长兼总经理迟荣益,党委书记张幸六。下辖11个分公司、11个项目部及铁建宾馆、基地改造办公室、设备租赁中心。职工2482人。其中,干部1231人;工人1251人。技术干部1186人,占干部总数的96.34%;技术工人986人,占工人总数的78.81%。资产总额305986万元。其中,固定资产原值66803万元、净值39074万元;流动资产263371万元;其他资产3540万元。机械运输设备279台(套),原值4.49亿元、净值2.83亿元,总功率42135.9千瓦,动力装备率17.5千瓦/人,技术装备率11.7万元/人,设备完好率92%、利用率61%。综合机械化施工程度85%。

2012年新签合同额63.54亿元,完成企业总产值561042万元,实现利润2550万元。全员劳动生产率351618元/人年,人均创利10356元。职工年人均收入38310元。国有资产保值增值率105.14%,净资产收益率5.13%,产值利润率0.52%,资产负债率85.47%,应上缴款完成率80%。完成主要实物工程量:土石方2759.6万立方米,桥梁43638延长米,隧道9999延长米,铁路制梁1422孔、架梁1386孔,公路架梁3294片,房屋建筑面积46.41万平方米。工程质量合格率100%。年内,2项工法被评为中国公路工程工法,5项工法被评为辽宁省建设工程工法;获国家专利17项。公司被评为中国AAA级信用企业、中国建筑500强企业、辽宁省十强企业。 (王鹏 王小民)

【第二工程有限公司】 公路、市政公用工程施工总承包一级,桥梁、隧道、公路路基工程专业承包一级,城市轨道交通工程专业承包资质企业。公司驻广东省深圳市盐田区东海大道盐田港9号小区中铁大厦。董事长兼党委书记胡发林,总经理徐润泽。下辖10个分公司、15个项目部、31个劳务队、1个设备材料租赁公司及1个爆破公司。职工2069人。其中,干部1040人;工人1029人。技术干部1019人,占干部总数的98%;技术工人759人,占工人总数的73.8%。资产总额265812万元。其中,固定资产原值89131万元、净值39717万元;流动资产224732万元;其他资产1363万元。机械运输设备576台(套),原值7.34亿元、净值2.74亿元,总功率60414.6千瓦,动力装备率27.2千瓦/人,技术装备率12.3万元/人,设备完好率89%、利用率67%。综合机械化施工程度85%。

2012年新签合同额21.5亿元,完成企业总产值301278万元,实现利润3518万元。全员劳动生产率

358963 元/人年，人均创利 16301 元。职工年人均收入 45358 元。国有资产保值增值率 113.97%，净资产收益率 9.99%，产值利润率 1.09%，资产负债率 84.32%，应上缴款完成率 23%。完成主要实物工程量：土石方 179 万立方米，隧道 10002 延长米，桥梁 6982 延长米，地铁 17509 米，房屋建筑面积 71.98 万平方米。工程质量合格率 100%。年内获深圳市优质工程奖 1 项；获吉林省科技进步二等奖及国家专利各 1 项、中国公路工程工法 1 项，1 个 QC 小组被评为铁道部优秀质量管理小组。 （王 鹏 张欣欣）

【第三工程有限公司】 铁路、公路、房屋建筑、市政公用工程施工总承包一级，矿山工程施工总承包二级，桥梁、隧道、公路路基、土石方、铁路铺轨架梁工程专业承包一级资质企业。公司驻辽宁省沈阳市东陵区方家栏路 60 号。董事长兼总经理王德志(8 月任)，党委书记崔永军(8 月任)。下辖 6 个分公司、4 个直属项目部。职工 2283 人。其中，干部 1046 人；工人 1237 人。技术干部 879 人，占干部总数的 84%；技术工人 751 人，占工人总数的 61%。资产总额 308961 万元。其中，固定资产原值 55765 万元、净值 21072 万元；流动资产 287203 万元；其他资产 686 万元。机械运输设备 841 台(套)，原值 2.31 亿元、净值 1.04 亿元，总功率 79358 千瓦，动力装备率 34.8 千瓦/人，技术装备率 4.5 万元/人。综合机械化施工程度 85%。

2012 年新签合同额 55.7 亿元，完成企业总产值 577651 万元，实现利润 1058 万元。全员劳动生产率 685913 元/人年，人均创利 4577 元。职工年人均收入 41165 元。国有资产保值增值率 104.88%，净资产收益率 3.38%，产值利润率 0.17%，资产负债率 89.78%，应上缴款完成率 6%。完成主要实物工程量：土石方 1508.4 万立方米，桥梁 28446 延长米，隧道 17904 延长米，正线铺轨 5077 公里，房屋建筑面积 52.15 万平方米。工程质量合格率 100%。年内，1 项工程被评为中国市政金杯示范工程，2 项工法被评为辽宁省省级优秀工法，3 个 QC 小组被评为辽宁省优秀 QC 小组，获发明专利 1 项、实用新型专利 9 项。公司被评为辽宁省 AAA 级信用企业、辽宁省守合同重信用企业、辽宁省建筑业十强企业，被国资委授予中央企业思想政治工作先进单位称号。 （王 鹏 李德英）

【第四工程有限公司】 公路、水利水电、市政公用工程施工总承包一级，桥梁、隧道、公路路基、公路路面、机场场道工程专业承包一级资质企业。公司驻黑龙江省哈尔滨市道外区先锋路 459 号。董事长苏宝伶，党委书记刘敏(8 月免)、曹晓东(8 月任)，总经理廖福兴。下辖 9 个分公司、11 个工程队、6 个直属项目部及职工医院、物业公司。职工 2148 人。其中，干部 1075 人；工人 1073 人。技术干部 1033 人，占干部总数的 96.09%；技术工人 895 人，占工人总数的 83.41%。资产总额 388759 万元。其中，固定资产原值 41747 万元、净值 20817 万元；流动资产 365975 万元；其他资产 1966 万元。机械运输设备 256 台(套)，原值 1.85 亿元、净值 0.74 亿元，总功率 38455.28 千瓦，动力装备率 17.9 千瓦/人，技术装备率 3.4 万元/人，设备完好率 88%、利用率 66%。综合机械化施工程度 85%。

2012 年新签合同额 35.1 亿元，完成企业总产值 450528 万元，实现利润 7498 万元。全员劳动生产率 521645 元/人年，人均创利 38730 元。职工年人均收入 37635 元。国有资产保值增值率 113.85%，净资产收益率 13.79%，产值利润率 1.69%，资产负债率 88.2%，应上缴款完成率 80%。完成主要实物工程量：土石方 1358 万立方米，桥梁 24540 延长米，隧道 7402 延长米，公路架梁 1213 片，房屋建筑面积 25.65 万平方米。工程质量合格率 100%。年内，3 项工程被评为黑龙江省龙江杯优质工程；1 项工法被评为中国公路工程工法，9 项工法被评为部级工法；获国家发明专利 1 项、实用新型专利 4 项；获黑龙江省科学技术进步三等奖 2 项、全国工程建设优秀质量管理小组二等奖 2 项。公司被评为全国工程建设质量管理小组活动优秀企业。 （王 鹏 徐兴源）

【第五工程有限公司】 公路、市政公用、房屋建筑工程施工总承包一级，铁路、水利水电工程施工总承包二级，桥梁、隧道、公路路基、钢结构、机电安装工程专业承包一级资质企业。公司驻四川省成都市新都区学院路东段 289 号。董事长兼党委书记刘树山(8 月免)，董事长兼总经理王占宇(8 月任)，党委书记陈明荣(8 月任)。下设 8 个分公司、45 个项目部。职工 1815 人。其中：干部 1020 人；工人 795 人。技术干部 952 人，占干部总数的 93.33%；技术工人 453 人，占工人总数的 56.98%。资产总额 233167 万元。其中，固定资产原值 40006 万元、净值 23627 万元；流动资产 207187 万元；其他资产 2353 万元。机械运输设备 516 台(套)，原值 2.3 亿元、净值 1.33 亿元，总功率 92425 千瓦，动力装备率 50.8 千瓦/人，技术装备率 7.3 万元/人。综合机械化施工程度 85%。

2012 年新签合同额 36.3 亿元，完成企业总产值 317970 万元，实现利润 642 万元。全员劳动生产率 372321 元/人年，人均创利 3402 元。职工年人均收入 45946 元。国有资产保值增值率 102.74%，净资产收益率 2.32%，产值利润率 0.23%，资产负债率

85.99%,应上缴款完成率100%。完成主要实物工程量:土石方679.86万立方米,隧道24469延长米,桥梁4854延长米,铁路铺轨1700公里,地铁2832米,房屋建筑面积7.28万平方米。工程质量合格率100%。年内,2项工程分别被评为中国市政金杯示范工程和山东省市政金杯示范工程,获国家优质工程银质奖2项。

（王 鹏　田艳霞）

【第六工程有限公司】 原为第六工程公司,是集团综合分公司,2012年3月注册为第六工程有限公司。具有铁路、公路、桥梁、隧道、房屋建筑、市政、水利水电等工程施工能力。公司机关驻吉林省长春市二道区岭东路2138号。董事长兼总经理刘俊民(7月免)、董事长兼党委书记王耀(7月任),总经理兼党委副书记刘玉清(7月任)。下辖2个工程指挥部、32个在建项目部及周转材料管理中心、卫星路基地。职工948人。其中,干部596人;工人255人。技术干部532人,占干部总数的89.26%;技术工人203人,占工人总数的79.61%。资产总额188854万元。其中,固定资产原值40838万元、净值22753万元;流动资产165943万元;其他资产158万元。机械施工设备514台(套),原值2.41亿元、净值1.67亿元,总功率58314.7千瓦,动力装备率60.4千瓦/人,技术装备率17.28万元/人。机械化施工程度85%。

2012年新签合同额19.6亿元,完成企业总产值200238万元,实现利润12000万元。全员劳动生产率1932090元/人年,人均创利126584元。职工年人均收入58570元。国有资产保值增值率304%,净资产收益率71%,产值利润率6.25%,资产负债率88.87%,应上缴款完成率571%。完成主要实物工程量:土石方693.49万立方米,隧道4881延长米,桥梁4506延长米,地铁6037米,房屋建筑面积39.46万平方米。工程质量合格率100%。年内,1项工程获吉林省建设工程长白山杯奖,1个QC小组被评为全国工程建设优秀质量管理小组,公司获全国优秀施工企业称号。

（王 鹏　宁纪雅）

【电务工程有限公司】 通信、机电安装、市政公用工程施工总承包一级,房屋建筑工程施工总承包二级,铁路电务、铁路电气化、送变电、建筑装饰工程专业承包一级,公路通信、监控、收费综合系统工程专业承包资质企业。公司驻天津市河东区新开路46号冠福大厦12层。董事长兼党委书记康仕恒,总经理王长军。下辖网络信息公司、租赁公司、东北指挥部和28个工程项目部。职工477人。其中,干部295人;工人182人。技术干部240人,占干部总数的81%;技术工人173人,占工人总数的95%。资产总额85680万元。其中,固定资产原值4233万元、净值2336万元;流动资产80152万元;其他资产3193万元。机械运输设备57台(套),原值0.13亿元、净值0.06亿元,总功率6796千瓦,动力装备率13.34千瓦/人,技术装备率1.2万元/人。综合机械化施工程度85%。

2012年新签合同额12.7亿元,完成企业总产值100809万元,实现利润2016万元。全员劳动生产率891010元/人年,人均创利38368元。职工年人均收入56250元。国有资产保值增值率118.28%,净资产收益率14.23%,产值利润率1.98%,资产负债率81.54%,应上缴款完成率121%。完成主要实物工程量:土石方302万立方米,隧道2707延长米,桥梁1520延长米,通信线路27公里,供电线路199公里,接触网16公里。工程质量合格率100%。年内,公司被评为天津市“安康杯”竞赛活动优胜单位。

（王 鹏　武登春）

【吉林省现代城建轨道交通勘察设计研究院有限公司】 轨道交通工程专业、建筑工程设计、工程勘察甲级,市政行业设计、城乡规化编制、工程测量和风景园林、建筑装饰工程设计专项乙级,铁路工程咨询丙级资质企业。公司驻天津市东丽区华明产业园EOD总部港。董事长纪尊众,院长王学哲,党委书记梁越。下辖6个勘察设计事业部,1个设备租赁事业部及天津分院、北京分院。职工108人。资产总额6357万元。其中,固定资产原值440万元、净值176万元;流动资产6159万元;其他资产22万元。

2012年新签合同额5032万元,完成企业总产值3030万元。国有资产保值增值率100%,产值利润率0.08%,资产负债率21%,应上缴款完成率3%。年内,设计院被评为吉林省用户满意企业,被中国勘察设计协会授予诚信单位称号。

（王 鹏　慕 群）

【钢结构工程有限公司】 2012年6月9日,由中铁十三局集团第一工程有限公司钢结构分公司和中铁十三局集团电务工程有限公司华北分公司合并成立中铁十三局集团钢结构工程有限公司。公司驻天津市东丽区EOD总部港。董事长兼总经理郭宏伟,党委书记张立青。下辖大连分公司以及9个项目部。职工200人。其中,干部77人;工人123人。技术干部75人,占干部总数的97%;技术工人110人,占工人总数的89%。资产总额19594万元。其中,固定资产原值1552万元;流动资产18569万元。机械运输设备164台(套),原值628万元、净值293万元,总功率1510千瓦,动力装备率10.49千瓦/人,技术装备率2.04万元/人。综合机械化施工程度85%。

2012年新签合同额3.1亿元,完成施工产值20784万元,实现企业收益604万元。人均创利3万元,职工年人均收入4.8万元。产值利润率1.85%,应上缴款完成率51%。完成主要实物工程量:土石方42万立方米,桥梁1081延长米,房屋建筑面积6.46万平方米。 (王 鹏 郭晓东)

【园林环境工程有限公司】 城市园林绿化施工二级资质企业。公司于2012年6月由吉林长春迁址安徽省合肥市,与皖江工程指挥部实行"一套人马,两块牌子"的管理模式合署办公。公司驻安徽省合肥市滨湖新区世纪金源国际公寓29层。董事长宋彦君,总经理宋彦君(8月免)、孟繁义(8月任),党委书记陈明荣(8月免)、宋彦君(8月任)。职工72人。其中,干部49人;工人23人。资产总额30454万元。其中,固定资产原值247万元、净值161万元;流动资产30293万元。

2012年新签合同额5.7亿元,完成企业总产值58373万元,实现利润42万元。人均创利8917元。净资产收益率0.29%,产值利润率0.64%,资产负债率34.23%,应上缴款完成率80%。 (王 鹏 高健华)

【天津市春江房地产开发有限公司】 房地产开发二级资质企业。公司驻天津市河北区望海楼北里30号。董事长翁行炎,党委书记宋春英,总经理尹传金。职工24人,其中技术干部10人。资产总额34395万元。其中,固定资产原值132万元、净值16万元;流动资产34139万元;其他资产240万元。

2012年完成企业总产值7834万元,实现销售收入2600万元,实现净利润175万元。应上缴款完成率100%。公司通过ISO9001—2008质量管理体系认证。 (王 鹏 唐振忠)

【长春春原工程检测有限公司】 国家计量认证检测,吉林省地基基础工程检测,吉林省建筑、市政工程见证取样检测,吉林省公路水运工程试验检测机构综合乙级,吉林省测绘工程乙级,公安部爆破拆除工程B级资质企业。公司驻吉林省长春市二道区岭东路2138号。执行董事兼经理柳杨春(8月免)、惠中华(8月任),党工委书记王玉相。下辖检测公司和爆破公司。职工47人。其中,干部44人;工人3人。

2012年实现营业收入800万元。公司被评为吉林省建设工程质量检测行业先进单位。

(王 鹏 万文娟)

【重要记载】

▲1月11～12日 集团公司三届一次职工代表大会、党委扩大会暨2012年工作会在天津空港经济区召开。会议确定"创新创业发展年"的管理主题。

▲1月11日 集团公司首个EPC项目——合同投资18亿元的黔(重庆黔江)恩(湖北恩施)(重庆段)高速公路开工仪式举行。

▲2月21日 股份公司副总裁刘汝臣到二公司承建的广佛地铁土建15标段工程检查指导。

▲2月 由吉林大学牵头中煤科技集团公司、中铁十三局集团公司、中煤建设集团公司联合研制开发的"灾害水源(矿井/隧道)直接探测仪器装备研制与应用"被列为"十二五"国家重大科学仪器设备开发专项。

▲3月 集团公司被评为全国水利建设市场主体信用评价AAA级施工单位。

▲4月 一公司在南平闽江大桥施工中开发的两项科技成果,经吉林省科技厅鉴定,总体达到国际先进水平。

▲4月 二公司承建的上海浦东浦江镇公共交通配套工程被评为中国市政金杯示范工程,北京地铁4号线工程获北京市政基础设施竣工长城杯金质奖。

▲4月 四公司职工闫铭因在利比亚撤离过程中表现突出,被国务院国资委党委授予2011年度中央企业优秀共产党员称号。

▲5月10日 吉林省省委书记孙政才、副省长竺延风到六公司长春站项目调研。

▲6月8日 股份公司总裁赵广发、副总裁扈振衣到集团公司安哥拉卡赞卡项目视察。

▲6月28日 长春市市委副书记、市长姜治莹在长春宾馆会见股份公司副总裁张宗言一行,集团公司董事长、总经理雷升祥等参加会见。

▲6月 在2011年度中国铁道财务会计学会科研课题评审中,股份公司系统内有7项科研课题获奖,其中集团公司4项课题获奖。

▲6月 辽宁省省长陈政高到一公司承建的丹通高速公路路面1标段项目施工现场视察。

▲6月 在共青团中央、人力资源和社会保障部联合开展的全国"青年岗位能手"评选中,二公司测量总监潘文忠获全国"青年岗位能手"称号。

▲7月23日 铁道部副部长卢春房、总工程师何华武视察哈大铁路客运专线大连北站,对集团公司各项工作提出表扬。

▲8月13日 国务院南水北调办公室主任鄂竟平到六公司南水北调淅川3标段施工现场调研督导。

▲9月12日 三公司被评为国务院国资委中央

企业思想政治工作先进单位。

▲9 月　一公司、三公司进入 2011 年度辽宁省建筑业十强企业。

▲9 月　二公司中标南京、广州、苏州 3 座城市 3 个地铁项目,合同总额 12.8 亿元。

▲10 月 31 日　集团公司承建的高寒地区第一长桥——跨扎龙自然保护区特大桥架通。

▲同日　集团公司总部大楼——天津铁建大厦封顶。

▲10 月　一公司通过中投国际信用评估有限公司复审,获得国家 AAA 级企业信用等级评价。

▲11 月 8 日　集团公司与中铁第一勘察设计院集团公司签订战略合作协议。

▲11 月 12 日　出席国际地铁协会 2012 广州管理年会的 30 余位嘉宾,在广州地铁总公司竺维彬副总经理陪同下,参观二公司广州广佛地铁 15 标段施工现场。

▲11 月 22 日　集团公司获得对外承包工程信用等级评价 AAA 证书。

▲12 月 12 日　集团公司开发的"高应力强富水超埋深大断面引水隧洞施工技术"成果获 2012 年度天津市滨海新区科学技术进步一等奖。

▲12 月 23 日　集团公司与神华新街能源有限责任公司签订神华新街 TBM 斜井试验工程施工合同。至此,神华 TBM 项目正式启动。

▲12 月　钢结构公司大连湾项目部获得大连市五一劳动奖状。（王　鹏）

中铁十四局集团有限公司

【简况】　中铁十四局集团有限公司是铁路工程施工总承包特级,公路、市政公用、房屋建筑、水利水电工程施工总承包一级,机电安装工程、矿山专业施工总承包二级,公路路基、公路路面、隧道、桥梁工程专业承包一级及城市轨道交通工程专业承包,地质灾害防治工程甲级、铁道行业甲(Ⅱ)级设计资质企业,并享有对外经营权。集团公司总部驻山东省济南市和平路 1 号。下辖 10 个全资子公司、3 个分公司、5 个区域性工程指挥部、6 个区域经营指挥部、北京办事处、16 个直属工程指挥部。职工 16208 人。资产总额 245.8 亿元。其中,固定资产原值 55.67 亿元、净值 27.03 亿元;流动资产 209.06 亿元。机械动力设备 3952 台(套),设备原值 32.37 亿元、净值 15.96 亿元,总功率 518802 千瓦,动力装备率 32.01 千瓦/人,技术装备率 9.84 万元/人,设备新度系数 0.49。年施工能力 300 亿元以上。

2012 年新签合同额 416.2 亿元,完成企业总产值 272.35 亿元,实现利润 4.47 亿元。完成主要实物工程量:土石方 14.13 亿立方米,桥梁 97300 延长米,隧道 125200 延长米,铁路正线铺轨 289.8 公里、站线铺轨 76.5 公里,无砟轨道 3063.18 公里,公路 242.5 公里,地铁 17 公里,房屋建筑面积 32.7 万平方米,通信线路 21.3 公里,吹砂填海 300 万立方米,铁路制梁 2897 片、架梁 1304 孔,公路架梁 4865 片。在建工程项目未发生等级质量事故,工程合格率 100%。年内,获中国建设工程鲁班奖 1 项、国家优质工程银质奖 3 项,中国土木工程詹天佑奖 2 项,集团公司获得创鲁班奖工程突出贡献奖、中国企业文化成果展示创意 10 强、全国法律维权服务示范单位等荣誉,第 6 次被评为全国"安康杯"竞赛优胜企业,并获全国"安康杯"连胜杯。（刘　宁　曹洪伟）

【领导人员】

董事会

董事长	杨有诗
副董事长	张挺军

经理层

总经理	张挺军
副总经理	张海舟
	李景元(4 月免)
	曹希彬
	郑修杰
	许兰民
	王红卫
	周长进
	刘运平(3 月任,9 月免)
	于立中(3 月任,9 月免)
总工程师	刘运平(兼,9 月免)
总会计师	于立中(兼,9 月免)

党群领导

党委书记	杨有诗
党委副书记	张挺军
	陈保京
纪委书记	张建国
顾问	李景元(4 月任)
	刘运平(9 月任)
	于立中(9 月任)
工会副主席	朱仰存(主持工作)

（李兴刚）

【工程项目指挥机构】 成绵乐铁路客运专线 CMLZQ－4 标段项目经理部　驻四川省成都市。项目经理兼党工委书记许兰民。

石武铁路客运专线 SZ－2 标段项目经理部　驻河北省邢台市。项目经理王焕，党工委书记王波馨。

宁启铁路复线电化工程Ⅰ标段项目经理部　驻江苏省南京市。项目经理刘永成，党工委书记周先民。

向莆铁路 FJ－3A 标段项目经理部　驻福建省尤溪市。项目经理段恩新，党工委常务副书记沈中祥。

青荣城际铁路 QRZH－Ⅰ标段项目经理部　驻山东省青岛市。项目经理王朝晖，党工委书记王维民。

贵广铁路 GGTJ－9 标段项目经理部　驻广西壮族自治区贺州市。项目经理谢晋水，党工委书记李卫华。

中南部铁路通道 ZNTJ－21 标段项目经理部　驻山东省日照市。项目经理孟凡亚，党工委书记曾庆超。

长株潭城际铁路 CZTZH－2 标段项目经理部　驻湖南省长沙市。项目经理戴尊勇，党工委书记邱国红。

沪昆铁路客运专线湖南段 CKTJ－9 标段项目经理部　驻湖南省怀化市。项目经理林存友，党工委书记罗山林。

沪昆铁路客运专线贵州段 CKGZTJ－7 标段项目经理部　驻贵州省平坝县。项目经理苏斌。

津保铁路 JBSG－2 标段项目经理部　驻天津市北辰区。项目经理杨俊泉，党工委书记闫绳健。

云桂铁路（广西段）YGZQ－3 标段项目经理部　驻广西壮族自治区田东县。项目经理程相华，党工委书记沈银贵。

张唐铁路 ZTSG－7 标段项目经理部　驻河北省唐山市。项目经理石宗峰，党工委书记史佩光。

太兴铁路 TXXS－2 标段项目经理部　驻山西省娄烦县。项目经理路刚，党工委书记任宪和。

宁安城际铁路项目经理部　驻安徽省铜陵市。项目经理陈祥龙，党工委书记轩云志。

佛肇城际轨道交通 GZZH－7 标段项目经理部　驻广东省肇庆市。项目经理姜涛，党工委书记韩冰。

莞惠城际轨道第 1 合同段项目经理部　驻广东省东莞市。项目经理张立岩，党工委书记帅德安。

大准铁路增建二线九苏木至干道河段第 2 标段项目经理部　驻内蒙古自治区。项目经理刘地阔，党工委书记张兆忠。

中国铁建国际城工程项目经理部　驻山东省济南市。项目经理张清仙。

扬州瘦西湖隧道工程项目经理部　驻江苏省扬州市。项目经理戴洪伟，党工委书记张公社。

北京地铁 6 号线一期土建 9 标段项目经理部　驻北京市西城区。项目经理徐磊，党工委书记霍昆。

北京地铁 8 号线二期土建第 10 合同段项目经理部　驻北京市地安门东大街。项目经理周庆合，党工委书记隽方庆。

北京地铁 14 号线土建第 17 合同段项目经理部　驻北京市朝阳区。项目经理苗春刚，党工委书记王传俭。

南京地铁 10 号线土建 10－TA03 标段项目经理部　驻江苏省南京市浦口区。项目经理王寿强，党工委书记唐俊杰。

湖南省桂阳至临武高速公路项目路面工程第 32 合同段项目经理部　驻湖南省郴州市。项目经理王庆涛，党工委书记郭德令。

郧县至十堰高速公路 YSTJ－6 合同段项目经理部　驻湖北省十堰市郧县。项目经理姚洪瑞，党工委书记宿胜。

托克逊至乌拉斯台工程 S301 线 TW～1 标段项目经理部　驻新疆维吾尔自治区托克逊县。项目经理高中涛。

新疆阿克苏至喀什高速公路第 2 合同段项目经理部　驻湖北省十堰市。项目经理乔培贞。

省道 263 南北长山联岛大桥项目经理部　驻山东省长岛县。项目经理庄纪文。

常熟电厂扩建工程项目经理部　驻江苏省常熟市。项目经理袁裕财，党工委书记周平顺。

广东乐昌至广州高速公路樟市至花东段及韶赣北连接线 T21 标段项目经理部　驻广东省清远英德市。项目经理沈强。

新泰市青龙路大桥工程段项目经理部　驻山东省新泰市。项目经理汤占华，党工委书记巩后军。

黔恩高速公路第 1 合同段 3 工区项目经理部　驻重庆市黔江区。项目经理靳继华。（车兆利　苗孔杰）

【职工队伍】 职工 16208 人。其中，男职工 12265 人、女职工 3943 人；在岗职工 13228 人、内退职工 2980 人。文化结构：研究生及以上学历 82 人，本科学历 5345 人，大专（高职）学历 3771 人，中专学历 1099 人，中专以下学历 5911 人。年龄结构：25 岁以下 1753 人，26～30 岁 3180 人，31～35 岁 2247 人，36～40 岁 2724 人，41～45 岁 1355 人，46～50 岁 2045 人，51～55 岁 2148 人，55 岁以上 756 人。专业技术人才 7938 人。其中，高级职务 1149 人；中级职务 2370 人；初级职务 4419 人。高技能人才 2534 人。其中，高级技师 84 人；技师 348 人；高级工 1642 人；中级工 426 人；初级工 34 人。（李兴刚）

【铁路工程施工】 2012年，集团公司在建工程225项，合同投资1057.2亿元，年内完成投资272.35亿元。在建工程中，铁路37项、公路84项、市政23项、城市轨道21项、水利水电19项、房屋建筑32项、其他工程9项；在建隧道420280延长米、桥梁490970延长米、铁路铺轨1894.66公里、无砟轨道道床451.49公里。

成绵乐铁路客运专线CMLZQ－4标段、CMLZH－1标段、成都枢纽CDSNZQ－1标段工程 位于四川省成都市。CMLZQ－4标段，线路长32.87公里，合同投资47.66亿元。CMLZH－1标段为成都动车运用所工程，是成灌铁路动车组检修整备的场所。主要实物工程量：房屋建筑面积26327平方米，土石方11.54万立方米，道岔14组，铺轨15公里。成都枢纽CDSNZQ－1标段站前工程，合同投资13.1亿元，主要实物工程量：桥梁16座19631延长米，框架桥1座2721顶平方米，路基及站场土石方93万立方米，正线铺轨37.38公里、站线铺轨0.7公里。截至2012年底，CMLZQ－4标段开工累计完成投资41.53亿元；成都枢纽CDSNZQ－1标段开工累计完成投资3.2亿元。

石武铁路客运专线SZ－2标段工程 位于河北省邢台市，标段长68.63公里，合同投资45.05亿元，合同工期2008年10月～2012年12月。重难点工程：中平跨京珠高速公路特大桥、尹村跨京广铁路及泜河特大桥、榆林洺河特大桥。截至2012年底，开工累计完成投资45.09亿元，占合同投资的100.1%。实体工程全部完成，2012年12月26日开通运营。

宁启铁路复线电化Ⅰ标段工程 位于江苏省南京市，标段长99.56公里，合同工期2009年1月～2012年12月。主要实物工程量：土石方556.9万立方米，特大桥8座、大桥7座、中小桥107座，预制梁976孔，涵洞537处，铺架181.67公里。截至2012年底，开工累计完成投资174912万元，占合同投资的52.07%。

向莆铁路FJ－3A标段工程 位于福建省尤溪市。标段长66.4公里，合同投资35.67亿元，合同工期2008年10月～2012年8月。主要实物工程量：桥梁25座8075延长米，隧道18座57831延长米，车站2座。重难点工程：尤溪隧道、棋盘石隧道、戴云山隧道、赤岭隧道、连亭隧道、秀岩隧道。截至2012年底，开工累计完成投资39.17亿元，占合同投资的109.8%。

青荣城际铁路QRZH－Ⅰ标段工程 位于山东省青岛市。标段长41.449公里，合同投资23.55亿元，合同工期2010年10月～2013年9月。主要实物工程量：区间及站场土方石237.75万立方米，桥梁10座32173延长米，T梁预制架设534孔，箱梁预制架设500孔，预应力混凝土连续梁18联，无砟道床铺设50.5公里，有砟轨道铺设35.93公里。截至2012年底，开工累计完成投资36872万元，占合同投资的15.66%。

贵广铁路GGTJ－9标段工程 位于广西壮族自治区贺州市。标段长60.866公里，合同投资420963万元，合同工期2008年12月～2013年3月。主要实物工程量：路基土石方268万立方米，桥梁32座18309延长米，隧道10座34133延长米，涵洞599.47横延米，正线铺轨298.862公里，箱梁预制架设341孔。重难点工程：大岐山隧道、两广隧道、马尾河特大桥、桂岭江特大桥。截至2012年底，开工累计完成投资333950万元，占合同投资的79.33%。

中南部铁路通道ZNTJ－21标段工程 位于山东省日照市。标段长112.967公里，集团公司承担82.932公里的施工任务，合同投资19.237亿元，合同工期2010年9月～2013年12月。主要实物工程量：土石方782万立方米，桥梁31座25087延长米，隧道7座9773延长米，涵洞171座4083横延米，车站2座。重难点工程：铺子山隧道。截至2012年底，开工累计完成投资194419万元，占合同投资的101%。

长株潭城际铁路CZTZH－2标段工程 位于湖南省长沙市。标段长23.31公里，合同投资409894.74万元，合同工期2010年9月～2014年3月。主要实物工程量：区间及站场土石方63.95万立方米，桥梁3座8150.48延长米，隧道3座12274延长米，涵洞5座324.14横延米，车站4座。重难点工程：树木岭隧道。截至2012年底，开工累计完成投资62304万元，占合同投资的15.2%。

沪昆铁路客运专线湖南段CKTJ－9标段工程 位于湖南省怀化市。线路长44.453公里，合同投资32.1亿元，合同工期2010年8月～2014年3月。主要实物工程量：桥梁29座8108.86延长米，隧道23座32344延长米，涵洞15座544.3横延米。重难点工程：姚家隧道、崔家冲隧道、田家坪舞水特大桥。截至2012年底，开工累计完成投资25亿元，占合同投资的77.88%。

沪昆铁路客运专线贵州段CKGZTJ－7标段工程 位于贵州省平坝县。标段长50.945公里，合同投资295896万元，合同工期2010年10月～2016年3月。主要实物工程量：区间及站场土石方390.4万立方米，桥梁27座15974.12延长米，隧道19座8357延长米，涵洞88座2351.48延长米，预制、架设32米简支箱梁447片、24米梁16片，预制双块式轨枕46万块，无砟轨道铺设109.664公里。重难点工程：大猫坡特大桥、看牛坪特大桥。截至2012年底，开工累计完成投资110995万元，占合同投资的37.5%。

津保铁路JBSG－2标段工程 位于天津市北辰

区。线路长 36.978 公里，合同投资 22.9 亿元，合同工期 2010 年 9 月 ~2013 年 2 月。主要实物工程量：区间及站场路基土石方 149.02 万立方米，单线桥梁 4 座 7596.67 延长米，双线桥梁 6 座 24986.47 延长米，涵洞 644.6 横延米，铺轨 78.036 公里。

云桂铁路广西段 YGZQ－3 标段工程　位于广西壮族自治区田东县。标段长 36.35 公里，合同投资 182372.7 万元，合同工期 2010 年 5 月 ~2013 年 12 月。主要实物工程量：区间及站场土石方 464.9 万立方米，桥梁 21 座 11860 延长米，隧道 14 座 5810 延长米，涵洞 94 座 2065.36 横延米，铺轨 108.331 公里，箱梁预制架设 337 孔。截至 2012 年底，开工累计完成投资 80547 万元，占合同投资的 44.17%。

张唐铁路 ZTSG－7 标段工程　位于河北省唐山市。标段长 57.088 公里，合同投资 26.89 亿元，合同工期 2010 年 9 月 ~2014 年 8 月。主要实物工程量：路基土石方 800 万立方米，桥梁 12 座 11227.12 延长米，隧道 3 座 1359 延长米，涵洞 163 座，车站 2 座，铺架 215.05 公里。重难点工程：高各庄跨京沈高速特大桥、前冯各庄跨机场路特大桥、跨唐津运河特大桥。截至 2012 年底，开工累计完成投资 36037 万元，占合同投资的 13.4%。

太兴铁路 TXXS－2 标段工程　位于山西省娄烦县。合同投资 189665.84 万元，合同日期 2010 年 3 月 ~2013 年 3 月。主要实物工程量：区间及站场路基土石方 1027 万立方米，隧道 14 座 25377 延长米，桥梁 12 座 3011.07 延长米，涵洞 17 座，铺架 107.8 公里。重难点工程：涧河特大桥。截至 2012 年底，开工累计完成投资 153819 万元，占合同投资的 81.1%。

宁安城际铁路工程　位于安徽省铜陵市。合同投资 92699.48 万元，合同工期 2009 年 3 月 ~2012 年 12 月。主要实物工程量：铜陵制梁场生产、架设箱梁 583 孔，铺设轨道 126 公里。截至 2012 年底，开工累计完成投资 80973 万元，占合同投资的 87.35%。

佛肇城际轨道交通 GZZH－7 标段工程　位于广东省肇庆市。合同投资 72714.29 万元，合同工期 2010 年 5 月 ~2012 年 9 月。主要实物工程量：肇庆东站特大桥 1515 延长米，长利涌 1 号特大桥 2905 延长米，预制架设简支梁 527 片。截至 2012 年底，开工累计完成投资 38684 万元，占合同投资的 53.2%。

莞惠城际轨道第 1 合同段工程　位于广东省东莞市。合同投资 81330.81 万元，合同工期 2009 年 8 月 ~2012 年 1 月。主要实物工程量：桥梁 97500 延长米，预制架设简支梁 271 孔，车站 1 座，无砟道床 19.58 公里。截至 2012 年底，开工累计完成投资 62275 万元，占合同投资的 76.57%。

大准铁路增建二线九苏木至干道河段 2 标段工程　位于内蒙古自治区。合同投资 35088.82 万元，合同工期 2012 年 3 月 ~2013 年 6 月。2012 年完成投资 25085 万元，占合同投资的 71.49%。

（车兆利　苗孔杰）

【铁路外工程施工】　中国铁建国际城工程　位于山东省济南市。总建筑面积 38.8 万平方米。A 区 3 幢写字楼，B 区 12 幢住宅楼。2012 年完成投资 18000 万元。

扬州瘦西湖隧道工程　位于江苏省扬州市。线路长 3.6 延长米，合同投资 16.9 亿元，合同工期 2011 年 8 月 ~2014 年 3 月。截至 2012 年底，开工累计完成投资 45961 万元，占合同投资的 36.27%。

北京地铁 6 号线一期土建 9 标段工程　位于北京市西城区。标段长 4.73 公里，合同投资 10.8 亿元，合同工期 2009 年 4 月 ~2012 年 9 月。主要实物工程量：平安里站、北海北站、南锣鼓巷站及平安里—北海北—南锣鼓巷—东四站区间。截至 2012 年底，开工累计完成投资 12.2 亿元，占合同投资的 113%。2012 年 12 月 28 日开通。

北京地铁 8 号线二期工程土建第 10 合同段工程　位于北京市地安门东大街。线路长 3.19 公里，合同投资 56244 万元，合同工期 2009 年 10 月 ~2013 年 12 月。主要实物工程量：什刹海站、南锣鼓巷站及鼓楼大街站—什刹海站—南锣鼓巷站—中国美术馆站盾构区间。截至 2012 年底，开工累计完成投资 53086 万元，占合同投资的 94%。

北京地铁 14 号线土建第 17 合同段工程　位于北京市朝阳区。线路长 2.545 公里，合同工期 2010 年 11 月 ~2014 年 12 月。主要实物工程量：大望路站、红庙站及九龙山站—大望路站—红庙站区间。截至 2013 年底，开工累计完成投资 15557 万元，占合同投资的 27%。

南京地铁 10 号线土建 10－TA03 标段工程　位于江苏省南京市浦口区。标段长 3.6 公里，合同工期 2010 年 10 月 ~2013 年 9 月。主要实物工程量：中间风井—江心洲站区间。截至 2012 年底，开工累计完成投资 48235 万元，占合同投资的 59%。

湖南省桂阳至临武高速公路路面第 32 合同段工程　位于湖南省郴州市。线路长 21.207 公里，合同投资 27673 万元，合同工期 2011 年 10 月 ~2013 年 2 月。截至 2012 年底，开工累计完成投资 22692 万元，占合同投资的 82%。

郧县至十堰高速公路 YSTJ－6 合同段工程　位于湖北省十堰市。合同投资 37575 万元，合同工期 2011 年 10 月 ~2013 年 10 月。主要实物工程量：路基土石方111.1万立方米，桥梁4座1183延长米，隧道2座1712.5延长米。截至2012年底，开工累计完成投资6012万元，占合同投资的16%。

托克逊至乌拉斯台工程S301线TW~1标段工程　位于新疆维吾尔自治区托克逊县。合同投资74682.93万元，合同工期2011年4月~2013年11月。主要实物工程量：路基土石方626.63万立方米，路面174.87万平方米，桥梁39座2799.86延长米，涵洞362座。截至2012年底，开工累计完成投资61240万元，占合同投资的82%。

新疆阿克苏至喀什高速公路2合同段工程　位于新疆维吾尔自治区。线路长125.84公里，合同投资170027.78万元，合同工期2011年4月~2012年11月。主要实物工程量：路基土石方1143万立方米，小桥52座1009.58延长米，涵洞302座，互通式立交桥3处，分离式立交桥4处，服务区1处，收费岛11个，改移道路2.2公里。截至2012年底，开工累计完成投资61210万元，占合同投资的36%。

省道263南北长山联岛大桥工程　位于山东省长岛县。线路长1510米，合同工期2012年2月~2015年2月。主要实物工程量：桥梁1200延长米，两端接线长310米，路基标准宽度15米。2012年完成投资5630万元，占合同投资的37.98%。

广东乐昌至广州高速公路樟市至花东段及韶赣北连接线T21标段工程　位于广东省清远英德市。合同投资43526万元，合同工期2011年6月~2013年2月。主要实物工程量：中山顶隧道左线1203延长米、右线1145延长米，桥梁2座1311.8延长米，路基主线8.8公里，匝道3.2公里，土石方435.8万立方米。截至2012年底，开工累计完成投资26564万元，占合同投资的61.03%。

新泰市青龙路大桥工程　位于山东省新泰市。合同投资10509.9万元，合同工期2011年6月11日~2012年12月15日。工程重难点：异形双面渐变曲线桥塔爬模施工、斜拉索安装及张拉施工等。截至2012年底，开工累计完成投资2659万元，占合同投资的25.3%。　　（车兆利　苗孔杰）

【境外工程】　厄瓜多尔萨莫拉大桥续建工程　大桥长243.5延长米，合同投资5360万元，合同工期2011年12月~2012年9月。2012年8月竣工。

阿富汗科教中心　总建筑面积7891.29平方米，合同投资8408万元，合同工期2012年6月~2013年12月，2012年完成投资7512.5万元，占合同投资的89.35%。

安哥拉社会住房项目房建一期工程　位于安哥拉首都罗安达之凯兰巴凯亚西。2008年8月28日开工，合同工期48个月。占地面积906万平方米，建筑面积332.8万平方米。一期工程24个地块，集团公司承建16、17、18、20、21号地块，建筑面积58.5万平方米，合同投资3.3亿美元。

安哥拉纳米贝RED项目工程　位于安哥拉共和国纳米贝省纳米贝市。工程集设计、采购、施工为一体的社会住房项目，总建筑面积42.15万平方米。项目建设分为普莱亚和阿卜利奥2个地块，集团公司承建普莱亚地块公寓楼2000套、中小学各1所、幼儿园2所、教堂2座、社区管理中心3座及阿卜利奥地块公寓楼2000套、中小学各1所、幼儿园2所、教堂2座等房建工程。

安哥拉RED－K.K.5000工程　位于安哥拉共和国罗安达市郊，按照地理位置划分为R1－B和R2－E两个地块，由多层混凝土框架公寓楼、社区公共建筑、社区市政、社区环境等工程组成，总建筑面积8.92万平方米。　　（李　霖　王　琪）

【经营管理】　2012年，集团公司新签合同额416.2亿元。其中，国内新签合同173项，合同金额358.75亿元；海外新签合同15项，合同金额57.45亿元。新签合同中，铁路工程84.35亿元，房建工程64.14亿元，公路工程122.38亿元，市政工程58.2亿元，城市轨道工程46.81亿元，水利电力工程17亿元，其他工程7.53亿元。

资质申报。4月，集团公司取得铁路工程施工总承包特级、铁道甲（Ⅱ）级设计、地质灾害治理施工甲级资质。

安全质量。年内，集团公司依法组织交通运输部安全生产“三类人员”和继续教育培训班，培训520人次。积极开展安全生产基层基础强化年活动，深入贯彻落实国务院集中开展安全生产领域“打非治违”专项行动，分解任务、明确责任，狠抓落实，切实加强施工现场的安全管理工作，确保集团公司安全形势稳定好转。年内，集团公司获中国建设工程鲁班奖1项、国家优质工程银质奖3项、山东省泰山杯优质工程奖6项、江苏省扬子杯优质工程奖1项、中国电力优质工程奖3项、中国煤炭行业优质工程太阳杯奖1项、铁路优质工程奖3项、湖北省市政示范工程金奖1项、中国铁建杯优质工程奖8项；集团公司获创鲁班奖工程突出贡献奖，9人被评为创鲁班奖突出贡献个人，3人被评为国家优质工程奖先进个人；获全国优秀QC小组3项、省部级优秀QC小组6项、中国铁建优秀QC小组6项。在建工程未发生等级质量事故，工程合格率100%。

（孔德岩　樊国栋　邹佳光　杨战勇　文家珍）

【科技教育】 2012年,集团公司获省部级科技进步奖9项、省部级工法16项、中国铁建优秀工法6项;申请专利24项,截至年底,累计获国家授权专利75项。年内科技投入26544万元。获批山东省技术创新项目20项,列入股份公司科技发展项目3项。12项科技成果通过省部级鉴定及股份公司评审或验收。承建的北京地铁4号线、四川锦屏引水隧洞两项工程获中国土木工程詹天佑奖。与北京交通大学联合开发的"高水压小覆土复杂地层超大盾构掘进理论与实践"技术成果经鉴定,总体达到国际领先水平。组织召开"350公里/小时铁路客运专线160米钢管混凝土连续梁拱桥综合施工技术"成果评审会,结合广深港高速铁路沙湾特大桥160米跨连续梁拱桥工程实践,形成高速铁路大跨度连续梁拱桥综合施工技术,达到国内领先水平。"建筑业科技投入统计范畴研究"、"大直径泥水盾构越江施工关键技术研究"、"天津开启桥关键施工技术"等10项技术成果通过股份公司结题验收。围绕扬州瘦西湖隧道、南京地铁10号线过江盾构隧道、新泰青龙路独塔斜拉桥、厄瓜多尔萨莫拉大桥等重难点工程组织科技攻关,取得阶段性成果。先后与清华大学、同济大学、北京交通大学、山东大学、西南交通大学、中南大学、石家庄铁道大学、中铁第四勘察设计院集团公司、中国铁道科学研究院、山东省岩土与结构工程技术研究中心等单位签订22个合作项目,建立起产学研合作机制。 (廖大恳)

【党的工作】 截至2012年底,集团公司有基层党组织608个。其中,党委107个;党总支部36个;党支部465个。党员7573人,其中在职党员6048人,占党员总数的79.86%。(1)领导班子建设。年内,集团公司党委中心组组织学习5次,重点学习党的十七届六中、七中全会和党的十八大精神,中央关于改进工作作风密切联系群众八项规定,中央经济工作会议精神,股份公司党委工作会、经营工作暨经济运行分析视频会议精神。加强所属单位领导班子民主生活会指导、监督,先后派出工作组40个98人次。年内,13个单位领导班子被集团公司评为2011年度"四好领导班子",6个单位领导班子党政主管被授予"一对好主管"称号。扎实推进创先争优活动,集团公司通报表彰创先争优先进基层党组织12个、优秀共产党员57名;认真做好创先争优活动总结工作,集团公司创先争优活动受到股份公司党委的充分肯定,并在国资委创先争优经验交流会上作介绍。(2)基层党建工作。年内认真开展基层组织建设年活动,对全集团477个基层党组织进行分类定级,468个基层党组织被定级为"先进",占总数的98.1%;9个基层党组织被定级为"一般",占总数的1.9%。集团公司《强化基层建设,构建坚强堡垒,展现党建活力,助推企业发展》的基层党组织建设年活动情况总结,在股份公司基层党组织建设年活动汇报会上作专题汇报,受到国务院国资委和股份公司的一致好评。10名党务工作者当选集团公司首届十佳党务工作者。召开集团公司党员代表会议,选举产生集团公司出席中国铁道建筑总公司党员代表大会代表6名;三公司副总经济师兼成本部部长黄瑞香当选山东省第10次党代会代表。加强党员队伍管理,严格党内组织生活,督促基层党组织坚持和完善"三会一课"制度、民主评议党员制度。2012年,全集团表彰先进党组织48个、优秀共产党员358名,优秀党务工作者48名。(3)宣传工作。2012年在中央和省部级媒体刊播稿件2360余篇,其中头条、报眼、配评论、加编者按的重要稿件210余篇。集团公司及所属4个单位被《中国铁道建筑报》评为新闻报道工作先进单位,2人被评为优秀记者,6人被评为优秀通讯员,11篇稿件被评为优秀作品。(4)企业文化。2012年,集团公司获中国企业文化成果展示创意十强企业称号,凯华置业公司获中国企业文化建设先进单位称号,隧道公司北京地铁6号线项目部被评为中国企业班组文化建设十优单位,四公司被山东省评为企业文化十佳单位,二公司、电气化公司被评为山东省企业文化建设先进单位,罗三林、孔文婕等10人被评为山东省企业文化建设先进个人。5月24日~6月18日举行李红英先进事迹巡回报告团11场,1600多名员工聆听报告。集团公司张衍海、张泉滨、朱继福等8人的18幅版画、国画、油画作品入选第十六届大路画展,其中14幅作品在中国美术馆展出,张衍海入选十大中国铁建名家。(5)纪检监察。集团公司设纪委13个、监察机构13个,15个在建项目部设立纪检组。专职纪检监察人员58人,其中集团公司纪委6人,子(分)公司纪委37人,项目纪检组长15人;直属项目纪检组设兼职纪检监察员4~6人。参加股份公司廉洁文化作品征集评选活动,集团公司获股份公司组织奖,27人次获个人单项奖,汇集部分优秀作品编印集团公司《廉洁文化作品选》。集团公司党委、纪委加大案件督办力度,2012年,全集团收到群众来信来访和电话、网络举报17件,立案14件、结案14件,给予党政纪处分19人,其中党政纪双重处分6人。开展亏损项目整治、"三项招标"治理、财务资金管理、"三重一大"执行情况等效能监察活动,检查项目部183个,提出监察建议368条,作出监察决定42个,完善或纠正合同80份,整章建制17项,避免和减少经济损失820余万元。6个项目部实现减亏或扭亏,减亏金额3600余万元。全集团组织反腐倡廉教育活动254场次,各级管理人员实行廉洁承诺2783人次,领导人员讲党课或作反腐倡廉报告60余人次,述廉议廉308人次。集团公司出台《员工违纪违规行为处分规定》,制定《巡视调研工作实施方案》,对12个子(分)公司进行巡视调研,通过民主测评、查阅资料、个别谈话,组织座谈讨论,反映问题78个,建议45条,警示谈话38人次。全年编辑出版《纪检监察信息》9期,采编工作信息112篇,在《人民铁道》《中国铁道建筑报》和股份公司网站刊稿15篇,集团公司廉洁文化建设政研成果获股份公司党建政研课题一等奖。集团公司项目"八簿一册"台账和案件卷宗,在股份公司纪委组织的业绩考核中被树为全系统样板。集团公司纪委被股份公司评为纪检监察工作先进单位,3人被评为优秀纪检监察干部。

(董建军　赵海涛　魏全钦　朱丽霞　张　勇)

【工会工作】 集团公司工会下辖10个子公司、3个分公司工会,6个区域工程指挥部工会、5个直属单位工会。专职工会干部83人,工会会员14325人。2012年,集团公司第6次、连续5年获全国"安康杯"竞赛优胜企业称号,同时荣获全国"安康杯"连胜杯,3个单位分别获全国、山东省"安康杯"竞赛优胜班组及山东省优秀组织单位称号,2人被评为山东省"安康杯"竞赛优秀组织个人;集团公司被评为全国法律维权服务示范单位,1个单位获山东省"富民兴鲁"劳动奖,2人获得山东省"富民兴鲁"劳动奖章,1人获得全国五一劳动奖章。2月3日,集团公司工会一届九次全委(扩大)会议在山东济南召开。8月7日在山东兖州召开"构建和谐企业,共创幸福家园"主题活动推进会。年内开展"双服务"活动,350余名工会干部参与走访活动,与320个项目375个班组建立联系点;走访慰问困难职工1300余名,发放慰问金230多万元;发现推广先进经验13个,形成6篇调研成果。深化"管理提升年"活动,职工围绕生产经营提合理化建议919项,采纳468项,实施262项,创造经济价值971万元。10月,评选推荐11项合理化建议和技术改进项目报股份公司参加评审。围绕节能减排提出合理化建议379项,总结推广职工岗位节能减排先进技术、工法43项,提出改善意见或建议259项,择优推荐申报股份公司评比优秀成果32项,节能减排节约资金1714万元。2012年筹集送温暖资金335.5万元,慰问特困职工家庭54户,重困职工家庭79户,一般困难职工739户,困难遗属家庭79户;慰问劳模154人,离退休人员1694人,农民工647人,生产一线职工948人,生产一线班组30个。加强经费收缴管理、会计核算及职工互保金、"三不让"承诺资金收缴工作,全年收回拖欠经费1500余万元。

(胡青山)

【共青团工作】 集团公司团委下辖二级团委19个、团总支4个、团支部3个、团工委11个。专职团干部23人,35岁以下青年6593人,其中共青团员3213人。4月10~11日,集团公司团委三届三次全委(扩大)会暨第五次季度工作例会在山东济南召开。开展首届青年安全短信和动漫设计创作大赛,收到短信646条、动漫作品90件,评出获奖短信140条、漫画作品42幅、其他作品12件。5月4日召开纪念"五四"运动93周年暨庆祝共青团成立90周年大会。组织学习胡锦涛总书记在纪念中国共产主义青年团成立90周年大会上的重要讲话。与集团公司工会联合举办第二届"玫瑰之约"交友联谊活动,69名单身青年参加活动,11对青年男女牵手成功。开展"铁骨柔情,大爱无疆"捐款活动,募集捐款208467.5元。"五四"期间,集团公司表彰五四红旗团委8个、五四红旗团支部29个,优秀共青团员44名、优秀共青团干部33名,"青年文明号"28个、"青年岗位能手"43名。集团公司沪昆铁路客运专经长昆湖南段项目经理部青年突击队被授予山东省"青年突击队标兵"称号。开展"团组织就在我身边"关爱行动,帮扶困难团员青年23名,发放困难补助金17600元。开展"学雷锋青年志愿服务月"活动,围绕"青春送服务"、"青春送温暖"、"青春送希望"、"青春促文明"、"青春促和谐"5个主题开展活动。

(白晓亮)

【第一工程发展有限公司】 市政公用工程施工总承包一级,铁路、公路工程施工总承包二级,公路路面、桥梁工程专业承包二级,公路路基工程专业承包三级资质企业。公司驻山东省日照市海曲东路66号。执行董事、总经理王明波,党委书记吴昭。职工694人。其中,干部581人;工人113人。固定资产原值120506.33万元,净资产13402.12万元。机械设备120台(套),总功率19595.38千瓦,动力装备率36.56千瓦/人,技术装备率12.5万元/人,设备完好率88%。

2012年新签合同额19.12亿元,完成企业总产值18.13亿元。公司继续保持日照市和山东省守合同重信用企业称号,福州机场高速公路二期工程获山东省优质工程"泰山杯"奖,1个QC小组获全国工程建设质量管理小组优秀奖和山东省建筑业优秀质量管理小组称号,开发的"确保T型刚构大型悬臂箱梁转体桥球铰安装精度"技术成果获山东省优秀成果一等奖。

(公司办公室)

【第二工程有限公司】 公路、市政公用工程施工总承包一级,铁路、房屋建筑工程施工总承包二级,公路路基、公路路面、桥梁、隧道工程专业承包一级,机场场道工程专业承包二级资质企业。公司驻山东省泰安市东岳大道西首。执行董事、总经理刘红旗(5月免)、孙亮(5月任),党委书记徐宝廷(11月免)、刘小果(11月任)。职工2817人。资产总额23.3亿元。主要机械运输设备168台(套),年施工能力40亿元以上。

2012年新签合同额41.48亿元,完成企业总产值26.47亿元。公司保持国家守合同重信用企业、山东省文明单位称号,连续7年获省级AAA信誉企业称号。 (魏玉海)

【第三工程有限公司】 铁路、公路、市政公用工程施工总承包一级,水利水电、房屋建筑工程施工总承包二级,公路路基、公路路面、桥梁、机场场道、隧道工程专业承包一级资质企业。公司驻山东省兖州市北环城路16号。执行董事、党委书记田执祥,总经理岳耀群。职工2232人,其中管理人员和专业技术人员946人。

2012年新签合同额27.37亿元,完成企业总产值34.43亿元。公司先后获得全国施工企业管理优秀单位、全国用户满意企业、全国"安康杯"竞赛优胜企业、山东省AAA级信用企业、山东省依靠职工办企业十佳单位等荣誉,自1992年以来,连续21年保持山东省重合同守信用企业称号,连续26年被授予省、市两级文明单位称号。 (公司办公室)

【第四工程有限公司】 公路、市政公用工程施工总承包一级,铁路、矿山工程施工总承包二级,桥梁、隧道、公路路基、公路路面、机场场道工程专业承包一级资质企业。公司驻山东省济南市市中区英雄山路267号。执行董事、党委书记庄纪栋(11月免),党委书记徐宝廷(11月任),总经理李旭,执行董事李旭(11月任)。下辖物业中心、职工门诊部,外派工程项目部43个。职工2525人。其中,干部1319人;工人847人。资产总额351870.91万元。其中,固定资产原值33011.62万元、净值34818.19万元;流动资产314164.24万元。机械设备288台,原值19790万元、净值8025万元;车辆114台,原值2495万元、净值764万元。设备总功率45064千瓦,动率装备率17.85千瓦/人,技术装备率7.84万元/人,设备完好率96%、使用率84%。

2012年新签合同额28.97亿元,完成企业总产值44.98亿元。年内,公司参建的南京过江隧道获中国建设工程鲁班奖,临沂会宝岭铁矿斜坡道掘砌工程获全国煤炭行业太阳杯建设工程质量奖,开发的"降水井管"技术获得国家专利;1人获山东省自主创新模范企业家称号,1人被评为创建鲁班奖工程先进个人,2人被评为全国优秀项目经理;公司获山东省企业文化十佳单位称号。 (葛文超)

【第五工程有限公司】 公路、市政公用工程施工总承包一级,铁路、水利水电工程施工总承包二级,房屋建筑、矿山工程施工总承包三级,桥梁、隧道、铁路铺轨架梁、公路路基、公路路面工程专业承包一级资质企业。公司驻山东省兖州市北站。执行董事、党委书记薛峰,总经理、党委副书记赵方刚(5月免),总经理、党委副书记李方东(6月任)。外派工程项目部30余个。职工1713人。资产总额23.2亿元,其中净资产2.74亿元。机械运输设备620台(套),原值61195.6万元、净值32091.3万元,总功率95591.25千瓦,技术装备率34.43万元/人,动力装备率55.8千瓦/人,设备成新率53.02%、完好率94.11%。

2012年新签合同额15.42亿元,完成企业总产值28.74亿元。年内承建的汝郴高速公路山店江大桥工程获山东省结构杯优质工程奖,烟海高速轸格庄立交桥工程被评为山东省用户满意工程;公司获得全国守合同重信用企业、山东省用户满意先进单位、山东省创新管理先进单位等荣誉。 (李冬梅)

【电气化工程有限公司】 机电安装工程施工总承包一级,铁路电气化、铁路电务、消防设施工程专业承包一级,公路交通工程通信、监控、收费综合系统、送变电工程专业承包二级资质企业。公司驻山东省济南市和平路16号。执行董事、党委书记郑洪星,总经理陈风国。下辖财务管理中心、通信中心、物业管理中心、电气化分公司及4个人才管理中心。职工733人。其中,干部381人;工人352人。资产总额65023万元,其中固定资产原值6521万元、净值1829万元。机械设备52台(套),原值3553.88万元、净值954万元,总功率3312千瓦,动力装备率4.52千瓦/人,技术装备率1.3万元/人,机械化施工程度70%以上。

2012年新签合同额65211万元,完成企业总产值72204万元,其中施工产值71822万元;实现利润1622万元。职工年人均收入52813元。国有资产保值增值率122.36%,资产收益率2.59%,产值利润率2.25%,应上缴款完成率100%。公司继续保持国家级高新技术企业、山东省守合同重信用企业、省级文明单位、省级优秀政工企业等荣誉。 (刘红梅)

【隧道工程有限公司】 市政公用工程施工总承包一级,隧道、地基与基础工程专业承包一级,机场场道工程专业承包二级,城市轨道交通工程专业承包资质企业。公司驻山东省济南市兴隆街道办事处兴隆山庄。执行董事、总经理马军,党委书记刘庆民。职工1597

人。机械运输设备 515 台(套),原值 13.45 亿元、净值 8.27 亿元,总功率 86463 千瓦,动力装备率 54.14 千瓦/人,技术装备率 51.76 万元/人,机械化施工程度 100%。

2012 年新签合同额 43.76 亿元,实现企业施工产值 28 亿元,实现利润 5704 万元。总资产报酬率 3.08%,产值利润率 1.6%,成本降低率 3.1%。2012 年进入中国铁建工程公司 20 强行列。 (于安秀)

【北京中铁房山桥梁有限公司】 是铁道部定点生产预应力钢筋混凝土铁路桥梁、轨枕的主要厂家之一,首批取得铁道部桥梁和轨枕生产许可证,被选定为铁道部铁道器材开发中心研究发展基地。具有混凝土预制构件专业二级,预应力、桥梁工程专业承包二级,建筑装修装饰、钢结构、金属门窗工程专业承包三级资质。公司驻北京市房山区阎村镇房山科技工业园区燕房园 8 号。执行董事、总经理鄂宝生,党委书记赵誉。下辖 2 个车间、2 个分公司,外派项目部 11 个。职工 835 人。固定资产原值 35985 万元、净值 19819 万元,流动资产 81277 万元。机械设备 1734 台(套),总功率 36444 千瓦,技术装备率 16.67 万元/人,动力装备率 38.05 千瓦/人,设备完好率 98.7%、利用率 78%。

2012 年新签合同额 81574 万元,完成工业总产值 122141 万元,实现利润 2016.84 万元。职工年人均收入 65216 元。国有资产保值增值率 103.17%,净资产收益率 3.18%,产值利润率 1.7%,资产负债率 62.53%,应上缴款完成率 100%。年内参建的北京至天津城际轨道交通工程获中国建设工程鲁班奖;公司获全国"安康杯"劳动竞赛优胜单位、北京市房山区职工创新工作室称号,继续保持全国模范职工之家、首都文明单位标兵、全国守信企业、山东省依靠职工办企业先进单位等荣誉。 (黄梅英)

【山东凯华置业有限公司】 房地产开发二级资质企业。组建于 2001 年 3 月 27 日。公司驻山东省济南市和平路 16 号。执行董事、总经理马建平,党委书记李斌。职工 137 人,其中技术干部 89 人。下辖南京昌和房地产开发有限公司、济南庆龙置业有限公司、济南中铁凯华房地产开发有限公司、青岛中铁凯华房地产开发有限公司、泰安市凯华房地产开发有限公司和胶南分公司、济南分公司、莱西分公司、兖州分公司。

2012 年实现房地产销售面积 17.57 万平方米,合同销售额 13.49 亿元,完成营业收入 100116 万元,实现净利润 12664 万元,新开工面积 37 万平方米,竣工交付面积 18.6 万平方米。年内,公司获得中国企业文化建设先进单位、山东省劳动关系和谐企业、依靠职工办企业先进单位、最佳雇主企业、首批中国人居环境绿色住区共建单位、山东省"青年文明号"等荣誉。济南庆龙置业有限公司中国铁建·国际城项目获 2012 中国房地产(齐鲁)典范豪宅大奖,被评为济南地产年度十大名盘、2012 年度济南人居典范好楼盘;南京昌和房地产开发有限公司中国铁建·江佑铂庭项目被评为新浪乐居 2012 年度最佳楼盘、2012 年度最佳楼盘、2012 南京地产品牌楼盘。 (郭晓波 温惠杰)

【山东铁正工程试验检测中心有限公司】 公司通过国家计量认证,是公路工程综合甲级及公路、桥梁隧道工程专项试验检测机构,具有建设工程质量检测资质。公司驻山东省济南市和平路 16 号。执行董事、总经理鲁爱民,党委书记吴新萍。职工 148 人。

2012 年新签合同额 6084 万元。

(鲁素芳 程晓莉)

【水利水电工程分公司】 前身系铁道部第十四工程局第一建筑安装工程公司,1992 年 11 月组建;2002 年 9 月企业改制改称中铁十四局集团有限公司建筑工程分公司,2003 年 9 月更名为中铁十四局集团工程发展有限公司建筑工程分公司,2005 年 3 月改称现名。公司驻山东省济南市历下区中润世纪广场 A3 座 18 号楼 10 层。总经理贾开民(5 月免)、李清泰(5 月任),党委书记孙绍法(5 月免)、代显奇(5 月任)。职工 708 人。机械动力设备 163 台(套),原值 2935.48 万元、净值 1847.82 万元,总功率 14932 千瓦,动力装备率 21.09 千瓦/人,技术装备率 2.51 万元/人,设备新度系数 0.66,主要施工机械完好率 100%、利用率 100%。

2012 年新签合同额 153456 万元,完成施工总产值 123341 万元。截至年底,公司实现安全生产 7360 天。年内,公司被评为山东省依靠职工办企业先进单位,多年保持山东省文明单位称号;承建的山东省军区机关干部经济适用房工程获山东省优质工程泰山杯奖,枣庄市公安局交通警察支队综合业务楼工程获山东省建设工程优质结构杯奖。 (于谋君)

【建筑安装工程分公司】 2002 年 7 月 5 日成立,集团公司所属专业分公司,以工业与民用建筑工程为主,兼营公路、管网等市政工程。公司驻山东省济南市二环东路 3966 号东环国际广场 B 座 3 层。总经理王建伦,党委书记岳焕鹏。职工 344 人。其中,干部 239 人;工人 105 人。资产总额 8.83 亿元。其中,固定资产原值 1.24 亿元、净值 0.53 亿元;流动资产 8.3 亿元。

2012 年新签合同额 25.63 亿元,完成施工产值 13.65 亿元,实现利润 2045 万元。职工年人均收入 10

万元。投资收益上缴率100%，应上缴款完成率100%，施工产值利润率1.5%，工程成本降低率6.41%。年内，承建的滨州市中金盛德商务写字楼工程获国家优质工程银质奖。（韩　辉）

【海外工程分公司】　2001年12月28日成立。代表集团公司行使对外经济合作、境外工程承揽、建设与管理、进出口贸易、劳务输出等工作，归口管理集团公司外事工作和境外机构。公司驻山东省济南市历下区和平路16号。总经理杜瑞海，党委书记刘生应。职工265人。下辖厄瓜多尔公司、加纳公司、印度办事处、尼日尔办事处、北京办事处及贝宁阿卡萨多—博依贡博12公里公路修复项目部、厄瓜多尔萨莫拉大桥项目部、援阿富汗科教中心项目部、援多哥道关中学项目部、多哥国道5号线公路项目部。

2012年，公司先后中标贝宁酒店、边境公路、水泥厂土建工程，援阿富汗科教中心、几内亚西芒杜铁路ECI服务、多哥公路、尼日尔3条公路等9项工程，合同总额31.5亿元。全年完成施工产值1.72亿元，实现利润1710万元。（公司办公室）

【重要记载】

▲1月15日　铁道部党组成员、副部长卢春房视察集团公司承建的沪昆铁路客运专线长昆湖南段工程。

▲1月25日　股份公司董事长、党委书记孟凤朝随中国企业家代表团出访尼日尔，看望集团公司在尼员工并致新春问候。

▲2月1～2日　集团公司党委扩大会议暨2012年工作会议、三届五次职工代表大会在山东济南召开。会议的主要任务：以中央经济工作会议、中央企业负责人会议精神为指导，全面落实股份公司转方式、调结构、保增长、促和谐的部署要求，组织带领集团公司全体干部职工，全力以赴稳增长、促转型、强管理、提效益。

▲2月3日　集团公司2012年经营工作会议在山东济南召开。会议回顾总结2011年的经营工作，分析当前经营工作面临的形势及存在的问题，对2012年的经营工作进行总体安排。

▲2月4日　集团公司2012年党风建设和防腐倡廉工作会议在山东济南召开。会上，13个单位签订2012年党风廉政建设责任书。

▲2月16日　集团公司总经理张挺军陪同股份公司董事长、党委书记孟凤朝在北京中国铁建大厦会见尼日尔政府代表团。

▲2月25日　集团公司董事长、党委书记杨有诗参加中信集团在委内瑞拉召开的中信委内瑞拉国家区第二次高层领导联席会。

▲2月26日　贝宁总统亚伊视察集团公司承建的贝宁阿克萨多至博伊贡前4公里紧急维修项目工地。

▲2月29日　集团公司董事长、党委书记杨有诗在厄瓜多尔拜访中国驻厄瓜多尔大使苑桂森。

▲3月20～26日　集团公司总经理张挺军赴安哥拉出席中信建设南部非洲区联合舰队第10次高层领导联席会。

▲4月13日　国务院国资委副主任姜志刚在股份公司董事长、党委书记孟凤朝，副总裁张宗言和集团公司董事长、党委书记杨有诗，总经理张挺军陪同下，视察集团公司南京地产项目——中国铁建·江佑铂庭和南京长江隧道工程。

▲4月26日　集团公司青荣城际铁路工程指挥部党工委书记王维民获全国五一劳动奖章。

▲5月3日　中共中央政治局委员、北京市市委书记刘淇在集团公司总经理张挺军陪同下，视察集团公司承建的北京地铁8号线工程。

▲5月23日　北京市市委副书记、市长郭金龙视察北京地铁8号线工程。

▲5月31日　集团公司董事长、党委书记杨有诗陪同股份公司总裁赵广发、副总裁张宗言出席中国铁建股份有限公司与青岛市人民政府举办的城市轨道交通工程投资合作签约仪式。

▲6月11日　集团公司总经理张挺军陪同股份公司总裁赵广发、副总裁扈振衣视察建筑安装分公司承建的安哥拉社会住房工程。

▲6月28日　集团公司北京地铁9号线5标段项目部党支部获全国创先争优先进基层党组织称号。

▲6月30日　中国驻阿富汗大使徐飞鸿、商务参赞忤刚晨视察集团公司承建的阿富汗科教中心工程。

▲7月18日　《人民日报》、新华社、中央电视台、新华网等中央主流媒体记者到集团公司地铁9号线项目部召开典型宣传座谈会。

▲8月5日　铁道部党组成员、副部长卢春房在集团公司总经理张挺军陪同下视察集团公司承建的哈罗铁路、霍尔果斯口岸站工程。

▲9月6日　集团公司董事长、党委书记杨有诗获全国优秀施工企业家称号。

▲9月14～23日　集团公司董事长、党委书记杨有诗赴安哥拉参加中信建设南部非洲区联合舰队第11次高层联席会和K.K.一期工程总结表彰大会。

▲10月12日　斯里兰卡国家审计署参观团到集

团公司承建的南京地铁 10 号线长江隧道施工现场参观。

▲11 月 20 日　中共中央政治局委员、北京市市委书记郭金龙，北京市市委副书记、代市长王安顺在集团公司总经理张挺军陪同下视察集团公司承建的北京地铁 6 号线平安里站工程。

▲11 月 29 日　集团公司承建的哈密至罗布泊铁路建成通车。

▲11 月 30 日　集团公司被评为中国企业文化成果展示创意十强企业，凯华置业有限公司被评为中国企业文化建设先进单位，隧道公司北京地铁 6 号线项目部被评为中国企业班组文化建设十优单位。

（刘　宁　曹洪伟）

中铁十五局集团有限公司

【简况】　中铁十五局集团有限公司是铁路工程施工总承包特级，铁道行业甲（Ⅱ）级设计，房屋建筑、公路、水利水电、市政公用工程施工总承包一级，桥梁、隧道、公路路面、铁路铺轨架梁工程专业承包一级，城市轨道交通工程专业承包及地质灾害防治工程甲级资质企业。集团公司总部驻河南省洛阳市四通路 2 号院。前身系中国人民解放军铁道兵第五师，1984 年 1 月 1 日集体转业并入铁道部，改编为铁道部第十五工程局；1999 年 12 月更名为中铁第十五工程局，2001 年 10 月 12 日企业改制改称现名。下辖第一至第七工程有限公司，贵州路桥公司、成都公司、西北工程公司、河南置业公司、四川建筑勘察设计有限公司、济阳迎宾黄河大桥有限公司 13 个子公司，京津、华北、东北、华东、华中、中南、华南、西南、西北、新疆 10 个区域指挥部，海外工程指挥部、城市交通公司，广深港、沪昆、阜六、哈齐、太原、大西、郑开城际、郑机城际等铁路直管项目部，技术中心、河南四通检测有限公司、职工培训中心。在岗职工 21274 人。资产总额 1966154.34 万元。其中，固定资产净值 281518 万元；流动资产 1602692.96 万元。机械运输设备 5598 台（套），技术装备率 11.8 万元/人，动力装备率 17.3 千瓦/人，新度系数 0.67，设备完好率 95%、利用率 93.5%。年施工能力 400 亿元以上。

2012 年新签合同额 327.7 亿元，完成企业总产值 270.3 亿元，其中施工产值 262.5 亿元；实现利润 3.03 亿元。职工年人均收入 46342 元。国有资产保值增值率 114.82%，净资产收益率 14.32%，产值利润率 1.05%，投资回报率 21.55%，资产负债率 90.11%。完成主要实物工程量：土石方 7900.4 万立方米，隧道 83736 延长米，桥梁 112634 延长米，铁路正、站线铺轨 314 公里，公路 311.2 公里，房屋建筑面积 548615 平方米。

企业改制以来，获中国建设工程鲁班奖 6 项、中国土木工程詹天佑奖 5 项、国家优质工程奖 23 项、省部级优质工程奖 117 项、中国铁建优质工程奖 120 项。相继创造铁路日铺轨 10.688 公里和公路隧道掘进 318.33 米等全国纪录 7 项。先后获得国家 AAA 级信用企业、全国重合同守信用企业、全国优秀施工企业、全国质量效益型先进企业、全国精神文明建设先进单位、全国五一劳动奖状、全国工程建设质量管理优秀企业、全国水利建设市场主体信用评价 AAA 级、河南省建筑业技术创新先进企业、河南省优秀施工企业等荣誉，连续 11 年蝉联全国“安康杯”竞赛优胜企业。

（郑凤华）

【领导人员】

董事会

董事长	武宪功
副董事长	张汉云
董事	张喜胜
	史保魁
	张海亮
	陈　戈

监事会

监事会主席	李国欣
监事	张国修
	胡永海

经理层

总经理	张喜胜
副总经理	张海亮
	张海庆
	刁仲伟
	东光宝
	王令振
	陈文秀
	金国海
	周建富
总工程师	许建付
总会计师	裴璐辉

党群领导

党委书记	张汉云
党委副书记	史保魁
	李国欣

纪委书记　　　李国欣(兼)
工会主席　　　陈　戈　　(杨　超　邢宝柱)

【工程项目指挥机构】　华南公司　驻广东省深圳市宝安区阳光海花园3C222室。经理黄艳阳,党委书记张志刚。职工170人。2012年新签合同额15.76亿元,完成施工产值5.76亿元。

华北公司　驻北京市石景山区重型机械厂西路聚兴园小区1-3-1401。经理曾照勇,党委书记田兴柏。职工312人。2012年新签合同额18.06亿元,完成施工产值14.5亿元。

西南公司　驻云南省昆明市西山区福景路38号。经理胡海清,党委书记锁社状。职工259人。2012年新签合同额12.7亿元,完成施工产值7.04亿元。

中南公司　驻湖北省武汉市武昌区友谊大道特1号友谊国际小区6栋1单元。经理胡良贵,党委书记刘佑胜。职工256人。2012年新签合同额96519万元,完成施工产值64296万元。

新疆公司　驻新疆维吾尔自治区乌鲁木齐市青海路123号。经理王占军,党委书记朱小亚。职工251人。2012年新签合同额3.4亿元,完成施工产值7亿元。

华东公司　驻上海市闵行区莘沥路232号。经理王小川,党委书记田璐郅。职工286人。2012年新签合同额1.54亿元,完成施工产值6.06亿元。

南京公司　驻江苏省南京市江陵开发区将军大道129号2幢108室。经理贾贯乾,党委书记王建林(2月任)。职工337人。2012年新签合同额30.5亿元,完成施工产值11.2亿元。

天津工程公司　驻天津市经济技术开发区洞庭路122号。经理马中卫(9月免)、张国锋(9月任),党委书记徐向真。2012年新签合同额6.16亿元,完成施工产值4.42亿元。

城市交通工程公司　驻广东省深圳市宝安区民治街道梅龙路皇嘉梅陇公馆。职工829人。经理朱伟,党委书记张玉军。2012年新签合同额135087万元。

国际工程公司　驻北京市朝阳区百子湾西里金海商富中心A座20层。下辖沙特工程公司、尼泊尔工程公司、海湾(阿曼)公司、澳大利亚公司、蒙古公司、孟加拉公司。经理兼党委书记邵振中(11月免)、刁仲伟(11月兼任)。职工81人。2012年新签合同额6.91亿元,完成施工产值5.53亿元。

广深港铁路客运专线项目经理部　驻广东省深圳市福田区上梅林中康路北73号。项目经理、党委书记张海亮。职工40人。2012年完成施工产值8.12亿元。

阜六铁路项目经理部　驻安徽省阜阳市颍上县南照镇。项目经理张国军,党委书记淮行舟。职工19人。2012年完成施工产值9011万元。

沪昆高速铁路项目经理部　驻江西省上饶市上饶县工业园区一舟大道西人武部民兵基地。项目经理、党委书记王令振。职工43人。2012年完成施工产值12.03亿元。

哈齐铁路客运专线项目经理部　驻黑龙江省大庆市让胡路红骥牧场鲍斯生态园区。总经理金国海(2月免)、周建富(2月任),常务副经理张启亮,党委书记宋清泉。职工28人。2012年完成施工产值3.51亿元。

太原西南环铁路项目经理部　驻山西省太原市晋源新区龙山大街。经理王红升,党委书记李炎群(3月免)、王红升(3月任)。职工48人。2012年完成施工产值4.08亿元。

大西铁路客运专线工程指挥部　驻山西省晋中市介休市定阳路。指挥长金国海,常务副指挥长武金刚,党委书记谢金康。职工39人。2012年完成施工产值10.38亿元。

郑开城际铁路工程指挥部　驻河南省开封市杏花营农场汴河堤村北。指挥长彭跃立,党委书记曾井琴。职工40人。2012年完成施工产值11.5亿元。

郑机城际铁路工程指挥部　驻河南省郑州市航空港区郑韩南路与航海路交叉口华懿公寓。指挥长赵中华(9月免)、李红星(9月任),党委书记马振民(9月任)。职工37人。2012年完成施工产值18260万元。

(郑凤华)

【职工队伍】　截至2012年底,在岗职工21274人,其中干部7711人。干部中,专业技术干部7366人。干部专业结构:工程系列5401人,经济系列550人,会计系列777人,政工系列497人,其他系列141人;高级技术职务763人,中级技术职务1835人,初级技术职务4187人。

在岗工人13563人,其中技术工人8197人。技术工人中,初级工1115人、中级工2636人、高级工3417人、技师898人、高级技师131人。　(罗志敏)

【铁路工程施工】　广深港铁路客运专线福田站及相关工程ZH-4标段工程　标段长11.429公里,合同投资471001万元,原合同工期2008年10月10日~2012年8月31日,调整为2014年7月通车。重点工程:福田车站1023米,益田路隧道6236延长米,皇岗隧道3942延长米。截至2012年底,开工累计完成投资406399万元,占合同投资的86.28%。

新建杭州至长沙铁路客运专线江西段站前 HKJX -1 标段工程　标段长 65.79 公里,合同投资 570415 万元,合同工期 2010 年 4 月 ~2013 年 6 月。主要实物工程量:路基 14.012 公里,土石方 486.9 万立方米,桥梁 54 座 41991 延长米,隧道 15 座 9787 延长米。截至 2012 年底,开工累计完成投资 338738 万元,占合同投资的 59.4%。

新建郑州至开封城际铁路全部站前及部分站后工程 HNCJS-NO.3 标段工程　标段长 50.537 公里,合同投资 345173 万元,合同工期 2010 年 9 月 25 日 ~ 2013 年 9 月 24 日。截至 2012 年底,开工累计完成投资 208761 万元,占合同投资的 60.48%。

新建铁路大同至西安客运专线站前 5 标段工程　标段长 49.582 公里,合同投资 351602 万元,合同工期 2010 年 3 月 10 日 ~2013 年 12 月 31 日。主要实物工程量:新建车站 3 座,旅客地道 985 平方米,站场及路基土石方 192 万立方米,桥梁 21 座 27835 延长米,双线隧道 4 座 3868.8 延长米,涵洞 36 座。截至 2012 年底,开工累计完成投资 293351 万元,占合同投资的 83.43%。

新建哈尔滨至齐齐哈尔铁路客运专线土建工程站前 4 标段工程　标段长 44.4 公里,合同投资 218420 万元,合同工期 2009 年 10 月 ~2014 年 11 月。主要实物工程量:路基 24.73 公里,路基土石方 320 万立方米,特大桥 7 座 19670 延长米,涵洞 39 座 971 横延米,站线铺轨 4.19 公里,铺设道岔 5 组。截至 2012 年底,开工累计完成投资 171010 万元,占合同投资的 78.3%。

兰新铁路红柳河至乌西段电气化改造 DS2 标段工程　标段长 203.57 公里,合同投资 52629 万元,合同工期 2009 年 5 月 ~2011 年 11 月。主要实物工程量:土石方 203.75 万立方米,桥梁 1 座 1625.9 延长米,涵洞 21 座 409.78 横延米,房屋建筑面积 40493.72 平方米,正线铺轨 4.33 公里,站线铺轨 55.62 公里,铺设道岔 209 组。截至 2012 年底,开工累计完成投资 51766 万元,占合同投资的 98.4%。

太原铁路枢纽新建西南环线铁路 XNHS-2 标段工程　标段长 33.57 公里,合同投资 265000 万元,合同工期 2009 年 10 月 1 日 ~2012 年 9 月 30 日。主要实物工程量:土方 392 万立方米,隧道 8840 延长米,桥梁 5503 延长米,T 梁架设 1088 片,涵洞 1690.7 横延米,正线铺轨 84.16 公里,站线铺轨 14.35 公里。截至 2012 年底,开工累计完成投资 122547 万元,占合同投资的 46.24%。

石长铁路增建二线站前 2 标段工程　标段长 262.842 公里,合同投资 235000 万元,合同工期 2010 年 4 月 ~2013 年 3 月。主要实物工程量:路基 73.6 公里,路期土石方 843 万立方米,特大桥 6 座 8996 延长米,涵洞 403 座 6614 横延米,隧道 18 座 5184 延长米。截至 2012 年底,开工累计完成投资 89405 万元,占合同投资的 38.12%。

神华新准铁路巴准线 5 标段工程　标段长 15.906 公里,合同投资 47016.49 万元,合同工期 2010 年 9 月 5 日 ~2012 年 4 月 3 日。主要实物工程量:路基 7.688 公里,特大桥 4 座 3176.97 延长米,隧道 5 座 3063 延长米。截至 2012 年底,开工累计完成投资 45845 万元,占合同投资的 97.51%。　（王赞霞）

【铁路外工程施工】 南京梅子洲过江通道连接线至青奥轴线地下交通工程 J2-J5 区标段工程　标段长 1.482 公里,合同投资 79000 万元,合同工期 2012 年 5 月 5 日 ~2013 年 11 月。截至 2012 年底,开工累计完成投资 34960 万元,占合同投资的 44.25%。

贵州省思南至剑河高速公路土建第 15 合同段工程　线路长 5.318 公里,合同投资 32830.4 万元,合同工期 2010 年 8 月 18 日 ~2012 年 10 月 18 日。主要实物工程量:路基土石方 64.73 万立方米,桥梁 3 座 1888 延长米,隧道 1 座 830.5 延长米。截至 2012 年底,开工累计完成投资 30900.4 万元,占合同投资的 94.1%。

汾阳至邢台高速公路左权至和顺(省界)段 LJ4 合同段工程　线路长 6 公里,合同投资 51348 万元,合同工期 2011 年 1 月 ~2013 年 12 月。主要实物工程量:隧道 2 座 71345 延长米。截至 2012 年底,开工累计完成投资 17990 万元,占合同投资的 35.04%。

沈海复线仙游至南安金淘高速公路莆田段 A3 合同段工程　线路长 8.16 公里,合同投资 41344.69 万元,合同工期 2011 年 5 月 ~2013 年 5 月。主要实物工程量:土石方 499.44 万立方米,大桥 2 座 676.5 延长米,涵洞 21 座 982.77 横延米,隧道 2 座 2384 延长米。截至 2012 年底,开工累计完成投资 31342 万元,占合同投资的 75.81%。

厦漳公路厦门段 A3 合同段工程　合同投资 19348 万元,合同工期 2010 年 1 月 ~2011 年 12 月。主要实物工程量:桩基 478 根,墩台 225 个,箱梁 58 联 210 跨。截至 2012 年底,开工累计完成投资 13908 万元,占合同投资的 71.88%。

安徽省涡阳县涡阳三桥工程　线路长 1.23 公里,其中大桥 848 延长米。合同投资 14570 万元,合同工期 2011 年 7 月 ~2013 年 12 月。主要实物工程量:桩基 204 根,承台 43 个,墩台 50 个,预制箱梁 180 片,现浇箱梁 248 米。截至 2012 年底,开工累计完成投资 6725 万元,占合同投资的 46.2%。

滨海新区西外环高速公路津汉高速至海景大道11标段工程　合同投资35916万元,合同工期2011年6月~2012年9月。主要实物工程量:海河大桥1640延长米。截至2012年底,开工累计完成投资3727万元,占合同投资的10.38%。

北京地铁14号线12合同段工程　合同投资25107万元,合同工期2010年5月1日~2014年12月31日。主要实物工程量:十里河站216.9米;十里河站至弘燕路站区间双线双洞隧道,单线长974.05延长米。截至2012年底,开工累计完成投资4252万元,占合同投资的16.94%。

昆明市轨道交通首期工程土建13标段工程　合同投资41730万元,合同工期2010年2月10日~2012年5月31日。主要实物工程量:两座车站总建筑面积23279.66平方米。截至2012年底,开工累计完成投资38981元,占合同投资的93.41%。主体工程完工。

南京地铁3号线D3-TA15标段工程　合同投资45247万元,合同工期2010年12月1日~2013年9月30日。主要实物工程量:清水亭西路站、天元西路站,天元西路站至清水亭西路站、清水亭西路站至诚信大道站两个盾构区间。截至2012年底,开工累计完成投资26115万元,占合同投资的57.72%。

东莞市城市快速轨道交通R2线2303A标段工程　合同投资61371万元,合同工期2010年12月28日~2013年4月28日。主要实物工程量:一站一区间,两条盾构出入段线。其中,区间茶山站左线长2997.435米、右线长2993.969米;出段线长548.049米,入段线长738.609米;车站建筑面积11611.63平方米。截至2012年底,开工累计完成投资21387.55万元,占合同投资的34.85%。

大连地铁一期206标段工程　标段长1.3公里,合同投资24928.7万元,合同工期2009年11月1日~2012年2月18日。截至2012年底,开工累计完成投资11700元,占合同投资的46.93%。　(王赞霞)

【港澳工程】　香港高速铁路826标段皇岗至米铺隧道工程　隧道2950延长米,合同投资115793万元,合同工期2010年3月15日~2015年5月10日。截至2012年底,开工累计完成投资62152万元,占合同投资的53.68%。

澳门轻轨C350一期凼仔市中心段建造工程　合同投资48863万元,合同工期2012年2月~2015年4月。主要工程量:车站4座,高架桥1座,人行天桥4座。截至2012年底,开工累计完成投资2150万元,占合同投资的4.4%。　(王赞霞)

【境外工程】　沙特阿拉伯教育部200所学校工程　总建筑面积120万平方米,合同投资353000万元,合同工期2009年9月~2012年3月。截至2012年底,开工累计完成投资80648万元,占合同投资的22.85%。

尼泊尔马兰奇引水隧道工程　合同投资47130万元,合同工期2009年4月~2013年9月,2012年9月退场。主要实物工程量:土石方62050立方米,桥梁2座80延长米,引水隧道26284延长米。截至2012年底,开工累计完成投资13947万元,占合同投资的29.59%。

松巴万加—马太—卡桑加港口公路工程　全长112公里,合同投资81360万元,合同工期2010年1月~2013年1月。截至2012年底,开工累计完成投资21286万元,占合同投资的26.16%。　(王赞霞)

【经营管理】　工程经营。2012年承揽工程任务175项,新签合同额327.7亿元。其中,市政工程97.8亿元,占29.9%;公路工程69亿元,占21.1%;房建工程50.5亿元,占15.4%;铁路工程30.2亿元,占9.2%;水利水电工程6.3亿元,占1.9%;海外工程8.9亿元,占2.7%。

企业管理。集团公司通过国家建筑业特级资质审核,取得铁路工程施工总承包特级资质暨铁道行业设计甲二级资质,计量测试中心取得水利工程岩土工程乙级资质。

安全质量。集团公司连续11年蝉联全国“安康杯”竞赛优胜企业,获铁道部优质工程奖5项、中国铁建优质工程奖15项;获全国工程建设优秀QC小组成果2项,省部级优秀QC小组12个、中国铁建优秀QC小组5个。集团公司及所属二、四、五、六、七公司被评为河南省信用建设示范单位。

财务管理。全年实现利润3.03亿元。职工年人均收入46342元。国有资产保值增值率114.82%,净资产收益率14.32%,产值利润率1.05%,投资回报率21.55%,资产负债率90.11%。向国家、地方政府缴纳税金8.86亿元。

人才队伍建设。2012年接收毕业生1064名。其中,研究生7人、本科290名、大专155名、高职259名、中专技校353名;土木工程类612人,经济管理类219人,机电类103人,中文、法律等其他专业130人。

审计工作。全年完成审计项目161项。其中,经济责任审计23项;工程项目审计69项;经济效益审计31项;财务收支审计19项;基建审计1项;后续审计1项;内控制度审计2项;专项审计调查5项;其他10项。投入审计工作日3899天。发现问题金额20195

万元。其中,违规违纪金额 7657.9 万元;不良资产 4666.1 万元;损失浪费 2986.9 万元;其他金额 4884.1 万元。纠正违规金额 7017.5 万元,提出审计建议 703 条。通过经济责任审计提升 8 人、平调 9 人、免职 3 人、撤职 1 人。移交违规违纪案件 3 起,移送公司纪检监察部门处理 2 人,行政处分 2 人。 (郑凤华)

【科技教育】 科技成果。2012 年投入科技资金 1170 万元。年内获河南省级工法 6 项,集团公司累计拥有国家级工法 6 项、省部级工法 53 项;7 项科技成果通过河南省科技厅鉴定;获国家专利 13 项,其中发明专利 3 项、实用新型专利 10 项,集团公司累计拥有有效专利 34 项。

教育培训。全年举办培训班 10 期,培训 1245 人次。2038 人参加股份公司举办的企业文化、法律顾问等培训班,61 名注册建造师参加继续教育。277 人参加学历教育。 (乔亚宁 罗志敏)

【党群工作】 党的工作。集团公司有基层党组织 563 个、总支部 27 个、党支部 437 个,党员 7878 人。(1)党委政治核心作用。积极支持董事会、经理层工作,在"双向进入、交叉任职"的领导框架下,集团公司党委对重大问题提出意见和建议,以书面形式反馈到董事会、经理班子,或由进入董事会、监事会、经理班子的党委成员,通过多种方式分别反映党组织的意见,使党组织的主张在企业决策中得到重视和体现。全年召开党委常委(扩大)会 2 次,研究讨论干部人事调整、生产经营等重要事项;召开书记办公会 7 次,对企业发展和党建思想政治工作等重要问题进行安排部署。(2)思想政治工作。学习贯彻党的十八大精神。把迎接、学习、贯彻党的十八大作为 2012 年党建思想政治工作的首要任务,组织广大党员和干部职工收看直播、学习原文、重点解读,及时下发学习意见、宣传提纲、推进计划,开展集体学习、座谈交流、知识竞赛和读书活动。二公司许敬银作为中国铁建唯一的十八大代表,通过不同方式传达十八大精神,介绍十八大盛况,受到学员的热烈欢迎。(3)领导干部队伍建设。先后选派 22 名领导干部参加股份公司等单位举办的领导干部岗位培训班,推荐 40 名基层党组织书记参加股份公司工程项目书记培训班,举办集团公司第三期处职领导干部素质培训班,培训领导干部 97 名。对部分单位领导班子以及处级岗位缺额进行调整配备,共提拔调整 95 人。全年有 15 个单位被评为集团公司 2011 年度"四好领导班子",8 个单位被评为集团公司"四好领导班子"创建工作先进单位。(4)基层党组织建设。对集团公司 433 个党(总)支部进行分类定级,促使基层党组织建设有效提升。在沪昆铁路项目部组织召开集团公司创先争优活动经验交流暨基层组织建设年推进会,20 家单位在会上交流经验,表彰先进基层党组织 50 个、优秀共产党员标兵 101 名、优秀党务工作者标兵 50 名。(5)企业文化建设和对外宣传。开展第三届"感动企业十佳人物"评选活动。全年在各级各类媒体刊发稿件上万篇,连续 7 年被评为《中国铁道建筑报》新闻报道先进单位,连续 4 年蝉联中国铁建网站信息发布先进单位第一名。1 个子公司、3 个项目部、5 名个人分别被股份公司党委评为企业文化建设先进单位、优秀项目部和先进个人,1 人获中央企业金牌志愿者称号,1 人在第二届"中国铁建杯"职工书法大赛中获一等奖。(6)党风建设和反腐倡廉工作。全年受理案件线索 39 件,初查核实案件线索 37 件,了结 7 件,立案 24 件,结案 18 件(含 2011 年遗留案件 2 件)。18 人受到党政纪处分,其中党纪处分 7 人、政纪处分 16 人、双重处分 5 人。受到刑事处理 8 人。避免和挽回经济损失 600 余万元。

工会工作。集团公司工会下辖 36 个子公司、公司和直属单位工会,173 个项目工会(工委),86 个段(队)工会,725 个工会小组。工会会员 19313 人,专职工会干部 67 人。(1)服务职工在基层活动。解决 30 多个事关职工切身利益的问题,对一批困难职工给予救助,对一些新建项目、困难项目和重难点项目进行帮助,促进施工生产任务的完成。(2)劳动竞赛。有 30 多个项目受到上级和业主表彰,累计获得业主劳动竞赛奖金 3233 万元。2 人被评为股份公司劳动竞赛优秀组织者,1 个单位被评为股份公司"五比五创"劳动竞赛工程质量第一名,2 人被评为河南省重点工程建设技术标兵、2 个项目被评为河南省重点工程建设优秀参建单位。(3)职工技术创新。组织、承办河南省百项职工技能竞赛工程 CAD 制图、工程试验决赛暨集团公司第六届职工技术比武,10 名选手获集团公司技术能手称号,2 人申报河南省五一劳动奖章;1 人被评为河南省百名职工技术英杰,2 项成果被评为河南省百项职工优秀技术创新成果,集团公司被评为河南省职工建功"十二五"技术创新竞赛组织工作先进集体。(4)"安康杯"竞赛。集团公司连续 11 年获全国"安康杯"竞赛优胜企业称号,二、三、四、五、六、七公司和贵州路桥公司同时获此殊荣。六公司班组安全管理"六到位"工作法获中国铁建特色工作一等奖。2 人获得全国五一劳动奖章,三公司油品中心女子发油班、五公司经营部获全国"巾帼标兵岗"称号。(5)民主管理。开展职代会达标升级工作,职代会召开率 100%,表彰模范职代会 21 个、先进职代会 7 个。组织 4 个检查组,抽查基层项目部 20 余个,对发现的问题提出整改要求。(6)建线建家。开展模范职工之家建设达标活动,39 个单位被评为集团公司模范职工之家。集团公司工会总结的《引入社区建家理念 提升项目建家水平》在股份公司组织的民管工作业务交流会上交流。(7)扶贫帮困及送温暖工作。筹集送温暖资金 209.6 万元,走访慰问困难职工家庭 1142 户。各单位深入施工一线,通过发放慰问品等方式慰问一线职工 3905 人次、农民工 922 人次。各级工会继续开展一帮一慰问活动,处以上领导参加慰问活动 149 人次。(8)女工工作。选送 109 幅作品参加"喜迎十八大,巧手展才艺"活动,2 个集体、5 名个人受到股份公司和河南省总工会表彰。集团公司女工委被河南省总工会评为女职工工作先进单位。年内举办第二届"十佳女职工标兵"评选。(9)工会自身建设。开展工会财务规范化建设达标活动,经股份公司考核,达到 A 级水平,获优秀审计项目 2 项、优秀工会财务工作论文 2 篇。集团公司评出优秀财务达标单位 6 个、达标单位 4 个,先进财务工作者 12 名。

共青团工作。集团公司团委下辖 79 个基层团委、24 个团总支部、138 个团支部。团员 5639 名,35 岁以下青年工人 9114 名,专职团干部 13 名。2012 年,2 个集体分别获全国青年安全生产示范岗、中央企业"青年文明号"称号,1 人获得中央企业金牌青年志愿者称号;6 个集体获河南省共青团创先争优活动先进青年集体称号,3 名青年获河南省共青团创先争优活动先进个人称号;4 个集体获省部级以上"青年文明号"称号,5 名团员青年获省部级"青年岗位能手"称号。

(范刚军　张　辉　李建平)

【第一工程有限公司】 公路、市政公用、水利水电工程施工总承包一级,铁路工程施工总承包二级,土石方、桥梁、公路路基、公路路面、隧道工程专业承包一级资质企业。公司驻陕西省西安市经济技术开发区凤城二路 13 号。前身为中国人民解放军铁道兵第五师第二十一团,1984 年 1 月集体转业并入铁道部,改编为铁道部第十五工程局第一工程处;2001 年企业改制改称现名。执行董事、党委书记廖由联,总经理李为民。下辖 8 个分公司、5 个直管单位、39 个在建项目。职工 2176 人。其中,干部 1156 人;工人 1020 人。技术干部 801 人,技术工人 936 人。资产总额 144026.82 万元,其中固定资产净值 6420.61 万元。机械运输设备 677 台,动力装备率 14.9 千瓦/人,技术装备率 1.89 万元/人,设备完好率 90%、利用率 85%。

2012 年新签合同额 20.35 亿元,完成施工产值 25.38 亿元,实现净利润 1894.42 万元。国有资产保值增值率 103.99%,净资产收益率 3.94%,产值利润率 0.87%,投资回报率 3.41%,资产负债率 66.57%。职工年人均收入 32897 元。完成主要实物工程量:公路 32 公里,路基土石方 1401 万立方米,桥梁 11377 延长米,隧道 14088 延长米。

(李　刚)

【第二工程有限公司】 公路、市政公用、房屋建筑工程施工总承包一级,铁路、水利水电工程施工总承包二级,桥梁、隧道、公路路基、公路路面、建筑幕墙工程专业承包一级,公路工程试验综合检测、水利工程试验检测乙级资质企业。公司驻河南省焦作市工业路 518 号。前身为中国人民解放军铁道兵第五师二十二团,1984 年 1 月集体转业并入铁道部,改编为铁道部第十五工程局第二工程处;2001 年企业改制改称现名。执行董事、党委书记白天贵,总经理狄海飞。下辖 3 个分公司、7 个指挥部、4 个直管项目部、20 个建制工程队、2 个物管中心及通信公司、宾馆。职工 2707 人。其中,干部 938 人(内退干部 81 人);工人 1769 人。技术干部 799 人。资产总额 14.7 亿元,其中固定资产净值 7918 万元。机械运输设备 440 台,动力装备率 13 千瓦/人,技术装备率 16509 元/人,设备完好率 95%、利用率 82%。

2012 年新签合同额 20.08 亿元,完成施工产值 28.06 亿元,实现利润 2080 万元。职工年人均收入 31152 元。国有资产保值增值率 103.05%,净资产收益率 3.1%,产值利润率 0.74%,投资回报率 4.16%,资产负债率 63.34%。完成主要实物工程量:路基土石方 1837.05 万立方米,桥梁 11008.83 延长米,涵渠 5832.79 横延米,隧道 8611.34 延长米,房屋建筑面积 79898.87 平方米,梁片预制 1463 片、架设 1179 片。

(王宏博)

【第三工程有限公司】 钢结构专业承包一级,地基与基础工程专业承包二级,机电设备安装工程专业承包二级资质企业。公司驻河南省洛阳市西工区工业园汉宫路西段。前身为中国人民解放军铁道兵第五师后勤部修理营,1984 年 1 月 1 日集体转业并入铁道部,改编为铁道部第十五工程局机械厂;2001 年 12 月改称中铁十五局集团机械设备有限公司,2005 年 6 月企业改制改称现名;2008 年 2 月与集团物资有限公司合并重组。执行董事兼总经理李广军,党委书记茹念文。下辖 9 个分公司、7 个项目部、4 个物资供应站。职工 851 人。其中,干部 325 人;工人 526 人。资产总额 71606.9 万元,其中固定资产净值 6185.55 万元。机械运输设备 405 台(套),总功率 6074.8 千瓦,动力装备率 8.76 千瓦/人,技术装备率 5.3 万元/人,设备完好率 92%、利用率 93%。

2012年新签合同额95000万元，完成企业总产值54849万元，实现利润411.43万元。国有资产保值增值率100.13%，净资产收益率2.52%，产值利润率8.2%，投资回报率3.52%，资产负债率77.21%。完成主要实物工程量：土石方485万立方米，桥梁2330延长米，涵渠1647横延米，钢结构加工制作2000吨。

（李　锋）

【第四工程有限公司】 公路、市政公用工程施工总承包一级，铁路、房屋建筑工程施工总承包二级，土石方、桥梁、隧道、公路路基、水土隧洞工程专业承包一级资质企业。公司驻河南省郑州市二七区新圃东街117号。前身系中国人民解放军铁道兵第五师二十四团，1984年1月1日集体转业并入铁道部，改编为铁道部第十五工程局第四工程处；2001年7月企业改制改称现名；2007年1月28日与集团科技工贸公司合并重组。执行董事兼总经理程金泉，党委书记刘培军。下辖11个分公司、6个项目部及侯马办事处。职工2527人。其中，干部708人；工人1819人。技术干部624人，技术工人1564人。资产总额171593万元，其中固定资产净值9553.77万元。机械运输设备300台（套），技术装备率1.89万元/人，动力装备率9.16千瓦/人，设备完好率91%、利用率87%。

2012年新签合同额237800万元，完成施工产值205289万元，实现利润1260.38万元。国有资本保值增值率104.57%，净资产收益率3.84%，产值利润率7.4%，投资回报率0.76%，资产负债率80.42%。完成主要实物工程量：路基土石方531万立方米，桥梁13837延长米，隧道1715.75延长米，涵渠620横延米，房屋建筑面积153885平方米。

（路翼西）

【第五工程有限公司】 公路、市政公用工程施工总承包一级，铁路工程施工总承包二级资质企业。公司驻河南省洛阳市瀍河区买家街123号院。前身为中国人民解放军铁道兵第五师第二十五团，1984年1月集体转业并入铁道部，改编为铁道部第十五工程局第五工程处；2001年11月企业改制改称现名。执行董事兼总经理宫元生（9月免）、黄笑（9月任），党委书记岳昌茂。下辖13个分公司、1个直属项目部。职工3841人。其中，干部815人；工人3026人。技术干部786人，高级技师15人。资产总额232293万元，其中固定资产净值13973万元。机械运输设备396台（套），动力装备率9.8千瓦/人，技术装备率2.37万元/人，设备完好率90%、利用率80%。

2012年新签合同额20.78亿元，完成施工产值40.77亿元，实现利润2314.74万元。国有资产保值增值率104.02%，净资产收益率3.93%，产值利润率0.57%，投资回报率3.78%，资产负债率76%。完成主要实物工程量：土石方708万立方米，隧道14768.79延长米，桥梁23941延长米，公路103.43公里，路面458.82万平方米，公路架梁3429片。

（赵文艳）

【第六工程有限公司】 铁路、公路、市政公用工程施工总承包一级，房屋建筑、水利水电工程施工总承包二级，公路路基、公路路面、隧道、桥梁工程专业承包一级，铁路铺架工程专业承包二级，铁路电务、电气化工程专业承包三级，公路水运工程实验检测乙级资质企业；兼营新建铁路临管运输、房屋租赁等业务。公司驻河南省洛阳市邙山路4号院。前身系中国人民解放军铁道兵南疆线新建铁路管理处，1984年1月集体转业并入铁道部，改编为铁道部第十五工程局新线铁路运输处；2001年12月企业改制改称现名。执行董事兼总经理薛学勇，党委书记党宏学。下辖2个铁路运输处、17个分公司（队）、46个项目（指挥）部、2个管理中心和1个中心实验室。职工2378人。其中，干部676人；工人1702人。技术干部611人，技术工人970人。资产总额176829.3万元，其中固定资产净值16965.45万元。机械运输设备285台（套），动力装备率73.05千瓦/人，技术装备率4.83万元/人，设备完好率95%、利用率75%。

2012年新签合同额20.12亿元，完成企业总产值16.74亿元，实现利润1537万元。全员劳动生产率55.21万元/人年，职工年人均收入34892元。国有资产保值增值率105.22%，净资产收益率4.25%，投资回报率0.73%，产值利润率0.92%，资产负债率79.98%。完成主要实物工程量：路基土石方223万立方米，桥梁2193延长米，隧道1065延长米，涵洞439横延米，正线铺轨113公里，站线铺轨32公里，架梁2347孔，铺道岔127组，房屋建筑面积27506平方米。公司获河南省信用建设示范单位、河南省建筑业技术创新先进企业称号。

（赵会芳）

【第七工程有限公司】 公路、房屋建筑、市政公用工程施工总承包一级，铁路工程施工总承包二级，桥梁、隧道、公路路面、公路路基、水工隧洞工程专业承包一级资质企业。公司驻河南省洛阳市洛常路6号院。2001年8月16日，由原中铁第十五工程局实业总公司、机械化工程公司、建筑工程公司改制重组而成。执行董事兼总经理马中卫，党委书记孙彬。下辖5个分公司、12个直属项目部。职工1835人，其中专业技术人才713人。机械运输设备407台（套），动力装备率11.87千瓦/人，技术装备率2.81万元/人，设备完好率70%、利用率67%。

2012年新签合同额23亿元,完成施工产值25.59亿元,实现利润2430万元。国有资产保值增值率104.07%,净资产收益率4.52%,产值利润率1.03%,投资回报率4.86%,资产负债率65.17%。完成主要实物工程量:土石方695.3万立方米,隧道956延长米,桥梁10379延长米,房屋建筑面积25.25万平方米,公路架梁3579片。 (常万陶)

【贵州中铁路桥工程有限公司】 主要经营钢筋混凝土桥梁、轨枕及其他混凝土制品和钢结构构件的生产与销售。公司驻贵州省都匀市北工区。前身为铁道部都匀桥梁厂,始建于1958年5月;2001年12月资产重组划归中铁十五局集团公司管理,2003年5月企业改制改称现名。执行董事、总经理杨俊,党委书记韦建平。下辖4个直属单位、12个派出机构。职工943人。其中,干部311人;工人632人。技术干部256人,技术工人96人。资产总额77579万元,其中固定资产净值8103万元。机械运输设备153台(套),设备总功率7460千瓦,动力装备率7.87千瓦/人,技术装备率3.67万元/人,设备完好率93%、利用率68%。

2012年新签合同额11356万元,完成施工产值135864万元,实现利润686万元。国有资产保值增值率113.73%,净资产收益率13.27%,产值利润率0.89%,投资回报率28.11%,资产负债率93.15%。完成主要实物工程量:生产桥梁2414孔,轨枕253998根,商品混凝土102999立方米。公司连续22年获贵州省重合同守信用单位称号。 (王敬中)

【成都建设工程有限公司】 房屋建筑、市政公用工程施工总承包二级,桥梁、隧道工程专业承包二级资质企业。公司驻四川省成都市郫县犀浦镇珠江东街16号。前身为中铁十五局集团公司泸州工程指挥部、达成铁路工程指挥部、西南工程处、四川工程指挥部,2004年7月与集团公司四公司成都分公司合并,2008年4月改称成都公司,2011年改称现名。执行董事、总经理古尊勇,党委书记韩云生。下辖13个项目部、1个机械化工程公司。职工476人。其中,干部152人;工人324人。资产总额32225.16万元,其中固定资产净值3027万元。机械运输设备及检测仪器114台(套),设备总功率12265千瓦,动力装备率30千瓦/人,技术装备率2.5万元/人,设备完好率70%、利用率85%。

2012年新签合同额5.4亿元,完成施工产值6.1亿元,实现利润393.4万元。国有资产保值增值率122.48%,净资产收益率18.68%,产值利润率1.18%,资产负债率92.34%。完成主要实物工程量:土石方85.7万立方米,隧道2542延长米,桥梁3982延长米,涵洞17座,架梁612片。 (王秋莲)

【西北工程有限公司】 铁路、公路、市政公用、水利水电、矿山、房屋建筑工程施工总承包二级,公路路基、公路路面、桥梁、隧道、钢结构工程专业承包二级资质企业。公司驻陕西省西安市柿园路1号。2008年2月由集团公司西北工程公司和新疆分公司整合组建。执行董事、总经理贺修军,党委书记吴建松。下辖25个工程项目部。职工601人。其中,干部326人;工人275人。资产总额101765万元,其中固定资产净值6753万元。机械运输设备359台(套),动力装备率64.22千瓦/人,设备完好率75%、利用率40%。

2012年新签合同额96970万元,实现利润376.31万元。国有资产保值增值率111.01%,净资产收益率6.05%,产值利润率0.79%,投资回报率5.92%,资产负债率91%。完成主要实物工程量:土石方221.62万立方米,隧道8座3774.75延长米,桥梁24座1570.9延长米,房屋建筑面积1224平方米,公路架梁65片,路面13.35万平方米。 (董春雯)

【河南置业有限公司】 2010年3月注册,开发建筑面积25万平方米以下房地产项目。总经理兼党委副书记李文兵,党委书记李章国。公司驻河南省郑州市二七区航海路197号索克世纪大厦。下辖3个项目公司。

2012年实现销售33200万元,完成营业收入14683.22万元。国有资产保值增值率101.35%,净资产收益率8.92%,产值利润率3.38%,投资回报率6.7%,资产负债率95.93%。 (朱秀莲)

【四川建筑勘察设计有限公司】 具有建筑工程甲级,市政、勘察、测量、工程咨询、风景园林乙级,城市规划丙级资质。公司驻四川省宜宾市岳武里14号。前身为宜宾市建筑勘察设计院,2011年3月集团公司全资收购后更为现名。执行董事、总经理官建,党委书记杨光。职工120人。资产总额2536.27万元,其中固定资产净值237.36万元。

2012年新签合同额2205.58万元,完成企业总产值1803.36万元。国有资产保值增值率101.35%,净资产收益率1.35%,产值利润率1.63%,投资回报率9.4%,资产负债率8.93%。 (邓丽萍)

【济阳迎宾黄河大桥有限公司】 2006年1月19日成立。大桥2008年11月26日通车,12月1日开始收费。董事长、党委书记、总经理张富强。职工87人。

2012年完成通行费收入7342万元，实现盈利1568万元，完成上缴款4666万元。国有资产保值增值率102.84%，净资产收益率2.83%，产值利润率9.27%，投资回报率22.71%，资产负债率60.92%。

（陈　鹏）

【重要记载】

▲1月　集团公司被认定为全国水利建设市场主体信用评价AAA级。

▲2月4日　集团公司召开2012年工作会、二届十三次党委全体（扩大）会、三届二次职代会和党风廉政建设工作会。

▲2月24日　股份公司副总裁刘汝臣到集团公司广深港铁路项目部检查指导工作。

▲3月16～18日　集团公司工会二届十一次全委（扩大）会在华南公司广乐高速公路项目部召开。

▲3月　集团公司获第二届全国交通企（事）业法治先进单位称号，解金辉获第五届全国交通企（事）业十佳法律顾问称号，姜晓蕾被评为第二届全国交通企（事）业法治先进个人。

▲4月　二公司郧县汉江二桥项目部获中央企业“青年文明号”称号。

▲4月　七公司一分公司南阳市光武大桥项目部获河南省五一劳动奖状。

▲5月15日　集团公司获全国优秀施工企业称号，董事长、总经理许东坤被评为中国工程建设优秀高级职业经理人，副总经理周建富被评为全国工程建设优秀项目经理。

▲5月　五公司十分公司团委被授予河南省五四红旗团委称号。

▲6月4日　许敬银在中国共产党中央企业系统（在京）代表会议上，当选中国共产党第十八次全国代表大会代表，系中国铁建股份公司系统唯一一名十八大代表。

▲6月13～17日　西北公司开发的“减少泵送混凝土堵管次数”、“提高水工隧洞光面爆破施工一次合格率”QC成果分别获2012年全国水利行业优秀质量管理小组QC成果一、二等奖。

▲7月16日　河南省百项职工技能竞赛工程CAD制图、工程试验决赛暨中铁十五局集团公司第六届职工技术比武在集团公司职工培训中心举行。

▲7月　六公司入选河南省建筑施工企业综合实力50强。

▲8月　集团公司研发的“一种高铁桥梁的梁体内探伤小车”等8项实用新型专利获国家授权。

▲11月1日　京沪高速铁路工程指挥部开发的“高速铁路板式无砟轨道精密测量系统”获国家测绘科学技术进步二等奖。

▲11月8日　许敬银出席中国共产党第十八次全国代表大会。

▲11月21日　武宪功任集团公司董事长，张喜胜任董事、总经理。许东坤任集团公司高级顾问，免去董事长、董事职务，不再担任总经理职务。

▲同日　武宪功、张喜胜任集团公司党委副书记，免去许东坤集团公司党委副书记、常委委员职务。

▲12月27日　五公司承建的西汉高速公路郭家山隧道、南京公司承建的合肥市长江西路高架桥工程获国家优质工程银质奖。

（郑凤华）

中铁十六局集团有限公司

【简况】　中铁十六局集团有限公司系铁路、房屋建筑工程施工总承包特级，公路、市政公用、水利水电工程施工总承包一级，公路路面、建筑装修装饰、隧道工程施工专业承包一级，城市轨道交通工程专业承包和地质灾害防治工程施工甲级资质企业；同时拥有对外承包工程、劳务合作经营资质。集团公司总部驻北京市朝阳区红松园北里2号。前身系中国人民解放军铁道兵第十一、十三师合编后的铁道兵第十一师，1984年1月集体转业并入铁道部，改编为铁道部第十六工程局；2000年1月更名为中铁第十六工程局，2002年5月10日企业改制改称现名。下辖12个子公司、9个分支机构。职工20324人。其中，干部11413人；工人8911人。专业技术干部10313人，占干部总数的90.36%；技术工人8224人，占工人总数的92.29%。资产总额2075153万元。其中，流动性资产1775223万元；长期投资40万元；固定资产268973万元；其他资产30917万元。机械设备3333台（套），原值341448万元、净值207469万元，总功率674193千瓦，技术装备率10.9万元/人，动力装备率35.2千瓦/人。

2012年承揽工程177项，新签合同总额4223404万元，完成企业总产值2862696万元。其中，施工产值2833389万元；工业产值1719万元；交通运输收入17075万元；房地产收入11281万元；其他产值1232万元。完成营业收入2778933万元，实现利润35277万元。净资产收益率140.12%，产值利润率1.24%，资产负债率89.97%，成本费用占营业总收入比率98.78%，应上缴款完成率100%。完成主要实物工程量：土石方5390.6万立方米，隧道101532延长米，桥梁 108439 延长米，铺轨 54.1 公里，公路 117.1 公里，地铁 18.48 公里，房屋建筑面积 94.2 万平方米，铺设通信线路 55.6 公里、供电线路 11 公里，铁路架梁 1619 孔、公路架梁 4457 片。年内，集团公司被评为全国就业先进企业。 （刘承宝）

【领导人员】

董事会

董事长	覃正标
董事	覃正标
	赵瑞亮
	刘安金
	程红彬
	江拔其
职工董事	薛瑞林

经理层

总经理	赵瑞亮
副总经理	刘安金
	程红彬
	江拔其
	赵国旗
	孔令健
	杨哲峰
	黄昌富
	马　栋(2 月任)
	张夕和(2 月任)
总工程师	马　栋
总会计师	张夕和

党群领导

党委书记	覃正标
党委副书记	赵瑞亮
	吴秀义
纪委书记	吴秀义
工会主席	薛瑞林

（刘承宝）

【工程项目指挥机构】 沪昆铁路客运专线江西段站前工程 HKJX－5 标段项目经理部　项目经理兼党工委书记程红彬，常务副经理董梁，常务副书记蒲仕洲。驻江西省新建县望城镇 320 国道西侧省公安厅交警总队培训中心。

沪昆铁路客运专线湖南段项目经理部　项目经理兼党工委书记郎建平，常务副经理田大鹏。驻湖南省娄底市乐坪西街关家脑华光山庄。

兰新铁路第二双线项目经理部　项目经理兼党工委书记程红彬，常务副经理焦敬青。驻新疆维吾尔自治区吐鲁番市高昌中路 330 号高昌大酒店。

贵广铁路工程指挥部　指挥长兼党工委书记赵国旗，常务副指挥长张国辉，常务副指挥长兼党工委副书记苏庆国。驻广东省广宁县南街镇东乡银湖山庄。

兰渝铁路 LYS－2 标段项目经理部　项目经理兼党工委书记薛瑞林，常务副经理陈炳祥。驻甘肃省渭源县清源镇新街 30 号。

成渝铁路客运专线项目经理部　项目经理卢永堂，党工委书记兼常务副经理吴红波。驻四川省资阳市大千路鑫阳商务酒店。

哈齐铁路客运专线项目经理部　项目经理马栋，党工委书记兼常务副经理任灿伟。驻黑龙江省大庆市开发区双聚街 5 号。

赣龙铁路工程指挥部　指挥长王义水，党工委书记张明革。驻福建省连城县朋口镇工业集中区（官厅背）。

武冈城际铁路项目经理部　项目经理兼党工委书记戴保民。驻湖北省鄂州市华容区丁桥街 3 号。

广昆铁路工程指挥部　指挥长常志军，党工委书记兼常务副指挥长朱卫东。驻云南省安宁市禄裱镇大哨农场。

青藏铁路西格二线工程指挥部　指挥长兼党工委书记孙胜臣。驻青海省天峻县新源镇。

山西中南部铁路通道 ZNTJ－18 标段项目经理部　项目经理樊志高，党工委书记朱发。驻山东省泰安市高新区长城路世纪温泉大酒店。

钦防铁路工程指挥部　指挥长王红伟，党工委书记卜锡权。驻广西壮族自治区防城港市港口区鱼峰路鱼峰大厦。

青岛胶州湾海底隧道项目经理部　项目经理刘安金，常务副经理兼党工委书记凌树云。驻山东省青岛市市南区团岛 1 路 71 号。 （刘承宝）

【职工队伍】 职工 20324 人。职工中，管理与专业技术人员 11413 人。其中，女性 2726 人，占 23.89%；少数民族 462 人，占 4.05%。学历结构：研究生 212 人，大学本科 6522 人，大专 3826 人，中专 474 人，高中及以下 379 人，分别占 1.86%、57.15%、33.52%、4.15%、3.32%。年龄结构：35 岁以下 8197 人，36～40 岁 1172 人，41～45 岁 584 人，46～50 岁 613 人，51～54 岁 476 人，55 岁以上 371 人，分别占 71.83%、10.26%、5.12%、5.37%、4.17%、3.25%。有技术职务的专业技术人员 10313 人，占管理与技术人员总数的 90.36%。其中，高级职务 1186 人；中级职务 2517 人；初级职务 6610 人。专业结构：工程系列 7847 人，经济系列 607 人，会计系列 970 人，卫生系列 132 人，统计系列 17 人，政工系列 730 人，其他系列 10 人。

工人8911人。其中,固定期限合同工人4787人,占工人总数的53.72%;无固定期限合同工人4124人,占工人总数的46.28%;女工1012人,占工人总数的11.35%;少数民族502人,占工人总数的5.6%。学历构成:本科及以上33人,大专、高职486人,中专、技校、职高2461人,高中3995人,初中及以下1936人。1983年以前参加工作的4353人,占工人总数的48.85%;1984~2000年参加工作的2716人,占工人总数的30.48%;2001年以后参加工作的1842人,占工人总数的20.67%。技术工人8224人,其中具有国家职业资格证书的5932人。技术工人中,高级技师122人,技师796人,高级工3821人,中级工832人,初级工361人。(杨俊祥　危跃荣)

【机械设备及管理人员】 截至2012年底,集团公司拥有机械动力设备3333台(套),原值341448万元、净值207468万元。年内新购机械设备114台,原值26782万元;报废机械设备61台,原值2449万元;设备大修57台,支出大修费271万元。拥有大型施工机械设备1382台(套),其中铁路机车32台、盾构机28台、架桥机5台、运梁车5台、轮轨式提梁机5台、混凝土(沥青)拌和站110套,设备成新率65%、完好率97%、利用率89%。

设备专业人员3656人,其中高级工程师119人、工程师192人、助理工程师257人、技术员234人、设备操作技工2854人。年内举办专业培训班18期,培训人员715人。(魏铁山)

【工程施工】 2012年,集团公司承建工程270余项,完成施工产值2833389万元。其中,铁路工程1315139万元,占施工产值的46.4%;公路工程685520万元,占施工产值的24.2%;房屋建筑工程244238万元,占施工产值的8.6%;地铁、轻轨工程245571万元,占施工产值的8.7%;市政工程223502万元,占施工产值的7.9%;水利工程82132万元,占施工产值的2.9%;机场工程25500万元,占施工产值的0.9%;其他工程11787万元,占施工产值的0.4%。

贵广铁路贺州至广州段GGTJ-11标段工程　位于广东省肇庆市境内,标段长59.246公里(含中国中铁七局3.465公里)。合同投资432102万元,合同工期2008年12月~2013年2月。主要实物工程量:土石方778.8万立方米,桥梁23座6967延长米,涵洞75座3424.28横延米,隧道27座36741延长米;铺架150.873公里。截至2012年底,开工累计完成投资394077万元,占合同投资的91.2%。

兰新铁路第二双线(新疆段)LXTJ-6标段工程　位于新疆维吾尔自治区吐鲁番市境内,标段长34.445公里。合同投资242959万元,合同工期2010年1月~2013年6月。主要实物工程量:土石方358万立方米,桥梁11座12722延长米,箱型小桥、涵洞52座1394横延米,无砟道床68.89公里,正线铺轨663.4公里,预制、运架箱梁444孔。截至2012年底,开工累计完成投资137384万元,占合同投资的56.5%。

兰渝铁路LYS-2标段工程　位于甘肃省渭源、漳县境内,标段长69.96公里(含中国中铁十局15.9公里)。合同投资354706万元,合同工期2009年2月~2014年7月。主要实物工程量:路基土石方158.85万立方米,站场土石方276.09万立方米,桥梁15座10300延长米,隧道13座49200延长米。截至2012年底,开工累计完成投资276742万元,占合同投资的78.02%。

青藏铁路西格段增建二线关角隧道XGZHQ5-1标段工程　隧道位于青海省天峻县境内,标段长32645延长米。集团公司承建的XGZHQ5-1标段正洞长17372延长米,合同投资135792万元,合同工期2007年11月~2012年4月。主要实物工程量:隧道开挖270.24万立方米,混凝土72.13万立方米。截至2012年底,开工累计完成投资115151.62万元,占合同投资的84.8%。

哈齐铁路客运专线3标段工程　位于黑龙江省大庆市境内,标段长64.599公里,合同投资432000万元,合同工期2009年10月~2013年10月。主要实物工程量:桥梁6座42.227公里,路基22.372公里,涵洞42座902.76横延米;无砟道床123.837公里,铺长轨308.67公里,车站2座(安达站、龙凤站)。截至2012年底,开工累计完成投资326160万元,占合同投资的75.5%。

沪昆铁路客运专线(江西段)站前HKJX-5标段工程　位于江西省新建县与高安市境内,标段长68.63公里。合同投资465994.8万元,合同工期2010年1月~2013年6月。主要实物工程量:土石方622.3万立方米,桥梁30座45090延长米,新建车站2座,预制运架箱梁1364孔。截至2012年底,开工累计完成投资416599.35万元,占合同投资的89.4%。

成昆铁路广通至昆明段扩能改造3标段工程　位于云南省禄丰县至安宁市温泉镇境内,标段长30.82公里。合同投资85959万元,合同工期2007年10月18日~2013年6月15日。主要实物工程量:隧道6座20118延长米,桥梁18座5175延长米,涵洞13座364.97横延米,路基土石方161.8万立方米,无砟道床26.41公里。截至2012年底,开工累计完成投资80973.38万元,占合同投资的94.2%。

沪昆铁路客运专线长昆湖南段 CKTJ3 - 1 标段工程　位于湖南省湘潭市、娄底市境内，标段长 32.975 公里。合同投资 264343 万元，合同工期 2010 年 9 月 1 日 ~ 2013 年 11 月 30 日。主要实物工程量：路基 7.621 公里，桥梁 24 座 13763 延长米，隧道 7 座 11591 延长米，无砟轨道 32.975 公里，制架箱梁 425 孔，车站 1 座（娄底南站）。截至 2012 年底，开工累计完成投资 176316.78 万元，占合同投资的 66.7%。

成渝铁路客运专线 2 标段工程　位于四川省资阳市雁江区至内江市资中县境内，标段长 74.372 公里，由集团公司与中建铁路公司联合中标。其中，集团公司承建 52.105 公里，合同投资 367000 万元，合同工期 2010 年 9 月 1 日 ~ 2014 年 1 月 31 日。主要实物工程量：土石方 1181 万立方米，桥梁 74 座 27584 延长米，隧道 11 座 4965 延长米，路基 19.557 公里，涵洞 6 座 1386 横延米，制梁场 2 座，制架箱梁 732 孔，连续梁 5 联 29 孔。截至 2012 年底，开工累计完成投资 272314 万元，占合同投资的 74.2%。

邯济铁路扩能改造工程 ZH - 1 标段工程　位于河北省邯郸市境内，标段长 81.3 公里。合同投资 156877 万元，合同工期 2010 年 12 月 1 日 ~ 2012 年 12 月 1 日。主要实物工程量：土方 1181.3 万立方米，新建桥梁 9951 延长米，新建、改建涵洞 3771 横延米，正线铺轨 137.09 公里，站线铺轨 19.5 公里，改建拆除正线 30.7 公里，拆除站线 11.9 公里。截至 2012 年底，开工累计完成投资 101185.67 万元，占合同投资的 64.5%。

武汉至黄冈城际铁路 WGSG 标段工程　位于湖北省鄂州市、黄冈市境内，标段长 35.99 公里，合同投资 176900 万元。合同工期 2010 年 2 月 10 日 ~ 2014 年 2 月 10 日。主要实物工程量：路基（包括站场）12.6 公里，土石方 212.7 万立方米，桥梁 16 座 21678.7 延长米，高架车站和地面车站 4 座，涵洞 55 座 1915.3 横延米，三电、管线迁改及通信、信号工程 36 公里，铺设有砟轨道 73.44 公里、无砟轨道 25.64 公里。截至 2012 年底，开工累计完成投资 120822.7 万元，占合同投资的 68.3%。

赣龙铁路 GL - 4 标段工程　位于福建省龙岩境内，标段长 47.8 公里（含中铁十二局集团公司 19.1 公里）。合同投资 231720 万元，合同工期 2010 年 9 月 1 日 ~ 2014 年 2 月 28 日。主要实物工程量：路基 7.2 公里，路基土石方 169.4 万立方米、站场土石方 101.8 万立方米，桥梁 35 座 11400 延长米，隧道 19.5 座 29300 延长米，涵洞 25 座 833.7 横延米；车站 1 座（冠豸山站）。截至 2012 年底，开工累计完成投资 148300.8 万元，占合同投资的 64%。

山西中南部通道 ZNTJ - 18 标段工程　位于山东省泰安市宁阳县境内，标段长 33.3 公里（含中铁二十一局集团公司 11 公里）。合同投资 246855.2 万元，合同工期 2010 年 9 月 10 日 ~ 2013 年 12 月 31 日。主要实物工程量：路基土石方 259.33 万立方米、站场土石方 83.87 万立方米，桥梁 7 座 9278.5 延长米，框架小桥涵 86 座，铺轨 257 公里，预制 T 梁 3730 孔、7460 片，架设 T 梁 1872 孔、3744 片。截至 2012 年底，开工累计完成投资 147372.55 万元，占合同投资的 59.7%。

穗莞深城际轨道交通施工总承包工程 SZH - 3 标段工程　位于广东省东莞市虎门镇，标段长 7.944 公里，合同投资 93507 万元。合同工期 2009 年 9 月 22 日 ~ 2014 年 7 月 28 日。主要实物工程量：虎门商贸城站盾构隧道左线 1426.072 米、右线 731.3 米，虎门商贸城站长 300 米，虎门商贸城站至桥隧过渡段盾构隧道左线 2893.084 米、右线 2894.2 米。截至 2012 年底，开工累计完成投资 64987.37 万元，占合同投资的 69.5%。　（刘承宝）

【经营管理】　市场开发。集团公司在区域经营上加强协调指导，充分发挥地域优势，以干促揽，滚动发展成效显现；各施工行业工程承揽比例均衡，优势领域得到巩固和拓展；加大经营业务和区域市场协调力度，区域经营指挥部与子公司密切配合。2012 年，集团公司承揽工程任务 177 项，合同总投资 422 亿元。其中，房屋建筑工程 105.26 亿元；城市轨道交通工程 88.65 亿元；市政工程 77.38 亿元；铁路工程 73.17 亿元；公路工程 71.79 亿元。

转型升级。继续坚持“调结构、促转型，提升发展质量、培育新的效益增长点”的发展思路，积极稳妥地推进企业转型升级。（1）加强 BT 项目运作，坚持“风险可控、投资回报较高、造价水平高、回购期短、投入较少”的原则，在江西南昌、内蒙古通辽、云南昆明、福建平潭新上 BT 项目 10 个，总投资 65.8 亿元，以资本经营带动生产经营。（2）房地产开发持续发展。全年完成投资 5.1 亿元，新开工商品房面积 14.2 万平方米，竣工商品房面积 8.33 万平方米，完成销售收入 2.13 亿元，实现净利润 3518 万元。在通辽、梧州、顺昌新增储备土地 3 宗 16.27 万平方米。（3）铁路运营业务逐步扩大。进一步巩固神华铁路、宁东铁路、陕铁投资集团等运输市场，通过强化安全管控、成本管理，运能、运量、效益稳步提高，具备的 17 台电力机车、45 台内燃机车，年内实现运输收入 2.3 亿元，实现净利润 2880 万元。（4）经济运行。针对国内经济形势持续吃紧，建设资金到位率低的实际，坚持项目源头创效，狠抓精细管理。一是强化项目经济财务管理，深入推进资金集中,集团公司资金集中度76%,账户集中度42%,全年收回调剂资金9.38亿元,为施工现场和投标等提供资金22.8亿元。加大清欠力度,年内回收应收款12.75亿元。加强与银行业的合作关系,通过多样化的融资方式解决资金需要,全年节约利息费用近千万元,降低了融资成本。二是经济管理水平进一步提高,补充修订预算分割、验工计价、劳务分包、变更索赔管理办法,持续深化二次经营、三次经营创效。全年变更索赔批复额占施工产值的19%;通过设备、物资材料招标节省资金4060万元;通过研发费用加计扣除和高新技术企业税收优惠政策,节约所得税5926万元,获得地方科研经费900万元;加大债权债务清理力度,及时处理债务纠纷,避免或减少损失2300余万元。三是过程管控持续加强,坚持经济活动分析制度,加强过程审计、离任经济责任审计、财务收支审计、成本分析审计,利用信息化平台对在建项目的主要管理要素实施动态监控,实行项目工资发放网上审批和合同评审,管控措施不断完善。（刘承宝）

【党群工作】 党的工作。(1)创先争优活动进一步深化。年内,集团公司开展以"迎接十八大,岗位创佳绩"为主题的"三亮三比三创"活动,促进党组织和党员作用的发挥;制定《项目党建十项工作制度》《项目党建标准化建设指导意见》,推动党建标准化和项目标准化"双标共建"、互促互进;修订完善《党委议事规则》《工程项目部"三重一大"决策制度实施办法》,为领导班子规范运作和工程项目科学管控提供制度支撑。(2)舆论引导不断创新。"屏幕政工"效果明显,制作的电视专题片《艰难的穿越》和形象展示片《铁军劲旅》,在关角隧道变更索赔和地铁经营承揽中发挥重要作用。年内,集团公司对秀宁隧道、天津地下直径线、成渝铁路客运专线、贵广铁路、中南通道、北京地铁10号线等重点工程,集团公司转型升级新支点——通辽片区,以及全国三八红旗手王英茹、白领农民工——全国五一劳动奖章获得者谭光华、坚守道岔的夫妻岗等典型的宣传,在企业内外产生强烈反响,营造了良好的舆论环境,提升了企业形象。《抓好重点工程宣传,打造企业强势品牌》经验被股份公司推广,《践行六大文化理念,驱动企业管理升级》入编北京市企业文化建设经验汇编,并获全国优秀成果一等奖。(3)纪检监察工作。2012年,集团公司立案32件,结案32件,处分64人,其中党纪处分13人、政纪处分64人、党纪政纪双重处分13人。通过办案挽回直接经济损失11.52万元。落实案件线索排查和移送制度,全年集团公司受理案件线索35件,其中信访举报22件(了结16件,转立案6件)。全力推进效能监察工作,年内组织9个效能监察检查组,深入亏损、潜亏项目开展整治工作,减亏2148万元;开展子公司转变经济发展方式效能监察,促进股份公司、集团公司转型升级战略、部署落实;融入"规范管理年"活动,开展工程项目验工计价管理制度执行情况效能监察,全年检查在建项目219个,占在建项目的84%,发现并解决、纠正一批突出问题。"企检共建"网络化,各级纪检监察组织大力督促、协助工程项目部,主动引入地方反贪、纪检机构的监督制约,加强工作协调和信息通报,实施对"双优创建"的共管共建,"企检共建"网络日益扩大,10月,集团公司在昆明专门召开云南片反腐倡廉建设暨"企检共建"工作推进会。

工会工作。2012年5月6日~9月25日,集团公司在所属单位、项目部开展"大干120天劳动竞赛"活动,围绕"比完成产值、比安全质量、比成本控制、比社会信誉、比任务承揽"目标精心组织竞赛,扎实开展活动,全年完成施工产值139.86亿元,承揽任务取得好成效,有6个工程公司(项目部)、29名先进个人受到表彰。积极开展评先创模活动,年内表彰56名集团公司劳动模范、67名集团公司先进工作者和十大敬业爱岗标兵。制定集团公司《项目部建家建线工作达标管理办法》和《项目工会工作制度》,集团公司直管项目部按"模范职工之家"标准建设。全年建成子公司模范职工之家67个,集团公司模范职工之家29个,股份公司模范职工之家3个,省部级模范职工之家1个。维护职工合法权益,首次在12个子公司推行工资集体协商,签订工资专项协议,集团公司工资集体协商做法被北京市总工会、股份公司工会安排在有关会议上作典型发言;积极推动集体合同履行,集团公司与12个子公司签订2012年集体合同,大多数单位按规定提高了职工工资,较好地兑现了集体合同承诺;和谐劳动关系创建取得新进展,有12个子公司和2个直属机构被评为集团公司创建和谐劳动关系模范企业,集团公司连续7年获北京市创建和谐劳动关系先进单位称号。送温暖工程明显强化,全年筹集送温暖和"三不让"基金1532万元,发放送温暖和"三不让"承诺资金955万元,帮扶救助困难职工3772人次。

共青团工作。开展理想信念教育和青年志愿者活动,组织"向团组织说句心里话"短信大赛,收到团员青年上报的作品500余篇;以"立足岗位学雷锋,创先争优做表率"为主题,倡导"奉献、友爱、互助、进步"服务理念,以实际行动传承雷锋精神;响应股份公司团委组织开展的"铁骨柔情,大爱无疆"爱心捐助活动,募集捐款229631.7元。年内,集团公司16支"青年突击队"获北京市优秀"青年突击队"标杆称号,6支"青年突击队"获北京市优秀"青年突击队"称号,4人被评为北京市“青年岗位能手”，钦防铁路项目经理王红伟获得第26届北京青年五四奖章。

（曹 春 周夷琴 陈晓琳 姚 远）

【**第一工程有限公司**】 公路、市政公用工程施工总承包一级，房屋建筑、铁路工程施工总承包二级，土石方、桥梁、隧道、公路路基、水工隧洞工程专业承包一级资质企业。公司驻北京市顺义区府前东街15号。党委书记、执行董事周灿华，总经理陈宏铭。下辖13个分公司。职工2023人。其中，干部1040人；工人983人。技术干部1018人，具有国家职业资格证书的技术工人604人。资产总额292413.31万元。其中，固定资产净值33207.26万元；流动资产256921.7万元。机械运输设备683台（套），原值51737.38万元、净值39786.73万元，总功率255872.2千瓦，动力装备率101.4千瓦/人，技术装备率24万元/人，设备完好率86%、利用率98%，机械化施工程度98%。

2012年新签合同额31.5亿元，完成企业总产值25.54亿元，实现利润1703.71万元。国有资产保值增值率108.45%，净资产收益率5.43%，产值利润率66.72%，资产负债率89.39%。 （李红叶）

【**第二工程有限公司**】 市政公用、房屋建筑、公路、铁路工程施工总承包一级，桥梁、隧道、土石方、公路路基、钢结构工程专业承包一级资质企业。公司驻天津市河东区万新村三区。执行董事、党委书记任海顺，总经理郭瑞。下辖9个分公司、6个直属单位及秦皇岛办事处、沧州办事处。职工3017人。其中，干部1528人；工人1489人。技术干部1490人，技术工人1314人。固定资产原值50034万元、净值21057万元。机械运输设备418台（套），原值17246万元、现值6081万元，总功率42099.55千瓦，技术装备率5.69万元/人，动力装备率13.95千瓦/人。

2012年新签合同额25.39亿元，完成施工产值35.5亿元，实现利润3811万元。产值利润率1.07%，主营业务利润率3.56%，流动比率106%，资产负债率86.75%，总资产收益率1.29%。 （李清芳）

【**第三工程有限公司**】 公路、市政公用工程施工总承包一级，铁路、房屋建筑工程施工总承包二级，桥梁、隧道、机场场道、土石方、公路路基工程专业承包一级资质。公司驻浙江省湖州市湖东路288号。董事长郝孟广，党委书记古春生，总经理王勤荣。下辖7个建筑安装工程分公司和1个物业分公司。职工2160人。其中，干部1185人；工人975人。专业技术干部1080人。资产总额20.16亿元，其中固定资产净值1亿元。主要机械设备295台（套），总功率39816千瓦，动力装备率21.28千瓦/人，技术装备率4.59万元/人。年施工能力30亿元左右。

2012年新签合同额27.83亿元，完成施工产值28.08亿元，实现利润3537万元。国有资产保值增值率111.04%，净资产收益率8.57%，资产负债率81.17%。单位工程合格率、优良率均为100%。年内，公司获浙江省劳动关系和谐企业称号，连续第4年获湖州市市外产值奖。 （邢咏萍）

【**第四工程有限公司**】 房屋建筑、公路、市政公用工程施工总承包一级，铁路工程施工总承包二级，桥梁、隧道、建筑装饰装修、公路路基和钢结构工程专业承包一级资质企业。公司驻北京市怀柔区迎宾中路2号。执行董事、党委书记胡振潮，总经理向大强。下辖物资租赁中心、机械设备租赁中心、职工管理中心、物业管理中心、铁鑫水泥制品有限公司。职工2701人。其中，干部1493人；工人1208人。专业技术干部1256人，技术工人790人。资产总额30.41亿元。其中，固定资产原值4.94亿元、净值1.91亿元；流动资产28.24亿元；无形资产399万元。机械运输设备276台（套），设备原值24372万元、净值5013.05万元，总功率41806千瓦，动力装备率16.98千瓦/人，技术装备率9.89万元/人，设备完好率95%、利用率94.6%。综合机械化施工程度82%。

2012年新签合同额18.4亿元，完成施工总产值38.45亿元，实现利润3490万元。人均创利6698元，全员劳动生产率10.8万元/人年。职工年人均收入37410元。国有资产保值增值率114.18%，净资产收益率10.24%，产值利润率0.92%，资产负债率88.9%。年内，公司被评为北京市建筑业先进企业；计量测试中心取得公路工程综合丙级工程试验检测机构和测绘乙级资质；在泉厦高速公路施工中开发的“浅埋大断面小净距改扩建公路隧道综合施工技术”成果获中国岩石力学与工程学会科学技术二等奖，在宜万铁路施工中开发的“高压富水充填岩溶隧道施工技术研究”成果获中国施工企业管理协会科学技术奖技术创新成果一等奖；参建的大秦铁路、京九铁路、北京地铁1号线、长江三峡水利枢纽、乌鞘岭特长铁路隧道工程被评为百年百项杰出工程。 （蔡友兰）

【**第五工程有限公司**】 铁路、公路、市政公用、水利水电工程施工总承包一级，房屋建筑工程施工总承包二级，桥梁、隧道、公路路基、铁路铺轨架梁工程专业承包一级资质企业。公司驻河北省唐山市丰润区光华道2号。执行董事、总经理李成杰，党委书记樊志高。职工

2907人。资产总额257720万元。其中,固定资产原值55083万元、净值25865万元;流动资产231579万元;其他资产276万元。机械动力设备318台(套),设备原值32099万元、净值21397万元。

2012年新签合同额209872万元,完成企业总产值321592万元,实现利润2554万元,人均创利0.88万元,职工年人均收入32308元。国有资产保值增值率137.6%,净资产收益率6.17%,产值利润率0.69%,资产负债率83.94%。年内,公司获河北省重质量守信用先进集体、唐山市重合同守信誉先进集体称号,参建的子靖公路工程获国家优质工程银质奖。

(冯　爽)

【北京轨道交通工程建设有限公司】 市政公用工程施工总承包一级,房屋建筑工程施工总承包二级,隧道、地基与基础、起重设备安装工程专业承包一级,建筑防水工程专业承包二级,城市轨道交通工程专业承包资质企业。公司驻北京市通州区新华西街26号。执行董事、总经理高宪民,党委书记黄建光。职工1449人。其中,干部1178人;工人271人。资产总额19.63亿元,其中固定资产原值10.83亿元、净值7.26亿元。机械设备400台(套),设备原值9.72亿元、净值6.86亿元,总功率48334.6千瓦,动力装备率33.52千瓦/人,技术装备率47.6万元/人。机械设备利用率75.34%。

2012年新签合同额67.66亿元,完成企业总产值20.09亿元,其中施工产值19.91亿元、机加工制造产值1719万元。实现利润2772万元。人均创利19130元。国有资产保值增值率119.4%,净资产收益率19.54%,产值利润率1.36%,资产负债率92.82%,投资收益上缴率100%,应上缴款完成率100%。年内,公司获北京市“安康杯”竞赛优胜单位称号,3项工程被评为省部级优质工程,1项工程获上海市市政工程金奖。

(陶晓红)

【路桥工程有限公司】 市政公用工程施工总承包一级,公路路面工程专业承包一级,桥梁、隧道工程专业承包二级资质企业。公司驻北京市密云县新北路29号。执行董事、总经理董梁,党委书记成和鹏。职工1042人。其中,干部654人;工人388人。技术干部597人,技术工人303人。资产总额120146万元。其中,固定资产原值20238万元、净值9014万元;流动资产110785万元。主要机械运输设备77台(套),原值10571万元、净值3089万元,总功率11949千瓦,动力装备率9.19千瓦/人,技术装备率2.38万元/人。

2012年新签合同额10.38亿元,完成企业总产值18.55亿元,实现利润1908万元、净利润1413万元。国有资产保值增值率113.8%,产值利润率1.03%,资产负债率92.67%。年内,公司获全国“安康杯”竞赛优胜单位称号。

(杨　颖)

【铁运工程有限公司】 集铁路运输、工程施工和多种经营为一体的铁路工程施工总承包二级资质企业。公司驻河北省高碑店市兴华北路75号。执行董事、总经理李照中,党委书记赵雨章。下辖5个专业段、5个铁路运营指挥部、9个工程项目部、1个站修所、1个列检所、3个基地物业管理公司和包头协调组。职工2147人。其中,干部666人;工人1481人。技术干部545人,技术工人446人。资产总额143705万元。其中,流动资产125371万元;固定资产原值47465万元。机械运输设备202台(套),原值33971.1万元、净值15963.2万元。其中,6400千瓦电力机车14台;2200千瓦内燃机车30台;主要施工设备110台(套)。技术装备率14.9万元/人,动力装备率63千瓦/人,设备成新率43.7%。

2012年新签合同额26107万元,完成企业总产值138105万元。其中,铁路运输14441万元;工程施工123664万元。实现利润1010万元。(葛　鑫　韩伟涛)

【电务工程有限公司】 铁路电务工程、建筑智能化、机电设备安装工程、铁路电气化专业承包一级,土石方工程专业承包三级资质企业。公司驻北京市朝阳区金盏乡皮村北巷甲2号。董事长王志林,党委书记周瑾,总经理陈义明。下辖5个分公司和通信服务中心。职工641人。其中,干部417人;工人224人。技术干部357人,技术工人及技师135人。资产总额43685万元。其中,固定资产原值564万元、净值299万元;流动资产42777万元。年施工能力5亿元以上。

2012年新签合同额50253万元,完成企业总产值30168万元。其中,施工产值29968万元;实现利润690万元。国有资产保值增值率109.82%,净资产收益率9.91%,产值利润率2.3%,成本费用利润率1.8%,资产负债率84.23%。

(公司办公室)

【北京工程有限公司】 房屋建筑、市政公用、机电安装工程施工总承包一级,钢结构、建筑装修装饰工程专业承包一级,机场场道、桥梁工程专业承包二级,土石方工程专业承包三级资质企业。公司驻北京市朝阳区红松园北里2号。执行董事、总经理张晓峰,党委书记王振喜。下辖12个专业分公司、2个直属项目部。职工848人。其中,干部795人;工人53人。技术干部753人,占干部总数的95%。资产总额85306.65万元。其中,固定资产1979万元;流动资产83261万元;其他资产66.3万元。机械运输设备53台,原值2070.24万元、净值1154.68万元,总功率4018.28千瓦,动力装备率4.74千瓦/人,技术装备率13617万元/人。

2012年新签合同额654837万元,完成施工产值190178万元。其中,房建工程136276万元;机场市政工程33635万元;铁路工程20267万元。净资产收益率21.24%,资产负债率82.51%,成本费用占主营业务收入比重97.47%,应上缴款完成率100%。 (贾鸣慧)

【地铁工程有限公司】 2011年成立。公司驻北京市朝阳区西大望路29号金港国际2-2-502号。执行董事、总经理陈广亮,党委书记李怀亮。职工878人。其中,干部748人;工人130人。机械运输设备346台(套),原值61046.5万元、净值43412万元,总功率48334.6千瓦,技术装备率49.44万元/人,动力装备率35.52千瓦/人,设备成新率70.55%。

2012年实现营业收入22.4亿元。(公司办公室)

【置业投资有限公司】 2011年6月13日在北京注册,2012年由中铁十六局集团海南京博房地产有限公司、福建顺昌远宏地产有限公司(包括顺昌工程指挥部和光泽战备仓库)、北京地产投资有限公司重组成立。公司驻北京市朝阳区金盏乡皮村北巷甲2号。执行董事、总经理郭松乾,党委书记童竹富。下辖京博、远宏(具有房地产开发二级资质)、北京地产、海南椰竺、广西梧州和通辽首通6个项目公司和海南雅豪、顺昌华兴2个物业公司。职工178人。其中,干部148人;工人30人。

2012年完成营业收入2.23亿元,实现净利润1588.95万元。资产负债率82.94%。 (袁 艺)

【重要记载】

▲1月5日 上海市召开2011年度重点工程实事立功竞赛表彰会。轨道公司承建的上海地铁13号线1A段标华江路站工程被评为2011年度上海市重点工程实事立功竞赛优秀集体;项目经理邵成猛被授予立功竞赛建设功臣称号,并受到中共中央政治局委员、上海市市委书记俞正声,上海市市长韩正接见。

▲1月 二公司承建的天津地铁3号线第5、6合同段工程和天津市文化中心交通枢纽土建4标段工程,轨道公司承建的天津地铁3号线10A标段解放桥站工程获天津市2011年度结构海河杯奖。

▲2月3日 北京工程公司被认定为北京市高新技术企业。

▲3月7日 创先争优巾帼建功全国三八红旗手(集体)表彰大会在北京人民大会堂小礼堂召开。二公司女职工王英茹获全国三八红旗手称号,并在表彰大会前和与会代表一起,受到中共中央政治局委员、全国人大常委会副委员长、中华全国总工会主席王兆国,中共中央政治局委员、国务委员刘延东接见。

▲4月16日 山西省人民政府在太原煤炭交易中心会议中心举办全省项目落地年启动仪式,会议表彰2011年重点工程建设先进集体和先进个人,四公司岢临高速公路LJ6合同段项目部荣立集体二等功,项目经理褚英奎荣立个人三等功。

▲4月17日 集团公司光泽战备仓库通过国家交通战备办公室的考核验收,被命名为国防交通物资储备T530仓库。

▲5月10日 湖南省省长徐守盛视察集团公司承建的沪昆铁路客运专线湖南段施工现场,在湘乡西制梁场详细了解制、运、架梁的工艺流程及梁场概况和管理模式,观看900吨预制梁架设过程。

▲7月17日 集团公司获全国就业先进企业称号。

▲8月14日 北京工程公司承建的半山半岛(三亚鹿回头小东海A26、A26-1、A27、A27-1地块)获海南省建设工程绿岛杯奖。

▲9月14日 国务院监事会主席李克、监事会第16办事处主任金丹阳一行在股份公司副总裁、总会计师兼总法律顾问庄尚标陪同下到集团公司调研。

▲9月29日 中共中央政治局委员、天津市市委书记张高丽一行到轨道公司参建的天津机场施工现场慰问建设者。

▲10月31日 轨道公司承建的昆明市轨道交通首期工程8标段获2012年度全国AAA级安全文明标准化工地称号。

▲12月25日 集团公司怀柔战备仓库通过国家交通战备办公室考核验收,被命名为国防交通物资储备T228仓库。 (刘承宝)

中铁十七局集团有限公司

【简况】 中铁十七局集团有限公司系铁路工程施工总承包特级,公路、市政公用、水利水电、房屋建筑工程施工总承包一级,桥梁、隧道、机场场道、公路路基工程专业承包一级,城市轨道交通工程专业承包、地质灾害治理工程施工甲级资质企业。集团公司总部驻山西省太原市平阳路84号。前身系中国人民解放军铁道兵第七师,1984年1月1日集体转业并入铁道部,改编为铁道部第十七工程局;1999年12月改称中铁第十七工程局,2001年9月企业改制改称现名。下辖第一、二、三、四、五、六工程有限公司和建筑工程有限公司和电气化工程有限公司、上海轨道交通工程有限公司、物资有限公司、房地产开发有限公司、铺架分公司、勘察设计院、山西铧兴工程检测有限公司、物业管理中心、中心医院、北京办事处。职工18490人,其中在岗职工15502人。资产总额2601361万元。其中,固定资产原值706401万元、净值277474万元;流动资产2259279万元。机械动力设备5408台(套),原值327923万元、净值189850万元,总功率543931千瓦,动力装备率28.71千瓦/人,技术装备率10.02万元/人,设备成新率58%。年施工能力400亿元以上。

2012年新签合同额3630886万元,完成企业总产值3084630万元。其中,施工产值2987807万元;物资贸易及其他产值96823万元。实现利润44839万元。完成主要实物工程量:土石方7690.25万立方米,桥梁116345.52延长米,隧道143595.64延长米,铺轨1131.1公里,公路165.7公里,供电线路163公里,房屋建筑面积10.85万平方米。工程合格率100%。在岗职工年人均收入52160元。净资产收益率15.32%,资产负债率89.07%。年内获国家优质工程奖1项、省部级优质工程奖7项,12项科技成果获中国铁建及以上科技进步奖,3项测量成果获全国优秀测绘工程奖;获省部级工法27项;获国家专利授权70项,其中发明专利9项。开发的"沥青水泥砂浆搅拌工艺"发明专利获第14届中国专利优秀奖。集团公司获得2012年全国优秀施工企业、国家守合同重信用企业、全国企业文化建设优秀单位、山西省科技奉献特等奖、山西省劳动竞赛集体一等功、山西省文明单位标兵等荣誉,连续25年保持全国思想政治工作优秀企业称号。 (孟庆财)

【领导人员】

董事会

董事长	段东明
董事	段东明
	卢　朋
	孙中林
	吴万良

监事会

监事会主席	张学安
监事	张清江
	张文田

经理层

总经理	卢　朋
副总经理	孙中林
	吴万良
	韩贤文
	文　珂
	王月幸
	成志宏
	杜水波
	罗玉华
	杜嘉俊
	宋志宏
总工程师	杜嘉俊(兼)
总会计师	宋志宏(兼)

党群领导

党委书记	段东明
党委副书记	卢　朋
纪委书记	张学安

(李素敏　芦安全　孟庆财)

【工程经营区域总部】 北方区总部　驻天津市空港经济区西四道168号融和广场6号楼。总经理罗玉华(兼),执行总经理贾培亮,党总支书记兼纪检专员谢林坤。下辖华北指挥部、东北指挥部、中原指挥部。

南方区总部　驻广东省广州市天河区天府路东逸花园逸翠轩19-E。总经理王月幸(兼),执行总经理曹支仁,党总支书记兼纪检专员陈春财。下辖广东指挥部、湘琼指挥部、湖北指挥部。

华东区总部　驻江苏省南京市雨花台区玉兰路5号仁恒翠竹苑小区37幢,总经理韩贤文(兼),执行总经理陈治波,党总支书记兼纪检专员王铁生。下辖上海指挥部、东南指挥部、华东指挥部。

西北区总部　驻陕西省西安市咸宁中路55号。总经理成志宏(兼),执行总经理熊志强,党总支书记兼纪检专员蒋克荣。下辖陕甘宁指挥部、新疆指挥部、青藏指挥部。

西南区总部　驻重庆市渝北区人和金科中华坊15-4。总经理文珂(兼),执行总经理王业好,党总支书记兼纪检专员王家玉。下辖川滇指挥部、桂黔指挥部、重庆指挥部。

山西区总部　驻山西省太原市平阳路84号。总经理孙中林(兼),执行总经理白玉亮。下辖山西指挥部。

内蒙区总部　驻内蒙古自治区呼和浩特市回民区景泰花园A4楼,执行总经理赵维平。

北京区总部　驻北京市海淀区西四环中路19号。

总经理杜水波，执行总经理赵朴。

海外区总部　驻北京市海淀区复兴路甲36号百朗园公寓A1座。总经理吴万良（兼），执行总经理乔根柱。（孟庆财）

【工程项目指挥机构】　郑西铁路客运专线工程指挥部　驻陕西省西安市未央区阳光大道2号邮政大酒店。指挥长孙中林，党工委书记王树国，常务副指挥长郑雁翎。

广深港铁路客运专线项目经理部　驻广东省东莞市虎门大宁社区西坊居民小组南园住宅区。项目经理郑志强，党工委书记杜树铭。

厦深铁路（广东段、惠深段）工程指挥部　驻广东省陆丰市东海镇东环大道。指挥长李春道，党工委书记李德禄。

津秦铁路客运专线项目经理部　驻河北省唐山市路北区西山道270号。项目经理吴建荣，党工委书记周化斌。

南广铁路NGZQ－3标段项目经理部　驻广西壮族自治区贵港市覃塘区覃塘镇中山大道580号。项目经理曹国平，党工委书记代东成。

杭甬铁路客运专线工程指挥部　驻浙江省上虞市百官街道林光村。指挥长兼党工委书记韩贤文。

宁杭铁路客运专线工程指挥部　驻浙江省湖州市杨家埠。指挥长兼党工委书记卢朋，常务副指挥长徐春光。

成绵乐铁路工程指挥部　驻四川省江油市国税局青莲培训中心。指挥长王月幸，常务副指挥长马凤亚，党工委副书记陈锦飞。

石武铁路客运专线郑州东站工程指挥部　驻河南省郑州市管城区永平路。指挥长李新国，党工委书记王国柱。

宁安铁路工程指挥部　驻江苏省南京市江宁镇宁桥北路。指挥长刘新福，党工委书记单联香。

宁波铁路枢纽工程项目经理部　驻浙江省宁波市恒春街75号。项目经理赵俊武，党工委书记程海田。

兰新铁路甘青段项目经理部　驻甘肃省酒泉市瓜州县柳园镇。项目经理王林俊，党工委书记芮世鹏。

杭长铁路客运专线浙江段工程指挥部　驻浙江省诸暨市望云西路17号。指挥长兼党工委书记韩贤文，常务副指挥长石满刚。

山西中南部铁路通道ZNTJ－5标段项目经理部　驻山西省石楼县灵泉镇后故乡。项目经理刘友平，党工委书记张文田。

京福铁路客运专线闽赣VII标段项目经理部　驻福建省南平市延平区水东街道塔下村洋丹路283号。项目经理兼党工委书记卢朋，常务副经理赵子林。

云桂铁路云南段项目经理部　驻云南省砚山县平远镇。项目经理文珂，党工委书记薛国栋，常务副经理张耀军。

沪昆铁路客运专线长昆湖南段项目经理部　驻湖南省怀化市迎丰东路177号。项目经理王月幸，党工委书记宋建国、喻永杰，常务副经理李兴旺。

沪昆铁路客运专线贵州段工程指挥部　驻贵州省黔东南州麻江县下司镇。指挥长文珂，党工委书记孙民培，常务副指挥长聂武丁。

成渝铁路客运专线项目经理部　驻重庆市沙坪坝区天陈路12号。项目经理文珂，党工委书记李志峰。

邯黄铁路工程1标段项目经理部　驻河北省邢台市桥东区新兴东大街223号。项目经理孙旺，党工委副书记霍建基。

张唐铁路项目经理部　驻河北省丰宁县新丰北路140号。项目经理罗玉华，常务副经理赵奎银。党工委副书记刘福海。

山西中南部铁路通道ZNTJ－20标段项目经理部　驻山东省临沂市沂水县党校宾馆。项目经理王月幸，常务副经理毛承祖，党工委副书记雷志全。

青荣城际铁路工程指挥部　驻山东省威海市经济技术开发区。指挥长兼党工委书记马春凤。

宁西铁路二线（郑州局管段）NX2标段项目经理部　驻河南省南阳市西峡县红苹果商务宾馆。项目经理伍从佳，党工委书记王孟钧。

安哥拉RED十万套房建项目经理部　驻安哥拉威拉省卢班戈市。项目经理、党工委书记王学斌，常务副经理杨震。

委内瑞拉项目经理部　驻委内瑞拉加拉加斯市VALLE区蒂乌娜军营。项目经理田志明，党工委书记兰宇雷，常务副经理李利军。（孟庆财）

【职工队伍】　职工18490人。其中，在岗职工15502人；非在岗职工2988人。干部8236人，其中女干部1531人、少数民族干部109人。干部中，技术干部7855名，其中高级职务740人、中级职务1743人、初级职务4823人。技术结构：工程技术人员5636人，经济管理人员596人，卫生技术人员305人，会计人员723人，统计人员23人，政工人员560人，教师9人。学历结构：研究生90人，大学本科5995人，专科1516人。干部年龄结构：25岁以下1658人，26～30岁3318人，31～35岁924人，36～40岁715人，41～45岁450人，46～50岁411人，51～54岁420人，55～59岁340人。

工人8857人，其中女工1836人、少数民族70人。工人中，技术工人6797人，其中初级工284人、中级工

1296人、高级工2521人、技师929人、高级技师163人。主要工种:铁道行业1102人,社会通用工种4044人。学历结构:初中以下2256人,高中2208人,中专(含中技)2127人,大专(含高技)以上2042人,本科及以上224人。年龄结构:30岁以下2798人,31~40岁1762人,41~50岁1736人,51~55岁2142人,56~60岁419人。2012年接收安置高职毕业生120名,调入10人,终止劳动合同276人,退休100人;安置复员退伍军人21人。 (徐沛江 尚宗国)

【铁路工程施工】 2012年在建铁路工程52项,完成投资1710702万元。完成主要实物工程量:土石方2800万立方米,桥梁73583延长米,隧道80705延长米,正线铺轨1150公里,站线铺轨44公里。

郑西铁路客运专线KHZQ11标段工程 位于陕西省西安市。施工里程50.25公里,合同投资297793万元,合同工期2006年11月~2008年9月。主要实物工程量:路基及附属土石方188.3万立方米,桥梁46063延长米,涵洞12座612.52横延米,整体道床54.3公里,铺轨20.81公里。2010年新增西安北站,累计合同投资366930万元。合同变更调差及新增工程,合同投资调整为402419万元。截至2012年底,开工累计完成投资408192万元。

北同蒲应县至原平取直线工程BTQZ-2标段工程 位于山西省代县。施工里程21.1公里,合同投资45367万元,合同工期2007年12月~2010年12月。主要实物工程量:路基挖填250万立方米,雁门关隧道出口段5940延长米,3号斜井1384延长米,桥梁18座3466.31延长米,涵洞46座,车站1座,站场轨道1.949公里,上道砟9.1万立方米。截至2012年底,累计完成投资67512万元。

厦深铁路XSGZQ-6标段工程 位于广东省揭阳市。施工里程31.1公里,Ⅰ级双线铁路,合同投资96178万元,合同工期2008年10月~2010年12月。主要实物工程量:路基土石方449.56万立方米,桥梁13座8326.96延长米,隧道7座2896延长米,涵洞77座2431.5横延米,站场1处。因投资紧张,工期延后。截至2012年底,开工累计完成投资105313万元。

天津至秦皇岛铁路客运专线3标段工程 位于河北省唐山市。施工里程45.765公里,合同投资489380万元。由中铁十七局集团公司和中国铁建电气化局集团公司共同承建,其中中铁十七局集团公司承担32.78公里的施工任务,合同投资296000万元,调整后344302万元。合同工期2008年11月~2012年10月。业主将工期提前至2011年12月1日开通试运营。主要实物工程量:路基6.192公里,桥梁5座25298延长米,无砟轨道板预制24517块,无砟轨道板铺设88.13公里,铺轨535.93公里,铺设道岔70组。截至2012年底,开工累计完成投资344302万元。

朔州至准格尔铁路ZSXS-1标段工程 位于山西省朔州市。施工里程83.04公里,合同投资73535万元,合同工期2008年12月~2012年5月。主要实物工程量:区间及站场路基土石方1102万立方米,桥梁31座8995.33延长米,隧道6座2759延长米,涵洞114座5312.04横延米,车站6座,房屋建筑9396平方米。2012年新增站房工程。截至2012年底,开工累计完成投资78626万元。

杭州至宁波铁路客运专线HYZQ-2标段工程 施工里程53.733公里,沿线设有上虞北站、余慈2座车站,合同投资409218万元,变更调差后增加至422984万元。合同工期2009年3月~2011年12月,后延至2012年底。主要实物工程量:桥梁9座41870.05延长米,涵洞9座195.3横延米,隧道7座9466延长米,轨道板预制161.359公里,轨道板铺设107.466公里。截至2012年底,开工累计完成投资422964万元。

南京至杭州铁路客运专线NHZQ-3标段工程 施工里程48.462公里,合同投资438078万元,变更调差至462309万元。合同工期2009年3月~2011年12月,工期延至2013年3月。主要实物工程量:路基土石方199.7万立方米,特大桥4座34829延长米,隧道5座9999延长米,涵洞27座842.4横延米,预制架设箱梁812孔,无砟道床制铺92.01公里,正线铺轨507公里,站线铺轨27.59公里,铺设道岔117组,车站2座。截至2012年底,开工累计完成投资462309万元。

南宁至广州铁路NGZQ-3标段工程 施工里程62.99公里,合同投资377302万元。其中,中铁十七局集团公司198448万元;中铁二十五局集团公司178854万元。合同工期2009年3月~2012年3月。主要实物工程量:区间及站场土石方543.43万立方米,桥梁22座24937.15延长米,涵洞153座3366.78横延米,双线隧道1座800延长米。截至2012年底,开工累计完成投资216137万元。

成都至绵阳至乐山铁路客运专线CMLZQ-1标段工程 位于四川省江油市。施工里程35.332公里,合同投资217139万元,变更调差至222143万元。合同工期2009年7月~2011年12月,后延至2013年底。主要实物工程量:路基土石方432.09万立方米,桥梁14座19877延长米,隧道2座1016延长米,无砟轨道35.332公里,改建江油站,制梁546片。截至2012年底,开工累计完成投资206967万元。

石家庄至武汉铁路客运专线郑州东站SSZD-

NO2 标段工程　位于河南省郑州市。合同投资 228450 万元，合同工期 2009 年 9 月 ~2011 年 12 月，后延至 2012 年 6 月。主要实物工程量：路基填方 372.4 万立方米，框架桥 6 座，刚构桥 1 座，涵洞 2 座 145.2 横延米，正线铺轨 6.156 公里，站线铺轨 25.401 公里，铺设铺岔 70 组，站台桥 5140 延长米，无柱雨棚 80238 平方米，天棚吊顶 46914 平方米。截至 2012 年底，开工累计完成投资 244268 万元。工程施工结束。

厦深铁路 XSGZQ－11 标段　位于广东省深圳市境内。施工里程 33.43 公里，合同投资 157609 万元，合同工期 2009 年 9 月 ~2012 年 9 月，后延至 2013 年底。主要实物工程量：路基 5.883 公里，区间及站场土石方 241 万立方米，桥梁 8 座 22475 延长米，隧道 4 座 5072 延长米，车站 2 座，现浇箱梁 189 孔、道岔连续梁 2 联、悬灌连续梁 23 联。新增深圳东站工程。截至 2012 年底，开工累计完成投资 164006 万元。桥梁受线路迁改影响，剩余工程无法施工，深圳东站由于燃气管及高压电线迁改进度受限。

南京至安庆铁路 NASZ－3 标段工程　位于江苏省南京市境内。施工里程 39.569 公里，合同投资 229134 万元，合同工期 2009 年 12 月 ~2012 年 12 月。主要实物工程量：路基土石方 212.6 万立方米，桥梁 27 座 20762.7 延长米，王府山隧道 375 延长米，涵洞 77 座 1941.1 横延米，站场 1 处，轨道板 32200 块，正线铺轨 156.55 公里，站线铺轨 9.69 公里。截至 2012 年底，开工累计完成投资 162274 万元。

新建铁路大同至西安客运专线站前 10 标段工程　位于山西省运城市。施工里程 15.12 公里，合同投资 133393 万元，合同工期 2010 年 3 月 ~2013 年 12 月。主要实物工程量：区间路基及站场土石方 141.24 万立方米，特大桥 2 座 8060 延长米，电力线路架设 20 公里，新增无砟轨道工程。截至 2012 年底，开工累计完成投资 134890 万元。

杭州至长沙铁路客运专线（浙江段）HCZJ－2 标段工程　施工里程 52.019 公里，合同投资 420099 万元，合同工期 2010 年 4 月 ~2013 年 6 月。主要实物工程量：桥梁 36 座 35980 延长米，隧道 19 座 14090 延长米，CRTSⅡ型轨道板单线铺设 104.941 公里。截至 2012 年底，开工累计完成投资 330856 万元。

合肥至福州铁路客运专线（闽赣段）HFMG－7 标段工程　位于福建省南平市、古田县境内。施工里程 59.322 公里，合同投资 429241 万元，合同工期 2010 年 4 月 ~2013 年 7 月。主要实物工程量：路基土石方 416.5 万立方米，桥梁 34 座 11121.77 延长米，隧道 17 座 44576 延长米，涵洞 9 座 260.62 横延米，站场 2 处，预制 CRTSⅠ型双块式轨枕 46 万根，CRTSⅠ型轨道板单线铺设 117.678 公里，预制梁 136 孔，现浇简支箱梁 122 孔，道岔连续梁 5 联 16 孔，悬灌连续梁 10 联 36 孔。截至 2012 年底，开工累计完成投资 320953 万元。

兰新铁路第二双线张掖至红柳河 LXS－17 标段工程　位于甘肃省酒泉地区。施工里程 104.679 公里，合同投资 302100 万元，合同工期 2010 年 4 月 ~2013 年 12 月。主要实物工程量：路基 99.64 公里，区间路基及站场土石方 1158 万立方米，桥梁 32 座 5229 延长米，预制 16 米 T 梁 492 孔，涵洞 266 座 6521.13 横延米，双块式无砟轨道单线铺设 208.81 公里，站场 1 处，房屋建筑面积 5710 平方米。截至 2012 年底，开工累计完成投资 253296 万元。

山西中南部铁路通道瓦塘至汤阴东 ZNTJ－5 标段工程　位于山西省吕梁和临汾境内。施工里程 57.7 公里，合同投资 308518 万元，合同工期 2010 年 4 月 ~2014 年 9 月。主要实物工程量：路基土石方 1169.7 万立方米，桥梁 29 座 12900 延长米，隧道 18 座 25200 延长米，涵洞 116 座 8536.84 横延米，无砟轨道铺设 25.5 公里。截至 2012 年底，开工累计完成投资 308518 万元。

云桂铁路（云南段）站前 5 标段工程　位于云南省文山州、红河州境内。施工里程 59.219 公里，合同投资 314832 万元，合同工期 2010 年 5 月 ~2014 年 11 月。主要实物工程量：区间路基及站场土石方 415.3 万立方米，桥梁 13 座 4352.5 延长米，隧道 9 座 36813 延长米，涵洞 52 座 1469.27 横延米，无砟道床 49.115 公里，变电站 2 处，电力线路架设 105.1 公里。截至 2012 年底，开工累计完成投资 122230 万元。

宁波站改建铁路工程　位于浙江省宁波市。施工里程 3.6 公里，合同投资 68421 万元，合同工期 2010 年 6 月 ~2012 年 6 月。主要实物工程量：土石方 22 万立方米，桥梁 5 座 101.4 延长米，涵洞 3 座 182.67 横延米，铺轨 19.9 公里，道岔铺设 40 组，铺道砟 5.4 万立方米，“四电”工程 22.854 公里。截至 2012 年底，开工累计完成投资 54459 万元。

邯郸至黄骅港铁路 1 标段工程　位于河北省邯郸市与邢台市境内。施工里程 50.633 公里，邯济联接线 52.411 公里，疏解线 6.675 公里。合同投资 247458 万元，合同工期 2010 年 9 月 ~2013 年 2 月。主要实物工程量：路基土石方 1049.27 万立方米，梁式桥 31 座 31400 延长米，框架桥 27 座，T 梁制运架 1463 孔，涵洞 267 座 5696.63 横延米，铺轨 279.81 公里，车站 8 座。截至 2012 年底，开工累计完成投资 165739 万元。

山西中南部铁路通道汤阴东至日照南 ZNTJ－20 标段工程　位于山东省临沂市沂水县境内。施工里程 32.49 公里。其中，中铁十七局集团公司 20.921 公里；

中铁二十四局集团公司11.57公里。合同投资240348万元,合同工期2010年9月~2013年12月。主要实物工程量:路基20.538公里,桥梁6座8570延长米,隧道3座3840延长米,制架T梁3423孔,铺轨460.436公里。截至2012年底,开工累计完成投资157846万元。

成都至重庆铁路客运专线CYSG-6标段工程　正线自重庆西左联络线起点至重庆站约17公里,合同投资134824万元,增加至193276万元。合同工期2010年9月~2014年2月。主要实物工程量:路基及站场土石方77.57万立方米,桥梁13.5座4669.86延长米,涵洞22座681.02横延米,隧道7座15327.4延长米。截至2012年底,开工累计完成投资65481万元。因征地拆迁难度较大,干扰施工现象多,图纸滞后,部分工程无法开工。

沪昆铁路客运专线长沙至昆明(湖南段)CKTJ-7标段工程　位于湖南省娄底市新化县、邵阳市隆回县和怀化市溆浦县境内。施工里程34.538公里,合同投资253698万元,合同工期2010年9月~2014年2月。主要实物工程量:路基土石方84.3万立方米,桥梁19座5670.9延长米,隧道12座27363延长米,双块式无砟轨道69.088公里。截至2012年底,开工累计完成投资115181万元。

沪昆铁路客运专线长沙至昆明(贵州段)CKGZTJ-5标段工程　施工里程43.09公里。其中,中铁十七局集团公司承担30.448公里的施工任务,合同投资231870万元;中铁二十四局集团公司承担12.641公里的施工任务。合同工期2010年10月~2013年10月。主要实物工程量:区间路基土石方151.33万立方米,桥梁26座6081.16延长米,隧道11座16750延长米,涵洞6座156.76横延米,无砟道床51.87公里。截至2012年底,开工累计完成投资140455万元。

青岛至荣成城际铁路6标段工程　位于山东省威海市境内。施工里程55.2公里,合同投资386920万元,合同工期2010年10月~2013年9月。主要实物工程量:威海北、威海、文登东、荣成4座车站,桥梁26座21402延长米,隧道13座15370延长米,路基18.42公里。截至2012年底,开工累计完成投资167339万元。

向莆铁路抚州站站房及县级站站房XPZF-2标段工程　位于江西省抚州市境内。合同投资31533万元,合同工期2011年5月~2012年6月。主要实物工程量:抚州站、抚州北站、南城站和南丰站4座车站。截至2012年底,开工累计完成投资18564万元。

(付建军　孟庆财)

【铁路外工程施工】　在建铁路外工程171项,完成投资1368354万元。完成主要实物工程量:土石方4220万立方米,隧道63672延长米,桥梁39055延长米。

连霍国道主干线永登到古浪高速公路YG9合同段工程　位于甘肃省古浪县。施工里程4.95公里,合同投资50233万元,合同工期2009年4月~2010年6月。主要实物工程量:路基土石方21万立方米,桥梁2座720.18延长米,涵洞3座167横延米,隧道2座3794延长米。截至2012年底,开工累计完成投资48552万元。

湖北宜巴高速公路(鄂渝界)第12合同段工程　位于湖北省宜昌市境内。施工里程7.065公里,合同投资49482万元,合同工期2009年8月~2012年11月。主要实物工程量:路基土石方41.59万立方米,桥梁8728延长米,隧道4553延长米。截至2012年底,开工累计完成投资48243万元。

武汉轨道交通4号线一期工程区间及车站土建第4标段工程　位于湖北省武汉市。合同投资36369万元,合同工期2009年10月~2011年12月。主要实物工程量:铁机村站189.8米,建筑面积12251.9平方米;罗家港站213.4米,建筑面积10122平方米;岳家嘴站至铁机村站左线区间860.63米;铁机村站至罗家港站左线区间930.97米。截至2012年底,开工累计完成投资32366万元。

苏州轨道交通2号线Ⅱ-TS-10标段土建工程　位于江苏省苏州市。合同投资46190万元,合同工期2009年12月~2012年6月。主要实物工程量:宝带西路站,旺吴路站,宝带西路站至旺吴路站区间隧道1343.69延长米,旺吴路站至石湖路站区间隧道2963.82延长米。截至2012年底,开工累计完成投资43681万元。

十堰至房县高速公路SFTJ-10标段工程　位于湖北省房县境内。施工里程4.06公里,合同投资21905万元,合同工期2010年1月~2012年6月。主要实物工程量:分离式隧道2座6888延长米。截至2012年底,开工累计完成投资17396万元。

重庆沿江高速公路主城涪陵段W4合同段工程　位于重庆市涪陵区境内。施工里程6.97公里,合同投资50000万元,合同工期2010年5月~2013年6月。主要实物工程量:路基土石方5万立方米,涵洞4座184横延米,隧道2座12612延长米。截至2012年底,开工累计完成投资37504万元。斜井因洞内突水暂停施工,等待施工方案确定。

西安地铁2号线会展中心至韦曲南段(三爻至凤栖原区间)TJSG-23标段工程　位于陕西省西安市长安南路与北长安街。施工里程2.817公里,合同投资

14279 万元，合同工期 2010 年 6 月～2012 年 6 月。截至 2012 年底，开工累计完成投资 13962 万元。

三淅高速公路 TJ12 标段工程　位于河南省三门峡市。施工里程 5.54 公里，合同投资 44344 万元，合同工期 2010 年 11 月～2012 年 12 月。主要实物工程量：路基土石方 143.72 万立方米，桥梁 7 座 4260 延长米，分离式隧道 3 座 1281 延长米。截至 2012 年底，开工累计完成投资 44728 万元。

成渝高速公路复线（重庆境）D 合同段工程　位于重庆市铜梁县境内。施工里程 4.739 公里，合同投资 53171 万元，合同工期 2010 年 12 月～2012 年 12 月。主要实物工程量：云雾山隧道左线 3360 延长米、右线 3335 延长米，中桥 1 座 93.08 延长米，涵洞 6 座 318.7 横延米，路基挖方 10.3 万立方米、填方 24.1 万立方米，特殊路基处理 5.8 万立方米。截至 2012 年底，开工累计完成投资 50116 万元。

山西岢临高速公路 LJ4 标段工程　位于山西省忻州市岢岚县阳坪乡。施工里程 8.16 公里，合同投资 56148 万元，合同工期 2010 年 12 月～2012 年 6 月。主要实物工程量：路基挖方 146 万立方米、填方 121 万立方米，涵洞 8 座 518.56 横延米，桥梁 5 座 1260 延长米，隧道 2 座 3524 延长米。截至 2012 年底，开工累计完成投资 31572 万元。

无锡地铁 2 号线土建 8 标段工程　位于江苏省无锡市。合同投资 33280 万元，合同工期 2010 年 12 月～2013 年 5 月。主要实物工程量：广益新城站 196.5 米，建筑面积 7997 平方米；靖海公园站至广益新城站区间 2023.73 延长米；广益新城站至华夏路站区间 1394.05 延长米；华夏路站至友谊路站区间 1932.27 延长米。截至 2012 年底，开工累计完成投资 23137 万元。

和榆高速公路二期 LJ3 合同段工程　位于山西省晋中市左权县境内。施工里程 6.04 公里，合同投资 51899 万元，合同工期 2011 年 1 月～2013 年 12 月。主要实物工程量：隧道左线 5730 延长米、右线 5710 延长米。截至 2012 年底，开工累计完成投资 28022 万元。

青岛地铁 3 号线一期 2 标段工程　位于山东省青岛市。施工里程 1.83 公里，合同投资 26455 万元，合同工期 2011 年 1 月～2013 年 12 月。主要实物工程量：汇泉广场站主体结构 19085 立方米，附属结构 7696 立方米；中山公园站主体结构 19962 立方米，附属结构 13550 立方米；汇泉广场站至中山公园站区间左线 608.519 延长米、右线 588.093 延长米；中山公园至太平角公园站区间左线 817.198 延长米、右线 836.704 延长米。截至 2012 年底，开工累计完成投资 18903 万元。

长深高速公路连接线（城市快速通道）一期路基土建 A3 标段工程　位于福建省三明市梅列区洋溪镇。施工里程 4.4 公里，合同投资 53890 万元，合同工期 2011 年 1 月～2013 年 12 月。主要实物工程量：路基挖方 39 万立方米、填方 63 万立方米，桥梁 5 座 2702 延长米，涵洞 7 座，隧道 1.5 座 4773 延长米。截至 2012 年底，开工累计完成投资 25500 万元。

神河高速公路 LJ5 合同段工程　山西省偏关县。施工里程 8.9 公里，合同投资 49160 万元，合同工期 2011 年 4 月～2012 年 10 月。主要实物工程量：路基土石方 675 万立方米，桥梁 6 座 2040 延长米，隧道 1 座 946 延长米，分离式立交桥 1 处，涵洞 5 座 1758.72 横延米。截至 2012 年底，开工累计完成投资 23230 万元。

长沙地铁西延线一期 1 标段工程　位于湖南省长沙市岳麓区。合同投资 40049 万元，合同工期 2011 年 9 月～2014 年 3 月。主要实物工程量：梅溪湖西站，麓云路站，梅溪湖西站至麓云路站区间，麓云路站至文化艺术中心站区间。截至 2012 年底，开工累计完成投资 10842 万元。

长沙地铁西延线一期 2 标段工程　位于湖南省长沙市岳麓区。合同投资 32850 万元，合同工期 2011 年 9 月～2014 年 5 月，主要实物工程量：文化艺术中心站，梅溪湖东站，文化艺术中心站至梅溪湖东站区间，梅溪湖东站至望城坡站区间。截至 2012 年底，开工累计完成投资 15800 万元。

黔恩黔高速公路四工区工程　位于重庆市黔江区。施工里程 6.439 公里，合同投资 34106 万元，合同工期 2012 年 1 月～2014 年 12 月。主要实物工程量：路基土石方 227 万立方米，桥梁 7 座 2417.16 延长米，涵洞及通道 12 座 644.33 横延米，仰头山隧道左线出口 2705 延长米。截至 2012 年底，开工累计完成投资 4839 万元。

重庆两江新区水土工业园大兴路东段（龙门大桥）工程　位于重庆市北碚区。大桥全长 222 延长米，合同投资 5551 万元，合同工期 2012 年 5 月～2013 年 5 月。截至 2012 年底，开工累计完成投资 3674 万元。

（付建军　孟庆财）

【海外工程施工】　委内瑞拉社会住房项目　合同投资 157963 万元，合同工期 2012 年 3 月～2014 年 4 月。主要实物工程量：TIUNA 地块 34 栋住宅楼建造，建筑面积 33 万平方米。ARSENAL 地块 34 栋楼房土建装饰工程，建筑面积 43860 平方米；幼儿园 2 座，中学 1 座，建筑面积 5146 平方米。截至 2012 年底，开工累计完成投资 13172 万元。　（付建军　孟庆财）

【经营管理】 工程经营。2012年承揽工程133项，新签合同总额4143178万元。其中，铁路工程26项1326434万元，占承揽总额的36.53%；公路工程20项537016万元，占14.79%；市政轻轨工程19项760306万元，占20.94%；水利、电力工程12项98878万元，占2.72%；房建工程14项381840万元，占10.52%；海外工程16项404693万元，占11.15%；其他工程26项121719万元，占3.35%。二次经营512292万元。承揽的铁路工程主要有北方区的郑徐铁路客运专线、宁西铁路，西北区的西成铁路客运专线，西南区的成兰、广大、织毕等项目。承揽的铁路外工程主要有二公司的陕西高速公路、西藏甲玛铜矿项目，四公司的广东高速公路项目，六公司的福建公路、市政工程，一公司的十天公路工程。海外经营继北部非洲、中南部非洲、拉美区之后，开辟巴基斯坦、印尼等东南亚市场。全年签订资本经营项目86亿元，占新签合同总额的21%，主要工程有石家庄轨道交通3号线、吉林市政工程、内江新城建设等项目。勘察设计板块业务签订设计合同1453万元，为企业向设计施工总承包领域延伸奠定基础。物流板块业务不断攀升，取得山西中南部铁路通道5标段、20标段和成渝铁路客运专线、巴珠铁路、宁西铁路增二线等项目物资采购合同额4亿元。延伸多领域、多途径、多方面优势互补，在神华、华电、黄金集团等国内市场，中信、中兴、中航集团等海外市场，共承揽工程25项50亿元，占新签合同总额的12%。借助股份公司经营平台，承揽石家庄城市轨道3号线、青岛地铁、云南禄大公路3个项目，合计金额50亿元，占新签合同总额的12%。

安全质量。贯彻落实年度安全工作目标责任制，企业法人代表与子、分公司等单位行政主管签订年度经营管理责任（合同）书；集团公司总经理与分管安全工作的副总经理签订安全生产工作责任书，各单位层层签订安全包保责任状。继续实施安全风险分级管控制度，在建工程按照集团公司《安全风险分级标准》，辨识确定A、B、C三类安全风险工程。A级重大风险工程由集团公司、工程指挥部（项目经理部）、工程公司进行风险管控。对隧道、桥梁、路基、铁路营业线、地铁、“四电”、建筑、铺架、露天爆破、施工辅助等11个方面的主要危险源进行分析、辨识，形成主要危险源辨识指引，检查安全卡控责任落实情况。年内对雁门关、青化山、新中梁山、金洞、对门山、六郎、茅坪山、古田、新屋基等地质复杂、施工难度大的特长、复杂地质隧道和深水、高墩及跨铁路、公路、江河等高风险桥梁配置远程视频监控及芯片定位系统进行监控，突发事件得到及时处置。颁布实施集团公司《领导安全监督检查暂行办法》《施工现场带班暂行办法》，将安全质量实施情况作为集团公司对区域总部、直管项目部工作人员季度薪酬考核的重要依据。加强爆炸物品库点选址、购买、运输、储存、保管、使用、清退等环节的监管工作，年内检查涉爆工点72个，下发隐患整改通知书19份，发现和整改安全隐患27处；确定消防安全部位316处，签订消防安全责任书178份，为16家消防重点单位建立防火档案；组建义务消防队115个，开展业务培训与消防演练34场；按规定及时配备和更新消防器材，保证器材性能良好有效；组织开展消防安全检查17次，发现和整改火险隐患134起。配合交通运输部、水利部、省住房和城乡建设厅等部门，先后组织6期公路工程、水利水电、建筑施工的企业安全生产管理人员培训班，集团公司和子（分）公司23名主要负责人、419名项目负责人、524名专职安全管理人员参加首次取证培训或证书延期培训，均取得安全生产考核合格证书或延期资格。2012年获国家优质工程奖1项、中国市政金杯奖1项、省部级优质工程奖7项、中国铁建杯奖10项，获全国工程建设优秀QC小组4个、省部级优秀QC小组8个、中国铁建优秀QC小组5个。

财务、资金管理。2012年，企业资产总额从2011年的243.4亿元增加到260.5亿元，同比增长7.3%。其中，货币资金32.8亿元；应收账款44.3亿元；固定资产净值27.7亿元。负债总额232亿元，同比增长6.7%；借款总额39.6亿元，同比增加9.7亿元；应付账款129.6亿元，同比减少6.5亿元。资产负债率89.1%，同比下降0.49个百分点。全年现金流入307.8亿元，同比减少0.4%；现金流出305.1亿元，同比减少1.9%；货币资金存量净增加2.7亿元。在岗职工年人均收入52000元，同比增长8.8%；缴纳“五险两金”3.6亿元，同比增长14.4%；支付职工福利费5393万元，职工教育经费、工会经费和“三不让”承诺资金4810万元。企业社会贡献总额33.5亿元，同比增长2.26%，社会贡献率13.3%。实现净利润4.48亿元，缴纳税费11.1亿元，支付职工薪酬15亿元。年内聘请德邻公司对企业内控制度进行梳理，制定集团公司《内控与风险管理体系建设实施方案》，在二公司和建筑公司启动内控与风险管理体系建设试点；先后修订全面预算、经费管理、资金管理、资金支付网银审批、资金调剂统借统还6项制度办法，顺利通过安永内控审计和股份公司内控独立评价；6月初启动“法人一套账”试点，9月底开始在全集团推广，10月底久其核算系统上线，“法人一套账”建设取得阶段性成果；12月财务共享服务中心建成，集团公司规范化、标准化、系统化、统一化财务管理新模式初步形成。资金调剂采用统一计划、统借统还、综合平衡、指标控制的管理模式，加大“双清双减”力度，全年收回拖欠款 71.8 亿元。采用短期融资券、非公开定向债、应收账款保理等融资方式筹措资金 32.8 亿元，节约财务费用 1.2 亿元。加强资金结算管理，将 177 个账户纳入集中管理系统，集中资金 4.7 亿元，企业调用 2.6 亿元，节约财务费用 1560 万元；全年调剂资金余缺 37 亿元，减免子(分)公司利息费用 2494 万元，结算资金额 230 亿元。授信总额 250 亿元，其中融资类授信 70 亿元，非融资类授信 180 亿元。办理银行信贷证明、保函业务 463 笔 91 亿元。依据量入计出、留有余地、有保有压、有促有控的原则，加强预算执行过程控制，修订 5 个直管项目部上交指标，调整 4 个子公司考核指标，纠正预算执行偏差。制定领导班子副职薪酬考核办法，修订直管项目和区域总部薪酬管理办法，实施季度考核，预算约束力得到加强。围绕“效益最大化”目标，召开成本现场会议，制定“法人管项目”指导意见，及时撤并收尾项目 31 个，被评为股份公司 2012 年度成本管理先进单位。加强“营业税改增值税”试点工作，开展税收筹划和财政补贴申报工作，全年享受税收减免 8236 万元，出口退税 816 万元。制定财务监察工作实施细则和实施方案，开展财务监察工作，全年对 7 个法人单位进行财务监察。各单位自查发现问题 1106 个。其中，业务不规范问题 1044 个，涉及金额 19121 万元；一般性违规问题 62 个，涉及金额 4109 万元。

审计监督。2012 年，集团公司两级审计机构完成审计项目 122 项。其中，经济责任审计 17 项；工程项目审计 86 项；财务收支审计 2 项；基建审计 9 项；专项审计调查 1 项；资金、基金审计 2 项；其他及配合审计 5 项。披露各类问题 534 条，查出有问题金额 26749 万元，提出审计建议 505 条。2011 年 11 月，国家审计署开展铁路项目预算执行情况审计，集团公司涉及 20 个项目审计，2012 年 3 月底审计结束。

（芦安全　孟庆财）

【科技开发】 2012 年，集团公司下达两批科技研究开发计划，新立项目 32 项，延续 98 项，合计 130 项。涉及线路及路基 33 项，桥梁工程 24 项，隧道及地下工程 45 项，矿山工程 1 项，建筑工程 9 项，水利水电工程 2 项，“四电”、信息工程 9 项，试验检测 6 项，管理 1 项。承担股份公司、省部级科研项目 16 项，获得资助资金 133 万元。年内有 5 项科技成果通过鉴定。其中，“京沪高速铁路廊坊段路涵过渡段影响范围研究”、“复杂环境高含水砂粘土复合地层土压力平衡盾构掘进机施工关键技术研究”、“穿越煤层和采空区的高瓦斯隧道综合施工技术”3 项成果通过山西省科技厅技术鉴定，综合技术达到国际先进水平；“极旱荒漠风沙地区路桥施工节水技术”成果和参与完成的“YQXZ240t－60A3 架桥机架设 60 米钢箱梁施工技术”成果通过山西省科技厅技术鉴定，两项成果综合技术达到国内领先水平。年内有 12 项科技成果获中国铁建及以上科技进步奖，3 项测量成果获全国优秀测绘工程奖；获省部级工法 27 项；获国家专利授权 70 项，其中发明专利 9 项。发明专利“沥青水泥砂浆搅拌工艺”获第 14 届中国专利优秀奖。

（王青蕊　孟庆财）

【党的工作】 集团公司党委下辖子公司党委 11 个、分公司党委 2 个、其他单位党委 2 个、集团公司机关党委 1 个、项目党工委 18 个，子公司辖党委 6 个、党总支 7 个、项目党工委 213 个。全集团有党支部 498 个，中共党员 8172 人。其中，正式党员 7336 人、预备党员 836 人；在岗党员 7280 人，离退休职工党员 892 人；女党员 982 人。2012 年，面对国家经济增速放缓、路内外市场竞争持续白热化、各种矛盾和问题竞相交织等严峻挑战，以实施党委工作目标管理责任制为主抓手，贯彻落实党委总体工作思路和各项目标要求；以推进学习型党组织建设为主线，狠抓理论武装，不断提升班子引领企业发展能力；以全面开展创先争优活动为载体，不断加强基层党组织建设，推进企业转型领先发展；以建设特色反腐倡廉体系为目标，积极化解外部风险，为企业发展保驾护航；以开展丰富多彩的职工文化活动为手段，聚人心，保稳定，促和谐，为推进企业持续健康快速发展积极发挥职能作用。年内相继对工程公司领导班子成员进行调整和补充，结构更加合理，梯次配置优化。集团所属公司级领导班子成员 129 人中，本科以上学历占 91.3%，平均年龄 43.92 岁。全年编印党委中心组理论学习材料 14 期，集中学习辅导书籍资料 8 套，观看光盘 12 次，集团公司党委和各子(分)公司党委中心组成员撰写学习心得体会文章 24 篇，在省部级杂志报刊发表理论体会文章 14 篇。党委书记、董事长段东明撰写的《以文化创造活力推进企业转型升级》、纪委书记张学安撰写的《宣传工作要为企业转型发展唱响主旋律》等在山西省报刊、《中国铁道建筑报》《中国交通报》刊载。围绕“迎接十八大、宣传十八大、贯彻十八大”的主题，开展“九个一”系列活动(即：开辟一个宣传专栏、收听收看一次会议盛况、邀请专家做一次专题辅导、中心组成员交流一次学习体会、发放一套学习书籍、举办一次书法美术摄影展、开展一次知识竞赛、创造一个欢庆浓厚氛围、开展一次维稳排查)，举办迎接党的十八大形势报告会和“喜迎十八大、十年看变化”企业发展十年成果展。全年在《中国铁道建筑报》刊稿 703 篇，其中头条及报眼稿件 121 篇；在《人民铁道》报刊稿 58 篇，其中头条及报眼稿件

6篇；在《中国交通报》刊稿7篇，其中头条及报眼稿件1篇；在中央主流媒体和省部级以上媒体刊稿1200余篇。在《人民论坛》、股份公司和集团公司门户网站刊发新闻3900余条。5个单位获2012年度全国企业文化建设优秀单位称号，7人被评为2012年度全国企业文化建设先进工作者。全集团撰写党建工作经验材料、调研报告、党建政研立项课题和专业论文127篇，分别在股份公司以上报刊、网站发表、交流，其中13篇参加山西省优秀思想政治工作研究成果评审，获一等奖3篇、二等奖7篇、三等奖3篇。集团公司党委第一课题组撰写的《关于海外项目党建思想政治工作的实践与探索》获全国思想政治工作优秀成果一等奖，同时获山西省、中央企业和股份公司优秀研究成果一等奖。落实党风廉政建设责任制，签订党风廉政建设责任书386份，签订廉洁从业承诺书、廉洁从业保证书3210份，干部任前廉洁谈话620人，发送廉洁短信18600余条。遵守《中国共产党党员领导干部廉洁从政若干准则》《国有企业领导人员廉洁从业若干规定》，设立集团公司廉政专户和举报专用邮箱、电话，完善领导人员廉政档案，建立反腐倡廉“黑名单”。查办领导干部滥用职权、贪污贿赂、失职渎职案件，受理信访、电话举报19件，初核线索31件，转立案28件，查结28件。党政纪处分77人，58人并处经济赔偿93.2万元，为企业挽回经济损失260.9万元。

（孟庆财）

【工会共青团】 工会工作。集团公司工会下辖13个子（分）公司及中心医院、物业管理中心、集团公司机关16个处级单位工会，520个基层工会，765个工会小组。工会会员18574人，专兼职工会干部566人，其中女工干部225人。2012年，组织3个赛区33个单位开展“五比五杯”劳动竞赛，6个子（分）公司、12个项目获得综合评比优胜奖，评出单项奖27个，兑现奖金84万元。全年获甲方（业主）劳动竞赛奖金3052万元。第三次获全国“安康杯”竞赛优胜企业称号。集团公司各级职代会征集提案424条，立案400条，落实率94.3%。坚持和完善民主评议领导干部制度，集团公司、子（分）公司两级评议领导干部145人，职工满意率98.7%。二公司被评为山西省五星级基层工会，一公司、四公司、勘察设计院和物业管理中心4个单位被评为山西省四星级工会先进单位，集团公司被评为山西省厂务公开民主管理示范单位；集团公司总经理卢朋获山西省全心全意依靠职工办企业优秀企业家称号。全年收集合理化建议1850件，采纳791件，获股份公司及以上表彰的技术创新、科技成果10项，创经济效益5000余万元。开通“电子职工书屋”，7个区域总部成立工会组织；开展女职工素质提升流动课堂46场次，2篇论文获山西省女职工工作调研和论文征集活动表彰奖励，集团公司工会女工委获全路先进女职工组织称号；深入开展“面对面、心贴心、实打实”活动，集团公司、子分公司工会与基层建立联系点187个，与困难职工结对子415户，发放慰问金249.7万元；筹措“三不让”专项资金648.9万元，送温暖资金458万元，走访困难职工、息工待岗职工、伤病残职工、离退休职工、劳模先进人物和职工遗属2031人次；深入开展“金秋助学”行动，累计帮扶困难职工家庭子女138人，发放助学金42.6万元。

共青团工作。集团公司团委下辖11个子公司、2个分公司及中心医院、物业管理中心15个团委，建立基层团支部284个，专兼职团干部489人，其中专职团干部6人；共青团员5705人，35岁以下青工10139人。3月，在上海轨道公司苏州地铁2号线10标段项目部举办集团公司共青团“文化引领我争先，转型发展谱新篇”青年主题实践活动现场会暨“青年读书活动”启动仪式；组织开展思想状况调查征文活动，征集稿件633篇，部分优秀稿件在铁建青年网、局青年工作网上发表。为纪念共青团建团90周年暨“五四”运动93周年，组织开展“‘五四’光辉照我心 创业攻坚我先行”暨纪念建团90周年主题系列活动；三公司职工蔺双平作为中国铁建系统唯一青年楷模代表，参加中央企业团工委组织的学习贯彻中央领导“五四”重要讲话精神座谈会。按照股份公司要求，开展“向团组织说句心里话”短信大赛活动，收到参赛作品271篇，择优推荐30篇参加评选，其中5篇获奖。开展学习叶明“大爱精神”活动，大力宣扬叶明为白血病患者无偿捐献145毫升造血干细胞的事迹，推荐叶明参加山西省开展的“身边榜样——雷锋式的好青年”展示活动。继续开展“铁骨柔情，大爱无疆”爱心捐助活动，5387人参与，募集爱心捐款395867.71元。年内评出“五小”成果一等奖4项、二等奖8项、三等奖21项，发放奖金24500元。开展“团组织就在我身边”关爱行动，帮扶基层68名生活困难团员青年，发放救助金5.7万元。年内6个集体被授予山西省“青年文明号”称号，2人分别获全国“青年岗位能手”、中央企业“青年岗位能手”称号，7人获省部级“青年岗位能手”称号。

（王莉莉　孟庆财）

【第一工程有限公司】 铁路、公路、市政公用工程施工总承包一级，房屋建筑工程施工总承包二级，水利水电、矿山工程施工总承包三级，桥梁、隧道、公路路基、铁路铺轨架梁工程专业承包一级，公路路面工程专业承包二级，地质灾害治理丙级和公路工程综合检测乙级资质企业。公司驻山西省太原市小店区人民北路18号。执行董事、党委书记严勇智，总经理张耀军。下辖35个项目经理部、10个路桥公司、2个隧桥公司、2个机械运输公司、4个桥梁运架公司、2个轨道板公司和青岛公司、大同公司、商品混凝土公司、桥梁悬灌公司、非标加工公司、仓储公司、物业服务公司。职工3094人。其中，干部1522人（含公司聘用206人）；工人1572人。技术干部1316人，技术工人1429人。资产总额476076万元。其中，固定资产原值63666万元、净值29380万元；流动资产69744万元。机械运输设备1554台（套），原值52553万元，总功率80190千瓦，动力装备率26千瓦/人，技术装备率78000元/人，成新率60%，机械化施工程度85%。

2012年新签合同额456683万元，完成企业总产值454835万元，其中施工产值454335万元；实现利润4590万元。完成主要实物工程量：土石方1244万立方米，桥梁16165延长米，隧道37818延长米，涵洞3891横延米，铺轨0.149公里，公路23.559公里。工程质量合格率100%。截至年底，公司实现连续安全生产6470天。全员劳动生产率294143元/人年，职工年人均收入50964元。国有资产保值增值率94.49%，产值利润率0.9%，净资产收益率7.68%，资产负债率88.29%，投资收益上缴率100%，应上缴款完成率101%。参建的京沪高速铁路天津特大桥、新建海南东环铁路新海口高架双线特大桥工程获铁路优质工程一等奖，2项工法被认定为省部级工法，2项发明专利获得国家授权。公司被评为全国公路建设百家诚信企业、全国守合同重信用企业、全国优秀测绘工程银奖企业，继续保持山西省环境行为“绿色等级”企业。

（胡巧芬　孟庆财）

【第二工程有限公司】 铁路、公路、房屋建筑、市政公用、矿山工程施工总承包一级，水利水电工程施工总承包二级，土石方、桥梁、隧道、公路路基、公路路面工程专业承包一级，地质灾害治理工程丙级资质企业。公司驻陕西省西安市咸宁中路55号。执行董事、党委书记毕永清，总经理陈自明。下辖7个路桥工程公司、10个机运工程公司、4个隧道工程公司、3个桥梁运架工程公司、西宁铁建宾馆、忻州物业管理中心和西安物业管理中心，51个工程项目部。职工3732人。其中，干部1534人；工人2198人。技术干部1302人，技术工人661人。资产总额544386万元。其中，固定资产原值137450万元、净值50533万元；流动资产487267万元。机械运输设备657台（套），原值57681万元，总功率99062千瓦，动力装备率26千瓦/人，技术装备率77705元/人，成新率51%，综合机械化施工程度85%。

2012年新签合同额551471万元，完成企业总产值471183万元，其中施工产值470947万元；实现利润8032万元。完成主要实物工程量：土石方2232万立方米，桥梁14583延长米，隧道20014延长米，涵洞3269横延米，铺轨23.48公里，公路67.8公里，房屋建筑面积61749平方米。工程质量合格率100%。截至年底，公司实现连续安全生产6733天。全员劳动生产率475042元/人年，职工年人均收入44210元。国有资产保值增值率98%，产值利润率1.52%，净资产收益率11.13%，资产负债率87.65%，投资收益上缴率100%，应上缴款完成率100%。参建的京沪高速铁路天津特大桥工程获铁路优质工程一等奖、重庆鱼洞长江大桥（二期）获重庆市政工程金杯奖；兰新铁路项目第2QC小组获全国工程建设优秀QC小组二等奖，宁杭铁路客运专线无砟轨道QC小组获陕西省优秀QC小组二等奖；2项科技成果获中国施工企业管理协会创新成果奖；获国家级工法1项、省部级工法5项，9项专利获国家实用新型专利授权。公司被评为全国企业文化建设优秀单位、山西省五星级基层工会，继续保持全国守合同重信用企业、全国优秀施工企业、全国文明单位、全国模范职工之家、陕西省高新技术企业等称号。

（王世平　孟庆财）

【第三工程有限公司】 铁路、公路、市政公用工程施工总承包一级，房屋建筑工程施工总承包三级，土石方、桥梁、隧道、公路路基、公路路面工程专业承包一级资质企业。公司驻河北省石家庄市中山西路。执行董事、党委书记杨金成，总经理刘新福。下辖24个专业队伍、3个基地。职工2981人。其中，干部1656人；工人1325人。技术干部1485人，技术工人1150人。资产总额474848万元。其中，固定资产原值56883万元、净值31110万元；流动资产420691万元。机械运输设备555台（套），原值48721万元，总功率68885.6千瓦，动力装备率23千瓦/人，技术装备率9万元/人，成新率56.2%，综合机械化施工程度96.5%。

2012年新签合同额375780万元，完成企业总产值451615万元，实现利润4918万元。完成主要实物工程量：土石方887.56万立方米，桥梁46541延长米，隧道30485延长米，铺轨13.37公里，公路15.88公里，房屋建筑面积12054平方米。工程质量合格率100%。截至年底，实现连续安全生产6905天。全员劳动生产率69022元/人年，职工年人均收入50122元。国有资产保值增值率93%，产值利润率0.95%，净资产收益率7.17%，资产负债率87.19%，应上缴款完成率100%。参建的京沪高速铁路天津特大桥工程获铁路优质工程一等奖，1项科技成果获中国施工企业协会技术创新成果奖,4 项专利获国家发明专利授权。公司获中央企业思想政治工作先进单位、河北省文明单位、河北省高新技术企业和重点支持大型建筑业企业等称号。 (谢 静 孟庆财)

【第四工程有限公司】 公路、市政公用工程施工总承包一级,水利水电、房屋建筑工程施工总承包二级,桥梁、隧道、公路路基工程专业承包一级,矿山工程施工和土石方工程专业承包三级资质企业。公司驻重庆市北部高新区洪湖西路 18 号上丁企业公园 25 栋。执行董事、总经理王应权,党委书记黄平。下辖 43 个基层单位。职工 3140 人。其中,干部 1612 人;工人 1528 人。技术干部 1404 人,技术工人 1160 人。资产总额 488291 万元。其中,固定资产原值 393539 万元、净值 20562 万元;流动资产 449946 万元。机械运输设备 553 台(套),原值 32654 万元,总功率 67676 千瓦,动力装备率 23.8 千瓦/人,技术装备率 6.8 万元/人,成新率 65.3%,综合机械化施工程度 85%。

2012 年新签合同额 544000 万元,完成企业总产值 455000 万元,其中施工产值 452969 万元;实现利润 5356 万元。完成主要实物工程量:土石方 1148 万立方米,桥梁 13333.6 延长米,隧道 22950 延长米,涵洞 2162 横延米。工程质量合格率 100%。全员劳动生产率 440310 元/人年,职工年人均收入 43429 元。国有资产保值增值率 114%,产值利润率 1.2%,净资产收益率 9.5%,资产负债率 90.31%,应上缴款完成率 100%。参建的合武铁路工程获中国土木工程詹天佑奖,承建的武广铁路客运专线马鞍山特大桥工程获重庆市巴渝杯优质工程奖,承建的云南小磨高速公路工程获云南省优质工程奖,1 项科技成果获中国施工企业管理协会科学技术奖,4 项工法被认定为省部级工法,2 项 QC 成果被评为全国优秀 QC 成果,1 项专利获国家发明专利授权,9 项专利获实用新型专利授权。公司获全国企业文化先进单位、公路建设百家诚信企业、重庆市 AAA 诚信建筑企业等称号,首次被评为全国工程建设质量管理小组活动优秀企业。 (闫志浩 孟庆财)

【第五工程有限公司】 公路、市政公用工程施工总承包一级,铁路、水利水电工程施工总承包二级,土石方、隧道、桥梁、公路路基工程专业承包一级资质企业。公司驻山西省太原市小店区人民北路 20 号。执行董事、总经理杨永宏,党委书记唐广胜。下辖 4 个机运工程公司、2 个桥梁工程公司、5 个隧道工程公司、2 个物业公司。职工 2299 人。其中,干部 762 人(含公司聘用 315 人);工人 1537 人。技术干部 238 人,技术工人 719 人。资产总额 248235 万元。其中,固定资产原值 32780 万元、净值 10834 万元;流动资产 234341 万元。机械运输设备 579 台(套),原值 17767.6 万元,总功率 61726 千瓦,动力装备率 27.2 千瓦/人,技术装备率 38000 元/人,成新率 49%。

2012 年新签合同额 353440 万元,完成企业总产值 263529 万元,实现利润 4094 万元。完成主要实物工程量:土石方 60.22 万立方米,桥梁 10176.65 延长米,隧道 18483.25 延长米,涵洞 2801.67 横延米。工程质量合格率 100%。截至年底,公司实现连续安全生产 10445 天。全员劳动生产率 483096 元/人年,职工年人均收入 41899 元。国有资产保值增值率 102.5%,产值利润率 1.55%,净资产收益率 12.4%,资产负债率 86.7%,应上缴款完成率 100%。2 项专利分别获国家发明、实用新型专利授权。公司获得全国建筑业安全管理先进单位、全国企业文化建设优秀单位,山西省优秀建筑企业、文明和谐单位、守合同重信用企业,太原市文明单位标兵、守合同重信用企业等荣誉。 (赵毅敏 孟庆财)

【第六工程有限公司】 公路、市政公用工程施工总承包一级,铁路工程施工总承包二级,房屋建筑工程施工总承包三级,土石方、桥梁、隧道、公路路基工程专业承包一级资质企业。公司驻福建省福州市连江中路 181 号中铁大厦。执行董事、总经理李永珑,党委书记郑力。下辖 35 个工程项目部及路桥公司、混凝土公司、盾构公司、唐城大厦、南方饭店 5 个单位。职工 1311 人。其中,干部 664 人;工人 647 人。技术干部 481 人,技术工人 203 人。资产总额 344833 万元。其中,固定资产原值 49404 万元、净值 26749 万元;流动资产 312046 万元。机械运输设备 416 台(套),原值 48377 万元,总功率 48450.8 千瓦,动力装备率 36.87 千瓦/人,技术装备率 28.35 万元/人,成新率 76%,综合机械化施工程度 80% 以上。

2012 年新签合同额 33.3 万元,完成企业总产值 357503 万元,其中施工产值 355827 万元;实现利润 2573 万元。完成主要实物工程量:土石方 1151 万立方米,桥梁 15725 延长米,隧道 19791 延长米,涵洞 2346 横延米,公路 27.39 公里。工程质量合格率 100%。截至年底,公司实现连续安全生产 2127 天。全员劳动生产率 645782 元/人年,职工年人均收入 72000 元。国有资产保值增值率 106.93%,产值利润率 0.8%,净资产收益率 7.02%,资产负债率 89.53%,投资收益上缴率 44.57%,应上缴款完成率 100%。参建的京沪高速铁路天津特大桥工程获铁路优质工程一等奖,承建的厦门机场路 JC2 合同段、厦门 BRT 一期工程 QA 标段工程获福建省闽江杯优质工程奖,2 项

QC 成果获全国工程建设优秀质量管理小组成果奖。公司获得福建省企业文化示范单位、思想政治工作优秀企业、企业文化建设优秀单位、高速公路 AA 级信用评价单位及厦门市百强企业、施工总承包 AAA 企业等荣誉。（傅　艳　孟庆财）

【建筑工程有限公司】　房屋建筑、市政公用工程施工总承包一级，机电安装工程施工总承包二级，建筑装修装饰、钢结构、地基与基础工程专业承包一级，土石方工程、起重设备安装工程专业承包三级资质企业。公司驻山西省太原市学府街 121 号。执行董事、党委书记杨琼东，总经理王学斌。下辖 22 个工程项目部、1 个物业管理中心。职工 960 人。其中，干部 614 人；工人 346 人。技术干部 364 人，技术工人 211 人。资产总额 172635 万元。其中，固定资产原值 16905 万元、净值 5912 万元；流动资产 157379 万元。机械运输设备 401 台（套），原值 13655.92 万元，总功率 24240 千瓦，动力装备率 30 千瓦/人，技术装备率 6 万元/人，成新率 33%。

2012 年新签合同额 439000 万元，完成企业总产值 225362 万元，其中施工产值 225346 万元；实现利润 5507 万元。完成主要实物工程量：土石方 222 万立方米，桥梁 2930 延长米，房屋建筑面积 628775 平方米。工程质量合格率 100%。截至年底，公司实现连续安全生产 9148 天。全员劳动生产率 497453 元/人年，职工年人均收入 42499 元。国有资产保值增值率 116.82%，产值利润率 2.44%，净资产收益率 30.11%，资产负债率 90.89%，投资收益上缴率 50%，应上缴款完成率 100%。承建的西安市城市交通三环路工程获中国市政金杯示范工程奖。公司被评为全国优秀施工企业、山西省骨干建筑业企业、山西省思想政治工作优秀单位、山西省工程建设质量管理优秀单位。（韩风云　孟庆财）

【电气化工程有限公司】　机电设备安装工程施工总承包一级，房屋建筑工程施工总承包三级，铁路电气化、铁路电务、送变电、电信工程专业承包一级，公路交通工程专业承包通信系统、监控系统、收费系统分项资质企业。2005 年 12 月 29 日在太原市注册，2006 年 1 月 18 日正式挂牌运行。公司驻山西省太原市高新区高新街 32 号。执行董事、党委书记王军，总经理袁玉森，常务副总经理尹建军。下辖 8 个分公司、40 个工程项目经理部。职工 327 人。其中，干部 290 人（含公司聘用 26 人）；工人 39 人。技术干部 223 人，技术工人 21 人。资产总额 66643 万元。其中，固定资产原值 8346 万元、净值 3777 万元；流动资产 62860 万元。主要机械运输设备 586 台（套），原值 6968 万元。综合机械化施工程度 80%。

2012 年新签合同额 157879 万元，完成企业总产值 40286 万元，实现利润 1503 万元。完成主要实物工程量：土石方 3.7 万立方米，桥梁 47.2 延长米，涵洞 140.15 横延米，房屋建筑面积 1103.55 平方米，通信光、电缆线路 1443 公里，电力线路 80 公里，隧道照明 118.3 公里。工程质量合格率 100%。截至年底，公司实现连续安全生产 2561 天。全员劳动生产率 1141237 元/人年，职工年人均收入 70731 元。国有资产保值增值率 108.54%，产值利润率 3.78%，净资产收益率 8.89%，资产负债率 77.99%，投资收益上缴率 47.8%，应上缴款完成率 100%。2 项专利获国家实用新型专利授权。公司获得山西省五一劳动奖状、太原市文明单位标兵等荣誉。（宋艳艳　孟庆财）

【重要记载】

▲1 月 28 日　四公司被评为全国文明单位，二公司、六公司保持全国文明单位称号。

▲2 月 6～7 日　集团公司党委二届三次全会暨 2012 年工作会、二届五次职工代表大会在山西太原召开。会议总结 2011 年工作，制定 2012 年奋斗目标和改革发展思路；签订 2012～2013 年集体合同、党委工作目标管理责任书、经营管理和项目管理责任制实施方案（合同），区域生产经营责任书、工程经营责任书、安全生产责任书、经济效益责任书；表彰 2011 年度劳动竞赛、治安综合治理先进单位和十佳道德模范。

▲2 月 28 日　集团公司 2012 年党风建设和反腐倡廉工作会在山西太原召开。会议传达贯彻股份公司 2012 年党风建设和反腐倡廉工作会议以及集团公司“三会”精神，深入分析企业转型发展进程中党风建设和反腐倡廉工作面临的新情况、新特点，研究制定进一步加强反腐倡廉建设的对策与措施。

▲3 月 1 日　二公司秦岭隧洞项目测量队队长智慧获全国“青年岗位能手”称号。

▲3 月 2 日　六公司杭甬铁路客运专线二工区工程部调度员寇东兰被授予山西省“十大杰出女职工”称号，并获得五一巾帼标兵、五一劳动奖章荣誉。

▲3 月 21 日　中共中央政治局委员、北京市市委书记刘淇在安哥拉访问期间，到集团公司承建的安哥拉罗安达社会住房一期工程考察，并亲切慰问参建员工。

▲3 月 27 日　集团公司参建的合武铁路工程获中国土木工程詹天佑奖。

▲4 月 13 日　中共中央政治局常委、全国人大常委会委员长吴邦国，在河南省省委书记卢展工等陪同下到集团公司石武铁路客运专线郑州东站工地视察，

接见项目参建职工代表。

▲4月15日　三公司设备运输部主任科员蔺双平获2011中国优秀经济女性人物称号。

▲4月27日　在北京钓鱼台国宾馆参加国务院国资委、陕西省人民政府签署合作备忘录暨央企进陕发展活动仪式的陕西省省委书记、省人大常委会主任赵乐际,省委副书记、省长赵正永会见集团公司总经理卢朋,并进行亲切交谈。

▲5月4日　集团公司与中国南车集团四方车辆资产管理有限公司在青岛签订"南车小镇"委托开发实施协议,按照"三期开发、四年建成、市场化运作"的总体目标安排融资计划和销售策划。

▲5月4~5日　集团公司技术中心获山西省技术中心建设成就奖,被山西省劳动竞赛活动委员会授予集体一等功。

▲5月8日　国务院监事会主席李克、第16办事处副主任樊华在股份公司副总裁、总会计师兼总法律顾问庄尚标陪同下到集团公司调研。

▲5月11日　2012年全国企业家年会暨两江论坛在重庆隆重召开。集团公司董事长段东明应邀参加,被授予2011~2012年全国优秀企业家称号。中共中央政治局委员、国务院副总理、重庆市市委书记张德江出席会议发表重要讲话,并与优秀企业家合影。

▲5月17日　中共中央政治局委员、全国人大常委会副委员长、中华全国总工会主席王兆国到集团公司承建的郑州东站综合交通枢纽工程考察,并向广大参建员工表示亲切问候。

▲6月12日　集团公司获2011年度全国"安康杯"竞赛优胜单位称号,是继2002年、2009年后第3次获此殊荣。

▲6月30日　集团公司党委书记、董事长段东明被授予全国企业优秀党委书记称号。

▲8月10日　委内瑞拉总统查韦斯视察集团公司承建的委内瑞拉社会住房蒂乌娜项目B地块,给予高度评价。

▲8月16日　集团公司与南昌铁路天河建设公司联合施工的江西德安共安大桥安全顺利转体。转体梁重14510吨、长123米,逆时针旋转80°,是迄今为止国内转体重量最重、转体长度最长的公路预应力混凝土连续梁。

▲8月27日　三公司获中央企业思想政治工作先进单位称号。

▲9月16日　集团公司开发的"富水砂性土洞内更换盾尾刷施工技术"等23项工法关键技术经山西省住房和城乡建设厅组织的专家鉴定,13项达到国内领先水平,10项达到国内先进水平。

▲9月28日　六公司被授予福建省2009~2011年度企业文化建设示范单位称号。

▲10月23日　山西省省委书记、省人大常委会主任袁纯清,省委副书记、省长王君率省观摩检查组到建筑公司参建的山西高校新校区工地视察,称赞十七局集团对山西转型发展很给力,是山西发展的生力军。

▲11月1日　集团公司参建的阿尔及利亚提帕萨省750套住房项目举行奠基仪式,提帕萨省省长拉亚蒂为项目奠基。

▲11月4日　一公司"京沪高速铁路JHT-1标段无砟轨道施工测量"、二公司"京沪高速铁路土建1标段沉降变形观测和区域地面沉降检测"获全国优秀测绘工程银奖,二公司"京沪高速铁路土建1标段CPⅢ轨道控制网测量"获铜奖。

▲11月6日　集团公司董事长段东明应邀出席中缅友好协会第一届理事会第二次会议,并被任命为该届理事。

▲11月21日　四公司参建的国道主干线(GZ40)云南水富至柳麻湾高速公路5标段和19标段工程获2011~2012年度国家优质工程银质奖。

▲11月24日　集团公司董事长、党委书记段东明被授予2012年度全国企业文化建设十大典范人物称号。

▲12月5日　集团公司中标成兰铁路成都至川主寺站前CLZQ-7标段工程,线路长7.3公里,合同投资10.8亿元,合同工期5年。

▲12月7日　集团公司中标中国商务部援巴基斯坦国道公路网修复项目工程,合同投资5.48亿元,合同工期3年。

▲12月26日　集团公司建筑科技大厦启用。

▲12月28日　重庆市重大利民惠民工程——沙坪坝铁路综合交通枢纽项目开工仪式在集团公司建设工地举行。中共中央政治局委员、重庆市市委书记孙政才,市长黄奇帆,股份公司总裁赵广发、副总裁张宗言,集团公司董事长段东明、总经理卢朋出席开工仪式。

(孟庆财)

中铁十八局集团有限公司

【简况】　中铁十八局集团有限公司系铁路工程施工总承包特级,公路、水利水电、市政公用、房屋建筑工程施工总承包一级,隧道、桥梁、城市轨道交通、机场场道、公路路面工程专业承包一级,铁道行业甲(Ⅱ)级设计,房屋建筑工程设计甲级,地质灾害防治工程施工甲级资质企业,同时拥有对外承包工程资质和对外经营权。集团公司总部驻天津市河西区大沽南路 1519 号。前身系中国人民解放军铁道兵第八师,1984 年 1 月 1 日集体转业并入铁道部,改编为铁道部第十八工程局;2001 年 4 月 18 日企业改制改称现名。下辖 12 个子公司、4 个分公司、8 个区域指挥部及 19 个工程指挥(项目)部。职工 18094 人。其中,干部 9500 人;工人 8594 人。资产总额 2199729 万元。其中,固定资产原值 561546 万元、净值 313833 万元;流动资产 1808926 万元。机械运输设备 6050 台(辆),原值 424841.16 万元、净值 264940.72 万元,总功率 794790.8 千瓦,动力装备率 43.52 千瓦/人,技术装备率 14.51 万元/人,设备完好率 92.6%、利用率 86.1%,新度系数 0.62,机械化施工程度 90%。年施工能力 400 亿元以上。

2012 年新签合同额 4370743 万元,完成企业总产值 3044416 万元,其中施工产值 3032448 万元;实现利润 46915 万元。全员劳动生产率 47.16 万元/人年,人均创利 2.61 万元,职工年人均收入 4.38 万元。国有资产保值增值率 123.55%,净资产收益率 21.7%,应上缴款完成率 102.69%,资产负债率 91.03%。完成主要实物工程量:土石方 3934 万立方米,隧道 106363 延长米,桥梁 51059 延长米,涵渠 40286 横延米,铁路正线铺轨 35.36 公里,站线铺轨 6 公里,铺道岔 18 组,铁路架梁 1189 孔,公路架梁 1136 片,地铁 9566 米,公路 208 公里,公路路面 243 万平方米,房屋建筑面积 184 万平方米。单位工程合格率 100%,分项工程合格率 100%。年内,集团公司获国家优质工程银质奖 4 项,其中承建的迪拜运动城 The Bridge 项目获国家优质工程(海外工程)银质奖;获中国市政金杯示范工程奖 1 项、中国钢结构金奖 1 项、天津市建设工程金奖海河杯奖 2 项及海河杯奖 3 项、铁路优质工程奖 3 项、其他省部级优质工程奖 6 项、天津市建筑工程结构海河杯奖 11 项、中国铁建杯优质工程奖 6 项;获国家级优秀 QC 成果 6 项、省部市行业级 QC 成果 16 项;集团公司获创建鲁班奖工程突出贡献奖,2 人被授予创建鲁班奖工程先进个人称号。集团公司、五公司被评为全国优秀施工企业;集团公司保持天津市百强企业称号,获全国保障性安居工程建设劳动竞赛先进单位称号,一公司、三公司被评为全国"安康杯"竞赛优胜单位,路桥公司武昆高速公路 3 标段项目部测量班被评为全国"安康杯"竞赛优胜班组,五公司海河隧道项目部获全国"工人先锋号"称号,一公司青岛海底隧道项目部、二公司向莆项目部获全国交通建设系统"工人先锋号"称号,集团公司兰新项目经理部获中央企业"青年文明号"称号。 (阎世杰　韩　雪)

【领导人员】

董事会

董事长	郝趁义
董事	彭仕国
	彭道富
	邓中才
	赵心昭

监事会

监事会主席	马培卿
监事	徐锡国
	熊　晖

经理层

总经理	彭仕国
副总经理	彭道富
	邓中才
	范成国
	刘洪德
	陆晓辉
	韩利民
	李铁翔
	邓　勇
	陈建民
	薛新广
	马秀之(2 月任)
总工程师	韩利民(兼)
总会计师	马秀之(兼)

党群领导

党委书记	郝趁义
党委副书记	彭仕国
	王兴周
	马培卿
纪委书记	马培卿(兼)
工会主席	赵心昭

(阎世杰　韩　雪　杨　勇)

【工程项目指挥机构】 中南区域指挥部　驻湖北省武汉市武昌区民主路三巷 743 号。指挥长李铁翔。

西南区域指挥部　驻四川省成都市机场路土桥段 14 号。指挥长邓勇。

华东区域指挥部　驻上海市闸北区芷园路 417 号。指挥长孟文林(8 月免)、崔连友(8 月任)。

华北区域指挥部　驻天津市塘沽区临港路 1396 号。指挥长范成国。

西北区域指挥部　驻陕西省西安市高新区唐延路

群贤庄4号楼1门501室。指挥长陆晓辉。

东北区域指挥部　驻辽宁省沈阳市皇姑区鸭绿江街17号。指挥长刘洪德。

华南区域指挥部　驻广东省深圳市南山区丽山路西湖林语3栋106号。指挥长宋鹤庆。

援疆指挥部　驻新疆维吾尔自治区乌鲁木齐市沙依巴克区友好北路146号新疆昆仑宾馆北楼九层。指挥长赵心昭。

神朔铁路复线工程指挥部　驻天津市河西区柳林中铁十八局集团公司办公大楼10层。指挥长郎珢,党工委书记唐海涛。

南疆吐库二线铁路工程指挥部　驻新疆维吾尔自治区吐鲁番地区托克逊县阿乐惠镇。指挥长杜万英,党工委书记陈华东。

北京地铁工程指挥部　驻北京市海淀区西翠路17号院。指挥长、党工委书记童顺军。

向莆铁路FJ-1A标段工程指挥部　驻福建省将乐县水南镇下村活性炭厂。指挥长崔连友,党工委书记赵广愿(5月代任)。

石武铁路客运专线河南段项目经理部　驻河南省郑州市郑东新区农业东路与如意东路交口运河上郡12号楼2单元402室。常务副经理杨国良,党工委书记祁林。

兰渝铁路工程指挥部　驻甘肃省陇南市武都区汉王镇。常务副指挥长史振春(9月免)、苏睿(9月代任),党工委书记江顺。

厦深铁路广东段工程指挥部　驻广东省汕尾市城区新湖工业区。常务副指挥长宋庚银。

津秦铁路客运专线项目经理部　驻天津市东丽区香港花园A区香江环路9号。项目经理王志杰,党工委书记刘丛勇。

贵广铁路工程指挥部　驻贵州省凯里市从江县。常务副指挥长李正士(3月任),党工委书记隋建丛(5月免)、宋玉毛(5月任)。

渝利铁路项目经理部　驻重庆市石柱县工业园区。常务副经理张海龙。

京津城际铁路延伸线项目经理部　驻天津市东丽区津塘公路396号天管宾馆。项目经理钟兴兵,党工委书记李瑞显。

湘桂铁路扩改工程柳南段Ⅳ标段工程指挥部　驻广西壮族自治区南宁市民族大道98号审计厅生活区东单元D05房。指挥长苏在林,党工委书记张馨。

武咸城际铁路1标段项目经理部　驻湖北省武汉市江夏区武昌大道特8号和平农庄内。项目经理苗福启,党工委书记刘永清(3月免)、杨廷玺(3月任)。

武黄城际铁路3标段项目经理部　驻湖北省黄石市团城山开发区大泉路。项目经理孟祥义,党工委书记高纯根。

兰新铁路甘青段(西宁)项目经理部　驻青海省民和县新区。项目经理刘东,党工委书记刘学庆。

大西铁路工程指挥部　驻山西省晋中市灵石县静升镇龙泉宾馆。常务副指挥长武守恩,党工委书记黄成恒(5月免)、郑艳(5月任)。

山西中南部铁路通道ZNTJ-12标段项目经理部　驻山西省长治市平顺县迎宾大道。常务副经理张晓华,党工委书记黄振歧。

云桂铁路云南段项目经理部　驻云南省弥勒市温泉路中段。常务副经理杨继明,党工委书记矣成辉。

海口玉沙广场工程指挥部　驻海南省海口市海秀东路48号鸿泰大厦15层。负责人张海龙。

(杨　勇　阎世杰　韩　雪)

【职工队伍】　截至2012年底,集团公司有职工18094人,其中干部9500人。干部中,专业技术干部8716人,占干部总数的91.7%;女干部1964人,占干部总数的20.7%。文化结构:研究生以上学历121人,本科4878人,大专3329人,中专389人,高中以下783人。年龄结构:30岁以下4376人,31~40岁3032人,41~50岁1186人,51~59岁906人。专业技术干部中,初级职务4974人,中级职务1884人,高级职务1072人。

工人8594人,其中女工2119人,占工人总数的24.66%;技术工人6952人,占工人总数的80.89%。文化结构:本科及以上学历532人,大专、高技1413人,中专、技校、职高1545人,高中2103人,初中及以下3001人。年龄结构:30岁以下1998人,31~40岁1942人,41~50岁2322人,51~60岁2332人。技术工人中,初级工787人,中级工916人,高级工2350人,技师1383人,高级技师252人。

(李红燕　代京军)

【铁路工程施工】　2012年,集团公司在建铁路工程54项,合同投资6269059万元,完成施工产值963043万元,占施工总产值的31.7%。

新建铁路天津至秦皇岛客运专线1标段工程　位于天津市东丽区、塘沽行政区,线路长57.41公里,合同投资235701万元,合同工期2008年11月8日~2011年12月31日。主要实物工程量:路基5.6公里,桥梁8座25878延长米,涵洞18座420.27横延米,制梁748片,无砟轨道双线铺设32.914公里。2012年完成投资42120万元,开工累计完成投资276656万元,占合同投资的117.7%。

南疆铁路吐鲁番至库尔勒段增建第二线工程SK1

合同段工程　位于新疆维吾尔自治区吐鲁番地区托克逊县，线路长32.39公里，合同投资130245万元，合同工期2007年6月1日～2012年8月30日。主要实物工程量：中天山隧道左线22449延长米，伯信特隧道8834延长米，涵洞2座1799.38横延米，桥梁1座207.4延长米，路基土石方70343立方米。2012年完成投资13190万元，开工累计完成投资121585万元，占合同投资的93.4%。

新建兰州至重庆铁路西秦岭特长隧道第XQLS1标段工程　位于甘肃省陇南市武都区，线路长31.56公里，合同投资163996万元，合同工期2008年8月10日～2013年9月25日。主要实物工程量：西秦岭右线隧道28236.9延长米，范家坪隧道3152延长米，潘家沟大桥165延长米。2012年完成投资27201万元，开工累计完成投资129215万元，占合同投资的78.8%。

新建兰州至重庆铁路广元至重庆段土建工程LYS－9标段工程　位于四川省广元市元坝区，线路长9.02公里，合同投资53653万元，合同工期2009年7月1日～2012年2月29日。主要实物工程量：路基土石方79642立方米，挡土墙片石混凝土6986立方米，桥梁3座397延长米，隧道1座8271延长米。2012年完成投资18058万元，开工累计完成投资47766万元，占合同投资的87.3%。

贵广铁路GGTJ－4标段工程　位于贵州省从江县，线路长33.95公里，合同投资199214万元，合同工期2008年12月1日～2013年12月31日。主要实物工程量：路基土石方183万立方米，隧道3.5座29309延长米，桥梁5座998.3延长米，涵洞12座327.83横延米，车站1座。2012年完成投资51025万元，开工累计完成投资183671万元，占合同投资的92.7%。

渝利铁路第V标段工程　位于重庆市石柱县，线路长34.34公里，合同投资147440万元，合同工期2008年12月28日～2013年12月28日。主要实物工程量：路基区间土石方6.55万立方米，隧道7座32766延长米，桥梁5座1296.82延长米，无砟道床61.05公里。2012年完成投资4590万元，开工累计完成投资150530万元，占合同投资的103.6%。

新建京津城际铁路延伸线天津至于家堡JYSG－1标段工程　位于天津市的河东区、津南区、东丽区和塘沽区，线路长34.75公里，合同投资302373万元，合同工期2009年10月1日～2012年2月1日。主要实物工程量：区间路基9.1公里，特大桥1座25646延长米，涵洞313.99横延米，无砟道床67.69公里。2012年完成投资103778万元，开工累计完成投资252819万元，占合同投资的83.6%。

新建武汉至咸宁城际铁路WXSG－1标段工程　位于湖北省武汉市江夏区，线路长34.17公里，合同投资262387万元，合同工期2009年8月1日～2012年2月29日。主要实物工程量：桥梁15座25828延长米，隧道2座1212延长米，路基土石方274.9万立方米，无砟道床63.58公里。2012年完成投资50432万元，开工累计完成投资344217万元，占合同投资的131.2%。

新建武汉至黄石城际铁路WHSG－3标段工程　位于湖北省黄石市，线路长45.28公里，合同投资341291万元，合同工期2009年9月1日～2012年3月1日。主要实物工程量：路基土石方652.76万立方米，桥梁26座27943延长米，隧道12座5097延长米，无砟道床92.2公里，制梁场2处，管段内鄂州东、花湖、黄石北、大冶北4个中间站。2012年完成投资61630万元，开工累计完成投资291343万元，占合同投资的85.4%。

湘桂铁路扩能改造工程柳州至南宁段站前及部分站后工程LN－4标段工程　位于广西壮族自治区南宁市兴宁区，线路长38.56公里，合同投资248099万元，合同工期2009年10月1日～2012年7月31日。主要实物工程量：路基土石方78万立方米，双线桥梁19座5799.31延长米，双线隧道17座30067延长米，涵洞11座334.09横延米。2012年完成投资35945万元，开工累计完成投资267168万元，占合同投资的107.7%。

新建铁路兰新第二双线兰州至西宁段站前LXS－2－2标段工程　位于青海省海东区民和县，线路长32.851公里，合同投资306414万元，合同工期2009年12月18日～2014年5月17日。主要实物工程量：路基土石方82万立方米，桥梁12座13177.21延长米，隧道9座17338延长米，无砟道床107.2公里，站场1座，梁场2处。2012年完成投资64924万元，开工累计完成投资263711万元，占合同投资的86.1%。

新建兰新铁路第二双线西宁至张掖段站前LXS－5标段工程　位于青海省西宁市大通县境内，终点位于青海省海北州门源县境内。线路长15.92公里，合同投资140966万元，合同工期2010年2月2日～2013年11月30日。主要实物工程量：大坂山隧道15918延长米。2012年完成投资50368万元，开工累计完成投资104447万元，占合同投资的74.1%。

新建铁路大同至西安客运专线站前6标段工程　位于山西省晋中市灵石县和临汾市霍州市境内，线路长14.93公里，合同投资138187万元，合同工期2010年3月1日～2013年12月31日。主要实物工程量：路基土石方4.38万立方米，隧道2座13770延长米，桥梁2座1007.03延长米,无砟轨道铺设15公里。2012年完成投资36615万元,开工累计完成投资136233万元,占合同投资的98.6%。

新建山西中南部铁路通道瓦塘至汤阴东(含)站前ZNTJ－12标段工程　位于山西省长治市和河南省安阳市的林州市,线路长52.89公里,合同投资251000万元,合同工期2010年4月10日～2014年9月30日。主要实物工程量:路基土石方279万立方米,隧道9座42221.5延长米,桥梁15座3818.51延长米,涵洞24座899.73横延米,站场1座,无砟道床27.23公里。2012年完成投资64644万元,开工累计完成投资205293万元,占合同投资的81.8%。

新建铁路云桂线云南段站前6标段工程　位于云南省红河州弥勒县,线路长52.4公里,合同投资357996万元,合同工期2010年9月20日～2015年2月28日。主要实物工程量:隧道9座31978延长米,桥梁16座8108.22延长米,涵洞35座1674.94横延米,无砟轨道铺设33.28公里,有砟轨道铺设19.12公里。2012年完成投资54073万元,开工累计完成投资100603万元,占合同投资的28.1%。

莞惠城际轨道交通项目总承包GZH－2标段工程　位于广东省惠州市,线路长5.78公里,合同投资84547万元,合同工期2009年10月1日～2012年12月31日。主要实物工程量:无砟道床铺轨11.4公里,车站1座。2012年完成投资43077万元,开工累计完成投资78591万元,占合同投资的92.9%。

(毛勇健　阎世杰　韩　雪)

【铁路外工程施工】　2012年,集团公司在建铁路外工程423项,合同投资8936162万元,完成施工产值2069405万元,占施工总产值的68.24%。其中,公路工程75项,合同投资2234779万元,完成施工产值534673万元;其他工程348项,合同投资6701383万元,完成施工产值1534732万元。

北京地铁6号线11标段工程　位于北京市通州区物资学院,线路长4.04公里,合同投资62764万元,合同工期2010年12月25日～2014年12月31日。主要实物工程量:暗挖车站246延长米,物资学院站至北关站区间及附属结构施工。2012年完成投资14737万元,开工累计完成投资43625万元,占合同投资的69.5%。

西安地铁1号线2标段工程　位于陕西省西安市,线路长3.61公里,合同投资23624万元,合同工期2010年3月1日～2012年5月31日。主要实物工程量:1站2区间。2012年完成投资5250万元,开工累计完成投资18568万元,占合同投资的78.6%。

南昌轨道交通1号线工程　位于江西省南昌市,线路长3.25公里,合同投资56000万元,合同工期2010年12月1日～2013年5月31日。主要实物工程量:3站3区间。2012年完成投资23045万元,开工累计完成投资23397万元,占合同投资的41.78%。

昆明轨道交通3号线东标段工程　位于云南省昆明市官渡区,线路长2.33公里,合同投资30100万元,合同工期2011年3月1日 ～2013年8月1日。主要实物工程量:2.5区间。2012年完成投资3900万元,开工累计完成投资8940万元,占合同投资的29.7%。

青岛地铁一期3号线工程　位于山东省青岛市,线路长1.2公里,合同投资17896万元,合同工期2010年6月1日～2012年12月31日。主要实物工程量:1站1区间。2012年完成投资5722万元,开工累计完成投资9820万元,占合同投资的54.9%。

重庆轨道交通6号线铜锣山隧道工程　位于重庆市南岸区,线路长5.63公里,合同投资61569万元,合同工期2010年9月1日～2012年3月31日。主要实物工程量:隧道1座5631延长米。2012年完成投资23792万元,开工累计完成投资39743万元,占合同投资的64.55%。

无锡地铁2号线13标段工程　位于江苏省无锡市,线路长1.93公里,合同投资35320万元,合同工期2010年12月1日～2013年3月31日。主要实物工程量:2站2区间。2012年完成投资13747万元,开工累计完成投资20269万元,占合同投资的57.39%。

南京地铁3号线17标段工程　位于江苏省南京市,线路长1.46公里(变更),合同投资41292万元,合同工期2011年3月1日～2013年7月27日。主要实物工程量:1站1区间。2012年完成投资22862万元,开工累计完成投资38804万元,占合同投资的93.97%。

长春地铁1号线一期工程人民广场站至解放大路站车站及区间工程　位于吉林省长春市南关区,线路长1.17公里,合同投资49080万元,合同工期2011年8月20日～2014年5月30日。主要实物工程量:土石方368.8万立方米,衬砌5.3万立方米,小导管383300延长米,钢筋23726吨。2012年完成投资25183万元,开工累计完成投资26280万元,占合同投资的53.55%。

天津市滨海新区中央大道海河隧道1标段工程　位于天津市滨海新区于家堡中心商务区和东西沽地区,合同投资95793万元,合同工期2009年2月1日～2014年4月30日(变更)。主要承担南、北岸壁保护,南岸干坞,基槽浚挖,管段制作、沉放、对接,隧道支护、主体结构,津汉公路立交桥、道路等土建工程施工。

主要实物工程量:隧道南段敞开段长 235 延长米、封闭端 378 延长米,C 匝道修筑长 100 延长米,D 匝道修筑长 100 延长米,沉管段长 255 延长米。2012 年完成投资 12849 万元,开工累计完成投资 91001 万元,占合同投资的 95%。

天津市滨海新区中央大道海河隧道 2 标段工程 位于天津市滨海新区于家堡中心商务区,线路长 4.113 公里,合同投资 123420 万元(变更),合同工期 2009 年 6 月 1 日 ~2014 年 4 月 30 日(变更)。主要实物工程量:主体隧道 2480 延长米。2012 年完成投资 19533 万元,开工累计完成投资 108940 万元,占合同投资的 88.27%。

锦屏二级水电站东端 1 号、2 号引水隧洞工程 位于四川省凉山彝族自治州,合同投资 202059 万元(变更),合同工期 2007 年 6 月 1 日 ~2013 年 9 月 30 日。主要实物工程量:1 号、2 号引水隧洞东端及检修排水系统施工,1 号隧洞长 14087 延长米,2 号隧洞长 11872 延长米。2012 年完成投资 65832 万元,开工累计完成投资 202059 万元,占合同投资的 94%。

成渝高速公路巴岳山隧道工程 位于重庆市大足县,合同投资 53500 万元,合同工期 2010 年 11 月 1 日 ~2013 年 8 月 31 日。主要实物工程量:土石方 176 万立方米,隧道 2 座 6572 延长米,桥梁 3 座 324 延长米,路面 86122 平方米,公路架梁 70 片。2012 年完成投资 22000 万元,开工累计完成投资 53500 万元,占合同投资的 100%。

武西高速公路桃花峪黄河大桥工程 位于河南省焦作市,线路长 1.24 公里,合同投资 17390 万元(变更),合同工期 2009 年 12 月 30 日 ~2013 年 6 月 30 日(变更)。主要实物工程量:引桥 965 延长米,跨大堤桥 85 延长米,标段内桩基 196 根,承台 70 个,墩柱 138 个,盖梁 65 个,预制箱梁 384 片,波形钢腹板 874.54 吨,现浇箱梁 570 延长米。2012 年完成投资 12355 万元,开工累计完成投资 19959 万元,占合同投资的 114.77%。

衡水市前进街上跨京九、石德铁路立交桥工程 位于河北省衡水市,线路长 0.596 公里,合同投资 11993 万元 ,合同工期 2011 年 3 月 1 日 ~2011 年 9 月 30 日。主要实物工程量:主桥 2 座 140 延长米,引桥 3 座 90 延长米。2012 年完成投资 6434 万元,开工累计完成投资 11934 万元,占合同投资的 99.5%。

(毛勇健 阎世杰 韩 雪)

【境外工程施工】 2012 年,集团公司境外工程主要分布在沙特阿拉伯国家。全年完成施工产值 272700 万元。

沙特南北铁路工程 位于沙特阿拉伯北部,线路长 2400 公里(变更),合同投资 317345 万元(变更),合同工期 2007 年 4 月 1 日 ~2010 年 7 月 31 日(变更)。主要实物工程量:土建工程 337.426 公里,铺轨 510 公里,桥梁 23 座,骆驼通道 10 座,箱涵 351 座,圆管涵 163 座。2012 年完成投资 15508 万元,开工累计完成投资 308509.56 万元,占合同投资的 97.22%。

麦加麦地那高速铁路专线工程 位于沙特阿拉伯吉达市,线路长 450.248 公里,合同投资 234103 万元(变更),合同工期 2009 年 4 月 ~2012 年 4 月(变更)。主要实物工程量:土石方 12200 万立方米,桥梁 93 座,车站 7 座。2012 年完成投资 44158 万元,开工累计完成投资 65193 万元,占合同投资的 27.85%。

(马剑平)

【经营管理】 工程承揽。2012 年承揽工程项目 197 项,新签合同额 4370743 万元。其中,铁路工程合同额 943143 万元,占合同总额的 22%;公路工程合同额 711112 万元,占合同总额的 16%;水利电力工程合同额 310445 万元,占合同总额的 7%; 房屋建筑工程合同额 851405 万元,占合同总额的 20%;市政工程合同额 916716 万元,占合同总额的 21%;城市轨道工程合同额 534213 万元,占合同总额的 12%;其他工程合同额 103709 万元,占合同总额的 2%。海外工程合同额 795240 万元,占合同总额的 18.19%。

企业管理。集团公司特级资质成功就位,取得铁路施工总承包特级,铁路行业甲(Ⅱ)级工程设计资质和房屋建筑甲级设计资质,地质灾害甲级施工资质顺利延续。六公司取得市政一级资质,四公司取得配套土石方三级资质。成立投资公司,暂时按照分公司模式运行管理。完成集团公司收购贵州交通科学研究院前期调研工作,编制《中铁十八局集团有限公司内控与风险管理手册》,配合安永会计事务所对三公司机关和集团公司大西指挥部及参建的五公司项目部进行内部控制审计。根据国资委、股份公司要求,下发《关于中铁十八局集团有限公司开展管理提升活动的指导意见》,分阶段推进管理提升活动的开展。与河北省保定市国资委就公安移交工作拟订《中铁十八局集团与保定市人民政府关于公安机构移交协议备忘录》。集团公司获股份公司第一届企业管理现代化创新成果一等奖 2 项、三等奖 3 项,集团公司被授予特别组织奖。集团公司、五公司获全国优秀施工企业称号,4 人被评为全国优秀项目经理。

安全质量管理。年初,集团公司董事长、党委书记和总经理与各子公司、集团公司所属单位党政主管领导签订“2012 年安全质量工作包保责任状”。经过年终考核，兑现包保责任状，28 个单位的党政主管领导获得包保责任奖励 58.35 万元。扎实推进施工现场安全质量标准化管理，4 个项目被评为股份公司安全质量标准工地，12 个项目被评为集团公司安全质量标准工地。集团公司获国家级优秀 QC 成果 6 项、省部市行业级优秀 QC 成果 16 项、股份公司优秀 QC 成果 5 项。年内，集团公司获国家级优质工程奖 6 项、省部市行业级优质工程奖 14 项、中国铁建杯优质工程奖 6 项、天津市建筑工程结构海河杯奖 11 项、其他地市级优质工程奖 5 项。集团公司获得创建鲁班奖工程突出贡献奖。郝趁义、韩利民被授予创建鲁班奖工程先进个人称号；韩利民、温法玺、王昌、黄明普被评为国家优质工程奖先进个人。

财务资产管理。加强财务制度建设，先后制定《直属完工项目并账及财务管理办法》《区域经营财务管理规定》《“十二五”财务战略规划》等，进一步完善财经管理制度，强化财务管理职责和职能。开展财经状况核查，对 12 个子公司、3 个分公司、18 个工程指挥部进行现场年度经济指标核查和指导，确保年度经济指标的完成。积极推行年初有预算、月度有上报、季度有分析、年终有总结的资金收支预算制度，加强重大投资项目的资金管控与回收力度，有效缓解项目资金压力。成立财务监察工作领导及监察小组，在所属单位开展全面财务监察复查活动。有效应对外部审计、税务的监督检查。充分利用高新技术企业、研发费用和财政补贴等优惠政策，全年减少企业所得税支出 6075 万元。

成本管理。集团公司及所属单位陆续启动“五比”（新签合同额、营业收入、净利润、经营性现金净流量和净现金 5 项指标比增长）工作。监控项目经济运行状况，纠正成本管理问题，提高项目成本管理水平，达到企业收益与职工收入同步。对所有子分公司及没有实现责任预算指标的 12 个集团公司直属指挥部进行全面责任成本管理工作督导检查，下发督导意见书，提出限期整改的具体要求。

审计监督。全年完成审计项目 162 项。其中，经济责任审计 27 项；工程项目审计 31 项；财务收支审计 23 项；经济效益审计 27 项；后续审计 1 项；基金审计 1 项；专项审计调查 21 项；其他审计项目 31 项。提出审计建议 496 条。年内，配合国家审计署、地方审计局对集团公司相关项目的审计，参与国务院监事会对沙特境内施工单位的调研工作；完成海外项目 2011 年度财务决算报表审计。

（孙继红　李毅　段志国　刘纬　畅里爱　刘振武）

【科技教育】 科技创新。2012 年，集团公司 10 项科技成果通过天津市高新技术成果转化中心鉴定，7 项科技成果通过股份公司科技成果评审。其中，10 项科技成果达到国际先进水平；6 项达到国内领先水平。获福建省科技进步一等奖 1 项，天津市科技进步三等奖 3 项，铁道学会科技进步一等奖 1 项、二等奖 6 项，股份公司科学技术一等奖 2 项、二等奖 5 项；30 项实用新型专利获得国家授权，获省部级优秀工法 12 项、股份公司优秀工法 13 项。

教育培训。年内，406 人分别参加领导干部、青年干部、项目经理、工程队长培训班；373 人参加施工企业“三类人员”安全生产取证培训班；521 人分别参加“十一大员”和“五大员”的取证和复审培训班；781 人参加各类注册师考前培训班和继续教育培训班；举办责任成本、财务管理、施工技术、经营计划、人力资源、物资管理和审计等业务培训班，培训 2010 名业务人员；188 人参加中、高级试验工、测量工等取证培训班；天津项目部 31 所农民工夜校完成技能培训约 6000 人次。全年集团公司累计举办各级、各类规范性培训班 152 期，培训 8443 人次。（刘玉飞　隋丽春）

【公安与综合治理】 2012 年侦办刑事案件 17 起，查获网上逃犯 7 名，查处治安案件 16 起，参与调查重大事故、经济案件 3 起，处理非正常死亡事故 7 起 7 人。收缴民用枪支 7 支、军用步枪子弹 56 发，排除日军遗留炮弹 1 枚；处置阻工、上访事件 200 余起，出动警力 390 余人次。开展保险柜专项治理及民工宿舍用电专项治理工作，加强爆炸物品安全管理，检查炸药库 63 次，出动警力 129 人次，整改隐患 49 个。全年为企业挽回直接经济损失 800 余万元，避免经济损失 3500 余万元。（马国武　阎世杰）

【党群工作】 党的工作。集团公司有各级各类党组织 568 个。其中，党委 18 个；党总支 24 个；党支部 526 个。党员 8074 人。其中，正式党员 7711 人；预备党员 363 人；少数民族党员 259 人。（1）党建工作。9 月 19 日召开中国共产党中铁十八局集团有限公司第三次代表大会，会议选举产生中共中铁十八局集团有限公司第三届委员会委员。第三届委员会召开第一次全体会议，选举中国共产党中铁十八局集团有限公司第三届委员会常务委员会委员和书记、副书记。发放《十八大学习辅导读本》，开展送理论下班组基层活动，深入宣传贯彻党的十八大精神。围绕创先争优活动的总结深化，全力推进基层组织建设年各项工作。深入重难点工程和施工一线，指导基层活动规范有序开展。注重典型引路，抓好对经验做法和先进典型的总结工作。“七一”前夕，表彰创先争优基层党组织 55 个、优秀共产党员89名；以海外项目和天津海河隧道项目为代表的创先争优活动经验受到上级的充分肯定和交流推广。9月25日，在股份公司创先争优活动总结暨基层组织建设年推进大会上，集团公司海河隧道项目部党工委作题为《加强党建促进项目施工，创先争优打造铁建品牌》的经验发言。召开孔凡成“忠诚企业的模范项目经理”荣誉称号命名表彰大会，引导广大党员以孔凡成为榜样，学先进争优秀创佳绩。强化班子领导力。坚持党管干部原则和德才兼备、以德为先的用人标准，注重选拔优秀年轻干部，先后调整所属单位领导班子成员23人次，提拔领导人员9名。深化“四好领导班子”创建活动，提升干部的学习能力和解决问题能力，2篇领导干部调研论文获得天津市第十二届优秀调研成果三等奖。强化组织战斗力。制定《关于进一步加强和改进工程项目部党建工作实施细则》，着重落实“三重一大”、民主集中、党政会签等重大制度，促进党建基础工作规范提高。不断深化“五好五带头”、“四强四优”、“党员先锋工程”、“党员示范岗”等活动，充分发挥党员干部的先锋模范作用。全年有6个先进基层党组织、2名优秀共产党员分别受到天津市委、市委规划建设交通工委表彰。(2)宣传思想工作。坚持把加强宣传思想政治工作与企业文化建设有机结合，不断深化主题实践、新闻宣传以及典型引路。一是抓好重点工程中的思想政治工作。围绕保工期、保安全、保质量、增效益，广泛开展思想动员和宣传教育，使思想政治工作到现场、到班组，充分调动广大干部职工攻坚克难、顽强拼搏、争创一流的积极性和创造性，确保重点工程建设顺利进行。二是结合企业发展中的热点、难点、亮点，适时组织新闻报道。抓住中宣部、国资委、中央电视台组织策划的《国企在海外》的报道契机，代表中国铁建在中央电视台播发《挑战世界建筑竞技场——中国铁建弄潮迪拜》近5分钟的节目，将集团公司在迪拜建筑市场因金融危机冲击陷入谷底、市场一片恐慌的严峻形势下临危求变、越做越强越大的“传奇”故事，以及集团公司在“走出去”过程中，克服种种困难、建造精品工程、积极造福当地社会的良好形象展示在全世界面前，大大提升了中铁十八局乃至中国铁建的知名度。党的十八大召开及之后，紧跟新闻热点，利用国家建设成就宣传栏目，加入“中国铁建十八局”元素，在中央电视台《新闻联播》中相继播出集团公司北京地铁、重庆成渝高速公路、石武铁路客运专线等建设情况，收到较好效果。全年在中央电视台播发新闻28条，在地方电视台播发新闻43条，在报刊、网站刊稿2000余篇。加大典型选树推广力度，产生了良好的示范效应和社会效应。3月，集团公司党委在股份公司宣传工作会上作题为《以典型魅力激发活力，助推企业转型升级》的经验介绍。通过《人民日报》上报的反映孔凡成先进事迹的材料，得到原中共中央政治局常委李长春的亲笔批示，中宣部、国资委专门作出安排，从而将孔凡成的宣传推到一个新的高度，《人民日报》、中央电视台等14家中央主流媒体集中时间对孔凡成先进事迹进行了大力宣传。年内，集团公司表彰企业文化建设先进单位5个、先进项目部21个及先进个人45名。集团公司《诚信拓市场，创新促发展》的企业文化建设经验在2012年中国第七届企业文化论坛上进行交流。(3)党风廉政建设。集团公司各级纪检监察组织以推动企业健康发展为主线，以健全惩防体系为抓手，围绕中心大局，认真履行教育、监督、惩处、保护四大职能。全面落实党风廉政建设责任制，开展廉洁从业警示教育，健全纪检监察规章制度，认真推进述廉议廉、廉洁从业民主评议各项工作。集团公司分别与天津市城乡规划建设交通工作委员会、股份公司、集团公司所属单位签订党风廉政建设目标责任书457份。述廉议廉民主评议领导干部207名，廉政谈话215人次，诫勉谈话41人。全年受理职工群众来信来访举报17件，初核案件线索24件，涉及41人。立案15件，结案15件，处分32人，为企业挽回经济损失367万元，避免经济损失856万元。年内成立效能监察组36个，派出检查人员195人，效能监察397个工程项目，发现问题1394个、案件线索7件。立案4件，移送司法机关1人，撤换项目经理11人，免职4人。

工会工作。集团公司有工会组织36个。其中，集团公司机关工会1个；子公司工会12个；分公司工会3个；工程指挥部工会(工委)20个。会员18094人。年内，集团公司召开职代会提案审理会议，立案83条，10份优秀提案获得奖励。召开平等协商会议，修订并签订新一轮集团公司集体合同和2012年工资集体协议、女职工权益保护专项集体合同。组织召开集团公司工会二届四次全委(扩大)会，续签2012年目标管理责任书，启动“服务职工，服务基层”及工会干部“面心实”评比工作；召开民主管理业务交流会，把企务公开民主管理作为加强企业管理，构建和谐企业的重要内容来抓，深入建筑安装公司进行建家建线专题讲座；总结推出四公司南京地铁、轨道交通公司莞惠项目部建家建线工作经验；集团公司工会建立工会法律援助工作站，成为天津市总工会、天津市司法局联合授牌的首批36家单位之一。11月，集团公司工会法律援助工作站被评为天津市三星级站，集团公司工会被评为天津市和全国工会职工法律援助维权服务示范单位；开展评先创模活动，评选表彰集团公司劳动模范和建设功臣各10名、先进集体24个，先进个人108名；集团公司董事长、党委书记郝趁义,副总经理邓勇荣获全国五一劳动奖章,并获邀到北京受奖。以"一法三卡"为载体,深入开展"安康杯"竞赛活动,集团公司获天津市"安康杯"竞赛优胜企业称号,3 个单位被评为天津市"安康杯"竞赛优胜班组;一公司、三公司获全国"安康杯"竞赛优胜企业称号,路桥公司武昆高速公路 3 标段项目部测量班被评为全国"安康杯"竞赛优胜班组。积极开展文体活动示范单位创建活动,集团公司创建 6 个天津市文体活动创建示范单位。"三八"节期间,集团公司女职工委员会制作十大"巾帼建功立业"标兵岗专题片在"三八"表彰暨庆祝大会上宣传。集团公司女职工委员会被评为天津市女职工建功立业优秀组织单位;"金秋助学"活动继续广泛开展,2012 年资助困难职工及农民工子女 239 人,发放助学(奖学)金 27.72 万元;全年筹集送温暖活动资金 313.83 万元,走访慰问困难职工家庭 944 户,慰问其他人员 2074 人。

共青团工作。2012 年,集团公司团委以提高服务青年、服务企业的能力,助力企业科学和谐稳健发展。印发"五小"成果征选、评比管理办法,"导师带徒"活动实施办法;举办青年领导干部培训班,培训团干部 54 名;组织"团组织就在我身边"关爱活动和"爱心助学"、"金秋助学"、"铁骨柔情,大爱无疆"爱心捐助活动,进一步展示团员青年乐于奉献、勇于担当的良好形象。年内,集团公司有 28 个集体获得股份公司、天津团市委、中央企业团工委表彰,其中集团公司兰新项目部获 2011 ~ 2012 年度中央企业青年文明号称号;17 人获得股份公司、天津团市委表彰。集团公司在庆祝共青团成立 90 周年大会暨中国铁建青年榜样事迹报告视频会上介绍企业共青团工作经验,五公司海河隧道项目部团工委工作经验在天津市委规划建设交通工作委员会重点工程专栏上刊载。 (崔 凯 曹新辉 张建友 李国臣 赵玉环 姚尚文 李文彪)

【国际工程有限公司】 前身为海外工程公司,系集团公司的分公司,2004 年 7 月改称国际工程公司;2005 年 3 月解散,各境外单位归集团公司直接管理;2006 年 11 月重组国际工程公司,按分公司模式进行管理;2008 年 11 月,企业改制改称现名,成为具有独立法人资格的子公司。公司驻天津市河西区柳林。总经理席居法(3 月任),党委书记张师岸(3 月任)。职工 539 人。其中,干部 480 人;工人 59 人。下辖马斯喀特公司、中国铁道建筑(泰国)有限公司、迪拜工程公司、尼日利亚有限公司、马达加斯加公司、沙特工程公司、科威特公司及沙特麦加地铁项目部、沙特麦麦高铁项目部、沙特南北铁路项目部、苏丹项目部、越南项目部、印度办事处 13 个境外单位,经营领域涵盖房屋建筑、普通铁路、城市轻轨、市政工程、高速公路、高速铁路、石油管道、水利水电等。资产总额 147600 万元,其中固定资产原值 38989.3 万元、净值 15323.52 万元。机械运输设备 1153 台(套),总功率 146746.15 千瓦,动力装备率 302.57 千瓦/人,技术装备率 89.98 万元/人。

2012 年新签合同额 795491 万元,完成施工产值 272699 万元,实现利润 6271 万元、净利润 3955 万元。全员劳动生产率 369.1 万元/人年,职工年人均收入 14.21 万元。国有资产保值增值率 119.79%,净资产收益率 14.64%,产值利润率 0.02%,资产负债率 80.69%,应上缴款完成率 100%。年内,公司承建的迪拜运动城 The Bridge 项目获国家优质工程(海外工程)银质奖。 (马剑平 阎世杰)

【第一工程有限公司】 公路、市政公用工程施工总承包一级,铁路工程施工总承包二级,土石方、桥梁、隧道、水工隧洞、公路路基工程专业承包一级资质企业。公司驻河北省涿州市冠云路 128 号。前身系中国人民解放军铁道兵第八师第三十六团,1984 年 1 月 1 日集体转业并入铁道部,改编为铁道部第十八工程局第一工程处;2001 年 8 月 28 日企业改制改称现名;2011 年 3 月与集团公司下属分公司中原公司整合重组。执行董事、总经理李兰勤,党委书记卫海宏,常务副总经理付彦生。下辖机械化工程公司、铁建社区医院、物业管理中心及 37 个项目(指挥)部。职工 2829 人。其中,干部 1495 人;工人 1334 人。资产总额 204188.49 万元。其中,固定资产原值 65294.6 万元、净值 35429.59 万元;无形资产 1577.88 万元。机械运输设备 1022 台(套),总功率 118783.3 千瓦,动力装备率 41.61 千瓦/人,技术装备率 8.88 万元/人。

2012 年新签合同额 320000.78 万元,完成企业总产值 260080.93 万元,其中施工产值 258565.37 万元;实现利润 1548.29 万元。全员劳动生产率 91.93 万元/人年,职工年人均收人 4.77 万元。国有资产保值增值率 107.48%,净资产收益率 10.12%,应上缴款完成率 100%,资产负债率 93.75%。年内,公司承建的子洲至靖边高速公路工程获国家优质工程银质奖和陕西省建设工程长安杯奖,宜万白云山隧道、武广东湖高新特大桥、藏龙岛特大桥工程获中国铁路优质工程一等奖,青岛海底隧道工程获四川省建设工程天府杯金奖;获国家级优秀 QC 成果奖 1 项、省部级优秀 QC 成果奖 3 项,1 项科技成果获省部级科技进步奖。

(王大章 阎世杰)

【第二工程有限公司】 铁路、公路、市政公用、房屋建筑工程施工总承包一级，电力工程施工总承包二级，地基与基础、土石方、桥梁、隧道、铁路铺轨架梁工程专业承包一级资质企业。公司驻河北省唐山市丰润区光华道8号。前身系中国人民解放军铁道兵第8师第三十七团，1984年1月1日集体转业并入铁道部，改编为铁道部第十八工程局第二工程处；2001年10月企业改制改称现名。执行董事、总经理张文卷，党委书记陈善富。下辖57个项目部。职工2209人。其中，干部1020人；工人1189人。资产总额160583万元。其中，固定资产原值24665万元、净值13171万元；流动资产143923万元。机械运输设备305台（套），总功率43995千瓦，动力装备率19.31千瓦/人，技术装备率2.92万元/人。

2012年新签合同额475563万元，完成企业总产值205000万元，其中施工产值190940万元；实现利润1108万元。全员劳动生产率41万元/人年，职工年人均收入38750元。国有资产保值增值率105.68%，净资产收益率5.52%，产值利润率0.58%，资产负债率91.39%，应上缴款完成率100%。年内，公司获省部级优秀工法2项、股份公司优秀工法1项；参建的中广核刘王庄风电场38.25兆瓦工程被评为中国电力优质工程，项目部开发的“风机塔架承台基础环平整度控制在2毫米以内”、“山地风电场风机基础大体积混凝土施工质量控制”两项QC成果获中国电力建设优秀QC小组成果奖。（王秀杰　阎世杰）

【第三工程有限公司】 公路、市政公用、房屋建筑工程施工总承包一级，铁路工程施工总承包二级，隧道、桥梁、公路路基、水工隧洞工程专业承包一级，送变电工程专业承包二级资质企业。公司驻河北省涿州市冠云路。前身系中国人民解放军铁道兵第八师三十八团，1984年1月1日集体转业并入铁道部，改编为铁道部第十八工程局第三工程处；2001年10月企业改制改称现名。执行董事、总经理温法玺，党委书记马伟峰，常务副总经理高永亮。下辖2个分公司、24个项目部，物业管理中心、医院、机修厂。职工2596人。其中，干部1299人；工人1297人。资产总额237992万元。其中，固定资产原值65677万元、净值35583万元；流动资产196664万元；无形资产1412万元；其他资产4333万元。机械运输设备728台（套），总功率87806千瓦，动力装备率33.82千瓦/人，技术装备率8.06万元/人，机械化施工程度85%。

2012年新签合同额293436万元，完成企业总产值258819万元，其中施工产值258209万元；实现利润6644万元。全员劳动生产率122.74万元/人年，职工年人均收入4.8万元。国有资产保值增值率127.16%，净资产收益率25.71%，产值利润率6.07%，资产负债率88.38%，应上缴款完成率100%。年内，公司承建的小康包家山隧道工程获国家优质工程银质奖，小磨高速公路工程获云南省优质工程一等奖，天津开发区西区冬旭路跨京津塘高速桥梁工程获天津市建筑工程结构海河杯奖；冬旭路项目部桥梁QC小组被评为天津市优秀QC小组，武黄项目部高速铁路路基填筑施工QC小组被评为铁道部优秀QC小组；获国家实用新型专利19项；公司连续6年被评为全国“安康杯”竞赛优胜企业。（梁淑芳　阎世杰）

【第四工程有限公司】 市政公用、房屋建筑工程施工总承包一级，混凝土预制构件专业承包二级，土石方三级和房地产开发四级资质企业。公司于2005年3月4日由集团公司原津滨轻轨工程指挥部、技工学校、子弟学校和原建筑工程公司的部分单位合并重组而成。公司驻天津市滨海新区汉沽大丰路98号。执行董事、总经理闫广天，党委书记李继业。下辖31个单位。职工1293人。其中，干部938人；工人355人。资产总额225624.59万元。其中，固定资产原值34066.15万元、净值18409.32万元；流动资产200692.33万元；其他资产6522.94万元。机械运输设备477台（套），总功率50778千瓦，动力装备率33.21千瓦/人，技术装备率8.21万元/人。

2012年新签合同额453600万元，完成企业总产值272000万元，其中施工产值252600万元；实现利润8189万元。全员劳动生产率191.78万元/人年，职工年人均收入6.49万元。国有资产保值增值率198.34%，净资产收益率25.87%，产值利润率3.35%，资产负债率87.43%，应上缴款完成率106%。年内，1项工程获火车头优质工程奖，1项工程获天津市建设工程海河杯奖，2项工程获天津市建筑工程结构海河杯奖；获国家级优秀QC成果一等奖1项，省部级优秀QC成果奖3项；公司被评为天津市优秀诚信施工企业。（岳斌　阎世杰）

【第五工程有限公司】 市政公用、公路、房屋建筑工程施工总承包一级，铁路工程施工总承包二级，桥梁、隧道、公路路基、水工隧洞工程专业承包一级，预拌商品混凝土专业承包二级资质企业。公司驻天津市塘沽区新北路3199号。前身系中国人民解放军铁道兵第十四师六十八团、七十团及机械营合编组建的铁道兵第八师四十团，1984年1月1日集体转业并入铁道部，改编为铁道部第十八工程局第五工程处；2001年6月企业改制改称现名。执行董事、总经理冯希民，党委书记刘勇霖，常务副总经理程志强。下辖26个单位。

职工 3720 人。其中,干部 1667 人;工人 2053 人。资产总额 479183 万元。其中,固定资产原值 95733.67 万元、净值 44395.29 万元;流动资产 414781.84 万元。机械运输设备 568 台(套),总功率 72840 千瓦,动力装备率 23.6 千瓦/人,技术装备率 9.67 万元/人。

2012 年新签合同额 432600 万元,完成施工产值 600022 万元,实现利润 9022 万元。全员劳动生产率 161.3 万元/人年,职工年人均收入 4.33 万元。国有资产保值增值率 112.41%,净资产收益率 17.17%,产值利润率 1.5%,应上缴款完成率 100%,资产负债率 89.45%。年内,公司获国家优质工程银质奖 2 项、省部市级优质工程 9 项,国家级优秀 QC 成果一等奖 2 项、省部级优秀 QC 成果奖 2 项,中新生态城跨蓟运河故道桥项目部、海河隧道项目部获全国项目管理成果奖和天津市优秀项目管理成果奖,公司获天津市 A 级施工企业称号。 (金植云　阎世杰)

【第六工程有限公司】 房屋建筑、市政公用工程施工总承包一级,土石方工程专业承包二级资质企业。2005 年 4 月由原建筑工程公司、土木工程公司重组而成。公司驻天津市河西区柳林。执行董事、党委书记周会军,总经理彭亚飞。下辖 5 个分公司,14 个工程项目经理部,12 个工程项目部,1 个工程指挥部,1 个制梁场,3 个客运专线项目部和 4 个多种经营单位。职工 950 人。其中,干部 753 人;工人 197 人。资产总额 124418 万元。其中,固定资产原值 20105.5 万元、净值 7860.5 万元;流动资产 116317 万元;其他资产 8100 万元。机械运输设备 260 台(辆),总功率 46843 千瓦,动力装备率 49 千瓦/人,技术装备率 2.68 万元/人。

2012 年新签合同额 82790 万元,完成企业总产值 141082 万元。其中,施工产值 140459 万元;多种经营产值 623 万元。实现利润 156 万元。全员劳动生产率 148.5 万元/人年,职工年人均收入 3.68 万元。国有资产保值增值率 100.68%,净资产收益率 1.64%,产值利润率 0.2%,资产负债率 92.32%,应上缴款完成率 100%。年内,参建的集团公司经济适用房 26、27 号楼工程获天津市建设工程海河杯奖,中铁国际城诗景颂苑 4、5、6、8 号楼工程获天津市建筑工程结构海河杯奖,大西铁路客运专线项目部 QC 小组成果获国家级和天津市优秀 QC 成果奖。 (郭小沁　阎世杰)

【建筑安装工程有限公司】 市政公用、房屋建筑、机电安装工程施工总承包一级,钢结构、火电设备安装、管道、化工石油设备管道安装工程专业承包一级,锅炉安装维修和压力管道、压力容器、起重机械安装一级,隧道工程专业承包二级,电梯安装三级资质企业。公司机关驻地于 2012 年 11 月由河北省高碑店市迁至天津市空港经济区商务园。执行董事、总经理任金岭,党委书记张正雪。下辖 9 个综合分公司,5 个专业分公司,17 个项目部,中安商贸大厦。职工 1250 人。其中,干部 546 人;工人 704 人。资产总额 57839 万元。其中,固定资产原值 9341 万元、净值 5913 万元;流动资产 47281 万元;其他资产 4645 万元。机械运输设备 439 台(套),总功率 14481 千瓦,动力装备率 16.64 千瓦/人,技术装备率 2.03 万元/人。

2012 年新签合同额 157298.3 万元,完成企业总产值 200125 万元。其中,施工产值 200125 万元;实现利润 2377 万元。全员劳动生产率 82.08 万元/人年,职工年人均收入 36175 元。国有资产保值增值率 101.06%,净资产收益率 15.43%,产值利润率 2.32%,资产负债率 80.17%,应上缴款完成率 100%。年内,公司参建的华东数控崮山工业园 1 号车间 A、B 区钢结构工程获中国钢结构金奖,承建的中新天津生态城 23 号地块小学工程、遵化开元新天地(二期一区)建筑安装工程分别获天津市建筑工程结构海河杯奖、唐山市建筑工程新唐杯奖;天津市南港污水处理厂 QC 小组被评为天津市优秀 QC 小组。

(侯延波　阎世杰)

【北京中铁大都工程有限公司】 房屋建筑工程施工总承包一级,市政公用工程施工总承包二级,建筑装修装饰、机电设备安装工程专业承包一级,公路路基工程专业承包二级资质企业。公司驻北京市大兴区西红门镇欣荣北大街 31 号。2001 年 10 月由原北京中铁大都工程公司和原四处大都公司合并重组而成。执行董事、党委书记史长兴,总经理宋正文。下辖 12 个项目部。职工 399 人。其中,干部 260 人;工人 139 人。资产总额 10000 万元,其中固定资产原值 1139 万元、净值 410 万元。机械运输设备 29 台(套),总功率 3331 千瓦,动力装备率 8.34 千瓦/人,技术装备率 1.02 万元/人。

2012 年新签合同额 104300 万元,完成企业总产值 65000 万元,实现利润 229 万元。全员劳动生产率 22.7 万元/人年,职工年人均收入 5.45 万元。国有资产保值增值率 102%,净资产收益率 1.79%,产值利润率 0.36%,资产负债率 83.83%,应上缴款完成率 100%。 (贾靖　阎世杰)

【房地产开发有限公司】 房地产开发二级资质企业。2010 年 3 月成立。公司驻天津市河西区柳林。总经理杨勇,党委书记翟岩。下辖 4 个单位。职工 50 人。

资产总额 83628.4 万元。其中,固定资产原值 304.3 万元、净值 162.2 万元;流动资产 80013.7 万元;非流动资产 3614.7 万元。

2012 年,公司参股房地产经营项目 3 个、基地经济适用房建设项目 1 个。其中,2 个房地产开发项目总投资 275809 万元,年内完成投资 24032 万元,累计完成投资 112619 万元。资产负债率 88.64%,应上缴款完成率 100%。公司被天津市委规划建设交通工委评为“平安城建”单位。（李洪涛　阎世杰）

【隧道工程有限公司】 2011 年 3 月,由原集团公司隧道工程公司与上海工程公司合并重组而成,为集团公司全资子公司。公司驻重庆市北碚区蔡家岗镇凤栖路 6 号。执行董事、总经理黄明普,党委书记祝天祥,常务副总经理王森昌。下辖 23 个单位。职工 1053 人。其中,干部 867 人;工人 186 人。资产总额 283795.8 万元,其中固定资产原值 124268.94 万元、净值 104591.15 万元。机械运输设备 176 台(套),总功率 96088 千瓦,动力装备率 93.84 千瓦/人,技术装备率 102.14 万元/人。

2012 年新签合同额 553500 万元,完成施工产值 337163 万元,实现利润 1754.2 万元。全员劳动生产率 311.53 万元/人年,职工年人均收人 6.29 万元。国有资产保值增值率 103.84%,净资产收益率 4.01%,资产负债率 88.42%,应上缴款完成率 100%。年内,公司获国家优质工程奖 1 项、部级优质工程奖 1 项,1 个 QC 小组获全国工程建设优秀 QC 小组二等奖,3 项实用新型专利获得国家授权。（马明明　阎世杰）

【轨道交通工程有限公司】 2011 年 3 月,由原集团公司华南工程公司与福建工程公司合并重组而成,为集团公司全资子公司。公司驻广西壮族自治区南宁市。执行董事、总经理宋永杰,党委书记刘瑞永。下辖 37 个单位,职工 656 人。其中,干部 515 人;工人 141 人。资产总额 140785.63 万元。其中,固定资产原值 44726 万元、净值 30639 万元;流动资产 110141.85 万元;其他资产 30643.78 万元。机械运输设备 348 台(套),总功率 40355 千瓦,动力装备率 61.51 千瓦/人,技术装备率 45.29 万元/人。

2012 年新签合同额 162211 万元,完成企业总产值 165997.78 万元,其中施工产值 160563 万元;实现利润 204.41 万元。全员劳动生产率 181.5 万元/人年,职工年人均收入 5.16 万元。净资产收益率 1.7%,产值利润率 1.76%,资产负债率 81.96%,应上缴款完成率 100%。（韦金玉　阎世杰）

【重要记载】

▲1 月 7～9 日　集团公司工程检测中心通过国家实验室资质认定复查评审。

▲1 月 13 日　股份公司总裁赵广发、副总裁扈振衣一行在集团公司董事长、党委书记郝趁义等陪同下在沙特检查指导工作。赵广发称赞十八局集团是享誉中东的“中国名片”。

▲1 月 27 日　铁道部副部长卢春房到集团公司津秦铁路客运专线和京津城际延伸线工地,慰问施工一线职工。

▲1 月 31 日　集团公司获 2011 年度天津市优秀诚信建筑业企业称号。

▲3 月 8～9 日　集团公司三届一次职代会暨 2012 年工作会在天津召开。

▲3 月 23 日　中国铁建沉管隧道技术交流大会在集团公司中央大道海河隧道项目部召开。

▲3 月　集团公司中标引汉济渭工程秦岭隧洞 TBM 施工段岭北段工程,合同投资 116493 万元。

▲4 月 6 日　集团公司《中铁工人》报被评为第八届全国先进企业报。

▲4 月 15 日　集团公司副总经理、总会计师兼总法律顾问马秀之获 2011 中国优秀经济女性称号。

▲4 月 17 日　集团公司孔凡成在中国共产党中国铁道建筑总公司党员代表大会上,当选中央企业系统(在京)党代表会议代表。

▲4 月 24～25 日　集团公司董事长、党委书记郝趁义应邀出席在澳门举办的第三届国际基础设施投资与建设高峰论坛,并介绍集团公司海外经营经验。

▲4 月 25 日　集团公司、四公司开发的“高速铁路客运专线 CRTS Ⅱ 型板式无砟轨道板生产技术研究”成果,经天津市高新技术成果转化中心鉴定达到国际先进水平。

▲5 月 3 日　中共中央政治局委员、北京市市委书记刘淇到集团公司承建的北京地铁 8 号线工地调研。

▲5 月 15 日　集团公司 TBM 工程实验室被认定为中国铁建第一工程实验室。

▲6 月 19 日　马来西亚柔佛州最高元首易卜拉欣·伊斯坎德尔到集团公司访问,集团公司董事长、党委书记郝趁义会见易卜拉欣一行,并就双方合作事宜交换意见。

▲6 月 26 日　五公司获全国工程建设优秀质量管理小组一等奖,集团公司、四公司被评为全国工程建设质量管理小组活动优秀企业。

▲6 月　集团公司中标港珠澳大桥珠海连接线项目控制性工程(拱北隧道),合同投资 214834 万元。

▲7月4~5日　集团公司副总经理薛新广应邀参加第三届中国—西亚北非中小企业合作论坛并作主题演讲。

▲7月5~6日　中国铁建工程项目管理推进会在集团公司中央大道海河隧道项目部召开。

▲7月24日　中国铁建在集团公司机关召开命名表彰大会，授予孔凡成"忠诚企业的模范项目经理"荣誉称号。

▲7月27日　集团公司"技术中心创新能力建设"项目获批天津市2012年工业科技开发重点项目，获资助金20万元。

▲7月31日　尼日利亚埃努古州州长Sullivan一行到集团公司访问，集团公司总经理彭仕国会见州长一行，并就双方合作事宜交换意见。

▲8月22日　印度外交部副部长Raghavan先生一行11人到访集团公司，集团公司副总经理薛新广等会见。双方就多形式合作和融资模式进行深入探讨，并表达了进一步合作意愿。

▲同日　在中国建筑业协会举办的纪念推广鲁布革工程管理经验25周年大会暨第十一届中国国际工程项目管理峰会上，五公司获2011年度全国推进工程项目管理先进企业称号，海河隧道项目、中新生态城故道桥项目分获2011年度全国建设工程优秀项目管理成果一、二等奖。

▲9月6日　中国铁建在武汉首个商业地产第一高楼——集团公司和新加坡凯德商用中国合作的武汉1818中心凯德广场签约仪式暨新闻发布会，在东湖国际会议中心举行。集团公司董事长、党委书记郝趁义，凯德商用中国总裁骆伟汉作为合作双方的代表正式签约。

▲9月11~14日　《人民日报》《经济日报》《工人日报》《中国青年报》《科技日报》及新华社、中央人民广播电台、中国国际广播电台、中央电视台等中央主流媒体和《中国铁道建筑报》组成采访团，深入集团公司锦屏水电站工地深入采访孔凡成先进事迹。

▲9月24日　中铁十八局集团有限公司测量中心成立。

▲9月　集团公司中标成都金融总部商务区基础设施红星路延长线工程，合同投资176000万元。

▲11月6日　中铁十八局集团有限公司海口玉沙广场工程指挥部成立。

▲11月23日　集团公司获对外承包工程社会责任进取型企业称号。

▲11月25日　五公司承建的国内首座鱼腹式变截面箱梁结构大桥在中新天津生态城建成。

▲12月31日　中铁十八局集团有限公司投资公司成立。

▲12月　五公司海河隧道项目部获全国"青年文明号"创建单位称号。

▲12月　集团公司中标埃塞俄比亚东线铁路项目，合同投资531296万元。

▲12月　集团公司中标新建郑州至徐州铁路客运专线ZXZQ03标段工程，合同投资106887万元。

（阎世杰　韩　雪）

中铁十九局集团有限公司

【简况】　中铁十九局集团有限公司是铁路工程施工总承包特级，铁道行业甲（Ⅱ）级设计，公路、矿山、市政公用、水利水电、房屋建筑工程施工总承包一级，公路路基、桥梁、隧道、铁路铺轨架梁工程专业承包一级，城市轨道交通工程专业承包和地质灾害治理工程施工甲级资质企业；具有承装（修、试）电力设施和爆破作业资格，拥有境外工程承包资质和对外经营权。前身系中国人民解放军铁道兵第九师，1984年1月1日集体转业并入铁道部，改编为铁道部第十九工程局；1999年12月改称中铁第十九工程局，2001年12月企业改制改称现名。集团公司总部驻北京市经济技术开发区荣华南路19号。下辖第一、二、三、五、六、七工程有限公司，电务工程有限公司、轨道交通工程有限公司、矿业投资有限公司、房地产开发有限公司、国际建设分公司、物资总公司、计量测试中心、职工中心医院、辽阳基地，东北、东南、西北、西南、华南、华东、华北、北京、新疆、中原10个区域指挥部。职工18471人。其中，干部8378人；工人10093人。资产总额2074292.54万元，固定资产原值484845.66万元、净值245654.35万元；流动资产1712492.19万元。机械运输设备4717台（套），原值36.8亿元、净值19.4亿元，成新率52.8%，动力装备率35.5千瓦/人，技术装备率10.5万元/人。

2012年新签合同额401亿元，完成施工产值267.2亿元，实现利润43308万元、净利润36307万元。职工年人均收入41759元。净资产收益率16.86%，产值利润率1.62%，资产负债率88.99%。完成主要实物工程量：土石方4.67亿立方米，桥梁102400延长米，隧道179600延长米，涵渠15720横延米，公路路面957.8万平方米，房屋建筑面积55.3万平方米，铁路正线铺轨685.6公里、站线铺轨103.8公里，铺设道岔

212组，制梁9303片，架梁9942片。单位工程合格率100%。年内，集团公司获国家优质工程银质奖2项、省部级优质工程奖13项，获全国优秀QC小组4个、省部级优秀QC小组24个，获省部级科学技术奖9项、工法19项，26项专利获国家专利授权。集团公司被评为全国优秀施工企业、全国先进建筑企业、全国工程建设管理先进单位、全国守合同重信用企业、全国思想政治工作优秀企业、全国企业文化建设优秀单位、全国文明单位、全国质量管理先进单位，被认定为国家高新技术企业。（张 莹）

【领导人员】

董事会

董事	葛永利
	孙公新
	施化祥
	栾显国
董事长	葛永利
副董事长	孙公新
职工代表董事	（空缺）

监事会

监事会主席	（空缺）
监事	李新亮
职工代表监事	安绪才（11月免）

经理层

总经理	孙公新
副总经理	栾显国
	施化祥
	王跃进
	王景华（3月免）
	侯希承
	王学忠
	柏林成
	解方亮
	魏万征（3月免）
	丰兴桥
	尚尔海
	吴言坤
总工程师	尚尔海
总会计师	施化祥

党群领导

党委书记	葛永利
党委副书记	孙公新（兼）
领导班子副职待遇	信长才
顾问	富德春
	夏志炳
	王景华（3月任）

（耿庆宇 王玉清）

【工程项目指挥机构】 东北指挥部 驻辽宁省沈阳市和平区五里河城A座14楼。指挥王学忠。

东南指挥部 驻江西省萍乡市经济开发区郑和路9号。指挥王跃进。

华东指挥部 驻上海市静安区康定路211号艺海大厦3楼。指挥柏林成。

华南指挥部 驻广西壮族自治区南宁市五象广场东方曼哈顿2403号。指挥吴言坤。

西南指挥部 驻重庆市渝中区菜袁路209号新东福花园紫烟阁10－1。指挥曲桂有。

西北指挥部 驻陕西省西安市交大科技园区华尔兹花园1号楼2单元2003室。指挥丰兴桥。

华北指挥部 驻天津市南开区阳光壹佰新城东南侧浅水湾花园33－2。指挥侯希承。

北京指挥部 驻北京市石景山区鲁谷大道聚兴园3号楼2单元102室。指挥史俊奉。

中原指挥部 驻河南省郑州市经水区未来大道6号未来花园B座701。指挥魏万征。

新疆指挥部 驻新疆维吾尔自治区乌鲁木齐市鲤鱼山南路1143号。指挥信长才。

兰渝铁路项目经理部 驻甘肃省定西市安定区内官营镇。项目经理解方亮。

京沪高速铁路项目经理部 驻天津市静海县北环工业园A区－1号恒兴钢兴宿舍楼4－2号。项目经理孙吉东。

石武铁路客运专线项目经理部 驻河南省新乡市牧野工业园环宇大道16号。项目经理李华伟。

盘营铁路客运专线项目经理部 驻辽宁省海城市浪潮金东方高科技发展有限公司。项目经理于涛。

合蚌铁路客运专线项目经理部 驻安徽省淮南市大通区经济开发区建兴路。项目经理王跃进。

厦深铁路（广东段）项目经理部 驻广东省潮州市潮安县浮阳镇广城路3号。项目经理于进江。

向莆铁路项目经理部 驻福建省闽候县上街镇美岐村。项目经理王成宏。

广昆铁路昆明枢纽工程指挥部 驻云南省昆明安宁市温泉路北桥村。指挥李庆双。

天平铁路工程指挥部 驻甘肃省清水县政府。指挥安文杰。

西康二线铁路项目经理部 驻陕西省旬阳县甘溪镇显神庙山庄。项目经理宋延波。

云桂铁路广西段项目经理部 驻广西壮族自治区百色市城东路中段扶贫办。项目经理杜日鹏。

云桂铁路云南段项目经理部　驻云南省昆明市宜良县匡远镇土桥村村委会。项目经理赵永军。

沪昆铁路客运专线江西段项目经理部　驻江西省萍乡市经济开发区郑和路9号。项目经理张明杰。

杭长铁路客运专线浙江段项目经理部　驻浙江省江山市中山路122号人民武装部。项目经理柏林成。

大西铁路客运专线项目经理部　驻山西省运城市临猗县南环西路王村。项目经理刘智。

兰新铁路工程指挥部　驻甘肃省玉门市农垦局裕盛山庄3号楼。项目经理陈金荣。

京福铁路客运专线闽赣Ⅲ标段项目经理部　驻江西省上饶市福海老年公寓。项目经理马南飞。

吉图珲铁路客运专线JHSⅦ标段项目经理部　驻吉林省珲春市龙源西街2367号。项目经理解佳飞。

宝兰铁路客运专线项目经理部　驻甘肃省天水市秦安县兴国镇解放路38号。项目经理丁礼建。

西成铁路客运专线陕西段项目经理部　驻陕西省汉中市汉台区七里办事处七里村二组陕西电信汉中分公司新桥支局院内。项目经理李华伟。　（张　莹）

【职工队伍】　职工18471人。干部8378人，其中技术干部7861人，占干部总数的93.83%。技术干部中，硕士研究生40人，本科学历3927人，大专学历3548人，中专学历245人，高中及以下学历101人；35岁以下5453人，36～40岁1064人，41～45岁562人；高级职务884人，中级职务1691人，初级职务4712人。

工人10093人，其中技术工人8189人，占工人总数的81%。技术工人中，本科及以上学历504人，大专学历1467人，中专、技校2001人，高中学历2276人，初中及以下学历1941人；30岁以下1197人，31～40岁3007人，41～50岁2291人；高级技师154人，技师1085人，高级工2795人，中级工1849人。

（王玉青　刘培领）

【工程施工】　2012年，在建工程299项，其中年内竣工90项。完成施工产值276.9亿元。完成主要实物工程量：隧道179600延长米，桥梁102400延长米，正线铺轨685.6公里，土石方4.67亿立方米，房屋建筑面积55.3万平方米，制梁9303片，架梁9942孔，公路路面957.8万平方米。

石家庄至武汉铁路客运专线河南段SWZQ－2标段工程　位于河南省新乡市境内。标段长50.104公里，合同投资325000万元，合同工期2008年10月15日～2012年6月30日。主要实物工程量：特大桥3座，车站1座。截至2012年底，开工累计完成投资377306.3万元。

玉溪至蒙自铁路工程　位于云南省通海市境内。全长19.45公里，合同投资32624.66万元，合同工期2005年10月18日～2008年12月31日。主要实物工程量：土石方152万立方米，涵洞18座548.08横延米，桥梁8座3228.8延长米，隧道2座10404延长米。截至2012年底，开工累计完成投资53191万元。

合肥至蚌埠铁路客运专线HBZQ－1标段工程　位于安徽省淮南市境内。标段长58.829公里，合同投资353285万元，合同工期2009年5月19日～2011年12月10日。主要实物工程量：区间及站场路基土石方248.5万立方米，桥梁15座58458.46延长米，隧道1座1371延长米，制架箱梁1367孔，正线铺无砟道床113.2公里，车站1座。截至2012年底，开工累计完成投资363907万元。

新建和龙至南坪镇铁路工程　位于吉林省和龙市境内。线路长44.71公里，合同投资11.9亿元，2009年9月25日开工，计划2012年12月18日竣工。主要实物工程量：路基土石方412.4万立方米，桥梁14座，隧道8座，涵洞93座，铺轨51.13公里。截至2012年底，开工累计完成投资98066万元。

集宁至包头增建第二双线工程　位于内蒙古自治区呼和浩特市境内。线路长25.07公里，合同投资200693万元，合同工期2009年4月1日～2011年11月30日。主要实物工程量：路基土石方215.1万立方米，桥梁20座3909.18延长米，涵洞40座980.14横延米，隧道2座1548延长米，制架T梁1805孔，正线铺轨365.4公里，站线铺轨28.52公里。截至2012年底，开工累计完成投资200819万元。

向塘至莆田铁路道德山隧道、大尖山隧道工程　位于福建省莆田市境内。道德山隧道全长6043延长米、大尖山隧道全长6169延长米，合同投资49796万元，2007年11月23日开工。截至2012年底，开工累计完成投资50492万元。

兰新铁路张掖至红柳段LXS－15标段工程　位于甘肃省玉门市境内。标段长46.1公里。主要实物工程量：路基19.66公里，桥梁16座26470延长米，涵洞61座，制架双线整孔箱梁787孔，CRTS－Ⅰ型双块式轨枕92.26公里。截至2012年底，开工累计完成投资225889万元。

兰渝铁路LYS－1标段工程　位于甘肃省定西市内官营镇境内。由集团公司承建，与中国中铁十局集团公司联合施工。标段以隧道为主，5座隧道35347延长米，合同工期2009年4月18日～2014年7月16日，合同投资302495万元，其中集团公司承担合同投资的228495万元。截至2012年底，集团公司开工累计完成投资162245万元。

厦门至深圳铁路广东段站前4标段工程　位于广东省潮州市潮安县境内。承担莲花山隧道出口至桑浦山隧道进口段工程，线路长29.44公里，合同工期2008年10月1日～2010年9月30日，合同投资216955万元。主要实物工程量：桥梁5座23585延长米，涵洞14座369横延米，预制架设箱梁638榀。截至2012年底，开工累计完成投资245318万元。

厦门至深圳铁路广东段站前1标段工程　位于广东省潮州市潮安县铁铺镇境内。合同投资34415万元，合同工期2007年11月28日～2010年10月22日。主要实物工程量：莲花山隧道7648延长米。截至2012年底，开工累计完成投资39899万元。

厦门至深圳铁路福建段3标段工程　位于福建省漳州市诏安县境内。标段长28.119公里，合同投资79319万元，合同工期2008年9月5日～2011年3月5日。主要实物工程量：桥梁11座，隧道2座，涵洞80座，预制箱梁262片。截至2012年底，开工累计完成投资84800万元。

新建盘锦至营口铁路客运专线2标段工程　位于辽宁省海城市境内。标段长40.85公里，合同投资388609万元，合同工期2009年5月31日～2011年11月30日。主要实物工程量：桥梁7座，预制架设双线箱梁830孔，单线箱梁546孔，无砟轨道100.945公里，铺轨195.13公里。截至2012年底，开工累计完成投资388363万元。

新建铁路天水至平凉TJ－2标段工程　位于甘肃省天水、平凉两市境内，标段长69.045公里，合同工期2009年3月15日～2012年9月15日，合同投资194383万元，其中集团公司承担合同投资的136469万元。主要实物工程量：路基土石方529万立方米，桥梁16座，隧道14座，其中关山隧道15600延长米、六盘山隧道16690延长米。截至2012年底，开工累计完成投资118341万元。

昆明枢纽铁路扩能改造工程站前1标段工程　位于云南省安宁市温泉路北桥村境内。标段长12.773公里，合同投资46970万元，2010年4月开工，合同工期36个月。主要实物工程量：隧道2座1761延长米，车站2座。截至2012年底，开工累计完成投资32928万元。

改建铁路西安至安康增建二线3标段工程　位于陕西省安康市旬阳县境内。标段长61.59公里，合同投资264182万元，合同工期2009年11月1日～2012年9月30日。主要实物工程量：路基土石方113.8万立方米，桥梁25座7970延长米，隧道23座47040延长米，正线铺轨99.85公里，车站4座。截至2012年底，开工累计完成投资204384万元。

新建大同至西安铁路客运专线工程站前10标工程　位于山西省运城市盐湖区、临猗县和永济市境内。标段长47.683公里，合同投资339734万元，合同工期2010年3月10日～2012年12月31日。主要实物工程量：路基12.682公里，特大桥5座35001延长米。截至2012年底，开工累计完成投资198602万元。

新建杭州至长沙铁路客运专线浙江段站前HCZJ－7标段工程　位于浙江省江山市境内。标段长46.422公里，合同投资317226万元，合同工期2010年6月25日～2013年6月30日。主要实物工程量：站场、区间路基土石方153万立方米，桥梁38座，隧道4座。截至2012年底，开工累计完成投资255209万元。

新建杭州至长沙铁路客运专线江西段站前HKJX－8标工程　位于江西省萍乡市境内。标段长68.116公里，合同投资475234.7万元，合同工期2010年4月18日～2012年4月30日。主要实物工程量：路基土石方516.2万立方米，桥梁51座45734延长米，隧道7座7395延长米，预制、架设箱梁1325孔，现浇箱梁49孔，车站1座。截至2012年底，开工累计完成投资402156万元。

京福铁路客运专线合肥至福州段HFMG－3标段工程　位于江西省上饶市信州区朝阳乡境内。标段长54.387公里，合同投资458484.5万元，合同工期2010年6月1日～2013年7月31日。主要实物工程量：站场及区间路基土石方305.7万立方米，桥梁47座25075.96延长米，隧道13.5座22120延长米。截至2012年底，开工累计完成投资288907万元。

云桂铁路广西段YGZQ－4标段工程　位于广西壮族自治区百色市境内。标段长103.34公里，合同投资718189.8万元，合同工期2010年5月15日～2014年3月31日。主要实物工程量：站场及区间路基土石方700.3万立方米，隧道51座，桥梁55座，涵洞118座。截至2012年底，开工累计完成投资252714万元。

云桂铁路云南段YNZQ－8标段工程　位于云南省昆明市宜良县匡远镇境内。标段长46.295公里，合同投资314263万元，合同工期2010年9月2日～2014年12月31日。主要实物工程量：桥梁16座5861延长米，隧道8座35015延长米。截至2012年底，开工累计完成投资122486万元。

吉林至珲春铁路站前7标段工程　位于吉林省图们、珲春两市境内。标段长39.353公里，合同投资310674.94万元，2010年10月30日开工。主要实物工程量：桥梁10座6335延长米，隧道9座28196延长米，涵洞18座，正线铺轨180.24公里，站线铺轨10.06

公里,铺设道岔47组。截至2012年底,开工累计完成投资125202万元。

南宁至钦州铁路NQ1标段工程　位于广西壮族自治区南宁市境内。标段长63.693公里,合同投资34.07亿元,合同工期2009年8月1日~2012年7月31日。主要实物工程量:路基土石方884.1万立方米,隧道8座10014延长米,桥梁31座11082延长米,涵洞123座,车站2座。截至2012年底,开工累计完成投资244644万元。

东北东部铁路通道前阳至庄河段DT1标段工程　位于辽宁省庄河市境内。合同投资300000万元,合同工期2009年11月1日~2013年9月30日。主要实物工程量:桥梁40座,涵洞99座。截至2012年底,开工累计完成投资188319万元。

牡绥铁路芬河段扩能改造工程Ⅳ标段工程　位于黑龙江省绥芬河市境内,标段长27公里,合同投资118042.59万元,合同工期2010年5月1日~2012年9月30日。主要实物工程量:隧道19815延长米,桥梁3385延长米,涵洞169.9横延米。截至2012年底,开工累计完成投资74839万元。

拉日铁路站前2标段工程　位于西藏自治区拉萨市曲水县境内。标段长45.7公理,合同投资95650.17万元,合同工期2010年11月30日~2014年11月30日。主要实物工程量:路基土石方308.4万立方米,桥梁18座8105延长米,隧道5座5017延长米,涵洞143座,车站2座。截至2012年底,开工累计完成投资86946万元。

新建成兰铁路CLZQ－5标段工程　位于四川省绵阳市安县境内。标段长18.129公里,合同投资133078万元,合同工期2012年12月17日~2017年7月16日。主要实物工程量:桥梁1座235.4延长米,隧道2座17893.6延长米。（陈天明）

【经营管理】　工程承揽。2012年新签合同167项,合同投资403亿元。大力开拓铁路外市场,做强做大专业市场,继续开发海外市场,实现经营工作持续发展。一是注重研判形势,把脉市场。贯彻股份公司经营会议精神,全年召开经营工作专题会议7次,专题研究铁路、铁路外、地铁、资本运营、矿山工程任务承揽,安排部署不同阶段工作重点。二是高度重视铁路外市场发展。确立区域指挥部和工程公司经营主体地位,加强信誉建设,加大专业板块的承揽力度,市场开发成效明显。三是资本经营实现新突破。中标辽宁辽滨线、灯辽线两条高速公路BT项目,投资总额52.1亿元。中标无锡地铁1号线商业配套工程,投资总额2.2亿元。充分利用自有土地加大房地产开发力度,规划开发13.5万平方米,已实施开发4.9万平方米。利用三公司搬迁沈阳的机遇,低价购置土地27.6万平方米,可供60万平方米的开发。四是提升区域经营能力。配齐人员、完善制度、建立长效机制,初步形成区域指挥部能够担当经营承揽主体责任、完成区域经营布点、与业主建立良好关系、组织协调区域内资源进行经营投标工作的良好局面。全年各区域指挥部实现工程承揽130.9亿元,同比增长12%,协助集团公司承揽工程93.5亿元。五是注重中央企业和系统内部市场经营。建立中央企业高层互访机制,加强项目跟进落实,年内新签合同23.5亿元。加大与中国铁建投资集团公司、中国铁建房地产集团公司等系统内部单位的合作力度,新签合同12.4亿元。六是紧盯铁路不放松。抓住铁路市场回暖机遇,上下协调,展开铁路投标会战,新签合同51亿元。六是坚定"走出去"步伐。全年新签海外工程合同7亿元,实现海外独立经营零的突破。七是完善经营要素,补齐经营短板。成立资本运营组织,建立健全区域经营管理办法,在国内25个城市注册分公司。

工程管理。不断优化施工组织,合理动态调整资源配置,突破制约进度的卡控点,确保均衡生产,重难点工程如期突破。全年完成施工产值276.9亿元,同比增长4.1%。专业化施工能力持续增强。全年完成土石方4.67亿立方米;桥梁102400延长米,其中特大桥79500延长米;隧道(洞)179600延长米,其中铁路隧道78000延长米、公路隧道16900延长米、地铁23100延长米、引水隧洞22300延长米;涵渠15720横延米;公路路面957.8万平方米;房屋建筑面积55.3万平方米;铁路正线铺轨685.6公里,站线铺轨103.8公里,铺设道岔212组;制梁9303片,其中铁路制梁6760片、公路制梁2543片;架梁9942片,其中铁路架梁6666片、公路架梁3276片。深入开展全面安全质量管理责任活动,集团公司被股份公司评为安全生产先进单位,轨道公司上海地铁12标段项目经理部被评为全国AAA级安全文明标准化工地。三公司、五公司获全国优秀施工企业称号。

财务管理。多措并举提高筹资能力。强化资金归集意识,提升资金集中水平。积极与业主沟通,采取对不能上线的单位账户罚款10万元等措施,资金集中管理工作取得较好成绩,全集团资金集中度为81%,突破股份公司平均水平,居全系统前列。截至2012年底,归集资金35.3亿元,内部调剂资金14.3亿元,节约筹资费用3107万元,有效缓解资金压力。全力统筹,科学安排,确保投标经营、在建项目注资、BT项目投入等生产经营工作的资金需求。撤户并账,加强收尾项目资金监管,归集沉淀资金7346万元。加强重大财务事项控制，确保资金投放使用安全。制定《集团公司借出投标保证金管理具体规定》，下发《关于确保集团公司资金安全以及对逾期借款加收占用费的通知》。贯彻成本“代付到底”办法，实现资金流向闭环管理。制定《资金使用审批权限》《会计基础核算规范》，进一步完善内部控制体系。

成本管理。加大二次经营工作力度。完善制度，加强考核，周密组织铁路项目概算清理，收到较好效果。44 家单位完成二次经营计划目标。集团公司实现变更索赔额 51.2 亿元，占同期施工产值的 18.5%。全面推进集中管理。成立集团公司、工程公司两级集采中心，出台设备、物资考核评价办法，10 万元以上设备、钢材水泥等大宗物资基本实现集中招标采购。大力加强责任预算管理。推行项目责任预算控制报表制度，建立全面预算执行情况分析监测通报制度，发挥全面预算管控作用。加大督查审计力度。组织开展亏损项目和“三项招标”效能监察工作，规范项目行为。对各工程公司机关和重点铁路项目管理费使用情况开展专项审计，维护企业内控制度的严肃性和预算管理的有效性。开展责任成本管理考核。年内考核 9 个工程公司机关、17 个工程公司自管项目，完善责任成本管理链条。

企业管理。战略发展布局形成，年内，电务公司迁址北京大兴、三公司迁址沈阳沈北新区；整合海外资源，在北京大兴注册成立国际建设分公司。形成集团公司带专业化公司立足京津冀经济带，一、二、三、五公司立足环渤海经济圈，六公司立足长三角，七公司立足珠三角的战略发展布局。科技工作取得新进展。一、二公司通过国家高新技术企业认证；集团公司获省部级科学技术奖 9 项，19 项工法被认定为省部级工法，26 项专利获得国家专利授权。集团公司技术中心通过北京市评价验收，获科技创新专项奖励 50 万元。信息化建设进一步推进，年内完成档案管理系统、办公系统流程改造，深度融合责任成本中心、计划合同部自建系统与管理业务，提升管理效率。（张　莹）

【党群工作】 党的工作。2012 年集团公司下辖党委 102 个、党工委 127 个、党总支 1 个、党支部 437 个。有中共党员 7651 名。年内发展党员 256 名。(1)党建工作。集团公司各级党组织认真贯彻党政工作会议精神，融入生产经营管理开展工作。创先争优活动由党内扩展到工会、共青团组织，实现全覆盖。全面开展支部标准化建设活动，支部标准化定级达标率超过 85%。开展工程项目党建工作，落实党(工)委参与重大决策、项目现场思想政治工作和文化建设。五公司召开党建工作经验交流会，二公司开展和谐项目建设和党建工作三项工程，七公司创新党建思想政治工作、开发使用党员手机报和政治工作飞信；各工程公司对所属单位(项目)班子进行考核，“四好领导班子”创建活动层层开展，二公司、五公司、矿业公司、电务公司、轨道公司被评为集团公司“四好领导班子”。(2)党风廉政建设。注重思想引领和选树典型，教育各级领导和重要岗位工作人员牢记党的宗旨，熟悉党纪条规，掌握从业规定，提升自我约束能力，弘扬正气。印发《关于加强工程项目监督工作的若干规定》，进一步明确工程项目监督工作的重点对象是工程项目部的党政组织、领导班子成员及其重要岗位工作人员。纪检监察部门会同审计、财务、成本、工程、安全质量监察等部门，开展专项检查和监察，特别加大对亏损项目、物资设备采购的监察力度，通过解剖拉日项目警示全局。受理群众来信来访和电话举报 9 件(次)，初步核实案件线索 12 件，立案 12 件，结案 12 件，政纪处分 35 人，办案挽回经济损失 54.46 万元。(3)宣传思想工作。密切配合“我在企业有责任”主题活动的开展，制定方案、编写宣教提纲、参与起草阶段性总结通报，并在《铁道工人》报开辟活动专栏。承办股份公司党建思想政治工作研究会第二课题组研究活动，先后组织两次研讨，集团公司申报 6 篇立项课题。推进企业精神文明建设，集团公司继续保持全国文明单位称号，机关历史文化展示厅全年接待参观人员 47 批 570 人次。年内在各类媒体刊发稿件 1056 篇。

工会工作。工会下辖处级单位工会 12 个、直管项目部工会 21 个、基层工会 243 个、工程队工会 182 个、工会小组 453 个，有工会会员 18471 人。紧贴项目管理要求，坚持不懈抓好建家建线。集团公司制定《“民工之家”建设基本标准》，全年检查验收 9 个工程公司 20 个项目部的“民工之家”建设。开展“党工共建创先争优”和创建工会“五好班子”活动，配齐配强工程公司工会主席和各级工会专兼职干部，注重项目部、工程队(架子队)建会和农民工入会工作。元旦春节期间，走访困难职工 715 户，发放慰问金 210.6 万元。履行“三不让”承诺，救助会员 383 人，发放救助金 55.55 万元。创劳动竞赛优胜单位，集团公司被评为全国“安康杯”竞赛先进单位。推广应用技术创新成果 28 项，实现经济效益 3238 万元。

共青团工作。集团公司团委下辖团委 96 个、团工委 92 个、团总支 25 个、团支部 182 个，有共青团员 2459 人。年内开展“责任青年，给力安全”主题系列活动，举办“安全、稳定、求进”主题巡回演讲。集团公司团委获北京市五四红旗团委、北京经济开发区“志愿服务先进集体”称号。集团公司团委青年分类引导工作做法被北京团市委出版的经验汇编收入。4 个项目部被评为北京市青年文明号,2个项目获北京市青年突击队标杆单位称号,2人获北京市"青年岗位能手"称号,1人被评为北京市优秀团干部。 (张莹)

【第一工程有限公司】 公路、房屋建筑、市政公用、机电安装工程施工总承包一级,铁路工程施工总承包二级,地基与基础、钢结构、隧道、公路路基、水工隧道工程专业承包一级,特种设备安装改造维修GC2级,电力设施承装五级资质企业。前身系中国人民解放军铁道兵第九师四十一团,1984年1月集体转业并入铁道部,改编为铁道部第十九工程局第一工程处;1999年12月改称中铁第十九工程局第一工程处,2001年12月企业改制改称中铁十九局集团第一工程有限公司。公司驻辽宁省辽阳市白塔区卫国路138号。董事长、总经理李程,党委书记曲久彬。下辖12个项目管理部、19个项目部及辽阳、日照基地等单位。职工3257人。其中,干部1742名;工人1515人。资产总额168333万元,其中固定资产原值28888万元、净值12608万元。机械运输设备722台(套),总功率69387千瓦,动力装备率34千瓦/人,技术装备率5.7万元/人。

2012年新签合同额35亿元,完成施工产值45亿元,实现利润7539万元。完成主要实物工程量:土石方5884万立方米,隧道(洞)29699延长米,桥梁15520延长米,房屋建筑面积22.44万平方米。承建的宁夏水洞沟电厂一期2×660兆瓦机组工程获国家优质工程银质奖,5项工程被评为省部级优质工程,4项QC成果获辽宁省优秀QC小组成果奖,1项科技成果获中国施工企业科技创新成果二等奖。公司通过国家高新技术企业认定。 (张继艳)

【第二工程有限公司】 公路、房屋建筑、市政公用、水利水电工程施工总承包一级,铁路工程施工总承包二级,桥梁、隧道、机场场道、公路路基、公路路面工程专业承包一级资质企业。前身系中国人民解放军铁道兵第九师第四十二团,1984年1月集体转业并入铁道部,改编为铁道部第十九工程局第二工程处;1999年12月改称中铁第十九工程局第二工程处,2001年12月企业改制改称中铁十九局集团第二工程有限公司。公司驻辽宁省辽阳市白塔区和平路17号。董事长、总经理张洪杰,党委书记廖爱生。下辖54个工程项目部、14个分公司及物业管理公司、职工医院、北京办事处、武汉办事处。职工2967人。其中,干部1208人;工人1783人。资产总额187922万元,其中固定资产原值40935万元、净值17341万元。机械运输设备691台(套),总功率64108.5千瓦,动力装备率21千瓦/人,技术装备率3.9万元/人。

2012年新签合同额312934万元,完成施工产值360318万元,实现利润3134万元。完成主要实物工程量:土石方678.55万立方米,桥梁10880.9延长米,涵渠1465.37横延米,隧道31382延长米,公路预制梁205孔1136片、架设187孔941片,铁路现浇梁19孔752米。全员劳动生产率496532元/人年,职工年人均收入33538元。企业通过国家高新技术企业认定。 (刘英华)

【第三工程有限公司】 公路、市政公用工程施工总承包一级,铁路、水利水电工程施工总承包二级,房屋建筑、矿山工程施工总承包三级,隧道、桥梁、公路路面、公路路基工程专业承包一级资质企业。前身系中国人民解放军铁道兵第九师第四十三团,1984年1月集体转业并入铁道部,改编为铁道部第十九工程局第三工程处;2001年12月企业改制改称中铁十九局集团第三工程有限公司。2012年7月,公司由辽宁省辽阳市迁址至沈阳市沈北新区沈北路76号。董事长、总经理陈宝军,党委书记刘志军。下辖8个项目管理部、11个铁路工区、3个代局指项目(经理)指挥部及辽阳基地管委会、四川金堂基地。职工2844人,其中干部1079人。资产总额242700万元。其中,固定资产原值47502万元、净值23115万元;流动资产185203万元。机械运输设备769台(套),原值41200万元、净值16600万元,总功率86564千瓦,技术装备率5.7万元/人,动力装备率29.6千瓦/人,设备成新率40.4%、完好率92.6%、利用率70.8%。

2012年新签合同额642483万元,完成施工产值398451万元,实现利润3713万元。全员劳动生产率46.62万元/人年,职工年人均收入41145元。完成主要实物工程量:路基土石方222.4万立方米,隧道19759.4延长米,引水隧洞6173.1延长米,桥梁11868.7延长米,涵洞731横延米,公路路面964.2万平方米。公司被评为全国优秀施工企业,通过国家高新技术企业认定。 (刘永华)

【第五工程有限公司】 房屋建筑、公路、市政公用工程施工总承包一级,铁路工程施工总承包二级,桥梁、公路路基、隧道工程专业承包一级,机场场道工程专业承包二级,预应力工程专业承包三级资质企业。前身系中国人民解放军铁道兵第九师给水营与修理营,1984年1月集体转业并入铁道部,改编为铁道部第十九工程局建筑工程公司和机械修造厂;1993年3月两单位合并组建建筑安装工程处,1997年改称第五工程处;2000年8月,集团公司资产重组,直属工程处、大连技工学校并入五处;2001 年 12 月企业改制改称中铁十九局集团第五工程有限公司。公司驻辽宁省大连市金州区拥政街道 586 号。董事长、总经理王必军,党委书记张怀平。下辖 12 个专业分公司、4 个项目管理部及机械厂、职工培训中心、机关服务中心。职工 1767 人。其中,专业技术人员 1074 人;技术工人 329 人。资产总额 15.4 亿元。其中,固定资产原值 36510 万元、净值 19345 万元;流动资产 13.2 亿元。机械运输设备 533 台(套),总功率 57964 千瓦,动力装备率 40.6 千瓦/人,技术装备率 12.6 万元/人,设备完好率 89%、利用率 73%、成新率 66%。综合机械化施工程度 89%。

2012 年新签合同额 29.5 亿元,完成施工产值 300548 万元,实现利润 3012 万元。全员劳动生产率 246800 元/人年,职工年人均收入 50212 元。完成主要实物工程量:土石方 180 万立方米,桥梁 6907 延长米,涵渠 775 横延米,隧道 2642 延长米,地铁区间隧道 2925 延长米、车站 1.2 万平方米,预制铁路梁 665 片,房屋建筑面积 34700 平方米。承建的宁夏水洞沟电厂一期 2×660 兆瓦机组工程被中国电力建设企业协会评为 2012 年度中国电力优质工程奖。公司获全国优秀施工企业、辽宁省优秀建筑业企业称号。 (张 强)

【第六工程有限公司】 铁路、公路、市政公用工程施工总承包一级,房屋建筑工程施工总承包二级,桥梁、隧道、公路路基、铁路铺轨架梁、水工隧洞工程专业承包一级资质企业;并具有预质构件制造、加工、销售及仓储、设备租赁、房屋租赁等资质。前身系中国人民解放军铁道兵第九师第四十四团,1984 年 1 月集体转业并入铁道部,改编为铁道部第十九工程局第四工程处;1999 年 12 月改称中铁第十九工程局第四工程处,2001 年 12 月企业改制改称中铁十九局集团第四工程有限公司;2010 年 9 月 25 日迁址江苏,更名为中铁十九局集团第六工程有限公司。公司驻江苏省无锡市凤翔路 987 号。董事长兼总经理秦志军,党委书记王纯玉。职工 2826 人。其中,干部 1134 人;工人 1692 人。资产总额 262842 万元。其中,固定资产原值 79108 万元、净值 41331 万元;流动资产 216404 万元。机械运输设备 357 台(套),原值 73718 万元、净值 39530 万元,总功率 118066 千瓦,动力装备率 39.2 千瓦/人,技术装备率 13.69 万元/人。

2012 年新签合同额 93982 万元,完成施工产值 320145 万元,实现利润 1139 万元。全员劳动生产率 612300 元/人,职工年人均收入 34786 元。6 项专利获得国家授权,3 项工法被评为省部级工法 3 项。

(王林丽)

【第七工程有限公司】 房屋建筑、铁路、水利水电、公路、港口与航道工程施工总承包二级,公路路基工程、土木工程建筑、土石方爆破工程、铁路工程建筑、二级公路工程专业承包二级企业资质。公司成立于 1985 年 6 月,先后称珠海办事处、珠海工程公司、珠海工程总公司,2002 年 12 月企业改制改称中铁十九局集团华南工程有限公司;2010 年 11 月 21 日整合重组改称中铁十九局集团第七工程有限公司。公司驻广东省珠海市拱北港昌路 111 号中铁大厦。执行董事、总经理姜长清,党委书记顾建朋。下辖 2 个指挥部、8 个项管部、5 个公司、5 个项目部。职工 801 人。其中,干部 446 人;工人 355 人。机械运输设备 181 台(套),原值 5999.29 万元、净值 2544.52 万元,总功率 16987 千瓦,动力装备率 21.1 千瓦/人,技术装备率 3.16 万元/人,设备成新率 42.41%。

2012 年新签合同额 139010 万元,完成施工产值 164479 万元,实现利润 1023 万元。全员劳动生产率 26.6 万元/人年,职工年人均收入 50223 元。完成主要实物工程量:土石方 148.15 万立方米,桥梁 3847.93 延长米,隧道 4538.39 延长米,涵渠 382.67 横延米,房屋建筑面积 19.11 万平方米,无砟轨道 13.89 公里。

(钟妮蓉)

【矿业投资有限公司】 矿山工程施工总承包三级资质。2005 年 3 月 15 日,将原机械化工程公司、建筑工程公司整合重组成矿业工程公司;2010 年 5 月 12 日,企业改称现名。公司驻北京市丰台区莲怡园东路风荷曲苑 3 号楼。总经理信长才,党委书记金学锋。下辖 1 个分公司、25 个项目部、2 个轨道板厂。职工 1261 人。其中,干部 597 人;工人 664 人。固定资产原值 117378 万元、净值 67508 万元。机械运输设备 162 台(套),原值 73768 万元,总功率 195054 千瓦,动力装备率 199.2 千瓦/人,技术装备率 60 万元/人。

2012 年新签合同额 129 亿元,完成施工产值 33.1 亿元,实现利润 3 亿元。完成主要实物工程量:土石方剥离 9354 万立方米,井下掘进 24604 延长米,采矿 93 万吨,隧道 4406 延长米,桥梁 7678 延长米,涵渠 718 延长米,预制轨道板 15585 块。 (冯宏超)

【轨道交通工程有限公司】 2008 年 2 月成立,12 月 8 日在辽宁省沈阳市浑南经济技术开发区注册;2010 年 12 月,按照集团公司战略部署在北京市顺义区林河经济技术开发区注册;2011 年 8 月,公司机关迁至北京。董事长朱元生,党委书记朱斌,总经理陈友建。下辖 10 个专业化工程公司。职工 1273 人。其中,干部 958 人;工人 315 人。机械运输设备 149 台(套)、盾构机 9

台,原值 34170.08 万元、净值 26818.56 元,总功率 14593 千瓦,技术装备率 23.44 万元/人,动力装备率 13 千瓦/人。

2012 年新签合同额 26.3 亿元,完成施工产值 20.1 亿元,实现利润 8039 万元。完成主要实物工程量:土石方 2588.5 万立方,隧道 49091 延长米。2 项工程被评为省部级优质工程,公司通过国家高新技术企业认定。 (王倩玉)

【电务工程有限公司】 机电安装工程施工总承包一级,房屋建筑、消防设施工程施工总承包三级,铁路电务、机电设备安装工程专业承包一级,铁路电气化、电信、送变电工程专业承包二级资质企业。前身系中国人民解放军铁道兵第九师通信科,1984 年 1 月集体专业并入铁道部,改编为铁道部第十九工程局通信处,1995 年改称电务工程公司,2002 年 2 月企业改制改称中铁十九局集团电务工程有限公司。公司驻辽宁省辽阳市白塔区和平路 6 号。董事长、总经理崔吉林,党委书记杨静。下辖通信、信号、电气化、设备安装、建筑装璜 5 个工程公司和辽阳分公司、辽阳基地。资产总额 49020 万元。其中,固定资产原值 3693 万元、净值 2203 万元;流动资产 46008 万元。机械设备、仪器仪表 636 台(套),设备完好率 90%。

2012 年新签合同额 99673 万元,完成企业总产值 51437 万元,实现利润 1367 万元。职工年人均收入 39046 元。公司获辽宁省守合同重信用企业称号,连续 3 年被评为辽宁省投标信用 AAA 级单位。

(刘长勇)

【房地产开发有限公司】 2008 年 5 月 19 日成立,8 月 7 日获得房地产开发资质,注册资本金 2000 万元。公司驻辽宁省辽阳市白塔区和平路 17 号。董事长尚尔海(兼),总经理李联营。

2012 年,徐往子经济适用房三期工程开工建设。年内上缴利润 2161 万元。 (杨慧敏 夏建芬)

【国际建设分公司】 2012 年 3 月 29 日成立。公司驻北京市经济技术开发区西环南路 26 号。总经理张永军,党委书记李尊忠。下辖阿尔及利亚项目部、鄂尔多斯项目部、沙特办事处、卡塔尔办事处。职工 98 人,其中干部 70 人。

2012 年承揽阿尔及利亚奥兰住房项目,新签合同额 7 亿元。完成施工产值 7859.91 万元。 (解红姝)

【物资总公司】 物资流通企业,主要经营用于构造建筑产品的生产资料。1999 年 6 月由集团物资公司与机关物资处合并组建,2001 年改制为集团公司直属分公司。公司驻辽宁省辽阳市和平路 17 号。副总经理刘乃鲁主持工作。职工 10 人。

2012 年完成销售额 1791 万元,实现销售收入 218 万元。 (张景伟)

【辽阳基地】 2009 年 7 月成立。下辖招待所、维修队、道桥安装公司、职工餐厅。主任李联营。职工 935 人。其中,在职职工 346 人;离退休职工 589 人。

2012 年,招待所完成营业收入 260 万元,道桥安装公司完成施工产值 389 万元。 (曳 雅)

【重要记载】

▲1 月 矿业公司贵州锦丰金矿被评为首批国家级绿色矿山试点单位。

▲1 月 六公司中标大准至朔黄铁路联络线 4 标段工程,合同投资 4.5 亿元。

▲1 月 轨道公司被评为北京市安全质量管理先进单位。

▲2 月 16 日 轨道公司获上海市轨道交通建设先进集体称号。

▲2 月 16 ~ 17 日 集团公司二届七次职代会、党委二届九次全委(扩大)会暨 2012 年工作会在北京召开。

▲2 月 华南指挥部中标南京机场改建工程,合同投资 2.7 亿元。

▲3 月 7 日 国务院监事会主席李克、国务院监事会第 16 办事处主任金丹阳到集团公司北京总部机关调研。

▲3 月 12 ~ 19 日 二公司中标福建京台高速公路南平段 A4 标段和福州段 JTA1 标段,合同投资分别为 4.09 亿元和 3.5 亿元。

▲3 月 13 日 集团公司企业管理部更名为发展规划部;集团公司成立物资集中采购中心,与集团公司物资管理部合署办公,实行一个机构两块牌子。

▲3 月 29 日 集团公司通过铁路工程施工总承包特级和铁道行业甲级设计资质。

▲3 月 二公司通过国家高新技术企业认定。

▲4 月 5 日 轨道公司南水北调工程被评为 2011 年建设系统北京市文明安全工地,项目部被授予北京市南水北调工程 2011 年度质量管理先进集体称号。

▲4 月 19 日 集团公司成立中铁十九局集团国际建设分公司。

▲4 月 矿业公司与 VOLVO 建筑设备(中国)有限公司达成战略合作伙伴关系,在北京举行签约仪式。

▲4 月 《中铁十九局集团年鉴(2008 ~ 2010)》三

年版编印完成。

▲6月5日　股份公司副总裁、总会计师庄尚标到集团公司通和矿业调研。

▲6月7~8日　辽宁省省长陈政高视察三公司承建的抚通高速公路3标段、庄盖高速公路4标段工程。

▲6月11日　股份公司独立(外部)董事到集团公司北京总部机关调研。

▲6月29日　矿业公司被评为首都文明单位。

▲6月　无锡地铁1号线10标段谈渡桥站工程被评为江苏省建筑施工安全文明工地。

▲7月　二公司中标盛宁线宁波段宁海力洋至城区段改道工程,合同投资7.67亿元。

▲8月6日　集团公司中标河南三门峡至淅川高速公路卢氏至西坪段土建LXTJ-8标段工程,合同投资4.75亿元。

▲8月22日　集团公司中标新疆红柳河至淖毛湖矿区铁路第5标段工程,合同投资7.97亿元。

▲同日　集团公司中标内蒙古长山壕金矿二期工程,合同投资7.2亿元。

▲8月　北京地铁7号线7标段工程被评为全国建筑业绿色施工示范工程。

▲8月　宁波轨道交通1号线VI标段项目部被评为2011年度全国"安康杯"竞赛活动优胜班组。

▲8月　国务院监事会主席时希平、保利集团董事长陈洪生一行,到矿业公司吉朗德煤矿项目部检查指导工作。

▲9月22日　二公司中标青海省牙什尕至同仁段公路YTSG-E标段工程,合同投资5.76亿元。

▲10月9日　集团公司中标辽宁灯塔至辽中高速公路和盘锦辽滨疏港高速公路两项BT工程,合同总投资52亿元。

▲10月31日　集团公司"新生地震带长大隧道综合施工技术"和"海底隧道陆域段穿越复杂建筑群施工修建综合技术研究"两项技术成果获2011年度中国施工企业协会科学技术奖技术创新成果一等奖,"饱和弱成砂岩隧道挑高段综合施工技术"等6项技术成果获二等奖。

▲12月5日　集团公司中标成兰铁路第5标段工程,合同投资13.3亿元。

▲12月28日　黑龙江省省委副书记、省长王宪魁视察集团公司牡绥铁路工地。

▲12月　集团公司昆明地铁首期工程土建7标段工程被评为云南省省级建筑安全质量标准化工地。

(张　莹)

中铁二十局集团有限公司

【简况】　中铁二十局集团有限公司为铁路工程施工总承包特级,公路、市政公用、水利水电工程施工总承包一级,公路路基、地基与基础、隧道、桥梁工程专业承包一级资质企业,同时具有铁道行业甲(Ⅱ)级设计资质、爆破作业一级资质、房地产开发二级资质、城市轨道交通工程专业承包和境外工程承包资质。集团公司总部驻陕西省西安市未央区太华路89号。前身系中国人民解放军铁道兵第十师,1984年1月1日集体转业并入铁道部,改编为铁道部第二十工程局;1999年12月1日改称中铁第二十工程局,2002年6月28日企业改制改称现名。下辖第一、二、三、四、五、六、七工程有限公司,电气化工程有限公司、房地产开发有限公司、西安工程机械有限公司、陕西物资有限公司(海外工程保障中心)、技工学校、乐山基地,西安、咸阳基地管理处,西南、东南、华北、西北、中原、海外工程指挥部,北京办事处。职工19549人。资产总额2051400.61万元,负债总额1828447.87万元,股东权益222952.74万元。其中,固定资产原值450928.92万元、净值184209.27万元;流动资产1824071.4万元;长期股权投资6459.82万元;无形资产15134.28万元。施工设备2913台(套),原值18.422亿元、净值9.479亿元,总功率512521千瓦,技术装备率5.5万元/人,动力装备率29.9千瓦/人,设备资产利润率15.1%,资产增长率3%,成新率51.5%。其中,大型施工设备79台(套),原值6.24亿元、净值4.1亿元,大型设备成新率65.8%、完好率94.5%、利用率78.5%。年施工能力236.76亿元。

2012年新签合同额325.8亿元,完成企业总产值231亿元。其中,施工产值218亿元;附营产值13.02亿元。实现利润40462.07万元,人均创利2.28万元,全员劳动生产率38.77万元/人年。职工年人均收入43552元。国有资产保值增值率115.96%,净资产收益率15.31%,营业利润率1.72%,投资回报率18.89%,资产负债率89.13%,应上缴款完成率100%。完成主要实物工程量:土石方8255.55万立方米;隧道82059.52延长米,桥梁98945.49延长米;铁路正线铺轨849公里、站线铺轨73.2公里,铺设道岔91组;铺设无砟轨道6.1公里;架梁1128孔,制梁1708片;地铁755米;公路179.9公里,其中高速公路98公里;公路架梁8376片;通信线路776.3公里,供电线路66公里;房屋建筑面积96.33万平方米。单位工程合格率

100%。年内,集团公司被评为全国建筑业AAA级信用企业和全国对外承包工程、劳务合作统计工作先进集体及广东省公路施工信用评价AA级企业,连续8年获陕西省A级纳税信用等级称号;承建的苏州工业园区北环快速东延二期工程获中国建设工程鲁班奖和国家优质工程金质奖;1项科研成果获中国工程爆破协会科技进步一等奖,3项科研成果获中国施工企业协会技术创新成果奖;7项工法被评为陕西省省级工法,3项工法被评为公路工程工法;获授权发明专利7项,实用新型专利28项。 (孟繁荣　刘文君)

【领导人员】

董事会

董事长	周　富
副董事长	姜永军
董事	周　富
	姜永军
	马登峰(3月免)
	张志军(3月免)
	王玉松(10月任)
	李令选(10月任)
	赵　斌(10月任)

监事会

监事会主席	黄锦波
监事	刘　杰
	朱宝林

经理层

总经理、法定代表人	姜永军
副总经理	郭祥军
	赵崇科
	王选尚(10月免)
	王玉松
	李令选
	王广建
	任少强
	尤敦同
	张文峰(10月任)
	刘　峰(10月任)
	苗文怀(10月任)
总工程师	任少强(兼)
总会计师	尤敦同(兼)
总法律顾问	尤敦同(兼)

党群领导

党委书记	周　富
党委副书记	姜永军
	黄锦波
	李胜义(10月任)
纪委书记	黄锦波
工会主席	赵　斌(10月任)
顾问	康义初(10月退休)
	张志军
	陈文珍
	马登峰(3月任)

(孟繁荣　刘文君)

【工程项目指挥机构】 安哥拉工程指挥部　指挥长刘峰,党工委书记马振东。驻安哥拉首都罗安达。

蒙古国铁路工程指挥部　指挥长李令选,党工委书记侯明让。驻蒙古国色楞格省叶罗县境内。

兰新铁路二线甘青段LXS－7标段项目经理部　项目经理任少强,党工委书记郭育红。驻青海省门源县浩门镇育林路104号。

哈齐铁路客运专线项目经理部　项目经理王广建,常务副经理兼党工委书记张利民。驻黑龙江省肇东市正阳一道街。

沪昆铁路客运专线杭长湖南段CTJ－1标段项目经理部　项目经理刘庭联,党工委书记林海。驻湖南省醴陵市。

沪昆铁路客运专线贵州段CKGZTJ－9标段项目经理部　项目经理冯军武,党工委书记王志军。驻贵州省安顺市黄果树风景区。

莞惠城际铁路项目经理部　项目经理孙长江,党工委书记高忠杰。驻广东省东莞市大朗镇银朗南路399号东正商务大厦。

集通铁路扩建工程JTZQ－1标段项目经理部　项目经理苗文怀,常务副经理赵廉,党工委书记李俊。驻内蒙古自治区锡林郭勒盟正镶白旗天元酒店。

新建中南部铁路通道吕临支线ZNTJ－3标段项目经理部　项目经理王广建,常务副经理周海军,党工委书记王高鹏。驻山西省吕梁市临县林家坪镇南圪垛村。

宁西铁路增建二线工程NX3标段项目经理部　项目经理赵崇科,常务副经理李伟,党工委书记邓宏法。驻河南省南阳市。 (孟繁荣　刘文君)

【职工队伍】 职工19549人。干部8890人,其中女干部2027人,占干部总数的22.8%。干部文化程度:本科及以上4739人,占干部总数的53.3%;大专3115人,占干部总数的35%;中专及以下1036人,占干部总数的11.7%。专业技术干部8625人,占干部总数的97%。其中,高级职务610人;中级职务1891人;初级职务4722人;未聘技术职务但从事技术工作的1113人。工程技术人员5797人,占技术干部总数的67.2%。2012年接收毕业生216名。

工人10659人,其中女工2853人。工人文化程度:初高中5166人,占工人总数的48.5%;中专3378人,占工人总数的31.7%;大专及以上2115人,占工人总数的19.8%。技术工人8226人,占工人总数的77.2%。其中,初级工663人;中级工2668人;高级工2075人;技师527人;高级技师101人。年内新增工人349人,减少工人373人。 (孟繁荣 刘文君)

【铁路工程施工】 哈齐铁路客运专线HQTJ-2标段工程 位于黑龙江省肇东市。标段长14.95公里,合同投资315395万元,合同工期2009年11月30日~2013年5月30日。主要实物工程量:桥梁11座19700延长米,其中特大桥7座19535.64;涵洞69座1545.07横延米;路基(含站场)填土方418万立方米,填级配碎石44万立方米,填渗水土63万立方米;制架箱梁898孔;无砟道床119公里;站场1处,铺轨16.43公里,铺道岔37组。截至2012年底,开工累计完成投资252266万元。

莞惠城际铁路GZH-6标段工程 位于广东省东莞市大朗镇。标段长5.93公里,合同投资120745万元,合同工期2009年9月18日~2011年12月31日。主要实物工程量:双线盾构隧道3272.5延长米,双线暗挖隧道1559.5延长米,双线明挖隧道275.7延长米。截至2012年底,开工累计完成投资70577万元。

兰新铁路二线甘青段LXS-7标段工程 位于青海省门源回族自治县硫磺沟至甘肃省民乐县小平羌沟之间。标段长16.336公里,合同投资150900万元,合同工期2010年2月~2013年11月。主要实物工程量:大梁隧道6550延长米,祁连山隧道9490延长米,硫磺沟大桥274延长米。截至2012年底,开工累计完成投资111818万元。

沪昆铁路客运专线杭长湖南段HCTJ-1标段工程 位于湖南省醴陵市、浏阳市。标段长50.263公里,合同投资437293万元,合同工期2010年4月15日~2012年7月31日。主要实物工程量:路基7.091公里,桥梁45座28819延长米,隧道14座14261延长米,梁场3处,制梁1099孔,架梁811孔,无砟轨道道床101.83公里。截至2012年底,开工累计完成投资404664万元。

沪昆铁路客运专线贵州段CKGZTJ-9标段工程 位于贵州省安顺市黄果树风景区。标段长63.745双线公里,合同投资497298万元,合同工期2010年10月1日~2015年2月26日。主要实物工程量:路基7.96公里,隧道19座43587延长米,桥梁22座11769延长米,正线铺轨53.04公里,站线铺轨1.51公里,CRTSⅡ型无砟轨道铺设75.904公里。截至2012年底,开工累计完成投资155571万元。

沪昆铁路客运专线云南段TJ-2标段工程 位于云南省曲靖市麒麟区。标段长54.6公里,合同投资305720万元,合同工期2010年10月1日~2015年9月20日。主要实物工程量:路基18.834公里,桥梁41座22696.4延长米,隧道8座15353延长米,涵洞44座1151.34横延米,公路跨线桥5座276.6延长米。截至2012年底,开工累计完成投资128722.7万元。

西康铁路二线XKS-4标段工程 位于陕西省安康市。标段长39.74公里,合同投资142116万元,合同工期2010年3月~2011年12月。主要实物工程量:路基土石方440万立方米,桥梁31座8033.02延长米,涵洞45座1149.24延长米,隧道12座4117延长米,区间轨道39.74公里,站场轨道19.46公里,铺设道岔96组,房屋建筑面积11490平方米,站后工程连锁道岔262组,通信电缆10公里,高压线路24.5公里,低压线路59.2公里,接触网39.747公里。截至2012年底,开工累计完成投资114839万元。

兰州铁路枢纽工程 位于甘肃省兰州市城关区北龙口。线路长29.1公里,合同投资247868万元,合同工期2009年8月1日~2013年12月31日。主要实物工程量:区间及站场路基土石方260万立方米,桥梁32座,隧道19座,预制及架设T梁1344片,铺轨108公里。2012年10月,工程全面完工交付运营。

玉铁铁路工程 位于广西壮族自治区博白县。线路长131.46公里,合同投资257119万元,合同工期2010年8月26日~2013年2月26日。主要实物工程量:区间土石方1070.7万立方米,站场土石方294.7万立方米,桥梁62座29550.59延长米,隧道19座10787延长米,涵洞422座,车站7座。截至2012年底,开工累计完成投资187702.2万元。

青荣城际铁路QRZH-Ⅳ标段工程 位于山东省烟台市栖霞区。标段长22.2公里,合同投资233761万元,合同工期2010年10月1日~2013年9月30日。主要实物工程量:区间路基土石方404.23万立方米,站场土石方174.91万立方米,桥梁44座35282.96延长米,隧道10座11040延长米,涵洞55座1661.26横延米。截至2012年底,开工累计完成投资123194万元。

山西中南部铁路通道汤日段ZNTJ-19标段工程 位于山东省淄博市沂源县。标段长80.981公里,合同投资233761万元,合同工期2010年9月~2013年12月。主要实物工程量:土石方696.89万立方米,大中桥梁 32 座 21886.14 延长米，隧道 15 座 28090 延长米，涵洞 59 座 943.37 横延米，正线铺轨 15.778 公里。截至 2012 年底，开工累计完成投资 199100 万元。

黄韩侯铁路 HHZQ－1 标段工程　位于陕西省白水县。合同投资 162034 万元，合同工期 2010 年 9 月 1 日～2013 年 5 月 31 日。主要实物工程量：路基 40.6 公里，桥梁 21 座 6927.1 延长米，隧道 3 座 11221 延长米，涵洞 54 座 1765.56 横延米，站线铺轨 7.2 公里，铺设道岔 29 组。截至 2012 年底，开工累计完成投资 96484 万元。

云桂铁路南宁枢纽 SN－2 标段工程　位于广西壮族自治区南宁市。合同投资 232021 万元，合同工期 2010 年 5 月 1 日～2012 年 8 月 31 日。主要实物工程量：土石方 683 立方米，路基 25 公里，桥梁 198 座 8118 延长米，隧道 3 座 6529 延长米，涵洞 107 座 2131 横延米，车站 6 座。截至 2012 年底，开工累计完成投资 176834 万元。　（赵著平　孟繁荣　刘文君）

【铁路运输】　第一铁路运输分公司　驻陕西省神木县神木北站。经理叶长松。2012 年完成产值 4046 万元，累计完成产值 24514 万元。实现安全运营 3336 天。

第二铁路运输分公司　驻陕西省蒲城县西头乡。经理潘旭明。2012 年完成产值 3268 万元，累计完成产值 36557 万元。实现安全运营 4072 天。

电力运输分公司　驻陕西省神木县神木北站。经理陈献合。2012 年完成产值 5945 万元，累计完成产值 40467 万元。实现安全运营 4383 天。

（贺春奎　孟繁荣　刘文君）

【铁路外工程施工】　宜巴高速公路一期土建 YBE17 标段工程　位于湖北省兴山县。标段长 6.125 公里，合同投资 48271 万元，合同工期 2010 年 7 月～2012 年 6 月。主要实物工程量：峡口隧道左线 3163 延长米、右线 3177 延长米。截至 2012 年底，开工累计完成投资 43145 万元。

内邓高速公路第 1 合同段工程　位于河南省南阳市。线路长 22.873 公里，合同投资 72233 万元，合同工期 2010 年 6 月～2012 年 5 月。主要实物工程量：路基土石方 479.6 万立方米，桥梁 27 座 2957 延长米，隧道 1 座 3785 延长米，涵洞和通道 46 座 1574.5 横延米，沥青混凝土路面 63.3 万平方米。2012 年 8 月，项目业主要求交工，剩余路基防护工程及路面工程，开工累计完成投资 42053 万元。

运灵高速公路 LJ3 合同段工程　位于山西省芮城县。线路长 5.24 公里，合同投资 43105 万元，合同工期 2009 年 10 月～2012 年 10 月。主要实物工程量：隧道左线 5016 延长米、右线 4990 延长米。截至 2012 年底，开工累计完成投资 26792 万元。

北京地铁 14 号线 9 标段工程　位于北京市。标段长 1262.5 米，合同投资 23658 万元。主要实物工程量：土石方 23 万立方米，明挖隧道 587.5 延长米，暗挖隧道 675 延长米，混凝土 57 万立方米，钢筋 8240 吨，回填土 11.6 万立方米。截至 2012 年底，开工累计完成投资 6778 万元。

青岛地铁 3 号线工程　位于山东省青岛市。合同投资 46187 万元，合同工期 2010 年 10 月 1 日～2013 年 6 月 30 日。主要实物工程量：五四广场站 277.6 米；五四广场站至浮山所站 3 号线区间长 1353.2 米。截至 2012 年底，开工累计完成投资 13815.6 万元。

新疆 G216 线五大高速公路 WD－1 标段工程　位于新疆维吾尔自治区昌吉回族自治州吉木萨尔县。标段长 1348.2 公里，合同投资 154852.8 万元，合同工期 2011 年 3 月～2013 年 10 月。主要实物工程量：路基土石方 1327 万立方米，桥梁 33 座 1738 延长米，涵洞 112 座 3584 横延米，制架梁 596 片。截至 2012 年底，开工累计完成投资 89236 万元。

（赵著平　孟繁荣　刘文君）

【海外工程施工】　本格拉铁路大修工程　位于安哥拉国中部，西起大西洋沿岸的洛比托港，东至安哥拉与刚果边境，是安哥拉三条铁路主干线之一。线路长 1547.2 公里，合同投资 180438 万美元。2012 年完成投资 39746 万美元。

叶罗河铁矿专用铁路工程　位于蒙古色楞格省叶罗河县境内。西起杜兰汗镇，东至叶罗城矿山。线路长 83 公里，合同投资 63440 万美元。2012 年完成投资 605 万美元。　（孟繁荣　刘文君）

【经营管理】　工程承揽。2012 年新签合同 128 项，合同总投资 358.66 亿元。其中，铁路工程 41 项 138.65 亿元；公路工程 26 项 71.73 亿元；城市轨道工程 6 项 12.56 亿元；房屋建筑工程 12 项 27.71 亿元；市政工程 17 项 27.55 亿元；水利水电工程 7 项 3.69 亿元；其他工程 11 项 22.94 亿元；运输物流 12.76 亿元；工业制造 4.55 亿元；房地产销售 3.63 亿元；变更索赔 32.89 亿元。集团公司继续坚持工程经营与资本经营并重、国内与国外市场并重的原则，及时调整产业结构，在坚守铁路、公路市场规模的基础上，加大市政、轨道交通、水利水电、房屋建筑、环保等市场经营力度，积极培育房地产开发、工程机械和物流商贸业。创新经营理念，坚持区域经营策略，完善经营体制，先后成立 21 个经营办事处；调整经营模式，坚决抛弃“中介”，自主经营，诚信经营。吕临、郑徐、宁西二线等铁路项目接连中标，总投资超过83亿元，标志着铁路市场得到巩固和加强。总投资21亿元的麻竹高速的中标，创造集团公司铁路外项目投资新纪录。苏州、广东、青岛等市场的深度开发，表明区域经营能力逐步增强。海外市场厚积薄发，全年累计新签合同额54.59亿元。在蒙古国和安哥拉滚动发展，塞拉利昂实现新突破，海外工程在承揽项目的数量和利润率上都有新的提高。

企业管理。根据股份公司三年滚动发展规划要求，结合企业发展需要，制定《中铁二十局集团公司2013~2015年滚动发展规划》。加快企业结构调整，出台《中铁二十局集团公司非工程业务板块三年发展规划》。落实集团公司"走出去"战略，印发《关于实施海外项目本土化战略的指导意见》；积极拓展海外市场，成立安格拉国际有限公司。年内，2家工程公司进入中国铁建工程公司20强，分别名列第2和第11位；一级建造师初始注册3人，增项注册6人，注册变更8人，截至2012年底，411人取得一级建造师资格，注册一级建造师385人。年内，集团公司被评为全国建筑业AAA级信用企业，一公司获全国优秀施工企业称号；1人被评为中国工程建设高级职业经理人，5人被评为全国工程建设优秀项目经理；4项管理创新成果获股份公司管理创新成果奖。

经济管理。(1)成本管理。加大责任成本考核力度，年内对集团公司8个子(分)公司机关及所有在建铁路项目的责任成本管理工作进行考核评价并予以通报。进一步完善责任成本管理制度体系，整理出台集团公司《完全责任成本管理办法》和《项目评估及直托管项目效益收取管理办法》两份框架文件；修订集团公司《各级机关费用支出预算管理办法》《工程项目责任成本管理办法》《工程项目劳务分包管理办法》《验工计价管理办法》《施工成本定额管理办法》《合同管理办法》。加强二次经营工作，年内督导检查6个铁路项目、30个铁路外项目，保险理赔专业督查10余次，全年变更索赔32.89亿元。(2)合同管理。全面实行全员岗位责任目标合同管理，根据职责分工，按照分级管理，责、权、利相结合的原则，逐级签订岗位责任目标合同。(3)工程指挥部管理。集团公司工程项目实行"一级管理、两层分离、分级核算"的管理模式，指挥长、书记、总工程师实行竞争上岗；物资、设备、劳务实行公开招标；项目综合评估，签订年度生产经营责任目标合同和工程项目承包经营责任目标合同。结合市场经济和企业发展情况，调整提高2000年以来实行一级管理的工程项目承包经营责任合同中的奖罚标准，极大地激励了项目指挥部的积极性。(4)物资管理。坚定不移地推行物资集中招标采购制度，实施海外项目物资采购管理，有效降低采购成本。利用集团公司综合项目管理系统及股份公司电子商务平台，加强所属项目的日常监管，进一步提升物资管理水平。全年完成主要物资供应：钢材563079.08吨，水泥2574747.58吨，油料202899.53吨，木材37517.65立方米，炸药6314.22吨。供应总值888014.26万元。6月，股份公司和集团公司集采中心，在安哥拉进行11500钢轨竞争性谈判采购，节约资金189万元。年内物资招标276批(次)，招标采购物资总值255639.57万元，累计节约采购资金9607.9万元，采购成本降低率3.62%。全年累计消耗原煤22625.28吨，电力45509.62万千瓦时，汽油12916.13吨，柴油189983.4吨，燃料油285.35吨，天然气21932立方米，累计节能量21.99万吨标煤(可比价)。(5)设备管理。全面推行大型设备操作岗位责任制，提高设备资产的使用效果；有计划地进行设备更新，着力规范设备购置行为，实行大型设备集中招标采购，降低采购成本；积极调剂闲置设备，发挥特种设备作用。全年购置设备(车辆)166台(套)，投入资金5219.79万元。其中设备招标采购108台(套)，签订合同金额2761.76万元，节约资金221.13万元，设备集采节约率7.41%。(6)法律事务管理。健全集团公司所属单位法律事务工作机构，建立国内外在建工程项目法律联络员制度。2012年，全集团发生法律纠纷案件98件，标的额11948.08万元；结案68件，标的额9955.08万元。其中，法院判决或仲裁裁决结案20件，标的额1384.04万元；法院调解结案19件，标的额2073.07万元；协商和解、原告撤诉29件，标的额6497.97万元。通过法律事务工作人员协商调解，为企业减少和避免经济损失2300余万元。(7)信息化管理。制定集团公司《项目信息化策划管理办法》《项目管理信息化考评办法》《综合项目管理信息系统管理办法》《信息化运行与维护管理办法》等规章制度，推进集团公司信息化的运用与管理。集团公司OA自动办公系统应用拓展到移动终端，实现移动办公。综合项目管理系统二次开发完成，数据录入和生成更加便捷，更贴近项目实际。(8)社会责任管理。出台集团公司《工程项目环境保护管理办法》，加强施工生产过程节能减排工作。加强职工健康监护，建立健康档案。邀请地方防疫部门，对施工现场的职业危害因素进行全面监测。积极履行社会责任，集团公司向结对帮扶对象——陕西省宁陕县丰富镇五台村提供20万元扶贫资金，向西藏自治区住房和城乡建设厅捐赠20万元扶贫专款。

安全质量。坚持"以人为本，科技创新，依法治企，诚信守诺，顾客满意"的企业管理方针，严格执行安全、质量、环保三个体系标准，狠抓源头控制，加强关键环节、关键工序的质量控制，确保工程质量始终处于受控状态。修订集团公司《贯标考核办法》，识别适用的质量、安全、环境法律法规，新增法规5项，更新法规13项，补漏法规11项。年内，集团公司获中国建设工程鲁班奖1项、国家优质工程金质奖1项、部优工程6项，获省级安全生产先进单位2个、省级安全文明标准工地7个，获全国工程质量信得过班组和全国质量管理小组4个，省部级质量管理小组和工程质量信得过班组83个。集团公司、三公司、四公司、五公司、六公司被评为陕西省质量管理小组活动优质企业。

财务审计。开展“财务管控年”活动，加大在建项目财务管控力度，亏损项目治理成果初显。开展创新业务，扩宽企业融资渠道，年内集团公司第一期5亿元短期融资券成功发行，利率4.16%，同比短期借款融资节省财务费用875万元，取得显著的经济效益。加强出口退税管理，印发集团公司《出口退税管理办法》，规范出口退税工作的管理职责、人员分工、申报时限、办理流程和奖罚措施，全年申报出口退税额5478万元，截至年底，收到退税款3752万元。启动“法人一套账”试点工作，财务监察工作全面开展落实。梳理完善海外财务管理与成本核算体系。深入贯彻“全面审计，突出重点，促进效益”的审计工作方针，加大审计工作力度，拓宽审计领域，提高审计工作的质量和水平。2012年，集团公司各级审计机构开展审计项目181项。其中，经济责任审计22项；工程项目中期审计48项；竣工审计88项；财务收支审计10项；经济效益审计4项；资金、基金审计1项；专项审计调查5项；其他审计3项。投入审计工天2178天，提出审计报告156份，发现问题金额11998万元。其中，违规违纪金额6834万元；损失浪费金额3745万元；不良资产1178万元；其他问题金额241万元。提出审计建议738条，被采纳738条。（孟繁荣　刘文君）

【科技教育】 科技工作。集团公司创新成果“CRTS Ⅱ型轨道板制造技术”通过陕西省工业和信息化厅验收，1项科技研发项目被列入股份公司立项计划；集团公司新立科技研发计划项目35项，资助科研经费280万元。6项科技成果通过股份公司组织的成果鉴定评审，1项成果通过中国工程爆破协会组织的成果鉴定；研发的“复杂环境下浅孔控制爆破桥梁基坑开挖综合技术”成果获中国工程爆破协会科技进步一等奖，“跨繁忙铁路干线钢桁梁平面转体施工技术”、“兰渝铁路杨家湾黄河特大桥浮运平台双壁钢围堰施工技术”、“严寒地区超低温高性能混凝土施工技术研究”获中国施工企业管理协会科学技术奖技术创新成果二等奖；6项科技成果获股份公司科技进步奖。7项工法被评定为陕西省省级工法，5项工法被评定为铁道部部级工法，3项工法被评定为中国公路建设行业协会工法，9项工法被评为股份公司优秀工法。获国家授权专利35项，其中发明专利7项、实用新型专利28项。

教育培训。全年集团公司本级举办培训班45期，培训5325人次。所属单位根据企业发展和施工生产需要组织各类员工培训8847人次，外部劳务培训30638人次。（孟繁荣　刘文君）

【党群工作】 党的工作。集团公司下辖各级党组织418个。其中，党委27个；党工委22个；党支部369个。有党员7314名。(1)领导班子建设。增强领导班子政治意识，贯彻落实“三重一大”集体决策制度，不断提高领导班子的执行力和控制力。年内，对工程公司、工程指挥部领导班子进行两年一度的全面考核，调整充实领导班子13个，调整提升交流处级领导干部120余人次。集团公司评选“四好领导班子”6个。(2)党组织建设。2012年创先争优活动以“迎接十八大、贯彻十八大”为主线，以承诺践诺、“三问三解”、构建长效机制、基层组织建设年、党群系统管理提升及“锤炼自我，打造组织，提升发展品质”主题教育等形式开展活动。集团公司统一印制党支部制式化的“三簿一册”记录本和党费证，推进党支部标准化建设。年内，集团公司表彰先进基层党组织13个、优秀共产党员43名、优秀党务工作者12名、先进党员责任区22个、先进党员先锋岗22名。二公司副总工程师钟选良被陕西省国资委评为创先争优优秀共产党员。(3)宣传思想工作。多方面、多渠道为思想教育工作提供平台，展示企业实力、树立企业形象、弘扬企业文化。年内，结合集团公司开展的管理提升和强化项目治理年活动，指导各单位开展形式多样的形势任务教育，培育、提炼具有企业自身特色的企业文化。印发《关于进一步加强公司文化建设的决定》和《关于进一步加强学习型组织建设的实施意见》，对企业文化建设进行详尽的部署和安排。选派专人参加股份公司与中国文化管理学会联合举办的企业文化建设培训班，获得由劳动和社会保障部职业技能鉴定所颁布的高级企业文化师资格证书。组织30余幅作品参加股份公司举办的第16届大路画展，扩大企业影响力。安哥拉工程指挥部及3个项目部、5名个人分别被股份公司授予企业文化先进单位、企业文化优秀项目部和企业文化先进个人称号。召开集团公司政治思想研究会第8次年会，表彰5个思想政治工作先进集体、12名思想政治工作先进个人，27篇优秀政研成果。何毓轩撰写的《企业文化加减乘除》政研成果被推荐到中国政治思想研究会进行成果参评。编辑出版的报纸《开路先锋》和期刊《企业建设》分别被中国施工企业管理协会评为2012年度全国工程建设行业银页奖报刊。(4)党风廉政建设。集团公司坚持经常教育与主题教育、全员教育与重点教育、集中教育与自我教育、示范教育与警示教育相结合,深化廉洁文化“五进”(进班子、进机关、进项目、进岗位、进家庭)工作,深入开展“每月一课”廉洁教育活动,营造崇廉尚廉氛围。两级机关、项目部(工程队)上下联动,通过编印法规汇编,举办预防职务犯罪讲座,观看警示片,进行岗位廉洁教育等形式开展反腐倡廉教育,增强各级人员反腐倡廉意识,进一步提高党员领导人员拒腐防变能力。2012年,相关人员上缴礼品、礼金合计9.7万元。坚持廉洁自律三项监督制度和廉洁谈话制度,促进领导人员廉洁从业。年内,所属各级单位新建廉洁档案99个,任前廉洁谈话279人次,廉洁承诺903人次,领导人员述职述廉234人次,警示训诫谈话25人次;重点查办以权谋私、工程项目责任亏损、安全质量责任事故、侵害职工利益等违纪违规行为,两级纪检监察机构全年受理来信来访、电话举报等案件线索40件,初步核实案件线索36件,转立案23件,结案23件,处理违纪人员54人,挽回直接经济损失2000余万元。开展效能监察和专项检查,对3个责任亏损项目进行责任追究,处理责任人员3人,赔偿经济损失3.68万元;3个潜亏项目实现扭亏为盈,实现利润192.29万元;监督采购设备80台(套),节约资金7653万元。集团公司开展的机械设备租赁效能监察被评为国资委2009~2012年度中央企业效能监察示范项目。修订《集团公司企检共建实施办法》,与集团公司机关所在地西安未央区检察院对接,设立未央检察院预防职务犯罪二十局工作站,共同探讨企业廉洁建设,着力打造“未央—二十局”预防职务犯罪模式。

工会工作。集团公司有工会委员会379个、工会小组732个,工会会员19549人,专职工会干部57人、兼职工会干部365人,17个单位建立职代会。(1)劳动竞赛。深入开展“安康杯”劳动竞赛活动暨“一法三卡”推进工作,激励广大职工为完成年度生产经营目标建功立业。集团公司副总经理刘峰、五公司测量队队长周耀芝、电气化公司彭子平被评为陕西省劳动模范,3个项目部被评为陕西省劳动竞赛先进单位,1人获火车头奖章、1个项目获火车头奖杯。集团公司表彰劳动竞赛优胜单位11个、劳动竞赛优秀组织者12名,经济技术创新优胜单位3个、先进个人10名,优秀科技创新人才、高技能人才20名,“安康杯”竞赛和“一法三卡”优胜单位、优胜项目8个。一公司、工程机械公司被评为全国“安康杯”竞赛优胜单位,四公司工会主席王志军被评为陕西省“安康杯”竞赛优秀组织者。积极开展争先创优活动,四公司工会被评为陕西省服务职工创先争优先进单位,王高鹏、郑宗君被评为陕西省服务职工创先争优先进个人。(2)建家建线。年内,集团公司评选模范职工之家21个、模范职工小家21个、企务公开职代会四星级单位7人、三星级单位15个。一公司被评为全国职工书屋示范点。(3)女工工作。集团公司有女职工4991人,建立女职工委员会125个。年内,四公司经营部获全国五一巾帼标兵岗称号,四公司总会计师李芳获2011中国优秀经济女性称号,一公司、四公司工会女职工委员会被评为陕西省女职工组织规范化建设示范单位;集团公司工会女职工委员会被评为股份公司先进女职工组织,一公司鲁礼媛被评为股份公司先进女职工工作者,三公司魏亚妮被评为股份公司巾帼标兵;集团公司表彰巾帼标兵岗9个、巾帼标兵21名、先进女职工工作者15名。(4)送温暖活动。切实履行“三不让”承诺,加大帮扶救助力度,构建企业和谐劳动关系。6月,组织万名职工参加“班组职工安全知识竞赛”和“职业病防治法”知识竞赛活动,进一步强化职工安全生产意识,提高自我防护能力。开展夏送清凉活动,集团公司工会慰问5个项目部,发放慰问金10万元;各公司发放防暑降温用品185.7万元。

共青团工作。集团公司团委下设11个基层团委、38个团工委、1个团总支、186个团支部,其中9个直属团工委、1个直属团支部。共青团员3918名,35岁以下青年10131名;专职团干部9名,兼职团干部321名。开展团课下基层、学习型团组织创建活动;为纪念建团90周年、迎接党的十八大胜利召开,开展以“弘扬五四精神,展现青春风采”为主题的共青团系列工程活动。充分发挥团员青年生力军、突击队作用,100余支“青年突击队”在重点工程中建功立业,促进青年成长成才。年内,物资公司海外保障中心团支部被评为中央企业五四红旗团支部;四公司第一铁路运输分公司被评为陕西省第五届青年安全生产示范岗,四公司西康二线项目获陕西省“青年文明号”称号,一公司团委获陕西省五四红旗团委称号,二公司机关团支部被评为陕西省五四红旗团支部,2人被评为陕西省先进共青团和青年工作者,3人分别获陕西省“青年突击手”、优秀共青团员、优秀团干部称号;5人获中国铁建“青年岗位能手”称号,1人被评为中国铁建优秀务工团员,3人被评为中国铁建优秀共青团员,1人被评为中国铁建优秀团干部。 (孟繁荣　刘文君)

【第一工程有限公司】 公路、市政公用工程施工总承包一级,铁路工程施工总承包二级,房屋建筑工程施工总承包三级,桥梁、隧道、公路路面、公路路基工程专业承包一级,航道工程专业承包三级资质企业。公司驻江苏省苏州市大同路10号。前身系中国人民解放军铁道兵第十师第四十六团,1984年集体转业并入铁道部,改编为铁道部第二十工程局第一工程处;2000年12月改称中铁第二十工程局第一工程处,2002年7月企业改制为中铁二十局集团第一工程有限公司。执行董事、总经理白建伟,党委书记张广耀。下辖物资公司、工程公司及2个基地、19个专业工程队、7个架子队、59个工班。职工3623人。其中,干部1262人;工人2361人。专业技术干部1205人,技术工人831人。资产总额204807万元。其中,固定资产原值78423万元、净值22144万元;流动资产173666万元;无形资产3007万元;其他资产5990万元。机械运输设备571台(套),原值33534万元、净值14722万元,总功率56576千瓦,技术装备率5.9万元/人,动力装备率23千瓦/人,设备成新率44%、完好率93%、利用率87%。年施工能力40亿元以上。

2012年新签合同额53亿元,完成企业总产值300186万元,其中施工产值300186万元。实现利润5030万元。全员劳动生产率55.8万元/人年,职工年人均收入32254元。国有资产保值增值率110.39%,资产负债率82.51%,产值利润率1.39%,净资产收益率10.31%。完成主要实物工程量:土石方925.15万立方米,桥梁12883延长米,隧道11278延长米,涵洞1788横延米,正线铺轨16.7公里,铺设道岔7组,铁路架梁245孔,公路架梁1491片,公路12.15公里。单位工程合格率100%,优良率100%。年内,公司获全国优秀施工企业、全国建筑安全生产先进单位和全国模范职工之家等称号;承建的苏州工业园区北环快速路东延二期工程获中国建设工程鲁班奖和中国市政金杯示范工程奖,318国道平望段养护改善长湖申线特大桥工程获江苏省扬子杯优质工程奖,北京地铁8号线2标段回龙观东大街至平西府车辆段区间获北京市政基础设施结构长城杯金质奖;获省部级以上科技成果奖3项、优秀工法5项,国家发明专利2项、国家实用新型专利4项。（王 婷 孟繁荣 刘文君）

【第二工程有限公司】 公路、铁路工程施工总承包一级,市政公用、矿山工程施工总承包二级,水利水电工程施工总承包三级,公路路面、公路路基、隧道、桥梁工程专业承包一级,混凝土预制构件专业承包二级资质企业。公司驻北京市海淀区西四环北路158号慧科大厦东区12层。前身系中国人民解放军铁道兵十师第四十七团,1984年1月集体转业并入铁道部,改编为铁道部第二十工程局第二工程处;2000年12月更名为中铁第二十工程局第二工程处;2002年7月企业改制为中铁二十局集团第二工程有限公司。2007年5月通过增资扩股形式变更为中铁交通国际工程技术有限公司;2008年6月,公司重组恢复为中铁二十局集团第二工程有限公司。执行董事、法定代表人、总经理苗文怀(10月免)、邵怀全(12月任),党委书记邵怀全(12月免)、万承茂(12月任)。下辖31个专业公司(工程队)。职工2754人。其中,干部1044人;工人1710人。专业技术干部828人,技术工人1498人。资产总额229542万元。其中,固定资产原值65661万元、净值21331万元;流动资产204000万元。机械运输设备371台(套),原值22507万元、净值11049万元,总功率53641千瓦,技术装备率4万元/人,设备成新率49.1%、完好率100%、利用率73%。

2012年新签合同额38.08亿元,完成企业总产值273168万元,实现利润5498.74万元。全员劳动生产率167.32万元/人年,职工年人均收入41868元。国有资产保值增值率108.35%,资产负债率82.87%,产值利润率1.58%,净资产收益率8.58%。完成主要实物工程量:路基土石方622.99万立方米,隧道8042.47延长米,桥梁13479.4延长米,铁路铺轨5公里,公路架梁176片。单位工程合格率100%,优良率90%。年内,公司获全国优秀施工企业、全国守合同重信用企业称号,承建的勐养至磨憨公路工程获云南省优质工程一等奖。（万 菲 孟繁荣 刘文君）

【第三工程有限公司】 市政公用工程施工总承包一级,公路工程施工总承包二级,桥梁、隧道、土石方工程专业承包二级,地基与基础工程专业承包三级资质企业。2006年2月由集团公司下辖的房地产开发公司、北京分公司、西安分公司、上海兴甬建筑市政工程公司合并组成;2007年5月,川渝分公司并入第三工程有限公司,房地产公司从第三工程有限公司划出;2008年12月,上海兴甬建筑市政工程公司从第三工程有限公司划出。公司驻重庆市渝北区黄山大道中段5号水星科技发展中心写字楼B座12、13层。执行董事、法定代表人、总经理任霄(12月任),党委书记秦文。下辖28个专业公司(工程队)。职工1726人。其中,干部1142人;工人584人。专业技术干部1014人,技术工人428人。资产总额170409.3万元。其中,固定资产原值32877.7万元、净值23428.25万元;流动资产145286.04万元。机械运输设备352台(套),原值12589.497万元、净值6532.92万元,总功率31561.2千瓦,技术装备率42.2万元/人,动力装备率29.68千瓦/人,设备成新率60%、完好率90.46%、利用率98%。年施工能力20亿元以上。

2012年新签合同额25.03亿元,完成企业总产值

16.69 亿元,其中施工产值 16.69 亿元。实现利润 12.6 万元。全员劳动生产率 1209.42 万元/人年,职工年人均收入 41982 元。国有资产保值增值率 100.33%,资产负债率 97.73%,产值利润率 2.68%,净资产收益率 0.33%。完成主要实物工程量:土石方 627 万立方米,桥梁 7617 延长米,隧道 11039 延长米,涵洞 473 横延米,铁路架梁 176 孔,公路架梁 2142 片,公路 13.43 公里。单位工程合格率 100%,优良率 100%。

(徐 敬 孟繁荣 刘文君)

【第四工程有限公司】 铁路、公路、市政工程施工总承包一级资质,桥梁、隧道、公路路基、铁路铺轨架梁专业承包一级,钢结构专业承包二级资质企业;拥有对外承包国际工程资质。公司驻山东省青岛市东海东路 89 号。前身系中国人民解放军铁道兵第十师第四十九团,1984 年 1 月集体转业并入铁道部,改编为铁道部第二十工程局第四工程处;1999 年 12 月改称中铁第二十工程局第四工程处,2002 年 7 月企业改制为中铁二十局集团第四工程有限公司。执行董事、总经理肖红武(10 月免),执行董事、法定代表人黄小军(12 月任),党委书记黄小军,总经理秦浩贤(12 月任)。下辖兴平基地、洛阳基地、青岛物业管理公司,西北、华北、西南、东南、京鲁、天津、河南工程指挥部,北京、广州、海口办事处,73 个专业工程队和 3 个铁路运输分公司。职工 4890 人。其中,干部 1545 人;工人 2524 人。技术干部 1340 人,技术工人 2174 人。资产总额 286184 万元。其中,固定资产原值 91039 万元、净值 35966 万元;流动资产 249077 万元。机械运输设备 532 台(套),原值 41288.07 万元、净值 18518.65 万元,总功率 182283 千瓦,技术装备率 4.3 万元/人,动力装备率 42.5 千瓦/人,设备成新率 44.9%,大型设备完好率 100%、利用率 92%。年施工能力 50 亿元以上。

2012 年新签合同额 59.26 亿元,完成企业总产值 482240 万元,其中施工产值 468981 万元。实现利润 6068 万元。全员劳动生产率 24.53 万元/人年,职工年人均收入 37000 元。国有资产保值增值率 87.31%,资产负债率 85.37%,产值利润率 1.09%,净资产收益率 11.87%。完成主要实物工程量:土石方 2638.7 万立方米,桥梁 32462.5 延长米,隧道 24725.5 延长米,涵洞 4933 横延米,正线铺轨 133 公里,铺道岔 25 组,铁路架梁 1111 孔,公路架梁 2794 片,房屋建筑面积 4700 平方米。单位工程合格率 100%。年内,公司被评为陕西省建筑业企业竞争力 50 强企业、陕西省厂务公开职代会五星级单位;5 项专利获国家授权。

(贺春奎 孟繁荣 刘文君)

【第五工程有限公司】 前身为中铁二十局第二工程有限公司,2007 年 5 月 10 日,集团公司撤销第二工程有限公司编制,5 月 15 日将西北工程公司人员、资产与原第二工程有限公司改制重组存续人员、资产合并成立第二工程有限公司;2008 年 7 月 25 日,第二工程有限公司更名为第五工程有限公司。公司驻云南省昆明市官渡区国贸路星河明居 A 幢附属楼。下辖昆明雅都商务酒店和 21 个工程队。执行董事、法定代表人、总经理李景超(12 月免)、张云飞(12 月任),党委副书记(主持工作)邓建涛(4 月免)、党委书记梁月胜(12 月任)。职工 1595 人。其中,干部 925 人;工人 670 人。技术干部 713 人,技术工人 289 人。资产总额 218954 万元。其中,固定资产原值 34765 万元、净值 20669 万元;流动资产 197417 万元。机械运输设备 375 台(套),原值 35379 万元、净值 32902 万元,总功率 25459 千瓦,技术装备率 20 万元/人,动力装备率 16.6 千瓦/人,设备成新率 93%、完好率 100%、利用率 79%。年施工能力 25 亿元以上。

2012 年新签合同额 22.09 亿元,完成企业总产值 265215 万元,其中施工产值 263312 万元。国有资产保值增值率 101.11%,资产负债率 97.23%,产值利润率 0.07%,净资产收益率 1.23%。完成主要实物工程量:土石方 1027 万立方米,桥梁 9530 延长米,隧道 9664 延长米,涵洞 2582 横延米,站线铺轨 11.925 公里,正线铺轨 90.117 公里,铺道岔 101 组,铁路架梁 131 片,公路架梁 1161 片,房屋建筑面积 53059 平方米,公路 44.16 公里。年内,公司被评为陕西省建筑业竞争力 50 强企业、陕西省 QC 小组活动优秀企业。

(胡佳彤 孟繁荣 刘文君)

【第六工程有限公司】 房屋建筑、公路、市政公用工程施工总承包一级,铁路工程施工总承包二级,装修装饰、桥梁、隧道、公路路基、土石方工程专业承包一级资质企业;拥有管道安装施工特种许可证。公司驻陕西省西安市未央区辛家庙 4 号。前身系中国人民解放军铁道兵第十师新建铁路管理处,1984 年 1 月集体转业并入铁道部,先后改称铁道部第二十工程局新建铁路运输处、建筑公司、建筑工程处;1999 年 12 月改称中铁第二十工程局建筑工程处,2001 年 1 月改称中铁第二十工程局第六工程处,2002 年 7 月企业改制为中铁二十局集团第六工程有限公司。下辖 28 个工程队。执行董事、法定代表人、总经理苗禾,党委书记董增强。职工 2822 人。其中,干部 1372 人;工人 1450 人。技术干部 1186 人,技术工人 1373 人。资产总额 225821 万元。其中,固定资产原值 46810 万元、净值 23119 万元;流动资产 198195 万元。机械运输设备 692 台

(套),原值 26789 万元、净值 14370 万元。总功率 77715 千瓦,技术装备率 9.6 万元/人,动力装备率 28 千瓦/人,设备成新率54%、完好率92%、利用率85%。年施工能力 50 亿元以上。

2012 年新签合同额 54.64 亿元,完成企业总产值 363993 万元,其中施工产值 363993 万元。实现利润 4558 万元。全员劳动生产率 46 万元/人年,职工年人均收入 35501 元。国有资产保值增值率 107.6%,资产负债率 81.36%,产值利润率 1.3%,净资产收益率 8.32%,应上缴款完成率 100%。完成主要实物工程量:路基土石方 536.6 万立方米,桥梁 13918 延长米,隧道 13830 延长米,预制梁 1912 片,架梁 2569 片,房屋建筑面积 19.37 万平方米。单位工程合格率 100%,优良率 100%。年内,公司被评为陕西省先进集体、陕西省建筑业竞争力 50 强企业、陕西省厂务公开职代会五星级单位、陕西省全心全意依靠工人办企业先进集体、陕西省质量管理小组活动优秀企业,西宝高速公路项目提高现浇连续箱梁施工质量 QC 小组被评为全国优秀质量管理小组;获国家实用新型专利 2 项;承建的天津西站南广场及公共换乘区工程获得天津市建设工程金奖海河杯奖。 (田普卫 孟繁荣 刘文君)

【第七工程有限公司】 2012 年 12 月 19 日将兰州商贸有限公司、路桥公司合并成立第七工程有限公司。公司驻甘肃省兰州市城关区张掖路 250 号时代广场 9 楼。执行董事、法定代表人、总经理陈向鸿(12 月任),党委书记张斌(12 月任)。下辖 5 个专业公司(工程队)。职工 353 人。其中,干部 215 人;工人 138 人。技术干部 147 人,技术工人 39 人。资产总额 24959.18 万元。其中,固定资产原值 1376.48 万元、净值 1041.98 万元;流动资产 23917.2 万元。机械运输设备 43 台(套),原值 572.23 万元、净值 175.26 万元,总功率 1421 千瓦,技术装备率 15656.8 元/人,动力装备率 9.8 千瓦/人,设备成新率88.8%%、完好率90%、利用率 80%。年施工能力 3 亿元以上。

2012 年新签合同额 52206 万元,完成企业总产值 36463 万元,其中施工产值 26457 万元。实现利润 1068.7 万元。全员劳动生产率 135 万元/人年,职工年人均收入 42000 元。国有资产保值增值率 128.1%,资产负债率 88.48%,产值利润率 11.4%,净资产收益率 27.84%,应上缴款完成率 100%。完成主要实物工程量:土石方 1.35 万立方米,桥梁 859.56 延长米,房屋建筑面积 81229 平方米。单位合格工程率 100%,优良率 100%。 (梁文濬 孟繁荣 刘文君)

【电气化工程有限公司】 铁路电务、电气化及建筑智能化、送变电、机电设备安装工程专业承包一级,电信工程专业承包二级资质企业。公司驻陕西省西安市高新区新型工业园企业壹号公园 6 号。前身系中国人民解放军铁道兵第十师司令部通信科,1984 年 1 月集体转业并入铁道部,改编为铁道部第二十工程局电务处;2002 年 6 月企业改制为中铁二十局集团电务工程有限公司;2006 年 2 月,电务工程有限公司和路桥工程公司重组,成立中铁二十局集团第五工程有限公司,同时保留电务工程有限公司机构;2007 年 10 月,由第五工程有限公司和电务工程有限公司重组整合,成立中铁二十局集团电气化工程有限公司。执行董事、法定代表人、总经理王志义,党委书记孙伟良(12 月免)、李鲁杰(12 月任)。下辖 3 个电气化工程队,3 个电力工程队,3 个通号工程队,2 个土建工程队。职工 711 人。其中,干部 385 人;工人 326 人。专业技术干部 355 人,中高级技师 32 人。资产总额 81033 万元。其中,固定资产原值 7552 万元、净值 4078 万元;流动资产 76686 万元。机械运输设备 60 台(套),原值 3823 万元、净值 2116 万元,总功率 5805 千瓦,技术装备率 3.06 万元/人,动力装备率 8.38 千瓦/人,主要施工设备综合成新率 55.35%、完好率 83.3%、利用率 76.7%。年施工能力 6 亿元以上。

2012 年新签合同额 9.18 亿元,完成企业总产值 6.02 亿元,实现利润 4017 万元。全员劳动生产率 85.82 万元/人年,职工年人均收入 54068 元。国有资产保值增值率 108.77%,资产负债率 53.31%,产值利润率 4.28%,净资产收益率 8.84%,投资收益上缴率 50.24%。完成主要实物工程量:土石方 257.46 万立方米,桥梁 20.23 延长米,涵洞 282.1 横延米。单位工程合格率 100%。 (田华 孟繁荣 刘文君)

【房地产开发有限公司】 房地产开发二级资质企业。公司成立于 2002 年 1 月,2006 年 2 月由房地产开发公司、上海兴甬建筑市政工程公司、北京工程公司、西安工程公司合并组建第三工程有限公司;2007 年 5 月,房地产开发公司从第三工程有限公司划出。公司驻重庆市南岸区江南大道 19 号城市之光 30 层。执行董事、总经理周玉山,党委书记简军。下辖物业公司。职工 56 人。

2012 年完成企业总产值 36331 万元,实现利润 7186 万元。年内,新开工面积 29300 平方米,销售面积 39000 平方米。开发建设完成中铁·山水一舍二期项目。年内公司获 2012 詹天佑·重庆住宅小区优秀建筑设计奖、2012 詹天佑·重庆住宅小区优秀环境设计奖、2012 南岸区教育突出贡献奖;中铁·山水一舍楼盘获得 2012 重庆地产影响力、第六届城建榜年度最具影响力楼盘户型及年度重庆最具人气版主等荣誉。

（姬长征　孟繁荣　刘文君）

【西安工程机械有限公司】　具有大吨位振动压路机生产许可证，桥式起重机（电动单梁悬挂起重机DPK32）制造、安装改造维修B级，钢结构工程专业承包一级、管道专业承包二级资质。公司驻陕西省西安市辛家庙广安路3619号。前身系中国人民解放军铁道兵第十师修理厂，1987年12月更名为铁道部第二十工程局机械厂，1999年12月更名为中铁第二十工程局工程机械厂，2007年12月企业改制为中铁二十局集团西安工程机械有限公司。公司机关驻陕西省西安市辛家庙新灞路。执行董事、总经理王必强，党委书记刘育贤（12月任）。下辖3个车间、13个下属单位。职工574人。其中，干部253人；工人321人。专业技术干部221人，技术工人232人。资产总额39775万元。其中，固定资产原值23677万元、净值5601万元；流动资产25503万元。主要生产设备原值17153万元、净值3802万元。

2012年完成工业总产值15509万元，销售压路机160台。年内获国家实用新型专利5项、发明专利1项，公司"中铁"、"铁建"商标被评为陕西省著名商标。

（郭佳靖　孟繁荣　刘文君）

【陕西物资有限公司】　前身系中国人民解放军铁道兵第十师材料厂，1984年1月改称铁道部第二十工程局材料厂，1993年2月更名为铁道部第二十工程局物资总公司；2011年10月，物资公司与海外工程保障中心合并为陕西物资有限公司。公司驻陕西省西安市华清东路125号。下辖9个专业分公司，外设4个转运站、2个工程保障中心、1个公司。主要从事机械设备及配件、铁路器材及配件、金属材料、建筑材料、防水材料、中空锚杆、钢绞线、装饰材料、化工原料（危险品除外）的销售，以及西安地区铁路专线运输、仓储、装卸、机械加工及修理、木材加工、铁路运输业务代理、管架租赁等，是一家专业的国际国内物流企业。执行董事、法定代表人、总经理吴雪松（12月任），党委书记杨晓山。职工412人，其中在职职工292人。资产总额53824.71万元。其中，固定资产原值7734.45万元、净值3410.42万元。主要设备5台，原值189万元、净值113万元。

2012年新签合同额12.11亿元，其中海外6.24亿元。完成企业总产值51674万元，其中物资贸易51532万元。实现利润1168万元。年内，公司成为陕西省物流与采购联合会第六届理事会常务理事单位；陕西物资公司安格拉工程保障中心获陕西省"工人先锋号"称号，咸阳商贸分公司获陕西省五一巾帼标兵岗称号。安哥拉工程贸易公司开始海外贸易业务。

（张媛媛　孟繁荣　刘文君）

【技工学校】　前身为中国人民解放军铁道兵第十师教导队，1984年1月1日集体转业改称铁道部第二十工程局技工学校，2002年更名为中铁二十局集团公司技工学校。驻陕西省渭南市向阳北街245号。校长杨建国，党工委书记赵小健。教职工69人。学校占地面积37116.05平方米，建筑面积18308.35平方米，固定资产1459万元。常设专业19个，技工教育开设专业15个，高等学历函授教育开设专业2个。学校是陕西省青工岗位技能培训基地、省劳动预备定点培训学校、农民工培训基地，中国铁建股份有限公司高级技师及高级工培训基地。

2012年完成企业总产值1096万元。年内招生744人。其中，技校生347人；学历教育大专生282人；本科生85人；研究生30人。毕业学生937人。职业技能鉴定1352人，其中1013人取得职业资格证书。

（鱼　娜　孟繁荣　刘文君）

【重要记载】

▲1月11日　铁道部副部长卢春房视察集团公司承建的西康铁路二线工程，强调要坚持不懈地抓好安全质量和标准化管理工作。

▲1月12～13日　集团公司三届四次职代会、工作会、党委二届四次全委（扩大）会、纪检监察工作会在陕西西安集团公司机关召开。会议确定2012年的工作指导思想、总体要求及工作思路。

▲2月　一公司获全国建筑安全生产先进单位、江苏省建设工程质量诚信十佳文明施工企业、陕西省厂务公开民主管理工作先进单位称号。

▲2月　五公司云南雅都商务酒店获2011亚洲酒店业金橄榄奖·十大最受欢迎商务品牌酒店称号，酒店总经理张结实获2011亚洲酒店业金橄榄奖·中国酒店业十佳杰出总经理称号。

▲3月21日　中共中央政治局委员、北京市市委书记刘淇在访问安哥拉期间，与驻安哥拉中资企业代表座谈，集团公司安哥拉工程指挥部指挥长刘峰参加座谈会。

▲4月7日　集团公司总经理姜永军一行拜访中国驻安哥拉大使高克祥。

▲4月9日　集团公司总经理姜永军拜访安哥拉共和国青年与体育部部长孔萨维斯、地质矿产与工业部部长戴维。

▲5月19日　集团公司与鑫桥联合融资租赁有

限公司签署项目合作协议。

▲6月7日　全国政协副主席何厚铧在安哥拉会见股份公司总裁赵广发和集团公司董事长、党委书记周富。

▲6月11日　集团公司与昆明市交通投资有限责任公司签订保障房BT建设合作框架协议。

▲6月29日　集团公司2012年度第一期短期融资券发行。发行金额5亿元，年利率4.16%，发行对象为全国银行间债券市场机构投资者。

▲7月　集团公司副总经理李令选被授予蒙古国总统勋章。

▲7月　二公司青荣城际铁路项目经理钟选良获陕西省优秀共产党员称号。

▲8月17日　安哥拉共和国总统多斯·桑多斯出席本格拉铁路火车重返卢埃纳庆典活动，并为集团公司修复的卢埃纳车站剪彩。

▲8月24日　塞拉利昂共和国总统秘书长Coker一行考察六公司承建的西安秦汉大道灞河桥工程。

▲8月　房地产公司开发的中铁·山水一舍项目获2012詹天佑重庆住宅小区优秀环境设计奖和优秀建筑设计奖。

▲9月7日　集团公司与土耳其卡玛集团、中国核工业二二建设有限公司在陕西西安举行合作洽谈会。

▲9月8日　中国驻安哥拉大使馆经商处参赞夏晓玲到集团公司安哥拉指挥部调研。

▲9月26日　集团公司和内蒙古集通铁路(集团)有限责任公司举行既有线施工合同签订仪式。

▲9月　集团公司承建的祁连山隧道工程攻克碎屑流地质这一世界级施工难题，标志着中国高速铁路技术走在世界前列。

▲10月12日　集团公司董事长、党委书记周富一行在柬埔寨首都金边会见柬埔寨副首相涅本才，双方就加强合作达成系列共识。

▲10月22日　集团公司获全国建筑业AAA级信用企业称号。

▲10月24日　国务院监事会主席李克、国务院监事会第16办事处主任金丹阳，在股份公司副总裁、总会计师兼总法律顾问庄尚标陪同下到集团公司调研。

▲10月31日　铁道部副部长卢春房视察集团公司承建的沪昆铁路客运专线云南段工程，对集团公司高标准的建设和卓有成效的安全工作给予充分肯定和高度评价。

▲11月25日　为期4天的安哥拉交通与物流国际会展闭幕，安哥拉共和国交通、建设、农业、矿产资源等部委联合组织评奖，集团公司凭借卓越的历史表现和卓然的展位设计获国际组第一名。

▲12月19日　集团公司决定：将兰州商贸有限公司、路桥工程分公司合并，成立中铁二十局集团第七工程有限公司；撤销原兰州商贸有限公司、路桥工程分公司。兰州商贸公司物流板块业务移交陕西物资有限公司。

▲12月21日　集团公司总经理姜永军、副总经理王玉松应邀出席敦煌至格尔木铁路和兰州至中川机场铁路开工仪式，姜永军与甘肃省省委书记王三运亲切交谈。

▲12月25日　集团公司董事长、党委书记周富，副总经理苗文怀应邀出席郑徐铁路客运专线签约仪式。

▲同日　集团公司中标郑徐铁路客运专线4标段工程，合同投资24.5亿元。

▲12月31日　集团公司与国家开发银行陕西分行在西安签订"'走出去'业务开发性金融合作协议"，获得50亿美元融资支持。

▲12月　集团公司和四公司、六公司获陕西省厂务公开职代会五星级单位称号。　(孟繁荣　刘文君)

中铁二十一局集团有限公司

【简况】　中铁二十一局集团有限公司具有铁路工程施工总承包特级，公路、房屋建筑、水利水电、矿山、市政公用、通信工程施工总承包一级，桥梁、隧道、公路路基、铁路铺轨架梁工程专业承包一级，城市轨道交通工程专业承包、铁道行业工程设计甲级、地质灾害治理工程甲级资质，具有对外承包工程经营、对外援助成套项目A级实施企业资格。集团公司总部驻甘肃省兰州市城关区和平路63号。2004年3月，由兰州铁路建设集团有限公司、乌鲁木齐铁路工程(集团)有限责任公司、中铁二十局集团第三工程有限公司整合重组而成。下辖11个全资公司。职工12967人，其中专业技术人员5410人。资产总额173.22亿元。其中，固定资产原值22.07亿元、净值10.39亿元；流动资产152.04亿元；净资产19.21亿元。施工机械、检测等设备3400余台(套)，年施工能力200亿元以上。

2012年新签合同额218.18亿元，完成企业总产值175.02亿元，实现利润2.46亿元。总资产报酬率

2.74%,净资产收益率11.82%,资产负债率88.91%。

（高秋凤）

【领导人员】

董事会

董事长	孟广顺
董事	王继红
	王耀华
	吴建顺
职工董事	张克勤(3月免)

监事会

监事	孔德库
职工监事	周生贵

经理层

总经理	王继红
副总经理	邹兰明
	郑群棣(4月免)
	王耀华
	黄庆华
	渠巨华
	张超民(9月免)
	赵彦旭
	吴建顺(9月免)
	高玉峰(9月任)
	庄纪栋(9月任)
	张天舒(9月任)
	凌洪涛(9月任)
	赵春锋(9月任)
总会计师	王耀华(兼)
总工程师	赵彦旭(兼)
总法律顾问	王耀华(兼)

党群领导

党委书记	孟广顺
党委副书记	王继红
	吴建顺(9月任)
	张超民(9月任)
	张克勤(3月免)
纪委书记	张超民(兼)
工会主席	吴建顺(兼)
顾问	张克勤(3月任)
	赵胜平

（齐宇旗　于梅芝）

【工程项目指挥机构】 兰州轨道交通工程试验段项目经理部　驻甘肃省兰州市安宁区种子市场B座楼2楼。项目经理兼党工委书记张志强(9月免)、黄庆华(9月任)。

京石铁路客运专线工程指挥部　驻河北省石家庄市桥西区维明大街盛世华庭松涛园4号楼1单元22楼。指挥长宋建忠。

津秦铁路客运专线第4标段工程指挥部　驻河北省卢龙县迎宾路中段路桥公司院内。指挥长张增科。

贵广铁路工程指挥部　驻贵州省黎平县双江乡政府院内。指挥长兼党工委书记曾继光。

天平铁路工程指挥部　驻甘肃省天水市麦积区渭滨北路东1号。指挥长兼党工委书记杨安怀。

兰渝铁路项目经理部　驻甘肃省兰州市榆中县定远镇亨通宾馆。项目经理黄庆华,党工委书记张柳春。

兰新铁路第二双线平安至西宁段工程指挥部　驻青海省西宁市城东区八一东路34号军交大厦。指挥长兼党工委书记范登乾。

兰新铁路第二双线新疆段LXTJ7标段项目经理部　驻新疆维吾尔自治区乌鲁木齐市达坂城区539号金辉宾馆。项目经理朱昌岳,党工委书记刘保华。

兰新铁路第二双线兰州枢纽引入工程项目经理部　驻甘肃省兰州市西固区西固东路276号西亚快捷宾馆6楼。项目经理赵彦旭(5月免)、姚璐(5月任),党工委书记马养真。

大西铁路站前15标段工程指挥部　驻陕西省西安市临潼区芷阳湖景区。指挥长高玉峰,党工委书记姚克亮。

集通铁路复线工程指挥部　驻内蒙古自治区乌兰察布市商都县商都宾馆。指挥长兼党工委书记张同猛。

惠银铁路二线工程指挥部　驻宁夏回族自治区银川市兴洲北路。指挥长兼党工委书记李鸿云。

山西中南部铁路通道ZNTJ－13标段项目经理部　驻河南省安阳市文昌大道中段。项目经理兼党工委书记冯建军。

中国铁建玉树地震灾后重建指挥部　驻青海省玉树州结古镇西杭路。指挥长兼党工委书记张克勤。

新建天津至保定铁路JBSG－1标段项目经理部　驻河北省霸州市霸州镇鼓楼街2号。指挥长李龙,党工委书记窦利军(2月免),陈光(2月任)。

邯济铁路扩能改造工程ZH－2标段工程指挥部　驻山东省聊城市建设东路东首路北。指挥长董金堂,党工委书记高湛齐。

邯长铁路扩能改造工程指挥部　驻河北省邯郸市涉县龙山大街崇洲大酒店。指挥长兼党工委书记伍顺成。

拉日铁路站前TJ5标段工程指挥部　驻西藏自治区仁布县切瓦乡。指挥长尹建勋,党工委书记马建平。

西安临潼度假区工程指挥部　驻陕西省西安市临

潼区行者路15号。指挥长高称义。

乌鲁木齐新客站工程指挥部　驻新疆维吾尔自治区乌鲁木齐市南郊。指挥长兼党工委书记庄纪栋。

西安地铁3号线D3TJSG－21标段项目经理部　驻陕西省西安市。项目经理郭晓玉。

神华准池铁路项目经理部　驻山西省忻州市神池县。项目经理兼党工委书记樊永连。

西安地铁4号线试验段4标段项目经理部　驻陕西省西安市。项目经理王周理，党工委书记柳武平。

重庆鱼复项目经理部　驻重庆市。项目经理兼党工委书记白正恒。

鄂尔多斯通风机房项目经理部　驻内蒙古自治区鄂尔多斯市。项目经理胡康劲。

涞水项目经理部　驻河北省保定市涞水县。项目经理任旭辉。

兰州轨道交通1号线一期工程试验段项目经理部　驻甘肃省兰州市。项目经理兼党工委书记黄庆华。

榆钢新建宛川河人行桥项目经理部　驻甘肃省兰州市。项目经理赵新。

贵州省凯里至羊甲高速公路KT1合同段项目经理部　驻贵州省凯里市。项目经理杨斌。

贵州省凯里至羊甲高速公路KT2合同段项目经理部　驻贵州省凯里市。项目经理邹红峰。

宁西铁路增建二线陕西段工程指挥部　驻陕西省渭南市。指挥长高玉峰，党工委书记詹自成。

西咸新区沣西新城天福和园一期工程项目经理部　驻陕西省西安市。项目经理唐兰成。

兰州市畅交通重要节点改造工程指挥部　驻甘肃省兰州市。指挥长王建军。

蒙大矿业纳林河项目经理部　驻内蒙古自治区鄂尔多斯市。项目经理胡康劲。

西宁枢纽改造及西宁北站工程项目经理部　驻青海省西宁市。二分部项目经理柴生虎，四分部项目经理赵平华。

总参谋部管理保障部新建综合仓库工程项目部　驻北京市。项目经理闫韡。

省道121S5标段项目经理部　驻江苏省宿迁市。项目经理唐建运。

宝兰铁路客运专线三电迁改项目经理部　驻甘肃省兰州市。项目经理李和平。

广大铁路项目经理部　驻云南省大理市。项目经理兼党工委书记夏吉涛。

宝兰铁路客运专线兰州枢纽项目经理部　驻甘肃省兰州市。项目经理赵彦旭，党工委书记马养真。

（高秋凤　刘　昊）

【职工队伍】　职工12967人。干部5679人。其中，专业技术干部5410人，占干部总数的95.26%；女干部1224人，占干部总数的21.55%；少数民族干部157人，占干部总数的2.76%；党员干部2564人，占干部总数的45.15%。干部年龄结构：30岁以下2752人，31～40岁1276人，41～50岁974人，50岁以上677人。干部文化结构：大学本科及以上2962人，大专2065人，中专、高中581人，初中及以下71人。

工人7288人，其中女工1801人，占工人总数的24.71%。工人文化结构：大专及以上1154人，占工人总数的15.83%；中专466人，占工人总数的6.39%；技校629人，占工人总数8.63%；高中2342人，占工人总数的32.14%；初中及以下2697人，占工人总数的37.01%。取得国家职业资格证书的技术工人3217人，占工人总数的44.14%。其中，高级技师60名；技师218名；高级工1961名；中级工588名；初级工90名。　（齐宇旗　于梅芝　王尚义　王兰生）

【工程施工】　截至2012年底，集团公司在建工程158项。其中，铁路工程61项；公路工程31项；市政工程8项；房屋建筑工程45项；城市轨道交通工程6项；水利水电工程3项；其他工程4项。

津秦铁路客运专线4标段工程　线路经过河北省唐山市滦县、迁安市及秦皇岛市卢龙县、抚宁县。全长69.232公里，合同投资351438万元。2008年11月8日开工，计划2012年8月31日竣工。主要实物工程量：特大桥及大中桥34座29614延长米，隧道14座11117延长米，路基28.501公里。截至2012年底，开工累计完成投资350406万元。

贵广铁路3、4标段工程　线路经贵州省黎平县和从江县。线路长31.38公里，合同投资192002万元。2009年3月16日开工，计划2013年9月竣工。主要实物工程量：隧道7座29838延长米，桥梁6座1164.38延长米。截至2012年底，开工累计完成投资176219万元。

兰渝铁路LYS－7标段工程　位于甘肃省兰州东站至夏官营站间。线路长29.989公里，合同投资252930万元。2009年7月20日开工，计划2014年6月30日竣工。主要实物工程量：路基土石方405.4万立方米，桥梁20座14718延长米，涵洞96座1779.96横延米，隧道3座6968延长米；正线铺轨75.323公里，站线铺轨5.052公里，铺道岔66组，铺道砟22.6万立方米；通信线路29.989条公里，通信设备11站，自动闭塞29.989区间公里；供电线路29.989公里，变配电所13站，牵引变电所1处，接触网29.989正线公里，敷设电缆光缆29.989公里；T梁预制1438片，T梁架梁1438片。截至2012年底,开工累计完成投资167704万元。

新建铁路天水至平凉TP-TJ1标段工程　位于甘肃省天水市。线路长43.38公里,合同投资152677万元。2009年4月20日开工,计划2012年9月25日竣工。主要实物工程量:区间及站场路基土石方501.22万立方米,路基附属工程43.38公里,桥梁22座8390.77延长米,涵洞68座1812.18横延米,隧道10座19110延长米,正线铺架114.64公里。截至2012年底,开工累计完成投资121160万元。

大同至西安铁路客运专线站前15标段工程　位于陕西省西安市临潼区境内。线路长31.617公里,合同投资270001万元,合同工期2010年3月10日~2013年12月31日。主要实物工程量:特大桥4座36147.45延长米,预制箱梁921孔,CRTSI型双块式无砟轨道道床铺设62.95公里。截至2012年底,开工累计完成投资258391万元。

兰新铁路第二双线兰州枢纽引入工程LX-LZSN-1标段工程　位于甘肃省兰州市境内。线路长15.39公里,合同投资139250万元,合同工期2010年1月1日~2013年10月30日。主要实物工程量:路基土石方89.99万立方米,桥梁7座6889延长米,隧道4座6748延长米。截至2012年底,开工累计完成投资76195万元。

兰新铁路第二双线平安至西宁段LXSQZ-1标段工程　位于青海省海东州。线路长23.004公里,合同投资193130万元,合同工期2010年1月1日~2013年12月31日。主要实物工程量:区间路基土石方92.7万立方米,路基附属工程土石方17.14万立方米,附属工程圬工6.27万立方米,铺轨46.008公里,两电迁改23.004公里,隧道5座6131延长米,桥梁14座13560.11延长米,涵洞11座232.6横延米。截至2012年底,开工累计完成投资151444万元。

新建兰新铁路第二双线哈密至乌鲁木齐段站前LXTJ7标段工程　位于新疆维吾尔自治区吐鲁番市和乌鲁木齐市达坂城区境内。线路长34.383公里,合同投资197894万元,合同工期2010年3月1日~2013年3月31日。主要实物工程量:桥梁16座4909.08延长米,隧道5座5967延长米。截至2012年底,开工累计完成投资144281万元。

山西中南部铁路通道瓦塘至汤阴东(含)ZNTJ-13标段工程　位于山西省吕梁市和临汾市境内、河南省安阳市境内。线路长77.298公里,合同投资390087万元,合同工期2010年4月10日~2014年9月30日。主要实物工程量:区间路基及站场土石方976.7万立方米,桥梁30座23131延长米,隧道8座6471延长米,跨线公路桥20座3338.6延长米,涵洞235座5752横延米,预制、架设T梁1346孔,正线铺轨226.16公里,站线铺轨34.34公里。截至2012年底,开工累计完成投资305008万元。

改建铁路集宁至通辽线扩能改造工程贲红至兴和段JTZH-1标段工程　位于内蒙古自治区乌兰察布市境内,线路长174.079公里,合同投资192130万元,合同工期2010年4月15日~2012年4月15日。主要实物工程量:土石方1097.37万立方米,改建站场6座,梁式桥20座3654.62延长米,公跨铁桥梁6座662.38延长米,涵洞230座2455.94横延米。截至2012年底,开工累计完成投资178740万元。

包兰铁路惠农至银川段增建二线工程　位于宁夏回族自治区境内,起点石嘴山市惠农区惠农车站,终点银川车站,线路长97.863公里,合同投资165533万元,合同工期2010年3月15日~2013年6月30日。主要实物工程量:区间及站场路基土石方299.9万立方米,梁式桥6座808.2延长米,刚构中桥2座119.7延长米,涵洞109座1001.43横延米,敷设信号干线电缆536条公里、低压电缆36条公里。截至2012年底,开工累计完成投资162931万元。

新建天津至保定铁路JBSG-1标段工程　位于天津市和河北省霸州市、容成县及徐水县境内,合同投资196800万元,合同工期2010年9月1日~2013年2月1日。主要实物工程量:区间路基及站场土石方138.9万立方米,特大桥6座25047延长米、大桥1座273.4延长米,涵洞914.28横延米,预制、架设单线箱梁282孔,购架预应力混凝土T梁96孔,正线铺轨37.941公里、改建正线铺轨7.007公里,新建站线铺轨24.865公里、铺设道岔109组,改建站线拆除轨道15.367公里、拆除道岔62组,接触网64.4条公里,电力线路24.8公里,变配电所3座,通信线路69公里,区间自闭线路24.8里。截至2012年底,开工累计完成投资70591万元。

邯长铁路扩能改造Ⅱ标段工程　位于河北省涉县境内,线路长110.196公里,合同投资113784万元,合同工期2010年9月28日~2012年8月31日。主要实物工程量:区间路基及站场土石方211.12万立方米,桥梁20座1476延长米,隧道6座8073延长米,正线铺轨116.64公里,站线铺轨30.34公里,铺道岔142组,铺道砟8万立方米,房屋建筑面积15296平方米。截至2012年底,开工累计完成投资43043万元。

邯济铁路扩能改造ZH-2标段工程　位于山东省聊城市,线路长79.814公里,合同投资191219万元,合同工期2010年12月~2013年12月。主要实物工程量:路基土石方545.39万立方米,桥梁42座

7277.65 延长米，涵洞 428 座 5079.4 横延米。正线铺轨 86.76 公里，站线铺轨 27.78 公里，铺道岔 103 组，通信线路 209.6 公里，自动闭塞线路 95.36 公里，供电线路 79.81 公里。截至 2012 年底，开工累计完成投资 133240 万元。

新建铁路贵阳枢纽白云至龙里北联络线站前Ⅰ标段工程　位于贵州省贵阳市，起于贵阳白云区，终于龙洞堡国际机场。线路长 29.937 公里，合同投资 246051 万元，合同工期 2010 年 10 月 1 日至 2014 年 3 月 31 日。主要实物工程量：隧道 18 座，单线隧道 10676 延长米，双线隧道 16045 延长米；区间路基及站场土石方 556.6 万立方米；桥梁 23 座，单线桥梁 1191.16 延长米，双线桥梁 11974.27 延长米。截至 2012 年底，开工累计完成投资 110723 万元。

新建宝鸡至兰州铁路客运专线兰州枢纽 BL－LZSN－1 标段工程　位于甘肃省兰州市。合同投资 202401 万元，合同工期 2012 年 12 月 1 日～2014 年 11 月 30 日。主要实物工程量：兰州西站 5.26 公里，跨线客车联络线 3.9 公里，客车专线动车组走行线 13.06 公里，改建既有兰新线 7.31 公里，桥梁 24 座 11172.96 延长米，涵洞 18 座 1051.76 横延米。

新建宝鸡至兰州铁路客运专线甘肃段 BLTJ－3 标段工程　线路长 26.777 公里。合同投资 29.6 亿元，合同工期 2013 年 2 月 1 日～2017 年 12 月 31 日。主要实物工程量：桥梁 8 座，其中社棠渭河特大桥 11392.4 延长米，隧道 3 座 8673.92 延长米，桥隧工程占线路全长的 92%。

新建敦煌至格尔木铁路青海段站前工程 DGQHZHQ2 标段　线路长 133.49 公里，合同投资 16.9 亿元，合同工期 2013 年 3 月 1 日～2016 年 2 月 29 日。主要实物工程量：桥梁 47 座 10732.68 延长米，涵洞 392 座，车站 12 座，铺架基地 1 处，材料厂 2 处，混凝土集中拌和站 5 座。

新疆 S303 线奇台至木垒高速公路 QM－1 标段工程　位于新疆维吾尔自治区昌吉州州东部，线路长 70.636 公里，合同投资 122467 万元，合同工期 2011 年 4 月 1 日～2013 年 10 月 31 日。主要实物工程量：桥梁 14 座 799.52 延长米，互通式立交 4 座，分离式立交 3 座，通道桥 23 座，天桥 9 座，涵洞 130 道。截至 2012 年底，开工累计完成投资 95397 万元。

中国铁建玉树抗震救灾工程　位于青海省玉树州。玉树抗震救灾工程包括玉树州结古镇东城片区和仲达乡的 4 个村、33 个社的灾后重建任务。涉及城乡住房、交通、能源、农牧区、教育、医疗卫生、社会管理、广播电视、人文关怀、文化遗产等建设项目 173 个，房屋建筑面积 128.9 万平方米，总投资约 40 亿元。2010 年 7 月开工，计划 2013 年 6 月完工。中国铁建主要承担玉树州结古镇城东片区和仲达乡的 118 个项目，建筑面积 64.51 万平方米，合同投资 22.14 亿元。截至 2012 年 11 月 30 日，累计开工项目 118 个，开工率 100%；完工项目 107 个，完工率 91%；竣工交验项目 74 个，交验使用率 63%；开工累计完成投资 29.88 亿元。

（高秋凤　王　鹤）

【经营管理】　经营承揽。2012 年，集团公司新签合同额 218.18 亿元。其中，国内工程承包 194.92 亿元，占新签合同额的 89.34%；国外工程承包 9.7 亿元，占新签合同额的 4.44%；房地产开发 11.9 亿元，占新签合同额的 5.45%；工业制造 1.66 亿元，占新签合同额的 0.77%。国内工程承包中，铁路工程 109.76 亿元，房建工程 57.91 亿元，公路工程 13.35 亿元，市政工程 9.02 亿元，城市轨道交通工程 3.35 亿元，其他工程 1.53 亿元。

企业管理。根据集团公司国内外发展战略需要，德盛和置业有限公司设立物业公司和国际城项目公司，甘肃房地产开发有限公司设立物业公司，集团公司成立国际工程公司。加快调整集团公司经营布局，子公司实现区位发展战略转移。年内，六公司迁址北京市亦庄经济开发区，五公司迁址重庆市两江新区，四公司注册地址由青海省西宁市变更为陕西省西安市。根据所属工程公司资质单一、等级较低，不能满足当前企业经营发展的实际需要，制定《工程公司三年资质申报计划》，三年内计划申报资质 45 项。年内，集团公司取得铁路新特级、铁道行业甲（Ⅱ）级设计资质，为企业产业结构调整和经营承揽发展打下坚实基础；六公司取得 5 项一级资质，路桥公司取得 9 项资质，电务电化公司取得 5 项资质。

法律事务。集团公司法律部门全年审核经济合同 487 份、规章制度 67 份、授权委托书 98 份，参与企业重大决策 40 次，提出法律意见和建议 323（条）项，出具法律意见书 187 份。先后参与兰州小西湖立交桥 BT 改造项目、西咸新区天福和园保障房建设项目等重要经营决策活动，为企业依法经营和风险防范提供保障。通过办理诉讼案件，为企业避免或挽回经济损失 9727.6 万元，节约代理费 320 余万元，有效地维护了企业的合法权益。

安全质量管理。集团公司坚持“百年大计，质量第一”的质量方针，开展质量月活动，坚持以顾客关注为焦点，完善质量管理体系，规范现场管理，加强前期策划、施工过程及工序质量控制、竣工后质量回访工作，全年无等级以上质量责任事故发生，工程验交合格率 100%。年内，集团公司获国家级优质工程奖 3 项、省部级优质工程奖4项、中国铁建优质工程7项，获国家级优秀质量管理小组成果4项、省部级优秀质量管理小组成果8项，中国铁建优秀质量管理小组成果5项。1个工地被评为国家AAA级文明工地，2个工地被评为省级文明工地。

资本运营。截至2012年底，集团公司有长期股权投资项目6项，投资总额3959万元。其中，4项为集团公司重组前集团公司所属单位遗留参股项目，投资额1189万元，根据股份公司、集团公司的有关要求，股权清收工作正在根据项目的实际情况落实推进；2项为四川纳叙铁路项目和兰州银滩雅苑房地产开发项目。四川纳叙铁路项目为2004年集团公司参股总公司投资的项目，投资额770万元；兰州银滩雅苑房地产开发项目为集团公司所属中铁建投有限公司2010年股权投资项目，投资额2000万元，总建筑面积35万平方米。集团公司BT项目——兰州市小西湖立交桥南滨河路交通节点改造工程投资4.2亿元，成立兰州市交通节点改造工程指挥部，负责项目的建设、移交及回购管理工作。

房地产开发。中国铁建·梧桐苑项目规划建筑面积33.12万平方米，占地面积8.4万平方米。项目分两期开发，一期工程10栋楼全部竣工，二期8栋主体工程于2012年12月26日封顶，商品房销售75%，商铺销售42%，车位销售34%。中国铁建·国际城项目规划建筑面积180万平方米，占地面积39.27万平方米，计划分三期完成开发，根据“以销定建”的原则，2012年售出332套。兰州综合基地项目规划建筑面积17.28万平方米。其中，综合办公楼4.99万平方米；高层商住楼8栋，建筑面积12.29万平方米。2012年，集团公司完成开发面积30.65万平方米，完成投资11.18亿元，完成销售面积8.89万平方米，实现销售收入7.76亿元；竣工面积12万平方米，实现营业收入7.5亿元；实现利润1.09亿元，实现货币资金上缴8416万元。经济适用房建设全年完成投资19459万元，完成建筑面积14.76万平方米，实现房屋交付2950套。

经济管理。2012年，集团公司实现变更索赔17.4亿元，其中铁路工程变更索赔11.36亿元。年内全集团举办责任成本管理及二次经营培训班36期，培训1032人次。

审计工作。2012年，集团公司完成审计项目120项。其中，经济责任审计34项；工程项目审计62项；财务收支审计4项；经济效益审计5项；后续审计7项；审计调查及其他专项审计8项。出具审计报告120份，提出审计建议785条，其中采纳775条。审计发现问题金额22895.71万元。其中，违纪违规问题金额15805.91万元；损失浪费金额6732.56万元；不良资产金额113.6万元；其他问题金额243.64万元。纠正违纪违规问题金额3777.34万元，促进增收节支金额1092.35万元。（高秋凤）

【科技教育】 2012年，“既有铁路桥梁柔性墩加固施工技术”等10项课题被列为集团公司2012年度科技开发项目，投入科研经费150万元。其中，3项课题被列为股份公司科技攻关项目，获科研经费75万元；3项课题被列为甘肃省建设科技研发项目，获科研经费2万元。年内，4项科技成果获省部级科技成果奖，4项科技成果获中国施工企业协会科学技术奖技术创新成果奖，3项科技成果获甘肃省建设科技进步奖；7项工法被评为省部级工法；18项专利获国家专利授权，其中发明专利2项；15项科技成果通过技术鉴定，其中1项达到国际领先水平。

教育培训。2012年，集团公司投入教育经费492万元。119人参加在职学历教育，488人参加继续教育培训，岗位业务培训4496人次，执业资格培训206人次，项目经理培训135人次，执业注册人员培训105人次，特种作业人员培训322人次，“十一大员”关键岗位人员培训492人次。年内，33个工种的286名职工参加职业技能鉴定，251人取得职业资格证书；9人参加股份公司高级技师鉴定，8人取得高级技师职业资格证书。（高秋凤）

【党群工作】 （1）党的工作。集团公司有党的基层组织311个。其中，党委13个；总支部48个；党支部250个。党员5612名，其中在岗职工党员4077名。2012年，集团公司发展党员165名。其中，生产一线114名；工人28名；管理、技术人员23名。2月27日，集团公司党委常委会研究决定，成立中国共产党中铁二十一局集团甘肃房地产开发有限公司委员会和中铁二十一局集团甘肃房地产开发有限公司纪律检查委员会，中共中铁二十一局集团有限公司西安地铁4号线试验段4标段项目经理部工作委员会和纪检监察组。（2）宣传思想工作。年内，5项党建政研成果获股份公司优秀政研成果奖，集团公司被评为《中国铁道建筑报》新闻报道先进单位。全年在各种新闻媒体刊登稿件1265篇（条），被股份公司评为对外宣传报道先进单位，3篇作品分别获中国铁路对外报道好新闻二、三等奖。中央电视台先后7次报道集团公司承建的重点工程建设情况，收到良好的宣传效果。（3）纪检监察工作。集团公司设立纪检监察机构13个，有专职纪检监察干部25人，其中女干部6人。2012年，集团公司开展反腐倡廉教育活动160场次，受教

6280人次；公开廉洁承诺1624人次，领导干部任职谈话101人次，诫勉谈话47人次，签订责任状297份。全年收到信访案件18件，了结17件；立案11件，结案11件，党纪处分3人，政纪处分45人，罚款23.7万元，司法机关刑事制裁1人，避免或挽回经济损失9.95万元。

工会工作。集团公司建立工会委员会11个、工会工作委员会179个、工会小组375个，有工会会员13050人，其中女职工会员3038人。专职工会干部34人，兼职工会干部165人。2012年1月，集团公司召开一届三次职工代表大会，审议通过5项议案，签订集团公司2012～2013年集体合同、女职工专项集体合同和工资专项协议。全年征集合理化建议35条，采纳21条，创造经济效益400余万元。年内开展"说说咱身边的好姐妹"演讲比赛活动，承办股份公司女领导干部座谈会，举办"喜迎党的十八大，丹青妙笔展风采"主题职工书法、绘画、摄影及文学作品展。全年筹集"三不让"专项资金783万元，助困、助医、助学1184人次；筹集送温暖资金270万元，慰问困难职工500户，劳动模范、离退休人员、一线职工和农民工8861人。3个单位获得全国五一劳动奖状，4人分别获得全国五一劳动奖章和火车头奖章；3个单位分别获全国、股份公司"工人先锋号"称号，1个单位被评为全国"安康杯"竞赛优胜企业，1人获股份公司"工人先锋号"标兵称号；集团公司获2009～2012年度全国铁路体育工作先进单位称号。

共青团工作。集团公司下设10个基层团委（团工委），有团总支13个、团支部169个、基层团工委4个；专、兼职团干部361名，团员2580名。2012年组织开展争创"青年文明号"、争当"青年岗位能手"、"青年安全生产示范岗"、"青年突击队"等活动，授予一公司乌鲁木齐铁路工程采石爆破公司等8个青年集体2011～2012年度集团公司"青年文明号"称号；2个青年集体获2011～2012年度股份公司"青年文明号"称号，5名青年获股份公司"青年岗位能手"称号。2名青年分别被评为甘肃省优秀共青团干部、优秀共青团员。

（高秋凤）

【第一工程有限公司】 铁路、房屋建筑、市政公用工程施工总承包一级，通信工程施工总承包二级，公路工程施工总承包三级，建筑装修装饰、土石方工程专业承包一级，铁路电务工程专业承包二级，建筑幕墙、铁路电气化工程专业承包三级资质企业。公司驻新疆维吾尔自治区乌鲁木齐市经济技术开发区河南西路275号。董事长、总经理石龙海，党委书记罗宗良。公司前身为乌鲁木齐铁路工程（集团）有限责任公司，2004年3月16日划归中铁二十一局集团有限公司，重组改制改称现名。下辖采石爆破有限责任公司、乌鲁木齐诚而信工程检测有限公司、克拉玛依维管段、房地产物业管理中心、物资设备管理中心、西安分公司，西南工程指挥部及22个项目（指挥）部。职工1750人。其中，干部824人；工人926人。资产总额188831.05万元。其中，流动资产118038.96万元；长期投资179万元；固定资产9554.83万元；无形资产及其他资产61058.26万元。机械运输设备262台（套），原值6850.61万元、净值349289.7万元。年施工生产能力20亿元。

2012年新签合同额2.5亿元，完成企业总产值18.8亿元，实现利润2466.82万元。职工年人均收入43716元。年内，公司获乌鲁木齐市"工人先锋号"称号，连续4年获新疆维吾尔自治区安全生产目标管理先进单位称号。

（蔡小疆）

【第二工程有限公司】 房屋建筑、市政公用、机电安装工程施工总承包一级，铁路、公路、水利水电工程施工总承包三级，地基与基础、建筑装修装饰、消防设施、钢结构工程专业承包一级，送变电工程专业承包二级，测绘国家丁级资质企业，同时具有锅炉、起重机械、压力管道3个特种设备安装、改造、维修许可证。公司驻甘肃省兰州市和平路63号。2004年3月成立，由原兰州铁路建设集团第一工程公司、实业有限公司、金轮建材公司、金诚混凝土搅拌站重组而成。董事长、总经理高志明，党委书记高称义。下辖兰州金诚铁路混凝土有限公司、水电安装公司、工程机械基础公司、兰州铁润物业管理有限公司、甘肃恒瑞工程检测有限公司。职工2090人，其中专业技术人员827人。资产总额19.53亿元。其中，流动资产18.32亿元；固定资产0.56亿元；无形资产0.6亿元。机械运输设备73台（套），原值1652.22万元、净值611.02万元。年施工生产能力20亿元以上。

2012年新签合同额16.25亿元，完成企业总产值30.55亿元，实现利润1335万元。职工年人均收入35469元。年内，公司获得全国五一劳动奖状、全国守合同重信用企业荣誉；承建的玉树州博物馆工程被评为玉树地震灾后重建文明标准化工地，68062部队工程获青海省军区文明工地称号。（公司行政办公室）

【第三工程有限公司】 公路、市政公用工程施工总承包一级，铁路工程施工总承包二级，房屋建筑工程施工总承包三级，土石方、桥梁、隧道、机场场道工程专业承包一级和城市轨道交通工程专业承包资质企业。公司驻陕西省咸阳市迎宾大道。前身系中国人民解放军铁道兵第十师第四十八团,1984 年 1 月 1 日集体转业并入铁道部,改编为铁道部第二十工程局第三工程处;2002 年 7 月 18 日,企业改制改称中铁二十局集团第三工程有限公司;2004 年 3 月 29 日,整合重组为中铁二十一局集团第三工程有限公司。董事长、党委书记曾继光,总经理庄乾理。下辖物业公司、医疗保健中心、4 个综合队、21 个工程队。职工 2967 人。其中,干部 1169 人;工人 1798 人。技术干部 1015 人,技术工人 151 人。资产总额 359775. 64 万元。其中,固定资产原值 57322. 15 万元、净值 23652. 44 万元;流动资产 333486 万元;非流动资产 26289. 54 万元。机械运输设备 416 台(套),原值 17034 万元、净值 8326 万元,总功率 54505 千瓦,技术装备率 2. 8 万元/人,动力装备率 18. 3 千瓦/人,主要设备完好率 93. 6%、利用率 78%,设备成新率 48. 9%。年施工生产能力 35 亿元以上。

2012 年新签合同额 10. 02 亿元,完成企业总产值 35. 58 亿元,实现利润 2198. 96 万元。职工年人均收入 37152 元。（贾晓宇　王春燕）

【第四工程有限公司】 房屋建筑,市政公用工程施工总承包一级,铁路、公路、机电安装工程施工总承包二级,土石方、钢结构、桥梁工程专业承包一级,路面、路基、隧道工程专业承包二级,起重设备安装工程专业承包二级,园林古建筑工程专业承包三级,建筑施工企业试验室一级资质企业。公司驻陕西省西安市高新区唐延路中段洛克大厦 7 ~ 9 楼。前身系兰州铁路局第四工程公司,2002 年 4 月企业改制更名为兰州铁路建设集团第四工程有限责任公司,2004 年 3 月企业整合重组改称现名。董事长、总经理李寿福,党委书记石永仕。职工 1594 人。其中,干部 706 人;工人 888 人。技术干部 660 人,技术工人 382 人。资产总额 161194 万元。其中,流动资产 141052 万元;固定资产原值 16836 万元、净值 7244 万元。机械运输设备 242 台(套),原值 6745. 57 万元、净值 3615. 47 万元,总功率 15193 千瓦,动力装备率 9. 53 千瓦/人,技术装备率 2. 27 万元/人,设备完好率 94%、利用率 72%。

2012 年新签合同额 10. 10 亿元,完成施工产值 21. 19 亿元,实现利润 2116 万元。人均创利 1. 53 万元。产值利润率 0. 94%,资产负债率 92%,应上缴款完成率 100%。年内,公司获全国"安康杯"竞赛优胜单位、青海省安全生产先进企业、第二届青海省优势建筑企业等荣誉;3 项工法分别被认定为省部级工法,2 项实用新型专利获得授权,1 项科技成果获青海省科技进步二等奖。（王双娟）

【第五工程有限公司】 铁路工程施工总承包一级,房屋建筑、市政公用工程施工总承包二级,矿山工程施工总承包三级,桥梁、隧道工程专业承包一级,爆破与拆除专业承包三级资质企业。公司驻重庆市江北区海尔路港城工业区 D 区港安二路 28 号。前身系兰州铁路局第三工程段,1992 年更名为兰州铁路局第三工程公司;2001 年与兰州铁路机械运输工程公司合并,2001 年 11 月更名为兰州铁路建设集团第三工程公司;2004 年 3 月与兰州铁路建设集团工程材料厂整合重组为中铁二十一局集团第五工程有限公司;2010 年 5 月,物资公司划转中铁物资集团公司管理。董事长、党委书记吴国安,总经理张同猛。下辖 20 个工程项目部。在岗职工 1621 人。其中,干部 654 人;工人 967 人。技术干部 640 人,技术工人 752 人。资产总额 185197. 55 万元。其中,固定资产原值 22657. 97 万元、净值 7408. 83 万元;流动资产 176268. 09 万元;其他资产 1520. 64 万元。主要机械运输设备 318 台(套),原值 6870. 15 万元、净值 3129. 81 万元,总功率 21220 千瓦,动力装备率 11. 08 千瓦/人,技术装备率 1. 63 万元/人。年施工生产能力 30 亿元以上。

2012 年新签合同额 1. 04 亿元,完成企业总产值 13. 91 亿元。职工年人均收入 3. 64 万元。产值利润率 0. 01%,净资产收益率 0. 33%,资产负债率 96. 42%。完成主要实物工程量:路基土石方 657. 6 万立方米,桥梁 18 座 6888. 1 延长米,隧道 22 座 17373. 09 延长米,涵洞 1792. 14 横延长米,铺轨 73. 59 公里。单位工程合格率 100%。（李树虎　马小英）

【第六工程有限公司】 房屋建筑、市政公用工程施工总承包一级,隧道、桥梁工程专业承包一级资质企业。公司驻北京市经济技术开发区科创十四街 99 号 33 幢 A 座。2011 年 7 月在北京分公司基础上重组而成。下辖北京分公司、北京机械设备租赁分公司。董事长、总经理王庆安,党委书记夏吉涛。职工 172 人。其中,干部 159 人;工人 13 人。资产总额 65482. 67 万元。其中,固定资产原值 17708 万元、净值 12584 万元;流动资产 5289 万元。机械运输设备 156 台(套),原值 1484. 52 万元、净值 1002. 52 万元,技术装备率 9. 1 万元/人,动力装备率 39. 9 千瓦/人,设备完好率 100%、利用率 93. 2%、成新率 81. 5%。年施工生产能力 11 亿元以上。

2012 年新签合同额 10. 25 亿元,完成企业总产值 11. 11 亿元,实现利润 674 万元。职工年人均收入 63840 元。（公司行政办公室）

【电务电化工程有限公司】 通信工程施工总承包一级,房屋建筑工程施工总承包二级,铁路工程施工总承包三级，铁路电务、电气化、机电设备安装工程专业承包一级，送变电、建筑智能化工程专业承包二级资质企业；具有承装（修、试）电力施工资格。公司驻甘肃省兰州市城关区红山西路148号。前身系兰州铁路局兰州铁路建设集团有限公司所属电务工程公司和电气化工程公司，2004年3月整合重组为中铁二十一局集团电务电化工程公司，2008年3月6日企业改制改称现名。董事长、党委书记程永和，总经理何颉。下辖新疆、广州分公司，通信、信号、接触网、送变电4个工程队。职工1438人。其中，干部570人；工人868人。资产总额71877.02万元，其中固定资产原值7721.35万元、净值3041.57万元。

2012年新签合同额92712万元，完成施工产值74878万元，实现利润1318.93万元、净利润1113.84万元。年内，1项工程获国家优质工程银质奖。

（公司行政办公室）

【路桥工程有限公司】 房屋建筑、市政公用、公路、机电安装工程施工总承包二级，铁路工程施工总承包三级，桥梁工程专业承包二级，预拌商品混凝土、混凝土预制构件、钢结构工程专业承包三级资质。公司驻陕西省西安市高新区唐延路37乙号中国铁建洛克大厦。前身为中铁二十一局集团晋江制梁场；2009年8月整合重组，成立中铁二十一局集团铺架工程公司；2011年8月10日在西安注册成为子公司，更名为中铁二十一局集团路桥工程有限公司。下辖1个分公司、1个检测中心、23个项目部、2个架子队和7个片区指挥部。董事长王亮，党委书记麻玉江，总经理王朝阳。职工731人（含内退29人）。其中，干部386人；工人345人。技术干部351人，技术工人184人。资产总额13.78亿元。其中，固定资产原值4.51亿元、净值2.58亿元；其他固定资产原值7551.24万元、净值1245.39万元；流动资产11亿元；无形资产1697.84万元、净值1525.23万元。机械运输设备868台（套），原值45819万元，总功率45517千瓦，技术装备率40.22万元/人，动力装备率63.22千瓦/人，设备成新率63%、完好率94%、利用率75%。年施工生产能力20亿元。

2012年新签合同额258076.5万元，完成企业总产值214069万元，实现变更索赔18029万元。年内，兰新铁路第二双线平西段平安制梁场获国家AAA安全质量标准化工地称号；1项实用新型专利获国家授权。

（马子舒）

【德盛和置业有限公司】 房地产开发三级资质企业。2008年9月成立，原名西安德盛和置业有限公司；2010年4月变更为中铁二十一局集团德盛和置业有限公司。公司驻陕西省西安市雁南五路曲江文化商务会所6层。董事长、总经理李让平，党委书记陈丙玉。下辖2个项目（指挥）部。职工41人。其中，干部38人；工人3人。技术干部37人，技师1人。

2012年新签合同额11亿元，销售回款7.51亿元。开工面积18.36万平方米，竣工面积12.5万平方米。其中，梧桐苑一期项目12万平方米；国际城商服中心项目0.5万平方米。年内，公司被陕西省地方政府及媒体评为2012年度西安楼市领袖品牌企业、最佳人居贡献房地产企业，梧桐苑项目被评为陕西10大人居典范楼盘、最具影响力名盘、年度生态景观示范楼盘，国际城项目被评为陕西10大知名楼盘、十大地标楼盘、最受关注楼盘。

（高　伦）

【甘肃房地产开发有限公司】 2011年10月21日成立，具有房地产开发二级资质。公司驻甘肃省兰州市安宁区莫高大道26号。下辖甘肃铁建物业管理有限公司及铁建丽苑项目部、铁建馨苑项目部、银滩雅苑项目部、兰州综合基地项目部。董事长吴建顺，党委书记刘建平，总经理杨君财。职工30人。

（公司综合办公室）

【重要记载】

▲1月5日　集团公司被评为水利建筑市场信用评价AAA级企业。

▲1月10～12日　集团公司党委一届五次全委（扩大）会议暨党风建设和反腐倡廉工作会、一届三次职代会暨2012年工作会议在甘肃兰州召开。

▲2月13日　中国铁建玉树灾后重建指挥部在兰州召开2012年玉树灾后重建复工前准备工作会议。

▲2月14日　陕西省省委书记、省人大常委会主任赵乐际到集团公司临潼指挥部承建的临潼国家级旅游休闲度假区调研。

▲2月22日　股份公司副总裁刘汝臣到集团公司承建的广东莞惠城际轨道项目现场检查指导工作。

▲2月28日　集团公司和甘肃省白银市签署战略框架协议。

▲4月11日　集团公司兰州综合基地奠基仪式在甘肃省兰州市经济技术开发区安宁区举行。甘肃省省委书记、省人大常委会主任王三运，省长刘伟平，省政协主席冯健身和股份公司总裁赵广发等为基地培土奠基。

▲4月14日　青海省省委书记、省人大常委会主任强卫，省长骆惠宁在股份公司副总裁刘汝臣等陪同下，深入中国铁建玉树援建工地检查指导工作。

▲4月17日　甘肃省省长刘伟平视察集团公司

承建的中国铁建重工集团公司兰州厂区工程建设情况。

▲6月9日　集团公司采编的《奋战雪域高原的一员“虎将”》获中国铁路对外宣传通讯一等奖，采编的《要干就干出个样子来》和《贵阳机场建造“空地一体化”交通枢纽》分别获中国铁路对外宣传通讯、消息三等奖。

▲6月11日　国务院国资委副主任姜志刚一行在青海省省委常委、玉树州委书记旦科，青海省副省长、玉树灾后重建现场指挥部指挥长张光荣，股份公司副总裁刘汝臣陪同下，深入中国铁建援建的玉树琼龙路住宅小区D区调研住房建设情况并看望慰问一线建设者。

▲7月9日　由股份公司投资，集团公司承建的兰州城轨试验段BT项目——安宁区世纪大道一站一区间工程开工建设。

▲7月11日　集团公司文学艺术界联合会成立暨“喜迎党的十八大，丹青妙笔展风采”书画摄影展在甘肃兰州举行。

▲8月14～15日　股份公司副董事长、党委副书记、工会主席彭树贵带领股份公司考察组一行7人，考察集团公司领导班子，组织推荐和考察副总经理人选。

▲8月30日　中国铁道建筑总公司与兰州铁路局债权划转签字仪式在兰州铁路局举行，将原兰州铁路建设集团欠兰州铁路局资金结算所调剂款本息无偿划转中国铁道建筑总公司。

▲9月10～13日　股份公司副总裁、总会计师兼总法律顾问庄尚标带领调研组一行6人，对集团公司经济运行情况进行检查调研。

▲10月8日　甘肃省省长刘伟平一行到集团公司承建的兰州地铁建设工地调研。

▲10月14日　股份公司副总裁刘汝臣到集团公司承建的兰新铁路第二双线新疆段LXTJ7标段检查工程施工情况。

▲10月20日　集团公司参建的宝鸡至兰州铁路客运专线建设动员大会在兰州市榆中县三角城乡周前村举行。

▲10月26日　中国铁建援建的青海玉树灾后重建最大居民住宅小区——琼龙小区举行竣工入住仪式。

▲11月15日　南苏丹代表团访问中铁二十一局集团国际工程有限公司。

▲11月17日　加拿大大温哥华地区素里市市长戴安娜沃茨率代表团一行3人访问中铁二十一局集团国际工程有限公司，并就双方合作事宜进行友好会谈。

▲12月10日　以“加强风险防控，促进企业发展”为主题的企业内控独立评价启动会议在兰州召开。

（高秋凤　李　玲）

中铁二十二局集团有限公司

【简况】　中铁二十二局集团有限公司是铁路工程施工总承包特级，公路、市政公用、水利水电、房屋建筑工程施工总承包一级，公路路基、桥梁、隧道、钢结构工程专业承包一级，城市轨道交通工程专业承包，地质灾害防治工程甲级及铁道行业甲(Ⅱ)级设计资质企业；同时拥有对外工程和境内国际招标工程资质，具有对外派遣境外工程所需劳务特许经营权。2004年3月16日成立，集团公司总部驻北京市石景山区石景山路35号。下辖第一至第六工程有限公司及哈尔滨铁路建设集团有限责任公司、电气化工程有限公司、北京中铁天瑞机械设备有限公司、北京天瑞泰投资有限公司，深圳分公司，铁路运营指挥部和北方、南方、华东、西部指挥部。全民职工11423名。其中，干部7330人；工人4093人。资产总额158.58亿元。其中，流动资产140.98亿元；固定资产原值20.89亿元、净值10.77亿元。2012年新签合同额312.6亿元，完成营业收入172.51亿元，实现利润3.75亿元、净利润3.01亿元。国有资产保值增值率18.15%，净资产收益率16.92%，产值利润率2.17%，投资回报率32.5%，资产负债率87.68%。完成主要实物工程量：路基土石方4393万立方米，桥梁44000延长米，隧道49800延长米，房屋建筑面积37.8万平方米，铁路制梁1503孔、公路制梁2630片，铁路架梁1421孔、公路架梁1836片，正线、站线铺轨421公里，铺设无砟轨道51公里，通信线路181公里，电力线路56公里。年内获国家优质工程银质奖2项、中国市政金杯示范工程奖1项，10项工法被认定为省部级工法，23项实用新型专利、3项著作权获国家授权；集团公司被评为全国工程建设质量管理小组活动优秀企业。　（万红梅）

【领导人员】

董事会

董事长	刘国志
董事	刘国志
	司家海
	王参军

王庆国
柴　纹
王怀尧

监事会　　程文才
左建生
蔡晓斌

经理层

总经理　　司家海

副总经理　　王参军
王庆国
周生文
李晓莹
王在仁
李国华
陈宏伟
秦培文
王爱国
柴　纹

总工程师　　王爱国(兼)

总会计师　　柴　纹(兼)

党群领导

党委书记　　刘国志

党委副书记　　司家海
郭衍敬
程文才

纪委书记　　程文才(兼)

工会主席　　王怀尧　　(贾建国)

【工程项目指挥机构】 吉图珲铁路客运专线工程指挥部　驻吉林省延吉市军民路金瑞宾馆。指挥长杨忠孝。

哈齐铁路松花江特大桥工程指挥部　驻黑龙江省哈尔滨市松北区松北大道225号。指挥长张国华。

松陶铁路工程指挥部　驻吉林省松原市宁江区善友镇善友林场。指挥长汪益斌。

昆玉铁路1标段工程指挥部　驻云南省晋宁县宝峰镇工业园区。指挥长柴春明。

赣龙铁路GL－III标段工程指挥部　驻福建省龙岩市长汀县策武乡。指挥长胡文涛。

沪昆铁路长昆段12标段工程指挥部　驻贵州省盘县红果镇干沟桥沙坡1组。指挥长司尚荣。

邯黄铁路IV标段工程指挥部　驻河北省盐山县南环路工业园区红润重工业集团有限公司院。指挥长郭建东。

茂湛铁路MZZQ－1标段工程指挥部　驻广东省茂名市茂南区高水路鲤鱼岭5号交通执法局4楼。指挥长李海峰。

六沾铁路工程指挥部　驻贵州省六盘水市进出口公司3楼。指挥长尹久清。

北京地铁14号线工程指挥部　驻北京市丰台区双林南路郭庄子村。指挥长刘治宝。

哈尔滨地铁工程指挥部　驻黑龙江省哈尔滨市南岗区西大直街113号。指挥长吴玉峰。

京石铁路客运专线JS－1标段工程指挥部　驻北京市房山区长阳镇夏场村。指挥长陈延军。

广珠铁路西江特大桥工程指挥部　驻广东省鹤山市古劳镇麦水南安村。指挥长张前军。

黄韩侯铁路芝水沟特大桥工程指挥部　驻陕西省渭南市合阳县西环路盛和园。指挥长窦刚。

金温铁路大溪特大桥工程指挥部　驻浙江省丽水市莲都区环城路110号。指挥长邹德松。

太兴铁路工程指挥部　驻山西省岚县王狮乡庄上。指挥长魏绍刚。

牡绥铁路工程指挥部　驻黑龙江省牡丹江市阳明区光华街1号。指挥长周凤龙。

通灌铁路工程指挥部　驻辽宁省丹东市宽甸县灌水镇二十二局梁场。指挥长贾汝银。

长株潭铁路工程指挥部　驻湖南省湘潭市岳塘区易家湾镇镇政府旁。指挥长陈耀华。

大郑铁路工程指挥部　驻辽宁省锦州市黑山县十里村。指挥长喻长富。

成渝高速公路工程指挥部　驻重庆市璧山县璧城街道马家桥村1组。指挥长刘永阔。

新疆红柳河铁路工程指挥部　驻新疆维吾尔自治区哈密市新建路市金矿家属区三区双格房地产2楼。指挥长刘继鹏。　(李　坛)

【职工队伍】 全民职工11423名。其中,干部7330人,占职工总数的64.2%;工人4093人,占职工总数的35.8%。男职工9087人,女职工2336人。学历结构:大学本科及以上学历3327人,占职工总数的29.1%;大学专科学历3297人,占职工总数的28.9%。技术结构:专业技术人员5830人,占职工总数的51.1%;技能人才1309人,占职工总数的11.5%。技术职务构成:高级职务614人,中级职务1378人,高级技师18人,技师190人。　(贾建国)

【工程施工】 2012年,集团公司在建工程194项,合同总投资860亿元,剩余投资436.5亿元,完成施工产值191.1亿元。

哈齐铁路客运专线土建站前HQTJ－1标段工程　位于黑龙江省哈尔滨市。标段长47.7公里,合同投资476274.5万元，合同工期2009年10月~2013年10月。主要实物工程量：路基29.9公里，路基土石方568万立方米；桥梁21980延长米，其中松花江特大桥3064.95延长米；涵洞52座，车站1座，铺轨289.48公里。截至2012年底，开工累计完成投资329055万元。

邯黄铁路第Ⅳ标段工程　位于河北省沧州市境内。标段长130.05公里，合同投资289453万元，合同工期2010年9月~2013年2月。主要实物工程量：路基土石方1596万立方米，桥梁47座27267延长米，涵洞356座6793横延米。重点工程：齐庄跨石黄高速公路特大桥、黄骅港特大桥。截至2012年底，开工累计完成投资173200万元。

沪昆铁路客运专线贵州段CKGZTJ－12标段工程　位于贵州省普安县、六盘水市盘县境内。标段长48.32公里，合同投资394183万元，合同工期2010年10月~2015年4月。主要实物工程量：路基土石方447.9万立方米，桥梁19座9911延长米，涵洞28座883.7横延米，隧道13座32243延长米，预架箱梁203孔，CRTSⅠ型无砟道床预制96.6公里，CRTSⅠ型无砟道床铺设48.32公里。重点工程：高家屯隧道6417延长米。截至2012年，开工累计完成投资128776万元。

津秦铁路客运专线工程　承担24.358公里的施工任务。合同投资107102万元，合同工期2008年11月~2012年10月。重点工程：宁车沽永定新河特大桥19200延长米。截至2012年底，开工累计完成投资254280万元。

吉图珲铁路客运专线JHS－Ⅴ标段工程　位于吉林省延吉市境内。标段长23.239公里，合同投资226498万元，合同工期2011年6月15日~2015年8月31日。主要实物工程量：路基土石方527万立方米，桥梁11座8627.77延长米，隧道2座3557延长米，涵洞16座730.82横延米，铺轨222.98公里，铺道岔49组，预制梁场2处，车站1座。截至2012年底，开工累计完成投资101347万元。

茂湛铁路工程　位于广东省茂名、湛江市。全长77.05公里，合同投资149016万元，合同工期2009年9月~2012年8月。主要实物工程量：桥梁19885.36延长米，涵洞1699.33横延米，架梁1135孔，铺轨161.5公里，铺道岔30组，车站2座。截至2012年底，开工累计完成投资84301万元。

金温扩能改造工程站前JWSG－Ⅲ标段工程　位于浙江省丽水市境内。标段长43.777公里，合同投资224356万元，合同工期2010年12月~2013年3月。主要实物工程量：隧道10座33452延长米，桥梁13座6263延长米，框架涵14座394.6横延米，路基土石方29.99万立方米，无砟道床66.212公里，房屋建筑面积1257平方米。重点工程：长大隧道为盘龙寺隧道、大沃山隧道，大溪大桥、祯埠特大桥。截至2012年底，开工累计完成投资94404万元。

昆玉铁路扩能改造工程站前1标段工程　标段长18.429公里，合同投资186179万元，合同工期2010年8月~2013年10月。主要实物工程量：区间路基及站场土石方136.26万立方米；桥梁6座6607.46延长米，隧道3座9287延长米，预制T梁855孔，铺轨113.06公里。重点工程：宝峰隧道7377延长米，昆玉高速立交双线大桥，渠西里双线特大桥。截至2012年底，开工累计完成投资41114万元。

长株潭城际铁路CZTZH－2标段工程　标段长34.585公里，合同投资113656万元，合同工期2010年9月~2014年12月。主要实物工程量：区间及站场土石方142.49万立方米，隧道10座1995.9延长米，桥梁23座18724.85延长米，涵洞11座664.42横延米，车站2座。截至2012年底，开工累计完成投资28160万元。

牡绥铁路Ⅰ标段工程　合同投资312084万元，合同工期2010年5月~2013年10月。主要实物工程量：路基土石方770万立米，桥梁30座16709.57延长米，隧道6座7442延长米，铺轨130.78公里。重点工程：铁岭河特大桥，兴源隧道。截至2012年底，开工累计完成投资182128万元。

黄韩侯铁路2标段工程　标段长38.61公里，合同投资257291万元，合同工期2010年9月~2013年5月。主要实物工程量：路基土石方581万立方米，桥梁13座5790.15延长米，隧道5座19182延长米，涵洞31座1050.13横延米，预制架梁557孔，铺轨222.12公里。重点工程：张庄隧道、如意隧道、芝水沟特大桥、金水沟特大桥、大浴河特大桥。截至2012年底，开工累计完成投资78796万元。

湘桂铁路LN－3标段工程　位于广西壮族自治区宾阳县。标段长64.361公里，合同投资447354万元，合同工期2009年10月~2012年6月。主要实物工程量：路基土石方401.2万立方米，桥梁55座16680延长米，隧道9座4020延长米，涵洞52座1244横延米。截至2012年底，开工累计完成投资41.58亿元。

茅台酒厂扩建技改工程　位于贵州省仁怀市茅台镇。合同投资1260000万元，合同工期2012年11月30日~2014年11月29日。主要实物工程量：制酒生产房24.15万平方米、酒库63.75万平方米、制曲生产房27万平方米、包装车间7.3万平方米及酒库勾调中心、暂存粮库、办公楼、接待中心、展示中心、室内停车场等230余项建(构)筑物。2012年完成投资5000万元。

（李　坛）

【经营管理】 工程承揽。2012年承揽工程112项，新签合同额312.59亿元，其中贵州茅台酒股份有限公司茅台酒“十二五”扩建技改工程设计施工总承包项目合同金额126.3亿元，占新签合同额的40%。海外市场积极拓展，年内，集团公司与黑龙江省龙兴集团公司签订《关于合作开发俄罗斯萨哈林州相关项目事宜会谈纪要》，与黑龙江兴邦国际资源投资股份有限公司签订“俄罗斯后贝加尔阿马扎尔纸浆工业联合有限公司项目建设框架协议”；先后跟踪老挝公路桥梁项目、俄罗斯布进而亚特共合国乌兰乌德市105地块房地产开发项目、蒙古国塞音赫博尔煤矿项目、俄罗斯后贝加尔阿马扎尔地区北极星纸浆工业联合有限公司项目生产及配套生活设施工程项目、俄罗斯萨哈林州房建项目、莫桑比克300公里公路项目。

企业管理。年内，集团公司取得铁道行业甲（Ⅱ）级设计资质，一公司取得市政公用工程施工总承包一级资质。开展管理提升活动，印发《中铁二十二局集团有限公司开展管理提升活动的实施意见》，通过第一阶段自我诊断总结报告，转入管理提升第二阶段，并下发管理提升活动第二阶段专项提升工作的实施方案。

经济责任管理。集团公司与各工程公司签订2012年生产经营责任状及年度中标铁路项目内部承包合同，年底各项指标经考核予以兑现。7月，集团公司对项目无合同及大包合同情况进行统计，8月依次召集集团公司沪昆、太兴、赣龙、金温铁路工程指挥部负责人和部分参建公司召开专题会，讨论研究有关工程大包合同或无合同的问题，并形成会议纪要。集团公司把变更补差作为提升工程项目经济效益的重要突破口，积极推进工程项目二次经营工作。2012年重点督导广珠、前扶、六沾、可门港、通灌、大郑等铁路项目的变更补差工作，多数项目进展顺利。加强收尾项目成本管理，编制印发《中铁二十二局集团有限公司收尾工程项目管理办法》，并成立收尾项目管理领导小组。

财务管理。继续深化全面预算管理，细化上缴款、管理费用、还贷、财务费用、利润等指标，促进企业管理提升。推进资金集中管理，集团公司选择5家银行作为资金集中管理协作银行，年内完成175个账户归集。积极拓宽融资渠道，以多种形式进行融资，保证公司资金需求。加大应收款清收力度，规避长期挂账给企业造成的潜亏及诉讼风险。加强财务监督，集团公司成立财务监察工作组织机构。深入开展“账表一体化”建设，集团公司投入80万元，全面升级总账系统和硬件系统。进一步规范收尾项目管理，堵塞项目后期管理漏洞，对达到收尾并账条件的项目，逐一撤销银行账号，清查项目资产，完善末次计量手续，强化债权债务清算、核实工作，移交财务账套，落实收尾责任。加大银企合作，扩大授信范围和额度。年内，集团公司增加中国铁建财务有限公司、浦发银行授信，与集团公司合作授信的银行达到12家，全部为信用担保。

审计工作。2012年完成审计项目8项。其中，经济责任审计3项；财务收支专项审计2项，竣工审计3项。全年提交审计报告13份，其中内控审计报告5份。 （万红梅）

【科技成果】 2012年，2项科研课题被股份公司立项，获资助经费50万元；集团公司立项科研课题26项，投入科研经费115万元。5项科技成果通过省部级鉴定、9项科技成果通过股份公司评审。其中，2项达到国际领先水平；4项达到国际先进水平；6项达到国内领先水平；2项达到国内先进水平。年内，5项科技成果获得省部级科学技术奖，10项工法被认定为省部级工法，获国家实用新型专利23项、著作权3项。全年集团公司参加企业“加计扣除”科研项目鉴定减免税收989万元。 （应爱武）

【党群工作】 党的工作。集团公司党委下辖二级党委38个、党总支8个、党支部303个，管理党员4786个，年内发展党员282人。开展基层组织建设年活动，273个基层党支部进行分类定级，被评定为好的255个、较好的17个、一般的1个。继续加强领导班子组织建设，严格考核，配齐配强各子公司领导班子，选拔补充集团公司机关部门缺岗职位。集团公司把“讲原则、重责任，加强党员领导干部思想作风建设”作为贯穿2012年工作的主线，出台《关于进一步加强党员领导干部思想作风建设的决定》，提升党员领导干部的思想作风素质，促进企业各项任务的完成。纪检监察工作。开展“党纪党规”专题学习活动，利用反面典型进行警示教育。开展以“廉荣贪耻”为主要内容的廉洁文化建设，加强廉洁风险防控、惩防体系建设。加强纪检监察机构与各部门、各单位的沟通协调机制，坚持反腐倡廉建设联席会议制度。继续开展效能执法监察，企业管理创效能力不断提升。加大责任追究和案件查办力度，严肃企业党纪政纪。全年受理群众来信来访13件次，重复4件，初核率100%，查清率100%；立案9件，结案9件，处理违规违纪人员27人。严肃追究管理中的失职渎职行为，年内妥善处理2起经营风险事件。全面启动“企检共建”活动，集团公司分别与北京市石景山区人民检察院和哈尔滨铁路运输检察院，签订共同预防职务犯罪工作企检共建协议。

工会工作。深化企务公开，拓展公开形式，强化公开效果，使广大职工的知情权、参与权得到有效保障。暖心工程作为维护职工经济权益的重要途径深入开展。2012 年落实“三不让”承诺，对 764 户困难家庭、138 名困难职工子女、47 名患大病职工进行生活补助，发放救助经费 220 万元。为进一步贴近企业管理和施工生产实际，认真总结“工程管理升级杯”劳动竞赛经验，修订竞赛方案及考评办法。所属各级工会结合单位实际，积极开展“百日大干”、“五比五创”、“三保两创一建”、“技术技能大赛”等竞赛活动，促进施工生产。开展以推广应用“一法三卡”工作法为主要内容的“安康杯”竞赛活动，推动劳动安全与劳动保护工作不断深化。年内，集团公司在全国职业病防治法普及教育活动中被评为最佳组织单位，连续第三年获全国“安康杯”竞赛优胜企业称号。职工之家建设坚持标准，常建常新，通过网络职工之家、“知音姐姐”热线、鹊桥会、“导师带徒”、大学生管理委员会等建家内容和形式，彰显各级工会组织对职工群众的关怀与呵护。

共青团工作。2012 年，集团公司开展“团支部创先争优公开承诺和团员创先争优公开承诺”、“提振信心保发展，凝聚力量促转型”形势任务教育和“强组织、增活力、创先争优迎十八大”主题活动；与沈阳铁路局联合，在吉图珲、通灌、松陶、大郑等项目部，开展“共建双优”（工程优质、干部优秀）活动；“五四”期间，开展“我的未来与企业同在‘五四’征文”和“向团组织说句心里话”短信征集活动。年内，孟庆凤获中央企业优秀共青团员称号，赖迪获北京市“青年岗位能手”标兵称号。 （万红梅）

【第一工程有限公司】 市政公用工程施工总承包一级，桥梁、隧道、土石方工程专业承包一级资质企业。公司驻北京市石景山区鲁谷路 86 号。董事长兼党委书记徐冬青，总经理杨金有。下辖设备经租分公司和 16 个工程项目部。职工 693 人。其中，干部 618 人；工人 75 人。技术干部 598 人，技术工人 75 人。资产总额 98426 万元。其中，固定资产原值 24632 万元、净值 8359 万元；流动资产 89841 万元。机械运输设备 189 台（套），原值 13766 万元、净值 4470 万元，总功率 29576 千瓦，动力装备率 42.37 千瓦/人，技术装备率 6.4 万元/人，设备完好率 80%、利用率 75%，机械化施工程度 85%。年施工生产能力 20 亿元。

2012 年新签合同额 100820 万元，完成企业总产值 166428 万元，其中施工产值 166428 万元。实现利润 864 万元。全员劳动生产率 240.16 万元/人年，人均创利 1.25 万元。职工年人均收入 6.2 万元。国有资产保值增值率 98.35%，净资产收益率 8.03%，资产负债率 89.65%，产值利润率 0.54%，应上缴款完成率 100%。完成主要实物工程量：土石方 1041 万立方米，桥梁 8001 延长米，涵洞 1782 横延米，隧道 4501 延长米，地铁 1365 米，公路制梁 375 片。工程质量合格率 100%。年内，公司被评为首都文明单位，领导班子获集团公司 2012 年度“四好领导班子”称号，连续 4 年获北京市“安康杯”劳动竞赛优胜奖。 （亓 哲）

【第二工程有限公司】 铁路铺轨架梁工程专业承包一级、土石方工程专业承包二级资质企业。公司驻北京市石景山区西山汇中关村石景山园实兴大街 30 号院 6 号楼 11、12 层。2004 年 3 月，由中铁工程集团公司线路工程处、机械化工程处呼准铁路工程指挥部和原中铁十八局集团四公司铺架分公司整合重组而成。董事长、总经理杜以军，党委书记吴延江。下辖整道分公司和 14 个项目部。职工 764 人。其中，干部 494 人；工人 270 人。技术干部 450 人，技术工人 144 人。资产总额 10.75 亿元。其中，流动资产 8.94 亿元；固定资产净值 1.81 亿元。机械运输设备 417 台（套），原值 27482 万元、净值 14511 万元，总功率 53571 千瓦，动力装备率 70 千瓦/人，技术装备率 35.94 万元/人。年施工生产能力 20 亿元以上。

2012 年新签合同额 84437 万元，完成企业总产值 118928 万元，实现净利润 817 万元。全员劳动生产率 39.48 万元/人年，人均创利 1.06 万元。职工年人均收入 58615 元。国有资产保值增值率 96.81%，净资产收益率 8.64%，产值利润率 0.69%，资产负债率 91.34%，应上缴款完成率 100%。完成主要实物工程量：路基土石方 4 万立方米，T 梁预制 293 孔、架设 862.5 孔，箱梁架设 269 孔，铺轨 298.8 公里，铺设道岔 118 组。年内，1 项科技成果获中国施工企业管理协会科学技术奖技术创新成果一等奖，2 项实用新型专利获国家授权。 （安凤琴）

【第三工程有限公司】 市政公用、房屋建筑工程施工总承包一级，铁路、公路、水利水电、地基与基础工程施工总承包二级，桥梁、钢结构、隧道工程专业承包一级，房地产开发、装修三级资质企业。1992 年 11 月成立，前身为中国铁道建筑总公司厦门办事处，2004 年 4 月并入集团公司，2005 年 7 月公司改制改称厦门中铁建设有限公司，2008 年 7 月更为现名。公司驻福建省厦门市观音山国际商务运营中心 11 号楼 22 层。董事长兼党委书记孙桐林，总经理邹德松。下辖高速公路事业部、房地产事业部、水利风电事业部，闽赣区域经营指挥部、南方区域经营指挥部、华东区域经营指挥部、川渝区域经营指挥部及各直属项目部。职工 919 人。其中，专业技术人员 337 人；专业技能人员 30 人。资产总额225714.9万元。其中,固定资产8244万元;流动资产216803.3万元。机械运输设备1016台(套),原值9563.45万元、净值565.89万元,总功率13757.9千瓦,动力装备率15.49千瓦/人,技术装备率10.76万元/人,设备完好率89%、利用率85%。年施工生产能力19亿元以上。

2012年新签合同额25.92亿元,完成企业总产值189831万元,实现利润3585.52万元。全员劳动生产率223万元/人年,人均创利47910元。职工年人均收入64295元。国有资产保值增值率137.58%,资产收益率29.58%,产值利润率2.45%,资产负债率93.49%,应上缴款完成率100%。完成主要实物工程量:土石方689万立方米,桥梁13456.83延长米,隧道14266.14延长米,涵洞793.11横延米,制梁754片,架梁594片,房屋建筑面积15.68万平方米。年内,3项工法被认定为省级工法。 (汪爱凤)

【第四工程有限公司】 公路、房屋建筑、水利水电、市政公用工程施工总承包一级,铁路工程施工总承包二级,隧道、公路路基、铁路铺轨架梁、桥梁工程专业承包一级,预应力工程专业承包二级资质企业。前身是中国人民解放军铁道兵第三十九团,组建于1958年;1984年1月集体转业并入铁道部,2001年10月企业改制改称中铁十八局集团第四工程有限公司,2004年3月企业整合重组,更名为中铁二十二局集团第四工程有限公司。公司驻河北省高碑店市和平路41号。董事长兼党委书记赵兴存(1月免)、杨忠孝(1月任),总经理王志才(1月免)、文路林(1月任)。下辖第一至第六指挥部、桥梁指挥部,南京、新疆办事处,医院、生活服务中心及13个项目部。职工3119人。其中,干部1784人;工人1335人。技术干部1380人,技术工人589人。资产总额189904万元,其中固定资产原值59270万元、净值26485万元。机械运输设备4042台(套),原值45380万元、净值17054万元,总功率162103千瓦,动力装备率51.97千瓦/人,技术装备率7万元/人,设备成新率38%。年施工生产能力30亿元以上。

2012年完成企业总产值260566万元,实现利润1503.9万元。职工年人均收入36495元。国有资产保值增值率106.84%,净资产收益率6.88%,产值利润率0.73%,资产负债率88.5%。年内,1项工程获国家优质工程银质奖,2项实用新型专利获国家授权。

(李 玲)

【第五工程有限公司】 市政工程施工总承包一级,公路工程施工总承包二级,房屋建筑工程施工总承包三级,隧道、土石方工程专业承包一级,公路路基、地基与基础工程专业承包三级资质企业。公司驻重庆市渝中区大坪正街140号。2006年3月成立,由中铁二十二局集团第四工程有限公司第三分公司和中铁二十二局集团重庆分公司重组而成。董事长兼党委书记张双智,总经理陈延军。下辖13个直属项目经理部,兼营北碚商场。职工633人。资产总额112067万元。其中,固定资产净值6760万元;流动资产105004万元。机械运输设备328台(套),原值6685.45万元、净值3886.25万元,总功率26149千瓦,动力装备率41.31千瓦/人,技术装备率10.56万元/人,设备完好率86.89%、利用率92.35%,机械化施工程度88%。年施工生产能力19.8亿元。

2012年新签合同额156785万元,完成企业总产值142691万元。实现利润814万元、净利润821万元。全员劳动生产率226.2万元/人年,人均创利1.3万元。职工年人均收入60425元。国有资产保值增值率112.16%,净资产收益率12.02%,产值利润率0.57%,资产负债率93.84%,应上缴款完成率107.51%。完成主要实物工程量:土石方299.49万立方米,桥梁2581.2延长米,隧道11624.7延长米,涵洞451.94横延米,制梁189孔,架梁154孔,房屋建筑面积56084.56平方米,铺轨6.7公里。年内,2项QC成果获全国工程建设优秀QC小组活动成果奖,2项科技成果分别获中国施工企业协会科学技术奖技术创新成果二等奖和重庆市科技成果二等奖,1项工法被认定为部级工法,2项实用新型专利获国家授予;公司获重庆市建筑业AAA级诚信企业称号。 (陈灵玲)

【第六工程有限公司】 房屋建筑、市政公用工程施工总承包一级,建筑装修装饰、钢结构、消防设施、机电设备安装工程专业承包一级资质企业。公司驻天津市滨海新区塘沽新北路4668号。2004年4月,由原哈尔滨铁路建设集团第一、二、四公司和锅炉公司、装饰公司整合重组而成。董事长、党委书记杨刚,总经理栗尚明。下辖12个直管项目部及安装公司、电力公司、装饰公司、轨道板安装公司、设备经租中心、多集经管理中心、劳务中心和北京办事处。职工2584人。其中,全民职工1459人;集体职工1125人。全民职工中,干部968人,工人491人;技术干部838人,技术工人300人。资产总额161438万元。其中,固定资产原值9009万元、净值4201万元;流动资产155134万元;非流动资产6304万元。机械运输设备674台(套),原值7243万元、净值3564万元,总功率22928千瓦,动力装备率15.7千瓦/人,技术装备率24427.7元/人,设备完好率82%、利用率80.2%。年施工生产能力25亿元以上。

2012 年新签合同额 201402 万元，完成企业总产值 189014 万元，实现利润 1775 万元、净利润 1302 万元。全员劳动生产率 123.8 万元/人年，在岗职工人均年收入 35472 元。国有资产保值增值率 113.38%，净资产收益率 13.06%，产值利润率 0.94%，资产负债率 93.67%，应上缴款完成率 100%。完成主要实物工程量：土石方 420.625 万立方米，桥梁 9519 延长米，隧道 1288 延长米，房屋建筑面积 16.37 万平方米。工程验交合格率 100%。年内获省级优质工程 3 项；公司第 6 次获全国优秀施工企业称号，连续 7 年被评为哈尔滨市建设系统安全管理先进单位，被评为黑龙江省施工企业信用评价优秀企业。（李怀志）

【哈尔滨铁路建设集团有限责任公司】 铁路、房屋建筑、市政公用、公路工程施工总承包一级，桥梁工程专业承包一级，机电设备安装、铁路铺轨架梁、钢结构工程专业承包二级资质企业。公司驻黑龙江省哈尔滨市南岗区西大直街 113 号。前身系哈尔滨铁路工程总公司，2002 年 1 月企业改制改称哈尔滨铁路建设集团有限责任公司，2003 年 10 月划归中铁二十二局集团有限公司管辖。董事长、总经理周振兴，党委书记刘滨。下辖绥化第三工程分公司、佳木斯第五工程分公司、机械化工程分公司、混凝土分公司，郑州分公司、物资设备租赁中心、国外分公司。职工 3903 人。其中，全民职工 2713 人；集体职工 1190 人。全民职工中，干部 1167 人，其中技术干部 1124 人。资产总额 246951 万元。其中，固定资产原值 22475 万元、净值 12407 万元；流动资产 231613 万元。机械运输设备 166 台（套），原值 3663 万元、净值 1397 万元，总功率 40130 千瓦，动力装备率 14.79 千瓦/人，技术装备率 6.24 万元/人，设备成新率 58%。

2012 年新签合同额 227129 万元，完成企业总产值 368313 万元，实现利润 314 万元。全员劳动生产率 15.51 万元/人年。国有资产保值增值率 101.19%，净资产收益率 1.26%，产值利润率 0.1%，资产负债率 97.15%，应上缴款完成率 100%。完成主要实物工程量：土石方 305 万立方米，桥梁 2838 延长米，隧道 1380 延长米，制梁 1174 片，正线铺轨 12 公里，铺道砟 2.18 万立方米，房屋建筑面积 28222 平方米。（高 成）

【电气化工程有限公司】 通信工程施工总承包三级，铁路电气化、铁路电务、建筑智能化、机电设备安装工程专业承包一级，送变电工程专业承包三级，电监会承装、承修三级资质企业。前身系中铁工程集团有限公司电务工程处，2004 年 4 月与哈尔滨铁路建设集团有限责任公司电务工程段合并重组而成，2005 年 11 月更为现名。公司驻北京市丰台区太平桥路 15 号。董事长、总经理曲宝臻，党委书记王峰。下辖哈尔滨电务分公司、北京分公司、新能源公司、试验室、通信中心及若干直属项目部。职工 680 人。其中，干部 443 人；工人 237 人。技术干部 333 人，技术工人 168 人。资产总额 54160 万元。其中，固定资产净值 3791.99 万元；流动资产 49854.05 万元；其他资产 513.96 万元。机械运输设备 192 台（套），原值 2951.21 万元、净值 1299.11 万元，总功率 8707 千瓦，动力装备率 12.8 千瓦/人，技术装备率 1.91 万元/人，设备完好率 96.8%、利用率 72%、成新率 44%。年施工生产能力 9 亿元。

2012 年新签合同额 88739 万元，完成企业总产值 67281.57 万元，实现净利润 911 万元。全员劳动生产率 51.93 万元/人年，人均创利 1.79 万元。职工年人均收入 10.6 万元。国有资产保值增值率 102.75%，净资产收益率 12.49%，产值利润率 3.15%，投资回报率 2.81%，资产负债率 87.71%，应上缴款完成率 101.24%。完成主要实物工程量：站场土石方 81.8 万立方米，通信线路 249.67 公里，电气化接触网 45.63 公里，电力线路 176.3 公里，联锁道岔 120 组，信号线路 128.2 区间公里。（石慧敏）

【北京中铁天瑞机械设备有限公司】 主要经营范围包括：国际贸易，国际物流，进口机械设备整机、配件销售及设备维修，研发制造，国内国际招标，拥有自主进出口权。公司驻北京市复兴路 40 号。董事长、党委书记徐政志，总经理吴烨。职工 107 人。其中，干部 100 人；工人 7 人。资产总额 21847 万元，其中固定资产原值 891 万元、净值 353 万元。

2012 年实现营业收入 17012 万元，实现利润 586 万元、净利润 500 万元。国有资产保值增值率 117.58%，净资产收益率 15.61%，产值利润率 3.44%，资产负债率 83.7%，应上缴款完成率 100%。

（张 艳）

【北京天瑞泰投资有限公司】 主要从事投资管理、房地产开发、信息质询、物业管理和资产管理。成立于 2003 年 1 月，2007 年 4 月成为集团公司的法人独资子公司。公司驻北京市石景山区石景山路 35 号。董事长徐才宝，总经理赵成堂，党委书记宁卫东。职工 58 人。资产总额 2693.67 万元。其中，固定资产 42 万元；流动资产 2114 万元。

2012 年完成产值 1248 万元，实现利润 13.55 万元、净利润 10.08 万元。国有资产保值增值率

92.17%，净产值收益率3.37%。（苏合领）

【铁路运营指挥部】 1998年10月组建，代表中国铁建全面负责中国铁建系统铁路运营单位与铁道部、神华集团等单位的协调工作。2004年划归集团公司管理。指挥长杨继彤。职工4人。办公地点分别设在北京总公司机关和神朔铁路神木北车站。

2012年完成运送重车15060列、货运量7046万吨，货物周转量922288万吨公里。机车平均运用率94.3%、全周时11.7小时。（杨继彤）

【重要记载】

▲2月15～18日　集团公司在北京召开党委二届二次全委会、二届三次职工代表大会暨2012年工作会、党风建设和反腐倡廉工作会议。

▲5月16日　在中国参加商务活动的伊朗贸易促进会副会长默罕默德·萨尔一行，在伊朗驻华大使馆商务参赞哈米德·法拉哈里及中国国际跨国公司促进会副秘书长宋卫东等陪同下到集团公司考察。集团公司总经理司家海等亲切接见代表团一行，并进行友好会谈。

▲5月30日　集团公司党委在北京召开二届三次全委（扩大）会暨第四次党建创新工作会议。会议通过《关于进一步加强党员领导干部思想作风建设的决定》，并决定在集团公司深入开展“讲原则、重责任”主题教育活动。

▲6月6日　股份公司副总裁刘汝臣到集团公司承建的津秦铁路项目管段视察滨海北站、滨海站、轨道板安装施工现场。

▲6月19日　股份公司副总裁夏国斌视察集团公司承建的哈齐铁路客运专线项目松花江特大桥工程。

▲9月12～20日　集团公司董事长刘国志带队，与中铁第四勘察设计院组成联合考察组，赴俄罗斯参加俄罗斯贝加尔湖经济论坛会议。会议期间，考察集团公司跟踪的俄罗斯项目。

▲10月22日　集团公司与黑龙江龙兴集团公司签订《关于合作开发俄罗斯萨哈林州相关项目事宜会谈纪要》，与黑龙江兴邦国际资源投资股份有限公司签订“关于俄罗斯后贝加尔阿马扎尔纸浆工业联合有限公司项目建设框架协议”。

▲11月30日　集团公司中标贵州省茅台酒厂扩建技改工程总承包项目，合同投资126亿元，计划工期2012年11月30日～2014年11月29日。

（万红梅）

中铁二十三局集团有限公司

【简况】 中铁二十三局集团有限公司是铁路工程施工总承包特级，公路、市政公用、水利水电、房屋建筑、机电安装、矿山工程施工总承包一级，援外工程A级，桥梁、隧道、公路路面、公路路基、钢结构、爆破与拆除、城市轨道交通工程专业承包一级，混凝土预制构件、铁路电务工程承包二级，铁道行业甲（Ⅱ）级设计资质企业；同时具有对外经营权。集团公司总部驻四川省成都市二环路西二段10－1号。2004年3月由原中铁路桥集团有限公司、齐齐哈尔铁路建设集团有限公司、中铁十四局集团第一工程有限公司、中铁十五局集团第三工程有限公司整合重组而成。下辖12个子公司，8个区域指挥部，1个研究设计院。职工13191人。资产总额154.47亿元，其中，固定资产原值31.93亿元、净值17.32亿元；流动资产130.45亿元；其他资产24.12亿元。机械运输设备9676台（套），原值179743万元、净值78145万元，总功率28.8万千瓦，动力装备率5.9千瓦/人，大型设备完好率88%、利用率77%。年施工生产能力200亿元以上。

2012年承揽工程任务108项，新签合同额179.19亿元，完成企业总产值131.97亿元，实现利润0.07亿元。全员劳动生产率33.79万元/人年，人均创利0.06万元。职工年人均收入25150元。国有资产保值增值率99.91%，净资产收益率0.4%，产值利润率0.053%，资产负债率89.25%。在建铁路工程34项、铁路外工程74项，完成主要实物工程量：土石方3568万立方米，隧道48733延长米，桥梁48417延长米，正线铺轨250公里，站线铺轨67公里，铺道岔45组，铁路梁预制3677片，高速铁路制梁379片，铁路架梁1778孔，铁路轨枕预制72万根，公路39公里，公路梁预制4769片，公路架梁3164片。年内，集团公司获国家优质工程银质奖3项、火车头优质工程奖3项，3个QC小组被评为全国工程建设优秀质量管理小组，4个QC小组被评为铁道部优秀质量管理小组；集团公司再次获得全国五一劳动奖状，连续第5年获全国“安康杯”竞赛优胜单位称号；1人获得全国五一劳动奖章，1人被评为全国五一巾帼标兵。（孙　帆）

【领导人员】

董事会

董事长	李洪奇(7月退休)
	徐明新(7月任)
副董事长	千天成(10月退休)
董事	李洪奇(7月退休)
	陈　涛
	千天成(10月退休)
	田宝华
	高　峰(5月退休)
	张庆军
监事会	
监事会主席	李洪安
监事	李洪安
	夏福彬
职工监事	张子健
经理层	
总经理	徐明新
副总经理	田宝华
	袁全祥
	张庆军
	丁维利(7月免)
	杨　鑫
	钱振地
	师文有
	刘衍堂
	王　武
	孙秀安
	肖红武(10月任)
总工程师	田宝华
总会计师	孙秀安
党群领导	
党委书记	陈　涛
党委副书记	李洪奇(7月退休)
	徐明新
	千天成(10月退休)
纪委书记	李洪安
工会主席	高　峰(5月退休)

(高　燕)

【主要工程项目指挥机构】 向莆铁路工程指挥部　驻福建省永泰县塔山路32号农业局院内。指挥长袁全祥,党委书记孙国臣。

贵广铁路工程指挥部　驻广西壮族自治区桂林市阳朔县田园路1号。常务副指挥长袁勇,党委书记钟勇。

石武铁路客运专线项目经理部　驻湖北省大悟县泉水路财政局农税干部培训中心。项目经理白毅平,党委书记陈哲华。

南广铁路项目经理部　驻广东省德兴县龙母大街县委党校。常务副经理任平,党委书记徐守新。

厦深铁路工程指挥部　驻广东省惠东县太阳坳工业园A栋14号。指挥长李武士,党委书记阎明。

兰渝铁路工程指挥部　驻重庆市北碚新区碚南大道88号军都酒店6楼。指挥长李建军,党委书记李胜宝。

六沾铁路增线工程指挥部　驻云南省宣威市乐半乡新村。指挥长刘顾集。

沪昆铁路客运专线工程指挥部　驻贵州省贵阳市乌当区新添大道南方汇通公司生活园区。指挥长赵永明,党委书记王恩和。

哈齐铁路客运专线工程指挥部　驻黑龙江省齐齐哈尔市站前大街180号。指挥长周才华,党委副书记袁再全。

湘桂铁路扩改工程V标段工程指挥部　驻广西壮族自治区永福县临桂公路养护段。指挥长张教材,党委书记赵文华。

格鲁吉亚第比利斯绕城铁路项目经理部　项目经理倪修泉,党委书记谢文惠。　(古　艳)

【职工队伍】 职工13191人。其中,管理人员6714人;工人6477人。工程技术人员4162人,占管理人员的61.99%。专业职务:高级职务553人,中级职务1393人。技术工人5268人,占工人总数的81.3%。2740人获得国家职业资格证书。其中,高级技师70人;技师392人;高级工1476人。　(郭书军)

【铁路工程施工】 新建向塘至莆田铁路XPFJ-10标段工程　位于福建省莆田市境内。标段长26.5公里,合同投资151695万元,合同工期2008年8月~2011年12月。主要实物工程量:路基土石方45万立方米,大桥4座947.68延长米,隧道5座46504.82延长米,斜井4座7792.67延长米,涵洞6座332.33横延米,永临电力26.051公里,轨道工程44公里。截至2012年底,开工累计完成投资166543万元,占合同投资的99.3%。年内,项目主体工程全部完成,剩余部分附属工程。

新建贵州至广州铁路站前GGTJ-7标段工程　位于广西壮族自治区桂林市境内。标段长94.05公里,合同投资526640万元,合同工期2008年12月~2012年11月。主要实物工程量:路基土石方884万立方米,桥梁58座29785.79延长米,预制架设箱梁679孔,涵洞108座2972.5横延米,隧道23座43652延长米。截至2012年底,开工累计完成投资400750万元,占合同投资的76.1%。

新建南宁至广州铁路站前 NGZQ－7 标段工程 位于广东省德庆县境内。标段长 71.49 公里，合同投资 377940 万元，合同工期 2009 年 3 月～2011 年 11 月。主要实物工程量：路基土石方 911 万立方米，桥梁 43 座 10364 延长米，现浇箱梁 292 片，涵洞 78 座，隧道 45 座 43815 延长米。截至 2012 年底，开工累计完成投资 393674 万元，占合同投资的 98.8%。

厦深铁路 XSGZQ－9 标段工程 位于广东省汕尾市、惠州市境内。标段长 51.56 公里。合同投资 215257 万元，合同工期 2008 年 9 月～2011 年 2 月。主要实物工程量：桥梁 22 座 15711 延长米，隧道 12 座 21081 延长米。截至 2012 年底，厦深铁路主体工程基本完成。

新建铁路大瑞线大理至保山段站前 2 标段工程 位于云南省大理州境内。标段长 32 公里，合同投资 90129 万元，合同工期 2008 年 6 月～2013 年 5 月。主要实物工程量：路基土石方 303 万立方米，桥梁 12 座 2890 延长米，涵洞 6 座 103 横延米，隧道 6 座 25232 延长米。截至 2012 年底，开工累计完成投资 50248 万元，占合同投资的 55.8%。

新建兰渝铁路引入重庆枢纽工程 位于重庆市北碚区。标段长 48.52 公里，合同投资 217369 万元，合同工期 2009 年 7 月～2013 年 1 月。主要实物工程量：区间路基及站场土石方 2528 万立方米，桥梁 12 座 4520 延长米，涵洞 124 座 8984 横延米，改建既有隧道 3 座 2312 延长米，新建隧道 4 座 6209 延长米，正线铺轨 51.66 公里，站线铺轨 178.49 公里，房屋建筑面积 96068 平方米。截至 2012 年底，开工累计完成投资 193766 万元，占合同投资的 85.1%。

湘桂铁路 XG－5 标段工程 位于广西壮族自治区桂林市境内。标段长 54.75 公里，合同投资 206546 万元，合同工期 2009 年 3 月～2012 年 3 月。主要实物工程量：区间路基及站场土石方 681 万立方米，涵洞 167 座 3859 横延米，桥梁 27 座 9861 延长米，隧道 8 座 11140 延长米，无砟轨道 12.484 公里。截至 2012 年底，开工累计完成投资 206367 万元，占合同投资的 99.7%。

哈齐铁路客运专线 HQTJ5 标段工程 位于黑龙江省齐齐哈尔市境内。标段长 26.5 公里，合同投资 208791 万元，合同工期 2009 年 10 月～2014 年 9 月。主要实物工程量：区间站场及路基 293.55 万立方米，特大桥 2 座 19673 延长米，框架涵 20 座，公路桥 2 座，轨道板 4.5 万块，轨道板铺设 136 公里。截至 2012 年底，开工累计完成投资 104176 万元，占合同投资的 49.9%。

新建渝利铁路铺架工程 位于重庆市北碚区。标段长 296 公里，合同投资 259593 万元，合同工期 2010 年 8 月～2013 年 1 月。主要实物工程量：铁路梁预制、铺架 2606 孔。截至 2012 年底，开工累计完成投资 113261 万元，占合同投资的 43.6%。

新建沪昆铁路客运专线贵州段站前 CKGZTJ－6 标段工程 位于贵州省贵定县境内。标段长 56.55 公里，合同投资 435800 万元，合同工期 2010 年 10 月～2013 年 11 月。主要实物工程量：路基 5.546 公里，隧道 23 座 34275 延长米，桥梁 33 座 16728 延长米，涵洞 17 座 421.72 横延米，制架梁 424 孔，无砟轨道 114.016 公里。截至 2012 年底，开工累计完成投资 228220 万元，占合同投资的 52.4%。

改建铁路贵昆线六盘水至沾益段增建第二线铺轨架梁工程 位于贵州省六盘水境内。标段长 124.9 公里，合同投资 65327 万元，合同工期 2010 年 1 月～2012 年 3 月。主要实物工程量：架梁 848 孔，正线铺轨 199 公里，站线铺轨 74 公里，铺道床 56 万立方米，新铺道岔 273 组；改建拆除线路 45 公里，重铺线路 8.7 公里；拆除道岔 183 组，重铺道岔 34 组。截至 2012 年底，开工累计完成投资 61103 万元，占合同投资的 93.5%。

新建山西中南部铁路通道汤阴东至日照南段 ZNTJ－21 标段工程 位于山东省日照市境内。标段长 29.65 公里，合同投资 79495 万元，合同工期 2010 年 9 月～2013 年 12 月。主要实物工程量：土石方 473 万立方米，双线特大桥 4 座 10381 延长米，双线大桥 2 座 519 延长米。截至 2012 年底，开工累计完成投资 28493 万元，占合同投资的 35.8%。

改建铁路滨绥线牡丹江至绥芬河段扩能改造Ⅱ标段工程 位于黑龙江省大庆市境内。标段长 44.55 公里，合同投资 163500 万元，合同工期 2010 年 5 月～2013 年 10 月。主要实物工程量：路基土石方 257 万立方米，桥梁 15 座 6585 延长米，架梁 18 孔，框构桥 5 座 1395 平方米，涵洞 50 座 1342 横延米，隧道 6 座 9396 延长米，铺道砟 12 万立方米，铺轨 13.6 公里，铺道岔 46 组，房屋建筑面积 21398 平方米。截至 2012 年底，开工累计完成投资 97131 万元，占合同投资的 59.4%。

（闫辰骞）

【铁路外工程施工】 新疆 S215 线三岔口至莎车高速公路第 SS－1 标段工程 位于新疆维吾尔族自治区喀什地区莎车县境内。标段长 53.668 公里，合同投资 158411.84 万元，合同工期 2011 年 6 月～2013 年 11 月。主要实物工程量：路基土方 400 万立方米，沥青混凝土路面 128 万平方米；大中桥 4 座、小桥 5 座，涵洞 99 座，巴楚互通 1 座，分离式立交 5 座，通道桥 19 座，收费站1处,停车区1处;波形钢板护栏144155米,隔离栅109149.6米,公路标线54435平方米。截至2012年底,开工累计完成投资75761万元,占合同投资的47.8%。

岳阳至宜昌高速公路石首至松滋段一期土建JNTJ-1标段工程　位于湖北省公安县境内。标段长42.9公里,合同投资191587.22万元,合同工期2011年8月~2013年12月。主要实物工程量:预制梁5617片,现浇梁(含悬灌)162孔,桩基3521根;路基土石方451万立方米,软基处理13.93公里;涵洞通道109座;主线收费站1处,匝道收费站2处,服务区1处。截至2012年底,开工累计完成投资88910万元,占合同投资的46.5%。　　(闫辰骞)

【**海外工程施工**】　2012年,集团公司在建海外工程3项。因利比亚爆发国内战争,集团公司利比亚南北铁路工程施工人员全部撤离回国。

格鲁吉亚第比利斯绕城铁路工程　全长38.69公里,合同投资215500万元人民币,合同工期2010年8月~2013年8月。主要实物工程量:路基土石方1035万立方米,桥梁26座1524.8延长米,隧道4座3606延长米,通道及涵洞30座1825.2横延米,辅轨101.3公里,房屋建筑面积35600平方米。截至2012年底,开工累计完成投资128377万元,占合同投资的59.6%。

格鲁吉亚现代化铁路改造工程　全长61.3公里,合同投资219228万元人民币,合同工期2011年9月~2015年4月。主要实物工程量:路基土石方495.6万立方米,桥梁21座2511.3延长米,隧道12座15300延长米,通道及涵洞70座1779.52横延米,圬工62.51万立方米。截至2012年底,开工累计完成投资20291万元,占合同投资的9.26%。　　(闫辰骞)

【**经营管理**】　工程承揽。2012年,在国内铁路市场被停牌,铁路外市场规模萎缩,全局经营工作面临巨大挑战的情况下,按照集团公司提出的"巩固传统市场,积极开拓水生态治理和环境市场,拓展海外市场"的经营新思路、新理念,认真贯彻落实"三个坚定不移"和"四步走"的发展战略,通过实施"区域经营、低成本经营、差异化竞争经营"的经营战略,全年承揽工程108项,新签合同额179.19亿元。其中,铁路工程5.77亿元;公路工程55.15亿元;市政工程19.99亿元;水利水电工程4.17亿元;房建工程31.21亿元;城市轨道工程16.94亿元;工业制造13.54亿元;二次经营19.13亿元。年内,集团公司加强区域经营平台建设,先后成立8个区域经营指挥部、2个办事处。其中,华南指挥部承揽公路工程10.8亿元,西北指挥部承揽工程5亿元。加快产业结构调整,集团公司成立中铁建生态环境公司,签订相关战略合作协议30亿元以上。积极参与股份公司资本运营市场及其他领域经营。年内,承揽股份公司BT项目青岛蓝色硅谷交通配套工程10.15亿元,实现低成本战略经营;承揽声屏障项目、煤矿剥离和城乡统筹示范产业园等工程28亿元。加大与中央企业的战略合作力度,年内与东汽集团、伊泰集团、天津正信集团签订战略合作协议。

工程管理。坚持"项目创效第一"、"法人管项目"理念,不断提升项目管控水平。2012年,集团公司以铁路项目"大清理、大整改、大提高"活动为契机,积极清理整顿中介合作施工队伍,逐步实现在建工程规范化、标准化、效益化管理,保证在建工程安全生产。年内,集团公司在沪昆铁路客运专线建设工程施工企业信誉评价中两次获得第一名;承建的向莆铁路工程提前完成无砟轨道板铺设,受到业主嘉奖;承建的石武、哈西铁路客运专线坚持精准调试,确保按期通车;集团公司连续5年被评为全国"安康杯"竞赛示范单位。加强成本预测管理,深入进行项目策划,提高项目精益化管理水平。在2012年面临巨大资金压力的情况下,局处两级班子、两级项目克服一切困难,保安全、保质量、保进度、保效益、保信誉,确保重难点工程按期有序推进。承建的兰渝铁路新歌乐山隧道、亚洲第一铁路长桥——朝阳嘉陵江大桥卡控点胜利攻克,四川雅西高速干海子特大桥实现通车,创造4个世界第一:世界上第一座最长的全钢管混凝土桁架梁桥,世界上第一座最高的钢管混凝土格构桥墩、组合桥墩、混合桥墩,世界上同类结构中单联最长的连续结构梁,世界上第一次全面采用钢纤维混凝土施工。

财务成本管理。2012年,集团公司改进和完善绩效考核体系,引导生产经营向重视效益、重视资金流的方向发展,加大利润、上缴款指标权重,运用信息化管理平台,加强直属项目竣工后管理,严格非生产性开支,预算控制作用明显,先后出台《建立节约型企业的若干规定》《财务报销管理制度》等规章制度,严格控制差旅费、招待费支出,制定集团公司指挥部间接费开支指标,加大重大事项管控,提高财务监控能力。积极推进融资渠道创新,针对2012年经济运行过程中遇到的重重困难和种种问题,集团公司利用国家大力推动科技创新优惠政策,合理争取财政补贴,全年获得各类补贴和贴息贷款112万元;同时加大清收清欠工作力度,建立"谁欠谁收,权责挂钩,定期考核,严格奖罚"的清收工作机制,有效缓解资金压力。加强成本和项目管理,深化二次经营,强化三次经营,集团公司完成变更索赔191300万元;督导检查所属单位二次创效责任书落实情况,重新与直属铁路项目签订经济责任状,深化责任成本管理。按照“做实基础,把控关键,主动协调,防范风险”的原则,积极配合外部审计,集团公司派出工作组深入所属铁路项目,指导、协助自查自检和规范整改,加强与审计组、业主的沟通协调,项目部顺利通过审计。

安全质量。2012 年,集团公司开展“打非治违”、危爆物品安全检查、坍塌事故专项整治、汛期安全、高速铁路风雨棚整治、冬季施工安全等专项活动,有力地促进了安全生产工作。年内安全监督检查工程项目 100 余个,查找项目管理中的薄弱环节,落实安全生产责任制,闭合责任链,提高项目安全管控管理水平,全年未发生职工因工死亡和重伤事故。工程质量稳定可控,全年单位工程验交合格率 100%、产品出厂合格率 100%,承建的郑西铁路客运专线渭南渭河特大桥、成昆铁路货车外绕线工程绕城双线特大桥和国道主干线(GZ40)云南水富至麻柳湾高速公路工程获国家优质工程银质奖,4 项工程获省部级优质工程奖;3 个 QC 小组被评为全国工程建设优秀 QC 小组,获省优秀 QC 成果 5 项,集团公司被评为四川省安全文化建设示范企业。 (娄 华 闫辰骞 覃山力 孔 竹 乔 宏)

【科技开发】 2012 年,集团公司坚持“自主创新,重点跨越,支撑发展,引领未来”的科技工作方针,加大高速铁路、特长隧道、特殊环境桥梁、城市轨道交通等施工领域关键技术研究,取得一批拥有自主知识产权的科技成果。积极关注政府支持、帮扶施工企业科技创新体系的相关信息,全年获得科技补贴 20 万元。加快科技成果转化,提高企业市场竞争力。集团公司“CRTSIII 型无砟轨道板研制及路基纵连板施工维修技术的研究”等两项成果获四川省科学技术三等奖,“成都至都江堰铁路无砟轨道工程设计优化”技术成果获铁道学会科学技术二等奖,“系杆拱桥异位现浇横移施工技术”等 3 项成果获中国施工企业管理协会科学技术奖,“钢管桁架连续梁桥单元节段制造工法”等 9 项工法被认定为四川省省级工法,“严寒地区桥梁现浇大体量混凝土冬期施工技术”等两项成果达到国内领先水平,“冲抓成孔咬合桩施工技术”成果达到国内先进水平。截至年底,集团公司获省部级以上工法 42 项,其中国家级工法 4 项。 (霍 莉)

【工程公司建设】 正确定位工程公司专项优势和发展方向,坚持推进集团公司战略规划,坚持“五有”标准,即有规模、有能力、有效益、有文化、有市场,落实“四给”政策,即给能力、给政策、给压力、给服务,促进工程公司做专做强,坚持专业化发展,以干为主,以干促揽。增强工程公司施工主体责任意识,切实加强施工安全管理,提高工程质量;强化工程公司责任成本中心意识,逐级细化责任成本预算,积极挖潜增效,体现企业价值创造能力。坚持工程公司领导班子监督考核制度,增强勤政廉洁从业意识。加强工程队、架子队健身,提高工程公司自主施工能力,组织专业化架子队、工程队,建立劳务班组、劳务人员承包等管理制度。工程公司加强与中西部地区县乡政府联系,逐步建立稳定可靠的劳务基地。 (孙 帆)

【党群工作】 党的工作。2012 年,集团公司党委坚持以科学发展观为指导,以理顺项目管理、提升创效能力为目标,以宣贯集团公司新班子的新理念、新思路为重点,加强和改进政治工作,积极组织、发动各级党组织、全体党员和广大干部职工,与企业共克时艰,创先争优,建功立业,为全面实现“四年发展”目标奠定基础。(1)领导班子建设。倡导“务实、简约、创效、执行”的工作作风,提出“一年稳定,二年好转,三年起步,四年发展”的工作思路,以创效为目标,以项目管理为重点,强化执行力。(2)创先争优活动。集团公司党委深化创先争优活动,以党组织和党员岗位承诺为载体,以党工共创、党团共创为基本形式,着力构建党内创先争优,带动全员创先争优的长效机制。以管理提升为重点,认真开展“基层组织建设年”活动和“三学三强”素质提升工程,推行党建工作目标管理和项目党建标准化,进一步规范子公司、局指挥部、项目部的领导班子议事规则和“三重一大”问题集体决策制度,党建工作的制度体系进一步健全。在庆祝建党 91 周年之际,集团公司党委从子公司建设、项目创效、重难点工程攻坚克难、安全质量管理等不同侧面,推出一批创先争优的先进集体和个人典型。其中,轨道公司的“三全”创先争优经验被股份公司作为典型推广;一公司的项目党建、沪昆指挥部的打造“红色方阵”、八公司的“打拼文化”和“领导接待日”、“党群活动日”等做法受到股份公司检查组好评;三公司海外项目党建多次受到股份公司的肯定。二公司哈西项目,四公司湘桂项目、雅克夏雪山隧道及哈齐、石武、贵广、南广、厦深等项目党组织,在施工中攻坚克难,发挥坚强的堡垒作用。年内,集团公司被评为全国企业党建工作先进单位,4 个党组织分别被四川省委、四川省国资委评为创先争优先进基层党组织。(3)宣传思想工作。围绕新班子提出的新理念、新思路,各级党组织深入开展形势任务教育和“管理效益年”等活动,集中宣传创效典型 17 人。围绕生产经营中的亮点,加强对外宣传。2012 年,集团公司在 167 家媒体刊播稿件 7163 篇(幅)。其中,国家级媒体 695 篇(幅);省部级媒体 4224 篇(幅)。干海子特大桥建成、雅克夏雪山隧道贯通、兰渝铁路嘉陵江大桥合龙等报道，先后在中央电视台14次播出、新华社4次发通稿。及时采取有效措施迅速化解16起突发新闻事件和网络危机，最大限度地维护了企业形象。(4)党风廉政建设。各级纪检监察组织紧贴中心、服务大局，以“从业廉为荣”主题教育活动为载体，推进廉洁文化建设，增强领导人员自律意识。建立“三早”预警机制，以关心、爱护、保护干部为出发点，把领导人员的作风建设纳入“早发现、早提醒、早纠正”的范围，防范于未然。坚持以“创效第一”为主题，突出效能监察，2012年查出违规资金140余万元，避免和挽回经济损失600余万元，节约资金5000余万元。发挥惩防功能，加大查办案件力度，全年受理举报线索15件，立案9件，24人受到纪律处分。

工会工作。集团公司工会下辖工程公司工会9个，工会会员13249人，专兼职工会干部184人，工会小组400个。2012年，以“融入中心，服务大局，履职履责，深化维权”为主题，强化工会组织自身优势，为推进企业和谐发展作出积极贡献。一是开展劳动竞赛活动，集团公司连续4年被评为全国“安康杯”竞赛优胜单位，4个单位获四川省“安康杯”竞赛优胜单位称号。二是履职履责，在构建和谐企业中彰显作为。全年筹集“三不让”资金314.74万元，年内助学、助医、助困支出80.33万元。“金秋助学”活动筹集资金18.38万元，帮扶困难职工(含农民工)子女137名。夏季送清凉活动筹集慰问资金89万余元，慰问一线职工和农民工9769人。一公司工会被评为四川省工会帮扶工作先进集体，两名工会干部获四川省工会帮扶工作先进个人称号。三是加强民主管理，深化企务公开，有效履行集体合同。各级工会认真坚持职代会制度，不断规范职代会程序和议程，签订“集体合同”、“女职工专项集体合同”和“工资集体协商专项合同”。年内，各级工会征集处理职工代表提案485条，民主评议领导干部178名。2012年，集团公司获得全国五一劳动奖状，沪昆指挥部指挥长赵永明获得全国五一劳动奖章；三公司雅泸项目部获全国“工人先锋号”称号；一公司获得四川省五一劳动奖状；一公司沪昆项目部获四川省“工人先锋号”称号。

共青团工作。2012年以“助力转型发展，展青年风采，发挥品牌效应”为主题，紧紧围绕企业转型升级、结构调整为契机，以集团公司第二次团代会顺利召开为起点，全面加强和改进团的自身建设，进一步强化广大团员青年服务意识，切实履行新时期企业共青团的根本职责。开展“活力建设年”、“立足岗位，展现青春风采”、“开展科技创新”，“青年文明号”项目部创建等主题实践活动，激励各级团组织和广大团员青年争作为、比贡献，展风采、树形象。年内，1名团干部被股份公司评为优秀团干部，集团公司雅泸高速公路C20项目部获股份公司“青年文明号”称号，集团公司团委被评为中央企业五四红旗团委。

(周裕君　白传晓　张金君)

【第一工程有限公司】 公路、市政公用工程施工总承包一级，铁路、房屋建筑、水利水电工程施工总承包二级，公路路基、公路路面、桥梁、隧道工程专业承包一级，机场场道、堤防工程专业承包二级资质企业。公司驻山东省日照市黄海二路65号。前身系中国人民解放军铁道兵第四师第十六团，1984年1月1日集体转业并入铁道部，改编为铁道部第十四工程局第一工程处；1999年12月1日改称中铁第十四工程局第一工程处，2001年11月16日改称中铁十四局集团第一工程有限公司，2004年2月3日企业整合重组为中铁二十三局集团第一工程有限公司。执行董事、党委书记曹德岗，总经理惠希文。下辖3个机械化施工公司、2个隧道公司、4个工程队，桥梁公司、混凝土机械化施工公司、铁鑫商品混凝土公司、铁城房地产开发公司、建筑安装公司、租赁站、物业中心及29个项目经理部。职工2749人。其中，干部1042人；工人1707人。技术干部940人，占干部总人数的90.2%；技术工人1642人，占工人总数的96.2%。资产总额258778.3万元。其中，固定资产净值18620.46万元，流动资产231813.71万元，其他资产26965.85万元。大中型机械、车辆、测试等设备363台(套)，净值9386.81万元。机械设备总功率51954千瓦，机械设备完好率81%、利用率65%，动力装备率18.9千瓦/人。年施工能力20亿元以上。

2012年新签合同额18.91亿元，完成企业总产值24.21亿元，实现利润1035.52万元、净利润766万元。全员劳动生产率103万元/人年，人均创利5528.66元。国有资产保值增值率102.7%，产值利润率0.42%。年内参建的郑西铁路客运专线渭南渭河特大桥工程获国家优质工程银质奖，石武项目部QC小组获全国工程建设质量管理小组二等奖。(杨　珣)

【第二工程有限公司】 铁路、房屋建筑工程施工总承包一级，市政公用工程施工总承包二级，桥梁、钢结构、铁路铺轨架梁工程专业承包一级，公路路基、铁路电务工程专业承包二级资质企业。公司驻黑龙江省齐齐哈尔市铁锋区站前大街256号。前身系齐齐哈尔铁路局工程大队，1986年更名为哈尔滨铁路局齐齐哈尔第一工程处，1995年更名为哈尔滨铁路局齐齐哈尔铁路工程总公司，2002年更名为齐齐哈尔铁路建设集团有限责任公司；2003年10月29日划归中国铁道建筑总公司,2004 年 8 月 26 日企业整合重组为中铁二十三局集团第二工程有限公司。执行董事兼总经理曹鹏程,党委书记赵玉俭。下辖 2 个分公司、3 个子公司、19 个工程队。职工 3251 人。其中,干部 1419 人;工人 1832 人。技术干部 1176 人,占干部总数的 82.9%;技术工人 1615 人,占工人总数的 88.1%。资产总额 233989 万元,其中固定资产原值 39722 万元、净值 19090 万元。机械运输设备 1181 台(套),原值 2028 万元、净值 11455.6 万元,设备总功率 43684 千瓦,动力装备率 13.44 千瓦/人,技术装备率 3.52 万元/人,设备成新率 56.5%、完好率 96%、利用率 62%,机械化施工程度 75%。年施工能力 30 亿元以上。

2012 年新签合同额 21.05 亿元,完成企业总产值 22.26 亿元。其中,施工产值 19.98 亿元;工业产值 0.73 亿元。实现利润 3256 万元。全员劳动生产率 68.47 万元/人年,人均创利 1 万元。职工年人均收入 15075 元。国有资产保值增值率 111.07%,净资产收益率 10.31%,产值利润率 6.35%,资产负债率 89.31%,应上缴款完成率 100%.年内,获国家实用新型专利 1 项,3 项工法被认定为省部级工法。

(陈继红)

【第三工程有限公司】 市政公用、房屋建筑工程施工总承包一级,水利水电、铁路、公路工程施工总承包二级,桥梁、隧道工程专业承包一级,公路路基、路面工程专业承包二级,房地产开发三级(临时)资质企业。公司驻四川省成都市温江区天府街中段 336 号。前身系中国人民解放军铁道兵第五师第二十三团,1984 年 1 月集体转业并入铁道部,改编为铁道部第十五工程局第三工程处;2001 年 5 月企业改制为有限公司;2004 年 2 月整合重组为中铁二十三局集团第三工程有限公司。执行董事兼总经理刘牛生,党委书记李治强。下辖机械化公司、租赁站、混凝土公司、房建公司、基地管理员会及 24 个项目部。职工 2798 人,其中专业技术人员 1223 人。资产总额 320835.29 万元。其中,固定资产净值 23901.03 万元;流动资产 293551.23 万元;其他资产 86373 万元。大型机械运输设备 460 台(套),原值 21371 万元、净值 8747 万元,总功率 37958 千瓦,动力装备率 13 千瓦/人,设备完好率 84.62%、利用率 76.9%,机械化施工程度 80.77%。年施工能力 40 亿元以上。

2012 年新签合同额 21.06 亿元,完成企业总产值 40.38 亿元,实现利润 2741.44 万元。全员劳动生产率 154.97 万元/人年,人均创利 9797.84 元。职工年人均收入 19260 元。国有资产保值增值率 144.98%,净资产收益率 23.88%,产值利润率 0.63%,资产负债率 92.88%,应上缴款完成率 103.55%。年内,两项工程获国家优质工程银质奖,承建的成昆铁路货车外绕线府河双线特大桥工程获得四川省天府杯银奖;两项 QC 成果获省部级优秀 QC 成果奖。

(益西卓玛)

【第四工程有限公司】 市政公用、房屋建筑、水利水电工程施工总承包一级,公路工程施工总承包二级,桥梁、隧道、土石方、建筑装修装饰工程专业承包一级,公路路基、预拌商品混凝土工程和混凝土预制构件专业承包二级资质企业。公司驻四川省成都市青羊区东门街 84 号。组建于 2002 年 7 月,原名中铁路桥集团建设工程有限公司;2004 年 3 月 19 日改制重组为中铁二十三局集团第四工程有限公司。执行董事兼总经理荀国利,党委书记熊伟。职工 663 人。其中,干部 600 人;工人 63 人。技术干部 452 人,占干部总数的 75%;技术工人 35 人,占工人总数的 60%。资产总额 141040 万元。其中,固定资产净值 13491 万元;流动资产 125470 万元。机械设备原值 21909.55 万元、净值 12466.35 万元,总功率 18690 千瓦,动力装备率 28.31 千瓦/人,设备成新率 57%、完好率 100%、利用率 92%。年施工能力 20 亿元。

2012 年新签合同额 17.2 亿元,完成施工产值 15.4 亿元,实现利润 -1913.42 万元。职工年人均收入 35714 元。国有资产保值增值率 91.47%,净资产收益率 -11.33%,产值利润率 -0.85%,资产负债率 88.63%,应上缴款完成率 0%。年内,承建的灾后重建都江堰灵岩山隧道工程被评为四川省工程建设系统用户满意建筑工程;两项 QC 成果获省级以上优秀 QC 成果奖。

(贺晓东)

【轨道交通工程有限公司】 市政公用、房屋建筑工程施工总承包一级,公路工程施工总承包二级,建筑装修装饰、钢结构、环保、桥梁工程专业承包一级,混凝土预制构件专业承包二级资质企业。公司驻上海市南汇区惠南镇城南路 335 号。前身系中铁路桥集团上海分公司,2004 年 3 月企业整合重组为中铁二十三局集团第五工程有限公司,2010 年 9 月更名为中铁二十三局集团轨道交通工程有限公司。执行董事兼总经理喻丕金,党委书记高炳荣。下辖 8 个分公司,11 个工程项目部。职工 394 人。其中,干部 295 人;工人 99 人。技术干部 271 人,占干部总数的 92%;技术工人 59 人,占工人总数的 59%。资产总额 9.37 亿元。其中,固定资产净值 23160.26 万元;流动资产 60059.29 万元;其他资产 3577.13 万元。机械运输设备 1052 台(套),净值 23727 万元,总功率 35135.91 千瓦,动力装备率 89.18 千瓦/人,技术装备率 60.2 万元/人,设备成新率92.4%、完好率93.2%、利用率88%,机械化施工程度95%。年施工能力18亿元以上。

2012年新签合同额22.21亿元,完成企业总产值99526万元,实现利润6225.6万元。人均创利15.8万元。国有资产保值增值率111.96%,净资产收益率32.26%,产值利润率6.11%,资产负债率73.67%,应上缴款完成率202%。年内,公司被认定为上海市高新技术企业,获全国优秀施工企业、上海市用户满意施工企业称号。 (张蜀秦)

【第六工程有限公司】 市政公用工程施工总承包一级,公路工程施工总承包二级,房屋建筑工程施工总承包三级,桥梁、隧道工程及混凝土预制构件专业承包二级,地质灾害治理工程勘察、设计、施工甲级资质企业。公司驻重庆市渝中区嘉滨路118号附2号。前身系中铁路桥集团重庆工程分公司,2004年3月企业整合重组为中铁二十三局集团第六工程有限公司。执行董事兼总经理王义春,党委书记黄明贵。下辖12个项目部。职工618人。其中,干部525人;工人93人。技术干部465人,占干部总数的89%;技术工人63人,占工人总数的65%。资产总额75089万元。其中,固定资产原值15447万元、净值9173万元;流动资产64623万元。机械运输设备704台(套),净值11807万元,总功率17520千瓦,动力装备率20.9千瓦/人,技术装备率18.19万元/人,设备使用率76%、完好率95%,机械化施工程度94%。年施工能力15亿元以上。

2012年新签合同额21.13亿元,完成企业总产值69223万元,实现利润892万元、净利润823万元。职工年人均收入3.15万元。国有资产保值增值率124.38%,资产负债率90.11%,产值利润率0.93%,净资产收益率12.29%,应上缴款完成率100%。年内,公司承建的郑西铁路客运专线渭南渭河特大桥工程获国家优质工程银质奖。 (程 宁)

【第八工程有限公司】 市政公用、房屋建筑工程施工总承包一级,公路工程施工总承包二级,钢结构、桥梁工程专业承包一级,混凝土预制构件、预应力工程专业承包二级资质企业;具备生产轨枕100万根、桥梁6000孔、高速铁路轨道板4万块、钢结构加工5000吨的能力。公司驻四川省成都市青羊区工业园区G区8栋A/B座。前身系中铁路桥集团养马河工程分公司,2004年3月整合重组为中铁二十三局集团养马河工程有限公司,2009年7月更名为中铁二十三局集团第八工程有限公司。执行董事兼总经理沈德华,党委书记周宏。职工1099人。其中,干部638人;工人461人。技术干部476人,占干部总数的74.61%;技术工人275人,占工人总数的59.65%。资产总额11.75亿元。其中,固定资产1.19亿元;流动资产9.58亿元;其他资产0.98亿元。机械运输设备2224台(套),总功率32654.36千瓦,原值30421.79万元、净值9978.54万元,动力装备率29.9千瓦/人,技术装备率9.16万元/人,设备完好率94.6%、利用率95%。年施工能力20亿元。

2012年新签合同额12.96亿元,完成营业收入16.09亿元,实现净利润1361万元。 (谢立源)

【川东水泥有限公司】 前身为中国人民解放军6015工厂,组建于1968年9月;1984年1月集体转业并入铁道部,更名为铁道部工程指挥部川东水泥厂;1990年11月更名为中国铁道建筑总公司川东水泥厂,2001年并入中铁路桥集团有限公司,2004年3月整合重组为中铁二十三局集团川东水泥有限公司。公司驻四川省达州市渠县三汇镇。执行董事兼总经理吕保华,党委书记辛一平。职工711人。公司占地面积68万平方米,厂房建筑面积12.58万平方米。资产总额48785万元。其中,固定资产31001万元;流动资产8567万元;其他资产9217万元。机械设备613台(辆),生产设备8567台(套),固定资产原值42668万元、净资产26894万元,总功率9874.5千瓦,动力装备率14千瓦/人,技术装备率60万元/人,设备完好率84%、利用率46%。公司具有2500t/d熟料新型干法水泥生产线,年生产能力120万吨。主要产品有"华蓥山牌"复合硅酸盐32.5等级、42.5等级和普通硅酸盐32.5R等级、42.5R等级水泥四大类10个品种及水电站大坝专用的中热水泥。

2012年生产水泥97.8万吨,销售水泥87.36万吨,完成工业总产值22786万元。国有资产保值增值率46.9%,净资产收益率-124.96%,资产负债率97.28%。 (谢 兵)

【电务工程有限公司】 机电安装工程施工总承包一级,房屋建筑工程施工总承包二级,铁路电务、铁路电气化、消防设施、建筑智能化工程专业承包一级,送变电工程专业承包三级,国家压力管道GC3级和压力容器安装一级资质企业。公司驻天津市南开区密云一支路燕宇小区45号楼。执行董事兼总经理杨佩宏,党委书记池洪旗。下辖4个信号工程队和电力、通信、电气化、机电综合4个专业工程队及哈南编组场、海拉尔热电厂、大庆西城工业园、哈齐铁路客运专线、格鲁吉亚等10个项目部。职工726人,其中专业技术干部287人。资产总额32200.21万元,其中净资产7542.3万元。机械设备净值53万元,动力装备率7.4千瓦/人,设备完好率93%、利用率92%。

2012年新签合同额23180万元,完成产值20055.28万元,实现利润540.4万元。年内,两项工法被认定为省级工法;公司被评为四川省"安康杯"竞赛示范单位。 (沈宏博)

【重要记载】

▲1月13日　铁道部副部长卢春房等视察集团公司承建的目前中国最大的列车编组站——重庆兴隆场编组站工程。

▲3月5~6日　集团公司召开二届三次职工代表大会暨2012年工作会、首届八次党委全委(扩大)会暨党风建设和反腐倡廉工作会。

▲3月12日　七公司中标京台线建瓯至闽侯高速公路南平段路基土建A9标段工程,合同投资4.98亿元。

▲3月16日　国务院监事会主席李克在股份公司副总裁、总会计师庄尚标陪同下到集团公司调研。

▲3月18日　中国对外承包工程商会副会长迟长海考察集团公司承建的格鲁吉亚第比利斯绕城铁路新线5号隧道工程。

▲3月28日　轨道交通公司中标成都地铁2号线二期工程东延伸线土建1标段高架项目、成都地铁4号线一期管片项目,合同投资4.77亿元。

▲4月18日　轨道交通公司获全国优秀施工企业称号。

▲4月26日　湖南省省委书记、省人大常委会主任周强视察一公司承建的吉怀高速公路工程。

▲4月28日　集团公司承建的雅西高速公路干海子特大桥举行通车仪式。

▲5月6~8日　股份公司董事长、党委书记孟凤朝视察集团公司承建的格鲁吉亚第比利斯绕城铁路和格鲁吉亚现代化铁路改造项目。

▲5月19日　六公司中标内蒙古鄂尔多斯市准格尔旗纳日松镇的致富煤矿土石剥离工程,合同投资13亿元,合同工期5年。

▲5月　集团公司获得全国五一劳动奖状,沪昆铁路客运专线贵州段工程指挥部常务副指挥长赵永明获得全国五一劳动奖章,三公司雅泸项目部获全国"工人先锋号"称号,一公司沪昆项目部获四川省"工人先锋号"称号。

▲6月19日　集团公司承建的中国在建单线铁路跨度最大连续刚构桥——最大跨度176米的兰渝铁路重庆朝阳嘉陵江大桥顺利合龙。

▲6月29日　集团公司召开纪念建党91周年暨创先争优长效机制建设推进会,对进一步深化创先争优活动,建立创先争优长效机制进行再部署、再动员。

▲7月23日　铁道部副部长卢春房到集团公司承建的哈尔滨西客站详细察看哈大铁路客运专线哈西段工程进展情况。

▲9月28日　京广铁路客运专线郑州至武汉段正式通车运营。集团公司承建管段中目前世界上最长的板式无砟轨道隧道——全长8725米的黄龙寺隧道。

▲同日　六公司中标高速公路莆田段(萩芦至五星)路基土建工程A8合同段,合同投资3.34亿元,计划工期约两年。

▲10月15日　四公司承建的中国在建海拔最高的公路隧道——海拔3920米的雅克夏雪山隧道顺利通车。

▲10月17日　七公司整体划归中国铁建港航局集团公司管理。

▲11月27日　铁道部部长盛光祖,副部长胡亚东、卢春房考察建成的哈大高速铁路枢纽站——哈尔滨西客站。集团公司董事长、总经理徐明新陪同调研。

▲12月18日　二公司承建的中国最东方的铁路——全长169.8公里前抚铁路正式开通运营。

(孙　帆)

中铁二十四局集团有限公司

【简况】　中铁二十四局集团有限公司是铁路工程施工总承包特级,铁道行业甲(Ⅱ)级设计,公路、房屋建筑、市政公用工程施工总承包一级,水利水电工程施工总承包三级,桥梁、公路路基、隧道、铁路铺轨架梁工程专业承包一级,城市轨道交通工程专业承包,测绘乙级资质企业,同时拥有对外承包工程和对外援助成套项目A级实施资格。集团公司总部驻上海市会文路2号。2004年3月16日,由原上海铁路局上海铁路建设(集团)有限公司、福建铁路建设(集团)有限公司和南昌铁路局南昌铁路工程集团有限责任公司整合重组而成。下辖安徽工程有限公司、江苏工程有限公司、上海铁建工程有限公司、浙江工程有限公司、福建铁路建设有限公司、南昌铁路工程有限公司、新余工程有限公司、南昌建设工程有限公司、上海电务电化有限公司、贵溪桥梁厂有限公司、鹰潭设备安装工程有限公司、上海房地产开发有限公司及路桥分公司、轨道交通分公司、北京办事处、华北指挥部、华东指挥部、西南指挥部、西北指挥部、云桂湘指挥部。职工11246人。资产总额1316029万元。其中,固定资产原值195317万元、净值96714万元;流动资产1131691万元。机械运输设备5291台(套),总功率15.93万千瓦,动力装备率13.03千瓦/人,技术装备率5.46万元/人。

2012年新签合同额2055198万元,完成企业总产值1578123万元,其中施工产值1543409万元。实现利润20120万元。全员劳动生产率140万元/人年,职工年人均收入48355元。完成主要实物工程量:土石方3623万立方米,隧道43560延长米,桥梁44150延长米,正线铺轨203.9公里,站线铺轨14.5公里,无砟轨道28.5公里,铺道岔119组,铁路制梁1435片,铁路架梁1317孔,公路架梁1992片,通信线路273条公里,供电线路42公里,自动闭塞7公里,电气集中120联锁道岔,接触网54公里,变电所5站,公路25.8公里,房屋建筑面积40.7万平方米。工程质量合格率100%。国有资产保值增值率108.61%,净资产收益率9.09%,产值利润率1.33%,资产负债率87.15%,投资收益上缴率100%,应上缴款完成率100%。年内,集团公司获国家优质工程金质奖1项、银质奖1项,省部级优质工程奖7项;省部级优秀质量管理小组奖22项;省部级科技进步奖5项;省部级工法1项;国家授权发明专利8项,实用新型专利13项。 (姚小平)

【领导人员】

董事会

董事长 王北京

董事 王北京

朱　赤

韩文忠

郭富君

叶建国

监事会

监事会主席 李　生

监事 李　生

俞正云

凌光华

经理层

总经理 朱　赤

副总经理 韩文忠

郭富君

刘明杰

周光民

许伟书(2月任)

王建民

江如辉

沈济业(2月任)

吴鹤敏(10月免)

李金亭

总工程师 许伟书(兼)

总会计师 沈济业(兼)

党群领导

党委书记 王北京

党委副书记 朱　赤

李　生

纪委书记 李　生

工会主席 叶建国 (陈　勇　严人杰)

【工程项目指挥机构】 华北指挥部　驻北京市海淀区吴家场路1号院盛今佳园1号楼3单元201。指挥长李金亭。

华东指挥部　驻上海市闸北区虬江路1000号聚源大厦16楼。指挥长吴鹤敏(10月免)。

西南指挥部　驻四川省成都市成华区龙潭工业园区华盛路58号8栋。指挥长周光民。

西北指挥部　驻陕西省西安市高新区沣惠南路18号唐沣国际广场B座1401室。指挥长王建民。

云桂湘指挥部　湖南省长沙市雨花区劳动西路兴威新嘉园2006室。指挥长吴为爱。

宁杭铁路客运专线工程指挥部　驻浙江省湖州市德清县三合乡沿河村三地皇1号。常务副指挥长陈爱民。

杭甬铁路客运专线工程指挥部　驻浙江省杭州市江城路692号。指挥长陆喜钢。

合福铁路安徽段站前4标段项目经理部　驻安徽省芜湖市南陵县藉山镇其林村。常务副经理宋文胜。

京福铁路HFMG-Ⅳ标段项目经理部　驻福建省武夷山市站前大道88号。项目经理江如辉。

上饶车站改扩建工程项目部　驻江西省上饶市滨江西路76号。项目经理江政杰。

白云至龙里北铁路工程指挥部　驻贵州省贵阳市龙洞堡小碧乡政府旁。常务副指挥长钟栋材。

金温扩能改造工程指挥部　驻浙江省永康市下园朱193号。常务副指挥长赵喜科。

宁启铁路复线电化工程指挥部　驻江苏省泰州市南通路4号旁边。常务副指挥长陶有祥。

成都天府新区正公路工程指挥部　驻四川省成都市双流县华阳镇伏路二段111号。指挥长王肖文。

宁西铁路二线工程指挥部　驻安徽省六安市经济开发区经二路。指挥长许世旺。 (严人杰)

【职工队伍】 职工11246人。干部5482人,其中女干部845人、少数民族干部74人。干部中,专业技术干部5265人,占干部总数的96.04%。其中,高级职务500人;中级职务1759人;初级职务3006人。干部学历结构:大学本科以上2869人,大专1956人,中专399人,高中及以下258人。干部年龄结构:35岁以下3214人,36~45岁992人,46岁以上1276人。干部专业结构:工程系列4037人,经济系列357人,会计系列531人,统计系列6人,教育系列2人,档案、新闻、艺术、体育、翻译系列3人,政工系列329人。全年接收高校毕业生359人。其中,研究生2人;大学本科282人;专科68人;中专7人。

工人6747人,其中技术工人4724人,占工人总数的70.02%。技术工人中,初级工319人,中级工1602人,高级工889人,技师170人,高级技师91人。工人学历结构:大专以上355人,中专406人,高中1867人,初中及以下4119人。工人年龄结构:30岁以下325人,31~40岁1361人,41~50岁3431人,51岁以上1630人。 (严人杰)

【铁路工程施工】 新建南京至杭州铁路客运专线NHZQ-4标段工程　位于浙江省杭州、湖州市境内。标段长53.64公里,合同投资433000万元,合同工期2009年3月~2011年12月。主要实物工程量:路基土石方153万立方米,隧道5座9871延长米,桥梁10座40505延长米,涵渠6座169横延米,轨道(预制、铺设轨道板)107公里,房屋建筑面积6634平方米。截至2012年底,开工累计完成投资468265万元。

新建合肥至福州铁路客运专线闽赣段土建HFMG-4标段工程　位于福建省武夷山市境内。标段长49.58公里,合同投资302676万元,合同工期2010年4月18日~2013年7月31日。主要实物工程量:路基土石方256.6万立方米,桥梁15座6768延长米,隧道13.5座39895延长米。截至2012年底,开工累计完成投资250351万元。

新建合肥至福州铁路安徽段站前及相关工程HFZQ-4标段工程　位于安徽省铜陵和芜湖市境内。标段长37.59公里,合同投资326389万元,合同工期2010年4月~2014年3月。主要实物工程量:桥梁20座26064延长米,隧道4座7347延长米,现浇箱梁7孔,制架简支箱梁1006孔、T梁159孔,框架涵32座808横延米。截至2012年底,开工累计完成投资221445万元。

宁启铁路林场至扬州东、扬州东至海安县、海安县至南通复线电气化第2标段工程　位于江苏省扬州、南通市境内。标段长95.35公里,合同投资384107万元,合同工期2009年12月~2011年11月。主要实物工程量:路基土石方600万立方米,桥梁68座20957延长米,正线铺新轨195.84公里,站线铺旧轨37.63公里,制架梁1448孔。截至2012年底,开工累计完成投资196750万元。

新建铁路厦深线福建段Ⅰ标段工程　位于福建省厦门市境内。合同投资167666万元,合同工期2008年8月~2010年12月。主要实物工程量:路基土石方1089万立方米,桥梁18座17447延长米,正线铺轨33.27公里,站线铺轨14.06公里,铺道岔64组。截至2012年底,开工累计完成投资182369万元。

改建铁路漯阜线增建第二线工程　位于河南省周口市和安徽省阜阳市境内。标段长219.97公里,合同投资212938万元,合同工期2009年9月~2011年7月。主要实物工程量:路基土石方425万立方米,桥梁69座18989延长米,涵洞210座3300横延米,正线铺轨207公里,站线铺轨34公里,铺道岔153组。截至2012年底,开工累计完成投资223257万元。

新建铁路阜阳至六安Ⅱ标段工程　位于安徽省六安市境内。合同投资151829万元,合同工期2009年7月~2011年7月。主要实物工程量:路基土石方688万立方米,桥梁22座9498延长米,正线铺轨162公里,站线铺轨36公里,房屋建筑面积8081平方米。截至2012年底,开工累计完成投资154190万元。

上饶车站改扩建工程　位于江西省上饶市境内。合同投资232709万元,合同工期2010年9月~2012年7月。主要实物工程量:路基土石方266万立方米,桥梁14座19974延长米,正线铺轨2.9公里,站线铺轨7.4公里。截至2012年底,开工累计完成投资159010万元。

金温铁路扩能改造Ⅱ标段工程　位于浙江省金华、丽水市境内。标段长40.14公里,合同投资234483万元,合同工期2010年9月~2012年10月。主要实物工程量:路基土石方409万立方米,桥梁19座19994延长米,隧道10座12278延长米。截至2012年底,开工累计完成投资104950万元。

新建铁路贵阳枢纽白云至龙里北联络线站前Ⅱ标段工程　位于贵州省贵阳市境内。标段长21.68公里,合同投资226332万元,合同工期2010年10月~2012年5月。主要实物工程量:路基土石方510万立方米,隧道10座15189延长米,桥梁20座4207延长米,正线铺轨126.2公里,站线铺轨12.4公里,铺道岔70组。截至2012年底,开工累计完成投资84161万元。 (瞿罗生)

【铁路外工程施工】 成都天府新区正公路工程　位

于四川省成都市境内。标段长10.64公里,合同投资215000万元,合同工期2012年5月1日~2013年12月31日。2012年完成投资80000万元。

阳泉至左权高速公路ZB1标段工程　位于山西省平定县境内。标段长12.71公里,合同投资77982万元,合同工期2010年10月~2012年10月。主要实物工程量:土石方248万立方米,排水防护7.13万立方米,桥梁11座4557延长米,隧道2300延长米,路面20.6万平方米。截至2012年底,开工累计完成投资51060万元。

宁波市福明路(长寿路至兴宁路)二期Ⅲ标段工程　位于浙江省宁波市境内。合同投资22230万元,合同工期2010年9月~2011年12月。主要实物工程量:主跨为220米的双塔双索面斜拉桥1座。截至2012年底,开工累计完成投资18769万元。

新疆涝坝湾煤矿副平硐工程　位于新疆维吾尔自治区乌鲁木齐市玛纳斯县境内。合同投资25811万元,合同工期2011年10月15日~2013年5月30日。主要实物工程量:隧道6218延长米,管片预制4145环,洞内回填土28287立方米。截至2012年底,开工累计完成投资5393万元。

铜陵市长江东路工程(东村至竹园段)　位于安徽省铜陵市东部。全长3.04公里,合同投资17451万元,合同工期2010年1月~2012年1月。主要实物工程量:路基土石方15.6万立方米,路面5.6万平方米,防护排水0.5万立方米,涵洞2座,隧道1座1657延长米。截至2012年底,开工累计完成投资12604万元。

合肥轨道交通1号线土建一、二期1标段工程　位于安徽省合肥市境内。合同投资31533万元,合同工期2012年7月1日~2015年6月1日。主要实物工程量:车站1座及道路、排水、路灯、绿化等。2012年完成投资6501万元。　(瞿罗生)

【海外工程施工】　赞比亚卢萨卡城市道路建设工程　位于赞比亚首都卢莎卡市境内。标段长50公里,合同投资23835万元,合同工期2012年8月~2013年11月。主要实物工程量:路基土石方11.16万立方米,路基基层5.22万立方米,路基面层32万立方米,过路圆管涵441横延米。2012年完成投资10864万元。

(瞿罗生)

【经营管理】　工程承揽。2012年承揽工程任务238项,新签合同额2055198万元。其中,铁路工程331180万元,占承揽总额的16.11%;公路工程324443万元,占承揽总额的15.79%;市政工程612719万元,占承揽总额的29.81%;房屋建筑工程531892万元,占承揽总额的25.88%;城市轨道工程123303万元,占承揽总额的6%;其他工程131662万元,占承揽总额的6.41%。

企业管理。公布《中铁二十四局集团公司2011~2015年发展战略与规划》。开展企业管理提升活动,制定集团公司开展管理提升活动实施方案,促进企业管理水平有效提升。开展内部控制与全面风险管理,提升企业风险管控能力。夯实基础管理,持续推进工程公司建设,成立安徽宏图轨道交通工程检测有限公司和南昌铁诚建设工程劳务有限公司,注销3家四级公司。全年新增资质12项,集团公司新铁路工程施工总承包特级资质和铁道行业甲(Ⅱ)级设计资质获住房和城乡建设部核准。全年处理法律纠纷案件140件,涉及金额17817.47万元,减少或避免经济损失891万元。

安全质量。坚持以人为本、安全发展、和谐发展理念,以"安全第一,预防为主,综合治理"和"百年大计、质量第一"方针为指导,以创建"质量安全型企业"为目标,全面落实安全生产责任制,加强技术保障和安全基础建设,深入开展安全质量培训、安全大检查、安全生产月、质量月等活动,安全生产形势总体保持平稳,工程质量稳定可控。建立企业内部安全质量激励和约束机制,集团公司与所属单位签订安全质量包保责任书。质量、环境和职业健康安全管理体系通过监督审核。年内有4项工程被评为股份公司安全质量标准工地,6项工程被评为省级文明工地;获中国建设工程鲁班奖1项,国家优质工程金质、银质奖各1项,省部级优质工程奖7项,中国铁建杯优质工程4项;获省部级优秀质量管理小组奖22项,中国铁建优秀质量管理小组奖5项。

财务管理。调整完善二级单位绩效考核体系,修订《中铁二十四局集团公司子(分)公司负责人年度绩效考核暂行办法》;制定《中铁二十四局集团公司财务监察管理实施细则(试行)》,全面开展财务监察工作;制定《中铁二十四局集团公司存出现金保证金管理暂行规定》《中铁二十四局集团公司外出经营活动税收管理证明管理暂行办法》,进一步完善财务制度建设。资金集中管理工作平稳有序推进,年内上线账户313户,归集资金余额14.75亿元,吸收上存资金1.36亿元,集中资金余额16.11亿元,全年办理内部资金调剂业务64笔4.29亿元,调剂资金余额4.71亿元,实现资金集中净收益3091万元。2012年,集团公司被评为股份公司资金集中管理先进单位。

审计监督。以强化项目监控、严格经济责任、配合外审整改为重点,加强和改进审计工作,全年完成审计项目91项,发现问题金额3824万元,提交审计报告91

份，提出审计建议587条，被采纳586条。

（李北虹　陈勇　张奇　王吉莉　张玮）

【科技教育】　科技开发。以长大复杂隧道、大跨深水桥梁、高速铁路综合技术为科技主攻方向，推进科研攻关和技术创新。2012年投入科研经费550万元，资助科技项目26项。集团公司和上海公司获中国施工企业管理协会科学技术奖技术创新先进企业称号，3人获中国施工企业管理协会科学技术奖技术创新先进个人称号，5人被评为中国铁建科技创新工作先进个人。获省部级科学技术一等奖1项、二等奖2项、三等奖2项，中国铁建科学技术一、二、三等奖各1项；获省部级工法1项，股份公司优秀工法6项；国家授权发明专利8项、实用新型专利13项。整理汇编《CRTSⅡ型板式无砟轨道施工技术》。全年编辑出版《工程科技》3期，收录论文125篇。

教育培训。全年培训干部6801人次。其中，集团公司举办培训班12期，培训903人次；基层单位举办培训班169期，培训5898人次。参加股份公司或社会培训机构培训1600人次，其中企业领导人员参加各类培训73人次。农民工培训5695人次。组织技师考前强化培训，18人取得高级技师任职资格，20人取得技师任职资格。（乐伟　严人杰）

【党群工作】　党的工作。集团公司党委下辖基层党委15个、党总支12个、党支部333个，有党员5718人。2012年，集团公司各级党组织面对复杂的内外环境，坚持把方向、议大事、打基础和建好队伍、凝聚力量、服务中心，为推动企业改革发展稳定提供坚强的政治保证。一是以干部人事制度改革为重点，在加强领导班子和干部队伍建设上取得重要进展。召开干部人才工作会议，部署今后一个时期干部人才工作的重点任务。首次在集团公司党委全委会上民主推荐集团公司领导班子后备人员。调整充实两家子公司和3个局管大项目领导班子。启动子公司领导班子增配35周岁以下年轻干部工作。严格干部管理，规范领导干部述职测评和经营责任追究考核制度，对个别领导人员实施问责，降职1人，免职4人。集团公司两级党委中心组加强以对党忠诚、服务群众、廉洁自律为重点的党性教育和以战略管理、经营管理、工程管理、风险管理、资本运营为重点的专业知识培训。举办党的十八大精神骨干学习班。录用高校毕业生359人，引进专业技术人才27人，着手建立集团公司项目经理、项目总工人才库。二是以建立创先争优长效机制为抓手，在增强基层党组织活力上取得显著成效。深入推进“创先争优党旗红”活动，制定实施八项长效机制。2个先进基层党组织和1名优秀共产党员受到上海市建设交通党委专项表彰。紧密结合“基层组织建设年”活动，通过“抓两头、促中间、提整体”，推动基层党组织晋位升级，确定培优党组织52个，帮助231个基层党组织制定补强措施，指导13个基层党组织实现目标转化，为各级党组织参与重大决策、加强经营监管和风险控制奠定基础。积极适应市场化、专业化发展的要求，指导各级党组织开展各具特色的主题实践活动，33个党组织提出创特色主题内容，挖掘提炼12家单位党建工作经验，广泛开展“晒晒支部制度”活动，基层党建创特色活动成为培育先进、推动创新、示范辐射的重要载体。坚持党代表大会制度，集团公司和工程公司党代会召开率由2011年初的26.6%提高到68.8%。进一步健全党内情况通报、定期评议基层党组织领导班子成员等制度，全面推进党务公开。三是以凝神聚力铸魂育人为目的，在企业文化建设上发挥重要作用。作出《关于贯彻党的十七届六中全会精神，大力推进文化强企战略的决定》，确定文化强企的指导思想、总体目标、基本原则、重点任务以及保障措施。倡导具有二十四局特色的“责任、诚信、创新、包容”的价值取向，以视觉、理念、行为三大识别系统建设为重点，深入推进特色文化实践活动，尤其注重培育创新文化，营造创新驱动氛围。精心组织宣传报道，在省部级以上媒体发布稿件240余篇，集团公司门户网站被评为2012年全国建设行业优秀网站，集团公司报获中国施工企业管理协会银页奖。积极参与铁道兵纪念馆文物资料征集及第十六届大路画展的书画创作，弘扬光荣传统、民族精神和时代精神。围绕迎接党的十八大召开，深入开展先进典型宣传、“回顾辉煌历程、喜迎党的十八大”读书竞赛、“我们的队伍”征文等活动，极大地鼓舞了广大党员、职工群众坚定理想信念和坚持科学发展的信心和决心。四是以强化风险管控为手段，在推进党风建设和反腐倡廉上展示重要作为。深入开展以“依法经营、管控风险、清廉从业”为主题的廉洁从业教育，先后组织反腐倡廉形势报告会237场，观看警示教育片78场，邀请检察机关领导作形势报告17场，进一步筑牢各级领导人员的反腐倡廉思想防线。扎实开展亏损项目效能监察，立项732件，特别是对20个重点潜亏项目施行现场督导、集中整治，清退信誉不良外部队伍17支，核查清理超计价、多付款3212万元，实施责任追究58人，追缴经济赔偿103.7万元。坚持阳光操作，组织119台（套）设备和107批大宗物资采购招标，落实“黑名单”制度，有效防范不正当交易行为的发生。从完善清收清欠机制入手，多方式、多渠道参与双清工作，清欠率77.61%。坚决惩处违法违纪行为，对与分包老板、不法供应商相互勾结的9个案情线索，主动移交司法机关，彰显惩治腐败的决心。五是以服务职工群众为宗旨，在构建和谐企业上得到扎实推进。抓好纠纷排查、舆情研判和预案完善，认真负责解决拖欠职工和农民工工资、供应商货款、外部队伍计价款等问题，化解百余起上访事件，排解140起经济纠纷诉讼案件，有效维护企业和社会稳定。

工会工作。集团公司工会下辖基层工会23个，有工会专职干部56人，工会会员12782人。建立健全项目部工会组织，先后建立上饶、杭甬、宁杭、金温、合福（安徽和闽赣段）、贵阳枢纽、成都正公路等项目部工会组织，确保工会组织健全和工作有序开展。修订集体合同，形成《女职工特殊权益保护专项集体协议》。广泛开展劳动竞赛，上海公司连续16年被评为上海市重点工程立功竞赛优秀公司，4个项目部分别被评为股份公司客运专线劳动竞赛优胜（先进）集体和“工人先锋号”，8人分别获股份公司“工人先锋号”标兵、劳动竞赛优秀组织者称号。3月召开岗位安全推表工作研讨会，加大推行岗位安全检查表和“一法三卡”工作力度，开展岗位练兵、技术比武活动，使推表与提高职工技能紧密结合。提出合理化建议和技术改进项目35项。开展群众生产论文（经验）征集评选活动，收到25篇，6篇获集团公司表彰。推进建家建线工作，加大生活线、文化线、卫生线“三线”建设力度，9个单位先后被评为集团公司、股份公司模范职工之家。组织实施送温暖活动，投入送温暖资金631.74万元；发放助学金25.81万元，资助困难职工子女239人、农民工子女2人。年内，王北京获全国五一劳动奖章。

共青团工作。集团公司团委下辖二级团委14个、团总支2个、团工委7个，团支部157个，有35周岁以下青年3567人，团员1961人。2012年，集团公司团委坚持紧密围绕“服务企业，服务青年”的工作思路，以迎接建团90周年为契机，对团员青年进行思想调查，开展“向团组织说句心里话”活动；开展岗位建功行动，以沪常高速公路上海段S26标段、南通东方大道、江海大道等项目为试点，制定青年工程实施方案；成立“郭明义爱心团队”，开展“铁骨柔情，大爱无疆”活动，为贫困地区的学龄儿童筹集捐款42924元；深入开展“进一线、促团建、助发展”主题实践活动，通过落实“十个一”行动，进一步密切团青关系。年内，集团公司团委被授予上海青工系统先进团组织、上海共青团牵手行动优秀组织单位称号。1个集体获上海市优秀“青年突击队”称号，上海公司余刚获上海市青年五四奖章，2人被授予上海市优秀“青年突击队员”称号，上海公司李雪芳、设备安装公司赵兴鹏分别获中央企业金牌青年志愿者、中央企业优秀共青团员称号。

（华彩红　马俊岭　白　雪）

【安徽工程有限公司】　市政公用、房屋建筑工程施工总承包一级，铁路、机电安装工程施工总承包二级，公路工程施工总承包三级，桥梁、钢结构、隧道工程专业承包一级，公路路面工程专业承包三级，城市轨道交通工程专业承包和测绘丁级资质企业，并拥有对外工程承包资格。公司驻安徽省合肥市瑶海工业园区新海大道15号。前身是上海铁路局工程总公司第一工程公司，2002年6月企业改制改称上海铁路建设集团安徽第一工程有限公司，2005年1月更名为中铁二十四局集团安徽工程有限公司。执行董事、总经理张百芹，党委书记房明州。下辖4个子公司、5个分公司。职工1170人。其中，干部522人；工人648人。技术干部465人，占干部总数的92.08%；技术工人230人，占工人总数的35.49%。资产总额161869万元。其中，固定资产原值27135万元、净值18408万元；流动资产138787万元；货币资金15061万元。机械运输设备627台（套），总功率12251千瓦，动力装备率10.47千瓦/人，技术装备率6.31万元/人。

2012年新签合同额220000万元，完成企业总产值192037万元，其中施工产值192000万元。实现利润2032万元。全员劳动生产率164万元/人年，职工年人均收入49056元。完成主要实物工程量：土石方846万立方米，桥梁6543延长米，隧道392延长米，涵渠3927横延米，铺轨61公里。国有资产保值增值率108.83%，净资产收益率8.92%，产值利润率5.42%，资产负债率89.26%，应上缴款完成率100%。实现连续安全生产2849天，工程质量合格率100%。年内，公司获安徽省环境保护优秀施工示范单位称号，被评为中国施工企业管理协会工程建设企业社会信用AAA级企业；承建的合肥畅通一环四里河立交桥工程获中国建设工程鲁班奖，华能东营河口风电场1~4期工程获国家优质工程奖。

（郑克川）

【江苏工程有限公司】　市政公用工程施工总承包一级，铁路、公路工程施工总承包二级，房屋建筑工程施工总承包三级，桥梁工程专业承包一级，钢结构、预应力工程专业承包二级，港口与海岸、堤防工程专业承包三级资质企业。公司驻江苏省南京市板仓街9号世界之窗C1楼。前身是上海铁路局工程总公司第二工程公司，2003年8月企业改制改称上海铁路建设集团江苏工程有限公司，2005年1月更名为中铁二十四局集团江苏工程有限公司。执行董事、总经理何卫东，党委书记陈江涛。下辖3个分公司。职工768人。其中，干部358人；工人410人。技术干部355人，占干部总数的99.16%；技术工人331人，占工人总数的80.73%。资产总额116233万元。其中，固定资产原值6029万元、净值2302万元;流动资产111188万元;其他资产2743万元。机械运输设备415台(套),总功率8703千瓦,动力装备率11.33千瓦/人,技术装备率3.31万元/人。

2012年新签合同额39268万元,完成企业总产值90908万元,其中施工产值80450万元。实现利润784万元。全员劳动生产率105万元/人年,职工年人均收入40278元。完成主要实物工程量:土石方171万立方米,桥梁3036延长米,隧道1469延长米,正线铺轨4.32公里,站线铺轨4.4公里,公路架梁40片。国有资产保值增值率100.64%,净资产收益率6.41%,产值利润率0.97%,资产负债率92.34%。年内,公司获江苏省优秀质量管理小组奖2项;开发的“客运专线站场各种桩型软基加固综合施工技术”成果获中国铁道学会科技进步三等奖;开发的“临近既有线旁减小PHC桩沉桩挤土效应施工工法”经股份公司评审,达到国内领先水平。（李良启）

【上海铁建工程有限公司】 市政公用、房屋建筑工程施工总承包一级,公路、铁路、机电安装工程施工总承包二级,水利水电工程施工总承包三级,桥梁工程专业承包一级,铁路铺轨架梁、地基与基础、预应力工程专业承包二级,钢结构工程专业承包三级资质企业。公司驻上海市闸北区共和新路911号。前身是上海铁路局工程总公司第三工程公司,2005年10月26日企业改制改称中铁二十四局集团上海铁建工程有限公司。执行董事、总经理陈克望,党委书记刘建东。下辖3个子公司、4个分公司。职工811人。其中,干部419人;工人392人。技术干部401人,占干部总数的95.7%;技术工人331人,占工人总数的84.44%。资产总额110015万元。其中,固定资产原值23351万元、净值13640万元;流动资产94459万元;其他资产1916万元。机械运输设备338台(套),总功率18615千瓦,动力装备率22.87千瓦/人,技术装备率15.41万元/人。

2012年新签合同额186160万元,完成企业总产值148408万元,其中施工产值147750万元。实现利润1637万元。全员劳动生产率183万元/人年,职工年人均收入66823元。完成主要实物工程量:土石方2.5万立方米,隧道3341延长米,桥梁6298延长米,正线铺轨0.85公里,站线铺轨1公里,无砟轨道5.4公里,房屋建筑面积6644平方米,公路0.44公里,公路架梁230片。工程质量合格率100%。国有资产保值增值率109.57%,净资产收益率10.13%,产值利润率1.1%,资产负债率89%,应上缴款完成率100%。年内,公司承建的上海市崇明越江隧道(长江隧桥)工程获国家优质工程奖,3项工程获上海市建设工程白玉兰奖;获上海市优秀质量管理小组奖、铁道部优秀QC小组奖各2项。公司获得全国优秀施工企业、全国“安康杯”竞赛优胜单位、中国施工企业管理协会科学技术奖技术创新先进企业及上海市重点工程实事立功竞赛优秀公司、建筑业诚信企业、守合同重信用企业、合同信用等级AAA企业等荣誉。（周顺芬）

【浙江工程有限公司】 市政公用、房屋建筑工程施工总承包一级,铁路工程施工总承包二级,公路工程施工总承包三级,桥梁工程专业承包一级,隧道、建筑装修装饰、预应力、钢结构工程专业承包二级资质企业。公司驻浙江省杭州市江城路692号。前身是上海铁路局工程总公司第四工程公司,2003年7月企业改制改称上海铁路建设集团浙江工程有限公司,2005年1月更名为中铁二十四局集团浙江工程有限公司。执行董事沈志明(12月免)、章国庆(12月任),总经理沈志明(12月免)、钱建忠(12月任),党委书记章国庆。下辖2个子公司、3个分公司。职工808人。其中,干部405人;工人403人。技术干部393人,占干部总数的97.04%;技术工人346人,占工人总数的85.86%。资产总额105563万元。其中,固定资产原值6357万元、净值2235万元;流动资产101754万元。机械运输设备288台(套),总功率10350千瓦,动力装备率12.81千瓦/人,技术装备率2.4万元/人。

2012年新签合同额109960万元,完成企业总产值127400万元,实现利润1708万元。全员劳动生产率158万元/人年,职工年人均收入55053元。完成主要实物工程量:土石方244万立方米,桥梁8926延长米,隧道2611延长米,涵渠1606横延米,铺设道岔18组,圬工22.7万立方米,房屋建筑面积40721平方米。国有资产保值增值率111.95%,净资产收益率11.95%,产值利润率1.32%,资产负债率90.45%,应上缴款完成率51.82%。年内,公司获发明专利1项、实用新型专利1项,省部级QC成果奖4项;1个班组被评为全国质量信得过班组;公司被评为浙江省重合同守信用AA企业、杭州市AAA级信用企业、杭州市平安建筑施工企业。（赖如斌）

【福建铁路建设有限公司】 铁路、公路、市政公用、房屋建筑工程施工总承包一级,桥梁、隧道、地基与基础工程专业承包一级,铁路铺轨架梁工程专业承包二级及城市轨道交通工程专业承包资质企业。公司驻福建省福州市晋安区沁园路77号。前身为上海铁路局福州工程总公司,2001年1月企业改制改称福建铁路建设(集团)有限公司,2005年2月更名为中铁二十四局集团福建铁路建设有限公司。执行董事、总经理林志勇,党委书记刘钦曙。下辖3个分公司、3个子公司。职工1856人。其中,干部822人;工人1034人。技术干部809人,占干部总数的98.42%;技术工人685人,占工人总数的66.25%。资产总额169781万元。其中,固定资产原值31729万元、净值16021万元;流动资产149254万元;其他资产4505万元。机械运输设备854台(套),总功率16442千瓦,动力装备率8.75千瓦/人,技术装备率5.82万元/人。

2012年新签合同额221200万元,完成企业总产值282851万元,实现利润2788万元。全员劳动生产率149万元/人年,职工年人均收入44045元。完成主要实物工程量:路基土石方815万立方米,隧道15352延长米,桥梁3880延长米,涵渠1817横延米,正线铺轨64.6公里,铁路架梁272孔,公路架梁409片,房屋建筑面积15.7万平方米。国有资产保值增值率113.6%,净资产收益率15.88%,产值利润率1.37%,资产负债率89.56%,应上缴款完成率43.53%。年内,公司承建的厦门南洪山柄安置房4号楼工程获福建省"闽江杯"优质工程奖;公司连续两年被评为福建省A类公路施工企业,再次入选福建省建筑业总承包30强企业,获福建省建筑业企业100强等称号。

(李本光)

【南昌铁路工程有限公司】 铁路、市政公用、公路工程施工总承包一级,桥梁、隧道工程专业承包一级,铁路铺轨架梁、混凝土预制构件专业承包二级资质企业。公司驻江西省南昌市二七南路109号。前身是南昌铁路局工程总公司,2002年1月企业改制改称南昌铁路工程集团有限责任公司,2005年2月更名为中铁二十四局集团南昌铁路工程有限公司。执行董事、党委书记李开明,总经理王平。下辖4个子公司。职工1933人。其中,干部750人;工人1183人。技术干部681人,占干部总数的90.8%;技术工人510人,占工人总数的43.11%。资产总额166881万元。其中,固定资产原值9307万元、净值3325万元;流动资产161094万元;其他资产5787万元。机械运输设备716台(套),总功率11567千瓦,动力装备率5.98千瓦/人,技术装备率1.08万元/人。

2012年新签合同额129805万元,完成企业总产值205229万元,其中施工产值196848万元。实现利润2826万元。全员劳动生产率96万元/人年,职工年人均收入38430元。完成主要实物工程量:路基土石方788万立方米,隧道14690延长米,桥梁13994延长米,涵渠4748横延米,正线铺轨12.48公里,站线铺轨6.6公里,铺道岔24组,房屋建筑面积11127平方米。国有资产保值增值率124.47%,净资产收益率24.32%,产值利润率1.45%,资产负债率94.95%,应上缴款完成率100%。实现连续安全生产2011天,工程质量合格率100%。年内,公司获全国建筑业AAA级信用企业、江西省优秀企业、江西企业100强等称号;公司承建的宜春明月大桥工程获江西省优良工程奖;贵阳项目部蓝箭QC小组被评为全国工程建设质量管理优秀小组,开发的"提高隧道中埋式止水带安装合格率"QC成果获全国工程建设优秀QC小组活动成果二等奖。

(张 哲)

【新余工程有限公司】 市政公用工程施工总承包一级,铁路、公路、房屋建筑工程施工总承包二级,隧道、桥梁、土石方、建筑装修装饰工程专业承包一级资质企业。公司驻江西省新余市铁兴路216号。前身是南昌铁路工程集团有限责任公司第一、第三工程公司,2005年2月整合重组为南昌铁路新余工程有限责任公司,2007年1月更名为中铁二十四局集团新余工程有限公司。执行董事、总经理吴义良,党委书记吴明华。下辖6个分公司、1个管理中心和1个指挥部。职工1674人。其中,干部570人;工人1104人。技术干部537人,占干部总数的94.21%;技术工人928人,占工人总数的84.06%。资产总额127294万元。其中,固定资产原值6112万元、净值2755万元;流动资产122955万元。机械运输设备291台(套),总功率7885千瓦,动力装备率4.69千瓦/人,技术装备率1.2万元/人。

2012年新签合同额83900万元,完成企业总产值147700万元,实现利润1231万元。全员劳动生产率88万元/人年,职工年人均收入36157元。完成主要实物工程量:土石方525万立方米,隧道3831延长米,桥梁3416延长米,涵渠846横延米,铁路站线铺轨25公里。国有资产保值增值率101.75%,净资产收益率11.36%,产值利润率0.83%,资产负债率93.59%,应上缴款完成率76.51%。实现连续安全生产6571天,工程质量合格率100%。

(胡 蓉)

【南昌建设有限公司】 房屋建筑、市政公用工程施工总承包一级,铁路、公路工程施工总承包二级,钢结构、机电设备安装、建筑装饰装修工程专业承包一级,桥梁、隧道工程专业承包二级资质企业。公司驻江西省南昌市二七南路116号。前身是南昌铁路工程总公司建筑工程公司,1999年12月企业改制改称南昌铁路建筑工程有限责任公司,2007年5月更名为中铁二十四局集团南昌建设有限公司。执行董事、总经理易曙青,党委书记陈仁光。下辖1个子公司。职工995人。其中,干部459人;工人536人。技术干部443人,占干部总数的96.51%；技术工人311人，占工人总数的58.02%。资产总额74206万元。其中，固定资产原值3783万元、净值1711万元；流动资产71924万元。机械运输设备62台(套)，总功率6174千瓦，动力装备率6.21千瓦/人，技术装备率1.37万元/人。

2012年新签合同额142058万元，完成企业总产值120405万元，实现利润1618万元。全员劳动生产率120万元/人年，职工年人均收入44851元。完成主要实物工程量：土石方332万立方米，隧道5700延长米，桥梁4614延长米，公路2公里，房屋建筑面积370665平方米。国有资产保值增值率115.34%，净资产收益率15.51%，产值利润率1.52%，资产负债率89.68%，应上缴款完成率100%。实现安全生产3340天，工程质量合格率100%。年内，公司获全国优秀施工企业、江西省重合同守信用AAA单位、江西省优秀企业、南昌市建设行业(建筑业)先进单位等称号；公司承建的上海铁路局石泉路单位租赁房一期工程1、2、3号楼获上海市普陀区优质结构工程奖，南昌联发江岸汇景二期工程20～23号楼获南昌市优良工程奖；获国家实用新型专利2项，开发的"降低高层建筑钢筋损耗率"QC成果获江西省质量管理协会一等奖。

(杨 佳)

【上海电务电化有限公司】 铁路电务、电气化工程专业承包一级，铁路电信工程专业承包二级资质企业。公司驻上海市闸北区天目中路585号18楼。2005年6月15日，由原上海铁路局工程总公司电务工程公司、福建铁路建设(集团)有限公司福州电务工程分公司、南昌铁路工程集团有限责任公司电务工程公司整合重组而成。执行董事、总经理吴耘，党委书记云柏。下辖4个分公司。职工955人。其中，干部402人；工人553人。技术干部397人，占干部总数的98.76%；技术工人354人，占工人总数的64.01%。资产总额85700万元。其中，固定资产原值4022万元、净值1552万元；流动资产82016万元；其他资产2132万元。机械运输设备184台(套)，总功率7059千瓦，动力装备率7.39千瓦/人，技术装备率1.04万元/人。

2012年新签合同额25186万元，完成企业总产值28497万元，其中施工产值28416万元。实现利润808万元。全员劳动生产率30万元/人年，职工年人均收入44626元。完成主要实物工程量：通信线路400条公里，通信站10个，自动闭塞区间7公里，电气集中联锁道岔284组，供电线路130条公里，变配电所10座，接触网43公里。国有资产保值增值率100.54%，净资产收益率5.21%，产值利润率2.85%，资产负债率86.76%，应上缴款完成率100%。年内，公司获省部级优秀QC成果奖2项。

(张笑松)

【贵溪桥梁厂有限公司】 混凝土预制构件专业承包三级资质；混凝土桥梁、轨枕，铁路、公路等工业与民用建筑混凝土构件生产企业。公司驻江西省贵溪市柏里路7号。前身是南昌铁路局贵溪桥梁厂，2006年1月企业改制改称中铁二十四局集团贵溪桥梁厂有限公司。执行董事、党委书记杨坡(12月免)、胡浩(12月任)，总经理龚志辉。下辖桥梁、轨枕、路桥分公司及10个现场制梁场。职工386人。其中，干部151人；工人235人。技术干部142人，占干部总数的94.04%；技术工人183人，占工人总数的77.87%。资产总额75529万元。其中，固定资产原值39406万元、净值14215万元；流动资产58387万元。机械运输设备1074台(套)，总功率32461千瓦，动力装备率84.1千瓦/人，技术装备率55.58万元/人。

2012年新签合同额45497万元，完成企业总产值73503万元，实现利润838万元。全员劳动生产率188万元/人年，职工年人均收入46253元。完成主要生产量：轨枕83785根，岔枕81组，箱梁801榀，T梁815孔，T钢39828块。国有资产保值增值率109.74%，净资产收益率9.64%，产值利润率0.86%，资产负债率91.47%，应上缴款完成率100%。年内，公司获2项发明专利和1项实用新型专利授权。

(余明志)

【鹰潭设备安装工程有限公司】 机电安装工程施工总承包一级，机电设备安装、钢结构工程专业承包一级，起重设备安装工程专业承包二级资质企业。公司驻江西省鹰潭市环城东路105号。前身是南昌铁路工程总公司设备安装工程公司，2001年12月企业改制改称南昌铁路设备安装工程有限责任公司，2006年1月更名为中铁二十四局集团鹰潭设备安装工程有限公司。执行董事、总经理丁力，党委书记叶光灿。职工280人。其中，干部128人；工人152人。技术干部111人，占干部总数的86.72%；技术工人119人，占工人总数的78.28%。资产总额34820万元。其中，固定资产原值21073万元、净值10505万元；流动资产22975万元。机械运输设备63台(套)，总功率10243千瓦，动力装备率36.58千瓦/人，技术装备率34.46万元/人。

2012年新签合同额30612万元，完成企业总产值50147万元，实现利润531万元。全员劳动生产率179万元/人年，职工年人均收入55390元。完成主要实物工程量：运架设箱梁677榀、T梁389孔，铺轨77.1公里，铺道岔44组，长轨换铺123.3公里，长轨焊接和应力放散及锁定59.5公里。工程质量合格率100%。国有资产保值增值率 107.14%,净资产收益率 7.15%,产值利润率 1.98%,资产负债率 84.27%,应上缴款完成率 100%。 (李明芬)

【上海房地产开发有限公司】 房地产开发三级资质企业,上海市房地产协会理事单位。公司驻上海市民德路 20 号。前身是上海铁路局房地产开发经营公司,2001 年 7 月企业改制改称上海铁路建设集团房地产有限公司,2005 年 9 月更名为中铁二十四局集团上海房地产开发有限公司。执行董事、总经理白圻业,党委书记顾德云。下辖 3 个子公司。职工 100 人。其中,干部 61 人;工人 39 人。技术干部 50 人,占干部总数的 81.97%;技术工人 39 人,占工人总数的 100%。资产总额 6744 万元。其中,固定资产原值 643 万元、净值 358 万元;流动资产 6315 万元。

2012 年新签合同额 3150 万元,完成企业总产值 3197 万元,其中施工产值 2408 万元。实现利润 47 万元。全员劳动生产率 32 万元/人年,职工年人均收入 63692 元。国有资产保值增值率 101.23%,净资产收益率 1.23%,产值利润率 16.94%,资产负债率 62.25%,应上缴款完成率 100%。 (薛庆新)

【路桥分公司】 驻上海市秣陵路 80 号华象大楼 15F。2006 年 1 月,由原集团公司路桥分公司与道桥分公司合并成立。总经理刘宝剑,党委书记奚跃忠。下辖 12 个工程项目部。职工 101 人。其中,干部 84 人;工人 17 人。技术干部 82 人,占干部总数的 97.62%;技术工人 17 人,占工人总数的 100%。资产总额 54326 万元。其中,固定资产原值 1324 万元、净值 720 万元;流动资产 53601 万元。

2012 年新签合同额 150467 万元,完成企业总产值 70072 万元。全员劳动生产率 693 万元/人年,职工年人均收入 116871 元。完成主要实物工程量:土石方 48 万立方米,桥梁 6764 延长米,圬工 21 万立方米,给排水管路 13 公里,铁路架梁 22 孔,公路架梁 1064 片。工程质量合格率 100%。年内,公司获江苏省市政示范工程奖 2 项,承建的苏州京沪高铁快速路 227 省道相城段被评为中国市政金杯示范工程。 (朱桂芳)

【轨道交通分公司】 驻上海市闸北区虬江路 1000 号 10 楼。2010 年 5 月,以原集团公司上海开发办公室为基础成立。总经理钱大怀,党委书记刘年碗。下辖 9 个工程项目部。职工 117 人。其中,干部 112 人;工人 5 人。技术干部 67 人,占干部总数的 59.82%;技术工人 5 人,占工人总数的 100%。资产总额 30755 万元。其中,固定资产原值 1383 万元、净值 698 万元;流动资产 30042 万元。

2012 年新签合同额 35881 万元,完成施工产值 11005 万元,实现利润 87.38 万元。全员劳动生产率 94 万元/人年,职工年人均收入 69800 元。完成主要实物工程量:隧道 525 延长米,正线铺轨 39 公里,道岔铺设 50 组。 (赵 妍)

【重要记载】

▲1 月 2 日 福建公司参建的福州市三环快速路主线通车仪式在淮安大桥北桥头举行,福建省省委常委、福州市市委书记杨岳,福州市委副书记、市政府代市长杨益民等参加通车仪式。

▲1 月 4 日 上海公司承建的杭申线航道整治工程沪昆线园泄泾特大桥和上海轨道交通 12 号线 1 标段中春路敞开段两项工程被评为 2011 年度上海市重大工程文明工地。

▲1 月 10 日 安徽公司中标合肥市徽州大道与高铁南站衔接工程 2 标段,合同投资 1.4 亿元。

▲1 月 14 日 铁道部副部长卢春房视察集团公司沪昆铁路客运专线贵州段 5 标段沙坪隧道施工及型钢加工场。

▲1 月 20 日 集团公司中标新建大准至朔黄铁路联络线站前 ZCZQ－8 标段工程,合同投资 3 亿元。

▲2 月 13 日 集团公司总工程师许伟书获 2011 年上海市质量管理小组活动卓越领导者称号;上海公司 TBM 第 2QC 小组获 2011 年上海市优秀质量管理小组称号。

▲2 月 21 日 集团公司党委一届二次全体会议在上海召开。

▲2 月 22 日 集团公司二届二次职工代表大会暨 2012 年工作会议在上海召开。

▲2 月 23 日 集团公司党风建设和反腐倡廉工作会议在上海召开。

▲3 月 19 日 福建公司中标京台线建瓯至闽侯公路福州境内段路基土建 JTA3 标段工程,合同投资 4.47 亿元。

▲3 月 20～21 日 铁道部副部长卢春房视察集团公司杭甬、宁杭铁路施工现场。

▲4 月 11 日 集团公司在宁波福明路(长寿路至兴宁路)二期工程Ⅲ标段项目部召开大跨度竖曲线钢箱梁步履式多点同步顶推技术交流会。

▲4 月 12 日 福建公司中标新建向莆铁路三明北站站房工程,合同投资 22907 万元。

▲4 月 26 日 集团公司中标东方大道快速路高架项目 5 标段工程,合同投资 37519 万元。

▲4 月 27 日 集团公司董事长、党委书记王北京

被授予全国五一劳动奖章。

▲5 月 12 日　安徽公司中标合肥市轨道交通 1 标段工程，合同投资 3.15 亿元。

▲5 月 29 日　安徽省省委常委、合肥市市委书记吴存荣会见股份公司副总裁张宗言、集团公司总经理朱赤。

▲6 月 14 日　股份公司总裁赵广发、副总裁扈振衣一行到设备安装公司尼日利亚阿布贾 IDU 工业园区钢结构厂检查指导工作。

▲6 月 19 日　南昌建设公司中标朔黄铁路 2012 年第二批大中修及更新改造工程房建和景观照明施工第 2 标段工程，合同投资 10396.95 万元。

▲6 月 21 日　集团公司中标沪常高速公路上海段 S26 东延伸（G1501 公路—G15 公路）新建工程，合同投资 59371 万元。

▲6 月 22 日　安徽省省委常委、合肥市市委书记吴存荣，合肥市委副书记、市长张庆军等一行视察安徽公司承建的合肥市滨湖新区方兴大道工程。

▲7 月 3 日　贵州省省委常委、贵阳市市委书记李军视察集团公司承建的贵阳铁路枢纽工程。

▲7 月 31 日　股份公司副总裁、总经济师扈振衣到集团公司专题调研海外经营工作。

▲10 月 13 日　股份公司副总裁刘汝臣到集团公司承建的新疆涝坝湾煤矿副平硐施工现场检查指导。

▲11 月 4 日　南昌建设公司中标衡茶吉铁路 HCJZF－1、2 标段站房工程，合同投资 1.71 亿元。

▲11 月 15 日　集团公司中标宁西铁路西安至合肥段增建第二线工程（上海局管段）站前Ⅰ标段工程，合同投资 9.839 亿元。

▲11 月 27 日　南昌建设公司中标武咸城际铁路站房工程，合同投资 20485 万元。

（李北虹　姚小平　华彩红）

中铁二十五局集团有限公司

【简况】　中铁二十五局集团有限公司是铁路工程施工总承包特级，房屋建筑、市政公用、公路工程施工总承包一级，水利水电工程施工总承包二级，桥梁、隧道、公路路基、铁路铺轨架梁工程专业承包一级及城市轨道交通工程专业承包资质企业。集团公司总部驻广东省广州市越秀区中山一路 55 号。下辖一、二、三、四、五、六工程有限公司，电务工程有限公司、建筑安装工程有限公司、房地产开发有限公司、轨道交通有限公司、南方实业开发有限公司（物业管理有限公司）、珠海重工有限公司、梵净山开发有限公司、广州铁诚工程质量检测有限公司和西北分公司。职工 9381 人。其中，干部 5160 人；工人 4124 人。技术干部 5098 人，技术工人 2550 人。资产总额 1077300 万元。其中，流动资产 928900 万元；投资性房地产 11900 万元；固定资产净值 71300 万元；无形资产 49400 万元。机械设备 7656 台（套），原值 99433 万元、净值 58651 万元，总功率 142750 千瓦，技术装备率 6.42 万元/人，动力装备率 15.63 千瓦/人，设备成新率 59%、设备资产利润率 27.53%，主要施工机械设备完好率 95.27%、利用率 82.7%。年综合施工能力 150 亿元以上。

2012 年新签合同额 213.2 亿元，完成营业收入 1424600 万元，其中施工产值 1369900 万元。实现利润 16181 万元、净利润 14108 万元。全员劳动生产率 16.53 万元/人，人均创利 1.69 万元。职工年人均收入 50524 元。国有资产保值增值率 111.02%，净资产收益率 10.9%，产值利润率 1.14%，资产负债率 87.85%。完成主要实物工程量：土石方 2170 万立方米，隧道 28710 延长米，桥梁 58610 延长米，地铁 1591 米，正线铺轨 569.5 公里，站线铺轨 49.3 公里，公路 31.8 公里，房屋建筑面积 74.1 万平方米，通信线路 55.3 公里，供电线路 102.7 公里。

（周树沛　莫　劲　唐宇辉　王惠贞）

【领导人员】

董事会

董事长　安　康

董事　梁　毅

王小青

冼海燕（7 月任）

李飞前（7 月任）

监事会

监事会主席　任国华（7 月任）

监事　陈乐新（7 月任）

凌勋伟（7 月任）

经理层

总经理　梁　毅

副总经理　王小青

况成明

臧　丹

李茂松

葛　斌

冼海燕

苏建斌
明思义(7月任)
总工程师　王小青(兼)
总会计师　冼海燕(兼)

党群领导

党委书记　安　康
党委副书记　梁　毅
任国华(7月任)
纪委书记　任国华(7月任)
工会主席　李飞前(7月任)　(王进元)

【职工队伍】 职工9381人。干部5160人,其中女干部1004人、少数民族干部392人、专业技术干部5098人。干部学历结构:本科以上3067人,大专1760人,中专274人,高中及以下59人。干部年龄结构:30岁以下3085人,31~35岁571人,36~40岁559人,41~45岁376人,46~50岁341人,51~54岁109人,55岁以上119人。专业技术干部中,高级职务421人,中级职务1147人,初级职务3128人;工程系列4006人,经济系列355人,会计系列471人,卫生系列6人,统计系列2人,教育系列4人,政工系列249人,文案人员5人。2012年接收大学毕业生231人。

工人4124人,其中技术工人2550人,占工人总数的61.8%。技术工人中,高级技师21人,技师95人,高级工1372人,中级工156人。工人文化程度:初中以下1932人,高中1673人,技校、中专299人,大专以上220人。工人年龄结构:30岁以下163人,31~40岁987人,41~50岁1636人,50岁以上1338人。

(王进元)

【工程项目指挥机构】 云桂铁路云南段项目经理部　云南省富宁县迎宾路交警大队路口(新华派出所对面)富宁县人民银行宾馆。项目经理王小青。

湘桂铁路扩改工程Ⅶ标段工程指挥部　广西壮族自治区柳州市鹅山路莱市区23号。指挥长曾水长。

南宁铁路枢纽Ⅲ标段工程指挥部　广西壮族自治区南宁市民族大道163号新天地小区B区8栋。指挥长陈树登。

成兰铁路工程指挥部　四川省阿坝藏族羌族自治州松潘县县委党校。指挥长李茂松。

贵阳火车北站功能区路网工程指挥部　贵州省贵阳市云岩区大关隧道旁。指挥长王化有。　(谢安荣)

【铁路工程施工】 在建铁路工程29项,完成施工产值1123146万元。

云桂铁路云南段站前2标段工程　位于云南省文山州富宁县和广南县境内。标段长55.38公里,合同投资415000万元,2010年9月16日开工,合同工期57个月。主要实物工程量:土石方486万立方米,隧道13座46300延长米,桥梁15座5200延长米,涵洞9座887.7横延米,车站2座,预制、铺设轨枕240.5公里,铺设无砟道床101.8公里。截至2012年底,开工累计完成投资109383万元。

南宁枢纽站前及部分站后SN－3标段工程　合同投资276497万元,2010年5月开工,合同工期32个月。主要实物工程量:路基土石方1040万立方米,桥梁33座17798延长米,涵洞100座4019横延米,隧道2座626延长米,正线铺轨78.4公里,站线铺轨102.1公里,房屋建筑面积9.35万平方米。截至2012年底,开工累计完成投资108836万元。

增建遂渝铁路二线ZQ－Ⅱ标段工程　位于重庆市潼南县、合川区、北碚区境内。标段长95.72公里,合同投资177000万元,2009年2月开工,合同工期36个月。主要实物工程量:4站3区间,路基土石方574万立方米,桥梁63座23443延长米,隧道34座22302延长米,涵洞107座1764横延米。截至2012年底,开工累计完成投资163500万元。

湘桂铁路永柳段提速扩能改造Ⅶ标段工程　合同投资324454万元,2009年4月10日开工,合同工期36个月。主要实物工程量:土石方1004.2万立方米,路基50.3公里,隧道1座340延长米,桥梁43座12826延长米,涵洞264座10338.6横延米,站场7处,有砟道床358.5公里,正线铺轨250.55公里,站线铺轨107.4公里,制架T梁888榀。截至2012年底,开工累计完成投资197219万元。

贵广南广铁路广州枢纽Ⅰ标段工程　合同投资230277万元,2009年9月31日开工,合同工期34个月。主要实物工程量:路基土石方149万立方米,桥梁9座7900延长米,既有线改造5处,站场改造4处。截至2012年底,开工累计完成投资58917万元。

大西铁路客运专线站前1标段工程　标段长44.343公里,合同投资370885万元,2010年3月10日开工,合同工期45个月。主要实物工程量:土石方300万立方米,路基8.7公里,隧道4座8796.3延长米,桥梁16座27118延长米,涵洞13座282横延米,站场2处,无砟道床正线44.3公里,正线铺轨196公里,站线铺轨8.3公里,铺新岔43组,制架箱梁731榀。截至2012年底,开工累计完成投资287832万元。

新建长沙至昆明铁路客运专线湖南段站前CKTJ－1标段二单元工程　标段长25.1公里,合同投资152776万元,2010年9月1日开工,合同工期39个月。主要实物工程量：路基土石方206.9万立方米，桥梁26座16649延长米，隧道3座1122延长米，涵洞13座397.48横延米，预制箱梁659孔，正线铺轨50.138公里。截至2012年底，开工累计完成投资108315万元。（朱必礼）

【铁路外工程施工】 在建铁路外工程54项。其中，公路工程23项；市政工程11项；轨道工程6项；水利工程1项；房屋建筑工程7项；其他工程6项。

合肥中国铁建·国际城和畅园2标段工程　合同投资21421万元，2011年4月21日开工，合同工期19个月。主要实物工程量：总建筑面积120178平方米，建筑地下3层、地上34层，标准层层高2.9米，建筑高度98.6米。主体结构为现浇钢筋混凝土剪力墙结构。2012年，工程全部完成。

山东省青州至临沭高速公路第3合同段工程　主要位于山东省潍坊市青州市境内。线路长8.7公里，合同投资30949万元，2009年6月5日开工，合同工期32个月。设计速度120公里/小时，双向6车道。主要实物工程量：路基土石方180.6万立方米，大桥1座667延长米，通道29座，分离立交3座，青州南互通立交1座。截至2012年底，开工累计完成投资30852万元。

湖南省衡阳市衡酃路A合同段工程　线路长2.6公里，合同投资44477万元，2009年7月开工，合同工期27个月。主要实物工程量：主线桥梁2100延长米，其中跨湘江主桥493延长米、跨京广铁路衡阳火车站立交主桥172延长米；匝道桥930米，路基500米，顶进框架1座、交通框架3座。截至2012年底，开工累计完成投资47003万元。

青岛地铁一期3号线10标段工程　标段长2.28公里，合同投资26729万元，2010年9月1日开工，合同工期30个月。主要实物工程量：河西站至河东站，河东站及河东站至万年泉路站，含车站和区间主体工程、附属工程等土建。截至2012年底，开工累计完成投资19161万元。

长春市地铁1号线一期03标段工程　合同投资20630万元，2011年11月1日开工，合同工期29个月。主要实物工程量：卫星广场站车站主体长179米，车站主体地下3层，设出入口5处，紧急疏散口3个，换乘通道1座。截至2012年底，开工累计完成投资9344万元。（朱必礼）

【海外工程施工】 科特迪瓦共和国阿比让至大巴萨姆高速公路工程　主要工程量：布艾港（阿克瓦坝）至贡匝克威尔8.5公里，贡匝克威尔至穆苏19.9公里，原道路贡匝克威尔至大巴萨姆段改建16.3公里。（高治国）

【经营管理】 工程承揽。2012年，集团公司承揽项目113个，新签合同总额213.2亿元。其中，铁路工程40项，合同额28.4亿元；公路工程5项，合同额7.4亿元；水利水电工程9项，合同额17.9亿元；房屋建筑工程26项，合同额54.6亿元；城市轨道工程4项，合同额17.5亿元；市政工程27项，合同额69亿元；机场码头及其他工程2项，合同额1.5亿元；工程变更补充金额17亿元。

企业管理。加强企业战略管理。在总结"十一五"期间取得的成绩，认真研究国内外经济与建筑市场形势的基础上，制定《中铁二十五局集团有限公司发展战略与规划（2012～2015）》，并适时调整企业发展战略，加快产业结构调整，进一步为企业的持续发展做好长远规划。加强企业内控风险管理。积极探索企业内部控制建设和实施工作，将内控风险管理与集团公司基础管理相结合，将内控风险管理与管理提升活动相融合，着眼于企业基础管理，认真梳理各项管理流程、查找企业管理中的不足与短板，制定整改措施，提升企业管理水平。完善经营业绩考核机制。修订完善经营业绩考核办法，建立健全考核体系和考核流程，发挥业绩考核的激励约束机制。加强项目管理。规范项目管理模式，制定《进一步规范工程项目管理有关问题的指导意见》，推动项目管理规范运作，实现工程项目有序可控。

安全管理。工程质量目标完成。全集团工程质量处于有序可控状态，主体工程内实外美，观感质量良好。2012年，全集团交验单位工程203项，合格203项，合格率100%，实现集团公司年度质量目标。年内无重大工程质量事故，无业主及顾客质量投诉。集团公司安全生产形势总体平稳，未发生铁路交通一般及以上责任事故；未发生重大及以上道路交通事故、火灾爆炸事故。实现集团公司年度安全管理目标。年内获中国铁建杯优质工程奖4项，4个项目被评为股份公司安全质量标准工地。

财务管理。规范业务流程，完善制度建设，先后印发《财务工作绩效考核管理办法》《资金上缴考核暂行办法》《财务监察管理办法》，修改完善《资金集中管理办法》《应收款项管理办法》。坚持以资金管理为主线，资金管控水平明显提高。截至2012年底，集团公司资金集中度79%，年内调剂使用内部资金10.8亿元。积极调研，稳妥推进，逐步扩大"法人一套账"管理模式。8月，集团公司在成立轨道公司长沙区域核算中心的基础上，进一步扩大"法人一套账"的试点范围。积极研究税务政策，和谐税企关系，加强筹划规避风险。通过申报研发费用加计扣除，合计抵扣所得额3220万元，免缴所得税805万元。积极开展内部财务监察，积极应对各种外部检查，妥善处理各方面关系，规避财务风险，确保企业信誉和效益不受损。

审计工作。2012年完成审计项目73项。其中，经济责任审计4项；工程项目部审计62项；财务收支审计1项；经济效益审计2项；专项审计调查4项。提出审计报告73份，发现问题金额19605.43万元。其中，违规违纪金额4414.27万元；其他金额15191.16万元。纠正违规金额3751.3元。提出审计建议353条，被采纳353条。通过纠正违纪违规增加留利1783.6万元。　（唐宇辉　罗贵业　周树沛　曹军师　周永才　刘文如）

【科技教育】　科技开发。2012年，集团公司11项科研项目通过中国铁道建筑总公司工法关键技术成果评审，其中3项科技成果技术水平均达到国内领先。年内获中国施工企业管理协会科学进步奖技术创新成果二等奖5项，铁道部部级工法7项；获国家专利授权12项，其中发明专利6项；获国家级优秀质量管理小组奖2项，省部级优秀质量管理小组奖13项。

教育培训。加强项目管理、专业技术人员培训和高技能人才队伍建设，全年举办培训班51期，培训3120人次。其中，国际工程管理专业英语培训55人；隧道工程管理培训109人；设备物资管理培训136人；预算员培训100人；财务和税务管理培训550人；安全生产管理培训448人；企业法务工作培训50人；质量、环境、职业健康安全贯标培训176人。全年培训高级技师3人、技师4人。加强外部劳务人员适应性培训。

（符望春　刘　芳）

【党群工作】　党的工作。集团公司党委下辖二级党委12个、党工委10个，党支部（党总支）235个，有党员5498人。2012年，集团公司党委围绕生产经营，坚持价值创造主题，发挥"政治保障、服务发展、党要管党、从严治党"作用，助推企业转型发展，寻求价值增长。（1）推动集团公司中长期发展战略的制定。经过近三年的孕育、发展、实践和反复修改，《中铁二十五局集团有限公司发展战略与规划（2012～2015）》（简称"433战略"）经过一系列法定程序，正式落地。这是2012年集团公司党委推动落实的一项重点工作，也是统领集团公司未来四年乃至更长一个时期企业总体发展的纲领性文件。（2）胜利召开集团公司第一次党代会。2012年10月28～30日，集团公司第一次党代会召开。党代会的筹备工作，严格按照党章和基层党组织工作条例的指引展开，并且全程得到股份公司的指导。会议主要成果：一是明确企业发展目标和基本路径，提出推动集团公司从规模增长向价值增长转变的主要路径，具体措施为战略转型、管理提升、文化聚能；二是选举产生第一届党委领导集体；三是提出以"责任·创造·共享"为主题的企业发展理念。（3）推动经营创新重点项目落地，助推集团公司战略转型。按照"433战略"定位的基本方向，认真实施股份公司"双轮驱动"战略，稳步推进"资本+经营"具体实践，促进几个重点较大合作经营项目落地，稳住企业经营规模。积极创新经营模式，推进海外、北方、西北等区域新市场，新区域、新市场、新专业取得进展，确保经营规模不下滑。（4）推进公司治理运转有效。坚持规范治企，不断探索生产经营法人授权的务实实践，制定《集团公司贯彻落实"三重一大"决策制度实施办法》，保证董事会依规决策，监事会依法监督，经理层高效执行，党委保障有力，公司治理机制更为规范、高效和顺畅。全年召开董事会6次，研究企业发展战略与规划、投融资决策、经营业绩考核与评价等重点工作，努力为经理层创造良好的外部环境。召开党委会15次，严格按照党委议事规则，充分发挥党委的服务保障作用，全力支持经理层依法行使职权。（5）提高党建科学化水平。坚持党建工作与企业生产经营有效融合，努力把政治优势转化为发展优势。围绕责任文化、企业转型发展、市场新模式等主题，强化领导班子理论学习，组织中心组集中学习两次，深入学习贯彻党的十八大精神，把十八大的思想成果转化到集团公司战略转型、管理提升和责任文化建设的实践层面，抓好第一次党代会的各项工作部署的落实，增强实现年度任务目标的自觉性和坚定性。开展创建"四好领导班子"、"创先争优"等活动，创新干部选拔任用制度，推进责任文化建设，着力加强两级党组织能力建设，强化集团公司党委的政治保障和服务发展作用。（6）大力匡正企业风气。支持纪委开展项目效能监察专项活动和内部审计工作，明确集团公司党委"正风气"的决心，严肃党纪政纪。以问责促履责，对干部失职、败德以及不廉洁行为的依规问责，触犯法律的坚决移交司法机关处理。重点推进黄织线、南广线审计监察，启动遂渝二线、衡茶吉项目效能监察。支持纪委开展"企检共建"活动，维护企业运营环境，保护企业合法权益，为生产经营保驾护航。

工会工作。集团公司有子（分）公司工会12个，直属指挥部工会工委6个，工会小组140个。集团公司坚持职代会等民主制度，两级职代会建制率、召开率100%，项目职代会召开率85%以上。集体合同和工资专项协议全面推行，全集团两项协议签订率100%。

及时召开集团公司职代会代表团组长联席会议，选举集团公司董事会职工董事、监事会职工监事，健全企业法人治理结构。集团公司下发关于《建立内部防止拖欠职工、农民工工资长效机制》的通知，对工资发放情况进行每月一报，基本建立职工、民工工资防拖欠的预警机制，职工、农民工权益得到有效维护。集团公司工会女工委组织广州、长沙、柳州三地400余名女职工参加地方工会女职工安康互助计划，为女职工建立多重保障防线。开展“五比五创夺五杯”劳动竞赛活动，先后在广珠、厦深、湘桂、南宁枢纽、娄邵铁路、云桂铁路、内蒙古神华等20余个铁路重点项目和地方市政项目，开展不同主题、不同形式的劳动竞赛。职工技术创新和合理化建议活动取得新突破。各级工会组织投入190余万元开展技术攻关，围绕“管理提升”开展专题合理化建议活动，全年获国家发明专利1项，受理发明专利、新型专利4项，获广东省市政协会优秀QC成果奖2项，收到合理化建议431条。开展“服务职工、服务基层”活动，切实履行“三不让”承诺，优先安排困难职工上岗，协助党委积极做好内部信访、矛盾调处等工作，叫响“职工有困难找工会”品牌。元旦春节期间，筹集送温暖资金159万元，慰问困难家庭、劳动模范和离退干部2904户。筹集送清凉资金58万元，走访慰问67个重点项目部。“金秋助学”活动资助困难职工子女297名，发放助学金26.85万元。

共青团工作。集团公司团委下辖10个工程公司团委、2个工程指挥部团工委、1个项目部团工委、140个团支部，有35岁以下青年4415人，其中团员2566人。开展“调整转型，青年先行”活动，围绕安全质量、管理创效、技术创新、抢抓进度、提高技能“五个先行”展开，各级团组织带领青年立足岗位、建功立业，围绕施工生产、管理提升、成本效益等方面出主意、想办法、提建议，为企业管理提升、战略转型作出积极贡献。在重点工程项目开展青年突击活动，为完成集团公司年度任务目标贡献力量。三公司鹅岭隧道青年突击队采用国际先进技术，对地质条件作出准确预判，1万余米的鹅岭隧道在贯通点的测量数据水平误差和中线误差均控制在3厘米以内，获得业内高度评价。大力实施青年素质工程，努力提高青年业务素质，帮助青年成长成才，积极开展“导师带徒”、青年工地夜校、青工技术比武、选树优秀青年典型等活动。2012年，各重点项目青年工地夜校开展培训556次，惠及9337人次。选树以叶朋云、沈炜东、袁增伟为代表的一批优秀青年人才。其中，沈炜东获得第十四届广东青年五四奖章个人提名奖、中国铁建“青年岗位能手”称号；袁增伟入选中央文明办公室主办的“中国好人榜”之“敬业奉献好人”。加强团的自身建设，集团公司与广东省团校合作，举办第二届团干部培训班，采用最新的历奇培训模式，不断让团干部挑战自我，激发潜能，增强自信，40余名团干部参加培训。召开集团公司共青团“责任文化”学习研讨会，将“不找借口”作为共青团“责任文化”的口号，提出“三个加法”的工作方法，进一步强化团干部责任意识。集团公司和各基层单位团委负责人坚持“两进三同”工作制度，通过端午节下项目和基层青年员工一起包粽子过节等形式，在掌握一线情况的同时，加深团干部与广大青年的感情，提升组织的吸引力和凝聚力。爱心助学活动影响扩大。2012年6月，集团公司团委和湖南省驻粤团工委、北京众成物流公司组成的青年志愿服务队赶赴澧县金锣镇高农小学，开展“爱心细流”关爱助学活动，捐赠书籍文具512套、衣物396件、彩电1台，发放慰问金5900元，建立“爱心细流”电脑室。活动以结对签约的形式承诺帮助留守儿童完成小学、初中，甚至大学的全部课程，已成功结对25对，年助学金额3万余元，协议捐款超过20万元。活动的开展受到社会各界广泛关注，红网、网易等媒体进行了报道。2012年，集团公司团委获中央企业五四红旗团委称号，1名青年获全国表彰，3名青年获省部级表彰，12个集体、12名青年获股份公司表彰。（邓岩　马景波　李谞异）

【西北分公司】 公司驻陕西省西安市碑林区火炬路1号企图时代大厦12层B区。总经理李文涛，党委书记张天科。职工132人。资产总额14758.85万元。其中，固定资产304.97万元；流动资产14467.06万元。

2012年新签合同额85211万元，实现营业收入20007万元。（高治国）

【第一工程有限公司】 市政公用工程施工总承包一级，铁路工程施工总承包二级，房屋建筑、公路工程施工总承包三级，桥梁、隧道工程专业承包一级，地基与基础、公路路基工程专业承包三级资质企业。公司驻广东省广州市越秀区桂花岗东2号。前身是中铁二十五局集团广州铁路工程有限公司，2011年12月更为现名。执行董事、总经理张建慈，党委书记张建平。下辖1个专业项目部、7个分公司、7个分支机构、35个直属项目部。职工1322人。其中，干部717人；工人605人。专业技术干部699人，占干部总数的97.5%；技术工人228名，占工人总数的37.7%。资产总额229805万元。其中，固定资产净值21938万元；流动资产199361万元；其他资产8506万元。机械动力设备1259台（套），设备原值33098万元、净值20901万元，总功率21711千瓦，设备完好率80%、利用率80%，动力装备率 16.42 千瓦/人,技术装备率 15.81 万元/人。

2012 年新签合同额 23.24 亿元,完成企业总产值 361090 万元,实现净利润 2841 万元。单位工程合格率 100%。完成主要实物量:土石方 541 万立方米,桥梁 18001 延长米,隧道 7677 延长米,正线铺轨 526.3 公里,站线铺轨 25 公里,铁路架梁 1227 孔,铁路制梁 894 片,公路架梁 743 片,公路 4.2 公里。年内获国家级科学技术奖技术创新成果奖 3 项,全国工程建设质量管理优秀小组奖 1 项,全国工程建设优秀 QC 小组活动奖 1 项。 (秦秀娥)

【第二工程有限公司】 市政公用工程施工总承包一级,铁路工程施工总承包二级,房屋建筑、公路工程施工总承包三级,桥梁工程专业承包一级,隧道工程专业承包二级,土石方、预应力、送变电、公路路基工程专业承包三级资质企业。公司驻湖南省衡阳市珠晖区乐群里 166 号。执行董事、总经理冯正,党委书记范波。下辖 2 个分公司、5 个分支机构及若干工程项目部。职工 1126 人。其中,干部 626 人;工人 500 人。专业技术干部 622 人,占干部总数的 99.36%;技术工人 221 人,占工人总数的 44.2%。资产总额 128267.54 万元。其中,固定资产原值 9178.56 万元、净值 4344.99 万元;流动资产 120509.9 万元。机械动力设备 855 台(套),净值 3817.38 万元,总功率 12660 千瓦,动力装备率 9.7 千瓦/人,技术装备率 5.9 万元/人。年施工能力 20 亿元以上。

2012 年新签合同额 12.48 亿元,完成企业总产值 13.96 亿元,实现利润 743.22 万元。全员劳动生产率 12.4 万元/人年,人均创利 6600.53 元。职工年人均收入 40612 元。产值利润率 4.93%,净资产收益率 9.64%,资产负债率 93.45%。完成主要实物工程量:路基土石方 361.6 万立方米,隧道 6106.6 延长米,桥梁 7849 延长米,铁路架梁 95 孔、公路架梁 63 片,房屋建筑面积 19311 平方米,公路 0.9 公里。工程交验合格率 100%。年内,公司被评为全国职工安全卫生知识竞赛优秀组织单位、湖南省纳税信用 A 级单位、湖南省信贷诚信单位、衡阳市重合同守信用企业。

(代 辉)

【第三工程有限公司】 铁路工程施工总承包一级,市政公用工程施工总承包二级,公路、房屋建筑工程施工总承包三级,桥梁、隧道工程专业承包一级,预应力、土石方工程专业承包二级资质企业。公司驻湖南省长沙市人民中路职院街 129 号。前身是广州铁路工程集团公司第三工程公司,2004 年 3 月 19 日企业改制改称现名。执行董事、党委书记范伟,总经理马文峰。下辖 3 个分公司、劳动服务中心、物资设备公司和若干项目部。职工 1234 人。其中,干部 722 人;工人 512 人。专业技术干部 701 人,占干部总数的 97.1%,技术工人 273 人,占工人总数的 53.3%。资产总额 126415 万元。其中,固定资产原值 9659 万元、净值 5428 万元;流动资金 3172 万元;流动资产 116266 万元。机械运输设备 867 台(套),现值 4689 万元,总功率 28056 千瓦,动力装备率 17 千瓦/人,技术装备率 3.19 万元/人,机械化施工程度 80% 以上。年施工能力 30 亿元以上。

2012 年新签合同额 13.7 亿元,完成企业总产值 129206 万元,实现利润 986 万元。全员劳动生产率 8.43 万元/人年,职工年人均收入 36498 元。完成主要实物工程量:土石方 327 万立方米,隧道 1996 延长米,桥梁 6217 延长米,公路架梁 446 片,房屋建筑面积 5543 平方米。工程质量合格率 100%。年内,1 人获全国"敬业奉献好人"称号;获省部级工法 1 项,省部级优秀 QC 成果奖 3 项。 (王 斌)

【第四工程有限公司】 铁路、市政公用、房屋建筑工程施工总承包一级,公路工程施工总承包二级,土石方、桥梁、铁路电务工程专业承包一级,混凝土预制构件、爆破与拆除、隧道工程专业承包二级资质企业。公司机关驻广西壮族自治区柳州市和平路 138 号。前身是中铁二十五局集团柳州铁路工程有限公司,2011 年 12 月更为现名。董事长、党委书记、总经理李少先。职工 985 人。其中,干部 505 人;工人 480 人。专业技术人员 490 人,占干部总数的 97%;技术工人 333 人,占工人总数的 69%。资产总额 168692 万元。其中,固定资产原值 17491 万元、净值 5556 万元;流动资产 153761 万元;其他资产 14931 万元;无形资产 8403 万元。机械设备 549 台(套),原值 12893.31 万元、净值 4510.78 万元,总功率 30126 千瓦,动力装备率 30 千瓦/人,技术装备率 45795 元/人。年施工能力 40 亿元以上。

2012 年新签合同额 12.4 亿元,完成企业总产值 105280 万元,其中施工产值 104277 万元。国有资产保值增值率 100.02%,净资产收益率 0.02%。完成主要实物工程量:路基土石方 322 万立方米,隧道 464 延长米,桥梁 7804 延长米,涵洞 606 横延米,铺轨 5 公里,铺道岔 12 组,公路 4.5 公里。工程质量合格率 100%。

(刘永红)

【第五工程有限公司】 前身为中铁二十五局集团有限公司北方分公司,2011 年更名为现名。公司驻山东省青岛市崂山区科苑纬三路 25 号。执行董事、总经理平国友,党委书记贺慧潜。职工 512 人,其中专业技术干部 467 人。资产总额 75525.65 万元。其中,流动资产 63713.17 万元;固定资产净值 3756.33 万元;其他资产 8056.15 万元。机械设备 255 台(套),原值 4160.38 万元、净值 2719.6 万元,总功率 9896 千瓦,动力装备率 19.52 千瓦/人,技术装备率 4.82 万元/人。

2012 年完成施工产值 134567 万元,实现利润 1960.37 万元、净利润 1433.07 万元。人均创利 31365.82 元,职工年人均收入 50527.24 元。国有资产保值增值率 114.33%,净资产收益率 13.37%,资产负债率 84.86%,产值利润率 1.82%。完成主要实物工程量:土石方 244.03 万立方米,桥梁 8953.89 延长米,涵洞 342.8 横延米,铁路隧道 325.04 延长米、地铁隧道 2258.05 延长米、水利隧洞 168.99 延长米,房屋建筑面积 66616.13 平方米;铁路、公路预制梁 752 片,架梁 997 片。 (周 娜)

【第六工程有限公司】 房屋建筑、市政公用工程施工总承包一级,铁路工程施工总承包二级,土石方、建筑装修装饰、钢结构、消防设施、机电设备安装工程专业承包一级,地基与基础、建筑幕墙工程专业承包二级,送变电、爆破与拆除(不含爆破)及公路、环保工程专业承包三级资质企业。公司驻广西壮族自治区南宁市西乡塘区南铁北一区地洞口路 791－6 号。前身是中铁二十五局集团恒元建筑工程有限公司,2011 年 12 月更为现名。执行董事、总经理谢朝阳,党委书记李章泽。职工 1011 人,其中专业技术人员 549 人。资产总额 61273.97 万元。机械设备 444 台(套),原值 3889 万元、净值 2245 万元,总功率 8282.8 千瓦,动力装备率 8.03 千瓦/人,技术装备率 3.77 万元/人。年施工能力 25 亿元以上。

2012 年新签合同额 8.05 亿元,完成企业总产值 11.38 亿万元,实现利润 1542.72 万元。全员劳动生产率 978882 元/人年。职工年人均收入 58821 元。国有资产保值增值率 112.49%,净资产收益率 12.01%,资产负债率 80.43%,应上缴款完成率 100%。 (贯 倩)

【电务工程有限公司】 铁路电务、电气化工程专业承包一级,电信、建筑智能化、送变电工程专业承包二级,机电设备安装工程专业承包三级,电力设施承装(修)四级资质企业。公司驻广东省广州市共和西路 8 号。2004 年 8 月,由原中铁二十五局集团广州电务分公司和长沙电务分公司重组而成。执行董事、总经理万宝华,党委书记李建云。职工 455 人,其中专业技术干部 238 人。资产总额 35005 万元。其中,固定资产原值 1305 万元、净值 321 万元;流动资产 31428 万元。机械设备及仪器仪表 138 台(套)。年施工能力 5 亿元以上。

2012 年新签合同额 5.03 亿元,完成企业总产值 32270 万元,实现利润 745 万元。职工年人均收入 63003 元。产值利润率 1.36%,资产负债率 84.86%,应上缴款完成率 100%。完成主要实物工程量:桥梁 51 延长米,站线铺轨 7 公里,联锁道岔 297 组,房屋建筑 18812 平方米,敷设通信光缆 54 条公里、电缆 54 条公里,自动闭塞区间 1 公里,土石方 47.13 万立方米,电力线路 124.3 条公里,接触网 3 公里。工程质量合格率 100%。公司连续 8 年被评为广东省守合同重信用企业。 (何华能)

【建筑安装工程有限公司】 房屋建筑工程施工总承包一级,市政公用工程施工总承包二级,铁路工程施工总承包三级,建筑装修装饰、消防设施、环保、钢结构、机电设备安装工程专业承包一级资质企业。2005 年,由中铁二十五局集团公司钢结构工程有限公司、消防机电工程有限公司、广州隆源商贸有限公司和第六分公司重组而成。公司驻广东省广州市共和西路 8 号。执行董事、总经理周晓兵,党委书记王金海。职工 833 人。其中,干部 382 人;工人 451 人。

2012 年新签合同额 24.54 亿元,完成企业总产值 17.1 亿元,实现利润 2187 万元、净利润 2041 万元。人均创利 2.54 万元,职工年人均收入 4.86 万元。国有资产保值增值率 129.53%,净资产收益率 29.13%,产值利润率 1.28%,投资回报率 25.51%,资产负债率 94.95%,应上缴款完成率 100%。完成主要实物工程量:土石方 36 万立方米,桥梁 10 座 4363 延长米,铁路制梁 1094 片,房屋建筑面积 24.6 万平方米。

(李 卓)

【房地产开发有限公司】 公司驻广东省广州市中山一路 55 号。董事长任国华,总经理周捷,党委书记彭广华。下辖 2 个子公司和 1 个项目部。职工 67 人,其中专业技术干部 59 人。资产总额 55963 万元。其中,固定资产净值 258 万元;流动资产 55618 万元。

2012 年完成营业收入 24254 万元,实现利润 301 万元。公司开发的柳州中国铁建·金色蓝庭项目获 2012 广西地产金砖奖年度最佳品质住宅大奖、2012 年度卓越成就企业大奖等 5 项荣誉。 (薛学成)

【轨道交通工程有限公司】 公司驻广东省广州市越秀区中山一路 55 号。执行董事、总经理徐波,党委书记田慧生。

2012 年新签合同额 5.22 亿元,完成企业总产值 2 亿元,实现净利润 306 万元。年内获国家发明专利 1

项，省级优秀QC成果奖2项。（王海波）

【南方实业开发有限公司】 公司驻广东省广州市越秀区共和西路8号。执行董事、总经理李新黎，党委书记何政。下辖14个事业部和2个分支机构。职工533人。其中，干部210人；工人323人。资产总额41360.88万元。主要从事房屋场地租赁、物业管理，铁路专用线运输、装卸搬运、运输代理、仓储，设备代理、酒品销售、物资贸易业务。

2012年完成营业收入31123.33万元，实现净利润904.96万元。（秦一鸣）

【广州铁诚工程质量检测有限公司】 具有广东省见证材料检测机构资质和公路乙级综合资质。公司驻广东省广州市越秀区共和西路8号。执行董事兼总经理李杰。职工62人。资产总额1764万元，其中固定资产原值614万元、净值250万元。

2012年完成企业总产值1601万元，实现利润558万元。全员劳动生产率25.8万元/人年，人均创利9万元。国有资产保值增值率86.43%，净资产收益率46.78%，产值利润率34.85%，资产负债率48.14%。公司于1993年通过国家技术监督局的计量认证，1998年、2004年、2008年、2009年、2012年五次通过国家计量复审。（雷 娟）

【重要记载】

▲1月 集团公司工会被评为广东省模范职工之家。

▲2月4日 建筑安装公司承建的海南洋浦海陆消防站综合楼工程开工建设，该工程建成后将填补海南省海上、陆地两用综合性消防站的空白，有力保障洋浦石化功能区的运行安全。

▲2月26～28日 集团公司在广州召开党委扩大会、一届三次职工代表大会暨2012年工作会议、党风建设和反腐倡廉工作会议。回顾总结集团公司实施战略大转型以来的工作情况，深入分析当前形势，整体部署2012年的重点工作。

▲3月6日 集团公司获广东省五一劳动奖状。

▲4月13日 铁道部副部长陆东福、总工程师何华武到集团公司长株潭城际铁路项目部株洲七斗冲车站工地调研。

▲4月24日 集团公司与广东省人民检察院广铁检察分院共签预防职务犯罪文件仪式在广州举行。

▲5月11日 建筑安装公司参建的广州亚运城工程获第10届中国土木工程詹天佑奖。

▲5月19日 莫桑比克解放阵线党总书记帕温德以及莫驻华大使伊纳西奥率考察团到集团公司就莫桑比克相关项目合作意向进行友好会谈，总经理梁毅等集团公司领导以及中联部、广东省相关部门领导出席座谈会，会谈使得双方达成初步合作意向，为集团公司走出国门打下基础。

▲5月19日 股份公司副总裁张宗言在集团公司董事长、党委书记安康陪同下，检查建筑安装公司承建的贵阳中国铁建·国际城项目。

▲6月6日 集团公司与中国建设银行广东省分行在广州签署战略合作协议。

▲6月18日 集团公司与青建集团股份有限公司在青岛签署战略合作协议。

▲7月15日 集团公司工会在广州召开集团公司工会一届四次全委（扩大）会及一届职工代表大会代表团长第三次（扩大）联席会议。集团公司选举产生工会主席和职工董事、职工监事。

▲10月12日 集团公司与广东省地质矿产公司在广州珠岛宾馆签署战略合作协议。

▲10月21日 集团公司承建的湖南衡阳湘桂铁路扩能改造工程1标段下行联络线特大桥两片总重量3800吨的混凝土箱梁跨越既有武广高速铁路胡家坪4号桥。这是全国首例跨高速铁路墩顶转体梁工程完成转体，标志中国路桥施工领域取得新的重大技术。

▲10月28～30日 集团公司第一次党代会在广州召开。

▲11月8日 集团公司与中国机械工业建设集团公司在广州签署战略合作协议；西北分公司与中国机械工业建设集团交通公司签署科特迪瓦共和国阿比让至大巴萨姆高速公路工程施工合同。

▲12月7日 股份公司副董事长、党委副书记、工会主席彭树贵到一公司调研“服务职工、服务基层”工作开展情况。（周树沛）

中铁建设集团有限公司

【简况】 中铁建设集团有限公司是房屋建筑工程施工总承包特级，市政公用、机电安装工程施工总承包一级，地基与基础、土石方、钢结构工程专业承包一级，建筑工程设计甲级，建筑智能化、建筑装饰装修工程设计与施工一级，预拌商品混凝土专业承包二级资质企业。集团公司总部驻北京市石景山区石景山路20号中铁建设大厦。前身为中国人民解放军铁道兵独立建筑团，1984年1月集体转业并入铁道部，先后称铁道部工程指挥部建筑工程处、中国铁道建筑总公司北京工程公司、北京中铁建筑工程公司;2001 年 8 月改制为北京中铁建设有限公司,2003 年 12 月更为现名。集团公司以建筑工程总承包、房地产开发、物流贸易三大经营业务为主。下设 27 个单位,工程业务覆盖国内 25 个省、自治区、直辖市近 80 个城市及海外 3 个国家。在岗职工 5756 人,其中专业技术干部 3563 人。资产总额 2851273.3 万元,其中流动资产 2771619.2 万元。机械设备 859 台(套),原值 24356.22 万元、净值 14172.76 万元,总功率 5.68 万千瓦,技术装备率 2.4 万元/人,动力装备率 9.62 千瓦/人,设备成新率 58.19%,主要设备完好率 94.2%、利用率 77.1%。综合机械化施工程度 75.26%。年施工能力 5000 万平方米以上。

2012 年新签合同额 716.53 亿元,完成企业总产值 277 亿元,其中施工产值 226.5 亿元。实现利润 83807.4 万元。国有资产保值增值率 121.73%,净资产收益率 20.09%,产值利润率 3.02%,资产负债率 88.3%。兵改工以来,集团公司获优质工程奖 527 项。其中,中国建设工程鲁班奖 10 项;国家优质工程 4 项;中国建筑钢结构金奖 8 项;省部级以上优质工程 297 项。获国家科学技术进步奖 1 项,省部级科学技术奖 8 项;获国家级工法 8 项,省部级优秀工法 17 项;获国家授权专利 33 项,其中发明专利 4 项。集团公司先后获得全国最佳施工企业、全国优秀施工企业、全国用户满意施工企业、全国质量效益型先进单位、全国重合同守信用单位、全国用户满意服务单位、全国五一劳动奖状、全国质量管理奖、全国实施卓越绩效模式先进企业、中国建筑业竞争力百强企业、全国建筑业企业工程总承包先进企业、中国建筑协会创鲁班奖工程特别荣誉企业、中央企业先进集体、中央文明单位、全国文明单位、中国企业文化竞争力十强、北京市百强企业、北京市守信企业等荣誉。　（章　梅）

【领导人员】

董事会

董事长	汪文忠
董事	赵　伟
	郭剑平
	陈有忠
	于久龙

监事会

监事会主席	张军柱
监事	贾学斌
职工代表监事	王曰亮

经理层

总经理	赵　伟
副总经理	庄初最
	孙金城
	郭剑平
	吴成木
	贾　洪
	陈有忠
	倪　真
	于久龙
	吴永红
	沈天丽
总工程师	贾　洪(兼)
副总会计师	田军光(主持工作)

党群领导

党委书记	汪文忠
党委副书记	赵　伟
	张军柱
纪委书记	张军柱(兼)
工会主席	陈有忠

（章　梅）

【职工队伍】 在岗职工 5756 人。大专以上学历 4492 人,占在岗职工总数的 78.04%。其中,博士 7 人;研究生 94 人;本科 3181 人;大专 1210 人。专业技术人员 2979 人。其中,正高级专业技术职务 5 人;高级专业技术职务 238 人;中级专业技术职务 594 人;初级专业技术职务 2049 人;高级技师 31 人;技师 62 人。女职工 760 人,占在岗职工总数的 13.2%。全年接收应届大中专毕业生 677 人,社会招聘 427 人。　（章　梅）

【工程施工】 2012 年在建总承包项目 260 个,新开工面积 896 万平方米,竣工面积 598 万平方米,在建施工面积 3411 万平方米。

广西九洲国际大厦工程　办公用房,框架—钢筋土核心筒混合结构,檐高 317.6 米,建筑面积 21.4 万平方米,合同投资 84653 万元,震设防烈度为 7 度。项目经理张学臣。2012 年完成施工产值 10011 万元,工程处在基础施工阶段。

昆明市西山区草海北片区 45 号地安置房工程　高层住宅,框架剪力墙结构,檐高 102 米,建筑面积 145 万平方米,合同投资 311555 万元。项目经理杨在清。2012 年完成施工产值 22989 万元,工程处在桩基和土方施工阶段。

柳州九洲国际大厦工程　办公用房,框架剪力墙结构,檐高 161 米,建筑面积 10 万平方米,合同投资 26779 万元。项目经理蒋水兵。2012 年完成施工产值 8355 万元,工程处在收尾阶段。

广华新城居住区住宅工程　高层住宅,框架剪力墙结构，檐高99米，建筑面积31万平方米，合同投资81630万元。项目经理张健。2012年完成施工产值3250万元，工程处在护坡桩和止水帷幕施工阶段。

国家地理信息科技产业园工程　办公用房，框架剪力墙结构，建筑面积64万平方米，檐高45米，合同投资168014万元。项目经理栾立、周昌纪。2012年完成施工产值45722万元，工程处在竣工收尾阶段。

9191工程　部队办公用房，框架剪力墙结构，檐高28.8米，建筑面积3.7万平方米，合同投资17900万元。项目经理杨军。2012年完成施工产值8520万元，工程处在装修阶段。

中华文化会馆A04地工程　办公用房，框架剪力墙结构，檐高160米，建筑面积11万平方米，合同投资179840万元。项目经理费洪刚。2012年完成施工产值12206万元，工程处在主体结构施工阶段。

巨威大秦郡工程　高层住宅，剪力墙结构，檐高96米，建筑面积42万平方米，合同投资65000万元。项目经理党勇。2012年完成施工产值17417万元，工程处在主体结构施工阶段。

宁波站房工程　铁路站房，钢混结构，檐高39.1米，建筑面积12.5万平方米，合同投资123566万元。项目经理江张宿。2012年完成施工产值33705万元，工程处在主体结构施工阶段。

京承高速联络线——密云西统路道路工程3标段潮白河大桥工程　桥梁工程，全长1005.33延长米，合同投资38134万元。项目经理吴桐金。2012年完成施工产值23428万元，工程处在线索、塔顶钢结构施工阶段。

北京文化硅谷一期工程　文化、娱乐用房，框架剪力墙结构，檐高60.2米，建筑面积16.1万平方米，合同投资128864万元。项目经理梁军堂。2012年完成施工产值400万元，工程处在土石方和基坑支护施工阶段。

深圳华润大冲村旧改工程　文化、娱乐用房，框架剪力墙结构，檐高118.9米，建筑面积35万平方米，合同投资72722万元。项目经理姜树震。2012年完成施工产值16834万元，工程处在地下结构施工阶段。

石家庄勒泰中心工程　裙房及地下室交付使用，塔楼处于装修阶段。

张仪村定向安置房工程　按计划进行中，处于主体结构施工阶段。

哈尔滨西客站工程、长春西站工程、北京昌平草莓博览园工程、北京亦庄X8281地拆迁安置工程交付使用。

（章　梅）

【海外工程施工】　2012年，集团公司取得对外援助成套项目施工资格认证。集团公司海外市场坚持既有经营策略，以房建为依托，积极拓展水电、公路、机场、港口等其他市场领域，全年实现海外营业收入3.64亿元，实现利润707万元。年内竣工工程4项，在建工程3项。

巴布亚新几内亚莫尔兹比港高登区办公楼工程　总建筑面积1756平方米，合同投资1093万元。2012年12月1日开工，计划2013年9月30日竣工。工程负责人范绍强。

巴布亚新几内亚莫尔兹比港迎风公寓工程　总建筑面积13149平方米，合同投资16450万元。2010年8月6日开工，计划2013年8月30日竣工。2012年处于结构施工阶段，全年完成产值6545万元。工程负责人黄玮。

巴布亚新几内亚莫尔兹比港海港写字楼工程　总建筑面积19357平方米，合同投资3.27亿元。2012年1月1日开工，计划2014年9月30日竣工。2012年处于结构施工阶段，全年完成产值9882万元。工程负责人李坤。

（章　梅）

【战略管理】　2012年，集团公司修订《中铁建设集团有限公司“十二五”发展战略与规划》，调整规划业务划分：将原规划中集团业务划分从“工程总承包业务、房地产业务和物流贸易业务”调整为“工程总承包业务、投资业务和施工配套业务”；规划总体思路调整为：将工作重点放在培育工程总承包能力上，走专业化道路，通过绩效考核和标准化管理，在规模增长的同时，保持较好的管理水平和利润水平。围绕“管理提升”活动和中国铁建“转方式、调结构、促升级”的要求，提出“调结构、上水平、促转型”的总体工作思路，着力夯实基础，提升战略规划能力、融资能力、管控能力和风险防范能力。

（章　梅）

【经营管理】　经营承揽。继续贯彻落实股份公司经营工作指导意见，建立健全经营管理体制和机制，完善所属二级单位经营机构设置，坚持“企企、企校、企政”合作，优势互补、合作共赢的发展思路，不断扩充战略合作伙伴。在维护原有战略合作伙伴的基础上，2012年与10家政府机构及实力雄厚的企业建立战略合作伙伴关系，经营规模不断扩大，大订单、大项目、资金到位工程、政府工程、标志性工程的承揽比例明显上升，经营质量不断提高，各区域分公司自主经营取得长足进步。不断创新经营模式，EPC承包模式、项目代建模式和BT模式取得突破。

房建施工。继续推行“精细化、标准化、程序化、信息化”管理，深入实践卓越绩效管理模式，“抓源头、抓过程、抓细节”，强化项目的标准化管理，编制项目标准化管理手册，并采用信息化手段，建成项目标准化管理信息系统，以达到“树立标杆，共享资源，复制经验”的目标。梳理、完善、修订规章制度，建立工程项目履约监控机制，在各项目设立专兼职劳务管理员，推进施工现场劳务人员实名制管理。

房地产开发。继续坚持“保障资产安全，量入为出，实现快进快出”的工作方针，年内在售项目2个，实现销售收入61245万元。在建项目2个，竣工34.46万平方米，新开工4.02万平方米，在建面积44.1万平方米。全年土地储备投入4334万元。

物流贸易。2012年集团物资公司与30余家大型钢厂、水泥厂合作，增强采购成本的控制能力，内部供应覆盖集团公司13个区域公司80多个城市的200多个项目，外部贸易覆盖京津冀地区的40多个标志性工程，成为中央企业京津冀地区第三方钢材集中采购供应的优秀平台。

设计咨询。年内开展“多层大跨结构优化选型及其关键技术研究”、“开放性装配式住宅结构体系及其抗震性能研究”、“临近交通枢纽公共建筑设计技术研究”、“谷电峰用技术研究”4个科研项目。5项实用新型专利获国家授权。3月取得工程设计建筑行业（建筑工程）甲级资质。

铁路工程。坚持“建一座站房，树一座丰碑，干一个工程，留百年芳名”的理念，全面实施铁路工程标准化管理和卓越绩效管理，规范质量安全管理体系，加强精细化管理，提高技术创新能力，增强物资装备保障，推动企业文化建设，形成中铁建设特有的铁路工程总承包管理模式。2012年中标铁路工程2项，合同投资45亿元；在建工程4项，哈尔滨西站、长春西站、哈大线八站一所站房交付使用，三亚站工程获国家优质工程奖，哈尔滨西站工程获黑龙江省建设工程质量结构优质奖。

工程质量。实施“精品战略”和“名牌战略”，坚持制度化、标准化、程序化、信息化管理；强化质量管理信息系统的应用，提高远程管控能力和效率，对重点工程、重点风险源实施专项把控督办；通过过程管控绩效考核，树立质量标杆项目，实施标杆导引，快速复制。2012年获国家优质工程奖1项、中国钢结构金奖2项、中国安装工程优质奖2项、北京市建筑（结构）长城杯金质奖11项、北京市建筑（结构）长城杯银质奖6项、北京市建筑（竣工）长城杯金质奖1项、北京市建筑（竣工）长城杯银质奖3项、北京市安装工程优质奖2项、京外省部级优质工程奖12项；获国家级优秀QC小组奖9项，省部级优秀QC小组奖10项。集团公司被评为全国工程建设质量管理优秀企业、创鲁班奖工程突出贡献单位。

安全文明施工。落实“安全总监”制度，形成“安全总监全面负责、安全部门监督协调、专职安全员监督检查”的三级安全管理组织体系。强化施工现场大型起重机械的安全管理，推行施工现场大型起重机械第三方过程检测机制，有效控制大型机械设备安全事故的发生。加强施工现场节能环保管理，2个工地被评为绿色施工示范工地，商品混凝土公司获混凝土生产绿色达标企业称号。集团公司被评为全国安全生产月活动优秀单位、北京市安全生产先进施工单位。

企业管理。制定《中铁建设集团有限公司管理提升活动实施方案》，查找问题，制定整改方案。调整过程管控考核主要指标，完善考核制度。梳理多年来沉淀的项目管理经验，组织编制项目管理手册，提升项目管理的标准化水平。根据企业发展需要，设立7家城市分公司和设备安装、市政工程两家独资二级子公司及长春、辽宁两家三级子公司，所属房地产公司收购北京东方地景房地产开发有限公司。注销北京尚信世恒工程检测有限公司、陕西京创房地产开发有限公司和1家城市分公司。集团公司被评为全国AAA级诚信企业，8人被评为全国优秀项目经理。

造价管理。进一步健全规章制度，完善合同评审信息系统。定期召开预结算工作视频会，2012年完成结算33项，税后收益率9.3%。落实变更索赔专家督导制度，全年变更索赔率21.96%，变更索赔额49.76亿元。集团公司被评为股份公司二次经营工作先进单位和责任成本管理先进单位。

法律风险管理。进一步完善总法律顾问制度和法律工作队伍建设，以解决管理中的突出问题和薄弱环节为重点，完善内部控制体系。加强事前管理，将工作重点放在风险识别和风险预控上，强化法律审核工作，加强事中控制。开发风险管理信息系统，防止业务风险失控转化为法律风险。定期进行案例分析，查找案件发生的原因和有效的防范措施，在通过司法程序维护企业合法权益的同时，注重以非诉讼方式解决法律纠纷案件，2012年以诉讼仲裁方式收回欠款2992万元，以非诉方式收回欠款5.34亿元。集团公司被评为第二届全国交通企业法制建设先进单位，李敬升获第五届全国交通企业优秀法律顾问称号。

物资设备管理。集团公司编印《物资责任成本管理标准化手册》，加大绩效考核力度，完成物资管理信息系统升级。在以北京为试点的基础上推行大型起重机械第三方检测机制，保证起重机械安全运行。推进二级单位集采工作，集采单位增加至14个，全年两级集中采购物资386297万元，与同期市场采购价相比节约16096万元，集采节约率4%。

财务管理。以重战略、强管理;重核算、强考核;重素质、强培训为工作重点,制定集团公司"十二五"财务发展子规划,从制度梳理、规范核算、严格预算、加强风险防范等方面加以落实。重新编制《财务管理标准化管理手册》,加大财务管理力度;继续开展财务监察和检查工作,健全过程管控制度。集团公司被评为北京市纳税信用 A 级企业、2012 年度石景山区纳税百强单位。

资金管理。继续加强资金管控,与 19 家银行建立综合授信业务,取得综合授信额度 148 亿元,比 2011 年增加 42.6 亿元。其中,融资类额度 89.5 亿元;非融资类额度 58.5 亿元。继续推进资金集中管理,与银行开展资金池业务合作,整体资金集中度 87%。

审计管理。2012 年,集团公司完成年度绩效审计、离任经济责任审计、竣工工程审计和财务收支审计等审计项目 90 项,促进增收节支 2.14 万元。

(章 梅)

【科技教育】 科技创新。编制《中铁建设"十二五"科技规划》,制定二级单位及项目部的技术考核指标,编制《施工图审查要点》,通过北京市级企业技术中心年度评价。新立科技研发课题 13 项,其中 3 项获得股份公司立项。获黑龙江省科学技术奖 1 项,中国铁道建筑总公司科学技术奖 4 项,行业协会科学技术奖 3 项;获省部级优秀工法 4 项;国家授权专利 11 项,其中发明专利 1 项。

教育培训。全年集团公司举办大型管理和业务培训 50 余次,培训 2000 余人次,支出教育经费 133 万元。所属二级单位组织培训 1200 余次,培训 3 万余人次,支出教育经费 186 万元。股份公司被评为北京市石景山区 2012 年度学习型企业,获学尔森 2012 年中国区建设行业人力资源管理贡献奖。 (章 梅)

【党群工作】 党的工作。修订《中铁建设集团有限公司二级单位党建及党风廉政建设工作考核办法》《中铁建设集团有限公司"三重一大"集团决策实施细则》,建立《关于监控网络负面新闻的工作流程》,制定《关于网络舆情监控管理办法》。对所属 27 个单位进行党建考核,177 个党支部开展基层党组织分类定级。举办"回顾辉煌历程,喜迎党的十八大"读书竞赛活动,编辑出版记录中铁建设模范人物先进事迹的《群英集萃》和中铁建设员工感悟的《心语》两本企业文化读物。集团公司董事长、党委书记汪文忠当选国资委党代表大会代表,集团公司领导班子被评为中国铁建"四好领导班子",集团公司被股份公司评为网站信息发布先进单位。

纪检监察工作。加强责任制落实情况考核,每半年考核一次"党风廉政建设目标责任书"的落实情况,并兑现奖惩;将效能监察纳入责任制考核,竣工项目效能监察形成的"三算四查一追究"的做法得到股份公司的高度认可,并在中央企业效能监察工作推进会上作经验介绍。启动廉洁风险防控,根据有碍项目规范管理和经济效益增长的突出问题,制定防范措施 15 项。继续按照"有反映必核,有线索必查,有违纪必究"的案件检查工作原则,及时受理、核实和处理来信来访。

工会工作。深入开展以"五比五创"、"六比六创"、"六比六赛六创"为主要内容的劳动竞赛活动,积极开展"服务职工,服务基层"活动,落实"三不让"承诺,积极推进"两个普遍"的落实,努力构建和谐劳动关系。进行工资集体协商,召开二届五次职工代表大会,签订集体合同、女职工权益保护专项合同、劳动安全卫生专项集体合同。撰写的《应用计划管理法,有效发挥工会的重要作用》获股份公司 2012 年工会特色工作评比一等奖。

共青团工作。召开共青团中铁建设第二次代表大会,承办中国铁建"中央企业郭明义爱心团队"授旗仪式,并建立起 105 支"郭明义爱心团队",以"保安全、求质量、促进度、增效益——青年在行动"为主题,新成立"青年突击队"27 支;组织 17 名团员参与"血"中送碳·点"亮"生命献血活动,是中国铁建系统内献血人数最多的单位。 (章 梅)

【中铁建设集团房地产有限公司】 2010 年 3 月成立,房地产四级资质企业。公司驻北京市石景山区石景山路 20 号。董事长兼党委书记庄初最,总经理孙洪军。下辖 4 个项目子公司。职工 127 人,其中专业技术人员 87 人。资产总额 223272 万元。其中,固定资产净值 178 万元;流动资产 216002 万元;其他资产 7271 万元。

2012 年完成企业总产值 28122 万元。新开工面积 4.02 万平方米,竣工面积 17.23 万平方米。获得西安瑞园 3 号楼土地开发权,总价 4334 亿元。年内,公司被评为中国铁建系统其他业务三级公司 20 强,西安项目公司被评为 2012 年度陕西全省首批诚信建设示范单位和 2012 年讲诚信、反欺诈诚信单位,信阳项目公司被评为信阳市 2012 年度房地产开发优秀企业;信阳中国铁建·领秀城项目被评为河南省最美五十楼盘,西安中国铁建·瑞园项目被评为 2012 年度最具升值潜力楼盘。 (章 梅)

【北京中铁建工物资有限公司】 1993 年成立。主要从事工业与民用建筑、公共基础及商业设施建设的工程物资系统集成供应。公司驻北京市丰台区张仪村路16号。董事长兼党委书记魏广铭，总经理张跃鹏。下辖7个京外办事处。职工163人，其中CIPS采购供应注册经理3人。资产总额538023.24万元。其中,固定资产净值156.61万元;流动资产537866.63万元。

2012年完成营业收入77亿元,实现利润6285万元。人均创利37.86万元。净资产收益率50.37%。销售钢材200余万吨。年内,公司分别被兰格钢铁网、我的钢铁网评为北京地区钢铁营销50强、2012年度北京建筑钢材影响力20强,被中国物流与采购联合会企业授予信用评价AAA级信用企业称号,被评为2012中国物流信息化优秀应用企业、全国实施用户满意工程先进单位。（章 梅）

【中铁建设集团天津工程有限公司】 房屋建筑工程施工总承包二级资质企业。2011年10月26日成立,前身是中铁建设集团天津分公司。公司驻天津市空港经济区。总经理张永春,党委书记施显余。下辖20个项目部、1个租赁站、1个劳务资源中心。职工288人。其中,干部176人;工人112人。技术干部136人;技术工人17人。资产总额18.18亿元。其中,固定资产净值238万元;流动资产18.16亿元。年施工能力20亿元。

2012年新签合同额16.54亿元,完成营业收入15.18亿元,实现利润2328万元。年内获国家级QC小组成果一等奖1项,北京市优秀QC成果奖2项。承建的儒香园一期工程获天津市建筑工程结构海河杯奖。（章 梅）

【中铁建设集团(海南)有限公司】 2011年12月27日成立,前身是中铁建设集团海南分公司。公司驻海南省海口市国贸路56号北京大厦9F。总经理李瑞法,党委书记易正平。下辖13个项目部、1个物资采购中心。职工310人。资产总额11.35亿元。其中,固定资产净值88万元;流动资产11.35亿元。年施工能力11.8亿元。

2012年新签合同额23.78亿元,完成企业总产值97945万元,实现利润1740万元。年内,公司承建的海南东环铁路三亚站工程获国家优质工程银质奖,海口市第二办公区(A区)及南北车库地下工程被评为全国用户满意建筑工程,中共海南省纪委、海口市纪委“318”工程被评为2012年度海南省建筑施工优质结构工程、全国现场管理星级评价四星级现场;获国家级QC小组成果奖3项;公司获全国实施用户满意工程先进单位称号;宋璟毅被评为国家优质工程奖先进个人。（章 梅）

【中铁建设集团济南工程有限公司】 2011年12月16日成立,前身是中铁建设集团济南分公司。公司驻山东省济南市槐荫区经十路段店立交桥27180号。总经理李金生,党委书记刘德元。下辖19个项目部。职工495人,其中干部204人。资产总额700万元。

2012年新签合同额101亿元,完成企业总产值10.26亿元,实现利润5512万元。（章 梅）

【中铁建设集团华东工程有限公司】 2011年9月28日成立,前身是中铁建设集团华东分公司。公司驻上海市闵行区莲花路1978号E栋101室。总经理赵先忠,党委书记方红旗。下辖14个项目部。职工520人。其中,干部240人,工人280人。资产总额15.278亿元。其中,固定资产净值172.04万元;流动资产15.26亿元。年施工能力10亿元。

2012年新签合同额256669万元,完成企业总产值104168万元,实现利润4500万元。（章 梅）

【中铁建设集团设备安装有限公司】 机电安装工程施工总承包二级,机电设备安装、环保、化工石油设备管道安装、管道工程专业承包三级资质。2012年3月成立,前身是中铁建设集团有限公司设备安装分公司。公司驻北京市丰台区张仪村路16号。经理贾学斌,书记魏宏才。下辖18个项目部和1个加工中心。职工327人,其中专业技术干部214人。资产总额91422万元。其中,固定资产原值1131万元;流动资产90936万元。

2012年新签合同额144358万元,完成企业总产值105200万元,实现利润5800万元。年内,公司承建的三亚美高梅酒店机电安装工程、清河华润五彩城西区机电安装工程获北京市安装工程优质奖。（章 梅）

【北京中铁装饰工程有限公司】 建筑装饰装修、建筑幕墙工程设计与施工二级,金属门窗工程专业承包三级资质。1999年9月成立。公司驻北京市丰台区张仪村路16号。经理赵向东,党委书记李昌盛。下辖1个设计研究院、27个项目部。职工415人。资产总额64276万元。其中,流动资产63768万元;固定资产净值293万元。

2012年新签合同额10.84亿元,完成企业总产值10.16亿元,实现利润4809万元。（章 梅）

【中铁建设集团市政工程有限公司】 市政公用工程

施工总承包三级，土石方工程专业承包三级资质企业。2012 年 6 月 11 日成立，前身是中铁建设集团有限公司市政工程分公司。公司驻北京市丰台区张仪村路 16 号。法定代表人兼总经理付建中，党委书记陶信山。下辖 17 个项目部。职工 249 人，其中干部 54 人。资产总额 63947 万元。其中，固定资产净值 158 万元；流动资产 63777 万元；其他资产 13 万元。

2012 年新签合同额 10.81 亿元，完成施工产值 10.04 亿元，实现利润 5045 万元。公司获第七届世界草莓大会筹委会最佳服务保障奖。（章　梅）

【北京中铁电梯工程有限公司】 特种设备安装改造维修 A 级资质企业。1992 年成立。公司驻北京市丰台区张仪村路 16 号。法定代表人兼总经理惠文生。职工 122 人。其中，技术干部 6 人；技术工人 84 人。资产总额 2506 万元。其中，固定资产净值 9 万元；流动资产 2497 万元。

2012 年新签合同额 12395 万元，完成企业总产值 7988 万元，实现利润 162 万元。年内完成电梯安装 337 台，电梯修理 417 台，电梯维修保养 1906 台。

（章　梅）

【北京中铁建安装工程有限公司】 起重设备安装一级资质企业。2002 年 12 月成立。公司驻北京市丰台区张仪村路 16 号。经理刘悦昕，书记张荣吉。下辖 3 个作业队和 2 个京外分部。职工 234 人。资产总额 2434 万元。其中，固定资产净值 237 万元；流动资产 2197 万元。拥有各种型号塔吊 74 台，其中 30 余台具有新型节能环保变频功能，主要设备完好率 90%、利用率 90%，机械化施工程度 100%。年施工能力 3500 万元。

2012 年新签合同额 3700 万元，完成企业总产值 3000 万元，实现利润 84.55 万元。（章　梅）

【中铁建设集团物业管理有限公司】 2009 年 1 月成立，物业企业三级资质。公司驻北京市石景山区石景山路 20 号。法定代表人赖艳阳，党委书记张建强。负责中铁建设大厦的物业服务管理工作。

2012 年，中铁建设大厦被评为首都绿化美化花园式单位。（章　梅）

【重要记载】

▲1 月 7 日　中共中央政治局委员、北京市市委书记刘淇到集团公司承建的第七届世界草莓大会举办地北京昌平草莓园工程检查指导工作。

▲同日　集团公司召开 2012 年反腐倡廉工作会议。

▲1 月 8 日　集团公司召开 2012 年工作会议。

▲1 月 29 日　铁道部副部长卢春房到集团公司承建的安阳东站和新乡东站检查指导工作并慰问一线员工。

▲2 月 22 日　股份公司副总裁夏国斌到集团公司承建的广西九洲国际项目检查指导工作。

▲2 月　杨军“青年突击队”获北京市优秀“青年突击队”标杆称号。

▲3 月 23 日　黑龙江省省长王宪魁视察集团公司承建的哈尔滨西客站站房工程。

▲3 月 28 日　集团公司与中国老龄事业发展基金会老龄生活服务基金签订战略合作备忘录。

▲3 月 31 日　中共中央政治局常委、国务院副总理李克强在海南省省委书记、省人大常委主任罗保铭，省委副书记、省长蒋定之陪同下，考察集团公司承建的海口乐成恭和苑老年公寓工程。

▲4 月 17 日　集团公司与百荣投资控股集团有限公司签署战略合作协议。

▲同日　在中国铁建党代表大会上，董事长、党委书记汪文忠当选出席国资委党代表大会代表。

▲4 月　集团公司承建的海航集团新华航空公司基地一期工程Ⅰ标段维修机库钢结构工程、新建福厦铁路厦门西站站房及站台雨棚钢结构工程获中国钢结构金奖(国家优质工程)。

▲5 月 10 日　集团公司与海航集团有限公司签订战略合作协议。

▲5 月 11 日　股份公司副总裁范德到集团公司长沙分公司中国铁建·山语城项目检查指导工作。

▲5 月 26 日　股份公司副董事长、党委副书记、工会主席彭树贵到西安分公司开展“服务职工、服务基层”活动。

▲5 月 29 日　集团公司与江西省住房和城乡建设厅、大连一方集团有限公司签订战略合作框架协议。

▲6 月 9 日　海南省省委书记罗保铭，省长蒋定之视察集团公司承建的三亚海棠湾国际购物中心工程。

▲同日　中国驻巴布亚新几内亚大使仇伯华视察集团公司承建的莫尔兹比港迎风公寓工程。

▲6 月 15 日　俄罗斯卡卢加州州长阿尔塔曼诺夫一行访问集团公司。

▲6 月 19 日　集团公司第一个 BT 项目——张家港保税区滨江大厦工程签约。

▲6 月 26 日　国务院监事会主席李克视察集团公司承建的三亚海棠湾国际购物中心工程。

▲6 月 28 日　集团公司召开纪念建党 91 周年暨

创先争优表彰大会。

▲同日 集团公司召开二届五次职工代表大会，审议通过董事长、党委书记汪文忠所作的《管理提升、做强做优、为建设具有国际竞争力的综合性工程总承包商而努力奋斗》的行政工作报告、副总会计师田军光所作的《规范管理，不断完善财务管理体系，促进集团公司经济持续、健康、协调发展》的财务工作报告及《“十二五”发展战略与规划》(修订版)和《提案工作报告》《集体合同履行监督检查制度》等 13 项报告和文件。签订集体合同、工资专项集体合同、劳动安全卫生专项集体合同、女职工权益保护专项集体合同。

▲6 月 30 日 集团公司获全国企业党建工作先进单位称号，董事长、党委书记汪文忠获全国企业优秀党委书记称号。

▲7 月 12 日 集团公司与中国建筑设计咨询公司签订战略合作框架备忘录。

▲7 月 13 日 股份公司党委副书记、纪委书记、监事会主席齐晓飞到集团公司承建的铁道兵纪念馆暨中国铁建展览馆工程施工现场检查指导工作。

▲7 月 23 日 铁道部副部长卢春房视察集团公司承建的哈尔滨西站和长春西站工程。

▲7 月 27 日 股份公司副总裁扈振衣出席集团公司与北京中关村发展集团股份有限公司交流座谈会。

▲7 月 集团公司被评为全国工程建设质量管理小组活动优秀企业，董事长、党委书记汪文忠和总经理赵伟获全国工程建设质量管理小组活动卓越领导者称号，方宏伟获全国工程建设质量管理小组活动优秀推进者称号。

▲7 月 集团公司被中国建筑业协会评为创鲁班奖工程突出贡献单位，汪文忠、赵伟、贾洪、金飞、方宏伟、刘政被评为创鲁班奖工程先进个人。

▲8 月 集团公司党委书记、董事长汪文忠被国务院国资委授予中央企业优秀思想政治工作者称号。

▲9 月 12 日 集团公司与保亿置业集团有限公司签订战略合作框架协议。

▲9 月 25 日 集团公司与生命人寿保险股份有限公司签订战略合作框架协议。

▲10 月 31 日 股份公司副总裁夏国斌到集团公司北京密云潮白河大桥工程施工现场检查指导工作。

▲11 月 2 日 集团公司与中国长城资产管理公司签署战略合作协议。

▲11 月 23 ~ 24 日 集团公司在北京承办中国铁建铁道兵文化联谊理事会理事长扩大会议。

▲11 月 26 日 集团公司与北京市房山区人民政府签订战略合作协议。

▲11 月 27 日 铁道部部长盛光祖视察集团公司承建的哈尔滨西站工程。

▲11 月 集团公司承建的甬台温铁路温州站站房安装工程及地方配套安装工程和北京石景山银河万达广场通风空调安装工程获中国安装工程优质奖，承建的三亚美高梅酒店机电安装工程、清河华润五彩城西区机电安装工程获北京市安装工程优质奖。

▲12 月 1 日 铁道部副部长胡亚东，黑龙江省省委书记吉炳轩、省长王宪魁等出席集团公司承建的哈尔滨西客站开通仪式。

▲12 月 7 日 集团公司与新奥特集团信心控股有限公司签订战略合作协议。

▲12 月 8 日 全国人大常委会副委员长乌云其木格到集团公司承建的三亚海棠湾国际购物中心一期项目调研。

▲12 月 13 日 集团公司与大华(集团)有限公司签订战略合作框架协议。

▲12 月 集团公司董事长、党委书记汪文忠连任北京市第十四届人大代表。 (章 梅)

中国铁建电气化局集团有限公司

【简况】 中国铁建电气化局集团有限公司具有通信、房屋建筑工程施工总承包一级，机电安装工程总承包一级，电气化、电务、电信、送变电、机电设备安装工程专业承包一级资质，是中国高速铁路“四电”集成总承包企业。集团公司总部驻北京市石景山区石景山路 29 号。前身系中铁建电气化局有限公司，由中铁十五、十七、十八局集团电务工程有限公司和中铁二十五局集团电务工程有限公司电气化分公司及柳州铁路工程有限公司电务分公司重组而成，2005 年 7 月 19 日挂牌成立；2005 年 12 月 12 日改为中铁建电气化局集团有限公司；2009 年 8 月，中铁十一局集团电务工程有限公司、中铁十二局集团电气化工程有限公司主体划归集团公司管理；2011 年 6 月更为现名。下辖第一至第五工程有限公司，南方、北方公司，京燕饭店有限公司、西安电气化制品有限公司、科技公司、中铁建电气化设计研究院、城市轨道工程公司、轨道交通器材有限公司、康远新材料有限公司。职工 9635 人。其中，干部 3453 人；工人 5959 人。专业技术干部 3348 人；技术工人 3103 人。资产总额 127.19 亿元。其中，固定资产净值9.76亿元;流动资产115.01亿元;其他资产12.17亿元。机械运输设备819台(套),总功率79505.5千瓦,技术装备率2.98万元/人,动力装备率9.56千瓦/人,设备成新率49.71%、完好率92%、利用率62%。

2012年新签合同额141.9亿元,完成企业总产值124.61亿元,其中施工产值117.32亿元。实现利润5.24亿元。人均创利44235.73元,职工年人均收入59999元。国有资产保值增值率115%,净资产收益率21.54%,产值利润率4.15%,资产负债率83.4%,投资回报率73.8%,应上缴款完成率100%。完成主要实物工程量:通信线路4202公里,自动闭塞5565公里,电气集中联锁道岔1704组,电力线路3741公里,变配电所82座,接触网3856条公里,牵引变电所77座,房屋建筑面积66777平方米。年内获国家优秀QC成果奖3项、省部级优秀QC小组成果奖4项,8项工程被评为省部级优质工程;集团公司被评为北京市纳税信用A级企业、工商银行AAA级信用企业。

(邹国华)

【领导人员】

董事会

董事长	王汉林
副董事长	张志才(4月免)
	郑　斌
董事	王汉林
	张志才(4月免)
	郑　斌
	冯学彬
	田恒开
	张国俊

经理层

总经理	郑　斌
副总经理	冯学彬
	张国俊
	王志国(7月任)
	姜晋南
	李章锁(11月免)
	郭志光
	寇宗乾
	万传军
	孟宪浩
	宋景奇
总工程师	寇宗乾(兼)
总会计师	张国俊(兼)

党群领导

党委书记	王汉林(4月任)
	张志才(4月免)
党委副书记	郑　斌(兼)
	田恒开
	燕正安
纪委书记	田恒开(兼)
工会主席	燕正安(兼)

(赵润莲)

【工程项目指挥机构】 兰新铁路二线项目经理部　驻新疆维吾尔自治区乌鲁木齐市。项目经理冯学彬,党工委书记王清波。

吉图珲铁路客运专线项目经理部　驻吉林省延边朝鲜族自治州敦化市。项目经理万传军,党工委书记田子亮。

广西沿海指挥部　驻广西壮族自治区钦州市。指挥长黄国胜,党工委副书记王戈辉。

大西铁路客运专线"四电"工程指挥部　驻山西省太原市。指挥长郭志光,党工委书记王广恩。

京石暨石武铁路客运专线河北段"四电"集成项目经理部　驻河北省石家庄市。项目经理郭志光,党工委书记王广恩。

石武铁路客运专线河南段"四电"集成项目经理部　驻河南省郑州市。项目经理郭志光,党工委书记林京闽。

石武铁路客运专线湖北段"四电"集成项目经理部　驻湖北省孝感市。项目经理兼党工委书记郭志光。

京石铁路客运专线石家庄枢纽改造工程项目经理部　驻河北省石家庄市。项目经理李春田,党工委书记朱新运。

石武铁路客运专线郑州东站"四电"系统集成工程指挥部　驻河南省郑州市。指挥长谈强,党工委书记陈云。

京九铁路电气化改造南昌段工程指挥部　驻江西省赣州市。指挥长兼党工委书记李章锁。

京九铁路电气化改造广东段工程指挥部　驻广东省惠州市。指挥长兼党工委书记李章锁。

兰新铁路电气化改造工程指挥部　驻新疆维吾尔自治区乌鲁木齐市。指挥长兼党工委书记冯学彬。

兰新铁路安红段电气化改造工程项目经理部　驻甘肃省酒泉市瓜州县柳园镇。项目经理冯学彬,常务副指挥长兼党工委书记西穷。

遂渝二线铁路工程指挥部　驻重庆市。指挥长兼党工委书记罗世昌。

厦深铁路项目经理部　驻福建省漳州市。项目经理兼党工委书记李兵。

西宝铁路客运专线“四电”集成工程指挥部　驻陕西省西安市。指挥长郭志光，党工委书记解玉彬。

盘营铁路项目经理部　驻辽宁省盘锦市。项目经理李爱忠，党工委书记连旭兵。

宁杭铁路客运专线工程指挥部　驻浙江省湖州市。指挥长郭志光。

汉宜铁路项目经理部　驻湖北省天门市仙北工业园区。项目经理兼党工委书记宋景奇。

武咸铁路工程指挥部　驻湖北省武汉市江夏经济开发区。指挥长宋景奇。

汉孝铁路项目经理部　驻湖北省武汉市江夏经济开发区。项目经理宋景奇。

中国铁建电气化局吐库指挥部　驻新疆维吾尔自治区吐鲁番市。指挥长侯绪永，党工委书记朱群峰。

集包铁路增建第二双线工程指挥部　驻内蒙古自治区包头市。指挥长缪剑，党工委书记赵春才。

漯阜铁路工程指挥部　驻河南省漯河市。指挥长任灵旺，党工委书记陈朝东。

新恩陶铁路工程指挥部　驻内蒙古自治区鄂尔多斯市伊金霍洛旗伊金霍洛镇成陵新区。指挥长陈克忠，党工委书记李怀斌。

西康铁路二线工程指挥部　驻陕西省安康市。指挥长雷云珊，党工委书记黄石头。

朔黄铁路工程指挥部　驻山西省原平市。指挥长古顺斌，党工委书记张立华。

天平铁路工程指挥部　驻甘肃省天水市。指挥长兼党工委书记赵广平。

邯长铁路扩能改造工程指挥部　驻河北省涉县商贸城龙颐大酒店。指挥长左三良，党工委书记李鹏志。

赣韶铁路项目经理部　驻广东省南雄市。项目经理李卫华，党工委书记李桂得。

湘桂铁路扩改工程站后Ⅰ标段工程指挥部　驻广西壮族自治区桂林市。指挥长陈奉荪，党工委书记兰俊。

西安地铁2号线项目经理部　驻陕西省西安市长安区。项目经理李利军，党工委书记王存生。

北京地铁6号线通信系统工程项目经理部　驻北京市朝阳区大黄庄平房路甲3号。项目经理、党工委书记王永刚。

北京地铁14号线视频监控系统工程项目经理部　驻北京市朝阳区大黄庄平房路甲3号。项目经理王永刚，党工委书记刘威。

成都地铁2号线项目经理部　驻四川省成都市。项目经理陈杰，党工委书记刘成刚。

昆明轨道交通6号线一期工程供电系统总承包工程项目经理部　驻云南省昆明市。项目经理郭晓峰，党工委书记关燕中。

（梁　爽）

【职工队伍】　职工9635人。干部3453人。干部中，女干部823人，占干部总数的23.8%；少数民族干部92人，占干部总数的2.7%；专业技术干部3348人，占干部总数的97%。干部学历结构：本科以上2303人，大专819人，中专及以下331人。干部年龄结构：30岁以下1819人，31～40岁942人，41～50岁484人，51岁以上208人。专业技术人员中，高级职务392人，中级职务752人，初级职务2204人；工程系列2565人，经济系列189人，会计系列392人，政工系列180人，其他系列22人。

工人6182人，其中女工1436人。工人中，中共党员680人，共青团员1663人，少数民族91人。工人学历结构：初中以下1166人，高中938人，中专、技校、职高2335人，大专1295人，本科及以上225人。工人年龄结构：30岁以下3020人，31～40岁1017人，41～50岁1246人，51～55岁521人，56～60岁155人。1983年以前参加工作的1343人，1984～2000年参加工作的1192人，2001年以后参加工作的3424人。3103人获得国家职业资格证书。其中，初级工625人；中级工861人；高级工1099人；技师422人；高级技师96人。

（汪文革）

【工程施工】　2012年在建工程138个，合同投资357.9亿元，完成投资299.36亿元。其中，铁路工程70个，合同投资324.86亿元，铁路总里程8200公里；铁路外工程68个。

京石暨石武铁路客运专线河北段“四电”系统集成工程　线路长535公里，合同投资282309万元。截至2012年底，开工累计完成投资316154万元，12月26日开通运营。

石武铁路客运专线河南段“四电”系统集成SDJC－1标段工程　标段长541.886公里，合同投资366682万元。截至2012年底，开工累计完成投资366682万元，9月28日、12月26日郑武段、石郑段分别开通运营。

石武铁路客运专线湖北段“四电”系统集成SDJC标段工程　标段长146.491公里，合同投资111478万元。截至2012年底，开工累计完成投资122918万元，9月28日开通运营。

京石铁路客运专线石家庄枢纽改造工程　线路长10.2公里，合同投资64035.4万元。截至2012年底，开工累计完成投资46000万元，12月26日开通运营。

石武铁路客运专线郑州东站SS2D－4标段“四电”系统集成工程　线路长26公里，合同投资26235

万元。截至 2012 年底，开工累计完成投资 31640 万元，9 月 28 日开通运营。

宁杭铁路客运专线通信、信号、牵引供电及电力供电系统集成施工总承包工程　线路长 248. 963 公里。其中，江苏境内 146. 773 公里；浙江境内 102. 19 公里。合同投资 194109 万元。截至 2012 年底，开工累计完成投资 191781 万元。

汉宜铁路“四电”系统集成及相关工程　线路长 293. 1 公里，合同投资 20. 8 亿元。截至 2012 年底，开工累计完成投资 208329 万元，7 月 1 日开通运营。

广西沿海铁路南宁至钦州北段、钦州北至北海段和钦州北至防城港段扩能改造工程站后“四电”系统集成及相关工程 YHZH 标段工程　标段长 260 公里，合同投资 164618 万元。截至 2012 年底，开工累计完成投资 102561 万元。年内，南钦、钦防线开通。

厦深铁路福建段站后“四电”系统集成工程　线路长 144. 167 公里，合同投资 110096 万元。截至 2012 年底，开工累计完成投资 100714 万元，6 月 29 日厦漳段开通运营。

湘桂铁路永州至柳州段扩能改造工程站后 XG-ZH1 标段工程　标段长 234. 657 公里，合同投资 81673. 9 万元。截至 2012 年底，开工累计完成投资 63458 万元。

西宝铁路客运专线“四电”系统集成 XBZH－1 标段工程　标段长 137. 87 公里，合同投资 111572 万元。截至 2012 年底，开工累计完成投资 71325 万元。

盘营铁路客运专线“四电”系统集成 PYSD－1 标段工程　标段长 89. 422 公里，合同投资 74172. 6 万元。截至 2012 年底，开工累计完成投资 56999 万元。

武咸城际铁路“四电”系统集成工程　线路长 77. 04 公里，合同投资 56397 万元。截至 2012 年底，开工累计完成投资 19179 万元。

京九铁路向塘西至东莞段电气化改造 JJNS 标段工程　标段长 821. 525 公里，合同投资 406366 万元。2012 年 12 月 16 日全线开通运营。

兰新铁路红柳河至乌西段电气化改造 DS2 标段工程　标段长 203. 567 公里，合同投资 190000 万元。截至 2012 年底，开工累计完成投资 165984 万元。

兰新铁路嘉峪关至红柳河段电化改造工程　线路长 158. 54 公里，合同投资 60596 万元。截至 2012 年底，开工累计完成投资 54854. 56 万元，12 月 31 日全线开通。

遂渝铁路增建第二线站后工程　线路长 130. 832 公里，合同投资 46502 万元。2012 年 12 月全线开通。

邯长铁路扩能改造工程站后 III 标段工程　标段长 218. 44 公里，合同投资 118135. 63 万元。截至 2012 年底，开工累计完成投资 54122 万元。

京包铁路集宁至包头段增建第二双线 JBSD8 标段工程　标段长 119. 6 公里，合同投资 55061. 52 万元。截至 2012 年底，开工累计完成投资 59698. 2 万元，12 月 3 日全线开通。

南疆铁路吐鲁番至库尔勒段增建第二线 DS1 标段工程　标段长 146. 76 公里，合同投资 41963 万元。截至 2012 年底，开工累计完成投资 21195 万元。

新建铁路天水至平凉线 TP－ZH 标段工程　标段长 112. 425 公里，合同投资 40943. 7 万元。截至 2012 年底，开工累计完成投资 7255 万元。

改建铁路漯河至阜阳增建二线 LFSG－3 标段工程　标段长 113. 62 公里，合同投资 40910. 24 万元。截至 2012 年底，开工累计完成投资 39051 万元。

新建新街至恩格阿娄至陶利庙铁路 XTSG－2 标段工程　标段长 77. 757 公里，合同投资 35013 万元。截至 2012 年底，开工累计完成投资 30084 万元。

西康铁路增建二线东坪至旬阳段 XKS－03 站后“四电”工程　线路长 61. 753 公里，合同投资 24358 万元。截至 2012 年底，开工累计完成投资 10738. 67 万元。

朔黄铁路扩能改造电气化 SHTLGC9010 标段工程　标段长 264. 869 公里，合同投资 21803. 16 万元。截至 2012 年底，开工累计完成投资 24505. 29 万元。

新建赣州至韶关铁路 ZH－4 标段电气化工程　标段长 179. 07 公里，合同投资 19999 万元。截至 2012 年底，开工累计完成投资 5848 万元。

兰渝铁路渭沱合川代建工程　线路长 4. 416 公里，合同投资 10695. 95 万元。截至 2012 年底，开工累计完成投资 5150 万元。

内蒙古伊泰准东铁路周家湾至虎石段增建第二线项目通信、信号及信息工程　线路长 124 公里，合同投资 10574 万元。截至 2012 年底，开工累计完成投资 12393. 74 万元，工程全部完成。

神朔铁路朱盖塔站扩能改造“四电”3 标段工程　线路长 5. 4 公里，合同投资 8237. 45 万元。截至 2012 年底，开工累计完成投资 2965 万元。

北京地铁 6 号线通信、民用传输、民用无线系统设备安装工程　线路长 42. 855 公里，合同投资 19717 万元。截至 2012 年底，开工累计完成投资 13972. 7 万元，12 月 30 日一期工程开通。

北京地铁 14 号线通信视频监控系统设备安装工程　线路长 47. 4 公里，合同投资 7382. 28 万元。截至 2012 年，开工累计完成投资 1136 万元。

昆明轨道交通 6 号线一期工程供电系统总承包工程　线路长 18. 018 公里，合同投资 31366. 5 万元。截至 2012 年，开工累计完成投资 23546 万元。6 月 28 日东部客运站（含）至航空港南站（含）开通试运营。

成都地铁 2 号线二期工程接触网、环网系统工程　线路长 8.735 公里，合同投资 18499.86 万元。截至 2012 年底，开工累计完成投资 14030 万元。12 月 28 日，二期工程西延线环网系统完成送电。

上海轨道交通 12 号线接触网、干线电缆、杂散电流工程　线路长 40.417 公里，合同投资 48301.5 万元。截至 2012 年底，开工累计完成投资 11178 万元。

上海地铁 13 号线一期工程牵降变工程　线路长 16.469 公里，合同投资 9530.56 万元。2012 年 7 月 25 日，一期工程华江路站至金沙江路站完成送电。

上海轨道交通 13 号线一期工程信号系统工程　线路长 16.5 公里，合同投资 5413 万元。工程分两个阶段施工，第一阶段为华江路站至金沙江路站，第二阶段为金沙江路站至南京西路站。2012 年 12 月 30 日开通运营。

宁波轨道交通 1 号线一期工程 JD1104 标段机电安装工程　线路长 2.47 公里，合同投资 8280 万元。截至 2012 年底，开工累计完成投资 3812 万元。

杭州地铁 1 号线工程车站（含区间）设备安装及设备区装修施工 H 标段工程　线路长 54 公里，合同投资 7747 万元。2012 年 11 月 24 日开通试运营。

西安地铁 2 号线南延段（会展中心至凤栖原站）车站、区间设备安装装修工程　合同投资 6892 万元。截至 2012 年底，开工累计完成投资 1726.89 万元。

天津地铁 3 号线供电安装第 2 标段工程　线路长 14.786 公里，合同投资 6000.24 万元。2012 年 10 月 1 日全线试运营。

宁德至武夷山高速公路南平段 B3 合同段房建工程　合同投资 21700 万元。2012 年 12 月 18 日工程完成。

贵州省六盘水至盘县高速公路总承包第 29 合同段工程　线路长 17 公里，合同投资 5788.76 万元。截至 2012 年底，开工累计完成投资 500 万元。

丹通高速公路机电监控工程　线路长 28 公里，合同投资 5478 万元。2012 年 9 月 26 日正式通车。

（姜成师　梁　爽）

【海外工程】　土耳其伊斯坦布尔至安卡拉高速铁路电气化工程　线路长 149.65 公里，合同投资 7260 万美元。截至 2012 年底，完成整体工程的 4%。

（姜成师　梁　爽）

【经营管理】　生产经营。2012 年新签合同额 141.9 亿元，涉及铁路、地铁、城市轨道、公路机电安装、电网、运营维管及工业制造等方面。全年完成营业收入 124.6 亿元。其中，变更索赔 15.7 亿元，占营业收入的 12.6%；收回货币资金 114.6 亿元，占营业收入的 92%。实现净利润 4.3 亿元。

施工生产。年内完成 62 项工程。其中，京广高速铁路郑武段、京郑段和汉宜铁路、京九铁路电气化改造工程广东段等重大工程开通；遂渝铁路增建二线、兰新铁路、湘桂铁路和广西沿海项目取得突破，实现开通目标，赢得了信誉，创出了品牌。北京、上海、天津、成都、杭州、昆明、宁波等城市地铁、轨道交通项目，以及公路机电安装、风电电网等工程均实现施工管理目标。全年收到各级建设单位贺电、表彰通报 50 余件次，获得建设单位奖励 300 万元。

安全质量。通过深入推进安全抓基本、重基层、强教育，以及深化安全文化建设和质量管理，全员安全质量意识明显提高。年内未发生铁路行车等级事故，连续第 7 年被评为股份公司安全生产先进单位。全年获省部级优质工程奖 8 个，全国优秀质量管理小组 2 个、全国工程建设优秀质量管理小组 2 个、省部级优秀质量管理小组 13 个、全国工程建设质量管理小组活动优秀企业 1 个。

结构调整。铁路“四电”专业化发展优势明显；铁路外项目投资比重明显提升，占比 20% 以上；相关多元产业有了新起色，设计咨询、工业制造、运营维管、地铁城轨和海外业务均在摸索中实现稳健有序发展；积极参与股份公司 BT、BOT 项目跟踪经营，尝试进入资本运营领域，努力向建筑产业上游延伸，寻求新的经济增长点。

管理提升。不断调整完善以年中考核为主要形式的监督体系建设，强化考核实施力度，全程监控所有经营管理活动，使内控体系更加完善；同时通过安质、财务、审计、法律和纪检组织的超前介入，积极工作，主动防范，使集团公司风险防范能力得到提升。抓人才队伍建设，精心搭建平台，积极创造条件，大胆提拔使用想干、能干、干成事的干部到各级领导岗位，为企业建设发展贡献才智。

（邹国华）

【科技教育】　科技工作。2012 年，集团公司高速铁路“四电”技术日趋成熟，产品持续升级，新产品不断研发。在铜镁承力索、接触网零部件、接触网装备技术及其成套技术等方面取得重大突破，自主研发的“超细晶强化型铜镁合金接触线关键技术”成果获北京市科学技术一等奖，自主研发的“超细晶强化型铜镁合金接触网线材工艺及其装备技术”成果获江苏省科学技术三等奖，参与研究的“郑西铁路客运专线 330/2 * 27.5 千伏牵引供电系统关键技术”成果获中国铁道学会铁道科技二等奖。产品"铜及铜合金绞线"获国际标准产品证书;产品"钢铝复合导电轨"通过河北省科技厅组织的产品鉴定,新产品性能达到国内外同类产品先进水平。加强科技成果的推广与应用,研发的"高速铁路接触网计算软件"等技术成果在京石武、宁杭铁路客运专线上得到检验和验证。开发的"高速铁路超细晶强化型铜镁接触线研制及应用"、"郑州至西安高速铁路四电系统集成技术研究"两项成果获中国施工企业管理协会科学技术奖技术创新成果一等奖。集团公司注重新技术、新工艺的开发和应用,年内获省部级工法15项,授权专利42项,其中发明专利2项、软件著作1项。

教育培训。全年举办培训班154期,培训职工7472人次,其中干部5552人次。 (陈 洁 汪文革)

【党群工作】 党的工作。集团公司党委下辖基层党委27个、党总支4个、党支部156个,有党员2935人。集团公司党委按照"议大事、谋大局、把方向"的基本要求,坚持"围绕发展抓党建,抓好党建促发展"的工作思路,为企业科学发展提供坚强的政治组织思想保障。(1)深入开展基层组织建设年活动。严格程序,坚持标准,做好分类定级,实现晋位提升。86个基层党组织评定为好,占50.5%;较好的69个,占40.6%;一般的14个,占8.2%。深化创先争优,增强组织活力。2012年"七一"前夕,集团公司党委召开创先争优总结表彰大会,表彰先进基层党组织20个、优秀共产党员34名、优秀党务工作者10名。加强业务培训,提升素质能力。年内各单位举办支部书记培训班28期,培训171人。加强基层党组织书记队伍建设,各子公司党委从优秀大中专毕业生中选拔任用书记19人,为政工干部队伍注入新生力量,政工干部的年龄、知识结构更趋合理。(2)加强领导班子建设。以创建"四好领导班子"为载体,强化理论武装。先后推荐、组织16名班子成员及后备干部参加股份公司党校、中央党校国资委分校学习培训。按照组织程序,先后对13个单位的41名领导干部进行选任和调整,加快干部交流轮岗和后备干部培养步伐,增强干部队伍活力。(3)宣传思想文化工作成效显著。大力开展形势任务教育活动。针对严峻的市场形势,集团公司党委组织开展"坚定信心保增长,凝心聚力谋发展"为主题的形势任务教育活动。继续深化企业文化建设。重新编印企业对外宣传画册,制作《软实力铸就企业魂》文化宣传片、工业系统宣传片以及京石武高速铁路建设成就宣传片。积极做好对外报道工作。协助中央电视台专题报道京石武高速铁路等国家重点工程;配合上海铁路局组织编写《宁杭高铁通讯文集》;全年在各类媒体刊发稿件543篇,连续6年被评为中国铁建新闻报道先进单位。

工会工作。集团公司工会下辖14个子(分)公司工会、67个基层工会,有工会会员9653人,专兼职工会干部116人。(1)民主管理。年内完成集团公司第二届职代会换届选举工作,推选集团公司第二届职代会代表135名。所属各单位民主评议领导干部102人,信任率96%以上。集体合同平等协商、签订率100%。全面推进企务公开制度,公开率98%。民主监督作用有效发挥。(2)劳动竞赛。以重难点工程为主战场,广泛开展"五比创五杯"活动,结合全国安全月活动,开展"安康杯"竞赛活动,集团公司全年发放劳动竞赛奖金750余万元。积极开展合理化建议和技术创新活动,年内征集合理化建议76条,采纳应用41条,技术革新28项,为企业降低成本创造价值7665万元。(3)评先树模。集团公司有16个先进集体和19个先进个人受到上级工会表彰。其中,一公司连续三年获全国"安康杯"竞赛优胜单位称号;3个单位获得火车头奖杯,5人获得火车头奖章;2个单位获股份公司"工人先锋号"称号;二公司获得山西省"安康杯"竞赛优胜企业、山西省五一劳动奖状荣誉;北方公司获山西省总工会"工人先锋号"称号,南方公司被湖北省总工会评为"安康杯"竞赛优胜单位。(4)送温暖工程。元旦春节期间,集团公司筹集帮扶资金471.1万元,慰问重困特困职工112户、一般困难职工124户,救助重大疾病职工26人,慰问劳模、先进、离退休及生产一线职工3955人次,发放"金秋助学"金14万元,帮扶84人次。

共青团工作。集团公司团委下辖基层团委10个、团支部67个,有团员2513人。年内,集团公司下发团费收缴管理办法、推优入党实施细则和青年"五小"成果征选、评比管理办法及工程公司级团组织负责人管理办法,给予团建工作开展以方向性的指导。积极组织开展"青春助力发展,岗位建功一线,确保节点开通"青年主题实践活动和"十佳青年专业技术拔尖人才"评选、青工"五小"竞赛、纪念建团90周年征文等活动,集团公司团委被评为北京市五四红旗团委,3人获北京市"青年岗位能手"称号。

(李文亮 丁 艺 丁晓毅)

【第一工程有限公司】 铁路电务、电气化和公路交通(通信、监控、收费综合系统)、城市及道路照明、电信工程专业承包一级,送变电工程专业承包二级,机电设备安装工程专业承包三级资质企业。公司驻河南省洛阳市白马寺镇18号。前身为中铁十五局集团电务工程有限公司,2005年7月整体划归中铁建电气化局集团有限公司,更名为中铁建电气化局集团第一工程有限公司;2011年8月改称中国铁建电气化局集团第一工程有限公司。董事长、党委书记张立华,总经理李长波。下辖通信信号分公司、电力电化分公司、机械设备管理中心、员工教育培训中心、工程加工中心、通信分公司、物业管理中心、门诊部和北京、上海、济南、广州、乌鲁木齐、天津、深圳7个分公司及郑州区域经营部、北京办事处、东北区域经营部。职工1818人。其中,干部348人;工人1470人,资产总额89611万元。其中,固定资产原值9821万元、净值4689万元;流动资产84365万元。拥有机械设备133台、仪器仪表110台、自轮运转设备50台、车辆83台,总功率16733千瓦,动力装备率9.2千瓦/人,技术装备率2.42万元/人,设备完好率96%、利用率92%。年施工能力22亿元以上。

2012年新签合同额150898万元,完成企业总产值113453万元,其中施工产值113169万元。实现利润3290万元。职工年人均收入46196元。产值利润率2.89%,净资产收益率59.91%,成本费用利润0.24%,资产负债率92.05%,应上缴款完成率100%。年内获铁路优质工程奖2项,全国工程建设优秀QC小组成果奖1项;公司连续三年获全国“安康杯”竞赛优胜单位称号。（马舟丽）

【第二工程有限公司】 铁路电务、建筑智能化、铁路电气化工程专业承包一级,机电设备安装、送变电工程专业承包二级,电信工程专业承包三级,电力设施承装(修)四级资质企业。公司驻山西省太原市尖草坪区昌盛西街18号。董事长兼党委书记唐忠国,总经理钟勇。下辖物业公司、北京办事处、电气化分公司、通号分公司、变电分公司、房建分公司、设备分公司,4个区域经营开发部,49个工程项目部。职工1357人,其中干部622人。资产总额81364万元。机械设备103台,原值9179.2万元、净值4680.1万元,总功率15866千瓦,动力装备率12.33千瓦/人,技术装备率2.68万元/人,设备完好率93%、利用率63%。

2012年新签合同额7.63亿元,完成企业总产值141071万元,实现利润3583万元、净利润3140万元。全员劳动生产率13.3万元/人年,人均创利305元。职工年人均收入5万元/人年。国有资产保值增值率142.65%,净资产收益率48.25%,产值利润率2.54%,总资产报酬率3.82%,资产负债率90.6%,应上缴款完成率100%。年内完成主要实物工程量:通信线路505.3公里,通信站24站;自动闭塞572.6公里,电气集中联锁道岔480组,信号站19站;电力线路150公里,变配电所6座,站场电力9站;接触网745.1条公里,牵引变电所9所;房屋建筑面积7804平方米。年内,公司获得全国优秀建筑企业、山西省优秀建筑企业、山西省文明和谐单位、山西省五一劳动奖状、山西省“安康杯”竞赛优胜企业等荣誉。（赵　娜）

【第三工程有限公司】 铁路电务、电气化、送变电工程专业承包一级,电信工程专业承包和承装(修、试)电力设施二级,消防设施工程专业承包三级资质企业。公司驻河北省高碑店市兴华北路57号。前身是始建于1967年的中国人民解放军铁道兵第一通信信号工程营,1984年1月集体转业并入铁道部后改称铁道部第十八工程局电务工程处,1999年12月脱离铁道部改称中铁第十八工程局电务工程处,2001年10月公司改制后称中铁十八局集团电务工程有限公司;2005年7月整体划转中铁建电气化局集团有限公司,更名为中铁建电气化局集团第三工程有限公司;2011年8月改称中国铁建电气化局集团第三工程有限公司。董事长、党委书记张海军,总经理陈宪祖。下辖通信、信号、电力、电气化4个专业分公司,15个工程项目部。职工1019人。其中,干部392人;工人627人。技术干部371人,技术工人627人。资产总额80758万元。其中,固定资产原值11346万元、净值6256万元;流动资产74039万元;无形资产356万元。机械运输设备619台(套),原值10281.77万元、净值6161.82万元,总功率16614千瓦,动力装备率16.3千瓦/人,技术装备率6.04万元/人,设备完好率80%、利用率78%。年施工能力18亿元以上。

2012年新签合同额15.38亿元,完成营业收入18.19亿元,实现利润3447万元、净利润3346万元。全员劳动生产率177.48万元/人年,人均创利3.4万元。职工年人均收入64886元。国有资产保值增值率140.35%,净资产收益率38.85%,产值利润率1.89%,投资回报率38.58%,资产负债率88.94%,应上缴款完成率100%。完成主要实物工程量:接触网349条公里,牵引变电所27座;自动闭塞1066公里,联锁道岔456组,信号站12站;通信线路401公里,通信站6站;电力线路1490公里,变配电所24座,电力站场11站;房屋建筑面积1115平方米。年内,公司承建的北京地铁大兴线工程被评为中国市政金杯示范工程,获北京市市政基础设施长城杯金奖。（王　旭）

【第四工程有限公司】 铁路电务、铁路电气化、机电设备安装、建筑智能化工程专业承包一级,送变电工程专业承包三级资质企业。公司驻湖南省长沙市雨花区中意一路728号。2005年7月由原中铁二十五局集团电务工程有限公司电气化分公司整体划入中铁建电气化局集团公司,11月与中铁建电气化局集团第一工程有限公司所属第三分公司、第五分公司、攀枝花分公司整合重组,更名为中铁建电气化局集团第四工程有限公司;2011年8月改称中国铁建电气化局集团第四工程有限公司。董事长、总经理肖勇,党委书记项昌华。下辖通信信号、电气化和交通机电安装3个分公司。职工920人。其中,干部391人;工人529人。技术干部326人,技术工人327人。资产总额85503万元。其中,固定资产5726万元;流动资产79728万元;其他资产49万元。机械设备80台(套),原值5072万元、净值1547万元,总功率11349千瓦,动力装备率12.3千瓦/人,技术装备率2万元/人,设备完好率100%、利用率85%。年施工能力20亿元以上。

2012年新签合同额50506万元,完成企业总产值85988万元,其中施工产值85827万元。实现利润1314万元。全员劳动生产率93万元/人年,人均创利14285元。职工年人均收入55010元。国有资产保值增值率123.27%,净资产收益率19.6%,资产负债率92.08%。年内获铁路优质工程奖1项,公司获得湖南省3A企业认证。 (罗 昆)

【第五工程有限公司】 铁路电务、电信工程专业承包一级,铁路电气化、送变电工程专业承包二级,机电设备安装工程专业承包三级资质企业。公司驻四川省成都市青阳区。2005年12月15日,由原中铁二十五局集团柳州电务工程公司与中铁十五局集团电务工程公司第六分公司重组而成。董事长、党委书记吴克坚,总经理郑光荣。下辖通号一分公司、通号二分公司、电气化分公司、城轨分公司、电力变电分公司。职工939人。其中,干部440人;工人499人。专业技术干部175人,技术工人463人。资产总额64172.91万元。其中固定资产原值1371.61万元、净值10885.04万元;流动资产51769.28万元;其他资产12403.63万元。机械运输设备77台(套),原值5419.49万元、净值3318.79万元,总功率10579千瓦,动力装备率4千瓦/人,技术装备率11.1万元/人,设备完好率90.48%、利用率82.41%。年施工能力20亿元以上。

2012年新签合同额58929.11万元,完成企业总产值150150万元,实现利润2604.64万元。全员劳动生产率159.9万元/人年,人均创利2.77万元。职工年人均收入51431元。国有资产保值增值率144.39%,净资产收益率40.93%,产值利润率1.73%,投资回报率43.4%,资产负债率89.6%,投资收益上缴率100%,应上缴款完成率100%。年内完成主要实物工程量:通信线路967.2公里;自动闭塞1781公里,联锁道岔202组;电力线路689.86公里,接触网873.5条公里,牵引变电所10座;房屋建筑面积147平方米。工程质量合格率100%。 (刘 颖)

【南方工程有限公司】 铁路电务、电信、电气化工程专业承包一级,送变电、机电设备安装专业承包三级,通信信息网络系统集成乙级,承装(修、试)电力设施四级资质企业。公司驻湖北省武汉市东湖开发区佳园路17号。前身系中铁十一局集团电务工程有限公司,2009年7月划归中铁建电气化局集团公司管理,8月18日挂牌成立,更名为中铁建电气化局集团南方工程有限公司;2011年8月改称中国铁建电气化局集团南方工程有限公司。董事长、党委书记陈宝军,总经理万靖。下辖通信、信号、电力、电气化、接触网、城轨、供电、房建、通电9个专业分公司,中南、西北、恒通3个分公司,襄阳管理部和北京办事处。职工1422人。其中,干部665人;工人757人。专业技术干部425人,技术工人453人。资产总额160018.18万元。其中,固定资产原值11461.51万元、净值5902.34万元;流动资产152312.25万元;其他资产7705.93万元。机械运输设备138辆(台),总功率5856千瓦,动力装备率4.1千瓦/人,技术装备率4.4万元/人,设备完好率98%、利用率96%。年施工能力30亿元以上。

2012年新签合同额151370万元,完成企业总产值170046万元,其中施工产值169867.18万元。实现利润4377.53万元。人均创利35531元。职工年人均收入49093元。国有资产保值增值率134.42%,净资产收益率33%,产值利润率8.33%,投资回报率2.71%,资产负债率92.38%,应上缴款完成率100%。

(郑克伟 侯莎莎)

【北方工程有限公司】 铁路电气化、铁路电务、送变电及机电安装工程施工专业承包一级,承装(修、试)电力设施三级资质企业。公司驻山西省太原市万柏林区迎泽西大街369号。前身系中铁十二局集团电气化工程有限公司,2009年7月划归中铁建电气化局集团公司管理,8月18日挂牌成立,更名为中铁建电气化局集团北方工程有限公司;2011年8月改称中国铁建电气化局集团北方工程有限公司。董事长兼总经理高斌文,党委书记马功民。下辖电气化、通信信号、建筑安装、送变电、城市轻轨和机电安装5个专业分公司,计量测试中心、电化宾馆,广州、西安、成都、昆明4个办事处,29个工程项目部。职工769人。其中,干部465人;工人304人。技术干部367人,技术工人249人。资产总额116238.1万元。其中,固定资产净值8239.5万元;流动资产107345万元;其他资产653.6万元。主要施工设备32台(套),原值7756万元、净值

3574 万元，总功率 4256 千瓦，动力装备率 6.65 千瓦/人，技术装备率 4.6 万元/人，设备完好率 95.3%、利用率 65.8%，机械化施工程度 78%。年施工能力 25 亿元以上。

2012 年新签合同额 12.98 亿元，完成企业总产值 19.6 亿元，其中施工产值 12.36 亿元。实现利润 3595 万元。全员劳动生产率 43.26 万元/人年，人均创利 2.87 万元。职工年人均收入 5.88 万元。国有资产保值增值率 153.51%，净资产收益率 50.39%，产值利润率 18.34%，资产负债率 93.72%，应上缴款完成率 100%。完成主要实物工程量：接触网 388 条公里，接触轨 21.8 条公里，牵引变电所 16 座；通信线路 392 公里，站场通信 9 站；自动闭塞 613 公里，联锁道岔 234 组；电力线路 517 公里，变配电所 13 座，站场电力 10 站；房屋建筑面积 52842 平方米。工程质量合格率 100%。年内获山西省汾水杯质量奖 1 项，国家级优秀 QC 成果奖 1 项、山西省优秀 QC 成果奖 3 项，国家实用新型专利授权 3 项。（张　杰）

【北京京燕饭店有限公司】 驻北京市石景山区石景山路 29 号。系三星级涉外酒店，占地面积 1.17 万平方米，建筑面积 3.6 万平方米，拥有客房 269 套，大小会议室 8 间，设有首层会议餐厅、商务餐厅和顶层阳光餐厅。总经理隋立华，党委书记高砚明。职工 323 人，其中在岗职工 226 人。

2012 年完成营业收入 5567 万元，实现利润 124 万元。在岗职工年人均收入 38845 元。国有资产保值增值率 100.09%，净资产收益率 9%，主营业务利润率 73.08%，资产负债率 54.94%。饭店连续被评定为中央国家机关和北京市会议定点饭店，年内被北京市石景山区旅游局推荐为年度拉动区经济发展经营业绩突出单位、被评定为石景山区 2012 年重点企业。

（梅籽偲）

【西安电气化制品有限公司】 2007 年 4 月 10 日，由中铁建电气化局集团有限公司与陕西省西安市灞桥电气化电杆厂共同出资组建成立；2010 年 10 月，中铁建电气化局集团有限公司、陕西省物资产业集团总公司和陕西省西安市灞桥电气化电杆厂资产重组，集团公司持股 74.375%。公司驻陕西省渭南市华县莲花寺。董事长、总经理兼党总支书记黄兵。公司占地面积 17.47 万平方米，厂房建筑面积 5 万平方米，露天货场面积 3 万平方米，铁路专用线 2.1 公里。混凝土产品生产线 7 条，钢结构制品生产基地 3 个。年产电气化铁路横腹杆式预应力混凝土支柱 70000 根，接触网环形混凝土电杆 50000 根，接触网环形等径预应力混凝土支柱 50000 根，其他水泥制品 150000 件；年产电气化铁路格构式钢柱 12000 根，H 型钢柱 24000 根，硬横跨 900 组，可同时满足多条大型铁路施工物资需求。职工 260 人。其中，干部 61 人；工人 199 人。技术干部 40 人，技术工人 155 人。资产总额 2.35 亿元，其中固定资产原值 7404 万元、净值 6516 万元。生产机械设备 536 台(套)，原值 1935 万元、净值 1297 万元；实验设备 31 台(套)，原值 32 万元、净值 24 万元。设备总功率 6000 千瓦，动力装备率 23 千瓦/人，设备完好率 100%、利用率 95%。

2012 年新签合同额 20300 万元，完成企业总产值 11345 万元，实现利润 351 万元。全员劳动生产率 43 万元/人年，人均创利 1.35 万元。职工年人均收入 3.9 万元，国有资产保值增值率 107.34%，净资产收益率 7.13%，产值利润率 15.82%，投资回报率 7.58%，资产负债率 83.71%，应上缴款完成率 100%。年内，公司连续 5 年获西安市守合同重信用企业称号，实验室通过陕西省质量技术监督局计量认证，获一级实验资质。（杨平安）

【中铁建电气化局集团科技有限公司】 公司驻河北省高碑店市西大街建国胡同 9 号。前身为中国铁道建筑总公司高碑店材料总厂，2007 年 11 月整体划入中铁建电气化局集团公司，12 月改制改称现名。董事长、党委书记孙维星，总经理白利军。下设生产车间、机修车间、物资分公司、建筑安装分公司。职工 226 人。其中，干部 83 人；工人 143 人。技术干部 78 人，技术工人 43 人。资产总额 32236 万元。其中，固定资产净值 1531 万元；流动资产 29042 万元；其他资产 3194 万元。机械设备 147 台，净值 339.32 万元，总功率 2836 千瓦，设备完好率 78%、利用率 90%。

2012 年完成营业收入 16997 万元。其中，工业产品制造 9982 万元；物资物流 610 万元；工程施工 6323 万元；其他经营 82 万元。实现利润 -2040 万元。职工年人均收入 27197 元。国有资产保值增值率 70.7%，净资产收益 -33.41%，产值利润率 -6.18%，资产负债率 93.15%，应上缴款完成率 100%。年内获国家实用新型专利 3 项。（黄婷婷）

【北京中铁建电气化设计研究院】 铁道行业工程设计乙级，铁道通信信号、电气化专业设计甲级资质企业。2006 年 6 月注册成立。驻北京市石景山区石景山路 29 号京燕饭店 8 层。院长、党委书记阚绍忠。下设电化分院、通号分院、站前综合院。职工 101 人。资产总额 2607 万元。其中，固定资产净值 79 万元；流动资产 2529 万元。具备年完成 800 公里既有线复线电气化改造施工图和1000公里新线前期设计的能力。

2012年新签合同额3924万元，完成企业总产值2032万元，实现利润50万元。全员劳动生产率27.84万元/人年，人均创利0.88万元。职工年人均收入13.73万元。国有资产保值增值率103.94%，净资产收益率3.86%，产值利润率2.48%，投资回报率4.17%，资产负债率57.82%，应上缴款完成率100%。年内获国家发明专利1项。（崔 喆）

【北京城市轨道工程公司】 2012年由城市轨道交通分公司改称现名。公司驻北京市石景山区石景山路29号。总经理王俊杰。职工29人。

2012年新签合同额15456万元，完成施工产值4145万元。（张敬华）

【轨道交通器材有限公司】 2008年7月由中铁建电气化局集团有限公司和江苏省铭隆轨道交通设备有限公司共同投资组建，注册资本金7000万元人民币，集团公司占70%股份。公司驻江苏省常州市武进区高速铁路电气化产业园。董事长卫明博，总经理冯晓河。职工290人。资产总额35954.3万元。其中，固定资产净值16161.6万元；流动资产16980.7万元；其他资产2812万元。机械设备589台（套），净值7500万元，总功率8300千瓦，设备完好率98.12%、利用率72.55%。公司引进世界知名企业德国力倍公司的整套技术，覆盖高速铁路接触网零部件的所有产品，接触网零部件年产能力达到3000条公里。

2012年新签合同额18918.5万元，实现营业收入12013.5万元。职工年人均收入38329元。国有资产保值增值率92.97%，资产负债率122.57%，应上缴款完成率133.33%。年内，公司被认定为国家级高新技术企业、常州市工程技术研究中心，获国家实用新型专利2项。（马盛宝）

【康远新材料有限公司】 铁路运输安全设备生产企业，主要从事时速300公里及以上电气化铁路的接触线、承力索的研发、生产、销售和技术服务；准予生产和销售18种铜及铜合金接触线，14种铜及铜合金绞线；欧洲CE认证企业，公司产品可在欧盟市场销售。2010年1月1日由中铁建电气化局集团公司和江阴市电工合金有限公司共同出资成立，现为集团公司全资企业。公司驻江苏省江阴—靖江工业园区。董事长、党总支书记邱正晓，总经理刘铁伦。职工158人。资产总额39266万元。其中，固定资产净值9212万元；流动资产29128万元；其他资产926万元。机械运输设备7193万元，净值5814万元，总功率6200千瓦，动力装备率42.9千瓦/人，技术装备率51.8万元/人。年生产能力2万吨，具备电气化铁路5000正线公里供货能力。

2012年新签合同额32608万元，完成企业总产值31202万元，实现利润244万元。全员劳动生产率197万元/人年。职工年人均收入4.6万元。资产负债率82.29%，应上缴款完成率100%。年内获国家授权专利9项，其中发明专利1项；产品“铜及铜合金绞线”取得国际标准产品证书，被评为全国用户满意产品；研发中心通过江苏省工程技术研究中心认证。（霍慧丽）

【新疆维管段公司】 公司为非法人企业，企业资质等级为集团公司的延伸。公司驻新疆维吾尔自治区乌鲁木齐天津北路嘉华园小区。总经理王青勇。下辖精伊霍维管段、奎北维管段。职工554人。资产总额1227万元。其中，固定资产原值150万元；流动资产1077万元。机械设备4台（套），原值162万元。

2012年完成企业总产值5355万元，实现利润3.81万元。全员劳动生产率10.71万元/人年。职工年人均收入45746元。资产负债率99.91%。（李树纲）

【重要记载】

▲1月 集团公司参与研究的“郑西铁路客运专线330/2＊27.5千伏牵引供电系统关键技术”成果获中国铁道学会铁道科技二等奖。

▲2月27～28日 集团公司二届一次职代会2012年工作会党委扩大会暨党风建设和反腐倡廉工作会在北京召开。

▲3月21日 铁道部副部长卢春房视察集团公司参建的宁杭铁路客运专线工程，听取汇报后指出：你们这支队伍是一支具有光荣传统的队伍，希望你们能再接再厉，安全有序推进宁杭铁路客运专线“四电”工程。

▲3月 集团公司被评为2011年度全国优秀施工企业，邵汉军、罗世昌、刘兴晨被评为2011年度全国工程建设优秀项目经理。

▲4月13日 全国人大常委会委员长吴邦国视察京石武铁路客运专线郑州东站“四电”集成项目工程，集团公司总经理郑斌陪同检查。

▲4月16日 铁道部部长盛光祖到京石武铁路客运专线河北段施工现场办公，股份公司总裁赵广发、集团公司总经理郑斌陪同检查。

▲4月27日 铁道部副部长卢春房视察广西沿海“四电”集成项目，集团公司董事长、党委书记王汉

林陪同检查。

▲5月16日　中国铁建股份有限公司副董事长、党委副书记、工会主席彭树贵，非执行董事朱明暹，独立非执行董事李克成、赵广杰、吴太石、魏伟峰，在董事会秘书余兴喜等陪同下到集团公司考察调研。

▲5月　集团公司开发的“铁路牵引变电所GIS开关柜插接式电压互感器改进安装施工工法”、“高速铁路利用轨道车进行电缆敷设施工工法”、“氢气飞艇在复杂地形施放牵引绳施工工法”、“牵引变压器自锚滑行施工工法”、“接触网隔离开关的安装调试改进施工工法”、“铁路长大隧道900MHz漏泄同轴电缆施工关键技术”和“GSM－R宽带光纤直放站安装调试施工关键技术”7项工法被评为省级工法。

▲6月3日　铁道部副部长卢春房检查厦深铁路厦漳段工程，集团公司董事长、党委书记王汉林陪同检查。

▲9月　在2012年中国铁路电气化技术装备交流大会及产品展示会上，集团公司的“SF6全封闭组合电器在电气化铁路牵引变电所中的应用”、“既有桥立接触网支柱设计方法研究与应用”成果获十大应用成果奖，“城市轨道交通钢铝复合导电轨生产技术研究”和“高速铁路超细晶强化型铜镁合金接触线”成果获十大创新技术奖。

▲8月27日　集团公司与西班牙SICE公司签订战略合作协议，约定双方在海外工程承包建设市场进行全面合作。

▲9月10日　集团公司中标新建铁路吉林至珲春铁路“四电”集成及相关工程，合同投资278740万元。

▲9月　集团公司“高速铁路超细晶强化型铜镁接触线研制及应用”、“郑州至西安高速铁路四电系统集成技术研究”成果获中国施工企业管理协会科学技术奖技术创新成果一等奖，集团公司被评为科学技术奖技术创新先进单位。

▲11月26日　集团公司中标胶新铁路电气化改造工程施工总价承包站后标段，合同投资31232万元。

▲12月25日　集团公司中标兰新铁路客运专线“四电”系统集成LXSD2标段，合同投资431965万元。

▲12月　集团公司开发的“超细晶强化型铜镁合金接触线关键技术”成果获北京市科学技术奖一等奖，“超细晶强化型铜镁合金接触网线材工艺及其装备技术”成果获江苏省科学技术奖三等奖。

▲12月　集团公司开发的“GSM－R宽带光纤直放站安装调试工法”、“不等高悬挂吊弦计算安装调整施工工法”、“电气化接触网上部施工工厂化预配工法”、“铁路长大隧道内900M漏泄同轴电缆施工工法”、“整体吊弦新工艺安装工法”、“盐湖地区接触网基础防腐施工工法”、“GIS开关柜插接式电压互感器改进安装施工工法”、“牵引变压器自锚滑行施工工法”被评为部级工法。

▲2012年　集团公司申请受理专利41项，其中发明专利7项。获得授权专利42项，其中发明专利2项。　（邹国华）

中国铁建港航局集团有限公司

【简况】　中国铁建港航局集团有限公司（以下简称港航局或集团公司）具有港口与航道、公路、市政公用、房屋建筑施工总承包一级，水运行业工程设计甲级，工程测量甲级，港口河海工程咨询甲级，桥梁、隧道、路基、地基与基础工程施工专业承包一级，钢结构工程专业承包一级，混凝土构件预制二级，特种专业工程承包资质。通过质量、环境、职业健康安全管理“三位一体”管理体系认证。集团公司总部驻广东省珠海市前山翠峰街189号。2011年6月22日，为落实中国铁建股份有限公司《中国铁建发展战略与规划》，调整完善产业结构，加快转变发展方式，中国铁建第二届董事会第二次会议决议同意成立中国铁建港航局集团有限公司，注册资本10亿元人民币，由中国铁建作为唯一出资人以货币方式注入；7月11日在广东省珠海市横琴新区注册登记，取得法人营业执照；8月8日正式揭牌运营。2011年9月5日，中国铁建与广东省铁路建设投资集团有限公司签订“中国铁建股份公司并购重组广东省航盛集团有限公司意向书”。2012年2月21日，中国铁建成功并购广东省航盛建设集团有限公司（以下简称广东航盛）；2月24日，中国铁建第二届九次董事会通过决议，将广东航盛并入港航局重组；8月圆满完成吸收合并及机构重组工作。原广东航盛下属企业人员、资质、工程业绩等全部由港航局承续。港航局注册资本增加至人民币12亿元。2012年8月1日，根据中国铁建《关于将中铁二十三局集团第七工程有限公司划转中国铁建港航局集团有限公司管理的通知》精神，港航局成立划转接收领导小组和工作小组，启动吸收合并重组七公司全面工作；10月，港航局完成划转工作。2012年10月24日，港航局通过增资扩股拥有广东省综合交通勘察设计研究院有限公司（以下简称综交院）51%的股权，综交院更名为中铁建港航局集团勘察设计研究院有限公司(以下简称设计院)。2012年11月29日,港航局与中国铁建重工集团有限公司签订中铁轨道工程研究设计有限公司并购协议,并办理该公司的铁道行业(轨道)专业甲级设计资质的延续,推进与设计院合并等后续事宜。经过一年多的组建,港航局已初步发展成为集投资、设计、科研、施工于一体,能提供全方位服务的大型企业,成为中国铁建全系统中唯一一家以水工建设为主业的专业化集团公司。经营范围涵盖港口与航道工程施工,地基与基础工程施工,桥梁、公路、市政公用、水利、水电、钢结构、房屋建筑、隧道、铁路、能源工程施工等。下辖中铁建港航局集团岩土工程有限公司、中铁建港航局集团轨道交通工程有限公司、中铁建港航局集团深圳工程有限公司、中铁建港航局集团钢结构工程有限公司、中铁轨道工程研究设计有限公司、中铁建港航局集团勘察设计院有限公司、中铁建港航局隆昌基础设施投资有限公司、中国铁建港航局集团有限公司第一工程分公司、中国铁建港航局集团有限公司第二工程分公司、中国铁建港航局集团有限公司第三工程分公司、中国铁建港航局集团有限公司第四工程分公司、中国铁建港航局集团有限公司航务工程分公司、中国铁建港航局集团有限公司路桥工程分公司、中国铁建港航局集团有限公司船舶工程分公司。职工1280人,其中专业技术干部862人。资产总额376242.7万元。其中,流动资产334287.76万元;固定资产净值10869.86万元。年施工能力50亿元以上。机械运输设备1763台(套),原值17401.79万元、净值9014.7万元,总功率45243.6千瓦,动力装备率31.2千瓦/人,技术装备率6.22万元/人,设备完好率92%、利用率83%,机械化施工程度100%。

2012年完成企业总产值500849万元,其中施工产值500849万元。年内,1项科技成果获浙江省科学技术一等奖,3项科技成果获中国施工企业协会科学技术奖技术创新成果二等奖;4项专利获授权;1项可研报告获全国水运工程优秀咨询成果三等奖、广东省优秀工程咨询成果一等奖;1项研究成果获2012年度中国水运建设行业协会科学技术奖一等奖;分别获得广东省优秀工程咨询成果二等奖、三等奖可研报告各1项;1项技术成果获得中国航海学会科学技术奖二等奖。1个QC小组被评为铁道部优秀质量管理小组;1人获中国施工企业协会科学技术奖技术创新先进个人奖,1人获广东省国资委创先争优优秀共产党员称号;集团公司被评为省级“安康杯”竞赛优胜单位、全国勘察设计AAA级信用示范单位和2011~2012年度诚信示范单位,连续17年获广东省守合同重信用企业称号。 (陈志逸　胡连城　李　星　李育华)

【领导人员】

董事会

董事长	许四发
副董事长	蒋汉祥(7月免)
董事	许四发
	蒋汉祥(7月免)
	张小平(7月任)
	赵　峰
	金国亮(7月任)
	谭世霖(7月任)
董事会秘书	唐二平(7月任)

监事会

监事会主席	任保义
监事	任保义
	程守昌(7月任)
	梁根林(7月任)

经理层

总经理	许四发(3月免)
	张小平(3月任)
副总经理	赵　峰
	刘齐辉
	金国亮
	王永东
	谭世霖(3月任)
总会计师	金国亮(兼)
总工程师	刘齐辉(兼)

党群领导

党委书记	许四发(7月任)
	蒋汉祥(7月免)
党委副书记	许四发(7月免)
	张小平(7月任)
	任保义
纪委书记	任保义(兼)
工会主席	任保义(兼)

(钟参军)

【职工队伍】 职工1280人。其中,干部1167人;工人113人。专业技术干部862人,占干部总数的73.9%;女干部124人,占干部总数的14.4%。专业技术干部中,高级技术职务156人,中级专业技术职务303人,初级专业技术职务403人。职工学历结构:大学本科及以上665人,占职工总数的51.9%;专科376人,占职工总数的29.4%;大专以下239人,占职工总数的18.8%。职工年龄结构:30岁以下375人,31~40岁387人,41~50岁282人,51岁以上236人。工人中,高级技师18名,技师12名。 (钟参军)

【工程施工】 截至2012年底，在建项目80个。其中，铁路项目8个；公路项目30个；港口与航道项目27个；房建项目1个；其他工程14个。

莞惠城际轨道交通项目SKZH－2标段工程 以中国中铁七局集团公司名义中标。工程位于广东省惠州市。标段长4.008公里，合同投资22824.74万元，合同工期2009年5月8日～2014年2月28日。主要实物工程量：桥梁1座4008延长米。跨惠河高速悬臂连续梁为工程难点。截至2012年底，开工累计完成投资28848.23万元。

莞惠城际轨道交通项目SKZH－11标段工程 以中国中铁二十一局集团公司名义中标。工程位于广东省惠州市。标段长2.92公里，合同投资36182.62万元，合同工期2009年11月23日～2013年12月30日。主要实物工程量：U型槽276米，明挖段224米，双连拱275米，暗挖隧道4270延长米，斜井2座。区间双连拱隧道施工，埋深浅，横跨断面大，地质条件差。截至2012年底，开工累计完成投资29309万元。

佛肇城际轨道交通项目GZZH－2标段工程 位于广东省肇庆市。标段长10.4公里，合同投资114131万元，合同工期2009年10月16日～2012年7月15日。主要实物工程量：桥梁7座10424延长米。截至2012年底，开工累计完成投资74117万元。

佛肇城际轨道交通项目GZZH－9标段工程 位于广东省肇庆市。标段长3.7公里，合同投资36325.79万元，合同工期2010年5月27日～2014年8月18日。主要实物工程量：土石方15.41万立方米，隧道1座1124延长米，桥梁3座2603延长米，站场2处，无砟道床7.4公里，制架梁2榀。截至2012年底，开工累计完成投资13453万元。

贵广铁路GGTJ－7标段工程 位于广西壮族自治区桂林市。标段长11公里，合同投资40000万元，合同工期2008年12月16日～2012年11月16日。主要实物工程量：桥梁9座5403.32延长米，隧道3座1592延长米，路基4.33公里。截至2012年底，开工累计完成投资44055万元。

厦深铁路XSGZQ－9标段工程 位于广东省惠州市。标段长13.4公里，合同投资64654万元，合同工期2008年9月1日～2011年2月28日。主要实物工程量：隧道1座5715延长米，桥梁3座4584.08延长米，桥梁钻孔桩51093.5米，桥梁上部现浇134孔。截至2012年底，开工累计完成投资68710万元。

南广铁路NGZQ－7标段工程 位于广东省郁南县。标段长8.3公里，合同投资38500万元，合同工期2009年3月1日～2011年11月30日。主要实物工程量：隧道7座2379延长米，桥梁3座1405.02延长米。截至2012年底，开工累计完成投资41742万元。

新会绕城公路1标段工程 位于广东省江门市。合同投资5539万元，合同工期2010年8月25日～2012年2月24日。主要实物工程量：软基处理D30管桩59594米，D50管桩11861米，D80钻孔灌注桩110根，D150钻孔灌注桩74根，385人路基土石方50910立方米。截至2012年底，开工累计完成投资6585万元。

新会至中山一级公路第3合同段工程 以洛阳路桥建设集团名义中标。位于广东省江门市。合同投资22000万元，合同工期2009年12月19日～2011年10月18日。主要实物工程量：路基土方193215立方米，桥梁1座1638.24延长米，涵洞2座92.25横延米。截至2012年底，开工累计完成投资17954万元。

广东云浮至罗定高速公路第3合同段工程 位于广东省云浮市。合同投资36899.83万元，合同工期2009年12月15日～2013年12月15日。主要实物工程量：路基土石方293.28万立方米，桥梁8座2657.5延长米，浆砌片石21263立方米，预制梁板1093片，现浇梁板485米。截至2012年底，开工累计完成投资22022万元。

珠江三角洲环线高速公路肇庆至花都段第11合同段工程 位于广东省广州市。线路长5.653公里，合同投资57188.34万元，合同工期2010年11月30日～2014年2月7日。主要实物工程量：路基土石方25.2万立方米，砌体3081立方米，桩基础565根，整幅式连续箱梁57跨2028.23米，分幅式连续箱梁26跨838.36米，现浇连续箱梁28跨765.2米，现浇混凝土80032.4立方米，路面13.5万平方米。截至2012年底，开工累计完成投资13298万元。

乐昌至广州高速公路樟市至花东段第T24合同段工程 以云南第一公路桥梁工程有限公司名义中标。工程位于广东省清远市。合同投资18327万元，合同工期2011年1月11日～2013年10月10日。主要实物工程量：土石方398万立方米，路基4.4公里，桥梁3座731延长米，涵洞11座1061.5横延米，制架梁336榀。截至2012年底，开工累计完成投资11884万元。

广州至清远高速公路改扩建工程A04合同段 位于广东省广州市。合同投资46198.17万元，合同工期36.5个月。主要实物工程量：路基5.308公里，路基土石方78.48万立方米，桥梁2座，预制梁板1897片，预应力管桩55260米，钻孔灌注桩22979米，涵洞29座。截至2012年底，开工累计完成投资6146万元。

博深高速公路第10合同段工程 位于广东省惠州市。合同投资23661.68万元，合同工期2009年12

月 29 日~2011 年 12 月 29 日。主要实物工程量:预制梁板 5469 片。截至 2012 年底,开工累计完成投资 24711 万元。

广东省连州至怀集公路第 3 标段工程　位于广东省清远市。合同投资 46016.12 万元,合同工期 2011 年 7 月 1 日~2014 年 4 月 30 日。主要实物工程量:土石方 661.2 万立方米,桥梁 19 座 3051.37 延长米,隧道 1 座 764 延长米,涵洞 75 道 2772.45 横延米。截至 2012 年底,开工累计完成投资 15106 万元。

广东省连州至怀集公路第 4 标段工程　以中交第一航务工程局名义中标。位于广东省清远市。合同投资 13181.09 万元,合同工期 2012 年 10 月 9 日~2013 年 10 月 9 日。主要实物工程量:土石方 216 万立方米,桥梁 8 座 613 延长米,涵洞 7 座,通道 23 道。截至 2012 年底,开工累计完成投资 6827 万元。

广东省连州至怀集公路第 5 标段工程　位于广东省清远市。合同投资 19262 万元,合同工期 2011 年 6 月 1 日~2013 年 4 月 30 日。主要实物工程量:土石方挖方 363.9 万立方米,桥梁 8 座 703.3 延长米,涵洞 13 座,通道 23 道,停车区 1 处。截至 2012 年底,开工累计完成投资 10741 万元。

广东南车轨道交通车辆维修基地填土工程　位于广东省江门市。合同投资 24523.86 万元,合同工期 2009 年 12 月 29 日~2012 年 8 月 18 日。主要实物工程量:土石方 794.29 万立方米。截至 2012 年底,开工累计完成投资 26791 万元。

成渝铁路客运专线隆昌北站至隆昌县城快速通道工程　位于四川省内江市。合同投资 49598 万元,合同工期 2012 年 11 月 12 日~2014 年 9 月 30 日。主要实物工程量:土石方 194.14 万立方米,路基 10.035 公里,桥梁 10 座 1150 延长米,涵洞 42 座 2327.7 横延米,公路设施及预埋管线 11.185 公里,绿化与环境保护 11.185 公里。2012 年完成投资 5038 万元。

京台高速公路南平段 A9 合同段工程　位于福建省南平市。合同投资 49804 万元,合同工期 2012 年 11 月 12 日~2014 年 9 月 30 日。主要实物工程量:路基土石方 174.45 万立方米,桥梁 5.5 座 1629.8 延长米,隧道 3 座 1313.5 延长米,涵洞 4 座,互通式立交 1 处。2012 年完成投资 11100 万元。

京台高速公路宁德 A5 合同段工程　位于福建省宁德市。合同投资 38541 万元,合同工期 2012 年 7 月 12 日~2015 年 1 月 12 日。主要实物工程量:路基土石方 11.43 万立方米,隧道 1.5 座 7379.56 延长米,涵洞 4 座 221.14 横延米。2012 年完成投资 11276 万元。

珠海港高栏港区神华煤炭储运中心一期工程辅建区工程　位于广东省珠海市。合同投资 14720.75 万元,合同工期 2012 年 5 月 1 日~2012 年 12 月 26 日。主要实物工程量:房屋建筑 9 项,总建筑面积 25157.18 平方米。2012 年完成投资 14801 万元。

浙江温岭市中心渔港工程　位于浙江省台州市。合同投资 7168 万元,合同工期 2010 年 8 月 27 日~2013 年 8 月 27 日。主要实物工程量:防波堤 820 米,进港道路 1570 米,填开山石 130 万立方米,理坡 61630 立方米,预制安装 15 吨扭王块 6647 件,混凝土胸墙 22166 立方米,掺石混凝土 14697 立方米。截至 2012 年底,开工累计完成投资 2674 万元。

舟山中天重工长白 2 号码头工程　位于浙江省舟山市。合同投资 9200 万元,合同工期 2012 年 2 月 20 日~2012 年 12 月 10 日。主要实物工程量:高桩梁板式码头 599 米,引桥 2 座,PHC 桩沉桩 921 根,预制面板 1834 块,钻孔灌注桩 46 根,横梁 154 榀,预制轨道梁制安 162 榀,靠船构件制安 27 件,现浇管沟梁 140 榀,现浇纵梁 722 榀,现浇面层 13500 平方米。2012 年完成投资 5525 万元。

科技创新海岸信息产业园北围东片场地平整工程南标段　位于广东省珠海市。合同投资 16628.96 万元,合同工期 2009 年 10 月 15 日~2011 年 4 月 22 日。主要实物工程量:吹填面积 129 万平方米,填筑 806.76 万立方米,新建隔堰总长 2603 米,加固现有海堤 2424 米。截至 2012 年底,开工累计完成投资 15691 万元。

厦门海峡论坛会址吹填造地及配套工程 A2 标段　位于福建省厦门市。合同投资 8242.7 万元,合同工期 2009 年 11 月 21 日~2010 年 9 月 20 日。主要实物工程量:吹填造地标高调整为 7 米,围堰标高 8 米~8.5 米,围堰总长度 2887 米。截至 2012 年底,开工累计完成投资 8660 万元。

厦门海沧湾海域清淤整治工程 I 标段　位于福建省厦门市。合同投资 31648.84 万元,合同工期 2010 年 11 月 25 日~2012 年 5 月 25 日。主要实物工程量:清淤面积 181 万平方米,清淤 1063 万立方米。截至 2012 年底,开工累计完成投资 25299 万元。

天津南港工业区西港池南侧四区吹填造陆及西港池南侧五区吹填工程 5 标段　位于天津市南港工业区。合同投资 47577.02 万元,合同工期 2011 年 8 月 1 日~2012 年 5 月 30 日。主要实物工程量:吹填造陆总面积 476.88 万平方米,吹填 3374.79 万立方米。截至 2012 年底,开工累计完成投资 47573 万元。

宝钢广东湛江钢铁基地项目自备电厂 2×350 兆瓦机组工程　位于广东省湛江市。合同投资 12588.11 万元,合同工期 2011 年 7 月 22 日~2012 年 8 月 22 日。主要实物工程量:土石方 42.7 万立方米,箱涵 659.9 米,排水闸门井 2 座,顶管 428 米,围堰 1.2

万立方米，搅拌桩1.3万立方米，泵房1座。截至2012年底，开工累计完成投资2986万元。

翔安南部莲河片区造地工程　位于福建省厦门市。合同投资32757.27万元，合同工期2012年2月1日~2012年12月31日。主要实物工程量：清淤吹填629.55万立方米，临时围埝6864.3米。2012年完成投资3800万元。

丙洲岛综合整治二期工程Ⅰ标段　位于福建省厦门市。合同投资14939.71万元，合同工期2010年9月30日~2012年9月30日。主要实物工程量：疏浚吹填178.7万立方米，围堰36.3万立方米，软基处理16.4万平方米。截至2012年底，开工累计完成投资11205万元。

崖门5000吨级出海航道整治工程强台风回淤疏浚工程　位于广东省江门市。合同投资7848.50万元，合同工期2011年12月16日~2012年4月30日。主要实物工程量：疏浚航道41公里，断面250万立方米，试挖段60万立方米。截至2012年底，开工累计完成投资7847万元。

湛江东海岛石化工业园区造地工程　位于广东省湛江市。合同投资124570万元，合同工期2011年11月18日~2013年4月30日。主要实物工程量：基槽挖泥175.2万立方米，基槽换填中粗砂175.2万立方米，充填大砂袋292万立方米，吹填疏浚土7994.8万立方米，扭王字块制安93082件，抛石85.6万立方米，C40挡浪墙6.2万立方米。截至2012年底，开工累计完成投资67002万元。

浙江省嵊泗中心渔（新港区）扩建工程1标段　位于浙江省嵊泗县。合同投资27987万元，合同工期2010年6月10日~2013年6月9日。主要实物工程量：防波堤2190延长米。截至2012年底，开工累计完成投资10633万元。

华润水泥（封开）有限公司6×4500t/d熟料新型干法水泥生产线配套码头三期工程　位于广东省肇庆市。合同投资5006.8万元，合同工期2011年1月5日~2013年3月15日。主要实物工程量：1号泊位长55米，接岸引桥1座83.4延长米，转运房建筑面积115平方米。截至2012年底，开工累计完成投资2045万元。

港珠澳大桥珠海连接线人工岛工程　位于广东省珠海市。合同投资25242.82万元，合同工期2012年10月25日~2015年2月15日。主要实物工程量：水下基槽及边坡开挖174万立方米，回填中粗砂134万立方米，回填中细砂26万立方米、抛填块石73万立方米，现浇防浪墙混凝土1.2万立方米，中粗砂振冲面积9万平方米，土工布8.2万平方米，混合倒滤层5.7万立方米，栅栏板1600件。2012年完成投资5107万元。

（涂诚军）

【勘察设计】　2012年，集团公司开展生产项目83个。其中，设计项目32个；咨询（预可、可行性研究、专题论证）项目34个；勘察测绘项目17个。所属分公司开展生产项目131个。其中，设计项目51个；咨询（预可、可行性研究、专题论证）项目78个；勘察测绘项目2个。集团公司设计交付履约率98%，分公司设计交付履约率100%。

（李慧妍）

【生产经营】　企业改革。2012年，集团公司制定企业发展战略规划和企业改革、整合、并购等重大变革方案，拟订企业组织架构、二级机构编制。年内，集团公司吸收合并重组广东航盛，完成工商变更、资质平移等工作，将注册资本金增加至人民币12亿元。加快产业结构优化和区域布局调整，先后成立6个子公司和6个分公司；对原广东省综合交通勘察设计院有限公司进行增资扩股，成为集团公司的控股子公司；中铁二十三局集团七公司划转集团公司管理，更名为中铁建港航局集团深圳工程有限公司。

经营管理。2012年承揽工程项目114个，新签合同总额120.6亿元。其中，铁路项目1个，合同投资0.928亿元；水工项目32个，合同投资57.928亿元；公路项目62个，合同投资52.377亿元；城市轨道项目5个，合同投资7.492亿元；房屋建筑项目4个，合同投资1.676亿元；其他项目11个，合同投资0.198亿元。年内发布经营指引12份，分别涉及信息跟踪、投标授权、项目经理使用、信誉评价、报表填报、联营控制、中央企业项目跟踪、发改委立项批复项目信息、区域经营等方面，对所属二级单位的经营活动进行有效管控。

财务资金管理。2012年，集团公司坚持“加快并购重组，狠抓市场经营，强化基础管理”的指导思想，努力推进资质平移、工商变更、财务审计、组织机构建设、市场开拓、生产管理及制度建设等工作，全年完成营业收入284882万元，实现利税18987万元。加强资金集中管理，体现资金规模效益，利用资金规模优势促使金融机构降低保函手续费，并产生集中理财效益3000余万元。截至年底，资金集中度75.7%，资金上存度48%，资金集中管理水平稳步提升。通过模拟注资及内部拆借1.68亿元，置换外部银行贷款8500万元，降低了利息支出，有力缓解投标经营和生产的资金压力。加强债权清收，全年收回完工项目债权2.14亿元，债权清收效果明显。加强管理费预算，严控费用开支，结合预算执行结果对各责任部门按“节奖超罚”的规定进行严格考核。强化经济责任考核，正确引导经营管理行为。年内,1 个工程公司被评为中国铁建财务工作先进单位,2 人被评为中国铁建财务工作先进个人。

审计工作。年内参与 7 个子(分)公司所属的 8 个工程项目的效能监察活动,并出据效能监察审计分项总结。　　(陈志逸　左明星　李治鸿　张汉香)

【科技教育】　技术管理。建章立制、完善技术管理体系;严格执行施组、专项方案审批制度,确保施组和专项方案的可行性、安全性、经济性;优化施工方案,提高经济效益。年内承办第二届全国复合地基理论及工程应用学术研讨会,征集相关复合地基理论与实践的技术论文 129 篇,入选 83 篇。会议邀请中国工程院院士、浙江大学教授龚晓南等国内知名专家、学者作"广义复合地基理论形成及发展"等 10 个专题报告,介绍国内外复合地基最新进展与应用实践。

科技开发。"广东省山区高速公路软土工程性质与处治关键技术研究"、"广东省主要航道已建跨河桥梁通航管理研究"两项课题在广东省交通运输厅立项,"复杂海岸地质条件下大直径顶管施工技术研究"课题在中国铁建立项。开发的"交通荷载作用下软土地基沉降、振动理论及控制技术"成果获 2012 年度浙江省科学技术一等奖;开发的"搅拌桩复合地基非线性性状研究"、"华南软基车辆动荷载塑性行为及公路建养技术研究"、"三维土工网植草加固航道边坡技术研究"成果获 2011 年度中国施工企业协会科学技术奖技术创新成果二等奖,开发的"搅拌桩复合地基非线性性状研究"、"华南软基车辆动载塑性行为及公路建养技术研究"获中国铁道建筑总公司科学技术三等奖。开发的"双阀布袋袖阀管注浆方法"、"双阀双布袋袖阀管注浆技术"、"磁环定位观测路基横剖沉降的方法"3 项发明专利获国家授权,专利"临时施工结构中型钢搭接简易紧固器"获国家实用新型专利授权。开发的"珠三角地区软土地基公路建设结构选型比较研究"科技成果经广东省交通厅鉴定,达到国际先进水平。开发的"邻近既有建筑物溶洞桩基旋挖钻施工技术"成果经中国铁建组织的工法关键技术评审会评审,达到国际先进水平;3 项科技成果经评审,达到国内领先水平。"西江航运干线南宁至贵港Ⅱ级航道工程工程可行性研究"获全国水运工程优秀咨询成果三等奖、广东省优秀工程咨询成果一等奖,"航道整治工程作用下的水沙过程及河流生态效应研究"获 2012 年度中国水运建设行业协会科学技术一等奖,"佛山海螺水泥有限责任公司专用码头工程可行性研究报告"、"珠海港万山港区桂山岛客运码头工程工程可行性研究报告"分别获广东省优秀工程咨询成果二、三等奖,"西江干线贵港—梧州—郁南航道工程关键技术"获中国航海学会科学技术二等奖。年内,集团公司创刊《港航建设》,参编的地方技术标准《广东省公路软土地基设计与施工技术规定》正式出版发行。

2012 年,按照集团公司"十二五"发展规划要求,制定年度教育培训计划,积极开展各类教育培训。截至年底,组织培训 38 次,培训员工 887 人。其中,委外培训 13 次,培训员工 352 人。

(魏贤华　李慧研　钟参军)

【党群工作】　党的工作。集团公司建立党的基层组织 54 个。其中,党委 12 个;党支部 42 个。党员 651 名。(1)2012 年,集团公司党委召开 4 次党委全委会,认真落实"三重一大"集体决策制度;制定下发《中国铁建港航局集团有限公司党建工作实施细则》《党建工作责任制度》《党委中心组学习制度》《党员领导干部民主生活会制度》《党员日常教育培训制度》《流动党员管理制度》《党员党性分析评议制度》和《集团公司贯彻落实"三重一大"决策制度实施办法》,切实做到用制度规范管理。认真落实党委中心组学习制度,年内组织中心组(扩大)学习 6 次,参学率 90% 以上。组织广大党员干部开展"回顾辉煌历程,喜迎党的十八大"读书竞赛活动;组织学习孔凡成、陈超英的先进事迹,收看《信仰》《雨中的树》等系列党员教育影片。加强集团公司机关全面建设,作出《关于加强集团公司机关建设的决定》,从加强机关思想建设、组织建设、作风建设、能力建设和廉政建设五个方面入手,全面提升机关管理能力和服务水平,努力把集团公司机关建设成为"学习型、务实型、高效型、廉洁型"文明机关。(2)深入贯彻股份公司保密委员会的工作要求,从加强教育着手,组织重点涉密部门人员参加珠海市保密局举办的广东省现代办公设备泄密技术巡回演示(珠海)培训,提高涉密岗位人员的保密意识。(3)建立健全企业宣传工作制度,相继出台《内部刊物工作制度》《新闻发言人制度》《关于加强新闻宣传工作的实施意见》和《突发事件新闻处置应急预案》等制度办法;组建宣传队伍,搭建集团公司内部通讯工作网络。创办集团公司内刊《铁建港航》,编印企业宣传画册。全年在《中国铁道建筑报》发表稿件 20 余篇,在集团公司外网和 OA 办公平台上发布新闻和通讯稿件 300 余篇。(4)贯彻落实股份公司企业文化建设"四个统一"要求,集团公司先后印发《关于统一对外宣传标识的通知》《企业文化建设实施纲要(2012 ~ 2015 年)》和《关于进一步加强企业文化建设的决定》,指导和协助所属单位、项目部,严格按照中国铁建股份有限公司《企业识别系统(CIS)规范手册》设计、制作带有中国铁建标识的对外宣传用品。培养企业文化建设骨干,3人取得高级企业文化师(国家一级)职业资格和企业文化总监岗位资格。(5)反腐倡廉工作。围绕企业并购重组,加强制度执行、程序规范的监察监督工作。认真开展效能监察,年内监察6个工程项目部,发现问题33个,提出整改建议33项,下发监察决定书6份。加强物资、设备集中采购招标工作监督,制定招标监督工作流程。与所属单位签订“党风廉政建设责任书”、“依法经营廉洁承诺书”,对进一步提升关键岗位人员廉洁从业意识和行为的规范起到促进作用。年内开展任职前廉政谈话113人次,与115名中层以上领导人员签订“港航局机关管理人员廉洁从业承诺书”;组织全体干部职工观看廉洁警示教育片《忏悔录》,增强遵纪守法、廉洁从政的责任意识。

工会工作。集团公司有工会会员1460人,专兼职工会干部13人。7月,集团公司开展“为港航局起步拼搏,为港航局发展添彩”劳动竞赛活动,所属13个单位参加。年内,集团公司新会绕城1标段、莞惠城际轨道交通工程GZH-11标段、京台高速公路建瓯至闽侯段A5合同段项目经理部被评为2012年度中国铁建重点工程劳动竞赛先进单位,2人被评为劳动竞赛优秀组织者;先后11人次获得中国铁建、青岛市总工会、天津市南港工业开发区等单位的表彰。

(杨雨萌　周宏威　仝瑞广　蔡轶萍)

【第一工程分公司】 驻广东省珠海市斗门区白蕉镇新港经济开发区。2012年9月17日成立,拥有生产、办公区域土地面积74372.06平方米。总经理夏安乐,党委书记仲维华。职工50人,其中注册一级建造师7人。

2012年新签合同额7360万元,完成企业总产值15113万元,实现利润305万元。全员劳动生产率19.91万元/人年,人均创利8.47万元。职工年人均收入68750元。国有资产保值增值率106.1%,净资产收益率11.5%,产值利润率2.02%,资产负债率62.98%,应上缴款完成率100%。　(李　艳　黄　喻)

【第二工程分公司】 驻浙江省宁波市鄞州区宁波商会国贸中心。2012年8月成立。总经理熊卫根。职工38人。

2012年新签合同额9592万元,完成企业总产值8331.55万元,实现利润2.92万元。职工年人均收入6.42万元。资产保值增值率100.06%,净资产收益率0.12%。

(刘鹏飞)

【第三工程分公司】 驻山东省青岛市崂山区海尔路168号城投大厦17、18楼层。主业为港口与航道工程施工,同时涉及水利水电、公路、桥梁、市政等工程施工。2012年12月成立。总经理邵常青,党委书记李世春。职工37人。固定资产70.85万元。　(董　倩)

【第四工程分公司】 驻重庆市江北区港安二路28号冠陆两江汇谷D栋10~11层。2012年10月成立。总经理李昆,党委书记赵程鹏。职工74人。

2012年新签合同额5.1亿元,完成企业总产值9034万元,实现利润639万元。全员劳动生产率223万元/人年,人均创利15.7万元。职工年人均收入3.06万元。净资产收益率6%,产值利润率7%,资产负债率48%,应上缴款完成率35%。　(黄　容)

【航务工程分公司】 驻广东省广州市番禺区南村兴南大道118号。党委书记、总经理陈卓希。职工189人。

2012年新签合同额18.819亿元,完成施工产值12.6亿元,实现利润9045.8万元。人均创利47.9万元,职工年人均收入116671元。国有资产保值增值率229.23%,净资产收益率56.37%,产值利润率7.18%,资产负债率89.82%。年内,公司承建的阳江港万吨级码头工程被评为广东省交通厅全优工程,粤海铁路琼州海峡轮渡码头北港西防波堤工程获交通运输部水运工程质量奖。

(吴琬明)

【路桥工程分公司】 驻广东省广州市番禺区南村兴南大道118号。前身系1988年成立的广东省航务工程总公司路桥公司,2012年合并重组为中国铁建港航局集团路桥工程分公司。总经理(公司负责人)胡向东,党委书记陆茹。职工183人,其中注册建造师15人。

2012年新签合同额73188万元,完成企业总产值34493万元,实现利润713万元。职工年人均收入72477元。产值利润率1.58%,应上缴款完成率100%。

(刘锦平)

【船舶工程分公司】 驻广东省珠海市前山翠峰街189号。2012年9月4日成立。总经理汤永辉。职工49人,其中船员20人。

2012年投资建造第一批工程船舶6.55亿元。

(邓晓婷)

【轨道交通工程有限公司】 铁路工程施工总承包二级,房屋建筑工程施工总承包三级资质企业。驻广东省广州市番禺区兴南大道118号。资产总额17529万元。其中,固定资产净值496万元;流动资产17033万元。总经理冯忠,党委书记刘美华(7月免)、黄锡辉(7月任)。职工100人。

2012年新签合同额9726万元,通过二次变更合同实现合同价值增加8700万元。完成企业总产值35507万元,实现利润518万元。人均创利4.8万元,职工年人均收入84812元。总资产报酬率3%。

(李小乐)

【岩土工程有限公司】 驻广东省广州市番禺区兴南大道118号。前身系1992年成立的原广东航盛岩土分公司,2012年合并重组为中铁建港航局集团岩土工程有限公司。总经理黄腾,党委书记卢初升。职工137人,其中注册建造师13人。

2012年新签合同额30997.8万元,完成企业总产值37345.07万元,实现利润650.89万元。职工年人均收入102256元。完成主要实物工程量:土石方632.23万立方米,隧道119.1延长米,桥梁941.48延长米,公路8公里,公路架梁2356片。净资产收益率17.83%,产值利润率1.86%,资产负债率87.68%,应上缴款完成率0.22%。

(黄胜芳)

【钢结构工程有限公司】 钢结构工程专业承包一级,钢结构工程专项设计乙级资质企业。驻广东省广州市番禺区兴南大道118号。前身系1986年11月成立的广东省下渡船厂,2012年合并重组为中国铁建港航局集团钢结构工程有限公司。总经理郭宗文,党委书记吴国光。职工31人。生产占地面积44000平方米,大型钢结构拼装平台3000平方米。拥有先进的焊接生产线、螺栓球节点和焊接球节点网架生产线、大型钢结构制作生产线以及除锈机设备,年生产能力20000吨。

(李　梁)

【勘察设计院有限公司】 水运行业工程设计、工程勘察测量、港口河海工程咨询甲级,岩土工程、建筑行业(建筑工程)、测绘乙级资质企业。驻广东省广州市越秀区沿江中路195号沿江大厦。前身系1984年成立的广东省航道勘测科研所,2001年改制为广东省航道勘测设计研究院有限公司,2010年划归广东省铁路建设投资集团有限公司管理;2012年划归中国铁建港航局集团有限公司管理,更名为中铁建港航局集团勘察设计院有限公司。董事长、党委书记段长江,总经理何晓辉。下辖广西分公司、粤西分公司、宁波分公司、南昌分公司。职工173人。资产总额4234.92万元。其中,固定资产原值525.02万元、净值300.61万元;流动资产3869.81万元。

2012年新签合同额9465万元,完成企业总产值5974万元,实现利润220万元。人均创利1.84万元,职工年人均收入13.42万元。国有资产保值增值率106.87%,净资产收益率5.84%,产值利润率3.67%,资产负债率36.37%。年内,公司被评为全国勘察设计AAA级信用示范单位和2011~2012年度诚信示范单位。

(李慧妍)

【深圳工程有限公司】 市政公用、房屋建筑工程施工总承包一级,桥梁、隧道工程专业承包一级资质企业。驻广东省深圳市龙岗区中心城龙城大道177号。前身系中铁路桥集团珠海工程分公司、中铁二十三局集团第七工程有限公司,2012年12月划入中国铁建港航局集团有限公司管理更为现名。下辖9个项目经理部。执行董事兼总经理何秀春,党委书记党培林。职工381人。其中,干部244人;工人117人。专业技术干部244人,技术工人67人。资产总额67190万元。其中,固定资产原值8493万元、净值4907万元;流动资产60596万元;其他资产1687万元。主要机械运输设备774台(套),净值3724万元,总功率9960千瓦,动力装备率25.7千瓦/人,技术装备率8.4万元/人,设备利用率45%。年生产能力10亿元以上。

2012年新签合同额9亿元,完成企业总产值8.08亿元,实现利润498万元、净利润350万元。国有资产保值增值率100%,净资产收益率3.42%,产值利润率0.62%,资产负债率84.76%,应上缴款完成率23.33%。

(胡晓岚)

【重要记载】

▲1月17日　原广东航盛"生产安全事故灾害应急救援队伍建设项目"通过2011年广东省安全生产专项资金评审获项目经费1111.9万元,实施年限2011~2013年。

▲1月18日　岩土公司中标潮惠高速公路X1合同段工程,合同投资55543万元,线路长11.5公里,合同工期730天。

▲2月21日　中国铁建股份有限公司和广东省铁路建设投资集团有限公司在广州长隆酒店举行广东航盛建设集团有限公司产权交易合同签字仪式。

▲2月27~29日　股份公司党委副书记、副董事长、工会主席彭树贵一行7人考察集团公司领导班子及班子成员。

▲2月　第二分公司中标舟山中电绿科船舶修造有限公司长白岛修造船项目2号码头工程,合同工期12个月,合同投资9200万元。

▲3月13日　集团公司召开干部大会。会议宣

布《股份公司 股份公司党委关于将广东省航盛建设集团有限公司并入中国铁建港航局集团有限公司重组的决定》，任命张小平为中国铁建港航局集团有限公司总经理，谭世霖为副总经理，同时任命张小平、谭世霖为集团公司党委委员。

▲4 月 11 日　第一分公司中标珠海港高栏港区神华煤炭储运中心一期工程辅建区工程，合同投资 1.47 亿元。

▲5 月 17 日　股份公司副董事长、党委副书记、工会主席彭树贵，非执行董事朱明暹，独立非执行董事李克成、赵广杰、吴太石，在董事会秘书余兴喜等陪同下，到集团公司考察调研。

▲6 月 6 日　中国铁建和广东铁投集团共同举办的广东省综合交通勘察设计院有限公司增资扩股工作协调会在珠海举行。

▲6 月 20 日　集团公司与四川省隆昌县人民政府签订成渝铁路客运专线隆昌北站至隆昌县城快速通道项目投资建设意向协议书。

▲7 月 3 日　股份公司研究决定：许四发任中国铁建港航局集团有限公司党委书记；免去蒋汉祥中国铁建港航局集团有限公司委党书记、委员职务。

▲7 月 11 日　集团公司与青岛城市建设投资（集团）有限责任公司签订战略合作框架协议书。

▲7 月 30 日　股份公司研究决定：张小平、金国亮任中国铁建港航局集团有限公司董事，同意谭世霖为中国铁建港航局集团有限公司职工董事人选。同意程守昌为中国铁建港航局集团有限公司监事人选，梁根林为中国铁建港航局集团有限公司职工监事人选。

▲8 月 4 日　中国铁建港航局集团钢结构工程有限公司在广州番禺挂牌成立。

▲8 月 6 日　中国铁建港航局集团有限公司第一届董事会第一次会议召开。

▲9 月 4 日　集团公司成立岩土工程有限公司、轨道交通工程有限公司、第三工程有限公司、路桥工程分公司、第一工程分公司、第二工程分公司、航务工程分公司、船舶工程分公司。

▲9 月 5 日　原广东省航盛建设集团有限公司检测中心变更为中国铁建港航局集团有限公司工程检测中心。

▲9 月 13 日　集团公司设立厦门分公司。

▲9 月 24 日　轨道公司中标内蒙古中瀚物流有限公司铁路专用线工程，合同投资 9276 万元。

▲10 月 16 日　集团公司成立第四工程分公司。

▲10 月 24 日　集团公司增资持有广东省综合交通勘察设计院有限公司 51% 股权。

▲10 月　中铁二十三局集团第七工程公司正式划归集团公司管理。

▲11 月 8 日　集团公司成立中铁建港航局隆昌基础设施投资有限公司。

▲同日　航务分公司中标天津南港工业区红旗路南侧公用走廊用地吹填造陆工程两个标段，合同投资 16.02 亿元。

▲11 月 9 日　集团公司与广州文冲船厂有限责任公司在广州黄埔举行 5000 立方米/小时绞吸式挖泥船建造签约仪式。

▲11 月 12 日　集团公司签订第一个 BT 项目——成渝铁路客运专线隆昌北站至隆昌县城快速通道项目投资建设施工总承包合同，合同投资 4.9 亿元。

▲11 月 14 日　路桥分公司中标济南至广州国家高速公路平远（赣粤界）至兴宁段 7 标段工程，合同投资 4.3 亿元。

▲11 月 27 日　广东省江门市新会区人民政府与集团公司在新会举行 BT 项目协议签约仪式。战略合作协议投资金额 56 亿元。

▲12 月 7 日　集团公司成立三沙分公司。

▲12 月 10 日　路桥分公司中标广东省平远（赣粤界）至兴宁公路项目土建工程第 7 合同段，合同投资 43459.99 万元。

▲12 月 24 日　集团公司与武昌船舶重型工程有限公司在湖北武汉举行 108 米打桩船合同暨双方战略合作伙伴关系签字仪式。

▲12 月 27 日　集团公司成立中铁建港航局集团深圳工程有限公司。

（李育华）

中国铁建房地产集团有限公司

【简况】　中国铁建房地产集团有限公司专门从事房地产投资与开发业务，具有房地产开发企业一级资质。主要经营房地产开发建设、商品房销售、物业管理，兼营房地产项目策划、信息咨询、技术开发以及相关建筑材料、机械电器设备等业务。集团公司总部驻北京市复兴路 40 号中国铁建大厦 B 座。2007 年 4 月 20 日，由中国铁建股份有限公司、中铁十二局集团有限公司、中铁建设集团有限公司和中铁第四勘察设计院集团有限公司共同出资组建中铁房地产开发有限公司，11 月 28 日更名为中铁房地产集团有限公司；2008 年 7 月，股份公司出资受让中铁十二局集团有限公司、中铁建设集团有限公司、中铁第四勘察设计院集团有限公司所持合计60%的股权，将中铁房地产集团有限公司变为股份公司的全资子公司；2008年8月18日、2011年8月18日，股份公司两次以自有资金向集团公司增资，将注册资本金由人民币5亿元增加至70亿元。2012年1月6日更名为中国铁建房地产集团有限公司。集团公司下辖中铁房地产集团长沙置业有限公司、徐州中铁房地产开发有限公司、贵州中泓房地产开发有限公司、长春中铁房地产开发有限公司、中铁地产(成都)开发有限公司、中铁房地产集团(广西)有限公司、中铁嘉业(北京)投资有限公司、湖南中盛嘉业房地产开发有限公司、中铁房地产集团合肥置业有限公司、北京第六大洲房地产开发有限公司、中铁房地产集团北京丰基置业有限公司、中铁房地产集团浙江京城投资有限公司、中铁房地产集团北京正达置业有限公司、中铁房地产集团(天津)置业有限公司、中铁房地产集团广州有限公司、中铁房地产集团四川有限公司、中铁房地产集团北京丰昊置业有限公司、中铁房地产集团(贵州)有限公司、中铁房地产集团宁波京城投资有限公司、中铁房地产集团武汉有限公司、中铁房地产集团北京顺捷金海置业有限公司、中铁建(北京)物业管理有限公司22家全资或控股子公司，上海、南京、大连、青岛4个筹备处。职工2017人。资产总额530.69亿元。其中，固定资产净值0.45亿元；流动资产528.58亿元。2012年新增计容积率建筑面积133.28万平方米。

2012年完成营业收入142.73亿元，实现利润24亿元、净利润17.32亿元，上缴税费13.87亿元，全员劳动生产率197.4万元/人年，在岗职工年人均收入9.95万元。国有资产保值增值率118.43%，净资产收益率17.22%，总资产报酬率4.73%，资产负债率80%。年内，集团公司被北京市石景山区人民政府评为2012年石景山区重点企业。 (张 帆)

【领导人员】

董事会

董事长	李 黎
副董事长	吴仕岩
外部董事	曾庆道
	吴太石
	束克欣
	王文英
	王连印
董事	赵红鹰
职工董事	易善健

监事会

监事会主席	陈建军
监事	洪 梅
	王 彪

经理层

总经理	吴仕岩
副总经理	赵红鹰
	易善健
	梅洪亮
	申 伟
	陈国芳(9月任)
总会计师	易善健(兼)
总法律顾问	赵福明

党群领导

党委书记	李 黎
党委副书记	吴仕岩
	陈建军
纪委书记	陈建军
工会主席	陈建军

(邓秋生)

【职工队伍】 截至2012年12月底，职工2017人。其中，硕士以上学历121人，占职工总数的5.74%；本科以上学历797人，占职工总数的37.83%；大专以上学历1458人，占职工总数的69.2%。职工平均年龄31.6岁。 (邓秋生)

【董事会工作】 (1)董事会组成。集团公司第一届董事会由9名董事组成，其中外部董事5名、职工董事1名。董事会下设战略与投资管理委员会、审计与风险管理委员会、提名委员会、薪酬与考核委员会4个专门委员会。(2)召开董事会会议。年内先后组织召开17次会议，其中正式会议2次，临时会议15次(含2次通讯表决的临时会议)，形成7类57项董事会决议。2012年审议形成的董事会决议中，土地37项，审议报告8项，建章立制1项，融资担保2项，人选聘任4项，对外投资2项，股权投资和股权收购3项。(3)召开专门委员会会议。年内组织召集会议8次。其中，审计与风险管理委员会会议4次；提名委员会会议2次；薪酬与考核委员会会议2次。(4)外部董事调研。年内组织第4个年度的外部董事调研工作。 (孙丽萍)

【经营管理】 企业管理。标准化建设。集团公司印发《关于贯彻落实2012年度集团公司标准化建设工作的通知》，明确标准化建设组织机构，提出年度标准化建设的指导思路，细化职能业务部门年度标准化重点工作；年内组织召开年度标准化建设推进会和管理提升及部门标准化成果汇报会。管理提升。集团公司开展管理提升活动,2012 年完成管理提升活动的第一阶段“全面启动、自我诊断阶段”,转入第二阶段“专项提升、协同推进阶段”。绩效考核。深化绩效管理,完善绩效考核体系,梳理优化项目公司目标绩效考核办法,构建有针对性的、全覆盖的考核体系。战略管理。对成都、天津、杭州、南宁、徐州 5 家公司提出具体发展指导意见;完善集团公司战略管理制度(讨论稿)。

成本管理。集团公司制定《项目公司成本管理工作评价管理办法》《工程结算管理办法》,并进行成本月报收集整理分析,动态监控项目公司成本变化。7 月增加每月对集团公司所属单位的成本、利润情况监测、分析。1 月 1 日,集团公司启用合同网上评审备案,规范合同签订行为。建设合同管理规范化,推行工程合同示范文本制度。建立成本数据库,编制企业内控成本指标。规范招标行为,通过招标有效降低开发成本。推进成本信息化建设,完成数据录入,实现合同评审备案和请款审核在线审批。

产品销售。2012 年受宏观形势和房地产调控影响,集团公司销售工作面临较大压力,全年实现销售认购金额 165.8 亿元,销售签约金额 160.85 亿元,销售签约面积 150.91 万平方米。

财务管理。狠抓资金管理不放松,资金管控能力稳步提升。进一步夯实业务预算,提高预算指标编制的科学性、合理性和可操作性;加强预算执行差异分析,认真剖析预算执行差异的原因。强化税务风险意识,深入把握财税政策,降低税负成本,规范涉税业务管理。加快财务信息化建设,年内集团公司所属 26 个核算单位全部纳入财务集中核算系统。建立健全财务监察制度,成立财务监察工作领导小组。成立集团公司产权登记工作领导小组,制定《中国铁建房地产集团有限公司产权登记工作实施方案》和“时间进度表”,为全集团产权管理工作奠定基础。

审计工作。2012 年完成审计项目 16 项,提交审计报告 13 份,提出审计建议 80 条,被采纳 80 条。其中,财务收支审计 1 项,提交审计报告 1 份,提出审计建议 10 条,被采纳 10 条;内部控制审计 2 项,提交审计报告 2 份,提出审计建议 21 条,被采纳 21 条;竣工项目审计 4 项,提交审计报告 4 份,提出审计建议 37 条,被采纳 37 条;后续审计 9 项,提交报告 6 份,提出审计建议 12 条,被采纳 12 条。

法律事务。2012 年,为集团公司出具土地获取方面的法律意见书 59 份,大大降低土地经营的决策风险。EAS 合同评审管理软件交付使用,实现合同集中管控,全年审核合同 2357 份,合同金额 200 余亿元。印发 2012 年法律事务管理和合同管理检查及内控与风险管理年度评价计划通知,对于所有发现的内控与合规缺陷,进行原因分析,并提出纠正建议和纠正时间。承担股份公司房地产专项风险研究工作,实现全面风险管理工作的成果落地转化。(王经纬　王巍巍　王奕　张亚　吴凌遥　谢涛　黄炳蔚)

【土地储备】 2012 年,集团公司获取的项目用地:

(1)北京市房山区房山线长阳西站 5 号地块　中铁房地产北京正达置业有限公司于 2012 年 7 月 20 日以起始价 78090 万元竞得北京市房山区长阳西站 5 号地居住、商业金融用地项目国有建设用地使用权。项目用地位于北京市房山区长阳镇。用地性质为二类居住、商业金融、中学、中小学合校、托幼用地,土地总面积 299902 平方米,其中建设用地面积 138104 平方米;计容建筑面积 214452 平方米,包含中学、中小学合校、托幼用地 59092 平方米。2011 年 12 月 2 日,北京市国土资源局发布公告,以挂牌方式出让该地块。

(2)湖北省长沙市岳麓区梅溪湖 B－30、31、32 地块　中铁房地产集团长沙置业有限公司于 2012 年 10 月 16 日以起始价 118386 万元竞得长沙市岳麓区梅溪湖 B－30、31、32 地块国有建设用地使用权。项目用地位于湖南省长沙市大河西先导区核心区内的梅溪湖片区。用地性质为商业住宅用地,土地总面积 158227 平方米,其中建设用地面积 155937 平方米;计容建筑面积 591927 平方米。9 月 11 日,长沙市国土资源交易中心发布公告,以挂牌方式出让该地块。

(3)上海宝山顾村镇宝安公路北侧 1 号地块　集团公司于 2012 年 11 月 23 日以总价 96200 万元竞得上海宝山顾村镇宝安公路北侧 1 号地块国有建设用地使用权。项目用地位于上海市宝山区顾村镇。用地性质为居住,建设用地面积 76807.2 平方米,计容建筑面积 115210.8 平方米。10 月 17 日,上海市规划与国土资源管理局发布公告,以挂牌方式出让该地块,挂牌起始价 80648 万元。

(4)杭州江干区普福区 R21－03 地块　集团公司于 2012 年 11 月 27 日以总价 45850 万元竞得杭州江干区普福区 R21－03 地块国有建设用地使用权。项目用地位于浙江省杭州市江干普福区。用地性质为住宅,建设用地面积 21257 平方米,计容建筑面积 51017 平方米。10 月 26 日,杭州市国土资源局发布公告,以挂牌方式出让该地块,挂牌起始价 37753 万元。

(5)北京市中关村科技园昌平园东区二期 0303－04 地块　集团公司于 2012 年 12 月 11 日以总价 80000 万元、配建 35000 平方米公租房竞得北京中关村科技园昌平园东区二期 0303－04 地块国有建设用地使用权。项目用地位于北京市昌平区南邵镇。用地性质为住宅混合公建,建设用地面积 76854 平方米;计容建筑面积169079平方米，其中商业用房33815.8平方米、回迁安置房50000平方米。11月7日，北京市国土资源局发布公告，以挂牌方式出让该地块。

（6）徐州新城区A3－3、4地块　徐州中铁房地产开发有限公司于2012年12月14日以33100万元竞得徐州新城区A3－3、4地块国有建设用地使用权。项目用地位于江苏省徐州市新城区大龙湖景区北。用地性质为住宅。可出让用地面积86916平方米，A3－3、4地块计容建筑面积153978万平方米，其中A3－4地块内须配建6000平方米基层社区综合用房，与住宅同步建设、同步竣工，建成后产权无偿移交新城区管委会指定机构。11月22日，徐州市国土资源局发布公告，以挂牌方式出让该地块，挂牌起始价26000万元。

（7）杭州萧山经济开发区萧政储出（2012）19号地块　集团公司于2012年12月21日以起始价84912万元竞得杭州萧山经济开发区萧政储出（2012）19号地块国有建设用地使用权。项目用地位于浙江省杭州市开发区市北西部区。用地性质为住宅，建设用地面积51640平方米，计容建筑面积113608平方米。11月22日，杭州市萧山区招投标交易中心发布公告，以挂牌方式出让该地块。（陈友根）

【项目建设】　中国铁建·长沙山语城　由中铁房地产集团长沙置业有限公司开发，位于湖南省长沙市开福区。宗地面积44.6万平方米（669亩），总建筑面积91.1万平方米，可销售面积74万平方米。以普通住宅为主，有少量别墅，基本生活配套有小学、幼儿园，项目于2007年1月开工，分三期开发，计划2013年全部开发完成。

中国铁建·徐州龙域中央　由徐州中铁房地产开发有限公司开发，位于江苏省徐州市新城区，宗地面积28.6万平方米（429亩），总建筑面积66万平方米，可销售面积54万平方米。以普通住宅为主，有少量生活配套，项目于2008年4月开工，分“人才家园”和“未来城”两期开发。其中，“人才家园”40.4万平方米，于2009年底交房；“未来城”24.9万平方米，于2011年交房。

中国铁建·贵阳国际城　由贵州中泓房地产开发有限公司开发，位于贵州省贵阳市南明区。宗地面积93.33万平方米（1400亩），总建筑面积225.3万平方米，可销售面积180万平方米。产品形式以普通高层住宅为主，有少量联排别墅，商业酒店配套齐全。项目分四期开发。一、二期基本完成，三、四期计划2013年开工。

中国铁建·长春国际花园　由长春中铁房地产开发有限公司开发，位于吉林省长春市汽车产业开发区。宗地面积27.47万平方米（412亩），总建筑面积56.3万平方米，可销售面积46万平方米。产品形式以多层电梯住宅、普通高层住宅为主，周边商业配套。项目于2008年9月开工，分四期开发。一期16.8万平方米于2010年交付，二期15.3万平方米小高层于2012年底交付，三、四期计划2013年开工。

中国铁建·北京原香小镇　由中铁嘉业（北京）投资有限公司开发，位于北京市房山区长阳镇。宗地面积2.45万平方米（36.75亩），总建筑面积22.4万平方米，可销售面积17万平方米。产品形式为住宅。项目于2009年11月开工，2011年3月竣工，已交付使用。

中国铁建·成都国际城　由中铁地产（成都）开发有限公司开发，位于四川省成都市龙泉驿区。宗地面积30.73万平方米（461亩），总建筑面积126.5万平方米，可销售面积95万平方米。产品形式以高容积率高层住宅为主，配套两所幼儿园。项目于2009年10月开工，分国际城和国际城Ⅱ开发。国际城一期移交物业，国际城二期竣工验收完成；国际城三期处于前期手续准备阶段，计划2013年5月开工。国际城Ⅱ完成竣工验收。

中国铁建·南宁凤岭山语城　由中铁房地产集团（广西）有限公司开发，位于广西壮族自治区南宁市青秀区凤岭镇。宗地面积17.33万平方米（260亩），总建筑面积42.9万平方米，可销售面积33万平方米。产品形式以花园洋房和高层住宅为主，配套商业、幼儿园、小学。项目于2009年6月开工，分三期开发，2012年底全部交房。

中国铁建·长沙国际城　由湖南中盛嘉业房地产开发有限公司开发，位于湖南省长沙市星沙。宗地面积45.67万平方米（685亩），总建筑面积120万平方米，可销售面积110万平方米。产品形式以高层普通住宅为主，配套商业、幼儿园、小学。项目于2009年12月开工，分两期开发。一期竣工交付，二期计划2013年底全部完成。

中国铁建·合肥国际城　由中铁房地产集团合肥置业有限公司开发，位于安徽省合肥市庐阳区。宗地面积55.87万平方米（838亩），总建筑面积164万平方米，可销售面积138万平方米。产品形式以高层普通住宅为主，少量别墅，配套商业，有星级酒店、中学、小学、幼儿园。项目于2009年5月开工，分三期开发。其中，一期：旭园、广园、瑞园；二期：德园、和畅园、桂园；三期：品园。一期全部竣工；二期德园竣工，和畅园、桂园处于装修施工阶段，计划2013年11月竣工交付；三期计划2013年9月20日取得施工许可证，2014年底竣工。

中国铁建·北京国际城　由北京第六大洲房地产开发有限公司开发,位于北京市朝阳区来广营乡。宗地面积19.6万平方米(294亩),总建筑面积81.4万平方米,可销售面积61万平方米。产品形式以高层普通住宅、花园洋房为主,配套商业办公。项目于2009年11月开工,分四期开发。一、二期交付;三期计划2013年12月30日竣工;四期计划2013年2月开工。

中国铁建·北京青秀城　由中铁房地产集团北京丰基置业有限公司开发,位于北京市丰台区黄土岗。宗地面积20.87万平方米(313亩),总建筑面积31万平方米,可销售面积25万平方米。产品形式为12万平方米保障性住宅和13万平方米花园洋房,配套少量公建,包括幼儿园、托老所。项目于2010年11月一次性整体开发,2012年9月交付使用。

中国铁建·杭州国际城　由中铁房地产集团浙江京城投资有限公司开发,位于浙江省杭州市拱墅区。宗地面积9.87万平方米(148亩),总建筑面积36.4万平方米,可销售面积27万平方米。产品形式以高档住宅、商业办公为主。项目于2011年3月开工,分三期开发,一期结构封顶;二期2012年10月开工建设。

中国铁建·成都西派国际　由中铁房地产四川有限公司开发,位于四川省成都市高新区。宗地面积10.13万平方米(152亩),总建筑面积30.7万平方米,可销售面积24万平方米。产品形式为普通住宅及配套商业。项目于2011年3月开工,分三期开发。一期主体完成,二期计划2013年上半年开工。

中国铁建·成都青秀城　由中铁房地产集团四川有限公司开发,位于四川省成都市成华区。宗地面积8万平方米(120亩),总建筑面积26万平方米,可销售面积19万平方米。产品形态为普通住宅及配套商业、幼儿园。项目于2011年5月整体性一次开发,2012年底竣工交付。

中国铁建·北京长阳国际城　中铁房地产北京正达置业有限公司开发,位于北京市房山区。宗地面积16.6万平方米(249亩),总建筑面积29.64万平方米,可销售面积24万平方米。产品形式以普通高层住宅为主,配套文化娱乐设施、托幼。项目于2011年1月整体性一次开发,2012年8月竣工交付。

中国铁建·广州荔湾国际城　由中铁房地产集团广州有限公司开发,位于广东省广州市荔湾区。宗地面积6.53万平方米(98亩),总建筑面积24.9万平方米,可销售面积18万平方米。产品形式以高层精装修住宅为主,配套幼儿园,分两期开发。一期2011年3月开工,计划2013年竣工交付;二期2011年6月开工。

中国铁建·天津国际城　由中铁房地产集团(天津)置业有限公司开发,位于天津市河北区。宗地面积25.2万平方米(378亩),总建筑面积107.3万平方米,可销售面积87万平方米。产品形式为普通住宅、酒店写字楼。项目于2010年6月开工,分四期开发。一期计划2013年10月竣工交付;二期计划2013年7月30日取得施工许可证。

中国铁建·北京原香漫谷　由中铁嘉业(北京)投资有限公司开发,位于北京市房山区城关镇。宗地面积24.47万平方米(367亩),总建筑面积43万平方米,可销售面积34万平方米。产品形式为住宅及公建。项目分三期开发。一期除10号楼外封顶;二期计划2013年9月取得施工许可手续。

中国铁建·北京山语城　由中铁房地产集团北京丰昊置业有限公司开发,位于北京市丰台区。宗地面积35万平方米(525亩),总建筑面积32.6万平方米,可销售面积26.9万平方米。产品形式为普通住宅、限价房及配套商业、幼儿园,项目分两期开发。一期工程竣工备案,二期计划2013年3月开工。

中国铁建·贵阳兰草坝(暂定)　由中铁房地产集团(贵州)有限公司开发,位于贵州省贵阳市。宗地面积24.73万平方米(371亩),总建筑面积58.9万平方米,可销售面积285.9万平方米。产品形式为住宅及配套商业。项目处于前期准备阶段。

中国铁建·宁波山语城　由中铁房地产集团宁波京城投资有限公司开发,位于浙江省宁波市象山县。宗地面积13.27万平方米(199亩),总建筑面积20万平方米,可销售面积15万平方米。产品形式为住宅及配套商业。项目分两期开发,现处于前期准备阶段。

中国铁建·武汉国际城　由中铁房地产集团武汉有限公司开发,位于湖北省武汉市。宗地面积68.47万平方米(1027亩),总建筑面积47.8万平方米,可销售面积39万平方米。产品形式为住宅及配套商业,项目分三期开发。一期正在结构施工,二期计划2013年9月30日取得施工许可手续。

中国铁建·北京梧桐苑　由中铁房地产集团北京顺捷金海置业有限公司开发,位于北京市门头沟区。宗地面积19.2万平方米(288亩),总建筑面积46.8万平方米,可销售面积38万平方米。产品形式为住宅混合公建。2012年底主体封顶。

中国铁建·上海青秀城　由中铁房地产集团上海置业有限公司开发,位于上海市宝山区。宗地面积7.67万平方米(115亩),总建筑面积15.56万平方米,可销售面积11.52万平方米。产品形式为住宅及配套商业。项目处于前期准备阶段,计划2013年10月开工。

中国铁建·梅溪青秀　由中铁房地产集团长沙置

业有限公司开发,位于湖南省长沙市。宗地面积15.8万平方米(237亩),总建筑面积68.92万平方米,地上面积59.2万平方米。产品形式为住宅及配套商业。项目分三期开发,计划2013年5月开工建设,2017年4月交房。

中国铁建·北京国际花园　由中铁房地产集团长沙置业有限公司开发。宗地面积29.9万平方米(449亩),总建筑面积19.15万平方米,地上面积15.95万平方米。产品形式为住宅及配套商业。项目整体性一次开发,计划2013年3月16日开工建设,2014年11月16日交房。(郭　强)

【党群工作】　党的工作。(1)集团公司领导班子建设。强化本级班子思想政治工作,集团公司党委召开5次中心组学习,按《党委议事规则》召开10次党委会,集体研究决策干部人事、组织建设等重大问题。加强二级单位领导班子建设,明确二级单位领导班子的职数和人员组成,落实二级班子的谈话谈心、民主生活会、中心组学习等制度,制定二级单位争创“四好领导班子”实施办法,加强二级单位主管领导的能力建设。(2)基层组织建设。2012年组建党支部4个,7个党支部进行换届,各支部配齐党群工作专员。年内,新发展党员8名,按期转正10名,接转组织关系45名,集团公司现有党员204名;13个支部修订制度,17个支部建立“三重一大”等制度;集团公司党委将创先争优活动中好的做法以制度形式确定下来,形成6项长效机制。(3)对外宣传和企业文化建设。制定《集团公司信息宣传管理办法》,对各单位宣传工作进行评比。加强集团公司外网中铁地产的宣传力度,全年刊出稿件46篇;在《中国铁道建筑报》集中报道集团公司稿件8篇。梳理形成国际城、山语城、青秀城、西派国际、原香小镇、梧桐苑6个产品品牌系列,制定产品宣传语及产品标识。制作集团公司新的宣传片。(4)纪检监察工作。集团公司召开党风建设和反腐倡廉工作会议,会上集团公司党委与所属单位党政主管签订党风廉政建设责任书。加强反腐倡廉教育,开展“五个一”廉洁教育活动,举办反腐倡廉视频报告会。建立《领导干部问责制》《党风廉政建设责任制考核暂行办法》《贯彻落实“三重一大”决策制度实施办法》《审计发现问题处罚办法》等制度。开展巡视检查工作,对部分单位党风廉政建设工作情况进行考核。(5)充分发挥工会职能,促进企业和谐稳定。召开集团公司工代会,选举产生集团公司第二届工会委员会和经费审查委员会。4个单位组建工会,7个单位进行换届。制定《集团公司基层工会员工大会工作程序及规定》等制度,开展工资平等协商,落实“三不让”承诺。(6)规范干部管理、人才管理机制。2012年进一步规范选拔任用程序,集团公司机关14名工作人员被提拔为部门副职。通过竞争上岗方式,选聘补齐北京顺捷金海置业公司的领导班子。集团公司党委召开4次党委会研究总部机关、项目公司、物业公司77人次干部任免,提拔使用干部22人。有计划地采取培养“子弟兵”等方式加快人才队伍建设,接收44名二级公司推荐的员工档案。正式启动大规模校园招聘,年内招聘重点院校毕业生54名。全年引进人才821人,基本满足集团公司发展需要。(王球璐)

【中铁房地产集团长沙置业有限公司】　房地产开发二级资质企业。公司驻湖南省长沙市开福区秀峰路69号。2007年4月9日,由中铁房地产开发有限公司和北京摩达斯投资有限公司联合出资成立;2009年12月28日,股份公司下达《关于中铁房地产集团有限公司收购长沙市大联实业发展有限公司49%股权》的批复,同意收购北京摩达斯投资有限公司持有公司的49%股权;2010年10月,公司由长沙市大联实业发展有限公司更名为中铁房地产集团长沙置业有限公司。执行董事、总经理、党支部书记赵力。职工50人,其中专业技术人员18人。

2012年完成销售额2.78亿元,回款2.72亿元,实现营业收入3.41亿元。完成企业总产值34098万元,实现利润5898万元。人均创利117.96万元,职工年人均收入83685.04元。国有资产保值增值率113.69%,净资产收益率13.14%,产值利润率18.8%,资产负债率85.63%。(何润滋　陈丽湘　邹祎霞)

【徐州中铁房地产开发有限公司】　房地产开发二级资质企业。公司驻浙江省徐州市新城区中国铁建未来城营销中心3楼。2007年8月成立,2011年6月接管集团公司南京筹备处。执行董事、总经理田巍。职工55人,其中专业技术人员48人。

2012年完成企业总产值41053万元,实现利润5670万元。全员劳动生产率746万元/人年,人均创利103万元。职工年人均收入14.3万元。国有资产保值增值率192%,净资产收益率34%,产值利润率14%,应上缴款完成率174%。(陈媛媛　郭向东)

【贵州中泓房地产开发有限公司】　房地产开发四级资质企业。公司驻贵州省贵阳市南明区太慈桥车水路11号。2007年9月28日,由中铁房地产开发有限公司和北京东和嘉业房地产开发有限公司联合出资成立;2012年5月,集团公司控股100%。执行董事吴宏晋,党支部书记兼副总经理邬传荣,总经理侯思军。职工118人，其中专业技术人员29人。资产总额450477.61万元。其中，固定资产净值110.76万元；流动资产450364万元；其他资产2.85万元。

2012年完成销售额4.23亿元，回款3.13亿元，完成企业总产值44820万元，实现利润319.1万元。全员劳动生产率393.1万元/人年，人均创利2.7万元。职工年人均收入13.2万元。国有资产保值增值率101.8%，净资产收益率1.91%，产值利润率0.7%，投资回报率0.18%，资产负债率96.24%。年内，公司开发的中国铁建·国际城项目被搜房网评为2012年度中国·贵阳房地产网络人气榜贵阳市十大人气好楼盘。（蔡政 罗强 李灿）

【长春中铁房地产开发有限公司】 房地产开发三级资质企业。公司驻吉林省长春市汽车经济技术开发区长沈路2488号。2007年11月，由中铁房地产开发有限公司和中铁十三局集团有限公司联合出资设立，注册资本金2000万元，公司出资1020万元，出资比例为51%。董事长赵红鹰，总经理赵洪军。职工37人，其中专业技术人员24人。资产总额62982万元。其中，固定资产净值42万元；流动资产62940万元。

2012年完成企业总产值48938万元，实现利润11507万元。全员劳动生产率1323万元/人年，人均创利311万元。职工年人均收入12万元。国有资产保值增值率241.71%，净资产收益率107.81%，产值利润率23.51%，资产负债率82.02%，应上缴款完成率76.88%。全年销售住宅405套、车位36个，销售面积4.22万平方米，销售收入25480万元，回款23532万元。年内，公司被评为长春市房地产诚信企业。

（路明）

【中铁地产(成都)开发有限公司】 房地产开发三级资质企业。公司驻四川省成都市高新区锦城大道1288号。2008年1月14日成立。执行董事、总经理李兴龙，党支部书记钟昌华。职工79人，其中专业技术人员27人。

2012年完成企业总产值133066.68万元，实现利润23944.27万元、净利润17958.2万元。人均创利310.97万元，职工年人均收入11.45万元。国有资产保值增值率157.57%，净资产收益率134.13%，产值利润率17.99%，资产负债率91.99%。

（许文诗 文世伟 李根）

【中铁房地产集团(广西)有限公司】 房地产开发二级资质企业。公司驻广西壮族自治区南宁市青秀区金湖路63号金源CBD现代城17楼C座。2008年1月25日成立。执行董事、总经理林凤臣，党支部书记邓长斌。职工43人。资产总额75533.25万元。

2012年商品房销售102662.62万元，销售面积119348.44平方米，实现利润28265.03万元、净利润21258.16万元，毛利率39.43%。年内，公司开发的南宁中国铁建·凤岭山语城项目被评为2012年创新户型楼盘。（全黎清 黄思媛）

【中铁嘉业(北京)投资有限公司】 房地产开发三级资质企业。公司驻北京市房山区广阳大街1号。2008年1月29日成立。执行董事、党支部书记、总经理钟金东。资产总额185268万元。其中，固定资产净值73万元；流动资产185195万元。职工43人，其中专业技术人员16人。

2012年完成企业总产值10988万元。资产负债率98.75%。年内，公司开发的中国铁建·原香小镇项目完成销售额12296.36万元，销售面积9298.49平方米。中国铁建·原香漫谷项目全年签约面积7643平方米，销售收入6930.62万元，并获2012年北京秋季房地产展示交易会最值得关注新楼盘称号。

（崔玉龙 张福强 朱卫华）

【湖南中盛嘉业房地产开发有限公司】 房地产开发二级资质企业。公司驻湖南省长沙经济技术开发区漓湘路与东六线交汇处中国铁建·国际城售楼部二楼。系中铁房地产集团有限公司与长沙经济技术开发有限公司成立的合资子公司。公司前身为湖南星沙国际物流有限公司，2003年9月4日成立，注册资本1亿元。湖南省星沙实业发展有限公司占51%股份，长沙经济技术开发有限公司占49%股份。2008年1月11日，集团公司通过股权受让方式获得原公司控股方湖南省星沙实业发展有限公司51%股份；12月16日，湖南星沙国际物流园有限公司更名为湖南中盛嘉业房地产开发有限公司。董事长易善健，总经理兼党支部书记孙驿杰。职工45人，其中专业技术人员24人。

2012年，公司开发的长沙中国铁建·国际城项目被评为年度长沙最具人气好楼盘。（曹炼）

【中铁房地产集团合肥置业有限公司】 房地产开发三级资质企业。公司驻安徽省合肥市庐阳区桃源路99号。执行董事、总经理铁铮，党支部书记阮宏毅。职工71人，其中专业技术人员31人。资产总额274032万元。其中，固定资产净值863万元；流动资产272270万元。

2012年完成销售额130110万元，实现利润29614万元。全员劳动生产率1832万元/人年，人均创利417

万元。国有资产保值增值率110.62%,净资产收益率86.8%,产值利润率22.76%,投资回报率21.01%,应上缴款完成率100%,资产负债率90.19%。年内,公司开发的合肥中国铁建·国际城德园1号、2号、4号、6号、8号楼和桂园3号、4号、5号楼获合肥市优质工程结构奖,广园1号、2号、3号、20号楼和国际城中学综合楼获合肥市建筑工程琥珀杯奖,旭园被评为合肥市物业管理示范住宅小区。（王海溶　陈　慈）

【北京第六大洲房地产开发有限公司】 房地产开发四级资质企业。公司驻北京市朝阳区来广营乡新生大队西侧。2008年8月26日成立。执行董事侯加海,总经理兼党支部书记宫良国。职工65人。资产总额397083万元。其中,流动资产391166万元;非流动资产5917万元。

2012年完成企业总产值21.36亿元,实现利润7亿元、净利润5.25亿元。人均创利0.11亿元。国有资产保值增值率199.4%,净资产收益率86.49%,产值利润率32.78%,资产负债率82.74%。

（栾翔宇　雷　明　于亚迪）

【中铁房地产集团北京丰基置业有限公司】 房地产开发四级资质企业。公司驻北京市丰台区西四环南路101号丰台科技园创新大厦6层。2010年2月3日成立。执行董事兼总经理徐茂义,党支部书记阙方明。职工43人,其中专业技术人员18人。资产总额223741万元。其中,固定资产净值139万元;流动资产223457万元;其他资产145万元。

2012年完成企业总产值72493万元,实现利润40828万元。人均创利510万元。国有资产保值增值率120.06%,净资产收益率94.48%,产值利润率56.32%,投资回报率11.53%,资产负债率62.6%。年内,公司开发的北京中国铁建·青秀城被搜狐焦点授予2012最值得期待楼盘称号,室外园林、绿化、景观工程第2标段被北京市园林绿化企业协会评为年度优质工程。（闵　容　朱玉波　赵小磊　张　倩）

【中铁房地产集团浙江京城投资有限公司】 房地产开发暂定资质企业。公司驻浙江省杭州市拱墅区湖州街150号5楼。2010年3月30日成立。法定代表人马建军。职工61人,其中专业技术人员21人。资产总额404109万元。其中,固定资产687万元;流动资产402601万元;其他资产1508万元。

2012年,公司开发的杭州中国铁建·国际城项目获浙江省优秀园林工程金奖。（龚洪晞　章敏玲）

【中铁房地产集团北京正达置业有限公司】 房地产开发暂定资质企业。公司驻北京市房山区长阳镇张家场村。2010年6月成立。执行董事、总经理王晓飞。职工46人,其中专业技术人员25人。资产总额120893.7万元。其中,流动资产120475.35万元;非流动资产418.35万元。

2012年完成企业总产值272913万元,实现利润25199.46万元、净利润18868.56万元。职工年人均收入13.6万元。资产负债率83%,净资产收益率31%。年内,公司获长阳镇人民政府颁发的2012年度经济发展突出贡献奖。（张馨月　刘全昌　封　净）

【中铁房地产集团(天津)置业有限公司】 房地产开发四级资质企业。公司驻天津市河北区金钟河大街与月牙河交口北侧中国铁建·国际城销售展示中心北区。法定代表人、执行董事、总经理任望东,党支部书记张同兴。职工57人,其中专业技术人员30人。资产总额580953万元。其中,固定资产176万元;流动资产580143万元。

2012年,公司开发的中国铁建·国际城一期诗景颂苑项目被评为天津市农民工管理示范工程,12栋楼获天津市建筑工程结构海河杯奖,中国铁建·国际城项目获第九届中国房地产网络2012年度人气好楼、责任地产大奖及中国城市商业新地标——金地标奖。

（何　蕙　李映湘　李远林）

【中铁房地产集团广州有限公司】 房地产开发暂定资质企业。公司驻广东省广州市荔湾区康王中路486号和业广场1703室。2010年7月28日成立。执行董事彭长城,总经理李剑。职工45人,其中专业技术人员23人。资产总额243359万元。

2012年完成投资4.1亿元,销售回款12.1亿元,实现利润-1425万元。人均创利-44.2万元,职工年人均收入13.4万元。国有资产保值增值率53.32%,净资产收益率-60.89%,资产负债率99.33%。年内,公司开发的中国铁建·荔湾国际城项目被网易邮箱用户置业信心榜评为最具置业信心楼盘,获新浪乐居、中国房地产测评中心、中房网颁发的2012中国人居生态华宅奖,被广州市房地产行业协会评为2012年广州十大宜居楼盘,被《南方都市报》评为十一金牌户型楼盘,被网易房产、广东省地产商会评为2012年度中国地产冠军榜最佳人居经典楼盘。公司被评为广州房地产阳光企业,获搜房网第九届中国房地产网络人气榜2012年度广州购房者最信赖品牌房企。

（禹于鹏　崔　敏　邓　丽）

【中铁房地产集团四川有限公司】 房地产开发三级资质企业。公司驻四川省成都市成华区昭觉寺横路19号。2010年6月3日成立。执行董事、总经理李兴龙，党支部书记钟昌华。职工64人，其中专业技术人员34人。资产总额295622.03万元。其中，固定资产净值318.25万元；流动资产295303.77万元。

2012年完成企业总产值41087.39万元。国有资产保值增值率95%，资产负债率97%。年内，公司开发的中国铁建·西派国际项目被搜狐焦点评为中国地产新视角·城市豪宅标杆物业，获2012年中国价值高端杰作奖，被新浪、百度评为2012年度最受期待楼盘；公司获第十届金芙蓉杯（2012）成都房地产年度企业金奖，被新浪乐居评为2012年度最具影响力房企。

（许文诗　李　亮）

【中铁房地产集团北京丰昊置业有限公司】 房地产开发暂定资质企业。公司驻北京市丰台区王佐镇西王佐村293号。2011年1月17日成立。法人代表代春利。职工37人，其中专业技术人员37人。

2012年完成销售额4.74亿元，销售面积2.84万平方米，回款6.16亿元，实现营业收入7.69亿元，实现利润11516.58万元、净利润8637.43万元。资产负债率95.24%。年内，公司开发的中国铁建·山语城项目被搜狐焦点评为实力地产品牌、最佳口碑楼盘、最具潜力楼盘、最具区域价值楼盘，被新浪乐居评为北京地区最佳宜居楼盘，被搜房网评为最具潜力好楼盘TOP10、2012中国宜居示范楼盘。（路　鑫　孟泓洁）

【中铁房地产集团（贵州）有限公司】 房地产开发暂定资质企业。公司驻贵州省贵阳市南明区太慈桥车水路11号。2010年4月19日成立。执行董事吴宏晋，党支部书记邬传荣，总经理侯思军。资产总额45248.77万元。其中，固定资产净值0.65万元；流动资产45228.42万元；其他资产19.7万元。

2012年，国有资产保值增值率99.16%，资产负债率89.08%。　（李　灿）

【中铁房地产集团宁波京城投资有限公司】 房地产开发暂定资质企业。公司驻浙江省宁波市象山县丹阳路558号财富中心2403室。2011年8月1日成立。执行董事马建军，总经理杨四龙。职工30人。资产总额28595万元。其中，固定资产净值129万元；流动资产28292万元；非流动资产174万元。

2012年完成企业总产值108万元。国有资产保值增值率93.74%，资产负债率93.4%，应上缴款完成率100 %。（陈筱红）

【中铁房地产集团武汉有限公司】 房地产开发企业暂定资质。公司驻湖北省武汉市汉阳区墨水湖北路特5号。2011年9月15日，集团公司与中铁第四勘察设计院集团房地产开发有限公司联合出资成立。董事长、总经理、党支部书记戴定财。职工40人，其中专业技术人员18人。资产总额50104.07万元。其中，固定资产净值143.03万元；流动资产49878.96万元。

2012年，国有资产保值增值率95.06%，净资产收益率－5.19%，资产负债率90.55%。年内，公司开发的武汉中国铁建·国际城项目被评为最值得期待楼盘、城市中心最佳宜居楼盘、武汉房地产期待楼盘、武汉房地产城市中心最具魅力楼盘。（刘　锋　张雄伟）

【中铁房地产集团北京顺捷金海置业有限公司】 房地产开发暂定资质企业。公司驻北京市门头沟区永定镇东辛秤村梧桐苑项目工地。2011年10月20日成立。执行董事、总经理柳金平。职工43人，其中专业技术人员13人。资产总额231529.45万元。其中，流动资产231465.46万元；非流动资产63.99万元。

2012年完成销售额395488.76万元，回款267709.52万元，实行利润－1532.26万元、净利润－1152.64万元。净资产收益率－82.01%，资产负债率99.77%。　（刘辰燕　邢可书）

【中铁建（北京）物业管理有限公司】 物业管理二级资质企业，为集团公司所属各城市房地产公司开发楼盘业主提供物业服务。公司驻北京市石景山区阜石路166号泽洋大厦1606室。2012年8月23日，中铁建（北京）商务管理有限公司股权划转集团公司，资本金增至2000万元人民币。执行董事、书记侯加海，总经理郑甘家。下辖北京、房山、长春、天津、保定、武汉、长沙、合肥、贵阳、成都、广州、南宁12家物业分公司。职工957人，其中专业技术人员76人。　（黄　懿）

【中国铁建房地产集团上海筹备处】 驻上海市闸北区恒丰路218号24楼。2011年2月成立，负责上海市场的土地经营工作。筹备处主任倪杰。职工6人。

按照股份公司2012年房地产工作会议确定的“房地产项目区域布局必须以长三角、珠三角、环渤海三大经济圈发达城市为依托，以直辖市、省会城市和经济发达的中等城市为重点，合理进行房地产项目的区域布局，近期的重点是适当加大对华东、华南和其他区域重点城市的投资力度，上海和广州作为区域核心城市引领整个区域发展”的要求，11月23日，集团公司以9.62亿元竞得上海市宝山区顾村镇宝安公路北侧1号地块。

（王旻敏）

【中国铁建房地产集团青岛筹备处】 驻山东省青岛市崂山区海尔路61号天宝国际2-512室。筹备处主任徐莹灏。职工5人。

2012年,根据集团公司战略布局调整工作方向,将土地经营工作重点调至青岛市市内四区,加强与青岛市市内四区政府的沟通。年内促成四方区政府领导先后两次拜访集团公司,并与集团公司签署战略合作协议,拓宽土地经营工作范围,为集团公司立足青岛市内奠定基础。 (许赛臣)

【中国铁建房地产集团大连筹备处】 驻辽宁省大连市沙河口区会展路百年汇C座2-111D。2011年7月成立。按照集团公司"十二五"战略规划,以大连为中心,面向辽中南城市开展土地经营工作。负责人高继红。职工8人。

2012年深入调研大连、沈阳两座城市的土地开发情况,研究可发展区域及定点项目,完成有效土地信息储备11宗。 (高菲菲)

【中国铁建房地产集团南京筹备处】 驻江苏省南京市白下区中山东路300号长发中心CFCB栋1106室。2010年11月成立,暂由徐州房地产开发有限公司代为管理。副总经理张晨光。职工6人。

2012年根据集团公司战略发展要求及现状,深入调研南京房地产市场及土地出让情况。12月14日,集团公司以3.31亿元取得新城区A3-3、4地块的土地开发权。 (赵晓辉 王秋雯)

【重要记载】

▲1月6日 集团公司名称由中铁房地产集团有限公司变更为中国铁建房地产集团有限公司。

▲1月9~10日 集团公司一届三次职工代表大会暨2012年工作会议、党风廉政建设工作会议在北京召开。

▲1月11日 集团公司召开2012年物业管理工作思路专题座谈会。

▲2月19日 股份公司总裁赵广发、副总裁张宗言,集团公司总经理吴仕岩一行,在成都公司总经理李兴龙陪同下会见四川省省委常委、成都市市委书记黄新初。双方就成都市交通基础设施建设等领域开展合作进行会谈,并达成广泛共识。

▲2月27日 股份公司副总裁范德在集团公司总经理吴仕岩陪同下视察北京中国铁建·山语城项目。

▲3月15日 国务院监事会主席李克在股份公司副总裁、总会计师兼总法律顾问庄尚标陪同下到成都公司调研。

▲4月24日 集团公司召开第一届董事会2012年度第三次临时会议,审议通过物业公司法人治理结构人选的议案。

▲5月11日 经中国房地产业协会和中国房地产研究会核准,集团公司被认定为AAA级信用企业。

▲5月29日 股份公司副总裁张宗言在集团公司总经理吴仕岩陪同下,视察合肥中国铁建·国际城项目。

▲6月6日 股份公司副董事长、党委副书记、工会主席彭树贵带领由股份公司董事会秘书局、党委办公室、干部部、组织部、工会五个部门组成的调研组,到北京第六大洲公司中国铁建·北京国际城项目调研。

▲7月10日 集团公司以起始价78090万元竞得北京市房山区房山线长阳西站5号地块。

▲7月17日 在股份公司董事长孟凤朝和青岛市市长张新起的见证下,集团公司与四方区政府签订战略合作框架协议。

▲7月30日 国务院中央督查组到集团公司北京中国铁建·梧桐苑项目检查指导。

▲10月10日 集团公司以起始价118386万元竞得湖南省长沙市岳麓区梅溪湖B-30、31、32地块。

▲10月19日 集团公司以总价21500万元、30700万元分别竞得江苏省徐州市新城区体育场南Q4-4、Q5-1两个地块。

▲11月23日 集团公司以总价45850万元竞得浙江省杭州市杭政储出(2012)53号地块。

▲12月11日 集团公司以总价8亿元、配建35000平方米公租房竞得北京市中关村科技园昌平园东区二期0303-04地块。

▲12月14日 集团公司以总价33100万元竞得江苏省徐州市新城区A3-3、4地块。

▲12月21日 集团公司以总价84922万元竞得浙江省杭州市萧山区萧政储出(2012)19号地块。

(张 帆)

中铁第一勘察设计院集团有限公司

【简况】 中铁第一勘察设计院集团有限公司(以下简称铁一院)是国家大型综合性勘察设计单位,持有国家颁发的工程勘察、设计、咨询、建设监理、造价咨询，地质灾害评估、灾害防治、勘查、设计、施工，环境影响评价和测绘等21项甲级资质证书；拥有国家批准的对外经济技术经营合作权。主要经营铁路、轨道交通、公路、市政、建筑等行业中的工程勘察、工程设计、工程监理、工程项目管理与评估咨询、工程总承包、岩土工程治理、环境影响评价和对外经济技术合作等项目。前身为铁道部设计局西北设计分局，1953年1月1日成立；1956年1月扩建改称铁道部设计总局第一设计院，1958年更名为铁道部第一设计院；2001年由事业单位改为科技型企业，改称铁道第一勘察设计院；2003年由铁道部划归中国铁道建筑总公司管理，2007年7月4日企业改制改称现名。1995年在全国大型综合性甲级勘察设计单位中第一个通过ISO9001质量体系认证；2008年在全行业首批取得住房和城乡建设部颁发的工程设计综合甲级资质；2010年经商务部会同住房和城乡建设部审批，取得新的对外承包工程资格证书；2009年建立并通过中国船级社质量认证公司质量、环境、职业健康安全“三标一体”综合管理注册认证，同时获得英国皇家UKAS质量体系认证。铁一院总部驻陕西省西安市西影路2号。下辖12个专业设计处（院）、8个子公司、12个参（控）股公司、8个驻外经营分支机构。在岗职工3954人。其中，主业2219人；各公司1735人。干部3207人，技能工人747人。资产总额59.75亿元。其中，流动资产52.34亿元；固定资产4.5亿元；其他资产2.9亿元。仪器设备5275台（件），机械运输设备120台（件）；机械运输设备总值1.62亿元，机械运输设备净值4455万元；设备完好率27.6%，利用率100%。

2012年新签合同额30.66亿元，完成营业收入30.09亿元，实现利润2.59亿元。国有资产保值增值率108%，净资产收益率16%，产值利润率8.6%，投资回报率16%，资产负债率76.2%，应上缴款完成率100%。完成勘察设计实物工作量：1677线路折算公里，1193电化折算公里，地质钻探66项累计183公里。年内，获国家级优质工程银质奖3项，省部级优秀勘察设计奖45项，全国优秀测绘工程银奖1项、铜奖1项；省部级科学技术奖12项；国家级优秀QC小组奖6项，省部级优秀QC小组奖31项；陕西省优秀软件奖11项；中国施工企业管理协会科技奖6项。其中，铁一院开发的“西安地铁2号线修建关键技术”成果获2012年度陕西省科学技术一等奖；勘察设计的哈大高速铁路以“世界首条高寒地区高速铁路突破三大技术难题”为创新点，入选2012年中国、世界十大科技进展新闻。铁一院主持设计的“青藏铁路工程”、“包兰铁路沙坡头段风沙防治工程”、“秦岭隧道群”3个项目将代表中国参加FIDIC百年工程项目评选。2012年，铁一院党委被中共中央组织部授予全国创先争优先进基层党组织称号，被评为2011年度中国施工企业管理协会科学技术奖技术创新先进企业。（王秀梅）

【领导人员】

董事会

董事长	王争鸣
董事	刘为民
	安光保
	蔡西阳（4月20日逝世）
	刘培硕（7月免）
	董　勇（7月任）
	周仲华（7月任）
董事会秘书	刘　岩（2月任）

监事会

监事会主席	丁　力
监事	方发源
	关维东

行政系统

院长	刘为民
副院长	安光保
	蔡西阳（4月20日逝世）
	刘培硕（7月免）
	周仲华
	朱力争
	李金城
	董　勇
	彭文盛
	魏州泉（7月任）
	张学伏（7月任）
总工程师	彭文盛（7月免）
	张学伏（7月任）
总会计师	周仲华

党群系统

党委书记	王争鸣
党委副书记	刘为民
	丁　力
纪委书记	丁　力
工会主席	丁　力

（王秀梅）

【职工队伍】 在岗职工3954人。其中，干部3207人；技能人员747人。干部中，教授级高级工程师206人，高级职务1123人，中级职务1287人，初级职务591人。工人中，高级技师2人，技师128人，高级工312人，中级工146人，初级工99人，普通工人60人。职工学历结构:博士研究生 11 人,硕士研究生 483 人(含硕士学位 121 人),大学本科 2040 人,大学专科 645 人,中专及以下 775 人。年龄结构:30 岁及以下 656 人,31~35 岁 577 人,36~40 岁 675 人,41~45 岁 735 人,46~50 岁 817 人,51~54 岁 282 人,55 岁及以上 212 人。职工平均年龄 40.68 岁。

铁一院有中国工程院院士 1 人、全国勘察设计大师 3 人,享受国家政府津贴人员 19 人,其中在职 5 人;陕西省"三秦学者"2 人,铁道部有突出贡献专家 4 人,詹天佑铁道科技奖获得者 12 人(其中成就奖 3 人、人才奖 5 人、青年奖 4 人),茅以升铁道工程师奖 2 人,甘肃省优秀专家 1 人,陕西省有突出贡献专家 2 人,陕西省优秀勘察设计师 9 人,院专业技术带头人 51 人、院优秀青年工程师 46 人。715 人次取得国家注册(执业)资格。其中,城市规划师 1 人;一级建筑师 15 人、二级建筑师 11 人;一级结构工程师 36 人、二级结构工程师 9 人;岩土工程师 54 人;电气工程师 36 人;公用设备工程师 30 人;造价工程师 72 人;监理工程师 221 人;咨询工程师 113 人;一级建造师 35 人、二级建造师 28 人;环境影响评价工程师 11 人;安全工程师 16 人;环保工程师 4 人;水土保持工程师 2 人;测绘工程师 8 人;招标师 4 人;道路工程师 9 人。255 人次取得行业资格。 (王秀梅)

【勘察设计】 2012 年,面对铁路勘察设计项目减少、铁路建设理念出现新调整、前期项目工作节奏放缓、城市轨道项目增多等生产经营特点,铁一院创新经营思路,细化项目管理内容,深化项目时序安排,加强计划调度,确保设计工期。全年完成 1677 线路折算公里,1193 电化折算公里,地质钻探 18 万实钻米,预可行性研究 3497 公里,初测 1154 公里,可行性研究 1392 公里,定测 864 公里,初步设计 1646 公里,补充定测 591 公里,施工图设计 3018 公里。年内完成勘察设计产值 21.1 亿元,勘察设计资料及设计文件合格率 100%,设计文件交付履约率 98% 以上。 (庞福祥)

【经营管理】 市场经营。2012 年新签合同 580 项,合同总额 14.02 亿元,进款 9.36 亿元。其中,经营系统签订合同 44 项,合同金额 7.01 亿元,进款 3.51 亿元。在新签合同中,轨道交通、城际铁路项目占较大比重。

工程承包与对外合作。2012 年新签工程承包合同额 8.37 亿元。其中,所属生产单位新签合同额 3 亿元,占新签合同额的 36%;改制单位新签合同额 5.37 亿元,占新签合同额的 64%。完成工程承包收入 8.61 亿元,实现工程承包项目进款 6.56 亿元。年内跟踪桂林资兴高速公路、沿河铁路公司风沙治理、兰州马家坪至中川铁路等大型工程承包项目,并在非洲、欧洲、拉美、亚太、中东地区承担或跟踪工程项目。承担海外项目 6 项,以铁路、公路勘察设计为主,海外项目合同进款折合人民币约 4499 万元,境外项目收入 3565 万元,海外项目获得政府资金补助 15.25 万元。

财务管理。坚持以现金流管理为中心,以全面预算管理为主线,强化成本费用控制,提高税收筹划能力,加强财务内控管理,有效防范财务风险,推进会计基础工作标准化、财务信息化和责任成本管理精细化,推动财务从传统的核算反映型向管理控制型转变。2012 年实现营业收入 30.09 亿元,财务支出 27.55 亿元,实现利润 2.59 亿元。

审计工作。2012 年,铁一院以财务审计和维修改造工程投资审计为重点,认真履行审计监督、评价、控制和服务职能;探索内部审计改进方法,健全监督机制;以控制风险为导向,发挥内审工作对企业管理层面的影响力。全年完成审计项目 23 项。其中,财务收支审计 5 项;领导干部离任经济责任审计 3 项;基建维修项目审计 15 项。有针对性地开展重点项目投资审计,对项目投资管理、方案变更、工程计量、资金流转等重点环节进行审计、复核。

企业管理。2012 年,为适应市场形势变化,铁一院迅速调整工作思路,研判形势、超前谋划,积极做好配合保障工作,从多方面强化企业管理,加快院由机遇型企业向能力型企业的转变。围绕生产组织、科技质量、人才培养、精益化管理等方面的新情况,积极推动"十二五"规划的贯彻落实,为把铁一院建设成为国际型工程咨询公司提供有力保障。以扩大市场占有份额为目标,建立适应国内市场竞争需求的资质体系,年内取得国内经营资质 12 项。制定重大风险与内控管理工作方案,强化内部控制制度的执行力度,组织开展内控自我评价工作,推动铁一院内部控制规范实施和运行。开展管理提升活动,进一步提升企业竞争力。推进铁一院法制工作第 3 个三年目标实施方案的落实,进一步完善企业法律体系。建立与各有关行政机关、行业协会、学会的联络制度,以协会为媒体,不断提升铁一院在业内的影响力。 (庞福祥)

【技术管理与科技创新】 2012 年,贯彻"技术支撑经营、技术控制成本、技术提升管理"的"三技治企"理念,以技术创新和科技进步作为工作重点,结合科研、软件开发项目效能监察,修订、完善管理办法,提高科研项目精益化管理能力。全年获国家优质工程银质奖 3 项,陕西省优秀勘察设计一等奖 9 项、二等奖 8 项、三等奖 5 项,陕西省优秀咨询成果一等奖 4 项、二等奖 6 项、三等奖 3 项,陕西省科学技术一等奖 1 项、二等奖2项,陕西省优秀软件一等奖3项、二等奖3项、三等奖5项,中国施工企业管理协会科学技术奖技术创新成果一等奖3项、二等奖3项。 (庞福祥)

【人才培养】 2012年,7名领导干部参加上级培训学习。其中,处级干部5人;处级后备干部2人。员工教育根据铁一院年度培训计划,主要进行工商管理硕士培养、专业技术人员继续教育、技能人员岗位培训等。全年培训职工10836人次。其中,干部培训9607人次;工人培训1229人次。学历学位教育33人。组织190余人次申报全国工程质量专家、陕西省建设厅招投标专家、铁道部铁路建设项目节能评估报告评审专家、全国工程建设项目优秀设计成果评审专家、铁道行业资质初审专家、FIDIC杰出咨询工程师、茅以升工程师、全国勘察设计行业优秀项目管理和优秀工程总承包项目评审专家、商务部对外援助专家、电务车载设备评标专家。年内,2人被评为中国勘察设计协会最美女设计师,2人分别获詹天佑科学技术奖人才(管理)奖、青年奖,140余人获得各类专家称号。全年引进应届大学毕业生76人,其中研究生44人。经中国铁建评审通过教授级高级工程师27人,高级会计师2人;经铁一院评审通过高级职务63人,中级职务125(含资格聘任6人),初级职务3人。 (庞福祥)

【党群工作】 2012年,铁一院党委下设党(工)委10个、党组1个、党总支19个、党支部202个。其中,在岗职工党支部157个;离退休职工党支部45个。有党员3610人。其中,在岗党员2018人;离退休党员1592人。铁一院工会下设二级工会6个、基层工会41个,有会员3958人。铁一院团委下设团(工)委5个、团总支5个、团支部31个,有团员247人。

年内,铁一院党群组织以能力转型为主线,以服务保障生产经营为切入点,全面实施加快在发展中促转型、在转型中谋发展的战略;以不畏艰难奋发进取的精神状态、扎实有为尽职尽责的工作态度,直面外部市场复杂多变的考验,勇于拼搏创新,促进企业平稳发展。

一是坚持政治引领不动摇,以党的十八大精神明确企业发展方向。党的十八大召开后,迅速组织党员和职工结合实际,学习贯彻十八大精神。通过开展形式多样的学习讨论与交流活动,增强干部职工立足岗位推进全面建成小康社会的责任感、使命感,夯实推动能力转型的思想基础。召开改制后的铁一院第一次党代会,回顾过去五年企业党建和思想政治等项工作,总结改革发展取得的成绩和经验教训,审慎研判下一个时期面临的发展形势,全面系统地研究和明确未来四年企业的发展思路、目标任务和重点工作。

二是坚持结构调整不动摇,实现市场格局协调发展。在市场发生变化的新形势下,以由机遇型向能力型转变、建设国际型工程咨询公司作为企业发展的主线,通过召开职代会、党代会、党委中心组专题学习会议等,统一思想认识,具体安排部署,加快三大市场格局调整。铁路市场生产经营实现哈大铁路客运专线、集包集团第二双线、哈罗铁路、兰州北编组站的通车运营,确保了西成、宝兰铁路客运专线和宁西铁路二线、敦格铁路、兰州中川铁路的开工建设。城市轨道交通的支柱地位更加凸显,海外市场保持良好拓展势头,启动陕西西咸新区空港新城商务中心BT项目、广西资源至兴安高速公路BOT项目。市政工程市场开拓形成良性循环,中标甘肃兰州新区道路工程勘察设计项目。房地产业务加速调整和协调发展,为增强企业可持续发展的能力打下坚实基础。

三是坚持能力转型不动摇,加快提升技术和人才核心竞争力。在主动转型中创新思路,强化技术和人才两大核心竞争力的打造。针对勘察设计质量安全检查活动中找出的技术和质量问题,开展专题研讨,组织总体座谈交流,汲取经验教训,增强员工的质量意识,提高技术管理的精细化水平。进一步细化专业分工,加强综合性、系统性、总体性设计的精细化管理,加强过程控制,强化对互提资料质量和专业接口等重要环节的控制,确保工程勘察设计质量。加强现场办公和过程控制工作,强化技术协调服务。顺利通过中国船级社的首次换证监督审核,新增环境保护、地灾评估等业务,并获得英国皇家认可委员会(UKAS)认可的质量管理体系认证证书和国际职业健康安全OHSAS体系认证证书。在领导班子和队伍建设中,以抓好党委中心组学习和班子成员的日常学习为主要途径,全面提高两级领导班子的政治意识、领导能力和业务水平。坚持和完善民主推荐、民主测评、任前公示等制度,增强干部队伍活力。全年调整处职领导干部40人,其中提拔处职领导干部20人。做好人才储备,引进应届大学毕业生76人,其中研究生44人。进一步强化学习培训,举办多期适用性强、生产急需、科技含量高的新技术、新知识、新理论和应用软件的培训。瞄准海外市场,开办首期国际工程管理英语培训班,推进人力资源HR管理信息系统建设。副院长、教授级高级工程师李金城在党的十八大上当选中央候补委员,铁一院领导班子第4次获中国铁建"四好领导班子"称号。

四是坚持管理提升不动摇,强化基础管理。全面开展管理提升活动。重点解决制约铁一院转型发展的管理机制问题,着力形成标准化、流程化、制度化管理的长效机制,持续提高企业市场竞争力和抗风险能力,不断提高发展质量与效益。各部门和单位结合业务性质和特点，按照精益化管理的要求，认真梳理、查找在规章制度、资源配置、岗位职责、人员管理等方面存在的问题，在确定工作思路的基础上，汇总形成管理提升的工作实施方案。

五是坚持创先争优不动摇，加强基层党组织建设。通过开展创建“五好党支部”和争当“六好党员”活动，进一步增强基层党组织的凝聚力、战斗力和创造力，充分发挥党员的先锋模范作用。举办党支部书记培训班，提高基层党支部干部的领导水平与能力。深入基层一线进行调研，研究分析党支部建立在各所后，面临的新情况、新机遇、新挑战，探索解决突出问题的思路和方法，提升基层党支部建设制度化水平。持续开展创先争优活动，深化创先争优活动的长效机制。组织开展“立足岗位比奉献，增创效益比贡献”、“为党旗添彩、为企业增辉、为十八大献礼”等主题教育活动。陕西省委创先办专门刊发一期《创先争优促转型，坚定不移谋发展——记“全省先进基层党组织”中铁第一勘察设计院简报》，铁一院党委被中央组织部授予全国创先争优先进基层党组织称号，铁一院线运处党总支获陕西省创先争优先进基层党组织称号，院副总工程师李谈获陕西全省创先争优优秀共产党员称号。

六是坚持舆论引导不动摇，推动企业文化建设取得新成效。内聚人心、营造和谐氛围，外树形象、打造一院品牌，全面及时报道铁一院能力转型等方面的成果，充分发挥企业文化的价值引领作用，提高宣传工作的针对性和实效性，为能力转型营造良好的内外环境。在中央、省部级媒体上推出一批有影响、有深度的稿件，累计播发新闻、图片、专题等140余篇（幅），有力地提升了企业的知名度和影响力。充分借助“一报两网”，报道企业在能力转型等方面的成果，用典型事迹占领舆论高地，营造学习贯彻十八大精神，顽强拼搏、积极进取的良好氛围。铁一院在获得陕西省文明单位的基础上，启动创建陕西省文明单位标兵工作。在陕西省第二届企业文化年会上，铁一院获行业首批企业文化建设先进单位称号。

七是坚持廉政建设不动摇，为能力转型提供纪律保证。坚持标本兼治、综合治理、惩防并举、注重预防的方针，认真抓好廉政建设宣传教育、效能监察、案件检查等重点工作，为企业持续健康发展提供有力的政治和纪律保证。深入开展反腐倡廉教育，围绕“强化廉洁意识，规范从业行为，推动转型发展”主题，组织开展以“七个一”学习实践活动为主要内容的第三届反腐倡廉宣教月活动，坚持为新入院员工上廉洁从业教育第一课。深入开展“制度落实巩固年”活动，扎实推进院、处、所的党风廉政体系建设。持续推进领导干部“述廉、议廉、述责、述效”，派驻现场人员廉洁谈话，签订廉洁从业承诺书等工作，有效促进廉洁从业各项制度的贯彻落实。采取多种形式，积极主动加强与检察机关的联系和沟通，巩固和扩大企检共建的基础和成效。重视做好信访举报及案件查办工作，强化源头预防教育和治理工作。完成科研和软件开发的效能监察，有效规范和推动院科研和软件开发的管理工作，达到强化管理、堵塞漏洞、完善制度、提高效益的目标。铁一院纪委监察处获中国铁建纪检监察工作先进单位称号。

八是坚持和谐稳定不动摇，增强全员凝聚力和归属感。坚持以人为本，牢固树立依靠员工办企业、办好企业为员工的理念，切实为员工谋利益，办实事。继续深入开展“面对面，心贴心，实打实服务职工在基层”活动，提高服务水平。深化民主管理，依法维护企业和职工的合法权益。开展“三不让”救助和元旦春节送温暖工作，全力确保企业的和谐稳定。以“服务凝聚青年，实现青年与企业共同发展”为目标，将团员青年工作与生产经营紧密结合，以会战为有利平台，对第三届优秀青年工程师的事迹进行宣传，传播积极向上的正能量。开展纪念共青团建团90周年系列活动，展现企业青年职工昂扬向上、奋发有为的精神风貌。铁一院玉树援建工作取得阶段性胜利，琼龙路住宅小区正式入住，受到社会各界的一致好评。根据陕西省政府要求，对国家连片特困区陇县东南镇梁甫村，开展“两联一包”扶贫工作，助力贫困户增收，彰显中央企业的社会责任。以推进建立和谐劳动关系为抓手，畅通信访维稳信息渠道，健全排查预警、信息报送、应急处理机制，把矛盾解决在基层、消除在萌芽状态，切实维护职工队伍稳定，及时有效地化解不稳定因素，维护企业和谐稳定发展大局。（李景平）

【新疆铁道勘察设计院有限公司】 驻新疆维吾尔自治区乌鲁木齐市北京南路703号。董事长、党委书记李斌，院长庄新玉。下设行政（党委）办公室、人力资源部（党委干部部）、党群工作部、企业管理部、财务部、资产部、计划经营部、总工程师办公室、专用线管理办公室、轨道交通（市政公路）办公室、退管办、建筑设计分院、线路运输分处、地质路基分处、桥梁隧道分处、环境设备分处、电信自控分处、工程经济分处、综合设计分处、EPC管理分处、工程测绘部、工程勘探部、信息中心（文整工厂）、实验中心、铁设驾校、物业管理中心、门诊部。职工568人，其中专业技术干部365人。拥有全站仪、水准仪、绘图仪、计算机、钻机、汽车、测深仪等仪器设备495台（套）。

2012年完成营业收入3.9亿元。（李景平）

【青海铁道工程勘察有限公司】 驻青海省西宁市城东区共和南路23号。执行董事、党工委书记刘德林，总经理李关民。下设办公室、财务部、人力资源部、生产经营部、第十一勘测设计队、工程勘探队、工程设计所、后勤管理服务中心。职工70人。其中，技术干部17人；技术工人48人。注册监理工程师1人，注册造价工程师1人。拥有全站仪、水准仪、绘图仪、计算机、钻机、汽车、测深仪等仪器设备93台（套）。

2012年完成营业收入1296万元。 （李景平）

【甘肃铁道综合工程勘察院有限公司】 驻甘肃省兰州市城关区和政路131号。董事长、院长张巨川，党委书记李伟奇。下设办公室、企业管理办公室、党群工作部、财务资产部、人力资源部、总工程师办公室、计划部、后勤服务部、经营部、银川设计处、岩土工程公司、物探研究所、勘测队、勘探队、机械化施工运输队。职工282人。其中，干部139人；工人143人。技术干部120人，技师16人。注册岩土工程师5人、一级建造师4人、二级建造师5人。拥有全球定位仪（GPS）、全站仪、计算机、钻机、物探设备、汽车等仪器设备595台（套）。

2012年新签合同额3124万元，完成营业收入6300万元，完成外委进款1760万元。 （李景平）

【陕西铁道工程勘察有限公司】 驻陕西省宝鸡市中山西路88号。董事长、总经理黄凯，党委书记侯全德。下设综合管理部、计划部、经营部、技术部、党群工作部、后勤管理部、勘测部、勘察部、工程承包公司（岩土工程部，工程管理部）、工程地质室。职工275人，其中专业技术人员84人。拥有全站仪、水准仪、水平仪，计算机、钻机、探测仪、地震仪、汽车等仪器设备539台（套）。

2012年完成营业收入9730万元。全年承担测绘项目38个，完成初测364.84公里、定测411.49公里、补充定测244.51公里；承担钻探项目34个，完成浅孔钻探75502.3米、深孔钻探3006.3米；完成原位项目10个、物探项目25个，承揽外委项目56个。

（李景平）

【重要记载】

▲1月6日 铁一院顾问冉理当选中国铁建第二届十佳道德模范——敬业奉献道德模范。

▲1月9日 铁一院勘察设计的昆明市主城二环改扩建工程——福海立交工程获2011年度云南省优质工程一等奖。

▲1月31日 铁一院余杰、陈刚、庄新玉、王琦、蒋杰、秦建成、马若飞、南微壁、张竞云、王鹏腾10人取得全国勘察设计行业工程项目经理资格。

▲2月1日 铁一院被评为陕西省文明单位。

▲3月2日 铁一院承担的铁道部科研课题“大跨度铁路钢—混凝土组合桁架结构关键技术试验研究”通过铁道部验收。

▲3月8日 铁一院计划处副处长、国家一级结构师蒋平，国家一级注册建筑师、国家注册咨询师、高级工程师徐红当选首届全国勘察设计最美女设计师。

▲同日 兰州铁道设计院陈玉兰获甘肃省五一巾帼奖，线运处孙焕杰获陕西省五一巾帼标兵称号。

▲4月7日 铁一院“铁路防风雪走廊”和“铁路防雪栅栏”两项科研成果获国家知识产权局专利证书，专利权保护期10年。

▲4月10日 兰州铁道设计院主持完成的“铁路站场防溜安全管理系统”软件获得国家版权局软件著作权证书。

▲4月20日 兰州铁道设计院线运所获全国“工人先锋号”称号，桥隧所获甘肃省“工人先锋号”称号。

▲4月27日 新疆铁道勘察设计院获“开发建设新疆奖状”。

▲4月28日 铁一院线运处副总工程师赵永红被评为陕西省先进工作者。

▲5月9日 铁一院设计的西康铁路二线秦岭翠华山特长隧道贯通。

▲5月14日 铁一院总体总包设计的重庆轨道交通6号线一期工程高架段贯通，标志着6号线一期土建工程全线贯通。

▲5月15日 铁一院副总工程师、陕西省优秀勘察设计大师、教授级高级工程师孟祥连被授予陕西省有突出贡献专家称号。

▲5月30日 铁一院被评为中国铁建2011年度科技创新先进单位。

▲6月12日 新疆铁道勘察设计院被评为全国“安康杯”竞赛优胜单位。

▲6月20日 铁一院副总工程师、教授级高级工程师孟祥连获中国地质学界最高奖项——第五届黄汲清青年地质科技奖。

▲6月28日 铁一院党委获全国创先争优先进基层党组织称号。

▲7月3日 铁一院信息网络处西秦岭隧道TBM三维数字技术研究QC小组和城市轨道与建筑设计研究院西安地铁2号线区间结构设计QC小组分别获2012年度全国工程建设优秀质量管理小组一、二等奖。

▲7月9日 铁一院勘察设计并总承包的兰州地

铁1号线试验段在兰州举行开工奠基仪式。

▲7月16日　铁一院被认定为陕西省技术转移示范机构。

▲7月25~27日　铁一院6项科研成果获2012中国铁路电气化十大创新技术和十大应用成果奖。

▲8月8日　甘肃铁道综合工程勘察院承担的“兰新线CP0、CPⅠ、CPⅡ控制测量”项目获甘肃省测绘科学技术(优秀工程)银奖。

▲8月10日　铁一院青海玉树灾后重建设计组获中央企业“青年文明号”称号,兰州铁道设计院工程师胡炳成获中央企业“青年岗位能手”称号。

▲9月5日　甘肃铁道综合工程勘察院开发的“深孔地应力测试高压封隔器”专利获国家实用新型专利授权。

▲9月18日　甘肃铁一院工程监理公司被中国铁道工程建设协会评为2011年度先进监理单位。

▲9月19日　兰州铁道设计院开发的“组合埋地式污水处理装置”专利获国家实用新型专利授权。

▲9月20日　铁一院主持的“西安地铁2号线关键技术研究”获陕西省科学技术一等奖。

▲9月28日　铁一院总体总包设计的中国首条大规模采用敞开式TBM施工的地铁——重庆地铁6号线一期工程开通试运营。

▲10月12日　铁一院设计的全长9969米、目前中国高速铁路跨越黄河最长、建设规模最大的大同至西安铁路客运专线晋陕黄河特大桥合龙。该桥设173个桥墩,墩高50米,整座大桥造价21.9亿元。

▲10月18日　在陕西省第十一届工程勘察设计计算机优秀软件评审会上,铁一院申报的11项软件全部获优秀软件奖,其中一等奖3项、二等奖3项、三等奖5项。

▲10月19~20日　铁一院勘察设计的宝鸡至兰州铁路客运专线分别在陕西、甘肃开工建设。

▲10月23日　铁一院勘察设计的宁西铁路增建二线开工建设。

▲10月27日　铁一院勘察设计的西安至成都铁路客运专线(陕西段)开工仪式在西安举行。陕西省省委书记赵乐际、省长赵正永,铁道部副部长陆东福出席开工仪式。

▲10月31日　在中国施工企业管理协会2012年科技工作大会暨科学技术奖颁奖会上,铁一院被评为优秀创新企业,铁一院副总工程师李响被评为科技创新先进个人,铁一院主持研发的3项成果获一等奖,3项成果获二等奖。

▲11月1日　铁一院开发的“超长高速铁路的法截面子午线椭球高斯投影”技术成果获2012年国家测绘科学技术进步二等奖。

▲11月13日　兰州铁道设计院被评为2010~2011年度甘肃省纳税信用等级评定A级单位。

▲11月14日　在中国共产党第十八次代表大会上,铁一院副院长、教授级高级工程师李金城当选第十八届中央委员会候补委员。

▲11月21日　铁一院勘察设计的新建铁路精伊霍线站后工程——供电线路及电力牵引供电工程获得国家优质工程银质奖。

▲11月27日　铁一院主持的“湿陷性黄土地区高速铁路修建关键技术”成果通过陕西省科技厅鉴定,达到国际领先水平。

▲11月29日　铁一院设计的哈密至罗布泊铁路开通运营。

▲同日　铁一院勘察设计的枣庄至临沂铁路开通运营。

▲12月1日　铁一院作为主要设计单位参与设计的世界上首条高寒地区高速铁路——哈尔滨至大连铁路客运专线开通运营,标志着铁一院在防冻胀路基、接触网融冰、道岔融雪三大世界性技术难题上取得突破,为在高寒地区修建高速铁路提供了强有力的技术支持。

▲12月15日　铁一院副院长董勇获詹天佑铁道科学技术奖人才(管理)奖,冯德泉获詹天佑铁道科学技术奖青年奖。

▲12月21日　铁一院勘察设计的敦煌至格尔木铁路(甘肃段)和兰州至中川机场铁路开工建设。甘肃省省委书记王三运,省长刘伟平,铁道部副部长卢春房出席开工仪式。

(王秀梅)

中铁第四勘察设计院集团有限公司

【简况】　中铁第四勘察设计院集团有限公司(以下简称铁四院)前身是铁道第四勘察设计院,始建于1953年2月,原隶属铁道部,2003年11月划归中国铁道建筑总公司管理,2007年11月企业改制改称现名。铁四院总部驻湖北省武汉市武昌区和平大道745号。具有工程设计综合甲级,工程勘察综合一级,测绘及地质灾害防治工程勘查、设计、监理和地质灾害危险性评估、环境影响评价、工程咨询、工程承包、工程监理、工程造价甲级资质,并具有对外经营权。下辖线路站场设计研究处、桥梁设计研究处、地质路基设计研究处、通信信号研究设计处、设备设计研究处、电气化设计研究处、城市轨道与地下工程设计研究院、建筑与城市规划设计研究院、工程经济设计处、道路交通设计研究院、环境工程设计研究处、工程勘察研究院 12 个生产单位,信息中心、图文印制中心 2 个辅助生产单位,保障服务中心、接待中心 2 个后勤保障单位,杭州分院、海南分公司、厦门分院、深圳分院、上海分公司、广州分院、南京分院、郑州分院、合肥分公司、福州分院、南昌分公司、长沙分公司、北京分院、乌鲁木齐办事处、徐州分公司、珠海分公司 16 个分公司,中铁四院集团广州设计院有限公司、中铁四院集团南宁勘察设计院有限公司、武汉铁道工程承包有限责任公司、铁四院(湖北)工程监理咨询有限公司、武汉铁四院工程咨询有限公司、武汉鸿基岩土工程院有限责任公司、武汉铁四院工程造价咨询有限公司、武汉铁四院控制爆破技术有限公司、中铁四院集团房地产开发有限公司、惠州大亚湾铁惠实业有限公司、武汉铁辰工程检测有限公司、中铁四院集团西南勘察设计公司、海峡(福建)交通工程设计公司、无锡市轨道建设设计咨询有限公司、中铁四院集团昆明工程建设投资有限公司 15 个子公司。职工 4146 人。资产总额 96.72 亿元。其中,固定资产净值 7.59 亿元;流动资产 83.08 亿元;其他资产 6.05 亿元。拥有全站仪、光电测距仪、GPS 定位系统、RC30 航空摄影仪、物理勘探、原位测试等先进设备 1263 台(套),计算机 7978 台,局域网上网结点 6082 个,大中型计算机工作站 187 个。机械运输设备 563 台(套),净值 6769.95 万元,总功率 61930 千瓦,动力装备率 14.46 千瓦/人,技术装备率 1.58 万元/人,设备完好率 98%、利用率 98%。

2012 年新签合同额 36.58 亿元,完成营业收入 37.04 亿元,实现利润 4.97 亿元、净利润 4.12 亿元。国有资产保值增值率 125.1%,净资产收益率 23.48%,产值利润率 11.12%,投资回报率 274.67%,资产负债率 80.68%,应上缴款完成率 100%。年内,铁四院获得湖北省先进党委中心组、全国"安康杯"竞赛优胜单位、全国职工教育培训示范点、全国铁路体育先进单位、湖北省支持省脱贫奔小康试点县工作先进单位、湖北省社会治安综合治理优胜单位、湖北省纳税信用 A 级纳税人等荣誉。（刘时运）

【领导人员】

董事会

董事长	蒋再秋
董事	蒋再秋
	何义斌
	汤友富
	王玉泽
职工董事	田要成

监事会

监事会主席	刘家美
监事	钟登柏
职工监事	唐　左

行政系统

院长	何义斌
副院长	汤友富
	田要成
	王玉泽
	凌汉东
	谢海林
	莫小玲
总工程师	王玉泽
顾问	王锡和
	张华钧

党群系统

党委书记	何义斌
党委副书记	蒋再秋
纪委书记	刘家美
工会主席	刘家美

（胡　维）

【职工队伍】 职工 4146 人。其中专业技术干部 3705 人,包括全国工程勘察设计大师 2 人、中国工程监理大师 1 人、教授级高级工程师 254 人、高级职务 1345 人、中级职务 1430 人、初级职务 638 人。新世纪百千万人才工程国家级人选 1 人,享受国务院政府特殊津贴专家 5 人,铁道部专业技术带头人 2 人、青年科技拔尖人才 12 人,湖北省突出贡献专家 6 人,享受湖北省政府专项津贴专家 4 人,湖北省新世纪高层次人才工程第二层次人选 6 人,武汉市十百千人才工程第二层次人选 1 人,铁四院专业技术带头人 76 人、青年科技拔尖人才 141 人;获詹天佑奖科学技术奖 3 人,詹天佑铁道科技发展基金奖 10 人,茅以升铁道工程师奖 3 人,湖北省青年科技奖 2 人,武汉青年科技奖 1 人;取得国家注册资格 785 人次。技能人才 393 人,其中高级技师 84 人、技师 204 人。（刘时运）

【国内外市场拓展】 2012 年,面对铁路项目锐减的严峻形势,铁四院采取有力措施拓展市场领域,全年承揽任务 53 项。通过调整重点、纵深开拓,经营业务结构进一步改善,铁路外市场新签合同额占比上升,与铁路市场合同额占比由 2011 年的 35∶65 提升到 42∶58,经济结构改善的同时,经济质量和经济规模进一步提高。一是大力开拓市域铁路、城市轨道交通工程市场。加大市域铁路经营力度，先后中标温州S1、S2线和珠海机场线等项目。中标昆明晋宁线及6号线、郑州5号线、厦门2号线、徐州1号线等项目，城市轨道交通总体总包项目达到33个、线路总长936公里，新签合同额12.18亿元。二是高速公路和市政工程取得新业绩。年内先后承揽扬州万福路、洛阳西二环等公路项目，武汉三阳路、东湖水底隧道及海南陵水等市政工程。三是开辟新的市场区域。在新疆、陕西、云南等非传统区域市场竞争中，创造优异业绩，承揽博州铁路等11项任务。四是坚持市场导向，发挥技术优势开拓新市场。在珠海、南昌、昆明、武汉等地承揽物流园区规划项目，获得神农架、宜昌旅游铁路和吴江单轨等新型项目，在武汉、温州、合肥等地轨道交通市场介入装饰设计、物业开发、设计咨询和监理等业务，累计承揽新型项目20项。五是大力开拓海外市场。承揽伊拉克污水处理厂、坦赞铁路改造、刚果(布)国家公路等项目，创造海外业务新成绩。（刘时运）

【经济结构调整加快】 一是工程监理、咨询业务逆势发展。工程监理和工程咨询分别新签合同额3.67亿元和1.63亿元，同比分别增长84%、36%；工程咨询占据铁路施工图审核近40%的市场份额，打造了新品牌。二是工程承包获得突破。承揽珠海高栏港疏港铁路设计采购施工(EPC)、江西铜棋公路等重大总承包项目，新签合同额17.1亿元，同比增长75%。三是多元业务稳健发展。重点开展昆明、珠海投资项目前期工作，昆明东外环中路工程BT项目开工建设，年内完成投资2.49亿元。房地产开发方面，株洲荷塘星城实现销售收入1.42亿元，汉阳国际城完成投资4.3亿元，信阳等地房地产前期工作扎实开展，初步形成滚动发展态势；总部设计大楼和杭州、苏州、昆明基地建设稳步推进。珍珠岩尖劈吸声砖产品完成专利申报、成果鉴定和示范工程建设，有望投入规模生产。四是通过目标管理、考核激励等措施，充分调动二级单位开拓经营积极性，全年新签合同额6.64亿元，为年度计划的119%。五是提高经营创新创效能力。调整完善经营战略布局，成立温州、徐州分公司和昆明西南公司，与福建、湖南、江西、江苏等省开展高层会谈，与常州市、国投物流、国家开发银行等签订战略合作协议，进一步扩大经营视野，抢占经营先机。（刘时运）

【生产经营】 努力提升管理效率，科学组织生产。采取完善管理办法、开发信息化系统、检查任务通知单执行情况、细化作业计划考核、改进调度会管理等措施，提高生产管理成效。勘察设计全年完成产值30.17亿元，为年度计划的123.65%；设计建成龙厦、汉宜、郑武、广珠、湘桂铁路和苏州地铁1号线、昆明地铁6号线、武汉地铁2号线等重点工程，高速铁路业绩继续领先，轨道交通设计进入成果集中收获期。铁路项目，完成实物工作量1496线路折算公里、机动钻探52.93万米，高效完成煤运通道项目初测、可研，及时开展郑徐、宁西等项目施工图设计，精心做好杭长、合福等项目施工供图、概算清理和变更设计，同期开展50个项目的配合施工。组织开展122座车站291万平方米雨棚加固整治工作。

强化非铁路项目管控，加强城际铁路、轨道交通项目的院级调度组织和项目部管理，以管控合同为抓手规范委外任务和自揽项目，合理组织安排海外任务，增强非铁路项目管理效果。（刘时运）

【科技创新成果】 高度重视科技创新，2012年累计投入科研经费1.15亿元，立项或开展各级别、各类课题978项；获得有关行业学会、省市和股份公司各类勘察设计奖111项、科技进步奖35项，其中获铁道部“四优”奖44项，占奖项总数的46%；获得授权专利85项，其中发明专利10项。年内，铁四院被认定为湖北省企业技术中心、湖北省水下隧道工程重点实验室。

开展市域铁路、新型轨道交通、物流规划、节能评估等11类新技术研究，制定或修订高速铁路设计等方面的行业规范10项，编制完成《市域(郊)铁路设计暂行规定》，出台办法规范变更设计、子公司(分院)技术管理、市政工程管线设计分工、轨道交通相关设计分工，提升综合技术实力。（刘时运）

【重点铁路工程建成开通运营】 2012年7月1日，铁四院设计的全长293.1公里，设计时速200公里的汉宜铁路开通运营。汉宜铁路为国家Ⅰ级双线电气化铁路，是中国横跨东中西部、贯通上海—武汉—成都的铁路大通道重要组成部分。汉宜铁路正线软土及松软土地基长182公里，占线路全长的45%；膨胀(岩)土地基长53公里，占线路全长的18%。设计采用先进的地基工程加固处理技术及科学的边坡防护措施，确保铁路运输安全。7月21日，院长、党委书记何义斌陪同股份公司董事长、党委书记孟凤朝到武汉东湖宾馆拜会尼日尔总统伊素福，尼日尔总统伊素福乘坐动车从汉口到宜昌考察汉宜铁路，听取何义斌介绍汉宜铁路设计，汇报尼日尔铁路项目方案。

2012年9月28日，铁四院设计的全长536公里、设计时速350公里的郑武铁路客运专线通车运营，武汉至郑州火车运行时间由4小时28分钟缩短至1小时56分钟。为保护耕地，郑武铁路客运专线大部分地段采用桥梁通过,桥隧占比78.43%,大大减少了农田占用。线路采用“裁弯取直”方案,湖北境内郑武铁路客运专线较现有京广铁路缩短64公里,节省3000多亩耕地面积。12月26日,全长2298公里、设计时速350公里的京广铁路客运专线全线开通运营,铁四院设计建成其中的武广、郑武两个重要路段。

2012年12月29日,铁四院设计的全长189公里的广珠铁路全线通车运营。广珠铁路建设过程历经波折。1980年,珠海市开始筹划广珠铁路,1993年国务院批准立项,1997年经国家计划委员会批准开工,1999年上半年停工。2007年9月25日,国家发展和改革委员会正式批复广珠铁路复工可行性研究报告。2008年3月26日,铁道部和广东省联合批复广珠铁路初步设计,2008年4月28日正式开工建设。

截至2012年底,铁四院总共设计建成京沪、武广、郑西、郑武、沪宁、沪杭、合宁、合武、武康二线、昌九、广珠、广深港、汉宜、东南沿海等20余条高标准铁路,总长9000余公里,已交付运营4790公里,占全国投入运营高速铁路的60%。 (刘时运)

【总体总包城市轨道交通工程建成投入运营】 2012年4月28日,铁四院设计的第一条总体总包地铁项目——苏州轨道交通1号线通车运营。全长26公里的苏州地铁1号线,不仅“穿越”了这座2500年的姑苏名城,更成功“穿越”了层层历史风貌保护关,设计中贯彻保护和开发并举理念,线路主动避让文物建筑,减少拆迁,对沿线生态敏感点分别提出应对方案。不仅线路设计有讲究,车站也处处体现苏州的文化底蕴,彰显苏州“小桥流水,古迹名园”的特色。

2012年6月28日,铁四院设计的昆明轨道交通6号线,即昆明长水国际机场快速公交工程开通运营。线路全长18.071公里。其中,地下线长8.626公里;高架段长8.013公里;路基段长1.432公里。昆明轨道交通6号线是铁四院勘察设计总承包开通的第一条机场地铁线,也是国家发展和改革委员会着力打造的机场轨道交通国家级示范线。

2012年12月28日,铁四院设计的中国首条穿越长江的地铁——武汉轨道交通2号线通车运营。武汉轨道交通2号线全长27.7公里,其穿越长江的隧道呈“S”型,在长江平均水位线下48米,双线双洞,左线长3098米、右线长3085米。 (刘时运)

【基础管理提升】 以开展“精益管理年”活动为抓手,完善体系、推进创新、协同增效,进一步提升基础管理水平。一是深化管理创新。出台总体战略规划,加快子规划编制,推进总体战略规划实施。优化岗位序列,完善绩效考核,完成首次工资套改工作,推进二级单位绩效考核评价,优化工效挂钩管理办法。扎实开展管理提升工作,围绕战略管理与规划实施、内部控制与风险管理、市场经营组织调整、科技创新机制调整四个重点,开展专项排查整改;着力健全房地产、投资业务管理制度,创新基础管理体系。二是强化内控与风险管理。健全内控管理体系,重点加强新业务项目的集中管控;认真开展二级单位财务收支审计和工程总承包项目效益审计,有效完成铁路项目外部审计和企业法人经济责任审计配合;围绕重点项目、重大事件、重点单位开展效能监察;完善法律工作体系,加强重大、涉外项目的法律合规审核,加强风险管理。三是加强财务管理。细化指标、动态监控、严格考评,强化全面预算管理,深化责任成本管理;加强资金集中管理、财务集中核算,积极应对“营改增”税制改革,加强税务策划,维护合法利益;制定BT项目公司会计核算办法,加强投资、房地产等项目财务风险管控,拓宽管理覆盖面。四是推进信息化建设。出台信息化发展战略规划,开发知识管理平台、统一信息门户平台等系统,完善生产经营管理、办公自动化、人工时和绩效考核等系统,推进远程视频交互系统建设,提高管理信息化水平。五是加强安全管理。编制安全生产管理标准化手册,强化责任落实,加强危险源管理和过程控制,安全形势总体良好,被股份公司评为2012年度安全工作达标单位。铁四院先后获得湖北省百强企业、优秀企业和股份公司计划统计、财务、责任成本管理、法律事务工作先进单位等荣誉,获国家级管理创新成果二等奖1项。综合实力位列中国工程设计企业60强第7位。

(刘时运)

【党建及思想政治工作】 一是开展形势教育活动。在3个月的教育活动中,先后召开福建铁路项目推进会、生产经营动员大会,下发《市场形势宣讲提纲》,编发19期《市场形势教育简报》;12个生产单位及所属党支部、室所全部开展形势教育或学习座谈,全员市场服务意识进一步提高。二是以“喜迎十八大,争创新业绩”为主题,将创先争优活动与铁四院长期开展的“四、五、六”活动结合起来,先后开展“党员先锋岗、责任区”、“我是党员我承诺”和支部建设年等活动。在群众评议中,11个基层党委、8个二级党总支满意率100%,175个党支部好评率100%。党的基层组织建设工作受到湖北省省委通报表扬。三是加强领导班子、干部和人才队伍建设。坚持党委中心组学习制度,按时召开各级领导班子民主生活会,开展三年一次的二级班子和中层干部考核,全年调整处级班子6个,调整任免中层管理人员10人,完成14名中层管理人员试用期满考核和聘任工作，各级班子和干部队伍整体合力进一步增强。全年招收新员工 219 人，组织或参加院内外培训班 100 余期、2500 余人次；推荐各类专家人才 17 人次，上报各类专家库 478 人次；选拔新一届专业技术带头人和青年科技拔尖人才。四是加强宣传报道。全年在中央电视台报道新闻 8 次，在中央、省市级报纸刊登新闻 137 篇；在中国铁建网站刊登新闻 160 余条；改版院对外国际互联网站。五是强化党风廉政建设。组织预防工程建设领域职务犯罪图片巡展，开展廉洁谈话 500 余人次；推进惩防体系建设，初步形成覆盖人、财、物及勘察设计等重要领域、关键岗位和重要环节的廉洁风险防控体系，在股份公司作经验交流；持续加大案件检查力度，全年受理群众信访举报 7 件，立案 1 件、结案 1 件，有效化解了法纪风险。六是齐抓共管保持稳定。坚持季度职工思想动态分析，及时掌握思想动态，通过多种渠道化解各类矛盾。各级工会和共青团组织积极开展活动，为企业健康和谐发展凝心聚力，保持企业和谐稳定。铁四院党委获得中共湖北省委先进党委中心组、省国资委系统企业信访稳定工作先进单位、全省社会治安综合治理优胜单位、全国铁路体育先进单位及股份公司党委信息工作先进单位、对外报道先进单位、纪检监察工作先进单位等荣誉。（刘时运）

【中铁四院集团广州设计院有限公司】 铁道行业设计甲（II）级，建筑工程设计、工程勘察专业类岩土工程甲级，铁路、建筑、岩土工程咨询甲级，市政行业（桥梁、道路工程）专业设计及工程测量、咨询乙级资质企业。公司驻广东省广州市共和西路 6 号。董事长、院长胡丙齐，党委书记杨德洲。下属的广东至艺工程建设监理有限公司具有房屋建筑、铁路工程（不含电气化）监理甲级，公路工程监理乙级资质。下辖线路所、桥隧所、建筑所、轨道所、设备所、通号所、工经所、勘测公司和广珠铁路官窑物流园区进出站通道改扩建工程项目部。职工 344 人。其中，正式职工 224 人；临时聘用人员 120 人。资产总额 5536 万元。其中，固定资产原值 762 万元、净值 204 万元；流动资产 5320 万元。

2012 年新签合同额 11911 万元。其中，勘测设计 2479 万元；工程监理 1113 万元；工程总承包 8319 万元。完成企业总产值 6884 万元，营业收入 8303 万元，实现利润 601 万元、净利润 415 万元。勘测设计文件合格率 100%、优良率 100%、优秀率 39.1%，工程监理项目合格率 100%，净资产收益率 35.97%，利润增长率 2.93%，资产负债率 78.61%。（郑四安）

【中铁四院集团南宁勘察设计院有限公司】 拥有铁路综合工程、建筑工程、岩土工程、工程测量、工程咨询、房屋建筑工程监理甲级资质，一类施工图（建筑工程）设计文件审查许可证，具有境外工程勘察设计、咨询经营资格。公司驻广西壮族自治区南宁市西乡塘区高新区高新五路 3 号。董事长、总经理张北瑞，党委书记梁国堂。职工 212 人。其中，技术人员 144 人；技术工人 8 人。资产总额 18116 万元。其中，固定资产原值 5949 万元、净值 4214 万元；流动资产 12155 万元；其他资产 1747 万元。汽车 31 台，钻机 12 台，GPS 测绘仪器 4 台，全站仪 8 台，大型绘图仪 4 台等。

2012 年完成企业总产值 11133 万元，实现利润 894 万元。国有资产保值增值率 102%，净资产收益率 21%，产值利润率 8%，资产负债率 84%，投资收益上缴率 100%，应上缴款完成率 100%。年内获广西优秀咨询成果二等奖 2 项、广西建设工程（勘察设计）优秀 QC 成果 2 项、广西优秀质量管理小组 4 个。

（黎建国）

【重要记载】

▲1 月 14 日　铁四院召开蒙西至华中煤运通道投标总结及下步工作动员部署会议。铁四院中标三门峡至荆门段（中段）、岳阳至吉安段（南段）两个标段共 870 公里勘察设计任务，2 月 5 日开展初测工作。

▲2 月 16 日　铁四院被评为 2010 年度湖北省勘察设计企业综合实力 10 强企业。

▲2 月 22 日　铁四院“大型及复杂水下隧道结构分析理论与设计关键技术”获 2011 年度国家科技进步二等奖。

▲3 月 25 日　中国城市轨道交通协会举行第一届常务理事会第一次会议，铁四院为常务理事单位、院长何义斌为常务理事。

▲3 月 27 日　铁四院设计的武昌火车站改扩建工程、合肥至武汉铁路、武汉长江隧道，以及武广铁路客运专线武汉站、浏阳河隧道 5 项工程获第十届（2010～2011 年度）中国土木工程詹天佑奖。

▲3 月 31 日　铁四院设计的武汉地铁 3 号线一期工程开工建设。

▲4 月 12 日　董事长蒋再秋获全国优秀企业家称号。

▲4 月 13 日　铁道部副部长陆东福到铁四院设计的长株潭城际铁路调研。

▲4 月 21 日　作为泰国总理英拉访华系列活动之一，泰国交通部长查路鹏·路昂苏万率交通部代表团参观考察铁四院设计的京沪高速铁路徐沪段及上海虹桥站。

▲4 月 28 日　铁四院第一条总体总包地铁项目——苏州轨道交通 1 号线通车运营。

▲5 月 2 日　铁四院召开劳模先进表彰座谈会。2012 年“五一”期间,集团公司副总工程师肖明清获得全国五一劳动奖章,线站处副总工程师孙立被评为湖北省劳动模范;工勘院第十一勘测队获股份公司“工人先锋号”称号,工勘院精测队职工彭仁安获股份公司“工人先锋号”标兵称号。

▲5 月 4 日　铁四院被评为湖北省支持省脱贫奔小康试点县工作先进单位。

▲5 月 14 日　铁四院与港珠澳大桥管理局签订港珠澳大桥 SB03 主体桥梁土建施工监理合同。

▲5 月 19 日　铁四院中标武汉市三阳路过江通道 1 标段(江中盾构段及整个通道总体总包)和 3 标段(武昌端明挖)。江中盾构段外径 15.2 米,是目前国内直径最大的盾构隧道,也是铁四院首次中标公铁合建的越江隧道。

▲6 月 4 日　中国工程咨询协会召开第五届会员代表大会暨第五届理事会第一次会议,铁四院院长、党委书记何义斌当选中咨协会第五届理事会副会长。

▲6 月 12 日　铁四院获全国“安康杯”竞赛优胜单位称号。

▲6 月 16 日　股份公司总裁赵广发、副总裁扈振衣考察铁四院设计的尼日利亚拉各斯轻轨项目。

▲6 月 25 日　铁四院被中华全国总工会命名为“全国职工教育培训示范点”。

▲6 月 26 日　铁四院设计的昆明长水国际机场快速公交工程正式开通运行。

▲7 月 1 日　铁四院设计的全长 293.1 公里、设计时速 200 公里的汉宜铁路开通运营。

▲7 月 9 日　几内亚交通部代表团到访铁四院,商谈几内亚铁路有关事宜。

▲7 月 21 日　院长、党委书记何义斌陪同股份公司董事长、党委书记孟凤朝到武汉东湖宾馆拜会尼日尔总统伊素福,并乘坐动车从汉口到宜昌考察汉宜铁路,介绍汉宜铁路设计情况,就尼日尔铁路项目方案与伊素福总统交换意见。

▲7 月 26 日　董事长蒋再秋获得湖北省五一劳动奖章。

▲8 月 2 日　中国铁建“铁骨柔情,大爱无疆”爱心捐助活动在铁四院启动。股份公司党委副书记、纪委书记、监事会主席齐晓飞向铁四院颁发中国铁建“郭明义爱心团队示范单位”奖牌。

▲8 月 3 日　铁道部副部长卢春房到铁四院设计的新疆霍尔果斯铁路口岸站调研。

▲8 月 17 日　铁四院“武广高铁关键技术研究”、“武汉长江隧道工程建设成套技术”成果被评为 2011 年度湖北十大科技转化成果。

▲9 月 7 日　股份公司副总裁夏国斌到铁四院调研,对铁四院加快产业结构调整的理念和措施给予充分肯定。

▲9 月 28 日　铁四院设计的全长 536 公里、设计时速 350 公里的郑武铁路客运专线正式通车运营。

▲同日　中国商务部援外司副司长刘俊峰到访铁四院,就委托铁四院承担坦赞铁路修复改造工程技术咨询工作进行座谈交流。

▲10 月 19 日　铁四院被评为 2012 湖北 100 强企业。

▲11 月 29 日　铁四院设计的武汉至广州客运专线新建武汉动车段工程,以及铁四院监理的宜昌东站工程、南宁调度所工程获国家优质工程银质奖。

▲12 月 7 日　铁四院水下隧道技术工程实验室被批准为湖北省水下隧道工程重点实验室。

▲12 月 22 日　铁四院设计的新疆霍尔果斯至哈萨克斯坦阿腾科里铁路口岸通车运营。

▲12 月 28 日　铁四院设计的武汉轨道交通 2 号线通车运营,改写中国无地铁过长江、中部无地铁的历史。

▲12 月 29 日　全长 189 公里,建设过程历经波折的广珠铁路全线通车。　(刘时运)

中铁第五勘察设计院集团有限公司

【简况】　中铁第五勘察设计院集团有限公司(以下简称铁五院)是集工程设计、勘察、咨询、监理、检测及科研开发、设备制造、工程总承包于一体的综合性大型勘察设计企业。拥有工程设计、工程勘察综合甲级资质,并在建筑、市政、公路等行业具有 20 余项甲级资质和对外承包工程资质,是北京市科技研究开发机构。铁五院驻北京市大兴区康庄路 9 号。前身系中国人民解放军铁道兵科学研究所,创建于 1958 年 10 月;1984 年 1 月 1 日集体转业并入铁道部,改编为铁道部工程指挥部科学技术研究所;1990 年 10 月 1 日更名为铁道建筑研究设计院,2004 年原哈尔滨铁路局齐齐哈尔、哈尔滨勘测设计院划转到铁五院;2005 年 7 月 1 日改称铁道第五勘察设计院,2008 年 1 月企业改制改称现名。下辖交通规划研究设计院、线路运输设计院、地质路基勘察设计院、桥梁设计院、四电设计院、城市轨道交通设计院、建筑设计院、市政工程设计院、工程经济设计院、环境工程设计院、航务工程勘察设计院、工程咨询公司12个专业咨询设计院以及东北综合设计院和郑州设计院，项目管理中心、试验中心、信息中心、图文中心4个直属单位，监理、检测、路桥、置业、机械5个全资或控股子公司，上海、乌鲁木齐、沈阳、呼和浩特、南宁、兰州、西安、成都、广州、南昌、太原、贵阳、越南13个国内外经营机构。

近年来，铁五院勘察设计业务迅速发展，先后承担连盐、衡茶吉、包兰、额哈、赣韶、宿淮、九池等20余条国家新建铁路长大干线、客运专线和北京、天津、深圳、郑州、西安、杭州、哈尔滨等20多个城市的地铁项目的勘察设计咨询；京、津、冀、鲁、晋、豫及黑龙江、福建等多个省市200余项市政、建筑的规划设计和投资咨询；廊坊跨京沪高铁立交桥、滨北线公铁两用桥及连盐铁路灌河特大桥等近百座特殊结构大桥、特大桥的规划设计，京沪、京津城际等数十条高速铁路、客运专线的工程监理、检测任务。成功开拓海外市场，在土耳其、安哥拉、利比亚、斯里兰卡、越南等多个国家和地区开展铁路、轻轨的勘察设计、工程监理业务。资产总额85327万元。其中，净资产46068万元；固定资产原值17602万元、净值8818万元；流动资产66551万元。

2012年，铁五院采取“立足主业，全产业链推进；稳固路内，全方位力拓路外、海外市场”的经营策略，强化与地方政府、中央企业的合作，深化区域经营，全力扩大路外市场，明确市场目标，加强对重点投资主体的二次经营、三次经营工作。全年新签合同679项，合同额18.2亿元，完成企业总产值106169万元，实现利润5107万元。国有资产保值增值率111.2%，净资产收益率11.17%，产值利润率4.81%，资产负债率46%，应上缴款完成率100%。（杨 青 段恒阳）

【领导人员】

董事会

董事长 娄德兰（7月免）
刘培硕（7月任）
董事 王立新（4月任）
王从贵
庞建文

监事会

监事会主席 朱 霖

行政系统

院长 王立新（4月任）
副院长 庞建文
杜寅堂
杨岳勤
戴建国
仇 湘
总工程师 杨岳勤
总会计师 戴建国

党群系统

党委书记 刘培硕（7月任）
党委副书记 王立新（4月任）
王从贵
纪委书记 朱 霖
工会主席 王从贵
顾问 彭志树（曹玉彬）

【职工队伍】 职工1626人，其中离退休职工383人。学历构成：研究生及以上356人，大学本科1015人，大学专科103人，中专及以下152人。经营管理人员268人，专业技术人员1238人。教授级高级工程师46人，中高级技术职务905人，初级技术职务367人。全国勘察设计大师1人，全国工程监理大师1人。享受国务院特殊津贴21人。（曹玉彬）

【生产经营】 2012年，集团公司创新经营思路，经营工作逆势而上，各类业务承揽齐头并进。铁路项目74个；城市轨道交通项目43个，分布于19个城市，年内中标郑州5号线、太原地铁2号线勘察及合肥地铁2号线土建设计等5个项目；海外项目完成斯里兰卡南部铁路初步设计鉴修及部分施工图设计，科特迪瓦铁路等4个项目的前期工作及配合部分项目前期跟踪及经营投标工作。（崔 娜）

【科技创新】 2012年，集团公司与石家庄铁道大学就共建国家交通工程应急抢修技术研究中心达成合作协议，共同开展铁路基础设施应急抢修技术与装备研究工作。全年承担各级科研计划项目129项。其中，国家级项目12项；省部级项目7项；股份公司项目34项。年内被评为2011年度中国施工企业协会科学技术奖技术创新先进企业；主持的“大粒径填料平板载荷试验及压实系数研究”获2012年股份公司科学技术一等奖；获得国家授权专利16项，其中“动态承载比检测方法及检测仪”获国家发明专利、计算机软件著作权3项。机械产业园区作为行业研发基地，2012年主要实施“双块式无砟轨道组合式轨排法施工装备”的成果产业化工作，全年成果转化产值超过1亿元。（刘 嘉）

【综合管理】 行政管理。2012 年铁五院 OA 系统上线运行,进一步规范收发文登记、上传、分批、交办、存档等流转环节的管理;不断加强印文管理,确保用印安全,加强各类文件用印前的审核与过程监督工作;严格执行铁五院大宗物资设备采购办法,对批量性购买或资金额较大的设备购置严格进行招标,逐步推进办公设备采购的规范化;规范各类档案管理,推进档案信息化建设。

人事管理。全年引进、调入各类经营管理和专业技术人员 40 余名。按照将合适的人放到合适岗位上的原则,调配人员 100 余名。招收应届毕业生 100 余名,其中硕士研究生及以上学历占 50% 以上,进一步改善铁五院员工学历结构,优化人力资源配置。年内,118 人取得工程师任职资格,36 人取得高级工程师任职资格,向股份公司推荐的教授级高级工程师和高级政工师全部取得任职资格。铁五院专业技术人员队伍结构更加合理,中级及以上职务人员占职工总数的 60% 。

劳资社保。严谨社保缴纳管理。在 2012 年北京市人力资源和社会保障局委托专业会计师事务所进行的社保专项审计中,审计结论是无违规,零补缴。严格按照《劳动合同法》和铁五院《劳动合同管理暂行办法》,做好劳动合同的订立、变更、续订、解除和终止等工作,并加强所属单位劳动合同管理与执行方面的指导与监督,2012 年劳动合同签订率 100% 、有效率 100% ,充分保障企业与员工双方利益,最大程度降低因劳动合同管理不规范而引发的用工风险。

财务管理。健全完善财务管理制度,修订铁五院《财务管理及内控制度》《费用报销办法》《生产经营绩效考核办法》《固定资产管理办法》《备用金管理办法》《银行账户管理办法》;制定《财务监察管理办法》,设置财务监察机构和监察岗位,财务监察工作逐步开展,有效防范财务风险。坚持实施资金集中管理,提高资金使用效率,确保资金链安全。认真开展清欠工作,促进资金回笼,取得明显效果。积极推进财务信息化建设,3 月与浪潮集团合作,实施财务综合管理信息系统项目并于年底上线运行。

技术质量管理。2012 年,铁五院组织质量、环境和职业健康安全管理体系内审和管理评审,并通过北京中建协质量体系认证中心复评审核。开展技术质量合理化建议活动,制定科技工作先进单位、先进个人评选奖励暂行办法等技术管理办法和规定,强化项目技术质量过程管理。年内获国家级咨询奖 2 项,省部级勘察设计咨询奖 14 项;获全国工程建设优秀 QC 小组奖 2 项,铁道部优秀 QC 小组 2 项。

纪检监察。2012 年对新任职的 5 名副处级以上人员进行任前廉洁谈话,坚持教育党员、职工筑牢廉洁从业的思想道德防线。编印《中铁第五勘察设计院集团公司员工廉洁从业手册》,开展廉洁文化作品征集评选活动。年内对线运院、监理公司、东北院等进行巡视调研,探索改进纪检工作的方法。及时化解涉案预警风险,保障生产经营正常进行。严格评标开标监督,年内参加铁五院勘察、设计、基建项目委外及设备软件采购招标评标 17 次,节约资金近 300 万元。

审计监督。开展机械产业园区竣工审计,督促有关单位严格控制合理投资、保证工程质量。配合国家审计署进行支持新疆发展资金和项目的审计,配合股份公司对铁五院的内控与风险管理审计。组织 3 项离任审计。

(段恒阳　曹玉彬　何为锋　王少华　李德玮)

【党群工作】 党的工作。2012 年,铁五院党委开展以“攻坚克难保增长,转型升级促发展”为主题的全院性大学习、大讨论活动。以“喜迎十八大”为主题,组织开展身边的党员主题征文、“身边的故事——践行企业核心价值观”演讲比赛、员工书画展等活动。以管理提升活动为契机,紧紧围绕“着力提升企业党的建设能力”的党建专项提升目标,制定《铁五院贯彻落实“三重一大”决策制度实施办法》,修订和完善部分党建工作制度办法,全面推行党建信息化建设,努力提高党员日常教育、党内统计、党费管理等日常党建工作质量和效果。

工会工作。铁五院各级工会紧密围绕发展稳定大局,努力全方位服务于一线生产,开展各类特色活动。制定《铁五院全民健身实施计划》,2012 年组织开展篮球、排球、足球、羽毛球等循环赛、选拔赛 272 场。积极组织参加中国铁路总工会和股份公司工会举办的职工才艺大赛。充分发挥“三会六队”的引领作用,以队、会带动全员开展群众性、娱乐性、健康性文体活动。

共青团工作。铁五院团委下设团总支 2 个、团支部 14 个,35 岁以下青年员工 970 人,团员 212 人。2012 年,开展“青年岗位能手”评选表彰活动;聘请新东方外语学校的专业英语口语老师,对集团公司青年员工开展以海外勘察设计工作为背景的主题口语培训;组织“铁骨柔情,大爱无疆”爱心捐款活动,大力弘扬团员青年团结、友爱、互助、奉献的志愿精神。

(丁　浩　黄孝民　徐　衍)

【交通规划研究院】 副院长邓学燊主持工作。职工 20 人。下设办公室、综合所和经行所。2012 年完成 77 项生产任务,主要项目有江苏省徐宿淮盐铁路的预可研项目、绍兴县至杭州轨道交通项目、萧山区综合交

通规划项目。 （张静秋）

【线路运输设计院】 院长高嵩，党总支书记赵忻英。职工165人。涉及线路、站场、轨道、经调、行车、机务、车辆、机械、路基9个专业。2012年完成指令性任务130项，自揽任务50项，新签合同额3000万元。

（李卫花）

【地质路基勘察设计院】 院长兼党总支书记宋宇明。职工108人。2012年新签合同额1200万元。全年参与集团公司管项目竞标、预可研、初测、可研、定测、初步设计、补充施工图设计、鉴修、咨询等30余项。

（姚增林）

【桥梁设计院】 院长陈铭。职工89人。2012年新签合同额8200万元，承揽的主要项目有宝兰铁路客运专线的高标准高地震烈度桥涵设计、斯里兰卡铁路英标规范设计、中缅油气管道穿越铁路防护工程（含顶管、框架涵、隧道）等。 （王 涛）

【四电设计院】 院长兼党总支书记汪吉健（9月免），王宇重（9月任）。职工117人。2012年完成的长春轨道客车装备产业园调试线城轨试验线（地铁）、动车试验线电气化设计项目能满足同一线路同时试验DC750伏、DC1500伏、DC3000伏三种电压制式，在国内地铁设计领域尚属首次。 （张素段）

【城市轨道交通设计院】 院长党海军，党总支书记刘亚刚。职工136人。2012年完成15个城市31条线路的86个车站和79个区间各个阶段的设计、配合施工工作，3条线路的地铁咨询工作，2条线路的前期研究工作和25条线路的隧道设计、配合施工工作。年内，院主持的"柳林集运站专用线青龙村隧道风险评估报告"获北京市优秀工程咨询成果二等奖。 （王 徐）

【建筑设计院】 院长兼党总支书记涂强。职工110人。2012年新签合同额5780万元，主要有中国通号轨道交通研发中心（南区）、北京市房山区长阳5号地、邯郸清城国际广场，朔黄铁路公司黄骅站、西柏坡站，沈丹铁路客运专线本溪站等项目。 （段春秀）

【市政工程设计院】 院长兼党总支书记刘长勇。职工113人。2012年新签合同额2.44亿元。院主持的"广东省湛江市东海岛石化产业园区道路网及给排水管网建设工程可行性研究报告"、"国道110（昌平德胜口至延庆县城）二期工程项目申请报告评估报告"分获北京市优秀工程咨询成果一、二等奖。 （刘 淼）

【工程经济设计院】 院长兼党支部书记石跃伟。职工32人。主要从事铁路、地铁、轻轨、单项建筑的施工组织设计和工程造价有关的咨询服务及有关招投标咨询、工程检算、概算清理、施工图预算编制服务。2012年新签合同额1700万元。 （肖佳琳）

【环境工程设计院】 院长兼党支部书记李嘉。职工47人。2012年新签合同额2135万元。主要有哈大铁路客运专线、广珠铁路复工等11个竣工环保验收项目，北京市大兴区西红门镇水厂、大兴区34条中小河道治理等设计项目。 （宋子炜）

【航务工程勘察设计院】 院长蔡泓，党总支书记徐惠纯。职工23人。2012年承揽工程设计咨询业务11项，施工技术咨询项目12项；承揽标准编制7项，新立纵向课题19项。 （刘 陆）

【工程咨询公司】 经理沙文杰。职工70余人。下设办公室、计划经营部、总工室、专家组、技术室、工程咨询一室、工程咨询二室、工程咨询三室。2012年签订施工图审核、勘察设计合同56项，新签合同额7500余万元。 （张 浩）

【东北勘察设计院】 院长王宇重（9月免），宋宏祥（9月任）。职工270人。2012年新签合同额10245万元。重点项目有大庆高新技术产业开发区铁路专用线新建工程、呼伦贝尔工业园区新建专用铁路项目等。院勘察设计的苇河至亚布力南铁路新建工程获黑龙江省优秀勘察设计一等奖。 （刘廉碧）

【郑州勘察设计院】 院长孙晋东。职工36人。2012年新签合同额1362.8万元。 （原素霞）

【北京铁研建设监理有限责任公司】 董事长、党总支书记、总经理李岩。职工65人。2012年新签合同额2亿元，公司监理的越南河内城市轨道交通吉灵至河东线工程获得越南交通部铁路局表彰。 （杨 意）

【北京铁五院工程试验检测有限公司】 经理兼党支部书记王慨慷。职工27人。主要从事工程试验检测、工程监测、工程咨询、技术开发。2012年完成产值3000余万元。

（吴文辉）

【北京中铁建北方路桥工程有限公司】 经理周光忠，

党总支书记杨永强(兼)。职工 368 人。2012 年新签合同额 1.5 亿元,承建工程项目 10 个、竣工 5 个,工程合格率、合同履约率均为 100%。（沈子法）

【北京铁五院工程机械有限公司】 总经理孙世豪。职工 132 人。2012 年新签合同 77 项,合同总额 1.06 亿元,产品分布在全国 12 个省、36 个地市,生产的无砟轨道施工设备实现大西铁路客运专线 97%、兰新铁路 70% 的占有率,累计生产设备长度 26 公里。

（李 俠）

【北京铁五院置业有限公司】 总经理兼党总支书记周德宏。职工 12 人。（杨 荟）

【项目管理中心】 主任李树良。2012 年跟踪完成 9 个项目的经营、评估、合同评审工作。（赵京梅）

【信息中心】 主任欧勇明。2012 年,铁五院协同办公系统(OA)开始运行,实现办公系统、集团短信、即时通讯系统、技术资料库的集成融合;综合财物管理系统上线试运行。（欧勇明）

【试验中心】 主任杨永强。2012 年 10 月参加由国家认证认可监督管理委员会组织的“CNCA-12-A09 建筑用热轧带肋钢筋拉伸能力比对试验”,结果合格。

（谭倩倩）

【图文中心】 主任熊希武。作为生产部门的最后一个环节,图文中心全天为设计人员服务,保证铁五院生产正常运转。（熊希武）

【重要记载】

▲1 月 16 日　铁五院召开党委全委(扩大)会议暨第三届第二次职工代表大会、2012 年工作会议。

▲3 月 25 日　铁五院董事长、院长娄德兰,副院长王立新陪同股份公司总裁赵广发、副总裁张宗言一行会见青岛市市委副书记、代市长张新起。

▲4 月 28 日　铁五院与石家庄铁道大学签署战略合作协议。

▲6 月 11 日　股份公司副董事长、党委副书记、工会主席彭树贵,非执行董事朱明暹,独立非执行董事李克成、赵广杰、吴太石一行到铁五院调研指导工作。

▲9 月 7 日　铁五院与内蒙古集通铁路(集团)有限责任公司签署战略合作协议。

▲9 月 12 日　铁五院获中央企业思想政治工作先进单位称号。（杨 青　段恒阳）

中铁上海设计院集团有限公司

【简况】 中铁上海设计院集团有限公司(以下简称中铁上海院)是国有大型综合甲级设计企业,也是华东地区唯一一家铁道综合甲Ⅰ级设计院。从事城市轨道交通、铁路、市政、公路领域的工程勘察设计以及工程总承包、工程监理、技术咨询等业务,拥有涵盖工程建设全过程的 8 项甲级资质和 2 项乙级资质,设有经济调查、行车、线路、路基、站场、桥梁、隧道、建筑、通信、信号、电气化、环境评价、工程经济等 30 余个专业。前身是上海铁路城市轨道交通设计研究院,始建于 1953 年,2004 年划归中国铁道建筑总公司管理,2007 年 12 月 28 日企业改制改称现名。集团公司总部驻上海市天目中路 291 号。下辖南昌、杭州、合肥、南京、天津、工程勘察、城建设计、监理、咨询等二级单位。职工 1130 余人,其中专业技术人员 980 余人。资产总额 60711.16 万元。其中,流动资产 40053.09 万元;非流动资产 20658.07 万元。

2012 年新签合同额 81121 万元,完成营业收入 60390.56 万元,实现净利润 5872.12 万元。国有资产保值增值率 115.72%,净资产收益率 14.72%,资产负债率 30.54%,总资产周转率 1.02 次。近年来,中铁上海院始终坚持将勘察设计业务作为企业的最根本业务,在充分发挥核心支持作用的基础上,以深化改革、开拓经营、资源整合、体系创新等一系列重大举措,积极开拓国内和国外两个市场,努力拓展铁路、轨道交通、大小市政、监理及咨询、总承包等业务,构建多区域多板块的布局,打造专家领衔、骨干支撑的专业队伍,确立了在高标准铁路、电气化铁路、城市轨道交通总体规划、总体设计以及轨道、通信、桥隧、环境评价、车辆段等领域的实力与品牌。先后获专利 27 项、软件著作权 3 项,国家科技进步奖 1 项、省部级科技奖 10 项,勘察设计奖 75 项,优质工程奖 6 项,优秀工程咨询奖 24 项,优秀软件项目奖 5 项;主持或参与编制国家及行业标准、规范 14 项。中铁上海院获得国家及省部级重合同守信用单位、文明单位,创新型企业、科技小巨人等荣誉。（吝永亮）

【领导人员】

董事会

董事长　　李永利

副董事长	徐增堂
董事	薛新功

行政系统

院长	薛新功
高级顾问	柳京京
副院长	喻伟巍
	刘建红
	马汉标
总工程师	薛新功(兼)

党群系统

党委书记	徐增堂
党委副书记	李永利
	薛新功
	辛建成
纪委书记	辛建成(兼)
工会主席	辛建成(兼)

(吝永亮)

【职工队伍】 职工1133人,其中专业技术人员占职工总数的86.6%,高中级以上职务占专业技术人员总数的72.6%。特殊工种人员22人。(舒 芳)

【境外工程】 中铁上海院在海外项目主要是安哥拉的两个铁路项目,一是本格拉铁路大修工程,二是罗安达铁路大修及中修工程,总计约1800公里。

本格拉铁路　位于安哥拉共和国中部,基本呈东西走向,西起大西洋沿岸的洛比托,经万博、奎托、卢埃纳,东至刚果共和国边境的卢奥,铁路穿越安哥拉的本格拉、万博、比耶及莫希科4省,与刚果接轨并通过其境内铁路向东衔接坦赞铁路,线路全长1343.4公里。工程范围包括1343.4公里的线路大修设计和19.55公里的新建机场复线,计划2014年底全线铺轨贯通。

罗安达铁路　位于安哥拉共和国中北部,东西走向,西起首都罗安达,经仁热、恩达拉坦多、卢卡拉,东至马兰热,穿越罗安达、本戈、北宽扎及马兰热四省,线路全长441.7公里。工程范围包括225.9公里的线路大修和215.8公里的线路中修及栋多支线54.5公里。工程于2008年8月31日竣工。(汪文锋)

【铁路勘察设计在建项目】 合肥至蚌埠铁路客运专线　线路由安徽合肥枢纽引出,沿淮南线并行,经淮南市至蚌埠市,正线全长131.1公里,设计时速350公里。2012年10月16日开通运营。

宁启铁路林场至南通段复线电气化工程　位于江苏省南通市境内。线路西起南通市南通东站,与拟建的沪通铁路在该站并线后连接南通方向;东经南通市辖的经济技术开发区、通州区和海门市,至启东市(吕四),全长94.3公里。

新建阜阳至六安铁路　位于安徽省境内。北接淮南线袁寨站,南至宁西线分路口站,正线全长157.5公里,是阜阳—六安—安庆—峙滩(景德镇)铁路的重要组成部分。

新建宿州至淮安(江苏段)铁路　线路由津浦线符离集站(含)接出,经宿迁至新长线的袁北站(含),线路全长210公里,其中江苏省境内97公里,安徽省境内113公里。

阜淮铁路淮南铁路至合肥段水蚌铁路电气化扩能改造工程　阜淮铁路北起安徽省阜阳市袁寨镇袁寨站,至淮南市淮南站,线路全长114公里。淮南铁路北起淮南市淮南站,向南经合肥市合肥东站、终止于芜湖市芜湖东站,其中改建部分为淮南至合肥东站,全长98.5公里。水蚌铁路位于安徽省北部,连接中国路网主骨架中京沪通道和华东铁路南北二通道,北起蚌埠市蚌埠站,南至合肥市长丰县水家湖站,线路全长60.85公里。

皖赣铁路电气化改造工程　北起安徽省芜湖市,经宣城、宁国、绩溪、歙县、黄山(屯溪)、休宁、祁门进入江西省,再经浮梁、景德镇、乐平、万年至贵溪,线路起点为芜湖南站站中心,终点为贵溪站站中心,全长540.54公里。(汪文锋)

【铁路勘察设计前期项目】 芜湖至铜陵铁路扩能工程　位于皖南的皖江地区,北邻长江,自芜湖经繁昌至铜陵,全长72.862公里,是沿江铁路的一部分。西接铜九铁路至江西省九江市,东连宁芜铁路至南京,在芜湖与华东二通道相交,联通宣杭、皖赣铁路。

合肥至乔司铁路电化改造工程　线路长420公里,中铁电气化勘测设计研究院有限公司、北京电铁通信信号勘察设计院联合体为总体设计单位,中铁上海院承担合肥至宣城(含)段209公里勘察设计任务。

符夹铁路扩能工程　位于安徽省北部淮北平原,南起宿州市符离集,向西北经淮北市濉溪县、淮北市、宿州市萧县至徐州市夹河寨,既有线线路全长85.6公里。既有线扩能采用增建二线并电化扩能方案,同时针对既有线标准较低,无法满足沿线特别是淮北市旅客快速出行的要求,新建淮北至郑徐铁路客运专线萧县北站客车联络线。客车联络线全长35.6公里,设计时速250公里。

连云港至镇江铁路　连云港经淮安、扬州至镇江铁路,正线全长312公里,由中铁上海设计院集团有限公司、中铁第五勘察设计院集团有限公司、中铁大桥勘

测设计院有限公司共同完成。中铁上海院为总体设计单位,设计范围是淮安至扬州至镇江段,正线全长206公里。 (汪文锋)

【轨道交通勘察设计项目】 中铁上海院先后承担上海轨道交通3号线(宝山路站—上海火车站)改造工程勘察设计总体总包,3号线宝钢车辆段改造工程,5号线南延伸工程,17号线、10号线二期、11号线南段轨道工程、通信系统(含PIS、电视监控)、信号系统、声屏障工程、调坡测量与设计;天津地铁4号线工程设计总体总包,6号线工程车辆段、停车场设计,土建设计5标段及4、5、6号线工程通信系统,1号线北延伸、南延伸及刘园停车场扩建方案征集;南京地铁S7线总体总包,3号线、宁和城际轨道交通一期工程分项标段,12号线工程可行性研究及设计总体总包管理;南昌轨道交通1号线一期工程工点设计01合同段,2号线土建4标段;成都地铁4号线一期4JD标段通信、信号,3号线分项标段;苏州地铁4号线支线土建10标段(地下车站);宁波轨道交通1号线二期工程SJ1206标段(土建高架区间和车站);石家庄轨道交通1号线工点设计标段;沈阳地铁9号线、10号线工程勘察,浦江镇公共交通配套工程停车场调整方案设计,4号线工程土建及轨道系统设计;广州"十二五"轨道交通线网前期深化研究(设计、咨询);南宁轨道交通2号线场段设计标段;太原轨道交通2号线通信信号设计标段;郑州轨道交通5号线06标段土建标段等项目。 (汪文锋)

【生产经营】 2012年,中铁上海院在铁路市场继续处于萎缩的状态下,仍积极寻找市场机会,先后参与新建合肥至福州铁路安徽段隧道衬砌及路基相关工程第三方检测,沈阳至新民城际铁路工程、沈阳至辽中城际铁路工程初步勘察工程,沿江城际铁路建设"先行先试"专题研究和江苏省城际铁路网、疏港铁路规划研究,郑州机场至许昌城际铁路项目勘察设计等多个铁路项目的投标工作,并中标沿江城际铁路建设"先行先试"专题研究和江苏省疏港铁路规划研究两个项目。加大轨道交通市场经营拓展力度,先后参与13个城市的投标,共计投标99批次150多个标段,涵盖勘察设计总承包和分项设计、勘察、第三方监测、前期研究、专题研究等内容,中标21个标段,中标金额累计2.23亿元。在小市政领域,充分调动经营人员的积极性,通过做好技术服务和协调工作,继续巩固发展原有铁路局市场的同时通过加大经营力度,积极运作,开辟沈阳铁路局、呼和浩特铁路局、广铁集团等其他路局市场。在大市政领域,通过提高认识,加大经营力度等方式,大力拓展房建等大市政领域,承揽安徽芜湖保障房项目(约22万平方米)、上海太平桥保障房项目(约23万平方米)、上海新龙华保障房项目(约40万平方米)、安徽合肥文化综合楼项目(约9万平方米)、长睦地块铁路专项经济适用房项目、邵阳市文化艺术中心项目以及天集·梅湖明珠住宅小区项目等,效果明显。坚定不移地实施"走出去"战略,通过借船出海,以干促揽,滚动发展,取得一定的成果。不仅在长期深耕细作的安哥拉市场有了更多的新机会,匈牙利、塞拉利昂、厄瓜多尔等国际市场的项目机会也正逐步涌现,一些正在跟踪的海外项目都在有序推进。 (汪文锋)

【科技教育】 科技管理。2012年,中铁上海院牢固树立"科技强企"的理念,进一步完善技术创新体系和运行机制,确保科研投入占总收入的一定比例,着力提高在各业务板块的竞争力,为转型发展提供有力支撑。组织开展技术总结活动和业务培训,并依托在建项目开展科研攻关,技术成果转化取得突破性进展。年内获省部级优秀咨询成果奖3项,其中一、二、三等奖各1项;获股份公司"四优"项目一等奖1项、二等奖2项。集团公司继获得2011年度上海市科技奖励组织管理工作鼓励奖后,2012年又获得上海市闸北区科委表彰并获10万元奖励;在知识产权方面也有了飞跃进展,全年获发明专利2项、实用新型专利11项、软件著作权2项。其中,根据"一种用于地铁车站的新型片式泡沫铝消声器的实用新型专利"以"地铁车站风机系统消声器的技术服务"被认定为上海市高新技术成果转化项目,这在中铁上海院历史上还是首次;"新建公路桥梁上跨高速铁路防护安全技术标准研究"课题成果顺利通过铁道部建设司组织的评审,扩大了在铁路、公路勘察设计领域的影响力。2012年顺利通过上海市高新技术企业复审,被评为2012年度上海市创新企业。

教育培训。全年举办培训班291期,培训2543人次,支出培训经费32.62万元。 (孙蔚芝 舒 芳)

【党群工作】 党的工作。2012年,中铁上海院各级党组织围绕中心,服务大局,着力在思想引领、队伍支撑、文化凝聚、组织保障等方面下功夫,为推进集团公司创新转型发展、完成全年目标任务提供了有力保障。(1)全面学习贯彻党的十八大精神。加强领导,精心部署,周密安排。把学习贯彻作为首要政治任务,对学习的内容、方式、要求作出专门部署,引导全体干部员工深刻领会和认真贯彻落实党的十八大精神。(2)广泛开展形势教育和思想引导。将创新转型的宣传引导贯穿全年，引导干部员工充分认清市场形势和主要矛盾的深刻变化，准确把握企业自身的优势与不足，认真贯彻落实集团创新转型、开拓经营的决策部署，坚定不移地推进“调结构、稳增长、促转型”的中心任务。(3)切实加强干部和人才队伍建设。坚持以“四好领导班子”创建为载体，坚持中心组学习制度，严格执行“三重一大”议事决策规则，深入开展党风廉政建设。通过内部选拔外部引进，充实经营队伍，加强经营力量。按“控总量、调结构、提素质”的总体要求，加强专业技术队伍建设，做好“125”科技人才工程。(4)深入开展创先争优活动。先后以“抢抓机遇、优化结构、提升水平、实现可持续发展”和“振奋精神求突破，创新转型谋发展”为主题，以党员“五讲五比”活动为抓手，把创先争优活动与企业中心工作相结合，与长期坚持的“四、五、六”争创活动相结合，注重在调结构、稳增长、促转型中创先争优，注重在强经营、提素质、促和谐中创先争优，为实现“十二五”平稳开局提供有力保障。

工会工作。各级工会围绕集团公司生产经营和改革发展稳定大局，突出维护职能，开展特色活动，在服务生产和改革发展中发挥积极作用。(1)工会组织建设。中铁上海院现有正式职工963人，均已全部入会，纳入工会小组，入会率100%。(2)企务公开和民主管理。每年院务公开的情况都向职代会专题报告，接受职代会代表审议。中铁上海院2006年建立职代会制度，2010年2月提前换届。各子(分)公司陆续建立职代会制度。生产院、处于2010年全部建立职代会或职工大会制度，有力地推进了集团公司的处级管理工作。(3)权益保障。7年来，中铁上海院筹集“三不让”友爱互助互济基金888万元，均全部足额到位。共救助2726人次，发放救助金633万元，使职工在社会保障的基础上又多了一重企业保障，增强了企业凝聚力，受到干部职工和退离休职工的欢迎和好评。每年元旦、春节期间，集中开展送温暖活动。平时的送温暖工作以发放困难补助方式进行。建立平等协商和集体合同制度。成立协商小组，每年进行一次执行情况的检查和协商，并向职代会报告。职工收入分配、社保五险两金等涉及职工切身利益问题都能按照股份公司和上海市的相关规定执行，情况良好。

共青团工作。2012年，中铁上海院团委从实际出发，借势借力，将团工作与中心任务、党群工作全面融合，服务企业、服务青年。各级团组织围绕重点、难点任务，广泛开展争创“青年文明号”、“青年突击队”、争当“青年岗位能手”活动，带领广大团员青年发挥生力军和突击队的作用。组织五四纪念表彰、秋季迎新等主题团队活动，进一步凝聚青年队伍，培育团队精神。认真做好“推优”入党工作，加强青年思想状况的调查分析，做好帮助和引导，服务于青年成长。　（吝永亮）

【南昌铁路勘测设计院有限责任公司】　由南昌铁路勘测设计院改制而成。工程咨询甲级，建筑工程设计、市政(桥梁、道路)工程设计、测绘乙级，城市规划丙级，计算机信息系统集成四级资质企业。可承担铁路、轨道交通、市政(道路、桥梁)、建筑工程及其配套的给水排水、电力、通信、信号工程的勘测设计和相应的项目总承包、技术咨询、软件开发等业务。公司驻江西省南昌市工人新村二路27号。院长康新平，党总支书记彭跃辉。职工232人，其中专业技术干部190人。资产总额11586万元。其中，固定资产原值2470万元、净值1346万元；无形资产(土地使用权)1599万元；流动资产8614万元；其他资产28万元。

2012年新签合同额17215万元，完成营业收入10801万元，实现利润1315万元、净利润919万元。国有资产保值增值率113.93%，净资产收益率13.8%。

（樊　成）

【杭州铁路设计院有限责任公司】　2007年7月由杭州铁路设计院改制而成。铁路、建筑工程设计及工程咨询、工程总承包乙级资质企业。主要从事铁路线路、站场、桥梁、房建工程设计和建筑设计、工程咨询、工程总承包等业务。公司驻浙江省杭州市延安路468号浙江经贸广场综合楼B座6楼。院长钟国钢。下设综合部、计划经营部、总承包部、线桥设计所和房建设计所。资产总额5018万元。其中，固定资产原值1585万元、净值1451万元；流动资产3537万元。

2012年新签合同额7528万元，完成企业总产值5355万元，实现利润698万元。国有资产保值增值率156.07%，净资产收益率18.35%。　（孙世畅）

【中铁上海设计院集团合肥有限公司】　原为合肥铁路勘察设计院，2007年12月企业改制改称合肥铁路勘察设计院有限责任公司，2012年更为现名。铁路工程设计、建筑工程设计、工程咨询乙级，工程测绘丙级资质企业。主要从事铁路、桥梁、工业与民用建筑、通信信号、给排水、电力、市政道路、轨道交通等工程勘察设计及工程总承包、技术咨询等业务。公司驻安徽省合肥市瑶海工业园区新海大道15号中国铁建安徽大厦。院长孟磊。职工67人。下设铁道设计所、建筑设计所、市政所、经营计划部、综合管理部、工程总承包部和勘察队。

2012年新签合同额7113万元，完成营业收入6061万元，实现利润707万元。国有资产保值增值率129.44%，净资产收益率28.61%。　（袁秀侠）

【上海先行建设监理有限公司】 工程监理甲级，房屋建筑监理乙级，市政公用、公路工程乙级资质企业。主要从事铁路、公路、市政公用、工业与民用建筑工程，暖通、给排水工程，通信、信号及电力工程，室内外装饰、园林绿化、设备安装工程，环境保护及消防工程监理；工程检测，工程技术咨询服务。公司驻上海市天目中路291号。总经理何幸。下设江西分公司。专业技术人员371人。资产总额2702万元。

2012年新签合同额2849万元，完成营业收入5491万元，完成产值5491万元，实现净利润529万元。净资产保值率128.45%，净资产收益率27.8%。（贾凤丽）

【天津分院】 铁道行业甲(1)级，市政行业（桥梁工程、城市隧道工程、轨道交通工程）专业甲级，建筑行业（建筑工程）甲级，环境工程（水污染防治工程、物理污染防治工程）专项甲级，工程勘察综合类、监理甲级，工程咨询甲级，通信、市政道路、工程测量、环评、工程总承包乙级资质企业。院机关驻天津市南开区卫津路18号中恺国际广场新都大厦A座15层。院长顾培龙。下设综合部、经营生产部、线路设计所、建筑设计所、结构设计所、机电设计所。资产总额2255万元。其中，固定资产原值1719万元、净值1496万元；流动资产759万元。

2012年新签合同额3572万元，完成企业总产值1709万元，实现利润242万元、净利润202万元。净资产收益率10.37%。（姜熙柱）

【南京设计院】 2009年3月16日由原上海铁路局南京铁路勘测设计所改制而成。主要从事铁路、轨道交通、市政领域的工程勘察设计、总承包、技术咨询等业务。院机关驻江苏省南京市鼓楼区中山北路223号建达大厦7楼。院长潘必胜。下设综合部、经营计划部、道桥工程设计所、铁道工程设计所、建筑工程设计所。职工36人，其中专业技术人员26人。资产总额1184万元。其中，流动资产1095万元；非流动资产89万元。

2012年新签合同额7300万元，完成营业收入3165万元，实现净利润392元。净资产收益率115.79%，总资产周转率2.48次。（陈应平）

【工程勘察设计院】 2006年由上海铁路城市轨道交通设计研究院和南昌铁路勘测设计院所属工程勘察院重组而成。具有岩土工程勘察、工程测量甲级和测绘乙级资质。主要从事城市轨道交通、高速铁路、客运专线、山区铁路等岩土工程勘察及岩土工程检测、监测，岩土工程治理、施工，公路、桥梁、工业与民用建筑等工程勘察，精密测量、测绘等业务。院机关驻上海市交通路3131号乙。院长朱锦富，党总支书记陈震华。下设综合办公室、计划经营部、地质工程所、测绘工程所、岩土工程所。职工100人，其中专业技术人员40人。（李 帅）

【城建设计院】 2008年1月由原建筑、机务、车辆、机械设计所组建而成。院机关驻上海市天目中路267号蓝宝石大厦15楼B座。院长朱德荣。下设经营计划部、建筑所、结构所、设备所、机辆所，涵盖建筑、结构、电力、给排水、暖通空调、机务、车辆、机械8个专业。专业技术人员64人。

2012年新签地铁合同额8000余万元。（施宇平）

【重要记载】

▲1月 中铁上海院新签苏州金仓粮食中转储备库铁路专用线改造工程、新建中船重工第704所"EM"轨道工程两个设计施工总承包合同项目。

▲1月 中铁上海院党委书记徐增堂在中国人民政治协商会议上海市闸北区第十三届委员会第一次会议上当选常务委员。

▲2月 中铁上海院与华东交通大学等单位联合完成的"车辆轮轨诱发的环境振动与噪声控制关键技术及产业化"科技成果获2011年度国家科学技术进步二等奖。

▲2月 中铁上海院党委一届七次全委（扩大）会议、二届三次职代会暨2012年工作会议在上海召开。

▲2月 中铁上海院召开铁路专用线设计工作研讨会，会议统一了铁路专用线可研文件编制的要求、内容及标准等，对提高铁路专用可研文件的设计质量具有很大的现实意义。

▲4月 上海先行建设监理公司中标宁波市轨道交通1号线一期工程正线铺轨施工监理项目。

▲4月 中铁上海院"新建铁路合肥至蚌埠客运专线精密控制测量"成果获2011年度全国优秀工程勘察设计行业奖工程勘察二等奖，"上海浦江镇公共交通配套工程"获2011年度全国优秀工程勘察设计行业奖市政公用工程三等奖。

▲4月 中铁上海院中标江苏省"沿江城际铁路建设'先行先试'专题研究"项目YJCJ－YJ－2合同段。

▲4月 中铁上海院院长薛新功陪同股份公司董事长孟凤朝访问匈牙利。期间，中国副总理李克强与匈牙利总理欧尔班共同签署布达佩斯机场快线项目等7项政府与企业间的合作协议书。

▲5月 中铁上海院中标沈阳地铁9号线勘察工程第1标段项目。

▲6月 中铁上海院中标沈阳地铁9号线车辆段

与停车场设计项目。

▲6月　中铁上海院中标宁天城际一期轨道工程施工监理DNT－TJ09工程项目。

▲6月　中铁上海院中标沈阳地铁9号线9标段、10号线2标段两个土建标段项目。

▲7月　中铁上海院“解决峰下机走线低净空区段接触网通过问题”和“欧式建筑元素在双港停车场建筑立面的应用”两项QC成果获全国建设工程质量管理QC小组二等奖。

▲8月　中铁上海院中标郑州轨道交通5号线06标段土建标段项目。

▲8月　中铁上海院中标沈阳地铁4号线一期工程轨道工程初步设计及施工图设计项目。

▲8月　中铁上海院中标广州轨道交通4号线南延段工程停车场、8号线北延段工程车辆段设计和广州轨道交通知识城支线工程新和—知识城北—马头庄—知识城—知识城南区间设计项目。

▲8月　中铁上海院被评为上海市创新型企业。

▲9月　中铁上海院中标太原轨道交通2号线一期工程初勘、详勘KC－2标段项目。

▲9月　上海市铁道学会第六次会员代表大会暨长三角轨道交通企业发展战略联盟成立大会在上海召开，中铁上海院董事长李永利当选上海市铁道学会副理事长、常务理事和长三角轨道交通企业发展战略联盟常务理事。

▲10月　中铁上海院中标天津地铁1号线东延至国家会展中心项目土建设计2标段项目。

▲10月　中铁上海院设计的首条高速铁路——合肥至蚌埠铁路客运专线开通运营。

▲10月　中铁上海院成为“南京轨道交通搭载国铁大胜关桥过长江的综合关键技术研究项目”科研总体单位。

▲10月　中铁上海院再次获得科技小巨人企业称号。

▲10月　中铁上海院自主研发的“铁路施工组织设计的进度指标库和计算机辅助设计系统”和“城市轨道交通工程测量与调线调坡设计数据处理系统”软件获得国家计算机软件著作权。

▲11月　中铁上海院中标太原城市轨道交通2号线一期工程系统设计01标段项目。

▲11月　中铁上海院中标江苏城际铁路网、疏港铁路规划研究项目SGTL－GHYJ－2合同段，该项目研究成果将直接指导以后全面建设江苏省港口铁水联运体系。

▲11月　中铁上海院中标南宁轨道交通2号线工程系统设计7标段项目。

▲12月　中铁上海院中标湖南省邵阳市文化艺术中心建设工程设计项目。　（吝永亮）

中铁物资集团有限公司

【简况】　中铁物资集团有限公司是铁道部铁路建设项目部管物资代理公司、铁路用钢轨招标代理服务商，国家发展和改革委员会批准的成品油专项供应单位，是全球最大的铁路工程物流服务商和全国第二大铁路物资供应商。主营铁路建设所需钢轨及配件、油料、火工品等相关物资的采购、加工、配送等全方位全过程供应服务和钢材、水泥、煤炭、矿粉等大宗物资的贸易、运输、配送等供应链集成服务，以及资本运作、招标咨询业务，并受铁道部委托承担部分铁路建设项目物资供应、组织和管理工作。集团公司机关驻北京市海淀区西四环中路19号。前身系中国人民解放军铁道兵后勤部物资处，1984年1月集体转业并入铁道部，改编为铁道部工程指挥部物资处；1990年3月组建中国铁道建筑总公司物资局，1999年改称中铁建物贸公司，2000年12月4日更名为中铁建物资集团有限公司，2003年企业改制改称现名。下辖19个全资子公司、8个控股子公司和4个钢厂办事处，在4家公司参股，并在重庆、大同、无锡等地设有40余个分公司和办事机构。资产总额234亿元。其中，流动资产214亿元；非流动资产20亿元。

集团公司及所属子公司全部通过质量、环境、职业健康安全管理体系认证，先后取得铁道部铁路建设用钢轨招标与采购供应代理、成品油内部批发经营、工程招标代理、民爆器材经营、部管物资招标代理和中央投资项目招标等重要经营资质，2011年获国家和北京市道路运输经营资质。集团公司与鞍钢、包钢、攀钢、武钢、河北钢铁、首钢、中国石油、中国石化、中国建材、中国远洋、中国外运、中铁山桥、中铁宝桥、南岭民爆等大型企业建立长期稳定的战略合作伙伴关系，实现国内首次销售企业与民爆骨干企业共同组建专营公司的合作；成为国内首家成功进军时速350公里百米钢轨市场的企业。先后与欧洲、中东、南亚、东南亚、东亚等地区建立了良好的业务关系。

2012年完成企业总产值407.72亿元（不含关联交易35亿元），实现净利润5.58亿元。全员劳动生产率2010.66万元/人年，人均创利36.72万元，职工年人均收入9.13万元。国有资产保值增值率125.97%，净资产收益率25.16%，流动资产周转率2.44次，投资回报率25.16%,成本费用利润率1.85%,产值利润率1.62%,资产负债率88.39%,投资收益上缴率100%,应上缴款完成率100%。年内,集团公司获2012年中国物流杰出企业、百家诚信企业、全国建材流通行业先进集体称号,东北公司获2012年中国物流创新奖及宝供物流三等奖;继续保持中国物流企业50强第5位排名。 （王 蕾）

【领导人员】

董事会

董事长	金跃良
副董事长	王 涛
董事	李锦云
职工董事	孔庆林

监事会

监事会主席	廖大球
监事	汪启帆
	李景光
职工监事	刘 芳

经理层

总经理	王 涛
副总经理	张长根
	熊卫东
	李志群
	王跃飞
	唐建勇
	李锦云
总会计师	李锦云(兼)

党群领导

党委书记	金跃良
党委副书记	王 涛
	孔庆林
纪委书记	孔庆林(兼)
工会主席	孔庆林(兼)

（王 蕾）

【职工队伍】 职工2108人。其中,干部1485人;工人623人。干部中,专业技术干部886人,占干部总数的59.7%。专业技术干部中,高级职务102人、中级职务185人、初级职务599人。工人中,专业技能人员285人,占工人总数的45.7%。 （陈广文）

【企业经营】 (1)经营情况。2012年,集团公司新签合同额755.82亿元,比2011年增长49.67%;企业总产值407.72亿元,比2011年增长68.44%;净利润5.58亿元,比2011年增长178.16%。(2)业务板块共同发展。集团公司设置工程物流、现货贸易、加工、国际贸易、资本运作、集中采购6个业务板块。2012年,工程物流及线上料贸易大力承揽铁路项目,并进入城市轨道、公路、桥梁、机场等铁路外领域,全年供应水泥270万吨,同比增长170%;铁路外钢轨供应16万吨,同比增长45%。现货贸易稳健发展,实现新签合同额519亿元,同比增长140%。煤炭贸易增长迅速,成立中铁煤焦销售公司,多家子公司相继获得煤炭经营资质,全年实现煤炭销售187万吨,同比增长307%。加工制造实现突破,与法国科吉富合资成立的芜湖中铁科吉富轨道有限公司生产的道岔通过鉴定,成为首批进入美国铁路市场的国产道岔;与铁道部科研院联合开发贝氏体钢轨等高附加值产品,年内在北京地铁、上海地铁试铺;与相关商品混凝土公司探索加工合作业务。国际贸易快速发展,与兄弟单位合作开展格鲁吉亚首都绕城铁路、尼日利亚现代化铁路、安哥拉铁路等项目的钢材供应业务。资本运营情况。集团公司南昌红谷滩BT项目实现净利润5200万元,并在此基础上成功运作二期工程;与中铁二十四局集团公司联合投资成都天府新区BT项目,年内实现净利润2.03亿元;经股份公司批准,运作投资成都地铁10号线一期BT项目;积极跟踪成都北改工程、海南跨海大桥等投资项目。集中采购获得支持。5月,集团公司正式成为股份公司物资集中采购中心。年内,组织黔恩高速公路、合肥轨道交通、江西寻全高速公路等14个项目,约207万吨(套)物资的招标采购;组织海外钢轨集中采购,节约采购成本7600余万元。(3)经营模式破旧创新。2012年,集团公司确立以“综合物流产业的引领者”和“供应链服务专家”为目标的发展战略,在供应链上、中、下游相应的资源掌控、物流配送、招标代理、电子商务、供应链金融等领域,设置8家专业化子(合资)公司。首先,开展“两头化”业务模式。深度介入酒泉钢铁集团、江苏西城钢铁公司等资源厂商供应链整合,成立兰新公司、中铁西城钢铁公司,上游销售煤炭、油料、矿石等原材料,下游设定利润空间销售其成品,加强对钢铁产业链关键环节的控制。与山西煤销集团合资成立中铁煤焦销售公司,掌握煤炭资源。与宝塔石化集团开展战略合作,为宝塔石化提供钢材、燃料油等产品,下游销售其油料产品。其次,巩固“贸易+投资”业务模式。利用集团公司的授信额度和融资条件,稳健发展资本运营业务。通过参与项目投资,掌握大型基建项目物资供应话语权,实现从“寻找市场”到“创造市场”、从“低端经营”到“高端经营”的转变。南昌红谷滩BT项目、成都BT项目在取得较好收益的同时,带动了柴油、沥青、钢材、水泥等物资供应。第三,采用电子商务模式。成立中铁物资集团钢之家电子商务公司,上线“中国大宗物资网”,实现产品销售从价格竞争的“红海市场”转型到信息、服务竞争的“蓝海市场”，这标志着集团公司钢铁、水泥、煤炭等大宗物资的业务交易模式将逐步实现从线下到线上、从有形到无形的革新。该网站自8月运营以来，注册商家近2000家，已销售钢材10万吨，交易金额3.8亿元。第四，打造一体化集成服务模式。成立香港公司，为开展海外供应链业务提供经营平台；成立招标公司，进入系统内外建设工程和物资招标服务领域。

（王　蕾）

【企业管理】　2012年，借助管理提升活动，全面提高集团公司管理水平。（1）财务工作，水平提高。资金集中度提高到86%，资金受控率100%；银行借贷款降至22.04亿元，比2011年贷款峰值实际降低44.71%；资金费用1.21亿元，比2011年降低15%；各级财务部门合理合规避税、节税，节约资金7000余万元。（2）防控风险，加强清欠。加强合同评审管理，严格执行5000万元以上的合同由集团公司评审的规定；制定集团公司《现货业务风险管理办法》，严控各种经营业务存在的市场风险与流动性风险。截至2012年底，逾期应收账款17.6亿元，比2011年下降63%。（3）优化管理，调整机构。集团公司机关撤销企业管理部、全面预算与风险管理部，成立信息科技部、法律合规部、党委宣传部（企业文化部），进一步理顺管理部门职能，规范企业机构设置。（4）吸收人才，调整队伍。集团公司制定《社会人才引进管理办法》《机关人员年度考评办法》等11项人力资源管理制度。全年招聘社会专业人才71名，接收高校大学生91名。年内，集团公司任免干部46名，其中提拔13名、职务调整14名；15家子公司任免干部39名，其中提拔11名、交流14名、职务调整19名、降职3名、免职1名。（5）机制创新。一是持续深化区域协调机制。通过汇总承揽信息，登记“重点项目信息跟踪及投标情况台账”，协调工作进展，组织各区域协调组参与山西中南部通道、大西铁路客运专线、南京地铁、青岛地铁等项目的物资采购投标工作。西南区域协调组和华北区域协调组被评为股份公司优秀经营单位。二是形成业务协同新机制。专业部门、专业化公司与区域性子、分公司，构建立体交叉、滚动发展的经营网络，在业务中实现优势互补、资源共享。中铁煤焦销售公司加强对全系统煤炭业务的统合指导，推动煤炭资源的优化配置与煤炭贸易的整体提升；铁路事业部与相关子公司密切合作，共同推进路内外钢轨的供应工作，并与国际贸易部互相配合，开展线上料出口业务；油品公司、民爆公司凭借区域子公司经营平台大力开展专业品种贸易；多家子公司进驻“中国大宗物资网”，逐步推动本公司业务转型；相关子公司积极借助南昌、成都BT项目平台，开展工程物流业务。三是完善奖惩机制。对完成经营任务、清收欠款、区域协调、BT项目运作等方面贡献突出的单位与个人进行奖励；对出现质量事故、虚报利润以及因工作失误而造成企业经济损失的单位与个人进行惩罚，并建立能上能下的干部使用机制。

（王　蕾）

【党群工作】　（1）学习型党组织建设。采取多种形式组织党委中心组学习活动；购买《责任面前没有借口》《你在为谁工作》等书籍，发动员工“读一本好书”；开展“回顾辉煌历程，喜迎党的十八大”读书竞赛活动，利用报纸、网站开办学习交流专栏，举办企业战略、管理系列讲座。（2）创先争优活动与基层党组织建设。制定《关于在创先争优活动中开展基层组织建设年活动的实施方案》，成立组织机构，召开党建工作专题大会，在生产经营、结构调整、清收欠款、集中采购、区域经营、管理提升等重大问题上，有针对性地开展创先争优活动，推进基层党组织建设。（3）党风廉政建设。广泛开展反腐倡廉教育，年内组织活动48场次；开展效能监察，检查投标招标项目404项，查出亏损项目9项，挽回经济损失215.9万元，提出监察建议38条；认真查处违纪事件，年内有6名职工受到行政处分，为企业避免或挽回经济损失221.9万元。（4）工会共青团工作。集团公司工会积极维护职工权益，制定《企业职工代表大会实施细则》等相关制度，认真落实民主评议领导干部等各项职代会职权，妥善处理落实职代会提案，并将处理意见及时反馈至职工代表；开展送温暖活动，年内看望慰问困难职工家庭77户，慰问离退休老干部及其他人员142人次；推动“职工之家”建设标准化、规范化、制度化，五棵松饭店工会被中华全国铁路总工会评为模范职工小家，东北公司工会、西南公司工会分别被股份公司、四川省总工会评为模范职工之家。集团公司团委推进“组织全覆盖”工作，团（工）委建制率93.8%。

（王　蕾）

【中铁物资集团东北有限公司】　是铁道部授权指定的铁路建设项目部管物资代理单位、国家铁路建设用钢轨指定供应商，拥有铁道部钢轨储备指定仓库和国家战备物资储备仓库。公司驻辽宁省沈阳市大东区东北大马路337号。其前身为中国人民解放军铁道兵后勤部东北办事处，1984年1月集体转业并入铁道部，改编为铁道部工程指挥部东北办事处；1989年更名为中国铁道建筑总公司东北办事处，2003年4月改制改称现名。董事长、法定代表人张宝起（1月免）、季利平（1月任），总经理刘振兴（1月免）、王成伟（1月任），党委书记季利平。职工240人。资产总额21亿元。

在鞍山、大连、哈尔滨、内蒙古、西宁、乌鲁木齐等地设有经营机构。公司占地面积12万平方米，拥有4条铁路专用线和6台龙门吊设备，仓储面积9万平方米，年吞吐能力100万吨。主营铁路建设所需的钢轨、道岔及配件、金属材料、建材等相关物资及工程物流、仓储物流等业务。

2012年完成企业总产值41.5亿元，实现利润3695万元。职工年人均收入10.5万元。国有资产保值增值率124.44%，净资产收益率31.79%，产值利润率1.18%，投资回报率61.59%，资产负债率93.95%，应上缴款完成率100%。年内，公司被评为全国守合同重信用企业，获宝供物流奖和中国物流创新奖，被授予“国防交通T126储备仓库”牌匾。（王钟民）

【中铁物资集团华东有限公司】 前身为中国人民解放军铁道兵后勤部华东办事处，1984年1月集体转业并入铁道部，改编为铁道部工程指挥部华东办事处；1989年3月更名为中国铁道建筑总公司华东办事处，2003年4月企业改制改称现名。公司驻上海市长乐路462号。董事长、党委书记郭佳，总经理蔺建杰。下辖上海分公司、上海铁城汽车出租有限责任公司、杭州分公司、天津分公司、南昌分公司。职工114人。资产总额17.84亿元，其中流动资产17.41亿元。铁路线上料、现货贸易、工程物流、国际贸易及有色金属业务为公司四大核心板块。

2012年完成企业总产值47.8亿元，实现利润2882万元、净利润2125万元。人均创利18.6万元，全员劳动生产率16.4万元/人年，职工年人均收入11.8万元。国有资产保值增值率120.57%，净资产收益率23.03%，产值利润率0.6%，投资回报率742.51%，资产负债率94.92%。（侯大鹏）

【中铁物资集团中南有限公司】 2005年7月7日成立，2007年成为集团公司独资子公司。公司驻湖北省武汉市武昌区丁字桥路25号。法定代表人谢兴沛，总经理杨亮（9月免）、韩元军（9月任）。职工82人。下辖郑州、青岛分公司。主营业务为金属合成材料、建筑材料贸易，机械设备、房屋租赁，金属矿、非金属矿销售，水泥、钢材、铁路设备器材销售，仓储服务及货物、技术、代理进出口业务。资产总额8.9亿元，其中流动资产8.6亿元。

2012年完成企业总产值22.5亿元，实现净利润3529万元。人均创利43.04万元，全员劳动生产率2744万元/人年。国有资产保值增值率106.84%，净资产收益率28.76%，产值利润率2.08%，应上缴款完成率100%。（邓芳菲）

【中铁物资集团西北有限公司】 前身系中国人民解放军铁道兵西北办事处，1984年1月集体转业并入铁道部，改编为铁道部工程指挥部西北办事处；2003年4月企业改制改称现名。公司驻陕西省西安市友谊东路150号。董事长李庆生，党委书记刘升旗（5月免）、李庆生（5月任），总经理林斌（5月免）、王付东（5月任）。下辖兰州分公司。职工89人。主要经营铁路建设所需钢轨及配件、大型基建项目所需钢材和水泥等物资供应及服务、钢材现货贸易、部管物资代理服务、房屋租赁等业务。资产总额79952万元，其中流动资产77544万元。

2012年完成企业总产值11.5亿元，实现利润809万元。人均创收45.6万元，全员劳动生产率45.6万元/人年。职工年人均收入5.1万元。国有资产保值增值率217.09%，净资产收益率12.73%，资产负债率92.38%，产值利润率3.38%，投资回报率25.5%，应上缴款完成率100%。年内，公司被评为陕西省物流与采购行业先进单位。（于继勇）

【中铁物资集团西南有限公司】 前身系中国人民解放军铁道兵西南办事处，1984年1月集体转业并入铁道部，改编为铁道部工程指挥部西南办事处；1989年更名为中国铁道建筑总公司西南办事处，2001年企业改制改称成都中铁建西南物资有限公司；2004年划归中铁物资集团有限公司，改称现名。公司驻四川省成都市一环路北一段113号。董事长唐建勇（1月免）、杨继全（1月任），党委书记潘登华，总经理唐建勇（1月免）、石泉（1月任）。下辖成都、重庆、贵阳、昆明、西安、兰州、拉萨、攀枝花8个区域分公司及桂林工作组和深圳物资项目部。职工184人。资产总额25.14亿元，其中流动资产24.19亿元。主营钢材、水泥等建筑材料，普通货物代办仓储运输，煤炭批发经营，自有房屋租赁，货物进出口贸易。

2012年完成企业总产值38.14亿元，实现净利润2714万元。人均创利14.7万元，职工年人均收入7万元。国有资产保值增值率524.43%，净资产收益率24.17%，产值利润率0.51%，投资回报率32.9%，资产负债率96.69%，应上缴款完成率100%。

（张发平）

【中铁物资集团华北有限公司】 2002年12月由原石家庄中铁建材料总厂改制为中铁物资集团石家庄有限公司，2007年3月更为现名。公司驻河北省石家庄市桥东区工人街22号。董事长齐卫东（1月免）、赵清修（1月任），总经理兼党委书记踪敬民（1月任）。职工264人。资产总额17.27亿元，其中流动资产16亿元。

主要从事物资贸易、工程物流、仓储租赁业务。拥有仓储库房6万余平方米。

2012年完成企业总产值28.45亿元,实现利润1541.89万元。人均创利6.02万元。职工年人均收入4.13万元。国有资产保值增值率111.35%,净资产收益率10.92%,产值利润率1.88%。（苏 婧）

【中铁物资集团华南有限公司】 2004年1月成立,2006年改制为集团公司全资子公司。公司驻广东省广州市越秀区东风东路745号东山紫园国际商务大厦17层。董事长丁剑平,党委书记丁剑平(1月免)、刘家云(1月任),总经理叶海峰(1月免)、刘家云(1月任)。下辖南宁分公司。职工66人。资产总额11亿元。其中,固定资产净值2821万元;流动资产10.8亿元;其他资产49万元。主要从事工程物流、现货贸易业务,兼营能源贸易、国际贸易等业务。

2012年完成企业总产值17.13亿元,实现利润1320.14万元。人均创利20万元,全员劳动生产率11.98万元/人年。职工年人均收入12.38万元。国有资产保值增值率122.3%,净资产收益率20.06%,产值利润率0.77%,投资回报率26.4%,资产负债率93.47%。（马腾飞）

【中铁物资集团北京有限公司】 前身系中国人民解放军铁道兵第一招待所,1984年更名为北京中铁五棵松饭店,2002年更名为北京五棵松饭店;2001年11月划归北京铁建工贸集团公司管理,2006年11月划归中铁物资集团公司管理;2007年12月企业改制改称北京五棵松饭店有限公司,2010年12月组建成立中铁物资集团北京有限公司,实行一个机构、一套班子、两块牌子;2012年6月,北京五棵松饭店有限公司划归中铁物资集团北京有限公司,成为其全资子公司。公司驻北京市海淀区西四环中路19号。董事长王跃飞(1月免)、周庆国(1月任),党委书记张品,总经理陈明(1月免)、杨晓明(1月任)。职工168人。资产总额11.36亿元,其中流动资产11.33亿元。

2012年完成企业总产值21亿元,实现利润2043.51万元。人均创利13.81万元,全员劳动生产率18.46万元/人年。职工年人均收入7.42万元。净资产收益率31.64%,产值利润率0.97%。8月,公司与集团公司、北京诺曼财务顾问有限公司合资成立中铁物资集团资产管理有限公司。（郭云婷）

【北京中铁工业有限公司】 前身为北京海石丰工业科技开发公司,2001年11月由工厂局机关服务中心和海石丰工业科技开发公司重组而成,划归北京铁建工贸集团公司管理;2006年11月划归中铁物资集团有限公司管理,2007年7月改制改称现名。公司驻北京市石景山区玉泉路65号。董事长李志群(1月免)、陈伟(1月任),党委书记林长宝(9月免)、叶海峰(9月任),总经理张燕峰(9月免)、叶海峰(9月任)。职工114人。资产总额15亿元,其中流动资产14.8亿元。主营业务为工程物流、铁路线上料集成供应、现货贸易、驻厂监造等一体化物流贸易综合服务,主要服务于铁路、公路、工业与民用等行业大型建设项目的物贸业务。

2012年完成企业总产值36亿元,实现净利润1446.9万元。人均创利12.7万元。国有资产保值增值率117.89%,净资产收益率19.83%,产值利润率0.57%,资产负债率95.3%,应上缴款完成率100%。（马 川）

【北京中铁建物资贸易有限公司】 前身为中国人民解放军铁道兵印刷厂,1951年2月创建于朝鲜战场;1984年兵改工后为中国铁道建筑总公司机关直属单位,2002年划归北京铁建工贸集团公司管理,2006年11月划归中铁物资集团有限公司管理;2007年12月企业改制改称北京中铁建印刷有限公司,2011年1月正式注册成立北京中铁建物资贸易有限公司。公司驻北京市复兴路40号。董事长范玉峰(3月免)、陈继生(3月任),党委书记陈继生,总经理范玉峰(3月免)、刘忠河(3月任)。下辖北京中铁建印刷有限公司。职工150人。资产总额10.1亿元。其中:固定资产净值328万元;流动资产10.1亿元。主营钢材、矿石矿粉、焦炭、水泥、钢轨道岔销售,国际贸易以及工程物资配送等业务。

2012年完成营业收入21亿元,实现净利润1600万元。人均创利15.13万元,全员劳动生产率32.66万元/人年。职工年人均收入12.37万元。国有资产保值增值率170.44%,净资产收益率36.06%,产值利润率1.02%,投资回报率32.01%,资产负债率93.48%,应上缴款完成率100%。（杨 娜）

【中铁物资集团港澳有限公司】 2010年7月28日成立。公司驻广东省珠海市九州大道西3026号11栋。执行董事、总经理王辉(7月任),党委书记季军(11月任)。下辖珠海华铁商贸实业有限公司。职工75人。资产总额61982万元,其中流动资产58583万元。主营城市轨道交通物资供应、沿海工程材料以及铁路物资的国际贸易,是武钢、首钢、广州市裕丰企业集团有限公司、广东韶钢松山股份有限公司及广州钢铁企业集团有限公司舞阳钢厂、安阳钢厂一级代理商。

2012 年完成企业总产值 104533 万元，实现净利润 4027 万元。人均创利 70.49 万元。职工年人均收入 17 万元。国有资产保值增值率 181.68%，净资产收益率 58.51%，产值利润率 5.15%，投资回报率 58.51%，资产负债率 84.97%。年内，公司获广东省守合同重信用企业、珠海横琴新区三年开发建设突出贡献单位称号，被包钢集团评为包钢集团 5A 级用户。

（朱明明）

【中铁物资集团新疆有限公司】 2011 年 9 月 14 日成立。公司驻新疆维吾尔自治区乌鲁木齐市经济技术开发区中亚南路 81 号。执行董事黄忆龙，党工委书记肖鹏（6 月免），总经理刘立锋（6 月免）。下设喀什分公司、哈密办事处。职工 49 人。资产总额 10.63 亿元，其中流动资产 10.61 亿元。主要经营建筑材料、矿产品、铁路器材、农副产品等，从事工程咨询、工程物流及进出口贸易等业务。

2012 年完成企业总产值 12.45 亿元，实现净利润 1704 万元。人均创利 40.28 万元。职工年人均收入 6.87 万元。国有资产保值增值率 229%，净资产收益率 36.2%，产值利润率 1.8%，投资回报率 44.84%，资产负债率 93.83%。

（林敏国）

【中铁物资集团江苏有限公司】 具有煤炭经营及食品流通许可证。前身为中铁物资集团南京分公司，2007 年 7 月 17 日注册成立中铁物资集团南京有限公司，2012 年 11 月改称现名。公司驻江苏省南京市鼓楼区中山路 179 号易发信息大厦 15 层 A 座。法定代表人郑华荣，执行董事罗世福（5 月免）、郑华荣（5 月任），总经理郑华荣（5 月免）、任刚（5 月任）。职工 50 人。资产总额 10.3 亿元，其中流动资产 10.2 亿元。主要经营铁路建设及大型工程项目物资供应及服务。

2012 年完成企业总产值 130394 万元。职工年人均收入 4.24 万元。国有资产保值增值率 724%，净资产收益率 41.64%，产值利润率 1.38%，投资回报率 36.92%，资产负债率 95.71%。

（陈玲）

【中铁物资集团兰州有限公司】 前身系兰州铁路局工程材料厂、中铁二十一局集团物资公司，2008 年划转中铁物资集团公司管理；2010 年 7 月 30 日在甘肃注册，12 月 28 日正式挂牌成立。公司驻甘肃省兰州市西固区福利东路 68 号。董事长李景光，总经理刘文荣，党委书记谷建民（5 月任）。职工 87 人。拥有起重、运输设备 14 台。资产总额 13.8 亿元，其中流动资产 13 亿元。主要经营铁路物资、工程物资、成品油、润滑油、润滑脂、仓储服务、装卸搬运、运输代理、机械设备租赁业务。

2012 年完成企业总产值 12.7 亿元，实现净利润 738 万元。人均创利 10 万元，全员劳动生产率 7 万元/人年。职工年人均收入 4 万元。国有资产保值增值率 145.84%，净资产收益率 14.22%，产值利润率 0.72%，投资回报率 8.77%，资产负债率 93.65%。年内，公司被评为 2012 年度甘肃省物流企业诚信交易联盟 50 强示范单位，为全国 2A 级物流企业、兰州市铁路运输重点企业。

（周桐）

【中铁物资集团海南有限公司】 2011 年 7 月成立。公司驻海南省海口市龙华区滨海大道 123－8 号信恒大厦 16 层。执行董事陆强，总经理谢百旺（12 月免）。职工 29 人。主要经营金属、化工、能源、铁路器材、机械等五大领域的国内、进出口贸易服务，并为海南省国际旅游岛先行试验区、海军基地、高铁等基建项目提供工程物流、机械设备租赁服务。

2012 年完成企业总产值 9.9 亿元，实现净利润 705 万元。职工年人均收入 6 万元。国有资产保值增值率 121.4%，净资产收益率 14.65%。

（秦欣）

【北京中铁国际招标有限公司】 具有中央投资项目招标代理甲级资质。2012 年 4 月成立，前身为中铁物资集团有限公司部管物资事业部。公司驻北京市复兴路 40 号院。执行董事、总经理刘建军（4 月任），党工委书记张燕峰（4 月任）。职工 8 人。资产总额 9879 万元。

2012 年完成企业总产值 11493 万元，实现利润 31 万元。人均创利 11 万元，全员劳动生产率 26 万元/人年，职工年人均收入 11 万元。净资产收益率 6.05%，产值利润率 0.38%，资产负债率 89.56%，应上缴款完成率 100%。

（李征）

【芜湖中铁科吉富轨道销售有限公司】 2011 年 7 月注册成立。公司驻安徽省芜湖市弋江区火龙岗镇芜南路东 281 号。总经理孙东旭。职工 8 人。主要经营水泥、矿粉、钢轨、道岔及铁路配件销售和相应的物流及仓储服务。

2012 年完成营业收入 3.3 亿元，实现净利润 230 万元。

（刘晴）

【中铁物资集团铁建民爆器材专营有限公司】 2006 年 10 月由集团公司与湖南省南岭民爆器材股份有限公司共同出资组建成立。公司驻北京市海淀区西四环中路 19 号。董事长刘建军（3 月免）、范玉峰（3 月任)，党工委书记肖鹏(7 月任)，总经理姜延华。职工 29 人。资产总额 1.08 亿元，其中流动资产 1.07 亿元。

2012 年完成销售收入 20022 万元，实现净利润 303 万元。人均创利 11 万元。国有资产保值增值率 115.54%，净资产收益率 15.03%，产值利润率 3.95%，投资回报率 18.75%，资产负债率 81.43%，应上缴款完成率 100%。（杨　凯）

【北京中铁福斯罗技术有限公司】 2009 年 3 月 17 日，由中铁物资集团公司与德国福斯罗公司共同出资组建成立。公司驻北京市海淀区西四环中路 19 号。董事长、法定代表人熊卫东，总经理刘建国。职工 12 人。资产总额 1389 万元，其中流动资产 1279 万元。主要从事扣件系统技术研究开发及技术转让和技术咨询业务。

2012 年完成企业总产值 584 万元，实现利润 439 万元。人均创利 36.58 万元。国有资产保值增值率 109.51%，净资产收益率 28.94%，产值利润率 75.17%，投资回报率 87.86%，资产负债率 14.33%。

（薛志辉）

【中石油铁建油品销售有限公司】 2009 年 11 月 19 日，由中铁物资集团公司与中国石油天然气股份有限公司共同出资组建成立。公司驻北京市朝阳区北辰东路 8 号汇宾大厦 B 座 18 层。具有成品油批发及危险化学品经营许可证。主要经营铁道建设系统内汽油、柴油、润滑油、沥青等石化产品业务。董事长、法定代表人张长根(1 月免)、陈明(1 月任)，总经理杨荷。职工 14 人。资产总额 17237 万元，其中流动资产 17086 万元。

2012 年完成销售收入 117145 万元，实现利润 2337.59 万元、净利润 1683.51 万元。人均创利 166.97 万元。国有资产保值增值率 110.96%，净资产收益率 12.13%，产值利润率 20%，投资回报率 16.84%，资产负债率 28%。（李　响）

【中铁物资集团有限公司南昌指挥部】 2010 年 12 月成立，主要负责集团公司资本运作项目——南昌市红谷滩新区市政路网工程。指挥部驻江西省南昌市红谷滩新区丰和南大道 2299 号梵顿公馆一期 1 号楼 3 单元 701 室。常务副总指挥周庆国，副总指挥陆强。职工 11 人。

2012 年完成产值 14088 万元，实现利润 2325 万元。产值利润率 16.5%。（周　成）

【重要记载】

▲1 月 12 日　集团公司与中铁二十三局集团公司格鲁吉亚第比利斯绕城铁路项目部签署 4000 吨工字钢出口供货合同。

▲3 月 1 日　海南省政府与国资委合作备忘录签字仪式在北京钓鱼台国宾馆举行。集团公司董事长、党委书记金跃良受邀参加合作备忘录签字仪式。

▲3 月 6 日　集团公司总经理王涛会见兰州市委常委、兰州新区党工委书记杨志武一行。双方就合作达成初步意向。

▲3 月 18 日　集团公司与山西煤炭运销集团公司战略合作协议签约仪式在北京香格里拉大酒店举行。

▲4 月 11 日　中央企业共青团工作会议暨纪念建团 90 周年五四表彰大会在北京召开，集团公司机关团支部被授予五四红旗团支部称号。

▲4 月 20 日　集团公司与中信泰富特钢集团(中特集团)在上海签订战略合作协议。双方将全面拓展在特种钢贸易及延伸服务、特种钢产业上游资源贸易、物流、技术等领域的合作。

▲4 月 21 日　由集团公司与钢之家网站联合推出的“中国大宗物资网”(www.zgdzwz.com)上线仪式在上海星河湾大酒店举行。

▲5 月 5 日　泰国铁路局副局长 Prachak Manotham、泰国纳地篷公司董事长 Arnat Amnueypol 一行拜访集团公司。

▲5 月 16 日　中国铁建物资集中采购中心第一次工作会暨揭牌仪式在北京举行。股份公司副总裁夏国斌、设备物资部部长覃为刚与集团公司领导为中心成立揭牌。中国铁建物资集中采购中心及区域、专业分中心近 70 人参加会议。

▲5 月　集团公司取得道路运输经营许可证及车辆运营证，开始大型物件运输业务。

▲6 月 11 日　由中国铁建物资集中采购中心正式挂牌成立后牵头组织的第一个集采项目——中铁二十局集团公司安哥拉项目钢轨集中采购竞争性谈判工作在陕西西安举行。总量 11500 吨钢轨的最后中标价格比开标时的平均报价降低 189 万元。

▲6 月 13 日　集团公司与湖南新天地投资控股集团有限公司在集团公司总部举行战略合作协议签约仪式。

▲6 月 18 日　集团公司与四川省达州钢铁集团有限责任公司在集团公司总部签署战略合作协议。

▲7 月 12 日　股份公司物资集中采购中心成立后首次在北京组织的集采项目——中国铁建北京地区工程项目钢材、盾构管片集中采购开标会议在北京五棵松饭店召开。成功整合中国铁建北京地区 14 个工

程项目,最终节约采购成本300余万元。

▲7月27日　集团公司董事长、党委书记金跃良,党委副书记、纪委书记、工会主席孔庆林一行拜访北京市副市长丁向阳。

▲7月27日　江苏省江阴市副市长费平率领江苏省江阴西城钢铁集团董事长、总经理恽相才一行到集团公司访问。双方探讨了开展合作的可行性及具体模式。

▲7月30日　集团公司与北京建龙重工集团有限公司在集团公司总部签署战略合作协议。

▲8月8日　在中国铁建与成都市战略合作协议签订仪式上,成都兴城投资公司董事长张正红和集团公司董事长、党委书记金跃良分别代表项目业主和"二十四局—物资集团"联合体签订成都天府新区正公路项目合同。

▲8月27日　印度尼西亚交通部长助理 Paulus Oerip Agussoegito 一行在泰国纳地篷公司董事长 Arnat Amnueypol 陪同下拜访集团公司。

▲11月22~24日　以"合作发展、互利共赢"为主题的2012年中国(四川)国际物流博览会在成都世纪城新国际会展中心举行。集团公司应邀在"铁路物流展区"参展,有侧重地展示了西南公司及所属拉萨物流园区、新津物流配售中心等内容。

▲11月26日　2012年包钢重点用户座谈会在内蒙古包头召开。集团公司获包钢年度钢材产品最佳战略合作单位称号,港澳公司获包钢5A级用户称号。

▲11月23日　在2012年第十届中国物流企业家年会上,集团公司获2012年中国物流杰出企业称号,东北公司获2012年中国物流创新奖及宝供物流三等奖。集团公司在中国物流企业50强排名中继续保持第5位。

▲11月25日　全国建材流通行业先进集体和劳动模范表彰大会在北京钓鱼台国宾馆举行,集团公司获全国建材流通行业先进集体称号。

▲12月18日　集团公司与四川省川威集团有限公司在集团公司总部举行战略合作协议签约仪式。

▲12月20日　集团公司与神华物资集团有限公司、宝塔石化集团在北京香格里拉大酒店签订战略合作协议。

▲12月24日　集团公司与广州裕丰企业集团有限公司在集团公司总部签订战略合作协议。

▲12月　集团公司在钢之家网站全国钢铁贸易与物流企业百家诚信企业评选中,获百家诚信企业称号。　(王　蕾)

昆明中铁大型养路机械集团有限公司

【简况】　昆明中铁大型养路机械集团有限公司(以下简称昆明中铁)是国家铁路大型养路机械生产基地、国家高新技术企业,专门从事铁路养路机械设计研发、制造和修理。1954年始建于陕西宝鸡,1964年搬迁到云南昆明。集团公司总部驻云南省昆明市官渡区金马镇羊方旺384号。占地面积59.17万平方米。在岗职工1489人。

1988年,铁道部引进奥地利普拉塞公司先进技术,昆明中铁承担国产化任务,生产出中国第一台08-32捣固车,实现大型养路机械国产化生产"零"的突破。经过20多年的努力,昆明中铁已形成多个系列50余个品种、配套齐全的大型养路机械产品格局,其中自主研发产品30余个,填补了国内空白。截至2012年底,已为中国铁路提供各类大型养路机械1803台,市场占有率80%以上,并有部分出口。获国家专利80余项,主持制定大型养路机械铁道行业标准10余项。大型养路机械的广泛应用,为中国铁路提速扩能、保障运输安全、加速技术进步、推进工务修程修制改革,为青藏铁路和高速铁路的顺利开通、安全运营发挥了重要作用,成为中国铁路科技进步十大标志之一。

2012年完成营业收入30.48亿元,实现利税4.72亿元。全员劳动生产率108.24万元/人年。国有资产保值增值率109.81%,净资产收益率13.3%,资产负债率58.42%,流动资产周转率1.01次。　(宋柏均)

【领导人员】

董事会

董事长	马云昆
国有股董事	马云昆
	任延军
	杨朝凯
	江　河
	陈永祥

监事会

成员	莫　斌
	胡　斌

经理层

总经理	任延军
副总经理	江　河

	黄兆祥
	胡　斌
	孙国庆
	张　忠
	陈永祥
	余园林
总工程师	胡　斌
总会计师	余园林

党群领导

党委书记	马云昆
党委副书记	任延军
	杨朝凯
纪委书记	莫　斌
工会主席	杨朝凯

（宋柏均）

【职工队伍】 在岗职工1489人，其中研究生以上学历77人、大学本科学历407人、大专学历324人。工程技术人员342人，其中教授级高级工程师2人、高级工程师83人、工程师172人、助理工程师85人。技术工人568人，其中高级技师50人、技师78人、高级工225人、中级工114人、初级工101人。（宋柏均）

【经营管理】 生产经营。2012年制造、修理大型铁路养护机械347台，完成工业总产值32.04亿元。新签合同额28.02亿元，完成营业收入30.48亿元，实现利润2.74亿元、净利润2.38亿元。

科技创新。2012年，昆明中铁有11个新产品列入研制计划。其中，道岔稳定车6月完成组装调试；除雪车样机发至沈阳铁路局做场地试验；铣磨车进入调试阶段；4种宽轨车型中，2台配砟车已交付使用；米轨3种车型（捣固、稳定、配砟）完成设计。年内中标铁道部钢轨铣磨车和除雪车两个科技研发项目。

创新平台建设。持续推进国家铁路大型养路机械工程技术研究中心项目，顺利通过EN15085和ISO3834焊接质量体系认证，产品焊接质量体系控制达到欧洲标准和国际标准；通过中国合格评定国家认可委员会（CNAS）的国家实验室认可现场评审，成为目前国内铁路大型养路机械行业首家通过此项评审的单位。此外，向国家科学技术部申报的“铁路大型养路机械国际科技合作基地”和“昆明国家铁路大型养路机械高新产业化基地”两个国家平台已通过认定和批复。

区域经营。为应对铁道部机构改革，适应采购主体下移的新形势，昆明中铁围绕大营销战略，全力推进区域经营。2012年经过反复论证，多方选址，在上海、西安设立营销网点并完成人员招聘工作，为构建大营销格局迈出坚实的一步。

国际化工作。贯彻落实股份公司“走出去”战略，积极推进“国际化”进程，昆明中铁派出考察团赴欧洲对几家国际一流企业进行商务考察和会谈，就零部件采购、技术引进与支持、成立合资企业等合作意向进行磋商，并达成初步共识。2012年11月开始，几家国际企业陆续回访，对合作事宜进一步深入探讨，并签订备忘录。此次考察和商务会谈，不仅开阔了眼界、增长了见识，更重要的是坚定了集团公司“走出昆明，布局全国，迈向世界”的信心，为昆明中铁“走出去”打开了一道崭新的大门。

安全质量。昆明中铁大力推进安全标准化体系建设，于2012年底通过安全生产标准化二级企业外部评审。生产系统继续强化“三检制”（自检、互检、专检）执行，统一点检执行标准，加强日常监督检查。铁道部“质量年”活动检查后，昆明中铁组织召开“质量年”活动全体干部反思警戒大会，对检查组提出的问题进行深入分析和反思，并按照会议精神和检查组提出的要求逐项落实，对问题进行深入整改，大大提升了质量工作水平。年内，完成整机检验223台车，一次交检合格率99.1%；完成整机交验204台车，一次交验合格率99.51%；完成自制件检验133万件，不合格品率为0.065%；完成外协件检验199万件，不合格品率为0.063%。总体质量稳中有升。

信息化建设。2012年，ERP系统持续优化，实现生产经营主线业务集成应用，营销、财务系统集成应用，总装分厂、物流中心物料配送上线使用。12月完成数据加密系统建设，保障信息安全。申报的“加强两化融合，提升昆明中铁自主创新能力”、“昆明中铁数字化集团管控”两项科研课题分别获得国家866万元、100万元专项资金支持。（宋柏均）

【党群工作】 党的工作。2012年，昆明中铁党委深入推进“基层组织建设年”和“管理提升年”活动，大力推进学习型党组织建设。（1）基层党组织建设。以党建目标责任制为抓手，加强所属基层党组织的党建目标考核，激发党建工作活力。昆明中铁党委、纪委分别获昆明市国资委2011年度党建目标责任制和党风廉政建设责任制考核一等奖。形成党建工作规范，昆明中铁党委“党群工作标准化、规范化和信息化工作”课题获昆明市党建创新课题优秀奖。推进所属二级党组织建设，制定《党的组织工作细则》《加强和改进党建工作的实施意见》《党建目标责任制》《二级党委工作指导意见》，与二级党委签订党建目标责任书。深化“创党员先锋岗，建红旗责任区”活动。2012年5月，昆明中铁作为中国铁建的基层党组织，接受中央企业创先争优活动领导小组的检查，获得好评。(2)“八比八看”创先争优。昆明中铁党委围绕企业科学发展中心，在2011年创先优争“六比六看”活动的基础上，进一步改进“六比六看”活动，扩展为“八比八看”活动。即：子分公司比发展，看谁的发展步伐快；机关职能部门比服务，看谁服务质量高；员工人人比贡献，看谁贡献大；党员干部比作为，看谁做事本领强；科技人员比创新，看谁是创新排头兵；营销队伍比业绩，看谁业绩最优异；单位之间比管理，看谁管理规范效果好；节能降耗比指标，看谁降本增效最有效。创先争优实实在在的成效，为生产经营中心工作提供了思想源动力。(3)实施人才强企战略。为加速干部管理深化改革、科学发展和领导干部队伍建设，修订《昆明中铁大型养路机械集团有限公司干部管理暂行办法》等9个干部管理制度。依托博士后工作站构建科研、人才平台，引进高端人才，加快科技创新。(4)创新文化建设思路。以社会主义核心价值体系意识强化为主线，坚持以人为本，丰富文化创建方法和形式，紧紧围绕生产经营目标任务，大力组织开展企业文化建设活动，丰富企业文化建设内容，扩大社会影响和知名度，活跃员工文化生活。巩固“全国文明单位”创建成果，发挥辐射和带动作用，用创建成果促进企业发展、提高企业管理水平、提升人员素质。加强重点宣传和舆论引导工作，进一步提升企业的品牌影响力，为企业的改革发展稳定营造良好的舆论环境。(5)党风廉政建设。以“廉荣贪耻”理念为核心，以宣传教育为支撑，以廉洁文化活动为载体，强化理念引领，系统推进廉洁文化建设。突出风险防控，持续构建纪检监察、审计、法务、监事会四位一体大监督工作机制，完善惩防体系。加强监督检查机制，规范纪委巡视制度，深化“三重一大”集体决策制度执行情况监督和党风廉政建设责任制考核。深化效能监察，促进管理效益提升。贯彻落实《关于加强和改进中央企业和中央金融机构纪检监察组织建设的若干意见》，切实加强纪检监察组织建设。

工会工作。昆明中铁工会以抓规范化、程序化管理为重点，推进“职工小家”建设，促进队伍素质提高；抓工作创新，增强工会工作活力；以文体活动为载体，加强员工凝聚力和向心力，推动各项工作深入开展。

共青团工作。在基层团组织、广大团员中开展“团员争创一流”、“保安全、求质量、促进度、增效益——昆明中铁青年在行动”和“党建带团建，创建先进团组织和争当优秀团员团干部”创先争优活动及“青年创新之星”选树活动，突出“永远跟党走”的主题，凝聚团员青年力量，发挥共青团应有的作用。

（宋柏均）

【昆明奥通达铁路机械有限公司】 2010年成立，专门从事大型机械配件生产销售、修理和中小型机械制造等业务。2012年新签合同额2.04亿元，完成营业收入4.11亿元，实现净利润5034万元。年修能力35个标准台。（宋柏均）

【北京昆维通铁路机械化养护工程有限公司】 2010年成立，主要负责铁路线路养护施工。2012年新签合同额0.44亿元，完成营业收入3074万元，实现净利润339万元。（宋柏均）

【北京瑞维通工程机械有限责任公司】 2010年成立，主要从事大型机械修理业务。2012年完成营业收入6181万元，实现净利润115万元，通过北京市高新技术企业认定，并取得捣固、清筛、稳定、配砟四种主要车型的维修资质。年修能力20个标准台。（宋柏均）

【唐山昆铁科技有限公司】 2011年成立。2012年，公司本着“边建设、边生产、边创效”的原则，在抓紧基础建设的同时完成营业收入363万元。（宋柏均）

【昆明中铁恒源商务服务有限公司】 由集团公司服务中心改制而来，2012年9月正式挂牌成立，全面负责集团公司的餐饮、住宿、安保、绿化等后勤服务工作。

（宋柏均）

【重要记载】

▲2月17日　昆明中铁召开第二届第四次职代会暨2012年工作会议。

▲2月28日~3月1日　昆明中铁召开党委扩大会暨2012年党风建设和反腐倡廉工作会。

▲2月23~26日　北京瑞维通工程机械有限责任公司通过SPZ-200双向配扎整形车、DC-32捣固车、QS-650全断面道砟清筛机三种车型铁道部大修行政许可审查。

▲3月6日　昆明中铁获昆明市国资委2011年度党建目标责任制和党风廉政建设责任制考核一等奖。

▲3月23日　昆明中铁自主研发的YHGQ-1200移动式气压焊轨车通过铁道部技术鉴定，取得4项发明专利。

▲6月15日　非洲铁路建设规划及施工管理研修班学员到昆明中铁参观考察。

▲8月15日　昆明中铁与昆明海关签订规范管理合作备忘录。

▲10月17日　昆明中铁技术中心大楼竣工。

▲10月30日　昆明中铁国家工程技术研究中心通过国家CNAS现场评审。

▲10月　昆明中铁国家工程技术研究中心通过EN15085认证。

▲11月22日　昆明中铁国家大型养路机械高新技术产业化基地通过论证。

▲11月23日　昆明中铁召开第三次党代会，确定今后4年奋斗目标。大会审议通过党委、纪委工作报告，选举产生新一届党委会、纪委会。

▲12月　昆明中铁CQS－550清筛机等11个产品标准成本通过评审。　（宋柏均）

中国铁建重工集团有限公司

【简况】　中国铁建重工集团有限公司（以下简称铁建重工）原名中铁轨道系统集团有限公司，2007年5月28日组建，2011年7月更为现名，是集高端轨道装备和重型机械装备研究、设计、制造、施工于一体的大型专业化集团。铁建重工积极发挥铁路行业优势，充分利用中国铁建长期积累的施工技术与施工经验，以原始创新、集成创新和引进、消化、吸引再创新的自主创新模式，掌握多项具有世界领先水平和完全自主知识产权的核心技术，不断推出新产品、新工法、新工艺。不仅为用户提供盾构/TBM、矿山法隧道机械、混凝土机械、桩工机械、特种施工装备和道岔、弹条扣件、闸瓦、轨枕、岔枕、轨道板、电气化制品、钢结构等尖端产品，而且还为用户量身打造新工法、新装备和提供解决各种隧道施工难题的独特方法。铁建重工是全球唯一同时具备盾构和矿山法隧道装备研制能力的专业企业，拥有国内生产能力最大、设备最全、工艺最先进的盾构/TBM专业生产线。自主研制的具有完全自主知识产权的高端盾构/TBM广泛使用在长沙、北京、西安、武汉、广州、苏州、南京、福州等城市地铁工程；自主研制的具有世界领先水平的矿山法隧道机械服务于中国高速铁路施工现场；拥有世界上最先进的道岔、弹条扣件、闸瓦生产线，其产品广泛使用在京沪、武广、沪杭等高速铁路，还出口到美国和加拿大等北美国家。集团公司总部驻湖南省长沙市经济技术开发区东七路88号。下辖中铁株洲桥梁有限公司、中铁隆昌铁路器材有限公司、株洲中铁电气物资有限公司、中铁建钢结构有限公司、中国铁建重工集团兰州隧道装备有限公司5家子公司和中国铁建重工集团道岔分公司、制造总厂、研究设计总院、中铁建特种装备工程有限公司等直管单位。职工5104人。资产总额47.2亿元。其中，流动资产30.8亿元；固定资产原值12.7亿元、净值8.1亿元。主要生产设备2527台（套），总功率85512千瓦，技术装备率6.54万元/人，动力装备率18.4千瓦/人。

2012年新签合同额33.32亿元，完成企业总产值30.3亿元，实现营业收入28.46亿元，实现净利润2.99亿元。　（钟祥军　王艳艳　王喜桔）

【领导人员】

董事会

董事长	刘飞香
董事	宋占波
	王全生
	胡少峰（7月免）
	刘华军

监事会

监事会主席	龚道君
监事	谭光勇
	钟吉明

经理层

总经理	刘飞香
副总经理	王全生
	胡少峰（7月免）
	刘华军
	刘海华
	贺勇军
	周海祥
	王守慧
	程永亮
	李　健（11月任）
总会计师	胡少峰（7月免）
	李　健（11月任）
总工程师	王全生

党群领导

党委书记	宋占波
党委副书记	刘飞香
	龚道君
纪委书记	龚道君（兼）
工会主席	龚道君（兼）

（吴定州）

【职工队伍】　职工5104人。在岗职工3989人。学历结构：高中（含中专、技校）及以下学历2054人，大专学历1051人，本科及以上学历886人。年龄结构：30

岁以下1089人，30～40岁1590人，40岁以上1310人。专业技术人员1548人，其中高级职务94人。

（王艳艳）

【经营管理】 产品生产。2012年生产道岔2102组、高锰钢辙叉2065个、扣件等工务器材产品6229万件、闸瓦10万件、金具产品5万件、轨枕84.7万根、岔枕2960组，现场制梁428孔，接触网混凝土支柱13042根，钢支柱2250吨，钢结构产品23016吨。全年组装盾构机11台。

安全质量。铁建重工通过开展安全标准化达标创建活动，建立有效的安全生产管理体系，规范员工的安全生产行为，改善生产作业场所的安全环境，增强员工的安全生产意识和防护知识，安全生产面貌得到根本改观。中铁隆昌铁路器材有限公司闸瓦车间被评为股份公司安全质量标准车间，道岔分公司锯钻班获铁道部优秀质量管理小组和全国质量信得过班组称号，两项QC成果获股份公司优秀质量管理小组奖。

人力资源管理。创新人力资源管控体系。2012年修订铁建重工薪酬、福利体系，规范员工职业发展通道；制定《职衔绩效薪酬管理制度》《员工职衔管理制度》《员工职务及薪酬管理制度》，对集团公司机关、直管单位处级以下员工进行职衔层级评定；修订完善假勤管理办法、委派人员管理办法、持证上岗管理办法。

财务管理。2012年，铁建重工紧紧围绕股份公司财务战略规划，认真贯彻执行国家法律、法规和各项规章制度，在财务监察、产权管理、全面预算管理、降本增效、精益管理、纳税筹划等方面开展工作，财务集中管控初见成效。铁建重工被湖南省建设银行授予AAA级信用企业、被长沙经济技术开发区企业信用体系建设领导小组授予信用等级AAA级企业称号。享受1703万美元财政部重大技术装备制造企业免税额度。

信息化建设。2012年启动OA系统建设，建立制造总厂、道岔分公司、中铁隆昌铁路器材有限公司ERP供应链管理；配合股份公司实施财务、电子商务、人力资源、企业应用中心等办公系统建设。制定铁建重工信息化预算编制与投入统计及ERP系统、OA系统、PDM系统、HR系统、NC财务系统等信息化管理制度。

审计法务。2012年完成审计项目12个，重点审计所属公司合同执行情况、材料物资管理情况，发现问题，积极跟踪整改，有效地提高了所属公司的管理水平和经济效益。积极处理法律诉讼案件，年内，1起案件撤销，13起案件和解，1起案件一审判决结案，17起劳动争议处在一审阶段，为集团公司挽回数百万元的经济损失。 （刘双喜　成柏云　王艳艳　王喜桔　申智方　钟吉明）

【科技开发】 2012年，铁建重工主动应对新变化、迎接新挑战，以集团公司“二次创业”为契机，以完善科技创新体系为切入点，加强技术创新平台建设，着力自主创新和加强科技成果转化，全面提升铁建重工的科技创新能力，并在承担国家科技计划上和科技创新平台建设上取得重大突破，在科研开发方面取得重大进展。铁建重工通过国家级企业技术中心认定，组建湖南省地下掘进装备工程技术研究中心和博士后科研流动站协作研发中心，与中铁第四勘察设计院集团有限公司联合组建省级水下工程实验室，成功入选国家火炬计划重点高新技术企业，形成集研发、研究、试验于一体的科技创新平台。年内，3项重大研发项目获得国家立项并启动，5项获得省部级立项，5项获得股份公司立项；参与国家科技计划项目4项。承担“大直径全断面隧道掘进机装备及重大工程机械装备”国家863计划项目和“预切槽隧道成套设备关键技术研究及应用”科技支撑计划项目的开发，“ZTE6250复合式土压平衡盾构机”研制项目被列入2012年国家重点新产品计划，获得科技资助经费2200万元。与中南大学、浙江大学、西南交通大学签订战略合作协议和落地协议，实现铁建重工与高校在科研平台、科技项目、人才培养等方面的全方位合作，推动了产学研机制的深度发展。50项专利获国家专利授权，其中发明专利7项；获省部级科技进步奖7项，其中“复合式土压平衡盾构设备研制及其应用”科技成果获湖南省科技进步一等奖和中国铁建科技进步特等奖，“HPS3016混凝土喷射机械手”和“复合式土压平衡盾构”两项科技成果获中国施工企业协会科学技术奖技术创新成果一等奖和湖南省机械工业科技进步一等奖，“重载提速列车制动材料的研究”科技成果获北京市科学技术二等奖。

（李鹏华）

【党群工作】 党的工作。(1)思想理论建设。在党的十八大召开前，铁建重工开展“先锋问答”、“读书伴我行”、“创业立功”、“摄影大赛”、“慰问离退休老党员”等活动，并作为湖南全省的唯一中央企业代表，参加湖南省委宣传部和省电视台举办的喜迎党的十八大先锋问答知识竞赛，获优秀组织奖。铁建重工学习型党组织建设经验被股份公司、湖南省委、国务院国资委和中央分别进行转发后，中宣部批示和组织《人民日报》《经济日报》等主流媒体，湖南省委宣传部批示和组织《湖南日报》、湖南电视台等7家媒体对铁建重工学习型组织建设经验进行采访宣传。在湖南省委组织的全省学习贯彻党的十八大精神、推进学习型党组织创建工作会上，铁建重工作为企业唯一代表作经验交流发言；《以学习型党组织建设培育企业学习力，提升核心竞争力》的经验文章被编入湖南省委建设学习型党组织办公室编写的《让学习成为力量》一书。(2)领导班子建设。以贯彻落实《加强和改进领导班子思想政治建设的实施意见》为主线,以理想自信、能力自信和发展自信建设为要求,在铁建重工两级班子中深入开展“四好领导班子”创建活动。严格干部考核选拔任用程序,对所属8个二级单位领导班子进行全面考核,调整充实二级领导班子成员和集团公司机关中层干部23名。集团公司领导班子被股份公司评为“四好领导班子”。(3)基层组织建设。围绕基层组织建设年活动,起草《关于加强基层党组织建设的实施意见》等5个配套文件。实施党委工作目标管理,制定下发《2012年党委工作责任目标》,年终对实施情况进行检查考核。开展基层党支部分类定级工作,集团公司66.7%的党支部评定“好”以上,27.5%的党支部评定“较好”以上。(4)创先争优活动。3月召开铁建重工创先争优推进大会,先后开展“立足岗位比奉献,增创效益比贡献”、“为党旗添彩,为企业增辉,为十八大献礼”等主题实践活动。(5)宣传思想工作。以“二次创业”为契机,制定下发教育实施方案,编印《认清发展形势,明确奋斗目标》《发扬优良传统,坚持艰苦奋斗》《创造优异业绩,实现科学发展》等宣传教育提纲,在干部职工中深入开展二次创业教育活动。重新制定《中国铁建重工集团新闻报道考核、奖励办法》,召开新闻宣传工作会议,组织通讯员集中培训。全年在中央、省部级主流媒体和系统内外刊稿1538篇(幅)。年内新华社、中央电视台等主流媒体,湖南省委宣传部组织的7大主流媒体对铁建重工进行了采访和系列报道。2月27日,中央电视台《新闻联播》报道铁建重工创新发展的重要新闻,《人民日报》在6月25日的头版头条《科技支撑经济发展方式转变创新驱动讲述湖南故事》中报道铁建重工科技引领发展的事迹,提升了企业的整体形象。铁建重工撰写的研究论文《建创争文化,促企业发展》获全国企业文化科研成果奖。(6)党风廉政建设。制定党风廉政“十告诫”制度,进一步完善惩防体系建设框架,深入推进反腐倡廉建设工作。加强企业内控及风险管理,继续构建集团公司和子分公司两级管控体系。不断加强反腐倡廉宣传教育,把反腐倡廉教育融入廉洁文化创建活动中,逐步形成理论灌输与文化培育相交融、组织教育与群众活动相呼应、反腐倡廉教育与各类业务素质培训相结合的新格局。加强效能监察,针对腐败问题易发部位和环节,认真选题立项,不断探索深化效能监察的有效途径和方法,着力堵塞管理漏洞,不断铲除滋生腐败的土壤。

工会工作。(1)集体合同协商。集团公司工会把工资专项集体合同作为一个独立的合同与集团公司进行沟通和协商,经职代会主席团会议形成合同条款,集体合同得到较好履行。(2)送温暖活动。集团公司两级工会全年走访困难家庭273户,慰问员工1561人,发放慰问金70万元。(3)“金秋助学”活动。年内资助83名困难员工子女上学,发放助学金7万元;发放涿州钢结构公司受灾慰问金10万元。

共青团工作。2012年先后组织开展“三比三创”青年突击队、“导师带徒”、“铁骨柔情,大爱无疆”爱心捐助、“迎十八大,情系重工”有奖问答、“幸福星沙,全城热恋”交友等活动。参加股份公司纪念五四运动90周年“青年榜样”汇报演讲会,集团公司副总经理程永亮作为4名代表之一作汇报演讲。

(谭光勇　李勤　钟祥军　吴定州)

【道岔分公司】 驻湖南省株洲市建设北路487号。总经理贾延春,党委书记刘志敏。下设炼钢、机加、数控、质检、流水线、维修、组装等27个生产、辅助班组。在岗职工648人,其中专业技术人员100余人。

2012年完成销售收入15.15亿元,完成企业总产值10.78亿元,实现净利润2.21亿元。人均创利34万元,职工年人均收入3.88万元。完成各种规格道岔生产2040组,完成辙叉生产2049个。年内获两项国家专利授权。

(易镀)

【制造总厂】 2011年7月,由中铁轨道系统集团隧道装备公司更名为中国铁建重工集团制造总厂。驻湖南省长沙市经济技术开发区东七路88号。主要进行盾构机与TBM掘进机、铁路隧道装备、深基础施工装备、煤矿特种装备、混凝土机械5大产品系列生产。总经理康彦君、党委书记卢庆文。下设盾构、机械、机加、结构4个车间。职工555人。其中,在岗职工421人;劳务派遣工134人。主要生产设备72台(套),总功率3887千瓦,动力装备率4.1千瓦/人,技术装备率6.5万元/人,设备成新率90.7%、完好率100%、利用率100%。

2012年完成企业总产值3.6亿元,组装盾构机11台。

(李兰英)

【研究设计总院】 2011年7月成立,是集产品设计开发、试验、试制为一体的技术开发综合机构,是国家级企业技术中心。驻湖南省长沙市经济技术开发区东七路88号。院长刘飞香(兼),常务副院长程永亮(兼),党委书记王守慧(兼)。下设掘进机研究院、机械研究院、液压技术研究院、电气技术研究院、工艺技术研究院、施工技术研究院、轨道装备研究院、北京研究院、兰州研究院。职工400余人。

(李鹏华)

【兰州隧道装备有限公司】 2011年10月成立。公司驻甘肃省兰州市新区纬三路。主要生产盾构、隧道施工装备及工程机械、管片、轨道系列等产品。执行董事、总经理叶海波。公司建设面积36.48万平方米,分两期建设,其中一期盾构生产装配车间厂房9600平方米、管片生产车间厂房12000平方米、办公配套设施及附属配套设施11000平方米。工装设备200余台(套)。一期建设于2011年9月启动,2012年9月建成进入生产阶段。 (谢卫国)

【中铁建特种装备工程有限公司】 2012年11月7日,中国铁建重工集团有限公司与中铁第四勘察设计院集团有限公司合资成立。公司驻湖南省长沙市经济技术开发区东七路88号。主要从事工程机械设备制造、销售、租赁,铁路、市政公用工程总承包,隧道、城市轨道交通、公路路基工程专业承包等业务。执行董事王守慧(兼),总经理李志林。职工25人。资产总额60995.8万元,其中固定资产8.8万元。年施工生产能力5亿元以上。 (罗文立)

【中铁株洲桥梁有限公司】 混凝土预制构件及桥梁工程专业承包二级资质企业。主要生产铁路预应力混凝土T型桥梁和箱型桥梁、预应力混凝土轨枕、地铁管片、环形预应力电杆等系列产品,以及桥梁锚具、混凝土外加剂、桥梁轨枕钢模等附属产品。前身为铁道部株洲桥梁工厂,始建于1958年6月,先后隶属长沙铁路局、铁道部基建总局、中国铁路物资总公司,2000年8月划归中国铁道建筑总公司工厂局管理,2001年11月划转中铁十一局集团公司,2007年4月划归中国铁建重工集团有限公司管理。公司驻湖南省株洲市石峰区建设北路487号。执行董事、党委书记刘勇,总经理李源。下辖混凝土制品分公司、信阳分公司、咸宁轨枕场、兰州分公司、六安分公司、新化制枕场和重庆制梁场、哈密分公司、玉门制梁场、隆回制梁场及兰州管片分公司、工程公司、工业实业公司、五金钢模公司、物业公司。职工1915人,其中在岗职工1221人。资产总额79641万元,其中固定资产原值28099万元、净值12605万元。机械运输设备667台(辆),原值11783.1万元、净值4415.7万元,总功率10749千瓦,动力装备率5.6千瓦/人,技术装备率2.3万元/人,新度系数0.37。年生产能力10亿元。

2012年新签合同额1.97亿元,生产轨枕987222根、岔枕417组、双块式轨枕373470根、箱梁355孔、T梁428孔,完成营业收入4.22亿元,实现净利润102万元。职工年人均收入19260元。 (张 虹)

【中铁隆昌铁路器材有限公司】 主要从事铁路弹条扣件系统产品、合成闸瓦产品的生产经营,具备年产弹条扣件1500万套,高、低摩机车车辆合成闸瓦300万块的生产能力。公司驻四川省隆昌县金鹅镇外站路75号。前身为隆昌工务器材厂,于1967年5月筹建,1971年竣工投产,先后隶属于铁道部物资局、中国铁路物资总公司;2008年5月,工厂整体划转中国铁道建筑总公司管理;2009年9月,工厂改制改称现名。公司是铁道部选定的铁道器材开发中心研究发展基地,2008年被认定为国家高新技术企业。职工572人,其中在岗职工519人。资产总额55071万元。其中,固定资产原值10537万元、净值4716万元;流动资产49450万元;其他资产905万元。主要设备290台(套),原值6706万元、净值2516万元,总功率9790千瓦,动力装备率17.12千瓦/人,技术装备率4.4万元/人,设备完好率97.79%、利用率80.2%。

2012年新签合同额3.65亿元,完成营业收入46202万元,实现企业总产值42563万元,实现利润2378万元。人均创利3.98万元。国有资产保值增值率110.38%,净资产收益率10.26%,产值利润率4.83%,资产负债率63.14%,应上缴款完成率100%。

(李宇才)

【株洲中铁电气物资有限公司】 2008年12月由原中铁轨道系统集团电气化制品有限公司和原株洲中铁轨道系统物资有限公司联合组成。公司驻湖南省株洲市红旗北路附52号。执行董事、党委书记姜文斌,总经理李云辉。职工234人,其中在岗职工161人。生产设备559台(套),原值1044.95万元、净值468.71万元,总功率3246.6千瓦,动力装备率14千瓦/人,技术装备率2.02万元/人,设备完好率90%、利用率90%。

2012年新签合同额3192.32万元,完成营业收入4629.52万元,实现企业总产值4165.82万元,实现利润29.51万元。全员劳动生产率7.28万元/人年,人均创利0.13万元。职工年人均收入3.45万元。国有资产保值增值率100.48%,净资产收益率0.43%,产值利润率0.71%,资产负债率60.6%,应上缴款完成率100%。公司被评为湖南省五星级货场。 (顾 菁)

【中铁建钢结构有限公司】 中国钢结构特级企业,具有国家钢结构产品制作与安装专业承包一级资质,以高层建筑钢结构、桥梁钢结构、电站锅炉钢架、工业厂房钢结构及民用建筑钢结构和其他钢结构的制作与安装为主。始建于1969年底,前身为中国人民解放军6619工厂;1984年1月改称铁道部工程指挥部紫荆关金属结构厂;1997年更名为涿州中铁建筑金属结构总厂，隶属于中国铁道建筑总公司工厂局；2001年11月划转到中铁十八局集团有限公司，更名为中铁十八局集团涿州中铁建筑金属结构总厂；2003年6月企业改制更名为中铁十八局集团金属结构工程有限公司；2010年7月资产重组，划归中国铁建重工集团有限公司管理更为现名。公司驻河北省涿州市华阳中路143号。执行董事、总经理赵孝强，党委书记石德平。下辖铆焊一车间、铆焊二车间、铆焊三车间、包装车间、设备车间、紫荆关分公司、罐车检验站。职工971人。其中，干部266人；工人705人。专业技术干部230人，技术工人488人。资产总额56371万元。生产设备780台（套），固定资产原值18433万元，总功率25548.04千瓦，动力装备率24.78千瓦/人，技术装备率5.2万元/人，设备完好率95%、利用率56%。

2012年新签合同14项21358吨，合同额20363万元。全年完成钢结构制作23015.9吨，实现产值21383.5万元。资产保值增值率100.03%，总资产周转率0.28次，资金收益率0.03%，资产负债率94.01%。产品质量合格率100%，优良率82%以上。公司通过国家高新技术企业认定。（李绍莉）

【重要记载】

▲2月5日　股份公司总裁赵广发、副总裁张宗言率中国铁建重工集团公司、中国铁建投资公司、中国铁建房地产集团公司等单位领导拜会湖南省省委书记周强、省长徐守盛，双方就在长沙投资建设长沙国际会展城项目，在更高层次、更广领域开展合作进行会谈，并达成共识。

▲2月15日　由《人民日报》《经济日报》《科技日报》及新华社、中央电视台等中央媒体组成的国有企业改革典型采访团，围绕铁建重工"通过科技创新转型升级，发展新型产业"进行集中报道。

▲2月21日　湖南卫视、湖南广播台及《湖南日报》等省内主流媒体对集团公司学习型党组织建设情况进行集中采访。

▲2月24日　股份公司党委副书记、纪委书记、监事会主席齐晓飞到铁建重工调研，高度评价集团公司的发展是两手抓两手都硬。

▲2月29日　铁建重工被评为2011年度长沙工业30强和利税超亿元企业，被列入2012年度长沙工业百户重点调度企业。

▲3月20日　湖南省科技厅厅长彭国甫率科技厅相关部门负责人到铁建重工调研，就集团公司产品产业的发展和重大科研课题申请等情况进行座谈交流。

▲4月9日　国家科技部副部长王伟中到铁建重工调研，对铁建重工能够加强科技创新，不断提升科技创新的能力给予充分肯定，表示国家科技部会加大对自主知识产业的支持力度。

▲4月16日　铁建重工研制的首台国产土压平衡盾构顺利贯穿长沙地铁建设中难度最大、风险最高的湘江隧道。

▲4月17日　甘肃省省长刘伟平视察铁建重工兰州分公司厂区建设施工现场。

▲4月20日　中央创先争优活动领导小组以《坚持融入主题主线，推动企业转型发展》为题，介绍铁建重工不断深化创先争优活动取得的显著成效。

▲4月28日　股份公司牵头组织与浙江大学等6所高校战略合作框架协议签约仪式在北京钓鱼台国宾馆举行。铁建重工与中南大学、西南交通大学和国家电液控制研究中心分别签订战略合作协议，并与中南大学签订"联合组建省级地下工程装备工程技术研究中心协议书"。

▲5月4日　铁建重工副总经理程永亮作为股份公司4名青年榜样之一在股份公司召开的庆祝共青团成立90周年大会暨青年榜样事迹报告会上作题为《执着的追求》的事迹报告。

▲5月5日　湖南山河智能机械股份有限公司董事长、总裁何清华一行参观铁建重工。双方表示将以此次考察交流为起点，加强沟通联系，优势互补，互惠互利，共同发展。

▲5月24日　国务院监事会主席李克等一行在股份公司副总裁、总会计师庄尚标陪同下到铁建重工调研检查。

▲5月28日　铁建重工召开成立5周年暨二次创业教育动员大会。

▲6月8日　铁建重工召开首次宣传思想工作会议。

▲6月20日　铁建重工董事长、总经理刘飞香与兰州市市委副书记、市长袁占亭举行会谈，双方就做好兰州市轨道交通用盾构生产、兰州公司申报高新技术企业和重大技术专项等事宜进行友好交谈。

▲6月23日　新疆维吾尔自治区党委副书记、自治区主席努尔·白克力率领新疆党政代表团在湖南省省长徐守盛的陪同下专程到铁建重工调研考察，希望铁建重工为新疆发展作贡献。

▲7月6日　铁建重工自主研发的盾构模型首次亮相第十八届中国兰州投资贸易洽谈会。

▲7月8日　全国人大常委会副委员长华建敏专程视察铁建重工兰州高端装备制造基地。

▲7月13日　湖南省科技厅发文同意铁建重工组建湖南省地下掘进装备工程技术研究中心，这是目

前国内在该技术领域唯一的一家工程技术研究中心。

▲7 月 24 日　股份公司总裁赵广发、副总裁张宗言在铁建重工党委书记宋占波陪同下拜会福建省省委常委、厦门市市委书记于伟国等市委市政府主要领导，双方就全面参与厦门轨道交通建设深入交换意见。

▲7 月 26 日　铁建重工党委书记宋占波拜会福州市市委常委、市委秘书长徐启源和福州地铁有限责任公司董事长时小雨等领导，就铁建重工盾构参与福州地铁建设进行会谈。

▲同日　中国工程机械工业协会掘进机分会成立大会暨中国掘进机械发展论坛在上海召开，铁建重工当选副会长单位。

▲7 月 31 日　股份公司副总裁夏国斌到铁建重工调研，勉励铁建重工发展要稳中求进。

▲8 月 27 日　铁建重工召开地下工程装备产业发展动员大会，明确“5 + 5”战略，发展地下工程装备产业。

▲9 月 8 日　第十六届中国国际投资贸易洽谈会在福建厦门举行，铁建重工与厦工股份有限公司签订战略合作协议。

▲9 月 12 日　铁建重工被评为中央企业思想政治工作先进单位。

▲9 月 20 日　铁建重工与兰州市轨道交通有限公司签订合作框架协议。

▲同日　铁建重工主持完成的“复合式土压平衡盾构设备研制及其应用”技术成果获 2012 年度湖南省科技进步一等奖。

▲10 月 11 ~ 12 日　铁建重工与中铁十三、十八局集团公司签订战略合作协议。

▲10 月 13 日　甘肃省省委书记王三运、省长刘伟平率领甘肃省新建项目现场观摩团对铁建重工兰州基地进行现场观摩考察。

▲10 月　铁建重工在 2012 湖南 100 强企业中排名第 42 位，在湖南制造业 50 强企业中排名第 19 位。

▲10 月　铁建重工研制的 ZTE6250 复合式土压平衡盾构机入选 2012 年度国家重点新产品计划项目。

▲10 月　铁建重工在 2012 中国工程机械制造商 50 强名单中排名第 22 位。

▲11 月 16 日　铁建重工获国家认定企业技术中心称号。

▲12 月 10 日　股份公司党委副书记、工会主席彭树贵到铁建重工进行“双服务”调研。

▲12 月 21 日　中铁建特种装备工程有限公司正式挂牌成立。

▲12 月 26 日　铁建重工举行国家认定企业技术中心、湖南省地下掘进装备工程技术研究中心、博士后科研流动站协作研发中心、集团研究设计总院的四位一体联合挂牌仪式。　（钟祥军）

中国铁建国际集团有限公司

【简况】　中国铁建国际集团有限公司（以下简称国际集团）2012 年 4 月 11 日组建，9 月 20 日完成工商注册，定位为海外大型、特大型基础工程建设承包商，交通建设及城市综合建设运营商，能源、资源、投融资高端运作的发展商，技术开发、装备出口、物流贸易的服务商。集团公司总部驻北京市复兴路 40 号。下设董事会办公室、综合管理部、企业管理部、人力资源部、市场开发部、投融资部、设计咨询部、项目管理部、成本管理部、法律合约部、采购贸易部、资产财务部、审计监事部，党群工作部 14 个职能部门，下辖中国铁建阿尔及利亚东西高速公路项目经理部、中国铁建沙特麦加轻轨铁路项目公司、中国铁建（加勒比）有限公司、中国铁道建设（香港）有限公司、中国铁建美国有限公司、中国铁建马来西亚有限公司、中铁建（北京）国际贸易有限公司。职工 93 人，其中专业技术干部 84 人。资产总额 73.41 亿元。其中，固定资产原值 0.36 亿元、净值 0.22 亿元；流动资产 73.12 亿元。

2012 年，国际集团基本完成公司治理结构、组织架构、人才队伍建设以及整章建制等筹建工作，并在工程建设方面取得一定成绩。4 月，承建的阿尔及利亚东西高速公路工程全线贯通，工程被评为中阿十大影响力工程，获中阿合作杰出贡献奖。10 月完成沙特麦加轻轨铁路第三次朝觐运营任务，累计运送朝觐者约 400 万人次，受到世界各地穆斯林朝觐者和国内外媒体的高度赞誉，沙特政府向国资委、外交部、商务部、铁道部发来感谢信，感谢中国铁建为全世界穆斯林朝觐作出的卓越贡献。　（徐　磊）

【领导人员】

董事会

董事长	卓　磊（3 月任）
副董事长	赵佃龙（3 月任）
董事	郝桂林（3 月任）

监事会

监事会主席	魏万征（3 月任）

经理层

总经理	卓　磊(3月任)
副总经理	郝桂林(3月任)
	张喜胜(3月任,11月免)
	王选尚(7月任)
	应尔强(3月任)
	魏万征(3月任)
	黄健民(4月任)
	于洪忠(3月任)
	李重阳(3月任)
总会计师	黄健民(4月任)

党群领导

党委书记	赵佃龙(3月任)
党委副书记	卓　磊(3月任)
纪委书记	赵佃龙(兼,3月任)
工会主席	赵佃龙(兼,3月任)

(闫泽峰)

【职工队伍】 职工93人。其中专业技术人员84人,占职工总数的90.3%。专业技术人员中,正高级职务4人,高级职务43人,中级职务18人,初级职务19人。大学本科及以上学历89人,占职工总数的95.7%。其中,硕士研究生28人,占职工总数的30.1%;大学本科61人,占职工总数的65.6%。职工年龄结构:25岁及以下10人,26~30岁23人,31~35岁14人,36~40岁16人,41~45岁14人,46~50岁13人,51~55岁3人。(温　雯)

【港澳工程】 香港港铁公司C826项目　2010年3月,中国铁道建设(香港)有限公司使用中国铁建名义组建中国铁建—新昌建筑有限公司—中铁十五局集团有限公司联合体,中标香港港铁公司C826合同段广深港高速铁路隧道深圳河至香港米铺段工程。合同投资17亿港元,合同工期2010年3月~2014年5月,中国铁建占40%股份。主要工程量:双线隧道1490延长米,联络通道6个,安装管片1490环。(李　白)

【境外工程】 阿尔及利亚东西高速公路工程　东联突尼斯,西接摩洛哥,是贯穿阿尔及利亚东西部的主要交通大动脉,全长1216公里,分东、中、西3个标段,总投资110.4亿美元。2006年9月,中国铁建与中国中信组成联合体中标该公路的中西标段528公里的设计施工总承包工程,合同投资57.5亿美元,合同工期40个月。公路为双向3车道,采用欧洲技术标准。中国铁建占联合体51%的股份,负责中标段169公里的工程施工,合同投资22.4亿美元;中国中信占49%的股份,负责西标段359公里的工程施工,合同投资35.1亿美元。2006年9月18日开工,2012年4月中国铁建国际集团有限公司成立后,全面接管该项目的管理工作。截至2012年12月31日,开工累计完成产值29.76亿美元。(工程增加额外项目)

特立尼达和多巴哥共和国斯卡伯罗总医院工程　2008年6月4日,中国铁建(加勒比)有限公司以中国铁建名义总承包特立尼达和多巴哥共和国斯卡伯罗总医院工程,负责工程的设计、施工、设备采购和安装,中国铁建(加勒比)有限公司、中铁十八局集团有限公司和中铁建设集团有限公司参与建设。工程占地面积196800平方米,建筑面积18690平方米,由28栋单体建筑组成,合同投资7642万美元。2008年11月3日开工,2012年5月31日竣工并交付业主使用。

沙特阿拉伯麦加地铁南延线工程　全长18.06公里,其中14.25公里为高架桥。线路途经米纳、穆茨达里法和阿拉法特3个主要朝觐地区。全线有车站9座(8个高架站,1个地面站),设车辆段1个,主变电站2座。2009年2月10日签约,为EPC总承包项目,合同投资17.7亿美元,合同工期2009年2月~2011年5月,运营期3年。2012年4月,中国铁建国际集团有限公司成立后,全面接管该项目的管理工作。沙特麦加轻轨铁路是中国企业在海外第一次采用EPC总承包模式建设的铁路项目,是中国企业在中东地区修建的第一条轻轨铁路,也是中国企业在海外铁路工程总承包中首次获得欧洲权威机构安全认证的大型项目。截至2012年12月31日,已经完成3年期运营,累计运送朝觐者800多万人次。

几内亚西芒杜700公里铁路勘探项目　从首都科纳克里到西芒杜矿区总长655公里,中国铁道建设(香港)有限公司总承包,中铁第一勘察设计院集团有限公司参与实施。合同投资5705万美元,合同工期2011年9月26日~2012年8月22日,后经协商工期延长至2013年5月31日,业主为力拓大西洋公司,由美国FLUOR公司监理、AECOM公司设计咨询。主要工程量:钻孔315个,探坑2500个,土力试验及航空物探。截至2012年12月31日,完成钻孔85个。(李　白)

【市场经营】 2012年,国际集团在中东北非、亚太、美洲、非洲等区域跟踪项目信息61个,涵盖铁路、公路、城市地铁轻轨、市政工程、港口、工业与民用建筑等领域。参加卡塔尔多哈地铁高架部分工程、卡塔尔埃米尔海军护岸工程、卡塔尔多哈道路和排水工程、阿尔及利亚住房工程、香港屯门海底隧道、澳大利亚阿尔法煤矿基础设施、塞拉利昂水电站7个项目的资格预审,组织麦加轻轨运营、麦加轻轨南延线、阿尔及尔城市中心、澳大利亚阿尔法煤矿基础设施、香港屯门赤腊角海底隧道、马来西亚金马世至新山复线铁路、特多阿丽玛医院、特多国家肿瘤医院、古巴炼油厂土建工程、巴拿马托库曼机场、安哥拉巴拉丹德海运油库总站、加纳东部铁路12个项目的投标书编制和报价工作。

市场调研与开发。(1)加大中央企业合作力度，落实相关战略合作协议。与中信建设有限责任公司、中国机械进出口(集团)有限公司、中国技术进出口总公司、中国石油天然气集团公司等中央企业，在股份公司战略合作协议框架下，进一步探索经营合作模式，并借助其海外经营资源，在古巴、阿尔及利亚、安哥拉、乌兹别克斯坦、俄罗斯、越南、加纳等国家，采用成立多种经营模式，积极运作一批东道国政府的市政工程项目。其中，与中信建设有限责任公司开展深度合作，继高速公路合作之后，国际集团采用联合体的方式参与城市中心酒店和办公楼、新建高速公路和铁路等项目的投标；与中国机械进出口(集团)有限公司开展深度合作，积极推进俄罗斯图瓦共和国铁路项目、越南胡志明市至禄宁铁路项目、加纳东线铁路建设项目的联合投标；与中国石油天然气集团公司合作，投标古巴炼油厂土建工程，并邀请中国石油天然气集团公司作为安哥拉巴拉丹德海运油库总站项目的输油管道和储油罐的专业分包。(2)积极推进高科技项目、市场定位工程承揽，包括长大隧道、复杂结构桥梁、超高层建筑等各类战略性、“窗口”性新型项目的承揽。国际集团着力承揽一批科技含量高、在东道国有一定影响力的项目。在沙特阿拉伯，积极承揽麦加轻轨的南延线和北线项目；在安哥拉，正在积极承揽超过400米的超高层新城中心项目；在印尼，正在积极承揽总长为29公里的跨海大桥——印度尼西亚巽他大桥项目。

项目招投标。加强巩固沙特阿拉伯、阿尔及利亚、香港、美国和加勒比等既有市场，拓展安哥拉市场，重点开发非洲、中南美洲、亚大地区三大市场，运作几个重点项目。其中，麦加轻轨运营项目，提供5年的运营维护服务，与业主进行最终报价谈判；麦加轻轨南延线项目，为直接议标项目，优化业主初步方案，7月底向业主提交技术方案和报价；麦加轻轨北线项目，为直接议标项目，技术建议书和报价于8月底提交；阿尔及尔城市中心房建装修和机电设备安装项目，为4栋高层建筑11万多平方米的装修和机电设备安装，与业主直接议标；澳大利亚阿尔法煤矿基础设施项目，6月29日与马来西亚DMIA公司组成联合体参加项目的第一轮投标，以17亿澳元比第二名低1%的价格位列第一，进入第二轮投标。

业务新领域。通过与中国石油天然气集团公司、中国技术进出口总公司的合作，采用联合投标的方式，将经营领域向矿业、石油等领域拓展；通过与中铁第一勘察设计院集团有限公司、北京城建设计院、华东设计院、上海轨道设计院等设计单位合作，深入开发涵盖设计、设备采购安装、运营等国外EPC交钥匙工程的总承包领域；2012年，中国铁建国际集团加勒比公司成功签订特多湖沥青大中华地区独家代理协议，获得5年内在大陆、台湾、香港和澳门的独家进口权，成为新的经济增长点，探索了经营多样化道路。（弭尚宝）

【党群工作】 为坚持和加强党对企业的领导，健全党的组织，经中国共产党中国铁建股份有限公司委员会批准，中国共产党中国铁建国际集团有限公司委员会、纪律检查委员会于2012年10月25日正式成立。在中国铁建股份有限公司的正确领导下，结合海外经营所面临的形势和任务，注重学习借鉴，认真理清思路，积极推进海外党建及党风廉政建设工作。(1)领导班子建设。自组建以来，中国铁建国际集团有限公司党委坚持以党的十七大、十七届六中全会及党的十八大精神为指导，适时开展党委中心组学习，认真落实中国铁建党委议事规则，班子成员之间团结协作，融洽联通，领导班子的整体功能得到有效发挥。期间，有针对性地规范并加强既有海外项目基层班子的建设和管理，保证项目有序高效运转。根据中国铁建股份有限公司党委关于召开领导班子民主生活会的要求，11月，具备条件的阿尔及利亚项目经理部、沙特麦加轻轨项目公司和特多斯卡博罗总医院项目经理部党组织按规定召开2012年基层领导班子民主生活会。12月29日，中国铁建国际集团有限公司党委在北京总部召开2012年领导班子民主生活会，会前进行谈心、集中学习，会上通报基层党组织和党内外群众的意见和建议，班子成员针对自己的工作、学习、思想、作风建设作了批评与自我批评，并进行廉洁自律明示，形成领导班子整改措施。(2)基层组织建设。结合市场布局，国际集团在建立党委、纪委组织的同时，积极理顺建立二级党组织，并到“走出去”经验丰富的同质企业调研，了解其“大海外”事业平台组织机构设置及党委、纪委工作情况，为党委、纪委工作部门设置和工作开展提供有效借鉴。国际集团二级单位党组织基本保持成建制的正常运转，党组织的凝聚力和战斗力进一步增强，党员的归属感和长期扎根海外的意识进一步增强。(3)制度建设。国际集团结合实际，起草制定《关于开展创建“四好领导班子”活动实施办法》《关于开展创建“五好党支部”和争当“六好共产党员”活动的实施细则》及党建工作责任制度、宣传工作管理办法、保密工作管理办法等规章制度，明确领导分工、细化议事流程，使工作有据可依。(4)企业宣传工作。在沙特项目2012年朝觐运营顺利结束后，国际集团集中组织对沙特麦加轻轨项目圆满完成三年运营进行策划与报道，大力宣传企业价值观，提升中国铁建在海外的品牌形象；精心策划中国铁建国际集团有限公司揭牌仪式活动，体现创新，突出员工团结向上的氛围，邀请中央电视台、新华社、《人民日报》《工人日报》《中国铁道建筑报》等多家国内主流媒体对揭牌仪式进行宣传报道，通过对集团公司的成立进行宣传和解读，加深新闻媒体和社会各界对中国铁建国际集团有限公司的认知度。(5)企业文化建设。按照中国铁建股份有限公司企业文化建设的要求，国际集团结合实际确立企业文化建设的总体思路，即主攻精神文化、规范制度文化、推行行为文化、提升物质文化。编制《中国铁建国际集团有限公司项目文化建设手册》。同时，在原有的中国铁建宣传画册和宣传片基础上，翻译制作法语、阿拉伯语、西班牙语、葡萄牙语等小语种资料，满足生产经营需要。(6)党风廉政建设。中国共产党中国铁建国际集团有限公司纪律检查委员会成立以来，结合海外项目面临的形势和任务，探索思路，突出重点，积极推进党风廉政建设和纪检监察工作。通过中心组学习、领导传阅、工作会议、向海外项目转发文件等形式，及时传达贯彻上级有关反腐倡廉的政策、方针、要求和规章制度。起草制定《集团公司党委、集团公司党风廉政建设责任制实施细则》，对新任职干部进行廉政谈话，统一思想，提高党员领导干部艰苦奋斗、勤勉履职的责任意识。(7)群众工作。国际集团落实以人为本理念，高度重视员工最现实、最关心、最直接的利益，督促落实涉及到员工切身利益的事项，关注并做好青年职工权益维护工作。努力解决员工工作、学习和生活中的实际困难，积极帮助长期在国外工作的大龄员工解决个人婚恋等方面的问题，寻求调入员工户口和社保的解决方法，提高员工的归属感。各公司、项目经理部积极改善工作和生活条件，创造和谐温馨的环境，定期通过座谈会和联谊会形式，了解员工思想动态，树立服务员工的意识，解决员工的实际困难。阿尔及利亚项目部、沙特麦加轻轨项目公司改进伙食条件，丰富生活内容，在图书、网络、电视节目收看、健身器材等方面舍得投入，组织篮球、乒乓球、摄影和歌咏比赛等活动，激发员工工作热情，体现以人为本的海外项目文化理念。 (谭 漪)

【中国铁建阿尔及利亚东西高速公路项目经理部】 2006年7月成立，2012年4月划转中国铁建国际集团有限公司管理。总经理魏万征。下辖十四局项目部、十二局项目部、十九局项目部、中土项目经理部4个施工单位和中交一院、铁一院、铁二院3个设计单位。固定资产原值691万元人民币、净值563万元人民币，流动资产617637万元人民币。

2012年完成营业收入42337万元人民币，实现产值9100万美元，实现利润260万元人民币。东西高速公路合同投资22.43亿美元，因有新增和追加工程等，实际工程投资超过30亿美元，业主予以延期至2013年12月。 (李顺模)

【中国铁建沙特麦加轻轨铁路项目公司】 2009年经中国铁建股份有限公司批准成立，2012年4月划转中国铁建国际集团有限公司管理。2009年2月10日，中国铁建与沙特城乡事务部在中沙两国最高领导人的共同见证下签署沙特麦加轻轨铁路项目合约。中国铁建调集所属中土集团，十一、十二、十三、十四、十五、十六、十七、十八、十九、二十、二十二局集团，铁一院、中铁建设集团、电气化局集团、物资集团、中铁轨道集团、昆明中铁集团等18家单位驰援现场。据不完全统计，中国铁建先后调集管理技术人员和中外劳务人员25000多人次，增配设备2400多台(套)。经过广大建设者16个月的科学组织、精心施工、艰苦奋战，沙特麦加轻轨铁路于2010年11月13日正式开通运营。总经理李重阳。下辖十八局项目部。固定资产原值3893万元人民币、净值354万元人民币，流动资产53782万元人民币。

2012年完成营业收入64278万元人民币，实现产值10183万美元。朝觐运营于2012年10月23日开始，持续运营162小时，开行列车1698列，运送朝觐者约400万人次，高峰运营时，一天的运量相当于国内春运期间北京站和北京西站三天运量的总和，创造麦加轻轨铁路朝觐运营新纪录，未发生安全和质量事故。

(董立巍)

【中国铁建(加勒比)有限公司】 驻特立尼达和多巴哥共和国首都西班牙港，是中国铁建国际集团有限公司的全资子公司。下辖斯卡博罗总医院项目，并为特立尼达湖沥青产品大中华区独家销售代理商。董事长于洪忠，总经理韩文华。职工32人，其中管理技术人员13人。资产总额4798万元人民币。其中，固定资产净值13万元人民币；流动资产4785万元人民币。机械运输设备(挖掘装载机)1台，原值8万美元，总功率74.2千瓦，设备完好率100%、利用率100%。

2012年，公司坚持“立足特多，向加勒比周边地区辐射”的发展战略，积极向哥斯达黎加、多米尼加共和国、格林纳达、苏里南等美洲区域国家开拓市场。完成企业总产值3639万元人民币。 (韩文华)

【中国铁道建设(香港)有限公司】 前身是中国铁道

建筑(香港)有限公司,2007年更名为中国铁道建设(香港)有限公司。董事、总经理于洪忠。下辖中铁国际贸易(香港)有限公司、中铁建物业投资(香港)有限公司、中铁建中基国际有限公司。职工25人。其中,内派员工3人;英籍员工1人;香港雇员13人;深圳公司1人;公司雇佣派往沙特麦加轻轨铁路项目公司香港雇员7人。资产总额48827万港元,其中固定资产2191万港元。

2012年新签贸易合同额3104万港元,完成营业额19462万港元,实现利润1513万港元。人均创利68.8万港元,职工年人均收入83.5万港元。产值利润率7.77%,资产负债率102.63%。 (郑 重)

【中国铁建美国有限公司】 在美国加利福尼亚州旧金山市合法注册成立。注册资本金300万美元,总股本300万股。2012年3月,正式并入中国铁建国际集团有限公司。业务范围包含高速铁路在内的基础设施建设项目设计、施工管理以及机械进出口,拥有加州土建总承包商和房建总承包商执照。总经理王军(兼),财务总监田晓宇(兼)。员工5名,其中包括美国本土招聘的高级管理人员1名。

2012年跟踪的重点项目有:旧金山基础设施开发项目(10亿美元),沙漠快线高铁项目(63亿美元),拉斯维加斯医疗保健村项目(16亿美元)。 (田 丰)

【中国铁建马来西亚有限公司】 2012年10月29日成立,公司注册地为马来西亚首都吉隆坡,注册资本金100万马币(约合人民币200万元),业务范围包括工程承包、国际贸易、房地产投资等,是中国铁建国际集团有限公司在亚太地区除中国铁道建设(香港)有限公司外第二个经营中心。成立后,不仅密切跟踪当地几个重点项目,如Gemas到Johor Bahru复线铁路、槟城隧道项目、PKNS城市综合体项目,还积极开拓周边国家市场,举行多次商务活动。 (韩曜丞)

【中铁建(北京)国际贸易有限公司】 由中国铁建国际集团有限公司独资发起设立,于2012年11月7日在北京成立,注册资本2000万元。经营范围包括货物进出口、技术进出口、代理进出口,主要负责中国铁建国际集团有限公司海外工程项目设备物资的采购供应和后勤保障工作,同时开展国际贸易、设备代理销售等业务。 (康 彪)

【重要记载】

▲1月14日 股份公司总裁赵广发、副总裁兼总经济师扈振衣一行在沙特利雅得分别拜会沙特城乡事务大臣曼苏尔亲王和次大臣哈比比博士,双方就麦加轻轨铁路项目相关事宜进行沟通和磋商。国际集团赵佃龙、郝桂林、董立巍参加此次活动。

▲1月15日 国务院总理温家宝在中国驻沙使馆亲切接见股份公司总裁赵广发和中国驻沙特使馆工作人员、中资机构及留学生代表,并向大家致以新春问候。随后,赵广发与外交部部长杨洁篪,国家发展和改革委员会主任张平,商务部部长陈德铭,国务院研究室主任谢伏瞻,国务院副秘书长、国务院机关事务管理局局长焦焕成,国务院副秘书长、温家宝总理办公室主任项兆伦,外交部副部长翟隽,中国驻沙特大使李成文,在中国驻沙使馆共进晚餐。国际集团赵佃龙、郝桂林、董立巍参加此次活动。

▲2月24日 特立尼达和多巴哥卫生部长福亚德·可汗视察国际集团承建的斯卡伯勒总医院项目现场。

▲4月4日 特立尼达和多巴哥总理卡姆拉·珀塞德-比塞萨尔、卫生部长福亚德·可汗和多巴哥行政长官欧文·伦敦出席斯卡伯勒总医院开院揭幕仪式。中国驻特多大使杨优明出席。

▲4月14日 阿尔及利亚东西高速公路M3标段通车。M3标段是东西高速公路中、西标段中最后一个通车的标段,即实现东西高速公路的全线通车。

▲5月1日 中国海军第11批赴亚丁湾护航编队的官兵到沙特阿拉伯吉达港休整,受到中国驻沙特大使和中国驻吉达总领事的热烈欢迎。中国铁建沙特麦加轻轨铁路项目公司党工委副书记董立巍向编队指挥员、北海舰队杨副司令赠送沙特麦加轻轨列车模型。

▲5月9日 中国北京交通大学校长宁滨一行在国际集团党委书记赵佃龙等陪同下到沙特麦加轻轨铁路项目考察。

▲5月25日 国资委副主任邵宁带领国资委企业改组局局长李冰、研究局局长彭华岗、外事局局长陆志军等一行8人到访特立尼达和多巴哥,对斯卡伯勒总医院项目和拉-布雷亚沥青湖进行视察。

▲6月18日 加勒比公司接待国家开发银行、中国科学院、中国社会科学院代表团。

▲6月20日 股份公司副总裁兼总经济师扈振衣在中国铁建大厦会见来访的特多湖沥青有限公司董事会主席库拉·兰姆普萨德一行。国际集团副总经理于洪忠和加勒比公司总经理韩文华出席。

▲6月21日 国际集团副总经理于洪忠和特立尼达和多巴哥湖沥青有限公司董事会主席库拉·兰姆普萨德在中国铁建大厦正式签署湖沥青产品大中华区(包括中国大陆、香港、澳门和台湾地区)独家销售代理协定。标志着中国铁建(加勒比)有限公司正式成

为特多湖沥青产品大中华区销售总代理。

▲7 月 17 ~ 27 日　股份公司总裁助理兼国际集团董事长、总经理卓磊赴阿尔及利亚现场办公。期间，拜访中国驻阿使馆刘玉和大使、经参处吕义峰参赞、阿 RELIZAN 省省长和阿国家公路局局长等。

▲7 月 23 日　中国驻吉达总领事馆副总领事王奇敏和经济商务参赞吴毅在沙特麦加轻轨铁路项目公司总经理李重阳及党工委副书记董立巍的陪同下，到麦加轻轨铁路项目调研。

▲8 月 31 日　国家人力资源和社会保障部副部长、党组副书记杨志明一行，到中国铁建沙特麦加轻轨铁路项目调研。杨志明副部长为中国铁建麦加轻轨铁路项目题词："麦加轻轨创建设奇迹，'圣城列隼'圆朝觐真梦。"

▲9 月 20 日　中国铁建国际集团有限公司完成名称注册并取得营业执照。

▲9 月 26 日　全国人大常委会副委员长司马义·铁力瓦尔地一行在中国驻沙特大使李成文、中国驻吉达总领事王勇等陪同下，到中国铁建麦加轻轨铁路项目现场视察。股份公司总裁助理兼国际集团董事长、总经理卓磊向副委员长一行介绍麦加轻轨铁路项目情况。全国人大教科文卫委员会副主任委员石宗源、全国人大民族委员会副主任委员雪克来提·扎克尔陪同视察。

▲10 月 23 日 0 时　沙特麦加轻轨铁路朝觐运营正式开始。朝觐运营采用 5 种运营模式，其中 A 模式和 E 模式与 2011 年相同，B、C、D 模式相比变化较大，特别是 C 模式计划在 6 小时 25 分内运送 54 万人，每小时单向运送 84375 人，远远超过 72000 人的最大设计运量。

▲10 月 29 日 18 时　沙特麦加轻轨铁路朝觐运营结束，历经 7 天 6 夜，期间开行列车 1698 列，运送朝觐者约 400 万人次，再创麦加轻轨铁路朝觐运营新纪录。

▲11 月 13 日　股份公司总裁助理兼国际集团董事长、总经理卓磊一行拜访阿尔及利亚住房建设与城市规划部部长 Abdelmadjid Tebboune，就中国铁建参与阿房建领域和新城建设项目进行交流并达成共识。

▲11 月 18 ~ 22 日　股份公司副董事长、党委副书记、工会主席彭树贵率外部董事朱明暹、李克成、赵广杰、吴太石、魏伟峰和股份公司有关部门负责人到阿尔及利亚东西高速公路项目调研、指导工作。

▲12 月 5 日　中国铁建国际集团有限公司举行揭牌仪式。

（张　岩）

北京铁城建设监理有限责任公司

【简况】　北京铁城建设监理有限责任公司（以下简称铁城监理公司）具有铁路、市政公用、房屋建筑、人防、地质灾害防治工程及设备监理甲级，公路工程监理乙级，地基基础专项检测资质。前身是中国铁道建筑总公司建设监理分公司，1996 年 1 月成立，1998 年 11 月完成股份制改革，2006 年 9 月设立董事会和监事会。公司驻北京市海淀区复兴路 40 号。下设综合办公室（含档案室）、人力资源部、项目管理部、市场经营部、财务部、审计法务部、信息中心、党群工作部 8 个职能部门；下辖 21 个分公司、4 个子公司、1 个中外合资控股公司、2 个事业部和 80 个项目监理站。试验、检测设备 800 余台（套），汽车 79 辆，固定资产原值 4810 万元。

2012 年新签合同额 3.5 亿元，监理工程完成建安总投资 256.4 亿元，完成营业收入 2.31 亿元，实现利润 1651 万元。人均创利 1.04 万元，职工年人均收入 6.5 万元。国有资产保值增值率 122.03%，净资产收益率（含少数股东权益）20.15%，产值利润率 7.15%，资产负债率 74.35%。年内，公司监理的 3 项工程分别获广东省建设工程优质奖、上海市政工程金奖、北京市结构长城杯金奖；公司连续第 3 次获全国先进监理企业称号。

（龚成术）

【领导人员】

董事会

董事长	王　鉴
董事	贾晖东
	敬廷银
	李克贤
	蔡梅群

监事会

监事	朱英爱

经理层

总经理	王　鉴（兼）
副总经理	贾晖东（兼）
	敬廷银
	李克贤
	蔡梅群
总会计师	蔡梅群（兼）

总工程师　　　　敬廷银(兼)

党群领导

党委书记　　　　贾晖东

党委副书记　　　王　鉴

工会主席　　　　贾晖东(兼)　　　　(龚成术)

【主要工程项目监理机构】 哈大铁路客运专线监理联合体项目部　驻辽宁省营口市鲅鱼圈经济开发区。总监理工程师敬廷银。

哈大铁路客运专线海城监理分站　驻辽宁省海城市。分站站长呼世玺。

哈大铁路客运专线四电监理分站　驻辽宁省鞍山市。分站站长张春林。

郑西铁路客运专线客北环联合体监理站　驻陕西省西安市。站长宋玉库。

郑西铁路客运专线客北环联合体监理站西安北站监理站　驻陕西省西安市。总监理工程师宋玉库(兼)。

西成铁路客运专线陕西段监理站　驻陕西省宁强县。总监理工程师宋玉库(兼)。

厦深铁路(福建段)监理项目部　驻福建省漳州市。总监理工程师周润。

渝黔铁路监理项目部　驻重庆市巴南区。总监理工程师李巨才。

成绵乐铁路客运专线监理项目部　驻四川省绵阳市。总监理工程师黄平原。

贵广铁路监理项目部　驻广西壮族自治区贺州市。总监理工程师路跃军。

京津城际延长线监理站　驻天津市。总监理工程师邵福元。

准朔铁路监理站　驻山西省忻州市。总监理工程师艾国民。

兰渝铁路3标段监理站　驻甘肃省岷县。总监理工程师朱世伟。

西格铁路二线关角隧道监理站　驻青海省乌兰县。总监理工程师杨多军。

兰渝铁路13标段监理站　驻重庆市。总监理工程师梅东冬。

赣韶铁路监理站　驻广东省韶关市。总监理工程师杨世杰。

文昌清澜大桥监理部　驻海南省文昌市。总监理工程师张小平。

宁安铁路监理站　驻安徽省芜湖市。总监理工程师张校东。

兰新铁路二线西大段监理站　驻青海省西宁市。总监理工程师虞传海。

兰新铁路二线甘青段监理站　驻甘肃省嘉峪关市。总监理工程师安宁。

兰新铁路二线新疆段监理站　驻新疆维吾尔自治区哈密市。总监理工程师侯和利。

杭长铁路客运专线监理项目部　驻浙江省金华市。总监理工程师袁国忠。

云桂铁路监理项目部　驻广西壮族自治区百色市。总监理工程师王河川。

成渝铁路客运专线监理项目部　驻重庆市璧山县。总监理工程师王有鹏。

海青铁路监理站　驻山东省平度市。总监理工程师田言军。

张唐铁路监理项目部　驻河北省唐山市。总监理工程师戴刚。

津保铁路监理项目部　驻天津市。总监理工程师王彬。

山西中南部通道监理项目部　驻山西省隰县。总监理工程师葛强。

钦北铁路监理站　驻广西壮族自治区北海市。总监理工程师王卫华。

金普城铁监理站　驻辽宁省大连市。总监理工程师张剑。

深圳机场南线监理站　驻广东省深圳市。总监理工程师李继亭。

成兰铁路监理项目部　驻四川省什坊市。总监理工程师杨忠涛。

中缅油气管道第一监理部　驻云南省保山市。总监理工程师余华平。

中缅油气管道第二监理部　驻云南省昆明市。总监理工程师孙庆卫。

上海地铁11号线(北段二期)监理站　驻上海市。总监理工程师田言军。

昆明地铁3号线监理站　驻云南省昆明市。总监理工程师沈永瑰。

内蒙古青春塔铁路监理站　驻内蒙古自治区准格尔旗。总监理工程师谢斌辉。

准池铁路监理站　驻山西省右玉县。总监理工程师谢全红。

西安地铁4号线监理站　驻陕西省西安市。总监理工程师韩振明。

上海地铁信号工程监理站　驻上海市。总监理工程师张强。

温州石坦隧道监理站　驻浙江省温州市。总监理工程师王兰军。

鄂州南互通立交工程监理站　驻湖北省鄂州市。总监理工程师王喆。

山西兴保铁路项目管理部　驻山西省保德县。总监理工程师陈如意。

深圳地铁11号线监理站　驻广州省深圳市。总监理工程师何科禄。

深圳地铁9号线监理站　驻广州省深圳市。总监理工程师高建华。

朔黄铁路配套工程监理站　驻河北省黄骅港市。总监理工程师车仁贵。

青海锡北铁路监理站　驻青海省大柴旦。总监理工程师韩应明。

成都地铁3号线监理站　驻四川省成都市。总监理工程师李任良。

长沙地铁2号线监理站　驻湖南省长沙市。总监理工程师方路。

海口市海秀快速路工程监理站　驻海南省海口市,总监理工程师徐占国。

沪昆铁路扩能改造监理站　驻湖南省娄底市。总监理工程师唐迎春。

昆明市域铁路晋宁一期工程监理站　驻云南省昆明市。总监理工程师李维清。

青岛地铁2号线监理站　驻山东省青岛市。总监理工程师杨少玉。　（龚成术）

【职工队伍】　铁城监理公司正式在编人员76人,年平均从业人员1589人。其中,高级职务330人;中级职务826人;初级职务385人。注册监理人员约1500人。其中,全国注册监理工程师163人、造价工程师18人、安全工程师80人、咨询工程师7人;铁道部注册监理工程师1097人、设备工程师40人;注册建造师40人;人防监理工程师24人;其他省部注册监理工程师39名。197人取得各行业、省市总监理工程师证书。　（王玉洁）

【主要监理工程】　哈大铁路客运专线第Ⅰ标段工程　为联合监理工程,以铁城监理公司为主办方。标段长404公里,其中铁城监理公司监理219公里。西海特大桥、营海特大桥,海鞍特大桥、鞍辽特大桥、太子河特大桥、北沙河特大桥、马总屯特大桥、鞍山隧道8个工程为全线重点工程。2012年完成监理费1620万元,12月1日开通运行,标志着世界上首条穿越严寒地区高速铁路全面建成。

郑西铁路客运专线北环工程　起于新临潼车站,经西安北站,止于咸阳西站,并与新建西(安)宝(鸡)客运专线相连。主要工程有两座车站和两座特大桥。临潼东至西安北已于2011年开通运营。其中西安北站总建筑面积33.8万平方米,客运用房建筑面积16.5万平方米;单层建筑面积10万平方米,是集国铁、地铁和市政公交于一体的特大型交通枢纽,也是目前亚洲在建的最大的火车站。2012年完成监理费539万元。

厦深铁路福建段Ⅰ标段工程　为联合监理工程,重点控制性工程包括特大桥10座、隧道1座,既有线改造难度大,桥隧比例高,特殊桥梁多。同时,铁城监理公司被业主委托为总体监理单位,负责对全线设计、监理、施工进行管理。6月29日,厦漳段开通运行。2012年完成监理费732万元。

山西中南部通道工程　线路长109.5公里,南吕梁山隧道、石楼隧道、杜家庄1号隧道、隰县隧道、屈产河特大桥、站场路基为管内重难点工程。2012年完成监理费1412万元。

贵广铁路监理Ⅴ标段工程　线路长119.42公里。桥隧比重大、喀斯特地貌发育是标段最显著的特点。截至2012年底,累计完成建安投资12.73亿元。

成绵乐铁路客运专线工程　线路长51.087公里,紧邻既有线,安全防护难度高,施工风险大。2012年完成监理费1122万元。

京津城际延长线工程　线路长3.35公里,施工难度大,技术含量高,环境复杂。解放路盾构隧道为全线控制性工程。2012年完成建安投资1.8亿元。

准朔铁路Ⅰ、Ⅱ标段工程　Ⅰ标段线路长125.41公里,黄河特大桥(目前亚洲跨度最大的钢管拱桥,主跨为380米)、下土寨跨引黄干渠特大桥、方城2号隧道、鹰鹞山特长隧道(11572米)为管内重点控制性工程。2012年完成建安投资0.3亿元。

兰渝铁路3标段工程　线路长86.31公里,桥隧占标段总长的88.43%,管内重点工程14个,包括两座极高风险隧道(木寨岭隧道和纸坊隧道)和1座高风险隧道(哈达铺隧道),施工难度大,安全风险高。2012年完成监理费424万元。

兰渝铁路13标段工程　线路长70.713公里,桥隧占标段总长的72.9%。特殊结构梁类型多,隧道地质条件复杂,环境保护及水土保持要求高,专业协调难度大。截至2012年底,管内隧道全部贯通,年内完成建安投资7.8亿元。

西格铁路二线关角隧道XGJL4-2标段工程　隧道全长32.645公里,为两座平行的单线隧道,是目前世界上最长高海拔隧道,采用钻爆法施工。2012年完成监理费88.3万元。

宁安铁路工程　管段长75.5公里,桥梁比重大,隧道地质条件复杂,营业线及临近营业线工程较多,安全控制难度大。2012年完成监理费291万元。

兰新铁路二线西大段工程　管段长48.282公里,西宁隧道为管内控制性工程。截至2012年底,开工累计完成建安投资 26.03 亿元,完成监理费 2111 万元。

兰新铁路二线甘青段工程　管段长 151.266 公里。截至 2012 年底,开工累计完成建安投资 15.45 亿元,完成监理费 4800 万元。

兰新铁路二线新疆段工程　管段长 55.6 公里。2012 年完成监理费 598 万元。

杭长铁路客运专线工程　管段长 93.66 公里,联络线 13.044 公里,义金特大桥、金华江特大桥、汤溪特大桥是管段重难点工程。2012 年完成监理费 951 万元。

云桂铁路工程　管段长 103.34 公里,百东河双线特大桥、澄碧江双线特大桥、百色右江双线特大桥、六联隧道、逻皓隧道、六木屯隧道、东屯隧道、达康隧道、坡录元隧道、孟合山隧道、膨胀土路基、百色右江双线特大桥为全线重难点工程。2012 年完成建安投资 8.5 亿元。

成渝铁路客运专线 3 标段工程　管段长 66.146 公里,新中梁山左右线隧道、新红岩隧道为管段控制性工程,大安隧道、大坪隧道为重难点工程。2012 年完成建安投资 13.94 亿元。

海青铁路工程　管段长 90.273 公里,桥梁比重占管段线路总长的 20.81%,跨济青高速公路特大桥为全线控制性工程,跨潍胶公路大桥、跨青银高速公路特大桥、海天站和芝兰庄站改建为重难点工程。2012 年完成建安投资 4.8 亿元,累计完成监理费 1303 万元。

张唐铁路工程　管段长 123 公里,大令公跨京哈铁路特大桥、高各庄跨京沈高速公路特大桥、前冯各庄跨机场路特大桥、跨唐曹高速公路特大桥为管段重难点工程。2012 年完成建安投资 12.8 亿元。

津保铁路工程　管段长 42.929 公里,子牙河特大桥、跨津保高速公路特大桥为管段重难点工程。截至 2012 年底,开工累计完成建安投资 2.932 亿元。

成兰铁路工程　管段长 125.7 公里,桥隧占管段总长的 61.6%,施工难度大,环境敏感点多,环保要求高,地震效应显著,地质灾害频发是管段最主要的特点。2012 年因环保工程变更暂缓施工。

钦北铁路工程　管段长 99.474 公里,专业齐全、技术标准高、安全风险大、环保要求严、民族问题敏感是管段较为显著的特点,丹田双线特大桥、南流江双线特大桥、钦江双线特大桥、独屋隧道为重难点工程。2012 年完成监理费 1770 万元。

中缅油气管道隧道工程　管段有 42 座隧道 50 公里。截至 2012 年底,42 座隧道贯通交付管道安装。

深圳机场南线工程　位于宝安机场南侧,为城市快速路,线路长 4.552 公里。

上海轨道交通 11 号线北段二期工程　线路长 22.886 公里,设有 13 座车站、1 个停车场。2012 年完成监理费 495.71 万元。

海南文昌清澜跨海大桥工程　大桥全长 1828 米,为三跨双塔双索面结合梁斜拉桥,钻石型索塔。截至 2012 年底,累计完成监理费 678 万元,12 月 18 日正式通车。

昆明地铁 3 号线车站工程　为大树营、金马寺、太平村、梁家河、虹桥村 5 座车站土建工程。2012 年完成监理费 138 万元。

内蒙古青春塔铁路工程　管段长 32.67 公里,榆树湾隧道、魏家峁隧道为重点工程。2012 年完成监理费 144 万元。

准池铁路工程　管段长 59 公里。2012 年完成监理费 416 万元。

西安地铁 4 号线工程　管段长 2.87 公里,包括三站三区间及 4、5 号线联络线。工程地处繁华地带,地下管线密集,施工环境和地质条件复杂,交通疏导难度大,周边控制性建筑物分布多,文明施工难度大。

上海地铁信号工程　包括上海地铁 12 号线、13 号线、世博园区专用线信号系统安装。2012 年完成监理费 100 万元。12 月 30 日,13 号线一期工程西段开通投入运营。

深圳地铁 11 号线工程　管段包括 3 座车站 3 个区间。车站总长 1401 米、建筑面积 57298 平方米;区间总长 6620 米,其中盾构法施工 3786 米、暗挖法施工 2509 米、明挖段 325 米。2012 年完成建安投资 3.3 亿元。

青海锡北铁路工程　管段长 53.754 公里。2012 年完成监理费 193 万元。

山西兴保铁路工程　管段长 16.515 公里,新设冯家川装车环线 1.745 公里。岚漪河特大桥、张家村隧道、高家塔隧道、武家沟河特大桥、安家山河大桥为管段重难点工程。

成都地铁 3 号线工程　管段长 2.735 公里,包括两座车站两个区间。

沪昆铁路扩能改造工程　主要为沪昆铁路株洲(含)至大龙(不含)段 545.8 公里的牵引供电设备改造和百亩井至大龙(不含)段 421 公里的自动闭塞改造。

鄂州南互通立交工程　为鄂州市南北中轴线工程之一,主要工程为跨武黄高速主线道路和 14 座匝道,兴业大道下挖改造 500 米和武黄高速路基加宽,桥梁设有 1 座主线桥和 8 座匝道桥。重点工程有跨程潮铁矿矿区铁路立交架梁、跨武黄高速公路钢箱梁。2012 年完成监理费 110 万元。

渝黔铁路工程　管段长 42..406 公里,新白沙沱长江桥为全线控制性工程。　　(龚成术)

【经营管理】 2012年,铁城监理公司加快市场调整,确保绩效同比增长;继续投入更大精力和更多资源主攻城市轨道交通、市政路桥和房建等投资规模大、市场比较成熟的区域市场,铁路外项目新签合同额大幅度超过铁路项目,占新签合同总额的66%,改变铁路市场"一头独大"的经营格局,企业抗击市场风险的能力明显增强。加速企业资质就位步伐,年内获得电力乙级资质,公路甲级资质完成申报。完善经营网络布局,成立杭州、南昌、银川、乌鲁木齐、长春、福州6个分公司。在境外市场,公司取得对外援助项目监理准入资格,开始参与项目投标。在内部管理方面,深入推进内部控制和全面风险管理,精简制度体系,加强流程梳理和再造;开展业务诊断评估,改进机关管理短板;狠抓责任成本管理,多管齐下增收节支;坚持依法治企,推进合规管理,推动企业逐步向集约化、精益化管理迈进。 (龚成术)

【教育培训】 铁城监理公司把人力资源开发作为企业基本战略,坚持"德才兼备、以德为先、任人唯贤"的用人标准、"内培外引、特需优先"的人才发展思路"和"用业绩说话,无功即是过"的考核准则,全年提拔66名优秀青年干部充实到一线管理岗位。公司采取优先安排工作、晋升职务、增加工资、报销学费等措施鼓励在职员工自学成才,逐年增加骨干人员外出学习规模,确保培训教育经费支出,全年组织25期职业资格培训和继续教育,累计培训433人次,新增国家注册监理工程师25名,其他国家级职业资格注册人员35名。 (龚成术)

【对外宣传】 铁城监理公司坚持宣传为经营服务、为形象服务、为大局服务的理念,强化先进单位和先进个人的选树、宣传和报道力度,制定《新闻宣传管理暂行办法》,把新闻宣传纳入制度化、规范化、程序化轨道。积极借助股份公司平台,加强与主流媒体和行业协会的沟通协调,建立良好的合作关系,提高稿件的刊用层次,扩大影响力和覆盖面。加大重要管理动态、重要事件、重点工程、科技创新、信誉收成、履行社会责任等重点和亮点的对外宣传报道力度。加强《北京铁城监理简报》和公司网站管理,不断增强信息量,提高可读性。全年编发《北京铁城监理简报》51期,编辑、刊发信息205篇,被股份公司选载16篇,《中国铁道建筑报》刊载7篇,《人民铁道》报为公司哈大铁路客运专线项目先进事迹和企业信誉建设分别刊发专题宣传稿,为全面落实"稳增长、调结构、强基础、提效益、上水平"的战略决策、成功应对激烈市场竞争变化发挥积极作用。公司所属现场机构根据自身实际,编发信息、快讯等,及时展示现场活动和工作业绩,架起与业主及相关部门沟通的桥梁。 (龚成术)

【信息化建设】 铁城监理公司企业办公自动化(OA)、人力资源管理(HR)、监理项目管理(PM)、预算管理系统和"铁城社区"内部交流平台已全部上线使用。至此,拥有企业自主知识产权,涵盖全方位企业管理功能的"铁城计算机网络辅助工作平台"基本形成。在自主更新、研发系统内新模块的同时,开始为专业客户开发多套管理系统,使公司的产业链条不断向产业高端延伸。积极促进具有自主知识产权软件的产业化,不断优化已有的监理项目管理系统,力争将其打造为监理行业信息化管理的行业标准,推动公司向具有先进发展方式的信息化企业迈进。 (任 军)

【信诺工程检测有限公司】 2008年9月成立。驻北京市复兴路40号。经理王正成。经营范围包括基桩完整性、承载力检测;结构混凝土厚度、密实度、内部缺陷检测及隧道衬砌厚度、密实度检测、钢筋位置测定检测。职工16人。

2012年新签合同额491万元,完成营业收入347万元。 (路利凤)

【成都分公司】 2001年7月成立。驻四川省成都市。经理阎平。经营业务为工程监理和工程技术咨询。从业人员85人,下设4个现场监理机构。

2012年完成营业收入823万元。 (田 源)

【南京分公司】 2004年10月成立。驻河南省郑州市。经理谢怀庆。经营业务为工程监理和工程技术咨询。从业人员61人,下设2个现场监理机构。

2012年完成营业收入870万元。 (张 静)

【天津分公司】 前身系北京铁城建设监理有限责任公司第一分公司,2005年8月改为现名。驻北京市朝阳区。经理陆裕云。经营业务为工程监理和工程技术咨询。从业人员129人,下设7个现场监理机构。

2012年完成营业收入1432万元。 (寇田喜)

【深圳分公司】 2007年9月成立。驻广东省深圳市福田区。经理高建华。经营业务为工程监理和工程技术咨询。从业人员100人,下设4个现场监理机构。

2012年完成营业收入1000万元。 (李 师)

【合肥分公司】 2008年4月成立。驻安徽省合肥市。经理袁国忠。经营业务为工程监理和工程技术咨询。从业人员103人,下设6个现场监理机构。

2012 年完成营业收入 1085 万元。（李　华）

【重庆分公司】 2008 年 12 月成立。驻重庆市渝中区。经营业务为工程监理和工程技术咨询。经理甘平。从业人员 192 人,下设 5 个现场监理机构。

2012 年完成营业收入 1542 万元。（王　琴）

【电气化分公司】 2008 年 12 月成立,2011 年 8 月武汉事业部划归其管理。驻北京市海淀区复兴路 40 号。经理王亚林。经营业务为工程监理和工程技术咨询。从业人员 35 人,下设 12 个现场监理机构。

2012 年完成营业收入 458 万元。（黄　琳）

【上海分公司】 2010 年 1 月成立。驻上海市闸北区。经理沈志林。经营业务为工程监理和工程技术咨询。从业人员 80 人,下设 6 个现场监理机构。

2012 年完成营业收入 413 万元。（倪　丽）

【兰州分公司】 2010 年 1 月成立。驻甘肃省兰州市。经理马增禄。经营业务为工程监理和工程技术咨询。从业人员 53 人,下设 2 个现场监理机构。

2012 年完成营业收入 515 万元。（李玉哲）

【广州分公司】 2010 年 3 月成立。驻广东省广州市花都区公益路 23 号北座钻石商务大厦 1601 室。经理张文建。经营业务为工程监理和工程技术咨询。从业人员 101 人,下设 6 个现场监理机构。

2012 年完成营业收入 915 万元。（张　晶）

【青岛分公司】 2010 年 10 月成立。驻山东省青岛市四方区重庆南路 298 号。经理艾连庆。经营业务为工程监理和工程技术咨询。从业人员 41 人,下设 3 个现场监理机构。

2012 年完成营业收入 114 万元。（于永亭）

【建超分公司】 前身是成立于 2009 年 4 月的房建事业部,2011 年 8 月改为现名。驻北京市海淀区复兴路甲 36 号。经理吴晓媛。经营业务为工程监理和工程技术咨询。从业人员 102 人,下设 10 个现场监理机构。

2012 年完成营业收入 624 万元。（龚芋江）

【海南分公司】 2011 年 5 月成立。驻海南省海口市龙华区国贸大道 48 号。经理赵计君。经营业务为工程监理和工程技术咨询。从业人员 5 人,下设 1 个现场监理机构。（贺小利）

【昆明分公司】 2011 年 11 月成立。驻云南省昆明市。经理李韵铭。经营业务为工程监理和工程技术咨询。从业人员 25 人,下设 4 个现场监理机构。

2012 年完成营业收入 551 万元。（叶　婷）

【杭州分公司】 2012 年 3 月成立。驻浙江省杭州市。经理宣丽君。经营业务为工程监理和工程技术咨询。从业人员 3 人。（汪粟珂）

【南昌分公司】 2012 年 4 月成立。驻江西省南昌市。经理童元忠。经营业务为工程监理和工程技术咨询。从业人员 6 人。（徐泽峰）

【银川分公司】 2012 年 5 月成立。驻宁夏回族自治区银川市。经理张校东。经营业务范围为工程监理和工程技术咨询。从业人员 33 人,下设 4 个现场监理机构。（王　莉）

【长春分公司】 2012 年 6 月成立。驻吉林省长春市。经理张春林。经营业务为工程监理和工程技术咨询。从业人员 12 人,下设 3 个现场监理机构。

2012 年完成营业收入 8 万元。（侯月圆）

【西安事业部】 2006 年 3 月成立。驻陕西省西安市。经理上官建芳。经营业务为工程监理和工程技术咨询。从业人员 45 人,下设 2 个现场监理机构。

2011 年完成监理费收入 590 万元。（高宏秀）

【重要记载】

▲1 月 6 日　铁城监理公司监理的温福铁路鼓山隧道群工程获国家优质工程银质奖。

▲2 月 15 日　铁城监理公司连续第 5 年被评为北京市优秀监理单位。

▲4 月 17 日　铁城监理公司监理的上海市轨道交通 11 号线白丽新村站至江苏路站工程获第 17 届上海市政工程金奖。

▲4 月 23 日　铁城监理公司监理的兰新二线青藏铁路公司代建段老爷山隧道提前贯通,这是兰新二线青海省境内首座贯通的千米以上的长大隧道。

▲6 月 3 日　香港凤凰卫视采访组对铁城监理公司监理的东航西安维修机库工程进行专访。

▲6 月 13 日　在中国城市轨道交通协会第一届常务理事会第一次会议上,铁城监理公司被增补为常务理事单位。

▲6 月 29 日　铁城监理公司监理的厦深铁路厦漳段开通运行。

▲7月1日　西安至延安动车组列车首发仪式在西安北站举行，铁城监理公司监理的西安北站贵宾室工程投入使用。

▲7月25日　铁城监理公司监理的杭长铁路客运专线浙江段金华江特大桥主跨（75+4×135+75）连续梁合龙，是目前国内温度跨长最长的连续梁（温度跨长指固定墩到自由节点之间的距离）。

▲8月22日　铁城监理公司监理的哈大铁路客运专线辽阳火车站新站房启用。

▲8月31日　铁道部副部长陆东福率领参加2012中国铁路客站技术交流会的200余名专家、学者及工程技术人员，参观铁城监理公司监理的哈大铁路客运专线营口东站工程。

▲9月4日　铁城监理公司监理的广深港铁路客运专线深圳北站综合交通枢纽工程获广东省建设工程优质奖。

▲9月19日　铁城监理公司被授予北京市重质量守信用企业称号。

▲10月8日　铁城监理公司监理的中国铁道建筑总公司科研楼获北京市2011～2012年度结构长城杯金质奖。

▲11月8日　铁城监理公司被中国建设监理协会授予2011～2012年度先进工程监理企业称号。

▲11月26日　铁道部部长盛光祖、副部长胡亚东视察铁城监理公司监理的哈大铁路客运专线鞍山西站工程。

▲12月1日　铁城监理公司监理的哈大铁路客运专线全线开通。

▲12月18日　铁城监理公司监理的海南文昌清澜跨海特大桥建成通车。　（龚成术）

中国铁建投资有限公司

【简况】　中国铁建投资有限公司（以下简称投资公司）于2011年5月成立，是中国铁建股份有限公司的全资子公司。初始注册资本金30亿元，2012年12月增加到100亿元。公司驻北京市复兴路40号。投资业务领域涵盖高速公路、铁路、市政、轨道交通工程，城市综合开发、土地开发、矿产资源等项目和金融、旅游开发等股权投资类项目。职工104人。资产总额198.7亿元。

2012年新签合同额258亿元，完成营业收入30.6亿元，实现利润3.9亿元、净利润3.2亿元。资产负债率44%。　（赵定垚）

【领导人员】

董事会

董事长	周志亮（4月免）
	李　宁（4月任）
董事	王　巍（4月任）
	李振刚

监事会

监事	王泽泉

经理层

总经理	李　宁（4月免）
	王　巍（4月任）
副总经理	金守华
	李振刚
	谭振武
	王　闯
	刘虎军（4月任）
总会计师	王　闯

党群领导

党委书记	李　宁
党委副书记	王　巍（4月任）
工会筹备委员会主任	李振刚（9月兼）
工会筹备委员会常务副主任	王泽泉（9月任）

（李　爽）

【公司及建设指挥机构】　重庆鱼洞长江大桥建设指挥部　驻重庆市。指挥长王闯。

中国铁建昆明市二环改扩建工程指挥部　驻云南省昆明市。指挥长琚建明，常务副指挥长黄小通。

中铁建铜冠投资有限公司　驻安徽省铜陵市。董事长郑群棣，总经理盛忠义（合资方）。

中铁建山东京沪高速公路济乐有限公司　驻山东省济南市。董事长孟乔然，总经理吴登义（合资方）。

中国铁建贵阳工程建设指挥部　驻贵州省贵阳市。指挥长琚建明。

重庆渝蓉高速公路有限公司　驻重庆市。董事长杜国平（合资方），总经理刘虎军。

中国铁建成渝高速公路复线工程指挥部　驻重庆市。指挥长罗玉刚，党工委书记郑刚。

中国铁建禄大和九宜公路建设指挥部　驻云南省昆明市。指挥长琚建明，常务副指挥长黄小通。

中铁建湛江开发有限公司　驻广东省湛江市。董事长李振刚，总经理、党工委书记郑玉欣。

中铁建兰州地铁投资有限公司　驻甘肃省兰州市。执行董事、党工委书记高志明，总经理汤宝东。

中国铁建南京青奥轴线地下工程指挥部　驻江苏省南京市。指挥长李振刚，党工委书记卜景华，常务副指挥长李卫华。

中铁建甘肃投资建设有限公司　驻甘肃省兰州市。执行董事李阳，总经理、党工委书记高志明。

中铁建(山东)德商高速公路有限公司　驻山东省聊城。董事长史立新。

(赵定垚　韩烈慧楼　许玉和)

【职工队伍】　职工104人。文化程度：博士4人，硕士32人，本科64人，大专4人。专业技术职务：高级职务60人，中级职务18人，初级职称26人。专业结构：工程系列63人，经济系列21人，会计系列15人，政工系列5人。2012年新增职工90人，其中接收院校毕业生7人、调入83人。(李　爽)

【资本运营项目】　重庆鱼洞长江大桥二期项目　中国铁建股份有限公司为BT融资建设总承包单位。工程于2009年3月28日开工，2011年7月14日提前半个月通过竣工验收。项目进入回购阶段，2012年项目获重庆市政工程金杯奖。

昆明二环改扩建项目　位于云南省昆明市主城区，包括昆明市二环路的南二环段和北二环段，合同投资35.23亿元，于2009年9月28日竣工，项目进入回购阶段。

厄瓜多尔铜矿项目　位于厄瓜多尔东南部，包括相邻的40公里的两个矿区，4个铜矿床，矿石总量约20亿吨。总投资23.68亿美元。截至2012年12月31日，开工累计完成投资6.93亿美元。由中国铁建股份有限公司和铜陵有色金属集团控股有限公司按股比50:50出资。

济乐高速公路济南至乐陵段项目　线路长114.872公里，总投资75.42亿元。由中国铁建股份有限公司和山东省交通运输厅公路局按股比65:35出资，组建中铁建山东京沪高速公路济乐有限公司负责项目建设管理工作。项目合同工期36个月，2011年10月开工。截至2012年底，开工累计完成投资29.89亿元。

贵阳北二环道路项目　线路长12.48公里，合同投资31.99亿元。合同工期17个月，2010年1月28日开工，2011年9月6日完工通车。从2011年9月7日起进入回购期。

成渝高速公路复线(重庆境内)项目　线路长78.63公里，合同投资85.4亿元。由中国铁建股份有限公司和重庆高速集团按股比40:60出资，组建重庆渝蓉高速公路有限公司负责项目建设管理工作。项目以BOT+EPC模式运作。合同工期42个月，2010年12月开工。截至2012年底，开工累计完成投资54.78亿元。

昆明禄大、九宜公路项目　昆明市禄劝至大松树公路全长96.44公里，九乡至宜良公路全长33.09公里。合同总投资26.44亿元。禄大公路于2011年12月底试通车，九宜公路于2011年9月20日试通车。项目进入回购期。

湛江东海岛综合开发项目　2011年11月，中铁建湛江开发有限公司成立，湛江经济技术开发区管委会和中国铁建投资有限公司按股比10:90出资，项目包括石化产业园区项目、南部围填海及基础设施建设。截至2012年底，开工累计完成投资15.25亿元。

兰州城市轨道交通1号线一期工程试验段土建施工BT项目　项目范围为兰州地铁1号线世纪大道及世纪大道站至迎门滩区间。合同投资2.4亿元。2012年7月8日中标，8月4日签署正式合同及补充协议。截至2012年底，开工累计完成投资3100万元。

南京梅子洲青奥轴线工程　合同投资21.8亿元，计划2013年底前完成合同内所有工程，是2014年南京市举办第二届世界青年奥林匹克运动会的重点交通配套工程。截至2012年底，开工累计完成投资7.36亿元。

兰州崔家大滩土地一级开发项目　位于甘肃省兰州市七里河区崔家大滩区，建设面积266.67万平方米，合同投资100亿元。2012年6月13日项目正式启动，9月4日签订项目合作投资协议。

山东省德商高速公路夏津至聊城段BOT项目　是山东高速公路网规划"五纵四横一环八连"的主要组成部分，全长64公里，采用双向4车道高速公路标准建设，设计时速120公里，路基宽28米，合同投资33.8亿元。2012年12月28日开标，公司为中标候选单位进入公示期。(赵定垚　冯　鹏　崔风华　张华琴　马燕妮　王逸菲)

【经营管理】　经营承揽。2012年，投资公司中标5个项目，新签合同额258亿元。其中，BT项目2个，分别为南京梅子洲青奥轴线项目和兰州地铁1号线试验段项目；BOT项目1个，为山东德商高速公路项目；土地一级开发项目1个，为兰州崔家大滩土地一级开发项目；城市综合开发项目1个，为湛江东海岛项目。

项目管理。厄瓜多尔铜矿项目完成采矿合同的签订并通过国家发展和改革委员会的审批；股权投资类项目均正常履行股东职责。济乐高速公路项目克服重重困难，有序推进；成渝高速公路复线项目管控到位，各项工作得到属地行业主管部门的肯定，有望提前通车，被股份公司评为2012年度劳动竞赛先进单位；湛江产业园区项目在外部环境十分恶劣的情况下，逐步扭转被动局面，开展“百日大干”活动，确保实现市政府提出的阶段性目标；南京青奥项目工程核心区域为地下3层互通式立交，是目前国内在建的结构体系最复杂、规模最大的超大型地下交通系统工程之一，施工进展顺利，被股份公司评为2012年度劳动竞赛先进单位；兰州地铁试验段项目超额完成任务；崔家大滩土地开发项目按照投资公司管理策划陆续展开；待开工的山东德商项目，投资公司成立筹备组，抓紧开展合同洽谈、机构组建、任务划分、组织进场等准备工作。

企业内控。进一步完善企业基本管理制度，明晰各项工作的原则、流程和标准。建立董事会、党委会、总经理办公会议、专题会议和总部工作例会制度，规范议事规则和决策程序，完善公司治理。初步构建对内公平、对外具有竞争力的员工管理制度和薪酬体系，建立激励约束机制。通过完善审计、法律合规等工作机制，初步建立风险管控体系，并从外部聘请专业的法律和会计事务机构，帮助公司识别风险、管控风险；聘请专业的咨询公司开展企业战略规划咨询。

财务管理。针对公司各项业务的迅速发展，致力于建章立制，规范管理，先后制定《“十二五”财务战略规划》《财务管理暂行办法》《建设资金管理暂行办法》《财务监察管理办法》《计划统计管理暂行办法》《产权登记管理办法》等规章制度，为财务管理的有效实施奠定制度基础。解决投资项目资金需求，加大融资和资金集中管理力度，全年获金融机构综合授信额度457.9亿元；通过资金集中管控系统，实现资金集中度80%以上。定期审阅股权投资单位的各项财务报表，及时掌握被投资单位生产经营状况，并通过参加被投资单位股东会、董事会、监事会等方式，积极参与被投资单位的管理，维护公司权益。

审计工作。2012年完成中国铁建成渝高速公路复线原指挥长离任交接审计及中铁建铜冠投资有限公司原高管离任经济责任审计工作，提交审计报告2份，提出审计建议13条。年内制定《中国铁建投资有限公司内部审计管理暂行办法》。

（高继红　冯鹏　高慧蔷）

【党群工作】 党的工作。(1)领导班子建设。投资公司党委按照“四好领导班子”标准加强自身建设，建立和坚持中心组学习制度，注重落实“三重一大”事项集体决策制度，带头落实党风廉政建设有关规定，自觉接受职工群众监督。召开2012年度民主生活会，会后召开专题会议，研究制定整改工作落实方案及具体推进计划。(2)党建工作。投资公司党委以创先争优活动为载体，贯彻落实“基层组织建设年”活动的各项要求，整章建制，夯实基础，为推动企业发展提供坚强的政治和组织保证。先后制定《党委会议事规则》《党委中心组学习制度》《贯彻落实“三重一大”决策制度实施办法》以及保密工作等基础工作制度。(3)宣传和思想政治工作。通过开展形式多样的读书竞赛活动，组织员工认真学习贯彻党的十八大精神。广泛开展形式多样的宣传教育活动，内增凝聚力，外扩知名度，积极营造有利于企业发展的良好氛围。全年在中央、省部级新闻媒体刊发稿件36篇。(4)企业文化建设。围绕企业发展战略和经营管理中心工作，以股份公司企业文化体系为指导，大力弘扬铁建文化，倡导和培育具有公司特色的企业核心价值观及道德规范，增强企业的凝聚力和向心力。(5)党风廉政建设。通过开展《领导干部廉洁从政教育读本》学习活动、领导干部民主生活会报告廉洁从业情况、干部任前廉政谈话、公司全体党员干部和“六管人员”签订廉洁从业承诺书等形式，加强全员反腐倡廉教育，不断增强廉洁从业意识。制定《党风廉政建设责任制实施细则》，明确各级党风廉政建设的职责。

工会工作。报请股份公司批准成立中国铁建投资有限公司工会筹委会，积极派员参加股份公司工会工作相关培训，认真做好召开投资公司工会会员大会的各项准备工作。（张秋华　郝迪）

【重要记载】

▲2月13日　投资公司召开2012年工作会议。

▲4月23日　投资公司OA系统上线运行。

▲8月　重庆鱼洞长江大桥项目获重庆市政工程金杯奖。

▲9月5日　中国铁建投资有限公司工会筹委会成立。（郝迪）

中国铁建财务有限公司

【简况】 中国铁建财务有限公司（以下简称财务公司）是经中国银监会批准，具有独立法人资格的非银行金融机构。2012年4月18日正式开业运营。财务公司是中国铁道建筑总公司重组中国长城财务公司后，引入其下属核心子公司——中国铁建股份有限公司，共同出资成立的，注册资本金13亿元人民币。其中,中国铁建股份有限公司出资 12.22 亿元,占比 94%;中国铁道建筑总公司出资 0.78 亿元,占比 6%。公司驻北京市复兴路 40 号。

财务公司的成立标志着中国铁建在稳步推进金融资本和产业资本结合方面迈出了新的一步。财务公司是为中国铁建及成员单位提供专业金融服务的非银金融机构，依托集团，服务集团，致力于打造集资金结算和集中管理、信贷、创誉、推动结构调整和产融结合于一身的中国铁建综合性金融平台，促进中国铁建的产业结构调整和转型升级。财务公司将在促进资金集中管理，加强资金监管，防范资金风险，提高资金使用效益，降低财务成本，优化财务结构，有效配置金融资源，助力结构调整等方面发挥重要的作用。

（郭融晖）

【领导人员】

股东代表	庄尚标
	裒守义
	曹锡锐
董事会	
董事长	庄尚标
董事	裒守义
	曹锡锐
	冀　涛
	刘东伟
监事会	
监事长	黄少军
监事	黄健民
	彭长林
经理层	
总经理	冀　涛
副总经理	王龙沙
党委会	
党委书记	冀　涛
党委委员	果秀娟
	彭长林

（郭融晖）

【职工队伍】 财务公司建立了较为完善的人力资源管理制度,先后下发人力资源管理、员工日常行为规范、薪酬待遇、岗位评定、绩效考核等方面的文件 12 份。公司初步形成 7 个部门、8 个岗位层级的组织架构,基本满足业务需求。先后完成 25 名员工的调入手续及劳动合同签订、人事档案接转、整理以及员工的定岗、定薪和聘任工作;建立社会保险、公积金以及企业补充养老保险和补充医疗保险。

员工教育背景较高,人员年龄结构年轻。截至 2012 年 12 月 31 日,在编员工 25 名,其中部门以上领导 4 名,部门经理、副经理 4 名。学历方面,所有员工均为本科及以上学历,其中研究生(含硕士学位)9 名,占员工总数的 36%。技术职务方面,高级职务 5 名,中级职务 8 名,初级职务 7 名,其他执业资格 5 名。从业情况,中国铁建系统财务岗位员工 13 名,来自银行系统员工 8 名。年龄结构,35 岁以下 19 名,占员工人数的 76%。公司通过绩效考评、竞聘上岗、岗位轮训等途径为年轻员工开辟成才通道。（郭融晖）

【经营概况】 2012 年是财务公司的开局之年,公司坚持“依法合规、审慎稳健、依托集团、服务企业、开拓进取、创誉争效”的经营方针,树立“以服务求生存、以服务谋发展”的经营理念,认真按照中国人民银行、中国银行业监督管理委员会监管要求,脚踏实地加强公司全面建设,全力以赴促进业务发展,主动防范各类风险,资金集中工作卓有成效,金融服务功能逐步发挥,金融机构价值逐渐显现。开业运营以来,呈现出良好态势,结算、存款、信贷和中间业务均在探索中稳步发展。截至 2012 年 12 月 31 日,公司完成营业收入 3.41 亿元,实现利润 1.86 亿元、净利润 1.39 亿元;集中成员单位资金余额 178.3 亿元,全口径资金集中度 19.7%。资产总额 193.7 亿元,在全国 147 家财务公司中排名第 29 位;利润总额排名第 61 位;净资产收益率 19.34%,排名第 15 位。（郭融晖）

【党群工作】 财务公司党群机构在股份公司党委、团委和工会的关心和支持下,分别于 2012 年 9 月 5 日、10 月 24 日和 7 月 20 日成立财务公司党委、工会筹委会和团委。公司党委第一、第二两个党支部于 2012 年 12 月 10 日成立。工会筹委会在股份公司工会的指导下,认真履行职责,积极开展工会活动,认真筹备职工大会。财务公司党群组织在公司挂牌成立后初步构建完成。

公司党委成立后,根据股份公司创先争优、管理提升和学习党的十八大精神等活动要求部署公司工作,组织员工学习十八大精神、优秀共产党员先进事迹、参观廉政教育展览,切实将党群建设和教育宣传贯彻到日常工作中。（郭融晖）

【信贷业务】 2012 年,财务公司信贷业务基本涵盖中国铁建系统所需的各个品种,包括流动资金贷款、固定资产贷款、融资租赁、银行承兑汇票贴现和委托贷款等,当年为 12 家成员单位核定授信额度 64 亿元,累计投放信贷资金 22.2 亿元。（郭融晖）

【资金集中】 财务公司将资金集中工作视为首要任务和核心目标，针对中国铁建系统单位账户分散和项目部流动性大的特点，本着“实事求是、注重实效”的原则，为成员单位提供内部结算、代理收付款、“资金池”、上存款等多种归集模式，通过这些模式的综合应用，资金集中取得实效。截至2012年底，公司集中21家成员单位178.3亿元资金，全年月均集中资金132亿元，最高时超过200亿元。财务公司通过举办业务研讨会和推介会、针对重点单位推进一企一策、紧抓结算业务实现资金沉淀、因地制宜建立区域资金池、加强信息化平台的安全高效运行等策略为资金集中提供强有力的支撑。（郭融晖）

【风险管理和内部控制】 风险控制是金融企业的生命线，财务公司始终把风险管理和内部控制作为公司建设的重中之重，设立董事会风险控制委员会、风险控制部和审计稽核部。开业筹备阶段开始起草结算、信贷、风险防控、审计稽核等规章制度，开业运行后经过梳理和完善，形成较为完备、科学的制度体系。截至2012年底，累计下发规章制度87项，并将所发文件和上级监管制度以制度汇编的形式印发全体员工学习、使用。完善的制度体系，为公司的稳健运行提供了有力保障。

围绕合规守法经营、内控制度执行和规范基础管理等重点内容，认真开展风险防控和审计稽核工作，全面梳理业务流程，进行风险排查，查找风险点，提出解决方案，跟踪整改结果，初步构建了一个有效的风险防控网。财务公司在已有的内控领导小组的基础上，成立内控经办小组，将内控延伸到每个部门，形成全员内控的格局。（郭融晖）

【信息化建设】 2012年，财务公司核心业务系统圆满完成需求梳理、设计开发、系统集成、银企直连、系统测试、业务培训和模拟运行等工作，于2012年5月成功上线。公司结算系统的架构设计采用商业银行的理念，具有安全、可靠、稳定的特点，是集资金结算、信贷业务、网上金融、领导查询、银企直联、资金监管和系统管理中心等功能于一体的综合性信息管理系统，采用最新的数据加密技术，可提供多达六级的联动审批，是集团进行资金集中管理的重要信息化平台。通过实际运行，系统安全平稳，满足业务需求。根据监管部门要求，公司完成北京市金融城域网及银监局系统、人民银行的金融统计数据处理报送系统和征信数据综合报送系统的接入工作，并与北京银监局实现电子公文的自动传输，满足公司向监管部门及时准确报送数据、传输公文的需要。（郭融晖）

【企业文化建设】 加强职工职业道德、理想信念教育，开展“什么是能力”的大讨论活动。树立职工树立“诚实守信、坚持原则、服务至上”的职业操守，倡导“自觉守法、主动合规、审慎创造价值”、“工作快乐、快乐工作”的工作理念，提倡“信仰、修养、责任，自律、自信、自强”的员工价值观。开展2012年度最有价值员工、最受尊重员工和最幸运员工评选活动。公司致力于弘扬铁道兵优良传统，促进中国铁建文化和金融企业文化的融合，努力打造具有财务公司特色的先进文化，引领企业向更高层次、更高目标迈进。（郭融晖）

【重要记载】

▲4月18日　财务公司开业运营。

▲5月5日　财务公司核心业务系统上线。

▲7月20日　中国铁建股份有限公司团委批准成立中国铁建财务有限公司团委。

▲7月25日　财务公司发放首笔贷款。

▲9月5日　中国铁建股份有限公司党委批准成立中国铁建财务有限公司党委。

▲10月18日　财务公司业务推介会在北京举办。

▲10月24日　中国铁建股份有限公司工会批准成立中国铁建财务有限公司工会筹委会。（郭融晖）

中铁建中非建设有限公司

【简况】 中铁建中非建设有限公司（以下简称中非建设）成立于2010年2月24日，注册资本金10亿元人民币。公司驻北京市复兴路40号。经营范围包括施工总承包、矿产勘察设计、项目投资、货物进出口、批发兼零售（非实物方式）预包装食品。下设总经理办公室（董事会秘书处）、人力资源部（党群工作部）、财务部、建设部、经营部、投资部、法律风险部、商贸物流事业部8个部门；下辖中非建设尼日利亚有限公司、中铁建中非建设（香港）有限公司两家全资子公司，中铁建中非建设南非办事处、中铁建中非建设几内亚办事处两家海外分支机构；代表中国铁建股份有限公司持股、控股中非莱基投资有限公司。资产总额18.5亿元，净资产10.4亿元。

中非建设是中国铁建为加强和推进实现“大海外”战略，加强对尼日利亚莱基自贸区的领导，加快莱基自贸区的建设，深度立体经营以尼日利亚为龙头的非洲建筑市场而成立的。中国铁建赋予中非建设的主要职责:负责莱基自贸区的投资、规划、开发、建设、招商、运营和管理工作,兼管非洲地区大型工程项目的追踪、报价、签约、组织实施工作,协调中国铁建在非洲地区的对外关系和中国铁建所属单位在非洲市场的内部关系和资源集中使用度,负责矿产资源类项目的运作管理和中国铁建批准的在非洲地区的其他投资项目。

2012 年新签合同额 37.2 亿元,完成营业收入 5.2 亿元,实现净利润 2609 万元。 (高文学)

【领导人员】

董事会

董事长	陈晓星
董事	张国峰
	张文锦
	曹锡锐

经理层

总经理	陈晓星
副总经理	张国峰
	张文锦
	池长贵
	原　军(9 月任)
总工程师	张国峰(兼)
财务总监	曹锡锐
顾问	丁永华

党群领导

党委书记	陈晓星
党委委员	张国峰
	张文锦
	曹锡锐
	丁永华(2 月免)

(高文学　刘英才)

【职工队伍】 截至 2012 年 12 月 31 日,根据劳动关系主体计算,除公司领导班子成员外,公司及所属单位纳入统计范围的中方员工 129 人。其中,与中非建设签订劳动合同的有 75 人;在中国铁建系统内借调 5 人;实习生 2 人;其余 47 人为股东方派出人员、合资公司自聘人员、返聘人员及劳务派遣人员。

与中非建设签订劳动合同的 75 人中,派往中非莱基投资有限公司 6 人、中非建设尼日利亚公司 19 人、莱基自贸区开发公司 7 人、南非办事处 3 人、几内亚办事处 3 人,中非建设本部 37 人。63 人具备专业技术职务。其中,高级职务 18 人;中级职务 25 人;初级职务 20 人。学历构成:研究生 27 人,大学本科 43 人,大学专科及以下 5 人。年龄结构:30 岁以下 30 人,31 ~ 40 岁 29 人,41 ~ 50 岁 13 人,51 ~ 59 岁 3 人。

(耿诗雨)

【工程项目指挥机构】 尼日利亚联邦西部国家公路项目部　项目经理张斌,副经理田树斌、明安新。

尼日利亚拉各斯阿帕帕集装箱堆场项目部　项目经理沈斌,总工程师郑曙光。

尼日利亚昂杜州项目部　项目经理管由文,副经理王留涛。 (廖建彬)

【境外工程】 尼日利亚伊莫州 200 公里城镇道路项目　合同投资 12900 万美元。

尼日利亚西部国家公路项目一期工程　合同投资 5786 万美元。

尼日利亚西部国家公路项目二期工程　合同投资 6837 万美元。

尼日利亚拉各斯市阿帕帕港口集装箱堆场项目　合同投资 5785 万美元。

尼日利亚拉格斯市莱基自贸区临时电站项目　合同投资 2000 万美元。 (廖建彬)

【经营工作】 新城开发是中铁建中非建设有限公司 2012 年提出的全新理念,具体指通过莱基自贸区的投资与开发及莱基模式的复制,运作大都市核心功能区及其卫星城的规划设计、投资开发、建设运营,并以此带动房地产开发、市政交通等工程承揽业务及商贸物流业务。

莱基自贸区是中非建设新城开发业务板块的代表,是中国铁建股份有限公司"调结构、谋转型"的试验田,受到股份公司领导的高度关注。2012 年,股份公司总裁赵广发、副总裁扈振衣,党委副书记、纪委书记、监事会主席齐晓飞先后视察莱基自贸区,对自贸区的开发建设给与了指导、关心和支持。莱基自贸区按照整体发展部署,各项工作扎实、稳步向前推进。

中非建设结合国家资源战略,根据股份公司"大海外"战略,围绕公司西非、南非、东非三大市场,调整经营思路和理念,完善经营组织架构,充实经营人员力量,在立足尼日利亚市场的同时,全力拓展和跟进非洲资源能源开发及相关的基础设施通道建设项目。尼日利亚作为中非建设海外发展的根据地,2012 年市场经营开发取得重要进展,公司中标尼日利亚联邦西部国家公路项目、拉各斯市阿帕帕港口集装箱堆场项目;公司还重点推进喀麦隆矿山铁路、莫桑比克纳卡拉港口铁路等项目。

以投融资带动工程承包是中非建设未来发展的方向,2012 年初公司组建投资部,充分整合内外部资源开展投资工作。4 月 26 日，股份公司同意中非建设代表其承揽几内亚西芒杜矿山铁路项目，并入股中方联合体公司——中铝铁矿控股有限公司，截至 2012 年底，共向该公司出资 4575 万美元；6 月 29 日，投资 1000 万美元入股中国有色矿业集团有限公司赞比亚铜业资产香港 IPO 项目，借此与中国有色矿业集团有限公司签订战略合作协议。

按照“打入市场、站稳脚跟、扩大规模、提升利润”的思路开展商贸物流业务，利用公司银行授信额度开展融资贸易，进入国内大宗物资及资源贸易市场，2012 年新签合同额 7.2 亿元；工程机械、车辆业务在巩固尼日利亚市场的同时，扩展到肯尼亚市场；与中铁物资集团有限公司合作开展南非红酒业务，初步建立起国内红酒销售渠道。（高文学）

【管理工作】 修订中非建设“十二五”发展规划，进一步明确发展方向和目标；完善组织机构体系建设，先后成立中铁建中非建设几内亚办事处、投资部、中铁建中非建设（香港）公司。

加强财务管理制度建设，完善财务核算体系；积极拓展授信额度；搭建公司全球资金管理平台，初步建立资金控制管理体系；全方位落实全面预算管理，加强预算执行分析。

落实法制工作制度保障，加强法律事务工作体系建设；强化“四项审核”，完善企业法律风险防范机制；有效整合内外部资源，形成有中非建设特色的法律事务管理模式。

加强在建项目管理制度建设，建立在建工程项目月报制度；坚持科技兴企，积极推动科技研发工作；积极探索海外项目责任成本管理，提高海外项目的盈利能力。（高文学）

【党群工作】 中铁建中非建设有限公司党委下设公司机关党支部、中非莱基投资有限公司党支部、中非建设尼日利亚公司党总支、莱基自贸区开发公司党支部 4 个基层党组织。党员 41 人。（1）领导班子建设。通过会议、调研、座谈、自学、外派等方式，努力提高领导班子和团队素质。公司党委及时研究领导班子分工，并作出部分调整。党员领导班子民主生活会高标准完成。2012 年底，领导班子和部门负责人集体学习，邀请外部专家讲授海外投融资业务知识，启发思路、形成共识、促进发展。（2）党的组织建设。按照中央和上级党委部署，各级基层党组织自觉把开展“基层组织建设年”与创先争优活动融为一体，有组织、有步骤地推进“基层组织建设年”活动。（3）新闻宣传工作。形成公司及下属单位网站、股份公司新闻信息载体和社会新闻宣传媒体组成的三位一体的新闻宣传渠道和格局，公司内外网全方位报道公司外事活动、海内外经营、管理及文化生活的各类信息，2012 年发布新闻 120 余条，更新及时迅速；公司在《中国铁道建筑报》刊发稿件 10 余篇。（4）党风廉政建设。落实党风廉政建设责任制，层层签订“党风廉政建设责任书”；深入开展廉洁警示教育，从思想上筑牢反腐倡廉的第一道防线；开展效能监察，促进项目规范管理。11 月对中非建设尼日利亚公司进行责任成本、物资、设备、财务资金等方面的效能监察，对监察中发现的问题及时召开效能监察专题会议，并责令限期整改。（5）海外职工之家建设。坚持以人为本，从生活上点滴关心职工。克服饮食差异，自己动手，中西结合，打造自己的饮食文化。因远离祖国和亲人，海外生活单调，海外公司均安装了光纤，保证人人能上网，常与家人联系。

（刘英才）

【中非建设尼日利亚有限公司】 2010 年 3 月 24 日注册成立，注册地址尼日利亚拉各斯尼铁大院 15 号。

2012 年实现新签合同额 3.5 亿美元，完成营业收入 5000 万美元，实现利润 300 万美元。（廖建彬）

【中铁建中非建设南非办事处】 2011 年 6 月，中国铁建股份有限公司正式批复同意设立中铁建中非建设南非办事处。2011 年 9 月，中铁建中非建设南非办事处在南非约翰内斯堡市注册成立，主要开展市场调研、工程承包、商贸物流等业务。（高文学）

【中铁建中非建设几内亚办事处】 2012 年 5 月在几内亚科纳克里市注册成立。主要从事市场调研、勘测设计、咨询服务、工程承包、商贸物流、矿产资源及房地产开发等业务。（高文学）

【中铁建中非建设（香港）有限公司】 2012 年 6 月成立，驻香港九龙区。主要从事工程项目投资、建设、管理等业务。（高文学）

【重要记载】

▲2 月 10 日　中国铁建股份有限公司正式批复同意设立中铁建中非建设几内亚办事处。

▲2 月 15 日　欧洲中国基金会主席罗伯特先生、副主席巴斯先生，比利时 DENYS 公司首席执行官卓汉先生一行访问中非建设，与股份公司总裁助理兼中非建设董事长、党委书记、总经理陈晓星举行友好会谈。

▲2 月 22 日　中非建设在北京召开 2012 年工作会议。

▲2 月 28 日　股份公司副总裁、总经济师扈振衣在中国铁建大厦会见来访的南非公共企业部副部长本·马丁斯一行,双方就共同推进南非铁路基础设施建设等事宜进行广泛交流。股份公司总裁助理兼中非建设董事长、党委书记、总经理陈晓星等出席会议。

▲3 月 7 ~ 9 日　应几内亚公共工程及交通国务部部长奥斯曼·巴邀请,股份公司总裁助理兼中非建设董事长、党委书记、总经理陈晓星访问几内亚。

▲3 月 21 日　股份公司执行董事、副总裁、总经济师扈振衣,股份公司总裁助理兼中非建设董事长、党委书记、总经理陈晓星在中国铁建大厦会见几内亚总统战略顾问、中几合作委员会主席乌斯玛内卡巴博士率领的几内亚总统顾问代表团一行。

▲4 月 2 日　中非建设团委被授予 2011 ~ 2012 年度中国铁建五四红旗团委称号。

▲6 月 15 日　中国铁建股份有限公司正式批复同意设立中铁建中非建设(香港)有限公司。

▲6 月 17 日　股份公司总裁赵广发、副总裁兼总经济师扈振衣一行视察尼日利亚莱基自贸区。

▲6 月 20 ~ 21 日　中非建设董事长、党委书记、总经理陈晓星在加纳阿克拉副总统办公室分别会见加纳共和国副总统约翰·德拉马尼·马哈马(John Dramani Mahama)先生及交通部部长柯林斯·道达(Collins Dauda)先生,双方就加强合作等进行友好会谈。

▲7 月 13 日　股份公司执行董事、副总裁、总经济师扈振衣在中国铁建大厦会见来访的几内亚公共工程及交通国务部部长奥斯曼·巴一行,双方就加强相关项目合作进行深入交流,并达成广泛共识。股份公司总裁助理兼中非建设董事长、党委书记、总经理陈晓星主持会议。

▲7 月 18 日　股份公司总裁助理兼中非建设董事长、党委书记、总经理陈晓星,中非建设副总经理兼总工程师张国峰等应邀参加在人民大会堂金色大厅举行的第四届中非企业家大会。

▲9 月 3 日　股份公司总裁助理兼中非建设董事长、党委书记、总经理陈晓星在中国铁建大厦会见来访的南非茨瓦内市市长拉莫郭帕·古斯安索一行,双方就加强战略合作进行深入的交流,并达成广泛共识。

▲11 月 3 日　股份公司党委副书记、纪委书记、监事会主席齐晓飞视察莱基自贸区。

▲11 月 12 日　股份公司执行董事、副总裁、总经济师扈振衣在中国铁建大厦会见赞比亚驻华使馆副大使奇桑格·卡贝先生一行。随后,中非建设副总经理张文锦与来访的奇桑格·卡贝先生在公司第二会议室进行深入会谈,双方就促进基础设施建设和投资等领域的合作进行广泛交流。

▲11 月 27 日　德国前总理格哈德·施罗德访问中国铁建。股份公司董事长、党委书记孟凤朝,执行董事、副总裁兼总经济师扈振衣,股份公司总裁助理兼中非建设董事长陈晓星在中国铁建大厦会见施罗德一行。

▲11 月 28 日 ~ 12 月 9 日　中非建设副总经理张文锦带队访问赞比亚,期间拜会赞比亚总统、赞比亚交通部部长、交通管理委员会主席以及中国驻赞比亚大使、参赞等人。

▲11 月 29 日　中非建设尼日利亚有限公司签约尼日利亚阿帕帕港口集装箱堆场项目。

▲12 月 14 日　中非建设尼日利亚有限公司收到尼日利亚联邦西部国家公路项目授标函。　(李颖星)

诚合保险经纪有限责任公司

【简况】　诚合保险经纪有限责任公司是中国保险监督管理委员会批准成立,由中国铁建股份有限公司独家出资设立的全国性、综合性保险经纪公司。公司主营业务范围包括建筑安装工程一切险、建筑施工人员人身意外伤害险、企业财产险、机械设备险、机动车辆险、货物运输险、各类责任险等保险经纪业务。公司驻北京市复兴路 40 号。前身系中国铁道建筑总公司商业保险中心,2009 年 11 月正式成立诚合保险经纪(北京)有限责任公司,2011 年 11 月更为现名。下辖 1 个子公司、4 个分公司。职工 54 人。资产总额 1.02 亿元。

2012 年承揽业务 343 项,新签保费合同额 2.1 亿元,新签经纪费合同收入额 7100 万元。完成营业收入 5900 万元,实现利润 1300 万元。　(靳浩冉)

【领导人员】

股东代表　庄尚标

董事会

董事长　曹锡锐

董事　汤建国

孙国富

金守华

监事会

监事　李忠心

职工监事　郎玉华

经理层

总经理	汤建国
副总经理	张德清
	郎玉华
	钱生校
	文金朝

（靳浩冉）

【职工队伍】 职工54人。学历结构:大学本科及以上学历44人,大专10人。年龄结构:30岁以下19人,31~45岁28人,45~59岁7人。专业技术干部30人,其中高级职务5人、中级职务16人、初级职务9人。（靳浩冉）

【经营发展】 2012年,企业经济指标逆势上升。在宏观经济剧烈波动、主营市场投资大幅缩水、保险行业整体发展遭遇寒冬的情况下,公司主要经济指标不降反升、逆势增长。新签合同额、营业收入、营业利润均超额完成股份公司下达的指标任务,新签合同额连续3年实现较大幅度正增长,市场份额进一步扩大。

企业经营规模不断壮大。经济总量稳步增长,资产总额由2011年的8900万元上升到10224万元。分支机构建设推进顺利,年内先后有湖北、云南、甘肃、重庆4家分公司获得保监会行政批复,并相继开业运营,企业扩张实现质的突破。

企业发展质量稳健提升。在保持规模扩张的同时,更加注重发展质量。全年盈利增幅7.3%,实现经济增加值900余万元。现金性资产9400万元,占企业资产总额的92%,同比增长10%。各项成本费用开支规范合理,均在可控范围之内。

企业可持续发展后劲增强。多个地铁、公路、矿产资源项目的保险展业获得地方政府或业主单位授权、备案或同意开展前期工作。与重庆市林业局签署森林保险合作协议,先期得到万州、巫山两个区县约160万亩森林资源的保险授权,同时具备了进一步开发重庆其余区县森林保险的主导资格。经充分酝酿并报股份公司批准,与中国出口信用保险公司合作全面开发海外项目信用保险,开辟海外经营新的效益增长之路。

企业市场影响力显著提升。国内众多保险公司或中介机构到公司交流、拜访日益频繁,寻求合作意愿强烈,彰显公司市场地位日益提升。2012年6月,公司当选中国城市轨道交通协会常务理事单位,提升了在城市轨道交通领域的话语权和影响力。年内为股份公司阿尔及利亚项目索回1050万美元保险赔款,在海外保险市场打出了气势,树立了口碑。（董化龙）

【保险资源集中管理】 2012年集中运作中国铁建系统各类保险项目263个,为全系统节约保费成本支出0.9亿元。受国内外经济形势影响,2012年股东市场起伏剧烈,铁路项目相当长一段时期不见大单,系统内单位任务承揽凸显小、散、杂,且绝大多数分布在路外,让公司开展保险集中管理工作雪上加霜。公司各部门、各单位各显其能,千方百计抓好小业务,推动大集中。重大项目部在总结2011年“抓小”经验基础上,部门内专门成立小业务服务组,专门瞄准责任区域里的众多小业务。风险管理部注重走基层路线,深入项目一线包括远赴贵州偏远山区、青藏高原腹地,宣导政策,沟通感情,热情服务,为集中管理工作辛勤耕耘。市场开发部齐心协力获得多个统保难度比较大的项目。海外部配合股份公司国际部等部门出台文件,在全系统建立海外信用保险实施机制,将工程险、出国人意险和信用保险有机整合起来,用以指导、推动全系统海外保险资源的集中管理工作。云南分公司初步建立起落地式服务体系,加速融入中国铁建系统驻滇单位及项目圈子,工作取得成效,2012年在滇单位的机动车辆保险、工程及意外险、进出口货运险、企业财产险、机损险等基本实现集中管理。重庆分公司与驻川渝地区的系统内单位开展合作,取得10个项目的统保工作。（董化龙）

【管理提升活动】 2012年认真贯彻执行国资委、股份公司关于开展管理提升活动的决定,制定开展管理提升活动的具体实施方案。公司把管理提升与经营创效活动紧密结合、协同推进,既注重整体层面的有序引导,形成全过程指导的工作方法,又注重实施层面的规范统一,保证活动落到实处。（董化龙）

【党群工作】 公司党总支按照“融入中心、服务大局”的方针,加强和改进党组织建设。开展创先争优活动,组织职工学习杨善洲、李林森的先进事迹。认真落实党风廉政建设责任制,大力开展反腐倡廉、党风党性、合规风险及诚信服务等教育活动,加强教育宣导,积极创建诚信合规和廉洁从业的良好氛围。企业文化理念进一步完善,精神文明建设和思想政治工作同步推进。和谐企业建设显著加强,职工收入水平普遍提高。切实关爱干部职工,尽力解决后顾之忧,定期组织全面体检,为符合条件的人员办理工作居住证,为全体职工投保医疗商业保险和人身意外伤害保险。团组织结合经营管理实际,开展“导师带徒”主题实践活动,促成10对帮扶对子,引领青年职工爱岗敬业、提升素质、成长成才。（董化龙）

中铁建(北京)商务管理有限公司

【简况】 中铁建(北京)商务管理有限公司(以下简称商务公司)前身系北京铁建工贸集团公司,2001 年 11 月组建;2008 年 1 月集团公司改制改称现名。公司驻北京市复兴路 40 号。下辖北京铁建物业管理有限公司、中国铁道建筑总公司北京铁建医院、北京铁建宾馆、北京中铁建商贸中心、中铁国际航空服务有限公司、中国铁建股份有限公司机关汽车队。资产总额 14766 万元。

2012 年完成营业收入 18399 万元,实现净利润 383 万元。国有资产保值增值率 115.93%,资产负债率 74.76%,应上缴款完成率 100%。 (韩 明)

【领导人员】

董事会

董事长	周步科
董事	孙 胜
	王凤丽(10 月任)
	石兴国(10 月任)

监事会

监事会主席	唐国荣(10 月任)
职工监事	潘吉江

经理层

总经理	周步科
副总经理	孙 胜
	王凤丽(10 月任)
	石兴国(10 月任)
总会计师	王凤丽(10 月任)

党群领导

党委书记	周步科
党委副书记	唐国荣(10 月任)
纪委书记	唐国荣(10 月任)
工会主席	孙 胜

(韩 明)

【职工队伍】 职工 1066 人。其中,正式职工 667 人;外聘 399 人。在岗干部 152 人,其中高级职务 15 人、中级职务 30 人、初级职务 39 人,技术干部占在岗干部总数的 55.2%。在岗工人 129 人,其中高级技师 10 人、技师 52 人、高级技术工人 41 人、中级技术工人 5 人、初级技术工人 1 人,技术工人占在岗工人总数的 84.5%。 (孙 乾)

【经营管理】 商务公司立足自身发展定位,扎实做好股份公司总部机关及院区的后勤保障服务工作,在物业、医疗、餐饮、票务、车辆保障服务方面,夯实基础,苦练内功,拓宽范围,强化管理,努力促进服务上水平、上档次、上台阶,得到总部机关及院区居民的认可和好评。物业管理秉承"业主至上、科学管理"的理念,努力做到总部机关办公区和生活区环境优美、整洁舒适、安定有序。中国铁建大厦 A 座严格参照五星级大厦的标准管理,受到总部机关和承租单位的一致好评。对外承揽的来广营中国铁建国际城小区物业管理项目进展顺利,在中国铁建房地产集团公司组织的物业管理内部评比中连续 4 次名列前茅。医疗服务加强软、硬件基础设施建设,提升信息化水平,改善就医环境,打造口腔科、中医理疗科、肛肠科等特色科室,聘请知名专家前来坐诊,进一步提升诊疗水平,满足院区居民的就医需求,为社区居民提供较好的医疗保障。餐饮服务以机关餐厅为重点,以做好总部机关工作餐为基础,以各项活动、会议用餐为契机,不断提升餐饮保障服务水平。航空售票、火车票服务按照股份公司关于因公机票集中采购的相关要求,内抓管理,外塑形象,抓好集中采购政策落实,加强与各大航空公司的合作,积极拓展市场,努力为股份公司系统搭建一流的票务平台。不断加强司机行车安全教育及车辆管理,保障总部机关的日常办公用车服务。

强化经营工作力度,解放思想,转变观念,巩固加强总部机关院区内部市场,积极开拓系统外部市场,精心培育新的经济增长点,整体经营创效能力、综合实力进一步增强。一是巩固加强总部机关和院区市场。物业服务基础牢固,医疗服务惠民利民,餐饮服务、车辆保障服务扎实稳健,促进了经营工作的稳中有升,保持了良好的发展势头。二是积极做好物业管理外拓市场有关工作。在来广营中国铁建国际城小区精耕细作,各项工作进入正轨,在北京市站稳了脚跟,得到了业主和甲方的认可,为下一步外拓市场积累了经验。三是努力做好机票集中采购业务。利用股份公司机票集中采购的票量优势,通过与航空公司签订集团客户协议的方式,从源头上直接降低票价。2012 年机票集中采购规模 16000 万元,累计为股份公司系统节约差旅成本 1150 余万元,较好地发挥了降本增效的作用。四是抓好中国铁建特供酒营销工作。先后开发五粮液、古井贡特供酒产品销售,同时代销其他酒类品牌产品,受到系统内部采购单位的欢迎。五是认真做好玉泉东市场管理工作。年内玉泉东市场被国家工商行政管理总局评为全国诚信示范市场。 (韩 明)

【社会事务】 认真履行总公司赋予的社会事务工作职能,为总部机关获得和继续保持北京市爱国卫生红旗单位、首都绿化美化花园式单位的荣誉及北京市交通安全先进单位、海淀区交通安全先进单位、万寿路地区安全生产和消防工作先进单位称号,保持中国铁建机关良好的社会形象。商务公司获得万寿路街道慈善行为楷模奖。 (韩 明)

【党群工作】 2012年,商务公司党委紧密结合企业实际,不断加强党建和思想政治工作。一是迎接十八大、宣传十八大工作做得比较扎实。认真进行十八大代表的选举推荐工作,开展向党的十八大献礼活动。把11、12月确定为"十八大精神集中学习月",做到学习与企业管理提升活动紧密结合,与年终总结和部署2013年工作紧密结合,与领导班子民主生活会、党支部评定和党员承诺活动紧密结合,与做好职工队伍稳定工作紧密结合。二是领导班子建设学习调研活动取得较好成效。商务公司党委结合对所属单位"四好领导班子"创建活动的检查,开展领导班子建设的学习调研活动,调整部分单位领导班子,充实领导班子成员。三是基层组织建设年活动紧贴企业实际。党支部进一步深化"四抓工作法",在党员中开展读一本书活动。进行党支部的分类定级和管理提升活动中党建专项提升的整改落实工作。所属17个党支部参加评定,"好"的党支部有13个,占77%;"较好"的党支部有4个,占23%。四是职工队伍思想稳定工作针对性强。认真学习贯彻股份公司"四会"精神和公司"两会"精神,做好拆迁单位职工思想引导工作,做好职工住房改善中思想引导工作,做好退休职工争取待遇的思想引导工作,积极争取解决生存困难单位的实际问题,做好扶贫济困送温暖工作,保证企业改革的顺利进行和职工队伍的思想稳定。五是党风建设和反腐倡廉制度进一步健全。深刻领会股份公司党委书记、董事长孟凤朝"七个坚持、七个反对"的要求,逐级签订责任状,召开党风廉政建设工作座谈会,开展廉洁承诺活动,进行依法经营集中教育整治、廉洁谈话和诫勉谈话教育等工作。六是群众组织的作用得到较好发挥。组织召开公司首届一次职工代表大会,签订集体合同和工资集体协商协议,征集职工提案30余条,并认真做好提案反馈和落实工作。团委发挥青年生力军的作用,引导青年为企业健康持续发展建功立业。物业管理公司大厦服务中心礼仪部获股份公司"青年文明号"称号。 (叶发卿)

【北京铁建物业管理有限公司】 2012年2月成立。前身为中铁建(北京)物业管理有限公司,2012年3月以股权收购方式,整体划转中国铁建房地产集团有限公司。驻北京市复兴路40号。主要负责股份公司机关居民住宅和办公大厦的物业管理。下辖朝阳分公司,负责北京来广营国际城住宅区物业管理。总经理、执行董事、党委书记石兴国(10月免),党委书记杨跃连(3月任)。职工509人,其中外聘245人。资产总额2251万元。其中,固定资产净值89万元;流动资产2137万元;其他资产24万元。

2012年完成营业收入4659万元,实现净利润69万元。公司被评为北京市2009~2012年供热先进单位、海淀区统计工作先进单位、海淀区万寿路绿化美化十佳单位,小区秩序维护部获得北京市公安局授予的安全保卫工作集体嘉奖,文化活动中心被海淀区评为优秀体育场馆、利用内部设施开展社区服务工作先进单位。 (王永红)

【北京铁建医院】 前身是中国人民解放军铁道兵司令部门诊部,为事业法人单位,系一级综合性医院、社区卫生服务站,北京市基本医疗保险定点医疗机构。驻北京市复兴路40号院。主要承担院区及周边地区居民的日常门诊、体检、社区卫生医疗服务。院长张丽霞,党委书记蒋兆林。职工106人,其中外聘56人。资产总额1642万元。其中,固定资产净值35万元;流动资产1585万元;其他资产57万元。

2012年完成营业收入7392万元,实现净利润105万元。全年门诊病人137039人次,同比增长15.38%。年内为总公司机关大院患者上门提供医疗服务93次,举办健康讲座12次,家庭医生式服务签约1100余人次。医院被评为海淀区妇幼保健工作先进单位、海淀区计划免疫先进单位,获北京市人力资源和社会保障局、北京市财政局医疗保险管理服务三等奖及海淀区家庭医生式服务慢性病防治进社区巡讲活动优秀组织奖。 (靖 争)

【北京铁建宾馆】 前身是铁道部工程指挥部机关招待所。驻北京市复兴路40号。下辖北京中铁建第三招待所、中国铁建股份公司机关餐厅、商务中心。总经理杨明云(3月免)、刘燕华(3月任),党委书记杨明云。职工112人,其中外聘人员65人。资产总额768万元。其中,固定资产净值27万元;流动资产605万元;其他资产136万元。

2012年完成营业收入953万元,实现净利润44万元。 (张靖靖)

【北京中铁建商贸中心】 主要从事五粮液(中国铁建订制)酒、古井贡(中国铁建特供)酒销售,建筑材料租赁及物资贸易业务。驻北京市复兴路40号。总经理、党委书记李晓春。职工82人。资产总额2156万元。其中,固定资产净值2万元;流动资产1159万元;其他资产995万元。

2012年完成营业收入1115万元,其中特供酒销售收入855万元。实现净利润11万元。（宋兰平）

【中铁国际航空服务有限公司】 2010年7月成立,具有国际机票一类、国内机票二类代理资质。主要负责中国铁建系统内部机票集中采购及商旅管理服务业务。驻北京市复兴路40号。执行董事、总经理、党支部书记潘吉江。职工32人,其中外聘32人。资产总额5343万元。其中,固定资产净值10万元;流动资产5133万元;其他资产200万元。

2012年完成营业收入602万元,实现净利润61万元。公司与中国国航、东方航空、海南航空、南方航空等国内大型航空公司及埃塞俄比亚航空、肯尼亚航空、阿联酋航空、卡塔尔航空等国外航空公司签订集团客户合作协议。（袁邦民）

【中国铁建股份有限公司机关汽车队】 主要负责股份公司机关日常办公及接待用车服务。驻北京市复兴路40号。队长王继平,党支部书记黄水祥。职工53人,其中外聘5人。资产总额325万元。其中,固定资产净值2万元;流动资产320万元;其他资产3万元。汽车51辆。

2012年完成营业收入878万元,实现净利润16万元。全年出车29800多台次,安全行驶98万多公里,连续27年安全无事故,连续10年获海淀区交通安全先进单位称号。（王继平）

中国铁建股份有限公司北京培训中心

【简况】 中国铁建股份有限公司北京培训中心(中国铁建股份有限公司党校)驻北京市大兴区龙河路16号。前身是1983年12月组建的中国人民解放军铁道兵指挥部干部学校,1984年1月集体转业并入铁道部,更名为铁道部工程指挥部干部学校;1990年10月改称中国铁道建筑总公司干部学校,1991年1月1日定名为中国铁道建筑总公司党校、干部学校;2002年3月,总公司批准成立中国铁道建筑总公司北京培训中心,实行一套班子,兼有党校、干校、北京培训中心三种职能;2005年5月,总公司决定将干部学校更名为管理学院;2008年1月5日,随着中国铁建股份有限公司整体上市,更名为中国铁建股份有限公司北京培训中心;2009年1月16日,总公司党委决定将中国铁道建筑总公司党校更名为中国铁建股份有限公司党校,实行培训中心(党校)党委领导下的主任(校长)负责制。2002年被列入中央党校原中央企业工委分校(现中央党校国资委分校)教学管理体系,同年被列为中央国家机关会计人员继续教育培训单位。2006年被定为中央党校在职研究教学点,2007年被定为中国人民大学会计专业硕士教学点,2010年被北京交通大学土木建筑工程学院设为工程项目管理硕士研究生教学点。2011年4月7日,国家事业单位登记管理局批准中国铁建股份有限公司北京培训中心(党校)培训业务范围变更为政治思想教育、领导素质教育、建筑工程项目管理、工商管理和财务管理专业培训。校园占地面积1.8万平方米,建筑面积1.54万平方米,具有同时接待280余名学员的办学条件。下设办公室(党委办公室)、教育培训处、教研开发处、财务处、后勤服务处5个部门,在岗职工32人。（陈登玉）

【领导干部】

主任(校长)	顾传智
副主任(副校长)	单永新
党委书记	陈继柏
党委副书记	顾传智
纪委书记	单永新(兼)
工会主席	刘爱武(兼,4月退休)
	单永新(5月兼)

（陈登玉）

【职工队伍】 截至2012年底,在岗职工32人。其中,男职工25人;女职工7人。本科及以上学历24人,专科学历8人;高级职务9人,中级职务11人,初级职务2人。为学员提供食宿、保安、冬季取暖等后勤服务工作,主要通过招用劳务派遣工和将业务外包到保洁、保安、热力等专业公司完成,用工人数控制在30人左右。（陈登玉）

【教学培训】 2012年举办各类培训班61期,培训学员6622人,在校学员54045人天,平均每天在校入住148人,入住率78.34%。培训紧紧围绕股份公司“十二五”发展战略和规划,坚持“科学发展需要什么就培训什么,干部履职尽责需要什么就培训什么”的立足点，创新教学方式，促进培训效果提升；发挥联合办学引领作用，营造特色培训新亮点。在扩展办学领域、提升培训质量和效果等方面有了长足发展，“主渠道”和“主阵地”的作用进一步发挥。一是抓优化教学布局，教学布局实现“三突出”、“三贴近”。突出中国特色社会主义理论体系特别是科学发展观的学习，实现教学内容设置的与时俱进；突出中国铁建科学发展重大现实问题研究为主要内容的教育，帮助学员提高领导科学发展的能力和水平；突出干部履职必备知识的教育，开设思想修养、公共管理与领导力建设等课程，满足学员学习需求。加大外请报告力度，邀请国内知名专家、学者和股份公司领导干部到校讲课、作报告，使培训内容更加贴近中央要求，贴近企业大局，贴近干部实际，受到学员、送培单位和上级机关的普遍欢迎和好评。二是抓创新培训方式，增强培训质量。在坚持和完善传统讲授式的基础上，积极探索和实践研讨式、案例式、论坛式、情景模拟式、团队式等新的教学方式，实现教学方法的多元化和研究式、参与式、实战式学习的具体化，增强培训吸引力、感染力。三是抓学员作风管理。着力完善学员党性锻炼相关规定，把党性锻炼贯穿于学员在校学习、生活的全过程，营造风清气正的学习环境。精心组织学员进行考察教育、传统教育、警示教育和拓展训练等活动，丰富第二课堂，延展教育面，增强培训实效，充分发挥“熔炉”的作用。（陈登玉）

【学历教育】 中央党校在职研究生教育面向股份公司系统内外招收处级以上干部和具有中级以上职称的专业技术人员，负责日常的教学、教务和学籍管理工作。在职研究生教育招生名额、学制、课程设置均由中央党校研究生院确定，授课教师由中央党校选派。自2006年开办以来，在职研究生教育稳步发展。截至2012年底，毕业学员322人；注册在职研究生学员172人，其中2010级51人、2011级70人、2012级51人。

工程项目管理硕士研究生教育的培养对象是国民教育系列大学本科毕业、从事工程项目管理或相关领域的实际工作两年以上的工程项目管理人员，招生名额、学制、课程设置均由北京交通大学确定，授课教师由北京交通大学选派。自2010年开始招生，现有在册学员98人，其中2010级52人、2012级46人。

（陈登玉　王爱芬　高洪勇）

【行政管理】 2012年，按照股份公司部署，制定《中国铁建党校管理提升活动实施方案》，从活动主题、基本原则、主要目标、重点任务、总体安排和工作要求等方面作出具体部署，保证管理提升活动扎实有效地推进；开展全校性自查自纠活动，每位员工形成书面的自查自纠报告，以查促改、以纠促升，进一步强化执行力，推进管理创新；继续推进管理规范化、集中统一化、廉洁从业“三大行动”，实施电教设备统一归口管理、培训资料集中归档管理和洗漱用品、食堂主副食品、办公及培训学习用品集中统一采购五项“集中统一化”规定，实现资源利用最大化、成本费用最小化。基础设施不断完善，学员宿舍电视全部更换为液晶电视，空调全部更换为冷暖两用空调，被褥等生活用品逐步更新，篮球场、乒乓球场地精心装饰，学员、住户停车位重新划分，为学员培训及生活提供物质保证。年内，教育培训处获股份公司“工人先锋号”称号。

（陈登玉）

【党群工作】 党的工作。校党委下设3个党支部，有党员41人。2012年，校党委以深入开展创先争优活动和基层组织建设年为契机，不断提升党的建设科学化水平。一是认真学习党的十八大精神。校党委把党的十八大精神落实在各项工作的具体实践中。在教学布局上，将党的十八大精神与现有教学布局有机结合，使党的十八大精神真正进课堂、进学员头脑。从2012年12月开始，每逢周三、周五下午安排全体员工观看党的十八大精神辅导专题片，用党的十八大精神统一员工思想，指导工作，为实现建设“美丽党校”奠定思想基础。二是持续开展创先争优活动。2012年上半年，在全体党员、员工中以“立足岗位比奉献，增创效益比贡献”为活动载体开展创先争优活动；按照“基层党组织有力，共产党员有为，广大职工受益”的要求，扎实推进党员公开承诺活动；组织员工参加“回顾辉煌历程，喜迎党的十八大”读书竞赛活动，进一步坚定中国特色社会主义道路自信、理论自信、制度自信。三是深入推进基层组织建设年活动。校党委根据股份公司纪委巡视检查反馈意见，落实整改措施，组织全体员工进行满意度测评；健全议事规则，制定“三重一大”决策制度实施细则，注重提高决策科学化水平；在员工中开展以“强化执行力”为主题的教育活动，充分发挥党组织的政治核心作用，增强党组织的凝集力和战斗力。2012年发展2名新党员；1个党支部、4名党员受到校党委表彰。

纪委工作。落实党风廉政建设责任书，建立思想、组织和制度保障机制，完善“一室一箱”的群众监督机制，形成齐抓共管的责任体系。坚持反腐倡廉教育活动常态化，进课堂、抓防范，夯实员工反腐倡廉意识，从源头上预防腐败。严格把好调入人员程序关、员工敏感工作关，规范廉洁运行关，进行廉洁提醒，抓内部财物管理和督察办公用品、车辆、公务接待等管理制度落实和规范化操作规程，及时采取必要的管控措施，做到防范不留死角，督察对准目标。按照“为民、务实、清廉”的要求，做到明查和暗访、干部承诺与践诺、考廉与民主评议、工作效率与群众的满意度“四个结合”，警示违规、违纪、违法现象的发生，确保学校在风清气正的环境下健康稳健发展。

工会工作。校工会下辖4个工会小组，工会工作兼职人员8人，工会会员62人，职工入会率100%。2012年，校工会按照股份公司工会的部署，认真履行工会职能，积极参与党工共建创先争优活动；开展领导班子述职述廉测评、领导班子民主生活会整改措施落实情况群众满意度测评；关心员工生活，组织旅游、运动会、工间操以及职工体检，开展送温暖活动，营造团结和睦的良好氛围，培养团队精神，促进学校和谐稳定发展。（陈登玉　单永新）

【重要记载】

▲2月17日　股份公司党委副书记、副董事长、工会主席彭树贵出席第三期工程项目书记培训班开班典礼。

▲2月27日　股份公司党委副书记、副董事长、工会主席彭树贵出席中国铁建“十二五”第三期领导干部暨后备干部培训班开学典礼。

▲3月2日　北京培训中心（党校）获2011年度中央国家机关会计人员继续教育培训优秀单位称号。

▲3月19日　股份公司副总裁夏国斌出席中国铁建电子商务平台第一期培训班开班典礼。

▲4月6日　股份公司副总裁张宗言出席第四期高级经营管理人员培训班开班典礼。

▲6月8日　股份公司副总裁张宗言为第四期高级经营管理人员培训班作《当前经营工作面临的形势及主要任务》专题报告。

▲6月9日　股份公司党委副书记、副董事长、工会主席彭树贵出席第四期工程项目书记培训班开班典礼。

▲6月22日　北京培训中心（党校）职工贾京刚被中华全国铁路总工会授予火车头奖章。

▲7月2～6日　中国铁建企业法律顾问执业资格考试考前培训班在安徽黄山举办，由北京培训中心（党校）承办，股份公司副总裁、总会计师兼总法律顾问庄尚标出席开班典礼并作培训总结。

▲7月8日　股份公司副总裁、总会计师兼总法律顾问庄尚标出席中国铁建责任成本管理高级培训班开班典礼。

▲8月7日　国务院机关事务管理局财务管理司龙洁处长率中央国家机关第四督导组检查北京培训中心（党校）2012年会计人员继续教育培训情况，并召开第四督导组工作会议。

▲8月21日　股份公司党委副书记、纪委书记、监事会主席齐晓飞出席中国铁建新闻报道骨干培训班开班仪式。

▲9月10日　北京培训中心（党校）杨德亮被评为中央党校国资委分校2010～2012学年教学管理先进个人。

▲9月23日　股份公司副总裁兼总经济师扈振衣出席中国铁建第一期公文处理工作业务培训班开班仪式。

▲10月22日　股份公司党委副书记、纪委书记、监事会主席齐晓飞出席中国铁建2012年纪检监察业务培训班开班仪式。

▲11月6日　股份公司党委副书记、副董事长、工会主席彭树贵出席中国铁建第六期工程项目书记培训班结业典礼。

▲11月14日　股份公司副总裁兼总经济师扈振衣出席中国铁建2012年度内控评价暨内控审计业务培训班开班仪式。

▲11月20日　股份公司党委副书记、纪委书记、监事会主席齐晓飞出席中国铁建企业文化建设培训班开班仪式并讲话；中国文化管理学会企业文化管理专业委员会主任、秘书长张鸿钧出席开班仪式。

▲11月24日　股份公司党委副书记、纪委书记、监事会主席齐晓飞出席中国铁建2012年新闻发言人暨网络通讯员研讨班开班仪式。

▲12月3日　股份公司党委副书记、副董事长、工会主席彭树贵出席中国铁建工会基层干部培训班开班仪式。

▲12月28日　股份公司副总裁刘汝臣出席中国铁建节能环保管理干部培训班开班仪式。

（陈登玉）

北京通达京承高速公路有限公司

【简况】　北京通达京承高速公路有限公司（以下简称北京通达京承公司）是由中国铁道建筑总公司和北京市首都公路发展集团有限公司共同出资组建的股份制公司，其中中国铁道建筑总公司占70%的股份，北京市首都公路发展集团有限公司占30%的股份。2004年4月8日在北京市工商局注册,注册资金2亿元。京承高速公路二期项目起点北京市顺义区高丽营,终点至北京市密云县沙峪沟,全长46.7公里,设计时速120公里,双向6车道,路基宽度35米,设有高丽营站、赵全营站、北石槽站、宽沟站、怀柔站、杨宋站、密云站7个收费站,路段有桥梁77座、涵洞74座,2004年3月20日开工,2006年9月26日竣工,合同投资39.19亿元,特许经营期限28年(不含建设期)。项目法人对项目的资金筹措、建设实施、运营管理、养护维修、债务偿还和资产管理等全过程负责,自主经营、自主盈亏,经营期满将项目设施无偿移交北京市人民政府授权机构。北京通达京承公司主要负责京承高速公路二期运营管理。根据《北京市人民政府关于在京承高速公路设置车辆通行费收费站的批复》(京政函〔2006〕100号),2006年9月27日开始收费,收费标准按北京市物价局发布的《关于制定五环路、六环路、京承路通行费标准的通知》(京价收字〔2002〕337号)规定执行。 （池玉童）

【领导人员】

董事会

董事长	扈振衣
副董事长	徐术通
董事	姜沿平
	琚建明
	余兴喜

监事会

监事会主席	孙辉东
监事	黄少军
	杨　薇

经理层

总经理	琚建明
副总经理	李晓莹
	李朝东
财务总监	冀　涛

（栾清雅）

【职工队伍】 截至2012年底,据劳动关系主体计算,公司职工431人。其中,干部20人;员工411人。中国铁建派驻10人,其中管理层以上人员(包括管理员)9人;北京市首都公路发展集团有限公司派驻23人,其中管理层以上人员(包括管理员)11人;与北京京承通达公司签订合同的398人。职工文化结构:本科以上28人,大专122人,中专105人,技校、职高及中技36人,高中及高中以下140人。职工年龄结构:30岁以下337人,31~40岁50人,41~50岁27人,51~59岁17人。 （池玉童）

【经营管理】 收费管理。北京通达京承公司紧密围绕2012年度工作计划,深入扎实地开展安全及服务质量达标工作,不断完善日常考核管理、自检自查管理和业务管理。在年内节假日及国家重大会议期间,制定专项预案加强保障工作。

经营合同管理。为保障京承高速公路二期道路的安全畅通,保护路产、维护路权,北京通达京承公司贯彻“精细管理,无痕服务”的理念,与路产、养护单位签订合同,实施合同委托管理。

实时监控。提升员工综合素质,加强生产安全、文明服务礼仪、设备操作等方面的培训。加大稽查、监控力度,建立信息报送机构,健全信息采集体系,创造良好的“畅、安、舒、美”的高速公路出行环境。

财务管理。北京通达京承公司加强内控制度建设,制定严格的财务控制体系,规范日常的经营管理和业务操作。2012年,由于受国家节假日小型客车免收通行费的政策影响,完成营业收入27751万元,实现利润-3627万元。

综合管理。北京通达京承公司按照“安全第一,预防为主”的工作方针,坚定“抓生产从安全入手,抓安全从生产出发”的安全工作管理理念,年内逐级签订安全责任书,层层建立安全责任制,及时修订完善应急预案,积极开展安全生产月活动,组织应急演练,全年安全生产形势实现平稳有序,在2012年度北京市单位内部安全保卫工作中荣获集体二等功。 （池玉童）

【重要记载】

▲5月21日　中国铁道建筑总公司经营业绩考核小组考核北京通达京承公司2012年度工作及经营业绩。

▲5月25日　北京市交通委员会路政局第一防汛检查分组到北京通达京承公司检查指导防汛准备工作。

▲7月8日　召开北京通达京承公司股东会二届五次董事会暨监事会。

▲10月1~7日　北京通达京承公司完成“十一”国庆黄金周小客车免费通行保障工作。

▲10月26日　北京通达京承公司召开党的十八大安全应急维稳保障工作部署会。

▲12月13日　北京通达京承公司获北京市交通委员会2012年度安全生产与安全维稳考核工作优秀单位称号。 （贾文伟）

重庆铁发遂渝高速公路有限公司

【简况】 重庆铁发遂渝高速公路有限公司(以下简称重庆铁发遂渝公司)于2004年9月9日在重庆注册成立,负责渝遂高速公路的建设、营运和管理。注册资本金2亿元。其中,中国铁道建筑总公司1.6亿元,占80%;重庆高速集团有限公司0.4亿元,占20%。下设综合办公室、人力资源部、养护管理部、营运机电部、计划财务部、产业开发部、安全管理办公室;下辖重庆润君房地产开发有限公司、重庆铁建置业有限公司、重庆铁发物业管理有限公司,参股重庆中油铁发渝遂实业有限公司、重庆通力高速公路养护工程有限公司。在册员工638人。其中,重庆铁发遂渝公司558人;润君房地产公司77人;外派参股公司3人。资产总额39.9亿元,负债总额19.43亿元,资产负债率48.7%。

2012年完成通行费收入65887万元,日均通行费收入180.02万元。2009年,渝遂高速公路工程被授予重庆市"青年文明号"称号,大路、潼南、铜梁服务区分别被重庆市交通委员会授予五星级、四星级、"温馨驿站"服务区称号。重庆铁发遂渝公司先后获得2008年度重庆市先进单位、2010年度重庆市"二环八射"高速公路建设先进集体、"十一五"中国交通运输企业创新贡献奖、2012年重庆市交通系统先进集体等荣誉。

(陈丽玉　周晓红)

【领导人员】

董事会

董事长	扈振衣
副董事长	许顺生
	俞　舒(重庆高速集团委派)
董事	余兴喜
	金守华
	曹锡锐
	龙　虎(重庆高速集团委派)

监事会

监事会主席	于凤丽(8月免)
	李忠心(8月任)
监事	刘素平(重庆高速集团委派)
职工监事	牛文明

经理层

总经理	许顺生
常务副总经理	张　泽
副总经理	唐跃兰(重庆高速集团委派)
	王中岐
财务总监	曹锡锐
财务副总监	曾　春(重庆高速集团委派,8月免)
	刘　洋(重庆高速集团委派,8月任)
总工程师	李冬华
分管领导	周焰宏

党群领导

党委书记	许顺生(12月任)
纪委书记	张　泽(12月任)
工会主席	张　泽

(朱伦刚)

【渝遂高速公路】 重庆至遂宁高速公路重庆段(以下简称渝遂高速公路)是国家重点干线公路宁波至樟木公路重庆至绵阳支线的重要组成部分,也是重庆市公路网主骨架"二环八射"的重要组成部分,形成重庆与成都两大城市间的第二条快捷的高速公路通道,比原有成渝高速公路缩短里程45公里。

渝遂高速公路起点位于重庆市主城区的沙坪坝区,经璧山和铜梁县,止于潼南县双江镇,全长111.83公里,概算总投资474663万元,2010年经国家审计决算金额为422980.4万元,比概算节约51683万元。渝遂高速公路分两期工程建设:一期工程高滩岩至土主段15.4公里,2006年6月通车;二期工程土主至丁沟村段96.43公里,2007年12月29日建成全线通车营运。2011年10月,重庆市交通委员会受国家交通运输部委托对重庆至遂宁高速公路重庆段进行竣工验收,经竣工验收委员会综合评定,重庆至遂宁高速公路重庆段工程优良。

2010年,重庆市政府决定提前终止渝遂高速公路高青段(高滩岩至青木关段)18.54公里的特许经营权,2011年1月28日签订"提前终止渝遂高速公路高青段特许经营权补偿协议"。截至2012年底,渝遂高速公路营运里程93.29公里,设收费站10座及监控中心、养护中心和路巡大队、服务区3座。(陈丽玉)

【职工队伍】 职工558人,其中管理人员92人。学历结构:公司机关51人,其中研究生3人、大学本科23人、大专10人、高中及以下15人;基层507人,其中大学本科30人、大专126人、高中及以下351人。专业技术职务:高级职务11人,中级职务8人,初级职务5人。

(董历丽)

【经营管理】 2012年,重庆铁发遂渝公司开展“创新管理·平安渝遂”活动。编印《行政及综合管理制度汇编》《员工手册》《渝遂高速》《公司企业文化蓝皮书》,促进企业文化建设;举办基层员工第二职业技能培训,培养员工多种技能,提升个人综合素质;开发运行自主刷发卡系统,G93沙坪坝、铜梁两个收费站改为ETC不停车收费站;成立养护管理中心,形成养护、路巡、救援管理结构合理;开展服务区星级创建活动,完善服务措施,改善区域环境卫生,推进服务窗口精神文明建设,更好地满足公众日益多元的出行需求;以“平安、保畅”为工作重点,全面推行“一岗双责”的安全生产责任制,确保全年无重大安全事故发生。

2012年9月,国务院下发《关于批转交通运输部等部门重大节假日免收小型客车通行费实施方案的通知》,重庆铁发遂渝公司与执法单位联合制定保畅实施方案,确保路段安全畅通。2012年中秋、国庆节期间,通行7座及以下小型客车69万辆,免收通行费1636万元。（陈丽玉）

【房地产开发】 北碚山语城项目。2012年完成投资19139万元。可售房屋127套30940.15平方米。实现认购92套22032.94平方米,认购金额30495.7万元,销售率75%;签约85套20129.04平方米,签约金额26411.57万元,签约率92%。实现销售回款23762万元。工程质量合格率100%。（陈丽玉）

【重要记载】

▲3月12日　重庆铁发遂渝公司在重庆天来大酒店召开2012年第一次股东会暨二届六次董事会。会议审议通过公司“十二五”发展规划报告。

▲3月28日　重庆铁发遂渝公司团委召开一届三次全委会。

▲7月9日　中国铁道建筑总公司党委批复成立中国共产党重庆铁发遂渝高速公路有限公司委员会,许顺生任党委书记,张泽任党委副书记。

▲8月5日　重庆铁发遂渝公司在四川西昌召开2012年第二次股东会暨二届七次董事会。

▲9~10月　重庆铁发遂渝公司圆满完成渝遂高速公路中秋、国庆小型客车免费通行保畅任务,通行7座及以下小型客车69万辆,免收通行费1636万元。

▲10月26日　重庆市交通委员会在渝遂高速大路服务区举行重庆市高速公路星级服务授牌仪式。渝遂高速公路大路服务区、潼南服务区、铜梁服务区分别获五星级、四星级、“温馨驿站”服务区称号。

▲11月22日　第四届国际服务贸易(重庆)高峰会在南坪国际会展中心开幕。重庆铁发遂渝公司总经理许顺生受邀出席第四届国际服务贸易(重庆)高峰会签约仪式,与北碚区蔡家组团管委会签约建设总部基地的合作框架协议。

▲11月23日　重庆铁发遂渝公司组织参加重庆高速集团有限公司第四届职工技能竞赛——收费员职业技能竞赛,参赛员工周玉玲在知识测试、点钞、收费实作、收费情景竞赛中获得二等奖,陈俊臣获得三等奖,孙浩、陈俞江、罗平获得优秀奖。

▲12月21日　中国铁道建筑总公司党委批复成立中国共产党重庆铁发遂渝高速公路有限公司纪律检查委员会,张泽任纪委书记。

▲12月25日　重庆铁发遂渝公司在铜梁收费站召开公司党委、纪委成立大会。（朱伦刚）

2012年11月17日，当选为中共第十八届中央委员会候补委员的中铁第一勘察设计院集团公司副院长李金城（右），在参加完十八大各项会议后返回西安，中铁第一勘察设计院集团公司党委书记、董事长王争鸣（左）等在院欢迎李金城载誉归来。（高 俊 摄）

人　物

本栏责任编辑　**杨启燕**

新闻人物

【李金城·中国共产党第十八届中央委员会候补委员】 中铁第一勘察设计院集团有限公司副院长。1963年10月出生,安徽省宿松县人。1984年6月毕业于上海铁道学院铁道工程专业,大学本科学历,1984年7月参加工作,1988年4月加入中国共产党,院党委常委、副院长、教授级高级工程师,中国共产党第十七届中央委员会候补委员,在中国共产党第十八次全国代表大会上,再次当选中央候补委员。

作为中国当代工程技术人员的杰出代表,李金城先后参与和主持宝中铁路、侯月铁路、兰武铁路电气化改造、三峡工程对外交通专用公路、尼日利亚铁路技术改造等10余项国内外有较大影响的重点工程。特别是在担任青藏铁路设计总工程师期间,他为建成世界上海拔最高、线路最长的高原铁路,呕心沥血,忘我工作,长期坚持在勘测设计生产一线,夜以继日地奔波于青藏高原,掌握第一手资料,带领职工攻克多年冻土、高寒缺氧、生态脆弱三大世界性工程难题,通过优化方案、论证完善及合理设计,确保了青藏铁路选线的科学性、安全性和经济性,为把青藏铁路建设成为举世瞩目的科技创新线、质量安全线、环境友好线作出突出贡献。

成为中央候补委员后,李金城牢记党和人民的重托,始终坚持以人为本,把生态文明贯穿于具体工程勘测、设计和施工的具体环节中,确保每一项工程都建设成经得起时间和历史检验的百年工程。2010年4月14日,青海玉树发生大地震后,他主动担任企业组织的玉树抗震救灾铁路建设项目现场指挥部指挥长,率领技术人员连续奋战三昼夜,完成新建西宁北货运中心及海晏货场灾后重建应急工程的详细方案,为玉树灾后重建物资大量集中到达及转运争取了宝贵时间。在平时的工作和生活中,他认真履行职责,注重调查研究,体恤民情,听取群众意见和建议,及时向有关部门反映,为中央和有关方面了解基层情况作出相应决策作了大量调查研究工作。《中国铁道建筑报》2012年11月17日第2559期第1版报道了他的先进事迹。

(李景平)

【许敬银·中国共产党第十八次全国代表大会代表】 中铁十五局集团二公司郧十连接线项目职工。1978年7月出生,湖北省鄂州市人。1978年12月参加工作,1997年12月加入中国共产党,高中学历,技师。历任中国人民解放军铁道兵六师二十七团十九连战士,中国人民解放军铁道兵五师二十二团七连战士、副班长,铁道部第十五工程局、中铁十五局二处二段三队班长、运输一队统计员,中铁十五局集团二公司第四机械化工程队工人、挖掘机司机。1979~1983年期间,许敬银获得连队嘉奖7次,荣立三等功1次;1996年获湖南省娄底地区先进生产工作者称号,1997年获全国施工企业设备管理优秀机械工人称号;2000年以来,6次被中铁十五局集团二公司评为优秀共产党员,5次评为公司劳动模范;2009年获得河南省暨中铁十五局集团公司第四届职工技能竞赛挖掘机比赛第二名;2011年7月,被国资委党委、中国铁建股份公司党委分别授予优秀共产党员称号。2012年6月当选中国共产党第十八次全国代表大会代表。

许敬银30年如一日,一直在艰苦流动的施工一线恪尽职守,默默奉献。在历次施工突击、救灾抢险中,主动请缨,冲锋在前;在幼子不幸罹难面前,没有倒下,毅然坚守岗位。在母亲病危之中,仍未离开工地一步;在创先争优活动中,面对急难险重任务,挺身而出,哪里危险、哪里任务最紧,就把机械开到哪里,出色完成任务。他以精湛专业绝活和出色工作业绩,保持了28年完好率100%,连续12年被评为公司红旗驾驶员、红旗车。《中国铁道建筑报》2012年11月8日第2555期第1版以《铁兵本色》为题,对他的事迹进行了详细报道。

(丁 瑞)

【汪文忠·北京市第十四届人大代表】 中铁建设集团有限公司董事长、党委书记、教授级高级工程师、英国皇家特许注册建造师、特级国际职业经理人、建筑企业职业经理人。1963年8月出生,河南省信阳市人。1985年7月,长沙铁道学院工业与民用建筑专业本科毕业;1999年5月,北方交通大学工商管理硕士研究生毕业;2003年4月,北方交通大学管理科学与工程专业博士研究生毕业。历任中铁建设集团公司项目总工程师、项目经理,集团公司副总经理、总经理、副董事长、党委副书记。2007年任集团公司董事长、党委书记以来，提出并实施"三三"发展战略，企业的经营承揽、营业收入、利润3项指标由2006年的47亿元、37.9亿元、8000万元，增长到2012年的716.5亿元、277亿元、8.38亿元，生产规模翻了7倍，年开复工面积由570万平方米增长到3500万平方米，获中国建设工程鲁班奖6项、国家优质工程3项、中国土木工程詹天佑奖2项、省部级优质工程228项、省部级安全文明工地110项、国家科技进步二等奖1项。他倡导学习型组织建设，注重企业文化建设，提出以人为本，打造受尊敬、有尊严企业的发展理念，人格、勇气、能力三位一体的人才理念，注重实践、注重结果、注重领导作用的管理理念，堂堂正正做人、规规矩矩做事、清清白白从业的廉洁理念，有力地促进了企业生产经营的快速发展。集团公司取得房屋建筑工程施工总承包特级资质和建筑行业设计甲级资质，并获得全国五一劳动奖状、全国文明单位、北京市百强企业等荣誉，他本人先后获第四届北京市优秀青年企业家、全国优秀施工企业家、中央企业劳动模范、中央企业优秀思想政治工作者等称号。 （章　梅）

【王英茹·全国三八红旗手】 中铁十六局集团二公司技术副总工程师、天津地铁项目部总工程师，中共党员，大学本科学历，1972年7月出生，1996年6月毕业于石家庄铁道学院。先后参加北京和天津数个地铁项目施工。2011年担任中铁十六局集团二公司天津地铁项目部总工程师，担负天津地铁3号线5、6标段，金狮桥站至中山路站盾构区间左线及天津市文化中心交通枢纽工程土建4标段4个标段的施工任务。建设过程中，王英茹成功组织实施了目前天津地铁最深(67米)的地下连续墙施工和盖挖逆施车站立柱两点定位法施工工艺，该项目于2011年9月30日竣工，先后获全国优秀项目成果二等奖、天津市2011年度结构海河杯奖、天津市优秀项目成果一等奖。2011年3月，全长1012.268米的盾构区间施工因地质原因停滞不前面临退场危机时，王英茹挺身而出，兼任盾构队队长，潜心钻研，在软弱地基条件下攻克下穿房屋、繁杂管线、浅覆土、超小净距、故河道等施工难关。2011年，王英茹被天津市文化中心工程指挥部评为优秀共产党员，2012年被全国妇联授予全国三八红旗手和全国妇女创先争优先进个人称号。《中国铁道建筑报》2012年3月10日第2451期第1版以《铁色百合绽放津门》为题，对她的事迹进行了详细报道。 （刘　莉）

【孔凡成·忠诚企业的模范项目经理、首个"国企带头人"宣传典型】 中铁十八局集团隧道公司副总经理兼锦屏二级水电站引水隧洞工程项目经理。湖北省钟祥市人，1954年9月出生。1972年12月参加工作，中共党员，大专学历，工程师，国家一级建造师。历任中国人民解放军铁道兵第八师三十六团战士、统计员，中铁十八局集团一公司机械队队长、工程队队长、机运公司副经理，隧道工程公司项目经理、副总经济师。40年中，孔凡成先后参加国道106线、西康铁路秦岭隧道、北京六环路、西汉高速公路秦岭2号隧道、锦屏二级水电站引水隧洞工程等国家重难点工程建设。参建的西康铁路秦岭隧道工程获国家科技进步一等奖、中国建设工程鲁班奖、中国土木工程詹天佑奖和全国十大建设科技成就奖，他负责承建的西汉高速公路秦岭2号隧道获火车头优质工程一等奖。2005年3月，孔凡成担任集团公司锦屏二级水电站引水隧洞工程项目经理以来，连续6年获锦屏建设管理局优秀项目经理称号，2010、2011年被评为金牌项目经理；2009年8月，项目部被四川省总工会授予四川省重点工程劳动竞赛先进单位称号。他带领项目部先后在锦屏水电站一系列工程项目招投标中14次中标。7年来，项目部累计完成上缴款1.1亿元，为企业创造了良好的经济效益和社会信誉。他本人先后获得天津市五一劳动奖章、中国铁路施工企业优秀项目经理、天津市劳动模范、全国优秀项目经理、全国五一劳动奖章等荣誉；2011年，中铁十八局集团公司党委、集团公司授予孔凡成爱企敬业的项目经理楷模称号，2012年被股份公司党委、股份公司授予忠诚企业的模范项目经理称号。《中国铁道建筑报》2012年7月28日第2510期第1版以《"父爱"与员工一起分享》为题，10月9日第2542期第1版以《"国企带头人"的责任与担当》为题对他的事迹进行了详细报道。 （马明明　阎世杰）

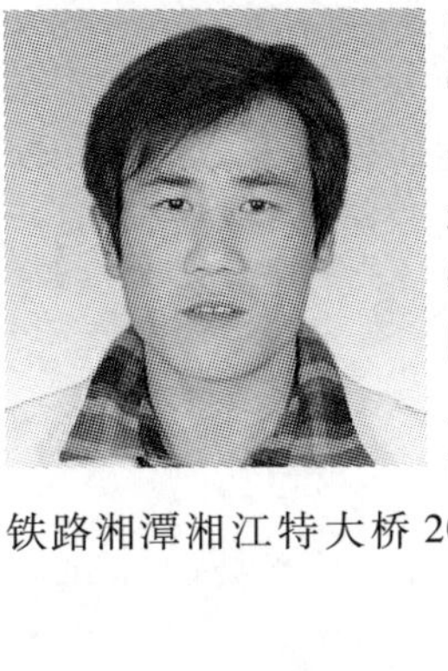

【袁增伟·当选中国好人榜"敬业奉献"好人】 中铁二十五局集团三公司长株潭城际铁路综合Ⅲ标段湘潭特大桥湘江段项目部劳务队技术负责人。1984年12月出生，江苏省新沂市人，高中文化。在长株潭城际铁路湘潭湘江特大桥209～305号墩跨江施工中，带领全体工友全力以赴，攻坚克难，出色地完成工作确保了施工进度，为国家避免经济损失2000余万元。2011年获湖南省十大杰出青年农民工称号，被湖南省政府记一等功；2011年10月入选江苏省好人榜；2012年获江苏省身边好青年称号。2012年8月1日，中国文明网——江苏省徐州市文明办公室对他的事迹进行了详细报道。

（周树沛）

【曹保刚·被尼日利亚阿夸伊博姆州、十字河州授予最高酋长头衔】 中国土木工程集团有限公司副总经理兼中土尼日利亚有限公司总经理。1972年8月出生，河北省人。中共党员，硕士学位。1994年7月进入中国土木工程集团公司，1995年2月起先后在集团公司的赞比亚、坦桑尼亚、尼日利亚市场长期工作。2001年获大型企业工委“青年岗位能手”称号，2002年获国资委“十大杰出青年”提名，2009年获得火车头奖章。

近年来，曹保刚在尼日利亚公司以“模块化管理，专业化施工”推动管理创新，以“和谐共赢，快乐工作”加强公司文化建设，不断推进企业品牌和内部产业链建设，经营效益稳步提高。截至2012年底，在建项目88个，合同总额136亿美元，分布于尼日利亚36个州的24个州，成为当地最具竞争力和影响力的国际工程承包公司。长期的国外工作，曹保刚对海外市场发展、当地化经营和履行社会责任有了深刻认识。在企业快速发展过程中，他始终秉承“建设受当地社会信任和当地人民尊重的一流企业”战略定位，坚持讲诚信、守信誉，引导公司为尼日利亚提供优质的基础设施与服务，实现“企业持续发展”和“造福当地社会”的双赢。2012年5月，他本人在尼日利亚阿夸伊博州和十字河州分别获得两个酋长头衔。这不仅是当地社会对他个人的褒奖，也是对他所代表的中土尼日利亚公司参与当地经济发展的充分肯定，更是在实施股份公司“大海外”战略和国家“走出去”战略过程中取得的一项集体荣誉。

（郭子岩）

科技人物

【许克亮·全国优秀科技工作者】 中铁第四勘察设计院集团有限公司副总工程师，教授级高级工程师，享受国务院政府特殊津贴，中共党员。1961年8月出生，湖南省常德市人。1982年7月毕业于长沙铁道学院，大学本科。历任铁四院二处副总工程师、铁四院线站处副总工程师、铁四院副总工程师。

许克亮是国内第一条超千公里高速铁路——武广铁路客运专线的总体设计负责人。武广铁路客运专线全长1068.6公里，设计时速350公里，2009年12月26日通车运营。该项目在设计和施工过程中攻克了高速铁路路基、桥梁、隧道、车站、车辆、动力、列车控制系统、信息系统等难题，标志着中国高速铁路设计建造水平达到世界一流。武广铁路客运专线总体设计获铁道部2010年优秀工程设计特等奖。许克亮长期致力于铁路勘察设计及技术研究工作，先后参加或主持广深准高速铁路、京九铁路等国家重点工程勘察设计工作，承担大量铁路规范和标准的研究以及科研攻关、软件研发任务。其主持或参与的项目获全国第九届优秀工程设计金奖1项、全国优秀工程设计软件项目金奖2项和铜奖1项。他本人先后获得全国讲理想比贡献科技标兵、詹天佑铁道科学技术奖成就奖、湖北省五一劳动奖章、湖北省有突出贡献中青年专家、湖北省优秀科技工作者等荣誉。（涂黄黄）

【孟祥连·第五届黄汲清青年地质科学技术奖获得者】 中铁第一勘察设计院集团有限公司副总工程师、教授级高级工程师。1965年10月出生，山东省曹县人。1987年7月毕业于西南交通大学。先后参加西康铁路、西南铁路、神延铁路、青藏铁路、西成铁路客专、沈哈铁路客专、西安地铁、秦岭终南山特长公路隧道、新丰镇编组站、武汉北编组站等国家重大工程的勘测设计，以及秦岭特长隧道4项科技研究项目和青藏铁路冻土科技攻关工作。他参与和主持完成的“西康铁路秦岭特长隧道工程地质勘察”获2001年度铁道部铁路工程优秀勘察一等奖、2004年全国第九届优秀工程勘察金奖，“青藏铁路多年冻土区工程地质勘察”获2007年度铁道部优秀工程勘察特等奖、2008年全国优秀工程勘察金奖，“宝成铁路109隧道震后抢险工程设计”获2009年铁道部优秀设计一等奖，“新建铁路西成客专西安至陕川界工程地质灾害危险性评估报告”获2010年陕西省优秀咨询二等奖。先后发表论文12篇。他创立的施工地质综合测试方法及工作流程，被纳入铁道部《铁路基本建设项目预可行性研究、可行性研究和设计文件编制办法》，负责完成的“TBM施工需要的裂隙围岩等级划分及地质参数测试技术的研究”成果，经鉴定达到国际先进、国内领先水平。（李景平）

模范人物

【赵广发·全国五一劳动奖章获得者】 中国铁建股份有限公司总裁，中共党员，大学文化。1952年8月出生，甘肃省靖远县人。1970年参加工作，1994年任铁道部第十八工程局副局长，1998年任铁道部第十八工程局局长、党委副书记，2001年任中铁十八局集团公司董事长，2004年任中国铁道建筑总公司副总经理，2007年任中国铁建股份有限公司副总裁、2009年4月任总裁。

在工作中，他善于深入基层、深入一线调查研究，狠抓工作落实，解决实际问题。特别是在发生重大突发事件的危急时刻，他继承发扬铁道兵精神，敢于担当、敢打硬仗，妥善化解了危机。他亲自带领队伍建设了青藏铁路、西康线秦岭隧道、沙特麦加轻轨铁路、巴基斯坦斯瓦特引水工程等一系列标志性项目。2008年“5·12”汶川大地震发生后，他临危受命，冒着生命危险奔波于汶川、映秀等重灾区组织指挥抗震救灾，受到中央领导和灾区群众的高度评价。在企业管理方面，赵广发深入贯彻落实科学发展观，大力推进“生产经营和资本经营双轮驱动，协调发展”，开拓“路内、路外、海外”三个市场，实施“经济强企，科技兴企，质量建企，依法治企，文化树企”五大战略。担任十八局主管领导期间，十八局经济效益连续翻番，成为全系统的排头兵。担任中国铁建总裁以来，他注重以战略为引领，推行精益化管理，加快转型升级，转变发展方式；他始终坚持以人为本，积极为职工办实事、办好事。在他和领导班子其他成员的带领下，中国铁建成功应对国际金融危机和铁路市场“急刹车”带来的严峻挑战，在逆境中实现了又好又快发展。工业制造、房地产、物流贸易等非工程承包和资本经营业务不断发展壮大；非工程承包业务板块所占比重由3年前的不足7%上升到2011年的14%以上，利润贡献率达42%；铁路市场一头独大的不利局面得到有效扭转；投资公司、财务公司、港航局集团、国际集团等企业的组建，使产业链进一步完善。赵广发本人先后获得全国优秀施工企业家、全路优秀职工之友、中央企业抗震救灾优秀共产党员等荣誉。（李　冰）

【吕岗·全国五一劳动奖章获得者】 中铁十一局集团有限公司副总经理，本科学历，工程硕士学位，教授级高级工程师，中共党员。1965年10月出生，山西省大同市人。1988年7月参加工作，2007年10月由中铁十二局集团公司调入中铁十一局集团公司，历任集团公司总经理助理、副总经理，分管集团公司经营工作。吕岗牢固树立经营工作在企业的“龙头”地位，首先对现有区域经营网点和资源进行重新整合，制定并推行新的经营战略和奖惩措施，逐步形成国内全方位覆盖和国际4个大区域同频共振的经营平台，极大地提升了企业把握市场机遇的能力。他充分利用铁路质量信用评价5次进入A类的优势，深耕铁路市场，任务承揽始终保持领先地位。2011年，在国家宏观调控、铁路建设速度放缓的不利形势下，吕岗带领经营人员迅速转变经营思路，大力开拓公路、房建和城轨交通市场，在全国已有或在建城市轨道交通28个城市中，已成功进入23个，使这一板块迅速成为企业新的支柱产业和中国铁建城市轨道交通领域的排头兵。大力开拓国际市场，2011年底成功中标新加坡轨道交通土建合同段2个标段，实现集团公司自主承揽海外项目零的突破。近几年，集团公司承揽任务在中国铁建一直名列前茅。2011年，集团公司在湖北省百强企业评选中名列第9位。他本人先后获得中国铁建大规模铁路经营工作先进个人、中国铁建2010年度经营工作先进个人、湖北省五一劳动奖章等荣誉。（吴　强）

【王维民·全国五一劳动奖章获得者】 中铁十四局集团有限公司青荣城际铁路指挥部党工委书记，工程师，中共党员。1963年12月出生，河北省廊坊市人。1982年参加中国人民解放军铁道兵，1984年1月兵转工到铁道部第十四工程局工作。历任战士、物资科科长、项目总调度长、项目经理、公司副总经理等职务。1998～2007年期间，由他担任项目经理的10项工程中，获中国建设工程鲁班奖1项、省部级优质工程奖6项，他本人连续10年被评为公司最佳项目经理。在2008年汶川灾后援建中，他带领200余名参建员工用38天时间完成728套临时过渡板房的安装任务，被山东省人民政府授予抗震救灾先进个人称号。2010年10月，中铁十四局集团公司中标青荣城际铁路综合1标段工程，标段长41.5公里，投资约24亿元，是一项庞大复杂的城际高速铁路工程。面对地方复杂的环境、业主的高标准严要求和集团公司提出的“领跑全线”的总体目标，王维民被委以集团公司青荣城际铁路指挥部党工委书记的重任，并负责最难的征迁工作。为加强协调，加快进度，他每天在现场奔波，终于使征迁工作取得较大突破，为工程施工快速形成大干局面创造了良好条件。他本人超前谋划、科学组织的管理方法，深入一线、忠于职守的工作作风，不畏艰难、永往直前的拼搏精神，得到各级领导及广大员工的一致好评。（曹洪伟）

【孔令健·全国五一劳动奖章获得者】 中铁十六局集团有限公司副总经理兼北京工程公司董事长，研究生学历，教授级高级工程师，中共党员。1963年6月出生，1981年8月参加工作。曾任中铁十九局集团四公司董事长、总经理，中铁十六局集团公司副总工程师兼北京工程公司总经理，中铁十六局集团公司副总工程师兼北京工程公司董事长、总经理。工作中，他主动参与承揽。2011年，中铁十六局集团公司承揽任务331亿元，其中孔令健承揽任务180亿元，占集团公司承揽总额的54%，集团公司经营工作保持中国铁建系统前列。及时解决因高速铁路停建而待岗的近3000名职工的上岗就业问题，在困难时刻为维护职工队伍稳定作出重大贡献。他积极创新管理。不论担任北京工程公司主管还是分管该公司，孔令健为北京工程公司的发展倾注了大量心血，公司综合实力大幅提升，员工收入每年以15%的速度递增。近5年累计为集团公司创造经济效益2.9亿元，成为上缴款最多的子公司。他分管的置业公司成为集团公司新的经济增长点。作为海南和内蒙古区域指挥部的指挥长，他狠抓管理创新，企业信誉和知名度极大提升，多个项目被评为省部级优质工程或全国AAA级文明工地，创造了中铁十六局集团公司房建质量品牌。（朱贵华）

【赵国旗·全国五一劳动奖章获得者】 中铁十六局集团有限公司副总经理兼贵广铁路工程指挥部指挥长、党工委书记，研究生学历，教授级高级工程师，中共党员。1960年9月出生，1980年9月参加工作。2008年12月，中铁十六局集团公司中标国家重点工程贵广铁路GGTJ－11标段土建工程，管段长55.934公里，其中隧道27座34.6公里，桥梁47座14.621公里，路基土石方300余万立方米，合同投资28亿元。赵国旗兼任中铁十六局集团公司贵广铁路工程指挥部指挥长、党工委书记。工程一上场，他带领指挥部一班人认真分析贵广铁路项目的特点、重点和难点，很快在贵广铁路建设中取得显著成绩。在贵广铁路建设中，他实现了一系列第一：第一座隧道贯通；第一座2000米、3000米、5000米、6000米以上隧道贯通；第一段连续梁浇筑；全国铁路第一片300公里/小时客运专线预制组合箱梁完成浇筑、铺架；贵广铁路首段连续梁合龙；首座特大桥箱梁架设；国内首例分体式架桥机隧道口零距离架梁获得成功，填补了技术空白。27座隧道全部提前贯通，并且创造隧道群施工“安全零事故、质量零返工”。在短短的三年时间里，就完成了四年半工期，即合同总工程量的97.41%。赵国旗先后获得集团公司劳动模范和北京市五一劳动奖章、劳动模范等荣誉。（朱贵华）

【谭光华·全国五一劳动奖章获得者】 中铁十六局集团北京工程公司副总工程师、第七工程分公司经理、海南三亚半山半岛工程项目经理，大学本科学历，工程师，中共党员。1969年10月出生，1990年7月参加工作。曾任项目部副经理、经理。谭光华精通专业，擅长管理，为企业赚取了可观的经济效益。在北京工程公司承建首都机场1号航站楼改造工程时，谭光华被聘任为成本管理部部长，负责变更索赔、验工计价，为项目部创利30%以上，人均效益137万元，作出了突出贡献。他负责首都机场综合管网项目时，凭借丰富的经验，认真做好成本管理，项目部利润率达到25%。2008年9月，谭光华担任总建筑面积30余万平方米的海南省三亚半山半岛商业街高层建筑工程项目经理，项目获2010年度三亚市建筑施工安全生产文明工地和全国AAA级安全文明标准化诚信工地称号。谭光华通过理论基础知识的学习，先后取得资料员、造价员、施工员、安全员、项目经理资格。他先后获得公司一等功臣、劳动模范、先进生产工作者，集团公司先进生产者，北京市经济技术创新标兵等荣誉。

（朱贵华）

【郝趁义·全国五一劳动奖章获得者】 中铁十八局集团有限公司董事长、党委书记，研究生学历，高级工程师，中共党员。1960年5月出生，河南省鲁山县人。1978年2月参加工作。自担任中铁十八局集团公司董事长、党委书记以来，针对集团公司的规模和现状，按照建立现代企业制度的要求，坚持依法治企，深化内部改革，规范企业管理，完善区域经营格局，提高创誉创效水平，同时围绕中心抓班子、管干部、带队伍，加强和改进基层党的建设与思想政治工作，充分发挥党组织的政治核心作用，保证企业科学、稳健、和谐发展。在他的领导下，几年来，中铁十八局集团公司立足建筑市场，积极拓展业务范围，从单一承建铁路项目发展到水利、电力、机场、码头、公路、工业与民用建筑及安装等多种项目，基本形成国内国外并举、路内路外并重，主攻“工程施工总承包、房地产及小型资本运作、勘察设计试验”三大板块，兼顾工业、教育培训和服务产业发展的总体格局。“十二五”时期保障性安居工程建设劳动竞赛启动以来，集团公司认真履行大型国有企业社会责任，从战略上将建设安居工程与集团公司“十二五”规划当中的三板块之一——房地产板块紧密结合。其中，柳林经济适用房项目获得2011年天津市建设工程结构海河杯、天津市文明施工示范工地称号和QC成果天津优秀成果奖、优秀项目管理成果二等奖。

（姚尚文　阎世杰）

【邓勇·全国五一劳动奖章获得者】 中铁十八局集团有限公司副总经理兼西南区域指挥部指挥长，研究生学历，教授级高级工程师，国家一级注册建造师，中共党员。1971年10月出生，贵州省黄平县人。2003～2004年担任中铁十八局集团金属结构公司总经理期间，用不到两年的时间，实现了承揽、产值、人均年收入的连续翻番，公司获集团级以上科技进步奖7项，中国铁建优秀QC小组成果奖1项。2005～2007年担任集团公司洛湛铁路工程指挥部指挥长期间，他克服诸多困难，在全线21家施工单位参加的历次质量信誉评价中始终名列前5名，指挥部获得中国铁建“青年文明号”创建示范点称号，天津市“十五”立功先进集体称号和五一劳动奖状。2007～2009年担任隧道公司总经理期间，他积极推行项目标准化管理，连续3年实现承揽任务、施工产值、实现利润、完成上缴4项经济指标同比翻番。公司获9项国家实用型专利、2项国家级工法、1项全国QC成果，并被评为中国铁建模范职工之家、优秀基层党组织，获得天津市五一劳动奖状和质量管理小组活动优秀企业、学习型组织先进单位称号。2010年担任集团公司副总经理兼西南区域指挥部指挥长。两年来，他使区域生产经营步步为营，承揽土建工程34项，实现区域经营滚动发展。他先后在国家级核心期刊发表专业技术和企业管理论文10余篇，填补了国内外在TBM领域的多项空白。

（姚尚文　阎世杰）

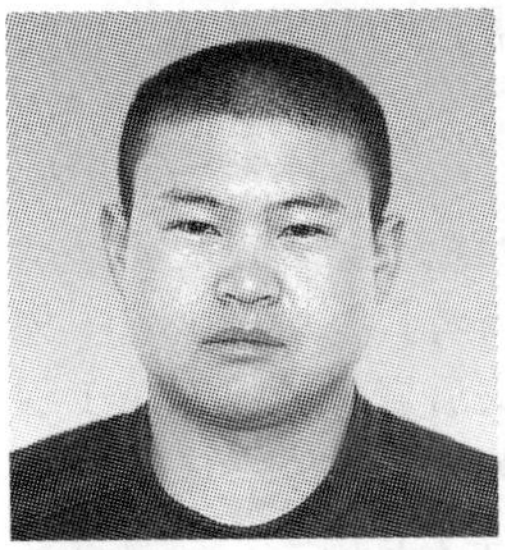

【李波·全国五一劳动奖章获得者】 中铁二十一局集团二公司玉树地震灾后重建项目部总工程师，大学本科学历，中共党员。1982年4月出生，甘肃省张掖市人。2004年7月毕业于石家庄铁道学院。参加工作8年多来，李波先后参与青藏铁路武警部队巡逻营房工程、拉萨乘务员公寓工程、西宁北货运中心抗震救灾应急工程、玉树地震灾后重建工程建设。海拔4000米的玉树县结古镇，高寒缺氧，环境十分恶劣，李波分管代格村农牧民住房和琼龙路住宅小区的施工。作为项目部技术负责人，面对玉树地震灾后工程建设工期紧、任务重的现状，李波坚持以“缺氧不缺精神”、“海拔高斗志更高”为信念，带领参建职工不分昼夜地坚持在生产第一线。由他分管负责援建的代格村农牧民住房工程从开工到整体入住仅用了120天，成为玉树第一个集生产、生活为一体的现代化生态示范村，被誉为“玉树科技示范第一村”。2011年9月，李波负责的玉树结古镇最大的商住组团——琼龙路住宅小区55栋商住楼全部开工建设，11月完成主体封顶30栋，剩余22栋楼基础工程全部完成。（高秋凤）

【王立华·全国五一劳动奖章获得者】 中铁二十一局集团六公司玉树灾后重建项目部项目经理，大学本科学历，高级工程师。1965年5月出生，陕西省乾县人。2011年9月，王立华担任玉树州广电中心和琼龙路住宅小区19栋商住楼工程施工现场负责人。“在玉树灾区，作业队长就是施工现场的排头兵。”他通过周密的现场勘查，对各工区、各构造物的人力、物资、机具设备等资源都进行了科学合理的配置，做到人尽其责、物尽其用，圆满完成项目部下达给队里的2011年玉树灾后重建任务，多次受到省州县领导的表扬。作业队被中国铁建指挥部评为优秀作业队，他本人也被评为优秀作业队长。王立华无论是在平凡的岗位上，还是在灾后重建的大潮中，作为施工一线的领头者，他总是吃苦在前，享受在后，淡薄名利，不计个人得失。尤其是在灾后重建工程前期的艰难时刻，他总是不怕困难，自告奋勇地战斗在一线和最基层，发扬青藏铁路精神，以“缺氧不缺精神”、“海拔高斗志更高”为信念，以“苦干三年，跨越二十年”为己任，为玉树灾后重建作贡献。2011年被评为青海省玉树灾后重建先进个人。（高秋凤）

【达文斌·全国五一劳动奖章获得者】 中国铁建玉树地震灾后重建指挥部总工程师，高级工程师，中共党员。1967年7月出生，甘肃省景泰县人。1990年7月参加工作。自2010年6月任中国铁建玉树地震灾后重建指挥部总工程师以来，每天到工地询查一次，每周召开一次技术例会。作为指挥部首批奔赴灾区的技术领头人，达文斌注重调查灾后自然条件及民风民情等施工环境，并根据青海省援建协议对负责施工的结古镇东片区、仲达乡进行重点踏勘。他主动与省现场指挥部、玉树州、县政府灾后重建领导小组和建设局、发改委、项目办公室等相关部门就总体规划进行交流沟通，建立了良好的信息交流和工作平台，重建工作迅速打开局面。“缺氧不缺精神，海拔高斗志更高”，正是对像达文斌一样默默奉献在灾后重建一线的技术人员最生动的诠释。他先后被青海省表彰为玉树地震灾后重建先进个人、玉树州优秀共产党员。

（高秋凤）

【赵永明·全国五一劳动奖章获得者】 中铁二十三局集团有限公司副总工程师，硕士研究生，教授级高级工程师。1963年4月出生，1984年7月毕业于兰州铁道学院。1987年7月参加工作。赵永明学风严谨，工作认真，长期奋战在施工一线，在隧道及地下工程施工及科研方面具有较深的造诣，理论知识扎实，实践经验丰富，业绩突出，为铁路建设和集团隧道施工技术的进步作出积极贡献。2010年，赵永明担任中铁二十三局集团公司沪昆铁路客运专线贵州段工程指挥部常务副指挥长，他制定和落实隧道进洞施工专项方案，开工的18座隧道27个洞口全部实现“零刷坡”进洞，并积极推广应用14项新工艺工法，确保施工安全和质量。赵永明先后发表隧道及地下工程施工科技论文20余篇，开发的“大断面湿陷性黄土隧道下穿构筑物施工”和“大断面黄土隧道弧形导坑两台阶四步开挖支护施工”工法被评为四川省工法；“大断面黄土隧道弧形导坑法施工工法”被评为国家级工法。（孙 凡）

【王北京·全国五一劳动奖章获得者】 中铁二十四局集团有限公司董事长、党委书记，大学本科学历，工程硕士学位，教授级高级工程师，中共党员。1954年5月出生，陕西省眉县人。1972年12月参加工作。2004年，他受命执掌中铁二十四局集团公司。他在建局之初就提出“以和为贵、以人为本、以食为天”的理念和“按照稳定期、调整期、发展期三个阶段稳步推进企业改革、发展、稳定”的构想。8年来，他带领集团公司先后参建14条高速铁路建设，进入20多个省市和部分海外建筑市场；年新签合同额、营业收入、利润总额、资产总额、机械动力设备净值较重组之初分别增长9倍、6倍、15倍、5倍和6倍；获50余项省部级以上优质工程奖及多项国家级建筑企业荣誉。8年来，他千方百计开拓市场，身体力行抓施工生产，全身心扑在工作上。他先后获得中央企业劳动模范、中央企业参与上海世博会荣誉个人、国资委抗雨雪冰冻灾害先进个人、火车头奖章等荣誉。（冯德兴）

【肖明清·全国五一劳动奖章获得者】 中铁第四勘察设计院集团有限公司副总工程师，教授级高级工程师，中共党员。1970年12月出生，湖南省邵阳市人。1992年毕业于西南交通大学。20年中，他坚持精心设计，精益求精，取得丰硕成果。在水底隧道方面，他带领设计团队锐意进取，大胆创新。作为“万里长江第一隧”武汉长江隧道设计总体负责人，他成功克服河势地质复杂、江水压力高等技术难题，受到评审专家一致好评。他先后主持近20座水底隧道的设计与研究，铁四院成为国内设计水下隧道数量最多、拥有施工工法最多的设计单位，创造国内国际多项纪录，极大地推进了中国水下隧道技术进步的同时，也取得了巨大的经济效益和社会效益。在高速铁路隧道方面，他主持中国第一批铁路客运专线隧道的设计，设计隧道总长度近100万米；主持时速350公里高速铁路隧道复合式衬砌、新型洞门、缓冲结构等多项铁道部标准设计，形成中国高速铁路隧道结构、防水、气动效应缓解的成套技术，取得巨大经济效益。他主持或参与了国家“863”计划项目和20余项省、部级重大科研项目，多次获国家级、省部级科技进步奖和优秀设计奖，发表论文20余篇，获实用新型专利和发明专利20余项。（方东 狄璐）

【王少华·全国五一劳动奖章获得者】 中铁二十一局集团四公司玉树灾后重建项目部施工员，技师。1961年11月出生，山东省阳谷县人。2010年6月11日，王少华参加玉树灾后重建工程，按照项目部工作分工，他主要负责玉树州藏医院的施工组织管理工作。玉树州藏医院总建筑面积13447平方米，包括门诊大楼、住院部大楼、制剂楼、锅炉房等工程。2010年8月25日动工后，施工场地狭小，交叉作业，结构复杂，为达到抗8级地震，既体现藏式风格，又融合现代建筑风格，王少华采取错层施工，一层和一层之间两侧的宽度各增加1.6米。通过科学组织，精心施工，2011年10月，5层门诊楼和6层住院部大楼主体封顶，同时，完成了1325平方米的地下车库施工。由于工程按期、优质完成，得到领导的肯定和赞扬。

（高秋凤）

【段东明·全国优秀企业家】 中铁十七局集团有限公司董事长、党委书记，博士学历，学士学位，教授级高级工程师，国家一级建造师，国际职业经理人，享受国务院特殊津贴，中共党员。1963年11月出生，山西省盂县人。1980年9月参加工作。自2010年8月任职以来，段东明与领导班子成员密切配合，紧紧围绕加快企业领先发展目标，确定“稳健经营，管理增效”的指导原则，建立工程经营项目标前论证机制，规范投标决策程序，加强标前效益预测和风险评估，保证项目预期收益；构建优势产业板块，拓展主业链条，延伸产业链条；在建立健全企业决策机制、工程经营、施工管理、科技创新、成本控制和审计监督“六大管理体系”的同时，全面推行以工程施工合同为依据、以管理责任目标为内容、以监督考核为手段的工程项目管理责任制，企业资产经营责任制和项目管理责任制运行体系分别获全国工程建设企业管理现代化成果一、二等奖；加速科技成果向现实施工能力的转化，多项成果技术水平达到国际先进或国内领先水平。集团公司先后获得全国优秀施工企业、全国建筑业科技进步与技术创新先进企业、全国工程建设质量管理优秀企业等荣誉，段东明被评为国资委劳动模范、中国优秀企业形象管理工作者。

（贺晓荣 孟庆财）

【蒋再秋·全国优秀企业家】 中铁第四勘察设计院集团有限公司董事长，大学本科学历，教授级高级工程师，中共党员。1960年9月出生，湖北省天门市人。1982年毕业于长沙铁道学院。2007年，在蒋再秋的带领下，铁四院紧抓国内外经济形势变化，审时度势，提出由传统勘察设计企业向国际工程公司转型的发展思路，确立“一主两翼”的总体发展战略。几年来，各业务板块发展取得显著成效。通过大规模的技术创新，铁四院完成众多有影响的国家及地方重点工程项目，设计建成的高速铁路4800余公里，设计在建的高速铁路约6000公里。京沪高速铁路、宜万铁路等具有世界领先、中国第一的里程碑意义的工程开通运营。依托项目优势，加强应用型科技研发，承担数百项国家级科研课题，参与数十项国家、行业规范标准的编写及相关国际标准的制定，一大批处于国内领先地位和世界前列的自主创新品牌相继树立，逐步由行业领先走向引领行业发展。在企业改制的关键时刻和企业由传统管理转向现代管理的过程中，蒋再秋作出了卓越贡献，奠定了铁四院在国内勘察设计行业的领跑优势。蒋再秋先后获得全国勘察设计行业国庆60周年十佳现代管理企业家、湖北省优秀企业家、湖北经济年度风云人物创新贡献、湖北省五一劳动奖章等荣誉。（常　祥）

【刘军华·第11届中华技能大奖获得者】　中铁十二局集团三公司测量大队队长，高级技师，中共党员。1973年12月出生，1994年7月参加工作。他热爱本职，勤学苦练，勇于创新，练就了“一测准”的真功夫，为企业安全、优质、高效地完成上百亿元工程奠定了坚实的基础。自参加工作以来，经他测量的桥、隧、路基总延长1000公里以上，重难点工程200余项，解决的施工测量难题20余个，差错率一直保持“零”的记录。他开发的“一种用于CRTSⅡ型轨道板制板的检测方法”，在铁路客运专线推广应用，产生了巨大的经济效益，并获得国家发明专利。刘军华熟悉各种测量仪器的基本构造和性能，练就了仪器“一调就准”、小故障手到病除的绝活，保证了公司测量设备的正常运行。经他培训过的技术、测量人员近千人，他的徒弟许多已经成为公司的业务骨干，并多次在集团公司以上级测量大比武中取得前几名。近年来，他先后获得全国五一劳动奖章、全国职工创新能手、中华技能大奖、全国技术能手、山西省十大能工巧匠、山西省五一劳动奖章等荣誉。

（刘伟钰）

【邢慧堂·全国青年岗位能手标兵】　中铁十四局集团隧道公司项目部总机械师，大学本科学历，工程硕士学位，高级工程师，国家注册一级建造师，中共党员。1982年5月出生，山东省济南市人。2003年参加工作。在南京长江隧道工程施工中担任盾构机机长，期间破解多项世界级难题，填补了相关研究和施工技术空白，所带领的团队获江苏省“工人先锋号”称号。他主持、参与的“盾构机同步注浆装置”等4项技术革新、发明创造获得国家专利。他本人入选中国铁建盾构人才库。

（曹洪伟）

【游泽勤·全国青年岗位能手】　中铁十一局集团四公司大连金普快速轨道项目部副经理，大专学历，技术员，预备党员。1977年9月出生，湖南省临湘市人。1998年参加工作。他以“传、帮、带”为己任，带出测量主管17人。2010年，他在中央企业测量工技能大赛中获得金奖。曾获得集团公司十佳技术工人、中国铁建第五届十佳青年技术工人、火车头奖章、中央企业先进个人、全国技术能手等荣誉，享受湖北省高技能人才政府津贴。

（张　燕）

【田国锐·全国青年岗位能手】　中铁十二局集团二公司测量队副队长。1982年12月出生，2007年参加工作。他掌握了数据快速加减口算技能，处理数据快速、准确。获得中国铁建参加2010年中央企业职工技能大赛工程测量工选拔赛一等奖、2010年中央企业职工技能大赛工程测量工决赛金奖。曾获得中国铁建劳动模范、中国铁建十佳青年技术工人、山西省五一劳动奖章、山西省“青年岗位能手”、中央企业先进职工标兵、中央企业先进职工、全国技术能手等荣誉。（王喜波）

【潘文忠·全国青年岗位能手】 中铁十三局集团二公司测量总监，中共党员。1978年4月出生，云南省嵩明县人。2001年7月毕业于中南大学。先后负责20余个项目的测试管理工作，积累了丰富的工作经验，解决了多项技术难题。曾获得集团公司技术能手、十大优秀共产党员标兵及中国铁建劳动模范、中央企业先进职工、全国技术能手等荣誉。（刘晓冬）

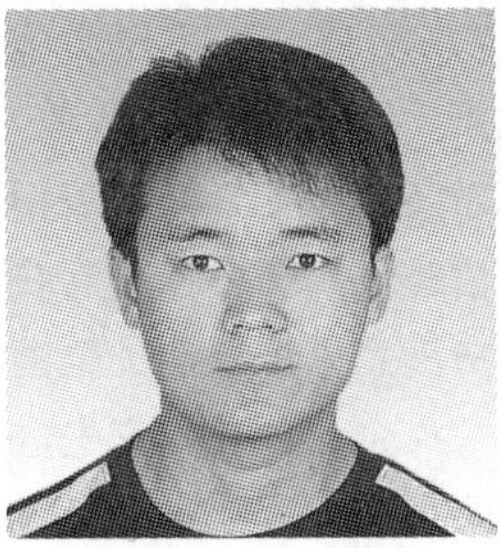

【智慧·全国青年岗位能手】 中铁十七局集团二公司项目测量队队长，集团公司首席技师，大专学历，中共党员。1982年11月出生，山西省忻州市人。2000年参加工作。2010年6月，在中央企业职工技能大赛工程测量工决赛中获得金奖，直接晋升为高级技师。曾获公司十佳青年、岗位能手及集团公司优秀共产党员、中国铁建劳动模范、全国技术能手等称号。

（王世平　孟庆财）

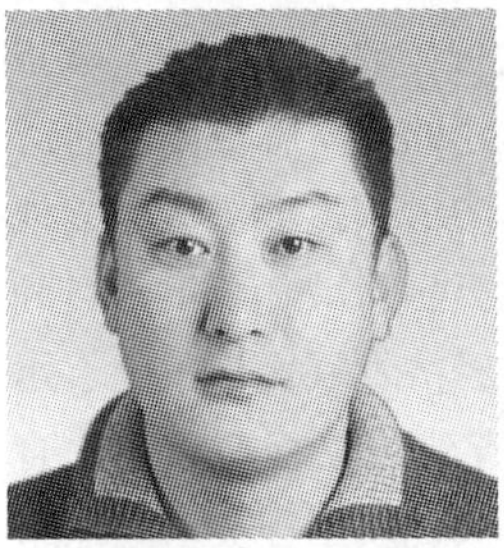

【徐斌·全国青年岗位能手】 中铁十三局集团钢结构公司外环线1标段项目部测量班长。1975年1月出生，辽宁省大连市人。1996年7月毕业于中铁十九局技校测量专业。在烟大铁路轮渡施工中，他利用早上、上午、中午、下午4个不同的时间和4个不同的温差，计算出钢轨的最佳对接时间，钢轨对接时平整度控制在1毫米范围内，为烟大铁路轮渡建设作出特殊贡献。

（刘晓冬）

【孙成聚·全国青年岗位能手】 中铁十六局集团二公司线路工，高中文化，中共党员。1958年3月出生，1978年3月参加工作。2010年在石武铁路客运专线建设过程中，创造“塑料软管填塞伸缩缝操作法”和“轨道板八点扣压法”，两项工法获石武铁路客运专线指挥部技术创新成果奖，为集团公司节约成本756万元，创造经济效益1176万元，他被铁道部授予火车头奖章。2011年在G307国道下穿黄万铁路框构桥顶进工程施工中开发的“行进中的管幕纠偏法”工法，为集团公司节约成本70万元，创造经济效益370万元。

（朱崇学）

【卓磊·阿尔及利亚公共工程部特殊贡献奖获得者】 中国铁建国际集团公司董事长、总经理，博士研究生学历，国家一级建造师，教授级高级工程师。1963年9月出生，山东省高密市人。1984年7月毕业于石家庄铁道学院。2006年10月参加阿尔及利亚东西高速公路工程建设，先后担任中国铁建阿尔及利亚项目经理部总经理、中国中信—中国铁建联合体项目部总经理。他负责的标段地质条件复杂，恐怖分子活动频繁，他不畏艰险，攻坚克难，完成全线第一根桩基灌注、第一座涵洞贯通、第一个100万立方米土石方挖填、第一个标段提前通车，获得业主、媒体及社会各界的高度评价。在对外交往中，他主动与阿国政府部门、业主和监理等高层接触，建立了良好关系，赢得了话语权。在内部管理上，他高标准，严要求，大胆管理，认真负责，为各级人员树立了良好的榜样。2008年兼任联合体总经理，负责中、西两个标段施工管理，跨度近800公里，他不辞辛苦，经常深入工地现场办公，帮助解决实际问题。2012年4月14日，阿尔及利亚东西高速公路中、西标段全线贯通通车，受到阿尔及利亚各阶层的赞誉。（张　晶）

【徐华祥·阿尔及利亚公共工程部特殊贡献奖获得者】 中国铁建阿尔及利亚公司执行总经理，大专学历。1973年9月出生，安徽省六安市人。1996年7月毕业于安徽建筑工业学院。2006年7月参加阿尔及利亚东西高速公路工程建设。工程管理中，他深入研究项目合同文件及阿国相关法律法规，制定的账单格式已作为样本在业主层面广泛应用并推广到其他高速公路项目中。阿尔及利亚东西高速公路中、西标段于2012年4月14日贯通。

（张　晶）

【王京连·阿尔及利亚公共工程部特殊贡献奖获得者】 中国铁建阿尔及利亚公司副总经理，大学本科学历。1968年3月出生，山东省青岛市人。1990年7月毕业于石家庄铁路学院。他积极响应中国铁建“走出去”和“大海外”战略，在阿尔及利亚工作期间，任劳任怨，并用自己的人格魅力，激发、整合、调动经营团队成员的工作积极性和创造性，形成合力，推进市场开发工作。在阿尔及利亚东西高速公路M3标段“大干100天劳动竞赛”中充分发挥表率带头作用，他积极工作的态度赢得隧道机电分包单位及业主、监理的认可，实现公路按期通车。（张 晶）

【王雅·阿尔及利亚公共工程部特殊贡献奖获得者】 中国铁建阿尔及利亚有限公司首席翻译，硕士研究生。1982年9月出生，河南省南阳市人。2007年7月毕业于上海外国语大学。在阿尔及利亚东西高速公路M3标段的通车突击战中，王雅作为工地上极少的女性，早出晚归工作在施工一线，经常冒着雨雪爬上十几米高的重力罩面，进入泥泞滑坡区的机电房里进行翻译；爬上已经多次滑坡随时可能坍塌的山坡进行现场勘察，甚至经历了山下抢工、山上炮火硝烟的危险；在隧道机电突击战中，经常工作到深夜，有时还和工人们一起推电缆线；遇到当地百姓干扰施工，她主动上前劝阻。在阿期间，她多次接待前来视察的阿国政府官员。由于工作的出色表现和吃苦耐劳的精神，2012年4月她作为唯一的女性获得阿尔及利亚公共工程部部长签发的特殊贡献荣誉奖并记项目部二等功。（张 晶）

先进集体

【中铁二十三局集团公司·全国五一劳动奖状获得单位】 集团公司自2004年3月组建以来，始终坚持“追求卓越、打造品牌、强企富工、努力建设质量效益型具有高价值的一流企业”的发展目标和“自主创新，以绝图强，打造差异”的发展策略，先后参加50余项国家重点铁路工程建设，涉及水利水电、市政公用、机场港口、工业与民用建筑、电务等数十项大型工程。参建的京九铁路、芜湖长江大桥等4项工程获中国建设工程鲁班奖，10项工程获国家优质工程奖，44项工程被评为省部级优质工程。开发的上海磁悬浮轨道梁、重庆轻轨跨座式单轨PC梁获国家级科技进步奖；香港东西部铁路无砟轨道技术先进可靠，产品质量受到运营单位高度评价。积极实施“走出去”战略，先后在利比亚、伊拉克、阿联酋、尼日利亚、格鲁吉亚等国家承建50余项工程和新型混凝土轨枕出口，创造了良好信誉。集团公司先后获得全国优秀施工企业、全国用户满意施工企业、全国建设工程质量安全百强企业、中央企业抗震救灾先进集体和抗震救灾先进党组织等荣誉。（孙 帆）

【中铁二十一局集团二公司·全国五一劳动奖状获得单位】 近年来，公司参与建设的青藏铁路获国家科学技术进步奖特等奖，承建的甘肃敦煌客运站房工程获中国建设工程鲁班奖，承建的兰州鸿运润园项目获中国土木工程詹天佑大奖优秀住宅小区金奖，承担了青海玉树灾后重建任务，修建的西安临潼国际旅游度假区凤凰、骊山大道及王坡沟钢构拱形桥成为当地一道亮丽的风景，建设的东莞至惠州城际轨道项目和深圳清林径水利工程为广东省经济发展作出贡献。承建的30余项工程先后获甘肃省建筑工程飞天奖、青海省建筑工程江河源杯、火车头优质工程奖、兰州市白塔奖，13项科技成果获国家和省部级科学技术奖，通过国家和省部级工法13个。公司获全国优秀施工企业、甘肃省优秀建筑企业、青海省“工人先锋号”等称号，连续10年被评为甘肃省守合同重信用单位、甘肃省用户满意企业、兰州市文明单位。（高秋凤）

【中国铁建玉树地震灾后重建指挥部·全国五一劳动奖状获得单位】 2010年4月14日，一场突如其来的7.1级强震，造成玉树所属6个县19个镇受灾，受灾面积30445平方公里，受灾人口223176人。中国铁建第一时间以中铁二十一局集团公司、中铁第一勘察设计院集团公司为骨干组建玉树灾后重建指挥部，毅然承担了玉树州结古镇城东片区好仲达乡的居民住房、公共服务、基础实施、生态修复、和谐家园、特色产业和服务业等118项恢复重建项目，总建筑面积66.62万平方米。玉树地处长江、黄河、澜沧江的发源地，平均海拔4200米以上，含氧量只有内地的60%，自然条件恶劣。玉树重建成为迄今为止人类在高海拔地区开展的最大规模的重建。为实现“苦战三年，跨越二十年”的重建目标，中国铁建调集精兵强将，排除重重困难，科学组织施工，在全年有效施工期不足6个月的情况下，在6家重建单位中，创出了队伍进场、项目开工、承担城乡居民住房户数、农牧民入住新居、商住组团交钥匙等多项第一。3年多来，中国铁建全体参加人员发扬不怕吃苦的实干精神、奋勇拼搏的争先精神、团结奋斗的奉献精神，不畏艰险、挑战极限，取得了一个又一个佳绩。（周　鹏　任宏科）

【中铁建设集团物资公司·全国用户满意企业】 公司主要从事工业与民用建筑、公共基础设施建设、商业设施建设的工程物资集中采购供应，经营上以顾客和市场为导向，坚持“质量第一、服务为首、客户至上”的服务理念，先后为中国建设银行总行、北京大学理科教学楼群、中国科学院图书馆和档案馆、中国铁建大厦等工程供应钢材，为哈尔滨西站、厦门西站和三亚站等国家重点建设工程提供专业、优质的物资集采集供服务，是集采购、供应、贸易、物流、加工配送、招投标代理、融资为一体的工程物资集中采购供应专业运营商。公司依靠规模化集中采购的量化优势和跨区域整合资源的专业实力，内部钢材供应覆盖中铁建设集团公司13个区域公司的300余个项目，供应保障覆盖率100%。公司以质量、价格、服务三优产品供应，承揽了天津117大厦、中海油研发基地等有影响力的工程订单。2012年，公司销售钢材突破200万吨、水泥近20万吨，年营业收入77亿元，位列2012年度北京地区钢铁营销50强第3名。近三年，公司先后获得鲁班奖工程功勋合作伙伴、中国钢贸企业百强榜百强企业、全国用户满意服务企业、北京市建设行业诚信企业、全国建筑业AAA级信用企业、2012年物流信息化优秀应用企业等荣誉。（胡娟娟）

【中铁十一局集团三公司·全国优秀施工企业】 公司具有铁路、公路、房建、市政、矿山、桥梁、隧道、铺架工程及土石方、爆破、特大桥、长隧道、大型枢纽及生产生活配套设施的施工能力。近年来，在承揽铁路工程的同时，着力打造和推动城市轨道交通市场的发展，巩固了上海、武汉、西安、北京、昆明等既有市场，开拓了长沙、郑州两个新市场；利用企业现有运输工具的优势，积极探索和开发地方专用线、电力运输、陆路运煤大通道及市政建设等领域。公司先后获得全国优秀施工企业、全国守合同重信用企业、全国职工教育培训示范点、全国“安康杯”竞赛优胜班组等荣誉。（徐新斌）

【中铁十一局集团五公司·全国优秀施工企业】 近两年来，公司坚持“调优促转谋发展”经营思路，在做好铁路、公路市场的基础上，积极开拓轨道交通、房建、BM矿山等领域，并实施海外战略进入马来西亚轨道市场。坚持“搞好生产才能创造效益，干好项目才能赢得信誉”的理念，科学组织，严格管理，施工生产在平稳推进中取得新进步。发挥隧道、桥梁、公路、市政工程等施工技术优势，逐步形成以长大隧道、大跨度桥梁、隧道涌水治理、城市轨道施工为主的品牌效应。公司先后获得重庆市AAA级年检免审企业、重庆市建筑业先进企业、重庆市五一劳动奖状、山西省高速公路建设先进集体、全国文明单位、全国“工人先锋号”、全国重合同守信用企业等荣誉。（朱　君）

【中铁十一局集团电务公司·全国优秀施工企业】 公司具有通信、机电安装工程施工总承包一级，房屋建筑工程施工总承包三级，铁路电务、铁路电气化、送变电、建筑智能化工程专业承包一级，通信信息网络系统集成甲级等资质。先后承担50余条普通铁路、高速铁路“四电”工程施工，20多个省市区电信工程建设，努力开拓城市轨道交通、公路机电市场，参与了上海、广州、苏州、宁波、郑州、长沙等地的城市轨道交通工程建设。公司获得湖北省守合同重信用企业、湖北省先进建筑业企业、湖北省最佳文明单位、湖北省创新型企业、湖北省五一劳动奖章、国家高新技术企业等荣誉。（李　毅）

【中铁十二局集团公司·全国优秀施工企业】 公司以市场为导向，积极调整经营模式和布局，全面推行

“省市经营部”战略，在全国31个省市成立经营机构，完善经营格局，企业经营承揽实现年均20%的增幅。2010～2012年承担工程任务1437亿元。坚持科技创新，注重科技研发队伍培育，加大科技研发投入，依托技术进步推动质量管理水平的提高，企业核心竞争力显著提高、品牌优势保持领先。积极推进标准化管理，全面推行机械化作业、工厂化生产、专业化施工和信息化管理的施工组织模式，提高了桥梁、隧道、路基、轨道等工程的机械化作业程度。积极开展对管理流程和作业流程的优化，快速深入推动项目综合管理系统在项目施工中的应用深度和广度，企业施工能力不断提升。三年来，企业完成产值1164.12亿元，获国家优质工程奖3项、中国土木工程詹天佑奖3项、火车头优质工程奖3项。企业先后获得山西省五一劳动奖状，全国守合同重信用、中国优秀诚信企业、全国最佳施工企业、全国国有企业创建“四好领导班子”先进集体等荣誉。（张林祥）

【中铁十三局集团一公司·全国优秀施工企业】 公司具有公路、房屋建筑、市政公用工程施工总承包一级，铁路、水利水电工程施工总承包三级，钢结构、桥梁、隧道、公路路基、公路路面工程专业承包一级资质。公司始终坚持以科技兴企，先后有8项工法被评定为省部级以上优秀工法，开发了10余项具有国内领先水平的施工技术，填补了8项国内桥梁施工技术空白，为国内同类桥梁建设积累了宝贵经验。公司连续多年被评为全国守合同重信用企业、国家AAA级信用等级企业、中国建筑业500强企业、辽宁省先进企业，2012年，公司获大连市关爱农民工文明和谐先进单位、辽宁省建筑业优秀企业称号，被辽宁电视台评为特邀嘉宾长期战略合作伙伴。（刘晓冬）

【中铁十三局集团六公司·全国优秀施工企业】 公司具有房屋建筑、市政公用、水利水电、公路工程施工总承包三级，桥梁、隧道、钢结构、建筑装饰装修、公路路基工程专业承包三级资质。公司坚持精揽强管、走质量效益型发展之路，连续5年获得集团公司“三项竞赛”效益杯，连续6年被集团公司评为“四好领导班子”，连续8年获集团公司双文明单位称号。承建的吉林省引松入长老爷岭隧洞工程获全国用户满意工程奖，长春大桥工程获吉林省和中国市政工程金杯奖。中国人民解放军65301部队离休干部住宅楼工程获吉林省建设工程长白山杯一等奖，中铁·国际花园“短支柱柱头施工质量控制”QC小组被评为全国优秀质量管理小组。公司在青藏铁路25标段古露人工湿地施工中被评为西藏自治区环境保护优胜单位，在南水北调卢沟桥暗涵工程施工中被评为中国南水北调质量管理先进集体，获优秀建设集体金质奖。（刘晓冬）

【中铁十六局集团北京轨道交通工程公司·全国优秀施工企业】 公司于2008年6月12日成立，具有房屋建筑、市政公用工程施工总承包一级，机电安装施工总承包二级，建筑装修装饰、钢结构工程专业承包一级，机场场道工程专业承包二级资质。公司坚持“结构零缺陷，过程创优，一次成优，内实外美”的质量管理方针，承建的中国兽医药品监察所住宅楼工程获北京市结构长城杯银质奖，国家开发银行青海省分行办公楼工程获青海省建筑工程江河源杯奖，民航总局办公楼加固装修工程、首都机场1号航站楼装修改造工程被评为全国室内装饰行业优质工程；开发的“首都机场滑行道下不停航长大箱涵顶进技术”获中国施工企业创新成果奖和国家发明专利。公司获得全国重质量守信誉企业、全国质量管理优秀QC小组、全国室内装饰行业优秀设计施工企业、首都文明单位等荣誉。（任　燕）

【中铁十七局集团公司·全国优秀施工企业】 企业秉承“建传世精品，展铁军雄风；建世纪精品，树百年丰碑”的理念，以质量求生存，靠信誉创市场，高度重视科技创新成果的转化，先后完成科技攻关项目106项，推广“四新”技术108项，获中国建设工程鲁班奖14项、国家优质工程奖12项、省部级优质工程奖118项、中国土木工程詹天佑奖5项，获国家科技进步（科技创新成果）奖15项、省部级以上科技进步（科技成果）奖39项，获得国家专利58项，开发先进实用工法158项；集团公司被认定为山西省省级技术中心和高新技术企业，先后获得全国工程建设质量管理优秀企业、全国守合同重信用企业、全国优秀施工企业、全国精神文明建设工作先进单位、全国最具社会责任感优秀企业、中国企业形象优秀单位、中国优秀诚信企业、全国五一劳动奖状等荣誉。

（贺晓荣　孟庆财）

【中铁十七局集团建筑工程公司·全国优秀施工企业】 公司具有房屋建筑、市政公用工程施工总承包一级，机电安装工程施工总承包二级，建筑装修装饰、钢结构、地基与基础工程专业承包一级，土石方及特种设备安装工程专业承包三级等资质。公司坚持“2246”经营方针，即“两加强”（加强国内、海外两个大市场全面出击；加强房建、市政两个主领域并驾齐驱）、“四去做”（把房建与市政当专业做；把高层房建、大跨度厂房和铁路站房当品牌做；把房建上游专业链当效益做；把海外工程当扩大知名度和提升企业影响力载体做）、“六培育”（精心培育6大核心客户，包括省市级政府、高等院校、大型厂矿企业、铁路局、中国铁建和集团内房建投资类业主、优质房地产商），确保品牌效益与规模效益同步并举。截至2012年底，公司在建工程30项，遍布国内13个省市以及安哥拉国。承建的西安城市交通项目西三环工程被评为中国市政金杯示范工程，西安地铁23标段工程获陕西省、西安市建设工程安全文明工地称号；先后获中国建设工程鲁班奖、国家优质工程奖4项，省部级优质工程奖20项。公司先后获得全国优秀建筑企业、全国用户满意企业、全国守合同重信用单位、全国“安康杯”竞赛优胜企业、山西省五一劳动奖状等荣誉。（贺晓荣　孟庆财）

【中铁十八局集团公司·全国优秀施工企业】 企业坚持“科学发展，和谐建设，规范管理，创誉增效”的经营方针，长期保持生产经营持续、快速、强健发展，创造30余项桥隧建设全国之最、10多项全国第一，先后承建1000多项铁路、公路、市政等国家和省市重难点工程，以及尼日利亚、沙特等30多项国外工程项目，获中国土木工程詹天佑奖10项、中国建设工程鲁班奖16项、国家优质工程奖42项、全国用户满意工程奖7项、中国市政金杯示范工程奖10项、省部级优质工程奖180项，承建的迪拜运动城工程开创了中国铁建系统国外项目荣获国家级优质工程的先河；获国家科技进步奖9项、国家级工法17项、专利60项，海河隧道、中新生态城项目分获全国建设工程优秀项目管理成果一、二等奖。集团公司先后获全国十大建设科技成就奖、全国管理创新成果奖、全国五一劳动奖状、全国优秀施工企业和2008年抗震救灾、重建家园全国“工人先锋号”及创建鲁班奖工程突出贡献奖等荣誉。（李　毅　阎世杰）

【中铁十八局集团五公司·全国优秀施工企业】 公司具有市政公用、房屋建筑、公路工程施工总承包一级，铁路工程施工总承包二级，桥梁、隧道、公路路基、水工隧洞工程专业承包一级，预拌商品混凝土专业承包二级资质。自1984年在天津引滦入津工程施工中，被天津市人民誉为“能征善战，开创新局面的老虎团”，历经30多年，铸就了“质量第一，信誉至上，敢为人先，争创一流”的辉煌业绩。近年来，公司先后承建和参建了青藏铁路、兰新铁路乌鞘岭隧道、京沪高速铁路、京津城际铁路等重点铁路工程建设。公司以“经营城市、经营现场”为发展理念，坚持机制创新和管理创效，坚持走专业化发展道路，狠抓“经营、安全、质量、变更索赔、责任成本管理、技术创新、人才队伍、财经管理、绩效考核、机关建设”十大基本点，基本形成以京津区域为大本营，以上海、陕西、沈阳为核心根据地的市场经营版图，以市政、公路、桥梁、隧道、客专铺架、轨道铺装、地铁、黑色路面、房建、商品混凝土为专业化经营的创效板块，连续3年入选中国铁建工程公司20强。公司获中国建设工程鲁班奖7项、中国土木工程詹天佑奖4项、国家优质工程奖11项、中国市政金杯示范工程奖8项、省部级优质工程奖81项；先后获得全国先进基层党组织、全国市政工程质量优秀企业、全国质量管理活动先进企业、全国优秀施工企业、全国五一劳动奖状、天津市优秀诚信施工企业等荣誉。（何小东）

【中铁十九局集团电务公司·全国优秀施工企业】 公司具有机电安装工程施工总承包一级，房屋建筑、消防设施工程施工总承包三级，铁路电务、机电设备安装工程专业承包一级，铁路电气化、电信、送变电工程专业承包二级资质。近来年，公司坚持“多条腿走路”的经营理念，营业范围由单一的铁路“四电”施工，拓展到公路、市政、工业与民用建筑、城市轨道交通等领域，先后承揽北京地铁14号线机电安装工程、北京地铁昌八线联络线通信系统设备安装工程、新建拉萨至日喀则铁路SD1标段工程、无锡地铁机电工程、沈阳地铁市府广场配套工程机电安装工程、大连地铁机电设备（风水电）安装工程等施工任务。公司获中国建设工程鲁班奖1项、国家及省部级优质工程奖9项；先后获得辽宁省优秀建筑业企业、辽宁省建筑业百佳企业、辽宁省守合同重信用

企业称号，连续3年被评为辽宁省投标信用AAA级企业。（张　莹）

【中铁二十局集团公司·全国优秀施工企业】 集团公司具有铁路工程施工总承包特级，公路、市政公用、水利水电工程施工总承包一级，公路路基、地基与基础、隧道、桥梁工程专业承包一级，铁道行业甲（Ⅱ）级设计、爆破作业、房地产开发、城市轨道交通工程专业承包和境外工程承包资质。企业创新经营理念，坚持区域经营策略，完善经营体制；调整经营模式，自主经营，诚信经营；重视技术进步与管理创新，加大科技投入力度。企业获中国建设工程鲁班奖、国家及省部级优质工程奖80余项，国家及省部级科技进步奖40余项。近三年来，企业获得水利工程AAA级信用企业、全国建筑业AAA级信用企业、陕西省重合同守信用企业、陕西省建筑业先进企业等荣誉。（孟繁荣　刘文君）

【中铁二十局集团二公司·全国优秀施工企业】 公司具备公路、铁路、隧道、桥梁、市政公用工程及矿业建筑、混凝土构件预制等施工生产能力。公司始终坚持“以质量求生存，以信誉求发展”的企业宗旨，企业管理水平和综合实力不断提高。近年来，获省部级优质工程奖20项，先后有100多项工法被评为国家及省部级科技创新成果和优秀工法，其中14项达到国内领先水平或先进水平，58项QC成果被评为省部级优秀成果；公司获得全国先进施工企业、全国五一劳动奖状、全国“安康杯”竞赛活动优胜企业、湖南省用户满意企业等荣誉。（孟繁荣　刘文君）

【中铁二十一局集团公司·全国优秀施工企业】 集团公司具有铁路总承包特级，房屋建筑、公路、水利水电、市政公用、矿山、通信工程施工总承包一级，桥梁、隧道、公路路基、铁路铺轨架梁工程专业承包一级及城市轨道交通专业承包资质。集团公司充分发挥专业优势和区位优势，调动集团公司、工程公司、区域指挥部的积极性，市场开发能力大幅提升，2012年新签合同额218.18亿元，为股份公司下达年度计划170亿元的128%。积极开展成本管理创效年活动和管理提升年活动，加强全面预算管理，加大变更索赔和清收清欠力度，成本控制效果显著。大力推行施工现场标准化建设，安全质量有序可控。截至2012年底，集团公司获中国建设工程鲁班奖3项、国家优质工程奖6项、省部级优质工程奖25项，创中国建筑施工企业新纪录6项，参建的青藏铁路、乌鞘岭特长铁路隧道、成昆铁路工程被评为新中国成立60周年百年经典暨精品工程。集团公司获得全国五一劳动奖状、抗震救灾“工人先锋号”、全国优秀施工企业、全国建筑业先进企业、全国重合同守信誉企业、全国施工技术进步先进企业等荣誉。（高秋凤）

【中铁二十二局集团公司·全国优秀施工企业】 集团公司在“建筑为本，相关多元”、“坚持生产经营和资本经营双轮驱动”的发展战略引领下，在巩固和加强铁路、公路、市政、工业与民用建筑、桥隧与地下工程、城市轨道交通、水利水电、钢结构、电务工程、地质灾害工程等领域传统优势的同时，积极拓展房地产开发、设备物资贸易、证券、设备招标代理等新领域。加大难点工程监控力度，强化施工过程控制，集团公司安全生产处于受控状态；质量管理体系运行平稳，施工重大风险源和关键工序工程质量得到有效控制。坚持科技创新，承建一批高精难尖工程和标志性工程。2012年获国家级奖项4项、省部级优质工程奖10项，国家级优秀质量管理小组6个、省部级优秀质量管理小组8个，承建的厦门海底隧道入选百年百项杰出土木工程；获省部级科学技术奖5项、省部级工法8项、国家专利26项。（万红梅）

【中铁二十二局集团六公司·全国优秀施工企业】 公司具有房屋建筑、市政公用工程施工总承包一级，建筑装修装饰、钢结构、消防设施、机电设备安装工程专业承包一级资质。公司先后承建津秦铁路客运专线、哈齐铁路客运专线，广州、沈阳、哈尔滨地铁，绥芬河环形立交桥、牡丹江客车整备库及站场改造、中央财经大学研究生公寓、保定京南一品住宅小区等工程项目，工程质量得到各级政府和建设单位的高度赞誉，获中国建设工程鲁班奖1项、国家优质工程奖1项、中国市政金杯示范工程奖1项、省部级优质工程奖37项。公司第6次获全国优秀施工企业称号，连续7年被评为哈尔滨市建设系统安全管理先进单位，是黑龙江省施工企业信用评价优秀企业。

（万红梅）

【中铁二十四局集团安徽工程公司·全国优秀施工企

业】 公司具有市政公用、房屋建筑工程施工总承包一级，铁路、机电安装工程施工总承包二级，公路、公路路面工程总承包三级，桥梁、钢结构、隧道工程专业承包一级，城市轨道交通工程专业承包施工和测绘丁级资质，拥有对外工程承包资格。近三年来，公司加大国内外市场开发力度，新签合同额稳步增长，相继中标合肥南北高架1号线、裕溪路高架工程、合肥地铁1号线、合肥南二环改造工程和徐明、宁绩、西咸、济乐高速公路及山东电力等工程，赞比亚卢萨卡城市道路项目顺利开展。坚持人才强企战略，重视人才和企业文化建设，3年招收大中专毕业生近500名。加强技术和管理创新，工程质量稳步提升，承建的合肥畅通一环四里河立交桥工程获中国建设工程鲁班奖和中国市政金杯示范工程奖，参建的合武铁路工程获中国土木工程詹天佑奖，承建的华能昌邑、东营河口发电项目获国家优质工程银质奖。公司先后获得2009年全国优秀企业、2009～2010年度合肥市守合同重信用单位及安徽省环境保护优秀施工单位、安徽省厂务公开民主管理工作先进单位、第九届安徽省文明单位、合肥市第12届文明单位、合肥市十大杰出贡献品牌等荣誉。 （陈 芳）

【中铁二十四局集团上海铁建工程公司·全国优秀施工企业】 公司具有市政公用、房屋建筑工程施工总承包一级，铁路、公路、机电安装工程施工总承包二级，水利水电工程施工总承包三级，桥梁工程专业承包一级资质，铁路铺轨架梁、地基与基础、预应力工程专业承包二级资质和钢结构工程专业承包三级资质。近两年，公司先后参与上海轨道交通12、22号线，上海市航道整治工程沪昆铁路圆泄泾铁路特大桥、中国商飞基地配套设施、沪常高速公路上海段S26公路等工程建设。加大科技攻关力度，取得一批科技创新成果，开发的“曲线宽幅单索面矮塔斜拉桥施工技术研究”、“沪杭高速铁路桥梁半封闭式声屏障工程技术研究”成果分别获中国科学技术奖技术创新成果一、二等奖。积极承担社会责任，在圆满完成支援都江堰灾后重建任务后，2011年承担上海市对口支援新疆喀什四县建设项目之一的莎车综合福利中心建设任务，工程按时竣工交验，并获2012年度喀什地区昆仑杯优质工程奖。公司获得全国工程建设质量管理优秀企业、中国科学技术奖技术创新先进企业、四川省建筑业先进企业、上海市文明单位、上海市重点工程实事立功竞赛优秀公司、上海市安全生产先进单位、上海市守合同重信誉企业、上海市建设行业质量管理优秀企业等荣誉。 （周顺芬）

【中铁建设集团公司·全国优秀施工企业】 企业市场认可度逐年提高，经营承揽成绩突出。2012年，中铁建设经营承揽总额位列中国铁建第一，完成股份公司下达年度计划的231.1%，获全国实施用户满意工程先进单位称号；承揽一批地方标志性工程，包括北京文化硅谷工程、贵阳西南国际商贸城一期工程、新长安大厦工程、三亚海棠湾国际购物中心工程，以及北京青龙湖国际文化会都核心区工程、贵阳火车站工程、合肥火车站工程等。项目管理水平不断提升，质量安全管理效果显著。2012年，中铁建设总承包工程及专项承包工程竣工一次交验合格率100%，获国家级优秀工程奖5项，省部级结构优质工程25项、竣工优质工程7项；获得国家级优秀质量管理小组（成果）9项、省部级15项，被评为全国质量管理小组活动优秀企业、创鲁班奖工程突出贡献单位、全国工程建设质量管理优秀企业、北京市建设系统安全生产先进单位，两项工程获全国建设工程项目AAA级文明安全标准化诚信工地称号。 （张所平）

【中国铁建电气化局集团二公司·全国优秀施工企业】 公司主要从事铁路电气化、电力、通信、信号、机电设备安装、地方电信、送变电以及建筑智能化等工程建设，具有铁路电务、铁路电气化和建筑智能化工程专业承包一级资质，送变电、机电设备安装工程专业承包二级资质。近两年，公司实现市场开拓从低层次竞争向高端市场跻身，技术创新从“引进、消化、吸收”向自主创新，产业结构从单一国铁四电工程施工向“铁路四电施工、高速铁路及客运专线四电集成、城市轨道交通、海外工程、地方电力通信、房屋建筑、工程检测试验、运营维护”综合市场的转变。公司先后参加郑西、太中银、京石武、汉宜、大西铁路客运专线及包西、京九、胡安、西康等铁路，土耳其安伊高速铁路、朱盖塔电气化、西安地铁、巴准房建等工程建设。先后获铁道部优质工程奖1项，多项工程获建设单位安全标准工地、安全生产先进单位、优秀项目部等称号，获中国铁建科学技术奖3项、省部级工法10项、发明专利1项、实用新型专利13项。公司获山西省AAA级信用企业、山西

省文明和谐单位等称号，连续5年被评为山西省优秀建筑企业。（赵　娜）

【中铁第一勘察设计院集团公司党委·全国创先争优先进基层党组织】　铁一院为科技型国有大型企业，隶属中国铁建。党委下设6个基层党委、4个党工委、1个党组，有党员3610人，其中在岗党员2018人、离退休党员1592人。近年来，铁一院党委深入开展创先争优活动，推动企业科学发展和转型，取得显著成效。

以党建工作促进企业经济技术指标和市场开拓实现历史性突破，企业“十一五”累计完成指标翻番，城市轨道交通、地方铁路、市政水利以及海外市场份额进一步增大。以“五个好”健全工作机制，突出特色和主题，采取“三亮三比三评”等方法，扎实推进创先争优活动，党组织自身建设得到加强，班子成员民主测评优良率保持在98.5%以上，基层党支部和在岗党员群众测评综合满意度95%以上。加强人才培养，高层次专家队伍不断壮大，截至2012年底，企业拥有中国工程院院士1名，全国工程勘察设计大师6名，享受国务院政府特殊津贴专家24名，十佳全国优秀科技工作者提名奖获得者1名；1人当选中共中央候补委员，涌现出全国优秀共产党员1人、全国劳动模范1人、省级劳动模范3人、铁道部火车头奖章获得者4人等先进模范人物。大力开展技术创新活动，企业在高原冻土铁路、沙漠铁路以及湿陷性黄土区、寒区、大风区、长大越岭隧道等领域高速铁路综合修建技术处于世界领先水平，先后获国家科技进步特等奖3项、一等奖2项，国家级金奖7项，省部级创优奖500余项。企业设计的青藏铁路工程获国家科技进步特等奖，入选建国60周年十佳感动中国工程设计和百项经典建设工程。坚持以人为本，为职工展现才华搭建平台，关心帮助离退休和弱势群体，实现企业发展成果共享。积极履行中央企业社会责任，在汶川、玉树灾后重建中贡献突出，企业组织的宝成铁路109隧道抢险队临时党支部被中共中央组织部授予抗震救灾先进基层党组织称号，抢险队被中共中央、国务院、中央军委授予全国抗震救灾英雄集体称号。2008～2011年，铁一院先后获得全国五一劳动奖状、全国企业文化建设百佳贡献单位、中国施工企业技术创新先进企业、中国工程勘察设计行业十佳自主创新企业、国家火炬计划重点高新技术企业、全国厂务公开民主管理先进单位、中国勘察设计行业信息化建设先进单位、全国文明诚信示范单位等荣誉，企业党委先后获中央企业先进基层党组织、陕西省先进基层党组织、中央企业党建带团建工作先进单位等称号。（李景平）

【中铁十四局集团公司北京地铁9号线5标段项目部党支部·全国创先争优先进基层党组织】　中铁十四局集团北京地铁9号线5标段项目部包含两站三区间，全长3.24公里，合同投资6.01亿元，下穿既有地铁线，经过北京最复杂富含水地段，技术集成高、安全风险大、工期要求紧，是北京地铁施工难度最大的工程之一。项目部6个工区，职工83人，党员32名，下设3个党小组。在创先争优活动中，项目党支部围绕中心工作，以“抓生产、促和谐、保平安”为主题，以争做岗位奉献“带头人”、关键时刻“主心骨”、安全生产“顶梁柱”、岗位成才“先锋号”、现场管理“排头兵”为内容的“五个先锋”为目标，努力打造过硬队伍，组织引导广大党员立足平凡岗位创造优秀业绩，为优质、高效、安全建设一流工程提供坚强保证，让争创先进有目标，极大激发了广大党员创先争优的激情与活力，取得了较好的效果。2008年开工以来，每年被北京轨道交通公司评为安全质量管理先进单位；2009年被评为北京市优秀青年突击队标杆；2010年，太北区间二衬施工质量被北京市轨道公司评为样板工程；2011年，被北京市重大项目建设指挥部办公室评为年度新线通车突出贡献单位，被中国铁建股份公司党委评为先进基层党组织，被国务院国资委授予先进基层党组织称号。（曹洪伟）

逝世人物

【渠景坤】　原铁道部第十七工程局党委副书记兼纪委书记。2012年1月13日因病医治无效在山西太原中铁十七局集团公司中心医院逝世，享年76岁。

渠景坤，男，山东省曲阜县人。1936年12月出生，1955年8月参加工作，1959年6月加入中国共产党。先后任石家庄铁道兵学校学员，铁道兵七师三十五团实习生，汽车营二连副指导员，后勤部政治处助理员、干事，铁道兵七师政治部干部科干事、副科长、科长，铁道兵七师三十二团副政委，铁道兵七师政治部副主任，铁道兵七师副政委等职务。1984 年兵改工后一直担任十七工程局党委副书记兼纪委书记一职，1996 年 12 月退休。（孙明维）

【蔡西阳】 中铁第一勘察设计院集团公司副院长蔡西阳在新疆乌鲁木齐出差期间发生意外，抢救无效，于 2012 年 4 月 20 日 18 时 30 分逝世，享年 53 岁。

蔡西阳，男，1958 年 10 月出生，陕西省三原县人，1975 年参加工作，1985 年加入中国共产党。1982 年 1 月兰州铁道学院毕业后一直在铁一院工作，历任院办公室秘书科科长、院办公室副主任，院北海分院副分院长、分院长，铁一院院长助理。1999 年 3 月任铁一院副院长，先后兼任内蒙古铁路建设总指挥部总指挥长、兰渝铁路建设总指挥部总指挥长等职务。（李景平）

光 荣 榜

【全国文明单位】

中铁十一局集团桥梁公司
中铁十七局集团二公司
中铁十七局集团四公司
中铁十七局集团六公司

【2012 年度全国工程建设质量管理优秀企业】

中铁十一局集团公司
中铁十九局集团公司
中铁建设集团公司
中国铁建电气化局集团公司

【2012 年度全国工程建设质量管理小组活动优秀企业】

中铁十一局集团公司
中铁十二局集团二公司
中铁十三局集团四公司
中铁十七局集团四公司
中铁十八局集团公司
中铁十八局集团四公司
中铁十九局集团公司
中铁二十二局集团公司
中铁建设集团公司
中国铁建电气化局集团南方公司

【全国“安康杯”竞赛先进集体和先进个人】

全国“安康杯”竞赛优胜单位

中铁十一局集团公司
中铁十一局集团一公司
中铁十一局集团五公司
中铁十一局集团桥梁公司
中铁十一局集团城市轨道公司
中铁十二局集团公司
中铁十三局集团公司
中铁十四局集团三公司
中铁十五局集团公司
中铁十五局集团一公司
中铁十五局集团二公司
中铁十五局集团三公司
中铁十五局集团四公司
中铁十五局集团五公司
中铁十五局集团六公司
中铁十五局集团七公司
中铁十五局集团贵州路桥公司
中铁十六局集团电务公司
中铁十七局集团公司
中铁十八局集团一公司
中铁十八局集团三公司
中铁十九局集团五公司
中铁十九局集团公司拉日铁路工程指挥部
中铁二十局集团一公司
中铁二十局集团二公司
中铁二十一局集团一公司
中铁二十一局集团四公司
中铁二十二局集团公司
中铁二十三局集团公司
中铁二十三局集团三公司
中铁二十三局集团六公司
中铁二十四局集团鹰潭设备安装公司
中国铁建电气化局集团一公司
中铁第一勘察设计院集团新疆铁道勘察设计院
中铁第四勘察设计院集团公司

全国“安康杯”竞赛优胜班组

中铁十一局集团四公司混凝土七队

中铁十一局集团公司北京地铁7号线9标段项目经理部

中铁十一局集团城市轨道公司南京地铁3号线土建工程D3－TA02标段项目经理部

中铁十一局集团城市轨道公司武汉地铁4号线2标段项目经理部

中铁十二局集团公司拉日铁路四项目部泽朗曲大桥施工班组

中铁十四局集团电气化公司上海地铁11号线项目经理部

中铁十六局集团北京公司门头沟梧桐苑项目经理部

中铁十八局集团路桥公司武昆高速公路3标段项目部测量班

中铁二十一局集团铁路养护公司那曲车间2工区

中铁二十一局集团公司青藏铁路花园四期项目经理部

中铁第四勘察设计院集团公司地路处物探所

全国"安康杯"竞赛示范企业

中铁十四局集团公司

中铁十五局集团六公司

中铁二十三局集团公司

【省(直辖市)"工人先锋号"获得单位】

山西省"工人先锋号"获得单位

中铁十二局集团一公司大西铁路客运专线第三项目经理部

中铁十二局集团四公司大西铁路客运专线第九项目经理部

中铁十二局集团三公司大西铁路客运专线第十一项目经理部

中铁十二局集团电气化公司大西铁路客运专线三电迁改项目经理部

中铁十二局集团物资公司大西铁路客运专线物资供应总站

中铁十二局集团二公司太古高速公路项目经理部

中铁十七局集团五公司临吉16标段项目经理部

江苏省"工人先锋号"获得单位

中铁十七局集团上海轨道交通公司苏州地铁2号线8标段项目经理部

湖南省"工人先锋号"获得单位

中铁十七局集团五公司桂武高速公路项目经理部

四川省"工人先锋号"获得单位

中铁二十三局集团一公司沪昆高速铁路项目经理部

湖北省"工人先锋号"获得单位

中铁十一局集团一公司武汉地铁青山车辆段项目经理部

甘肃省"工人先锋号"获得单位

中铁第一勘察设计院集团公司兰州院桥梁隧道所

重庆市"工人先锋号"获得单位

中铁十一局集团五公司重庆国际博览项目经理部

【省(直辖市)五一劳动奖状获得单位】

湖北省五一劳动奖状获得单位

中铁十一局集团电务公司

中铁第四勘察设计院集团公司地路处

中铁第四勘察设计院集团公司建筑院

中铁第四勘察设计院集团公司道路院

山西省五一劳动奖状获得单位

中铁十二局集团大西铁路客运专线工程指挥部

中铁十七局集团电气化公司

四川省五一劳动奖状获得单位

中铁二十三局集团一公司

江苏省五一劳动奖状获得单位

中铁十七局集团上海轨道交通公司苏州地铁项目应急抢险救援队

【其他荣誉获得单位】

四川省五一巾帼标兵岗

中铁二十三局集团电务公司信号四工程队女工室内作业队

"开发建设新疆奖状"获得单位

中铁第一勘察设计院集团新疆铁道勘察设计院

湖北省首届模范劳动关系和谐企业

中铁第四勘察设计院集团公司

中国工程监理行业先进工程监理企业

北京铁城建设监理公司

【2012年度中国工程建设优秀(高级)职业经理人】

王胜祖　中铁十一局集团二公司

王发明　中铁十一局集团建筑安装公司

张　平　中铁十一局集团城市轨道公司

乔志东　中铁十二局集团公司
何国民　中铁十二局集团建筑安装公司
李楼玉　中铁十八局集团五公司
自建伟　中铁二十局集团一公司
孟广顺　中铁二十一局集团公司
王继红　中铁二十一局集团公司
韩文忠　中铁二十四局集团公司
刘建东　中铁二十四局集团上海铁建公司
张百芹　中铁二十四局集团安徽公司

【2012 年度全国工程建设质量管理先进工作者】

赵晋华　中铁十一局集团公司
侯景德　中铁十四局集团公司
孙陈锋　中铁十七局集团四公司
张加宾　中铁建设集团公司
寇宗乾　中国铁建电气化局集团公司

【2012 年度全国工程建设质量管理小组活动卓越领导者】

刘　斌　中铁十一局集团公司
白国艳　中铁十三局集团四公司
闫广天　中铁十八局集团四公司
田宝华　中铁二十三局集团公司
汪文忠　中铁建设集团公司
赵　伟　中铁建设集团公司
袁玉红　中国铁建电气化局集团南方公司
彭文盛　中铁第一勘察设计院集团公司

【2012 年度全国工程建设质量管理小组活动优秀推进者】

仇效兵　中铁十一局集团公司
任晓琴　中铁十二局集团二公司
岳丽敏　中铁十三局集团四公司
李文华　中铁十五局集团公司
张　风　中铁十六局集团公司
刘金良　中铁十八局集团公司
谢红山　中铁二十二局集团公司
齐　翔　中铁二十三局集团四公司
方宏伟　中铁建设集团公司
叶春霞　中国铁建电气化局集团南方公司

【2012 年度全国工程建设优秀项目经理】

韩　阁　中铁十一局集团公司
魏加志　中铁十一局集团一公司
罗建军　中铁十一局集团二公司
罗登桥　中铁十一局集团电务公司
李毕富　中铁十一局集团建筑安装公司
张新生　中铁十二局集团公司
徐上进　中铁十二局集团一司
徐孟校　中铁十二局集团建筑安装公司
徐润泽　中铁十三局集团二司
谢伟东　中铁十三局集团四公司
刘玉清　中铁十三局集团六公司
李克金　中铁十四局集团公司
杨玉斌　中铁十四局集团公司
袁裕财　中铁十四局集团四公司
周建芳　中铁十四局集团五公司
杨继发　中铁十五局集团西北公司
丛恩伟　中铁十六局集团公司
董　力　中铁十六局集团公司
张智涛　中铁十六局集团公司
闵召龙　中铁十七局集团一公司
尹建军　中铁十七局集团电气化公司
孔凡成　中铁十八局集团公司
史长兴　中铁十八局集团公司
王江涛　中铁十八局集团公司
李金锁　中铁十八局集团四公司
李　茂　中铁十九局集团一公司
李　智　中铁十九局集团三公司
宋新海　中铁十九局集团三公司
高　岩　中铁十九局集团五公司
任　霄　中铁二十局集团公司
钟选良　中铁二十局集团公司
祝建周　中铁二十局集团二公司
张正刚　中铁二十局集团四公司
彭海涛　中铁二十一局集团公司
赵彦旭　中铁二十一局集团公司
冯铁骥　中铁二十二局集团六公司
邹继东　中铁二十二局集团六公司
蒋曙永　中铁二十四局集团公司
肖　亮　中铁二十四局集团公司
张绳忠　中铁二十四局集团公司
陈　星　中铁二十四局集团安徽公司
李宗家　中铁二十四局集团上海电务电化公司

张升茂　中铁二十四局集团上海铁建公司
程志敏　中铁建设集团公司
费洪刚　中铁建设集团公司
张伟中　中铁建设集团公司
谢文艺　中国铁建电气化局集团南方公司

【2012 年度全国建筑业企业优秀项目经理】

王向东　中国土木工程集团公司
曹保刚　中国土木工程集团公司
董武俊　中铁十一局集团六公司
叶志荣　中铁十一局集团电务公司
谢卫林　中铁十二局集团公司
焦　钢　中铁十二局集团二公司
骆学良　中铁十三局集团一公司
张朝印　中铁十三局集团五公司
赵国财　中铁十三局集团六公司
史庆涛　中铁十四局集团公司
李晓峰　中铁十四局集团公司
宋维金　中铁十四局集团四公司
卢永堂　中铁十六局集团公司
李留安　中铁十六局集团公司
俞　剑　中铁十六局集团公司
张晓峰　中铁十六局集团宁夏分公司
赵新华　中铁十七局集团公司
行平义　中铁十七局集团四公司
万朝栋　中铁十八局集团公司
韩亚东　中铁十八局集团公司
王学超　中铁十八局集团公司
裴文强　中铁十八局集团公司
蒋世杰　中铁十八局集团五公司
刘富华　中铁十八局集团五公司
丁元利　中铁十八局集团五公司
李小丰　中铁十八局集团五公司
沙作刚　中铁十八局集团六公司
孙秀民　中铁十九局集团六公司
陈宝成　中铁十九局集团电务公司
张伯平　中铁二十局集团公司
黄玉茹　中铁二十局集团六公司
刘振川　中铁二十二局集团四公司
陈延军　中铁二十二局集团五公司
张清山　中铁二十三局集团二公司
刘牛生　中铁二十三局集团三公司
李治强　中铁二十三局集团三公司
王义春　中铁二十三局集团六公司
盛灿军　中铁二十四局集团公司
谭　鹰　中铁二十四局集团南昌铁路公司
朱金良　中铁二十四局集团安徽公司
胡宜光　中铁二十四局集团上海电务电化公司
杨钦林　中铁二十五局集团公司
龚汉兵　中铁二十五局集团公司
李太胜　中铁建设集团公司
马行空　中铁建设集团公司
姜大力　中铁建设集团公司
王旭辉　中铁建设集团公司
江张宿　中铁建设集团公司
周明华　中铁建设集团公司
梁军堂　中铁建设集团公司
李兵兵　中铁建设集团公司
刘　军　中铁建设集团公司
赵保奎　中铁建设集团公司
齐　帅　中铁建设集团公司
薛文军　中铁建设集团公司
张连峰　中铁建设集团公司
李士坦　中铁建设集团公司
邵引周　中铁建设集团公司
张绍秋　中铁建设集团公司

【2012 年推进流通现代化杰出企业家】

金跃良　中铁物资集团公司董事长、党委书记
郭　佳　中铁物资集团公司总经理助理，华东公司董事长、党委书记

【全国"安康杯"竞赛先进个人】

全国安康企业家

赵晋华　中铁十一局集团公司

全国"安康杯"竞赛优秀组织者

周　晗　中铁十一局集团一公司
徐加兵　中铁十一局集团城市轨道公司

全国"安康杯"竞赛先进个人

李振武　中铁十六局集团公司天津站至天津西站地下直径线项目经理部项目经理

全国"安康杯"竞赛安全文化宣传工作先进个人

朱贵华　中铁十六局集团公司工会劳动保护部副部长

晏　萍　中铁二十三局集团工会生产保护部副科长

向之慧　中铁二十三局集团六公司工会工作部

【国家优质工程奖先进个人】

刘章龙　中铁十一局集团公司

张学会　中铁十一局集团四公司

孔凡华　中铁十一局集团六公司

姜廷军　中铁十一局集团电务公司

俞正祥　中铁十二局集团四公司

扈国义　中铁十三局集团公司

王建伦　中铁十四局集团公司

张挺军　中铁十四局集团公司

张作宏　中铁十四局集团二公司

吴平涛　中铁十五局集团公司

邹刚波　中铁十五局集团公司

宫元生　中铁十五局集团五公司

吉天林　中铁十七局集团公司

王应权　中铁十七局集团三公司

韩利民　中铁十八局集团公司

黄明普　中铁十八局集团隧道公司

温法玺　中铁十八局集团三公司

王　昌　中铁十八局集团五公司

张国平　中铁二十一局集团公司

曾继光　中铁二十一局集团三公司

胡明辉　中铁二十二局集团四公司

郭立军　中铁二十二局哈尔滨铁路建设集团公司

荆富强　中铁二十二局哈尔滨铁路建设集团公司机械化分公司

陶正义　中铁二十三局集团公司

丁维利　中铁二十三局集团公司

杨建宏　中铁二十三局集团公司

姚夫森　中铁二十三局集团一公司

曹鹏程　中铁二十三局集团二公司

廖开荣　中铁二十三局集团三公司

古新敏　中铁二十三局集团四公司

王家新　中铁二十三局集团六公司

戢达明　中铁二十三局集团八公司

胡志勇　中铁二十三局集团轨道交通公司

卢　见　中铁二十四局集团公司

陈应陶　中铁第一勘察设计院集团公司

杨进功　中铁第一勘察设计院集团公司

关长键　中铁第一勘察设计院集团甘肃铁一院工程监理公司

刘梦然　中铁第一勘察设计院集团甘肃铁一院工程监理公司

汤友富　中铁第四勘察设计院集团公司

【省(直辖市)劳动模范】

湖北省劳动模范

杨云飞　中铁十一局集团公司

孙　立　中铁第四勘察设计院集团公司线站处副总工程师

海南省劳动模范

尹成虎　中铁十七局集团一公司项目经理

重庆市劳动模范

唐双林　中铁十一局集团五公司

张甫贤　中铁十七局集团四公司副总经济师兼项目经理

【省(直辖市)劳动奖章获得者】

北京市首都劳动奖章获得者

董　梁　中铁十六局集团公司沪昆铁路客运专线江西段项目经理部常务副经理

史英俊　中铁十六局集团地铁公司副总经理

罗生宏　中铁十六局集团公司宁夏工程指挥部指挥长

天津市五一劳动奖章获得者

张志刚　中铁十三局集团六公司第一指挥部经理

湖北省五一劳动奖章获得者

冯先超　中铁十一局集团公司

卞圣洲　中铁十一局集团一公司总经理

余振东　中铁十一局集团六公司党委书记

雷泽鸿　中铁十一局集团城市轨道公司副总经理

胡仕华　中铁十一局集团桥梁公司党委书记

蒋再秋　中铁第四勘察设计院集团公司董事长

杨艳丽　中铁第四勘察设计院集团公司线站处轨道所副所长

山西省五一劳动奖章获得者

祁玺剑　中铁十二局集团公司副总经理、中南部铁路通道项目经理部项目经理

霍玉华　中铁十二局集团公司副总经理、大西铁路客运专线工程指挥部指挥长

申景涛　中铁十二局集团公司总经理助理、山西

经营部部长

黄明玉　中铁十二局集团公司副总经济师、云贵工程指挥部指挥长

程庆海　中铁十二局集团电气化公司董事长、总经理

田国锐　中铁十二局集团二公司测量队副队长

董国亮　中铁十二局集团三公司京石铁路项目经理部总工程师

张建新　中铁十二局集团大西铁路客运专线工程指挥部副指挥

杨英勃　中铁十二局集团一公司大西铁路客运专线第一项目经理部项目经理

王立军　中铁十二局集团一公司大西铁路客运专线襄汾制梁场项目经理

张志军　中铁十二局集团三公司大西铁路客运专线第十项目经理部项目经理

侯　刚　中铁十二局集团三公司大西铁路客运专线第十一项目经理部项目经理

乔　明　中铁十二局集团四公司大西铁路客运专线第八项目经理部项目经理

吴有才　中铁十二局集团四公司大西铁路客运专线新绛制梁场项目经理

孙中林　中铁十七局集团公司副总经理

唐广胜　中铁十七局集团五公司党委书记

唐波涛　中铁十七局集团一公司常务副总经理

卢　朋　中铁十七局集团公司总经理

王　平　中铁十七局集团三公司咸阳机场项目总工程师

寇东兰　中铁十七局集团六公司工人

张智勇　中铁十七局集团三公司副总经济师

云南省五一劳动奖章获得者

马云昆　昆明中铁大型养路机械集团公司

【其他荣誉获得者】

全国企业文化建设十大典范人物

段东明　中铁十七局集团公司党委书记、董事长

全国企业文化建设先进工作者

戈传来　中铁十七局集团公司项目经理

李炜强　中铁十七局集团公司党委宣传部科长

张天国　中铁十七局集团四公司党委宣传部部长

唐广胜　中铁十七局集团五公司党委书记

郑　力　中铁十七局集团六公司党委书记

黄祖勇　中铁十七局集团上海轨道交通公司党委书记、执行董事

武有根　中铁十七局集团上海轨道交通公司总经理

郑玉宇　中铁十七局集团上海轨道交通公司党委副书记

山西省十大杰出女职工、山西省五一巾帼标兵、山西省三八红旗手

寇东兰　中铁十八局集团六公司工人

陕西省先进工作者

赵永红　中铁第一勘察设计院集团公司线运处副总工程师

云南省优秀共产党员

任延军　昆明中铁大型养路机械集团公司

中国工程监理行业优秀总监理工程师

刘三友　北京铁城建设监理公司项目管理部经理

中国工程监理行业优秀监理工程师

陈如意　北京铁城建设监理公司山西兴保铁路项目管理部总监理工程师

2012 年 11 月 16 日，中国铁建 2012 年房地产工作会暨项目观摩会在南宁召开。 （张 恒 提供）

统计资料

特载 | 大事记 | 概况 | 董事会工作 | 工程施工 | 海外经营 境外工程 | 经营管理 | 综合管理 | 科技管理 | 党的工作 | 工会 共青团 | 所属单位 | 人物 | 统计资料 | 文献辑要 | 附录

本栏责任编辑 **杨启燕**

中国铁建系统新签合同额完成情况排名

（2012 年度）

排 名	单　　位	新签合同额（万元）
1	中铁物资集团有限公司	7558222
2	中铁建设集团有限公司	7165364
3	中铁十二局集团有限公司	6162916
4	中铁十一局集团有限公司	5680672
5	中铁十六局集团有限公司	4778404
6	中铁十八局集团有限公司	4774464
7	中国土木工程集团有限公司	4657089
8	中铁十九局集团有限公司	4537411
9	中铁十四局集团有限公司	4162049
10	中铁十七局集团有限公司	4143178
11	中铁二十局集团有限公司	3586554
12	中铁十三局集团有限公司	3317069
13	中铁十五局集团有限公司	3269679
14	中铁二十二局集团有限公司	3125888
15	中国铁建投资有限公司	2578269
16	中铁二十一局集团有限公司	2448774
17	中铁二十四局集团有限公司	2293689
18	中铁二十五局集团有限公司	2132801
19	中铁二十三局集团有限公司	1791879
20	中国铁建电气化局集团有限公司	1628377
21	中国铁建房地产集团有限公司	1608501
22	中国铁建港航局集团有限公司	1206000
23	中铁建中非建设有限公司	372041
24	中铁第四勘察设计院集团有限公司	365768
25	中国铁建重工集团有限公司	333211
26	中铁第一勘察设计院集团有限公司	306556
27	昆明中铁大型养路机械集团有限公司	280189
28	中铁第五勘察设计院集团有限公司	171768
29	中铁上海设计院集团有限公司	81121
30	北京铁城建设监理有限责任公司	35428
31	诚合保险经纪有限责任公司	7125

制表：荆彩萍

中国铁建系统企业总产值完成情况排名

（2012 年度）

排名	单　　位	完成企业总产值（万元）
1	中铁物资集团有限公司	4055480
2	中铁十二局集团有限公司	3926218
3	中铁十一局集团有限公司	3209865
4	中铁十七局集团有限公司	3084630
5	中铁十八局集团有限公司	3044416
6	中铁十六局集团有限公司	2862696
7	中铁建设集团有限公司	2771863
8	中铁十九局集团有限公司	2768830
9	中铁十四局集团有限公司	2722109
10	中铁十五局集团有限公司	2702980
11	中铁十三局集团有限公司	2651898
12	中铁二十局集团有限公司	2314325
13	中铁二十二局集团有限公司	1844372
14	中铁二十一局集团有限公司	1750242
15	中铁二十四局集团有限公司	1578123
16	中国铁建房地产集团有限公司	1427251
17	中铁二十五局集团有限公司	1424564
18	中铁二十三局集团有限公司	1319877
19	中国铁建电气化局集团有限公司	1203210
20	中国土木工程集团有限公司	1118948
21	中国铁建港航局集团有限公司	500849
22	昆明中铁大型养路机械集团有限公司	320433
23	中国铁建投资有限公司	306057
24	中国铁建重工集团有限公司	302983
25	中铁第四勘察设计院集团有限公司	282924
26	中铁第一勘察设计院集团有限公司	223808
27	中铁第五勘察设计院集团有限公司	127703
28	中铁上海设计院集团有限公司	70835
29	中铁建中非建设有限公司	51962
30	中国铁建财务有限公司	34126
31	中国铁建国际集团有限公司	28382
32	北京铁城建设监理有限责任公司	23078
33	中铁建（北京）商务管理有限公司	18407
34	诚合保险经纪有限责任公司	7124
35	中国铁建股份有限公司北京培训中心	2303

制表：荆彩萍

中国铁建系统新签合同额完成情况统计

（2012 年度）

单位：万元

类别 数量 单位	年度计划	完成	其中						其中：海外	完成年度计划（%）	2011 年同期完成	同比增长（%）
			工程承包	勘察设计咨询	工业制造	物资贸易	房地产开发	其他				
合计	55005300	78933690	66034301	818139	1028077	8804974	2116461	131737	7334066	143.5	68117854	15.9
中国土木工程集团有限公司	2900000	4657089	4465790	29006		100659		61634	4253342	160.6	5481015	-15.0
中铁十一局集团有限公司	2900000	5680672	5448525		69703	155281	7163		39083	195.9	3860692	47.1
中铁十二局集团有限公司	2900000	6162916	6095444			67472			599201	212.5	3137489	96.4
中铁十三局集团有限公司	2600000	3317069	3306633	5938		550		3948	161268	127.6	3423551	-3.1
中铁十四局集团有限公司	2600000	4162049	4004304				157745		574547	160.1	3588632	16.0
中铁十五局集团有限公司	2900000	3269679	3180730			88949			382728	112.7	4545164	-28.1
中铁十六局集团有限公司	2900000	4778404	4754306			24098				164.8	3791513	26.0
中铁十七局集团有限公司	2900000	4143178	4100909	1453		40816			404693	142.9	3826443	8.3
中铁十八局集团有限公司	2600000	4774464	4752964	1500			20000		795240	183.6	3581146	33.3
中铁十九局集团有限公司	2900000	4537411	4522531					14880		156.5	4527605	0.2
中铁二十局集团有限公司	2600000	3586554	3359977		45509	144737		36331	545858	137.9	2531142	41.7
中铁二十一局集团有限公司	1700000	2448774	2313173		16601		119000		97044	144.0	2013568	21.6
中铁二十二局集团有限公司	1700000	3125888	3125888						150000	183.9	1896871	64.8
中铁二十三局集团有限公司	1700000	1791879	1656512		135367					105.4	2038218	-12.1
中铁二十四局集团有限公司	1700000	2293689	2238009		55681				90510	134.9	1254176	82.9
中铁二十五局集团有限公司	1700000	2132801	2132801						33000	125.5	2854810	-25.3
中铁建设集团有限公司	3100000	7165364	6560707	1483		550100	53074		931	231.1	6569895	9.1
中国铁建电气化局集团有限公司	1400000	1628377	1530713	7363	82708			7593	60	116.3	867673	87.7
中国铁建港航局集团有限公司	2000000	1206000	1206000							60.3	201031	499.9
中国铁建房地产集团有限公司	1200000	1608501					1608501			134.0	1178251	36.5
中铁第一勘察设计院集团有限公司	200000	306556	57993	248563					18100	153.3	300355	2.1
中铁第四勘察设计院集团有限公司	320000	365768	76874	288894					2619	114.3	336758	8.6
中铁第五勘察设计院集团有限公司	170000	171768	24571	137862	9107			227	1225	101.0	155391	10.5
中铁上海设计院集团有限公司	80000	81121	22459	58662					932	101.4	97182	-16.5
中铁物资集团有限公司	2900000	7558222				7558222			22695	260.6	5049677	49.7
昆明中铁大型养路机械集团有限公司	280000	280189			280189					100.1	250111	12.0
中国铁建重工集团有限公司	320000	333211			333211				8870	104.1	386257	-13.7
中国铁建国际集团有限公司	2223300											
北京铁城建设监理有限责任公司	25000	35428		35428						141.7	32165	
中国铁建投资有限公司	1220000	2578269						2578269		211.3		
中铁建中非建设有限公司	360000	372041	295963	1988		74090			299858	103.3	145592	155.5
诚合保险经纪有限责任公司	7000	7125						7125		101.8	5700	25.0

注：中国铁建投资有限公司 2012 年新签合同额未计入总额。

制表：荆彩萍

中国铁建系统工程承包业务新签合同额按类别分完成情况统计

（2012 年度）

单位：万元

单位 \ 数量 \ 类别	工程承包	其他							
		铁路	公路	房屋建筑	城市轨道地铁	市政	水利电力	机场码头	其他工程
总计	66034301	17200288	13209243	15595296	6192057	7864205	2283389	206497	3483326
中国土木工程集团有限公司	4465790	2173403	888691	597536	607918	132923	67	57285	7968
中铁十一局集团有限公司	5448525	1285199	1640834	704491	880155	322093	80939	20820	513994
中铁十二局集团有限公司	6095444	2345243	1262095	782430	215731	475156	152885	12473	849431
中铁十三局集团有限公司	3306633	552212	890769	339119	503329	811745	172698		36761
中铁十四局集团有限公司	4004304	843506	1223838	641402	468171	582029	170080	5862	69416
中铁十五局集团有限公司	3180730	434992	900032	773308	57724	909122	63750		41802
中铁十六局集团有限公司	4754306	1054548	800917	1072364	939192	805770	69766	1889	9861
中铁十七局集团有限公司	4100909	1663588	743276	729526	591609	179832	109392		83686
中铁十八局集团有限公司	4752964	1146605	714625	860527	562941	1054482	319310		94474
中铁十九局集团有限公司	4522531	870140	975348	656708	345652	125498	188709	13529	1346947
中铁二十局集团有限公司	3359977	1575372	811143	236822	146241	290008	48594		251797
中铁二十一局集团有限公司	2313173	1299843	163040	601289	42439	93796	98906		13860
中铁二十二局集团有限公司	3125888	550776	479813	179200	155738	283334	44353		1432675
中铁二十三局集团有限公司	1656512	195505	587758	312823	179112	199979	47776		133559
中铁二十四局集团有限公司	2238009	536623	317964	317087	98859	906608	3391		57476
中铁二十五局集团有限公司	2132801	411714	94683	547682	181456	704055	178098	12500	2613
中铁建设集团有限公司	6560707	256808		6251415		52484			
中国铁建电气化局集团有限公司	1530713	1234080	40052	7419	167397	813	13731		67221
中国铁建港航局集团有限公司	1206000	9276	523771	16765	74925		533587	45695	1982
中铁第一勘察设计院集团有限公司	57993	57642		351					
中铁第四勘察设计院集团有限公司	76874	29048	20000			27826			
中铁第五勘察设计院集团有限公司	24571	24571							
中铁上海设计院集团有限公司	22459	11898				9080			1481
中铁建中非建设有限公司	295963	69300	168364	2954			12600	36445	6300
中国铁建股份有限公司	369682				369682				

制表：荆彩萍

中国铁建系统企业总产值完成情况统计

（2012 年度）

单位：万元

单位	年度计划	企业总产值 完成	其中：施工产值	其中：勘察设计咨询	其中：工业制造	其中：物资贸易	其中：房地产开发	其中：其他营业收入	其中：海外	完成年度计划（%）	2011 年同期完成	同比增长（%）
合计	43108550	50082871	41172635	739012	960657	4839075	1732943	638549	2165522	116.2	45982309	8.9
中国土木工程集团有限公司	1100000	1118948	952494	7010		69475		89969	868671	101.7	719244	55.6
中铁十一局集团有限公司	2400000	3209865	3187247		18368		1760	2490	26244	133.7	2850832	12.6
中铁十二局集团有限公司	2600000	3926218	3874966		125	34826		16301	141138	151.0	3459817	13.5
中铁十三局集团有限公司	2400000	2651898	2637122	3030		550	7834	3362	13639	110.5	2679988	-1.0
中铁十四局集团有限公司	2400000	2722109	2577458		74651		70000		124957	113.4	2759533	-1.4
中铁十五局集团有限公司	2600000	2702980	2625141		36110	3830	14511	23388	88865	104.0	2811263	-3.9
中铁十六局集团有限公司	2600000	2862696	2833389		1719		11281	16307		110.1	2829777	1.2
中铁十七局集团有限公司	2600000	3084630	2987807			82462		14361	80933	118.6	3313600	-6.9
中铁十八局集团有限公司	2600000	3044416	3032448	1520	7184			3264	274209	117.1	3043278	
中铁十九局集团有限公司	2600000	2768830	2768830						27097	106.5	2488340	11.3
中铁二十局集团有限公司	2000000	2314325	2184086		15509	61538	36331	16861	260488	115.7	2459100	-5.9
中铁二十一局集团有限公司	1500000	1750242	1651871		19142		75000	4229		116.7	1681857	4.1
中铁二十二局集团有限公司	1500000	1844372	1738993			1373	65940	38066		123.0	1659023	11.2
中铁二十三局集团有限公司	1300000	1319877	1234920		84686			271	94722	101.5	1552735	-15.0
中铁二十四局集团有限公司	1300000	1578123	1543409		15040	8155		11519	25659	121.4	1573889	0.3
中铁二十五局集团有限公司	1300000	1424564	1389983			24223	200	10158	1000	109.6	1208559	17.9
中铁建设集团有限公司	3000000	2771863	2265480	295		473130	28122	4836	33640	92.4	2419309	14.6
中国铁建电气化局集团有限公司	1100000	1203210	1139098	2000	55984	607		5521	20000	109.4	1410179	-14.7
中国铁建港航局集团有限公司	520000	500849	500849							96.3		
中国铁建房地产集团有限公司	1200000	1427251					1421964	5287		118.9	1144577	24.7
中铁第一勘察设计院集团有限公司	180000	223808		223808					3724	124.3	300766	-25.6
中铁第四勘察设计院集团有限公司	280000	282924		282924					2269	101.0	321270	-11.9
中铁第五勘察设计院集团有限公司	140000	127703		118980	8723				1200	91.2	123853	3.1
中铁上海设计院集团有限公司	70000	70835		70835						101.2	95879	-26.1
中铁物资集团有限公司	2600000	4055480				4055480			37947	156.0	2420529	67.5
昆明中铁大型养路机械集团有限公司	320000	320433			320433					100.1	350376	-8.5
中国铁建重工集团有限公司	280000	302983			302983					108.2	219821	37.8
中国铁建国际集团有限公司	85850	28382	15541	5532		2967		4342	5905	33.1	2837	900.4
北京铁城建设监理有限责任公司	20000	23078		23078						115.4	26181	-11.9
中国铁建投资有限公司	420000	306057						306057		72.9		
中国铁建财务有限公司		34126						34126				
中铁建中非建设有限公司	70000	51962	31503			20459			33215	74.2	31887	63.0
诚合保险经纪有限责任公司	7000	7124						7124		101.8	5700	25.0
中铁建（北京）商务管理有限公司	14000	18407						18407		131.5	16418	12.1
中国铁建股份有限公司北京培训中心	1700	2303						2303		135.5	1892	21.7

制表：荆彩萍

中国铁建系统施工单位建筑业总产值按构成分完成情况统计

（2012 年度）

单位：万元

单位	建筑业总产值	其中		按构成分			
		装饰装修产值	在外省完成的产值	建筑工程产值	安装工程产值	设备工器具产值	其他产值
合计	41172635	169102	31794999	39930085	395285	228493	618772
中国土木工程集团有限公司	952494			881097	10097		61300
中铁十一局集团有限公司	3187247		2829164	3156602	884		29761
中铁十二局集团有限公司	3874966	36500	2907054	3700728	39046	122038	13154
中铁十三局集团有限公司	2637122		2564187	2596483	40639		
中铁十四局集团有限公司	2577458		2231956	2459297	50050	50	68061
中铁十五局集团有限公司	2625141	590	2014168	2611790	2461	18	10872
中铁十六局集团有限公司	2833389	457	2625098	2796323	124		36942
中铁十七局集团有限公司	2987807	17310	2656899	2944008	15544		28255
中铁十八局集团有限公司	3032448	1611		2992299	14825	350	24974
中铁十九局集团有限公司	2768830	1221	2662762	2755322	9886		3622
中铁二十局集团有限公司	2184086		1660788	2146636	37267		183
中铁二十一局集团有限公司	1651871		1410269	1607764	8872	8801	26434
中铁二十二局集团有限公司	1738993		1677331	1691514	8495	20790	18194
中铁二十三局集团有限公司	1234920		1229469	1229469	5451		
中铁二十四局集团有限公司	1543409	3217	1416236	1480950	55989		6470
中铁二十五局集团有限公司	1389983		1113737	1389983			
中铁建设集团有限公司	2265480	108196	1493278	2242740	14294		8446
中国铁建电气化局集团有限公司	1139098		1119188	699187	81361	76446	282104
中国铁建港航局集团有限公司	500849		183415	500849			
中国铁建国际集团有限公司	15541			15541			
中铁建中非建设有限公司	31503			31503			

制表：荆彩萍

中国铁建系统施工单位建筑业总产值按类别分完成情况统计

（2012 年度）

单位：万元

单位	建筑业总产值	其中											
		铁路	公路	房屋建筑	市政	城市轨道地铁	铁路四电	水利	电力	机场	矿山	港口与航道	其他
合计	41172635	18327185	8702725	5302899	2950790	2833435	908525	663830	202167	40380	393814	300801	546084
中国土木工程集团有限公司	952494	316918	315754	118468	27904	135905				5645		28133	3767
中铁十一局集团有限公司	3187247	1298241	737336	324843	102856	624182	43756	19081					36952
中铁十二局集团有限公司	3874966	2088124	930202	401774	111757	164425	65286	28582	16090	2032			66694
中铁十三局集团有限公司	2637122	894314	634198	248258	400458	316423	11245	119822	10955				1449
中铁十四局集团有限公司	2577458	1051066	704524	207696	159099	241284	11625	67088	46751		32231	19566	36528
中铁十五局集团有限公司	2625141	761216	1210677	176987	368164	42523		39698	1804	4603	2163		17306
中铁十六局集团有限公司	2833389	1309212	685520	244238	223502	245571	5927	82132		25500			11787
中铁十七局集团有限公司	2987807	1697773	792748	197151	27793	171763	11666	42780	9287		24001		12845
中铁十八局集团有限公司	3032448	963043	534673	414578	560020	344210		125213	32399		770		57542
中铁十九局集团有限公司	2768830	1515132	332653	106488	38134	236213	20835	51328	46057	2400	307274	6497	105819
中铁二十局集团有限公司	2184086	1398342	481367	102751	101427	21473	13138	13183			10		52395
中铁二十一局集团有限公司	1651871	1016399	249440	258144	31277	43528	36485	13772	1128	200	1373		125
中铁二十二局集团有限公司	1738993	939066	252418	165631	203719	48012	28075	20357	27425		1036		53254
中铁二十三局集团有限公司	1234920	748071	274583	59298	35279	58303	11674	21128	2624		9050	4112	10798
中铁二十四局集团有限公司	1543409	764976	224056	111565	353857	28797	19597	17311			15906		7344
中铁二十五局集团有限公司	1389983	967267	124485	131682	117039	41613		2355					5542
中铁建设集团有限公司	2265480	174699		2016473	71508								2800
中国铁建电气化局集团有限公司	1139098	343015	28492	2073	1705	69210	629216		7647				57740
中国铁建港航局集团有限公司	500849	79103	173173	14801								228375	5397
中国铁建国际集团有限公司	15541	1208	14333										
中铁建中非建设有限公司	31503		2093		15292							14118	

制表：荆彩萍

中国铁建系统施工单位建筑业总产值按地域分完成情况统计(一)

(2012 年度)

单位:万元

单　　位	合　计	北京市	天津市	河北省	山西省	内蒙古自治区	辽宁省	吉林省	黑龙江省	上海市	江苏省	浙江省
合　　计	13580164	1691166	1053058	1750283	2636164	1207297	954320	630404	1285866	279434	1020658	1071514
中国土木工程集团有限公司	21990	450			1174							20366
中铁十一局集团有限公司	913879	70827	13357	140238	156115	82191	28497	99837	35281	54664	108547	124325
中铁十二局集团有限公司	1484039	104566	4247	138298	967912	42801	45029	97602	49262		27673	6649
中铁十三局集团有限公司	1110148	57730	72935	38478	41860	65708	257494	77546	380660	11026	40773	65938
中铁十四局集团有限公司	655522	124789	14701	132406	85870	40169	14593	2658	5857	12974	217952	3553
中铁十五局集团有限公司	732916	5918	35243	123794	273236	52297	44522		50928	18850	83577	44551
中铁十六局集团有限公司	1004070	208291	181463	158754	83334	138265	1102		103138	8614	34186	86923
中铁十七局集团有限公司	1040436	12592		255164	330908	69161	4429			2810	108614	256758
中铁十八局集团有限公司	1097620	123021	528960	107006	109082	38769	72053	27155	1172	21652	68750	
中铁十九局集团有限公司	1312113	106068	5116	44012	93928	343310	348220	135424	40073	5672	65241	125049
中铁二十局集团有限公司	346895	13252	8269	17263	63049	63482	11916		101422	11747	45821	10674
中铁二十一局集团有限公司	213078	14023	847	87753	26309	82725	1230				9	182
中铁二十二局集团有限公司	901805	61662	66565	141312	31701	39022	36358	136379	353938	4132		30736
中铁二十三局集团有限公司	244542		99		6624	42352	5741	12365	144578	5430	27353	
中铁二十四局集团有限公司	524326	17640	15	6929	71355	42104	1526			101514	102904	180339
中铁二十五局集团有限公司	168294	11865	3		117965	30546	－78	7993				
中铁建设集团有限公司	1339921	738562	60247	192527	146145		25027	24073	18995		89258	45087
中国铁建电气化局集团有限公司	392861	19910	4708	166349	28075	34395	56661	9372	562	20349		52480
中国铁建港航局集团有限公司	75709		56283		1522							17904
中国铁建国际集团有限公司												
中铁建中非建设有限公司												

制表:荆彩萍

中国铁建系统施工单位建筑业总产值按地域分完成情况统计(二)

(2012 年度)

单位:万元

单位	福建省	江西省	山东省	河南省	湖北省	湖南省	广东省	广西壮族自治区	海南省	重庆市	四川省
合计	2203266	1512573	1374675	1362826	1052963	1903001	1990913	1848881	148240	1251767	1371697
中国土木工程集团有限公司			2426				62676				
中铁十一局集团有限公司	94993	170587	25106	51507	331839	138276	194941	32455	4096	231682	135823
中铁十二局集团有限公司	231668	16190	95226	13605	41197	334728	181624	161338	26480	203325	75139
中铁十三局集团有限公司	38463	187934	828	41686	65288	30189	83149	99782		50523	116387
中铁十四局集团有限公司	182127	21571	345502	1797	29455	207959	100654	147023		24292	238562
中铁十五局集团有限公司	203288	151477	8721	610973	44507	71149	137107	1359		56178	108361
中铁十六局集团有限公司	200033	220411	120356	55982	40682	315068	82257	57361	4373	68023	153663
中铁十七局集团有限公司	355037	61843	225904	115665	168122	175990	44004	19832		96054	55790
中铁十八局集团有限公司	104329	84969	54707	59625	139267	34562	94669	123527	3100	145418	165560
中铁十九局集团有限公司	60539	302903	49792	19568	22556	15293	55681	149049		39469	43007
中铁二十局集团有限公司	6535	1750	170628	28733	12792	140968	84585	212190	298	18920	39297
中铁二十一局集团有限公司	20875	1194	110085	105336		300	26140			19191	13335
中铁二十二局集团有限公司	225390	8112	33243	34505	5839	11124	99346	82877		47049	16018
中铁二十三局集团有限公司	35898	27108	27850	1357	39121	61521	58030	198680		148717	70889
中铁二十四局集团有限公司	270168	114031	14954	34975	120	10131	3995	16493	22	16385	66402
中铁二十五局集团有限公司	9495	94426	41701	5410		296942	276246	272732	11314	39794	20694
中铁建设集团有限公司	20799	38259	46887	110095	12130	49775	83114	56905	97944	22251	16789
中国铁建电气化局集团有限公司	78499	9808	759	72007	99423	440	5261	194958		21095	30943
中国铁建港航局集团有限公司	65130				625	8586	317434	22320	613	3401	5038
中国铁建国际集团有限公司											
中铁建中非建设有限公司											

制表:荆彩萍

中国铁建系统施工单位建筑业总产值按地域分完成情况统计(三)

(2012 年度)

单位:万元

单　　位	贵州省	云南省	西藏自治区	陕西省	甘肃省	青海省	安徽省	宁夏回族自治区	新疆维吾尔自治区	澳门特别行政区	香港特别行政区	海外
合　　计	1662967	1319525	226891	1677283	1073319	637678	1135193	194833	1492499	15338	28173	2107970
中国土木工程集团有限公司										15338	134	849930
中铁十一局集团有限公司	120269	167639		120497	96809	46092	95797	20713	168003			26244
中铁十二局集团有限公司	111729	150952	80836	143665	77122	33032	104808	19794	150132			138337
中铁十三局集团有限公司	114386	23723		24638	125515	63298	292395	37559	117592			13639
中铁十四局集团有限公司	89012	37472		53322	6831	16137	75582	12312	205163			127163
中铁十五局集团有限公司	38895	36555	1800	92744	39983	9466	50534	16034	96190		28039	88865
中铁十六局集团有限公司	77420	187932		13978	63767	51259	47702	21152	47900			
中铁十七局集团有限公司	156857	72161	24577	131468	133253	1354	19885		8642			80933
中铁十八局集团有限公司	74198	136822		197096	50123	126423	7651	12972	45601			274209
中铁十九局集团有限公司	9843	186637	50833	138521	137477	23704	19500	6838	98410			27097
中铁二十局集团有限公司	195034	135831		262810	82889	49815	8375	2772	122481			260488
中铁二十一局集团有限公司	152629	4398	68845	177954	241602	205521		41323	250065			
中铁二十二局集团有限公司	151531	33244		39671	2309	5269	29664	2704	9293			
中铁二十三局集团有限公司	137010	18011			3229	5808			62427			94722
中铁二十四局集团有限公司	90162	31737		6383			288349		29117			25659
中铁二十五局集团有限公司	71814	48054		8390	4088		17931	660	1998			
中铁建设集团有限公司	69170	40504		151040			76257					33640
中国铁建电气化局集团有限公司	3008	6292		115106	8322	500	331		79485			20000
中国铁建港航局集团有限公司		1561					432					
中国铁建国际集团有限公司												15541
中铁建中非建设有限公司												31503

制表:荆彩萍

中国铁建系统施工单位主要实物工程量完成情况统计(一)

(2012 年度)

指标名称	计量单位	合　计	中土集团	十一局	十二局	十三局	十四局	十五局	十六局	十七局	十八局	十九局
土石方	万立方米	73643	1107	7546	6716	7573	5350	7900	5391	7690	3934	20437
隧道	折合米	989467	6339	98609	183389	77365	94639	83736	101532	143596	106363	93899
施工座数	座	1804	1	230	317	134	152	193	152	246	187	193
桥梁	折合米	884376	2166	109956	109732	115651	86309	112634	108438	116346	51059	72086
施工座数	座	6092	20	856	564	630	567	600	1001	881	393	580
其中:特大桥	折合米	208839		27642	21002	71964	17544	21579	7063	25591	4779	11674
其中:大中桥	折合米	484374	1191	60863	80196	37770	43189	72146	51964	61281	27361	48413
其中:立交、高架桥	折合米	65399	280	14751		6037	6745	15706	10126	4713	5316	1725
铁路正线铺轨	公里	2961	493	553	79	82	290	217	9	1131	35	72
其中:高速	公里	1241	68	26			275			872		
铁路站线铺轨	公里	406	1	75	16	2	76	97	45	38	6	50
铺道岔	组	996	5	342		57	104	188	8	151	18	123
铁路架梁	孔	21707	86	3568	3543	3291	1304	2150	1619	2871	1189	2087
铁路制梁	片	31800	425	4494	4610	3147	2897	2762	2913	6439	1406	2707
铁路无砟轨道	公里	427		112	17	37	32	2	17	139	61	11
铁路机械化整道	公里	93	1				32		26	34		
地铁	折合米	424799		308068	8157	29430	16985	7258	18479	10816	9566	16040
轻轨	折合米	35070		33927			234					909
公路	折合公里	2210	171	282	175	393	242	311	117	166	208	145
其中:高速公路	公里	1399	19	244	75	326	183	145	69	130	68	140
其中:路面	平方米	59038567	1160963	13261977	5540000	11194750	12915237	9008399	1275601	721936	2428665	1531039
公路架梁	片	41712	245	6620	6452	5223	4865		4457	11367	1136	1347
通信线路	公里	1189		192	374	27	21	9	56	200		310
其中:光缆	公里	454			287					167		
通信设备	站	71		6			9			56		
自动闭塞	区间公里	9						9				
电器集中	联锁道岔	463		365		45						53
供电线路	公里	1281		314	328	199	3	11	11	163		252
接触网	条公里	838		333	291	16		5		179		14
牵引变电所	处	21		7		7				5	2	
变配电所	处	193		3		11				10		169

续表

指标名称	计量单位	合　计	中土集团	十一局	十二局	十三局	十四局	十五局	十六局	十七局	十八局	十九局
房屋建筑施工面积	平方米	25503353	73572	2818498	6982607	2862769	2149707	1271970	1331889	1641524	5131517	1239300
其中:2012 年新开工面积	平方米	11198963	26498	2084033	2469635	1275102	12960	352388	153059	1198742	2978506	648040
其中:实行投标承包面积	平方米	22592535	208967	2381347	6982607	2862769	10285	1271970	1331889	1502266	5131517	908918
其中:2012 年新开工面积	平方米	10995781	21541	1885129	2469635	1275102	4301	352388	153059	1210468	2978506	645652
其中:住宅	平方米	10401309		1836742		1560112	137343	320049	1037611	1069042	3902792	537618
房屋建筑竣工面积	平方米	4228364	2745	173749	856102	988877	435373	133800	336750	108514	1028577	163877
住宅房屋	平方米	2585603		5851	702814	499254	234042	46388	319312	72080	645862	60000
商业及服务用房屋	平方米	85750					63370	22380				
办公用房屋	平方米	156719	2745		42343	7843	22920	1090	8896	24846	46036	
科研、教育、医疗用房屋	平方米	214053			2467	15227	98393				97966	
文化、体育、娱乐用房屋	平方米	202766				104600	13176		2200		82790	
厂房及建筑物	平方米	559019			91000	242863		63091	6342		155723	
仓库	平方米											
其他未列明的房屋建筑物	平方米	424454		167898	17478	119090	3472	851		11588	200	103877
房建:其他未列明的房屋建筑物	平方米	95196		18077		4906	3472	851		11588	200	56102
铁路工程	平方米	21857			17478							4379
市政工程	平方米	1982				1982						
城市轨道	平方米	262023		149821		112202						
电力工程	平方米	43396										43396
码头	折合米											
护岸	折合米	500					500					
防波堤	折合米	4620						1620	3000			
挖泥	万立方米											

制表:荆彩萍

中国铁建系统施工单位主要实物工程量完成情况统计(二)

(2012 年度)

指标名称	计量单位	合计	二十局	二十一局	二十二局	二十三局	二十四局	二十五局	中铁建设	电气化局	港航局	国际公司	中非建设
土石方	万立方米	27680	8256	2671	6040	3567	3624	2170			1270	50	33
隧道	折合米	326111	82060	64031	56858	48733	43629	28710			1982	108	
施工座数	座	840	191	155	85	157	74	159			20		
桥梁	折合米	398647	98945	79809	60615	48417	44007	58610			8062	182	
施工座数	座	2956	659	667	225	460	298	575			72		
其中:特大桥	折合米	144890	26227	55975	21185	5896	14126	19582			1899		
其中:大中桥	折合米	187624	58605	18257	23718	31112	27003	26580			2349		
其中:立交、高架桥	折合米	42450	8691	1924	6601	978	14690	7362			2204		
铁路正线铺轨	公里	3055	849	620	519	250	248	570					
其中:高速	公里	572	3		399			170					
铁路站线铺轨	公里	339	73	54	78	67	18	49					
铺道岔	组	868	91	254	211	45	145	122					
铁路架梁	孔	9601	1129	1814	2196	1778	1318	1366					
铁路制梁	片	14872	1708	2620	2615	4056	1443	2383			47		
铁路无砟轨道	公里	334	6	78	69	139	29	14					
铁路机械化整道	公里	2666	221		2243	146	56						
地铁	折合米	22802	755	256	2627	2912	1515	1591		13146			
轻轨	折合米	58197				197	58000						
公路	折合公里	649	180	296	37	39	22	32			6	2	35
其中:高速公路	公里	275	98	103	2	18	15	32			5	2	
其中:路面	平方米	11554477	4875781	2787576	453440	1734087	285687	912872			1000	259034	245000
公路架梁	片	21155	8376	5058	760	3164	1892	1881				24	
通信线路	公里	5153	776	327	194	28	273	55		3500			
其中:光缆	公里	3579	42		10	16	161	54		3297			
通信设备	站	55			31	4				20			
自动闭塞	区间公里	2238	8	117	11	141	7	2		1952			
电器集中	联锁道岔	3573	52	421	8	238	120	297		2437			
供电线路	公里	5517	66	628	417	39	42	103		4223			
接触网	条公里	3415	17	195	50		54	4		3095			
牵引变电所	处	80	2	5	6					67			
变配电所	处	585	6	483	3	3	5			85			

续表

指标名称	计量单位	合计	二十局	二十一局	二十二局	二十三局	二十四局	二十五局	中铁建设	电气化局	港航局	国际公司	中非建设
房屋建筑施工面积	平方米	43655445	963344	2909446	1031571	673763	969520	2960768	34106510	10579	29944		
其中:2012 年新开工面积	平方米	13078271	664103	1075101	501563	97535	305509	1432472	8962572	9472	29944		
其中:实行投标承包面积	平方米	42384439	534342	2909446	953466	575614	305509	2960768	34106510	8840	29944		
其中:2012 年新开工面积	平方米	12727865	248871	1075101	471101	193897	305509	1432472	8962572	8398	29944		
其中:住宅	平方米	29929397	761691	645060	648934	462303	293200	1551037	25567172				
房屋建筑竣工面积	平方米	8156850	152030	821597	436117	171621	125311	464119	5978411	7644			
住宅房屋	平方米	6315785	136736	571553	246477	171621	45774	368893	4774731				
商业及服务用房屋	平方米	255430		122516	3585		19000	31159	79170				
办公用房屋	平方米	365152		34546	30340		21972	3062	275232				
科研、教育、医疗用房屋	平方米	341374		63766	108889		32403	10000	126316				
文化、体育、娱乐用房屋	平方米	54446							54446				
厂房及建筑物	平方米	107744			26196			13843	67705				
仓库	平方米	503		503									
其他未列明的房屋建筑物	平方米	716416	15294	28713	20630		6162	37162	600811	7644			
房建:其他未列明的房屋建筑物	平方米	52687		826			2064		49797				
铁路工程	平方米	643099	15294	27887			4098	37162	551014	7644			
市政工程	平方米												
城市轨道	平方米	20630			20630								
电力工程	平方米												
码头	折合米	410									410		
护岸	折合米	4177									4177		
防波堤	折合米	3869									3869		
挖泥	万立方米	1329									1329		

制表:荆彩萍

中国铁建勘察设计单位主要经济技术指标完成情况统计

（2012 年度）

单位 \ 数量类别	企业总产值（万元）									从业人员年末人数（人）			
	合计	其中：境外	勘察设计产值			技术咨询与技术转让产值	勘察设计延伸经营产值	工程承包产值	其他产值	合计	其中		
			合计	其中：建设项目产值	其中：三大部类产值						在岗职工	聘用人员	临时人员
合计	775956	7193	577896	527912	989	17570	6827	109081	3139	14415	10767	3648	
中铁第一勘察设计院集团有限公司	303217	3724	211376	210533	843	3814	25098	62929		4705	3945	760	
中铁第四勘察设计院集团有限公司	282924	2269	233171	233171		10324	15643	23786		5246	4146	1100	
中铁第五勘察设计院集团有限公司	118980	1200	84354	84208	146	2552	23098	8677	299	3285	1556	1729	
中铁上海设计院集团有限公司	70835		48995			880	4431	13689	2840	1179	1120	59	

续表

单位 \ 数量类别	专业技术人员年末人数（人）					生产人员年末人数（人）					注册执业年末人次数（人）						
	合计	其中：高级职务人员	其中：中级职务人员	其中：初级职务人员	其中：其他人员	合计	其中：勘察生产人员	其中：设计生产人员	其中：工程监理人员	其中：其他人员	合计	其中：一级注册建筑师	其中：二级注册建筑师	其中：一级注册结构工程师	其中：二级注册结构工程师	其中：其他注册工程师	其中：其他注册人员
合计	9274	3625	3649	1787	213	10598	1568	7442	969	619	2261	54	41	135	16	1988	27
中铁第一勘察设计院集团有限公司	3138	1329	1287	493	29	3084	742	1932	110	300	987	15	22	34	10	889	17
中铁第四勘察设计院集团有限公司	3705	1599	1430	676		4933	615	3389	728	201	731	20	5	62	1	638	5
中铁第五勘察设计院集团有限公司	1399	396	529	360	114	1556	110	1289	62	95	298	11	1	14	3	264	5
中铁上海设计院集团有限公司	1032	301	403	258	70	1025	101	832	69	23	245	8	13	25	2	197	

续表

类别 / 数量 / 单位	从业人员平均人数		完成主要实物量情况										
	合计	其中：勘察设计平均人数	工程地质（实钻米）	水文地质（实钻米）	工程物探（标准点）	预可行性研究铁路正线（公里）	初测铁路正线（公里）	可行性研究铁路正线（公里）	定测铁路正线（公里）	初步设计铁路正线（公里）	补充定测铁路正线（公里）	施工图铁路正线（公里）	线路（折算公里）
合　计	14344	9776	770199	6160	1641573	7702	3918	4994	2952	3073	1996	6308	4611
中铁第一勘察设计院集团有限公司	4708	3461	177103	5900	1175884	3497	1154	1392	864	1646	591	3018	1677
中铁第四勘察设计院集团有限公司	5194	3986	529296		351028	2884	1770	2637	1643	766	1375	973	1496
中铁第五勘察设计院集团有限公司	3252	1399	42096		106766	1200	873	950	430	600	30	2126	1065
中铁上海设计院集团有限公司	1190	930	21704	260	7895	121	121	15	15	61		191	373

制表：荆彩萍

中国铁建所属企业投资完成情况综合统计

（2012 年度）

数量 类别 / 单位	固定资产设备购置				固定资产信息化建设		固定资产建设项目	
	计划投资（万元）	计划数量（台）	实际投资（万元）	实际数量（台）	计划投资（万元）	实际投资（万元）	计划投资（万元）	实际投资（万元）
项目投资总规模	789650	8422			42911		358043	
其中：2012 年项目投资规模	789650	8422			42911		124075	
2012 年企业投资	789650	8422	335036	10524	19889	7054	124075	101826
中国土木工程集团有限公司	45895	620	28215	632	154	66		209
中铁十一局集团有限公司	74565	727	19565	426	326	68		
中铁十二局集团有限公司	15525	149	10936	159	234	101		
中铁十三局集团有限公司	19712	139	4759	225	732	55	12846	7421
中铁十四局集团有限公司	4448	101	4500	100	480	32		
中铁十五局集团有限公司	40167	420	9801	236	217	16		
中铁十六局集团有限公司	84054	236	4660	112	345	273	6078	440
中铁十七局集团有限公司	36591	119	25038	230	404	111	2697	
中铁十八局集团有限公司	16155	439	72953	286	459	103		142
中铁十九局集团有限公司	175296	445	34327	145	372	52		1938
中铁二十局集团有限公司	30660	211	8601	199	607	356	3500	1116
中铁二十一局集团有限公司	21305	183	8989	47	414	173		7700
中铁二十二局集团有限公司	28777	138	5884	176	473	24	13900	12642
中铁二十三局集团有限公司	12050	166	13046	164	274	117		
中铁二十四局集团有限公司	38250	114	3246	97	180	19	1182	547
中铁二十五局集团有限公司	24627	264	7325	304	324	90		9180
中铁建设集团有限公司	15280	260	4053	32	314	151	8090	8163
中国铁建电气化局集团有限公司	5247	184	1394	158	476	70	10514	9844
中国铁建港航局集团有限公司	69253	35	55257	96	772	166		
中国铁建房地产集团有限公司	2343	235	303	7	1401	376		
中铁第一勘察设计院集团有限公司	761	516	697	508	92	277	7679	2660
中铁第四勘察设计院集团有限公司	4933	1675	3849	1613	1762	1939	8000	16121
中铁第五勘察设计院集团有限公司	1584	150	1078	497	202	170	6100	
中铁上海设计院集团有限公司	812	367	288	225	516	26	150	69
中铁物资集团有限公司	5822	40	2310	2951	712	101	23823	15381
昆明中铁大型养路机械集团有限公司	5290	317	494	119	2286	722	16531	6295
中国铁建重工集团有限公司	4725	62	2938	755	1407	12	2755	1958
北京铁城建设监理有限责任公司	66	25	29	9	384	12		
中国铁建投资有限公司								
中国铁建财务有限公司						540		
中铁建中非建设有限公司	5457	85	501	16				
中铁建（北京）商务管理有限公司					5			
中国铁建股份有限公司北京培训中心					143		230	
中国铁建股份有限公司总部					3422	836		

续表

数量　类别 单位	资本运营项目		房地产		年度投资合计			完成年度计划(%)
	计划投资(万元)	实际投资(万元)	计划投资(万元)	实际投资(万元)	计划投资合计(万元)	其中:BT项目和房地产项目	实际投资合计(万元)	
项目投资总规模	14660753	15745280	12301315	16941838	28152672			
其中:2012 年项目投资规模	5416149	1033310	4043234	2131411	10416019			
2012 年企业投资	1764818	637792	2011529	1351480	4709961	2917688	2433188	51.66
中国土木工程集团有限公司	30250	10625		720	76299		39835	52.21
中铁十一局集团有限公司	50100	18600	6506	57996	131497		96229	73.18
中铁十二局集团有限公司	42700	23600		10729	58459		45366	77.60
中铁十三局集团有限公司			13000	40661	46290		52896	114.27
中铁十四局集团有限公司	35450	92819	2650	1479	43028		98830	229.69
中铁十五局集团有限公司	70723		17510	62119	128617		71936	55.93
中铁十六局集团有限公司		24803	16087	44025	106564		74201	69.63
中铁十七局集团有限公司	114553	12000	1000		155245		37149	23.93
中铁十八局集团有限公司	68805	40899	59880	24032	145299		138129	95.07
中铁十九局集团有限公司		70585			175668		106902	60.85
中铁二十局集团有限公司		16800	18834	19147	53601		46020	85.86
中铁二十一局集团有限公司		1800	112462	104837	134181		123499	92.04
中铁二十二局集团有限公司	21285	5000	49517	42611	113952		66161	58.06
中铁二十三局集团有限公司					12324		13163	106.81
中铁二十四局集团有限公司	17250	49000			56862		52812	92.88
中铁二十五局集团有限公司			6000	7345	30951		23940	77.35
中铁建设集团有限公司		4908	288948	68440	312632		85715	27.42
中国铁建电气化局集团有限公司					16237		11308	69.64
中国铁建港航局集团有限公司	40200				110225		55423	50.28
中国铁建房地产集团有限公司			566252	841829	569996		842508	147.81
中铁第一勘察设计院集团有限公司			2000	5344	10532		8978	85.24
中铁第四勘察设计院集团有限公司	46425		35154	20166	96274		42075	43.70
中铁第五勘察设计院集团有限公司					7886		1248	15.83
中铁上海设计院集团有限公司					1478		383	25.91
中铁物资集团有限公司	28885	61351			59242		79143	133.59
昆明中铁大型养路机械集团有限公司					24107		7511	31.16
中国铁建重工集团有限公司					8887		4908	55.23
北京铁城建设监理有限责任公司					450		41	9.11
中国铁建投资有限公司	656192	183505			656192		183505	27.97
中国铁建财务有限公司							540	
中铁建中非建设有限公司	78500	21497			83957		21998	26.20
中铁建(北京)商务管理有限公司					5			
中国铁建股份有限公司北京培训中心					373			
中国铁建股份有限公司总部	463500		815729		1282651		836	0.07

制表:邵洪博

中国铁建系统人员情况统计

（2012年度）

单位	从业人员年末人数	在岗职工	长期职工	临时职工	息工放假人员	其他从业人员	聘用离退休人员	零散外部劳务及其他人员	在岗职工和非在岗职工合计年末人数	非在岗职工年末人数	内部退养职工	长期病、休假及其他职工	其他非在岗人员	建制单位外部劳务人员年末人数	离休退休退职人员年末人数	离休人员	退休人员	退职人员
合计	282708	243628	238885	4743	11133	39080	1594	37486	288624	44996	34524	1409	9063	601300	78843	982	76094	1767
中国土木工程集团有限公司	3837	2923	2667	256		914	47	867	2937	14	8	6		285	452	30	422	
中铁十一局集团有限公司	12959	12959	12959		250				16301	3342	3288		54	63681	2947	10	2929	8
中铁十二局集团有限公司	15383	13065	13065		365	2318		2318	16935	3870	3375	287	208	76285	3097	1	3096	
中铁十三局集团有限公司	10793	10772	10382	390	459	21		21	13852	3080	2439	16	625	21365	1597	1	1468	128
中铁十四局集团有限公司	20911	13245	12893	352	404	7666	435	7231	17060	3815	2395	35	1385	19795	4711	16	4159	536
中铁十五局集团有限公司	20963	19108	19108		1987	1855	9	1846	23351	4243	2159	97	1987	30890	3494	228	3087	179
中铁十六局集团有限公司	25915	19321	19321		1260	6594	9	6585	21486	2165	1268	63	834	29015	3734	9	3582	143
中铁十七局集团有限公司	18343	18343	15502	2841	395				21331	2988	2988			41593	1432		1409	23
中铁十八局集团有限公司	17936	15277	15277		531	2659	1	2658	18263	2986	2964	22		46332	2548	1	2479	68
中铁十九局集团有限公司	14483	14483	14367	116	913				18452	3969	2909	113	947	36916	2625	5	2620	
中铁二十局集团有限公司	18961	17262	17262		225	1699	2	1697	19549	2287	1537	198	552	46967	2184	4	2005	175
中铁二十一局集团有限公司	11822	10650	10650		950	1172		1172	12967	2317	2189	91	37	32899	5663	57	5606	
中铁二十二局集团有限公司	10174	9633	9633		1081	541	9	532	10995	1362	208	126	1028	16299	3133	79	3034	20
中铁二十三局集团有限公司	10697	10534	10534		228	163	2	161	13191	2657	1411	222	1024	35794	4528	66	4307	155
中铁二十四局集团有限公司	12123	11246	11246		1498	877	165	712	12229	983	783	118	82	33276	13825	124	13656	45
中铁二十五局集团有限公司	9430	8008	7990	18	274	1422	69	1353	9381	1373	1315		58	2485	7573	67	7396	110
中铁建设集团有限公司	5689	5689	5689						5909	220	220			53169	271		271	
中国铁建电气化局集团有限公司	9405	8644	8642	2	313	761	108	653	9635	991	879	8	104	13467	729	2	727	
中国铁建港航局集团有限公司	1247	1086	1086			161	11	150	1111	25	25			303	1030	7	1023	
中国铁建房地产集团有限公司	2165	2102	2077	25		63	4	59	2102						1		1	
中铁第一勘察设计院集团有限公司	4767	2213	2213			2554	95	2459	3124	911	905	6			3741	94	3524	123
中铁第四勘察设计院集团有限公司	7661	4146	4146			3515	503	3012	4357	211	211				3485	93	3384	8
中铁第五勘察设计院集团有限公司	3285	1556	1556			1729	19	1710	1636	80	42		38		399	29	370	
中铁上海设计院集团有限公司	1179	1120	1120			59	41	18	1133	13	13				479	10	469	
中铁物资集团有限公司	2050	1821	1821			229	5	224	2108	287	222		65		589	5	577	7
昆明中铁大型养路机械集团有限公司	2386	1489	1489			897		897	1551	62	62				545	5	540	
中国铁建重工集团有限公司	4382	4128	4049	79		254	25	229	4735	607	572		35	456	3148	23	3086	39
中国铁建国际集团有限公司	407	407	120	287					407									
北京铁城建设监理有限责任公司	1589	1049	1016	33		540	1	539	1049						1		1	
中国铁建投资有限公司	317	292	250	42		25		25	292									
中国铁建财务有限公司	27	25	25			2	2		25									
中铁建中非建设有限公司	428	72	72			356		356	72					28				
诚合保险经纪有限责任公司	54	52	51	1		2		2	52									
中铁建（北京）商务管理有限公司	604	572	289	283		32	32		642	70	70				309		309	
中国铁建股份有限公司北京培训中心	51	51	33	18					56	5	4	1			26		26	
中国铁建股份有限公司机关	285	285	285						348	63	63				547	16	531	

制表：徐博华

中国铁建系统在岗职工和非在岗职工人数专项指标统计

（2012 年度）

数量 项目 单位	在岗职工和非在岗职工年末人数中专业技术人员	从事专业技术工作	从事专业技术管理工作	专业技术人员中		专业技术人员技术职务				从事专业技术管理工作之外的其他管理人员	年末人数按文化程度区分							
				工程技术人员	女性	初级职务	中级职务	高级职务	无技术职务		合计	初中以下	高中	技校	中专	大专	大学本科	研究生
合计	147099	107817	39282	97880	21883	74616	36769	18135	17579	9666	288624	52231	42368	17387	20916	64226	87349	4147
中国土木工程集团有限公司	981	591	390	669	58	299	337	304	41	1841	2937	209	324	54	69	792	1352	137
中铁十一局集团有限公司	9301	7949	1352	6913	1391	4803	2100	906	1492		16301	3475	2448	935	1148	2417	5807	71
中铁十二局集团有限公司	9295	6178	3117	5979	1413	4941	2662	1028	664		16935	3342	2829	670	1065	2010	6908	111
中铁十三局集团有限公司	6769	4013	2756	4912	972	2930	2129	940	770	311	13852	2119	2580	1314	842	2607	4332	58
中铁十四局集团有限公司	9126	6464	2662	6292	1310	4229	2746	1151	1000	1169	17060	3059	2144	669	1343	3823	5896	126
中铁十五局集团有限公司	9367	7043	2324	6040	1299	5514	2174	878	801	344	23351	4446	3482	2572	1580	6309	4862	100
中铁十六局集团有限公司	13304	10538	2766	7945	1979	6267	2227	1124	3686	1012	21486	4309	3681	1292	1413	4266	6349	176
中铁十七局集团有限公司	9702	6484	3218	5197	1338	5606	2292	859	945	278	21331	3044	3179	1104	2476	4604	6819	105
中铁十八局集团有限公司	10255	6185	4070	6767	1441	6120	2093	1141	901	359	18263	3245	2927	919	865	4539	5648	120
中铁十九局集团有限公司	7896	5896	2000	5097	1264	4159	1685	1154	898	655	18452	3399	2628	1086	1327	5339	4619	54
中铁二十局集团有限公司	9392	6867	2525	5579	1607	4806	2209	642	1735	462	19549	3225	2661	2729	1241	4973	4634	86
中铁二十一局集团有限公司	5679	5408	271	4019	1224	3621	1408	629	21		12967	2768	2578	641	809	3150	2974	47
中铁二十二局集团有限公司	6602	5622	980	4737	809	3641	1408	557	996	559	10995	2059	1450	493	616	3225	3075	77
中铁二十三局集团有限公司	6118	4444	1674	4161	1103	3766	1390	553	409	596	13191	2862	1661	1120	1141	3623	2733	51
中铁二十四局集团有限公司	5169	3687	1482	3898	441	2681	1807	436	245	381	12229	3973	2220	158	790	2335	2720	33
中铁二十五局集团有限公司	5291	3468	1823	3878	553	3229	1199	390	473	178	9381	1884	1496	157	592	2098	3129	25
中铁建设集团有限公司	3131	2652	479	2188	413	2273	615	243			5909	652	596	104	128	1179	3150	100
中国铁建电气化局集团有限公司	4061	2473	1588	2769	558	1830	823	687	721	213	9635	1341	1116	308	2215	2103	2454	98
中国铁建港航局集团有限公司	804	506	298	395	77	203	229	133	239	103	1111	40	73	37	57	225	625	54
中国铁建房地产集团有限公司	954	580	374	453	167	181	280	88	405	310	2102	196	177	49	151	664	762	103
中铁第一勘察设计院集团有限公司	2415	2249	166	2089	390	366	993	1045	11	10	3124	316	427		139	398	1499	345
中铁第四勘察设计院集团有限公司	3867	3214	653	3131	613	681	1473	1601	112	97	4357	171	160	93	190	527	2164	1052
中铁第五勘察设计院集团有限公司	1288	1120	168	1288	403	336	555	397		147	1636	1	49	57	95	104	980	350
中铁上海设计院集团有限公司	982	797	185	871	262	255	360	304	63		1133	51	44	5	29	133	717	154
中铁物资集团有限公司	962	461	501	141	170	597	152	94	119	369	2108	194	280	16	69	522	871	156
昆明中铁大型养路机械集团有限公司	688	525	163	424	115	198	265	106	119	49	1551	302	106	216	114	328	408	77
中国铁建重工集团有限公司	1440	742	698	642	229	760	369	91	220	75	4735	1284	785	483	260	1067	792	64
中国铁建国际集团有限公司	334	254	80	203	20	25	36	64	209	73	407	7	31	45	40	68	169	47
北京铁城建设监理有限责任公司	1049	975	74	1049	165	141	528	186	194		1049	36	69	8	56	563	297	20
中国铁建投资有限公司	248	217	31			33	67	148			292	4	6	13	15	40	169	45
中国铁建财务有限公司	25		25		11	7	8	5	5		25						16	9
中铁建中非建设有限公司	52	26	26	23		6	16	14	16	20	72		1	1	1	1	25	43
诚合保险经纪有限责任公司	30		30			5	14	6	5	22	52		2			13	35	2
中铁建（北京）商务管理有限公司	152	124	28	10	64	42	34	29	47	22	642	159	153	39	30	152	103	6
中国铁建股份有限公司北京培训中心	22	8	14	2	7	2	11	9		11	56	19	2		2	9	22	2
中国铁建股份有限公司机关	348	57	291	119	17	63	75	193	17		348	40	3		8	20	234	43

制表：徐博华

中国铁建系统劳动报酬、生活费情况统计

（2012 年度）

单位＼数量＼项目	从业人员劳动报酬总额（万元）	在岗职工工资总额（万元）	其他从业人员劳动报酬总额（万元）	在岗职工工资和非在岗职工生活费总额（万元）	非在岗职工生活费总额（万元）	建制单位外部劳务人员劳动报酬总额（万元）	从业人员人均劳动报酬（元）	在岗职工人均工资（元）	息工放假人员人均生活费（元）	其他从业人员人均劳动报酬（元）	在岗职工和非在岗职工人均工资（生活费）（元）	非在岗职工人均生活费（元）	内部退养职工（元）
合　计	1565812.8	1407413.6	158399.2	1486985.9	79572.3	2344821.0	55771	58634	10363	38898	52092	17520	19450
中国土木工程集团有限公司	52588.9	42747.4	9841.5	42787.4	40.0	3908.4	139641	149206		109229	148671	30769	28625
中铁十一局集团有限公司	66984.1	66984.1		71285.2	4301.1	205297.9	50254	50254	10670		42520	12518	12066
中铁十二局集团有限公司	94219.8	83231.3	10988.5	95706.5	12475.2	433271.4	62480	64822	6874	49056	56219	29816	30577
中铁十三局集团有限公司	60337.3	60223.5	113.8	64939.3	4715.8	75272.6	54202	54216	9883	47417	45355	14691	17062
中铁十四局集团有限公司	97447.4	68810.1	28637.3	74456.1	5646.0	75407.8	41100	48815	11053	29787	41519	14715	17758
中铁十五局集团有限公司	90647.8	84069.3	6578.5	88903.2	4833.9	94093.0	45403	46342	5906	36066	40615	12897	19384
中铁十六局集团有限公司	130381.1	109348.1	21033.0	113323.3	3975.2	114760.7	50766	58462	17805	30138	54511	19066	15558
中铁十七局集团有限公司	96605.6	96605.6		101116.1	4510.5	121325.9	52160	52160	11539		46887	14813	14813
中铁十八局集团有限公司	80713.8	73681.3	7032.5	78774.5	5093.2	186950.8	46742	49517	15677	29449	43829	16467	16546
中铁十九局集团有限公司	69811.6	69811.6		76242.9	6431.3	146335.6	48888	48888	4171		41759	16167	19586
中铁二十局集团有限公司	79207.7	73709.8	5497.9	77208.3	3498.5	117817.5	45907	47341	9182	32648	43552	16212	18234
中铁二十一局集团有限公司	59132.0	55390.5	3741.5	60409.0	5018.5	84133.2	50108	52478	11813	30028	46319	20179	21703
中铁二十二局集团有限公司	49931.5	47729.1	2202.4	49165.5	1436.4	41772.7	51359	52026	5251	40190	47288	11745	14805
中铁二十三局集团有限公司	31995.7	30786.7	1209.0	33728.4	2941.7	81101.1	28168	28067	5256	31000	24653	10847	15790
中铁二十四局集团有限公司	62572.1	58973.5	3598.6	60636.6	1663.1	117365.5	50657	51447	14028	40479	48355	15442	17143
中铁二十五局集团有限公司	53460.9	47905.5	5555.4	51217.3	3311.8	6392.5	56405	59636	13340	38446	53496	21491	21270
中铁建设集团有限公司	46774.5	46774.5		47398.8	624.3	401026.1	89847	89847			87114	26566	26566
中国铁建电气化局集团有限公司	56628.5	55179.1	1449.4	57095.3	1916.2	35749.4	60513	64013	13172	19640	59999	21386	21338
中国铁建港航局集团有限公司	7697.4	7199.6	497.8	7260.7	61.1	769.0	80265	89883		31506	87796	23500	23500
中国铁建房地产集团有限公司	21193.8	20924.5	269.3	20924.5			111370	112861		54959	112861		
中铁第一勘察设计院集团有限公司	49401.5	26410.8	22990.7	29143.4	2732.6		103806	119021		90515	91073	27855	27929
中铁第四勘察设计院集团有限公司	71416.5	59982.5	11434.0	61476.1	1493.6		97497	145166		35810	140324	59984	59984
中铁第五勘察设计院集团有限公司	29741.4	23082.5	6658.9	23410.2	327.7		97705	152159		43608	146314	39482	37571
中铁上海设计院集团有限公司	14314.5	13985.7	328.8	14031.3	45.6		120290	123987		53032	122866	32571	32571
中铁物资集团有限公司	19013.7	18291.5	722.2	19041.5	750.0		94267	102244		31675	91326	25338	25646
昆明中铁大型养路机械集团有限公司	21614.6	17400.0	4214.6	17567.2	167.2		93651	123932		46622	119505	25333	25333
中国铁建重工集团有限公司	16358.3	15937.3	421.0	16795.1	857.8	1830.7	36735	37892		17045	34946	14297	15107
中国铁建国际集团有限公司	4194.2	4194.2		4194.2			150330	150330			150330		
北京铁城建设监理有限责任公司	10190.7	7663.4	2527.3	7663.4			66693	76329		48231	76329		
中国铁建投资有限公司	3550.0	3434.4	115.6	3434.4			107903	111870		52545	111870		
中国铁建财务有限公司	415.7	393.3	22.4	393.3			153963	157320		112000	157320		
中铁建中非建设有限公司	2905.9	2359.2	546.7	2359.2		239.2	74130	337029		16978	337029		
诚合保险经纪有限责任公司	501.6	493.2	8.4	493.2			102367	104936		42000	104936		
中铁建(北京)商务管理有限公司	4375.5	4213.3	162.2	4578.3	365.0		73414	74704		50688	71536	48026	48026
中国铁建股份有限公司北京培训中心	858.1	858.1		880.2	22.1		168255	168255			157179	44200	50250
中国铁建股份有限公司机关	8629.1	8629.1		8946.0	316.9		303842	303842			257810	50302	50302

制表：徐博华

中国铁建股份有限公司干部基本情况统计

（2012 年度）

单位	总数（人）干部总数	其中：女	其中：少数民族	各类干部（人）局级	副局级	相当局级职务	处级	调研员	副处级	相当处级职务	科级	副科级	相当科级职务	科员、办事员	专职从事专业技术工作	学历（人）高等院校：研究生毕业	高等院校：大学本科毕业	高等院校：专科毕业	中专毕业	高中	初中以下	政治情况（人）共产党员	共青团员	民主党派	无党派	年龄（人）25岁以下	26岁至30岁	31岁至35岁	36岁至40岁	41岁至45岁	46岁至50岁	51岁至54岁	55岁至59岁：计	55岁至59岁：女	60岁以上
总部机关	296	68	8	53	35		60		6					142		43	230	23				269					13	38	39	64	65	43	31		3
中国土木工程集团公司	1058	157	43	2	13		89	1	76	75	65	50	81	135	471	137	795	75	18	22	11	610	208	6	234	83	370	131	102	95	102	90	85		
中铁十一局集团公司	9301	1614	238	2	13		81	4	194	20	953	1085	4	1982	4963	71	5748	2050	359	789	284	4340	2726		2235	2211	2707	1170	1005	483	596	650	479		
中铁十二局集团公司	9140	1807	214	2	15	1	166	18	178	52	847	716	115	1286	5744	114	6798	1291	509	314	114	4365	3423	2	1352	1877	2946	1331	1064	685	410	487	340		
中铁十三局集团公司	6405	1043	321	2	13		72		124	27	320	307	137	1070	4333	52	3641	2072	323	297	20	2698	2122	309	1276	1505	1429	1092	932	465	395	434	150		3
中铁十四局集团公司	8384	1865	104	2	11		125		171	11	847	647	136	912	5522	94	5124	2515	486	152	13	3604	2326			1257	2234	1519	1843	734	482	220	95		
中铁十五局集团公司	7711	1842	171	4	13		128	60	260	0	724	681	91	516	5234	68	4492	2561	267	223	100	2987	2559	1	1821	1690	2410	1065	883	442	467	498	256		
中铁十六局集团公司	11727	2868	480	2	11		130	74	246	12	864	632	32	841	8883	235	6613	3896	505	343	135	4042	5028	4	1744	2713	3733	1849	1212	608	634	524	448	3	6
中铁十七局集团公司	8236	1531	109	3	11		114	38	218	83	446	323	395	590	6015	90	5995	1516	279	235	121	3137	4037			1658	3318	924	715	450	411	420	340		
中铁十八局集团公司	9500	1964	373	3	16		152	0	378	36	992	1155	212	1562	4994	121	4878	3329	389	525	258	3709	2635	1	3155	1742	2634	1631	1401	679	507	699	207		
中铁十九局集团公司	8378	1948	895	3	14		107	4	229	24	633	768	283	640	5765	40	4073	3737	270	166	92	3628	3262	2	1486	2014	2786	781	1095	549	406	501	244		2
中铁二十局集团公司	8890	2027	143	2	16		98	65	166	40	579	576	192	1563	5593	85	4654	3115	576	315	145	3245	2308		3119	2027	2511	1240	1062	651	654	474	270		1
中铁二十一局集团公司	5367	1119	164	2	14		88	8	170	9	443	501	2	446	3684	55	2905	1984	279	113	31	2290	1779		1298	1002	1765	632	633	484	438	211	202		
中铁二十二局集团公司	7330	1678	293	2	13		80	35	170	2	392	476	157	1135	4308	98	3172	3071	493	303	193	2732	2337	2	2259	1779	2284	861	691	489	455	373	377	3	21
中铁二十三局集团公司	6074	1452	112	2	13		95		133	8	410	608	20	1461	3324	47	2500	2720	519	193	95	2276	1751	2	2045	1241	1985	757	870	531	466	192	32		
中铁二十四局集团公司	5405	835	73	2	11		76		148	25	482	467	104	586	3504	35	2832	1941	384	142	71	2566	1530	2	1307	1301	1419	494	502	490	624	242	328		5
中铁二十五局集团公司	5160	1004	392	3	11		76	18	128		275	205		810	3634	26	3041	1760	274	49	10	2117	1685		1358	1695	1390	571	559	376	341	109	119		
中铁建设集团公司	4102	529	164	2	11		76		122		220	135		1373	2163	98	2922	818	40	140	84	1610	1367		1125	1468	1236	473	310	158	161	198	98		
中国铁建电气化局集团公司	3454	823	92	2	12		54	34	114	17	376	322	24	310	2189	92	2212	819	178	129	24	1434	1305		715	605	1214	499	443	266	218	146	62		1
中国铁建港航局集团公司	1277	259	38	2	6		44		77	2	131	171	20	231	603	81	743	378	56	18	1	458	313	1	505	288	316	236	189	145	81	7	15		
中国铁建房地产集团公司	319	83	17	2	7		50		78	5						52	243	21	1	2		202				26	65	82	77	40	21	6	2		
中铁第一勘察设计院集团公司	3206	660	91	3	9		82	24	114		63	17		92	2802	372	2141	527	118	42	6	1814	334	25		83	558	496	464	543	633	238	190	3	1
中铁第四勘察设计院集团公司	3753	742	97	2	9		68	2	105	45	81	39		309	3093	1053	2149	429	98	18	6	1779	439	87	1448	140	886	679	430	634	617	215	152		
中铁第五勘察设计院集团公司	1576	350	50	2	7		47	4	66	6				196	1248	388	1072	116				806	267	4	499	209	601	273	130	226	92	26	17	2	2
中铁上海设计院集团公司	982	262	16	4	4		32		42		77	61		21	741	154	701	109	10	8		392	127	3	460	76	309	175	112	116	120	56	18	5	
中铁物资集团公司	1485	372	69	2	7		66	6	101	12	123	124	5	1039		154	875	348	38	56	14	745	396			321	445	222	135	118	117	71	54		2
昆明中铁大型养路机械集团公司	511	119	38	2	9		58		30						412	75	308	112	11	5		266	155	2	88	34	171	82	79	69	62	8	6		
中国铁建重工集团公司	1445	355	20	2	9		32	2	56		87	130	4	233	890	62	816	418	74	68	7	553	531	5	356	401	356	110	191	141	170	59	17		
中国铁建国际集团公司	93	23	3	3	6		13		6						65	28	61	4				60	15	1	17	10	23	14	16	14	13	2	1		
北京铁城建设监理公司	75	22		2	4		15	1	9					30	14	7	58	10				40			35	3	7	12	10	12	18	7	6	1	
中国铁建投资公司	104	16		3	3	1	20		27		10	10		29		36	64	4				60				10	14	12	23	24	15	4	2		
中国铁建财务公司	26	10	1	1		1	2		2	2					20	8	18					16	4			2	11	6	3	1	3				
中铁建中非建设公司	82	14	4	1	6		12		12	1	5	2	7	10	26	29	49	1	2	1		54	4	1		5	21	17	11	18	7	1	2		
诚合保险经纪公司	52	21	1	1	3		8		3		6			30		2	48	2				42	5		5	7	10	10	7	7	5	4	2	1	
中铁建（北京）商务管理公司	158	64	2	1	4		7		16	4	20	4	10	37	55	3	53	60	8	28	6	107	13			9	6	9	25	21	50	30	8		
北京培训中心（党校）	33	7	5	2	1		3		5	3	8			11		2	22	9				26					2	1	2	4	7	10	7		
合计	141095	29553	4841	130	360	3	2426	398	3980	521	10479	10212	2031	19628	90292	4107	82046	41841	6564	4696	1841	59079	44991	460	29942	29492	42185	19494	17265	10832	9863	7255	4662	18	47

制表：王 谐

中国铁建股份有限公司技术干部情况统计

（2012 年度）

项目 / 数量 / 单位	总数（人）技术干部总数	总数（人）其中 副处以上领导	总数（人）其中 高级	总数（人）其中 中级	总数（人）其中 初级	工程技术人员（人）小计	工程技术人员（人）高级工程师	工程技术人员（人）工程师	工程技术人员（人）助工、技术员及未聘职务	卫生技术人员（人）小计	卫生技术人员（人）正副主任医师	卫生技术人员（人）主治医师	卫生技术人员（人）医、护师及未聘职务	教师（人）小计	教师（人）教授、高级讲师	教师（人）讲师	教师（人）助教、助讲、教员及未聘职务	经济人员（人）小计	经济人员（人）高级经济师	经济人员（人）经济师	经济人员（人）助经、经济员及未聘职务	统计人员（人）小计	统计人员（人）高级统计师	统计人员（人）统计师	统计人员（人）助统、统计员及未聘职务	政工人员（人）小计	政工人员（人）高级政工师	政工人员（人）政工师	政工人员（人）助理政工师、政工员	会计人员（人）小计	会计人员（人）高级会计师	会计人员（人）会计师	会计人员（人）助会、会计员及未聘职务	文案人员	翻译人员	新闻人员	文艺人员	农艺研究体育律师
总部机关	294	154	221	57	12	119	97	19	3	2	2							41	30	9	2	1	1			72	51	15	6	47	30	12	5	2	1	8	1	
中国土木工程集团公司	978	173	304	337	298	669	234	239	196	1			1	1		1		52	15	15	22					19	3	11	5	105	24	24	57	2	129			
中铁十一局集团公司	7809	313	908	2097	4804	5686	618	1551	3517	256	15	74	167	40	5	21	14	399	74	86	239	4		3	1	600	109	213	278	814	83	146	585	10				
中铁十二局集团公司	8774	432	1073	2612	4717	6344	749	2093	3502	217	30	94	93	32	2	15	15	682	91	111	480	13		2	11	450	88	161	201	1010	113	137	760	2	23	1		
中铁十三局集团公司	6288	196	928	1676	3067	4519	642	1376	2501	81	3	35	43	27	6	12	9	587	79	122	386	11		2	9	348	100	126	122	704	98	152	454	8	2		1	
中铁十四局集团公司	8326	311	1106	2289	4931	6453	807	1833	3813	61	3	29	29	26	7	11	8	483	85	130	268	4			4	494	96	145	253	788	106	135	547	14	3			
中铁十五局集团公司	7366	419	763	1835	4486	5408	515	1343	3550	100	8	29	63	5	2		3	550	60	171	319	22		2	20	484	112	146	226	782	66	144	572	4	6		3	2
中铁十六局集团公司	11413	451	1176	2246	5765	8688	808	1994	5886	134	9	38	87	8	1	2	5	675	86	91	498	26		2	24	771	135	259	377	1107	135	135	837	2		1	1	
中铁十七局集团公司	7855	346	740	1743	4823	5636	457	1328	3851	305	51	73	181	9		1	8	596	75	61	460	23	1	7	15	560	89	173	298	723	67	98	558	1		1		1
中铁十八局集团公司	8716	507	1123	1884	4974	6756	829	1645	4282	143	3	33	107	43	2	30	11	418	49	63	306	7		2	5	418	114	130	174	920	122	117	681	8		1		2
中铁十九局集团公司	7957	340	915	1824	5093	5845	570	1341	3934	254	31	113	110	13	6	5	2	623	127	82	414	9		5	4	368	100	114	154	827	80	153	594	5	13			
中铁二十局集团公司	8625	261	610	1891	4722	5797	424	1044	4329	83	2	27	54	59	20	19	20	998	32	306	660	68		23	45	574	76	138	360	1036	53	330	653	7	2			1
中铁二十一局集团公司	5242	289	611	1318	3313	3982	466	1019	2497	49	1	19	29	5		5		277	18	56	203	4		1	3	296	80	105	111	612	44	110	458	6	9			2
中铁二十二局集团公司	6487	266	616	1378	4016	5018	464	1110	3444	147	5	22	120	7		3	4	390	29	49	312	9		1	8	346	61	111	174	562	47	77	438	4	4			
中铁二十三局集团公司	5526	245	554	1157	3541	4138	405	868	2865	50	5	13	32	8	1	4	3	368	46	66	256	6		1	5	355	54	112	189	589	41	92	456	7	2			3
中铁二十四局集团公司	5227	234	500	1758	2969	4020	359	1428	2233	2		1	1	2	1	1		352	44	75	233	6	1		5	322	54	158	110	522	41	95	386	1				
中铁二十五局集团公司	5098	219	421	1147	3128	4006	321	884	2801	6	1	3	2	4	1	3		355	25	105	225	2			2	249	45	69	135	471	28	81	362	5				
中铁建设集团公司	3473	209	269	550	2036	2711	215	454	2042	3		3		371	24	19	328	1		1		73	13	31	29	312	16	41	255	1	1			1				
中国铁建电气化局集团公司	3349	198	393	752	2204	2566	284	581	1701	12		5	7	2		1	1	189	32	28	129	4	1	3		180	36	79	65	392	40	55	297	2				2
中国铁建港航局集团公司	898	92	167	261	370	674	134	224	316					1		1		78	8	34	36	10		3	7	49	13	22	14	86	12	20	54					
中国铁建房地产集团公司	275	142	80	112	83	194	58	95	41									19	2	7	10					6	3		3	56	17	10	29					
中铁第一勘察设计院集团公司	3205	209	1329	1287	493	2948	1282	1185	481	15	3	3	9	9	1	7	1	43	6	19	18	7	2	3	2	42	15	20	7	131	18	44	69	4	6			
中铁第四勘察设计院集团公司	3705	229	1599	1430	638	3398	1522	1290	586	1		1		17	1	16		47	10	18	19	25	7	13	5	82	21	36	25	121	37	45	39	8	5	1		
中铁第五勘察设计院集团公司	1389	91	416	552	320	1337	399	542	396									5	3		2					9	7	2		36	7	8	21		2			
中铁上海设计院集团公司	982		304	360	255	875	291	332	252	1	1							15	3	2	10	2		2		6	3	1	2	29		17	12	8				46
中铁物资集团有限公司	886	146	90	160	594	195	37	66	92	4		2	2					463	24	39	400	2		1	1	58	13	20	25	158	16	32	110	5	1			
昆明中铁大型养路机械集团公司	465		99	237	116	355	85	172	98	11		8	3					46	7	28	11	3		2	1	14	3	10	1	34	3	17	14		2			
中国铁建重工集团公司	769	46	57	267	402	410	38	146	226	36	1	12	23	6		3	3	119	5	27	87	10		3	7	70	4	34	32	111	9	44	58	2	5			
中国铁建国际集团公司	93	28	47	18	28	56	30	7	19									16	6	5	5					5	4		1	8	4	3	1		8			
北京铁城建设监理公司	74	30	41	7	17	60	37	12	11																	4	1	3		7	3	1	3					3
中国铁建投资公司	104	55	60	18	6	63	47	11	5									21	3	3	15					5	3	2		15	7	2	6					
中国铁建财务公司	19	8	6	2		2		1	1									3		3						1	1			13	5	2	6					
中铁建中非建设公司	54	31	18	22	14	29	14	12	3									9	2	2	5					3	1	1	1	11	1	5	5		1	1		
诚合保险经纪公司	26	12	6	14	6	10		10										8	2	2	4									8	4	2	2					
中铁建（北京）商务管理公司	94	23	16	31	42	14	2	5	7	30	4	12	14					10	2	4	4					20	5	6	9	20	1	2	17					
北京培训中心（党校）	22	11	9	11	2	2		1	1					8	6	2										8	3	5		4		3	1					
合　计	131863	6716	17575	33340	72285	98983	13240	26261	59482	2004	178	649	1177	703	86	182	435	8938	1080	1820	6038	351	26	112	213	7600	1519	2468	3613	12860	1363	2350	9147	118	224	14	6	62

制表：王　谐

中国铁建股份有限公司政工干部情况统计

（2012年度）

单位	总数（人）									部门情况（人）					学历（人）							年龄（人）						
	合计	其中																										
		选聘	女	少数民族	共产党员	民主党派	已取得专业职务	局级	处级	党委政治部门	纪委	工会	共青团	其他	本科及以上	专科毕业	专科肄业	中专毕业	中专肄业	高中	初中	35岁以下	36岁至40岁	41岁至45岁	46岁至50岁	51岁至54岁	55岁至59岁	60岁以上
总部机关	77		23	3	73			10	16	23	9	10	2	33	69	8						9	4	15	20	20	8	1
中国土木工程集团公司	19	2	4		19		19	1	13	10	4	5			10	7		1		1		1	1	1	3	7	6	
中铁十一局集团公司	479		77	14	428		359	2	20	76	31	37	12	323	207	115		29		110	18	106	63	44	66	124	76	
中铁十二局集团公司	454	71	79	11	346		420	4	39	212	27	58	38	119	213	115	1	40		68	17	137	35	36	41	115	90	
中铁十三局集团公司	368		71	17	299	1	257	3	25	53	24	36	9	246	199	109		13		45	2	86	54	42	48	103	35	
中铁十四局集团公司	377	15	53	4	341		288		52	140	22	30	8	177	230	102		19		20	6	76	96	55	73	52	25	
中铁十五局集团公司	544	57	141	15	419		515	6	80	138	47	62	17	280	313	165		22		32	12	180	66	58	75	101	64	
中铁十六局集团公司	760	98	260	29	587		679	2	67	203	106	104	93	254	415	247	14	12		44	28	345	48	39	75	122	130	1
中铁十七局集团公司	560		183	6	311		517	1	61	284	93	124	59		322	153		21		64		223	75	38	35	105	84	
中铁十八局集团公司	427	18	107	17	326		324	3	81	134	32	57	25	179	213	140		18		41	15	125	79	48	52	100	23	
中铁十九局集团公司	384	24	91	32	293		376	4	69	121	25	52	14	172	190	137	1	11	1	29	15	73	50	41	55	108	56	1
中铁二十局集团公司		556	76	95	9	370		381	4	46	68	30	43	11	404	230	210		69		47		130	120	117	81	69	39
中铁二十一局集团公司	231	14	37	4	222		229	2	38	33	18	27	11	142	116	98	1	8		8		44	33	48	43	33	30	
中铁二十二局集团公司	328	118	77	13	261		291	3	30	49	17	28	12	222	185	93		13		27	10	84	35	37	54	64	52	2
中铁二十三局集团公司	322	12	119	12	241		311	3	50	127	30	39	17	109	190	104		10		16	2	126	49	47	49	37	14	
中铁二十四局集团公司	336	20	56	1	294		325	3	56	107	12	46	12	159	146	142		24		16	8	67	29	43	69	44	82	2
中铁二十五局集团公司	224		57	13	205		143	3	38	81	24	27	14	78	146	64		6		7	1	64	37	35	48	20	20	
中铁建设集团公司	115	115	17	4	109		98	2	31	88	19	7	1		48	48		1		18		17	8	10	14	35	31	
中国铁建电气化局集团公司	187	15	74	3	150		109	1	25	44	18	30	9	86	102	57	1	8		15	4	50	33	29	28	38	8	1
中国铁建港航局集团公司	80	7	31	1	62		46	6	11	32	12	17	6	13	41	28	9	1		1		36	16	17	8	3		
中国铁建房地产集团公司	10		5		5		9	1	4	4	2	2		2	9	1						3	1	1	4	1		
中铁第一勘察设计院集团公司	42	16	6	3	41		42	1	14	26	4	5	2	5	30	10		1		1		5	5	7	12	6	7	
中铁第四勘察设计院集团公司	64	1	8		64		62		15	19	5	4	1	35	38	25				1		6	5	11	23	9	10	
中铁第五勘察设计院集团公司	9		4	1	9					5	1			3	8	1						3	3	1	1	1		
中铁上海设计院集团公司	6		2		6		6	2	1	5	1				6							3	1	1		1		
中铁物资集团有限公司	58	6	16	3	55		58		16	21	4	6	2	25	46	10		2				19	4	5	10	12	8	
昆明中铁大型养路机械集团公司	29		7	5	28		24	2	9	13	4	6	2	4	21	8						4	6	5	10	2	2	
中国铁建重工集团公司	70	15	21	2	60	8	59	1	9	14	6	11	3	36	26	31	1	2		10		9	12	9	16	13	11	
中国铁建国际集团公司	6		2		6		6	1	2	4				2	6							1	2	1	2			
北京铁城建设监理公司	4	4	3		3		4		1	3		1			2	2							2			1	1	
中国铁建投资公司	5				4		5	1	3					5	1	3	1					1	1	1	1		1	
中国铁建财务公司																												
中铁建中非建设公司	10	10	2	1	9		2		3	5			5		9	1						7	1	1	1			
诚合保险经纪公司																												
中铁建（北京）商务管理公司	6	6			6		4	1	1	2				4	5	1									2	2	2	
北京培训中心（党校）	8		2	1	7		8	2	2	1				7	8								1	3		3	1	
合计	7155	720	1730	224	5659	9	5976	75	928	2145	627	874	385	3124	3800	2235	29	331	1	621	138	2040	975	846	1019	1351	916	8

制表：王 谐

中国铁建系统劳动工资主要指标完成情况统计

（2012 年度）

数量 项目 指标名称	计算单位	2011 年	2012 年	比 2011 年 ±	比 2011 年 ±%
从业人员（在岗职工＋其他从业人员）年末人数	人	274961	282708	7747	2.82
其中：在岗职工	人	241621	243628	2007	0.83
长期职工	人	236522	238885	2363	1.00
临时职工	人	5099	4743	－356	－6.98
其他从业人员	人	33340	39080	5740	17.22
聘用的离退休人员	人	1231	1594	363	29.49
在岗职工和非在岗职工合计年末人数	人	289294	288624	－670	－0.23
其中：非在岗职工	人	47673	44996	－2677	－5.62
内部退养	人	37856	34524	－3332	－8.80
长期病、休假及其他	人	1297	1409	112	8.64
女性	人	62159	62318	159	0.26
建制单位外部劳务人员年末人数	人	597079	601300	4221	0.71
离休退休退职人员年末人数	人	74428	78843	4415	5.93
从业人员劳动报酬总额	万元	1396590	1565813	169223	12.12
其中：在岗职工工资	万元	1250920	1407414	156494	12.51
其他从业人员劳动报酬	万元	145670	158399	12729	8.74
在岗职工工资和非在岗职工生活费总额	万元	1327026	1486986	159960	12.05
其中：非在岗职工生活费	万元	76106	79572	3466	4.55
建制单位外部劳务人员劳动报酬总额	万元	22256494	23448210	1191716	5.35
从业人员人均劳动报酬	元	50768	55771	5003	9.85
其中：在岗职工人均工资	元	52925	58634	5709	10.79
其他从业人员人均劳动报酬	元	37606	38898	1292	3.44
非在岗职工人均生活费	元	16097	17520	1423	8.84
其中：内部退养职工	元	17323	19450	2127	12.28

制表：徐博华

中国铁建系统工人情况统计

（2012 年度）

<table>
<tr><th colspan="2">项　　目</th><th>人　数</th><th colspan="2">项　　目</th><th>人　数</th></tr>
<tr><td colspan="2">2011 年末工人总数</td><td>134339</td><td colspan="2">内部退养</td><td>23682</td></tr>
<tr><td colspan="2">2012 年末工人总数</td><td>131802</td><td colspan="2">外出劳务</td><td>612</td></tr>
<tr><td rowspan="2">合同期限</td><td>有固定期限</td><td>54178</td><td colspan="2">行政奖励总人数</td><td>978</td></tr>
<tr><td>无固定期限</td><td>77650</td><td rowspan="5">其中</td><td>局级劳动模范和先进个人</td><td>241</td></tr>
<tr><td colspan="2">2012 年度新增工人</td><td>5227</td><td>省部级以上劳动模范</td><td>14</td></tr>
<tr><td rowspan="5">其中</td><td>新招收（招聘）工人</td><td>474</td><td>五一劳动奖章获得者</td><td>19</td></tr>
<tr><td>接收复员退伍军人</td><td>370</td><td>省部级以上三八红旗手</td><td>2</td></tr>
<tr><td>接收中专技校以上毕业生</td><td>2144</td><td>火车头奖章获得者</td><td>11</td></tr>
<tr><td>总公司系统外调入</td><td>76</td><td colspan="2">行政处分总人数</td><td>17</td></tr>
<tr><td>其他</td><td>2163</td><td rowspan="4">其中</td><td>记大过</td><td>4</td></tr>
<tr><td colspan="2">2012 年度减少工人</td><td>7764</td><td>撤职</td><td>1</td></tr>
<tr><td rowspan="8">其中</td><td>调出总公司系统</td><td>43</td><td>留用察看</td><td>2</td></tr>
<tr><td>办理退休</td><td>3451</td><td>开除</td><td>1</td></tr>
<tr><td>因工死亡</td><td>16</td><td colspan="2">除名</td><td>67</td></tr>
<tr><td>非因工死亡</td><td>214</td><td colspan="2">劳动教养</td><td>–</td></tr>
<tr><td>终止劳动合同</td><td>596</td><td colspan="2">刑事处分</td><td>–</td></tr>
<tr><td>用人单位解除劳动合同</td><td>491</td><td rowspan="3">外部劳务</td><td rowspan="2">城乡建筑企业</td><td rowspan="2">396651</td></tr>
<tr><td>劳动者解除劳动合同</td><td>890</td></tr>
<tr><td>其他</td><td>2063</td><td>零散使用</td><td>94677</td></tr>
</table>

制表：徐博华

中国铁建系统工人构成情况统计

（2012 年度）

<table>
<tr><th colspan="2">项　　目</th><th>人　数</th><th>其中技术工人</th><th colspan="2">项　　目</th><th>人　数</th><th>其中技术工人</th></tr>
<tr><td colspan="2">2011 年末工人总数</td><td>134339</td><td>98618</td><td rowspan="3">年龄</td><td>41～50 岁</td><td>38034</td><td>27499</td></tr>
<tr><td colspan="2">2012 年末工人总数</td><td>131802</td><td>98254</td><td>51～55 岁</td><td>28204</td><td>21129</td></tr>
<tr><td rowspan="4">其中</td><td>女工人</td><td>29281</td><td>15568</td><td>56～60 岁</td><td>6498</td><td>3689</td></tr>
<tr><td>中共党员</td><td>27164</td><td>19597</td><td rowspan="3">参加工作时间</td><td>1983 年以前</td><td>53920</td><td>39970</td></tr>
<tr><td>共青团员</td><td>18848</td><td>15083</td><td>1984～2000 年</td><td>47110</td><td>35311</td></tr>
<tr><td>少数民族</td><td>3022</td><td>2087</td><td>2001 年以后</td><td>30772</td><td>22973</td></tr>
<tr><td rowspan="5">文化程度</td><td>初中及以下</td><td>45789</td><td>32888</td><td rowspan="7">获得国家职业资格证书人数</td><td>初级工</td><td>–</td><td>6944</td></tr>
<tr><td>高中</td><td>35526</td><td>26796</td><td>中级工</td><td>–</td><td>18346</td></tr>
<tr><td>中专、技校、职高</td><td>29349</td><td>24085</td><td>高级工</td><td>–</td><td>35790</td></tr>
<tr><td>大专、高技</td><td>18007</td><td>12245</td><td>技师</td><td>–</td><td>9883</td></tr>
<tr><td>本科及以上</td><td>3131</td><td>2240</td><td>高级技师</td><td>–</td><td>1903</td></tr>
<tr><td rowspan="2">年龄</td><td>30 岁以下</td><td>29244</td><td>22736</td><td rowspan="2">合　计</td><td rowspan="2">–</td><td rowspan="2">72866</td></tr>
<tr><td>31～40 岁</td><td>29822</td><td>23201</td></tr>
</table>

制表：徐博华

中国铁建系统铁道行业工种情况统计

（2012 年度）

工种名称	人数	工种名称	人数
铁路线路工	7665	电控组调工	–
铁路桥梁工	2028	通信工	1638
铁路桥梁装吊工	994	电源工	63
桥隧工	915	信号工	1988
铁路隧道工	1702	舟桥起重工	26
电力线路工	1201	舟桥组装工	–
接触网工	1288	轮渡组装工	–
道岔钳工	13	栈桥组装工	–
铺轨机司机	152	机动舟驾驶员	21
轨道车司机	630	蒸汽机车钳工	26
大型线路机械司机	177	蒸汽机车锅炉工	–
钢轨焊接工	90	蒸汽机车司机	38
钢轨探伤工	4	蒸汽机车副司机	15
浸注处理工	3	蒸汽机车司炉	–
木材防腐整备工	–	内燃机车司机	707
装载机司机	2013	信号员（长）	63
装卸工	189	扳道员（长）	98
通信组调工	–	调车长	171
通信钳工	–	运转车长	93
信号组调工	3	其他	915
信号钳工	12	合　　计	24941

制表：徐博华

中国铁建社会通用及其他工种情况统计

（2012 年度）

工种名称	人数	工种名称	人数
车工	473	筑路工	736
铣工	155	砌筑工	1305
磨工	35	混凝土工	5378
镗工	64	测量工	7209
组合机床操作工	14	钢筋工	3868
铸造工	62	架子工	1343
锻造工	53	防水工	98
焊工	4930	装饰装修工	80
金属热处理工	53	电工	3137
冷作钣金工	57	电气设备安装工	135
涂装工	124	管工	777
装配钳工	416	汽车驾驶员	12916
工具钳工	141	起重装卸机械操作工	1551
机修钳工	1992	天车司机	458
汽车修理工	2068	计算机操作员	1040
锅炉设备安装工	21	计算机维修工	16
锅炉操作工	366	话务员	88
维修电工	1132	中式烹调师	970
手工木工	919	中式面点师	119
精细木工	38	钻探工	1289
土石方机械操作工	3721	合　　计	59347

制表：徐博华

中国铁建系统机械动力设备资产综合情况统计

（2012 年度）

项目/数量/单位	职工人数	企业年度利润总额（万元）	期末实有			新购		报废		大修		设备资产利润率（%）	资产增长率（%）	成新率（%）	设备总功率（千瓦）	技术装备率（万元/人）	动力装备率（千瓦/人）
			总台数	原值（万元）	净值（万元）	台数	原值（万元）	台数	原值（万元）	台数	费用（万元）						
中国土木工程集团有限公司	1081	20000	6669	261604	95372	1000	42742	170	4000	20	600	7.60	16.00	36.50	713944	88.23	660.45
中铁十一局集团有限公司	16191	38922	3476	311041	196336	292	21570	156	4819	431	2011	13.18	10.51	63.12	567280	12.13	35.04
中铁十二局集团有限公司	14481	40506	5147	300509	162006	177	10255	351	7978	127	1148	13.50	0.90	53.90	629508	11.20	43.50
中铁十三局集团有限公司	13852	45521	3293	212805	105574	270	5825	94	2342	106	4154	21.70	0.03	49.60	391508	7.60	28.30
中铁十四局集团有限公司	16208	40000	3952	323741	159608	264	41690	155	2273	35	2013	13.08	12.51	49.30	518803	9.84	32.01
中铁十五局集团有限公司	21005	24340	5598	364279	243989	248	10144	85	2212	41	929	7.31	3.30	66.98	601513	11.62	28.64
中铁十六局集团有限公司	19135	24712	3333	341449	207469	114	2673	61	2450	57	271	10.40	0.90	61.00	674194	10.90	35.20
中铁十七局集团有限公司	18947	32266	5408	327923	189850	226	25038	266	8081	68	505	11.09	7.86	57.89	543931	10.02	28.71
中铁十八局集团有限公司	18263	46679	6050	424841	264941	286	72953	424	12341	46	280	11.83	16.64	62.36	794791	14.51	43.52
中铁十九局集团有限公司	18434	43504	4717	367519	194124	138	34465	124	4115	107	1544	3.13	10.52	52.82	653775	10.53	35.48
中铁二十局集团有限公司	17127	26862	2913	171091	94923	166	5222	97	5411	83	1088	15.66	3.04	55.48	512521	5.54	29.92
中铁二十一局集团有限公司	12928	15563	3202	102585	54785	59	1090	484	4597	75	571	14.92	1.03	53.40	200798	4.24	15.53
中铁二十二局集团有限公司	10174	30096	8785	136351	65494	248	6091	216	2071	41	106	36.30	4.49	48.03	295202	6.44	29.02
中铁二十三局集团有限公司	13191	2149	9676	179744	78146	517	8796	1029	4817	28	1554	1.31	21.96	43.48	288118	5.92	21.84
中铁二十四局集团有限公司	12227	20120	5291	127149	66776	272	7825	399	2491	4	41	16.17	4.52	52.52	159260	5.46	13.03
中铁二十五局集团有限公司	9133	26853	7656	99433	58651	734	5613	87	590	121	508	27.53	-4.17	58.99	158366	6.42	17.34
中铁建设集团有限公司	5909	75868	859	24356	14173	32	4066	29	180			374.78	19.86	58.19	56849	2.40	9.62
中国铁建电气化局集团有限公司	8319	48133	950	49812	24762	78	1492	21	481	36	729	0.96		49.70	79506	2.98	9.56
中国铁建港航局集团有限公司	1450	8000	96	1030	922	4	596					246.00	137.32	89.53	1636	0.64	1.13
2012 年合计	248055	610094	87071	4127262	2277900	5125	308145	4248	71250	1426	16653	15.20	6.01	55.20	7841500	9.18	31.61

制表：张宏成

中国铁建系统大型施工设备综合情况统计

（2012 年度）

单位＼数量＼项目	期末实有					新购				报废			大修		闲置			成新率（%）	闲置率（%）	完好率（%）	利用率（%）
	总台数	其中进口台数	原值（万元）	其中进口原值（万元）	净值（万元）	台数	其中进口台数	原值（万元）	其中进口原值（万元）	台数	原值（万元）	净值（万元）	台数	费用（万元）	台数	原值（万元）	净值（万元）				
中国土木工程集团有限公司	101	16	47439	9628	25434	10	3	5340	1656						4	1509	847	54.00	3.18	95.00	92.00
中铁十一局集团有限公司	197	45	191670	94085	123839	5	2	11899	10974				15	666	78	60310	33866	64.61	39.59	84.50	44.10
中铁十二局集团有限公司	168	51	146967	49994	87642	7	6	3780	1680	6	3047	1597	8	254	57	32956	15858	59.63	23.20	93.70	72.80
中铁十三局集团有限公司	79	32	118796	27194	61468								8	1076	31	26534	15736	52.00	0.22	90.30	66.40
中铁十四局集团有限公司	160	42	204579	97216	111150	9		31018		1	260	130	3	697	44	60358	24213	54.30	29.50	93.00	77.00
中铁十五局集团有限公司	166	42	241334	156376	177431	5		6656					2	712	25	15793	4340	73.52	6.54	95.00	93.50
中铁十六局集团有限公司	1382	45	262275	81229	170712	7		536		32	2274	500	23	83	78	35707	13170	65.00	13.70	97.00	89.00
中铁十七局集团有限公司	340	32	170538	40360	106061	13		19452		4	1383	170			42	52029	26086	62.19	30.51	90.97	83.00
中铁十八局集团有限公司	177	64	241727	143014	178783	7	5	53164	50140	2	400	262	1	16	49	36535	18459	73.96	15.11	92.60	86.10
中铁十九局集团有限公司	298	68	209334	31305	124489	40	8	31218	3518	2	1039	52	15	430	53	51821	28804	59.47	24.75	91.40	77.80
中铁二十局集团有限公司	79	14	62359	9492	41015	4		2503		4	1774	74	4	785	7	5296	2190	65.77	8.49	94.50	84.45
中铁二十一局集团有限公司	55	5	38770	4274	23981								4	65	9	13667	7171	61.85	35.25	93.20	71.00
中铁二十二局集团有限公司	63	19	41632	11939	19732	1		308		1	470	24			4	3991	2697	47.40	9.59	94.00	89.00
中铁二十三局集团有限公司	217	37	85428	26897	45304	8		2365					8	73	20	12925	6908	53.03	15.13	88.00	72.00
中铁二十四局集团有限公司	100	11	62813	8607	38288	2		5005							29	17039	9837	60.96	27.13	96.72	68.23
中铁二十五局集团有限公司	54	8	39522	7642	36101	8		8711							5	3268	2887	91.35	8.27	94.61	82.69
中铁建设集团有限公司	9	1	4787	850	2749										1	671	549	57.42	11.11	96.00	90.00
中国铁建电气化局集团有限公司	393	23	45202	9242	19602	9		1251		15	313	135	27	710	88	8879	4956	43.36	20.00	92.00	62.00
中国铁建港航局集团有限公司	12		2393		918	1		457										38.36		92.00	83.00
2012 年合计	4050	555	2217565	809344	1394701	136	24	183207	67967	67	10959	2826	118	5567	624	439287	218574	62.89	19.81	90.20	81.30

制表：张宏成

中国铁建系统设备专业人员综合情况统计

（2012 年度）

单位＼项目＼数量	设备管理人员（人）						设备操作技术工人（人）						主要工种人数（人）			业务培训	
	总人数	其中					总人数	其中					机械司机	汽车驾驶员	修理工	期数	人数
		高级工程师	工程师	助理工程师	技术员	其他管理人员		高级技师	技师	高级工	中级工	初级工					
中国土木工程集团有限公司	182	10	37	17	34	84	765	26	32	111	408	188	662	936	359	31	619
中铁十一局集团有限公司	1227	51	154	390	124	508	2413	45	100	947	576	745	1187	766	259	44	739
中铁十二局集团有限公司	872	135	45	176	52	220	1211	340	237	657	254	256	634	837	191	62	182
中铁十三局集团有限公司	485	41	96	152	65	131	1181	25	125	576	349	106	593	541	132	9	173
中铁十四局集团有限公司	540	38	105	98	121	178	1120	23	187	594	192	92	480	615	126	15	542
中铁十五局集团有限公司	601	32	85	203	134	147	2719	59	223	869	1078	490	1232	1224	263	4	274
中铁十六局集团有限公司	921	119	192	257	234	234	2412	314	231	1025	723	561	1007	1007	454	18	715
中铁十七局集团有限公司	883	41	114	205	149	374	3023	54	389	1007	827	746	1518	1340	360	32	362
中铁十八局集团有限公司	826	104	99	175	144	304	1762	85	412	697	343	225	486	737	166	28	442
中铁十九局集团有限公司	991	40	164	236	258	293	2551	52	474	533	840	652	816	754	168	117	1115
中铁二十局集团有限公司	685	21	96	148	122	296	2217	47	245	473	748	690	1079	808	195	21	502
中铁二十一局集团有限公司	791	40	57	86	85	523	1210	55	146	475	197	337	481	660	208	49	695
中铁二十二局集团有限公司	850	67	95	217	194	277	761	49	77	229	216	190	238	308	225	20	360
中铁二十三局集团有限公司	401	32	83	134	52	100	1288	26	223	313	401	325	784	776	224	40	664
中铁二十四局集团有限公司	437	27	102	133	42	133	1104	17	51	283	530	223	208	408	228	54	465
中铁二十五局集团有限公司	411	34	42	143	67	107	555	15	32	100	209	126	236	386	99	28	555
中铁建设集团有限公司	87	11	13	19	8	36	370	2	14	37	203	114	218	296	26	15	549
中国铁建电气化局集团有限公司	95	1	13	15	7	59	487	1	48	145	177	145	346	292	7	12	166
中国铁建港航局集团有限公司	54	4	11	19	15	5	60	3	5	9	18	15	20	24	17	4	50
2012 年合计	11339	848	1603	2823	1907	4009	27209	1238	3251	9080	8289	6226	12225	12715	3707	603	9169

制表：张宏成

中国铁建系统新开工的资本运营项目投资情况统计

（2012 年度）

序号	投资主体	项目名称	投资模式	项目计划总投资（万元）	本企业需投入资本金（万元）	累计投入资本金（万元）	2012 年投入资金		
							项目实际投资（万元）	本企业投入（万元）	项目公司贷款投入（万元）
	合计			2629253	1430448	506672	493478	491372	2106
1	投资公司	江苏南京梅子洲过江隧道一期工程	BT	200000	200000	81500	81500	81500	
2	投资公司	甘肃兰州地铁 1 号线一期试验段工程	BT	23000	23000	3000	3000	3000	
3	中土集团	浙江乐清安置房项目	BT	135000	135000	10625	10625	10625	
4	中铁十一局	湖北武汉东湖高新区保税区综合工程	BT	48000	40000	18600	18600	18600	
5	中铁十二局	重庆（长寿）化工园区铁路专用线工程	BT	72000	72000	23600	23600	23600	
6	中铁十四局	江苏扬州瘦西湖隧道工程	BT	131875	4558	38300	36300	36300	
7	中铁十四局	陕西西安沣渭新区市政工程	BT	78101	5000	31000	26000	26000	
8	中铁十四局	重庆绕城高速渝武立交改建工程	BT	17500	9000	3400	3400	3400	
9	中铁十六局	江西南昌湾里区安置房项目	BT	49000	49000	8820	8820	8820	
10	中铁十六局	内蒙古通辽经济技术开发区综合物流园项目	BT	24000	18168	3488	3488	3488	
11	中铁十六局	云南昆明轨道交通工程晋宁线一期工程	BT	190000	190000	2550	2550	2550	
12	中铁十七局	吉林雾松高架桥工程	BT	27586	8600	7000	7000	7000	
13	中铁十七局	吉林沙河子立交桥工程	BT	28189	8400	5000	5000	5000	
14	中铁十八局	贵州贵阳城市干道一期项目马场至花溪路工程	BT	126586	126586	8000	8000	8000	
15	中铁十八局	重庆两江新区公共租赁房项目	BT	92500	25000	41199	35005	32899	2106
16	中铁十九局	辽宁盘锦滨疏港高速公路工程	BT	187463	62755	52755	52755	52755	
17	中铁十九局	辽宁灯塔至辽中高速公路工程	BT	333760	113985	17830	17830	17830	
18	中铁二十局	江苏苏州南环快速路西延二期工程	BT	124776	124776	16800	16800	16800	
19	中铁二十一局	甘肃兰州小西湖立交桥改造工程	BT	34000	8500	1800	1800	1800	
20	中铁二十二局	黑龙江哈尔滨新城连接线路桥工程	BT	16700	16700	5000	5000	5000	
21	中铁二十四局	四川成都天府新区正公路工程	BT	231623	49000	49000	49000	49000	
22	中铁建设	江苏张家港保税区滨江大厦工程	BT	95000	65000	4908	4908	4908	
23	物资集团	四川成都天府新区正公路工程	BT	241077	51000	51000	51000	51000	
24	中非建设	几内亚西芒杜项目	参股	121517	24420	21497	21497	21497	

制表：张红彦

中国铁建系统房地产开发经营情况统计

（2012 年度）

开发单位	项目名称	建设地点	规划总建筑面积（万平方米）	其中：地上建筑面积（万平方米）	项目计划总投资（万元）	2011 年底开工累计完成投资（万元）	2012 年实际完成投资（万元）	其中：企业自有资金（万元）	其中：银行贷款（万元）	其中：其他资金（万元）	2012 年实际销售面积（万平方米）	2012 年实际销售金额（万元）	2012 年实现营业收入（万元）
总　　计			2733.00	2226.00	16941838	6685063	2131411	1351480	329681	450250	225.90	2116471	1732152
中国铁建房地产集团有限公司			1650.00	1335.00	12107695	5299516	1457769	841829	280381	335559	151.00	1608502	1400429
北京天太金海置业有限公司	北京西派国际公寓	北京	13.86	9.63	221931	183244	21489	21489			0.03	210	1053
中铁房地产集团长沙置业有限公司	长沙山语城	湖南长沙	91.10	74.10	349031	173237	41833	33889		7944	5.16	27844	34257
徐州中铁房地产开发有限公司	龙域中央	江苏徐州	66.05	55.14	243067	228009	12276	12276			5.39	25919	21696
贵州中泓房地产开发有限公司	中国铁建·国际城	贵州贵阳	207.13	177.63	939825	439555	104911	104911			7.66	42343	33591
长春中铁房地产开发有限公司	中国铁建·国际花园	吉林长春	56.30	46.00	241452	130363	16780	14197	2500	83	4.18	25950	48937
中铁嘉业（北京）投资有限公司	中国铁建·原香小镇	北京	22.40	17.16	191902	184298	5425	5425			0.93	12296	10988
中铁地产（成都）开发有限公司	中国铁建·国际城	四川成都	126.50	95.07	523548	325026	99882		80197	19685	17.63	98467	133068
中铁房地产集团（广西）有限公司	中国铁建·凤岭山语城	广西南宁	41.89	32.27	238753	193174	31067	7447		23620	7.92	71310	102934
湖南中盛嘉业房地产开发有限公司	中国铁建·国际城	湖南长沙	74.43	67.72	231238	95878	8708			8708	3.12	15988	54406
中国铁建房地产集团合肥置业有限公司	中国铁建·国际城	安徽合肥	164.80	137.76	733289	410785	106021	47511	19950	38560	21.91	130020	129535
北京第六大洲房地产开发有限公司	中国铁建·国际城	北京	81.40	61.35	726344	464192	89315	62566		26749	10.42	208754	213564
中铁房地产集团北京丰基置业有限公司	中国铁建·青秀城	北京	31.00	24.76	380255	325727	41563			41563	12.64	223427	221961
中铁房地产集团浙江京城投资有限公司	中国铁建·杭州国际城	浙江杭州	36.40	27.20	546034	352659	56123	23580	25640	6903	0.73	15518	
中铁房地产集团北京正达置业有限责任公司	中国铁建·长阳国际城	北京	29.64	23.53	285558	239832	23740			23740	0.24	6036	276411
中铁房地产集团（四川）有限公司	中国铁建·成都西派国际	四川成都	30.72	24.09	399959	145379	36944	33944	3000		0.63	10242	
中铁房地产集团（四川）有限公司	中国铁建·成都青秀城	四川成都	26.00	19.39	150417	94722	34429	9430	18600	6399	5.40	40928	41087
中铁房地产集团广州有限公司	中国铁建·广州国际城	广东广州	24.91	17.62	281537	176137	58809	10424		48385	6.69	118673	
中铁房地产集团天津置业有限公司	中国铁建·天津国际城	天津	107.32	86.78	1105342	482936	97383		34353	63030	6.73	88119	
中铁嘉业（北京）投资有限公司	原香漫谷	北京	43.03	33.74	324569	154058	25331	17728	7603		0.76	6931	
中铁房地产集团北京丰昊置业有限公司	北京山语城	北京	32.58	26.92	360182	197894	45934	24234	21700		2.87	47422	76941
中铁房地产集团（贵州）有限公司	贵阳兰草坝（暂定）	贵州贵阳	58.93	50.51	1461327	22176	12697	12697			0.00		
中铁房地产集团宁波京城投资有限公司	中国铁建（宁波）山语城	浙江宁波	24.47	15.47	137531	25069	3823	3823			0.00		

续表

开发单位	项目名称	建设地点	规划总建筑面积（万平方米）	其中 地上建筑面积（万平方米）	项目计划总投资（万元）	2011年底开工累计完成投资（万元）	2012年实际完成投资（万元）	其中 企业自有资金（万元）	银行贷款（万元）	其他资金（万元）	2012年实际销售面积（万平方米）	2012年实际销售金额（万元）	2012年实现营业收入（万元）
中铁房地产集团武汉有限公司	中国铁建·国际城	湖北武汉	47.77	39.46	308057	21197	79924	79924					
中铁房地产集团北京顺捷金海置业有限公司	中国铁建·梧桐苑	北京	46.77	38.00	449624	233969	85157		66838	18319	29.87	392105	
中铁房地产集团北京正达置业有限公司	房山区房山线长阳西站5号地项目（暂定）	北京	19.15	15.95	182423		79561	78090		1471			
中铁房地产集团长沙置业有限公司	梅溪湖国际新城B－30、31、32地块（暂定）	湖南长沙	68.92	59.20	388356		129268	128868		400			
中铁房地产集团（上海）有限公司（暂定）	上海市宝山区宝安公路北侧1号地块（暂定）	上海	11.52	9.36	167951		96200	96200					
中国铁建房地产集团公司杭州江干区普福地块项目（暂定）	杭州储出〔2012〕53号地块（暂定）	浙江杭州	6.92	5.10	84336		110	110					
中铁房地产集团浙江公司	杭州萧山项目（暂定）	杭州	15.31	11.36	176246		50	50					
北京昌平园地块项目（暂定）	中关村科技园昌平园0303－04地块（暂定）	北京	21.91	16.91	171341								
徐州中铁房地产开发有限公司	徐州新城区地块项目（暂定）	江苏徐州	20.54	15.40	106270		13016	13016					
中国土木工程集团有限公司			3.45	3.45	22852		720	720					
中土集团尼日利亚公司	拉各斯七公顷房地产项目	尼日利亚拉各斯	3.45	3.45	22852		720	720					
中铁十一局集团有限公司			40.74	34.06	251689	6974	57996	57996			2.00	8255	
重庆璧和房地产开发有限公司	中国铁建·璧河国际	重庆	4.23	3.55	16860	6974	2586	2586			2.00	8255	
中铁十一局集团武汉房地产开发有限公司	中国铁建·梧桐苑	湖北武汉	36.51	30.51	234829		55410	55410					
中铁十二局集团有限公司			14.20	11.31	53187	27044	10729	10729			0.40	3972	
湖南华铁房地产有限责任公司	天天向上住宅小区	湖南长沙	14.20	11.31	53187	27044	10729	10729			0.40	3972	
中铁十三局集团有限公司			38.30	33.24	195713	70032	40661	40661			0.30	3780	3385
天津市春江房地产开发有限公司	靖江雅园二期工程	天津	4.90	4.05	39213	38967					0.30	3780	3385
黑龙江华府房地产开发有限公司	哈尔滨先锋路改造开发项目（暂定名）	黑龙江哈尔滨	18.19	16.49	80100	11110	35863	35863					
天津市春江房地产开发有限公司	中铁滨海欣城	天津	15.21	12.70	76400	19955	4798	4798					

续表

开发单位	项目名称	建设地点	规划总建筑面积（万平方米）	其中：地上建筑面积（万平方米）	项目计划总投资（万元）	2011年底开工累计完成投资（万元）	2012年实际完成投资（万元）	其中：企业自有资金（万元）	银行贷款（万元）	其他资金（万元）	2012年实际销售面积（万平方米）	2012年实际销售金额（万元）	2012年实现营业收入（万元）
中铁十四局集团有限公司			115.11	91.60	598650	228819	92770	1479	30300	60991	16.02	125493	98100
青岛中铁凯华房地产开发有限公司	岸芷汀兰（东区）	山东青岛	8.37	8.37	22000	14618	5501			5501	1.00	5879	10600
凯华置业有限公司	岸芷汀兰（西区）	山东青岛	18.62	18.62	42000	10599	1479	1479					36
南京昌和房地产开发有限公司	江佑铂庭	江苏南京	26.91	21.17	155200	101330	27500			27500	8.00	75093	87464
济南中铁凯华房地产开发有限公司	名山秀水	山东济南	16.93	12.45	64803	8271	10351		4000	6351	3.00	12810	
泰安市凯华房地产开发有限公司	泮河嘉苑	山东泰安	4.48	3.65	18000	3290	690			690			
济南庆龙置业有限公司	中国铁建·国际城	山东济南	39.80	27.34	296647	90711	47249		26300	20949	4.00	31711	
中铁十五局集团有限公司			129.69	108.96	389335	24122	76279	62119		14160	10.00	35885	14511
临沂置业有限公司	中国铁建·东来尚城	山东临沂	28.05	22.47	78335	24122	22170	20452		1718	5.00	19885	14511
周口置业有限公司	中国铁建·东来尚城	河南周口	31.05	26.83	115000		32218	24226		7992	3.00	11200	
都匀置业有限公司	中国铁建·东来尚城	贵州都匀	70.59	59.66	196000		21891	17441		4450	3.00	4800	
中铁十六局集团有限公司			92.63	77.81	303212	67462	50825	44025		6800	4.60	23040	11281
海南京博房地产有限公司	琼海京博雅居	海南琼海	9.11	9.11	26000	17300	1470	1470				2508	8600
海南京博房地产有限公司	定安怡陶园小区	海南定安	3.45	3.35	7900	5005	2700	2700				1122	1163
福建省顺昌远宏房地产开发有限公司	天天花园四期	福建顺昌	15.69	12.43	42165	18349	12437	12437			4.00	19410	1518
鄂尔多斯市禹人房地产开发有限公司	东方君座一期	内蒙古呼和浩特	4.90	4.70	24700	21708							
置业投资有限公司梧州公司	中国铁建·玫瑰湾	广西梧州	8.10	6.41	24738	5100	2040	2040					
通辽首通房地产开发有限公司	通辽市科技与创新产业孵化园区	内蒙古通辽	30.70	24.13	97600		18493	11693		6800			
置业投资有限公司梧州公司	梧州红岭地块	广西梧州	20.68	17.68	80109		13685	13685					
中铁十八局集团有限公司			59.86	51.80	275809	88587	24032	24032			1.60	20266	
湖北万佳房地产开发有限公司	鄂州万佳凯旋城	湖北鄂州	26.06	25.82	69548	47087	5725	5725			1.00	6266	
湖北博瀚置业有限公司	武汉中北路	湖北武汉	33.80	26.00	206261	41500	18307	18307			1.00	14000	
中铁二十局集团有限公司			24.20	19.50	92916	67666	19147	19147			3.90	26451	35000
重庆中景置业有限公司	同景国际城Q组团	重庆	12.23	9.88	49500	34666	17147	17147			4.00	26115	34000
中铁二十局集团房地产开发有限公司	同景国际城F组团	重庆	2.17	1.85	10416		2000	2000					
中铁二十局集团房地产开发有限公司	同景国际城C组团	重庆	9.80	7.77	33000	33000						336	1000

续表

开发单位	项目名称	建设地点	规划总建筑面积（万平方米）	其中地上建筑面积（万平方米）	项目计划总投资（万元）	2011年底开工累计完成投资（万元）	2012年实际完成投资（万元）	其中企业自有资金（万元）	其中银行贷款（万元）	其中其他资金（万元）	2012年实际销售面积（万平方米）	2012年实际销售金额（万元）	2012年实现营业收入（万元）
中铁二十一局集团有限公司			225.41	174.74	1333679	308868	111837	104837	7000		8.89	77600	75000
德盛和置业有限公司	中国铁建·梧桐苑	陕西西安	33.12	25.17	190000	73868	45326	45326			6.00	55600	75000
德盛和置业有限公司	中国铁建·国际城	陕西西安	180.00	140.00	1080679	235000	36511	36511			3.00	22000	
甘肃房地产开发有限公司	中铁二十一局集团兰州综合基地	甘肃兰州	12.29	9.57	63000		30000	23000	7000				
中铁二十二局集团有限公司			79.16	66.00	291822	214317	68730	42611		26119	12.40	109388	65940
中铁房地产开发（保定）有限公司	中国铁建·京南一品	河北保定	50.65	41.42	155482	137371	44357	21788		22569	4.00	24781	52000
黄石天方科技置业有限公司	天方百花园	湖北黄石	13.29	12.55	37058	27200	4850	1300		3550	4.00	16457	13940
第三工程有限公司	中铁海曦	福建厦门	5.79	4.62	70741	40739	10281	10281			4.00	65927	
第三工程有限公司	中铁创新园	福建厦门	4.10	3.50	8276	249							
重庆房地产有限公司	中铁5号	重庆	5.33	3.93	20265	8758	9242	9242				2223	
中铁二十五局集团有限公司			32.30	29.20	91321	31268	13966	7345		6621	2.50	14252	209
柳州万佳房地产开发有限公司	柳州市万佳馨园	广西柳州	9.67	9.67	21000	18746	209			209		209	209
房地产开发有限公司	柳州·金色蓝庭	广西柳州	6.58	4.96	29504	12522	7057	645		6412	2.00	14043	
房地产开发有限公司	衡阳·金色蓝庭	湖南衡阳	16.03	14.53	40817		6700	6700					
中铁建设集团有限公司			174.13	145.6	699100	215764	68440	68440			10.00	48039	28297
中加伟业房地产有限公司	中国铁建·绿港	北京	12.34	11.28	59520	61969	432	432				2	2
北京东方地景房地产开发有限公司	中国铁建·绿港二期	北京	16.24	14.26	104000		3000	3000					
西安侨隆置业有限公司	中国铁建·瑞园	陕西西安	13.76	11.35	69492	26608	18079	18079			2.00	13037	
中铁建设集团（信阳）房地产开发有限公司	领秀城	河南信阳	120.00	100.50	310000	74277	37922	37922			8.00	35000	28295
北京佳景晟房地产有限公司	中国铁建·耀中心	北京	11.79	8.22	156088	52910	9007	9007					
中铁第一勘察设计院集团有限公司			17.35	13.72	90160	1228	17344	5344	12000				
新疆逸博房地产开发有限公司	乌鲁木齐市天汇花园	新疆乌鲁木齐	3.18	2.44	16497	1228	54	54					
陕西逸博置业有限公司	中国铁建·逸园A区	陕西西安	14.17	11.28	73663		17290	5290	12000				
中铁第四勘察设计院集团有限公司			37.00	30.00	144698	33396	20166	20166			2.49	11548	
中铁四院集团房地产开发有限公司	荷塘星城	湖南株洲	37.00	30.00	144698	33396	20166	20166			2.00	11548	

制表：傅志跃

2012 年 8 月 28 日,北京轨道建筑学会成立大会暨一届一次理事会在中国铁建大厦举行。

（刘 文 摄）

文献辑要

本栏责任编辑 **杨启燕**

中国铁建杯优质工程评选办法

（中铁建安质〔2012〕91 号）

第一章 总 则

第一条 为深入贯彻国家《质量发展纲要》，落实“百年大计，质量第一”的方针，增强企业质量管理意识，不断提高工程质量管理水平，推动质量品牌创建，持续提升企业服务客户能力和社会影响力，规范优质工程奖的评选工作，特制定本办法。

第二条 中国铁建杯优质工程由中国铁建股份有限公司（以下简称股份公司）安全质量监督部与中国建筑业协会工程建设质量管理分会共同承办。中国建筑业协会工程建设质量管理分会对中国铁建杯优质工程申报、评选的关键程序及重大项目、拟申报中国建设工程鲁班奖（国家优质工程）的非铁路工程项目进行重点监管。

第三条 中国铁建杯优质工程是企业质量信誉考核的重要依据，每年评选一次，年度表彰总数原则上不超过 160 项。申报项目汇总表（电子版）上报截止时间为 4 月 15 日，申报材料报送截止时间为 5 月 30 日。

第二章 评选范围

第四条 中国铁建杯优质工程的评选项目为已建成并投入使用的新建工程和改（扩）建工程。参评工程以中国境内为主，境外工程参评须在当地具有较大影响力。

第五条 中国铁建杯优质工程的评选工程分为：

1. 交通、水利水电及通信信号工程；
2. 建筑工程；
3. 工业建设工程；
4. 市政园林工程。

以上 1 ~4 类工程的评选规模应符合本办法附件 1 的规定。

第六条 以下工程不列入评选范围

1. 竣工后被隐蔽或保密的工程；
2. 存在设计、功能缺陷或质量、安全隐患的工程；
3. 建设过程中发生一般及以上质量、安全事故的工程，节能环保不达标或发生较大环境影响的工程；
4. 已竣工但有甩项未完的工程。

第三章 评选条件

第七条 申报工程必须符合法定建设程序、国家工程建设标准、规范及有关省市节能环保要求，具有独立生产能力或独立使用功能，并按照 GB/T 50430《工程建设施工企业质量管理规范》和 GB/T 19001 - 2008《质量管理体系要求》通过了企业质量管理体系认证，有完善的质量保证体系。

第八条 申报工程须在开工前制定明确的创优目标和针对性强且切实可行的创优规划，并在建设施工中精心组织、严格管理、精细工艺，实现过程精品。

第九条 申报工程必须获得设计单位优秀设计奖、集团公司优质工程奖或地级市以上竣工优质奖，且工程质量、施工技术及工艺达到股份公司领先水平。

第十条 申报工程必须按照设计要求达到设计功能并投入使用 1 年以上，且自竣工验收到申报的时限不超过 3 年。有节能环保要求的工程在投入使用后须达到相应的标准。

第十一条 中国铁建杯中拟申报中国建设工程鲁班奖（国家优质工程）的非铁路工程项目还应具备以下条件：

1. 工程设计水平、施工质量、科技含量、综合效益应达到国内同行业、同期领先水平，且工程设计获得省（部）级优秀设计奖。
2. 申报工程原则上应已列入省（部）级的建筑业新技术应用示范工程。施工中积极采用新技术、新工艺、新材料、新设备，应用住房和城乡建设部“建筑业 10 项新技术”不少于 6 项。

第四章 评选程序

第十二条 中国铁建杯优质工程申报单位为股份公司所属子公司及其下属子公司，工程的合同主体单位必须申报，有相应资质、分包合同且分包造价达到总造价 15% 以上的分包单位可参与申报；多个合同主体共同完成的工程可联合申报；有股份公司系统外单位参与施工的工程，股份公司所属单位合同造价须不低于总造价的 20%，征得股份公司系统外单位同意后可联合申报。

第十三条 中国铁建杯优质工程申报材料须由集

团公司质量主管部门审核，签署具体意见并加盖公章后，报送股份公司安全质量监督部。申报材料包括以下内容：

1. “中国铁建杯优质工程申报表”一式两份；

2. 工程概况、工程主要特点、难点，四新技术应用及工程质量、综合效益评价总结材料，总结材料要注重数字说明；

3. 设计单位优秀设计奖发布文件（证书）扫描件或复印件、集团公司优质工程或地级市以上竣工优质奖发布文件（证书）扫描件或复印件；

4. 项目立项批复文件复印件；

5. 竣（交）工验收证书（文件）复印件；

6. 分包单位申报资格证明文件复印件；

7. 申报单位资质证书扫描件或复印件；

8. 其他奖项证明文件扫描件或复印件；

9. 能反映工程质量及特点的工程主要部位照片10张，照片务必能反映工程主体结构，复杂结构工程、建筑工程可根据需要适当增加照片数量。

拟申报鲁班奖工程还须提供土地使用批复文件、环评文件、环境验收文件、消防验收文件及竣工备案文件（建筑工程）扫描件或复印件。

第十四条 中国铁建杯优质工程由股份公司安全质量监督部对申报材料进行总体审核，重大项目及拟申报鲁班奖项目会同中国建筑业协会工程建设质量管理分会进行审核，经审核符合评选条件的项目，组织专家进行现场复查并写出复查报告。

第十五条 中国铁建杯优质工程由股份公司安全质量监督部会同中国建筑业协会工程建设质量管理分会组织专家委员会进行评审，评审通过项目进行网上公示，公示后，中国铁建股份有限公司与中国建筑业协会工程建设质量管理分会联合下文发布。

第五章　奖　　惩

第十六条 评定为中国铁建杯的工程项目，授予“中国铁建杯”称号并颁发奖杯及证书。

获奖单位应根据有关规定，对工程质量管理、创优争优工作作出贡献的单位、人员进行表彰和奖励。

第十七条 申报单位必须如实提供相关资料，不得弄虚作假。评选中发现弄虚作假的，取消该工程参评资格、通报批评，并取消该单位下一年参评资格。

第十八条 工程获奖后，发现因参建单位责任造成工程重大质量安全隐患的，撤销奖励、通报批评，并连续两年取消该单位的参评资格。

第十九条 评审人员要严格自律、秉公办事，认真按照本办法的规定进行审核评选。对违反纪律者，将视情节轻重，给予警告、通报批评，直至取消评选资格的处罚。

第六章　附　　则

第二十条 本办法由中国铁建股份有限公司安全质量监督部负责解释。

第二十一条 本办法自公布之日起实施，原《中国铁道建筑总公司优质工程评选办法》（中铁建安质〔1999〕164号）同时废止。

附件：

1. 中国铁建杯优质工程申报工程规模要求

2. 中国铁建杯优质工程申报表（略）

3. 中国铁建杯优质工程申报项目汇总表（略）

附件1

中国铁建杯优质工程
申报工程规模要求

一、住宅工程

单体住宅2万平方米以上，群体住宅5万平方米以上，且入住率40%以上。

二、公共建筑工程

1. 3万座以上的体育场；

2. 5000座以上的体育馆；

3. 3000座以上的游泳馆；

4. 1500座以上的影剧院；

5. 建筑面积5万平方米以上的学校、医院、科研等群体建筑工程；

6. 2万平方米以上其他单体公共建筑工程；

7. 350米高以上的电视发射塔；

8. 3000平方米以上的古建筑。

三、交通水利工程

（一）交通工程

1. 全长3000米以上的独立桥梁、全长1500米以上且单跨80米以上独立桥梁或单跨120米以上采用新技术、新材料、新工艺、科技含量高的独立大桥；

2. 全长3000米以上的单车道（线）隧道；

3. 全长2000米以上的双车道（线）隧道；

4. 全长1000米以上的多车道（线）隧道；

5. 全长50公里以上的高速公路；

6. 全长80公里以上的一级公路或汽车专用公路；

7. 桥面面积2万平方米以上的大型互通立交工程；

8. 投资5000万元以上的独立大型立交工程；

9. 投资2亿元以上的其他交通项目。

（二）水运水利工程

1. 港口工程

万吨级以上（含）沿海工程项目、千吨级以上（含）内河工程项目。

2. 水电工程

全长3000米以上引水洞工程；

投资2亿元以上的水电工程；

100万立方米以上的大坝工程。

3. 水运工程

疏浚500万立方米以上（含）的沿海工程项目、疏浚200万立方米（含）的内河工程项目；

5万吨级以上（含）沿海航道工程项目、四级以上（含）平原航道、五级以上（含）山区航道的内河航道整治工程项目；

投资1亿元以上的其他水运工程。

（三）民航工程

机场飞行区等级4D以上的工程。

四、市政园林工程

1. 城市地铁不少于一站一区间或5公里以上的轨道交通工程及大型城市轨道交通车站、车辆段；

2. 连续长度3000米（含）以上的独立高架桥工程；

3. 全长400米以上且单跨80米以上的桥梁工程；

4. 全长800米以上的城市跨河工程；

5. 长度2000米（含）以上的单洞单车道城市隧道；

6. 长度1500米（含）以上的单洞双车道城市隧道；

7. 长度800米（含）以上的单洞多车道城市隧道；

8. 立交桥桥面面积2万平方米以上的工程项目；

9. 城市道路面积20万平方米以上的工程项目；

10. 日供水10万吨（含）以上的供水厂或日处理10万吨（含）以上的污水处理厂；

11. 投资5000万元以上的园林工程或人造景观。

五、工业建筑

1. 建筑面积2万平方米以上的各类工业厂房；

2. 5万吨（含）以上各类仓储工程；

3. 投资1亿元以上的工业建筑工程项目。

六、电力及通信信号工程

投资3000万元及以上的电力、通信、信号工程及投资额不少于2亿元的相关综合工程。

中国铁建股份有限公司公司档案工作评价办法

（中国铁建办〔2012〕69号）

第一章　总　　则

第一条　根据《中华人民共和国档案法》《企业档案工作规范》以及国务院国资委办公厅颁发的《中央企业档案工作评价办法》等相关规定，结合中国铁建档案工作实际，为进一步提高企业档案规范化、制度化、科学化、现代化管理水平，特制定本办法。

第二条　企业档案作为最直接、最原始、最真实、最全面的历史记载，既是企业重要的文化遗产、无形资产、宝贵财富，同时也是重要的国有资产。中央企业档案工作是企业实现国有资产保值增值的重要基础性工作，为企业生产经营、科研开发、技术创新、改制重组、权益保障等提供有力凭证，为中央企业有效运作、规范管理、健康发展提供重要保障，在促进企业改革发展中起着不可替代的重要作用。国务院国资委将档案工作评价活动作为检验中央企业管理水平的“一把尺子”，提高中央企业档案管理水平的有效方法和手段，在各级中央企业中广泛开展档案工作评价活动，并把档案工作评价成效列入各级中央企业办公室工作水平考核评价体系。因此，各单位要严格按照中央企业档案工作评价内容、评价程序，在全系统认真组织开展档案工作评价活动。

第三条　中央企业档案工作评价坚持实事求是、规范有序、保证质量、促进发展原则，着力在确保评价质量的基础上提高企业档案管理整体水平。

第四条　国务院国资委办公厅负责组织中央企业总部机关的档案工作评价活动；受国务院国资委办公厅委托，中国铁建负责所属单位的档案工作考核评价，由股份公司办公室负责具体组织实施。

第二章　考核评价内容

第五条　中央企业档案工作评价内容包括组织管理、设施设备、基础业务建设、档案信息化建设、开发利用五个部分。

第六条 中央企业档案工作评价标准分为A、B、C、D四个等级：

90分～100分为A级；

80分～89分为B级；

70分～79分为C级；

60分～69分为D级；

60分以下为不合格，不能参加企业档案工作评价。

第三章 评价组织与评价程序

第七条 中国铁建档案工作评价采取循序渐进、逐级晋升办法。档案工作考核评价活动一般每年进行两次（上半年、下半年各一次）。参评企业第一次档案工作评价以实际达到的分数确定相应的等级；经过半年以上的整改提高后，方可申报更高级别的档案工作评价。

第八条 中国铁建档案工作考核评价由股份公司办公室负责组织，各集团公司（公司）推荐一至两名档案业务熟练、具有中级及以上专业技术职务、身体健康的专职档案人员，参加中国铁建组织的档案工作评价评审员培训，经考核合格后发给评审员证书，方可参加企业档案工作评价。每次档案工作考核评价一般由5至7名评审员组成评审组，由股份公司办公室指定评审组组长，采取民主集中制的方式进行评审。

第九条 中央企业档案工作评价采取初评与复评相结合的方式进行。初评由集团公司（公司）办公室或档案业务归口管理部门负责组织，复评由股份公司办公室负责组织。

第十条 初评由集团公司办公室或档案业务归口管理部门组织评审员和相关人员，对照《中国铁建档案工作评价考核评分标准》对参评单位档案工作逐项自检评分，达到相应等级后形成初评报告，报送股份公司办公室档案馆。初评报告主要内容包括：企业概况、档案工作概况、企业档案工作评价逐项自检达标情况、自检得分、达标等级、工作经验及存在问题、初评相关情况说明，以及中央企业档案工作评价申报表等。

第十一条 复评由股份公司办公室组织评审组，对参评单位的初评报告进行复核并组织现场评审。

第十二条 现场评审包括听、看、查、评四道程序：

听，即听取参评企业档案工作评价初评情况汇报；

看，即实地查看档案工作达标情况；

查，即审查档案归档率、完整率、准确率及档案信息化、数字化等达标情况；

评，即对照《中国铁建档案工作评价考核评分标准》逐项核对应得分数，形成复评结论意见。

第十三条 经过复评，如果参评单位达到相应的等级分数，评审组将代表国资委、中国铁建当场发给荣誉证书。

第十四条 复评工作结束后，参评单位报送档案工作评价初评报告、复评结论意见、档案工作评价实际得分表、评审员签字表等一式四份，经集团公司（公司）审核、中国铁建盖章后，分别报国资委办公厅备案和中国铁建、集团公司及参评单位存档。

第四章 奖　　惩

第十五条 股份公司办公室在年度档案工作评价结束后，将对全系统档案工作评价情况进行通报。凡在中央企业档案工作评价活动中获得B级及以上的单位，企业应对在档案工作评价活动中作出突出贡献的有关领导和专兼职档案人员给予适当的精神表彰和物质奖励，并作为企业评先创优的参评条件。

第十六条 凡在中央企业档案工作评价活动中组织领导不力，档案管理工作起色不大，“十二五”末期仍未通过D级以上考核评价的单位，股份公司将通报批评并限期整改。

第五章 附　　则

第十七条 本办法适用于中国铁建所属集团公司及公司级独立立档单位。

第十八条 本办法由股份公司办公室负责解释。

第十九条 本办法自公布之日起施行。

关于中国铁建开展管理提升活动的指导意见

（中国铁建发展〔2012〕83 号）

为深入贯彻落实国资委《关于中央企业开展管理提升活动的指导意见》（国资发改革〔2012〕23 号），进一步加强企业管理，夯实发展基础，全面提升企业管理水平，推动企业向集约化、精细化转变。股份公司决定，从 2012 年 5 月起，用两年左右的时间在股份公司系统开展一次全面的管理提升活动。现就活动提出如下指导意见。

一、充分认识开展管理提升活动的重要意义

国务院国资委决定用两年时间在中央企业开展管理提升活动，是立足于国家“十二五”规划纲要的主题和主线，立足于中央企业“十二五”改革发展核心目标，立足于应对当前国际国内复杂经济形势的研判，特别是立足于中央企业管理实际而作出的重要举措和决定。其目的是促使中央企业找出风险点，止住出血点，向管理要效益、要质量，保持生产经营平稳运行，努力实现做强做优，向世界一流企业奋进。这是中央企业践行科学发展观的重要体现，是努力实现管理短板和瓶颈问题的重点突破的需要，是实现管理方式由粗放型向集约化、精细化转变的需要。

中国铁建自 2007 年上市以来，特别是在面对近年来世界经济低迷，国内银根紧缩，基建投资放缓，铁路市场急转直下的严峻形势下，通过深化改革，转化机制，创新发展，积极应对，奋力突围，取得调结构、促转型、保稳定的历史性突破，实现“十二五”开门红，企业的整体实力得到增强，管理水平有了很大提高，在生产规模、市场占有、成本控制等方面已跃居世界前列，初步具备与世界先进企业同台竞争的基础。但在规模快速增长的同时并未带来效益和现金流同步增长，发展方式仍很粗放，治理模式、组织架构、业务流程、运行机制、管控体系不能完全适应企业发展需要。与世界一流企业相比，中国铁建在企业管控的手段和方式方法上，还存在很大差距，还有许多的薄弱环节。尤其是资源配置效率不高；盈利水平较低；业务结构不合理，转型升级步伐较慢；安全质量风险常在；资本和项目运作能力、技术创新能力不强；各类风险日益聚集，企业维稳压力加大等问题，已经成为严重制约企业做强做优、科学健康发展的瓶颈，给中国铁建保持平稳较快发展带来严峻挑战。2012 年是“十二五”时期承前启后的重要一年，也是中央企业进一步做强做优的关键时期和科学发展、转型升级的攻坚时期。中国铁建响应国资委的号召，决定在全系统开展管理提升活动，全面提高管理水平，是中国铁建更好地履行社会责任，完成党和国家赋予历史使命的必然选择；是中国铁建应对内外部复杂环境变化，调结构，促升级，保增长，保稳定，提升市场竞争力和抗风险能力的重要抓手；是促进中国铁建科学发展加快转变经济发展方式，不断提升发展质量和效益，走内涵式发展之路的重要举措；是中国铁建加快实现产业结构多元化、经营集约化、管理科学化，资金雄厚、人才荟萃、设备精良、技术先进、效益最佳的“中国建筑业领军者，全球最具竞争力的大型建设集团”的重要步骤；更是中国铁建实现“十二五”发展规划目标的重要保障。各单位、各级领导和广大员工必须充分认识管理提升对于培育世界一流企业的重要性和紧迫性，必须深入扎实地开展好管理提升活动，全面提升企业管理创效水平。

二、指导思想、活动主题和工作原则

（1）指导思想。坚持以科学发展为统领，以中国铁建“十二五”发展战略与规划为依据，以加快转变经济发展方式为主线，以完善既有成熟的管理制度为前提，以解决企业管理中存在的突出问题和薄弱环节为重点，以推进内控与风险体系建设为载体，加大结构调整力度，积极推动企业由粗放型向集约型、精细化转变，全面提升企业管理水平，努力建设具有核心竞争力的世界一流建筑企业。

（2）活动主题。强基固本，控制风险；精细管理，降本增效；转型升级，保值增值；做强做优，科学发展。

（3）工作原则。一是立足自我与学习借鉴相结合。坚持以我为主、博采众长，广泛学习借鉴国内外先进经验，融合提炼，形成适合企业自身特点的管理提升方法。二是重点突破与全面提升相结合。在以解决突出问题和薄弱环节为重点扎实开展短板消缺和瓶颈突破的同时，将管理提升活动覆盖到企业管理的各个领域，带动企业管理水平的全面提升。三是从严治企与管理创新相结合。继承和发扬大庆人的“三老四严”和铁道兵艰苦创业的优良作风，严格管理，严格执行，并通过优化资源配置、工作秩序和氛围，积极开展管理创新，不断扩大管理提升活动的实效。四是加强管理与深化改革相结合。通过深化改革，创新机制，完善“贯标”体系，为进一步加强和改进管理提供动力保障和制度基础，促进企业持续改进管理方式，提高管理效益，深入开展管理提升活动。五是对标管理与创先争优相结合。通过对标管理查找自身与业界最佳标杆企业的差距，找准努力方向，增强危机感和紧迫感。与创先争优活动紧密融合，充分调动党员干部和员工参与管理提升活动的积极性，以创先争优的精神，引领管理提升活动扎实开展，实现持续改进，赶超标杆。六是管理提升与日常管理相结合。把开展管理提升活动与本单位日常管理紧密结合，敢于面对困难和问题，坚定信心，真抓实干，统筹协调，合理安排，使管理提升活动成为促进本单位工作的强大动力，推进企业管理精细化、精益化，确保管理提升活动取得新的突破。

三、主要目标、重点任务及阶段安排

（1）主要目标

力争用两年左右的时间，通过全面开展管理提升活动，加快企业产业结构调整和转型升级步伐，使企业基础管理工作明显加强；管理现代化水平明显提升；管理创新机制明显改善；综合绩效明显改善，主要经济指标增幅位居行业前列，并努力在以下10个专项领域取得新的提升。

①科学决策能力。进一步健全议事规则，明确“三重一大”事项的决策规则和程序，规范“三重一大”决策行为，坚决克服或杜绝“拍脑袋”决策、凭“老经验”办事、用“土政策”定项目的决策方式，消除决策风险和隐患，充分提高重大决策的科学化水平，确保企业科学、健康、可持续发展。

②降本增效能力。强力推行资金集中管理使用、科技成果转化共享、经营市场统筹开发、专业品牌集中攻坚、物资设备集中采购、劳务队伍合规择优选用、闲置资产集中利用等手段和措施，使企业的盈利水平明显提高。力争实现产值利润率提升10%和资产负债率下降10%的阶段性目标。

③资源整合能力。通过有效资源配置和整合，逐步解决主业过大、同质化经营严重、产业结构不合理、产业链下端过重等制约企业深入发展的瓶颈问题，使企业有限的资源向优势产业、优势企业集中，实现各产业资源的合理配置，推进企业发展由量的扩张向质的提升转变，使有限资源实现价值创造最大化。

④市场开拓能力。通过实施高度配合、密切协同发展战略，创新经营模式，充分发挥资本杠杆的作用，充分发挥各集团、各产业板块、各区域经营的优势，坚持国际国内两大区域为支撑，立足路内路外两大市场，形成以股份公司资本运作为龙头，集团公司为经营主体、工程公司以专业市场为补充的全方位市场经营体系，使开拓经营市场的竞争能力明显增强。

⑤项目管控能力。进一步完善项目经理责任制，积极推进“法人管项目”，实现项目实施全过程的可控，在项目队伍选用、信息化管理、方案优化、流程再造、材料招标采购等环节，细化管控措施，使工程项目安全、优质、高效的价值创造能力明显提升。

⑥科技创新能力。充分发挥科技进步的先导作用，依托重点项目和前沿领域，加快突破一批重大核心关键技术，培育一批高附加值的尖端产品，打造一批国际知名的高端品牌，努力形成具有核心竞争力的自主知识产权的关键技术和知名品牌，使科技成果尽快转化为现实生产力，成为推动企业加快发展的引擎和动力。

⑦风险防控能力。建立健全风险内控管理体系，建立有效的风险内控管理制度，完善风险预警系统和控制预案机制，及时应对和化解来自方方面面的风险和危机，确保企业发展平稳、安全，为企业改革发展提供坚强的安全保障环境创造条件。着力完善总法律顾问制度，全面建立健全以前期防范、中期控制为主，后期救济为辅的法律风险防范机制，强化规章制度、经济合同、重要决策和授权委托书的法律审核，提升法律管理工作水平，促进企业依法经营、依法决策、合规管理。

⑧人才培育能力。坚持企业“人才战略”，立足企业现实需要和长远发展，培养造就“数量充足、素质优良、结构合理、专业匹配”的人才队伍，为企业转型升级，实施“走出去”发展战略储备一批高端管理技术人才。

⑨党群建设能力。全面加强党的建设，以开展党群共建创先争优活动为载体，从体制机制上确保公司治理机制有效运行、党组织政治核心作用的有效发挥，使企业党组织的政治优势转化为企业核心竞争力，不断增强群团组织在企业维稳和维护群众合法权益的能力。

⑩反腐倡廉能力。建立健全教育、制度、监督并重的惩治和预防腐败体系，扎实推进廉政文化建设，使广大党员干部廉洁从政、拒腐防变的思想基础更加巩固，以廉为荣、以贪为耻的风尚进一步形成，为企业改革发展营造良好环境。

（2）重点任务

为全面落实管理提升活动的工作目标，在实施过程中要重点做好以下七项工作：

①找准问题重点突破。按照开展管理提升活动的要求，结合自身实际，广泛发动，全员参与。把活动渗透到企业各管理领域，并结合企业风险内控体系建设，全面开展自查自纠和管理诊断工作，找出当前存在的突出问题和薄弱环节，找准管理短板和瓶颈问题。在深入调查、充分论证的基础上，优选提升措施，制定重点整改工作方案，狠抓落实，确保短板消缺和瓶颈突破。要积极寻求新的经济增长点，提升实施“走出去”

战略能力，不断扩大国际市场份额，加强行业影响力和带动力，实现由点到面的全球化发展战略。

②切实加强基础管理。工程公司是中国铁建发展之基，效益之本。加强工程公司建设是中国铁建“强基固本”的长期战略任务。当前，工程公司建设仍然是股份公司发展的薄弱环节，管理粗放、经营粗放以及专业化程度较低等问题还没有真正解决，整体赢利能力、积累能力以及抵抗风险能力还很弱，特别是有的局集团公司大部分工程公司都处在微利水平，有些项目甚至出现大额度亏损，暴露了经营管理中的严重问题，必须牢固树立“基础不牢，地动山摇”观念，继续深化工程公司建设，加大调整力度，培育发展一大批专业优势明显、管理团队精干、队伍组织高效和创效能力较强的工程公司，优化施工一线作业层体制机制建设，大力组建专业化施工队，有效保证工程项目的质量、安全、工期和效益，真正把工程公司做强、做优、做实、做专，努力提升工程公司的专业化施工能力和创效能力。

③统筹推进专项提升。管理提升活动范围覆盖企业管理各领域，各级要根据转型升级、降本增效、风险控制的需要，重点围绕科学决策、降本增效、资源整合、项目管控、风险防范、科技创新、市场开拓、人才培育、党群建设、反腐倡廉，以及本单位认为需要加强和改进的其他管理工作为重点，按照有效、管用、实用、可操作的原则。对原有的各类管理制度进行全面梳理，进一步修订、补充完善，形成严格的管理考核机制和阶段性目标，确保各专项整改措施得到落实。

④全面开展对标管理。集团公司、工程公司、项目指挥部（项目部）三个层面要围绕整体竞争能力、价值创造能力、成本控制能力分别建立主题性对标指标体系。其中，在集团公司层面建立一级对标指标体系，从产业结构调整能力、价值链管理能力、科技创新能力等方面确定具体的对标指标；在工程公司层面建立二级对标指标体系，重点在科技创新、盈利能力、成本控制、质量创优等方面进行对标；在工程项目指挥部（项目部）层面建立三级指标体系，重点在安全、质量、工期、成本控制等方面，确定若干个关键性对标指标。根据不同层面确定的对标指标，广泛收集标杆企业信息，在统筹考虑现状分析、存在问题、标杆企业选定、对标目标值、具体赶超措施、相关责任人、进度安排等内容的基础上，研究制定对标实施方案，查找差距，认真整改，努力追赶、超越一流标杆，推动管理提升活动深入开展。

⑤切实加强党群工作。各级党群组织要结合党群工作实际和自我诊断情况，不断改进和加强思想政治工作、组织建设、干部队伍管理、干部教育培训、党群共建等工作的长效机制，充分发挥党群工作在企业生产经营为中心的各项工作中引领人、鼓舞人、凝聚人的作用，为加快企业转型升级，提升管理水平创造有利条件。

⑥加强反腐倡廉建设。各级纪检组织要坚持“标本兼治、综合治理、惩防并举、注重预防”方针，认真查找反腐倡廉制度建设、领导干部工作作风建设、执行“三重一大”决策制度以及效能监察等管理上存在的漏洞和薄弱环节，明确整改时限和整改责任，确保活动取得实效。为企业做强做优发挥积极的保驾护航作用。

⑦构建管理提升长效机制。充分调动各级组织和广大员工的积极性，主动开展管理改善和管理创新活动，建立持续开展“合理化建议”的工作机制和奖励措施，从政策、资金、人员等方面为管理创新提供保障。科学评价管理提升活动的成果，强化成果的推广与应用，通过建章立制固化管理提升成果，使之成为全体员工的自觉行动。通过管理提升活动，切实建立起管理改善和管理创新的长效机制，形成持续开展管理提升的文化氛围，不断引发、促成新的管理提升。

（3）阶段安排

为确保管理提升活动紧紧围绕主题，取得实效，按照国资委的统一部署，中国铁建系统的管理提升活动总体安排为 3 个阶段 6 个环节。

第一阶段，全面启动、自我诊断。时间从 2012 年 5 月至 2012 年 8 月。本阶段分为两个环节：制定活动实施意见，开展专题学习动员、统一思想环节和自我诊断、找准问题环节。

第二阶段，专项提升、协同推进。时间从 2012 年 9 月至 2013 年 8 月。本阶段分为两个环节：制订推进方案、细化措施环节和推进 10 个专项提升、全面整改环节。

第三阶段，持续改进、总结评价。时间从 2013 年 9 月至 2014 年 2 月。本阶段分为两个环节：检查评价、持续改进环节和总结经验、表彰先进环节。

各单位要根据自身发展所处阶段的具体情况，针对自身管理中存在的突出问题和薄弱环节，认真做好诊断分析，围绕重点任务，细化分解，合理确定本企业各阶段及各环节管理提升的时间、内容、重点和相关措施。

四、工作要求

开展管理提升活动既是“十二五”期间国资委部署的事关全局的重大活动，同时也是关系到企业长远发展的根本大计，是一项系统工程，内容丰富，工作量大，影响面广，实施时间跨度较长。各单位要高度重视，充分发挥各级企业的不同作用，充分调动广大员工积极参与热情，精心组织，狠抓落实，务求实效。

(1)加强组织领导

为加强对全系统开展管理提升活动的组织领导，推进管理提升活动的深入开展，股份公司成立管理提升活动领导小组。

组　长：孟凤朝　赵广发

副组长：彭树贵　齐晓飞　扈振衣　夏国斌

　　　　范　德　庄尚标　张宗言　刘汝臣

股份公司机关各部门部长为领导小组成员。

领导小组下设办公室、专题小组和专家小组。办公室设在股份公司发展规划部。领导小组办公室主任由发展规划部部长扆守义兼任。

办公室主要职责：负责管理提升活动指导意见的制定与落实；负责各专题小组、专家组开展管理提升活动的协调和服务；负责开展管理提升活动的综合评价和考核；督促各级企业建立管理提升活动方案和长效机制；协调引导相关机构和企业开展管理提升活动；审议、评价各单位管理提升活动实施情况；负责收集各级企业管理提升活动开展信息，定期刊发管理提升活动简报；负责开展管理提升活动日常工作，保持与国资委、各所属企业联络与沟通。

专题小组根据目前企业的实际情况和需要，共确定为14个小组。

体制机制管理小组，组长：扆守义

全面风险管理小组，组长：扆守义

人力资源管理小组，组长：鲁　斌

科技创新管理小组，组长：王清明

市场经营管理小组，组长：孙国富

工程项目管理小组，组长：陈勇鹏

安全质量管理小组，组长：王　峰

物资设备采购管理小组，组长：覃为刚

投资决策管理小组，组长：张沛然

全面预算管理小组，组长：曹锡锐

法律合规管理小组，组长：王甲国

信息化应用管理小组，组长：肖新华

党群建设管理小组，组长：张良才

反腐倡廉管理小组，组长：王兆刚

各专题小组组长为本专题领域的责任人，按照股份公司机关职能部门职责划分，与各专题有关的部门为参与单位。各专题小组的工作职责，主要是依据管理提升活动的整体要求，研究制定股份公司本级及全系统本专题领域贯彻落实的实施方案和措施，具体包括目标确定、业务流程梳理、问题查找、整改措施制定、推进持续改进以及检查考评。

专家小组将根据各阶段开展情况分别确定，主要任务是负责整个提升活动的管理诊断、帮扶指导、方案优化和咨询服务工作。

为切实搞好管理提升活动，各级企业要成立相应的领导小组，组建精干高效的工作机构，明确分工、落实责任、协同推进，形成领导有力、层次清晰、党政工团齐抓共管的工作局面。

(2)做好整体设计

各单位要结合自身实际，整体规划，做好本企业开展管理提升活动的总体设计。在全面诊断和系统对标的基础上，找准问题，确定重点，制定开展管理提升活动的工作方案、阶段任务及专项提升工作计划。要深入调查，广泛征求意见，充分发挥内外部资源的作用，细化工作目标和工作措施，分步实施，协调推进。各集团公司要根据《关于中国铁建开展管理提升活动的指导意见》制定本单位具体实施方案，并及时将本企业开展管理提升活动的有关工作方案报股份公司管理提升活动领导小组办公室备案。同时在活动过程中，要利用各种新闻媒体，加强对本次活动、企业管理提升好经验、好做法的宣传报道，努力营造良好的活动开展氛围。

(3)健全工作机制

各级要进一步丰富开展管理提升活动的载体，不断创新方式方法和手段；要畅通信息沟通渠道，及时总结经验、发现不足；要加大资源整合配置力度，提高解决问题的时效；要明确考核标准，健全评价制度和责任追究制度，鼓励先进，充分调动广大员工的积极性和创造性，确保将活动引向深入。各企业要及时将本企业管理提升工作各环节进展情况和阶段工作总结报送股份公司。股份公司将对各单位的活动开展进行指导和督查，督查指导的重点是强化活动方案的执行力，并将定期编发工作简报，及时总结并推广在活动中涌现的好经验、好做法，做好跟踪分析，并在股份公司每年的年初和半年工作会上通报情况、总结部署工作。将组织内外长期从事经营管理工作的骨干、行业专家等组成的管理诊断小组，选择部分具备条件的单位，开展管理诊断和帮扶指导工作，帮助企业找准问题、优化方案，并在企业实施过程中提供咨询服务。

(4)确保取得实效

各级要细化落实责任，严格考核，狠抓落实。对诊断发现的短板和瓶颈问题，要集中资源全面整改；要加强经验总结，挖典型、树标杆，做好表彰工作，通过广泛宣传和推广，不断扩大经验应用的成效；要抓好管理提升措施的执行，从严管理，不走过场。活动期间，股份公司将对各企业管理提升工作情况进行评价，并纳入各集团公司领导班子综合考核评价工作；活动结束时，将召开总结表彰大会，认真总结开展管理提升活动的成效，表彰先进企业和先进个人，交流本次活动的典型经验，促进各级管理提升活动取得实效。

中国铁建股份有限公司
关于加强信息化工作的指导意见

（中国铁建信息〔2012〕106 号）

根据国资委对中央企业改革发展总体思路、住房和城乡建设部对建筑业“十二五”信息化发展要求和中国铁建“十二五”发展战略，为提升管理信息化水平，增强信息化对企业核心竞争力的提升作用，现就“十二五”期间加强信息化工作提出以下指导意见。

一、指导思想

紧紧围绕企业发展战略目标，坚持以科学发展为主题，以深化应用和深度融合为主线，以企业管理提升活动为契机，以强化信息安全为保障，全面提高信息化水平，促进企业技术进步，提升管理水平，助推企业做强做优。

二、基本原则

1. 信息化规划与企业战略相结合。始终把支撑企业改革发展作为信息化的出发点，坚持把信息化规划作为企业发展规划的有机组成部分，确保信息化发展与企业发展战略目标相一致。

2. 信息化建设与深化应用相结合。始终把推进深化应用作为信息化的落脚点，坚持建设与应用并重，形成信息化条件下的管理思维与创新，充分体现信息化效能，促进信息化水平持续提升。

3. 信息化工作与管理提升相结合。始终把促进管理提升作为信息化的切入点，坚持信息化与企业管理的深度融合，充分发挥信息化对管理提升的促进作用。

4. 信息化发展与信息安全相结合。始终把信息安全作为信息化的支撑点，坚持信息安全保障措施与信息系统建设同步规划、同步建设、同步运行，确保信息化发展安全可控。

三、总体目标

到 2015 年底，全面落实《“十二五”信息化发展规划》，实现所有管理层级和主要业务的信息化全覆盖和普及应用，中国铁建整体达到并保持国资委中央企业信息化水平 A 级及行业领先水平，一批单位的信息化应用达到国内同行业先进水平。

四、重点任务

1. 深度应用信息化建设成果。①明显提升应用实效，实现信息系统“在用、管用”。“在用”是指该进系统的数据全部进系统，该走系统的流程全部走系统；“管用”是指通过信息系统，能对生产经营业务进行有效管理。②深度融合信息化与业务，实现信息化与经营管理、与生产过程、与风险防控、与战略决策的深度融合。③明显增强信息化对管理提升的促进作用。一是企业人财物等基础管理业务高度依赖信息系统展开，企业管理制度、流程和标准在信息系统中得以固化和优化；二是利用信息化实现了对所属各级企业生产运营动态的实时监测，集团管控和大范围资源配置能力大幅提升，集约化和精益化管理水平明显提高；三是通过信息系统吸收引进先进的生产方式和管理理念，促进企业发展方式转变。

2. 基本完成主业信息化建设。①加快推进中国铁建经营管理系统建设，支撑经营管理战略的实现。②加快推进有中国铁建特色、国内一流的施工项目管理系统的建设与完善，支撑中国铁建施工项目精细化管理。③加快推进以勘测设计一体化、协同设计咨询和设计咨询项目管理为主线，以辅助决策支持系统为核心的业务支持与运营平台的建设，支撑勘察设计咨询单位做大、做强、做优。④以业务财务一体化为目标，管理模式创新与信息技术手段相结合，搭建统一高效的财务信息化平台，有效支撑规范化、标准化、系统化、统一化的财务管理模式。

3. 提高信息安全保障能力。认清信息安全形势，牢固树立全员信息安全意识，建立和完善中国铁建信息安全管控体系，强化信息安全统一归口管理；加强信息安全防护技术保障建设，做好信息资产的安全状态监测预警和加固防护；开展数据中心、异地灾备中心的规划和建设，提升企业数据安全和业务连续性保障能力；全面推进信息系统安全等级保护工作。

4. 完善信息化建设基础。计算机房达到 A 级标准，并实现标准化运维；建设中国铁建广域网，到“十二五”末实现三级及以上单位全部接入企业内部信息网络；初步建成中国铁建信息化技术标准体系，发布基本的信息化标准，强化技术架构管控，为集成应用和数据贯通提供基础保障；加快中国铁建主数据平台建设，构建公共数据资源池，强化数据管理和数据治理，推进数据深度共享，提升信息资源整合能力。

5. 创新信息化建设机制。建立充分利用现有人力资源和建设成果，快速、高效、低成本的中国铁建信息化建设机制；逐步建设具有自主知识产权的信息系统。

五、保障措施

1. 进一步深化对信息化战略地位的认识。要将信息化作为企业“做强做优、世界一流”目标的重要举措，充分认识到信息化是企业积累软实力的过程，没有世界一流的信息化，就没有世界一流的企业；要将信息化作为实现企业变革与发展的驱动力，作为实现精益化管理、提升管理水平的必经途径，充分认识到信息化在实现“建筑为本、相关多元、一体运营、转型升级”战略中的关键作用，建立支撑企业创新、转型和变革的信息化体系和工作机制。

2. 进一步加强对信息化工作的领导。要进一步强化信息化领导小组的工作机制，明确企业领导班子成员分管信息化工作，并逐步过渡到全面推行企业总信息师（CIO）制度，大力提高专职率；要进一步强化上下协调、规模适度、责权对等的信息化管理专职机构的建设，加强信息化工作的统一归口管理和股份公司、集团公司两级管控力度；要进一步强化业务部门在信息化工作中的有效驱动与参与，促进信息化持续健康发展；要进一步强化信息化专项预算管理，依规操作，提高投资质量。总之，要形成“一把手”挂帅、班子成员（总信息师）具体领导、信息化部门统一组织实施、业务部门有效参与、全体员工深度配合的信息化工作机制和体制。

3. 进一步强化信息化人才队伍的建设。要将信息化人才作为企业管理和专业技术人才的组成部分，明确信息化岗位序列，构建信息化人才职业发展通道；要结合企业实际，加强既懂信息技术又懂业务的复合型人才队伍建设，合理配备主业管理人员，培养和打造人员配比合理、自主可控的信息化管理、建设、运维和安全的信息化人才队伍；要加强全员信息化培训，重点加强企业中层以上管理人员的信息化培训，将信息化素质作为各岗位的基本要求；要广泛开展各种形式的信息化建设、应用、运维技能竞赛和岗位练兵活动，进一步提高信息化人员的专业素质和岗位能力。

4. 进一步优化信息化发展的建设规划。要站在中国铁建“大信息化”建设高度，着眼本企业发展战略目标，结合管理提升活动，通过与国际和同行业信息化先进企业对标，找准管理短板和瓶颈问题，研究信息化解决方案，有针对性地对“十二五”信息化规划进行滚动修编，确保规划的战略前瞻性、整体协调性和应用实效性；编制信息化年度计划，持续深入开展信息化发展“登高计划”，确保信息化规划具体落地。

5. 进一步提升股份公司对信息化的引领作用。要建立中国铁建信息化建设技术管理规范，明确在信息化建设方面应遵循的技术管理要求，建立起合力建设与成果共享的有效机制，调动和发挥好各方面信息化建设的积极性；要加快信息网络、信息安全、信息标准、主数据平台、服务总线、决策支持平台、移动应用平台的建设，组织解决全系统信息化建设方面的一系列共性与基础性问题，为各单位应用开发创造条件与提供服务；要逐步建立基本的信息化自主建设与运维能力，适应信息系统建设的基本要求和支撑运维的自主要求。

6. 进一步完善信息化绩效的管理制度。要进一步建立和完善信息化绩效评价制度、并将信息化工作绩效纳入各级领导的年度绩效考核体系，以层层落实信息化建设、应用、维护、升级和优化责任；要建立信息化评优评先制度，培育树立行业信息化标兵，充分发挥典型示范引领作用，提高单位和人员在信息化工作方面的积极性和创造力；要加强信息化重点项目的后评估工作，对项目管理、系统功能、实施效果、投资控制和系统运维等方面进行评估，强化信息化绩效的全面管理。

中国铁建股份有限公司
关于推进"法人一套账"工作的指导意见

(中国铁建财〔2012〕117号)

根据"十二五"财务战略规划关于推进"法人一套账"工作的相关要求,为加强财务集中管理,减少会计核算级次,提高会计工作效率,结合股份公司财务管理的实际情况,现就推进"法人一套账"工作提出以下指导意见。

一、"法人一套账"的具体涵义

"法人一套账"的核心思想是推行报账制,其涵义是:各集团公司、公司通过成立财务共享中心(以下简称财务中心),在内部单位(指各法人单位所属项目、分公司、分厂、分部等)资金所有权、使用权、财务控制权不变的前提下,统一代理内部单位的资金收付、会计核算、报表编制、档案管理等工作。在"法人一套账"模式下,内部单位取消会计核算岗位和出纳岗位,保留财务管理岗位,新增报账岗位。有独立核算要求的内部单位,在财务中心代理记账的前提下,可以设置独立的会计账簿,形成独立的会计数据,保留独立的会计档案。

二、"法人一套账"的意义和作用

随着各单位经营规模的逐渐扩大,会计核算单位越来越多,财务管理难度越来越大。目前,全系统会计核算单位已经达到10000多家,资金高度分散、账套数量众多、报表层级过多的现状不仅降低了财务工作效率,浪费了财务资源,也增加了财务管理成本,严重制约财务管理水平的有效提升。中国铁建作为世界500强企业,对财务管理与会计核算提出了更高要求和更新标准,对资金集中管理、资产集中管控、风险有效规避的管控要求越来越高,对会计核算、会计报表、财务信息披露的及时性、有效性、完整性的标准要求越来越高,各单位现行的按照内部单位进行会计核算的传统方式已经无法满足企业发展要求,已经无法适应企业做强做优的发展形势,推行"法人一套账"工作势在必行。

"法人一套账"是推动"法人管项目"的具体抓手,也是加强企业财务集中管理,防范风险的有效手段。推行"法人一套账"工作,实现会计核算与财务管理相对分离,有利于提高会计信息的真实性、可靠性、完整性、及时性,有利于加强会计人员管理、提升会计工作效率,有利于实现法人对项目的管控集中、资金集中、核算集中,使项目成为真正意义上的成本管理中心。

三、"法人一套账"的基本原则

(一)"一分离"原则。将内部单位的财务管理与会计核算相分离,财务管理仍以子(分)公司、项目部为主。财务中心履行代理会计核算职能,内部单位利用会计处理结果行使财务管理职能。

(二)"二撤销"原则。撤销内部单位的出纳岗位,撤销会计核算岗位,内部单位变为报账单位。

(三)"三集中"原则。一是集中出纳业务,各内部单位的现金、转账、汇兑等资金结算业务由财务中心统一办理;二是会计核算业务集中处理;三是会计档案集中管理。

(四)"四不变"原则。一是内部单位财务机构管理职能不变;二是内部单位资金所有权不变,出纳岗位集中不影响内部单位对自有资金的支配;三是内部单位资金使用权不变,资金的筹集、使用、分配、审批及管理仍由内部单位负责;四是内部单位会计主体责任不变,各内部单位负责人对本单位会计资料、会计信息的真实性、完整性和合法性负责。

四、"法人一套账"的实施办法

各集团公司、公司由财务部门牵头,在所属子(分)公司成立财务中心,或在子(分)公司所在地之外的项目(或其他内部单位)密集地区成立财务(区域)分中心,设置集中办公机构,配备集中管理与核算的会计人员,履行集中管理与集中核算职能。为保证财务中心工作有序推进,顺利完成由分散向集中的过渡,各单位对原内部单位有关财务岗位、会计人员、管理职能和审批流程等在财务中心设立初期应保持工作的连续性,暂不做调整,确保财务中心工作的顺利推进。

(一)组织机构设置

财务中心可下设会计核算组、资金管理组,职责分工如下:

1. 会计核算组

会计核算组由应收账款岗、成本费用岗、固定资产岗、总账报表岗、报税岗等组成，按项目及业务类别分工进行业务处理。

2. 资金管理组

资金管理组不同于资金结算中心，其主要工作并不侧重于资金集中，而侧重于资金账户、资金交易、票据、融资等的管理控制。资金管理组由资金交易岗、融资管理岗、资金预算管理岗、外汇管理岗等组成。

（二）银行账户管理

实行“法人一套账”的单位，各类银行账户可以暂时全部保留，运行一段时间后根据实际管理需要决定撤销或保留。在财务中心运行相对成熟的情况下，银行账户将逐步以法人名义集中开立，集中管理。

（三）会计工作移交

1. 内部单位在实施“法人一套账”前应做好财产清查工作，在财务中心确定的结账日前做好会计资料的整理和债权、债务的清理。对已受理的经济业务要在结账日前全部办理会计核算，并编制完成当月的财务会计报告。对清理无误的固定资产、材料物资、有价证券、债权债务等财务会计资料要根据需要移交。

2. 内部单位接到财务中心正式移交通知之日，应将库存现金存入银行，以银行存款账户余额交由财务中心管理。

3. 延续记账。财务中心根据会计制度和财务信息化的要求，结合集中核算的特点和实际，安排相应的人员接替各内部单位的会计业务，新接替人员要在原来的账套上延续记账。

4. 上级财务部门、审计部门对移交前单位会计业务的真实性、合法性和完整性进行核实与审查。

（四）报账审核程序

1. 内部单位要完善内部管理制度，建立有关财务支出考核制度、奖惩制度、采购及付款的审批制度。审批程序和审批人员的签名笔迹和印章样式应报财务中心备查。

2. 经济业务的经办人负责原始凭证的真实性、正确性，报账员负责对原始凭证进行审核。报账员对审核合格的原始凭证进行整理、归类、粘贴，然后到财务中心报账。有条件的单位，应大力推行网上报账系统。

3. 财务中心收到内部单位支出单据后，由财务中心会计核算组对报账员所报单据进行审核，审核无误后，在原始单据上加盖“审核专用章”，并在支出报账单上签字，超过审核权限范围的要经过财务中心负责人审核，然后将报账单据传递给财务中心出纳。

4. 财务中心出纳复核无误后，在支出报账单上签字，开具支票或电子付款。付款后，在支出报账单上加盖“付讫”或“转讫”印章，并根据支票或银行回单登记银行存款日记账。

5. 审核内容：

（1）审核单位资金是否有足够的支付余额；

（2）审核原始凭证的合法性及合规性；

（3）审核报账手续是否齐全，报账用章、签字笔迹与预留印鉴和笔迹是否相符；

（4）审核单位成本费用支出是否超出预算；

（5）审核报账员报送的报账单及附件张数、数量、金额、类别是否正确，汇总金额与原始凭证是否一致；

（6）审核纳入企业集中采购范围的采购支出是否经过集中采购；

（7）审核实物资产处置是否按规定办理；

（8）其他需要审核的内容。

6. 拒绝受理事项：

（1）单位无足够资金的报账业务；

（2）非法票据和填写不规范的票据；

（3）未按审批程序审批的票据；

（4）超过成本费用预算的支出；

（5）应纳入企业集中采购范围而未按流程采购的业务支出；

（6）未按规定办理的实物资产处置业务；

（7）其他不符合法律法规、企业制度的事项。

（五）收入管理

1. 内部单位的所有收款账户暂时不变，但收款账户由财务中心代为管理。

2. 财务中心应有专人负责总包合同、甲方收款、甲方结算、建造合同收入确认等业务。

（六）支出管理

1. 内部单位费用支出审批程序：经办人员取得真实、合规、合法票据，并由证明人或验收人签字、单位负责人签批后，方可到财务中心报账。

2. 内部单位采购支出审批程序：由报账员提出资金申请，经内部单位业务部门、负责人同意后，根据采购单据和成本结算单确认往来，再由财务中心出纳根据合同直接支付给供应商。

3. 建立备用金制度。根据内部单位业务量的大小确定单位备用金额度为50000元～200000元，并实行定额备用金制度。备用金由报账员领取并按现金管理条例管理，用于支付零星办公用品购置、差旅费、业务招待费的报销等现金结算起点以下的小额费用开支。

4. 小额费用报销补贴化、工资化、集中化。为减少财务中心的工作量，建议将电话费、交通费等集中处理，有条件的单位可以在工资补贴体系内统筹考虑。在满足单位管理需要的前提下，尽可能减少小额费用的单据数量、交易笔数。

5. 资金支付定时化。为减少财务中心的工作量，合理安排资金计划，财务中心应在满足合同约定、满足生产需要的前提下，将资金支出行为定期化，可以以周、旬、月为单位进行支付。

6. 推广个人借记卡、个人贷记卡、单位结算卡的使用。为满足个人工资发放、费用异地报账、备用金支取等需要，减少和规范现金的使用，应大力推广个人借记卡、个人贷记卡以及单位结算卡的使用，防止仅为满足现金收支需求而开立临时账户，有助于银行账户的集中管理，有助于降低财务风险。

（七）凭证、账簿和报表

1. 内部单位所有原始凭证都必须经财务中心审核和复核，未经审核的原始凭证不得入账。

2. 经财务中心审核无误的原始凭证或影印件，由会计核算组进行账务处理。使用影印件记账的单位，必须月末归集原始凭证原件，并替换影印件。

3. 期末，财务中心对各单位所有会计资料稽核无误结账后，打印账簿、编制会计报表，经财务中心负责人审签后发送相关单位。内部单位是会计报表的责任主体，对会计报表审核无误后签章，报送有关部门。

4. 内部管理报表由各单位负责编制，主要包含项目资金收支表、项目结（决）算盈亏表、清欠统计报表、责任成本报表等。

（八）实物资产管理

1. 财务中心负责实物资产的会计核算，内部单位负责实物资产的实物管理。

2. 内部单位发生实物资产增减业务应按规定办理手续，并送财务中心登记入账。

3. 财务中心应督促各内部单位按照内控制度规定定期对实物资产进行清查盘点，做到家底清楚，账实相符。

五、“法人一套账”的关键环节

1. 统一思想。各单位要大力宣传推行“法人一套账”的重要意义，统一各级的思想认识，明确核算集中、资金集中不等于取消内部单位财务管理权与资金支配权，重点消除各级管理者、各内部单位对“法人一套账”的认识误区。

2. 统一标准。各单位要遵循股份公司统一的会计制度，规范和细化会计科目，统一财务业务流程等标准体系，明确会计业务处理具体流程，编制内部会计业务操作规范手册，促进财务中心业务处理的流程化、标准化、规范化。

3. 加强沟通。财务中心要建立内部财务信息沟通和反馈机制，不但要定期向内部单位提供财务报告，还要根据反馈信息及时掌握合同订立、工程计价、成本确认等现场情况，避免会计核算结果与现场实际管理情况脱节。

4. 升级系统。各单位要根据“法人一套账”、“账表一体化”等新的业务需求，加强财务信息化建设，重点做好会计核算、合并报表、网上报账、影像系统、预算管理等信息系统的建设及升级工作。财务公司网上金融系统是股份公司统一的资金服务平台，各单位要将资金结算业务统一到财务公司平台进行处理。

5. 建设队伍。为适应“法人一套账”工作，各单位要在财务中心配备一支具有较高业务水平、较强管理能力及其他相关综合素质的财会队伍，同时还要做好职业道德、法律法规等方面的宣传教育工作，进一步加强财务中心的内控管理。

6. 有序推进。“法人一套账”工作要因企制宜、因地制宜、因行业制宜，坚持“安全稳健，循序渐进，先试行、后推行，先总结、后推广”的推进模式。各单位可以先在一些具备条件的单位、地区进行试点，待总结试点单位的成功经验后，再逐步扩大覆盖面。

中国铁建股份有限公司贯彻落实“三重一大”决策制度实施办法

（中国铁建党办〔2012〕14 号）

第一章 总 则

第一条 为促进中国铁建股份有限公司（以下简称公司）领导人员廉洁从业，规范决策行为，提高决策水平，防范决策风险，依据《关于进一步推进国有企业贯彻落实“三重一大”决策制度的意见》（中办发〔2010〕17 号，以下简称《意见》）、《国有企业领导人员廉洁从业若干规定》（以下简称《若干规定》）、《国资委党委关于贯彻落实〈关于进一步推进国有企业贯彻落实“三重一大”决策制度的意见〉的通知》（国资党委纪检〔2010〕177 号，以下简称《通知》）以及《公司章程》，结合公司实际，制定本实施办法。

第二条 公司“三重一大”事项决策遵循的原则

（一）依法决策原则

遵守国家法律法规、党内法规和有关政策，遵守公司管理制度，保证决策合法合规。

（二）集体决策原则

公司股东大会、董事会、监事会、党委（常委）会、总裁办公会、职工代表大会等决策机构要依据各自职责权限，就“三重一大”事项分别开会集体讨论，防止个人或少数人专断。

（三）民主决策原则

完善群众参与、专家咨询和集体决策相结合的决策机制，充分发扬民主，广泛听取意见，保证决策的民主性。

（四）科学决策原则

健全议事规则，规范决策程序，公司股东大会、董事会、监事会、党委（常委）会、总裁办公会、职工代表大会等各司其职，各负其责，务实高效，保证决策的科学性。

第三条 公司各级所属单位应参照本办法，制定本单位的贯彻落实“三重一大”决策制度实施办法。

第二章 “三重一大”的内容和范围

第四条 “三重一大”的内容

“三重一大”是指公司重大决策事项、重要人事任免事项、重大项目安排事项和大额度资金运作事项。

第五条 重大决策事项的范围

重大决策事项是指公司依照《意见》《公司法》等有关法律法规、党内法规以及《公司章程》《股东大会议事规则》《董事会议事规则》《监事会议事规则》《党委会议事规则》和《总裁工作细则》等规定，由公司股东大会、董事会、监事会、党委（常委）会、总裁办公会和职工代表大会等决定的事项。重大决策事项主要包括（但不限于）：

（一）经营管理事项

1. 公司经营计划和投资方案；

2. 公司发展战略以及中长期发展规划等重大战略决策；

3. 公司年度财务预算方案、决算方案；

4. 公司利润分配方案和弥补亏损方案；

5. 公司增加或者减少注册资本、发行债券的方案；

6. 公司发行其他证券及上市方案；

7. 公司合并、分立、解散或变更公司形式的方案；

8. 公司重大收购、回购本公司股票的方案；

9. 在相关决策范围内，决定公司对外投资、收购出售资产、资产抵押、对外担保事项、委托理财、关联交易等事项；

10. 公司章程草案和公司章程修改方案；

11. 公司内部管理机构的设置、职能调整及分支机构的设置；

12. 公司基本管理制度的制定；

13. 公司重大收入分配方案，包括企业工资总额预算与决算方案、企业年金方案、以及涉及职工收入分配等切身利益的其他重大利益调配事项；

14. 公司重大改革重组事项，包括内部业务结构调整方案，劳动、人事、分配制度改革方案，股份制改革方案，职工分流安置方案、辅业改制方案和分离公司办社会机构方案；

15. 聘请或更换为公司审计的会计师事务所；

16. 公司风险管理与内部控制方案，包括风险评估、财务控制、内部审计、法律风险控制等方案；

17. 依法履行对公司所属企业的股东职权，行使股东权利所涉及的事项。

（二）党群工作事项

1. 公司贯彻执行党和国家的路线方针政策、法律法规和上级重要决定的重大措施；

2. 公司党的思想建设、组织建设、作风建设和制度建设及群众工作重要制度的制定；

3. 公司党组织建设重大事项；

4. 领导班子建设重大事项；

5. 人才队伍建设重大事项；

6. 维护稳定重大事项；

7. 公司企业文化建设重大事项；

8. 公司党委宣传工作和思想政治工作重大事项；

9. 公司党风建设和反腐倡廉工作重大事项；

10. 公司工会、统战、共青团工作的重大事项；

11. 其他党委(常委)会决策的重大事项。

第六条 重要人事任免事项的范围

重要人事任免事项，是指公司直接管理的领导人员以及其他管理人员的职务调整事项。主要包括：

1. 公司总部机关部门副职以上管理人员任免、聘用、解除聘用、奖惩和岗位变动；

2. 所属单位领导班子人员的任免、聘用、解除聘用和后备人选的确定；

3. 向控股和参股企业委派股东代表，推荐董事会、监事会成员和经理层成员、财务负责人；

4. 其他重要人事任免事项。

第七条 重大项目安排事项的范围

重大项目安排事项是指对公司及所属企业资产规模、资本结构、盈利能力以及生产装备、技术状况等产生重要影响的项目的设立和安排。主要包括：

1. 公司投资管理、融资管理、担保管理等基本制度的制定；

2. 公司年度投资、融资计划；

3. 公司本级的重大投资，公司所属子公司在《中国铁建股份有限公司对外投资管理制度》规定限额以上的投资；

4. 公司金融衍生业务；

5. 公司其他重大项目安排事项。

第八条 大额度资金运作事项的范围

大额度资金运作事项是指超过由国资委或公司所规定的领导人员有权调动、使用的资金限额的资金调动和使用。主要包括：

1. 公司资金管理基本制度的制定；

2. 公司年度预算内大额度资金调动和使用；

3. 公司超预算的资金调动和使用；

4. 公司对外大额捐赠、赞助；

5. 公司其他大额度资金运作事项。

第三章 决策形式和程序

第九条 决策形式

“三重一大”事项应由公司股东大会、董事会、监事会、党委(常委)会、总裁办公会和职工代表大会等以会议形式进行集体决策，不得由个人或少数人作出决策，也不能以个别征求意见形式作出决策。

第十条 决策前的程序

“三重一大”事项提交会议集体决策前，应当认真调查研究，经过必要的研究论证程序，充分吸收各方面意见。重大投资和工程建设项目，应当事先充分听取有关专家的意见。重要人事任免，应当事先征求纪检监察机构的意见。研究决定企业改制以及经营管理方面的重大问题、涉及职工切身利益的重大事项、制定重要的规章制度，应当听取工会的意见，并通过职工代表大会或者其他形式听取职工群众的意见和建议。

第十一条 会议决策

(一)股东大会通过召开年度会议和临时会议，对职责权限内的“三重一大”事项作出决策，保障公司股东依法行使决策权。

(二)董事会通过召开定期会议和临时会议，对职责权限内的“三重一大”事项作出决策。董事会下设的战略与投资委员会、提名委员会、薪酬与考核委员会、审计与风险管理委员会，根据工作细则要求，对相关重大事项提前进行审议，为董事会决策提供专业意见。

(三)监事会通过召开会议，对职责权限内的“三重一大”事项作出决策。

(四)参与企业重大问题决策是国有企业党组织的重要职责。党委(常委)会召开前，党政主要领导应就重要议题充分交换意见。企业生产经营等方面的重大议题或企业党委参与决策的议题，由党政主要领导共同商定，在调查研究、广泛听取党内外意见基础上，通过党委会或党委扩大会，按照“集体领导、民主集中、个别酝酿、会议决定”的要求，集体决策或参与决策讨论，以会议表决形式体现领导集体意志。

担任董事会、经理层领导职务的党委成员按照“集体研究、分别体现、双向反映、科学民主”的要求，向董事会、总裁办公会提出党委对重大问题的意见和建议。

(五)总裁办公会研究决定经理层职权范围内的重要事项，协调、解决、决定公司日常经营活动的具体事项。

(六)公司研究决定企业改制、重组以及经营管理方面的重大问题，涉及职工切身利益的重大事项、制定重要的规章制度时，应当通过职工代表大会或者其他形式听取职工群众的意见和建议。

第十二条 决策时的注意事项

(一)决策“三重一大”事项的会议应当符合相关

议事规则规定的人数方可召开。

（二）会议应按照事前通知的议题进行。如因特殊情况需要增加临时议题时，在保证议题材料完备的前提下，需按照有关议事规则征得会议出席人员同意方可进行审议。

（三）会议决定多个事项时，应逐项研究，参与决策人员应对决议事项表明态度，在充分讨论的基础上逐项表决。表决可采取口头、举手、无记名投票、记名投票等方式进行。受委托参加会议的人员应当按照委托人意见行使表决权。

（四）会议主持人应当按照会议讨论情况和表决情况最后发表结论性意见。

（五）会议应安排专人对会议形式、审议事项、参与人及其意见、表决方式和表决结果做好完整记录。

（六）对决策持异议或否定意见的，应当说明理由，记录人员要如实记录。对于意见分歧较大的事项，除紧急情况外，应暂缓作出决定，待酝酿成熟后再议。

（七）会议认为需要进一步研究或作出重大修改的事项，应按照会议要求进行修改完善后，按有关议事规则重新提交会议审议。

（八）就决议事项进行表决时，有利害关系的会议人员应按相关规定和有关议事规则回避。

（九）在发生不可抗力或者重大危机、无法及时召开会议的紧急情况下，由党委书记、董事长、总裁临时决定的，应在事后及时分别向党委（常委）会、董事会、总裁办公会报告。临时决定人应当对决策情况负责，党委（常委）会、董事会、总裁办公会应当在事后按本办法规定程序予以审定。

（十）对重大问题或事项进行决策前，应由相关专业部门或专家提出专业分析意见或报告，供领导决策，以保证决策的依法合规。

第十三条 决策的执行

（一）“三重一大”事项决策应形成规范的书面决议文本，作为执行依据。其中：

1. 股东大会应根据会议审议和表决情况形成决议，经出席会议的股东代表、董事、监事等签字，股东大会决议应及时下发作为执行依据；

2. 董事会会议应根据会议审议和表决情况形成决议，经出席会议的董事签字，董事会决议应及时下发作为执行依据；

3. 监事会会议应根据会议审议和表决情况形成决议，经出席会议的监事签字；

4. 党委（常委）会议应根据决定的事项形成会议纪要，必要时以文件形式下发；

5. 总裁办公会议应根据会议审议情况形成会议纪要，发相关部门予以执行；

6. 职工代表大会在审议方案基础上，应就表决事项形成书面决议。

股东大会、董事会、监事会和职工代表大会等会议内容，按照上市公司信息披露的有关要求需要披露的，应及时做好信息披露工作。

（二）经公司股东大会、董事会、监事会、党委（常委）会、总裁办公会和职工代表大会决策的“三重一大”事项，如须向国资委履行备案或申请审批程序的，应按相关规定执行。董事会每年向国资委报告年度工作时，应包括决策事项和决策结果等内容。

（三）公司党委要团结带领全体党员和广大职工群众，推动决策的实施，并对实施中发现的与党和国家方针政策、法律法规不符或脱离实际的情况提出意见，如得不到纠正，应当向上级党委反映。

（四）决策作出后，公司要及时组织分工落实，明确责任单位和责任人。决策机构应定期和不定期对执行情况进行监督检查。

（五）参与决策人员应根据有关议事规则和决策会议的要求，履行保密义务。

第四章 组织、监督与责任追究

第十四条 公司党委书记、董事长、总裁是落实“三重一大”决策制度的主要责任人。

第十五条 公司纪委在依照《若干规定》，结合年度考核进行监督检查，作出评估，并向公司党组织和上级纪检监察机构报告时，应当将公司领导人员执行“三重一大”决策制度的情况作为重点内容。

第十六条 企业领导人员违反“三重一大”决策制度的，应当依照《若干规定》和相关法律法规给予相应的处理，违反规定获取的不正当经济利益，应当责令清退；给企业造成经济损失的，应当承担经济赔偿责任。

第十七条 “三重一大”决策制度的执行情况，应当作为巡视、党风廉政建设责任制考核的重要内容和企业领导人员经济责任审计的重点事项；作为民主生活会、企业领导人员述职述廉的重要内容；作为企务公开的重要内容，除按照国家法律法规和有关政策应当保密的事项外，应在适当范围内公开。

第五章 附　　则

第十八条 本实施办法自 2012 年 2 月 9 日起执行，由董事会秘书局负责解释。

2012年中国铁道建筑总公司文件目录

文件号	文件标题
中铁建国际〔2012〕1号	中国铁道建筑总公司关于沙特麦加轻轨铁路项目变更补偿工作最新情况的报告
中铁建安质〔2012〕2号	中国铁道建筑总公司关于2011年安全生产工作情况的报告（报国家安全生产监督总局）
中铁建安质〔2012〕3号	中国铁道建筑总公司关于2011年安全生产工作情况的报告（报国务院国资委）
中铁建安质〔2012〕4号	中国铁道建筑总公司关于2011年安全生产工作情况的报告（报住房和城乡建设部）
中铁建发展〔2012〕5号	关于中铁十一局集团有限公司等16家单位申请特级资质就位企业实地核查情况的报告
中铁建经计〔2012〕6号	中国铁道建筑总公司关于2011年投资完成情况和2012年投资计划的报告
中铁建国际〔2012〕7号	关于澳门建筑劳务合同立项的请示
中铁建财〔2012〕8号	中国铁道建筑总公司关于2010年国有资本经营决策的报告
中铁建财〔2012〕9号	中国铁道建筑总公司关于2012年度对外捐赠预算的报告
中铁建科设〔2012〕10号	关于公布2011年度中国铁道建筑总公司优秀科技论文的通知
中铁建国际〔2012〕11号	关于沙特麦加轻轨铁路项目变更补偿工作相关事宜的请示
中铁建科设〔2012〕12号	关于公布2011年度中国铁道建筑总公司优秀工法的通知
中铁建科设〔2012〕13号	关于颁发2011年度中国铁道建筑总公司科学技术奖的通知
中铁建国际〔2012〕14号	关于安哥拉安全保卫工作有关情况的报告
中铁建审监〔2012〕15号	关于印发《中国铁道建筑总公司2012年度审计工作思路及审计项目计划》的通知
中铁建财〔2012〕16号	中国铁道建筑总公司关于2011年度国有资产评估项目统计的报告
中铁建科设〔2012〕17号	关于报送2012年度国家科学技术奖励推荐材料的报告
中铁建战备〔2012〕18号	关于加强战备储备物资管理的通知
中铁建财〔2012〕19号	中国铁道建筑总公司关于2012年度测试评价目标建议值的报告
中铁建财〔2012〕20号	中国铁道建筑总公司关于2012年度预算的报告
中铁建财〔2012〕21号	转发《关于印发〈企业年度工作报告〉填报质量综合评价办法（试行）的通知》的通知
中铁建发展〔2012〕22号	关于上报《中国铁建股份有限公司2012～2014年滚动规划》的报告
中铁建财〔2012〕23号	关于中国铁道建筑总公司上报2011年度财务决算报告的请示
中铁建财〔2012〕24号	中国铁道建筑总公司关于2011年度国有资本收益情况的报告
中铁建资本〔2012〕25号	中国铁道建筑总公司关于申请境外合作区年度考核的请示（报国家商务部）
中铁建资本〔2012〕26号	中国铁道建筑总公司关于申请境外合作区年度考核的请示（报国家财政部）
中铁建董〔2012〕27号	关于中国铁建董事会2011年度工作情况的报告
中铁建国际〔2012〕28号	中国铁道建筑总公司关于印尼巽他大桥项目跟踪情况的报告
中铁建财〔2012〕29号	中国铁道建筑总公司关于2011年度测试评价总结分析情况的报告
中铁建人〔2012〕30号	中国铁道建筑总公司关于对部分工作岗位实行不定时工作制和综合计算工时工作制的请示
中铁建财〔2012〕31号	中国铁道建筑总公司关于参与中国有色矿业控股有限公司香港IPO项目的请示

续表

文件号	文件标题
中铁建外事〔2012〕32号	中国铁道建筑总公司关于邀请乌干达交通部部长访华的请示
中铁建人〔2012〕33号	中国铁道建筑总公司关于2011年度工效挂钩清算及2012年度工效挂钩方案的请示
中铁建财〔2012〕34号	中国铁道建筑总公司关于2011年度财务绩效评价工作的报告
中铁建人〔2012〕35号	中国铁道建筑总公司关于2012年度工资总额计划(预算)的报告
中铁建财〔2012〕36号	中国铁道建筑总公司关于施工新技术研究与开发资金的请示
中铁建外事〔2012〕37号	中国铁道建筑总公司关于邀请几内亚公共工程和交通国务部部长访华的请示
中铁建财〔2012〕38号	关于印发《中国铁道建筑总公司产权登记工作实施方案》的通知
中铁建财〔2012〕39号	关于2012年中央国有资本经营预算重大技术创新及产业化资金的请示
中铁建董〔2012〕40号	关于撤回中国铁道建筑总公司豁免要约收购义务申请文件的请示
中铁建财〔2012〕41号	中国铁道建筑总公司关于做好开源节流降本增效工作情况的报告
中铁建发展〔2012〕42号	关于成立中国铁道建筑总公司产权登记实施工作领导小组的通知
中铁建财〔2012〕43号	中国铁道建筑总公司关于2013年度国有资本经营预算预申报的报告
中铁建财〔2012〕44号	关于印发《中国铁道建筑总公司企业特殊资金(资产)管理暂行办法》的通知
中铁建董〔2012〕45号	关于修改《中国铁道建筑总公司章程》部分条文的请示
中铁建战备〔2012〕46号	关于下达2012年战备事业费、战备科研器材维修保养、专业保障队伍训练演练计划的通知
中铁建人〔2012〕47号	关于印发《中国铁道建筑总公司实行特殊工时制度实施办法》的通知
中铁建财〔2012〕48号	关于印发《中国铁道建筑总公司产权登记管理暂行办法》的通知
中铁建财〔2012〕49号	中国铁道建筑总公司关于2011年度企业境外国有产权管理状况的报告
中铁建人〔2012〕50号	中国铁道建筑总公司关于落实转制前退休人员待遇有关问题的请示
中铁建财〔2012〕51号	中国铁道建筑总公司关于2012年对外经济技术合作专项资金的请示(报国家财政部)
中铁建财〔2012〕52号	中国铁道建筑总公司关于2012年对外经济技术合作专项资金的请示(报国家商务部)
中铁建战备〔2012〕53号	关于中国铁建国防交通战备工作有关问题的请示
中铁建经计〔2012〕54号	关于中铁十六局集团第一工程有限公司利用自用土地建设职工住房立项的请示
中铁建财〔2012〕55号	中国铁道建筑总公司关于2012年上半年测试评价目标执行情况的报告
中铁建财〔2012〕56号	关于玉树地震灾后重建项目资金缺口问题的请示
中铁建经计〔2012〕57号	中国铁道建筑总公司关于铁路工程停工损失有关事宜的请示
中铁建经计〔2012〕58号	中国铁道建筑总公司关于帮助解决铁路工程停工损失的请示
中铁建国际〔2012〕59号	关于沙特麦加轻轨铁路项目有关问题的请示(报国家商务部)
中铁建国际〔2012〕60号	关于沙特麦加轻轨铁路项目有关问题的请示(报国家外交部)
中铁建国际〔2012〕61号	关于沙特麦加轻轨铁路项目有关问题的请示(报国家铁道部)
中铁建国际〔2012〕62号	关于沙特麦加轻轨铁路项目有关问题的请示(报国家发展和改革委员会)

续表

文件号	文件标题
中铁建战备〔2012〕63 号	关于组建空军预备役部队的情况报告
中铁建财〔2012〕64 号	关于变更利用德国促进贷款购置矿山采矿剥离施工设备项目转贷银行的请示
中铁建财〔2012〕65 号	中国铁道建筑总公司关于原兰州铁路建设集团等单位历史遗留问题的报告
中铁建经计〔2012〕66 号	关于中铁十四局集团北京中铁房山桥梁有限公司利用自用土地建设职工住房的请示
中铁建发展〔2012〕67 号	关于上报《中国铁建股份有限公司内部控制整体建设持续改进计划》的报告
中铁建经计〔2012〕68 号	关于上报《中铁十九局集团有限公司利用德国促进贷款购置矿山采矿剥离施工设备项目资金申请报告》的请示
中铁建国际〔2012〕69 号	中国铁道建筑总公司关于沙特麦加轻轨铁路项目变更索赔事项的请示
中铁建经计〔2012〕70 号	关于申请参与新建荆州至岳阳铁路公安长江公铁两用特大桥和洞庭湖特大桥工程投标与建设的报告
中铁建国际〔2012〕71 号	中国铁道建筑总公司关于申请作为坦赞铁路项目牵头单位的请示
中铁建财〔2012〕72 号	中国铁道建筑总公司关于经济增加值考核工作情况总结的报告
中铁建科设〔2012〕73 号	关于公布中国铁道建筑总公司 2012 年度勘察设计“四优”项目的通知
中铁建财〔2012〕74 号	关于编报 2013 年度全面预算的通知
中铁建国际〔2012〕75 号	关于沙特麦加轻轨铁路 2012 年朝觐运营情况的报告(报国务院国资委)
中铁建国际〔2012〕76 号	关于沙特麦加轻轨铁路 2012 年朝觐运营情况的报告(报国家商务部)
中铁建国际〔2012〕77 号	关于沙特麦加轻轨铁路 2012 年朝觐运营情况的报告(报国家铁道部)
中铁建国际〔2012〕78 号	关于沙特麦加轻轨铁路 2012 年朝觐运营情况的报告(报发展和改革委员会)
中铁建国际〔2012〕79 号	关于沙特麦加轻轨铁路 2012 年朝觐运营情况的报告(报国家外交部)
中铁建经计〔2012〕80 号	中国铁道建筑总公司关于铁路建设有关问题的报告
中铁建财〔2012〕81 号	中国铁道建筑总公司关于 2013 年资本预算支出计划申报的报告
中铁建资本〔2012〕82 号	中国铁道建筑总公司关于投资开发厄瓜多尔米多拉铜矿事项的请示
中铁建经计〔2012〕83 号	关于中铁十六局集团有限公司朝阳区红松园北里 2 号南院旧房改造项目立项的请示
中铁建财〔2012〕84 号	中国铁道建筑总公司关于企业综合分析整改意见落实方案的报告
中铁建财〔2012〕86 号	中国铁道建筑总公司关于 2012 年度财务决算有关事项的报告
中铁建发展〔2012〕87 号	关于调整中国铁道建筑总公司人民防空委员会及办公室的通知
中铁建财〔2012〕88 号	中国铁道建筑总公司关于办理占有产权登记的报告
中铁建财〔2012〕89 号	关于通过中国铁建财务有限公司平台对全系统企业特殊资金进行集中管理的通知
中铁建财〔2012〕90 号	中国铁道建筑总公司关于 2008～2011 年中央国有资本经营预算支出项目绩效评价的报告
中铁建安质〔2012〕91 号	关于印发《中国铁建杯优质工程评选办法》的通知

注:85 号文件未行文印发。

2012年中国铁道建筑总公司党委文件目录

文件号	文件标题
中铁建党工组〔2012〕1号	中国铁道建筑总公司党委关于确定中央企业系统(在京)党的十八大代表候选推荐人选情况的报告
中铁建党组〔2012〕2号	关于中国铁道建筑总公司领导班子民主生活会情况的报告
中铁建党组〔2012〕3号	关于召开中共中国铁道建筑总公司党员代表大会的请示
中铁建党组〔2012〕4号	关于中共中国铁道建筑总公司党员代表大会选举出席中央企业系统(在京)党代表会议代表结果的报告
中铁建党干〔2012〕5号	关于更换参加中央党校培训人选的请示
中铁建党组〔2012〕6号	关于成立中国共产党重庆铁发遂渝高速公路有限公司委员会的通知
中铁建党纪〔2012〕7号	关于在铁路工程项目招投标中违规使用中介问题的剖析检查报告
中铁建党干〔2012〕8号	关于推荐赵广发同志为十二届全国政协委员人选的请示
中铁建党组〔2012〕9号	中国铁道建筑总公司开展创先争优活动总结报告
中铁建党纪〔2012〕10号	中国铁道建筑总公司集中教育整治工作情况报告
中铁建党组〔2012〕11号	关于成立中国共产党重庆铁发遂渝高速公路有限公司纪律检查委员会的通知

2012年中国铁建股份有限公司文件目录

文件号	文件标题
中国铁建财〔2012〕1号	关于铁路项目拖欠农民工和职工工资情况的报告
中国铁建安质〔2012〕2号	关于表彰2011年度安全生产达标单位的通报
中国铁建安质〔2012〕3号	关于兑现2011年安全工作包保责任状的通报
中国铁建安质〔2012〕4号	关于调整中国铁建股份有限公司安全生产委员会组成人员的通知
中国铁建房产〔2012〕5号	关于认清当前形势,积极应对市场变化,切实防范房地产经营风险的通知
中国铁建财〔2012〕6号	关于2011年度责任成本管理考评的通知
中国铁建国际〔2012〕7号	关于沙特麦加轻轨铁路项目变更补偿有关问题的请示
中国铁建科设〔2012〕8号	关于印发《中国铁建股份有限公司勘察设计咨询“十二五”规划》的通知
中国铁建经计〔2012〕9号	关于印发《中国铁建股份有限公司经营工作考核管理办法》的通知
中国铁建经计〔2012〕10号	关于印发《二次经营工作考核管理办法》的通知
中国铁建发展〔2012〕11号	关于将中铁建(北京)物业管理有限公司划转中国铁建房地产集团有限公司管理的通知
中国铁建国际〔2012〕12号	中国铁建股份有限公司关于2011年海外安全生产工作情况的报告
中国铁建经计〔2012〕13号	关于下达2012年生产经营计划的通知
中国铁建发展〔2012〕14号	关于调整股份公司设备集中采购领导小组的通知
中国铁建办〔2012〕15号	股份公司 股份公司党委关于印发2012年会议计划的通知
中国铁建工管〔2012〕16号	关于表彰2011年度工程调度工作先进个人的通报

续表

文件号	文件标题
中国铁建发展〔2012〕17号	关于成立中国铁建股份有限公司设备集中采购中心的通知
中国铁建人〔2012〕18号	关于印发《股份公司2012年员工培训计划》的通知
中国铁建财〔2012〕19号	关于重新确定资产评估机构的通知
中国铁建发展〔2012〕20号	关于北京轨道建筑学会办事机构和人员编制有关问题的通知
中国铁建人〔2012〕21号	关于下达2012年股份公司职业技能鉴定计划的通知
中国铁建财〔2012〕22号	关于印发《中国铁建股份有限公司"十二五"财务信息化发展规划》的通知
中国铁建审监〔2012〕23号	关于印发《中国铁建股份有限公司2012年度审计工作思路及审计项目计划》的通知
中国铁建审监〔2012〕24号	关于表彰2011年度审计工作先进单位和先进工作者的通报
中国铁建经计〔2012〕25号	关于解决沪杭铁路客运专线站前工程费用问题的请示
中国铁建财〔2012〕26号	关于变更利用德国促进贷款购置矿山采矿剥离施工设备项目转贷银行的请示
中国铁建科设〔2012〕27号	关于公布2012年度技术重难点项目的通知
中国铁建科设〔2012〕28号	关于印发《中国铁建股份有限公司子公司负责人科技创新考核实施细则》的通知
中国铁建经计〔2012〕29号	关于印发《2012年企业投资计划》的通知
中国铁建经计〔2012〕30号	关于包西铁路工程费用问题的紧急请示
中国铁建办〔2012〕31号	关于印发《中国铁建年鉴》2012年卷框架设计及编写分工的通知
中国铁建董〔2012〕32号	关于印发《中国铁建董事会2012年工作要点》的通知
中国铁建工管〔2012〕33号	关于表彰铁路客运专线劳动竞赛优胜单位、"工人先锋号"、"工人先锋号"标兵和劳动竞赛优秀组织者的通报
中国铁建发展〔2012〕34号	关于印发《中国铁建股份有限公司2012年风险内控工作计划》的通知
中国铁建设物〔2012〕35号	关于落实国家重大技术装备关键零部件及原材料进口税收优惠政策的通知
中国铁建财〔2012〕36号	关于印发《2012年度财务工作指导意见》的通知
中国铁建工管〔2012〕37号	关于表彰中国铁建股份有限公司2011年度优秀项目经理的通报
中国铁建科设〔2012〕38号	关于2011年度股份公司合理化建议和技术改进项目评审结果的通报
中国铁建发展〔2012〕39号	关于印发《中国铁建股份有限公司2012年重大、重要风险管控措施落实方案》的通知
中国铁建发展〔2012〕40号	股份公司 股份公司党委关于将广东省航盛建设集团有限公司并入中国铁建港航局集团有限公司重组的决定
中国铁建法〔2012〕41号	关于加快实现企业总法律顾问专职化有关事项的通知
中国铁建法〔2012〕42号	关于组织参加企业法律顾问资格考试有关事项的通知
中国铁建办〔2012〕43号	关于进一步加强机关公文处理工作的通知
中国铁建科设〔2012〕44号	关于公布2011年度工程建设技术标准制(修)订补助资金项目的通知
中国铁建人〔2012〕45号	关于印发《中国铁建股份有限公司职工教育经费管理使用暂行办法》的通知
中国铁建国际〔2012〕46号	关于建立海外信用保险实施机制的通知
中国铁建法〔2012〕47号	关于表彰股份公司2011年度法律工作先进单位和法律工作先进个人的通报
中国铁建科设〔2012〕48号	关于印发《2012年股份公司科技设计工作要点》的通知

续表

文　件　号	文　　件　　标　　题
中国铁建办〔2012〕49 号	股份公司 股份公司党委关于落实股份公司工作会议和党委全委会议领导讲话(报告)明确的重点工作责任分工的通知
中国铁建财〔2012〕50 号	关于进一步做好 2012 年清收管理工作的通知
中国铁建发展〔2012〕51 号	关于撤销广西国投资产管理有限公司的决定
中国铁建国际〔2012〕52 号	中国铁建股份有限公司关于沙特麦加轻轨铁路项目的请示(报国家商务部)
中国铁建国际〔2012〕53 号	中国铁建股份有限公司关于沙特麦加轻轨铁路项目的请示(报国家外交部)
中国铁建发展〔2012〕54 号	关于印发《中国铁建股份有限公司内部控制评价管理办法(暂行)》的通知
中国铁建安质〔2012〕55 号	转发《国家安全监管总局 国务院国资委关于切实加强中央企业安全生产工作的通知》的通知
中国铁建安质〔2012〕56 号	关于开展 2012 年全国"安全生产月"活动的通知
中国铁建经计〔2012〕57 号	关于建立股份公司计划统计专家库的通知
中国铁建发展〔2012〕58 号	股份公司 股份公司党委关于组建中国铁建国际集团有限公司的通知
中国铁建董〔2012〕59 号	关于修订《中国铁建股份有限公司董事会提名委员会工作细则》的通知
中国铁建董〔2012〕60 号	关于修订《中国铁建股份有限公司董事会秘书工作制度》的通知
中国铁建董〔2012〕61 号	关于修订《中国铁建股份有限公司董事会审计与风险管理委员会工作细则》的通知
中国铁建董〔2012〕62 号	关于修订《中国铁建股份有限公司董事会薪酬与考核委员会工作细则》的通知
中国铁建董〔2012〕63 号	关于修订《中国铁建股份有限公司董事会战略与投资委员会工作细则》的通知
中国铁建董〔2012〕64 号	关于调整中国铁建股份有限公司董事会专门委员会成员的通知
中国铁建科设〔2012〕65 号	关于认定中铁十一局集团有限公司铺架工程实验室为股份公司工程实验室的通知
中国铁建发展〔2012〕66 号	关于调整股份公司物资集中采购领导小组和成立物资集中采购管理小组的通知
中国铁建发展〔2012〕67 号	关于成立中国铁建股份有限公司物资集中采购中心的通知
中国铁建监〔2012〕68 号	关于印发《中国铁建 2012 年效能监察工作指导意见》的通知
中国铁建办〔2012〕69 号	关于印发《中国铁建档案工作评价办法》的通知
中国铁建信息〔2012〕70 号	关于加强信息安全等级保护工作的通知
中国铁建人〔2012〕71 号	关于做好 2012 年度专业技术职务评聘工作的通知
中国铁建人〔2012〕72 号	关于印发《中国铁建股份有限公司子公司负责人薪酬管理办法实施细则》的通知
中国铁建办〔2012〕73 号	关于印发《中国铁建档案事业发展"十二五"规划》的通知
中国铁建资本〔2012〕74 号	关于转发《中央企业境外投资监督管理暂行办法》的通知
中国铁建经计〔2012〕75 号	关于表彰 2011 年度经营工作先进单位、先进区域经营机构和先进个人的通报
中国铁建财〔2012〕76 号	关于印发《中国铁建股份有限公司外出经营活动税收管理证明管理暂行办法》的通知
中国铁建财〔2012〕77 号	关于系统内部单位拖欠物资集团应收账款还款情况的通报
中国铁建发展〔2012〕78 号	关于发布和推广中国铁建第一届企业管理现代化创新成果的通知
中国铁建财〔2012〕79 号	关于 2012 年一季度清收工作情况的通报
中国铁建法〔2012〕80 号	关于落实法制工作第二个三年目标情况的通报

续表

文件号	文件标题
中国铁建科设〔2012〕81号	关于表彰2011年度科技创新工作先进单位和先进个人的通报
中国铁建设物〔2012〕82号	关于印发《中国铁建股份有限公司子公司负责人设备物资工作年度绩效考核办法》的通知
中国铁建发展〔2012〕83号	关于印发《关于中国铁建开展管理提升活动的指导意见》的通知
中国铁建安质〔2012〕84号	关于表彰2012年度中国铁建股份有限公司优秀质量管理小组的通报
中国铁建财〔2012〕85号	转发《北京市人民政府国有资产监督管理委员会关于加强企业实物资产转让管理工作的通知》的通知
中国铁建财〔2012〕86号	关于转发《国家出资企业产权登记管理暂行办法》的通知
中国铁建财〔2012〕87号	关于2012年一季度存出现金保证金管理情况的通报
中国铁建发展〔2012〕88号	关于开展全系统内部控制缺陷整改工作的通知
中国铁建财〔2012〕89号	关于印发《中国铁建股份有限公司安全生产费用提取和使用管理办法》的通知
中国铁建经计〔2012〕90号	关于京沪高速铁路工程费用问题的紧急请示
中国铁建发展〔2012〕91号	关于成立中国铁建股份有限公司川渝指挥部的通知
中国铁建法〔2012〕92号	关于印发《中国铁建股份有限公司法律纠纷案件文书材料立卷归档管理办法》的通知
中国铁建财〔2012〕93号	转发《关于开展2012年全国会计领军(后备)人才培训工作的通知》的通知
中国铁建发展〔2012〕94号	转发国资委、财政部《关于加快构建中央企业内部控制体系有关事项的通知》的通知
中国铁建董〔2012〕95号	关于修订《中国铁建股份有限公司董事会议事规则》的通知
中国铁建财〔2012〕96号	关于核定股份公司2012年内部担保额度的通知
中国铁建财〔2012〕97号	关于印发《中国铁建股份有限公司财务监察管理办法(试行)》的通知
中国铁建财〔2012〕98号	关于公布2011年度子公司负责人绩效考核结果的通知
中国铁建财〔2012〕99号	转发《财政部 商务部关于做好2012年对外经济技术合作专项资金申报工作的通知》的通知
中国铁建人〔2012〕100号	关于聘任职业技能鉴定考评员、高级考评员和管理人员的通知
中国铁建经计〔2012〕101号	关于2011－2012年度计划统计论文评选结果的通报
中国铁建财〔2012〕102号	关于充分发挥财务公司作用全面加强资金集中管理的通知
中国铁建监〔2012〕103号	关于对工程建设中挂靠借用资质投标违规出借资质问题进行专项清理的通知
中国铁建人〔2012〕104号	关于公布2012年“四电”专业技师任职资格人员名单的通知
中国铁建发展〔2012〕105号	关于发布2011年度“中国铁建工程公司20强”和“中国铁建其他业务三级公司20强”的通知
中国铁建信息〔2012〕106号	印发《关于加强信息化工作的指导意见》的通知
中国铁建信息〔2012〕107号	关于印发《中国铁建股份有限公司信息网络建设规划》的通知
中国铁建信息〔2012〕108号	关于印发《中国铁建股份有限公司信息安全建设规划》的通知
中国铁建发展〔2012〕109号	关于印发《中国铁建股份有限公司内控与风险管理手册(总部2012版)》的通知
中国铁建发展〔2012〕110号	关于将中铁二十三局集团第七工程有限公司划转中国铁建港航局集团有限公司管理的通知
中国铁建发展〔2012〕111号	关于成立中国铁建股份有限公司北京、广州区域经营指挥部的通知
中国铁建国际〔2012〕112号	关于对尼日利亚、安哥拉、新加坡工程承包市场进行准入协调的通知
中国铁建人〔2012〕113号	关于子公司负责人2011年度薪酬结算兑现有关问题的通知

续表

文　件　号	文　　件　　标　　题
中国铁建科设〔2012〕114 号	关于下达股份公司 2012 年度科技研究开发计划的通知
中国铁建人〔2012〕115 号	关于印发《中国铁建股份有限公司企业负责人职务消费管理暂行办法》等制度的通知
中国铁建人〔2012〕116 号	关于印发《中国铁建股份有限公司子公司负责人职务消费管理指导意见》的通知
中国铁建财〔2012〕117 号	印发《关于推进"法人一套帐"工作的指导意见》的通知
中国铁建董〔2012〕118 号	关于印发《中国铁建股份有限公司章程》的通知
中国铁建发展〔2012〕119 号	关于调整中国铁建股份有限公司内部控制与风险管理领导小组人员的通知
中国铁建财〔2012〕120 号	关于转发国资委《国有出资企业产权登记管理工作指导》的通知
中国铁建发展〔2012〕121 号	关于开展公司总部内部控制缺陷整改工作的通知
中国铁建人〔2012〕122 号	关于加强企业人工成本管理控制有关事项的通知
中国铁建信息〔2012〕123 号	关于印发《中国铁建施工项目管理(PM)系统总体建设方案》的通知
中国铁建监〔2012〕124 号	关于在全系统开展效能监察优秀项目成果评比工作的通知
中国铁建办〔2012〕125 号	关于公布中国铁建系统档案工作评价评审员名单的通知
中国铁建发展〔2012〕126 号	关于将北京中铁建总国际经贸有限公司划转中国铁建股份有限公司管理的通知
中国铁建发展〔2012〕127 号	关于将北京中铁建总国际经贸有限公司变更为中国铁建国际集团有限公司的通知
中国铁建办〔2012〕128 号	关于转发《国资委关于贯彻落实深入开展社会治安重点地区排查整治工作意见的通知》的通知
中国铁建经计〔2012〕129 号	中国铁建股份有限公司关于解决福建省浦南高速公路项目工程费用问题的报告
中国铁建科设〔2012〕130 号	关于下拨股份公司 2012 年度科技研究开发计划项目经费资助的通知
中国铁建信息〔2012〕131 号	关于印发《中国铁建组织基础数据编码规范》等两项信息化规范的通知
中国铁建发展〔2012〕132 号	关于开展专项风险管理研究工作的通知
中国铁建董〔2012〕133 号	关于印发《中国铁建股份有限公司债务融资工具信息披露事务管理细则》的通知
中国铁建信息〔2012〕134 号	关于印发《信息网络管理平台技术规范》等三项信息化标准的通知
中国铁建财〔2012〕135 号	关于印发国资委《中国铁建股份有限公司责任成本管理考评暂行办法》的通知
中国铁建办〔2012〕136 号	关于对重大工程建设项目进行社会稳定风险评估排查的通知
中国铁建人〔2012〕137 号	关于 2013 年股份公司职业技能鉴定有关问题的通知
中国铁建办〔2012〕138 号	关于中国铁建系统参加"2012 年全国档案学术年会论文评选"情况的通报
中国铁建发展〔2012〕139 号	关于科技设计部(技术中心办公室)综合处更名为创新建设处的通知
中国铁建经计〔2012〕140 号	关于编报 2013 年生产经营计划和布置 2012 年统计年报及 2013 年定期报工作的通知
中国铁建经计〔2012〕141 号	关于上报 2012 年企业固定资产建设项目投资统计和编制 2013 年建议计划的通知
中国铁建发展〔2012〕142 号	关于开展 2012 年度内部控制审计工作的通知
中国铁建财〔2012〕143 号	关于编报 2013 年度全面预算的通知
中国铁建法〔2012〕144 号	关于加强对合资公司管控和规范合作项目单方解除条款的通知
中国铁建法〔2012〕145 号	关于印发《中国铁建选择合作方风险警示名录》的通知
中国铁建信息〔2012〕146 号	关于印发《中国铁建股份有限公司信息化工作奖励管理办法》的通知

续表

文件号	文件标题
中国铁建信息〔2012〕146号	关于印发《中国铁建股份有限公司信息化工作奖励管理办法》的通知
中国铁建信息〔2012〕147号	关于印发《中国铁建股份有限公司信息化工作绩效考核实施细则》的通知
中国铁建信息〔2012〕148号	关于印发《中国铁建股份有限公司信息化预算编制与投入统计管理实施细则》的通知
中国铁建信息〔2012〕149号	关于印发《中国铁建股份有限公司信息安全管理办法》等7项管理制度的通知
中国铁建信息〔2012〕150号	关于印发《中国铁建股份有限公司信息网络管理办法》等4项管理制度的通知
中国铁建财〔2012〕151号	关于印发《中国铁建股份有限公司银行账户管理办法》的通知
中国铁建财〔2012〕152号	关于印发《中国铁建股份有限公司资金集中管理考核暂行办法》的通知
中国铁建财〔2012〕153号	关于印发《中国铁建股份有限公司资金调剂管理办法》的通知
中国铁建财〔2012〕154号	关于印发《中国铁建股份有限公司债券发行管理暂行办法》的通知
中国铁建财〔2012〕155号	关于印发《中国铁建股份有限公司内部存款超额收益分配暂行办法》的通知
中国铁建经计〔2012〕156号	关于由北京中铁国际招标有限公司为股份公司系统内建设项目招标进行代理服务的通知
中国铁建财〔2012〕157号	关于印发《中国铁建股份有限公司子公司负责人2012年度绩效考核实施方案》的通知
中国铁建房产〔2012〕158号	关于报送房地产业务2012年完成情况和2013年计划的通知
中国铁建财〔2012〕159号	关于下达2012年度资金集中管理定量考核指标的通知
中国铁建财〔2012〕160号	关于表彰公布2012年财务工作先进单位和先进个人的通报
中国铁建财〔2012〕161号	关于表彰责任成本管理工作先进单位和先进个人的通报
中国铁建经计〔2012〕162号	关于表彰2011~2012年度计划统计工作先进单位和先进个人的通知
中国铁建人〔2012〕163号	关于公布2012年高级技师任职资格人员名单的通知
中国铁建财〔2012〕164号	关于表彰2012年责任成本管理宣传报道先进单位和优秀宣传稿件的通报
中国铁建办〔2012〕165号	关于印发《中国铁建股份有限公司政务信息工作管理办法》的通知
中国铁建安质〔2012〕166号	关于调整中国铁建股份有限公司安全生产委员会组成人员的通知
中国铁建工管〔2012〕167号	关于表彰股份公司项目管理先进单位及优秀项目经理部的通报
中国铁建经计〔2012〕168号	关于中铁物资科技大厦项目改建的请示
中国铁建发展〔2012〕170号	关于做好2012年度内部控制评价工作的通知
中国铁建财〔2012〕171号	关于全面推进"4个阶段、22个环节"工程项目责任成本管理流程的通报
中国铁建发展〔2012〕172号	关于印发《中国铁建股份有限公司发展战略与规划编制大纲》的通知
中国铁建发展〔2012〕173号	关于成立中国铁建股份有限公司交通安全委员会的通知
中国铁建审监〔2012〕174号	关于2012年度境外子企业财务决算审计有关事项的通知
中国铁建安质〔2012〕175号	关于表彰2012年度安全生产先进工作者的通报
中国铁建财〔2012〕176号	关于印发《中国铁建股份有限公司设备采购集中支付管理暂行办法》的通知
中国铁建董〔2012〕177号	中国铁建股份有限公司关于撤回2010年非公开发行A股股票申报材料的请示
中国铁建经计〔2012〕178号	关于表彰二次经营工作先进单位和先进个人的通报
中国铁建监〔2012〕179号	关于给予李汝军同志行政撤职处分的决定
中国铁建经计〔2012〕180号	关于中国水利工程协会第二届理事会第二次会议情况的通报
中国铁建董〔2012〕181号	中国铁建股份有限公司关于撤回2010年非公开发行A股股票申报材料的请示

注:169号文件未行文印发。

2012 年中国铁建股份有限公司党委文件目录

文件号	文件标题
中国铁建党组〔2012〕1 号	关于同意召开中国铁建一届三次职工代表大会的批复
中国铁建党组〔2012〕2 号	关于中铁十二局集团有限公司党委委员补选候选人的批复
中国铁建党宣〔2012〕3 号	股份公司党委 股份公司关于表彰企业文化建设先进单位、优秀项目部和先进个人的决定(2011 年度)
中国铁建党干〔2012〕4 号	关于转发国资委党委《关于周志亮同志免职的通知》和《关于同意周志亮同志免职的函》的通知
中国铁建党纪〔2012〕5 号	关于对中铁十七局集团公司工会二届六次全委会选举过程中违规问题的处理意见
中国铁建党组〔2012〕6 号	关于印发孟凤朝同志在二届党委七次全会上报告的通知
中国铁建党组〔2012〕7 号	关于做好基层党组织分类定级工作的通知
中国铁建党宣〔2012〕8 号	关于表彰 2011 年度对外宣传报道先进单位和先进个人的决定
中国铁建党干〔2012〕9 号	关于做好 2012 年度政工专业职务评审工作的通知
中国铁建党组〔2012〕10 号	转发关于以“一迎双争”为主题深化组织系统讲党性、重品行、做表率活动意见的通知
中国铁建党组〔2012〕11 号	关于深入开展基层党组织书记轮训工作的通知
中国铁建党组〔2012〕12 号	关于印发《2011 年度股份公司领导班子民主生活会征求意见整改工作落实方案》的通知
中国铁建党宣〔2012〕13 号	关于举办第十六届《大路画展》的通知
中国铁建党办〔2012〕14 号	关于印发《中国铁建股份有限公司贯彻落实“三重一大”决策制度实施办法》的通知
中国铁建党组〔2012〕15 号	关于转发中央创先争优活动领导小组《印发〈关于各地区各部门各单位建立健全创先争优长效机制的指导意见〉的通知》的通知
中国铁建党组〔2012〕16 号	关于转发《关于做好创先争优活动总结工作的通知》的通知
中国铁建党组〔2012〕17 号	股份公司党委 股份公司关于授予孔凡成同志“忠诚企业的模范项目经理”荣誉称号的决定
中国铁建党纪〔2012〕18 号	关于转发国资委党委《关于深入学习贺国强同志在加强基层党风廉政建设座谈会上讲话精神的通知》的通知
中国铁建党纪〔2012〕19 号	关于召开依法经营集中教育整治工作部署视频会议的通知
中国铁建党纪〔2012〕20 号	转发《国资委党委关于印发〈关于加强中央企业廉洁风险防控工作的指导意见〉的通知》的通知
中国铁建党办〔2012〕21 号	关于印发《中国铁建所属集团公司级团组织负责人管理办法(试行)》的通知
中国铁建党组〔2012〕22 号	关于转发中央创先争优活动领导小组《关于组织基层党组织和广大党员学先进见行动作贡献的通知》的通知
中国铁建党组〔2012〕23 号	关于成立中国共产党中国铁建财务有限公司委员会的通知
中国铁建党组〔2012〕24 号	关于同意召开中国共产党中铁第一勘察设计院集团有限公司第一次代表大会和党委纪委组成人员候选人预备人选的批复
中国铁建党组〔2012〕25 号	关于同意召开中国共产党中铁十八局集团有限公司第三次代表大会和党委纪委组成人员候选人选的批复
中国铁建党组〔2012〕26 号	股份公司党委 股份公司关于表彰 2011 年度“四好领导班子”的决定
中国铁建党办〔2012〕27 号	关于转发《国资委党委关于做好党的十八大期间维护稳定工作的通知》的通知
中国铁建党宣〔2012〕28 号	股份公司党委关于进一步向孔凡成同志学习的决定
中国铁建党组〔2012〕29 号	关于中铁十八局集团有限公司第三次党代会和第三届党委纪委一次全会选举结果的批复
中国铁建党组〔2012〕30 号	关于中共中铁第一勘察设计院集团有限公司第一次代表大会和一届党委纪委一次全会选举结果的批复

续表

文　件　号	文　　件　　标　　题
中国铁建党组〔2012〕31 号	关于同意召开中国共产党中国铁建房地产集团有限公司党员大会的批复
中国铁建党纪〔2012〕32 号	转发《关于进一步贯彻执行〈关于实行党政领导干部问责的暂行规定〉的通知》的通知
中国铁建党组〔2012〕33 号	关于转发中央组织部办公厅关于组织观看电影《雨中的树》的通知
中国铁建党组〔2012〕34 号	关于做好《党性之问》发行和学习工作的通知
中国铁建党组〔2012〕35 号	关于做好《组织工作科学化读本》征订发行工作的通知
中国铁建党组〔2012〕36 号	关于同意召开中国共产党中铁二十五局集团有限公司第一次代表大会和党委纪委组成人员候选人预备人选的批复
中国铁建党组〔2012〕37 号	关于增补中国铁建投资有限公司党委委员的批复
中国铁建党组〔2012〕38 号	关于印发孟凤朝同志《在股份公司创先争优活动总结暨基层组织建设年推进大会的讲话》的通知
中国铁建党组〔2012〕39 号	关于成立中国铁建国际集团有限公司党委、纪委的通知
中国铁建党组〔2012〕40 号	关于中铁二十五局集团有限公司第一次党代会和第一届党委纪委一次全会选举结果的批复
中国铁建党组〔2012〕41 号	关于做好《全国创先争优优秀共产党员风采录》征订发行工作的通知
中国铁建党办〔2012〕42 号	关于转发《践行“约法三章”助推“潍柴动力”》典型经验的通知
中国铁建党组〔2012〕43 号	关于同意召开中国共产党昆明中铁大型养路机械集团有限公司第三次代表大会和党委纪委组成人员候选人预备人选的批复
中国铁建党组〔2012〕44 号	关于成立中国共产党中国铁建股份有限公司青岛分公司委员会的通知
中国铁建党宣〔2012〕45 号	关于认真学习贯彻党的十八大精神的通知
中国铁建党组〔2012〕46 号	关于中国共产党中国铁建房地产集团有限公司党员大会和党委纪委一次全会选举结果的批复
中国铁建党组〔2012〕47 号	关于转发国资委党委《关于开展向罗阳同志学习活动的通知》的通知
中国铁建党办〔2012〕48 号	关于表彰党委信息工作先进单位和先进个人的通知
中国铁建党组〔2012〕49 号	关于中国共产党昆明中铁大型养路机械集团有限公司第三次代表大会和第三届党委纪委一次全会选举结果的批复
中国铁建党宣〔2012〕50 号	股份公司党委 股份公司关于表彰企业文化建设先进单位优秀项目部和先进个人的决定(2012 年度)
中国铁建党宣〔2012〕51 号	股份公司党委 股份公司关于进一步加强企业文化建设的决定
中国铁建党组〔2012〕52 号	关于转发中央组织部关于在窗口单位和服务行业基层党组织和党员中建立“三亮三比三评”制度意见的通知
中国铁建党组〔2012〕53 号	关于转发中央组织部《关于建立基层党组织晋位升级长效机制指导意见》的通知
中国铁建党组〔2012〕54 号	关于转发中央组织部关于继续推进基层党组织和广大党员学习先进争当先进意见的通知
中国铁建党组〔2012〕55 号	关于转发《国资委党委办公室转发中央组织部关于建立健全党员承诺践诺制度意见的通知》的通知
中国铁建党组〔2012〕56 号	关于做好《十八大代表风采录》发行和学习工作的通知
中国铁建党宣〔2012〕57 号	关于印发《国资委党委办公室转发党的十八大精神宣讲提纲的通知》的通知

2012 年 11 月 19 日，诚合保险经纪有限公司湖北分公司在中铁十一局集团公司正式挂牌营业。图为股份公司副总裁、总会计师兼总法律顾问庄尚标（右二）和中铁十一局集团公司董事长、党委书记王桂林（左二）共同为湖北分公司揭牌。（徐云华 摄）

附 录

本栏责任编辑 **杨启燕**

美国《财富》2013 年度
“世界企业 500 强”前 20 名企业名单

2013 年排名	2012 年排名	公司名称	营业收入（百万美元）	利润（百万美元）	国家
1	1	荷兰皇家壳牌石油公司	481700.0	26592.0	荷兰
2	3	沃尔玛	469162.0	16999.0	美国
3	2	埃克森美孚	449886.0	44880.0	美国
4	5	中国石油化工集团公司	428167.4	8221.1	中国
5	6	中国石油天然气集团公司	408630.0	18195.9	中国
6	4	英国石油公司	388285.0	11582.0	英国
7	7	国家电网公司	298448.8	12317.9	中国
8	10	丰田汽车公司	265701.8	11586.6	日本
9	12	大众公司	247613.3	27909.1	德国
10	11	道达尔公司	234277.5	13743.2	法国
11	8	雪佛龙	233899.0	26179.0	美国
12	14	嘉能可斯特拉塔	214436.0	1004.0	瑞士
13	13	日本邮政控股公司	190859.3	6776.8	日本
14	20	三星电子	178554.8	20585.7	韩国
15	16	意昂集团	169756.4	2849.1	德国
16	* *	Phillips 66 公司	169551.0	4124.0	美国
17	17	埃尼石油公司	167904.5	10008.6	意大利
18	24	伯克希尔－哈撒韦公司	162463.0	14824.0	美国
19	55	苹果公司	156508.0	41733.0	美国
20	25	安盛	154571.3	5335.9	法国

美国《财富》2013年度“世界企业500强”中国企业名单

序号	2013年排名	2012年排名	公司名称	营业收入（百万美元）	总部所在城市
1	4	5	中国石油化工集团公司	428167.4	北京
2	5	6	中国石油天然气集团公司	08630.0	北京
3	7	7	国家电网公司	298448.8	北京
4	29	54	中国工商银行	133636.0	北京
5	30	43	鸿海精密工业股份有限公司	132076.1	台北
6	50	77	中国建设银行	113369.9	北京
7	64	84	中国农业银行	103478.7	北京
8	70	93	中国银行	98428.7	北京
9	71	81	中国移动通信集团公司	96874.5	北京
10	76	91	来宝集团	94045.1	香港
11	80	100	中国建筑股份有限公司	90603.2	北京
12	93	101	中国海洋石油总公司	83458.9	北京
13	100	111	**中国铁道建筑总公司**	77164.7	北京
14	102	112	中国中铁股份有限公司	76711.0	北京
15	103	130	上海汽车集团股份有限公司	76233.6	上海
16	111	129	中国人寿保险(集团)公司	73671.4	北京
17	119	113	中国中化集团公司	71824.1	北京
18	134	152	中国南方电网有限责任公司	66686.0	广州
19	141	165	中国第一汽车集团公司	64886.0	长春
20	146	142	东风汽车集团	61721.9	武汉
21	161	205	中国兵器工业集团公司	58027.8	北京
22	172	194	中国中信集团有限公司	55435.1	北京
23	178	234	神华集团	54517.9	北京
23	181	242	中国平安保险(集团)股份有限公司	53760.9	深圳
25	182	221	中国电信集团公司	53378.6	北京
26	187	233	中国华润总公司	52448.2	香港
27	192	169	中国五矿集团公司	51807.0	北京
28	196	258	中国邮政集团公司	50932.9	北京
29	209	238	中国南方工业集团公司	47967.4	北京
30	212	250	中国航空工业集团公司	47351.2	北京
31	213	216	中国交通建设集团有限公司	47332.6	北京
32	222	197	宝钢集团有限公司	45682.7	上海
33	231	246	中国华能集团公司	44343.9	北京
34	243	326	交通银行	43094.9	上海
35	256	292	中国人民保险集团股份有限公司	40788.9	北京
36	258	333	中国联合网络通信股份有限公司	40617.1	上海
37	266	275	怡和集团	39593.0	香港
38	269	269	河北钢铁集团	39279.9	石家庄
39	273	298	中国铝业公司	38822.1	北京
40	277	318	中国航空油料集团公司	38445.3	北京
41	292	349	中国铁路物资股份有限公司	37172.1	北京
42	299	341	中国国电集团公司	36848.4	北京
43	302	280	中国冶金科工集团有限公司	36756.2	北京
44	305	337	台湾中油股份有限公司	36499.2	台北
45	311	330	冀中能源集团	35319.9	邢台
46	315	351	华为投资控股有限公司	34900.6	深圳
47	318	346	江苏沙钢集团	34557.9	张家港
48	319	365	中国建筑材料集团有限公司	34462.2	北京
49	321	279	广达电脑	34412.2	龟山

续表

序号	2013年排名	2012年排名	公司名称	营业收入（百万美元）	总部所在城市
50	322	295	首钢集团	34329.7	北京
51	326	367	中国机械工业集团有限公司	33952.3	北京
52	328	321	武汉钢铁(集团)公司	33882.3	武汉
53	329	370	联想集团	33873.4	北京
53	336	* *	北京汽车集团	33374.5	北京
55	343	416	天津市物资集团总公司	32864.0	天津
56	354	390	中国电力建设集团有限公司	31971.0	北京
57	355	402	中国化工集团公司	31967.9	北京
58	357	393	中粮集团有限公司	31751.5	北京
59	359	483	绿地控股集团有限公司	31738.7	上海
60	363	362	和记黄埔有限公司	31338.9	香港
61	364	426	浙江物产集团	31197.3	杭州
62	373	460	山东能源集团有限公司	30712.3	济南
63	376	369	中国大唐集团公司	30399.3	北京
64	379	408	台塑石化股份有限公司	30187.8	麦寮
65	384	* *	和硕	29824.7	台北
66	387	* *	正威国际集团	29588.3	深圳
67	388	440	山东魏桥创业集团有限公司	29562.0	滨州
68	389	433	中国华电集团公司	29341.8	北京
69	390	447	山西煤炭运销集团有限公司	29322.6	太原
70	395	425	中国电子信息产业集团有限公司	29010.4	北京
71	401	384	中国远洋运输(集团)总公司	28736.0	北京
72	403	* *	山西焦煤集团有限责任公司	28646.3	太原
73	404	397	河南煤业化工集团有限责任公司	28636.6	郑州
74	406	484	新兴际华集团	28579.0	北京
75	407	* *	山西阳泉煤业(集团)有限责任公司	28578.7	阳泉
76	408	451	中国电力投资集团公司	28558.4	北京
77	411	* *	中国民生银行	28436.3	北京
78	412	498	招商银行	28039.5	深圳
79	414	* *	江西铜业集团公司	27879.6	贵溪
80	415	490	开滦集团	27841.8	唐山
81	417	434	中国船舶重工集团公司	27753.0	北京
82	428	* *	兴业银行	27247.9	福州
83	429	450	中国太平洋保险(集团)股份有限公司	27174.4	上海
84	430	* *	潞安集团	27105.4	长治
85	432	* *	大同煤矿集团有限责任公司	26980.0	大同
86	435	* *	山西晋城无烟煤矿业集团有限责任公司	26757.4	晋城
87	446	* *	中国医药集团	26189.5	北京
88	460	* *	上海浦东发展银行股份有限公司	25424.1	上海
89	464	* *	陕西延长石油(集团)有限责任公司	25341.7	西安
90	466	* *	百联集团	25202.4	上海
91	477	475	浙江吉利控股集团	24550.2	杭州
92	482	* *	中国有色矿业集团有限公司	24146.2	北京
93	483	* *	广州汽车工业集团	24144.8	广州
94	493	462	鞍钢集团公司	23588.3	鞍山
95	499	* *	国泰人寿保险股份有限公司	23282.5	台北

2013年度全球最大250家承包商中国企业排名

序号	排序		公司名称
	2013年	2012年	
1	1	2	**中国铁建股份有限公司**
2	2	1	中国中铁股份有限公司
3	3	3	中国建筑股份有限公司
4	6	5	中国交通建设股份有限公司
5	9	9	中国冶金科工集团有限公司
6	13	16	上海建工(集团)总公司
7	14	14	中国水利水电建设集团公司
8	36	38	中国化学工程集团公司
9	41	* *	中国石化集团胜利石油管理局
10	42	42	中国葛洲坝集团股份有限公司
11	45	35	中国东方电气集团有限公司
12	48	45	浙江省建设投资集团有限公司
13	49	50	北京建工集团有限责任公司
14	51	70	云南建工集团有限公司
15	52	56	青建集团股份公司
16	54	65	安徽建工集团有限公司
17	55	53	中国机械工业集团公司
18	57	79	江苏南通三建集团有限公司
19	61	134	中国石化工程建设公司
20	67	81	中国通用技术(集团)控股有限责任公司
21	75	72	中国石油天然气管道局
22	91	61	山东电力基本建设总公司
23	95	91	中国寰球工程公司
24	99	* *	大庆油田建设集团有限责任公司
25	100	97	中信建设有限责任公司
26	105	* *	新疆兵团建设工程(集团)有限责任公司
27	108	120	江苏南通六建建设集团有限公司

续表

序号	排　序		公　司　名　称
	2013 年	2012 年	
28	109	* *	中国石化中原油田工程有限责任公司
29	115	69	中国石油工程建设公司
30	121	115	山东电力建设第三工程公司
31	124	* *	中铝国际工程股份有限公司
32	125	* *	中国石油集团工程设计有限责任公司
33	136	117	上海电气集团股份有限公司
34	137	133	台湾中鼎工程股份有限公司
35	141	136	南通建工集团股份有限公司
36	143	180	泛华建设集团有限公司
37	149	185	**中国土木工程集团有限公司**
38	155	157	中国江苏国际经济技术合作公司
39	159	167	中国电力工程顾问集团公司
40	169	188	中国武夷实业股份有限公司
41	171	* *	江苏中信建设集团有限公司
42	184	194	中国水利电力对外公司
43	188	179	中钢设备有限公司
44	191	* *	烟建集团国际经济技术合作公司
45	195	192	中地海外建设集团有限公司
46	206	217	中国地质工程集团公司
47	240	* *	重庆对外建设(集团)有限公司

2013 年度国际最大 250 家承包商中国企业排名

序号	排序		公司名称
	2013 年	2012 年	
1	10	10	中国交通建设股份有限公司
2	20	23	中国水利水电建设集团公司
3	24	22	中国建筑股份有限公司
4	25	24	中国机械工业集团公司
5	34	39	中国中铁股份有限公司
6	43	46	中信建设有限责任公司
7	51	42	中国冶金科工集团有限公司
8	53	30	**中国铁建股份有限公司**
9	54	53	山东电力建设第三工程公司
10	56	62	中国葛洲坝集团股份有限公司
11	61	64	山东电力基本建设总公司
12	71	91	**中国土木工程集团有限公司**
13	72	67	上海电气集团股份有限公司
14	81	89	中国通用技术(集团)控股有限责任公司
15	82	77	中国化学工程集团公司
16	84	48	中国石油工程建设公司
17	86	92	中国水利电力对外公司
18	89	93	中地海外建设集团有限公司
19	91	114	中国石化工程建设公司
20	92	83	中国东方电气集团有限公司
21	95	104	青建集团股份公司
22	96	86	上海建工(集团)总公司
23	98	123	中国石油天然气管道局
24	109	116	台湾中鼎工程股份有限公司
25	110	127	中国地质工程集团公司
26	116	* *	中国石化中原油田工程有限责任公司
27	122	117	中国江苏国际经济技术合作公司

续表

序号	排序		公司名称
	2013年	2012年	
28	133	146	北京建工集团有限责任公司
29	137	131	中国大连国际经济技术合作集团有限公司
30	138	* *	新疆兵团建设工程(集团)有限责任公司
31	147	151	中国河南国际合作集团有限公司
32	149	* *	大庆油田建设集团有限责任公司
33	151	171	安徽建工集团有限公司
34	152	166	泛华建设集团有限公司
35	155	* *	中国石油集团工程设计有限责任公司
36	157	159	中国江西国际经济技术合作公司
37	161	155	中国中原对外工程公司
38	162	* *	中铝国际工程股份有限公司
39	164	184	江西中煤建设集团有限公司
40	169	208	云南建工集团有限公司
41	172	164	中国武夷实业股份有限公司
42	183	* *	中鼎国际工程有限责任公司
43	185	219	中钢设备有限公司
44	186	169	中国寰球工程公司
45	195	209	南通建工集团股份有限公司
46	197	205	江苏南通三建集团有限公司
47	199	* *	江苏中信建设集团有限公司
48	205	195	浙江省建设投资集团有限公司
49	209	225	威海国际经济技术合作股份有限公司
50	211	215	江苏南通六建建设集团有限公司
51	216	* *	烟建集团国际经济技术合作公司
52	220	203	中国石油天然气管道工程有限公司
53	221	* *	中国石化集团胜利石油管理局
54	227	* *	重庆对外建设(集团)有限公司
55	230	* *	中国沈阳国际经济技术合作有限公司
56	235	* *	中国成套设备进出口(集团)总公司

2013年中国企业500强名单

名次	企业名称	营业收入(百万元)
1	中国石油化工集团公司	283060946
2	中国石油天然气集团公司	268348030
3	国家电网公司	188299929
4	中国工商银行股份有限公司	85037300
5	中国建设银行股份有限公司	71349600
6	中国农业银行股份有限公司	64987700
7	中国银行股份有限公司	62093000
8	中国移动通信集团公司	61120870
9	中国建筑工程总公司	57164134
10	中国海洋石油总公司	52656649
11	**中国铁道建筑总公司**	48685426
12	中国中铁股份有限公司	48399175
13	上海汽车集团股份有限公司	48097967
14	中国人寿保险(集团)公司	46481380
15	中国中化集团公司	45315860
16	中国南方电网有限责任公司	42074110
17	中国第一汽车集团公司	40938423
18	东风汽车公司	38942093
19	中国兵器工业集团公司	36611379
20	中国中信集团有限公司	34975605
21	神华集团有限责任公司	34396914
22	中国平安保险(集团)股份有限公司	33991930
23	中国电信集团公司	33678139
24	中国华润总公司	33091087
25	中国五矿集团公司	32686526
26	中国邮政集团公司	32135051
27	中国兵器装备集团公司	30264029
28	中国航空工业集团公司	30060591
29	中国交通建设集团有限公司	29863520
30	宝钢集团有限公司	28822553
31	中国华能集团公司	27977824
32	交通银行股份有限公司	27105105
33	中国人民保险集团股份有限公司	25734900
34	中国联合网络通信集团有限公司	25708246
35	河北钢铁集团有限公司	24782802
36	中国铝业公司	24493959
37	中国航空油料集团公司	24254867
38	中国铁路物资股份有限公司	23452968
39	苏宁控股集团	23272272
40	中国冶金科工集团有限公司	23190537
41	中国国电集团公司	23003663
42	联想控股有限公司	22664582
43	冀中能源集团有限责任公司	22284313
44	华为技术有限公司	22019800
45	江苏沙钢集团有限公司	21803592
46	中国建筑材料集团有限公司	21743206
47	首钢总公司	21659589
48	中国机械工业集团有限公司	21421459
49	武汉钢铁(集团)公司	21377324
50	北京汽车集团有限公司	21056943
51	天津物产集团有限公司	20732047
52	中国电力建设集团有限公司	20171402
53	中国化工集团公司	20169454
54	中粮集团有限公司	20032924
55	绿地控股集团有限公司	20024837
56	浙江省物产集团公司	19683252
57	山东能源集团有限公司	19377287
58	中国大唐集团公司	19161223
59	正威国际集团有限公司	18668119
60	山东魏桥创业集团有限公司	18651498
61	中国华电集团公司	18512584
62	山西煤炭运销集团有限公司	18500453
63	中国电子信息产业集团有限公司	18303462
64	中国远洋运输(集团)总公司	18130387
65	山西焦煤集团有限责任公司	18073782
66	河南煤业化工集团有限责任公司	18067662
67	新兴际华集团有限公司	18031285
68	阳泉煤业(集团)有限责任公司	18031140
69	中国电力投资集团公司	18018308
70	中国民生银行股份有限公司	17931300
71	江西铜业集团公司	17590039
72	招商银行股份有限公司	17582800
73	开滦(集团)有限责任公司	17566158
74	中国船舶重工集团公司	17510186
75	兴业银行股份有限公司	17188300
76	中国太平洋保险(集团)股份有限公司	17145100
77	山西潞安矿业(集团)有限责任公司	17101562
78	大同煤矿集团有限责任公司	17022435
79	山西晋城无烟煤矿业集团有限责任公司	16882003
80	中国医药集团总公司	16523701
81	海尔集团公司	16309769
82	陕西延长石油(集团)有限责任公司	16212917
83	上海浦东发展银行股份有限公司	16040800
84	百联集团有限公司	15900914
85	浙江吉利控股集团有限公司	15489452
86	中国有色矿业集团有限公司	15234511
87	广州汽车工业集团有限公司	15233628
88	金川集团股份有限公司	15118660
89	鞍钢集团公司	14882509
90	天津中环电子信息集团有限公司	14553832
91	大连万达集团股份有限公司	14168000
92	中国通用技术(集团)控股有限责任公司	14150928
93	太原钢铁(集团)有限公司	14056682
94	中国能源建设集团有限公司	13963883
95	光明食品(集团)有限公司	13937176
96	中国农业发展银行	13595459
97	大连大商集团有限公司	13101279
98	中国平煤神马能源化工集团有限责任公司	12811145

名次	企业名称	营业收入(百万元)
99	陕西煤业化工集团有限责任公司	12505532
100	国美电器有限公司	11747974
101	新华人寿保险股份有限公司	11692100
102	山东钢铁集团有限公司	11668222
103	中国光大银行股份有限公司	11413900
104	黑龙江北大荒农垦集团总公司	11398581
105	中国中煤能源集团有限公司	11105802
106	山西煤炭进出口集团有限公司	11016635
107	天津天钢集团有限公司	10860029
108	海航集团有限公司	10796622
109	华晨汽车集团控股有限公司	10674739
110	中国外运长航集团有限公司	10667813
111	铜陵有色金属集团控股有限公司	10653077
112	雨润控股集团有限公司	10616987
113	天津钢管集团股份有限公司	10515233
114	美的集团有限公司	10271302
115	中国南方航空集团公司	10251029
116	酒泉钢铁(集团)有限责任公司	10227951
117	中国航空集团公司	10206540
118	上海烟草集团有限责任公司	10172803
119	徐州工程机械集团有限公司	10117841
120	中国黄金集团公司	10052265
121	本钢集团有限公司	10042717
122	兖矿集团有限公司	10029299
123	珠海格力电器股份有限公司	10011010
124	中国保利集团公司	9829698
125	万向集团公司	9587435
126	天津冶金集团有限公司	9506101
127	厦门建发集团有限公司	9413337
128	上海电气(集团)总公司	9355450
129	中国南车集团公司	9264023
130	中国北方机车车辆工业集团公司	9229456
131	杭州钢铁集团公司	9150977
132	红塔烟草(集团)有限责任公司	9094348
133	中联重科股份有限公司	9025181
134	中国东方航空集团公司	8962612
135	江苏悦达集团有限公司	8834700
136	恒力集团有限公司	8528616
137	上海建工集团股份有限公司	8517433
138	陕西有色金属控股集团有限责任公司	8478156
139	国家开发投资公司	8465287
140	中兴通讯股份有限公司	8421936
141	湖南中烟工业有限责任公司	8336170
142	新疆广汇实业投资(集团)有限责任公司	8271091
143	三一集团有限公司	8236876
144	马钢(集团)控股有限公司	8184660
145	天津天铁冶金集团有限公司	8183222
146	海信集团有限公司	8105139
147	潍柴控股集团有限公司	8068291
148	新希望集团有限公司	8063941
149	四川长虹电子集团有限公司	8031205
150	广厦控股集团有限公司	8022493
151	海亮集团有限公司	7852780
152	华夏银行股份有限公司	7822585
153	山东大王集团有限公司	7596998
154	泰康人寿保险股份有限公司	7541245
155	中国诚通控股集团有限公司	7486861
156	红云红河烟草(集团)有限责任公司	7477746
157	珠海振戎公司	7476714
158	淮南矿业(集团)有限责任公司	7281701
159	武汉商联(集团)股份有限公司	7150319
160	南山集团有限公司	7084631
161	湖北宜化集团有限责任公司	7050219
162	浙江恒逸集团有限公司	7032005
163	中天钢铁集团有限公司	7019947
164	TCL 集团股份有限公司	6944835
165	安徽海螺集团有限责任公司	6902433
166	湖南华菱钢铁集团有限责任公司	6895184
167	广州铁路(集团)公司	6862098
168	上海东浩国际服务贸易(集团)有限公司	6841214
169	上海医药集团股份有限公司	6807812
170	北京建龙重工集团有限公司	6769522
171	浙江省能源集团有限公司	6714550
172	中国海运(集团)总公司	6609661
173	天津渤海化工集团有限责任公司	6600117
174	南京钢铁集团有限公司	6581560
175	广东省广新控股集团有限公司	6548378
176	恒大地产集团有限公司	6526084
177	厦门国贸控股有限公司	6491259
178	中国中材集团有限公司	6413202
179	杭州娃哈哈集团有限公司	6363451
180	大冶有色金属集团控股有限公司	6350944
181	海南大印集团有限公司	6321249
182	山东省商业集团有限公司	6198435
183	北大方正集团有限公司	6175052
184	天津市一轻集团(控股)有限公司	6166801
185	广东振戎能源有限公司	6154902
186	浙江省兴合集团公司	6154829
187	安徽省徽商集团有限公司	6143683
188	四川省宜宾五粮液集团有限公司	6008905
189	新华联合冶金控股集团有限公司	6002209
190	湖北中烟工业有限责任公司	5990385
191	云天化集团有限责任公司	5987893
192	神州数码控股有限公司	5982432
193	广发银行股份有限公司	5971517
194	庞大汽贸集团股份有限公司	5779668
195	南方石化集团有限公司	5771213
196	北京银行	5734791
197	山东黄金集团有限公司	5722701
198	内蒙古电力(集团)有限责任公司	5657556
199	绿城房地产集团有限公司	5460000
200	广东省粤电集团有限公司	5453197
201	中国国际海运集装箱(集团)股份有限公司	5433406
202	中国太平保险集团公司	5419080
203	中国化学工程股份有限公司	5411670
204	江苏三房巷集团有限公司	5302057

名次	企业名称	营业收入（百万元）
205	三胞集团有限公司	5300411
206	上海复星高科技（集团）有限公司	5290593
207	江苏华西集团公司	5245529
208	浙江中烟工业有限责任公司	5126992
209	中国港中旅集团公司	5114426
210	无锡产业发展集团有限公司	5103135
211	河北津西钢铁集团股份有限公司	5090487
212	淮北矿业（集团）有限责任公司	5076531
213	包头钢铁（集团）有限责任公司	5051720
214	天津百利机电控股集团有限公司	5007000
215	中升集团控股有限公司	5004829
216	隆基泰和实业有限公司	4935741
217	陕西东岭工贸集团股份有限公司	4909746
218	江苏西城三联控股集团	4855056
219	重庆建工投资控股有限责任公司	4845160
220	紫金矿业集团股份有限公司	4841472
221	比亚迪股份有限公司	4685380
222	浙江荣盛控股集团有限公司	4682896
223	杭州汽轮动力集团有限公司	4658578
224	天津荣程联合钢铁集团有限公司	4601212
225	大秦铁路股份有限公司	4596244
226	重庆商社（集团）有限公司	4584330
227	山东晨鸣纸业集团股份有限公司	4579484
228	日照钢铁控股集团有限公司	4534220
229	河北敬业企业集团有限责任公司	4519086
230	内蒙古伊泰集团有限公司	4499977
231	上海华谊（集团）公司	4492597
232	浙江省国际贸易集团有限公司	4480406
233	江苏汇鸿国际集团有限公司	4452573
234	中国中纺集团公司	4446842
235	雅戈尔集团股份有限公司	4444227
236	上海城建（集团）公司	4401439
237	上海纺织（集团）有限公司	4400602
238	广西建工集团有限责任公司	4386972
239	四川华西集团有限公司	4342614
240	江苏新长江实业集团有限公司	4324677
241	长城汽车股份有限公司	4315997
242	广州医药集团有限公司	4281513
243	中国东方电气集团有限公司	4260728
244	青山控股集团有限公司	4244772
245	广西投资集团有限公司	4232901
246	临沂新程金锣肉制品集团有限公司	4221685
247	内蒙古伊利实业集团股份有限公司	4199069
248	北京金隅集团有限责任公司	4188898
249	广西玉柴机器集团有限公司	4157322
250	中国工艺（集团）公司	4153911
251	山东东明石化集团有限公司	4140165
252	中天发展控股集团有限公司	4132270
253	通威集团有限公司	4127387
254	华侨城集团公司	4066486
255	奥克斯集团有限公司	4052627
256	浙江省建设投资集团有限公司	4035349
257	山东招金集团有限公司	4030166
258	陕西建工集团总公司	4022125
259	红豆集团有限公司	4021249
260	黑龙江龙煤矿业控股集团有限责任公司	4016202
261	浪潮集团有限公司	4010000
262	北京控股集团有限公司	4000270
263	河南省漯河市双汇实业集团有限责任公司	3982680
264	浙江省商业集团有限公司	3896352
265	盾安控股集团有限公司	3895031
266	大连西太平洋石油化工有限公司	3867522
267	吉林亚泰（集团）股份有限公司	3862468
268	新余钢铁集团有限公司	3836177
269	新华联集团有限公司	3822805
270	江苏南通三建集团有限公司	3816548
271	浙江远东化纤集团有限公司	3805550
272	江阴澄星实业集团有限公司	3802090
273	四川省川威集团有限公司	3787014
274	河北省物流产业集团有限公司	3763379
275	白银有色集团股份有限公司	3733145
276	江西萍钢实业股份有限公司	3722428
277	中太建设集团股份有限公司	3702729
278	中国恒天集团有限公司	3687956
279	北京首都旅游集团有限责任公司	3683090
280	四川宏达（集团）有限公司	3664311
281	北京城建集团有限责任公司	3657829
282	盛虹控股集团有限公司	3656846
283	广东省丝绸纺织集团有限公司	3643712
284	远大物产集团有限公司	3632214
285	广东省广晟资产经营有限公司	3630120
286	唐山瑞丰钢铁（集团）有限公司	3624064
287	天津一商集团有限公司	3620785
288	江苏申特钢铁有限公司	3602668
289	青岛钢铁控股集团有限责任公司	3586438
290	青建集团股份有限公司	3579230
291	广州市建筑集团有限公司	3524017
292	湖南省建筑工程集团总公司	3504868
293	中南控股集团有限公司	3504837
294	安徽省皖北煤电集团有限责任公司	3500045
295	中国煤炭科工集团有限公司	3485339
296	安徽江淮汽车集团有限公司	3483236
297	科创控股集团有限公司	3480242
298	中国盐业总公司	3474335
299	泸州老窖集团有限责任公司	3452845
300	超威电源有限公司	3451887
301	中国广东核电集团有限公司	3444915
302	安阳钢铁集团有限责任公司	3430456
303	滨化集团公司	3417669
304	山东如意科技集团有限公司	3415704
305	义马煤业集团股份有限公司	3397213
306	广西北部湾国际港务集团有限公司	3387932
307	中国国际技术智力合作公司	3366939
308	扬子江药业集团有限公司	3352658
309	阳光保险集团股份有限公司	3348566
310	华盛江泉集团有限公司	3324840

名次	企业名称	营业收入(百万元)
311	中国节能环保集团公司	3319410
312	山东泰山钢铁集团有限公司	3305846
313	江铃汽车集团公司	3303517
314	海澜集团有限公司	3301930
315	郑州煤炭工业(集团)有限责任公司	3288675
316	银亿集团有限公司	3268189
317	厦门象屿集团有限公司	3238189
318	云南建工集团有限公司	3230626
319	江苏阳光集团有限公司	3208423
320	昆明钢铁控股有限公司	3200160
321	华勤橡胶工业集团有限公司	3192043
322	合肥百货大楼集团股份有限公司	3190000
323	金龙精密铜管集团股份有限公司	3181653
324	天音通信有限公司	3181065
325	重庆化医控股(集团)公司	3143467
326	正泰集团股份有限公司	3118073
327	宁波金田投资控股有限公司	3108829
328	陕西汽车控股集团有限公司	3108304
329	江苏高力集团有限公司	3107452
330	北京能源投资(集团)有限公司	3106623
331	杭州橡胶(集团)公司	3104549
332	双胞胎(集团)股份有限公司	3082715
333	山东太阳纸业股份有限公司	3080315
334	哈尔滨电气集团公司	3062317
335	奇瑞汽车股份有限公司	3057174
336	中国贵州茅台酒厂(集团)有限责任公司	3044953
337	上海华信石油集团有限公司	3035817
338	江苏国泰国际集团有限公司	3028217
339	云南煤化工集团有限公司	3023206
340	山东高速集团有限公司	3021195
341	唐山港陆钢铁有限公司	3019207
342	华泰集团有限公司	3017857
343	四川德胜集团钢铁有限公司	3014566
344	申能(集团)有限公司	3010507
345	重庆市能源投资集团有限公司	3002073
346	云南冶金集团股份有限公司	3001137
347	北京建工集团有限责任公司	2985488
348	广东省交通集团有限公司	2982464
349	贵州中烟工业有限责任公司	2961640
350	天狮集团有限公司	2960033
351	江苏扬子江船业集团公司	2953677
352	九州通医药集团股份有限公司	2950766
353	成都建筑工程集团总公司	2934913
354	重庆龙湖企业拓展有限公司	2922453
355	河南神火集团有限公司	2897955
356	山东金诚石化集团有限公司	2892519
357	四川科伦实业集团有限公司	2884595
358	重庆机电控股(集团)公司	2857629
359	浙江中成控股集团有限公司	2852081
360	北京市政路桥集团有限公司	2849560
361	上海国际港务(集团)股份有限公司	2838102
362	安徽中烟工业有限责任公司	2831159
363	广东格兰仕集团有限公司	2824188

名次	企业名称	营业收入(百万元)
364	山东时风(集团)有限责任公司	2821730
365	上海人民企业(集团)有限公司	2800215
366	山东京博控股股份有限公司	2800000
367	亚邦投资控股集团有限公司	2797814
368	福建省三钢(集团)有限责任公司	2794238
369	人民电器集团有限公司	2786551
370	德力西集团有限公司	2763261
371	北京外企服务集团有限责任公司	2762236
372	浙江前程投资股份有限公司	2734592
373	华芳集团有限公司	2682758
374	东北特殊钢集团有限责任公司	2679528
375	利华益集团股份有限公司	2665007
376	南京医药产业(集团)有限责任公司	2664840
377	百兴集团有限公司	2656353
378	天正集团有限公司	2650652
379	亨通集团有限公司	2639500
380	云南锡业集团(控股)有限责任公司	2634884
381	安徽建工集团有限公司	2630987
382	徐州矿务集团有限公司	2626003
383	晟通科技集团有限公司	2625201
384	天津市医药集团有限公司	2614854
385	福佳集团有限公司	2614520
386	山东胜通集团股份有限公司	2613978
387	西王集团有限公司	2608127
388	重庆钢铁(集团)有限责任公司	2590857
389	中国长江电力股份有限公司	2578192
390	青岛啤酒股份有限公司	2578154
391	京东方科技集团股份有限公司	2577158
392	山东大海集团有限公司	2563076
393	老凤祥股份有限公司	2555340
394	重庆轻纺控股(集团)公司	2553646
395	石家庄北国人百集团有限责任公司	2541553
396	山西省国新能源发展集团有限公司	2528602
397	沂州集团有限公司	2525247
398	山西建筑工程(集团)总公司	2516427
399	天津港(集团)有限公司	2506589
400	浙江昆仑控股集团有限公司	2501322
401	世纪金源投资集团有限公司	2499346
402	河北普阳钢铁有限公司	2494506
403	金东纸业(江苏)股份有限公司	2494315
404	江苏金辉铜业集团有限公司	2491864
405	传化集团有限公司	2489782
406	江苏南通二建集团有限公司	2486289
407	北京京城机电控股有限责任公司	2482267
408	山东金岭集团有限公司	2477773
409	甘肃省建设投资(控股)集团总公司	2474156
410	新疆特变电工集团有限公司	2471128
411	永辉超市股份有限公司	2468432
412	浙江桐昆控股集团有限公司	2466369
413	河北建工集团有限责任公司	2464311
414	四川公路桥梁建设集团有限公司	2461575
415	辽宁日林实业集团有限公司	2460500
416	江苏双良集团有限公司	2456165

名次	企业名称	营业收入（百万元）
417	腾邦投资控股有限公司	2451684
418	东营方圆有色金属有限公司	2449311
419	上海华冶钢铁集团有限公司	2441320
420	广西交通投资集团有限公司	2437808
421	春风实业集团有限责任公司	2430442
422	河北文丰钢铁有限公司	2430287
423	长春欧亚集团股份有限公司	2414498
424	阜新矿业（集团）有限责任公司	2408487
425	杉杉控股有限公司	2402587
426	广东省建筑工程集团有限公司	2401100
427	浙江省交通投资集团有限公司	2393066
428	天津市建工集团（控股）有限公司	2388182
429	河北新金钢铁有限公司	2379830
430	郑州宇通集团有限公司	2375456
431	东营鲁方金属材料有限公司	2370428
432	西部矿业集团有限公司	2366597
433	万基控股集团有限公司	2362615
434	江苏华厦融创置地集团有限公司	2358390
435	万达控股集团有限公司	2355301
436	江苏省苏中建设集团股份有限公司	2351218
437	重庆市金科投资控股（集团）有限责任公司	2350000
438	上上集团有限公司	2344445
439	广州轻工工贸集团有限公司	2341005
440	海南省农垦集团有限公司	2332920
441	浙江八达建设集团有限公司	2301756
442	嘉晨集团有限公司	2300616
443	广西有色金属集团有限公司	2296396
444	江苏法尔胜泓升集团有限公司	2293832
445	重庆农村商业银行股份有限公司	2284574
446	波司登股份有限公司	2282376
447	河北建设集团有限公司	2281791
448	维维集团股份有限公司	2281573
449	青岛港（集团）有限公司	2278898
450	福建省交通运输集团有限责任公司	2275262
451	新疆天业（集团）有限公司	2266463
452	河南豫联能源集团有限责任公司	2263655
453	宁波富邦控股集团有限公司	2262129
454	天瑞集团股份有限公司	2253827
455	山东科达集团有限公司	2250213
456	山东玉皇化工有限公司	2249534
457	隆鑫控股有限公司	2247099
458	同方股份有限公司	2234268

名次	企业名称	营业收入（百万元）
459	天津友发钢管集团有限公司	2211661
460	中基宁波集团股份有限公司	2211318
461	重庆力帆控股有限公司	2208780
462	江西省煤炭集团公司	2202516
463	安徽国贸集团控股有限公司	2189295
464	上海永达控股（集团）有限公司	2189132
465	武安市明芳钢铁有限公司	2185658
466	山东博汇集团有限公司	2174250
467	黑龙江省建设集团有限公司	2168637
468	弘阳集团有限公司	2165902
469	三河汇福粮油集团有限公司	2165013
470	远东控股集团有限公司	2149747
471	苏州创元投资发展（集团）有限公司	2146662
472	利群集团股份有限公司	2139722
473	浙江龙盛控股有限公司	2135037
474	武安市裕华钢铁有限公司	2120926
475	丰立集团有限公司	2120313
476	天津市津能投资公司	2109287
477	广州万宝集团有限公司	2102193
478	河南豫光金铅集团有限责任公司	2100638
479	四川省达州钢铁集团有限责任公司	2095520
480	宝胜集团有限公司	2093928
481	精功集团有限公司	2082663
482	天津二轻集团（控股）有限公司	2072844
483	浙江宝业建设集团有限公司	2065314
484	西子联合控股有限公司	2058239
485	深圳市神州通投资集团有限公司	2055510
486	湖南博长控股集团有限公司	2054485
487	北京住总集团有限责任公司	2049567
488	冀东发展集团有限责任公司	2047861
489	首都机场集团公司	2037969
490	天津住宅建设发展集团有限公司	2031315
491	辽宁铁法能源有限责任公司	2025902
492	澳洋集团有限公司	2013570
493	河北新武安钢铁集团文安钢铁有限公司	2013257
494	沈阳远大企业集团	2012542
495	玲珑集团有限公司	2011676
496	杭州锦江集团有限公司	2011262
497	太极集团有限公司	2010754
498	江苏省苏豪控股集团有限公司	2002171
499	杭州华东医药集团有限公司	1987654
500	天津纺织集团（控股）有限公司	1986741

中国铁建所属单位名录

单 位 名 称	地 址	电 话	邮政编码
中国土木工程集团有限公司	北京市海淀区北蜂窝4号	010-63263392	100038
北京中土大厦	北京市海淀区北蜂窝6号	010-63260860	100038
中土集团北方建设有限公司	北京市海淀区北蜂窝8号中雅大厦B座10层	010-63435030	100038
中土国际贸易有限公司	北京市宣武门西大街大成广场28号7门11层1108室	010-63600930 ~42	100053
中土集团南方建设有限公司	广东省珠海市吉大石花东路58号华景西苑28栋6座	0756-3222650	519015
广州中土实业发展有限公司	广东省广州市环市西路135号	020-86661050	510010
海南基冠房地产开发(香港)有限公司	海南省海口市大同路25号华发大厦B座502室	0898-66526568	570102
中土集团福州勘察设计研究院有限公司	福建省福州市晋安区茶园街道沁园支路41号	0591-87051157	350013
中土尼日利亚有限公司	Airport Road, Behind Dantata Quarry, 2nd Junction, off Galadima Village, Abuja P. O. BOX 6667 WUSE ABUJA NIGERIA	09-5242023	
中土东非有限公司	坦桑尼亚达累斯萨拉姆市邮政信箱4083	00255-22 -2851129	
中国土木工程博茨瓦纳有限公司	博茨瓦纳哈伯罗内市特鲁昆	00267-3925332	
中土赞比亚有限公司	PLOT 3796, NGWEREWA CLOSE, OFF KWACHA ROAD, OLYMPIA PARK, LUSAKA。 邮政地址:P. O. BOX 36186, LUSAKA, ZAMBIA。	00260-211293461 00260-211293462	
中国土木阿尔及利亚有限公司	阿尔及尔市,El-Achour区,Oued Romane街,Ouahrani 70号	00213-21307103 -111	
中土集团公司阿联酋分公司	阿拉伯联合酋长国阿布扎比市43076号邮箱	00971-2 -6459417	
中土集团俄罗斯有限责任公司	Room 310"B", 154 Lenin Str. YuZhno_sokhalinsk 693000, Russia	007-42 -42464758	52514
中国土木工程集团有限公司利比亚分公司	利比亚的黎波里Gargash街邮政信箱1409	00218-21 -4834600	
中国土木工程集团有限公司沙特分公司	No. 8 Humaidan shuw Street SulaimaniaDist, P. O. Box:99861 Riyadh 11625 KSA	00966-1 -4608288	
中国土木工程集团(香港)有限公司	香港九龙尖沙咀漆咸道南39号铁路大厦23楼	00852-22718899	
中国土木工程(澳门)有限公司	澳门新口岸北京街怡德商业中心15楼E、F座	00853-28781160	
中铁(澳门)有限公司	澳门友谊大马路南方大厦1楼JLMNO座	00853-28706416	
中土巴西国际商业有限公司	Rua. Prof. Artur Ramos, 241/cj. 91, Jardim Paulistano CEP 01454-011, Sao Paulo-SP	0055-11 -38127068	
中土集团公司日本代表处	NAGAMINE BILDG, 7F 2-12-13, SHINKAWA CHUO-KU, TOKYO 104-0033, JAPAN	0081-3 -35535065	
中土集团公司(波兰)有限公司	波兰华沙德拉夫斯卡大街17号	0048-22 -8223062	
中国铁建土耳其安卡拉分公司	629. Sokak, Villa 3. Funda Beyazevler Sitesi, Oran 06500 Ankara, Turkey	0090-312-4911130/29	
土铁项目欧洲代表处	德国法兰克福60431海波林大街62号	0049-69 -520148	
中土埃塞俄比亚工程有限公司	埃塞俄比亚亚的斯市 邮政地址:Woreda 05, Subcity, Addis Ababa, Ethiopia		
中国土木工程集团塞拉利昂有限公司	塞拉利昂蓝茉莉海滩"西非阳光"小区		

续表

单 位 名 称	地 址	电 话	邮政编码
中铁十一局集团有限公司	湖北省武汉市武昌区中山路347号	027－88710617	430071
第一工程有限公司	湖北省襄阳市航空路73号	0710－3712139	441104
第二工程有限公司	湖北省十堰市白浪中路99号	0719－8362010	442013
第三工程有限公司	湖北省十堰市武当路15号	0719－8763791	441300
第四工程有限公司	湖北省武汉市东湖开发区华光大道21号	027－87586437	430074
第五工程有限公司	重庆市沙坪坝区新桥新村71号	023－89065226	400037
第六工程有限公司	湖北省襄阳市七里河路2号	0710－3718609	441003
电务工程有限公司	湖北省武汉市东湖开发区佳园路19号	027－87570805	430074
建筑安装工程有限公司	湖北省襄阳市长虹北路3号	0710－3719250	441057
桥梁有限公司	江西省鹰潭市南站路24号	0701－7027093	335003
城市轨道工程有限公司	湖北省武汉市东湖开发区佳园路23号	027－87201501	430074
房地产开发有限公司	湖北省武汉市武昌区中山路347号	027－88710663	430071
新加坡分公司	29, Mandai Estate, Innovation Place, Tower 3, #07－04, Singapore	0065 65090015	729932
北京办事处	北京市海淀区羊坊店东路19号	010－63988099	100038
东南指挥部	福建省福州市北环中路2号屏山苑C座1405室	0591－87735892	350003
中南指挥部	湖北省武汉市武昌区中山路347号中铁大厦	027－88710951	430071
华南指挥部	广东省广州市天河区东方一路华港花园豪情湾A座3003	020－38783380	510630
新疆指挥部	新疆维吾尔族自治区乌鲁木齐市新市区四平路文光尚都3单元1001室	0991－6630975	834000
川渝藏指挥部	四川省成都市成华区建设路2号首创爱这城9栋2单元902室	028－87621693	610051
云贵指挥部	贵州省贵阳市云岩区市北路123号关刀岩黔灵半山小区B5栋2单元402室	0851－6751059	550000
西北指挥部	陕西省西安市南二环东段141号新亚大厦1302室	029－82235838	710054
内蒙指挥部	内蒙古自治区呼和浩特市新城区赛马场北路琦琳北辰2栋1单元5楼东户	0471－6504820	010051
北方指挥部	山西省太原市杏花岭区旱西门街多地尔花园A座二单元1502号	0351－3523337	030001
华东指挥部	上海市普陀区远景路97弄58号2401室	021－ 63067353	200061
东北指挥部	辽宁省沈阳市沈河区市府大路356号恒运豪庭2－1－28－1	024－31973537	110011
央企联络部	北京市西城区马连道1号院依莲轩A座2303室	010－63344155	100050
水电联络部	北京市西城区马连道1号院依莲轩A座2303室	010－63344155	100050
东南亚指挥部	29, Mandai Estate, Innovation Place, Tower 3, #07－04, Singapore	0065 65090015	729932
中东指挥部	北京市西城区马连道1号院依莲轩A座2305室	010－63344155	100050
非洲指挥部	北京市西城区马连道1号院依莲轩A座2305室	010－63344155	100050
美洲指挥部	北京市西城区马连道1号院依莲轩A座2305室	010－63344155	100050
襄阳管理部	湖北省襄阳市七里河路2号	027－3718400	441003
中铁十二局集团有限公司	山西省太原市西矿街130号	0351－2653130	030024
第一工程有限公司	山西省临汾市育红路9号	0357－3128231	041000
第二工程有限公司	山西省太原市小店区人民南路19号	0351－6355010	030032
第三工程有限公司	山西省太原市万柏林区西线街39号	0351－6356010	030024
第四工程有限公司	陕西省西安市未央区徐家湾红旗东路3号	029－86584951	710021
建筑安装工程有限公司	山西省太原市迎泽西大街169号	0351－2654192	030024

续表

单位名称	地址	电话	邮政编码
电气化工程有限公司	天津市空港经济区环河北路与中心大道交口空港商务园西区12号楼	022-58096880	300308
第七工程有限公司	湖南省长沙市天心区友谊路202号	0731-85585548	410004
市政工程有限公司	广东省珠海市情侣南路158号海愉半岛花园2栋4单元1105室	0756-3232906	519015
铁路养护工程有限公司	西藏自治区拉萨市经济技术开发区林琼岗路13-1号	0891-6752100	850000
海南振海工程有限公司	海南省海口市面前坡东村1号	0898-36630208	570206
国际工程有限公司	北京市大兴区(亦庄)经济开发区科创十三街锋创科技园20号	010-56386137	100176
物资有限公司	山西省太原市万柏林区西线街27号	0351-2656551	030024
铁道大厦	山西省太原市迎泽西大街143号	0351-2653765	030024
中心医院	山西省太原市西矿街182号	0351-2654145	030053
湘潭铁路工程学校	湖南省湘潭市广技路58号	0732-58281074	411100
兴城疗养院	辽宁省兴城市兴海北路二段103号	0429-3919478	125100
广州工程指挥部	广东省广州市天河区中山大道建中路5号9层	020-85558258	510665
华东工程指挥部	上海市闵行区鹤庆路66号	021-54710423	200240
西北工程指挥部	陕西省西安市未央路125号第5国际A座17层	029-62602915	710018
川渝工程指挥部	四川省成都市武侯区广福正街5号7层	028-85099545	610041
云贵工程指挥部	云南省昆明市国贸路577号	0871-7183879	650200
北京办事处	北京市宣武区马连道南街1号A栋2207室	010-63478128	100055
中铁十三局集团有限公司	天津市空港经济区中环西路32号天津铁建大厦	022-88958900	300300
第一工程有限公司	辽宁省大连市沙河口区沙跃街9号	0411-62838201	116033
第二工程有限公司	广东省深圳市盐田区东海大道盐田港9号小区中铁大厦	0755-25288114	518083
第三工程有限公司	辽宁省沈阳市东陵区方家栏路60号	024-24202435	110043
第四工程有限公司	黑龙江省哈尔滨市道外区先锋路459号	0451-55188210	150008
第五工程有限公司	四川省成都市新都区学院东路289号	028-83961732	610500
第六工程公司	吉林省长春市二道区岭东路2138号	0431-86161068	130033
电务工程有限公司	天津市空港经济区中环西路32号天津铁建大厦	022-88958900	300300
吉林省现代城建轨道交通勘察设计院有限公司	天津市空港经济区中环西路32号天津铁建大厦	022-88958900	300300
钢结构工程有限公司	天津市东丽区华明产业园EOD总部港	022-58209308	300300
园林环境工程有限公司	安徽省合肥市滨湖新区世纪金源国际公寓29层	0551-62933229	230051
天津市春江房地产开发有限公司	天津市河北区真理道104号	022-60558008	300250
长春春原工程检测有限公司	吉林省长春市二道区岭东路2138号	0431-86161114	130033
天津工程科技有限公司	天津市空港经济区华盈大厦6层	022-58211211	300308
深圳市中铁达实业公司	广东省深圳市盐田区盐田港后方陆域6号区中铁达物流大厦	0755-25206299	518083
赣州市铁龙实业有限公司	江西省赣州市八一四大道南段铁龙大酒店	0797-8159099	341000
物业管理分公司	吉林省长春市二道区岭东路2138号	0431-86161114	130033
西北工程指挥部	甘肃省兰州市城关区张掖路1号保利大厦B座5楼	0931-8479719	730030
华东工程指挥部	上海市浦东新区云台路1000弄14号1301室	021-33905171	200123
华北工程指挥部	天津市空港经济区华盈大厦623层	022-58211211	300308
北京工程指挥部	北京市石景山区玉泉西里二区远洋山水31楼8单元202号	010-88609844	100040

续表

单　位　名　称	地　　址	电　　话	邮政编码
新疆工程指挥部	新疆维吾尔自治区乌鲁木齐市鲤鱼山南路汇展园小区南3－4－402室	0991－6652901	830000
南方工程指挥部	贵州省贵阳市观山湖区金元国际23栋1单元901室	0851－8515319	550009
北京办事处	北京市石景山区玉泉西里二区远洋山水31楼8单元202号	010－88609844	100040
中铁十三局技师学院	吉林省长春市兴隆山镇	0431－86165313	130102
中铁十四局集团有限公司	山东省济南市和平路1号	0531－88386449	250014
第一工程发展有限公司	山东省日照市海曲东路66号	0633－2285916	276826
第二工程有限公司	山东省泰安市东岳大道西首	0538－2183456	271000
第三工程有限公司	山东省兖州市北环城路16号	0537－83493230	271200
第四工程有限公司	山东省济南市英雄山路267号	0531－82516869	250002
隧道工程有限公司	山东省济南市十六里河镇兴隆山庄	0531－88387001	250002
第五工程有限公司	山东省兖州市北站	0537－3638015	272017
电气化工程有限公司	山东省济南市和平路16号	0531－88385366	250014
北京中铁房山桥梁有限公司	北京市房山区阎村镇房山科技工业园区燕房园8号	010－51882869	102400
山东凯华置业有限公司	山东省济南市和平路16号	0531－88385800	250014
山东铁正工程试验检测中心有限公司	山东省济南市和平路16号	0513－88386413	250014
水利水电工程分公司	山东省济南市历下区中润世纪广场A3座18号楼10层	0531－88386697	250014
建筑安装工程分公司	山东省济南市二环东路3966号东环国际广场B座3层	0531－82516088	250100
海外工程分公司	山东省济南市和平路16号	0531－88385631	250014
北京工程指挥部	北京市海淀区阜城路115号	010－88120700	100039
青岛工程指挥部	山东省青岛市高科园香港东路254号	0532－80622658	266061
职工教育培训中心	山东省济南市十六里河镇兴隆山庄	0531－88387263	250002
物业管理中心	山东省济南市和平路1号	0531－88385175	250014
交通战备办公室	山东省济南市和平路1号	0531－88386637	250014
中铁十五局集团有限公司	河南省洛阳市四通路2号	0379－62637114	471013
第一工程有限公司	陕西省西安市经济技术开发区凤城二路13号	029－62689130	710018
第二工程有限公司	河南省焦作市工业路518号	0391－2589888	454003
第三工程有限公司	河南省洛阳市西工区工业园汉宫路西段	0379－62688438	471041
第四工程有限公司	河南省郑州市二七区新圃东街117号	0371－67055019	450052
第五工程有限公司	河南省洛阳市瀍河区买家街123号院	0379－62639114	471002
第六工程有限公司	河南省洛阳市邙山路4号院	0379－62631640	471013
第七工程有限公司	河南省洛阳市洛常路6号院	0379－62631065	471002
贵州路桥工程有限公司	贵州省都匀市北工区	0854－8326123	558004
成都建设工程有限公司	四川省成都市郫县犀浦镇珠江东街16号	028－87847202	611731
西北工程有限公司	陕西省西安市柿园路1号	029－62661856	710048
河南置业有限公司	河南省郑州市航海路197号索克世纪大厦9楼	0371－87553035	450000
四川建筑勘察设计有限公司	四川省宜宾市岳武里14号	0831－8221117	644000
济阳迎宾黄河大桥有限公司	山东省济阳县经二路73号	0531－84225799	251400
城市交通公司	广东省深圳市宝安区民治街道梅龙路皇嘉梅陇公馆	0755－29366996	518131
国际工程公司	北京市朝阳区百子湾西里金海商富中心A座20层	010－59572623	100124
华北公司	北京市石景山区重聚路聚兴园小区1号楼三单元	010－52630677	100040

续表

单位名称	地址	电话	邮政编码
华东公司	上海市闵行区莘沥路232号	021-64921100	201100
华南公司	广东省深圳市宝安区阳光海花园3C222室	0755-2917873	518101
中南公司	湖北省武汉市武昌区友谊大道特1号友谊国际小区6栋1单元	027-88703059	430060
西南公司	云南省昆明市福景路38号	0871-8052558	650228
南京公司	江苏省南京市江宁开发区将军大道129号2幢108室	025-85437406	211100
新疆公司	新疆维吾尔自治区乌鲁木齐市青海路123号	0991-7881962	830011
天津公司	天津市经济技术开发区洞庭路122号	022-25325252	300457
职工培训中心	河南省洛阳市邙山路1号院	0379-63697521	471013
中铁十六局集团有限公司	北京市朝阳区红松园北里2号	010-84311177	100018
第一工程有限公司	北京市顺义区府前东街15号	010-69424859	101300
第二工程有限公司	天津市河东区万新村三区	022-24017036	300162
第三工程有限公司	浙江省湖州市湖东路288号	0572-2093122	313000
第四工程有限公司	北京市怀柔区迎宾中路2号	010-51045424	101400
第五工程有限公司	河北省唐山市丰润区光华道2号	0315-3082351	064000
北京轨道交通工程建设有限公司	北京市通州区新华西街26号	010-69551058	101100
铁运工程有限公司	河北省高碑店市兴华北路75号	0312-5591013	074000
路桥工程有限公司	北京市密云县新北路29号	010-69063643	101500
电务工程有限公司	北京市朝阳区楼梓庄皮村北巷甲2号	010-51884400	100018
北京工程有限公司	北京市朝阳区红松园北里2号	010-51884760	100018
地铁工程有限公司	北京市朝阳区西大望路29号金港国际2-2-502	010-87755336	100124
置业投资有限公司	北京市朝阳区红松园北里2号	010-51883850	100018
广州工程指挥部	广东省广州市天河区黄埔大道中157号801室	020-85525611	510655
福州工程指挥部	福建省福州市五一中路47号	0591-83399100	350005
厦门工程指挥部	福建省厦门市莲岳路152号新华大厦8楼	0592-53929016	361012
云南工程指挥部	云南省昆明市官渡区新亚洲体育城星都总部基地08栋	0871-7187348	650214
湖南工程指挥部	湖南省长沙市芙蓉区龙柏路69号	0731-84734981	410001
四川工程指挥部	四川省成都市西体北路8号附1号	028-87662608	610031
重庆工程指挥部	重庆市江北区洋河中路望海花园C3座14-6	023-67852831	400020
粤海工程指挥部	海南省海口市面前坡泓基花园B1栋别墅	0898-66534478	570206
宁夏工程指挥部	宁夏回族自治区银川市黄河中路恒泰大厦19楼	0951-5056926	750001
南京工程指挥部	江苏省南京市瑞金路大清河长发东村一栋	025-84624438	210016
顺昌工程指挥部	福建省顺昌县	0599-7822611	353200
铁龙物资公司	北京市朝阳区红松园北里2号	010-51883618	100018
京博公司	海南省琼海市人民路412号	0898-62831212	571400
神朔铁路运营部	陕西省神木县神木北站	010-51883237	719316
中铁十七局集团有限公司	山西省太原市平阳路84号	0351-7257114	030006
第一工程有限公司	山西省太原市小店区人民北路18号	0351-7093970	030032
第二工程有限公司	陕西省西安市咸宁中路55号	029-62827210	710043
第三工程有限公司	河北省石家庄市中山西路	0311-83986582	050081
第四工程有限公司	重庆市北部高新区洪湖西路18号上丁企业公园25栋	023-67030811	401121
第五工程有限公司	山西省太原市小店区人民北路20号	0351-2620114	030032

续表

单 位 名 称	地 址	电 话	邮政编码
第六工程有限公司	福建省福州市连江中路181号中铁大厦	0591－3662081	350014
建筑工程有限公司	山西省太原市平阳路南路34号中铁十七局集团建筑科技大厦	0351－7259567	030032
电气化工程有限公司	山西省太原市平阳路南路34号中铁十七局集团建筑科技大厦	0351－7059678	030032
上海轨道交通工程有限公司	上海市浦东新区张杨路1515弄16号	021－68554723	200135
铺架分公司	山西省太原市平阳路南路34号中铁十七局集团建筑科技大厦	0351－7259983	030032
物资有限公司	山西省太原市迎新街南2巷1号	0351－3252633	030008
山西铧兴工程检测有限公司	山西省太原市平阳路西一巷17号	0351－7258527	030012
房地产开发有限公司	山西省太原市平阳路南路34号中铁十七局集团建筑科技大厦	0351－7257842	030032
勘察设计院	山西省太原市平阳路南路34号中铁十七局集团建筑科技大厦	0351－7257427	030032
物业管理中心	山西省太原市平阳路84号	0351－7258316	030006
中心医院	山西省太原市小店区人民北路19号	0351－7259800	030032
中铁十八局集团有限公司	天津市河西区大沽南路1519号	022－60282114	300222
国际工程有限公司	天津市河西区大沽南路中铁十八局办公大楼	022－60282748	300222
第一工程有限公司	河北省涿州市冠云路86号	0312－3686966	072750
第二工程有限公司	河北省唐山市丰润区光华道8号	0315－7763222	063030
第三工程有限公司	河北省涿州市冠云路	0312－3686114	072750
第四工程有限公司	天津市津南区双港新技术产业园区丽港园33号楼	022－60978285	300350
第五工程有限公司	天津市塘沽区新北路3199号	022－25216507	300450
第六工程有限公司	天津市河西区大沽南路中铁十八局院内	022－60282685	300222
建筑安装工程有限公司	天津市空港经济区环河北路80号商务园东区	022－58098566	300308
北京中铁大都工程有限公司	北京市大兴区西红门镇	010－60243246	100076
房地产开发有限公司	天津市河西区大沽南路中铁十八局院内	022－60283031	300222
隧道工程公司	四川省重庆市北碚区蔡家岗镇凤栖路六号2幢	023－60310378	400700
轨道交通工程有限公司	广西壮族自治区南宁市青秀区金洲路31号城市杰作23层	0771－2380180	530021
路桥工程公司	河北省涿州市大石桥	0312－3893900	072750
勘察设计院(原科研设计院)	天津市河西区大沽南路中铁十八局办公大楼	022－28187974	300222
物业管理公司	天津市河西区大沽南路中铁十八局院内	022－60282472	300222
投资公司	天津市河西区大沽南路中铁十八局院内	022－60283256	300222
中铁十九局集团有限公司	北京市经济技术开发区荣华南路19号	010－59819114	100176
第一工程有限公司	辽宁省辽阳市白塔区卫国路138号	0419－2324114	111000
第二工程有限公司	辽宁省辽阳市白塔区和平路17号	0419－2327210	111000
第三工程有限公司	辽宁省沈阳市沈北新区沈北路76－27A号	024－66679269	100136
第五工程有限公司	辽宁省大连市金州区拥政街586号	0411－82163715	116000
第六工程有限公司	江苏省无锡市凤翔路987号(凤加创业园)	0510－83109698	214045
第七工程有限公司	广东省珠海市拱北港昌路111号中铁大厦	0756－8180416	519020
电务工程有限公司	北京市大兴区西红门新建服装开发区金服大街13号	010－57550018	100076
轨道交通有限公司	北京市顺义区林河经济开发区林河大街16号	010－57477798	101300
房地产开发有限公司	辽宁省辽阳市白塔区和平路17号	0419－2327005	111000

续表

单位名称	地址	电话	邮政编码
矿业投资有限公司	北京市丰台区莲怡园东路风荷曲苑3号楼	010-52730878	100161
国际建设分公司	北京市亦庄经济技术开发区西环南路26号院8号楼	010-67817857	100176
辽阳基地	辽宁省辽阳市白塔区和平路17号	0419-2327940	111000
计量测试中心	辽宁省辽阳市白塔区和平路17号	0419-2327082	111000
物资总公司	辽宁省辽阳市白塔区和平路17号	0419-2327498	111000
职工中心医院	辽宁省辽阳市白塔区卫国路75号	0419-2327160	111000
西南指挥部	重庆市渝中区莱袁路209号新东福花园紫烟阁10-1	0877-3806011	400016
西北指挥部	陕西省西安市交大科技园区华尔兹花园1号楼2单元2003室	029-83399828	710043
东北指挥部	辽宁省沈阳市和平区五里河城A座14楼	024-31501023	110004
华东指挥部	上海市静安区康定路211号艺海大厦3楼	021-52131855	200041
华南指挥部	广西壮族自治区南宁市五象广场东方曼哈顿2403号	0771-5532717	530012
北京指挥部	北京市石景山区鲁谷大道聚兴园3号楼2单元102室		100040
东南指挥部	江西省萍乡市经济开发区郑和路9号	0591-83546636	337000
华北指挥部	天津市南开区阳光壹佰新城东南侧浅水湾花园33-2	022-83739957	300100
中原指挥部	河南省郑州市郑东新区正光路晖达新领地二期		450008
新疆指挥部	新疆维吾尔自治区乌鲁木齐市鲤鱼山南路1143号		830054
中铁二十局集团有限公司	陕西省西安市太华北路89号	029-82153333	710016
第一工程有限公司	江苏省苏州市新区大同路10号	0512-66160328	215151
第二工程有限公司	北京市海淀区西四环北路158号慧科大厦12层	010-88591101	100142
第三工程有限公司	重庆市渝北区黄山大道中段5号水星B座12、13楼	023-61808899	404100
第四工程有限公司	山东省青岛市东海东路89号	0532-88017020	266061
第五工程有限公司	云南省昆明市官渡区国贸路星河明居A幢附属楼	0871-7176639	650200
第六工程有限公司	陕西省西安市辛家庙康新路	029-62600206	710032
第七工程有限公司	甘肃省兰州市张掖路250号时代广场9楼	0931-4903591	730030
电气化工程有限公司	陕西省西安市高新区新型工业园企业壹号公园6号	029-62680950	710119
房地产开发有限公司	重庆市南岸区江南大道19号城市之光30楼	023-62968322	400060
西安工程机械有限公司	陕西省西安市辛家庙广安路3619号	029-62600300	710032
陕西物资有限公司 (海外工程保障中心)	陕西省西安市华清东路125号 上海市宝山区友谊路318号5号楼	029-82320372 021-56782099	710032 201900
技工学校	陕西省渭南市向阳北街245号	0913-2167628	714000
西安基地管理处	陕西省西安市太华北路89号	029-82152759	710016
咸阳基地管理处	陕西省咸阳市文林路	029-33785467	712000
乐山基地	四川省乐山市人民西路281号	0833-2113790	614000
东南工程指挥部	广东省广州市番禺区南村镇华南碧桂园岭御一街8号204	020-34967201	511442
西南工程指挥部	四川省成都市高新区天府大道北段20号高新国际广场B座401号	028-85315100	610041
华北工程指挥部	天津市河北区元纬路与七马路交口仁恒河滨花园3号楼1201室	022-86388181	300141
西北工程指挥部	甘肃省兰州市北滨河路92号会展中心对面云祥花苑1号楼2单元14层	0931-8384204	730000
中原工程指挥部	湖北省武汉市洪山区团结大道128号爱家国际华城17栋1单元2301室	027-88253515	430063
海外工程指挥部	北京市海淀区玲珑路恩济西园2号楼2层2208	010-88153675	100142

续表

单位名称	地址	电话	邮政编码
北京办事处	北京市海淀区玲珑路恩济西园2号楼2层	010－88134719	100142
中铁二十一局集团有限公司	甘肃省兰州市安宁区北滨河西路921号	0931－4539658	730070
第一工程有限公司	新疆维吾尔自治区乌鲁木齐市河南西路12号	0991－7924437	830011
第二工程有限公司	甘肃省兰州市城关区和平路63号	0931－4952187	730000
第三工程有限公司	陕西省咸阳市迎宾大道	029－33784008	712000
第四工程有限公司	陕西省西安市高新区唐延路中段洛克大厦8、9楼	029－68593506	710065
第五工程有限公司	重庆市江北区海尔路港城工业区D区港安二路28号		400025
第六工程有限公司	北京市经济技术开发区科创十四街99号33幢A座	010－58872110	101111
电务电化工程有限公司	甘肃省兰州市城关区红山根西村148号	0931－4937395	730000
路桥工程有限公司	陕西省西安市高新区唐延路37乙号洛克大厦	029－68593626－602	710065
德盛和置业有限公司	陕西省西安市雁南五路曲江文化商务会所6层	029－85567281	710061
甘肃房地产开发公司	甘肃省兰州市安宁区莫高大道26号	0931－7704704	730070
国际工程有限公司	北京市海淀区万丰路18号院5号楼3层	010－59811985	100010
中铁二十二局集团有限公司	北京市石景山区石景山路35号	010－51889839	100043
第一工程有限公司	北京市石景山区鲁谷路74号	010－51889913	100040
第二工程有限公司	北京市石景山区实兴大街30号院6号楼12层	010－57551525	100041
第三工程有限公司	福建省厦门市槟榔路一号连谊广场4楼	0592－5536927	361004
第四工程有限公司	河北省高碑店市和平路39号	0312－2823016	074000
第五工程有限公司	重庆市渝中区大坪正街140号2栋1单元10－6号	023－68573556	400042
第六工程有限公司	天津市滨海新区塘沽新北路4668号	022－60668765	300459
哈尔滨铁路建设集团有限责任公司	黑龙江省哈尔滨市南岗区西大直街113号	0451－86422547	150006
电气化工程有限公司	北京市石景山区京源路2号桥三角地一号院2号楼北楼	010－63379259	100040
北京中铁天瑞机械设备有限公司	北京市海淀区复兴路40号	010－51889787	100855
房地产开发有限公司	北京市石景山区实兴大街30号院6号楼11层	010－57551383	100041
北京天瑞泰投资有限公司	北京市石景山区实兴大街30号院6号楼11层	010－57551301	100041
海南分公司	海南省海口市海甸四东路富怡公寓8－1号	0898－66262535	570208
铁路运营指挥部	北京市海淀区复兴路40号	010－51888752	100855
中铁二十三局集团有限公司	四川省成都市二环路西二段10－1号	028－68311110	610072
第一工程有限公司	山东省日照市黄海二路65号	0633－31638029	276826
第二工程有限公司	黑龙江省齐齐哈尔市铁锋区站前大街256号	0452－2924257	161000
第三工程有限公司	四川省成都市温江区天府街中段336号	028－67230000	611130
第四工程有限公司	四川省成都市东门街84号	028－83389372	610063
轨道交通工程有限公司	上海市南汇区惠南镇南路335号4楼	021－68038111	201300
第六工程有限公司	重庆市渝中区嘉滨路118号	023－63037128	400012
第八工程有限公司	四川省成都市青羊区青羊工业总部基地G区8栋A/B座	028－65587899	610091
川东水泥有限公司	四川省渠县三汇镇川水路7号	0818－7887826	635209
电务工程有限公司	天津市南开区密云一支路燕宇花园45号	022－27531522	300112
中铁二十四局集团有限公司	上海市会文路2号	021－51221317	200071
安徽工程有限公司	安徽省合肥市新海大道15号	0551－2124910	230001
江苏工程有限公司	江苏省南京市玄武区板仓街9号C区1号楼	025－85437820	210042

续表

单位名称	地址	电话	邮政编码
上海铁建工程有限公司	上海市共和新路911号	021－51231157	200070
浙江工程有限公司	浙江省杭州市江城路692号	0571－87806165	310009
福建铁路建设有限公司	福建省福州市火车站沁园路77号	0591－87577551	350013
南昌铁路工程有限公司	江西省南昌市二七南路109号	0791－7022857	330002
新余工程有限公司	江西省新余市铁兴路216号	0790－6968255	338025
南昌建设有限公司	江西省南昌市二七南路116号	0791－6110683	330002
上海电务电化有限公司	上海市天目中路585号新梅大厦18F	021－51226558	200070
贵溪桥梁厂有限公司	江西省贵溪市柏里大道	0701－3773371	335400
鹰潭设备安装工程有限公司	江西省鹰潭市环城东路105号	0701－6447216	335000
上海房地产开发有限公司	上海市民德路20号	021－51223735	200071
路桥分公司	上海市秣陵路80号华象大楼15F	021－51236006	200070
轨道交通分公司	上海市虬江路1000号聚源大厦10F	021－51223097	200071
中铁二十五局集团有限公司	广东省广州市中山一路55号	020－61324527	510600
西北分公司	陕西省西安市碑林区东关政街70号招商局广场2号楼12层	029－83267704	710048
第一工程有限公司	广东省广州市越秀区桂花岗东2号	020－61357357	510405
第二工程有限公司	湖南省衡阳市珠晖区乐群里166号	0734－2523457	421002
第三工程有限公司	湖南省长沙市芙蓉区人民中路职院街129号	0731－82636687	410001
第四工程有限公司	广西壮族自治区柳州市和平路138号	0772－3924757	545007
第五工程有限公司	山东省青岛市崂山区科苑纬三路25号	0532－58709377	266000
第六工程有限公司	广西壮族自治区南宁市南铁北一区地洞口路791－6号	0771－2724859	530001
电务工程有限公司	广东省广州市越秀区共和西路8号	020－61327499	510600
建筑安装工程有限公司	广东省广州市越秀区共和西路8号5－7楼	020－61282948	510600
房地产开发有限公司	广东省广州市中山一路55号	020－61324047	510600
轨道交通工程有限公司	广东省广州市南沙区环市大道西路滨海花园综合楼D栋	020－39051868	511457
南方实业开发有限公司	广东省广州市越秀区共和西路8号	020－61323737	510600
广州铁诚工程质量检测有限公司	广东省广州市越秀区共和西路8号	020－61331039	510600
西北分公司	陕西省西安市碑林区火炬路1号企图时代大厦12层B区	029－88130672	710043
中铁建设集团有限公司	北京市石景山区石景山路20号	010－51885010	100131
北京分公司	北京市石景山区石景山路20号	010－51885128	100131
天津分公司	天津市河东区华兴道6号	022－24326670	300450
西安分公司	陕西省西安市高新区高新四路17号	029－87939848	710075
山西分公司	山西省太原市南沙河北沿岸295号	0351－4083059	030001
郑州分公司	河南省郑州市金水区东明路187号	0371－68107080	450008
武汉分公司	湖北省武汉市硚口区古田二路南泥湾大道65－71号汇丰企业总部1号楼A座504	027－83592836	430035
长沙分公司	湖南省长沙市开福区秀峰路69号山语城会所	0731－85229261	410210
广东分公司	广东省珠海市拱北迎宾大道西侧御花园乾清阁7层D	0756－8119401	519020
海南分公司	海南洋浦吉浦路怡园小区2幢2单元204室	0898－68575317	570125
济南分公司	山东省济南市历山路122号	0531－87586029	250014
华东分公司	上海市闵行区莘松路855号第一幢三楼A区	021－34687677	201103
南宁分公司	广西壮族自治区南宁市青秀区民族大道131号航洋国际2号2811号	0771－3196977	530022

续表

单位名称	地址	电话	邮政编码
昆明分公司	云南省昆明市西山区豆腐营小区3－19－3幢304号	0871－8103425	650100
中铁建设集团房地产开发有限公司	北京市石景山区石景山路20号	010－51812904	100131
铁路工程总指挥部	北京市石景山区石景山路20号	010－51885657	100131
海外工程分公司	北京市石景山区石景山路20号	010－51885043	100131
工程资源分公司	北京市丰台区南苑西营房甲5号院	010－52252285	100076
建筑设计院	北京市石景山区石景山路20号	010－51885084	100131
设备安装分公司	北京市丰台区张仪村路16号	010－51885165	100040
装饰分公司	北京市丰台区张仪村路16号	010－51885423	100040
市政工程分公司	北京市丰台区张仪村路16号	010－51885153	100040
北京中铁建工物资有限公司	北京市丰台区张仪村路16号	010－51885211	100040
商品混凝土分公司	北京市丰台区张仪村路16号	010－51885172	100040
模板架构件加工租赁中心	北京市丰台区张仪村路16号	010－51885508	100040
设备租赁分公司	北京市丰台区张仪村路16号	010－51885232	100040
北京中铁电梯工程有限公司	北京市丰台区张仪村路16号	010－51885201	100040
房产膳食服务管理中心	北京市石景山区石景山路20号	010－51885414	100131
中国铁建电气化局集团有限公司	北京市石景山区石景山路29号	010－88779813	100043
第一工程有限公司	河南省洛阳市白马寺镇18号	0379－62630033	471013
第二工程有限公司	山西省太原市尖草坪区昌盛西街18号	0351－3258099	030023
第三工程有限公司	河北省高碑店市兴华北路57号	0312－7932801	074000
第四工程有限公司	湖南省长沙市雨花区中意一路728号	0731－85627012	410116
第五工程有限公司	四川省成都市青阳区成飞大道青阳工业总部基地N区12栋	028－81726003	610091
南方工程有限公司	湖北省武汉市东湖开发区佳园路17号	027－51129200	430074
北方工程有限公司	山西省太原市迎泽西大街369号	0351－6354026	030053
北京京燕饭店有限公司	北京市石景山区石景山路29号	010－68876666	100043
西安电气化制品有限公司	陕西省渭南市华县莲花寺	0913－4810300	714101
科技有限公司	河北省高碑店市西大街建国胡同9号	0312－7938502	074013
北京中铁建电气化设计研究院	北京市石景山区石景山路29号京燕饭店8层	010－88779906	100043
北京城市轨道工程公司	北京市石景山区石景山路29号	010－88779952	100043
轨道交通器材有限公司	江苏省常州市武进区高速铁路电气化产业园	0519－86547055	213179
康远新材料有限公司	江苏省江阴—靖江工业园区	0523－84609066	214521
新疆维管段公司	新疆维吾尔族自治区乌鲁木齐市天津北路234号嘉华园小区北区5号楼2单元202室	0992－7326109	830010
中国铁建港航局集团有限公司	广东省珠海市前山翠峰街189号	0756－6250000	519000
第一工程分公司	广东省珠海市斗门区白蕉镇新港经济开发区	0756－6897303	519000
第二工程分公司	浙江省宁波市鄞州区首南街道泰康中路558号	0574－89069058	315192
第三工程有限公司	山东省青岛市崂山区海尔路168号城投大厦17、18楼层	0532－55719763	266100
第四工程分公司	重庆市江北区港安二路28号冠陆两江汇谷D栋10－11层	023－67071395	404100
航务工程分公司	广东省广州市番禺区南村兴南大道118号	020－84568231	510000
船舶工程分公司	广东省珠海市前山翠峰街189号	0756－6252647	519000
轨道交通工程有限公司	广东省广州市番禺区南村兴南大道118号	020－84568242	510000

续表

单 位 名 称	地　　址	电　　话	邮政编码
岩土工程有限公司	广东省广州市番禺区南村兴南大道118号	020－84567181	510000
勘察设计院有限公司	广东省广州市越秀区沿江中路195号沿江大厦	020－83187977	510000
深圳工程有限公司	广东省深圳市龙岗区中心城龙城大道177号	0755－89982299	518000
中国铁建房地产集团有限公司	北京市海淀区复兴路40号中国铁建大厦B座	010－52689999	100855
中铁房地产集团长沙置业有限公司	湖南省长沙市开福区秀峰路69号山语城会所3楼	0731－84849200	410210
徐州中铁房地产开发有限公司	江苏省徐州市新城区中国铁建未来城营销中心	0516－85960759	221000
贵州中泓房地产开发有限公司	贵州省贵阳市南明区太慈桥车水路11号	0851－5505188	550003
长春中铁房地产开发有限公司	吉林省长春市汽车经济技术开发区长沈路2488号	0431－85739807	130011
中铁地产(成都)开发有限公司	四川省成都市高新区锦城大道1288号	028－61682255	610041
中铁房地产集团(广西)有限公司	广西壮族自治区南宁市金湖路63号金源CBD现代城C座17层1736号	0771－2829988	530111
中铁嘉业(北京)投资有限公司	北京市房山区广阳大街1号	010－80393567	102442
湖南中盛嘉业房地产开发有限公司	湖南省长沙市经济技术开发区漓湘路与东六线交汇处中国铁建国际城售楼部二楼	0731－84023296	410100
中铁房地产集团合肥置业有限公司	安徽省合肥市庐阳区桃源路99号	0551－65661988	230041
北京第六大洲房地产开发有限公司	北京市朝阳区来广营乡清河营村中国铁建花语城售楼处	010－84912792	100012
中铁房地产集团北京丰基置业有限公司	北京市丰台区西四环南路101号丰台科技园创新大厦6层	010－63722296	100070
中铁房地产集团浙江京城投资有限公司	浙江省杭州市拱墅区湖州街150号5F	0571－88297918	310015
中铁房地产集团北京正达置业有限公司	北京市房山区长阳镇长周路与长阳大街(长杨路)交汇处西北角	010－80368198	102401
中铁房地产集团(天津)置业有限公司	天津市河北区金钟河大街与月牙河交口中国铁建售楼处	022－26779666	300150
中铁房地产集团广州有限公司	广东省广州市荔湾区康王中路486号和业广场1703室	020－81237200	510140
中铁房地产集团四川有限公司	四川省成都市成华区昭觉寺横路19号	028－61682255	610041
中铁房地产集团北京丰昊置业有限公司	北京市丰台区王佐镇西王佐村中国铁建·(北京)山语城售楼处	010－83391566	100074
中铁房地产集团(贵州)有限公司	贵州省贵阳市南明区太慈桥车水路11号	0851－5505188	550003
中铁房地产集团宁波京城投资有限公司	浙江省宁波市象山丹城丹阳路558号财富中心2403室	0574－89502607	315700
中铁房地产集团武汉有限公司	湖北省武汉市汉阳区十里铺特5号十里和府2栋2层	027－84779822	430050
中铁房地产集团北京顺捷金海置业有限公司	北京市门头沟区永定镇东辛秤中国铁建梧桐苑项目工地办公楼	010－56918899	102308
中铁建(北京)物业管理有限公司	北京市石景山区阜石路166号泽洋大厦1606室	010－88909173	100043
中铁第一勘察设计院集团有限公司	陕西省西安市西影路2号	055－65021(路)	710043
新疆铁路勘察设计院有限公司	新疆维吾尔自治区乌鲁木齐市北京南路703号	073－56021(路)	830011
青海铁道工程勘察有限责任公司	青海省西宁市共和南路23号	075－92227(路)	810007
甘肃铁道综合工程勘察院有限公司	甘肃省兰州市民主西路35号	071－34733(路)	730000
陕西铁道工程勘察有限公司	陕西省宝鸡市中山西路88号	017－22123(路)	721001
甘肃综合铁道工程承包有限责任公司	甘肃省兰州市和政路127号	071－34597(路)	730000

续表

单位名称	地址	电话	邮政编码
甘肃铁一院工程监理有限责任公司	甘肃省兰州市和政路127号	071－33053(路)	730000
西安铁一院工程咨询监理有限责任公司	陕西省西安市西影路2号	055－49011(路)	710043
甘肃格瑞生态技术有限公司	陕西省西安市西影路2号	055－49064(路)	710043
甘肃环通工程试验检测有限公司	甘肃省兰州市和政路131号	071－33676(路)	730000
甘肃宏图文印有限公司	陕西省西安市西影路2号	055－49068(路)	710043
中铁第四勘察设计院集团有限公司	湖北省武汉市武昌区和平大道745号	027－86812844	430063
线路站场设计研究处	湖北省武汉市武昌区和平大道745号	027－86816139	430063
桥梁设计研究处	湖北省武汉市武昌区和平大道745号	027－86811470	430063
地质路基设计研究处	湖北省武汉市武昌区和平大道745号	027－51155953	430063
设备设计研究处	湖北省武汉市武昌区和平大道745号	027－86814195	430063
通信信号设计研究处	湖北省武汉市武昌区和平大道745号	027－51155236	430063
电气化设计研究处	湖北省武汉市武昌区和平大道745号	027－86814200	430063
工程经济设计处	湖北省武汉市武昌区和平大道745号	027－51155305	430063
环境工程设计研究处	湖北省武汉市武昌区和平大道745号	027－51156234	430063
城市轨道与地下工程设计研究院	湖北省武汉市武昌区和平大道745号	027－51155288	430063
建筑与城市规划设计研究院	湖北省武汉市武昌区和平大道745号	027－51184246	430063
道路交通设计研究院	湖北省武汉市武昌区和平大道745号	027－51156792	430063
工程勘察院	湖北省武汉市洪山区铁机村	027－51156248	430063
信息中心	湖北省武汉市武昌区和平大道745号	027－86811459	430063
图文印制中心	湖北省武汉市武昌区和平大道745号	027－86814198	430063
保障服务中心	湖北省武汉市武昌区和平大道745号	027－51155657	430063
接待中心	湖北省武汉市武昌区和平大道745号	027－51155080	430063
武汉铁道工程承包有限责任公司	湖北省武汉市武昌区和平大道745号	027－86715014	430063
铁四院(湖北)工程监理咨询有限公司	湖北省武汉市武昌区和平大道745号	027－86811518	430063
武汉铁四院工程咨询有限公司	湖北省武汉市武昌区和平大道745号	027－51156952	430063
中铁四院集团房地产开发有限公司	湖北省武汉市武昌区和平大道745号	027－55729(路)	430063
武汉鸿基岩土工程院有限责任公司	湖北省武汉市武昌区和平大道745号	027－51155953	430063
武汉铁四院工程造价咨询有限公司	湖北省武汉市武昌区和平大道745号	027－51155305	430063
武汉铁四院控制爆破技术有限公司	湖北省武汉市武昌区和平大道745号	027－51155512	430063
惠州大亚湾铁惠实业有限公司	广东省惠州市惠阳区人民六路锦珠花园B栋502号	0752－3362178	516211
武汉铁辰工程检测有限公司	湖北省武汉市武昌区和平大道745号	027－51155407	430063
北京分院	北京市海淀区北小马厂华天大厦11楼	010－63323794转1616	100039
广州分院	广东省广州市三元里大道463号矿泉游泳场	057－58519	510400
南京分院	江苏省南京市鼓楼区中央路399号天正国际广场15楼	025－84585248	210037
福州分院	福建省福州市北环东路96号沁园新村3－101	0591－87595548	350013
郑州分院	河南省郑州市金水区郑汴路138号英协广场A座27楼	0371－65923637	450004
杭州分院	浙江省杭州市江干区彭埠镇备塘中路后新片90号	0571－56725720	310017

续表

单 位 名 称	地 址	电 话	邮政编码
厦门分院	福建省厦门市思明区湖滨东路6号华龙大厦29楼	0592－5800708	361010
深圳分院	广东省深圳市南山区学府路荟芳园D栋5楼	0755－26530649	518052
苏州分院	江苏省苏州市高新区青石路500号	0512－68139639	215009
无锡分院	江苏省无锡青扬路99号数码大厦601室	021－80217888	214023
中铁四院集团广州设计院有限公司	广东省广州市越秀区共和西路6号	020－61329017	510600
中铁四院集团南宁勘察设计院有限公司	广西壮族自治区南宁市高新区高新五路3号	0771－2721367	530003
海南分公司	海南省海口市和平南路78号宁屯大厦11层	0898－65337543	570203
上海分公司	上海市广灵四路24号甲开隆大厦7层	021－65608347	200083
合肥分公司	安徽省合肥市新火车站正阳路	0551－62123667	230011
长沙分公司	湖南省长沙市袁家岭五一大道253号湘域中央2号楼32层	0731－88152886	410011
中铁四院集团西南勘察设计公司	云南省昆明市世纪城国际商务中心2号楼19层	0871－68273284	650241
海峡(福建)交通工程设计有限公司	福建省福州市台江区交通路43号	0591－83371570	350004
乌鲁木齐办事处	新疆维吾尔自治区乌鲁木齐市阿勒泰路306号香格里拉美泉小区12座B室	0991－3818118	830011
南昌分公司	江西省南昌市红谷滩区绿茵路799号联发公寓1单元1501	0791－88890913	330000
昆明投资公司	云南省昆明市呈贡新城白龙潭善书院25栋	0871－63962233	650500
温州分公司	浙江省温州市龙湾区钱江路85号	0577－56679699	325011
徐州分公司	江苏省徐州市解放南路265号	0516－83950879	221000
中铁第五勘察设计院集团有限公司	北京市大兴区康庄路9号	010－51011506	102600
线路运输设计院	北京市大兴区康庄路9号	010－51011110	102600
地质路基勘察设计院	北京市大兴区康庄路9号	010－51011689	102600
桥梁设计院	北京市大兴区康庄路9号	010－51011569	102600
四电设计院	北京市大兴区康庄路9号	010－51011265	102600
城市轨道交通设计院	北京市大兴区康庄路9号	010－51011227	102600
建筑设计院	北京市大兴区康庄路9号	010－51011589	102600
市政工程设计院	北京市大兴区康庄路9号	010－51011584	102600
工程经济设计院	北京市大兴区康庄路9号	010－51011269	102600
环境工程设计院	北京市大兴区康庄路9号	010－51011180	102600
应用技术研究院	北京市大兴区康庄路9号	010－51011159	102600
工程机械研究设计院	北京市大兴区康庄路9号	010－51011751	102600
工程咨询公司	北京市大兴区康庄路9号	010－51011660	102600
东北勘察设计分院	黑龙江省哈尔滨市南岗区西大直街119号	0451－86424957	150006
郑州勘察设计院	河南省郑州市高新区翠竹街1号总部企业基地100号楼	0371－86628312	450003
北京铁研建设监理有限责任公司	北京市大兴区康庄路9号	010－51011278	102600
北京铁五院工程试验检测有限公司	北京市大兴区康庄路9号	010－51011217	102600
北京中铁建北方路桥工程有限公司	北京市大兴区康庄路9号	010－51011679	102600
北京铁五院工程机械有限公司	北京市大兴区康庄路9号	010－51129802	102600
北京铁五院置业公司	北京市大兴区康庄路9号	010－51011179	102600

续表

单位名称	地址	电话	邮政编码
中铁上海设计院集团有限公司	上海市天目中路291号	021－63818358	200070
南昌铁路勘测设计院有限责任公司	江西省南昌市工人新村二路27号	0791－87021157	330002
杭州铁路设计院有限责任公司	浙江省杭州市延安路468号省经贸大厦B座6楼	0571－56735698	310006
中铁上海设计院集团合肥有限公司	安徽省合肥市瑶海工业园区新海大道15号(中国铁建安徽大厦)	0551－62123581	230011
上海先行建设监理有限公司	上海市天目中路291号	021－63817060	200070
中铁上海设计院集团有限公司天津分院	天津市南开区卫津路18号中恺国际广场新都大厦A座15层	022－27776838	300073
中铁上海设计院集团有限公司南京设计院	江苏省南京市鼓楼区中山北路223号建达大厦7楼	025－85835758	210009
中铁物资集团有限公司	北京市海淀区西四环中路19号	010－51881098	100143
东北有限公司	辽宁省沈阳市东北大马路337号	024－88204558	110044
华东有限公司	上海市长乐路462号	021－62172358	200020
中南有限公司	湖北省武汉市武昌区丁字桥路25号	027－87929851	430070
西北有限公司	陕西省西安市友谊东路150号	029－82258491	710054
西南有限公司	四川省成都市一环路北一段113号	028－87664714	610031
华北有限公司	河北省石家庄市工人街22号	0311－85364898	050000
华南有限公司	广东省广州市越秀区东风东路745号东山紫园国际商务大厦17楼	020－38880314	510610
北京有限公司(五棵松饭店)	北京市海淀区西四环中路19号五棵松饭店	010－51881188	100143
北京中铁工业有限公司	北京市石景山区玉泉路65号	010－88688618	100040
北京中铁建物资贸易有限公司(北京中铁建印刷有限公司)	北京市海淀区复兴路40号	010－51888248	100855
港澳有限公司	广东省珠海市九州大道西3026号11栋	0756－2800227	519070
新疆有限公司	新疆维吾尔自治区乌鲁木齐市经济技术开发区中亚南路81号	0991－3691023	830026
江苏有限公司	江苏省南京市中山路179号易发信息大厦15楼A、B座	025－83368825	210008
兰州有限公司	甘肃省兰州市西固区福利东路68号	0931－7535894	730060
海南有限公司	海南省海口市龙华区滨海大道123－8号16层	0898－68559592	570125
北京中铁国际招标公司	北京市石景山区玉泉路65号院	010－51887198	100040
湖南有限公司	湖南省长沙市经济技术开发区开元大道17号湘商世纪鑫	0731－88289033	410100
芜湖中铁科吉富轨道销售有限公司	安徽省芜湖市弋江区火龙岗镇芜南路281号	0553－3019182	241131
香港有限公司	香港九龙旺角道33号	0756－3800280	
成都中铁建项目建设管理有限公司	四川省成都市高新区天府大道中段美年广场A座357室	028－83131372	610031
中石油铁建油品销售有限公司	北京市海淀区复兴路21号海育大厦10层	010－68576262	100036
中铁煤焦销售有限公司	北京市石景山区玉泉路65号院	010－51886233	100040
中铁西城钢铁公司	江阴市滨江西路8号江锋广场16层	010－51881083	214400
铁建民爆器材专营有限公司	北京市海淀区西四环中路19号	010－51873806	100143
北京中铁福斯罗技术有限公司	北京市海淀区西四环中路19号218房间	010－51881070	100143
钢之家电子商务公司	上海市黄浦区长乐路462号	021－62147165	200020

续表

单位名称	地址	电话	邮政编码
兰新贸易有限公司	甘肃省兰州市城关区武都路295号移通家园1264室	010－51881093	730030
鞍钢办事处	辽宁省鞍山市铁东区对炉街30－9号	0412－6331638	114041
包钢办事处	内蒙古自治区包头市昆区民族东路香港花园景秀苑10栋55号	0472－5919167	014010
攀钢办事处	四川省攀枝花市炳草岗大街泰隆大厦14楼	0812－3359028	617300
武钢办事处	湖北省武汉市武昌区丁字桥27号	027－87129886	430070
昆明中铁大型养路机械集团有限公司	云南省昆明市官渡区金马镇杨方旺384号	0871－63831998	650215
昆明奥通达铁路机械有限公司	云南省昆明市官渡区金马镇杨方旺384号	0871－65388007	650215
唐山昆铁科技有限公司	河北省唐山市南堡开发区唐曹高速连接线以东4号路北侧	0315－2819125	063000
北京昆维通铁路机械化养护工程有限公司	北京市房山区大件路1－7号	010－59735819	102400
北京瑞维通工程机械有限公司	北京市房山区大件路1－7号	010－59735836	102400
昆明中铁恒源商务服务有限公司	云南省昆明市官渡区金马镇杨方旺384号	0871－3831230	650215
中国铁建重工集团有限公司	湖南省长沙市经济技术开发区东七路88号	0731－84071801	410100
中铁株洲桥梁有限公司	湖南省株洲市建设北路487号	0731－28331063	412005
中铁隆昌工务器材有限公司	四川省隆昌县金鹅镇外站路75号	0832－5166588	642150
株洲中铁电气物资有限公司	湖南省株洲市石峰区北站路81号	0731－22681298	412001
中铁建钢结构有限公司	河北省涿州市华阳中路143号	0312－3972508	072750
中国铁建重工集团兰州隧道装备有限公司	甘肃省兰州新区纬三路	0931－8258008	730314
中国铁建重工集团道岔分公司	湖南省株洲市建设北路487号	0731－28300009	412005
中国铁建重工集团制造总厂	湖南省长沙市经济技术开发区东七路88号	0731－84071850	410100
中国铁建重工集团研究总院	湖南省长沙市经济技术开发区东七路88号	0731－84071884	410100
中铁建特种装备工程有限公司	湖南省长沙市经济技术开发区东七路88号	0731－84015081	410100
中国铁建国际集团有限公司	北京市复兴路40号中国铁建大厦B座7层	010－52689501	100855
中国铁建阿尔及利亚东西高速公路项目经理部	Coopérative El Mahdia, Batiment G, les Vergers, Bir Mourad Rais, Alger, Argeria	00213－21565828	
中国铁建沙特麦加轻轨铁路项目公司	Registration No. 4030188349 － C. R 129130 P. O Box 16931, Jeddah 21474, Saudi Arabia	00966－26524037	
中国铁建(加勒比)有限公司	No. 78 Ellerslie Park, Maraval, Port of Spain, Trinidad and Tobago, West Indies	001868－62202074	
中国铁道建设(香港)有限公司	香港九龙观塘海滨道133号万兆丰中心10楼A室	00852－27749886	
中国铁建美国有限公司	22 Battery St., Suite 333, San Francisco, CA 94111, USA	001－4157952118	
中国铁建马来西亚有限公司	No. 46, Jalan Damai, Off Jalan Tun Razak, 55000 Kuala Lumpur, Malaysia	0060－123533739	
中铁建(北京)国际贸易有限公司	北京市海淀区复兴路40号中国铁建大厦A座西厅10层	010－52689505	100855
北京铁城建设监理有限责任公司	北京市海淀区复兴路40号	010－52689375	100855
北京铁城信诺工程检测有限公司	北京市海淀区复兴路40号院75号楼(机关活动中心)624－627室	010－51886935	100855
重庆铁城建设监理有限责任公司	重庆市渝北区洪湖东路51号财富中心C2栋1801室	023－86362370	401121
北京铁城精诚公路工程咨询有限公司	北京市丰台区马家堡东路71号立业大厦1303	010－67569191	100027

续表

单 位 名 称	地 址	电 话	邮政编码
郑州铁城工程咨询有限公司	河南省郑州市金水区鑫苑路26号21号楼东单元2776号	0371－69529839	450008
北京中德工程咨询有限公司	北京市朝阳区东三环北路丙2号天元港中心B座1509室	010－84417528	100027
北京铁城建设监理有限责任公司成都分公司	四川省成都市通惠门路3号锦都2幢2单元0904号	028－66663176	610015
南京分公司	河南省郑州市金水区花园路59号21世纪湖左岸68栋173单元17304室	0371－55070795	450002
深圳分公司	广东省深圳市福田区侨香路香格丽苑C幢13A02	0755－28536274	518034
天津分公司	北京市朝阳区红松原2号中铁16局转	010－51883750	100018
电气化分公司	北京市海淀区复兴路40号院75号楼(机关活动中心)620－623室	010－51886938	100855
重庆分公司	重庆市渝北区洪湖东路51号财富中心C2栋1801室	023－86362370	401121
合肥分公司	安徽省合肥市蒙城北路板桥商住楼1－802室	0551－65695161	230041
兰州分公司	甘肃省兰州市城关区金昌南路152号山水名庭山座1902	0931－4895173	730000
上海分公司	上海市闸北区延长中路775号如家酒店3楼303－304室	021－66309270	200007
青岛分公司	青岛市四方区重庆南路298号雁山世纪606室	0532－83939296	266100
广州分公司	广东省广州市花都区公益路23号北座钻石商务大厦1601	020－36932016	510800
珠海分公司	广东省珠海市香洲凤凰北路2013号1单元5楼503室	0756－2169560	519099
建超分公司	北京市海淀区复兴路甲36号百朗园A2 1218室	010－88204006	100039
海南分公司	海南省海口市龙华区国贸大道48号新达商务大厦2808室	0898－68567835	570125
昆明分公司	云南省昆明市官渡区大树后营统建小区四栋5－2	0871－3394092	650216
南昌分公司	江西省南昌市红谷中大道1368号鼎峰中央A座六楼	0791－83960112	330038
杭州分公司	浙江省杭州市上城区清泰街346号雪峰大厦1228室	0571－85193375	310000
乌鲁木齐分公司	新疆维吾尔自治区乌鲁木齐市青海路5号	0991－3681069	830011
银川分公司	宁夏回族自治区银川市兴庆区公园街银川国际贸易中心B幢17单元B06号	0951－5686899	750001
长春分公司	吉林省长春市亚泰国税小区17栋104室	18088652193	130028
福州分公司	福建省福州市晋安区新华印刷厂生活区1座302室	0591－83952079	350011
西安事业部	陕西省西安市未央区大白杨西村御园温泉小区C商1B座1901室	029－62980890	710016
公路事业部	北京市丰台区马家堡东路71号立业大厦1303	010－67569191	100027
中国铁建投资有限公司	北京市复兴路40号中国铁建大厦B座	010－52689571	100855
中铁建山东京沪高速公路济乐公司	山东省济南市高薪技术开发区天辰大街118号	0531－89703607	250101
中铁建铜冠投资有限公司	安徽省铜陵市长江西路有色大院内中铁建铜冠办公楼	0562－5860496	244000
重庆渝蓉高速公路有限公司	重庆市渝北区洪湖东路51号财富中心C区3幢20楼	023－63027273	401121
中铁建湛江开发有限公司	广东省湛江市人民大道中46号中国建设银行10层	0759－3377009	524000
重庆鱼洞长江大桥建设指挥部	重庆市巴南区鱼洞双安街47号万友康馨苑		401321
中铁建贵阳工程建设指挥部	贵州省贵阳市金阳新区金阳大道北段武警贵阳支队招待所	0851－4138238	550088
中铁建成渝高速公路复线工程指挥部	重庆市璧山县城镇农市街30号	023－85296399	402760
中铁建禄大和九宜公路建设指挥部	云南省昆明市禄劝县秀屏路107号鸿福宾馆4楼	0871－3549867	650214
中铁建昆明市二环指挥部	云南省昆明市官渡区新亚洲体育城星都总部36栋5楼	0871－63560775	650214
中国铁建财务有限公司	北京市复兴路40号中国铁建大厦10层东	010－52689029	100855

续表

单 位 名 称	地 址	电 话	邮政编码
中铁建中非建设有限公司	北京市复兴路40号中国铁建大厦8层	010－52689601	100855
中非建设尼日利亚有限公司	尼日利亚拉各斯市尼日利亚国家铁路公司大院15号		
中铁建中非建设南非办事处	南非约翰内斯堡市Sandton区Rivonia路159号中钢大厦8D3		
中铁建中非建设（香港）有限公司	香港九龙区旺角弥敦道707－713号银高国际大厦9楼A6室	00852－96669759	
中铁建中非建设几内亚办事处	几内亚科纳克里市KIPE区		
诚合保险经纪有限责任公司	北京市复兴路40号中国铁建大厦8层东	010－52689665	100855
湖北分公司	湖北省武汉市武昌区中山路347号中国铁建大厦26层		430060
云南分公司	云南省昆明市官渡区民航路398号顺新时代大厦1栋505室	0871－68258522	650041
重庆分公司	重庆市渝北区洪湖东路55号20幢(原A24)02－3－1号	023－63064571	401121
甘肃分公司	甘肃省兰州市城关区皋兰路5号建行铁路支行办公室楼905室	0931－8410895	730030
陕西分公司	陕西省西安市新城区清东路125号中铁二十局陕西物资有限公司办公室5层	0298－2152695	710032
中铁建(北京)商务管理有限公司	北京市复兴路40号75号楼5层	010－51888421	100039
北京铁建物业管理有限公司	北京市复兴路40号	010－51887649	100039
北京铁建宾馆	北京市复兴路40号	010－51889602	100039
中国铁道建筑总公司北京铁建医院	北京市复兴路40号	010－51888417	100039
北京中铁建商贸中心	北京市复兴路40号	010－51887115	100039
中铁国际航空服务有限公司	北京市复兴路40号	010－52689222	100855
中国铁建股份有限公司机关汽车队	北京市复兴路40号	010－51886212	100039
中国铁建股份有限公司北京培训中心(党校)	北京市大兴区龙河路16号	010－69296634	102600
中国铁道建筑报社	北京市复兴路40号	010－51887497	100855
中国铁建上海代表处	上海市共和新路666号中土大厦22楼	021－36399708	200070
中国铁建云南指挥部	云南省昆明市官渡区星都总部基地36栋	0871－63574667	650214
中国铁建川渝指挥部	重庆市渝北区洪湖东路55号财富中心19栋	023－67912619	401120
中国铁建北京区域指挥部	北京市复兴路40号中国铁建大厦4层	010－52688772	100855
中国铁建广州区域指挥部	广东省广州市中山一路55号	020－61335366	510600
中国铁建包西铁路工程指挥部(协调小组)	陕西省延安市东关街百姓家园1406号	0911－2118278	716000
中国铁建玉树地震灾后重建指挥部	青海省玉树州玉树县西杭路	0976－8823732	815000
中国铁建昆明新机场快速公交工程指挥部	云南省昆明市官渡区新亚洲体育城星都总部36栋3楼	0871－63574667	650214
中国铁建昆明轨道交通3号线工程指挥部	云南省昆明市盘龙区王旗营路77号金领地大厦1502室	0871－65893899	650224
青岛地铁2号线工程指挥部(青岛分公司)	山东省青岛市崂山区海口路260号	0532－88010033	266061
重庆铁发遂渝高速公路有限公司	重庆市渝北区洪湖东路55号财富中心19栋	023－67912787	401121
北京通达京承高速公路有限公司	北京市怀柔区庙城怡安园	010－51043072	101401

索　引

使用说明

1. 本索引采用内容分析索引法编制。除大事记外，年鉴中有实质检索意义的内容均予以标引，以便检索使用。

2. 本索引基本上按汉语拼音音序排列。具体排列方法如下：以数字开头的，排在最前面；汉字标目按首字的音序、音调依次排列，首字相同时，则以第二个字排序，并依此类推。

3. 索引标目后的数字，表示检索内容所在的年鉴正文页码；数字后面的英文字母 a、b，表示年鉴正文中的栏别，组合在一起即指该页码及左、右两个版面区域。年鉴中用表格、图片反映的内容，则在索引标目后面用括号注明（表）、（图）字，以区别于文字标目。

4. 为反映索引款目间的隶属关系，对于二级标目，采取在上一级标目下缩二格的形式编排，之下再按汉语拼音音序、音调排列。

0～9

A

B

C

D

E

F

G

H

J

K

P

Q

R

S

T

W

X

Y

Z

(王彦祥 毋栋 编制)